ISBN 978-0-483-65934-6
PIBN 10407492

STORIA

DELLA

QUESTIONE ORIENTALE

dalla pace di Parigi alla pace di Berlino

DI

FELICE BAMBERG

(CON RITRATTI, ILLUSTRAZIONI E CARTE)

SEZIONE QUARTA

VOLUME QUINTO

DELLA

STORIA UNIVERSALE ILLUSTRATA

DI

GUGLIELMO ONOKEN

MILANO
SOCIETÀ EDITRICE LIBRARIA
Via Kramer, 4 A - Gall. De Cristoforis, 54-55

1906

Alba, 1905 — Tipografia Paolo Sineo

I.

L'Europa di fronte all'avvento al trono di Napoleone III

Come lo svolgimento della questione d'Oriente si connetta con la fondazione del secondo Impero francese. - Atteggiamento delle singole Potenze di fronte al colpo di Stato e all'avvento al trono d'un Napoleonide. - Le riserve di Niccolò I; suoi sforzi per istringere una coalizione contro la Francia. - La missione del barone di Heekeren a Berlino. - Dispaccio di Nesselrode circa il numerale III nel nuovo titolo imperiale. - L'isolamento della Russia nella questione del riconoscimento. - Niccolò I rifiuta a Napoleone III il titolo di fratello. - Situazione relativa alla Dieta federale. - Notevole dispaccio di Drouyn de Lhuys circa il pericolo che alla Russia stessa poteva derivare dal suo atteggiamento.

Lo svolgimento della questione d'Oriente al principio della seconda metà del secolo XIX è strettamente connesso con la fondazione del secondo Impero francese; tanto che la esposizione del succedersi degli avvenimenti europei in mezzo ai quali esso venne a costituirsi può servir parimenti d'introduzione a quel periodo così momentoso della storia del tempo. Dalla maggior parte dei Governi d'Europa il colpo di Stato del 2 dicembre 1851 era stato considerato come un avvenimento che salvava la Francia, e poneva un argine, in genere, ai moti rivoluzionarii; e, sebbene potesse a mala pena esserci dubbio che conseguenza naturale del 2 dicembre dovesse essere il ripristinamento dell'Impero, i Governi consideravano cotesto fatto, nel complesso, come un beneficio. Quegli che aveva mostrato la maggior fretta a dar la sua sanzione al colpo di Stato era stato lord Palmerston, allora ministro inglese degli Esteri. Ma poichè ciò era accaduto senza una previa intesa con la Regina — che lord Palmerston in cotesta occasione accusava di simpatie orleaniste — e contrariamente alle vedute degli altri ministri, la

BAMBERG. - *Storia della questione d'Oriente.*

Regina — non tanto forse a cagione del riconoscimento in sè, quanto per l'offesa del diritto che le veniva dalla Costituzione — senz'altro lo congedò; e lord John Russell, nella sua qualità di primo Lord del tesoro, non esitò un momento a rappresentare al suo amico il fatto come suggerito da lui. Ben presto però lord Palmerston se ne vendicava, rovesciando il ministero dei Whigs (1). Per tal modo nel nuovo Gabinetto diventava ministro degli Esteri un amico personale di Luigi Napoleone, lord Malmesbury, che già lo aveva conosciuto a Firenze; cosa che a Napoleone tornava assai opportuna pel riconoscimento dell'Impero. Il conte di Cavour, facendo assegnamento sul passato italiano di Luigi Napoleone, e in previsione d'un qualche movimento europeo, dava opera pel riconoscimento della nuova forma di governo in Francia. Il principe Schwarzenberg, sebbene non dubitasse pure un istante della prossima ricostituzione dell'Impero, si pronunziò anch'egli senz'altro per il riconoscimento medesimo; e in una memoria del 29 dicembre 1851 espose le ragioni che lo movevano a ciò e il suo disegno in favore d'un accordo fra le tre Potenze settentrionali d'Europa, alle quali doveva tener dietro la Confederazione germanica. « Le condizioni generali, diceva egli, s'eran mutate per modo, che le Potenze non dovevano oramai tenersi attaccate alla lettera, ma allo spirito dell'articolo 2.° del trattato del 20 novembre 1815 tra l'Austria, l'Inghilterra, la Prussia e la Russia: col quale esse si erano obbligate all'esclusione in perpetuo di Napoleone Bonaparte e dei Napoleonidi dal trono di Francia. Non già ch'egli fidasse in un lungo periodo di quiete, in un paese dove la rivoluzione era in permanenza; ma per il momento, e per il futuro prossimo, Luigi Napoleone poteva ancora considerarsi come il sostegno migliore dell'ordine in Francia. I Borboni, per raggiungere nuovamente il trono, avrebber dovuto buttar sossopra ogni cosa, e rovesciar sulla Francia

---

(1) Cfr. gli importanti documenti e le lettere in *Lord Palmerston, sa correspondance intime, etc.*, par AUGUSTUS GRAVEN, Paris, 1878-1879, t. II. cap. VII; opera che contiene i documenti pubblicati da H. L. BULWER e EVELYN ASHLEY, nella loro « Life of H. J. Temple Viscount Palmerston ». Di particolare interesse storico è la lettera del Palmerston al fratello William, del 22 gennaio 1852, dov'egli addita la simpatia della regina Vittoria per la restaurazione degli Orléans come la vera causa della propria caduta; vedi pure la sua *Memoria* del 29 ottobre 1858 sul *Colpo di Stato*.

il vaso di Pandora; la loro simpatia per il sistema costituzionale non poteva che inspirar timori per l'avvenire: mentre i propositi monarchici di Luigi Napoleone — quale che potesse esser l'origine della sua potenza e l'uso arbitrario che avesse voluto farne — eran per l'Austria una ragione di fiducia. Nè, del resto, l'Inghilterra si sarebbe attenuta al trattato del 1815; oltrechè, i Gabinetti di Vienna, di Pietroburgo e di Berlino venivan troppo tardi a far valere il trattato del '15 contro il titolo imperiale, dal momento che Luigi Napoleone teneva già in sue mani in Francia quel supremo potere, dal quale il trattato sopraddetto lo aveva escluso. Se le Potenze avessero voluto mantenerlo alla lettera, avrebber dovuto protestar prima contro l'usurpazione del Napoleonide, ricusando di riconoscerlo come *Presidente*. In ogni modo, prima del riconoscimento, il nuovo Imperatore doveva dare alle Potenze l'assicurazione più precisa che, insieme col *titolo* dello zio, egli non voleva assumerne del pari la politica bellicosa e intemperante. Di tali assicurazioni i Sovrani alleati avrebbero preso atto, e significatogli quindi d'esser disposti a mantenere buone relazioni con Luigi Napoleone Imperatore dei Francesi: facendogli però intendere in pari tempo ch'ei li avrebbe trovati più che mai concordi e risoluti a respingere qualsiasi aggressione, come qualsiasi violazione dello *status quo* garantito dai trattati ».

Di quanto corta veduta fosse la politica dell'Austria, l'han poi mostrato gli avvenimenti. E per vero, rafforzare un sovrano con un incondizionato riconoscimento, e suscitargli contro in pari tempo una coalizione perpetua, e dirglielo in faccia, non poteva avere altro effetto — anche se non fosse stata opera diretta contro un Napoleonide — se non quello, che ebbe realmente, di imporgli per còmpito supremo il proposito di annichilarla.

Scevro di cosiffatte contraddizioni, anzi assoluto e ostinato nella parte burbanzosa di chi s'atteggia a padrone, fu in quella vece il contegno della Russia. Il memoriale del principe Schwarzenberg, dove i Borboni venivano sacrificati, non poteva andare a' versi all'imperatore Niccolò; il quale, quantunque — contrariamente all'opinione del suo Cancelliere — non attribuisse a Napoleone intenzioni bellicose, pure, il 19 gennaio 1852, in presenza dell'ambasciatore francese, generale De Castelbajac, si manifestò contrario all'accettazione del titolo imperiale. Bilanciando per una parte i vantaggi dello stare in buone relazioni con la Francia, e per l'altra

persistendo nell'ostinata cecità delle sue vedute legittimiste, egli
suggerì il singolare spediente che Napoleone dovesse, nel peggior
caso, contentarsi di portar la corona imperiale per dieci anni. E
l'ambasciatore si mostrò così poco indipendente di fronte allo Zar,
da assumersi di trasmettere quel consiglio, e da prometter persino la
previa comunicazione del documento che avrebbe mandato a Parigi.

Sennonchè, a questo punto, l'imperatore Niccolò si mostrò più
conseguente nelle sue teorie che non fosse nella pratica delle cose.
La sincerità della sua convinzione che Napoleone avesse reso in
realtà un servizio inestimabile alla causa dell'ordine pubblico, e
un certo sentimento cavalleresco che gli era proprio, insieme col
desiderio di non romperla egli solo con un potentato com'era costui,
fecero sì che soli tre giorni dopo il colloquio avuto con l'ambasciatore francese, in una lettera da lui indirizzata il 22 gennaio 1852
a Napoleone, si lasciasse andar di gran lunga tropp'oltre con elogi
che facilmente potevano essere fraintesi. In quello scritto, tra altro,
si diceva: « Dedicando la vostra abnegazione a un sì nobile uf-
« ficio » (di chiudere, cioè, in Francia l'èra della rivoluzione) « con
« la perseveranza che si richiede nelle grandi imprese, e con quello
« spirito di sacrifizio del quale hanno il magnanimo istinto i cuori
« pari al Vostro, Voi vi acquisterete dei titoli immortali alla rico-
« noscenza e all'ammirazione dei contemporanei ». — Poteva mai
Napoleone, armato d'una tal forma di riconoscimento, contenersi
supinamente nei limiti che la Russia voleva imporgli? o non doveva
sentirsi piuttosto, per una tanta lode, autorizzato a chiedere il premio
dei meriti attestatigli per tal modo, in un riconoscimento incondizionato? — La difesa delle fatte riserve fu affidata dallo Zar, oltre
che al signor di Kisselew, che rappresentava allora la Russia a
Parigi, anche al principe Labenski, mandato apposta colà; se non
che, con tutte codeste mosse, egli non faceva se non provocare
senza avvedersene un più stretto ravvicinamento dell'Inghilterra alla
Francia, mentre con la venuta al potere del ministero Tory aveva
invece creduto di aver qualche probabilità di guadagnare l'Inghilterra alla coalizione *contro* la Francia, e di ricostituir nuovamente
la quadruplice alleanza di Chaumont (1). Parve chiaro agli uomini

_____

(1) V. l'*Étude diplomatique sur la guerre de Crimée, par un ancien diplomate*, generalmente attribuita al barone Jomini; Pietroburgo, 1878: vol. I,
pagina 85.

di Stato inglesi che con Napoleone Presidente a vita la Russia si sarebbe perfettamente intesa per un'alleanza, mentre ad un Napoleone Imperatore l'imperatore Niccolò sarebbe sempre stato avverso. Tuttavia, il loro proposito d'avvincere quanto più si potesse all'Inghilterra il nuovo Sovrano non escludeva punto quelle misure di prudenza contro la Francia, alle quali, di fronte alla pubblica opinione inglese, non era lecito di rinunziare, e che si manifestarono nella costituzione delle milizie e nell'armamento delle coste.

Nel maggio del 1852 Niccolò I visitava Vienna e Berlino. A quel tempo la sua autorità era così considerevole, che i tre Sovrani si accordarono per incaricare il loro Ministro degli Esteri di redigere un protocollo segreto, nel quale venissero fermati alcuni capisaldi generali, da esser presentati a tempo opportuno a Parigi. Si deliberava con essi: « che l'assunzione del titolo imperiale non fosse da considerare nè come un *casus belli* nè come un pretesto alla rottura delle relazioni diplomatiche. In compenso dei servigi resi da Napoleone alla causa dell'ordine pubblico, si sarebbe dovuto riconoscerlo come Imperatore, previe misure da prendersi tuttavia per il mantenimento della pace e delle convenzioni territoriali del 1815. In pari tempo si sarebbe dichiarato che tale riconoscimento doveva considerarsi come *eccezionale*, e riferentesi soltanto alla *sua persona*, così da non infirmare l'esclusione decretata contro i Bonaparte nel 1814 e nel 1815. Nel caso che il nuovo Sovrano avesse designato un erede, si sarebbe dovuto fargli intendere che il riconoscimento delle tre Corti non poteva riferirsi a questo: e riservarsi per ulteriori deliberazioni » (1). — Che la Russia stimasse possibili per sè delle relazioni di amicizia con Napoleone in siffatti termini, è cosa men difficile a comprendere (per essere essa per mezzo di grandi Stati disgiunta dalla Francia), che un'accettazione di tal fatta da parte della Prussia, sua vicina, o dell'Austria, vulnerabile in ispecial modo in Italia.

Napoleone approfittò della presenza dell'imperatore di Russia a Berlino, per mandare nella capitale prussiana il barone di Heekeren (che aveva goduta in seguito al suo duello col poeta Puschkin una triste celebrità, ed ora apparteneva ai neo-nominati senatori

_____

(1) *Étude diplomatique*, vol. I, pag. 90.

francesi), per dare allo Zar delle assicurazioni pacifiche, e chiedergli un riconoscimento senza riserve. A tali aperture, Niccolò I si mostrò molto ben disposto verso Napoleone; ma anche una volta sconsigliò, come per lo innanzi, l'assunzione del titolo imperiale. Quanto alla questione dell'*ereditarietà*, non volle nemmeno venirne a far parola con Heekeren. — Può esser dubbio se sia fondata o meno la odierna affermazione della Diplomazia russa, che, se Niccolò I avesse allora stesa la mano a Napoleone, lo avrebbe indotto a un'alleanza con la Russia. Certo è che i principii aristocratici di Niccolò parvero esser come ravvivati in lui da un secreto presentimento: che, cioè, cotesto Napoleonide avrebbe minacciata la sua potenza, e combattuti un dopo l'altro i creatori della Santa Alleanza, non appena fossero stati tra loro in discordia! — Ma non era già più possibile farla finita con l'Impero ereditario: Napoleone volle esser riconosciuto come il terzo della sua stirpe; e nel suo messaggio al Senato aveva dichiarato formalmente che nella sua persona la Francia deliberatamente riedificava ciò che l'Europa aveva abbattuto nel 1815, e pacificamente si compensava così di quanto era allora accaduto. Nel concetto della Russia, cotesto equivaleva ad un annullamento dei trattati del 1814 e del 1815, in seguito al quale Napoleone si sarebbe creduta lecita ogni cosa. La Russia mandò pertanto un *memorandum* alle Potenze, nel quale manifestava le sue vedute. L'Imperatore stesso ne avvisò direttamente Napoleone; e il Cancelliere, nel novembre, ne spediva un dispaccio confidenziale al conte Kisselew (1). In quel documento importantissimo il Cancelliere esponeva la risposta da lui data all'ambasciatore francese in occasione delle tranquillanti dichiarazioni che questi gli aveva fatte, relativamente al numerale dinastico III attribuito dal Senato all'Imperatore.

Temperando, di fronte ai fatti compiuti, il troppo assoluto punto di vista precedente, egli dichiarava « non aver la Russia il diritto nè la pretesa di additare alla nazione francese quale forma di governo ella dovesse scegliere nel proprio interesse. Esser la cosa però diversa quanto alla questione dinastica e del numero III. Ri-

---

(1) V. il tenore di cotesto dispaccio nello scritto di F. H. Geffcken: *Il colpo di Stato del 2 dicembre 1851* (Lipsia, 1870, Doc. XII), che pubblica una quantità d'altri documenti importanti.

guardare tuttociò e fatti ed atti ed obblighi, e insomma un complesso di relazioni internazionali, di fronte a cui l'Europa nè era rimasta nè poteva rimanere estranea, o indifferente. Aver l'Europa avuta la sua parte negli avvenimenti degli ultimi trentott'anni. Dal fatto che il futuro Imperatore, fondandosi sulla morte di Giuseppe e di Luigi (suo padre), assumeva non già il numero ordinativo V, ma l'ordinale III, si voleva dedurre la prova che non si trattava dunque di una restaurazione della legittimità imperiale, e che Luigi Napoleone non datava pertanto il suo governo dalla morte del padre suo. Se non che, il numerale III bastava già perfettamente a sconvolgere le tradizioni dinastiche, e non meno dell'ordinale V offendeva la storia e il passato dell'Europa. Si obbiettava, aver Napoleone II regnato in fatto e in diritto; essere stato proclamato dalla Camera; essere state nel suo nome applicate le misure ordinarie di governo. Or, ciò poteva bene valere per la Francia, ma non per l'Europa. Per l'Europa, Napoleone I stesso aveva cessato di regnare dal 1814; e non poteva dunque nel 1815 abdicare in favore del figlio assente; il quale, pertanto, per tutto il resto del mondo non aveva regnato nè in diritto nè in fatto. Dopo trentott'anni, mentre un tale concetto era stato confermato e dai fatti e dagli obblighi sottoscritti dalla Francia medesima, ecco che ad un tratto si venivano a porre di fronte la Francia e l'Europa su due terreni diversi! Essere stato più franco il messaggio del presidente al Senato, dove apertamente si parlava di un *compenso* per il 1815 ».

Evidentemente, la diplomazia russa nel novembre del 1852 contava ancora su una perfetta intesa con la Prussia e con l'Austria; giacchè nel medesimo dispaccio il conte Nesselrode scriveva: « Se cotesto governo (francese) resta isolato, l'avrà voluto esso stesso ». Del rimanente, il cancelliere poneva in rilievo, « non doversi i meriti di Napoleone — già da tempo riconosciuti dalla Russia — per il ristabilimento dell'ordine valutare oltre misura; nè dover egli domandar troppo in prezzo del servigio che, pur promovendo il proprio vantaggio, egli aveva reso ad altri Stati. In fin de' conti, quando la Francia s'era trovata in lotta con la sua costituzione insostenibile, gli altri Governi se l'eran di già sbrigata con la *fazione democratica* ». Tuttavia, come preso da un tal quale sentimento d'incertezza, il conte Nesselrode preferì dare a cotesto dispaccio un carattere piuttosto ufficioso che ufficiale, allegandone a ragione che anche le relative aperture dell'ambasciatore francese erano state della stessa natura.

L'avere acceduto Prussia ed Austria alle rimostranze russe non era rimasto a Parigi senza effetto; tanto che Napoleone, nel suo discorso inaugurale dinanzi al Corpo legislativo, fece appunto la accennata dichiarazione, ch'egli derivava il suo governo non dalla imperiale successione al trono, ma dal suffragio universale, e che riconosceva i fatti storici prodottisi dalla caduta del primo Impero. Di tale dichiarazione avrebbe potuto bene la Russia dichiararsi soddisfatta; ma quell'ordinale III offendeva pur sempre la suscettività legittimistica dello Zar; e quando Napoleone annunziò la sua ascensione al trono, a Pietroburgo si venne nella determinazione di riconoscere bensì ufficialmente il nuovo Imperatore, ma a patto ch'egli rispettasse l'assetto territoriale dell'Europa, che la Russia era risoluta di mantenere; quanto alla passata e futura questione dinastica, la Russia faceva tutte le sue riserve, e lasciava la questione stessa tuttora aperta.

È sommamente caratteristico per le condizioni generali dell'Europa d'allora, che già in quel critico periodo incominciasse un cotale isolamento della Russia. Il 3 dicembre 1852, infatti, era stato preparato a Londra, e sottoscritto dai rappresentanti dell'Inghilterra, Prussia, Austria e Russia, un *memorandum* che stabiliva d'accordo l'eventuale riconoscimento di Napoleone a Imperatore dei Francesi, a condizione che si prendesse atto delle affermazioni pacifiche da lui spontaneamente date; eppure un tal documento attestava puramente e precisamente il contrario di ciò che Niccolò I aveva avuto in origine intenzione di fare (1).

Ma un leale riconoscimento di Napoleone quale Imperatore rendeva necessario l'uso dell'apostrofe tradizionale: « Monsieur mon frère », mentre Niccolò I non voleva ammettere se non l'espressione di « cher ami ». L'Austria, dopo d'averne lasciata alla Russia la scelta, e manifestata l'opinione che il vocativo doveva essere in perfetta rispondenza con la qualità d'un Sovrano eletto dal popolo, la mutò più tardi, quando Federico Guglielmo si fu espresso nel senso che, poiché il padre suo aveva usato, rivolgendo la parola

---

(1) Vedine il testo in GEFFCKEN: *Il colpo di Stato del 2 dicembre*. Documento XIII.

al re Luigi Filippo, l'espressione « Monsieur mon frère », egli non poteva ricusare a Luigi Napoleone la medesima formola. Allorchè ciò si apprese a Pietroburgò, la lettera di riconoscimento di Niccolò I con la formola « cher ami » era già partita per Parigi; pure lo Zar non vi ordinò alcun mutamento; anzi, con una coerenza degna di lode, lasciò agli altri Governi, insieme con la possibilità degli eventuali vantaggi, anche la responsabilità in generale d'un

V. Bismarck-Schönhausen, deputato alla Dieta federale.

avvenire mal certo. Senza dubbio, a torto fu affermato — come più tardi avvenne da parte della diplomazia russa (1) — che Prussia ed Austria avessero operato così per la tema di vedersi respinte le loro credenziali poco corrette; al contrario, esse non mancarono di fare tutte quelle generali riserve che parvero del caso; e solo l'esigenza della più elementare prudenza politica e la naturale ripugnanza a lasciarsi trascinare in perpetuo a rimorchio dalla Russia furon le cause che condussero le due Potenze alla risoluzione che si è detta.

-----

(1) *Étude diplomatique*, I, p. 98.

Nella Confederazione tedesca, anche circa la questione del riconoscimento dell'Impero francese ebbe a manifestarsi la confusione in cui si trovava ogni cosa. Mentre gli Stati medii si dolevano di non essere stati chiamati a partecipare alla deliberazione del riconoscimento in comune, la città libera di Francoforte e il Nassau quasi immediatamente dopo la notificazione dell'Impero si affrettarono tra i primi a mandare il loro assenso. Il signor di Bismarck-Schönhausen, il quale allora teneva la presidenza della Dieta federale, con grande larghezza di vedute e vero acume di uomo di Stato scriveva al Presidente dei Ministri von Manteuffel: « Entrambi i « fatti sembrano mettere in rilievo in modo compassionevole la ri- « lassatezza del vincolo onde nei tempi del pericolo cotesti piccoli « Stati son tenuti stretti nella Confederazione; e se già è da de- « plorare che l'Inghilterra abbia fornita una prova come, di fronte « al nuovo Impero, l'Europa non procederebbe punto concorde in « tutte le questioni di qualche rilievo, nel procedimento analogo « da parte di Nassau e di Francoforte si appalesa l'inesatta nozione « sia della loro condizione politica, sia dei loro doveri federali..... « — Col tener segreto il loro procedimento, quei due Stati hanno « dimostrato di bene accorgersi della sconvenienza del medesimo » (1).

Il 17 dicembre, il signor di Bismarck riferiva di aver detto al rappresentante bavarese a Parigi, signor di Wendland, quando questi lo visitò a Francoforte che « pur nell'ipotesi che non vi si opponessero difficoltà materiali, gli parevà già per la forma in sè poco dignitoso il provocare un rimaneggiamento dei trattati di Vienna — con sì grande solennità sanciti da tutta Europa — con una precipitazione, che racchiudeva in sè un eccitamento a pretese sempre crescenti, mentre esponeva le Potenze interessate al sospetto di un'ansietà veramente eccessiva ». Cotesta osservazione era così acuta, che il rappresentante francese a Francoforte, marchese di Talleney, ne riconobbe l'aggiustatezza, inquantochè una tale premura avrebbe esposto il partito della pace in Francia, al quale apparteneva a suo vedere il capo dello Stato, alle ulteriori pretese di una parte dell'opinione pubblica, qualora troppo visibilmente

_____

(1) Lettera privata al barone di Manteuffel, concernente la questione dell'Impero in Francia, del 12 dicembre 1852; in v. Poschinger: *Preussen im Bundestag* (la Prussia alla Dieta Federale), Lipsia, 1882, I, pag. 165-166.

fosse apparso quanto l'Europa, nell'interesse del mantenimento della pace, fosse disposta a adattarsi ai desiderii della Francia (1).

È del pari molto caratteristico ciò che il neo eletto deputato austriaco alla Dieta federale, barone di Prokesch-Osten, esponeva al suo collega prussiano il 1.º febbraio 1853, fondandosi sull'autorità del principe di Metternich: « L'avvenire dell'Europa — diceva — non era stato mai più minaccioso che allora. Esser sua opinione che o l'imperatore dei Francesi non avrebbe potuto reggersi — e allora i *rossi* sarebbero stati, alla sua scomparsa dalla scena, il solo partito preparato e compatto; oppure la sua posizione si sarebbe consolidata; e allora Napoleone imperatore, quale egli lo giudicava per sua personale conoscenza, sarebbe salito in superbia; *e la nuova Imperatrice avrebbe piuttosto fomentata che raffrenata la sua ambizione* » (2). Per il paterno amico del duca di Reichstadt, nella cui restaurazione egli aveva sperato, era questa, a ogni modo, una ben singolare profezia! (3).

Quest'incidente — fattosi doppiamente interessante più tardi per gli avvenimenti che seguirono — fu chiuso da un notevole dispaccio del Ministro francese degli Esteri Drouyn de Lhuys, da lui diretto al generale De Castelbajac nei primi dell'anno 1853 (4). « I rappresentanti delle Corti settentrionali — affermavasi in quel dispaccio — avevan presentate le loro credenziali; esse erano correttissime. Ma quella della Russia aveva dato origine a un incidente: vale a dire, che cotesto documento — steso del resto nella forma più conveniente e più benevola — non conteneva la designazione di *fratello*, ch'è di consuetudine nelle formole ufficiali tra teste coronate. Il signor di Kisselew s'era affrettato a spiegare cotesta ommissione. Egli assicurava, non aver essa altra ragione se non nella differenza dei principii che servivano di fondamento ai due Governi; e che non si trattava insomma se non d'una *questione archeologica* che si riferiva all'origine della sovranità nella Russia:

---

(1) Lettera privata al barone di Manteuffel. Ibid., I, pag. 168.

(2) Lettera privata al Presidente dei Ministri, barone di Manteuffel, 2 febbraio 1853. Ibid., I, 189-90.

(3) Cfr. *Mes rélations avec le Duc de Reichstadt* par le Comte de PROKESCH-OSTEN, Paris, 1878.

(4) *Les quatre ministères de Monsieur Drouyn de Lhuys*, par le Comte BERNARD d'HARCOURT, Paris, 1882, p. 64-71.

la cui Costituzione vietava di considerare come *fratelli* dei Sovrani che facessero risalire i loro diritti a un altro principio, quello della volontà nazionale. Secondo il signor di Kisselew, in un atto il quale doveva solo far testimonianza d'una scrupolosa fedeltà alle tradizioni storiche, non si poteva vedere nè alcunchè di offensivo nè segno alcuno di malevolenza. Non richiedere il Governo russo dal francese più di quel ch'esso dava; ed avrebbe accolto senza obbiezioni delle credenziali in quella forma e con quelle espressioni cb'erano state adoperate dalla Cancelleria russa. Per tal modo, gli ossequi reciproci delle due Corti sarebbero stati posti sul terreno della reciprocità. Che se l'imperatore di Russia non poteva chiamare *fratello* l'imperatore di Francia, aveva tuttavia cercato di dargli a conoscere in altre espressioni della lettera credenziale i caldi sentimenti suoi: sentimenti che da tempo si eran resi manifesti prima di quell'occasione; e a questo proposito, l'ambasciatore aveva enumerate tutte le contingenze nelle quali lo Zar s'era compiaciuto di dare all'Imperatore dei Francesi varie prove della stima e della cordiale amicizia che nutriva per la sua persona. — L'ambasciatore aveva aggiunto che, anche recentemente, il suo Sovrano aveva manifestato i suoi sentimenti in una lettera confidenziale che lo aveva incaricato di presentare all'imperatore Napoleone, ingiungendogli di recarsi subito a Parigi per assistere all'imperiale consacrazione. « Io — continuava Drouyn de Lhuys — ho fatto notare al signor « di Kisselew quanto il sistema espostomi fosse pericoloso, e con- « trario sia alla regola generale, sia alle tradizioni del suo stesso « Governo. Voi, gli dissi, stabilite delle differenze tra le varie so- « vranità. Per noi, tali differenze non esistono. Il volerle stabilire « sarebbe lo stesso che pretendere di regolare i rapporti tra le « nazioni secondo il diritto pubblico d'*uno* Stato, e di sostituire « codesto diritto pubblico, creato per l'uso particolare e interno « d'una singola Potenza, al posto del diritto delle genti, che sussiste « per la sicurezza delle Potenze tutte. Una tale pretesa porta con- « fusione nelle idee, e disordine nelle relazioni internazionali. In « questo modo, che cosa si fa? Si fa della propaganda. Ora, la « propaganda è un pericolo per tutti; e l'esperienza dovrebbe inse- « gnare a evitarlo. Nel 1792, la Francia voleva metter fuori della « legge comune tutti gli Stati che non accettavano i suoi principii. « Vuol fare oggi la Russia una propaganda di diversa natura? Prima « di mettersi per un tal cammino, convien domandarsi dove esso

« conduca. Se la propaganda riesce, non avvien ciò forse special-
« mente per le religioni nuove e per la politica nuova? Ove la Russia
« facesse propaganda in nome di certi principii, essa provocherebbe
« altri Stati a fare lo stesso in nome del principio opposto. Che ne
« verrà, se da una parte i Governi che son sorti per fatto della vo-
« lontà nazionale, e da un'altra parte quelli che fan risalire altrove la
« loro origine, incominciano in tal modo a battagliare per l'egemo-
« nia? Voi dite di non domandare all'Imperatore dei Francesi niente
« più di quanto il vostro Sovrano gli dà: e chiamate cotesto reci-
« procanza! Ma ciò è evidentemente un errore. In che cosa si fonda
« la reciprocità? Nel perfetto accordo comune. Ora, subito che un
« così fatto accordo non sussista, noi avremo da una parte un puro
« atto individuale, e dall'altra delle rappresaglie. E allora, non è
« più la legge della reciprocità, ma la legge del taglione quella che
« regola le mutue relazioni. — Se non che, rappresaglie e ritorsioni
« sono leggi il cui impiego non giova a nulla, quando si tenda
« seriamente a vivere in buoni rapporti e a mantenere delle relazioni
« amichevoli. La legge che regola il caso presente è la consuetudine;
« e la consuetudine prescrive ai Sovrani di trattarsi da *fratelli*.
« Ma chi sono i naturali interpreti delle tradizioni? Le più antiche
« Corti d'Europa. Ora, permettetemi di dirvelo, quella di Pietro-
« burgo è ancor troppo giovane, per poter sperare d'essere su tale
« questione un'autorità preponderante. Quest'osservazione non ha
« nulla di offensivo per Voi; essa dimostra che la Vostra dinastia
« ha saputo in picciol tempo compiere grandi cose. Ma se le Case
« di Borbone, dell'Austria, della Sassonia hanno accolto sponta-
« neamente come un fratello il sovrano di Francia, come potrebbe
« avervi scrupolo la Russia, e rievocare delle questioni *paleogra-
« fiche?* Essa sola con ciò, di tutte le Potenze europee, si mette
« fuori della regola; si isola, in un momento in cui tutti i Governi
« si uniscono per istringere più saldamente i vincoli del migliore
« accordo reciproco. Voi mi dicevate testè, a proposito del nome di
« Napoleone III, che il vostro Imperatore, in ossequio alla memoria
« del fratello suo, non poteva senza esitanza veder condannare o
« abrogare degli atti ai quali in altri tempi quel monarca aveva
« avuto parte. Ma perchè dunque, nella questione che ci affatica,
« sembra l'autorità dell'imperatore Alessandro men degna di rive-
« renza al suo successore? Alessandro, allorchè trattò con Napoleone I
« — il quale ebbe la corona dal suo merito e dalla volontà della

« Nazione — non lo ha forse chiamato suo fratello? Perchè dunque
« dovrebbe l'imperatore Niccolò, il quale si mantien così fedele ai
« ricordi che non sono senza amarezza per noi, perdere di vista
« una tradizione di famiglia che ci è cara? Forse perchè Napoleone I
« ai tre milioni di voti ch'egli ebbe aggiungeva l'aureola di nume-
« rose vittorie? Ell'è una distinzione questa, che non sarebbe il
« darvi peso nè prudente nè giusto ».

Questo dispaccio, che — destinato com'era soltanto alla cognizione
personale dell'ambasciatore — ha un valore rilevante assai più per
la storia che come documento in sè, e che, in conclusione, pone
espressamente in rilievo come Napoleone III avesse risoluto di non
più tornar sopra all'irregolarità delle credenziali, riassume in sè, nel
complesso, una controversia che si può considerare come il preludio
del gran dramma susseguente: lo svolgimento del quale ha per parecchi anni tenuto il mondo in sospeso, e le cui conseguenze sono
tuttavia incalcolabili ai giorni nostri.

II.

I Protettorati della Francia e della Russia in Oriente, e la questione dei Luoghi Santi

Luigi Napoleone costretto a ricollegare il primo suo maggior atto politico con una tra le più antiche tradizioni della Monarchia. - Antichi rapporti della Francia con l'Oriente e con l'Impero ottomano. - Francesco I e Solimano. - Le Capitolazioni. - Situazione preponderante della Francia in Oriente, per la concessale protezione degl'interessi religiosi e nazionali e dei traffici. - Abuso della parola *Protettorato*, ed essenza delle Capitolazioni. - Le condizioni della popolazione a Gerusalemme. - Stato e numero dei Santuarii intorno alla metà del secolo XIX. - Cattolici, Ortodossi, ed altre Comunità di fedeli in Oriente. - Le missioni francesi sotto l'antica Monarchia. - D'Arvieux e Nointel precursori di Menscikow. - Le Capitolazioni generali del 1740. - Le derivazioni dei diritti e i titoli giuridici degli Ortodossi. - Il trattato di Cüciük-Cainargi; ingiusta derivazione d'un diritto di tutela trattone dalla Russia. - Uso di Santuarii cattolici per parte dei Greci. - Statistica della Chiesa ortodossa in Russia e in Turchia. - Il Patriarcato greco e il Patriarcato cattolico. - Le pretese della Francia al tempo della prima Rivoluzione e sotto Luigi XVIII. - La questione dei Maroniti del Libano e la Monarchia del Luglio - Questa è costretta ad ammettere la controversia circa i Luoghi Santi - Pio IX ristabilisce il Patriarcato cattolico a Gerusalemme. - Eugenio Boré, e sua lotta contro le usurpazioni degli Ortodossi. - Polemiche greco-turche. - Il generale Aupick trasferisce per incarico del Governo francese la sede della questione a Costantinopoli. - L'Austria interviene anch'essa in favore dello stato di possesso dei Cattolici. - La Commissione mista nominata dalla Porta si pronunzia a favore dei Cattolici. - Lettera dello Zar Niccolò al Sultano, per intimargli di mantenere lo *status quo*. - Nomina della Commissione degli Ulemi, che si pronunzia in favore degli Ortodossi. - Arrendevolezza della Francia; la Russia aumenta le sue pretese.

È un fatto abbastanza singolare che il primo atto politico importante del secondo Impero dovesse riallacciarsi non già ad alcun precedente disegno napoleonico, ma ad una delle più antiche tradizioni della politica francese, vale a dire alla protezione dei Santi Luoghi in Oriente. Le relazioni degli Stati cattolici con l'Oriente maomettano risalgono al più remoto medio evo; ma i primi vincoli regolari con esso incominciano per l'Europa appena dopo il sorgere dell'Impero ottomano, e precisamente per opera di Francesco I di Francia, che, com'è noto, ricorse per aiuto a Solimano il Grande contro Carlo V (1), e al quale — poichè si trattava d'interessi reciproci — vennero in particolar modo concessi certi privilegi, relativi alla sicurezza dei commerci e dei pellegrinaggi. Sono essi conosciuti sotto il nome di *Capitolazioni*, e divennero il punto di partenza di quella parziale tutela che la Francia esercitò sopra i mercatanti, i viaggiatori, i religiosi che si soffermavano in Oriente. Per tal guisa i diplomi di protettorato, mediante i quali la Francia rendeva ai Cristiani nel Levante più facile la vita, procacciando loro persino notevoli vantaggi, si fondano su di una combinazione politica delle meno cristiane che siano state mai. Non per questo essi ebbero meno un significato altissimo, così per le relazioni tra Stato e Stato, come per la storia della cultura; tanto che un attento esame dei documenti che espongono le relazioni più volte secolari della Francia con l'Impero ottomano potè porgere occasione di giudicare « ch'essi mettono in luce un Oriente tutto francese » (2).

_____

(1) La prima richiesta d'aiuto a Solimano partì dalla reggente Luisa di Savoia durante la prigionia di Francesco I; ma il titolare di quella missione venne trucidato in Russia con tutto il suo seguito. Verso la fine del 1525 il conte Giovanni Frangipani recava al Sultano una lettera di Francesco I, nella quale questi l'invitava ad un'alleanza contro Carlo V. La risposta di Solimano è della metà di febbraio del 1526, e rimanda (forse per ragioni di prudenza) alle spiegazioni verbali che il Frangipani doveva dargli. Nella risposta (in latino) del Re alla lettera del Sultano — risposta che fu pubblicata da *Champolion-Figeac* nella sua opera sulla prigionia di Francesco I, e il cui invio fu messo in dubbio dallo CHARRIÈRE (alla cui opera or ora accenneremo) e dopo di lui dallo ZINKEISEN — si dice: « Noi non abbiamo potuto provare se non « piacere vivissimo, vedendo la straordinaria generosità del tuo cuore, che ti « ha indotto a promettervi aiuto in una sì triste condizione delle cose nostre: « poichè tu ci affidi di grande appoggio, e di tutte le tue forze ». — Nella sua importante collezione *Recueil des traités de la Porte Ottomane*, Paris, 1864 (t. I, p. 6), il barone di TESTA afferma che, secondo le sue ricerche, cotesta lettera di Francesco I non sarebbe stata data fuori a Baiona, ma a Parigi, nell'aprile del 1526; e che, s'anco non fu spedita, essa conferma le promesse fatte da Solimano al conte Frangipani. La raccolta TESTA, del resto, dà intorno alla sostanza e alle vicende di quell'alleanza le più interessanti notizie.

(2) *Négotiations de la France dans le Levant, ou Correspondances, Mémoires et Actes diplomatiques des Ambassadeurs de France à Constantinople, et des Ambassadeurs envoyés ou résidents à divers titres à Venise, Raguse, Rome, Malte*

Grazie a quelle *Capitolazioni*, la Francia poteva, come espressamente le era stato concesso, prendere sotto la protezione della propria bandiera le navi che facessero vela per il Levante degli Stati a lei amici, ma pur nemici dell'Impero ottomano e, pertanto, non rappresentati quivi da alcun ambasciatore (1). Così la Francia si lasciava addietro l'influenza stessa dei Veneziani; e i suoi ambasciatori e i suoi consoli avevano in Turchia la precedenza dinanzi a quelli delle altre Potenze (2). Il Governo francese per contro si studiò con gran cura di non dare ad alcun avventuriere il permesso di risiedere nell'Impero ottomano; anzi tutti quelli che lo richiedevano, prima d'esser lasciati partire dovevan presentare dei buoni attestati, e depositare una cauzione presso la Camera di Commercio di Marsiglia; misura che venne abrogata solo dopo il 1833, non senza che producesse come conseguenza un'invasione di avventurieri e d'imbroglioni, nominatamente nei Principati danubiani (3). Gli è per questo che ancor oggi i Cristiani delle più diverse nazioni si chiamano in Oriente con la comune denominazione di *Franchi*. Cotesto cosiddetto *protettorato* della Francia, che si ricollegò con altre importanti relazioni politiche, durò per tre interi secoli. Se poi si tenga dietro anche più oltre a un tale influsso da ponente a levante, si rileverà come la Francia, anche quando lo sviluppo delle potenze russa e inglese già venivano a scemarne l'importanza in Oriente, lasciasse pur quivi, con la spedizione del Bonaparte in Egitto, nuovi elementi della sua civiltà; e come la conquista dell'Algeria, sebbene provocata da un mero accidente, avesse proprie radici nei disegni politici della Francia (4).

---

et *Jérusalem, en Turquie, Perse, Géorgie, Crimée, Syrie, Égypte etc. et dans les États de Tunis, d'Alger et de Maroc;* publiés pour la première fois par E. CHARRIÈRE; Paris, Imprimerie Nationale, 1848-60. 4 vol. in-4°. *Introduction,* p. LXIII. È una delle opere più ampie e più rilevanti per le relazioni franco-orientali.

(1) Articolo 32 delle Capitolazioni generali del 1740.

(2) Articolo 17 delle stesse.

(3) *Annuaire des deux Mondes,* 1850, p. 816.

(4) Nell'accennata opera (*Introduction,* p. LXIII) lo CHARRIÈRE dice : « Par la conquête d'Alger elle (la France) est devenue immédiatement puissance orientale ; et cette tentative, qu'on a pu croire conçue au hasard à propos d'une occasion futile, résulte d'une pensée politique qui a toujours été présente à sa diplomatie, et dont on pourra suivre la trace dans ce recueil : elle ouvre

Della parola « *protettorato* » tuttavia si è ora fatto da varie parti
un vero abuso. Le Capitolazioni, in sè e per sè, non sono punto
dei trattati pubblici, ma solo dei privilegi concessi da *una* potenza;
ciò che non esclude che la loro abolizione possa trarsi dietro una
guerra. L'alleanza del 1535 conclusa con Francesco I ha sola un
carattere sinallagmatico, di tutte le concessioni fatte alla Francia
fino al 1802; e poichè le Capitolazioni concesse dopo il 1535 con-
fermano l'accordo di quell'anno, s'intende bene come la più recente Diplomazia turca, allorchè si parla di pretese francesi, si
valga del termine di « trattati ». In presenza delle condizioni bar-
bariche dell'Impero ottomano, le Capitolazioni francesi si estesero
a tutti i rami delle relazioni internazionali; e ciò con tanta particolarità di esigenze e con sì frequenti ripetizioni, consigliate dalla
prudenza, ch'esse si possono in qualche parte considerare come
provocate da casi determinati; e non si può fare a meno di ammirare la vecchia diplomazia francese per la sua circospezione e la
sua sollecitudine. Le immunità degli ambasciatori e dei consoli,
le disposizioni relative alla navigazione, la condizione dei pellegrini,
la sicurezza contro i pirati, la pesca ordinaria e quella del corallo,
le condizioni dei protetti, l'assistenza in casi di naufragio: tutto, fino
ai più minuti particolari, vi è preveduto. — La Porta non ha mai
revocate coteste Capitolazioni; tuttavia, solo con l'articolo 1.º del
trattato di pace di Parigi del 1802 esse hanno ricevuto, nel loro
complesso, un carattere di diritto pubblico. Sotto questo rispetto
anzi, la Russia — per quanto le sue relazioni con l'Impero ottomano
siano d'origine più recente — avrebbe, con la ricapitolazione formale
dei suoi privilegi nel trattato di Cüciük-Cainargi stipulato nel 1774,
prevenuta la Francia. Ma di un vero protettorato, in forza del quale
venissero limitati i diritti di sovranità del Sultano, nè per la Francia
nè per la Russia può farsi in alcun tempo parola. I testi delle Capitolazioni e dei trattati lo dimostrano nel modo più irrefutabile.
Bensì piuttosto, per ciò che si riferisce alla Francia, non si trattò mai,
sia verso la Porta, sia verso la Cristianità, se non di una specie di
diritto consuetudinario; e quanto alle ben più pericolose argomen-

---

devant elle une de ces carrières dans lesquelles les peuples s'engagent sans
savoir où ils marchent, et par une impulsion instinctive plus forte que leur
volonté ».

tazioni della Russia, non sarebbe possibile di ammettere neanche questo.

Tanto le Capitolazioni consentite alla Francia e ai Cattolici, quanto i diplomi concessi alla Russia e agli Ortodossi, e infine i trattati che quelle singole concessioni riassumevano, ebbero più volte a far menzione di Gerusalemme e dei Luoghi Santi (1). Secondo parecchi viaggiatori, la popolazione di Gerusalemme intorno alla metà del XIX secolo era di 16.000, secondo altri di 20.000 anime; tra questi, circa 2000 Greco-ortodossi, 1000 Cattolici, 350 Armeni, 100 Copti, 20 Siriaci, 20 Abissini e 40 Cristiani evangelici. Parecchi degli edifizi ch'erano stati costruiti fin dai primi secoli nei luoghi dove si svolse la vita e la passione di Cristo furono dai Maomettani distrutti; altri lasciati andare in rovina; altri ancora furono adibiti a loro privato uso: come la casa di Pilato, che diventò una caserma, il carcere di San Pietro, che passò a un conciapelli, e buon numero di chiese. Dei monumenti che e prima e dopo furono venerati dai credenti delle varie confessioni, son soprattutto da ricordare: la chiesa della Natività a Betlemme; la chiesa, totalmente distrutta, di Sichem, fatta edificare da Sant'Elena presso il pozzo di Giacobbe; la chiesa di Cana, là dove Cristo mutò l'acqua in vino; la chiesa di Tiberiade, presso il luogo dove Pietro ricevette la piena sua autorità; la chiesa dell'Offertorio di Maria, fatta costruire da Giustiniano nel recinto del Tempio, e trasformata poi dai Turchi in moschea; la chiesa della Flagellazione a Gerusalemme; quella del Santo Sepolcro, quivi pure; la chiesa degli Apostoli sul Monte Sion e quella dell'Ascensione sul Monte Oliveto, che appartengono entrambe ai Musulmani; la chiesa con la tomba della Vergine e la grotta della Passione a Getsemani. Oltre a cotesti principali luoghi di pellegrinaggio, ce n'è nel territorio turco un gran numero ancora di meno importanti. La Chiesa cattolica, a suggerimento dei Francescani, ha concesso a poco a poco per più di duecento di tali luoghi di pellegrinaggio in Oriente indulgenza parziale o plenaria, secondo l'importanza loro (2).

----

(1) Cfr. il mio « Mémoire sur la question des lieux saints » in appendice alla *Histoire diplomatique de la crise orientale de 1853 à 1856, d'après des documents inédits*, Bruxelles, 1858: traduzione della mia « Türkische Rede » (Discorso sulle cose della Turchia), comparsa a Lipsia nel 1857.

(2) Gli elenchi integrali di essi — alquanto diversi l'un dall'altro — si

Oltre a questi, si può immaginare la quantità straordinaria di conventi e di altre fondazioni, per lo più annesse o dipendenti, delle varie Comunità. Nella maggior parte poi di coteste chiese principali si trovano inoltre dei singoli santuarii, come altari, cappelle, grotte e via dicendo, posseduti parte da questa, parte da quella delle varie sètte cristiane, parte anche da più d'esse in comune. Benchè il pieno possesso d'uno di siffatti santuarii non si possa palesare in altro modo se non col fatto che la sètta che vi pretende ha il diritto di esporvi tappeti e d'accendervi lampade, e benchè un tal possesso, piuttosto esteriore che effettivo, non dia in alcun modo il diritto di escludere le altre corporazioni di fedeli dalla preghiera nei rispettivi luoghi di pellegrinaggio, tuttavia la questione circa il possesso di questa o quella pietra, di questo o quel santuario è diventata già da secoli occasione tra i Cristiani di litigi e contestazioni frequenti nella Terra promessa. Armeni e Copti, Siriaci e Abissini, Nestoriani, Georgiani e Maroniti, i quali hanno anch'essi dentro o intorno alla chiesa del Santo Sepolcro dei santuarii minori, sono stati sempre fin qui una troppo esigua minoranza, perchè potessero gareggiare con i due gruppi principali; ma la vera e propria contestazione avvenne il più delle volte tra i Cristiani cattolici del rito greco e quelli del rito latino. I funzionarii locali turchi sembra che in coteste controversie non abbiano veduto altro che un ottimo mezzo per rigonfiarsi le tasche; ma la Porta cercò sovente di comporle, sia per mezzo di semplici sentenze di tribunali, sia mediante firmani; i quali dovevano però, col tempo, tanto più trovarsi in contraddizione tra loro, quanto più o l'indifferenza o il capriccio o le considerazioni politiche, o persino talvolta la corruzione, avevan contribuito al loro conferimento.

Le derivazioni giurisdizionali dei Francesi riferentisi al periodo pre-turco non possono dalla storia accettarsi come titoli di diritto. Gli ultimi signori, tuttora regnanti, della Palestina non avevano in alcun modo il dovere di riconoscere le precedenti conquiste cristiane, o le concessioni ai Cristiani fatte già da più antichi principi islamici; ma i titoli morali, che si riannodano a fatti e avvenimenti dei passati secoli, hanno un tal peso, persino di fronte ai

---

trovano nell'opera *Mel de Petra* del frate francescano PATRICE; e in *Les Saints Lieux* (Parigi, 1851-57) del prelato ungherese MISLIN, il quale li desume da *Quaresmius*: «Elucidatio terrae sanctae, etc.»; Anversa, 1639.

Barbari, che sopra di essi costantemente si sono nelle loro rimostranze fondati così i Latini come i Greci. Tali pretensioni, se pur
non hanno un significato di pubblico diritto, sono tuttavia ragioni
impellenti nella vita delle nazioni, e spesse volte le trascinano, anche
senza reali titoli giuridici, alla lotta. Già sul finire del secolo X il
primo papa francese, il dotto benedettino Gerberto — Silvestro II —
il quale dovette la propria elezione al suo insigne scolaro tedesco
Ottone III, aveva mandato un disperato appello in pro dei conculcati
santuarii dell'Oriente; in quel grido, con eco che ancor oggi risuona
per tutta la cristianità, si diceva: « Benchè io (Gerusalemme) sia
« oggi rovesciata dalle fondamenta, di molto è a me debitore il
« mondo: in me io chiusi già gli oracoli dei profeti e dei patriarchi;
« gli apostoli, lumi del mondo, sono usciti dal mio seno; da me
« viene il Redentore dell'universo » (I). E ancor oggi la Francia
riguarda dietro a sè con orgoglio alla preponderante parte presa
nelle Crociate, si gloria che la sua nobiltà ha eretto a Gerusalemme
e a Costantinopoli troni francesi, quando quegli elementi dai quali
sorse la Russia più tardi ancor si trovavano nelle tenebre della
barbarie; si gloria che Guido di Lusignano, dopo la sua caduta
dal trono di Gerusalemme, impetrasse dal Saladino la conservazione
dei santuarii dei quali gli avevano consigliata la distruzione; che
a quell'Ordine dei Francescani, che da cinque secoli è chiamato
a far da fido custode del Santo Sepolcro, ha ella stessa dato tanti
membri devoti fino al sacrificio, e talvolta fino al martirio. Cionnondimeno, come già s'è detto, il significato giuridico e pubblico
delle pretese francesi incomincia appena col secolo sedicesimo.
L'elemento, misto per sangue ed origini, dei Greco-ortodossi s'era
allora — nonostante la multiforme oppressione dei conquistatori
— già diffuso d'assai, e già era incominciata la graduale infiltra-
zione dei Francescani sparsi largamente qua e là, nei numerosi santuarii, nei conventi, e in altre pie fondazioni. La Forèt, primo ambasciatore francese a Costantinopoli, alla conclusione del trattato di
amicizia e di commercio del febbraio 1535 ottenne la conferma
dei privilegi che si riferivano ai Luoghi Santi; e poco appresso

---

(1) Proprio quando la questione dei Santi Luoghi commoveva l'Europa,
nel 1851, s'innalzava a Silvestro II un monumento nella sua città natale di
Aurilac, nell'Alvernia.

riuscì a concludere anche un trattato d'alleanza, in forza del quale la Porta si obbligava a star contro Napoli e l'Ungheria, mentre la Francia doveva anzitutto assalire la Lombardia (1). Sotto Enrico II, l'ambasciatore La Vigne nominatamente otteneva un miglior trattamento per i pellegrini di tutti gli Stati cattolici, e nel 1559 la concessione d'un firmano molto vantaggioso per quelli del rito latino. — Ma non soltanto i Greco-ortodossi, bensì anche gli Armeni avevan cercato di scacciare i Cattolici di Gerusalemme e di Betlemme; talchè Luigi XIII mandò nel 1621 a Costantinopoli il barone Deshayes de Courmenin — più tardi decapitato per istigazione di Richelieu, — consegnandogli la somma, a quel tempo considerevole, di 400 000 franchi, per la restaurazione delle chiese di Gerusalemme e di Betlemme. Deshayes, nonostante gli intrighi degli opulenti Armeni, riuscì a strappare un importante firmano, confermante gli antichi diritti dei Cattolici; si recò con esso a Gerusalemme, e, cacciatine gli Armeni, vi istituì un Consolato francese (2).

Anche più rilevanti furono i successi conseguiti sotto Luigi XIV. Le relazioni della Francia con la Porta s'erano allora sensibilmente raffreddate, per gli aiuti dati ai Veneziani di Candia. La missione

---

(1) Il trattato di amicizia e di commercio del 1535 — il solo strumento che abbia, come si è rilevato più sopra, carattere sinallagmatico prima del 1802, essendovi indicati da una parte Giovanni La Forêt e dall'altra il serraschiere Ibrahim come plenipotenziarii — è stato pubblicato da CHARRIÈRE e dopo di lui, con poche variazioni stilistiche, da TESTA, Recueil, I, pag. 16-21. Se ne trovano traduzioni nell'Archivio del Ministero francese degli Esteri, nella Biblioteca nazionale e in quella dell'Arsenale a Parigi. Malauguratamente, coteste traduzioni nulla contengono che si riferisca ai Santi Luoghi, ad eccezione di un accenno che i protetti dalla Francia non potranno mai essere molestati per questioni di religione. TESTA però dimostra (vol. I, pag. 22) che nell'analisi che di quel trattato pubblicava MOURADJEA-D'OLESSON nel suo Tableau général de l'Empire ottoman, Paris, 1791, si trovano ancora altri sette articoli, il quinto dei quali stabilisce che i Francesi farebbero custodire i Santi Luoghi da sacerdoti cattolici. Una tale aggiunta potrebbe parere sospetta, se nelle suaccennate traduzioni ufficialmente conservateci non mancasse anche (prescindendo da altre probabili stipulazioni commerciali) l'articolo, in essa opera citato, « che d'allora in poi un ambasciatore francese dovesse risiedere a Costantinopoli, ed un console francese ad Alessandria ».

(2) La sua descrizione della chiesa del Santo Sepolcro con tutti i suoi santuarii è ancor oggi fra tutte la più bella e la più degna di fede, tanto che Châteaubriand, rigettandone un gran numero d'altre che cita, l'ha accolta, con alcune note proprie, nel suo Itinéraire de Paris à Jérusalem.

straordinaria del cavaliere d'Arvieux, il quale doveva ottenere la conferma, con altre e più ampie concessioni, delle Capitolazioni antiche, restò senza effetto ; e il 24 settembre 1672 d'Arvieux dirigeva a Luigi XIV una Memoria, che è del più alto interesse storico, perchè ci presenta un atteggiamento il quale ha molta somiglianza con quello che, di fronte alla Porta, doveva assumere la Russia quasi due secoli dopo. Dalla Memoria risulta, prima di tutto, che il Gran Visir non volle assolutamente accettare la lettera che d'Arvieux gli doveva consegnare. « Il Sultano — così scrive l'inviato — poteva bensì tollerare che il re di Francia tutelasse i Cristiani di rito latino, ma non ch'egli s'ingerisse delle questioni dei Cristiani cb'erano sudditi suoi. Voler bene il Gran Visir ammettere nelle nuove capitolazioni che gli stranieri venuti in Turchia sotto la bandiera francese dovessero esser considerati come Francesi, e trattati come tali; ma non però esser costretti, secondo che le antiche Capitolazioni stabilivano, a venirvi sotto bandiera francese ». Soggiungeva: « Essere i Turchi i più orgogliosi e i più arroganti uomini del mondo; ma una lunga esperienza averlo convinto, ch'essi erano amici soltanto di coloro che li maltrattavano; e incapaci di capire altra ragione fuorchè quella delle cannonate. Alle minacce doversi dunque far seguir subito i fatti: se pure non si voleva seguire in ciò l'esempio dei Tedeschi, che vengono ai fatti senza averli fatti precedere dalle minacce ». D'Arvieux pertanto faceva delle proposte, che il principe Menscikow avrebbe probabilmente trovate — come direttiva d'istruzioni diplomatiche — anche troppo feroci: « Trovarsi già quindici navi da guerra nel Mediterraneo; potersene aumentare il numero fino a venti. Cotesta flotta avrebbe dovuto ancorarsi in tutta segretezza dinanzi ai primi forti dei Dardanelli. Di là si sarebber mandati tre bastimenti di linea e due brulotti verso le isole dei Principi, dove sarebbe dovuta sbarcare la persona di ciò incaricata, con gli ordini del Re. Il primo ordine sarebbe stato di prendere a bordo l'ambasciatore, il quale, senza più scendere a terra, sarebbe rimasto sulla nave. Il nuovo inviato doveva quindi recarsi dal Sultano, e dichiarare al Gran Visir: avere il Re ordinato all'ambasciatore e a tutti i commercianti francesi di ritornare in Francia. La descrizione ch'egli avesse fatta dei forti dei Dardanelli avrebbe a dimostrare che facilmente si sarebbe potuto rendersene padroni. L'inviato straordinario doveva aver pronte le nuove Capitolazioni e le aggiunte annessevi; e intimare fermamente al Gran

Visir: — « O sottoscrivi, o io me ne vado! Ma alla minima violenza
« che mi fosse fatta, le navi del Cesare mio signore gremiranno
« i vostri mari, saccheggeranno le vostre coste, porteranno alla
« disperazione i vostri sudditi, rovineranno il vostro commercio, vi
« affameranno, e mi vendicheranno in modo tale, che i secoli ven-
« turi dovranno ricordarsene ». — Esserci da dieci anni a Marsiglia
delle mercanzie del Levante invendute, da bastare per due decennii.
Nel caso d'una guerra, la Francia in meno d'un mese o di sei
settimane si renderebbe padrona di tutte le isole dell'Arcipelago
che gemono sotto il giogo turco, e che sarebbero felici d'aver
per sovrano il re di Francia. Dodici cannonate potrebbero annientare il forte di Smirne; e dal saccheggio della città si potrebbero
trarre ricchezze immense. Chio anch'essa non avrebbe ad aspettar
troppo a lungo il primo colpo di cannone per consegnar le sue
chiavi » (1).

Così del pari, anche il marchese di Nointel, che Luigi XIV mandava a Costantinopoli l'anno appresso (1673), procedeva in modo
al tutto simile a quello che, quasi due secoli più tardi, doveva
essere usato dal principe Menscikow. Egli si ancorò al Corno d'Oro
con quattro bastimenti da guerra, e rifiutò di salutare con le salve
d'uso la città, prima che gli fosse stata data assicurazione del ricambio. Ricusò del pari di vedere il Gran Visir, perchè questi si
era reso colpevole di sconvenienze contro i suoi predecessori. Per
ordine di Luigi XIV, l'ambasciatore doveva comunicare le sue
istruzioni solo direttamente al Sultano: ciò ch'era anche più difficile, inquantochè costui trovavasi al campo di Adrianopoli. Di fronte
alla resistenza incontrata, il marchese di Nointel domandò a Ver-
sailles nuove istruzioni; le quali furono (proprio come quelle dello
Zar Niccolò): che, a un ulteriore rifiuto, egli dovesse allontanarsi.
La Porta finalmente cedette; e le Capitolazioni non solo furono
rinnovate, ma Luigi XIV le arricchì ancora dei nuovi privilegi richiesti (2).

Non ci può essere ombra di dubbio che cosiffatte concessioni,
ottenute o per abuso della forza o per altra maniera, le quali eran

---

(1) La memoria di D'Arvieux a Luigi XIV si trova nel *Recueil des Traités*
del barone di TESTA, I, pag. 7-13.

(2) POUJOULAT, *La France et la Russie à Constantinople*, Paris, 1853, p. 55
(dalle memorie di D'Arvieux).

tanto pregiudizievoli ai sudditi della Porta, dovessero parerle immensamente gravose. Greci ed Armeni perdurarono sempre e rinnovatamente nella lotta contr'esse; e agli attacchi dei primi neanche la Capitolazione del 1673 potè in particolar modo sottrarsi. L'accorto e influentissimo dragomanno della Porta, Panaioti, col quale il marchese di Nointel aveva dovuto trattare, mosso — come pare — da puro fanatismo ortodosso, e forse con la significante protezione della Porta stessa, riuscì a ottenere un firmano, che restituiva ai suoi compagni di fede i santuarii che il signor di Nointel aveva guadagnati ai Cattolici (1). Luigi XIV pertanto, pressato da questi, dovette incaricare il suo ambasciatore Di Châteauneuf di ulteriori trattative, che nel 1690, per l'opera del Gran Visir Mustafà Kupruli, condussero a una nuova vittoria dei Cattolici. — Sotto Luigi XV, la Porta dovè ricorrere alla protezione della Francia contro l'Ordine dei Cavalieri di Malta; in compenso di ciò, le concedette un firmano, col quale si conferiva il possesso della chiesa del Santo Sepolcro integralmente ai Cattolici. Più tardi infine, quando l'ambasciatore francese de Villeneuve, dopo la conclusione della pace di Belgrado, si fu creato a Costantinopoli uno stato influentissimo, gli venne fatto di ottenere nel 1740 una rinnovazione e un ampliamento di tutte quante le Capitolazioni, cercando di attribuire, per quant'era possibile, a cotesto complesso di disposizioni il carattere di un trattato, quale esso ha veramente, anche per il fatto che si chiude con un giuramento del Sultano, per sè, per i successori suoi e per i suoi funzionarii. Non avendo però la Porta accompagnati i concessi privilegi da una traduzione qualsiasi, ed essendone derivate numerose contestazioni, un altro rappresentante, il conte di Vergennes, ne fece fare una traduzione ufficiale (2). — Degno in particolar modo di esser rilevato è l'articolo 33.°, il quale, mentre riproduce la capitolazione ottenuta nel 1673 dal signor di Nointel, conferma pure nel modo più assoluto che i preti cattolici dentro e fuori di

---

(1) Intorno a PANAIOTI molte notizie curiose ci son date, tra altri, da UBICINI, nelle sue *Lettres sur la Turquie*, II, pag. 61-63.

(2) Venuta in luce col titolo: « *Capitulations ou traités anciens et nouveaux entre la Cour de France et la Porte ottomane*, renouvelés et augmentés, l'an de Jésus Christ 1740 et de l'Hégire 1155; traduits à Constantinople par le Sieur Deval, secrétaire interprète du Roi, et son prèmier Drogman à la Cour ottomane, 1761 ».

Gerusalemme « secondo un'antica consuetudine » avevano lor domicilio *nella chiesa del Santo Sepolcro*. Se poi con la designazione « fuori di Gerusalemme » siano o no indicate, come i Francesi affermano, proprio Getsemani e Betlemme, è cosa che non possiamo affermare. Per altra parte, importantissimo ancora per la Francia nelle relazioni internazionali è l'articolo 83.°, il quale suona così: « Poichè l'*amicizia della Corte francese con la mia Sublime Porta* « *è più antica di quella di altre Corti*, ordiniamo, affinchè essa « sia trattata nel modo più degno, che i privilegi e onori largiti « alle altre nazioni *franche* (I) debbano essere concessi anche ai « sudditi del Cesare dei Francesi ».

L'art. 33.°, tuttavia, aveva bisogno d'un ulteriore integramento, inquantochè non erano in esso specificati i singoli santuarii assunti in titolo dai Cattolici. Se ne fece merito nel 1757 l'ambasciatore conte di Vergennes, riuscendo a ottenere un firmano, che si conserva ora nell'Archivio dei monaci del Santo Sepolcro a Galata (2). All'elenco che ivi apparisce (3) si richiamano le posteriori pretese della Francia. Come già fu rilevato, le Capitolazioni concesse tutt'insieme alla Francia furono per la prima volta confermate in forma sinallagmatica nel trattato di Parigi del 25 giugno 1802, pel quale la Francia divenne in pari tempo compartecipe di tutti i privilegi attribuiti ad altre Potenze nella Turchia. — Vedremo bentosto come la stessa scettica monarchia di Luigi Filippo non potesse rinunziare al suo influsso politico-religioso in Oriente: uno dei suoi rappresentanti, l'ammiraglio de Roussin, ottenne persino che nella chiesa dell'Ascensione situata sul monte Oliveto, benchè trasformata in moschea, potesse venire solennemente festeggiato il Capo d'anno cattolico.

---

(1) Segnatamente Spagna ed Italia.

(2) Vedilo integralmente in Cèsar Famin: *Histoire de la rivalité et du Protectorat des Églises chrétiennes en Orient*, pag. 40-42.

(3) È d'uopo notare in particolar modo che le numerose raccolte e citazioni dei firmani largiti ai Cattolici differiscono non indifferentemente l'una dall'altra. Così, mentre il Testa (I, pag. 5) cita per la rinnovazione e l'ampliamento delle Capitolazioni francesi gli anni 1569, 1581, 1604, 1673 e 1740, e nel 3.° volume indica altri 26 firmani, i cui originali egli ha esaminati nei conventi cattolici di Costantinopoli e di Gerusalemme, il Hammer fa cenno inoltre di modificazioni del 1609, 1614, 1618, 1624 e 1684, delle quali il Testa non potè trovare alcuna traccia.

L'esame dei titoli giuridici che sui Santi Luoghi possiede la Chiesa ortodossa presenta notevoli difficoltà. Mentre quelli dei Cattolici sono tutti riassunti nelle Capitolazioni concesse alla Francia, e solo in seconda linea fanno capo alle radici sopra accennate perdentisi fino nel medio evo, i Cristiani cattolici del rito greco derivano i loro diritti fino dai primi secoli del cristianesimo. La chiesa del Santo Sepolcro — dicono essi — fu fondata da Sant'Elena (che nell'anno 326 s'era recata a Gerusalemme), al posto dov'essa trovò la croce di Cristo; ed anche parecchi santuarii sono fondazioni di lei. Or, poichè ella fu la madre di Costantino il Grande, fondatore di Costantinopoli, essi, i Greco-ortodossi, sarebbero i naturali eredi di quei luoghi. I Cattolici obbiettano che Sant'Elena fu cattolico-romana, ch'essa mandò un pezzo della vera croce da lei trovata al pontefice, e che fu santificata dalla Chiesa cattolica; e poichè allora non vi era ancora scisma alcuno, Costantino pure era cattolico. L'Impero greco fu fondato solo dopo la morte di Elena; la Chiesa greca molto più tardi ancora, e precisamente appena 700 anni dopo la morte di ambedue. Adunque, la Chiesa *romana*, non l'ortodossa, sarebbe l'erede naturale di quei santuarii (1). Ma i seguaci di questa non s'arrendono punto a tali argomenti nazionali, fattisi d'altra parte per conquiste e riconquiste caduchi; anzi sostengono che quando gli Arabi sotto Omar nel settimo secolo presero Gerusalemme, i Santi Luoghi — tra i quali il Califfo voleva ridurre la chiesa del Santo Sepolcro a moschea — furono salvati dalla rovina dal Patriarca Sofronio; in conseguenza di che, Omar, mediante un firmano, avrebbe confermato a lui ed ai suoi il loro soggiorno nei Santi Luoghi. Cotesto più volte citato firmano viene però dai Cattolici dichiarato una grossolana falsificazione; e la più recente trattazione russa della questione non conclude affatto per l'autenticità sua; anzi confessa esser difficile stabilire la genuinità di documenti così antichi (2). E

---

(1) Il visconte DE LA JONQUIÈRE che fu già professore di storia nell'imperiale scuola militare di Costantinopoli, nella sua *Histoire de l'Empire ottoman*, Paris, 1881, pag. 510, riporta un firmano dell'anno 1663, il quale « secondo antichi autentici documenti » stabilisce che sin dal tempo della conquista di Gerusalemme per il Califfo Omar, i monaci *franchi* erano possessori dei Santi Luoghi, e che tenevano come per l'innanzi la grotta di Betlemme, della quale i Greci s'impadronirono con inganno e con la presentazione di titoli falsi.

(2) *Étude diplomatique sur la guerre de Crimée*, I, pag. 128.

sebbene possa sembrare assai naturale che il Califfo Omar, risparmiando per le rimostranze dei Greci i santuarii, li recasse nelle mani
loro, la Porta medesima replicatamente ha dichiarato quel firmano una
falsificazione. Nella difesa del titolo possessorio degli Ortodossi si dice
ancora che, secondo la testimonianza di Guglielmo di Tiro, il quale
scriveva al tempo della prima Crociata, la chiesa del Santo Sepolcro,
distrutta nel 1010 dal Califfo Daher, venne per istanza dei Latini
medesimi riedificata dall'imperatore greco Costantino Monomaco.

Or dall'enumerazione di tutti cotesti argomenti addotti dalle due
parti rivali si viene alla conclusione, che i Cattolici han per sè un
maggior fondamento di diritto nel senso internazionale, e gli Ortodossi i vantaggi che loro derivano dal diritto nazionale. Ma la
condizione di questi ultimi, dopo i rivolgimenti operati dalla Russia
nell'Impero ottomano si è essenzialmente mutata. Nel trattato di
Cüciük-Cainargi trovasi il seguente articolo 7.°: « La Sublime Porta
« promette di proteggere costantemente la religione cristiana e le
« sue chiese, e consente pure ai Ministri della imperial Corte russa
« di avanzare in ogni occasione delle rimostranze sia in favore della
« nuova chiesa di Costantinopoli (1), della quale è fatta menzione
« all'articolo 14.°, sia in pro di quella cb'essi servono; promettendo
« di tenerle nella considerazione dovuta, siccome provenienti da
« persona di fiducia di una Potenza vicina e seriamente amica ».

Anche prescindendo interamente dal fatto, che la Russia e i sudditi ortodossi del Sultano derivavano dal trattato di Cüciük Cainargi
(dove il *Sultano* s'impegnava a proteggere i Cristiani) un *protettorato
dello Zar*, i vecchi fedeli sono armati pure d'un gran numero di
firmani che, come abbiamo veduto, essi han saputo con l'andar del
tempo conquistare. È fuor di dubbio che Maometto II, subito dopo
la sua conquista di Costantinopoli, confermò a Patriarca il monaco
Scolario eletto dal Sinodo; sebbene non sia dimostrato da verun
documento autentico che gli abbia concesso (come sostengono gli
Ortodossi) un diploma dove gli si conferisse il godimento di tutti
i privilegi dei suoi antecessori, e si promettesse il mantenimento
delle chiese (2). E nondimeno, una tal tradizione diventò il punto
di partenza dei privilegi concessi agli Ortodossi, dalla conquista di
Costantinopoli in qua.

---

(1) Nella strada Bey Oylon di Galata.
(2) HAMMER, *Storia dell'Impero ottomano*, III, pag. 4 dell'ed. francese.

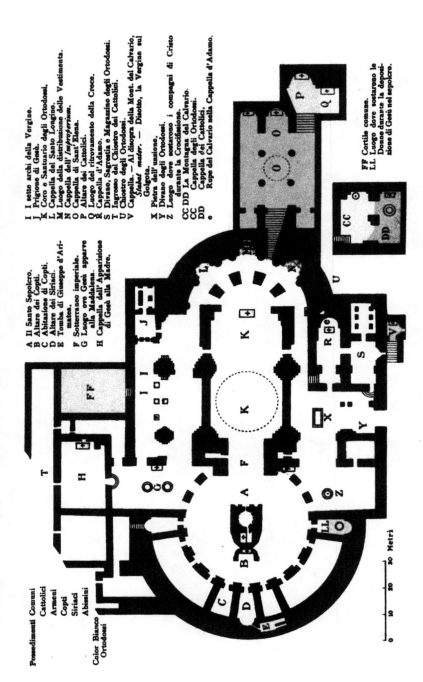

Possedimenti Comuni
  Cattolici
  Armeni
  Copti
  Siriaci
  Abissini

Color Bianco
  Ortodossi

A Il Santo Sepolcro.
B Altare dei Copti.
C Abitazione di Copti.
D Altare dei Siriaci.
E Tomba di Giuseppe d'Arimatea.
F Sotterraneo imperiale.
G Luogo ove Gesù apparve alla Maddalena.
H Cappella dell'Apparizione di Gesù alla Madre.

I I sette archi della Vergine.
J Prigione di Gesù.
K Coro e Santuario degli Ortodossi.
L Cappella del Santo Longino.
M Luogo della distribuzione delle Vestimenta.
N Cappella dell'improperium.
O Cappella di Sant'Elena.
P Altare dei Cattolici.
Q Luogo del ritrovamento della Croce.
R Cappella d'Adamo.
S Divano, Sagrestia e Magazino degli Ortodossi.
T Ingresso dal Chiostro dei Cattolici.
U Chiostro degli Ortodossi.
V Cappella. — Al disopra della Mont. del Calvario, la Vergine sul Golgota. — Stabat mater. — Disotto, la Vergine sul Golgota.
X Pietra dell'unione.
Y Divano degli Ortodossi.
Z Luogo dove sostarono i compagni di Cristo durante la Crocifissione.
CC DD La Montagna del Calvario.
CC Cappella degli Ortodossi.
DD Cappella dei Cattolici.
• Rupe del Calvario nella Cappella d'Adamo.

FF Cortile comune.
LL Luogo dove sostarono le Donne durante la deposizione di Gesù nel sepolcro.

N.° 1. — Stato dei possedimenti delle Comunità Cristiane nella Chiesa del Santo Sepolcro prima dell'incendio del 1808.

(Secondo l'Ab. G. M. Michon)

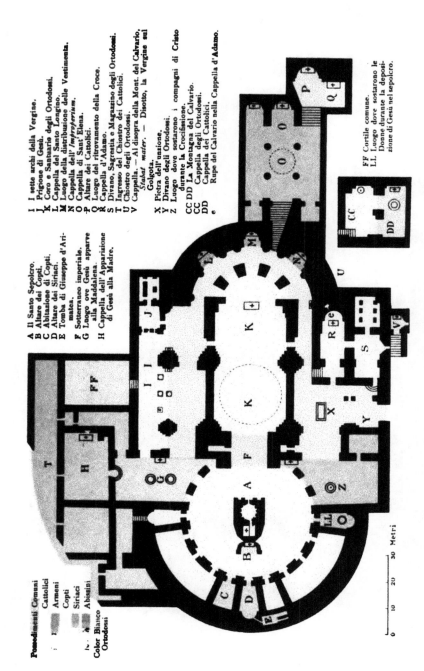

Possedimenti Comuni
Cattolici
Armeni
Copti
Siriaci
Abissini
Color Bianco Ortodossi

A Il Santo Sepolcro.
B Altare dei Copti.
C Abitazione di Copti.
D Altare dei Siriaci.
E Tomba di Giuseppe d'Arimatea.
F Sotterraneo imperiale.
G Luogo ove Gesù apparve alla Maddalena.
H Cappella dell'Apparizione di Gesù alla Madre.

I I sette archi della Vergine.
J Prigione di Gesù.
K Coro e Santuario degli Ortodossi.
L Cappella del Santo Longino.
M Luogo della distribuzione delle Vestimenta.
N Cappella dell' *Improprium*.
O Cappella di Sant'Elena.
P Altare dei Cattolici.
Q Luogo del ritrovamento della Croce.
R Cappella d'Adamo.
S Divano, Sagrestia e Magazzino degli Ortodossi.
T Ingresso del Chiostro dei Cattolici.
U Chiostro degli Ortodossi.
V Cappella. — Al disopra della Mont. del Calvario, Golgota. — Disotto, la Vergine sul *Stabat mater*.
X Pietra dell'unione.
Y Divano degli Ortodossi.
Z Luogo dove sostarono i compagni di Cristo durante la Crocifissione.
CC DD La Montagna del Calvario.
CC Cappella degli Ortodossi.
DD Cappella dei Cattolici.
e Rupe del Calvario nella Cappella d'Adamo.

FF Cortile comune.
LL Luogo dove sostarono le Donne durante la deposizione di Gesù nel sepolcro.

N.° 2. — Stato dei possedimenti delle Comunità Cristiane nella Chiesa del Santo Sepolcro dopo l'incendio del 1808.

(Secondo l'Ab. G. M. Michon)

Nella lunga serie di accuse che loro fanno i Latini, merita di essere specialmente rilevata quella che, quando i Turchi erano affaccendati a scacciare i Veneziani dall'isola di Candia, gli Ortodossi vendessero loro il piombo di cui era coperta la chiesa di Betlemme per fonderne delle palle, e che poi a Costantinopoli facessero valere cotesto servigio, reso loro in danno dei Cristiani, a fine di ottenerne un firmano per il risarcimento dei danni. Alcunchè di simile era avvenuto per la chiesa del Santo Sepolcro(1). — Ma alla confusione contribuì ancora in particolar modo un incendio scoppiato in quest'ultima chiesa nel 1808, che venne attribuito in parte al fanatismo degli Ortodossi, in parte alla gelosia degli Armeni, i quali venivano in terzo luogo, dopo le due sètte maggiori. I Greci fecero venire degli operai da Mitilene, e restaurarono grossolanamente la chiesa, con grave sacrifizio delle precedenti bellezze architettoniche di essa. La cupola imitante il Pantheon di Agrippa, che vi era stata fatta ricostruire nel 1558 a spese di Carlo V e di Filippo II di Spagna, ne andò malamente guastata; aperte le tombe di Goffredo di Bouillon, di Baldovino, di Filippo di Borgogna e di Filippo I di Spagna; le ossa disperse, le epigrafi infrante. E poichè, segnatamente agli occhi dei Musulmani, siffatti restauri conferiscono un particolare titolo di possesso, i Cattolici in quell'occasione ne perdettero il Santo Sepolcro, la maggiore cupola, la pietra della consacrazione, i sette archi della Vergine e le tombe dei re. La cupola minore, la chiesa grande di Betlemme, il passaggio alla grotta della Natività, la cappella sotterranea e il sepolcro della Vergine a Getsemani erano andati già prima perduti per loro(2).

Gli ulteriori successi della Russia contro l'Impero osmanico non fecero che peggiorare tal condizione di cose in danno dei Cattolici; finchè da ultimo, come ben presto vedremo, il temporale addensatosi contro cotesto incalzare della vecchia influenza franca in Oriente scoppiò tutt'a un tratto.

Perchè sia possibile apprezzare al giusto valore le perplessità della Porta, e soprattutto il quadro storico che da questo momento sta per isvolgersi a' nostri occhi, farà d'uopo prendere in esame

---

(1) V. *Les Saints Lieux* del prelato ungherese MISLIN (vol. III, pag. 41), che per questi fatti si richiama a parecchi storici anteriori.

(2) FAMIN, *Histoire de la Rivalité*, ecc., pag. 372.

ancora le notizie geografico-statistiche che si fan seguire qui appresso.

Verso la metà del secolo nostro (1) si professavano appartenenti alla religione Greco-ortodossa 70 milioni d'anime circa (2). Di queste, 50 milioni forse appartenevano al gigantesco Impero di Russia, finitimo della Turchia. Nella Turchia stessa vivevano oltre a 13 milioni e mezzo d'Ortodossi: che bisogna ben guardarsi tuttavia — poichè tra loro sono fortemente rappresentati e Slavi ed Arabi e altri elementi — dal considerare, quanto alla razza, come Greci (3); tre milioni e mezzo negli Stati danubiani, allora appartenenti ancora alla Turchia; più di tre milioni nell'Austria; e in Grecia non intero un milione. Localmente, a cotesta popolazione ortodossa la Russia porgeva attraverso la Moldo-Valacchia letteralmente la mano, mentre i sudditi musulmani del Sultano solo nella Turchia Asiatica costituivano la maggioranza. Oltre al Patriarca ecumenico di Costantinopoli, la cui influenza era di gran lunga la più importante, ci sono poi tuttora, in Gerusalemme, ad Alessandria, ad Antiochia, i propri loro Patriarchi, che amministrano non meno di 146 eparchie, e comandano sopra metropoliti, arcivescovi e vescovi (4). Dalla opposta parte poi si leva il Patriarcato cattolico di Gerusalemme, di istituzione recente, il quale in Roma si riattacca con tuttaquanta la cristianità cattolica. S'immagini ora tutto cotesto affaccendarsi, costantemente sovvenuto e alimentato dalla Russia, e spiato non solo per fini religiosi, ma per istrapparlo al giogo dei Turchi; cotesta politica del clero, e in parte anche dei funzionarii cristiani, che

---

(1) Ricordi il lettore che la presente opera uscì in luce nell'originale tedesco l'anno 1892.   (*Nota del trad.*).

(2) UBICINI nelle sue *Lettres sur la Turquie*, Paris, 1854 (vol. II, pag. 16), ne fa ascendere il numero a non più di 64 milioni.

(3) Secondo FALLMERAYER, *Frammenti dall'Oriente* (2.ª ediz., Stuttgart, 1877, pag. 587), al tempo di cui ci occupiamo abitavano sul *Continente illirico* 6 milioni e 400 mila Slavi, 1 milione 150.000 Albanesi, 1 milione di Osmanli, e 895.000 Greci. Nella costante assoluta esclusione di sangue greco negli odierni abitatori della Turchia il FALLMERAYER va evidentemente troppo oltre.

(4) Intorno all'organizzazione dei Rajah, v. il *Memorandum* mandato il 16 gennaio 1856 da lord Stratford de Redcliffe alla Porta, circa i privilegi concessi *ab antiquo* dalla Porta ai suoi sudditi cristiani nelle cose spirituali; pubblicato in EICHMANN, *Le riforme dell'Impero ottomano*, appendice, documento 4.º; e in UBICINI, *Lettres sur la Turquie*, vol. II.

si credon lecito ogni intrigo contro l'antico oppressore; codesta iattanza di preti, tra i quali il Patriarca d'Alessandria chiama sè stesso « il tredicesimo apostolo, Papa, giudice della terra intera » e quello di Antiochia « il vero successore di Pietro », iattanza che sarebbe doppiamente sfrenata senza il contrappeso di Roma: e si comprenderà quanto le rimostranze in proposito della diplomazia occidentale apparecchiassero alla Porta, in pari tempo, e vantaggi e dubbiezze.

Nemmeno durante la grande rivoluzione francese non si chetarono le pretese della Francia relativamente ai privilegi religiosi. Secondo la testimonianza d'un Ministro degli Esteri turco, la Repubblica che cacciava in bando non solo il clero, ma Dio medesimo dalla Francia, si agitava per mezzo del suo rappresentante a Costantinopoli in pro dei gesuiti e delle prerogative circa i Luoghi Santi; ed egli aggiunge che non era possibile che la Francia recedesse di fronte a una questione, la quale non riguardava lei sola, e dov'essa non era se non la tutrice degli interessi altrui (1). Nel 1802, oltre alla generale conferma di tutte quante le Capitolazioni ottenuta nel trattato di Parigi del 25 giugno dello stesso anno, venne restituita ai Cattolici la grotta di Getsemani. Inoltre, nel 1811 la Francia potè ottenere una dichiarazione, che i lavori intrapresi dai Greci nella chiesa del Santo Sepolcro in seguito all'incendio lasciavano intatti i diritti dei Cattolici. — Luigi XVIII vide nell'accordo con la Russia (al cui Imperatore egli era legato da amicizia) il mezzo migliore per far riammettere i suoi correligionarii nei loro diritti. A tal fine, negli anni 1819 e 1820 furono avviate su tale proposito delle trattative, nelle quali ebbe parte, per i Francesi, specialmente il noto conte Marcellus. Coteste pratiche concilianti durante il periodo di regno dell'imperatore Alessandro offrono un singolare contrasto col procedere del suo successore; ed avrebbero forse condotto ad un concordato, ove lo scoppio dell'insurrezione greca non avesse nuovamente rimessa in forse ogni cosa.

Nè la Monarchia del luglio potè del pari — come s'è accennato

---

(1) *La Vérité sur la question des Lieux Saints par quelqu' un qui la sait.* Imprimé à Malte. Agosto 1853 (di FUAD EFFENDI, il futuro Gran Visir). Il TESTA ha stimato cotesta scrittura di Stato, della quale io possiedo una copia, così interessante, che l'ha accolta nel 3.° volume della sua collezione.

— lasciare compiutamente in abbandono gl'interessi cattolici in
Oriente; se non che, per un pezzo, considerazioni di varia natura
ostacolarono qualsiasi efficace tutela delle pretese del clero, a Gerusalemme come a Costantinopoli. Nondimeno, — e la cosa fin qui
non è stata neppure storicamente dibattuta ancora — doveva proprio
lo scettico Governo del luglio, e per esso il ministro protestante
Guizot, esser chiamato a risuscitare tutta la più volte secolare
controversia intorno ai Santi Luoghi, e a preparare al Governo napoleonico, che dopo una breve interruzione doveva succedergli, i mezzi
per umiliare il più potente protettore della nemica Ortodossia. Per
quali casi ciò potesse principalmente accadere diremo ora brevemente.

Nel 1840, la Francia aveva subìto nella sua politica orientale,
un grave scacco, dal quale la Monarchia del luglio non potè più
riaversi. Durante il ministero Guizot, contro i Maroniti del Libano
— che dal 1659 stavano sotto la protezione della Francia — erano
state commesse dai Drusi, loro nemici, crudeltà atroci; e nel corso
delle sessioni parlamentari del 1845 e 1846, contro il Ministero
erano stati diretti parecchi attacchi violenti. Fra i Pari, a difesa
dei Cristiani del Libano era sorto segnatamente il conte Montalambert; tra i deputati, Lèon de Malleville. Montalambert stimava
a quel tempo (con qualche esagerazione tuttavia) il numero dei
Maroniti da 400 a 500 mila anime; e nella seduta del 15 luglio 1845
riferiva come, secondo le notizie a lui giunte direttamente, i Drusi
nei dintorni di Beyruth, sotto gli occhi d'un agente francese e con
l'appoggio dei Turchi, avessero dato alle fiamme cinquanta villaggi
abitati da Cristiani, squartati dei bambini, trucidati degli ecclesiastici, abbruciati dei vecchi, fatto alle donne subire gli estremi
oltraggi. Un convento francese nel villaggio di Abbey in vicinanza
di Beyruth era stato saccheggiato; assassinatone il priore; due mo-
nache sfuggite appena alla stessa sorte. E intanto le truppe turche,
mentre lasciavan compiere tutto ciò, proteggevano i missionarii protestanti degli Americani! Egli pose quindi in rilievo come nel Libano
venisse generalmente additato quale principal promotore di quella
sollevazione dei Drusi il console inglese di Beyruth; e attribuì il
suo modo di procedere alla gelosia dell'Inghilterra contro la secolare influenza della Francia nel Libano. — Guizot confermò i fatti
narrati, ed espose per quali evenienze il governo per lo innanzi
puramente cristiano dei Maroniti, ch'era stato ultimamente eser-

citato dall'emiro Bescir, fosse cessato, e sostituito quindi dai Caimacani turchi, nominati per i Maroniti e per i Drusi in seguito allo
accordo conclusosi tra le grandi Potenze nel 1842. Ricordò poi come,
allorchè nel 1841 s'era incominciato in Costantinopoli a occuparsi
più seriamente della questione della Siria, la Francia non era stata
neanche in grado di dichiararsi in pro dei Cristiani siriaci. Poco
innanzi, nella sua lotta contro Mehemet Alì, essa li aveva piantati
in asso, non solo prendendo partito in favore della Porta, ma persino
direttamente contro di essi; il che aveva indebolito considerevolmente l'autorità della Francia a Costantinopoli (1).

Anche più significante fu nell'anno successivo il dibattito alla
Camera dei deputati. Lèon de Malleville in un memorabile discorso
dichiarava: « S'è incominciato ad attaccare l'influenza francese
« anzitutto nell'Egitto. La Francia ha trattenuto il vincitore di
« Nesibin; ha eseguita così la volontà dell'Europa, che desiderava
« mantenuta l'integrità dell'Impero ottomano: mantenuta cioè l'inte-
« grità della preda mostruosa, verso la quale da sì gran tempo le
« ardenti rivalità europee aguzzano il loro appetito, e la cui ripar-
« tizione vogliono differita indefinitamente, nell'incertezza del boc-
« cone che sarà per toccarne a ciascùno! ». Aggiungeva: « Essere
stato il Libano pacificamente governato per quarant'anni dall'Emiro
Bescir, per modo che Maroniti e Drusi eran vissuti in concordia gli
uni con gli altri. Ma nel 1840, l'Inghilterra, per mezzo del suo agente
Wood, aveva iniziata un'agitazione, per gran tempo negata, nel
Libano; e subornato con solenni promesse l'Emiro a procacciar la
caduta di Mehemet Alì. Dopo il bombardamento di Beyruth, l'avean
cacciato dal paese, tenuto prigione a Malta, e quindi mandato a
Costantinopoli. Finalmente, dopo due anni d'incertezze, s'era venuti
al mezzo escogitato del principe di Metternich, della nomina cioè
d'un emiro per i Maroniti e d'un altro per i Drusi. La Camera
aver bensì fin dal bel principio biasimato cotesta via d'uscita accettata dal Governo, come quella che in sè recava il germe di
futuri scompigli; ma il Governo, col suo rientrare nel grembo del
concerto europeo, non solo non aveva guadagnato nulla, anzi aveva
sacrificato delle Capitolazioni che risalivano fino a Luigi il Santo.
Aver quindi i Drusi trovato uno zelante difensore nel console

---

(1) *Moniteur* del 16 luglio 1845.

generale Rose (che noi ritroveremo ben presto a Costantinopoli), per eccitamento del quale aveva il Sultano pagato, in luogo dei Drusi, il risarcimento dei danni cagionati da questi. E quando il dragomanno del consolato francese di Beyruth, Medawar, s'era recato al villaggio di Giumi per impedir nuovi massacri, era stato bastonato e imprigionato dai Turchi. Il console Poujade, « il quale » secondo l'ironica espressione del Malleville « fortunatamente non « aveva istruzioni dal Governo », aveva domandato immediatamente soddisfazione; e poichè questa veniva rifiutata, faceva avanzare la fregata *Belle Poule* (la stessa che aveva portato da Sant'Elena in Francia la salma di Napoleone), la quale era ancorata nel porto, e incominciare lo sbarco. Appena allora il dragomanno era stato restituito al Consolato ». — E dopo di aver dimostrato con l'esibizione di documenti che il Presidente dei Ministri aveva cercato ripetutamente d'ingannare la Camera e il paese, e che il principe Metternich in un dispaccio del 27 febbraio 1846 aveva respinto il ripristinamento dell'amministrazione cristiana del Libano perchè agevolava gl'interessi della Francia, il Malleville prorompeva in queste parole: « In tale congiuntura, io non mi aspetto nulla dal « signor di Metternich, nulla dall'Austria, nulla — con dolore lo « dico — nulla dal Governo francese. Ma quello che io spero si è « che, dopo cinque anni d'attesa, si levi finalmente in Europa un « grido di orrore, così dalla protestante Inghilterra come dalla « cattolica Francia; perocchè si tratta qui della culla comune della « nostra fede! » (1).

Messo per tal modo tra l'uscio e il muro non solo dalla parte clericale, ma anche da quella liberale per la questione del protettorato, il ministro Guizot si vide costretto, quando l'incalzare costante degli Ortodossi nei Luoghi Santi di Palestina ebbe a suscitare nuove difficoltà, a cercare un qualche riparo. Un caso vi diede la spinta. Sotto alla grande chiesa di Betlemme si trova la grotta della natività di Cristo ridotta a cappella, nella quale son venerati due santuarii: il luogo del nascimento e il luogo della mangiatoia. Un tempo l'intera grotta apparteneva ai Cattolici; ma più tardi i monaci ortodossi s'impadronirono del luogo del nascimento, sebbene quivi fin da tempi remoti si trovasse una stella argentea che simboleggiava la leggenda

---

(1) *Moniteur* del 16 giugno 1846.

dei tre Re, recante la scritta « *Hic de Virgine Maria Jesus Christus natus est* ». Il 1.° di novembre del 1847, mentre gli Ortodossi celebravano qui l'ufficio divino, la stella scomparve; e i Cattolici naturalmente non mancarono di accusare i loro avversarii del furto sacrilego. La loro lagnanza tanto più aveva ragion d'essere, inquantochè le iscrizioni latine erano state sempre un cruccio per gli Ortodossi,

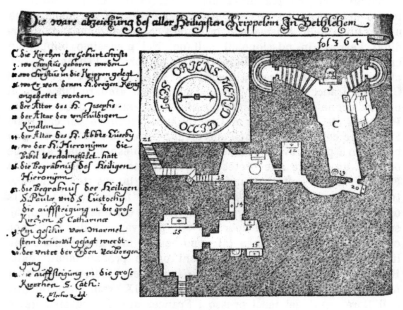

Facsimile del piano della grotta ove nacque Gesù Cristo.

Dal libro del Francescano Zwinner « Florilegio della Santa Terra di Palestina », stampato a Monaco nel 1661.

come quelle che potevano esser considerate come indizi sicuri del diritto di precedenza dei Cattolici; e già più altre volte, infatti, le iscrizioni sulla maggior cupola della chiesa del Santo Sepolcro avevan dato occasione a violente diatribe. In seguito adunque a rimostranze presentate dai derubati alla Monarchia del luglio, non solo quest'ultimo fatto, ma tutta quanta la questione dei Santi Luoghi venne da essa risollevata da capo.

In Roma già s'era venuti nella determinazione di ripristinare il Patriarcato di Gerusalemme, che da sei secoli era stato abolito.

Pio IX, concluso su ciò un Concordato con la Porta, propose a
Patriarca l'insigne prelato Valerga, di Loano presso Genova, già
adoperato in parecchie missioni. Il Valerga, ricevuta dal pontefice
stesso la consacrazione vescovile, fece addì 14 gennaio del 1848
il suo solenne ingresso in Gerusalemme — dove, dopo una lunga e
bene spesa attività, morì il 1.° dicembre 1872. Ma i disegni di Pio IX
si spingevano ben più in là del territorio dei Luoghi Santi. Al
tempo del ristabilimento del Patriarcato, egli tentò seriamente una
unificazione dello Scisma con la Chiesa cattolica, mandando il car-
dinal Ferrieri in missione al Sultano. Nel medesimo tempo, un
erudito francese, Eugenio Boré, il quale percorreva l'Oriente, aveva
attaccato lo scisma con gli scritti e con la parola; e in lui il
Governo francese vide la persona adatta cui affidare l'incarico di
una relazione esauriente intorno allo stato attuale delle cose in
Palestina. Il Boré giunse a Costantinopoli insieme col cardinale
Ferrieri, e colà lo assistè nell'opera sua. — Rescid Pascià sembrava
propenso a promuovere l'unificazione delle Chiese, la quale avrebbe
opposto un argine alle pretese di protettorato della Russia e della
Francia; ma il tentativo andò a vuoto per la resistenza del Patriarca ecumenico e dei suoi aderenti; e a fatica Rescid Pascià
ottenne che il Patriarca rendesse la visita al cardinale. Gli Armeni,
sulle prime, accolsero le aperture che partivano da Roma; se non
che, anche le conferenze a tal uopo tenute in Santo Stefano fallirono, per le secrete macchinazioni ordite probabilmente dalla
Russia; talchè il cardinale dovette tornarsene indietro senz'aver
nulla concluso, e l'arditissimo sogno di Pio IX svanì miseramente.

Il Boré passò sei mesi presso i Francescani di Gerusalemme; e
di là venne poi chiamato all'ambasciata francese di Costantinopoli
per render conto della sua missione. In questo frattempo scoppiava
la rivoluzione del febbraio, senza che ciò avesse la minima influenza
in cotesta questione, che interessava tutti i partiti. Quind'innanzi
i Cattolici d'Oriente, invece che al Governo francese, si rivolsero
all'Assemblea Nazionale. Ma la vera lotta non doveva manifestarsi
se non nel 1850. Il Boré, fondandosi sui documenti e sulle notizie
a lui comunicate sul posto, pubblicò un opuscolo dal titolo: *Question
des lieux saints* (1), che destò immensa sensazione non solo in
Francia, ma in tutto il mondo cattolico, e potè considerarsi come

_____

(1) Paris, pr. I, Lecoffre e C., 1850.

il programma fondamentale del nuovo Patriarcato di Gerusalemme. Quello scritto gli spianò la via ad una serie di onori; e, quantunque assalito vigorosamente dall'abate Michon come poco degno di fede, il Boré, che apparteneva all'ordine dei Lazzaristi, raggiunse più tardi

Vescovo Valerga, primo Patriarca cattolico di Gerusalemme.

tra essi i gradi supremi. Altri scritti sorsero ben presto a combatterlo a Costantinopoli, tra i quali uno del precedente Patriarca del luogo (1) e un altro di un medico addetto alla persona del Sultano (2). Tali pubblicazioni, che gettavano sì viva luce sugli avvenimenti, acuirono

(1) *Réponse à la brochure de Monsieur Eugène Boré*, Costantinopoli, presso Antonio Coromila.

(2) *Réponse à la brochure de Monsieur Eugène Boré*, Costantinopoli, presso Giovanni Lazarides.

le passioni dei vari partiti. Si adduceva quivi, tra altro, che gli Ortodossi avevano incolpato i Cattolici d'aver rubato le ossa della Vergine e vendutele per un'ingente somma di denaro al pontefice. I Cattolici rinfacciarono agli Ortodossi un arcidiacono già apostata e poi nuovamente ritornato nel grembo della Chiesa sola beatifica, il quale, rimorso dalla coscienza, alla presenza degli ambasciatori francese, austriaco e veneto aveva confessato d'esser l'autore di varie falsificazioni, e segnatamente d'un documento, il quale di fronte alla Porta doveva dimostrare come Maometto avesse fatto una visita a Betlemme, vi avesse già trovato dei *Greci*, e accesa in onore di Cristo una lampada nel luogo del suo nascimento.

Fino dal 10 maggio 1850 l'ambasciatore inglese a Costantinopoli, sir Stratford Canning, notificava al suo Governo « come si fosse in presenza d'una controversia circa i Luoghi Santi, la quale poteva dare occasione a importanti complicazioni; essendochè l'ambasciatore francese, in forza della convenzione del 1740, si credeva in diritto di fare delle rimostranze alla Sublime Porta. Sembrare che il papa fosse stato indotto a spendere la sua autorità in favore del concetto caldeggiato dalla Francia; e che tutte le Potenze cattoliche fossero state invitate da Sua Santità a cooperare nello stesso senso ». Il vecchio conoscitore delle condizioni dell'Oriente era bene informato. Poco dopo di quel rapporto, cioè il 28 maggio, l'ambasciatore francese, generale Aupick, indirizzava ad Alì Pascià, ministro delle relazioni esteriori, una Nota nella quale gli comunicava ufficialmente un dispaccio, già lettogli in precedenza, dove energicamente si ridomandava per i monaci latini il possesso dei Luoghi a loro assegnati con l'art. 33.° delle Capitolazioni del 1740. La Francia esigeva per quei monaci la grande chiesa di Betlemme, la sottoposta grotta della Natività di Cristo con diritto di rimettervi l'antica stella argentea, la facoltà di mutare i tappeti della grotta, e in generale di considerarsi quivi come proprietarii esclusivi; inoltre la tomba della Santa Vergine, la pietra della consacrazione del corpo di Cristo, e le sette arcate della Vergine nella chiesa del Santo Sepolcro. I monaci avrebbero poi dovuto avere il diritto di riattare la cupola di cotest'ultima chiesa, e di rimettere questa di nuovo nello stato in cui si trovava prima dell'incendio del 1808 (1).

---

(1) TESTA, vol. III, pag. 229-30.

Esaminati gli atti più da presso al Ministero francese degli Esteri, il generale Aupick nel corso del mese di agosto rimetteva alla Porta un elenco dei santuarii posseduti dai Cattolici nel 1740, il quale andava ben più in là delle sopraddette esigenze, e soprattutto indicava il Santo Sepolcro insieme con la maggiore e la minor cupola come proprietà esclusiva dei Cattolici. Il Ministro degli Esteri francese, generale Lahitte, richiedeva in pari tempo con una lettera circolare alle Potenze cattoliche di fare in quest'occasione causa comune con la Francia. Il richiamo, pertanto, venne appoggiato dal Portogallo, dalla Sardegna e da Napoli, e più tardi vi accedette anche l'Austria, che per mezzo del suo incaricato di affari, signor di Kletzl, fece rimettere il 3 febbraio 1851 ad Alì Pascià una Nota, con la quale, fondandosi sull'art. 13.º del trattato di Carlowitz e Passarowitz, sull'art. 9.º del trattato di Bel-

Eugenio Boré.

grado e sull'art. 12.º del trattato di Sistowa, che contenevano delle disposizioni in favore dei monaci di Terra Santa, proponeva d'incaricare una Commissione mista affinchè ristabilisse lo stato di possesso dei Cattolici nel 1740, nel qual anno era stato loro confermato con impegno solenne il godimento dei santuarii che possedevano in quel tempo (1).

Cotesta Nota austriaca, sepolta nel caos dei documenti, e scarsamente considerata fin qui, è per molti rispetti osservabile, siccome quella che, per una parte — segnatamente se si ricollega con le rimostranze delle altre Potenze cattoliche — dimostra che la Francia non procedeva assolutamente e solo per conto suo; e per un'altra parte mette in chiaro come l'Austria si sentisse abbastanza cattolica

(1) Il conte MARCELLUS nei suoi *Souvenirs de l'Orient*, Paris 1861, 3.ª ediz., p. 338-45, distingue non meno di 53 proprietà e di 21 prerogative, di cui godevano i Cattolici in Palestina nel 1820.

e abbastanza forte, da dar principio alle sue « prove d'ingratitudine » contro la Russia. Oltrechè, per un siffatto appoggio ottenuto ai suoi primi passi, la Francia poteva forse, nel corso di tutta la controversia, contare su di una maggiore energia da parte dell'Austria.

Evidentemente, l'Inghilterra non aveva in allora la benchè minima intenzione d'intraprendere checchessia contro la Russia; e lord Palmerston invitava appunto il 7 maggio sir Stratford Canning a tenersi in disparte nella questione dei Luoghi Santi. Il 12 agosto l'ambasciatore francese domandò una risoluzione, la quale la Porta cercò, come è facile a intendere, di trascinar per le lunghe. Appena il 22 dicembre ella rispose « aver sempre osservato i suoi trattati, e considerarli come sussistenti di pieno diritto; ma, poichè pretese si accampavano anche da altra parte, non poter essa prendere alcuna determinazione prima d'aver ripreso in esame i firmani concessi innanzi e dopo le Capitolazioni ». Era codesta una confessione patente dell'esistenza di atti contraddicentisi a vicenda, della quale naturalmente la Francia non potè dirsi paga. Già il 6 gennaio del 1851 il generale Aupick protestò, così in nome della Francia come in nome dell'intera cattolicità, contro il concetto che i firmani elargiti *dopo* il 1740 potessero frapporre ostacoli alle concessioni precedenti; e il 24 febbraio, in seguito a nuove istruzioni, propose semplicemente alla Porta il quesito, se ella si tenesse ancora vincolata alle Capitolazioni del 1740. Il marchese di Lavalette, venuto poco appresso a sostituire l'Aupick, procedette con anche maggiore energia; e il 29 giugno Alì Pascià con sua dichiarazione rispondeva affermativamente alla fattagli domanda. La Commissione mista nominata dalla Porta per mandato della Francia, la quale lavorava sotto la presidenza di Emin Effendi, e di cui erano membri il console francese a Gerusalemme, Botta, il dragomanno Schaefer e il gran Logoteta del Patriarcato greco Aristarchi, pur senza poter prendere una deliberazione, ch'era riservata unicamente alla Porta, si mostrò favorevole alle pretese della Francia: dimostrando con ciò che, fintantochè la questione veniva trattata senza contrapposte influenze politiche, il diritto della Francia era ineccepibile. Il Governo francese pertanto si mostrò conciliante, e propose alla Porta d'accordarsi con essa circa il possesso comune dei santuarii. Nel frattempo però, prima ancora che la Porta avesse presa una risoluzione, il rappresentante della Russia, signor di Titow, recava nell'ottobre al Sultano una lettera dell'imperatore Niccolò, nella

quale questi esprimeva la fiducia che lo *status quo sarebbesi mantenuto;* e contemporaneamente, la Russia, a cui era stata rivelata

Il Santo Sepolcro sotto la cupola della chiesa del Sepolcro in Gerusalemme.

ogni cosa, minacciava un'eventuale rottura delle relazioni diplomatiche. La Porta allora non ne volle più sapere di venirne ad una
intesa col marchese di Lavalette; e propose da parte sua il *godimento* in comune di tutti i santuarii: proposta che e dalla Russia

e dalla Francia venne respinta. In tale perplessità, il Governo turco sciolse la Commissione mista, e ne formò per comporre la vertenza una nuova, composta di alti funzionarii turchi e di Ulemi. La Francia, dove frattanto per il colpo di Stato del 2 dicembre Luigi Napoleone s'era fatto padrone della situazione, minacciò alla sua volta, il 17 dello stesso mese, la rottura delle relazioni diplomatiche, qualora entro il 24 non si fosse presa una determinazione in suo favore. Or mentre la Porta andava così a tentoni cercandosi una via d'uscita, la Russia s'appigliò a una mossa assai caratteristica per la sua diplomazia. Si rivolse al suo stesso avversario, e gli propose di unirsi a lei, per costringere poi insieme la Porta ad effettuare le risoluzioni adottate. Se non che la Francia non solo non accondiscese, ma diede anzi notizia del fatto al Governo turco; il quale lo interpretò in modo tale, che la Russia volle avere un riconoscimento della sua condizione di protettrice della religione ortodossa in Turchia per parte di una terza Potenza, che fosse al più alto grado interessata nella controversia (I).

La relazione della nuova Commissione, manifestamente influenzata dall'atteggiamento minaccioso dello Zar Niccolò, si esprimeva in senso contrario al ripristinamento dei santuarii richiesti dai Cattolici. Con ciò, esso veniva precisamente a contraddire alle conclusioni della Commissione precedente; sennonchè la cosa era facilmente spiegabile, dacchè la pretesa della Francia di voler riservati ai Cattolici i santuarii più cospicui, ritenendo le altre confessioni quivi a patti umilianti e solo come tollerate, era, di fronte alle condizioni nazionali, assolutamente incompatibile. Secondo quella relazione, la cupola grande della chiesa del Santo Sepolcro, coprendo un monumento dedicato alla venerazione universale dei fedeli, poteva non appartenere ad alcuna delle comunità esclusivamente; mentre la cupola minore, come conferita ai Greci, doveva rimanere a loro soltanto. Al sepolcro della Vergine per contro, dove tenevano ufficio divino e Greci e Armeni e altre sette, e persino i Musulmani medesimi, avrebbero potuto avere accesso anche i Cattolici. La chiesa grande di Betlemme, che questi ultimi ripetevano come eretta da loro — il che era giustificato dalla sua forma di croce latina — secondo i firmani sarebbe appartenuta da secoli ai Greci; ma poichè

---

(1) *La Vérité sur la question des Lieux saints*, di FUAD EFFENDI, pag. 18.

la grotta della Natività, comune ai diversi riti, si trovava sotto all'altare, e la via per recarsi ad essa passava attraverso la navata della chiesa, i Cattolici ne avrebbero ricevuta *una* chiave della porta principale e *due* di quella d'accesso all'altare, senza che della chiesa per sè stessa essi dovessero avere più che il passaggio. Quanto ai giardini attigui, li avrebbero goduti in comune con i Greci; e per tutto il resto, le cose sarebbero rimaste allo *status quo* (cioè in favore degli Ortodossi).

A cotesta soluzione la Porta — che probabilmente l'aveva suggerita essa medesima — acconsentì; e poichè il Sultano, in risposta all'imperatore Niccolò, gli ebbe indirizzata una lettera, preparata in seno al Consiglio dei Ministri, nella quale, ribattendo l'accusa contro i ministri stessi, gli si comunicava il mantenimento — salvo le insignificanti concessioni fatte ai Cattolici — dello stato attuale di fatto, era da aspettarsi che la Russia si sarebbe potuta accontentare della evidente vittoria. Ma questa, per dare ai Greci una prova palpabile del suo protettorato, esigette ancora *un firmano, il quale confermasse tutte le concessioni in loro favore;* e la Porta, benchè con ciò andasse a urtare direttamente la Francia, acconsentì anche a questo. — Ritornato il marchese di Lavalette a Costantinopoli, richiese formalmente, anche con minacce, il richiamo di cotesto firmano dell'otto febbraio 1852; ma la Francia finì da ultimo col cedere; e la Porta incaricò il vice-cancelliere del Divano Afif-bey di curarne l'esecuzione a Gerusalemme. All'ultimo momento tuttavia, la Russia domandò ancora che non si consegnasse nelle mani dei Cattolici la chiave della chiesa di Betlemme. Su questo punto la Porta non potè acconsentire, e le istruzioni impartite al suo commissario non furono pertanto modificate; se non che, in Gerusalemme stessa il Patriarca greco sollevò nuove difficoltà, pretendendo la pubblica e solenne lettura del firmano. Per un riguardo, in certo qual modo, alla Francia e ai Cattolici, la Porta aveva voluto evitare tale consacrazione solenne, adempiendo semplicemente la consueta formalità della registrazione legale. Afif-bey adunque si assunse sopra di sè di concedere la semplice lettura; ma quando il Patriarca insistè ancora per *una pubblica notificazione dinanzi a tutta la comunità ortodossa,* il commissario dovette chiedere a Costantinopoli nuove istruzioni; e l'incaricato d'affari russo si rivolse al Gran Visir Mehemet Alì Pascià, protestando che quella esitazione a Gerusalemme era un'infrazione della promessa fatta dal Sultano all'Imperatore, e che egli si rivolgeva a lui non come al Gran Visir, bensì come al suocero del Sultano. E la Porta fece l'ultima concessione; e il firmano venne solennemente e pubblicamente letto a Gerusalemme al cospetto di tutte le autorità. Al commissario turco parve, a questo punto, di essere finalmente uscito da tutti gl'imbrogli; ma allorchè si venne alla consegna della chiave della chiesa di Betlemme, l'arroganza clerico-russa giunse fino all'inaudita pretesa di sostenere che nel firmano non si accennava già alla porta principale della chiesa, bensì ad un ingresso accessorio. Fu d'uopo nuovamente farne rapporto a Costantinopoli. Il ministro degli esteri Fuad Effendi, dopo aver consultato gli Ulemi, portò la questione della chiave dinanzi al Consiglio dei ministri; il quale però confermò semplicemente trattarsi della chiave della porta maggiore.

Non si può interpretare altrimenti che come un'ironia la proposta fatta fare allora, per concludere, da Fuad Effendi ai Russi: che cioè, visto ch'essi imputavano a colpa ai Ministri turchi l'avere riconosciuto un antico trattato (quello con la Francia), e ch'essi erano così esperti nello stendere Note diplomatiche, si degnassero di *redigere essi medesimi* la Nota che, per isciogliersi dagli antichi e dai posteriori impegni verso la Francia, egli doveva pur dirigere a quest'ultima; e solo volesse la Russia mettere in rilievo un successo più fortunato dell'attuale. A ciò l'ambasciata russa rispose evasivamente che, stando la questione nel campo d'azione dei due Sovrani, non poteva trattare ella stessa, ma soltanto prender atto di ciò che avrebbe fatto la Porta. — Nei circoli diplomatici di Costantinopoli l'indignazione fu tale, che l'incaricato d'affari inglese colonnello Rose il 5 dicembre riferiva al suo Governo « avere il rappresentante russo signor di Ozerow in quell'importante congiuntura gravemente scossa la sua posizione, col dichiarare ufficialmente all'ambasciatore francese che la Russia, in forza del trattato di Cüciük-Cainargi, possedeva un diritto di protezione sopra la Chiesa ortodossa in Turchia. Avere il signor di Lavalette presa la cosa sul serio, tanto più che, poco innanzi, egli stesso aveva fatta formale dichiarazione, non accampare la Francia alcuna pretesa di protettorato sopra i sudditi cattolico-romani. Egli aveva pertanto comunicata la dichiarazione del barone di Ozerow sia ai suoi colleghi sia alla Porta; dalla quale ultima una così fatta pretesa — d'un protettorato russo sopra gli interessi religiosi di dieci a undici milioni di suoi soggetti — era stata appresa con assoluta contrarietà » (1). In un altro dispaccio del giorno stesso, il colonnello Rose scriveva « avergli detto, di suo spontaneo impulso, il Ministro degli Esteri in tre differenti colloqui, com'egli, dopo di avere scorsi ancora una volta i documenti e i trattati riferentisi ai Luoghi Santi, fosse venuto nella convinzione che la domanda della Francia di possedere la chiave della porta maggiore della chiesa di Betlemme era legittima; e che, qualora si fosse riesaminato rigorosamente il suo trattato del 1740 secondo i fondamenti del diritto, la Francia avrebbe potuto ripetere per sè parecchi altri santuarii oltre ai due che le erano stati riconosciuti con la Nota dell'otto febbraio. Analoga dichiarazione essergli poi stata fatta dal Gran Visir ».

In un nuovo dispaccio del 18 dicembre, il medesimo diplomatico — al certo non molto favorevole del resto alla Francia — constatava « come la Porta, con la proclamazione del suo firmano a Gerusalemme, avesse fatto una grande concessione alla Russia, e *offeso gravemente* l'ambasciatore francese: il quale aveva soprattutto insistito perchè il firmano venisse non già letto pubblicamente, ma semplicemente registrato. E quanto al secondo pretesto delle lagnanze russe, vale a dire alla chiave della porta principale della chiesa in Betlemme, essere esso così infondato ed assurdo, che nè la Porta nè alcuno degli ambasciatori era stato in grado d'intenderlo ».

---

(1) J. v. JASMUND, *Documenti relativi alla questione d'Oriente*, Berlino, 1855, I, pag. 6.

III.

Francia, Russia e Inghilterra
di fronte alle complicazioni orientali

Drouyn de Lhuys scruta le più recondite mire di Niccolò I, e tenta, con le lusinghe
e l'arrendevolezza, di condurlo a smascherarsi. - Conosciuta appena la mossa
della Francia, lo Zar fa delle aperture all'ambasciatore inglese a Pietroburgo
per lo smembramento della Turchia. - Esposizione diplomatica di tali aperture,
e dell'accoglienza trovata presso quell'ambasciatore. - Prudente condotta del
Ministero inglese, nonostante le già note, analoghe proposte dell'Imperatore
Niccolò nel 1840. - *Memorandum* del conte Nesselrode, 21 febbraio 1853, al
fine di attenuare le comunicazioni imperiali.

Verso gli ultimi del 1852 e sul principio del 1853, due mosse importanti, da parte della Francia e della Russia, venivano a modificare
i termini e la portata di tutta la controversia. Il ministro degli
Esteri di Napoleone III, Drouyn de Lhuys, quando ancor tutti pen-
savano piuttosto ad un puntiglio dell'imperatore Niccolò, che non
a più serie mire ch'egli nascondesse, a queste sovrattutto, con notevole acume, rivolgeva tutta la sua attenzione. Egli vedeva, in tutto
il complesso procedere dello Zar, il fermo proposito di farla finita
con la Turchia; nel che, per verità, non faceva che persistere nella
credenza, in Francia assai diffusa, di tradizioni ereditate fin dal
tempo di Pietro il Grande. Ed era convinto che, se si fosse tolto
a Niccolò I quel pretesto, dietro a cui egli si trincerava, del danno
minacciato agl'interessi ortodossi nella questione dei Luoghi santi,
i suoi veri intendimenti non avrebbero tardato a manifestarsi (1).

_____

(1) Confronta il mio studio: *Türkische Rede* (Cose di Turchia), dove io
primamente esponeva questo aspetto della cosa e lo stretto nesso suo con le

Già fin dal 31 decembre 1852 egli faceva sapere all'ambasciatore francese a Pietroburgo De Castelbajac che la Francia non insisteva nelle pretese fatte valere insino allora. E nel suo dispaccio del 15 gennaio 1853 (1), riferendosi a quel passo, aggiungeva: « che il governo imperiale, pur senza rinunziare ufficialmente ai diritti per

Drouyn de Lhuys.

eredità ad esso trasmessi, aveva ben compreso nulla esservi di *assoluto* nelle faccende umane. Aver esso preso in esame i fatti svoltisi negli ultimi 60 anni; e voler nutrire fiducia che il Gabinetto di Pietroburgo, meglio informato dei procedimenti e delle intenzioni della Francia, non avrebbe esitato a rendere giustizia

aperture dell'imperatore Niccolò per uno smembramento; v. GEFFCKEN, *Zur Geschichte des orientalischen Krieges* (Per la storia della guerra d'Oriente), Berlino, 1861, pref.; e WURM, *Geschichte der orientalischen Frage* (Storia della questione orientale), Lipsia, 1858, Supplemento.

(1) V. *Aktenstücke zur orientalischen Frage* (Documenti per la questione orientale), di J. von JASMUND, Berlino, 1855, I, pag. 17.

alla sua moderazione ». — Sennonchè, Niccolò I, al quale i passi
fatti da parte di Francia e di Turchia per rimuovere tutto il suo
parco d'assedio, venivan proprio a sbarrare inopinatamente la strada
di Costantinopoli, e al quale pareva venuto assai in buon punto
l'ingresso di lord Aberdeen nel *Ministero di Coalizione* verso la
fine del 1852, già il 9 di gennaio incominciò a togliersi la maschera.
Indusse la granduchessa Elena ad invitare in sua casa per la sera
di quel giorno stesso l'ambasciatore d'Inghilterra sir Giorgio Hamilton
Seymour con la consorte, per poter dare più facilmente a quelle
preliminari trattative il carattere d'una conversazione privata. Prese
quindi l'Imperatore dapprima a manifestare la sua soddisfazione
per la formazione del nuovo ministero, ripromettendosene una lunga
durata, e incaricando l'ambasciatore di farsi interprete di questa
sua fiducia presso il conte Aberdeen, ch'egli conosceva da quaran-
t'anni, e per il quale nutriva altrettanta stima quanta considerazione. Aggiunse, essere stato sempre suo intendimento che Russia
e Inghilterra si tenessero a vicenda in relazione di stretta amicizia;
nè mai esservene stata così grande necessità come nel momento
presente. Poter egli pertanto riferire a lord John Russell queste
parole: « Se noi siamo uniti, nessuna preoccupazione mi può dare
« l'Europa occidentale. Ciò che altri pensi o faccia, è in verità cosa
« di assai poco momento ». Quanto alla Turchia, era un'altra questione: ella si trovava in condizioni critiche, e poteva dar non poco
da pensare. — Su di che, stringendo assai amabilmente la mano
al suo interlocutore, e sicuro di avere con una simile introduzione
eccitata al più alto grado la sua curiosità, fece atto senz'altro di
allontanarsi.

L'ambasciatore, ch'era ben lontano dall'aspettarsi delle comunicazioni anche più gravi, e temeva anzi che una siffatta opportunità
d'intrattenersi direttamente con l'Imperatore intorno alla scottante
questione non si sarebbe ripresentata così facilmente, gli domandò
il permesso di poter insinuare una parola (1). Chiese all'Imperatore,
poichè egli era stato così cortese, che volesse incaricarlo di qualche
assicurazione tranquillante rispetto alla Turchia. Lo Zar, pur osten-
tando il maggiore riserbo sulle proprie intenzioni, concluse tuttavia
esternando il suo convincimento che la Turchia minacciava rovina.

---

(1) Vedi *Dispacci Seymour* in « Eastern Papers », part. V., e in tedesco
presso JASMUND, I.

Sarebbe stata, certo, una grave sciagura; e della massima importanza, poi, che Inghilterra e Russia ne venissero a un perfetto accordo tra loro. « Noi abbiamo sulle spalle un malato, un malato « grave » continuò l'Imperatore; « sarebbe una grande sventura che, « un giorno, ci venisse a morire, prima che avessimo preso tutti i « necessarii provvedimenti ».

Niccolò I.

A lord Seymour questo bastò perchè, nel rapporto al suo Governo sulla situazione, egli esternasse il suo parere nel senso « che si trattava di un dilemma, nel quale l'Inghilterra doveva guardarsi bene dal lasciarsi prendere. Infatti, se l'Inghilterra *non* fosse venuta ad un'intesa con la Russia, tanto minor ragione avrebbe avuto di dolersi, qualora le conseguenze dovessero riuscirne per lei poco gradite; chè se, per contro, ella accettava l'esame delle eventualità messe innanzi dall'Imperatore, avrebbe avuto, fino a un certo punto, una parte di consenso in una catastrofe, che importava di tener lontana quanto più fosse possibile. L'Inghilterra doveva desiderare un intimo accordo con la Russia, al fine di *impedire* la caduta dell'Impero degli Osmani; mentre alla Russia sarebbe stato più caro che una tale intesa valesse a provocare certi avvenimenti, che avessero per conseguenza la rovina della Turchia ».

Niccolò I, per tenersi in certo modo al coperto, informò, così sulle generali, l'ambasciatore austriaco, di aver tenuto con sir Giorgio Hamilton Seymour un colloquio, senza tuttavia manifestargliene la vera sostanza. Dal canto suo, l'ambasciatore inglese — come già aveva fatto rilevare al suo Governo nel dispaccio dell'11 gennaio — ne tenne parola col conte Nesselrode, ch'egli credeva disposto alla moderazione; e, pochi giorni appresso, ricevette per suo mezzo un invito a un'udienza dall'Imperatore; dalla quale chiaramente apparisce che, se pur il Cancelliere aveva dato consigli di moderazione, o anche solo di prudenza, non era però riuscito a far breccia. — Per mostrarsi meno espansivo e pur particolarmente amabile, lo Zar, quasi più non si ricordasse di averlo messo egli, in casa della granduchessa Elena, nell'aspettativa d'un invito che Seymour appena avrebbe osato sperare, incominciò a dar ragione di quell'abboccamento col notare, che gli era parso che egli, Seymour, volesse intrattenersi con lui sopra gli avvenimenti di Oriente. Per conto suo, soggiunse, non si tirava indietro; ma desiderava risalirne a un'età alquanto lontana. « Voi conoscete » — disse — « i sogni e i progetti accarezzati dall'imperatrice Caterina: essi « sono stati tramandati fino a noi. Ma s'io ho ereditato un possesso « territoriale immenso, non ho però ereditato coteste fantasie, o co- « testi proposti, se più così vi piace chiamarli. Al contrario. Il mio « Stato è così esteso, così felicemente situato per ogni rispetto, che « sarebbe stoltezza da parte mia il desiderare un più vasto territorio « o una maggior potenza che già io non possieda. In quella vece, io « sono il primo a dirvi che il nostro maggiore, il nostro unico peri- « colo, forse, consiste in un'espansione anche maggiore che si volesse « dare al nostro Impero già troppo vasto. Proprio al nostro confine « si stende la Turchia; e, nella presente condizione nostra, niente « di meglio si può desiderare per i nostri interessi. Son passati i « tempi che avevamo qualche cosa da temere dallo spirito di fana- « tismo o dalle imprese militari della Turchia; e, d'altra parte, questo « Stato è forte abbastanza per conservare la propria indipendenza, « e per assicurarsi un trattamento riguardoso da parte degli altri « Stati. Se non che, in quell'Impero ci sono parecchi milioni di Cri-

« stiani, sugli interessi dei quali è mio còmpito di vigilare; e me
« n'è assicurato con trattati il diritto. Di questo mio diritto, io posso
« dire in verità di fare un uso temperato e riguardoso; e voglio
« anche liberamente confessare che ad esso talvolta vanno congiunti
« dei vincoli assai penosi; ma all'adempimento di un preciso dovere
« io non posso sòttrarmi. La nostra religione, così com'ell'è intro-
« dotta in questo paese, è provenuta dall'Oriente, e vi campeggiano
« ed obblighi e sentimenti che non si devono perder di vista mai.
« Ora, la Turchia, nella situazione quale l'ho descritta, è venuta d'ora
« in ora a cadere in un tale stato di prostrazione, che — com'io
« vi diceva sere sono — per quanto il prolungarsi della vita di co-
« testo infermo ci stia a cuore (e che io desideri al pari di voi una
« tale durata della sua esistenza, dovete credermi) egli può da un
« momento all'altro restarci sulle braccia. Ciò ch'è morto è morto,
« e non si può tornare in vita; e se l'Impero turco cade, cadrà per
« non più rialzarsi. Domando dunque a voi, se non sia meglio pre-
« vedere il compiersi d'una siffatta eventualità, che esporsi al caos,
« al perturbamento, alla certezza d'una guerra europea, che accom-
« pagneranno senza alcun dubbio la catastrofe, quando questa ci
« capiti addosso inaspettata, e prima che si sia abbozzato un disegno
« per il poi. Ecco il punto sul quale vorrei che richiamaste l'atten-
« zione del vostro Governo ».

Replicò l'ambasciatore, pur rivestendo la sua risposta delle forme
più rispettose, essere il suo Governo, in generale, contrario al-
l'assunzione di qualsiasi impegno per casi possibili; e doversi
aspettare una grande ripugnanza da parte dell'Inghilterra a disporre in anticipazione dell'eredità di un vecchio amico. — « La mas-
« sima è buona », riprese l'Imperatore; « buona in tutti i tempi,
« e specialmente in un tempo d'incertezza e di mutabilità, qual'è
« l'attuale. Pure, è cosa della massima importanza che noi c'inten-
« diamo l'uno con l'altro, e non ci lasciamo sorprendere dagli avve-
« nimenti. Vi parlerò da amico e da gentiluomo. Se mi vien fatto
« di ottenere che noi, cioè l'Inghilterra ed io, ci poniamo d'accordo
« sulla cosa, il resto m'è indifferente. Poco m'importa quel che altri
« potranno fare o pensarne. Siamo franchi: io vi dichiaro categori-
« camente che, se l'Inghilterra pensa di stabilirsi un giorno o l'altro
« a Costantinopoli (1), io non potrò permetterlo. Non intendo attri-

---

(1) Strana e audace supposizione, data la condizion di cose del tempo!

« buirvi già un simile disegno; ma in queste contingenze è meglio
« esprimersi chiaramente; io sono, da parte mia, del pari disposto
« a obbligarmi a non istabilirmivi: intendo, come padrone; come de-
« positario, non dico: potrebbero sorgere certi fatti, da mettermi
« nella condizione, qualora nulla si sia preveduto e tutto sia abban-
« donato al caso, di dover occupare Costantinopoli ».

Seymour, dopo un istante di perplessità, osservò che, sebbene
impreparato a manifestare una sua recisa opinione intorno a questioni di sì gran momento e di tanta delicatezza, gli pareva tuttavia possibile trovare qualche punto di accordo, che offrisse modo
di premunirsi, se non *pro*, almeno *contro* certe date eventualità.
Richiamò in pari tempo l'attenzione dell'Imperatore sul pericolo
di preparativi militari che potessero avere per conseguenza di provocare una contro-minaccia da parte della Francia, ed una sollevazione delle popolazioni cristiane contro l'autorità, già tanto scossa
da ribellioni e da difficoltà finanziarie, del Sultano. — L'Imperatore
lo assicurò che, da parte sua, nessun movimento di truppe avea
avuto luogo, ed espresse la speranza che non ci sarebbe stata
alcuna necessità di avanzarsi. « Ma una spedizione francese poteva
produrre immediatamente una crisi: il suo sentimento d'onore lo
avrebbe indotto senz'altro a spingere le sue forze combattenti in
Turchia; e quando effetto d'un tale procedere avesse poi ad essere
la caduta del Sultano, egli poteva bensì rammaricarsi del fatto, nella
piena coscienza tuttavia di non aver potuto operare altrimenti. »
Lasciò marcatamente al buon giudizio dell'ambasciatore di comunicare al conte Nesselrode le particolarità del loro colloquio, incari-
candolo formalmente di stendere rapporto dell'accaduto al Governo
della Regina, e di dichiarargli, ch'egli era disposto ad accogliere
benevolmente qualsiasi comunicazione in proposito.

Nel dispaccio segreto e confidenziale del 23 gennaio 1853, che
riferiva quell'intervista, Seymour consigliò, con ingenua schiettezza, di *rispondere*, in ogni caso, alle aperture dell'Imperatore.
Il silenzio avrebbe dato alla Russia questo vantaggio: che, nel
caso d'una grave catastrofe in Turchia, quella avrebbe potuto
abilmente porre in rilievo le proposte fatte all'Inghilterra; le quali
poichè eran rimaste senza risposta, o lasciavan libero l'Imperatore,
o lo ponevano nella necessità di seguire, nella politica orientale,
la sua particolare linea di condotta. A ogni modo, come tenendo
pur sempre possibile per il suo Governo di entrare in trattative

con la Russia, concludeva: « La civiltà del secolo decimonono cele-
« brerebbe un nobile trionfo, se il vuoto lasciato dallo spegnersi del
« nome maomettano in Europa potesse colmarsi, senza che — per
« effetto delle massime di prudenza che le quattro grandi Potenze
« d'Europa più specialmente interessate alle sorti della Turchia aves-
« sero saputo escogitare — la pace generale ne venisse turbata ».

Lord John Russell rispose, il 9 febbraio, che « nessuna grave complicazione era sopravvenuta, la quale rendesse necessaria una soluzione di cotesto immane problema europeo. Qualche turbamento
nei rapporti tra l'Austria e la Porta essersi prodotto bensì, per
l'aggressione turca contro il Montenegro; ma ciò importava piuttosto qualche pericolo per i confini austriaci, che non per l'autorità
e la sicurezza del Sultano. L'eventualità considerata dalla Russia
(d'uno sfacelo della Turchia) non avere niente di concreto, nei
rapporti umani; tanto che, date le amichevoli disposizioni verso
il Sultano ond'erano animati non meno l'imperatore di Russia che
la regina della Gran Brettagna, pareva appena comportabile che
si disponesse anticipatamente delle provincie del suo Impero. Nè
l'Austria e la Francia si sarebber potute tenere ragionevolmente
all'oscuro intorno a una tale soluzione. La conoscenza del sussistere di essa, poi, non poteva che stimolare i nemici tutti del
Sultano (con che si alludeva principalmente agli Stati vassalli ed
alla Grecia) a una raddoppiata violenza e ad una lotta più ostinata
che mai. Bastare l'esempio della guerra di Successione a dimostrare quanto poco conto si faccia di simili convenzioni, quando
una forte tentazione spinga l'una delle parti ad infrangerle. La
condizione dell'imperatore di Russia, di depositario e non di padrone di Costantinopoli, sarebbe esposta a innumerevoli pericoli,
sia per l'ambizione a lungo nutrita dalla sua nazione medesima,
sia per la gelosia dell'Europa. Il padrone definitivo, quale che pur
fosse, mal si sarebbe potuto adattare alla inattiva, indolente linea
di condotta degli eredi di Maometto II. Nè Inghilterra o Francia,
e probabilmente neanche l'Austria, si sarebbero accontentate, a
lungo andare, di vedere Costantinopoli in mano della Russia. In
quanto all'Inghilterra, dichiarare il suo Governo una volta per tutte
di rinunziare ad ogni intenzione come ad ogni desiderio di aver
Costantinopoli; ed essere del pari disposto a dare assicurazione,
che non avrebbe accolta alcuna proposta d'un'intesa concernente
la rovina della Turchia, senza preliminarmente darne parte alla

Russia. « Pertanto, il governo della Maestà Sua è, in somma, con-
« vinto che nessuna politica può seguirsi più onorevole, più disin-
« teressata, più benefica per l'Europa, di quella che Sua Maestà
« Imperiale ha per tanto tempo seguita, e che renderà il suo nome
« più illustre di quello dei principi più celebrati, che han cercato la
« immortalità con le irragionevoli guerre di conquista e con la gloria
« caduca ». — Ora, al successo di una tale politica, esser desiderabile che s'usasse alla Turchia ogni più estremo riguardo, in
ispecial modo evitando qualsiasi misura di coercizione militare e
marittima ». — Di questa risposta, in pari tempo, l'ambasciatore
venne autorizzato non solo a dar lettura al conte Nesselrode, ma
benanco, ove ne fosse manifestato il desiderio, a presentar copia
all'Imperatore.

Fu da taluno codesta risposta tacciata di debolezza; se non che,
nell'insieme, essa non faceva che usar della tattica consueta nella
diplomazia, di prendere in parola il più che si potesse l'avversario
con le espressioni sue stesse. Il Governo inglese, che anche allora
pur sempre contemplava la possibilità d'un'impresa di Napoleone III
contro la sicurezza dell'Inghilterra, s'atteggiò come se non cre-
desse ancora alla serietà del piano della Russia; e se anco lord
John Russell nel medesimo dispaccio scriveva: « Quanto più il Go-
« verno turco seguirà le giuste norme d'una legge imparziale e di
« un'equa amministrazione, tanto minore ne verrà la necessità per
« l'imperatore di Russia d'esercitare quella eccezionale tutela, che
« egli stesso ha trovata così incomoda e gravosa », non per questo
veniva ad accettare in alcun modo l'interpretazione russa della
pace di Cüciük–Cainargi; egli ripeteva semplicemente il concetto di
Niccolò, per mettere in rilievo come cotesto concetto appunto doveva disarmare l'Imperatore, secondo le proprie confessioni di lui.

A chiunque giudicasse spassionatamente doveva apparir chiaro,
alla lettura di quella replica, che l'Inghilterra declinava senz'altro
ogni accordo nei disegni della Russia. Ma l'Imperatore, il giorno
20 di febbraio, ad un ritrovo presso la Granduchessa ereditaria,
riprendeva, sebbene già sommariamente informato del contenuto
negativo della risposta, la sua conversazione con sir Giorgio Hamilton
Seymour. Gli pareva, come disse, che il Governo inglese « non avesse
perfettamente afferrato il suo pensiero. A lui non importare tanto
di ciò che *sarebbe dovuto accadere* qualora l'ammalato venisse a
morire; bensì desiderar di intendersi con l'Inghilterra intorno a

ciò che, dato quel caso, *non sarebbe dovuto* accadere ». Confutò
l'obbiezione di Seymour, che la Turchia potesse vivere ancora
molt'anni, assicurando essere l'Inghilterra male informata, ed
espresse l'opinione che, ov'egli si fosse potuto intrattenere appena
dieci minuti coi ministri inglesi, p. es. con lord Aberdeen, ei ne
sarebbero senza dubbio venuti ad un'intesa. Dopo di ciò, invitò
l'ambasciatore per il dì seguente presso di sè; per cui questi si
vide costretto questa volta a dichiarare al suo Governo, che il
Sovrano, il quale con ostinata insistenza affermava prossima la
caduta di uno Stato vicino, *doveva bene aver fermo nell'animo
suo che l'ora, se non* DELLA *dissoluzione, almeno* PER *la sua
dissoluzione era ricina.* Seymour era convinto che l'Imperatore
parlava di pieno accordo con l'Austria, e che, in conclusione, non
si trattava d'altro, se non di guadagnare a sè l'Inghilterra per
una spartizione della Turchia, con esclusione della Francia.

Il 21 febbraio, adunque, ebbe luogo il colloquio di maggiore
importanza, il quale, come osserva Seymour esplicitamente, durò
oltre un'ora. Lo Zar invitò anzitutto l'ambasciatore a leggergli per
disteso il dispaccio confidenziale di lord John Russell del 9 febbraio,
avvisandolo che, all'occorrenza, l'avrebbe con qualche osservazione
interrotto. Giunti al quarto capoverso, l'Imperatore lo pregò di fare
una pausa; e osservò « come gli stesse sommamente a cuore una
intesa col Governo inglese, per prendere dei provvedimenti di prudenza contro una tanto probabile eventualità, qual era lo sfacelo
della Turchia: esser egli, per certo, anche più che l'Inghilterra,
interessato ad impedire una catastrofe del Turco; ma questa catastrofe era frattanto imminente; e poteva esser prodotta, sia per
una guerra esterna, sia per uno scoppio d'ostilità tra il vecchio
partito turco e quello delle nuove superficiali riforme francesi, sia
infine puranco per una sollevazione dei Cristiani, già molto im-
pazienti di scuotere il giogo musulmano. E quanto alla prima di
coteste cagioni, aver egli ben dritto di accennarvi; perocchè, se
non fosse stato lui a imporre il suo *alto là*, nel 1829, al vittorioso avanzarsi del generale Diebitsch, la potenza del Sultano sarebbe già tramontata. Oltrechè, egli era stato il solo ad accorrere
in aiuto del Sultano, minacciato dal Pascià di Egitto ». — Quando
si trattò di stabilire ciò che *non* doveva tollerarsi, l'Imperatore
disse: « Incominciamo da noi medesimi. Io non voglio permettere la
« occupazione permanente di Costantinopoli da parte dei Russi. Ma

« Costantinopoli non può nemmeno venir mai in possesso degli In-
« glesi o dei Francesi, o di qualsivoglia altra grande nazione ». Aggiunse anche, « non voler permettere un ripristinamento dell'Impero
bizantino, o un'espansione tale della Grecia, che la portasse a
diventare una grande Potenza; e tanto meno un frazionamento
della Turchia in tante piccole repubbliche, da servir di asilo ai
Kossuth, ai Mazzini o ad altri rivoluzionarii dell'Europa. Piuttosto
si caccerebbe in una guerra, e la spingerebbe innanzi finchè gli
rimanesse un sol uomo e un solo fucile ».

Incalzando quindi l'ambasciatore, perchè da parte sua esponesse
alcune idee in proposito di ciò, Seymour prese a dire: « E che
« male ci sarebbe, se — nel caso d'una catastrofe della Turchia —
« Russia e Inghilterra dichiarassero: non dovere esser concesso ad
« alcuna Potenza di prender possesso di quelle provincie, e doverne
« la proprietà rimanere tal quale sotto suggello, fintantochè si fos-
« sero potuti concordare dei provvedimenti amichevoli intorno alla
« loro assegnazione definitiva? ». A quell'uscita singolare, l'Imperatore, abilmente e con piena cognizione dei fatti, replicò: « Essere
un tale procedimento non impossibile, per verità, ma almeno molto
difficile. Non sussistere in Turchia elementi per un governo provinciale o municipale. I Turchi assalirebbero i Cristiani; questi si
getterebbero su quelli; e le varie sètte cristiane medesime si az-
zufferebbero insieme per modo, da produrre il caos e l'anarchia ».
A questo punto egli confessò che anche il Cancelliere gli parlava
insistentemente di misure da prendersi per la conservazione della
Turchia. « Quanto alla Francia poi — proseguì — egli non voleva fare
accuse: ma così a Costantinopoli come nel Montenegro si svolgevano certi fatti, che davano estremamente da pensare. Pareva che
il Governo francese cercasse di avviluppare le Potenze in Oriente,
affine di poter per questa via raggiungere i particolari suoi fini;
dei quali uno era senza dubbio d'impadronirsi di Tunisi ». All'osservazione dell'ambasciatore ch'egli dimenticava l'Austria, l'Imperatore
rispose: « Quando parlo della Russia, parlo anche dell'Austria: i
« nostri interessi, rispetto alla Turchia, sono identici ». Del Sultano
disse: « Questo Signore (ce Monsieur) mi manca alla sua parola
« scritta, e tratta con me in modo eccezionalmente deplorevole. Io
« mi son limitato a mandare un inviato a Costantinopoli (1) per

_____

(1) Il principe Menscikow.

« chiederne soddisfazione. Avrei potuto certamente mandar laggiù
« un esercito, se mi fosse piaciuto; niente avrebbe potuto tratte-
« nerlo; ma mi sono appagato d'una dimostrazione di potenza, dalla
« quale apparisca che non son disposto a permettere che altri si pigli
« giuoco di me ». Quanto al Montenegro, approvò vivamente l'atteggiamento assunto dall'Austria: soggiungendo « che non si poteva
fare a meno di prendere grandemente a cuore le sorti di un popolo ch'era così vivamente attaccato alla sua religione, e che aveva
difeso sì a lungo il proprio territorio contro i Turchi. Se Omer
Pascià avesse voluto far prova di annientarlo, e ne fosse sorta in
conseguenza una sollevazione generale dei Cristiani, assai probabilmente il Sultano ci avrebbe rimesso il suo trono; ma in tal caso,
sarebbe caduto per non più rialzarsi. Egli avrebbe voluto puntel-
lare la sua potenza; ma se la perdeva, era per sempre. L'Impero
turco essere tal cosa, che si poteva bensì tollerare, ma non rimettere in piedi; e, quanto a sè, non avrebbe per cotesto sparato un
sol colpo di pistola. Dato il caso d'uno sfasciamento dell'Impero
turco, un assetto territoriale soddisfacente sarebbe stata cosa meno
difficile che generalmente non si credeva. I Principati erano già
di fatto uno Stato indipendente sotto la protezione dello Zar; e
potrebbero restare così. La Serbia poteva ricevere una forma di
governo simigliante; e del pari la Bulgaria (1). Quanto all'Egitto,
intendeva perfettamente l'importanza di un tal possedimento per
l'Inghilterra. Il simile diceva di Candia. Cotest'isola conveniva al-
l'Inghilterra, ed egli non vedeva perchè non potesse diventare un
possesso inglese ».

Sir Giorgio Hamilton Seymour — secondo che si esprime egli
stesso nel relativo rapporto al suo governo —, non volendo che
l'Imperatore s'immaginasse di poter irretire con simili aperture un
pubblico ufficiale della Grambrettagna, rispose semplicemente « non
essersi mai spinte (a sua saputa) le mire dell'Inghilterra rispetto
all'Egitto più oltre del conseguimento d'una sicura e rapida comunicazione tra le Indie inglesi e la madre patria ». — Alla perfine,
l'Imperatore lo accommiatò con l'assicurazione, più o meno sinceramente nutrita nell'animo, « che le dichiarazioni del dispaccio di

_____

(1) Gli avvenimenti successivi mettono in piena luce appunto questo lato
delle comunicazioni della Russia.

BAMBERG. - *Storia della questione d'Oriente.*

Lord John Russell erano state per lui soddisfacentissime », e con
molti complimenti per la Regina ed i suoi ministri; non senza insistere perchè egli dovesse indurre il suo Governo a scrivere sul-
l'argomento più esaurientemente, e senza ritardo. « Non richiedere
egli alcun impegno formale, nè alcun trattato, ma un libero scambio
d'idee, e, in caso di bisogno, una parola da gentiluomini ».

Il diplomatico inglese, specialmente dopo il dispaccio di lord John
Russell che declinava da sè quelle vedute, fu sì poco edificato da
tali straordinariamente importanti comunicazioni dell'Imperatore,
che raccomandò « di introdurre nel prossimo dispaccio a sè diretto
alcune espressioni, le quali potessero far sì che fosse posto un
termine alla trattazione, o per lo meno ai colloqui intorno a sì pericolosi argomenti ». Soggiungeva che, sebbene le precise parole
che l'Imperatore gli aveva dette intorno alla politica commerciale
da osservarsi a Costantinopoli qualora i Turchi venissero a esserne
spodestati non gli fossero più esattamente presenti alla memoria,
il senso tuttavia n'era questo: che Inghilterra e Russia avevano
un comune interesse da tutelare, per il più facile accesso al Mar
Nero e al Mediterraneo.

Nel medesimo giorno — 21 febbraio 1853 — del sopra riferito colloquio, il conte Nesselrode si apprestava a stendere per il Governo
inglese un espresso *Memorandum*, col fine di dare alle aperture
fatte all'ambasciatore inglese una forma diplomatica, e di mitigarne
la portata, di fronte al contegno restio, nel tutt'insieme, dell'Inghilterra. Questo importantissimo documento portava indubbie tracce
del prudente consiglio del conte Nesselrode. Esso poneva in rilievo
come « all'Imperatore non fosse neanche lontanamente passato pel
capo di proporre, per il caso d'uno sfacelo dell'Impero ottomano,
un piano, secondo il quale l'Inghilterra e la Russia dovessero disporre in anticipazione delle provincie rette dal Sultano, o proporne
una sistemazione già bell'e perfetta; e tanto meno di mettere
innanzi un formale progetto di convenzione tra i due Gabinetti.
Nel concetto dell'Imperatore, s'era puramente e semplicemente
trattato d'un'intesa reciproca e confidenziale da entrambe le parti,
non tanto di ciò che si voleva, quanto di ciò che *non* si voleva.
Non dunque disegni preconcetti di spartizione, nè un trattato da
doversi necessariamente comunicare alle altre Corti. Un semplice
scambio di vedute era sul tappeto, e l'Imperatore non intendeva
la necessità di approfondire tali argomenti prima del tempo.

Limitandosi a trattarne col rappresentante della Regina nella forma di una conversazione familiare, egli non aveva fatto se non scegliere il modo più intimo e confidenziale per aprirsene a Sua Maestà Britannica, nel desiderio che l'avvenuto colloquio, quale

Conte Nesselrode.

che potesse esserne l'esito, dovesse restare ciò che era in realtà: *un segreto tra i due Sovrani*. Cadere pertanto tutte le obbiezioni sollevate da lord John Russell circa il silenzio da doversene serbare, nel caso di un formale accordo, verso le altre Potenze: dal momento che, per il presente, di un tale accordo non si trattava affatto ». Mentre adunque l'Imperatore — come abbiamo potuto persuaderci — aveva accennato allo sfasciarsi dell'Impero ottomano come a cosa imminente da presso, il conte Nesselrode nel *Memorandum* dichiarava « non trattarsi di una minaccia immediata. Gli

incidenti montenegrini doversi ora, per verità, dopo le ultime notizie, considerare come esauriti, sebbene al momento del colloquio
(il più importante avveniva nel giorno stesso nel quale Nesselrode
metteva mano alla penna!) ci fosse da temerne una piega pericolosa.
Nè la Russia nè l'Austria avrebber potuto permettere l'assoggettamento del Montenegro. Le atrocità che il fanatismo musulmano
aveva perpetrate poco innanzi in Bulgaria, in Bosnia, in Erzegovina
facevan purtroppo prevedere anche alle altre provincie cristiane
che la medesima sorte le aspettava. Non esser punto, adunque, da
considerare come una questione oziosa o cervellotica, o come una
troppo lontana eventualità, quella sulla quale l'Imperatore aveva
richiamata l'attenzione della Regina sua alleata. Desiderare l'Inghilterra che si facesse uso della maggiore longanimità. Ma perchè
l'Imperatore potesse continuare a cooperare con essa in cotesto
sistema di longanimità, sarebbe stato debito per tutte le Potenze
di conformarvisi. Ora, la Francia aveva adottato un altro sistema:
con minacce, e contro la lettera dei trattati, aveva ottenuta la
concessione d'una nave da guerra nei Dardanelli; e due volte aveva
affidato le sue pretese e le sue domande di risarcimenti alla bocca
dei suoi cannoni: la prima a Tripoli, la seconda a Costantinopoli;
con le intimidazioni, infine, anche nella questione dei Luoghi santi
aveva ottenuta la rescissione del firmano rilasciato e delle solenni
promesse fatte dalla Porta all'Imperatore. E dinanzi a tanti atti
di prepotenza, l'Inghilterra aveva sempre taciuto. La Russia e
l'Austria pertanto, per la tutela del loro diritto, s'eran trovate
dal canto loro costrette, contro la loro volontà, a valersi delle
intimidazioni. Dèsse dunque opera l'Inghilterra a ricondurre la
Porta alla ragione; e volesse, invece di unirsi alla Francia contro
le troppo giuste rivendicazioni della Russia, guardarsi piuttosto
dal prestar man forte alla resistenza del Governo turco; o, per
lo meno, dall'aver l'aspetto di farlo ». — Concludeva lo scritto:
« non poter l'Imperatore augurarsi altro che bene dall'aver provocato un tale intimo scambio d'idee tra sè e la Maestà sua. Intender
bene l'Inghilterra, che la Russia non potrebbe tollerare lo stabilirsi a Costantinopoli d'una Potenza cristiana forte abbastanza da
esercitare su lei un controllo, o da darle inquietudine. Dichiarare
quella, quanto a sè, di rinunziare a qualsiasi disegno, a qualsiasi
desiderio di possedere Costantinopoli: e l'Imperatore negar del
pari ogni intenzione, ogni desiderio di stabilirvisi. L'Inghilterra

prometteva che non acconsentirebbe ad alcun accomodamento quanto alle misure da seguirsi nel caso d'una caduta dell'Impero turco, senza una previa intesa con l'Imperatore; l'Imperatore da parte sua accettava di buon grado i medesimi obblighi. E poichè sapeva che, data una tale evenienza, avrebbe potuto parimenti contare sull'Austria, vincolata pure, per promesse, a mettersi d'accordo con essolui, ei considerava con minore apprensione la catastrofe, ch'era stato sempre e sarebbe suo desiderio di scongiurare, e di tenere, per quanto era da esso, lontana ».

Questo *Memorandum,* che Seymour chiamava uno dei più notevoli documenti che mai fossero usciti non solo dalla Cancelleria di Stato russa, ma da tutto quanto il Gabinetto dell'Imperatore, egli lo accompagnava il 9 marzo coll'osservazione « parergli fuori di dubbio l'esistenza di una positiva intesa tra la Russia e l'Austria ». — È possibile, del resto, che i documenti sui quali si fondava l'asserzione, più o meno giustificata, della Russia in allora, siano stati fin qui intenzionalmente sottratti alla pubblicità.

Lo scambio di Note sopra tutto questo rilevantissimo incidente durò, per vero, ancora un certo tempo, e trapassò, come a primo erede, a lord Clarendon, subentrato quale nuovo ministro degli Esteri. Ma dopo che il conte Nesselrode, per invito di Seymour, ebbe ritirato il sospetto di un'adesione dell'Inghilterra alle pretese francesi (cosa che quegli confutò con documenti), nulla di rilevante si produsse tra i due Gabinetti a maggior chiarimento della corrispondenza accennata. — L'accusa contro la Francia, poi, era tanto più infondata, inquantochè, come abbiamo veduto, e l'Imperatore quando iniziò quelle aperture, e il Cancelliere allorchè scrisse il *Memorandum,* si trovavano già da tempo in possesso delle concilianti proposte di Drouyn de Lhuys.

Non era quella, del resto, la prima volta che l'Imperatore Niccolò veniva incontro al Governo inglese con aperture di tal fatta. In una sua visita a Londra nel 1840, ai capi del partito dei Tories — il duca di Wellington, lord Aberdeen e sir Robert Peel — egli aveva di già esposta la necessità d'un'intesa tra Inghilterra e Russia a proposito della Turchia. Fin da allora aveva dichiarato, la « Turchia trovarsi agli estremi; e ch'ei prevedeva il momento in cui avrebbe dovuto mobilitare il proprio esercito. L'Austria dover fare lo stesso. Temer egli soltanto della Francia, che avrebbe fatte delle spedizioni a Candia e a Smirne, tanto che l'Inghilterra avrebbe do-

vuto armare tutta la sua flotta. Non egli volere un tributo dalla
Turchia; ma non permettere neanche che altri ne ricevesse da lei ».
— All'osservazione di sir Robert Peel che l'Inghilterra si trovava
in una situazione analoga, e pertanto doveva stare in guardia perchè
l'Egitto non venisse sottoposto a un Governo troppo potente, il
quale bastasse a chiuderle la strada delle Indie, l'Imperatore, allora,
rispondeva: « Non si può al presente stabilire che cosa si dovrà
« fare della Turchia quando sia morta: siffatti accordi affrettereb-
« bero la sua fine ». Ma dodici anni più tardi, era proprio lui — come
si è veduto — che aveva mutato di propositi, appunto perchè gli
pareva veramente venuto il momento buono per affrettar quella fine.
Anche sopra quella conversazione il conte Nesselrode, nel giugno
del 1844, aveva elaborata una memoria, nella quale si poneva in
rilievo l'interesse della Russia e dell'Inghilterra a mantenere lo
status quo in Turchia. Già in cotesto memoriale si affermava « l'accordo della Russia con l'Austria; chè se l'Inghilterra, come la
maggiore delle Potenze marittime, si fosse accostata alle due grandi
Potenze coalizzate, anche la Francia avrebbe dovuto aderirvi. Avere
pertanto l'Imperatore, d'intesa con i ministri inglesi, stabilito che,
ove in Turchia si fosse prodotto qualche avvenimento inaspettato,
Russia e Inghilterra si sarebbero dapprima concertate tra loro
intorno a ciò che in comune dovesse intraprendersi ».

È possibile, comunque, che durante le sue aperture dell'anno 1853
l'imperatore Niccolò contasse ancora su un certo effetto dei colloqui d'allora; ma, prescindendo pure dal fatto che neanche allora
l'Inghilterra aveva preso impegno di sorta alcuna, certo egli non
mostrava d'aver tenuto alcun conto del completo mutamento delle
condizioni sopravvenute in Europa, non foss'altro per la restaurazione in Francia del secondo Impero. — Resta pur sempre assai
significativo il fatto che l'Inghilterra avesse, così sulle proposte
del 1840 come su quelle del '53, mantenuto il segreto; e solo più
tardi, non senza la cooperazione della Francia, e appena quando la
Russia si fu insospettita della politica inglese, si risolvesse ad una
pubblicazione, che mise in orgasmo tutta quanta l'Europa.

IV.

La missione del principe Menscikow
e la diplomazia europea a Costantinopoli

L'incidente montenegrino. - Missione del conte Leiningen a Costantinopoli. - Missione del principe Menscikow. - Esposizione diplomatica delle sue istruzioni palesi e segrete. - Suo contegno di fronte alla Porta. - Influenza di lord Stratford de Redcliffe a lui ostile. - Tentativo di Menscikow di ricondurre al governo il vecchio partito turco con Chosrew Pascià. - Seguitano le trattative con la Porta e con gli ambasciatori delle Potenze occidentali. - Lo schema del trattato russo, e le ulteriori pretese di concludere un trattato segreto difensivo e offensivo con la Porta. - Sorprendenti istruzioni di Menscikow relativamente alla sua condotta verso gli ambasciatori. - La Porta, di fronte all'arrogante contegno della Russia, sollecita l'invio della squadra inglese. - Essa accorda alla Russia solo la concessione di nuovi firmani, ma rifiuta di conchiudere un pubblico trattato. - Menscikow, mentre il Gran Visir si sforza di aiutarlo a trarsi d'impaccio, batte una strada traversa, che lo conduce allo scacco definitivo della sua missione. - Influsso preponderante di lord Stratford. - Gli ambasciatori delle quattro grandi Potenze declinano l'offerta della Porta di pronunziarsi sopra l'ammissibilità d'un'affermazione di pubblico diritto, concernente le pretese della Russia. - Menscikow abbandona Costantinopoli con tutto il personale dell'ambasciata. - Ultimo rescritto del conte Nesselrode.

Prima di esporre i negoziati che si svolsero nella capitale dell'Impero ottomano intorno alle complicazioni con la Russia, è necessario dare un cenno dell'incidente montenegrino, nel quale, oltre alla Turchia, si trovarono implicate l'Austria e la Russia. — Come è noto, il Vladika del Montenegro era ad un tempo principe spirituale e temporale, e doveva farsi consacrare da un arcivescovo greco-cattolico; e poichè come ecclesiastico di grado superiore nòn poteva contrar matrimonio, avveniva di regola che il nipote dovesse succedergli nel governo.

Nell'anno 1852, il principe Daniele Petrowich prese la risoluzione

di rinunziare alla dignità spirituale; e l'assemblea del popolo vi
diede la sua sanzione, rendendo in pari tempo il trono ereditario.
La Porta, che non aveva mai rinunziato ai suoi diritti di sovranità sul Montenegro, vide in cotesto mutamento, che mirava al
consolidamento della dinastia e al definitivo distacco dalla Turchia,
la mano della Russia. Delle truppe turche sotto il comando di
Omer Pascià mossero minacciose contro l'irrequieto Montenegro;
ma quel coraggioso popolo montanaro le prevenne, e s'impadronì
di Sputz e di Zabliack; e Omer Pascià s'avanzò sollecitamente per
punirle. L'Austria temette allora d'esser molestata al proprio confine; e poichè inoltre le era stata rifiutata da parte della Porta
la riconsegna di alcuni disertori ungheresi e polacchi, volle pro-
fittarne per rialzare in qualche modo la sua influenza in Oriente,
inviando nel gennaio del 1853 il conte Leiningen a Costantinopoli,
con il mandato di indurre la Porta al ritiro delle sue truppe, al-
l'internamento dei sopraddetti fuggiaschi, ad un miglior trattamento
dei Cristiani bosniaci, e a parecchie concessioni economiche, senza
ch'ella dovesse rinunziare per ciò ai suoi diritti. L'11 di febbraio
il conte Leiningen intimò un *ultimatum;* e poichè Inghilterra e
Francia consigliavano all'arrendevolezza, e poichè le difficoltà con
la Russia avevano già complicata la situazione, il Sultano piegò
alle pretese dell'Austria.

Già il 4 febbraio 1853, — e pertanto, durante le aperture dell'Imperatore Niccolò con Sir Giorgio Hamilton Seymour, — il conte
Nesselrode aveva comunicato a quest'ultimo come il principe
Menscikow avesse ricevuto ordine di tenersi pronto per una missione a Costantinopoli, dove, come chiariva il Cancelliere, gli affari
dell'ambasciata russa erano per alcun tempo curati da un incaricato (il signor di Titow), il cui grado non gli conferiva tutta quella
autorità ch'è necessaria per avvenimenti di tanta importanza. Le
sue istruzioni erano di natura conciliante, e il principe stesso,
benchè soldato, animato delle intenzioni più amichevoli. A ciò, il
9 febbraio, il conte Nesselrode aggiungeva che le istruzioni, per
quanto delimitate, di Menscikow, dovevano avere tuttavia una
certa larghezza; scopo da raggiungere: un equivalente per ogni
privilegio che fosse andato perduto per i Greci (1). — Si chiarì più

---

(1) Dispacci di SEYMOUR a Lord John Russell, del 5 e del 10 febbraio 1853.
Nella *Raccolta* JASMUND, vol. I, pag. 18 e 19.

Principe Menscikow.

tardi che il conte Nesselrode era fin dal principio contrario alla scelta del Menscikow, sia perchè il Principe, a cagione del suo grado, era troppo vicino all'influsso dell'Imperatore, sia perchè si doveva soprattutto diffidare della sua indole soldatesca. Per tutto ciò il conte Nesselrode aveva proposto il conte Orlow o il conte Kisselew.

Il principe Menscikow, dopo di aver rumorosamente passate in rassegna le truppe già destinate a marciare verso la Bessarabia e la flotta ad Odessa, giunse con un numeroso Stato maggiore — tra cui si trovavano l'ammiraglio Kornilow, il generale Nikapotscinski, il principe Galitzin, un figlio del conte Nesselrode, ecc. — il 28 febbraio 1853 a Costantinopoli. La popolazione ortodossa, che non aveva alcun sospetto del vero scopo della sua missione, e la credeva destinata esclusivamente a far trionfare i locali interessi greco religiosi, gli mosse incontro giubilante; il che, naturalmente, non poteva se non accrescere le preoccupazioni della Porta. Le sue istruzioni erano le seguenti: « Proclamazione formale del firmano di data 30 gennaio 1852, la cui esecuzione, promessa con lettera del Sultano, sarebbe stata impedita per un'intesa segreta conclusa con la Francia; un'equa soddisfazione per tutto ciò ch'era accaduto, con la destituzione del Ministro degli affari esteri Fuad Effendi; pubblicazione d'un firmano diretto a chiarire e a fissare il diritto di possesso da parte dei Greci sulla chiesa di Betlemme, nonostante la consegna fattane delle chiavi ai Cattolici; restauri alla cappella della chiesa della Redenzione (chiesa del S. Sepolcro), *senza compartecipazione dei Cattolici;* richiamo in vigore di tutte le altre concessioni recentemente fatte, secondo il detto firmano 30 gennaio 1852; da ultimo, uno stabile consolidamento per l'avvenire dei diritti della Chiesa ortodossa. A tal uopo, doversi stipulare uno speciale atto o convenzione o *Sened,* sia palese sia segreto, avente forza di un trattato, che comprendesse e garantisse il complesso di tutte le norme e di tutti gli accordi riferentisi al perfetto mantenimento dello *status quo* della Chiesa orientale. Inoltre, per il caso che il Sultano avesse bisogno d'un appoggio contro le minacce della Francia, doveva il Principe proporre un'eventuale e *segreta* alleanza difensiva, senza che l'aiuto della Russia alla Turchia imponesse altri obblighi, all'infuori della sottoscrizione di cotesto trattato sanzionante lo *status quo* anzidetto della Chiesa ortodossa. Qualora tali richieste dovessero venir respinte od eluse, dover egli concedere alla Porta tre giorni di tempo a rifletterci; e trascorsi questi, partirsi, con tutto il personale diplomatico, da Costantinopoli » (1).

Al compimento di cotesta missione, il principe portava con sè belli e pronti quattro istrumenti diplomatici: una lettera dell'Imperatore Niccolò al Sultano; il testo del trattato da concludersi tra Russia e Turchia; istruzioni concernenti le clausole generali e la sua condotta di fronte agli altri rappresentanti; e infine, l'abbozzo dei negoziati segreti (2). Pur confidando di far colpo con la risolutezza del tratto, egli stimò tuttavia conveniente di procedere, quanto alle esigenze per sè stesse, per gradi; e di dovere, in primo luogo, comporre la vertenza dei Luoghi Santi, per mezzo di firmani ratificati mediante la più alta sanzione (*Hatti-humajun*), che dovevano poi venir confermati nella forma d'un trattato secondo il diritto delle genti. — Dopo il saluto resogli, secondo le consuetudini, nel palazzo dell'ambasciata russa, il 1.° di marzo, dal Maestro delle ceri· monie Kiamil Bey in nome della Sublime Porta, si recò il giorno 2, accompagnato dall'incaricato d'affari Di Ozerow e dal primo dra· gomanno Argiropulo, dal Gran Visir Mehemet Alì Pascià, suocero del Sultano. Egli aveva proposto un colloquio « privato » col Gran Visir, lasciando da parte Fuad, il ministro degli Esteri. Ma il Gran Visir, non già per un malinteso, come altri ha creduto, bensì intenzionalmente, lo ricevette in forma *ufficiale*. — Secondo le più recenti indicazioni (3), essendo Menscikow venuto per un corridoio poco riscaldato, non si levò il soprabito che indossava sulla marsina, sperando di poterlo ancora deporre in un'anticamera; ma, sollevatasi una tenda, gli si presentò dinanzi il Gran Visir in abito di gala; talchè il principe si tolse il soprabito sul braccio, e lo pose quindi sul divano presso di sè. Questo incidente, per quanto semplice e naturale potesse essere, tanto più venne dal Principe interpretato come un'infrazione dell'etichetta.

---

(1) *Étude diplomatique sur la Guerre de Crimée par un ancien Diplomate.* Pietroburgo, 1878, vol. I, pag. 159-160. — Questo importante lavoro, condotto sui documenti dell'archivio segreto russo, viene generalmente attribuito al Consigliere segreto *Jomini*. Esso era, dopo una preparazione che risale al 1863, già stampato nel 1874; e la pubblicazione, secondo che significativamente dichiara il suo editore, ne venne impedita per circostanze da lui indipendenti.

(2) BOGDANOWICH, nella redazione compendiata della *Rivista russa*. Pietroburgo, 1873, vol. II, pag. 176.

(3) BOGDANOWICH, ibidem, vol. II, pag. 181-182.

Fin da questo primo incontro Menscikow dichiarò di non poter trattare con Fuad Effendi; e quando il Gran Visir, accompagnandolo al momento dell'accommiatarsi, gli fece indicare la camera dove il ministro degli Esteri in abito di gala lo aspettava, egli non si degnò di farvi attenzione. In seguito a che, Fuad Effendi — cosa assolutamente insolita in Turchia — senza dubbio per cenno ricevutone, presentò le proprie dimissioni; e trasse così la Porta da un impiccio immediato; giacchè, come abbiamo veduto, una (per quanto smentita più tardi) delle istruzioni date a Menscikow era appunto di esigere la sua destituzione. Solo quattro giorni appresso, cioè il 6 di Marzo, dopo di aver tastato il terreno presso il Corpo diplomatico, il Sultano nominò a ministro degli esteri Rifat Pascià. Del che — essendo rimasto al timone il Gran Visir Mehemet Alì, di sentimenti nazionali — poco utile ne venne alla Russia; la quale, fidando in un processo di dissoluzione, rimasto ancora imperfettamente conosciuto fin qui nei suoi minuti particolari, avrebbe voluto soprattutto riportare al governo il partito russofilo.

Con la nomina d'un nuovo Ministro degli Esteri erasi frattanto reso possibile il ricevimento del principe Menschikow da parte del Sultano. Questo avvenne il dì 8 di marzo, e non passò senza incidenti. Il Principe presentò la lettera dell'Imperatore recante la data del 24 gennaio (5 febbraio), e sollecitò un'udienza privata, da concedergli subito dopo quella ufficiale; nella quale manifestò l'intenzione di visitare il vecchio amico della Russia Chosrew Pascià, con cui il conte Orlow aveva condotto a termine il trattato di Unkiar Skelessi. Doveva con ciò accennarsi al candidato accetto alla Russia per la carica di Gran Visir. E per verità, a Pietroburgo già da tempo si era convinti che negli alti circoli turchi le circostanze s'erano mutate a scapito della Russia. Con lo spirito delle riforme, s'era venuta formando una generazione maturatasi alla coltura europea, propensa assai più all'influenza inglese e francese che non a quella russa. Un intimo accordo col già sì potente Chosrew era poi tanto più importante, in quanto che costui era strettamente legato alla Sultana madre, parimenti incline alla Russia; tanto che, stante la debolezza e l'amore alla quiete di Abdul Megid, un completo rivolgimento delle relazioni di governo in Turchia non era da porsi nel numero delle cose impossibili.

Nella sua lettera al Sultano, Niccolò I incominciava con la dichiarazione « ch'egli adempiva, con quella missione, il suo dovere

Mehemet Alì Pascià.

di alleato e di amico sincero. Essere il Principe, che godeva di
tutta la sua piena fiducia, incaricato di significargli verbalmente
il senso di pena e di stupore ch'egli aveva provato per il modo
ond'era stata risoluta la questione dei Santi Luoghi. Non poter egli
credere che a risposta dei suoi sentimenti e dei suoi propositi potessero valere il venir meno alla parola data od altri simili atti,
deplorevoli per lui come amico, offensivi come alleato, e che gli
imponevano gravi doveri come Sovrano. « Io sono ben lontano »
— proseguiva — « o illustre e sovrano amico, dall'intenzione di
« esporre il vostro Governo a conflitti con altre Potenze, o di met-
« tervi sotto gli occhi la violazione di un patto, fondato su di un
« trattato ch'è pur tuttora in vigore, e ch'è impegnativo per la
« Turchia. Ma, d'altra parte, devo pure, nella questione presente,
« richiamarvi al rispetto di quei diritti che sono stati santificati
« per secoli, riconosciuti dai nostri gloriosi antenati e da Voi me-
« desimo sanciti, e che concernono la Chiesa ortodossa, ai dogmi
« della quale si attengono molti dei Cristiani che sono sotto la
« Vostra dominazione, come l'immensa maggioranza dei sudditi
« miei. Chè se il mantener cotesti diritti e cotesti titoli, concessi
« per volontà Vostra e in forza del Vostro potere sovrano, dovesse
« mai condurre a una qualche complicazione; o se, per effetto di
« essi, i Vostri possedimenti dovessero trovarsi esposti a un qual-
« sivoglia pericolo, avvenimenti siffatti non potrebbero se non raf-
« forzare maggiormente il nostro patto d'alleanza, e condurre ad
« un'unione così stretta, che imponesse un termine a esigenze e
« a pretese, le quali sono inconciliabili con l'indipendenza del Vostro
« Governo e con la quiete del Vostro Impero ». — Con che si alludeva
manifestamente al trattato *segreto;* che il Principe tuttavia non
mise innanzi, per il momento.

Lasciato il Sultano, il Principe si recò direttamente da Chosrew
ad Eminghan, e al vecchio amico dell'imperatore Niccolò presentò
il ritratto di questo in brillanti. Ciò non portò tuttavia gran fortuna al partito russo a Corte e nei circoli del Governo; la Sultana
Validè morì poco appresso di subita morte, in età di soli 46 anni;
e poco dopo, Chosrew era uno dei sessantadue sottoscrittori del manifesto della Sublime Porta d. d. 27 luglio, che decideva della rottura
delle relazioni (1).

---

(1) *Memorie del barone Bruck, dal tempo della guerra di Crimea;* Vienna,

Il 10 marzo ebbe luogo il primo abboccamento con Rifat Pascià, durante il quale il Principe si propose di trattare esclusivamente la questione dei Luoghi Santi. Come già si è accennato, egli pensava che, una volta diffinita questa, la Porta non avrebbe punto esitato a dare al nuovo ordine di cose anche la sanzione d'un trattato di diritto pubblico. Ma qui appunto stava l'errore madornale della diplomazia russa. Già discorrendo delle Capitolazioni e dei firmani, abbiamo avuto occasione di rilevare com'essi avessero puramente la forma d'una concessione volontaria. Ora, se già in forza di precedenti arrendevolezze la Russia poteva condursi con tanta arroganza, era questo per gli statisti turchi un argomento tanto più serio per rifiutare ostinatamente qualsiasi forma ancora più solenne di riconoscimento di antichi privilegi. — Sull'ordinamento locale dei Santi Luoghi Menscikow consegnò in quel convegno un progetto redatto in otto articoli, il cui contenuto non è qui il caso di riportare; perchè, sostanzialmente, esso coincide col firmano concesso alla Russia nel febbraio dell'anno precedente, e perchè importa piuttosto imparare a conoscere lo schema del trattato, che doveva contenere in forma bilaterale le condizioni postevi dalla Russia.

Codesto schema di trattato constava di sei articoli. L'articolo 1 era del seguente tenore:

« Mossi dal desiderio di posporre ogni altra considerazione, e di
« evitare con ogni cura tutto ciò che potesse dare appiglio a dissensi
« o ad equivoci o a diversità di vedute per ciò che si riferisce alle
« franchige, ai diritti, alle prerogative che dai Gran Sultani osma-
« nici furono concessi e statuiti nel loro Impero in pro della fede
« greco-*russa* ortodossa, praticata nella Russia tutta, come presso le
« popolazioni della Moldavia, della Valacchia, della Serbia, non che
« dagli altri sudditi cristiani della Turchia, il Governo imperiale russo
« e la Porta ottomana, sulla base del seguente trattato, hanno sta-
« bilito: che la confessione cristiana ortodossa godrà della costante
« protezione della Porta; che all'imperiale ambasciatore di Russia
« spetterà, come per lo innanzi, il diritto di adoperarsi, a Costan-
« tinopoli e *altrove*, a favore delle chiese come del clero; e che
« le presenti richieste, siccome quelle che muovono da una Potenza

---

1877, pag. 42. (Han valore, ancor oggi, più per i fatti narrati che non per le considerazioni dell'autore).

« vicina e schiettamente amica, dovranno venir prese nella dovuta
« considerazione » (1).

Ora, prescindendo anche dalla ripugnanza della Turchia a dare
la veste di un trattato a concessioni di tal fatta, due punti in questo
primo articolo meritano di esser posti particolarmente in rilievo:
l'espressione « fede greco-*russa* » riferentesi ai sudditi del Sultano;
e l'aggiunta delle parole « *e altrove* », che equivaleva a un ampliamento dell'articolo 7 del trattato di Cüciük-Cainargi, nel quale
si parla solo d'un diritto di rappresentanza riferibilmente alla nuova
chiesa ortodossa di Costantinopoli. — Gli articoli 2 e 3 riguardavano
specialmente i Patriarchi di Costantinopoli, Antiochia, Alessandria
e Gerusalemme, come pure i metropoliti, vescovi ed altri ecclesiastici, i loro diritti e i loro privilegi; ma in particolar modo la disposizione « che la deposizione di un patriarca potesse effettuarsi
soltanto nel caso di una qualche vessazione da esso esercitata sopra
i Raiah, o di tradimento verso il signore del luogo ».

Di straordinaria importanza era l'articolo 4, il quale suonava così:

« Essendo riconosciuto oramai, e dimostrato sì per pubblicazioni
« storiche e sì per numerosi documenti autentici, che la Chiesa greco-
« ortodossa di Gerusalemme, e con essa il locale Patriarca e i ve-
« scovi da lui dipendenti, fino dal tempo dei Califfi e per tutto insieme
« il governo dei Signori ottomani, sono stati sempre tutelati, ricono-
« sciuti e confermati in tutti i loro diritti e privilegi, la Porta assume
« *di fronte al Governo russo* l'obbligo di rispettare e di mantenere
« incolumi tali diritti e privilegi, così a Gerusalemme come altrove ».

Noi ricordiamo bene le obbiezioni dei Cattolici contro cotesto
primitivo diritto risaliente fino ai Califfi. Se non che, sentendo la
mostruosità di tale pretesa, quelli stessi che l'avevano sollevata

---

(1) Così suona il testo pubblicato secondo la *Rivista russa*. Lo schema però
che, secondo una traduzione francese dalla lingua turca, la Porta comunicava
a lord Stratford, e che questi trasmetteva l'8 di aprile 1853 al suo Governo,
non concorda al tutto esattamente con quel testo; perchè, tra altro, invece che
« il diritto dell'ambasciatore russo di adoperarsi in favore delle chiese come del
clero » dice: « auront le droit, comme par le passé, *de donner des ordres* aux
églises tant à Constantinople que dans d'autres endroits et villes, ainsi qu' aux
ecclésiastiques ». — V. il testo di quest'importante documento, che qui è espressamente indicato come lo schema d'un « *trattato segreto* », in EICHMANN: *Die
Reformen des osmanischen Reiches* (Le riforme dell'Impero ottomano), Berlino, 1858, pag. 413-416.

vi apponevano poi quest'aggiunta, che si annulla da sè medesima:
« senza pregiudizio delle altre Comunità o degli altri sudditi e fo-
« restieri cristiani, che si recassero a visitare il S. Sepolcro di N. S.
« o gli altri Luoghi Santi, sia insieme con i Greci, sia separatamente
« da questi ».

L'articolo 5 concerneva il nuovo firmano da rilasciarsi, riferentesi
alla chiesa di Gerusalemme, che vien qui chiamata la « *chiesa
patriarcale* », e nella quale i Santuarii che per consenso sono riconosciuti della Comunità ortodossa sulla base degli antichi diritti
suoi e di quelli che gode *ab antiquo* la Chiesa cattolica romana
dovevano essere specificati; e riferentesi ancora all'adempimento
alla lettera di questo firmano medesimo. — L'articolo 6, infine, pretendeva per i sudditi russi, laici o ecclesiastici, i quali visitassero
Gerusalemme ed i santuarii, il trattamento delle nazioni più favorite,
come pure la costruzione di una propria chiesa per il clero russo,
e di un ricovero per i pellegrini poveri e infermi, da dover essere
affidati entrambi alla sorveglianza del console generale russo di
Siria e Palestina.

Nè con ciò era punto esaurita l'opera del parco d'assedio recato
seco dal principe Menscikow, la cui messa in assetto deve aver
richiesto maggior tempo che secondo le date fin qui correnti non
si sia disposti ad ammettere. Mentr'egli assicurava l'incaricato di
affari inglese a Costantinopoli, colonnello Rose, che i movimenti di
truppe ai confini turchi eran determinati soltanto dal timore che
si nutriva a Pietroburgo non avesse il conte Leiningen a fare un
buco nell'acqua, e le imprese di Omer Pascià a trarsi dietro le
infiltrazioni delle dottrine mazziniane nell'Austria e nei Principati
danubiani; mentre tentava di persuadere all'incaricato francese
Benedetti « che oggetto principale della sua missione era la questione montenegrina; ch'egli stimava doversi l'incidente dei Luoghi
Santi comporre in modo soddisfacente; ch'egli non doveva però
trattare con lui; e che non recava punto con sè delle imposizioni
categoriche come il conte Leiningen, ma era un semplice intermediario»; e mentre lo stesso conte Nesselrode lasciava credere a
sir Hamilton Seymour, essere la missione di Menscikow assolutamente conciliativa, e non considerare essa — fattane astrazione
della questione dei Santi Luoghi — altre, quali che fossero, esigenze
all'infuori di quelle che sono *per ogni Cancelleria una parte degli
affari ordinarii correnti:* la Russia, *col suo progetto d'un trat-*

tato difensivo segreto, offriva alla Turchia un esercito di 400.000
uomini, più la sua flotta, per ogni eventualità di difesa contro
le Potenze occidentali (1).

Da ultimo, le istruzioni impartite al Principe quanto al contegno
da tenere di fronte agli altri rappresentanti possono sole compiere
il quadro della sua missione a Costantinopoli, e soprattutto quello
della condotta della diplomazia russa in allora di fronte alle Potenze.
Di tutti gli atti rimessi nelle mani del principe Menscikow è forse
questo il più stupefacente, poichè offre insieme una spiegazione
di tutti gli altri, e dà modo di gettare uno sguardo profondo per
entro alle vedute della Russia.

Tali istruzioni si esprimevano sostanzialmente così (2):

« Il neo-sorto Impero e il nuovo Imperatore sono stati dall'augusto
Signore di Russia riconosciuti con tali limitazioni, e sotto condizioni
tali (ognuno qui ricorda bene le tranquillanti dichiarazioni di Kisselew
a Parigi), che meglio d'ogni altra cosa sono atte a rispecchiare dinanzi agli occhi del mondo le vedute e le intenzioni del Governo
russo. S'impone, pertanto, un contegno che sia amichevole, pacifico
e cortese, ma in pari tempo fermo e prudente : nessuna pretesa
inutile, ma nemmeno alcuna concessione. Luigi Napoleone non deve
essere urtato nelle sue « sapienti suscettibilità » ; ma non bisogna
passargliene una; nè farglisi la minima concessione, sia quanto
alle pretese della sua politica, sia per ciò che riguarda il diritto
legale ereditario dei Napoleonidi. La forma stessa del riconoscimento dell'Impero francese scelta dalla Russia deve intendersi in
questo senso. Essa fu una conseguenza della disfida lanciata subito, fin dai primi suoi passi, da Napoleone alle Potenze che avevano rovesciato e il primo Impero e le sue pretese di far trionfare
il principio democratico sopra il principio delle antiche Monarchie.

---

(1) Fa meraviglia che JOMINI, il quale del resto confessa schiettamente, e
adducendone circostanze particolarmente aggravanti, la parte falsa che rappresentava la Russia specialmente di fronte all'Inghilterra, consideri l'alleanza
difensiva come diretta soltanto contro Francia, e non anche contro Inghilterra ;
I, pag. 160. È pur difficile a intendere com'egli possa sostenere che le istruzioni date a Menscikow non avessero un carattere definitivo (« perentorio »),
mentr'esse pur fin dal principio chiudevano chi le portava in uno stretto
cerchio di ferro ; e tutta la facoltà di muoversi lasciatagli consisteva solo nella
scelta dei mezzi per trarvi dentro la Turchia.

(2) BOGDANOWICH, nella redazione della *Rivista russa*, vol. II, pag. 178-81.

Se lo Zar, nelle sue relazioni diplomatiche con la Francia, aveva scelta quella forma, e costretto il nuovo Imperatore a contentarsene, non solo si era mantenuto fedele alle intime convinzioni sue, ma aveva anche avuto in mira un fine politico: *quello di rompere l'incanto della paura e della potenza, che il nuovo Governo francese esercitava sugli Stati più deboli, e tra questi sulla Turchia.....* — È difficile determinare se il presente modo d'agire della Francia a Costantinopoli deva ascriversi ad una premeditata politica di Napoleone, o semplicemente ai suoi rappresentanti;... ma si può appena dubitare che le pretese del Governo francese di fronte alla Turchia sieno una conseguenza del disegno di Napoleone di accaparrarsi esclusivamente per sè la protezione dei Cattolici in Oriente, sia allo scopo di raffermar quivi la sua preponderanza a spese della Russia, sia di porre le fondamenta d'un sistema, diretto ad assoggettare il clero francese al nuovo Imperatore quale capo della Chiesa cattolica. È da temere persino che Luigi Napoleone — il quale ha bisogno dei torbidi per condurre a compimento ad ogni costo i suoi avidi disegni di dominio, e che teme di provocare una coalizione delle grandi Potenze contro di sè, quando dovessero sorgere delle ostilità di qualsiasi specie nel Belgio e sul Reno — preferisca di seminare germi di inquietezza in Oriente, spingendo le cose agli estremi. Ora, dato che i suoi proposti, comunque, sien tali, la Russia non potrebbe attendersene veruna arrendevolezza a Costantinopoli. È bensì vero che pochi giorni or sono egli ha offerto di comporre la questione dei Luoghi Santi mediante una privata intervista con lui. Ma noi non iscorgiamo alcuna pratica utilità del venirne a un tale atto, fintantochè il Gabinetto delle Tuileries non cessi dal porre a base delle sue pretese dei trattati la cui conclusione risale al sedicesimo secolo, senza voler considerare gli avvenimenti posteriori: che hanno prima distrutti i trattati precedenti, e quindi reso non necessario l'adempimento letterale di quelli. Del resto, il richiamo del signor di Lavalette da Costantinopoli e la sua sostituzione con un altro rappresentante daran forse in mano alla Russia il mezzo di pronunziare un giudizio intorno alla maggiore o minor sincerità delle amichevoli intenzioni manifestate dal Governo francese.

« Buone son le relazioni politiche della Russia verso il Governo inglese; ma non possono, siccome nuove ancora, venire esattamente determinate. Il presente Ministero della Grambrettagna è testè appena entrato in ufficio. Lord John Russell, a quanto pare, è solo tem-

poraneamente ministro degli Esteri; ond'è che la situazione politica
della Russia a Londra non si è ancora determinata con esattezza.
Tuttavia, il carattere personale e la precedente opera diplomatica
del capo del nuovo Ministero lord Aberdeen possono starne garanti del suo senno e della sua moderazione. La restaurazione dei
Napoleonidi in Francia e i ricordi del primo Impero sono sufficienti
a riconfermare il pieno accordo tra le vedute inglesi e le russe;
e nonostante la poco spiegabile premura con cui il Governo britannico ha riconosciuto Napoleone III, senza aspettare le tre altre
grandi Potenze e senza unirsi ad esse nelle necessarie restrizioni,
esso non ha potuto però separarsi da coteste Potenze; ha sacrificato per necessità quelle norme di condotta che s'era prefisso di
seguire di fronte al primo Impero; ma l'Inghilterra non mantiene
verso la Francia quella simpatia che, grazie alla somiglianza delle loro
forme di governo, sussisteva tra essa e la monarchia costituzionale
di Luigi Filippo; verso Napoleone non è scevra di apprensioni; non
si fida di lui, e lo osserva, dacchè, insieme con la Russia, ha preso
la risoluzione di vincolarlo con i trattati del 1815 e con l'osservanza
dello *status quo*. Qualora in Oriente si trattasse solo di uno scambio
d'influenze, la prevalenza della cattolica Francia sulla Russia ortodossa sarebbe senza dubbio per l'Inghilterra di poco peso. Ma non
con pari indifferenza può essa star a vedere come, sotto la maschera
di una preponderanza religiosa, la politica francese miri ad acqui-
stare un predominio sulla sua propria.

« Tutto ciò ha indotto la Russia, fin dal primo giungere al Potere
del nuovo Ministero inglese, ad esporre a questo con la maggiore
schiettezza le vedute della Russia, e lo scopo della missione del
principe Menscikow, tanto per tranquillare l'Inghilterra circa le
intenzioni del Governo russo verso la Porta, quanto per chiarire
i probabili disegni di Luigi Napoleone, e richiedere al Governo
inglese di comportarsi con fermezza, sia a Parigi sia a Costantinopoli; ma specialmente a Parigi; togliendo a Napoleone (caso mai
gli venisse in capo di suscitare una guerra in Oriente) ogni spe·
ranza in una cooperazione dell'Inghilterra. Per quanto si può giudicare dalle ultime notizie da Londra, Lord Aberdeen sta dando
opera sollecita a parare le mosse imperiose e aggressive dell'ambasciatore francese. Egli ripone la più assoluta fiducia nei propositi
temperati e conservativi dell'imperatore Niccolò, messi in sì chiara
luce dagli avvenimenti anteriori: e la Russia ha piena ragione di

sperare che dal Ministero britannico verranno impartite al residente inglese di Costantinopoli istruzioni nel medesimo senso.

« Per ciò che concerne le altre due grandi Potenze d'Europa, al principe Menscikow è noto che la Russia è con esse stretta in alleanza; sarebbe superfluo' pertanto accennare come tra i loro Gabinetti e quello russo sussista una perfetta parità di vedute e comunanza di obblighi reciproci, in tutte le principali questioni della politica europea. Ciò dicasi in particolar modo per l'Austria, che per la sua posizione geografica può, a preferenza della Prussia, esercitare un'efficace influenza sugli avvenimenti orientali. L'Austria, naturalmente, come Potenza cattolica, nella questione sorta a proposito dei Santi Luoghi non può farsi a sostenere troppo vivamente, contro le pretese dei Cattolici, i diritti dei Greci. Ma il Gabinetto di Vienna ha potuto facilmente riconoscere, con la sua consueta acutezza, come in cotesta questione non si trattava tanto per la Francia di uno scrupolo religioso, quanto di uno scopo politico; e la Russia doveva ben riuscirne alla conclusione, che l'Austria, appunto come Potenza cattolica, non potrà mai riconoscere il diritto esclusivo di tutela che la Francia s'è studiata d'avocare a sè sopra tutti i Cristiani che han con essa comune una fede medesima. La Russia, quindi, senza esitare, si è rivolta all'Austria appunto con le stesse dichiarazioni che a Londra, richiedendola di adoperarsi nel medesimo senso, sia a Costantinopoli sia a Parigi. E al Governo austriaco la Russia deve rendere questa piena giustizia, ch'esso ha corrisposto, acconsentendovi, ai suoi desiderii. Informazioni del tutto spontanee giunte in questi giorni da parte austriaca assicurano la Russia che il Gabinetto di Vienna ha perfettamente compreso quali sieno i segreti disegni del Governo francese. La Cancelleria russa ha pertanto ogni ragione di sperare che il principe Menscikow debba trovare nei plenipotenziarii della Corte di Vienna, così schiet· tamente alleata alla Russia, quella perfetta disposizione ad un vicendevole appoggio che proviene dal desiderio di conseguire i medesimi intenti ».

Per siffatte istruzioni resta così spiegabile il contegno del principe Menscikow; il quale, nelle Note verbali con le quali accompagnava le sue proposte e i suoi disegni, andava parlando di mancatagli parola, di inganni per opera d'altre Potenze, e della longanimità del suo Sovrano, mentre già la Russia concentrava parecchi corpi d'esercito! La Porta ne fu talmente insospettita, da richiedere al

colonnello Rose di chiamare sul posto la squadra inglese, che trovavasi a Malta. Rose accondiscese alla domanda; ma urtò contro
la resistenza dell'ammiraglio Dundas; e il Ministero inglese, che
si trovava ancor sempre sotto l'impressione delle assicurazioni pacifiche dello Zar, diede ragione all'ammiraglio contro l'incaricato
d'affari. Drouyn de Lhuys per contro, nonostante i tentennamenti
di Napoleone III, ne ottenne l'invio della squadra da Tolone a Sa-
lamina. Il Gabinetto inglese allora, sotto la pressione dell'opinione
pubblica, dovette rimandare al suo posto sir Stratford Canning,
che frattanto era stato elevato al grado di Lord de Redcliffe; e
parimente la Francia, che per far mostra di propositi concilianti
aveva sostituito al marchese di Lavalette (accusato di eccessiva
suscettibilità) il signor di Lacour, mandò quest'ultimo a Costantinopoli, dove giungeva il dì 7 di aprile, due giorni dopo il suo collega
inglese. La Porta, che aveva assolutamente dichiarato di non poter
entrare in trattative prima del ritorno dei rappresentanti esteri,
dopo il loro ritorno, per il consiglio loro e in ispecial modo per
opera di lord Redcliffe (avverso a Niccolò I non solo per ragioni diplomatiche, ma benanco per motivi personali) si raffermò più che mai
nella sua politica di resistenza (1). Menscikow aveva bensì, fin dalle
prime, proposta al Ministro delle relazioni esteriori la condizione
di *non far trapelare il minimo che* con alcun altro dei rappresentanti intorno ad un trattato da concludersi con la Russia; ma Rifat
Pascià l'aveva senz'altro respinta.

In sul principio della sua missione, Menscikow aveva fermis-
sima speranza di vedere accolto dalla Porta pressochè alla lettera
l'ordinamento della questione dei Santi Luoghi da lui proposto; e
quanto al trattato, stimava ch'essa, pur di sottrarvisi, avrebbe indotto
il Sultano a scrivere un'umile lettera all'Imperatore, e a mandare
a Pietroburgo delle scuse. Ma, anche prescindendo dal fatto che
era questa una pretesa molto arrischiata, per avere già la Porta
troppo fondate speranze d'un appoggio delle Potenze occidentali,
dopo l'arrivo degli ambasciatori la sua forza di resistenza s'era
accresciuta. Di ciò accortosi il Principe, chiese a Nesselrode fino
a qual punto potesse spingere la·sua azione nel caso di un rifiuto:
se, in luogo di un *Sened* (una delle forme usuali di trattato presso

---

(1) Cfr. circa le relazioni tra lo Stratford e Niccolò I: ALEXANDER WIL-
LIAM KINGLAKE, *The invasion of the Crimea*, vol. 1, cap. 8.

i Turchi) o di una convenzione, dovesse accontentarsi di una *Nota;* o, eventualmente, rompere le trattative diplomatiche e, per qualsivoglia violazione della pace di Cüciük-Cainargi, passare alle minacce, che a lui parevano, del resto, indispensabili. Il conte Nesselrode, nel suo rescritto, mantenne invariate le istruzioni già date al Principe, dimostrando con ciò ch'era appena da ricordare la dilazione concessagli.

Al 5 di maggio (23 aprile) vennero alfine le deliberazioni della Porta, sotto la forma di due firmani. Di questi, il più importante era diretto a Hafiz Ahmed Pascià, governatore del Sangiaccato di Gerusalemme, ed al rappresentante del Nakib-ul-Escraf (Capo dei discendenti del Profeta, il quale segue per grado subito dopo il Scheik-ul-islam) (1); e richiamava in vigore il firmano del 1852. Il secondo, diretto alla medesima giurisdizione, concerneva la riedificazione della cupola. Le disposizioni di cotesti due documenti corrispondevano, innegabilmente, alle pretese della Russia; talchè rimaneva ancora in sospeso soltanto la questione del trattato autentico. Ma su questo punto, tutte le insistenze di Menscikow s'infransero. Alla domanda di dargli la forma più mite di un *Sened* da rilasciarsi dalla Porta, Rifat Pascià rispose il 10 di maggio (28 aprile) con un rifiuto. Il giorno 11 maggio Menscikow fissò come ultimo termine il 14, minacciando la rottura delle relazioni diplomatiche. Il 12 fu tenuto presso la Porta un Consiglio di ministri, nel quale la pretesa della Russia venne semplicemente respinta.

Frattanto, per fare un ultimo tentativo, fu invitato il Principe per il giorno seguente al tocco ad un abboccamento nel palazzo del Gran Visir sul Bosforo, al quale dovevano prender parte anche il Ministro degli Esteri, il Ministro della guerra e il Gran Maestro dell'artiglieria; e il Principe vi acconsentì. Sennonchè sopravvenne un incidente singolare, non ancora esposto in maniera esauriente fin qui, che doveva essere decisivo per tutta la missione di Menscikow. Già da qualche tempo pareva al Gran Visir Mehemet Alì d'avere osservato come e il Principe e la diplomazia russa soprattutto, cercassero uno spediente per cavarsi dalla rete ch'essi medesimi avevano tesa col maggior onore possibile; e pensò quindi di

---

(1) Vedilo in francese nella raccolta di TESTA, III, pag. 236-238; e in tedesco in quella dello JASMUND, I, pag. 69-70.

porger loro la mano. Egli era d'accordo, come affermò più tardi, col Serraschiere: si sarebbe trattato soltanto del come nella *Nota*, della quale all'ultimo il principe consentì di accontentarsi, si dovesse accennare al trattato di Cüciük-Cainargi. — Fino a qual punto Mehemet Alì fosse autorizzato a nutrire tale speranza, è cosa che può restare fuor di questione, giacchè un accurato esame di tutti i documenti ne fa convinti che la Russia, persino quando si dichiarò disposta ad appagarsi di una *Nota* anzichè di un trattato, non rinunziò mai in alcun modo alla sua pretesa d'un protettorato sulla popolazione ortodossa dell'Impero ottomano. — Lord Stratford, il quale aveva notata cotesta tendenza del Gran Visir, e paventava ulteriori debolezze, aveva già domandato il 9 maggio un'udienza al Sultano, nella quale gli esponeva i pericoli che minacciavano la sua sovranità(1). Non gli nascose invero che « qualora egli avesse mantenute ferme le risposte negative dei suoi ministri, il Principe, con molta probabilità, avrebbe rotte le relazioni diplomatiche con l'Impero ottomano, e l'imperatore di Russia sarebbe proceduto possibilmente all'occupazione dei Principati danubiani; ma questa non era ancora la guerra, essendo impossibile che Niccolò I agisse così risolutamente, contro le ripetute assicurazioni da lui date alle Potenze. Essere egli del resto autorizzato a significare al Sultano, che, in caso di pericolo, le sue istruzioni gl'imponevano di tener pronta la squadra inglese del Mediterraneo ». — Questo colloquio ebbe il salutare effetto di raffermare Abdul Megid nel suo concetto di resistenza.

In questo frattempo, all'animo del principe Menscikow, che si guardava intorno in cerca d'una qualche via d'uscita, avevan fatta balenare la speranza che, qualora fosse divenuto Ministro degli Esteri Rescid Pascià, gli sarebbe stato più facile raggiungere il suo intento. L'anima di questo intrigo — secondo ch'ebbe a dichiarare il Gran Visir Mehemet Alì — sarebbe stato il Logoteta (Gran Cancelliere del Patriarcato greco) Niccolò Aristarchi; il quale, per la riuscita di esso, avrebbe persino fatta donare dal Sultano una villa — situata a Büiük-Dere, e già appartenuta al rovinato banchiere Djezaerli — al dragomanno dell'ambasciata russa Argiropulo, al fine di comprometterle costui solo di fronte a Menscikow, e di condurre

---

(1) Sono esposti in forma evidentissima nel magistrale dispaccio di lord Stratford, del 22 maggio 1852. V. JASMUND, I, pag. 81-85.

poi quest'ultimo tanto più sicuramente a Rescid Pascià. Argiropulo, per il quale quel dono era una vera sorpresa, ebbe l'impru-
denza di accettare da Aristarchi la chiave della villa, senza dare

Sultano Abdul Megid.
Dalla litografia di F. Jentzen (n. 1804); quadro originale di G. H. Kretschmer (n. 1811).

al Principe avviso del fatto. Il Principe adunque, affidandosi ai suggerimenti di Aristarchi, il giorno 13 di maggio trascurò di recarsi
alla conferenza fissata col Gran Visir e con gli altri ministri, e andò
direttamente dal Sultano. Al palazzo di Czeragan si fece intendere
al Principe che il Sultano era in lutto profondo per la morte di
sua madre, e che si era soltanto recato alla Moschea, essendo di
venerdì. Il Principe si risolvette ad aspettare; e fu anche, da ultimo,
ricevuto. Ma Abdul Megid lo rinviò ai suoi ministri; e quando egli

volle rispondere, la tenda dietro alla quale si trovava il Sultano
venne chiusa; in seguito a che, un gentiluomo di camera pregò
il Principe di attendere i ministri, che per ordine del Sultano erano
stati fatti chiamare. Il Gran Visir e il Ministro degli Esteri però
non si fecero vedere, anzi domandarono il loro congedo. Per tal
modo, il Presidente del Consiglio di Stato Mustafà Naiti Pascià divenne Gran Visir, Rescid Pascià ministro degli Affari esteri, e
Mehemet Alì Serraschiere.

Al nuovo Ministro degli Esteri pertanto chiese Menscikow una
risposta alla sua Nota dell'11 maggio. Rescid domandò il giorno 15
una dilazione di cinque giorni. Ma, quali che pur potessero essere
i suoi propositi in quei momenti, egli non era in nessun modo il
padrone della situazione; senzachè, il Principe gli rese anche più
difficile la possibilità di diventarlo, con una nuova Nota offensiva,
datata del 18 maggio (la quinta). Sei volte in due giorni s'era
adunato il Consiglio dei ministri, e nelle due ultime sedute, tutti
gli alti funzionarii in attività e fuori di attività, erano stati chiamati a prendervi parte. Il giorno 17, cotesto Consiglio plenario, con
42 voti contro tre, deliberava di non andare un passo più in là
delle precedenti proposte. Con procedimento caratteristico, ma tanto
più significante in quanto che Rescid Pascià non aveva fatto promesse di sorta, consegnò questi personalmente al Principe il risultato della deliberazione; e il 19 di maggio gli venne rimessa una
Nota, la quale, nel complesso, era stata redatta secondo il programma
che lord Stratford aveva comunicato ai ministri turchi cinque giorni
innanzi. Incominciava essa con l'assicurazione « che la speranza
più cara del Sultano era quella di stringere le relazioni tra i
due Imperi più solidamente che mai. Essere un impegno d'onore
per il Governo turco di difendere in perpetuo contro qualsivoglia
aggressione i privilegi dagli antenati del Sultano concessi, e da lui
ai greci monaci confermati. Qualora in avvenire agli altri sudditi
cristiani del Sultano privilegi spirituali dovessero compartirsi, la
sollecitudine della Porta verso i suoi sudditi non avrebbe consentito
che di quelli i monaci greci medesimi rimanessero privi. Dovere
il firmano concesso ai Patriarchi greci, che conteneva la conferma
dei privilegi religiosi degli Ortodossi e che stava per essere promulgato, dissipar per sempre ogni preoccupazione in riguardo della
religione professata dalla Maestà dell'Imperatore. Quanto alla certezza che per l'avvenire nulla sarebbe mutato in Gerusalemme nei

luoghi di santo pellegrinaggio, la Sublime Porta prometteva uffìcial-
mente che nessun cambiamento sarebbe dovuto avvenire, senza che ne
fosse data comunicazione al Governo francese e al Governo russo: nel
qual senso doveva d'uffìcio trasmettersi congrua Nota alla Francia.
Per quanto concerneva la costruzione d'una chiesa russa e d'un
ospizio, la Porta si dichiarava disposta, in seguito a conferenze da
tenersi, a sottoscrivere un atto solenne, il quale si occupasse così
di quest'ultimo articolo, come degli altri particolari privilegi degli
ecclesiastici russi ». — In pari tempo, al fine di evitare al Sultano
una qualche ulteriore visita di Menscikow, la Nota si chiudeva con
l'osservazione seguente: « Dall'Altezza Sua ho io mediante Iradè rice-
« vuto ordine di comunicarvi la presente risoluzione ».

Mentre lord Stratford de Redcliffe — con poco calore di passione certamente, e non senza parzialità — era convinto che la
Russia si sarebbe accontentata di un tale risultato della missione
del principe Menscikow, inscenata con tanto lusso di apparato,
quest'ultimo aveva incominciato già i suoi preparativi per la partenza. Pare tuttavia che lord Stratford non volesse assumere sopra
di sè la responsabilità della definitiva rottura delle trattative, la
quale poteva coinvolgere l'Inghilterra in una guerra; ond'egli ra-
dunò presso di sè tutti quanti i rappresentanti delle grandi Potenze;
i quali mandarono il plenipotenziario austriaco al Principe, con
l'incarico di indurlo all'esame di una Nota da dovergli esser rimessa uffìciosamente dalla Porta. Ma non avendo il Principe voluto
acconsentirvi, provocò ancor più vivo il malumore dei rappresentanti delle Potenze. Tuttavia, la sera del 20, egli fece recapitare
a mani di Rescid Pascià una nuova proposta, che può considerarsi
come il suo vero *ultimatum*. Anche qui, la Russia s'accontentava
della forma d'una semplice *Nota;* ma, pur con questa, la Porta
si sarebbe dovuta obbligare di fronte ad essa a riconfermare il
protettorato di lei. — I Russi tuttodì asseriscono che Rescid sarebbe
stato disposto ad accogliere quello schema. Se non che, è storicamente provato ch'egli lo comunicò immediatamente a lord Stratford,
e che questi per mezzo suo fece raccogliere le opinioni di tutti i
rappresentanti delle Potenze, che rilasciarono la seguente risposta:
« I plenipotenziarii d'Inghilterra, Francia, Prussia ed Austria, in
« seguito al desiderio espresso da Sua Eccellenza Rescid Pascià
« di poter conoscere il loro pensiero circa lo schema di una *Nota*
« trasmessa privatamente dal principe Menscikow, dichiarano con

« la presente: che in una questione, la quale così da vicino interessa
« le libere risoluzioni e la sovranità di Sua Maestà il Sultano, Sua
« Eccellenza Rescid Pascià meglio d'ogni altro sarà giudice dei passi
« ch'egli debba fare; e che, nelle presenti circostanze, essi non si
« tengono autorizzati a esprimere un'opinione su questo proposito ».
Questa Nota che, in contrasto con le pretese della Russia, circondava d'una specie d'aureola l'indipendenza del Sultano, può considerarsi come il primo passo verso l'isolamento della Russia medesima,
e come la constatazione della sua sconfitta diplomatica.

Il principe Menscikow, dopo di aver da Büiük-Dere rilasciato,
nello stesso giorno 21 di maggio, ancora una diffida contro il proposito della Porta di proclamare una garanzia per l'esercizio del
potere spirituale di cui era in possesso il clero orientale — giacchè
con ciò si sarebbe appunto rimesso in questione il mantenimento di
tutti gli altri privilegi del clero (1) — abbandonò con tutto il personale
dell'ambasciata, dopo una dimora di circa tre mesi, Costantinopoli,
lasciandovi soltanto il direttore della Cancelleria commerciale, Ba-
labin, per ogni eventuale comunicazione ulteriore; e si recò immediatamente a Odessa, dove giunse il 24. Al 31 di maggio, il conte
Nesselrode da Pietroburgo dirigeva a Rescid Pascià una lettera,
per esortarlo a sottoscrivere la Nota rilasciatagli dal Principe, ed
a rinviarla a quest'ultimo a Odessa entro otto giorni; in caso diverso, le truppe russe avrebbero ricevuto tra qualche settimana
l'ordine di passare il confine dell'Impero, « non per mover guerra
contro il Sultano, ma per le materiali garanzie da ottenersi ».

Due anni più tardi Mehemet Alì, parlando del già accennato
intrigo di Rescid Pascià col rappresentante a Costantinopoli di
una grande Potenza, diceva: « Ci fu forse in giuoco allora la mano
« di qualche potente diplomatico? Ha pensato costui forse che io,
« come buon cittadino e fedel servitore del mio Sovrano, aveva troppo
« concesso alla Russia? Ha egli temuto di vedere scomparire l'aureola
« che lo circondava, ed elevarsi l'influenza e la preponderanza russa

---

(1) È noto che il clero ortodosso ha in Turchia anche ampia autorità di
funzioni civili. Cfr. il dispaccio di Redcliffe a Clarendon del 22 maggio 1853
(JASMUND, I, pag. 81), dove tra altro è detto: « In Turchia, i dignitarii della
Chiesa greca o ortodossa hanno in un certo grado l'autorità di funzionarii civili. La Russia, oltrepassando i confini del dominio religioso ch'ella stessa
aveva tracciati, include cotesta autorità nella sfera dei privilegi, per la conservazione inalterata dei quali essa cercò di ottenere un diritto per trattati ».

« all'altezza di quella inglese? Ha egli ancor più paventato questo
« fatto, allorchè il principe Menscikow ricusò di accettare l'inter-
« vento di lord Stratford de Redcliffe, che questi mi aveva proposto?

Rescid Pascià.

« — Io non faccio altro che porre dei quesiti: l'avvenire s'incaricherà
« di scioglierli. Il Logoteta venne bensì scacciato dal principe Men-
« scikow; ma il maggior colpevole rimase al governo. L'incidente
« poteva ancora essere risoluto. Io proposi al Sultano di mandarmi
« a Pietroburgo. Conoscevo l'Imperatore Niccolò: mi sarei presen-

« tato a lui coi documenti alla mano, liberamente e sinceramente;
« mi sarei appellato alla sua magnanimità: e sono ancor oggi con-
« vinto del successo. Rescid non potè lì per lì respingere il mio
« disegno: ma seppe fare in modo da rimandarne l'esecuzione. Poi, il
« disgraziato passaggio del Pruth e la dichiarazione di guerra della
« Porta impedirono che la mia proposta avesse effetto. Io avrei de-
« siderato — proseguiva Mehemet Alì — che voi stesso vi foste
« trovato presente, tre giorni innanzi, al mio incontro col Logoteta;
« avreste udito come io enumerassi punto per punto tutte le circo-
« stanze alle quali accennavo testè, come lo eccitassi a dirmi se
« egli non era convinto che un accomodamento per noi onorevole,
« accettabile per la Russia, ci sarebbe stato immediatamente possi-
« bile, qualora il principe Menscikow fosse venuto da me in quella
« mattina del 13 maggio, come mi aveva promesso. Vi sareste con-
« vinto come quegli al quale io rivolgeva tali domande non potesse
« rispondervi se non affermativamente, battendosi il petto e lagri-
« mando. — Rescid Pascià, e moralità! — Si potrebbe dire, pertanto,
« che le sorti del mondo erano dipese dal logoteta Niccolò Aristarchi,
« quando non si sapesse che il libero volere dell'uomo e le passioni
« che lo fanno agire non sono che strumenti, di cui si vale la Prov-
« videnza per riuscire a' suoi fini! » (1).

---

(1) A maggior chiarimento di questi notevoli casi, ricorderemo che la rivalità manifestatasi tra Rescid e Mehemet Alì fino dal primo salire al trono di
Abdul Megid giunse al colmo appunto al tempo della guerra di Crimea. Questi
due *homines noti* erano entrambi congiunti prossimi del Sultano, e per triplice
modo imparentati tra loro; e nondimeno, per cagione di Rescid (secondo che
afferma Mehemet Alì) si venne circa quel tempo a un processo criminale contro
di lui Mehemet, nel quale lo si accusava di essersi lasciato corrompere per
quattro milioni e mezzo di piastre dal già nominato banchiere armeno Djezaerli.
Sebbene l'esame delle quietanze presentasse elementi di giudizio contraddittorii,
e la madre del Sultano venisse contemporaneamente sospettata di aver ricevuto
dall'Armeno una grossa somma di denaro, le accuse ebbero termine col bando
(benchè di breve durata) di Mehemet Alì. Nel 1855, sotto il titolo: *Confidences
sur la Turquie*, egli fece pubblicare a Parigi sotto il nome di Destrilhes una memoria, dove, entro la più larga cornice del suo programma politico, abbozzava,
in modo assai istruttivo, insieme con quello di Rescid il proprio ritratto.
Essendo egli propenso, in generale, alla Francia, mentre Rescid teneva piuttosto dall'Inghilterra, si spiega con ciò per qual ragione nel momento decisivo
lord Stratford desse opera perchè il Ministero degli Esteri si affidasse al secondo.
Anche la delusione delle speranze riposte in quel tempo da Menscikow in
Rescid Pascià è quivi attribuita all'influenza di lord Stratford.

V.

I tentativi della Diplomazia austriaca

Disaccordo negli alti circoli russi. - La Russia si risolve per una politica difensiva, con l'occupazione dei Principati danubiani. - Essa propone all'Austria un intervento armato, mentre questa non accetta se non una semplice mediazione. - Sfiducia generale contro la Russia. - Arrivo delle squadre francese e inglese nella baia di Besica. - Vana missione del conte Giulay a Pietroburgo. - Occupazione dei Principati, e abuso fattovi della forza. - Per consiglio dell'Inghilterra, la Porta rinunzia a considerar l'occupazione dei Principati come caso di guerra. - Il programma orientale dell'Austria. - Falsa interpretazione del trattato di Cüciük-Cainargi da parte dell'internunzio de Bruck. - La Nota di Vienna, sorta da un accordo tra Francia ed Austria. - La Russia l'accetta, mentre la Porta la respinge, e manda uno schema di Nota suo proprio. - Commento russo a cotesta Nota della Turchia, per il quale resta pienamente giustificato il rigetto della Porta. - Stupore generale alla pubblicazione di quel documento, destinato in origine soltanto all'Imperatore. - Dispaccio energico di lord Clarendon, 30 settembre 1853. - Interviste di Sovrani a Olmütz, Varsavia e Berlino. - Inquietudini a Costantinopoli. - Convocazione quivi di un gran Consiglio, e dichiarazione di guerra alla Russia. - Le flotte alleate entrano nei Dardanelli: relativa protesta di Brunnow. - Napoleone III pensa già alla revisione dei trattati del 1815. - Memoria del Principe Consorte. - Piani singolari di lord Palmerston. - L'opuscolo « La Révision de la Carte de l'Europe ». - Drouyn de Lhuys ottiene la convocazione di Conferenze impegnative a Vienna. - Il protocollo del 5 dicembre 1853.

Incomincia da questo momento un periodo di generale incertezza, che contrasta singolarmente con il procedere risoluto e bollente della Russia a Costantinopoli. L'Imperatore Niccolò stesso, dopo lo scacco di Menscikow, parve farsi più preoccupato e riflessivo. Tra i suoi ministri e consiglieri più fidi le opinioni erano grandemente divise: i più esperimentati tra loro — e in prima linea, come ora si afferma da parte russa, il conte Nesselrode — nel dubbio, concordemente propendevano per la moderazione, o più propriamente per la desistenza (1). Parve miglior consiglio, per il momento, non andar più in là della rottura delle relazioni diplomatiche, e attendere ulteriori avvenimenti, che potessero da un momento all'altro volgersi in favore della Russia. Una memoria sottoposta all'Imperatore concludeva con la proposta, o di restarne alla semplice rottura delle relazioni diplomatiche, o d'invadere la Turchia con un esercito di 200.000 uomini, mandando in pari tempo a Costantinopoli la flotta con truppe di sbarco. Ma a un'impresa di questa fatta la Russia era assolutamente impreparata; cosicchè l'Imperatore si risolvette a una misura che non era, a' suoi occhi, nè la guerra nè la pace: vale a dire, a procacciarsi intanto un pegno, con la occupazione dei Principati danubiani. Ciononostante, di fronte alle Potenze, la Russia assunse una posizione difensiva, pregandole di indurre la Porta ad accettare l'ultima Nota presentata da Menscikow. Ma all'Austria comunicò un piano più energico e più aggressivo. Allorchè il barone di Meyendorff, ch'era imparentato col conte Buol, nel giugno del 1853 tornò a Vienna al posto di ambasciatore russo, l'imperatore Niccolò, consegnandogli una lettera per Francesco Giuseppe, lo incaricò di persuadere l'Austria a « un'azione in comune. Questa doveva proporre a Costantinopoli l'accettazione della Nota di Menscikow; e, nel caso d'un rifiuto, concentrare un corpo d'esercito ai confini della Turchia. Qualora poi nè il pegno preso dalla Russia sui Principati nè la minaccia dell'Austria producessero l'effetto voluto, essa doveva occupare la Serbia, la Bosnia e l'Erzegovina. Per rassicurare poi l'Austria rispetto alle testè riacquistate provincie italiane, la Russia le prometteva eventualmente il suo aiuto militare, e la sua mediazione a Berlino per una garanzia, da parte della Confederazione, dei possessi non tedeschi ». L'Austria promise bensì di fare ulteriori pressioni pacifiche a Costantinopoli; ma declinò come pericolosa la sua cooperazione militare contro la Turchia. E già nel marzo, il conte Buol aveva specialmente dichiarato che, nel caso d'una crisi in Oriente, le trattative dovevano esser condotte non da uno, o da due, ma dai cinque Gabinetti d'accordo.

Per bene intendere la tensione sopravvenuta in tutta quanta la

---

(1) *Étude*, I, pag. 199-200. Cfr. anche per l'attitudine rispettiva di Nesselrode e di Menscikow le memorie del conte Vitzthum dal titolo *Pietroburgo e Londra*. Stuttgart, 1886, I, pag. 4-6.

situazione, è necessario non perderc di vista come — nonostante
che, in faccia al mondo, l'Inghilterra avesse tenuti segreti i disegni
di smembramento comunicati a lei dalla Russia per mezzo del suo
ambasciatore a Pietroburgo, disegni ch'essa non pubblicò se non
dopo un anno dalla loro esistenza — le Corti tuttavia, e molto
probabilmente anche quella ottomana (quest'ultima naturalmente
per opera di lord Stratford), n'erano informate. S'aggiunga a ciò,
che la Russia, non avendo potuto con le sue proposte far breccia
presso l'Inghilterra, ne fece delle molto simili alla Francia (1).
L'Austria tanto meno poteva sentirsi tratta a promettere la sua
cooperazione militare alla Russia, in quanto che le Potenze occidentali evidentemente si ravvicinavano l'una all'altra; e il suo aperto
vincolarsi con la Russia l'avrebbe probabilmente trascinata sen-
z'altro ad un'alleanza. Il Ministero inglese, infine, nel quale da lungo
tempo dominava una certa ripugnanza a lasciarsi trarre a un'a-
zione in comune con Napoleone III, s'era veduto costretto, di
fronte alla contraddizione palese tra le assicurazioni dategli dalla
Russia e gli ultimi fatti, a superarla, e a cedere all'avviso di lord
Palmerston; il quale, sebbene allora semplice Ministro degl'Interni,
seppe indurre Lord Clarendon ad assumere un contegno più fermo (2).
Per tal modo nel giugno di quell'anno, contemporaneamente con la
squadra francese, s'ancorava nella baia di Besica la squadra inglese.
   La Russia frattanto, sempre più ostinandosi di fronte alle Potenze,
denunziava l'avanzarsi della flotta delle Potenze occidentali come
una sfida per essa a occupare i Principati danubiani. Fu agevole contrapporre a un'uscita siffatta la semplice esposizione delle date:
giacchè l'occupazione dei Principati era stata annunziata fino dal 31
di maggio, mentre le squadre arrivavano appena il 25 di giugno;
e più tardi, nel suo dispaccio del 16 luglio 1853, lord Clarendon
diceva: « Le flotte hanno il diritto d'ancorarsi a Besica, precisa-
« mente come in qualsiasi porto del Mediterraneo. Nessun trattato
« è stato leso per la loro presenza in quelle acque, nessun possesso
« danneggiato, nè violato alcun principio del diritto delle genti;...
« in quella vece, l'occupazione dei Principati per opera della Russia
« è una violazione del territorio del Sultano, come del trattato che

_____

(1) Articolo del *Moniteur* del 23 marzo 1854.
(2) Cfr. GRAVEN, *Lord Palmerston*, II, pag. 422-3.

« a codesta parte del suo territorio precisamente si riferisce; questa
« sì, infrange il principio del diritto delle genti, ed è un atto di pura
« ostilità contro il Sultano: il quale sarebbe autorizzato pertanto
« a' rispondervi con una dichiarazione di guerra, e a richiedere
« l'immediata presenza delle squadre alleate a Costantinopoli per
« la sua difesa ». Ciò appunto aveva infatti voluto lord Palmerston.
Invano l'imperatore Francesco Giuseppe tentò, con l'invio del conte
Giulay a Pietroburgo, d'indurre lo Zar a ricredersi: questi dirigeva il 26 giugno un manifesto al suo popolo; e fino dal 2 luglio
incominciarono due interi Corpi d'esercito quasi (circa 80 000 uomini)
a spingersi, agli ordini dei generali Lüders e Dannenberg e sotto
il comando supremo del principe Michele Gorciakow, nella Moldavia.
— Sembra oggi storicamente accertato che l'ordine di mobilitazione
del 4.° e 5.° corpo d'esercito, il quale si trasse dietro subito appresso
quello d'occupare i Principati, venisse dato dall'Imperatore Niccolò I
in persona, dal suo gabinetto di lavoro a Zarscoie Selo, a insaputa,
non che di Nesselrode. del ministro della guerra Dolgoruki e di
Orlow (1). Ed è pure caratteristico il fatto che in codest'occasione
appunto l'Imperatore si recò, in processione e portando in mano
una croce, alla chiesa di Sant'Isacco; e all'allocuzione del Metropolita di Pietroburgo rispose ch'egli impugnava le armi per la
difesa della vera fede.

Contrariamente a tutte le promesse di moderazione date dalla
Russia, il principe Gorciakow pretese dagli Ospodari della Moldavia
e della Valacchia l'immediata rottura di qualsiasi relazione col
Potere sovrano; introdusse il corso forzoso della carta monetata
russa; incorporò nell'esercito russo una gran parte della milizia
moldo-valacca, e minacciò della pena di morte chiunque intratte-
nesse relazioni con la Turchia. Gli Ospodari Dimitri Stirbey, principe della Valacchia, e Alessandro Ghika, principe della Moldavia,
resistettero, in mezzo alle maggiori difficoltà, fino alla fine di ottobre, e si ritrassero quindi in Austria. Partiti che furono, il principe
Gorciakow s'impadronì di tutte le casse del tesoro, e proclamò lo
stato di guerra. A capo dell'amministrazione civile venne nominato
il barone Andrea Budberg.

A Costantinopoli, dove la notizia del passaggio del Pruth era

---

(1) KINGLAKE, *Invasion of the Crimea*, Cap. XII; e BITZTHUM, I, p. 36;
i quali però attingono alla medesima fonte.

Principe Michele Gorciakow.

giunta durante la festa del Bairam, se ne destò un'agitazione sì
minacciosa, che il Sultano fu costretto a congedare come troppo

arrendevole il Ministero, dove era Ministro degli Esteri Rescid Pascià. Lord Stratford, d'intesa questa volta non solo col proprio Governo, ma anche con gli altri Gabinetti, esortò personalmente il Sultano alla moderazione, e potè ottenere che il Ministero venisse conservato, e differita la dichiarazione di guerra alla Russia. — Intanto, benchè Niccolò I avesse fatto delle offerte non equivoche d'un reciproco accordo al marchese de Castelbajac, e in pari tempo il principe Gorciakow, — a quei dì rappresentante della Russia a Stoccarda — insinuasse quivi stesso al conte Béarn la proposta di lasciar sola l'Inghilterra, Napoleone III non parve punto disposto, per allora, alla guerra; tanto che il suo ambasciatore a Vienna, barone Bourqueney, ebbe a trovarsi in accordo perfetto con la politica mediatrice dell'Austria. Di qui nacque tutt'un intreccio di proposte conciliative, che dovevan tuttavia fin dal bel principio naufragare contro quel non so che di obbliquo e d'incerto ch'era nella situazione di ciascuna singola Potenza. Il programma dell'Austria, durante cotesta crisi, era: tutela efficace della cristianità in Oriente; esclusione di qualsivoglia preponderanza d'influenze straniere nel Consiglio della Porta; e conservazione dell'Impero ottomano (1). Fin qui c'era accordo pieno con le Potenze occidentali, soprattutto; e, sostanzialmente, anche con la Prussia; ma il difficile della sua situazione stava nella sua dipendenza dalla Russia, strettasi in particolar modo, come per un nodo fatale, dal 1848 in qua. Si aggiunga a ciò, che il nuovo suo ambasciatore presso la Sublime Porta, barone di Bruck, dal 14 giugno insediato in Costantinopoli, considerava sotto un aspetto assolutamente erroneo le relazioni di diritto sussistenti tra la Turchia e la Russia; e, per sua avversione verso l'Inghilterra, vedeva con torbido occhio il consiglio veramente efficace di lord Stratford de Redcliffe a tutela della Turchia. Secondo il suo convincimento, il trattato di Cüciük-Cainargi conferiva alla Russia un indubitabile diritto di rappresentanza, e pertanto d'intervento, per tutto ciò che si riferiva agl'interessi religiosi degli Ortodossi in Oriente. Ora, se il suo Governo, nonostante i propri trattati, era del medesimo avviso, doveva naturalmente e ad esso e al suo diplomatico rappresentante venir meno affatto il coraggio di prender posizione contro la Russia.

---

(1) *Memoiren des Baron Bruck* (Memorie del Barone Bruck), Lipsia, 1877, vol. I, pag. 76.

In una tale indeterminatezza circa la questione di diritto e circa `la portata sua, e nella ben più seria intenzione di evitare la guerra, si cercava a Vienna di ottenere dalla Porta la presentazione di

Barone de Bruck.
(Dall'incisione in acciaio di A. Weger).

una nuova Nota, che l'Austria s'impegnava di trasmettere per l'accettazione a Pietroburgo. Ma, nonostante le più vive sollecitazioni dell'internunzio, la Nota non fu condotta a compimento se non il 23 di luglio; e quand'essa fu pervenuta, il 2 di agosto, all'ambasciata turca a Vienna, già da due giorni da Vienna stessa era stato spedito a Pietroburgo un abbozzo di Nota, elaborato colà, del quale in precedenza la Corte austriaca s'era assicurata da parte della Russia l'accettazione. Tuttavia, per questo rispetto, il danno era poco: giacchè la redazione turca, al punto in cui eran le cose, si sarebbe presentata come del tutto insufficiente (1). — Il vero autore poi della Nota rimessa a Pietroburgo (e ciò vale a caratterizzare mirabilmente la situazione del momento) non era altri che l'ambasciatore francese a Vienna, barone di Bourqueney. Comunicata il 27 giugno dall'ambasciatore francese a Londra, conte Walewski, a lord Clarendon, essa venne, con qualche modificazione di lieve importanza apportatavi dagli ambasciatori delle grandi Potenze accreditati a Vienna, trasmessa al conte Nesselrode il 31 di luglio.

La parte essenziale di cotesta Nota detta *di Vienna*, che doveva diventare tanto importante più tardi, era la seguente:

« Mentre i Sovrani di Russia hanno in ogni tempo manifestata « la loro attiva sollecitudine per la conservazione delle immunità e « dei privilegi della Chiesa greco-ortodossa nell'Impero ottomano, « non mai i Sultani hanno ricusato di confermarli con atti solenni, « che dimostravano l'antica e costante loro benevolenza in favore « dei sudditi cristiani. Sua Maestà il Sultano Abdul Megid attual- « mente regnante, animato dal medesimo sentimento, e desideroso « di dare alla Maestà dell'Imperatore di Russia un segno personale « della sua più seria amicizia, ha voluto porgere ascolto soltanto « alla sua illimitata fiducia nelle alte doti del suo augusto Amico ed « Alleato; e si compiace di prendere in seria considerazione i con- « cetti, dei quali il principe Menscikow si rese interprete presso la « Sublime Porta. In seguito a ciò, il sottoscritto ha ricevuto ordine « di dichiarare per la presente, che Sua Maestà il Sultano rimarrà « fedele alla lettera e allo spirito delle disposizioni dei trattati di « Cainargi e di Adrianopoli che si riferiscono alla protezione del « culto cristiano; e che la Maestà Sua considera come un impegno « d'onore: di conservare in perpetuo l'uso dei privilegi ecclesiastici « che alla Chiesa greco-ortodossa furono dagli augusti Suoi maggiori

_____

(1) Vedila nei documenti riferentisi alla questione d'Oriente, in JASMUND, vol. I, sotto il n. CVI.

« concessi, e dalla Maestà Sua mantenuti e confermati; di tutelarli
« da ogni aggressione così oggi come per l'avvenire; ed oltre a ciò,
« per sentimento di alta equità, di rendere partecipe il rito greco
« di tutti i vantaggi concessi, o per trattato o per particolare sti-
« pulazione, agli altri riti cristiani ». — Il resto della Nota si riferiva
al firmano del febbraio 1852, e alla concessione testè fatta alla
Russia di erigere una chiesa e un ospedale in Gerusalemme o nei
dintorni.

Poco più aveva chiesto il principe Menscikow nello schema della
sua ultima Nota; e si comprende come già il 3 di agosto giungesse telegraficamente a Vienna il consenso della Russia. Unica
condizione che questa vi poneva era che la Porta firmasse cotesta
Nota *senza modificazioni di sorta*.

Sebbene l'Imperatore d'Austria raccomandasse al Sultano, con
una lettera scritta di suo pugno, l'accettazione della Nota di Vienna,
il 19 agosto giungeva la risposta di Rescid Pascià con un rifiuto.
Egli manifestava il suo rincrescimento che l'abbozzo della Nota
della Turchia non fosse stato preso in considerazione, facendosi
forte — non senza ragione — della precedente dichiarazione dei
rappresentanti delle Potenze, che solo il Governo del Sultano era
autorizzato a pronunciarsi sulle questioni concernenti i diritti suoi
e la sua indipendenza. « Non un solo tra i servitori dell'augusta
« imperiale Famiglia ottomana oserebbe, nè potrebbe, scrivere pa-
« role, il cui effetto fosse quello di sminuire comechessia la gloria di
« istituzioni, che gl'Imperatori ottomani per ispontaneo impulso
« della loro personale magnanimità e della mitezza innata del loro
« animo avevano sancite ».

Era così supremamente fine cotesta critica del Turco alle principali dichiarazioni contenute nella Nota di Vienna, da infliggere
alla pesante diplomazia viennese una lezione, la cui giustezza doveva
manifestarsi in modo poco meno che vergognoso ben presto. Per
mostrare anche meglio fino a qual punto estremo giungesse la sua
arrendevolezza, Rescid Pascià accompagnava la sua risposta con
un testo, il quale quella Nota modificava; e s'impegnava di sotto-
scriverlo, benchè la Porta preferisse quale compromesso la Nota
che aveva sin da principio presentata a Costantinopoli. La miglior
prova che la nuova proposta della Porta non paresse punto inac-
cettabile si ha in questo: che essa venne trasmessa al Gabinetto
di Pietroburgo; e del pari evidente apparisce quanto la Russia

si sentisse debole di fronte a quella coalizione, che si veniva a
poco a poco stringendo; dacchè, nonostante la condizione già posta,
che la Porta dovesse dare la sua firma alla Nota di Vienna senza
modificazione veruna, pure, in presenza di un commentario come
quello di Rescid Pascià, si lasciò indurre a un esame della nuova
proposta turca.

L'esame, anzi, fu assai minuziosamente intrapreso dall'imperatore
Niccolò; e quantunque egli informasse senza indugio il Gabinetto
di Vienna del suo rifiuto, incaricò tuttavia il Ministero degli Esteri
d'una particolare disamina delle differenze che correvano tra il
testo della Nota di Vienna accettato da lui e le modificazioni proposte dalla Porta. Tutta questa procedura può dirsi sostanzialmente
cavillosa, e pervasa da un puro spirito di bizantinismo; ma non è
cotesto il primo esempio, nella storia, del come la cocciutaggine e il
fanatismo possano scatenare le furie della guerra, per sottigliezze
che sfuggono quasi alla ragione. Per verità, i mutamenti proposti
dalla Porta non erano punto senza fondamento, come or ora vedremo; ma in tutto quel documento in tal modo attenuato c'era
pur sempre una soddisfazione per la Russia; mentre la stessa accettazione integrale della Nota di Vienna per parte della Turchia non
avrebbe dato alla Russia verso di lei alcuna sicurezza incondizionata; e persino presso le Potenze, che per amore della pace se ne
facevano mallevadrici, doveva pur lasciarsi dietro la più profonda
sfiducia.

Secondo le più recenti dichiarazioni di parte russa, quel commento
minuto alle modificazioni presentate dalla Porta doveva essere riservato *esclusivamente all'imperatore Niccolò* (1). La cosa è certamente assai probabile, in quanto che la Russia, dopo la condizione
espressamente posta che la Nota di Vienna venisse dalla Porta
accettata senza limitazione di sorta, anzi considerata da essa
come un *ultimatum* intimatole dalle Potenze (ciò che, del resto,
a queste non era mai passato per la mente), difficilmente avrebbe
potuto, senza abbassarsi, venirne a un esame delle contropro-

---

(1) Si comprende a fatica come all'autore dell'*Étude diplomatique*, I, p. 226,
sia possibile l'affermare che quel giudizio sia stato confidenzialmente comunicato
a Vienna « per un'inavvertenza difficile a spiegarsi ». I dispacci di Drouyn
de Lhuys al signor di Lacour del 22 settembre 1853, e quelli di Clarendon a
Seymour, in data del 30 settembre st. a., dimostrano la regolare comunicazione
datane da Nesselrode e da Mayendorff.

poste della Turchia. Pure, il conte Nesselrode sembra essere stato di diverso avviso, e aver sentito il bisogno, specialmente per non recare offesa all'Austria, di comunicare confidenzialmente quel suo commentario al barone Meyendorff, mentre non lo presentava nè alla Conferenza nè a sir Giorgio Hamilton Seymour.

Il conte Kisselew a Parigi e il barone Brunnow a Londra non solo ricevettero essi pure, o dal signor di Meyendorff o direttamente dal conte Nesselrode, copie del commentario sopra detto, ma le comunicarono puranco al Ministro francese e al Ministro inglese degli Esteri; in quella vece, il presidente del Consiglio dei Ministri prussiano, barone Manteuffel, sembra averne avuta cognizione solo dopo la pubblicazione di esso in una gazzetta berlinese. E un'altra contraddizione nell'uso fatto di coteste — probabilmente segrete — comunicazioni della Russia ci fu anche più tardi, quando, durante le importanti trattative corse tra Niccolò I e Francesco Giuseppe, il conte di Nesselrode medesimo omise di presentare il suo dispaccio del 7 settembre che vi aveva riferimento.

L'effetto prodotto dal nuovo documento russo fu d'indignazione generale (1). Con quelle sue dichiarazioni, la Russia dimostrava di non aver receduto di un capello dalla sua originaria pretesa d'un incondizionato diritto di tutela sopra dodici milioni di sudditi della Turchia: venendo con ciò a giustificare pienamente la diffidenza fin dal principio suscitata nelle Potenze e presso tutto il mondo civile. Benchè fosse tuttora in carica il russofilo lord Aberdeen, tanto il Gabinetto inglese quanto quello francese fecero intendere che, dal momento che le dichiarazioni della Russia attribuivano alla Nota di Vienna un senso ch'essa punto non aveva, essi non potevano esercitare più alcuna mediazione presso la Porta. L'importante dispaccio di lord Clarendon a Seymour del 30 settembre 1853, dov'egli denunziava senza riguardi le macchinazioni della Russia, non doveva oramai — per quante incertezze potessero ancora manifestarsi — lasciar più alcun dubbio sopra le risoluzioni definitive dell'Inghilterra.

---

(1) La nota responsiva di Rescid del 20 agosto 1853 e il controprogetto turco sono stampati, tra altri, in UBICINI : *La Question d'Orient*, I, p. 176 e 182; il commentario russo *con i diversi testi confrontati tra loro* si trova in *Étude diplomatique*, I, pag. 226-8, e nel semplice testo letterale in UBICINI, pag. 194-98; una traduzione tedesca in JASMUND, *Documenti*, I, pag.162-4.

Niccolò I si sforzava intanto di attrarre anche più strettamente a sè l'Austria e la Prussia. Dal 26 al 28 settembre assistette, per invito dell'imperatore Francesco Giuseppe, alle manovre di Olmütz, dove i conti Buol e Nesselrode avevano accompagnato i loro Sovrani. Lo Zar dichiarò quivi com'egli non avesse mai voluto la guerra, e come tuttora desiderasse di scongiurare una conflagrazione europea. Per tranquillare l'Austria quanto alla guerra a' suoi confini, promise di moto proprio che il suo esercito non avrebbe passato il Danubio se non ce l'avessero provocato; se non che, mentr'egli aveva in animo di condurre energicamente la guerra in Asia, l'Austria difficilmente poteva affidarsi alla speranza che l'esercito turco non aggredirebbe la Russia al suo confine europeo. Fu pertanto stabilito d'accordo che « qualora la Porta accettasse la Nota di Vienna, i rappresentanti delle Potenze la rassicurerebbero con la dichiarazione, che l'Imperatore, pur esigendo — in forza delle disposizioni fondamentali sancite col trattato di Cūciük-Cainargi — per il culto greco e per il clero greco la conservazione dei loro privilegi spirituali sotto la tutela del loro Sovrano, nulla avrebbe preteso che sonasse contrario all'indipendenza e ai diritti del Sultano, nulla che potesse avere per effetto un'inframmettenza di lui nelle questioni interne dell'Impero ottomano. L'imperatore di Russia non volere altra cosa, fuorchè il mantenimento stretto dello *status quo* religioso del proprio culto » (1).

È tuttavia difficile che l'Austria possa aver seriamente nutrito fiducia nella riuscita d'un simile disegno, considerato pure assai incerto dalle Potenze occidentali. Il 3 ottobre, i sovrani di Russia, Austria e Prussia convennero insieme in Varsavia ad un Consiglio, che rimase infruttuoso. Oltrechè, anche i fatti che sopravvennero a Costantinopoli presero ben presto una tal piega, da render vana qualsiasi speranza di ricacciare indietro quello stato di guerra, che tra la Turchia e la Russia oramai sussisteva di fatto.

Già all'8 di settembre alcuni fanatici Ulemi eran penetrati fino al Sultano, richiedendogli di respingere risolutamente le provocazioni della Russia, o altrimenti di rinunziare al trono. I mezzi di comunicazione con Costantinopoli erano allora ancor molto imperfetti, poichè la linea telegrafica giungeva appena fino a Semlino,

---

(1) JASMUND, *Documenti*, I, pag. 179.

ed un corriere impiegava ancora cinque giorni per giungere fino alla capitale. Il 18, giungeva da Vienna al Barone de Bruck un dispaccio confidenziale, che gli annunziava il rifiuto della Russia di accedere alle modificazioni proposte dalla Nota turca; ma egli lo tenne segreto. Il 21 giunse finalmente a Costantinopoli la notificazione ufficiale del deliberato della Russia; in seguito a che, nei giorni 24 e 25, gli ambasciatori fecero un nuovo tentativo presso la Porta, per ottenerne l'adesione pura e semplice alla Nota di Vienna, assicurandola in compenso della dichiarazione delle Potenze a tutela sua. Alla Porta non fu quindi possibile di tollerare più a lungo un tale stato di cose. Essa convocò nuovamente un gran Consiglio, al quale presero parte i Ministri in carica e gli scaduti, gli alti dignitarii, i Marescialli, gli Ulemi, i maestri della religione e i funzionarii: in tutto circa dugento persone. Questo Consiglio tenne varie adunanze il 25 e il 26 settembre, ciascuna delle quali della durata di non meno di sei ore. Ne uscì unanime la deliberazione di non far più alcuna concessione, fosse anche di fronte al pericolo d'una guerra; e, al fine di dare a tale deliberazione il carattere della irrevocabilità, lo Sceik-ul-Islam vi appose la sua conferma. Il giorno 4 ottobre comparve sul giornale di Costantinopoli una dichiarazione ufficiosa, la quale notificava come la Porta « avesse fatto pervenire al comandante in capo dell'esercito russo l'intimazione di ritirarsi dalla Moldavia e dalla Valacchia, e, in pari tempo, comunicato a Omer Pascià l'ordine d'incominciare le ostilità, qualora lo sgombero non fosse avvenuto entro 15 giorni dall'arrivo di essa intimazione ». Il giorno stesso, la Porta pubblicava un manifesto che motivava anche più precisamente la dichiarazione di guerra; e poco appresso, il giorno 8, compariva anche un proclama del Gran Visir agli abitanti di Costantinopoli e dei sobborghi.

In seguito ai torbidi della capitale, il Governo turco, per non affidarsi esclusivamente al consiglio di lord Stratford — al quale non pareva punto ancora che il pericolo fosse imminente — aveva pregato il signor di Lacour, perchè sollecitasse l'avanzarsi della flotta. Drouyn de Lhuys soprattutto fece pressione sull'Imperatore perchè procedesse più risolutamente; tantochè finalmente il conte Walewski da Londra diede ordine alla flotta di penetrare nei Dardanelli. Il barone Brunnow ne fece, il 20 settembre, serie rimostranze al Gabinetto inglese, asserendo che, poichè la guerra non era ancora dichiarata, c'era, secondo il concetto della Russia, violazione del trattato del 1841. Lord Clarendon, il 1.° di ottobre 1853, replicava: « che fin dal momento in cui il primo soldato russo aveva messo piede nei Principati danubiani, era cessato per la Porta lo stato di pace; e il Sultano era quindi autorizzato a chiamare la squadra inglese nello Stretto, e, occorrendo, anche *oltre* lo Stretto » (1). E in realtà, gli ambasciatori d'Inghilterra e di Francia ebbero anche istruzioni, caso che la flotta russa salpasse da Sebastopoli, d'avanzarsi nel Mar Nero.

Al pari del convegno di Olmütz e dell'incontro dei due Imperatori col re Federico Guglielmo IV a Varsavia, così anche la visita che il 7 di ottobre Niccolò I fece a quest'ultimo a Berlino poco giovamento apportò agl'interessi della Russia; le due Potenze tedesche non potevano infatti convenire nell'intimo disegno di questa, d'una alleanza contro le Potenze occidentali; onde non s'andò più in là delle solite affatto inutili proposte di mediazione. Ma intanto, prima che s'aprissero veramente le ostilità, parecchi incidenti storicamente degni di nota si produssero, così in Francia come in Inghilterra, dei quali è prezzo dell'opera far cenno. Quella specie di ritenutezza dell'Inghilterra, che sussisteva, non solo da parte del Gabinetto, ma benanco della Corte, verso la Francia, aveva non piccola parte nel procedere irresoluto di Napoleone III. Già fin da allora l'idea d'una modificazione dei trattati del 1815 non gli poteva uscir dalla testa; e la Russia gli pareva già messa abbastanza tra l'uscio e il muro, perchè a lui fosse possibile, nonostante la parte principale ch'essa aveva avuta fin qui nel mantenimento di quei trattati, di colorire il suo disegno. Se non che, il conte Kisselew, alle prime aperture ch'ei gliene fece, rispose evasivamente, mentre Niccolò I accoglieva in modo eccezionalmente benevolo il generale di Goyon inviato alle manovre di Olmütz, e l'invitava anche a quelle di Varsavia; per la quale andata, tuttavia, per riguardo all'Inghilterra, Napoleone non diede all'aiutante il suo permesso. — A Londra, in faccia a Brunnow, lord Aberdeen non cessava dal manifestarsi nel modo più risoluto affatto contrario a una guerra europea; e la Regina stessa trovava che la Porta era lasciata un po' troppo padrona di trascinarsi dietro nella guerra l'Inghilterra e la Francia. Il principe Alberto elaborò sulla situazione una memoria, che non

---

(1) Nota di Clarendon a Brunnow, 1.° ottobre 1853. In JASMUND, I, p. 174.

mancava, per verità, di acutezza di vedute nè di sagacia diplomatica; ma le sue conclusioni, tendenti a limitare entro ai più stretti confini l'accordo con la Turchia, avevano in sè alcunchè di falso, per questo rispetto: che, nel momento attuale, l'Inghilterra aveva da difendere non tanto la Turchia, quanto, con la protezione di questa, la sua propria posizione nel mondo: senza contare che, se Niccolò I, facendo qualche concessione dal dommatico punto di vista in che s'era posto, avesse stesa la mano a Napoleone, essa medesima correva il pericolo di rimanere isolata. — Nè le limitazioni che si fossero poste alla libertà d'azione della Turchia potevan fare a meno d'arrecare, fin dal principiar della guerra, reali svantaggi.

Sopra tutte queste circostanze, del pari che sul probabile prevalere degl'interessi materiali della scuola di Manchester, la Russia fondava appunto le sue maggiori speranze; ma essa non tenne conto abbastanza dello spirito collettivo della nazione inglese, il quale, in quel momento, era rappresentato nel modo più energico, se pure più unilaterale, da lord Palmerston e da lord Stratford de Redcliffe. Al primo, un intimo accordo con la Francia stava siffattamente a cuore, ch'egli giunse a proporre nell'ottobre un matrimonio di Napoleone III con una principessa inglese. Poco di poi, egli apparve dominato da quelle idee stesse che alcuni mesi più tardi Napoleone III rendeva di pubblica ragione nell'opuscolo: *La revisione della carta d'Europa*, quando proponeva di cedere i Principati danubiani all'Austria, in compenso della cessione per parte di questa della Lombardia alla Sardegna.

Il 1.° novembre l'imperatore Niccolò dirigeva alla regina Vittoria una lettera, nella quale, con una mancanza di tatto assai difficile a spiegare, faceva appello alla saggezza della Regina, perchè volesse pronunziarsi tra lui e il Governo inglese: sotto il quale appellativo voleva alludere particolarmente a lord Stratford. La Regina rispose in forma dignitosa, respingendo l'interpretazione russa del trattato di Cainargi, e biasimando l'occupazione dei Principati; per modo da togliere oramai a Niccolò I ogni dubbio intorno all'unanimità di vedute sussistente, quanto alle linee fondamentali della politica, tra la Corona inglese e il suo Gabinetto.

In mezzo a tante esitazioni e tentennamenti, Drouyn de Lhuys, ponendo mano vigorosamente alle redini, avanzò la proposta di tenere a Vienna delle Conferenze, reciprocamente impegnative, allo scopo di far conoscere alle Potenze belligeranti quali fossero le condizioni dell'Europa. Era una misura che rammentava la politica di Villèle nel 1826, e che la Russia non poteva veder di buon occhio, essa che tentava da tempo di escludere ogni inframmettenza dell'Europa nelle sue controversie con la Turchia. Pure, ne uscì il 5 dicembre 1853 un vero protocollo europeo; mediante il quale Buol-Schauenstein, Bourqueney, Westmoreland e Arnim, in nome delle quattro grandi Potenze, stringevano la Russia in un cerchio di ferro, dichiarando: « che le assicurazioni date da Niccolò I escludevano il pensiero d'un attentato all'incolumità dell'Impero ottomano; *che l'esistenza della Turchia entro i confini assegnatile dai trattati erasi fatta una delle condizioni più necessarie dell'equilibrio europeo;* e che la presente guerra in nessun caso avrebbe potuto produrre innovazioni tali nelle delimitazioni territoriali di entrambi gl'Imperi, per cui potesse venir mutato lo stato di possesso che il tempo aveva consacrato in Oriente, e ch'era altrettanto necessario per la tranquillità di tutte le altre Potenze ». — Le guarentige della Russia, come quelle della Porta venivano poi chiarite anche più minuziosamente; e a quest'ultima si richiedeva di voler notificare a quali condizioni sarebbe stata disposta a trattare. — Così la Russia come la Porta ricusarono di accogliere le basi proposte dalla Conferenza; ma al terminar dell'anno, lord Stratford riuscì a indurre la Porta a darvi il suo consenso.

VI.

La guerra turco-russa e la continuazione delle trattative

Incominciamento delle ostilità tra l'esercito turco ed il russo. - La catastrofe di Sinope. - La flotta delle Potenze occidentali proibisce alle navi della Russia la libera navigazione nel Mar Nero. - Richiamo degli ambasciatori delle Potenze occidentali da Pietroburgo. - Trattato con la Porta, 12 marzo 1854. - Dichiarazione di guerra delle Potenze occidentali. - Il piano di spartizione del barone v. Prokesch-Osten. - Missione del conte Orlow a Vienna. - Alcuni generali russi affermano la necessità della conquista di Vienna per la presa di Costantinopoli. - Giudizio del maresciallo Paskievich sul fallito piano di campagna della Russia. - Prudenziali misure militari dell'Austria. - Politica di Federico Guglielmo IV. - Missione del conte Pourtalès a Londra. - Improvviso mutamento nelle vedute del Re. - Missione del principe di Hohenzollern a Parigi, e del generale von den Gröben a Londra. - Scambio di lettere tra Federico Guglielmo IV e Napoleone, e tra quello e la Regina d'Inghilterra. - Il memoriale segreto di Bunsen. - Missione del colonnello di Manteuffel a Vienna, e del generale von Hess a Berlino. - Il trattato austro-prussiano del 20 aprile 1854, e il precedente trattato d'alleanza del 10 aprile tra l'Inghilterra e la Francia. - Incontro a Teschen di Federico Guglielmo IV con Francesco Giuseppe. - L'attitudine del rappresentante alla Dieta federale Ottone di Bismarck-Schönhausen rispetto alla questione d'Oriente.

Prima ancora che fosse spirato il termine fissato dalla Porta al principe Gorciakow per lo sgombero dei Principati — termine che scadeva col giorno 23 ottobre —, alcuni atti d'ostilità, di poco momento per vero, eran già scoppiati tra i due eserciti che si stavano di fronte. Allorchè poi i Turchi, egregiamente capitanati da Omer Pascià (il croato Michele Lattas) si tennero, allo spirare di quel termine, autorizzati alla guerra, le forze combattenti della Russia, schierate sulla lunga linea del confine per insino a Calafat, si mostraron subito del tutto insufficenti; al che si aggiunse l'inconveniente, che, per riguardi diplomatici, il passaggio oltre il Danubio era loro interdetto; per la qual cosa, la campagna del Danubio ebbe in verità per i Russi un risultato deplorevole. Il 23 ottobre, le navi da guerra che da Ismail si dirigevano a Galatz ebbero a subire, per opera del presidio di Isakcia, perdite non indifferenti; il 4 novembre, il generale Dannenberg venne respinto presso Oltenizza con una perdita di 970 uomini; il 6 gennaio 1854, i Russi perdettero 2025 uomini, tra i quali 22 ufficiali e 813 tra sott'ufficiali e gregarii morti, presso Cetate; 192 uomini il 3 febbraio presso Giurgevo; presso Cetala, dove pur alla fine restaron vincitori, altri 711 il 23 marzo; 815 il 7 di luglio presso l'isola di Radoman; senza contare altri piccoli scontri, dove per lo più ebbero la peggio (1). La loro operazione più importante fu il passaggio del Danubio, effettuato dal 20 al 23 marzo del 1854. Sul teatro della guerra in Asia, dopo d'essersi lasciati sorprendere nella piccola fortezza di San Niccolò, furono più fortunati, specialmente presso Bas-Kadik-Lar, dove i Turchi, male equipaggiati, furon ricacciati verso Cars. Ed anche per mare le mosse dei Russi parvero più vigorose.

Nell'ultima settimana di novembre, una squadra turca, composta di sette fregate, tre corvette e due battelli a vapore, entrava nel Mar Nero, per portare armi, munizioni e rinforzi alle truppe asiatiche a Batum. L'operazione non era senza pericolo, in quanto che la flotta russa incrociava di già quivi stesso; e ci sarebbe stato d'uopo della massima sollecitudine. Essendo sopravvenuto il mal tempo, il vice ammiraglio Osman Pascià, che comandava la squadra, invece di retrocedere nel Bosforo, volle fare alto nella rada aperta di Sinope. Quivi, il 30 novembre, venne assalito dalla divisione della flotta russa comandata dal vice ammiraglio Nakhimow, composta di sei navi di linea, due fregate e tre battelli a vapore; e, dopo un combattimento di quattr'ore appena, la squadra turca era annientata completamente, e Sinope stessa seriamente danneggiata. Sebbene le navi da guerra di Sebastopoli avessero il pieno diritto d'impedire l'approvvigionamento dell'esercito nemico e la non a torto paventata sollevazione delle popolazioni del Caucaso, il fatto accrebbe tuttavia non poco l'esasperazione contro la Russia. Fu, in certo modo, una fortuna per la Turchia; perchè affrettò le riso-

---

(1) Cfr. E. KOWALEWSKI: *La guerra della Russia contro la Turchia*. Quest'opera, scritta con la cooperazione del principe Michele Gorciakow, espone i fatti nella forma più attenuata, specialmente per quest'ultimo.

luzioni delle Potenze occidentali. L'annientamento d'una squadra turca in vicinanza della loro flotta, spedita quivi a proteggere la Turchia, tanto più aveva in sè alcunchè d'offensivo per le Potenze occidentali, inquantochè tuttavia duravano le trattative per venirne a un componimento di tutta quanta la controversia. La loro condizione, in diritto, s'era oramai fatta pressochè insostenibile; giacchè non era nè di neutralità nè di stato di guerra. Drouyn de Lhuys pertanto propose di far incrociare la flotta alleata nel Mar Nero, e d'impedire alla Russia d'allontanar le sue navi da Sebastopoli, qualora il suo esercito non avesse ripassato il Pruth. Dopo qualche esitazione, l'Inghilterra ·accettò cotesta misura, che già in sè includeva la guerra; e il 3 gennaio, le squadre unite, movendo da Beicos, penetrarono nel Mar Nero. In pari tempo, come se si trattasse d'una rivincita da prendersi della giornata di Sinope, una divisione navale anglo-francese scortò le navi da trasporto turche fino a Batum, mentre le forze principali si ancoravano a Sinope. La fregata inglese *Retribution* recò la dichiarazione sopraccennata a Sebastopoli, dove essa venne consegnata il 7 di gennaio. Il 12, gli ambasciatori di Francia e d'Inghilterra notificarono le deliberazioni dei loro Governi in via diplomatica al conte Nesselrode. Il 25 e il 26, la Russia pose a Londra e a Parigi la questione: « se dovesse la Turchia avere il diritto d'assalire la Russia; e se, dato il caso che le navi da trasporto turche potessero andare da un porto all'altro, non fosse la Russia autorizzata a fare altrettanto ». E poichè le Potenze occidentali ebbero risposto negativamente ad *ambedue* le domande, la Russia ritirò il 4 febbraio i suoi ambasciatori da Parigi e da Londra. Il 21, poi, ebbero termine anche gli uffici di sir Hamilton Seymour e del generale de Castelbajac.

Assai più che contro la Francia si mostrò irritato Niccolò I contro l'Inghilterra; e Napoleone III, che al 29 di gennaio aveva ancora scritto all'Imperatore una lettera (già presentata a Londra, e quivi modificata) contenente propositi di conciliazione, e ne aveva ricevuta il 9 febbraio una risposta personalmente assai cortese, dichiarò al conte Kisselew al momento del suo congedarsi « che le sue simpatie fin dal principio erano state per la Russia; doversi il successivo disaccordo ascrivere alla fatalità » (1). Alle affermazioni della

---

(1) *Étude*, I, 300. — Il concetto della Russia in allora rispetto agli avvenimenti francesi è assai notevole. L'autore dell'*Étude*, mentre pur segnala

Russia d'essere stata sempre sincera verso l'Inghilterra, il Governo inglese s'indusse finalmente a render di pubblica ragione le conversazioni avute dall'imperatore Niccolò con sir Giorgio Hamilton Seymour. Il 12 marzo, l'Inghilterra e la Francia conclusero con la Porta un trattato, col quale s'obbligavano, come ricercate dal Sultano di protezione contro la Russia, a far seguire alla già effettuata spedizione delle divisioni navali, quella di milizie di terra, all'intento di difendere il territorio della Turchia, così in Europa come nell'Asia. Il 14 marzo, l'Inghilterra, che già aveva mandata analoga intimazione fino dal 28 febbraio, concesse alla Russia un termine allo sgombero dei Principati fino alla data del 30 aprile; la Francia soltanto fino al 15. Il 18, Nesselrode notificava ai consoli « che l'Imperatore non istimava di dover dare una risposta »; e il 27 e il 28 le due Potenze occidentali dichiaravano la guerra alla Russia.

Del contegno dell'Austria di fronte alle arrischiate aperture russe s'è già fatta menzione più sopra. Non solo per la questione delle nazionalità, che dopo la comparsa di Napoleone III sulla scena politica aveva ricevuto nuovo alimento, ma benanco per la diversità d'opinioni che regnava ne' suoi più alti circoli militari e diplomatici, l'opera dell'Austria al di fuori era ridotta a una specie di brancolamento. Nel modo stesso che, più tardi, gli uomini di Stato inglesi cercarono, per ciò che si riferiva alla politica orientale, di mandare le antiche tradizioni a soqquadro, già fin dal 10 febbraio del 1850 il barone di Prokesch-Osten aveva esposto in una sua memoria, a dispetto della politica orientale conservatrice di Metternich, il disegno d'una spartizione della Turchia europea. La Russia avrebbe acquistato Costantinopoli e le bocche del Danubio, e all'Austria dovevan toccare la Bosnia, la Serbia, l'Albania e la Macedonia: un disegno ritornato a galla, del resto — poco più, poco meno — anche in tempi più recenti(1). Francesco Giuseppe, ben lungi

---

secondo i rapporti di Kisselew una tale disposizione d'animo di Napoleone, soggiunge : « La situazione (della Francia) non era senza pericoli. Le finanze erau caricate di debiti, il Governo spinto agli estremi; era stato concluso un prestito di 200 milioni; malsicura la condizione interna del paese. I Napoleonidi di Girolamo vivevano circondati da emigrati pulacchi e da repubblicani. Essi sognavano la rovina dell'Imperatore, e davan opera per subentrare al suo posto ».

(1) È difficile ascrivere al puro caso il fatto che cotesta memoria comparisse nella *Allgem. Zeitung* di Augusta poco prima della missione di Menscikow.

dall'accedere a idee di tal fatta, nel convegno di Varsavia avrebbe anzi voluto un'alleanza offensiva e difensiva con la Russia e la Prussia; e quando quest'ultima respinse cotesto disegno, stette per una dichiarazione di neutralità delle due grandi Potenze tedesche. Nel suo pensiero, tuttavia, era cosa pur sempre essenziale la con·servazione dello stato territoriale della Turchia, ch'egli, per le dichiarazioni così scritte come verbali dell'Imperatore Niccolò, non considerava punto in pericolo: tantochè il tenore del protocollo di Vienna del 5 dicembre non implicava, per lui, offesa veruna alla Russia. A Pietroburgo però, appunto perchè col mantenimento di cotesto stato di possesso non lo si stimava onorevole abbastanza, esso venne considerato come un atto ostile. Verso la fine del mese di gennaio veniva mandato a Vienna il conte Orlow — che, come sappiamo, Nesselrode stimava diplomaticamente più adatto che non il Menscikow —, col compito di assicurarsi dell'assoluta neutralità delle due grandi Potenze tedesche. Il conte, che recava una lettera del suo Sovrano, venne ricevuto il 30 gennaio dall'Imperatore; il quale, fattosi nel frattempo più diffidente, prima di dare una risposta definitiva, domandò se lo Zar fosse risoluto di non varcare il Danubio, di sgomberare dopo la guerra i Principati danubiani, e di mantenere lo stato territoriale della Turchia: e poichè il conte Orlow non era in grado di dargli assicurazioni su cotesti punti, l'Imperatore ricusò di accogliere le proposte dello Zar.

Nella forma, la missione di Orlow aveva una certa analogia con quella del principe Menscikow, in quanto che solo nelle trattative col conte Buol si veniva a chiarire il vero scopo della medesima. A quest'ultimo, infatti, il fiduciario dello Zar proponeva uno schema di protocollo, secondo il quale « la neutralità delle grandi Potenze tedesche doveva essere, contro Francia e Inghilterra, una neutralità armata. Nel caso che le Potenze occidentali avessero assalita o l'Austria o la Prussia o il territorio della Confederazione, la Russia e i due altri Stati sarebber dovuti accorrere in aiuto della parte attaccata. Reciprocamente, la Russia prometteva che, qualora gli eventi della guerra in Oriente dovessero apportare un qualche mutamento, essa nulla avrebbe concluso senza il consenso di entrambe le sue alleate ». S'era dunque in presenza d'una ripresa della precedente proposta d'un trattato difensivo ed offensivo; di fronte al quale, questa volta, l'Austria non esitò un solo istante. Il 3 febbraio, il corpo d'osservazione austriaco ai confini della Transilvania venne portato all'effettivo

di 30.000 uomini; l'8, il conte Orlow lasciava Vienna senza aver nulla
concluso. A Berlino, le proposte identiche della Russia avevano subìta
la stessa sorte; e il 31 gennaio 1854, il Presidente dei Ministri von
Manteuffel rispondeva « che il Protocollo del 5 dicembre e le trattative susseguenti costituivano per le quattro Potenze un impegno
reciproco, dal quale non poteva la Prussia singolarmente considerarsi disciolta. Quello spirito rivoluzionario, del quale la Russia
— come in una sua Nota spiegativa della fine di gennaio aveva
osservato il conte Nesselrode — nulla aveva da temere, sarebbe
stato superato dalla Prussia anche senza aiuto straniero ». La Prussia
ricusò del pari la sua partecipazione a un trattato formale delle
quattro Potenze, che, secondo la proposta delle Potenze occidentali,
avrebbe dovuto sostituirsi al posto della più semplice forma del
protocollo; tuttavia essa firmò, come ben presto vedremo, l'importante protocollo di Vienna del 9 aprile 1854, con cui si stabiliva: il
concetto fondamentale della intangibilità della Turchia, del quale
era essenziale condizione lo sgombero dei Principati; quello della
emancipazione dei Cristiani, in una forma che potesse conciliarsi
con la illimitata autorità del Sultano; uno sforzo perseverante, diretto
a legare sempre più strettamente la Turchia all'equilibrio europeo;
infine, il divieto d'un compromesso con la Russia, o con altra Potenza,
che dai sopraddetti concetti fondamentali si dipartisse.

In mezzo a cotesta situazione senza uscita per la Russia, le cose
poterono giungere a tale, che a Pietroburgo, durante il governo
dell'Autocrata più antirivoluzionario che fosse mai, fu persino dibattuta la questione, se non si potesse condurre l'Austria a capitolare,
mediante un sollevamento delle popolazioni slave, congiunte alla
Russia per sangue. L'affermazione fatta da più parti, essere un
certo numero dei generali russi dell'opinione « che a Costantinopoli
non si poteva andare se non *con* Vienna o passando *per* Vienna »,
pare veramente una frase affilata dalla diplomazia russa medesima.
Poichè l'Austria non si poteva guadagnare con un disegno di spartizione, i generali Paskiewich e Jomini si pronunziarono adunque
per la strada *per* Vienna. Nè può diminuire il concetto storico del
coraggio di Niccolò I l'apprendere che, subito dopo lo scacco di
Menscikow, egli si consigliò con Paskiewich sopra cotesto argomento. Paskiewich dichiarò che la missione di Menscikow era stata
un errore; ma ora, che la guerra appariva inevitabile, fu del parere che si dovesse incominciare con l'attacco dell'Austria: egli do-

veva impadronirsi di Vienna, e smembrare l'Austria prima della Turchia (1).

Allorchè più tardi la disposizione d'animo dell'Austria verso la Russia s'insprì, il disegno d'una preliminare conquista di Vienna, pur senz'esser condiviso da Niccolò I o dal suo Cancelliere, assunse una figura anche più determinata. Il generale Sumarokow elaborò un piano formale in questo senso; e il generale Jomini sottopose all'Imperatore parecchie memorie, dove con acuto sguardo strategico esprimeva il suo pensiero in questa forma: « Avere la Russia, tra tutte le attitudini possibili, scelta la meno vantaggiosa. Infatti, la sua fronte di difesa stendentesi per 10.000 verste da Torneå fino a Tiflis, era interrotta da due mari che stavano a disposizione del nemico, mentre questo poteva concentrare le sue forze colà, per assalire la Russia nei suoi punti più deboli. Ben diversa essere stata la situazione nel 1812, nel qual anno l'Inghilterra era l'alleata della Russia, e la copriva così dalla parte del mare, come dal lato della Svezia e della Turchia: talchè la fronte difensiva della Russia si stendeva soltanto dalla Dvina ai Carpazii, e le forniva la certezza che, data una sconfitta di Napoleone, Prussia ed Austria si sarebber volte contro di lui; laddove questa volta, la Russia correva pericolo di veder collegata contro di sè l'Europa intera, Germania e Svezia comprese, e la Persia per giunta ». Il famoso stratega giudicava pertanto che « per uscire da una tale condizione insostenibile, ci fossero soltanto due mezzi: o si dovevan raccogliere tutte le forze per una coraggiosa offensiva, e marciare su Vienna; o, se ciò sembrasse troppo pericoloso, concentrar la difensiva sull'oggetto principale della guerra, vale a dire sulla Crimea. In quest'ultimo caso, era necessario dar subito soddisfazione alle due grandi Potenze tedesche con lo sgombero dei Principati danubiani, e gettare tutte le forze combattenti in Crimea, senza darsi pensiero dell'Austria; la quale, così stando le cose, per certo non avrebbe avuto alcun interesse a fare la guerra » (2).

---

(1) Nessun dubbio intorno a cotesta opinione del maresciallo Paskiewich. Essa viene confermata non solo dal diplomatico Jomini, autore dell'*Étude*, ma benanco dal passato console generale inglese a Varsavia, Lord Sandhurst, il quale si trovava in carica colà durante il governatorato del maresciallo, ed era dello stesso suo parere.

(2) *Étude*, II, pag. 152-3.

Così stando le cose — e l'Austria difficilmente poteva ignorarlo —, è facile comprendere la sua straordinaria prudenza. Dopo d'aver mandato, il 5 febbraio, 25.000 uomini nei Confini militari, *da altri 25.000 li fece raggiungere ai 22 dello stesso mese*, ordinando al generale Coronini di fissare il suo quartier generale a Semlino, per far fronte al fermento dei Serbi, pericoloso per la Turchia; e già s'è accennato che il corpo d'osservazione in Transilvania venne elevato a 30.000 uomini. Poichè tuttavia l'Austria dichiarava di mantenere amichevoli relazioni di buon vicinato così verso la Russia come verso la Turchia, nè d'altra parte mancava di dare le assicurazioni più tranquillanti, doveva esser doppiamente difficile per Niccolò I, anche prescindendo da tutto il rimanente, di prendere una risoluzione nel senso caldeggiato da Paskiewich, da Jomini, da Sumarokow. Che però questo punto fosse oggetto di proposte scritte all'indirizzo dell'Imperatore, bastano a dimostrarlo le seguenti conclusioni a lui sottoposte da Nesselrode: « L'onore non ci consente « d'accogliere umilianti condizioni di pace; per la qual cosa appunto « io non ho esitato a consigliare la Maestà Vostra di respingere quelle « testè propostemi. Ma l'onore non può permetterci di precipitare in « un abisso senza fondo » (1). E notevole è pure, in quei disegni slavi non del tutto tramontati ancor oggi, l'assoluta mancanza d'ogni riguardo verso la Prussia; la quale anche allora, nonostante i molti tentennamenti, rappresentava una politica risolutamente nazionale.

Federico Guglielmo IV pensava che la miglior soluzione della presente crisi dovesse cercarsi in un trattato di tutte insieme le Potenze con la Porta, il quale garantisse il diritto dei Cristiani; e in questo senso incaricava di trattare il suo rappresentante a Londra. Se non che, sebbene Bunsen riferisse che sì la Regina come lord Aberdeen e Clarendon accettavano un tal disegno, vi s'opponeva tuttavia, — anche prescindendo dalla contrarietà della Russia ad ammettere l'intromissione delle altre Potenze nella sua controversia con la Turchia — l'antico scrupolo di Stratford di pregiudicare con un formale trattato i diritti di sovranità del Sultano. Parimenti, dovevan restare senza alcun risultato le istruzioni impartite al rappresentante prussiano a Costantinopoli, von Wildenbruch (istruzioni a Londra male accolte), di trattare colà nel medesimo senso.

_____

(1) *Étude*, I, pag. 543.

La partecipazione della Prussia ai protocolli di Vienna era altrettanto corretta, quanto il suo rifiuto alle sollecitazioni della Russia, dell'Austria e della Francia perchè si dichiarasse neutrale; ma una missione del conte Pourtalès a Londra, fissata già nel dicembre 1853, doveva rimanere senza effetto, a cagione della particolare condizione annessavi, che le Potenze occidentali dovessero garantire l'intangibilità della Germania; e di altre speciali questioni di diritto riferentisi alle interne condizioni di quella. Nè la Prussia trascurò di prendere certe misure di prudenza di fronte alla Russia, per ciò che si riferiva alle sue fortezze e ad altri provvedimenti militari (e a Pietroburgo, come se n'ebbe notizia, ne venne amarezza non poca); ma non volle per parte sua appoggiare l'intimazione mandata il 28 febbraio 1854 a Pietroburgo dalle Potenze occidentali per lo sgombero dei Principati danubiani, quantunque l'Austria, pur senza formalmente aggregarvisi, vi consentisse. Nè volle la Prussia accogliere la proposta, trasmessale dall'Austria, d'un preliminare convegno a quattro, che doveva proporsi, con l'accettazione del mantenimento dello stato territoriale della Turchia, lo sgombero degli stessi, e stabilire in pari tempo l'impegno reciproco che nessuno dei partecipi di quello, senza previa deliberazione comune, s'inducesse a un accordo con la Russia, o con qualsiasi altra Potenza. Benchè a un tal disegno così dal conte di Manteuffel come dal ministro della guerra Di Bonin si facesse buon viso, Federico Guglielmo IV — al quale frattanto eran venute in sospetto le sollecitazioni inglesi ed austriache — lo respinse nel modo più risoluto. Al fine di dar ragione di ciò, il Re mandò il principe Carlo Antonio di Hohenzollern a Parigi, e il generale von d. Gröben a Londra. Conseguenza di tale missione fu un notevolissimo carteggio tra il Re e Napoleone III, ch'ebbe per effetto di rendere il primo più diffidente che mai. Possono aver ribadita una tale diffidenza certe comunicazioni verbali dell'Imperatore al reggente Duca di Coburgo — che allora rendeva una visita alle Tuileries —; le quali, per quanto esprimessero il più lusinghiero riconoscimento della Prussia, tradivano tuttavia il pensiero d'un possibile mutamento nell'assetto territoriale dell'Europa. Neppure al principe di Hohenzollern, nonostante il suo grado e il dono d'un'eletta comunicativa ond'era fornito, riuscì di convincere Napoleone III della plausibilità delle considerazioni ch'egli aveva il mandato d'esporre.

Non meno degno d'attenzione è il carteggio scambiato tra Federico

Guglielmo IV e la Regina, trasmesso dal generale von den Gröben. Nè la Regina nè il Principe Consorte — il quale ·prestò la sua cooperazione alla risposta che fu data al Re — potevano accordarsi nel particolare ordine d'idee di Federico Guglielmo IV, che faceva distinzione tra diplomazia ufficiale e influenza diretta dei Sovrani (1). Che poi anche la contemporanea missione del generale von Lindheim a Pietroburgo — i cui risultati furono recati a Berlino dal principe Giorgio di Mecklemburg-Strelitz, generale al servizio della Russia — rimanesse senza successo, è cosa che a nessuno può far meraviglia.

Lo spirito bellicoso che s'era destato nei più larghi circoli inglesi, e contro il quale oramai mal poteva prevalere la politica di pace caldeggiata da Bright e da Cobden, nella cui autorità Niccolò I aveva pur riposte sì grandi speranze, non mancò d'esercitare un potente influsso sull'ambasciatore prussiano von Bunsen, che per molteplici relazioni era strettamente legato a Federico Guglielmo IV; e che, in sè e per sè avverso alla Russia, spingeva innanzi l'Inghilterra, più che non la ritenesse. Perfettamente all'unisono con le vedute del principe Alberto e dei più influenti uomini di Stato inglesi, egli era convinto che le Potenze occidentali fossero risolute d'incominciar la guerra contro la Russia soltanto nella prospettiva d'un considerevole indebolimento territoriale di quest'ultima; e stimò suo dovere pertanto di esporre tali vedute al suo Governo in una « Memoria segreta sopra la situazione presente e le conseguenze della crisi russa » (2), da lui mandata a Berlino in sui primi del marzo (1854). « La questione d'Oriente — dic'egli — è diventata una questione europea. La crisi turca s'è mutata in una crisi russa: la definizione di cotesta lotta mondiale è posta in questo momento· nelle mani delle Potenze tedesche. Un tale mutamento è, innanzi tutto, conseguenza della missione del conte Orlow a Vienna e delle trattative iniziate quivi e a Berlino, che a quella si riconnettono. La Russia medesima ha avviluppato il nodo, della cui soluzione sembrava ch'ella si preoccupasse. Già il contegno di Menscikow parve calcolato per modo, da rendere impossibile una composizione pacifica della questione, allora pendente, dei Santi Luoghi. Quando la Francia

---

(1) TEODORO MARTIN, *La vita del Principe Alberto* (traduzione tedesca del Lehmann; Gotha, 1879), vol. III, pag. 44-47.

(2) CHRISTIAN CARL JOSIAS, barone v. Bunsen, *Geheime Denkschrift über die gegenwärtige Lage und Zukunft der russischen Krise*. Ediz. tedesca di Nippold, Lipsia 1871, III, pag. 337-43.

dal canto suo ebbe rinunziato a tutte le concessioni ricevute, ch'e-
rano state per la Russia il pretesto alle rivendicazioni da essa
dittatorialmente accampate, la Russia si fece ancor più imperiosa
e irriconciliabile. Pochi mesi dopo, il dispaccio di Nesselrode al
barone di Meyendorff squarciava il velo ch'era calato in sugli occhi
della Diplomazia occidentale, o che questa forse a bella posta non
aveva voluto strappare, rendendo così indissolubile l'unione della
Francia e dell'Inghilterra. Per gli eccitamenti dell'Inghilterra, e in
seconda linea della Prussia, già fin dal 1847 la Porta aveva concessa
ai Cristiani una libertà religiosa anche maggiore che alla Russia
non piacesse. Questa non nascose di volere esser fatta cérta che
un'autorità di tutela politica, reclamata e incominciata da un secolo,
venisse riconosciuta oramai con una forma di diritto pubblico. Le
Potenze, alla lor volta, si dimostraron disposte, anche dopo lo scoppio
della guerra, a garantire il rinnovamento degli antichi trattati, qualora però la Russia consentisse di condurre le pacifiche trattative
sotto gli occhi dell'Europa. Ma in luogo di acconsentirvi, o di rinunziare per questa volta al tentativo troppo presto e insieme troppo
tardi iniziato, l'Imperatore volle venirne a capo con ogni sorta
di violenze. E di fronte alla Conferenza delle quattro grandi Potenze, il conte Orlow si comportò anche con maggior dileggio, che
Menscikow non usasse verso la Porta nella passata primavera.
Verso le due Potenze tedesche poi, lo Zar si valse d'un linguaggio
che di poco la cedeva alle più violente minacce di Napoleone contro
coloro dei quali aveva giurato la perdita. L'imperatore Niccolò raccolse tutte le sue forze per incominciare la lotta contro l'Europa medesima. Era dunque necessario comportarsi nella stessa maniera. La
Francia e l'Inghilterra chiesero a sè stesse: Dobbiamo e possiamo noi
in coscienza fare gli sforzi immani che si pretendono da noi, soltanto
per indurre la Russia a sgomberare i Principati e ad accogliere le
condizioni di pace fissate con la Porta? Dobbiamo sacrificare un
miliardo di franchi, e il sangue di migliaia di prodi soldati, solo
per ottenere dall'Imperatore ch'egli differisca i suoi disegni in danno
della Turchia a un tempo per lui più opportuno? Ad entrambe le
domande la risposta non poteva essere che una: No! — Si tratta
ora di far quello che Federico il Grande, che Napoleone medesimo
non aveva potuto fare: infrangere la ultrapotenza della Russia. Il
fine ultimo della poderosa lotta dev'esser quello di restringere la
Russia in Europa entro i suoi naturali confini. Inghilterra e Francia

hanno bene un diritto di scrivere cotesto fine sulle loro bandiere, dacchè esse a tutti i loro particolari vantaggi hanno rinunziato. Ora, esse possono ben richiedere dalle due grandi Potenze tedesche la stessa rinunzia; ma devono in pari tempo porgere ai Governi, che per le rapine territoriali della Russia han partecipato immediatamente dei danni, l'occasione di riconquistare i brani di territorio che loro furono tolti; e alle due grandi Potenze tedesche far riguadagnare, per sè e per i loro popoli, la perduta libertà nella politica europea, entro la sfera d'un giusto equilibrio e della sicurezza della pace. Ove la Russia dovesse conservare la sua soverchiante potenza attuale, la Confederazione tedesca quale Prussia e Germania la richiedono, e la desidera l'Inghilterra, e la Francia la tollera, sarebbero una pura utopia per tutto il tempo avvenire. La Russia, più d'ogni altra cosa, avversa l'idea d'una Germania forte, indipendente: questo dice la memoria del 1834; e lo disse senza reticenze l'imperatore Niccolò ai rappresentanti d'Inghilterra e di Francia negli anni 1849 e 1850; e lo disse il barone di Meyendorff in Berlino stessa. Quali sentimenti di buon vicinato ell'abbia rispetto alla Posnania, non è un mistero per nessuno. In Germania, la Russia non può tollerare se non una parvenza di libertà, e vuol comprimere il protestantismo, là dov'esso, come nelle Missioni, è sul punto di conquistarsi una situazione mondiale. — Ora, ciò colpisce la Prussia nel nocciolo della sua potenza; e più specialmente la ferisce a Gerusalemme, in quella bella, invidiabilmente florida istituzione di Federico Guglielmo IV. L'Episcopato, con le sue scuole in Palestina, con tutte le sue diramazioni fino alle sorgenti del Giordano e alla più lontana Mesopotamia, necessariamente dovrà tramontare. Il clero greco gli ha apertamente dichiarato guerra. Ma se la Prussia nel momento attuale si unisce alle Potenze occidentali e all'Austria nei loro richiami alla Russia, essa porterà un tal peso e sì decisivo sulla bilancia, che la lotta sarà breve, la decisione prossima e possibile senza gravi scosse, anzi sicura. Si aggiunga, che la Svezia ricupererebbe le isole di Aland e la Finlandia. Quanto a Costantinopoli, o in mani cristiane o in mani turche, finchè la Russia domina il Mar Nero sarà pur sempre poco sicura. Ne consegue inevitabilmente che non solo la Crimea conviene strappare alla Russia, ma e la Bessarabia e il Cherson e la Tauride. Codesti territorii devono venire nelle mani dell'Austria. È chiaro poi, che tutto ciò si deve strettamente collegare con la difesa del Danubio e dell'Europa, mediante l'acquisto dei Principati anzi tutto, verso un risarcimento alla Porta, alla quale quei Principati non rendono più di 200.000 talleri all'anno, e mediante il trapasso della Lombardia (fino al Mincio) alla Sardegna. Con ciò si sanerebbe in pari tempo una ferita presso che insanabile, e si tirerebbe un catenaccio contro la Francia, anche se l'Europa dovesse riconoscerle il possesso della Savoia. La totalità degli Stati austriaci può e deve stare in istretta e amichevole unione con la Germania, ma non può e non deve signoreggiare la Germania, o guidarla ».

L'arditezza di coteste considerazioni, che nel loro contenuto ricordano l'opuscolo comparso in Francia « La révision de la Carte de l'Europe » in mezzo ad avvenimenti di cui non mette conto far parola, non ha bisogno d'ulteriori commenti. Bunsen, nell'accompagnarla al Re, così scriveva: « Voi mi avete posto in vedetta, quasi « sentinella del mondo; e in nessun luogo mi sento così sicuro del « fatto mio, come nell'ufficio d'un marinaio nella sua coffa. Non v'adi- « rate col fedele servitore, s'egli fa uso del privilegio che gli avete « concesso: di esprimere apertamente e senza dubbiezze quanto la « mente, l'anima e il cuore gli dettano ».

Se non che, quando Bunsen moveva un sì considerevole passo, egli non poneva affatto mente a un'eventualità di grande momento: quella cioè, che in realtà ebbe ad avverarsi più tardi, che la Francia, nel bel mezzo della lotta, porgesse la mano alla Russia; e che non solo entrambe unite rendessero impossibile quella grande Confederazione tedesca che la Prussia si sforzava di creare, ma benanco che, più tardi, la Francia si prendesse fieramente su lei la rivincita dell'ingiuria antica, e la Russia delle recenti rampogne. Oltreché, la condotta dell'Austria nell'alleanza, di fronte ad una Prussia che perseguiva tali propositi di un'unità tedesca, era tutt'altro che sicura. — In ogni modo, poiché prima già che quella memoria giungesse a Berlino una determinazione era quivi stata presa in alto luogo in senso diametralmente opposto, il richiamo di Bunsen era oramai non tanto una disgrazia, quanto una necessità.

Nè il suo richiamo, tuttavia, nè il licenziamento del Ministro della guerra, generale di Bonin, potevano considerarsi assolutamente come un nuovo atteggiamento di Federico Guglielmo IV in favore della Russia. In presenza della grave piega che prendeva la guerra, e del ravvicinamento fattosi inevitabile dell'Inghilterra alla Francia sin dalla conclusione in comune del trattato del 12 marzo con la

Porta, l'accordo con l'Austria pareva più necessario che mai. Il Re mandò a Vienna il colonnello Edvino di Manteuffel, per dichiarare colà ch'egli era disposto a rinnovare la garanzia del reciproco stato di possesso, Ungheria e Regno lombardo-veneto compresi; il che era una delle clausole del trattato di Olmütz. Tale comunicazione fu per l'Austria un indizio ch'era venuto il momento di chiedere alla Prussia qualche cosa di più. Al 27 di marzo giungeva a Berlino il quartiermastro generale dell'esercito austriaco, barone von Hess. Non solo egli riuscì a ottenere l'assenso della Prussia al già accennato protocollo della Conferenza di Vienna del 9 aprile, ma — nonostante le avverse influenze, in senso amichevole per la Russia — anche l'importante trattato del 20 aprile 1854. Con questo trattato, Austria e Prussia si garantivano reciprocamente il possesso dei loro territorii, tedeschi e non tedeschi, contro ogni aggressione da qualunque parte venisse. I diritti e gl'interessi della Germania venivano tutelati contro le usurpazioni d'ogni sorta, ed era presa in considerazione l'eventualità di porre in pieno assetto di guerra una parte delle forze combattenti. Gli Stati tutti della Confederazione erano invitati ad accedervi; ad entrambe le parti era fatto divieto di concludere con qualsiasi Potenza un'alleanza che non avesse fondamento sulle medesime basi sopra esposte. Un articolo addizionale dichiarava che la persistenza dell'occupazione di quei paesi che stavan sotto la signoria della Porta dovesse considerarsi come pericolosa per gl'interessi di tutta la Confederazione tedesca: l'Austria pertanto avrebbe dovuto richiedere lo sgombero dei Principati danubiani, e la Prussia appoggiare questa domanda. Entrambi i contraenti poi sarebbero passati all'offensiva, qualora la Russia avesse incorporato i Principati a sè, o passati i Balcani. Si aggiunse al trattato una convenzione militare, nella quale si stabiliva che l'Austria dovesse elevare il suo effettivo militare, già consistente in un esercito di 150.000 uomini, di altri 100.000 uomini ancora. La Prussia entro trentasei giorni doveva raccogliere 100.000 uomini, un terzo dei quali nella Prussia orientale, gli altri due terzi a Posen o a Breslavia; richiedendolo gli avvenimenti, cotesto esercito prussiano si sarebbe portato a 200.000 uomini. « Il concetto direttivo — s'aggiungeva — « in conformità del quale dovranno operare i due eserciti non appena « sieno riuniti, sarà stabilito secondo il principio, che il reciproco « appoggio che le due Potenze si prestano ha unicamente lo scopo « di respingere una qualsiasi aggressione ».

Quest'ultimo articolo qui riprodotto letteralmente della convenzione militare ci autorizza a pensare che in Austria si fosse informati dell'esistenza d'un disegno della Russia di marciare sopra Costantinopoli passando per Vienna. Il trattato del 20 aprile, infinitamente più vantaggioso per l'Austria che non per la Prussia, porse ben presto occasione al colonnello Manteuffel di dichiarare apertamente all'imperatore Francesco Giuseppe che il generale von Hess aveva colto la Prussia di sorpresa, e che pertanto quelle stipulazioni difficilmente sarebbero state eseguite. Non solo l'articolo aggiuntivo, che considerava il caso di un prolungarsi indeterminato dell'occupazione dei Principati danubiani, imponeva alla Prussia troppo gravi doveri di fronte all'Austria, ma per tutto quanto il contesto del trattato appariva che la Prussia doveva agire offensivamente insieme con l'Austria anche nel caso, non direttamente lesivo dei suoi interessi, d'una incorporazione dei Principati, o del passaggio dei Balcani. — Certo, alla riuscita della missione del generale von Hess aveva contribuito la minaccia che, qualora la Prussia avesse più oltre rifiutato di dare la sopra menzionata garanzia all'Austria, l'Imperatore avrebbe dovuto accogliere le proposte che già da lungo tempo gli faceva la Francia. Inoltre, il successo dell'Austria stava del pari in relazione con questo fatto: che Inghilterra e Francia il giorno 10 aprile, e pertanto durante le trattative, avevano concluso quel trattato d'alleanza, già da tempo esattamente presagito da Bunsen, il quale si proponeva per fine la liberazione del territorio turco da preponderanze straniere, e lasciava a qualsiasi altra Potenza d'Europa la facoltà di accedere a questa stessa alleanza.

Per ottenere che le intimazioni austriache alla Russia di sgomberare i Principati danubiani venissero differite di alcun poco, la Prussia mandò a Vienna il conte v. Alvensleben. Gli Stati medii, per esortazione del ministro di Sassonia von Beust, tennero una conferenza a Bamberga, nella quale, indispettiti per non essere stati chiamati a dare il loro parere, richiamandosi all'art. 49 della Convenzione di Vienna, pretesero il diritto di prender parte alle trattative di pace. Poco appresso, Federico Guglielmo IV e Francesco Giuseppe ebbero un convegno a Teschen, dove quest'ultimo richiamò l'attenzione del primo sul pericolo d'un ravvicinamento degli Stati medii alla Francia. Dopo il loro ritorno da Teschen, Prussia ed Austria parvero trovarsi in perfetto accordo, quanto ai punti fondamentali, per l'ulteriore trattazione di tutta la controversia.

Nel più stridente contrasto con la politica di Bunsen, propugnante un ravvicinamento alle Potenze occidentali, stava quella di Bismarck, rappresentante allora della Prussia alla Dieta federale. Cotesto trovarsi dei due uomini che godevano entrambi la più alta fiducia di Federico Guglielmo IV in campi di così opposte tendenze, basta a dimostrare quanta fosse la versatilità del Re, e quanto del pari oscillante la sua politica. Ma di tutti i patriotti prussiani che dopo il 1848 tendevano all'unificazione della Germania sotto l'egemonia della Prussia, Bismarck era quello che il più fermamente mirasse allo scopo *con la necessaria energia*. Per cotesta sua incrollabile pertinacia nel fine, doveva veramente sembrargli, sopra tutto, un controsenso l'alleanza con quello Stato appunto, che costituiva il più prossimo e il più forte ostacolo contro la supremazia della Prussia nella Germania. Già sette giorni dopo la conclusione del trattato dell'aprile, consentendo pienamente, pur senza saperlo allora, col colonnello Edvino di Manteuffel, egli scriveva (1): « Nell'accordo del « 20 aprile la Prussia dice molto di più che non dicesse nel trattato « del maggio 1851. Il 20 aprile delude l'aspettazione degli Stati te- « deschi, e discredita la Prussia a' loro occhi; essi vedono bene che « l'Austria è il suo padrone! Per la Germania, le bocche del Danubio « hanno un'importanza *minima :* la dominazione inglese sulle isole « Jonie e sulla Morea ne ha diecimila volte di più ». — Quanto al- l'accusa che Bismarck faceva nel tempo medesimo alle Potenze occi- dentali, d'avere, per un concetto unilaterale, sconfessata la Nota emanata dalla Russia, mandata la flotta nel Mar Nero e svisato il concetto della guerra, è d'uopo espressamente rilevare che, in allora, le precedenti aperture fatte da Niccolò I a sir Giorgio Hamilton Seymour erano da lui ignorate. È pertanto evidentissimo che, con siffatti convincimenti, e con quell'acutezza di vedute che rendeva fin da allora possibili dei disegni, più o meno, solidi e vasti, Bismarck tanto meno poteva veder di buon occhio una rottura con la Russia, quanto meglio egli vedeva non lontano il pericolo d'un futuro ac- cordo tra questa e la Francia. Mentre Bunsen nel suo memoriale segreto del marzo 1854 diceva: « i moventi dell'Austria son chiari, « e son quelli d'una sana politica », Bismarck nel suo rapporto del 25 luglio dello stesso anno s'esprimeva nel senso che il conte-

---

(1) V. Poschinger, II, 10. - Quasi tutto il secondo volume è pieno di no- tevolissimi documenti ufficiali e privati di Bismarck sopra la questione d'Oriente.

gno del Gabinetto di Vienna (1) di fronte alla risposta russa del 29 giugno autorizzava a credere, che la politica austriaca non più fosse conservatrice e pacifica, ma sì piuttosto ambiziosa e guerresca. E considerando acutamente la politica degli Stati medii e dei piccoli Stati, quivi stesso aggiungeva: « Sebbene io non nutra una « fiducia incondizionata in una costante benevola disposizione d'a- « nimo dei Bamberghesi, stimo tuttavia che i loro sentimenti verso « di noi possano ancora dirsi di fedele devozione, posti a confronto « con quelli che il conte Búol e Bach e altri epigoni della politica « di Schwarzenberg alimentano per noi nell'intimo dell'animo loro « in unione con gli ultramontani »; — tra i quali egli contava anche il residente presidiale von Prokesch. Poco più poco meno, nel 1851 egli già la pensava come due anni più tardi ebbe a scrivere al Presi· dente dei Ministri von Manteuffel (2): « La reciproca sfiducia politica, « la gelosia politica e militare, il sospetto dell'uno che l'altro cer- « cherà, mediante trattative separate con l'avversario, nella sorte « migliore d'impedire l'ingrandimento del suo alleato, nella peggiore « d'assicurarsi la sua propria salvezza, tutto ciò sarebbe più forte « e più paralizzante ora, nelle relazioni tra l'Austria e la Prussia, « che non sia stato in qualsivoglia altra alleanza male assortita dei « tempi andati. Nessun generale riconoscerebbe la vittoria dell'altro, « finchè non fosse troppo tardi. — Per la politica di Vienna, oramai « la Germania è troppo angusta per tutt'e due; fintantochè non si « sarà escogitato e condotto a fine un accomodamento onorevole « circa l'influenza in Germania di ciascuna delle due, noi areremo « entrambe il medesimo campo sassoso; e insino a quell'ora, l'Au- « stria rimane l'unico Stato col quale noi possiamo costantemente « perdere, e insieme l'unico dal quale potremo costantemente gua « dagnare. Il dualismo tedesco — da dieci secoli in qua occasio- « nalmente, e da Carlo V regolarmente in ciascun secolo — ha de- « finite le proprie relazioni vicendevoli mediante una vera e propria « guerra intestina; ed anche nel secolo presente, nessun altro mezzo « da questo in fuori potrà collocare nella sua giusta ora l'ora della « risoluzione ».

Con simigliante ardore patriottico, nel 1858 uno scrittore tedesco — che difendeva all'estero la politica della Prussia — mentre, allu-

---

(1) V. Poschinger, II, pag. 47-52.
(2) V. Poschinger, II, p. 364.

dendo all'arroganza della Russia e alla debolezza della Germania, chiamava cotesta questione d'Oriente la questione estera della Rivoluzione del febbraio, scriveva: « Noi faremo ottima cosa, in questo « pieno fervore di vita democratica, se pregheremo la Provvidenza « di mandarci di quando in quando uno di quei barbari aristocra- « tizzati, che ci si metton dentro a menar le mani di tutta forza: « perchè, insomma, intorno al tappeto verde (così vogliono quelli « che ci siedono intorno) qualche cosa di giusto si conclude soltanto « a patto che prima la terra sia stata allagata di sangue » (1).

---

(1) V. *Diplomatische Untersuchungen über die merkwürdigsten Begebenheiten der neuesten Zeit* (Ricerche diplomatiche intorno agli avvenimenti più notevoli dell'età più recente); *Gazzetta di Colonia*, annata 1858, n. 362.

VII.

La Campagna del Danubio e le sue conseguenze

Mancanza di preparazione alla guerra presso tutte le Potenze interessate. - Gallipoli scelta come piazza di concentramento. - Formazione dell'esercito d'Oriente, d'Inghilterra e di Francia. - Confusione grande a Marsiglia. - Ritorno del generale Baraguay d'Hilliers dal suo posto d'ambasciata a Costantinopoli. - Saint Arnaud e lord Raglan. - Le sollevazioni nelle provincie di confine della Turchia, e l'atteggiamento della Russia verso di quelle. - Il bombardamento di Odessa. - Consiglio di guerra tra i comandanti supremi dei tre eserciti collegati, a Varna. - Saint Arnaud non può fornire i contingenti promessi per l'assediata Silistria. - L'assedio di Silistria sotto Paskiewic. - Gorciakow ne assume il comando in sua vece. - Ritirata dei Russi da Silistria. - Le trattative tra le Potenze. - La Francia fissa quattro punti come condizione fondamentale di tutte le trattative ulteriori. - L'articolo addizionale al trattato del 20 aprile. - L'Austria per parte sua conclude con le Potenze occidentali il trattato del 2 dicembre. - Atteggiamento della Russia di fronte a codesto trattato. - Successivi giudizi del rappresentante alla Dieta federale, von Bismarck, intorno alla politica dell'Austria.

Non una delle Potenze impegnate oramai in una grossa guerra poteva dirvisi preparata a sufficienza. La Russia, prescindendo dalle difficoltà gravi del suo assetto militare, era priva di ferrovie atte a trasportare con facilità dei rinforzi di truppe nel territorio turco (1). L'Inghilterra non poteva affatto disporre di alcun forte contingente di milizie di terra; e, poichè era esclusa la marcia di eserciti francesi sul territorio della Germania e dell'Austria, la Francia avrebbe avuto bisogno, per il trasporto per mare delle

---

(1) Intorno alle condizioni dell'esercito russo nella primavera del 1854 ci fornisce notevoli particolari l'istruttiva memoria, non destinata alla pubblicità, di TEODORO v. BERNHARDI, nel I vol. dei *Vermischte Schriften* (Studi

sue truppe, d' una poderosa flotta, alla quale fin dal principio
mancava il necessario numero di navi e di provviste d'armamento.
Entrambe le Potenze avevano perduto un tempo prezioso: poichè,
sebbene la guerra tra la Russia e la Turchia fosse scoppiata da
un pezzo, esse avevano egualmente sprecato tutto l'autunno del
1853 in tergiversare, e non altro. Dapprincipio, pensarono di poter
limitare il loro appoggio a un semplice sbarco di soldati di marina per proteggere Costantinopoli, e parvero far calcolo parte
sopra un energico attacco finale dell'Austria, parte sull'efficacia
della loro diplomazia. Appena nel gennaio del 1854 l'Inghilterra
mandava in Turchia il generale sir John Bourgoyn, e la Francia
i colonnelli Ardant e Dieu, per esaminare la resistenza di cui fossero capaci le fortezze danubiane e della Capitale; e di accordo
con l'ambasciatore francese, generale Baraguay d'Hilliers, quei
due ufficiali avevano riconosciuta la penisola di Gallipoli come il
punto centrale più adatto per la sistemazione delle migliori misure di
difesa; ma anche allora — incredibile a dirsi — non si trattò se
non di 6000 soldati francesi e di 3000 inglesi (1).

Con la conclusione delle alleanze del 12 marzo e del 10 aprile,
naturalmente tali misure si vennero facendo di mano in mano più
serie, senza che tuttavia se ne venisse alla compilazione d'un vero
piano di guerra. La Francia mise in piedi l'11 marzo un esercito
per l'Oriente calcolato a circa 50.000 uomini, che constava di tre
divisioni di fanteria, sotto il comando dei generali Canrobert,
Bosquet e del principe Napoleone, e d'una brigata di cavalleria
sotto il generale d'Alonville; ad esso s'aggiungeva, per il momento,
una divisione di riserva sotto il generale Forey; la quale però diventò
ben presto attiva, e si tirò dietro una nuova divisione di riserva.
Al comando supremo di cotesto esercito d'Oriente — alla cui for-

varii). Con l'esposizione dei relativi rapporti climatici, igienici e amministrativi, essa confuta, tra altro, anche i preconcetti della inferiorità fisica del
soldato russo. In una marcia da Mosca a Tiflis, sopra 20.000 uomini ne sarebbero morti ben 14.000; talchè, in seguito a lagnanze del principe Woronzow,
governatore in Grusia, il generale Trisciatny ne perdette il grado, la dignità
e la pensione, e tutti gli ufficiali ch'ebbero parte al trasporto furono retrocessi
a semplici soldati. La critica dell'esercito russo del BERNHARDI, scritta solo per
una cerchia ristrettissima di persone, e al principio della guerra, si è dimostrata anche per tutta la durata di essa esattissima.

(1) CAMILLO ROUSSET, *Histoire de la guerre de Crimée*, Parigi, 1878, I, 85.

mazione, non senza inconvenienti per tutto l'insieme, furono prese truppe scelte da varii reggimenti — venne nominato il fatuo ma valoroso ministro della guerra Leroy di Saint Arnaud, esperto di guerra sin dagli avvenimenti d'Algeria, e, dopo la sua opera durante il colpo di Stato, insignito del bastone di maresciallo. Il Governo

Leroy de Saint Arnaud.

inglese affidò il supremo comando delle sue truppe a lord Raglan, l'antico commilitone di Wellington, già vecchio di sessantasei anni: quello che, col nome allora di lord Fitzroy Somerset, aveva perduto il destro braccio a Waterloo; ed ora, dopo una lunga carriera metà militare e metà diplomatica, doveva diventare il fratello d'armi d'un esercito napoleonico. Sotto i suoi ordini stavano i generali: duca di Cambridge, comandante la prima divisione; sir de Lacy-Evans, comandante la seconda; sir Riccardo England, la terza; sir G. Cathcart, la quarta; sir Giorgio Brown, comandante la divisione leggera, e lord Lucan, al cui comando stava la cavalleria. — La nomina d'un un eroe di Waterloo ad aiutante di Napoleone diede ai realisti francesi occasione a maligni propositi all'indirizzo degli uomini di Stato inglesi; sui quali però un'indole puramente pratica come quella di lord Raglan poteva facilmente passar sopra con indifferenza. — Verso la metà di aprile del 1854, avviato verso il teatro della guerra d'Oriente, egli sostava alle Tuileries, dove ebbe dei colloqui con l'Imperatore, ch'egli aveva imparato a conoscere quale fuggiasco a Londra, e che aveva persino presentato a lord Wellington. A quei colloqui presero parte anche il vecchio principe Girolamo, il maresciallo Vaillant ministro della guerra, il maresciallo di Saint Arnaud e il duca di Cambridge. Ma, sebbene ora tutto il piano di campagna avesse raggiunto limiti più determinati e precisi, era evidente che, per il momento, non era possibile intendersi se non intorno ai criterii generali di esso.

Il più grave disordine ebbe a manifestarsi à Marsiglia al momento dell'imbarco. Il ministro della marina Teodoro Ducos, che non era punto un uomo del mestiere, e che nonostante le fatiche immani — che doveva pagar poi con la vita — non riusciva a tener dietro alle richieste precipitose dell'Imperatore, dovette lasciarsi ripetere in tono canzonatorio da Saint Arnaud che, in mancanza di carbone, egli si affaccendava a riscaldare le caldaie col patriottismo dei marinai. Parecchi bastimenti erano incapaci di tenere il mare; il materiale da guerra appariva manchevole, e la trasformazione delle artiglierie intrapresa dall'Imperatore era cagione di singolari impedimenti. Per affrettare la spedizione, fu d'uopo far uso non solo delle squadre dell'Oceano, poste sotto il comando del vice ammiraglio Bruat, ma anche del naviglio mercantile della Francia. Poichè il maresciallo Saint Arnaud era ancora troppo affaccendato a dare ordini in Parigi stesso, venne mandato avanti in sua vece, nella seconda metà di marzo, il generale Canrobert con un piccolo riparto di truppe; e allorchè questi, dopo una breve sosta a Gallipoli, giunse il 4 di aprile a Costantinopoli, i Russi avevano già passato in più punti il Danubio. Temendosi una loro avanzata verso i passi dei Balcani, vennero pertanto spinti innanzi con più febbrile attività i preparativi a Marsiglia. Canrobert ricevette l'ordine di coprire con una brigata almeno Adrianopoli. Appena al 15 di aprile Saint Arnaud lasciava Parigi, dopo di aver portato a un'intera divisione di tre brigate la cavalleria, che in origine si calcolava sufficiente in una brigata, e rinforzato del pari il corpo dell'artiglieria e del genio. Non è piccola prova del disordine che regnava allora a Marsiglia il fatto

Lord Raglan.

che al comandante in capo fallirono uno dopo l'altro quattro vapori per la traversata; finchè da ultimo potè incominciare il viaggio il 29 aprile sul *Bertholet*.

Nè in Costantinopoli stessa mancavano gl'impicci. Il generale Baraguay d'Hilliers, poco sperimentato diplomatico, geloso della posizione preponderante dell'ambasciatore inglese, si studiava di far cadere in disgrazia Rescid Pascià e il Ministro della guerra Riza Pascià, che ne subivano l'influsso. Saint Arnaud, appena arrivato a Costantinopoli, si schierò contro l'ambasciatore; il quale dovette pertanto chiedere il suo congedo, e lasciò il 21 di maggio il suo posto. Ma la situazione, resa così più semplice e piana per

la partenza di Baraguay d'Hilliers, venne di nuovo a complicarsi
per l'opera di Saint Arnaud stesso, pretendendo egli per sè successivamente il supremo comando dell'esercito turco, e — poichè
il suo rango era più elevato che non quello di lord Raglan —
indirettamente anche del contingente inglese. Entrambe le pretese
naufragarono contro il calmo e ragionevole rifiuto del rappresentante dell'Inghilterra (1). Infatti, poichè l'esercito di quest'ultimo
era appena della metà delle forze francesi, Saint Arnaud avrebbe
avuto, qualora gli fosse stato sottoposto Omer Pascià — ciò ch'era
per sè stesso difficile —, il comando sopra 200.000 uomini, mentre
lord Raglan ne avrebbe comandati appena 25.000; talchè l'accettazione d'un tal disegno, che Saint Arnaud voleva imposto alla
Porta, avrebbe posto di fatto anche le forze combattenti inglesi
sotto il comando supremo di lui. Lord Stratford lo respinse fin
dal primo suo colloquio col maresciallo francese, fondandosi semplicemente sull'articolo IV del trattato di Costantinopoli del 12 marzo;
il quale articolo espressamente stabiliva: « il piano generale di
campagna dovrà essere trattato e concordato fra i comandanti supremi dei tre eserciti ». E nemmeno si potè parlare d'una posizione
in sott'ordine di lord Raglan; giacchè le sue istruzioni gli facevano
un obbligo di non ricevere ordini se non dal Segretario di Stato.

Su questo (già di per sè, come ben si vede, malagevole) cammino
verso il teatro della guerra, un altro fondamentale impedimento
si presentava, così alle Potenze occidentali come alla Turchia, origi-
nato dalle precedenti condizioni religiose e politiche di quest'ultima.
Non era ancora incominciata la guerra, e già si preparavano tra
le popolazioni cristiane dell'Epiro, dell'Albania e della Tessaglia
dei moti di ribellione contro la Porta. Il 27 gennaio, a Radowitzi
nell'Epiro, scoppiava una sollevazione, suscitata dai comandanti
clefti al soldo della Russia, dei quali Grivas era alla testa (2).
Il generale Tzavellas istituiva già a Peta un Governo provvisorio
del sognato Impero bizantino. Poco appresso, nella prima metà
del febbraio, una nuova sollevazione scoppiava ad Arta, città di
confine dell'Epiro. La Russia colse il destro di tali avvenimenti

---

(1) KINGLAKE, III, p. 85 dell'edizione Tauchnitz.
(2) Nell'*Etude*, di provenienza della Cancelleria russa, II, p. 10, si confessa
appunto che grandi speranze eran riposte nella cooperazione delle popolazioni
cristiane della Turchia.

per indirizzare, sotto la data del 2 marzo 1854, ai suoi rappresentanti all'estero una circolare, nella quale apertamente si faceva atto di consenso ai moti dei sudditi cristiani della Porta. « Se la sollevazione che ci vien segnalata » — così era scritto in quella circolare — « dovesse assumere un'estensione maggiore; se, come quella dei Greci nell'anno 1829, dovesse farsi una guerra di vita e di morte, ed essere di lunga durata, noi crediamo che nessuna Potenza cristiana potrebbe, senza tradire la propria coscienza, contribuire a ricondurre coteste popolazioni sotto il giogo ottomano ». — Se non che, le Potenze accorse a difendere l'integrità della Turchia dovevano essere d'altro parere; tanto più, in quanto che la Grecia, il cui Governo allora non nutriva alcun sospetto della contrarietà di Niccolò I a un serio ingrandimento di essa, si trascinò dietro essa medesima la sollevazione delle provincie finitime. Si fecero palesemente in Grecia delle collette; vennero mandati agenti rivoluzionarii oltre i confini; raccolti dei volontari ad appoggiare l'insurrezione; persino ufficiali superiori e aiutanti del Re diedero a tal uopo le loro dimissioni. La Porta mandò Fuad Effendi in qualità di Commissario straordinario in Epiro e in Albania, dove i moti avevano assunto parzialmente un carattere di brigantaggio. Il 19 di marzo, l'incaricato d'affari ad Atene Nechet Bey fece ripetute e più serie rimostranze. La Porta propose « che fossero entro dieci giorni ricondotti in Grecia e puniti i generali Tzavellas, Grivas e Hagi Petro, i colonnelli Caratasso, Vangeli Contojanni, Papa-Costa, Veico, Strato, Karaiskakis, Cascari, Chroni, Pasdeki, e tutti gli altri ufficiali che coprivano un grado nell'esertito greco. In caso di rifiuto, sarebbero stati privati del loro soldo, e, nella peggiore ipotesi, si doveva avviare un'inchiesta, per iscoprire quell'ufficiale che aveva aperta la prigione di Calcide e armati i colpevoli posti in libertà. Che se il Governo greco, seguendo un sistema già da tempo adottato di fronte alla Legazione turca, avesse dovuto continuare a rispondere evasivamente, la Porta si sarebbe trovata nella dolorosa necessità di rompere le relazioni diplomatiche, e di regolarsi secondo le circostanze ». — Quantunque Francia e Inghilterra non solo, ma benanco le due grandi Potenze tedesche appoggiassero le rimostranze della Porta, il Ministro degli Esteri Paicos ricusò di dare una sufficiente soddisfazione, affermando che il confine greco era stato violato per primo, e che l'inchiesta intorno agli avvenimenti di Calcide aveva messa in chiaro l'innocenza di quegli ufficiali. In seguito a ciò, i rappresentanti d'entrambe le parti vennero richiamati; la Porta, tuttavia, per consiglio delle Potenze, rese più miti le sue misure commerciali e poliziesche contro i sudditi ellenici.

Il 20 aprile, i rappresentanti della Francia e dell'Inghilterra Forth Rouen e Wyse rimisero al Ministro del re Ottone una nota d'una severità inaudita nei rapporti diplomatici; nella quale, confutando con solidi argomenti l'affermazione di lui, che il territorio ellenico fosse stato violato pel primo, lo biasimavano acerbamente perchè egli non aveva presentata alle Camere l'importante Nota identica delle grandi Potenze. Se non che, nè una tal rimostranza, nè le misure di rigore adottate dalle Potenze occidentali per catturare le navi che accorrevano in aiuto ai rivoltosi mutarono l'atteggiamento della Grecia. In seguito agli scacchi subìti dalle prime bande che avevano invaso il territorio turco, il governo d'Atene deliberò di assumere un contegno apertamente ostile, incaricando i generali Gardigioti-Grivas, Milio e Ulakopulos della prosecuzione della lotta. Le Potenze occidentali pertanto furono unanimi nel mandare ad Atene un'ultima minaccia; e poichè la 4.ª divisione era già pronta per la partenza per il teatro della guerra, fu dato ordine al generale Forey d'impadronirsi del Pireo, e di lasciarvi una guarnigione. Questo comando venne eseguito il 26 di maggio. Infine, in un *ultimatum* imposto dalle Potenze occidentali, queste domandarono: il licenziamento del Ministero, il quale doveva essere sostituito con un altro, che consentisse nella politica seguita dalle Potenze occidentali medesime; e una dichiarazione di assoluta neutralità. Il Re fu costretto a cedere; e in un colloquio tenutosi sulla nave ammiraglia tra il generale Forey, il contrammiraglio Le Barbier de Tinan e gli ambasciatori delle Potenze occidentali, la guarnigione venne fissata in 3000 uomini, sotto il comando del colonnello Breton. Frattanto però la sollevazione, soffocata nell'Epiro, era scoppiata con circostanze anche più gravi in Tessaglia, condotta da Tsami-Karatassos; di maniera che già si prevedeva l'intervento colà d'un corpo di spedizione francese. Ma per il sollecito accorrere sul luogo di Fuad Effendi, tutta quanta la sollevazione veniva sedata con la battaglia di Kalabaka, nel giugno di quell'anno; e più tardi le truppe egiziane ristabilivano quivi la più assoluta tranquillità. — Solo sotto il nuovo ministero Maurocordato ricominciarono le amichevoli relazioni tra la Grecia e gli altri Stati.

Prima ancora che le Potenze occidentali potessero incominciare un attacco di maggior momento contro la Russia, un serio scontro sul mare avveniva dinanzi a Odessa. L'8 di aprile del 1854, la fregata inglese *Furious*, inalberata la bandiera dei parlamentarii, comparve dinanzi alla città, adducendo la ragione o il pretesto d'imbarcarvi il console inglese; e a tal fine mandò a riva un battello. Fu risposto che il funzionario di cui si trattava aveva lasciato di già Odessa; l'ufficiale che comunicava questa risposta promise tuttavia che avrebbe inoltrato la richiesta in alto luogo, pregando di ritornare più tardi per la risposta. Ma non appena il battello si fu allontanato — secondo che affermano gl'Inglesi e i Francesi — vennero così sopra di esso come sopra il vascello di guerra medesimo tirate dalla diga delle cannonate, mentre il *Furious* si allontanava senza rispondere. Gli ammiragli Dundas e Hamelin ne domandarono quindi soddisfazione al comandante del 3.° corpo di fanteria, generale v. Osten-Sacken; al che questi rispose che il vascello inglese s'era avvicinato alla diga a tiro di cannone; e pertanto, dopo d'essere stato ammonito mediante due tiri a polvere, aveva — secondo le norme vigenti — ricevuto una scarica a palla, mentre il battello con i parlamentarii era stato risparmiato. Gli ammiragli allora, fatta constatare per iscritto al comandante della flotta inglese l'insussistenza di codesta dichiarazione, e dopoché questi ebbe dichiarato che, dopo i due colpi d'avviso, s'era fermato immediatamente, in seguito a conferma di cotesta deposizione da parte dei comandanti delle due imbarcazioni presenti, mandarono intimazione al generale v. Osten-Sacken di consegnare subito tutte le navi russe, inglesi e francesi che si trovavano nel porto di quarantina dinanzi a Odessa. E poiché tale intimazione rimase senza risposta, la flotta riunita bombardò il 22 aprile per dieci ore consecutive la diga, le navi russe e i magazzini dello Stato, pur cercando di risparmiare al possibile la città.

Essendosi dalle fortificazioni di Odessa risposto vigorosamente al fuoco della flotta delle Potenze occidentali e danneggiato gravemente parecchi dei suoi vascelli, non si mancò a Pietroburgo di rappresentare il bombardamento di Odessa come una vittoria della Russia. Un'ordinanza dell'Imperatore al generale v. Osten-Sacken datata del 3 maggio 1854 poneva caratteristicamente in rilievo come « nel giorno in cui gli abitanti di Odessa trovavansi riuniti nella « chiesa ortodossa per commemorare solennemente la morte del Figlio

« di Dio crocefisso per la redenzione dell'umanità, gli alleati dei nemici
« del Suo santo nome perpetravano un attentato contro cotesta città
« della pace e della mercatura; cotesta città, nella quale l'Europa, negli
« anni dei cattivi raccolti, trova pur sempre aperti i suoi granai »;
soggiungendo: « essere stata l'eroica resistenza e la devozione delle
sue truppe, animate dall'esempio dei superiori comandanti, coronate
d'un perfetto successo, la città salvata dalla distruzione, le flotte
scomparse ». In seguito a ciò, per ragioni facilmente spiegabili,
Niccolò I rappresentava quel primo assalto al territorio russo come
vittoriosamente respinto, e conferiva al generale v. Osten-Sacken
l'ordine di S. Andrea, la più alta onorificenza russa.

Le apprensioni di Saint Arnaud, a cui accennammo più sopra,
relativamente all'avanzarsi dei Russi verso i Balcani non erano
punto infondate. Il maresciallo Paskiewic aveva assunto il comando
in capo dell'esercito russo, e, lasciando in seconda linea la semplice
occupazione della Moldavia e Valacchia, aveva ordinato il bombardamento e l'assedio di Silistria, ch'ebbero principio il 14 aprile. Omer
Pascià aveva disposto un campo trincerato comprendente 45.000 uomini a Sciumla; dal quale, nell'attesa ch'entrassero in azione le forze
combattenti delle Potenze occidentali, e fidando sulla sua forte posizione difensiva, non si lasciò allettare ad uscire, nonostante il pericolo che minacciava Silistria. Il 19 di maggio fu tenuto un Consiglio
a Varna tra lui, i comandanti in capo di Francia e d'Inghilterra,
giunti per mare da Costantinopoli, e il Ministro della guerra e marineria del Sultano. Il comandante dell'esercito turco espose quindi
quali fossero le sue forze, e come divise; accennando, oltre ai
45.000 uomini che si trovavano a Sciumla, ad altri 20.000 tra Vidino
e Calafat, 6000 a Varna, e circa 30.000 in minori suddivisioni sparse
qua e là. Egli valutava le forze armate poste in campo dalla Russia
a 130.000 uomini, e pensava che entro due mesi potessero venir
portate al numero di 200.000 (1). Propose pertanto che, per liberare
Silistria e ricacciare i Russi oltre il Danubio, gli alleati mandassero
immediati rinforzi; e Saint Arnaud, sebbene il suo esercito non fosse
ancora affatto completo, si lasciò trarre a prometterli, inducendo
lord Raglan, il cui piccolo corpo di milizie era più pronto alla guerra,
a fare altrettanto. L'impressione che Omer Pascià lasciò nell'animo

---

(1) ROUSSET, I, pag. 109. In verità la Russia aveva frattanto mandato un
terzo corpo di fanteria sul teatro della guerra. V. KOWALEWSKI, pag. 97.

di Saint Arnaud fu quella « di un prode soldato, che, come generale, accanto a piani impossibili e a vedute politiche singolari, aveva alcune buone e sane idee ». Il suo giudizio sopra di lui tuttavia non era privo di contraddizioni, e vi aveva parte anche la sua innata vanità.

Principe Paskiewic.

Il 20 maggio, i comandanti in capo visitarono il campo di Sciumla, che trovarono situato assai bene, e munito di 250 cannoni di grosso calibro. « L'artiglieria da campo poteva stare a paro con quella francese, e le truppe, benchè mal coperte, avevano un aspetto assai fiero e bellicoso ».

Il 24 maggio fu tenuto a Costantinopoli un Consiglio presieduto dal Sultano, nel quale Saint Arnaud sostenne l'opinione d'un'azione collettiva immediata degli eserciti alleati; ma quando due giorni appresso fu tornato a Gallipoli, dove trovò il suo primo aiutante colonnello Trochu (più tardi il difensore di Parigi) così a lungo ed ansiosamente atteso, conobbe l'impossibilità di mantenere la promessa fatta ai Turchi. Nel giorno stesso egli scriveva all'Imperatore: « Sire, sono arrivato a Gallipoli questa notte, e subito fin dall'alba « mi son dato attorno per rendermi esatto conto della condizione « dell'esercito, di ciò che gli manca, de' suoi bisogni, del modo di « provvedervi. Con dolore devo dire alla Maestà Vostra che, nella « condizione presente, non siamo preparati, nè in istato di fare la « guerra. Abbiamo soltanto 24 cannoni attaccati e pronti a far fuoco, « e 500 cavalli. Il resto, munizioni e materiale, è trattenuto in mare « dai venti di settentrione, e Dio sa quando sarà qui. Quanto allo « approvvigionamento, la nostra situazione è anche più triste. Ho del « biscotto per dieci giorni, mentre ne avrei bisogno d'una provvista per « almeno tre mesi. Si è creduto ch'io scherzassi quando io domandava « tre milioni di razioni, sufficienti per 50.000 uomini per una durata « di soli venti giorni, e me ne fu dato un milione. Senza pane, senza « scarpe, senza paiòli e borracce non si fa una guerra. Non è questa « colpa di nessuno, salvo che della fretta con cui s'è dovuto provvedere « a ogni cosa. Si sono imbarcate le truppe sui battelli a vapore, e le sus- « sistenze, il materiale, i cavalli su dei velieri. Le truppe arrivano, e « non trovano l'indispensabile. Per venire dalla Francia o dall'Africa « a Gallipoli i bastimenti a vela hanno bisogno almeno di quaranta « giorni ».

Quando le truppe inglesi furono in pronto per esser trasportate a Varna, di dove dovevan muovere per il campo, il colonnello Trochu venne di nottetempo a lord Raglan, per pregarlo in nome di Saint Arnaud di procrastinare alquanto l'avanzata. Lord Raglan, non senza esitazione, vi acconsentì: ma il 4 giugno, ecco Saint Arnaud farsi avanti con un piano di campagna nuovo di pianta, il quale evidentemente era provocato dall'insufficienza della preparazione francese. Egli proponeva di mandare non più d'una divisione a Varna, di dove i Turchi difficilmente potevan pretendere si movesse una vivace offensiva, e di collocare il resto dell'esercito disponibile delle Potenze occidentali *dietro* i passi dei Balcani (1). Lord Raglan opinava che questo piano poco energico provenisse da Trochu, il quale al quartier generale inglese si stimava il vero e proprio rappresen-

---

(1) KINGLAKE, III, pag. 42 dell'edizione di Tauchnitz. Com'è noto, le carte di lord Raglan stettero a sua disposizione.

tante delle idee dell'Imperatore. Secondo codesto piano, lord Raglan si sarebbe dovuto portare a Burgabat, il punto più lontano dal mare. Il generalissimo inglese, quantunque la divisione Bosquet fosse già sulla strada di Adrianopoli, oppose puramente e semplicemente un rifiuto. Frattanto, d'altra parte, il Ministro della guerra, maresciallo Vaillant, non approvava in alcun modo il concetto di Saint Arnaud. E poichè a sua disposizione non solo era posta la quarta divisione — una parte della quale venne sostituita, al Pireo, mediante la brigata Mayran —, ma un'altra divisione attiva doveva tenerle dietro ancora, sotto il comando del generale Levaillant, e pertanto l'esercito francese doveva così esser portato a 60.000 uomini, il Ministro della guerra esigeva una, quanto fosse possibile, forte posizione di fianco in Varna. Ma già prima ancora che tali ordini fossero pervenuti alle mani di Saint Arnaud, questi aveva rinunziato affatto al suo precedente disegno, e fermato di gettare tutte le sue forze a Varna: dove tuttavia non poterono trovarsi raccolte prima del 15 luglio. Le truppe furono condotte nel nuovo quartier generale parte per acqua e parte per terra; e in breve si trovaron riuniti a Varna 30.000 Francesi e 20.000 Inglesi.

Come sovente avviene nelle guerre, che avvenimenti imprevisti vengono a dar loro un indirizzo al tutto impensato, così accadde che l'ostinata resistenza della fortezza — poco importante, nell'insieme — di Silistria venisse a cambiare così il teatro della guerra come tutto l'andamento complessivo di essa. Fatta eccezione di alcuni singoli fortini costruiti sulle alture allo scoppiare degli attuali avvenimenti, la fortezza di Silistria al momento dell'assedio era poco diversa dall'aspetto che ne tracciava Hellmuth von Moltke nella sua nota opera sulla Campagna russa del 1828-29. Difendeva la cittadella il generale d'artiglieria Moossa Pascià con un corpo di milizie tra albanesi, arabe e tunisine, che ammontavano a 17.000 uomini. Per sostenerlo, cosa troppo necessaria di fronte a quelle sue soldatesche senza disciplina, gli fu mandato presso da Costantinopoli il colonnello d'artiglieria prussiano Grach. Inoltre, due ufficiali inglesi, i luogotenenti Butler e Natmyth, ne condussero innanzi particolarmente le opere d'ingegneria; per modo che, prima ancora che fosse terminato l'assedio, furono avanzati nell'esercito inglese al grado di maggiori, nel turco a quello di colonnelli (1).

_____

(1) *Le Siège de Silistrie en 1854. Extrait du Journal des sciences militaires*, Paris, 1876. (Secondo l'esposizione di A. Woods).

L'esercito assediante era posto sotto il comando in capo del principe Paskiewic in persona. Egli non potè sin dal principio cingere interamente la fortezza: poichè il suo effettivo, che consisteva di 56 battaglioni, 30 squadroni, 15 sotnie di cosacchi e 180 cannoni, stimavasi insufficente per un circuito dell'ampiezza di sedici chilometri (1). Inoltre le operazioni dei Russi eran rese molto difficili anche per questo: che la loro base si trovava sulla riva sinistra del Danubio: talchè la congiunzione con Calarasci, dove stavano gli approvvigionamenti, doveva effettuarsi per mezzo di cinque ponti, che giorno per giorno avevan bisogno di riattamento. Fin dal principio il Paskiewic dovette por mano all'assedio a controvoglia, inquietandolo l'atteggiamento dell'Austria. Ai lavori del genio soprintendeva il generale Schilders; sotto i suoi ordini stava l'allora tenente-colonnello Todleben, il quale durante quel memorabile assedio ebbe occasione di convincersi, di fronte alle fortificazioni di Arab Tabia, della resistenza formidabile delle opere di terra. — In parecchi scontri sanguinosi entrambe le parti diedero prova del più splendido valore. Il generale russo Selvan cadde il 29 maggio durante un ardito assalto contro le opere di fortificazione, effettuato senza il consenso di Schilders; il figlio del principe Orlow (più tardi ambasciatore a Parigi) perdette un occhio in quest'occasione. Il 6 giugno, Paskiewic, alla testa d'un forte corpo di truppe tentò una ricognizione della cittadella. Una palla proveniente dal forte Abdul Megid cadde ai suoi piedi, e lo ferì per modo, che, sebbene egli cercasse di resistere ancora qualche tempo, non potè più risalire a cavallo, e rimise il comando del secondo, quarto e quinto corpo al principe Michele Gorciakow, il più giovane dei due fratelli aventi grado di generale. Il 13 giugno, il generale Schilders venne ferito al femore destro dalla scheggia d'una bomba, e morì dodici giorni appresso, in seguito all'amputazione della gamba. Nel giorno stesso anche il maggiore Butler ricevette una ferita, alla quale soccombette. Moossa Pascià già al 4 di giugno aveva incontrato la morte dei prodi. — Quando l'esercito d'assedio raggiunse la forza di 77 battaglioni, 68 squadroni, 27 sotnie di Cosacchi e 254 cannoni, l'assalto fu stabilito per la notte dal 20 al 21 giugno; contro il forte d'Ilanè-Tabia (al quale i Russi diedero il nome di *Pescianoè*, per essere

---

(1) KOWALEWSKI, pag. 183.

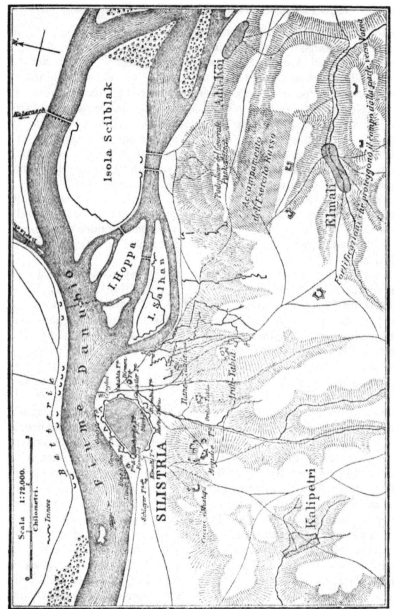

Carta dei dintorni di Silistria.

posto in un piano sabbioso) dovevano muovere il reggimento
Diebic Sabalkansky e un reggimento di cacciatori quale riserva;
contro quello di Arab Tabia i reggimenti Zamotsk e Kamciatka,
con quello di Lublin quale riserva. Altri 12 battaglioni si tennero
pronti come corpo di riserva generale. E per ingannare il nemico,
i corpi Krulew e Bebutof dovevano, al momento dell'assalto, operare
una finta manovra. — Come se si trattasse di vita o di morte, il
principe Gorciakow, allorchè tutto fu pronto per l'assalto, fece annunziare « che non si sarebbe dato alcun segnale di ritirata; e che,
anche dato, dovesse rimaner senz'effetto». Se questo comando venne
impartito anche in considerazione d'un falso segnale di ritirata,
fatalmente uditosi nella notte dal 28 al 29 maggio, c'era in ogni
modo in esso un fondamento d'inaudita crudeltà. Sennonchè tali
ordini dimostrano, per altra parte, quale immenso valore attribuisse
la Russia alla presa di Silistria, come base d'operazione contro
i Balcani.

Allorchè le truppe già eran pronte per l'investimento, in luogo
dell'ordine di dare l'assalto ricevettero quello, giunto circa la mezzanotte da Paskiewic, di ritirarsi oltre il Danubio. Nei quartieri
generali degli eserciti francese ed inglese lo stupore fu per vero
tanto maggiore, inquantochè nel giorno precedente alla ritirata
Omer Pascià aveva fatto sapere al generale Canrobert come, in
presenza dei nuovi rinforzi raccolti intorno a Silistria, egli non potesse più difendere la fortezza. Saint Arnaud scriveva con cruccioso
dispetto: « Io non posso riavermi dal colpo portatomi dalla vergo-
« gnosa ritirata dei Russi: li avrei senza alcun dubbio battuti, gettati
« nel Danubio. Ora siamo ricaduti nell'incertezza; e mi è ignoto ancora
« dove sono, che fanno, che faranno ». Il 9 giugno scriveva da Varna
al Ministro della guerra: « Quando si consideri l'importanza e la
« solidità dei preparativi fatti di lunga mano dai Russi per assicurarsi
« dell'occupazione della riva destra, preparativi ai quali essi hanno
« sacrificato parecchi altri vantaggi che avrebbero potuto ottenere
« nei tre mesi trascorsi; quando si pensi alla portata dei mezzi rac-
« colti per tale occupazione nella Valacchia, nella Moldavia e su tutta
« la riva del Danubio, e da ultimo alla demoralizzazione che non può
« non colpire l'esercito russo per la rinunzia all'acquisto di Silistria
« alla vigilia stessa della presa della città, bisogna venirne alla con-
« vinzione che cotesta ritirata non sia la conseguenza della resistenza
« opposta dal valoroso presidio di questa piazza... — La ritirata sulla

Omer Pascià.

« riva sinistra era assicurata fino alle bocche del Danubio; e con-
« viene affermare che nessuna militare necessità presente prescri-
« vesse di ritirarsi così presto ». Saint Arnaud giungeva così alla
retta conclusione, che delle considerazioni politiche dovevano aver
avuto parte preponderante in quel grave avvenimento; e che la
Russia s'era determinata a sgomberare i Principati danubiani, al
fine di porre nuovamente l'Austria tra sè e le Potenze occidentali.
Omer Pascià non mancò d'approfittare della ritirata dei Russi.
Poichè ebbe trasportato il suo quartier generale da Sciumla a
Rustciuk, si spinse sotto Giurgevo oltre il Danubio, e quivi stesso
il giorno 7 di luglio inflisse la già ricordata sconfitta nell'isola di
Radoman alla retroguardia russa, comandata dal generale Soimonow.
Questi tuttavia, con l'aiuto del generale Krulew accorso in suo aiuto,
riuscì ad aprirsi valorosamente una via attraverso il nemico.

L'abbandono di Silistria, e la ritirata della Russia in generale,
erano in verità una conseguenza dell'atteggiamento assunto dal-
l'Austria. Armata del trattato del 20 aprile, questa, senza curarsi
dei tentativi dei Bamberghesi e delle esitazioni della Prussia, aveva
non solo intimato alla Russia — per mezzo di un dispaccio del
3 giugno al conte Esterhazy — di sgomberare immediatamente i
Principati danubiani, ma posto in rilievo benanco « di quale alto
significato dovesse essere per l'Imperatore che gli eserciti russi
non estendessero più oltre le loro operazioni nei paesi situati di
là dal Danubio ». Il 12 dello stesso mese, immediatamente dopo
l'incontro a Teschen, la Prussia aveva rilasciato al barone v. Werther
a Pietroburgo un dispaccio press'a poco dello stesso tenore; ed al
14, l'Austria aveva concluso con la Porta a Boyadsby Koey un
trattato, secondo il quale s'obbligava « di esperire tutti i mezzi
e le vie, con trattative ed altrimenti, per ottenere l'evacuazione
dei Principati danubiani da parte delle armi straniere; d'impiegare
financo, in caso di bisogno, quella quantità di truppe che fosse
necessaria per conseguir tale intento; e di ristabilire nei Principati
medesimi d'intesa col Governo ottomano, per quanto fosse possibile, lo stato di diritto così com'esso risultava dai privilegi garantiti dalla Sublime Porta in relazione all'amministrazione di quelle
provincie ». In pari tempo, l'Austria s'impegnava « di non venire
con la Russia a verun componimento, che non riconoscesse come
punto di partenza i diritti sovrani del Sultano e l'integrità del suo
Impero ».

In siffatta guisa l'Austria si assicurava il diritto dell'occupazione
dei Principati; con che tuttavolta alla Russia, cacciatasi in una via
senza uscita, si rendeva indirettamente il servizio di sfuggire al
pericolo d'una guerra con essa, e di poter per altra parte contrapporre tutte le sue forze combattenti alle Potenze occidentali.
Ma a queste, invero, un altro ben singolare servizio era reso: di
dover combattere, cioè, una potenza russa tanto più raccolta in
sè stessa, senza che alla Turchia fosse dato di poter loro — come
al Danubio, in certi dati casi — recare un grande aiuto! Nel complesso,
codesto nuovo atteggiamento dell'Austria poteva bensì, se assunto con
piena e leale sincerità verso le Potenze occidentali, costituire per
la Russia il pericolo di vedersi seriamente minacciata al suo confine
meridionale; ma la possibilità d'un'invasione delle armi austriache
nel suo territorio, quale avanguardia di quelle delle Potenze occidentali, poteva per allora stimarsi dall'imperatore Niccolò come poco
verosimile, nonostante i concentramenti di truppe ai confini della
Gallizia e della Transilvania contrapposti a quelli operati da lui
medesimo. Il Ministro francese degli esteri Drouyn de Lhuys vide
bene l'equivoco che si celava in codesta situazione di fatto, nella
quale stava in gioco l'onore della Francia e dell'Inghilterra; e disse
che senza 100.000 Austriaci, in Oriente poco di bene potevasi concludere. Il principe Alberto, fin dal principio aveva detto alcunchè
di simile. Ma la miglior prova che l'Austria non aveva punto contato
di rimanersene puramente sul terreno diplomatico sta in questo: che,
dopo l'intimazione presentata il 3 giugno a Pietroburgo, in un suo dispaccio confidenziale essa lasciava intendere quivi che l'evacuazione
dei Principati danubiani da parte della Russia l'avrebbe autorizzata ad esigere da parte della Porta e delle Potenze occidentali l'impegno di non passare il Danubio. La Cancelleria russa afferma sen-
z'altro che un tale dispaccio confidenziale dall'Austria (in seguito
naturalmente smentito) diretto al suo rappresentante a Pietroburgo,
e le dichiarazioni del conte Buol in particolare, fanno testimonianza,
« che a quel tempo, nè a Vienna nè in Germania a nessuno mai
« passò neppur per la mente che l'Austria dovesse — come prete-
« sero gli alleati più tardi — occupare di comune accordo con la
« Porta e con le Potenze occidentali i Principati; e tanto meno poi,
« com'è naturale, ch'essa potesse lasciare a queste libero il passo
« per un'aggressione contro la Russia ».
A rendere completo il giochetto, il conte Buol assicurava all'in-

viato russo a Vienna « che i suoi impegni verso le Potenze occidentali non andavano oltre a quelli del Protocollo del 9 aprile; e che in quelle trattative, non appena fosse concessa la soddisfazione dello sgombero richiesto, si sarebbe ancora ritrovato il vecchio alleato ed amico ».

Posto così tra l'uscio e il muro, o di dover prendere l'Austria in parola sulla fattagli assicurazione, o di esporsi a una definitiva e categorica intimazione da parte di quella, Niccolò I aveva preferito, sotto l'apparenza d'una mossa strategica, di ritirare dalle provincie danubiane il suo esercito.

Il 29 giugno, la Russia dichiarava di accettare le tre condizioni fondamentali del Protocollo del 9 aprile sancite dalla Conferenza di Vienna; vale a dire: l'integrità della Turchia, lo sgombero dei Principati danubiani, e l'assicurazione circa i diritti dei sudditi cristiani del Sultano. Sul punto — pure importante — della « ricerca di garanzie, « al fine di legare sempre più strettamente la Turchia all'equilibrio « europeo » la relativa Nota di Nesselrode al nuovo ambasciatore a Vienna, principe Alessandro Gorciakow, taceva. L'Austria riconobbe le disposizioni concilianti ch'erano in codesto atteggiamento: e nel luglio sottopose alla Conferenza le concessioni della Russia. Ma non volendo la Prussia prendere parte alcuna a quelle deliberazioni, l'Austria dovette limitarsi a raccomandare alle Potenze occidentali la presa in considerazione delle proposte russe. Se non che, Drouyn de Lhuys, il quale si trovava allora all'apogeo della sua influenza, respinse nettamente le concessioni della Russia, e di pieno accordo con il Gabinetto inglese, presentò in un dispaccio del 23 luglio 1854 le quattro condizioni seguenti, come punti fondamentali di partenza per ulteriori trattative: 1.° Cessa il protettorato della Russia sopra i Principati danubiani e la Serbia, e i diritti originarii di codesti paesi vengono garantiti mediante un trattato da concludersi con la Porta. 2.° La navigazione alle bocche del Danubio vien resa libera da qualsiasi impedimento, e sottoposta ai concetti fondamentali stabiliti dagli atti del Congresso di Vienna. 3.° Il trattato del 13 luglio 1841 viene rimaneggiato nell'interesse dell'equilibrio europeo, e nel senso di una limitazione della potenza della Russia nel Mar Nero. 4.° Nessuno Stato deve pretendere un diritto di protettorato sopra dei sudditi del Sultano; ma, pur senza pregiudicare i diritti di sovranità di questo, le cinque grandi Potenze s'intendono tra loro per l'assicurazione dei privilegi concessi ai cristiani.

Il 10 agosto l'Austria raccomandava alla Russia l'accettazione di questi quattro punti; altrettanto faceva il giorno 13 la Prussia;

Conte Buol-Schauenstein.

ma il 26, Nesselrode dichiarava « non poterli nemmeno sottoporre ad esame ». Egli faceva rilevare « che ciò che intendevasi con le parole *interesse dell'equilibrio europeo* non significava altro se non annientamento di tutti i trattati precedenti, rovina degli allestimenti navali e limitazione della potenza russa nel Mar Nero. Aggiungevasi

a ciò che l'Austria, mentre raccomandava l'accettazione di tali condizioni impossibili, si credeva in dovere di rilevare che le Potenze
marittime dal canto loro non le consideravano in alcun modo come
determinate e definitive, riservandosi di mutarle a volta a volta
secondo gli avvenimenti guerreschi: per modo che la stessa accettazione di esse non avrebbe dato alcuna sicurezza della cessazione
delle ostilità». — « Le condizioni proposte», soggiungeva Nesselrode
in tono altrettanto altiero quanto profetico, « presuppongono una
« Russia già esausta per lunga lotta; e quando pure la forza impe-
« riosa delle circostanze dovesse mai costringere la Russia a sotto-
« porvisi, ben lungi dall'assicurare una durevole pace all'Europa, esse
« esporrebbero una tal pace soltanto a complicazioni senza fine ».
    Allorchè la Russia comunicò il suo rifiuto, le Potenze occidentali
non erano affatto ancora arrivate al punto di volersi misurare con
essolei; ma, prescindendo pure interamente dall'atteggiamento del-
l'Austria e della Prussia, essa aveva subìta anche in Germania
una nuova sconfitta, in quanto che gli Stati rappresentati alla Conferenza di Bamberga, ad eccezione del Meklemburgo, il giorno
24 luglio del 1854 avevano votato alla Dieta in favore del loro
accesso all'alleanza del 20 aprile. Se non che, parve di bel nuovo
che la Prussia volesse venire in qualche modo in soccorso del suo
vecchio alleato; poichè da un lato rese inefficace, col suo astenersi,
la Conferenza, che di giorno in giorno veniva assumendo un carattere sempre più ostile; e, per altra parte, il 3 settembre dichiarava
superfluo oramai l'articolo aggiuntivo del 20 aprile, « il quale »
secondo che si esprimeva nel relativo dispaccio circolare agl'inviati
prussiani in Germania il barone di Manteuffel « si riferiva a ben
determinati presupposti di fatto ». Codesto atteggiamento in favore
della Russia fu, tuttavia, soltanto di breve durata. Dopo che, per
gli avvenimenti di Crimea, tutta quanta la situazione della Russia
venne a trovarsi indebolita, così il plenipotenziario della Prussia
come quello dell'Austria firmarono il 26 novembre un articolo addizionale al trattato del 20 aprile, il quale, riferendosi ai quattro punti
di garanzia come a fondamento delle trattative di pace, obbligava
la Prussia ad accorrere in aiuto dell'Austria non solo nel caso di
un'invasione del suo territorio, ma anche in quello d'un attacco
diretto contro la sua posizione nei Principati danubiani. Poco appresso, quest'importante articolo fu accettato anche dalla Confederazione. — La Russia, colpita sia da questi avvenimenti, sia da

quelli che si svolgevano sul teatro della guerra, si dichiarò finalmente, il 28 novembre, disposta ad accogliere i quattro punti
come base delle trattative di pace; ma pochi giorni più tardi,
il 2 dicembre, l'Austria concludeva dietro le spalle della Prussia
un'alleanza con le Potenze occidentali, in forza della quale i tre
contraenti, fondandosi sui Protocolli e sulle Note precedenti, « si

Principe Alessandro Gortschakow.

impegnavano reciprocamente e vicendevolmente di non accedere
per verun modo a un trattato con la Corte di Russia senza esser-
sene prima consultati in proposito. L'occupazione dei Principati
danubiani da parte dell'Austria non doveva ostacolare la libertà
di movimento delle truppe anglo-francesi o di quelle della Turchia.
In caso di ostilità tra l'Austria e la Russia, i Sovrani si promette-
vano reciprocamente una vicendevole alleanza offensiva e difensiva.
S'impegnavano inoltre di non acconsentire, senza preliminare intesa,
a veruna proposta avente per iscopo una cessazione delle ostilità.
Qualora la pace non si fosse conclusa nel corso dell'anno (e s'era
già nel dicembre), si verrebbe senz'indugio a consulta intorno ai

mezzi più efficaci a conseguir tale intento. La Prussia doveva essere invitata ad accedervi».

Quando il principe Gorciakow, un'ora dopo la firma di cotesto trattato, entrò nel gabinetto da lavoro del conte Buol, e ne apprese la notizia, parve come colpito da un fulmine. Il giorno innanzi egli aveva mandato a Pietroburgo dei dispacci che rappresentavano la situazione sotto una luce del tutto opposta; onde fu ora sul punto di chiedere i suoi passaporti. Il conte Buol gli rispose seccamente che, piuttosto di far questo, meglio valeva si lasciasse persuadere ad accettare senza equivoco come senza esitazioni le condizioni di pace. Dopo nuove e più remissive istruzioni ricevute da Pietroburgo, Gorciakow assistette il 28 dicembre a una Conferenza delle tre Potenze, nella quale il barone Bourqueney gli lesse il suo pro-memoria, dov'eran più da vicino particolareggiate le condizioni della pace. Egli rispose: « Noi non siamo sotto le forche caudine; ed io « credo di parlare ancora in nome d'una grande Potenza ». Allorchè poi scorse egli medesimo quella memoria, a proposito del terzo punto di garanzia disse: « Si vuole imporre un termine alla nostra pre- « ponderanza nel Mar Nero. Ma se ciò deve avvenire con l'obbli- « garci a spianare le nostre fortezze e a non più rialzarle, ciò « significa una guerra di sei anni; e noi l'accettiamo contro l'Eu- « ropa intera ». Dichiarò inoltre, riaffermando la sua politica anche sotto il rispetto religioso, che, agli occhi del suo Signore, di tutte le modificazioni quella era la più importante, che all'esclusivo di- ritto di tutela sopra i Cristiani, per il quale pure egli si rimetteva, veniva a sostituire una garanzia anche più efficace dei privilegi religiosi; aggiunse poi d'aver pieni poteri per trattare; e che « egli avrebbe voluto ben porre il suo nome sotto una formola di pace che portasse qualche sacrificio, ma non sotto veruna condi- zione che fosse in contrasto con la dignità del suo Governo e con l'onore del suo paese ». Più tardi, avutane facoltà dal suo Governo, dovette fare concessioni anche più ampie. L'Austria, che scherzava col fuoco, non dimenticò tuttavia, in parte almeno, che c'erano anche gli uffici di estinzione; e non si peritò di chiedere alla Prussia che armasse e schierasse 200.000 uomini nelle provincie confinanti con la Russia; ciò che la Prussia naturalmente rifiutò di fare, senza tuttavia potersi sottrarre ad ulteriori imposizioni da parte dell'Austria relativamente ai medii e piccoli Stati germanici, per eventuali scopi di guerra.

Nei circoli diplomatici di Francoforte era allora diffusa la notizia che l'Austria avesse concluso il trattato del 2 dicembre soltanto in seguito alla minaccia fatta dagli ambasciatori di Francia e di Inghilterra di chiedere i loro passaporti; e che anche l'andata di lord Palmerston a Parigi e di Persigny a Torino avesse intimorito la Corte di Vienna. Comunque si fosse, Bismarck considerava « l'al-« leanza dell'Austria con le Potenze occidentali, *dato il caso* che « quella s'impegnasse in una guerra con la Russia, come cosa per « nulla affatto inattesa ». Gli apparecchi bellicosi dell'Austria gli riuscivano estremamente sospetti. « Temo » soggiungeva egli « che « l'Austria sia oramai risoluta a trovare insufficiente qualsiasi di-« chiarazione della Russia sopra i quattro punti di garanzia; e il « patto segreto da essa concluso con le Potenze occidentali dimostra « ch'ella si sente assicurata abbastanza, per non far più dipendere « la sua condotta dall'approvazione dei suoi alleati tedeschi » (1). Il giorno 8, scriveva: « Ciò che sopra tutto mi preoccupa si è che noi « potremmo a poco a poco esser trascinati dal corso degli avve-« nimenti a una guerra contro la Russia, per gl'interessi dell'Austria. « Io non son del numero di coloro che identificano gl'interessi « della Russia con i nostri; al contrario; la Russia ha parecchi conti « da saldare con noi; anche alla rivoluzione — a quella nostra propria « e tedesca, almeno — noi saremo pronti, quando lo vogliamo, senza « la Russia. Per quanto seria per noi possa pur essere una guerra « con quest'ultima, io non oserei, ciò null'ostante, di dare alcun « parere *contro* di essa: purchè però ci fosse in vista, in compenso, « un qualche premio della lotta *per noi*. Ma mi balena spaventoso « dinanzi alla mente il pensiero che noi dovessimo affrontarne i « sacrifizi e i pericoli in servizio dell'Austria: per i cui peccati il « Re ha tanta indulgenza, quanta m'augurerei che nostro Signore « in Cielo n'avesse per i peccati miei » (2).

_____

(1) Lettera privata autografa al ministro barone di Manteuffel, di data 4 dicembre 1854. Poschinger, II, p. 112.

(2) Lettera privata autografa al medesimo, relativa alla situazione politica generale; dell'8 dicembre 1854. Poschinger, II, p. 116.

_____

La guerra di Crimea

Subito fin dal primo scoppiar della guerra, così in Inghilterra come in Francia era assai ovvio il pensiero di assalire la Russia nella Crimea. Sebastopoli era un pericolo permanente per Costantinopoli; e fin dalle prime complicazioni del 1839, e nelle Camere francesi e presso la stampa s'era più volte messa in rilievo l'importanza grande di quella fortezza per il Mar Nero come per il Mediterraneo. Condotta a termine la guerra, a Parigi e a Londra ciascuno si contendeva, senza utile alcuno, l'onore d'aver per primo suggerito il disegno d'attacco contro Sebastopoli. La verità è che un tal disegno era, per così dire, nell'aria; ma negli ultimi tempi, più che dalla Francia, esso era stato affacciato in prima linea dall'Inghilterra, per la quale l'annientamento della flotta russa nel Mar Nero costituiva il piano favorito sopra ogni altro, e dove in particolar modo il duca di Newcastle (preposto alla condotta della guerra) e i *Times* vivamente lo raccomandavano. Per un poco, si era stati tenuti a bada dalle promesse dell'Austria di irrompere di

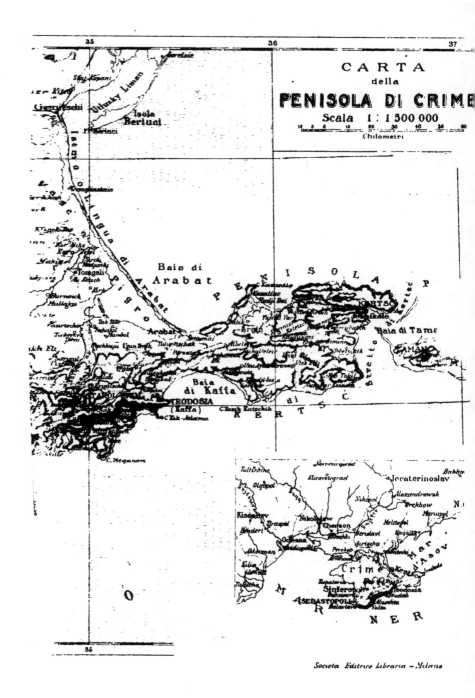

CARTA
della
PENISOLA DI CRIME

Scala 1 : 1 500 000

Chilometri

Società Editrice Libraria – Milano

comune accordo con le Potenze occidentali nei Principati danubiani; inoltre il Ministro della guerra maresciallo Vaillant aveva messo innanzi un piano, non troppo preciso, contro Akermann, Odessa e Perecop, e per una congiunzione con Sciamil e sue dipendenze. La proposta francese di occupare l'istmo di Perecop per tagliar fuori la Crimea da tutto il continente russo retrostante dovette però essere respinta, sia per la mancanza quivi di acqua potabile, sia perchè l'istmo è di difficile approdo per le navi di grande portata; senzachè la lingua di terra di Arabat, tra il Mare Putrido e il Mar d'Azof, stabilisce una comunicazione ben più ampia, e non difficile a migliorarsi, col continente russo.

Dopo l'arrivo di più precise istruzioni pervenute a lord Raglan, il 18 luglio fu tenuto a Varna in casa di Saint Arnaud un Consiglio di guerra, al quale presero parte lord Raglan, il vice ammiraglio Dundas, il contrammiraglio sir Edmondo Lyons e i vice ammiragli francesi Hamelin e Bruat. A maggioranza di voti fu deliberato l'attacco di Sebastopoli. Saint Arnaud, il quale aveva spesso pensato a Sebastopoli, ma ancor poco innanzi aveva stimato necessarii per una spedizione di tal fatta 100.000 uomini e, oltre alle flotte riunite, più di mille navi mercantili, non volle rimanere addietro alla deliberazione dell'Inghilterra. Il giorno vegnente, una Commissione composta di ufficiali francesi ed inglesi, tra i quali erano il generale Canrobert, i colonnelli Trochu e Leboeuf, il generale sir Giorgio Brown e il maggiore del genio Sabatier, prese il mare, per mettersi in traccia del punto di approdo più adatto. Nella rada di Balcik gli ufficiali s'incontrarono con gli ammiragli Bruat e Dundas, i quali misero a loro disposizione per cotesta visita dodici vascelli di linea. Bruat condusse la squadra d'ispezione fin presso le *ab antiquo* famigerate e inospiti spiagge. Tornato a Varna, un nuovo Consiglio di guerra si tenne presso Saint Arnaud il 28 luglio; quivi, lo sbarco in Crimea fu all'unanimità riconosciuto effettuabile, e pertanto (nonostante qualche incertezza dei Francesi, che si mostravano preoccupati della condizione che ne verrebbe fatta a Omer Pascià ed all'Austria) da parte di entrambi i comandanti supremi deciso. — Se non che, mancava ancora dalla parte francese il parco d'assedio; inoltre, prima di procedere all'imbarco alla volta della Crimea, per una falsa disposizione di Saint Arnaud, il costui esercito veniva funestato in modo interamente imprevisto. Ed ecco come.

Per istornare l'attenzione dei Russi dalla Crimea, come pure per sottrarre una parte del suo esercito al colèra ch'era scoppiato in questo frattempo nella Turchia d'Europa e menava larga strage negli accampamenti, e insieme per esercitare i suoi soldati alle marce, Saint Arnaud aveva organizzata una spedizione verso la Dobrugia, composta di piccoli gruppi tolti da parecchie divisioni, ai quali s'erano aggiunti dei Basci-Buzuk e le milizie irregolari degli « Spahis d'Oriente » di nuova formazione, sotto il comando del generale Iusuf. Poichè il comandante della prima divisione, Canrobert, aveva accompagnata la commissione di sbarco, venne posto a capo di cotesta spedizione il generale Espinasse, noto in seguito al colpo di Stato. Questo corpo, forse di appena 11.000 uomini, era animato dalla speranza di trovare i Russi nella Dobrugia, e di batterli; ma quando il 31 luglio Canrobert giunse a Custenge, lo trovò già terribilmente decimato dal colèra. Ne fu deliberato subito il ritorno; il quale però venne funestato da così inauditi sacrifizi, da ricordare in piccolo la disastrosa ritirata del 1812. Privi di sufficenti mezzi di sussistenza, di medicinali, di carri, in mezzo a un clima micidiale, cadevano quei poveri soldati a schiere, vittime del contagio: tanto che la metà quasi dell'intera spedizione ne venne distrutta. Anche sulle navi della flotta a centinaia ne morirono di colèra. I Basci-Buzuk eran ridotti quasi al nulla; e, con grande soddisfazione di lord Raglan, furono cancellati dall'esercito. A crescere ancora quello sgomento, che doveva essere il prodromo della spedizione di Crimea, il 10 agosto scoppiò a Varna un incendio, che distrusse totalmente i magazzini delle sussistenze degli eserciti alleati; e solo con estremi sforzi si riuscì a mettere in salvo le provviste di polvere. Ciò nonostante, i preparativi furono sol per poco interrotti; e nell'attesa del parco d'assedio che doveva giungere di Francia, ne venne messo insieme uno provvisorio a Costantinopoli. Appena al 9 di agosto il materiale francese necessario, caricato su 50 vapori mercantili, arrivava, rimorchiato da dieci grossi battelli a vapore, da Tolone a Varna.

I tentennamenti della politica austriaca minacciarono per un istante di far sentire i loro effetti sulla disegnata spedizione delle grandi Potenze. Contrariamente alle assicurazioni più volte ripetute alla Russia che l'Austria non aveva alcuna intenzione di guerra contr'essa, al 12 di agosto il Gabinetto di Vienna comunicava ai comandanti supremi, come « paresse oramai vicino il momento di cacciar con la forza la Russia dai Principati; attendere il generale von Hess per la prima decina di settembre l'ordine d'assalire il flanco destro dei Russi; dover pertanto gli eserciti alleati prepararsi ad attaccarli dalla sinistra » — La tarda esortazione austriaca fu puramente e semplicemente respinta; forse lo scopo di essa era principalmente di mostrare agli alleati come l'Austria vi pensasse sul serio.

Il 1.º di settembre, quasi tutto il treno da guerra inglese, composto di nove batterie da campo e d'un parco d'assedio con 80.000 sacchi di terra, 8000 fascine, 5000 zane da trincea e 3000 utensili da zappatori, incominciò l'imbarco a Varna (1). I Francesi salparono per la maggior parte dalla baia di Balcik, posta a settentrione di Varna, con forze ammontanti a 30.000 uomini, ai quali se ne aggiunsero altri 7000 dei Turchi, posti indirettamente sotto il comando di Saint Arnaud. Essi carreggiavano con sè 100.000 sacchi di terra, 16.000 fascine, 8000 zane da trincea, 20.000 utensili del genio, 200.000 chilogrammi di polvere, le necessarie riserve di tiro, 27 forni da campo, in parte già pronti, in parte da rizzarsi, più il materiale per gli ospedali da campo, e viveri per un mese e mezzo (2). La flotta inglese constava di 10 vascelli di linea, 15 tra fregate a vapore e corvette, e 150 grossi velieri mercantili destinati al trasporto delle truppe; quella francese, di 15 vascelli di linea, tra i quali quattro ad elica, 35 tra fregate a vapore, corvette e navi minori, 5 fregate a vela e 117 bastimenti mercantili (3). La Turchia, per la sua piccola divisione, aveva allestito 9 vascelli di linea. — La potenza di questa poderosa flotta, che comprendeva in tutto 50 grossi piroscafi da guerra, è tanto più da valutarsi per gli avvenimenti successivi, in quanto che la Russia possedeva allora quasi soltanto dei bastimenti a vela: il qual fatto spiega abbastanza perchè anche in altri mari essa non potesse osare di misurarsi con le Potenze navali. Da ultimo, l'imbarco della cavalleria inglese cagionò un certo ritardo; di modo che la partenza definitiva avvenne appena il 7 di settembre. A cagione del gran numero delle navi e dell'ingente materiale che trasportava nei suoi flanchi, la flotta alleata procedeva con molta lentezza e con pre-

---

(1) ELPHINSTONE; *Siege of Sebastopol;* e appresso a lui TODLEBEN, I, première partie, p. 162.

(2) Cfr. le indicazioni anche più minute nei particolari del *Generale* NIEL: *Siège de Sébastopol,* p. 7-9.

(3) ROUSSET; *Histoire de la guerre de Crimée,* I, p. 174.

cauzioni infinite. Durante il viaggio, Saint Arnaud, la cui salute anche
in Francia era fortemente minata, si ammalò assai seriamente. —
S'era incerti ancora intorno al punto dove convenisse prender terra.
L'8, si tenne un consiglio di guerra sul *Caradoc*. Fu stimato necessario di tentare nuovamente la baia di Calamita (sulla quale
trovasi la città di Eupatoria, con circa 12.000 abitanti). Il 10, il
Caradoc e il *Primauguet*, sui quali stavano i comandanti in capo,
si avvicinarono siffattamente alla penisola, che furono — in uno
con il *Simson* e l'*Agamemnon* che li accompagnavano — veduti dai
Russi; ma vennero considerati come inoffensivi. Fra Eupatoria e
l'Alma, che si getta nel Mar Nero, diede nell'occhio agli Inglesi
una spiaggia sulla quale sorgeva un'antica torre, costruita ancora
dai Genovesi, ch'essi chiamavano appunto Old-Fort; quella spiaggia
parve loro particolarmente adatta per lo sbarco. Poichè era stato
scartato così il piano presentato da Napoleone III. d'approdare
presso Teodosia, come quello di Saint Arnaud di prender terra
presso le foci del Caccia, che, più vicino a Sebastopoli, del pari si
versa nel Mar Nero, restò pertanto vittoriosa la proposta inglese,
tanto più fondata, inquantochè Eupatoria era stata lasciata dai Russi
senz'alcuna difesa. Il comandante della città, maggiore Bronitzky,
s'era ritirato, con 200 soldati ammalati e quivi acquartierati per ragioni di cura, a Sinferopoli; talchè Eupatoria poteva venir occupata
senz'altro. Dopo una bufera sostenuta nella notte dal 12 al 13,
l'approdo si effettuò il giorno 14. Le forze francesi furono sbarcate
tutte la sera del 16, il giorno 18 appena le inglesi; e subito si
misero in pronto per la marcia. Il 19 incominciò il movimento di
avanzata verso Sebastopoli.

A bene intendere ed apprezzare gli avvenimenti che seguono, è
necessario dare uno sguardo alla situazione generale militare della
Russia. Impreparata al pari delle Potenze occidentali medesime ad
una grossa guerra, senza un alleato, essa trovavasi da indi in qua
minacciata di vedersi, così verso settentrione come da mezzogiorno,
assalita dalle flotte più potenti che la storia avesse fin qui conosciute;
e, per giunta, dalla Turchia e — cosa non affatto impossibile —
dall'Austria sul suo territorio medesimo; senza contare il pericolo
che le veniva dalle possibili vendette svedesi, polacche e delle popolazioni del Caucaso. Il gigantesco Impero doveva dunque dividere
le sue forze combattenti lungo la immensa linea che dalla Finlandia
si stende fino al Mar Caspio, e per di più difendere ancora i suoi

possedimenti nell'Oceano Pacifico e presso il Mar Bianco. Le mancavano per le comunicazioni interne non solo le vie ferrate, bensì anche le strade militari, quali da lungo tempo ne possedeva la maggior parte della restante Europa. Allo scoppiar della guerra, la Russia aveva un esercito attivo di truppe regolari che ascendeva a uomini 678.201; a ciò s'aggiungano 226.867 uomini di riserva, 242.203 di milizie irregolari (Cosacchi e Bashkiri), e 144.937 uomini per il servizio interno; in tutto 1.292.208 uomini. Ciò non ostante, al momento della campagna di Crimea l'esercito disponibile per l'offensiva e la difensiva lungo una linea di confine di 2000 verste, non importava più di 701.824 uomini (1). — La flotta del Mar Nero constava di 145 navi con 2855 cannoni: tra esse, 16 vascelli di linea e 7 fregate; quella del Baltico il doppio quasi: navi 295 con 4105 cannoni, tra le quali vascelli di linea 31 e 10 fregate. Eran poi da noverare ancora le squadre del Mar Caspio, di Arcangelo e del Camciatka. Nel totale, la potenza marittima della Russia ascendeva a 512 navi con 7105 cannoni, servite da 80.000 marinai. Pure, sotto il rispetto dei progressi nautici, essa era rimasta tanto addietro alle Potenze occidentali, da avere nel Baltico solo 3 vascelli di linea e 2 fregate ad elica, nel Mar Nero appena 8 fregate a ruote (2). Senzachè, la ripartizione delle forze russe, in presenza d'un pericolo prossimo imminente *dal mezzogiorno*, era assolutamente sbagliata.

L'importanza strategica della Crimea compensava, sotto un certo aspetto, cotesta inferiorità. Bagnata per tre parti dal Mar Nero, nel quale essa s'addentra profondamente, confinante da oriente col Mare d'Azof, e provveduta d'un ampio e sicuro porto di guerra e di numerosi seni e baie, essa ha, non solo per gli stretti di mare che conducono a Costantinopoli e al Mar Mediterraneo, come pure per la Caucasia, ma financo per le bocche del Danubio un'importanza grandissima. Sebastopoli giace nella parte sud-ovest della penisola, accanto a due profonde insenature protendentisi verso oriente e verso mezzogiorno, dalle quali parecchie altre minori dipendono, che tutte più o meno sono adatte a scopi di guerra. La più ampia e la più importante è quella che si addentra per sei verste verso levante, mentre l'insenatura meridionale separa la città propria dal sobborgo di Carabelnaia. Sacre memorie si riannodano per la Russia

---

(1) Vedine la ripartizione in TODLEBEN; *Défense de Sébastopol*, I, p. 21.
(2) TODLEBEN, deuxième partie. *Pièces justificatives*, p. 18-19.

a cotesti luoghi: quasi nel posto medesimo dove ora si eleva Sebastopoli stava l'antica Cherson, appartenente all'Impero bizantino, che Vladimiro I conquistava assalendola dalla maggior baia nel 988. Quivi egli prese il battesimo, e di quivi introdusse il cristianesimo in Russia. Poichè Vladimiro ebbe impalmata sposa la principessa bizantina Anna, Cherson venne di bel nuovo ridata alla casa imperiale bizantina divenutagli congiunta per sangue. Distrutta poi nel corso dei secoli, i Tartari piantavano nelle vicinanze il villaggio di Aczias; e solo dopo altri secoli ancora, dopochè le conquiste fatte dalla Russia presso il Mar Nero ebbero dimostrata la necessità quivi di una flotta, Caterina II fece costruire in quel sito nel 1784 un porto militare e una città, ch'ella chiamò Sebastopol — cioè a dire la Città augusta —, e che ben presto con la sua giovane flotta inflisse perdite considerevoli ai Turchi. — Al tempo dello sbarco degli eserciti alleati, Sebastopoli contava 42.000 abitanti, dei quali 35.000 addetti alla flotta e all'esercito. La località montuosa, solcata di profonde gole, ne rende assai facile la difesa. Dalla parte del mare, era assai fortemente munita: alla destra di chi entri nella maggiore insenatura stavano i forti della *Quarantina*, *Alessandro*, *Niccolò*, *Paolo*, più un quinto nella baia di Carenaggio; alla sinistra i forti *Costantino*, *Michele* e *Caterina*. Le fortificazioni da un pezzo progettate sul lato meridionale erano iniziate appena. In quello di settentrione c'era soltanto una vecchia opera ottangolare, più grande, circondata da un fosso, costruita fin dal 1818. All'avvicinarsi della rottura con le Potenze occidentali, il principe Menscikow, al quale era stato affidato il comando supremo delle truppe di Crimea, fece rinforzare le trincee dalla parte del mare con tre batterie, talchè le batterie del luogo erano in tutto armate di 592 cannoni. — La flotta russa del Ponto era divisa in due squadre; delle quali quella del vice ammiraglio Kornilow, con quattro vascelli di linea, una fregata e quattro vapori, stava all'entrata della baia meridionale, mentre l'altra, più forte, del vice-ammiraglio Nakhimow, con otto vascelli di linea e sei fregate e navi minori, era situata nella parte interna della insenatura principale. I Russi avevano calcolato con grande studio l'effetto delle artiglierie, cosicchè l'avanzarsi delle flotte nemiche poteva considerarsi, nonostante il contrario avviso di alcuni ufficiali di marina russi, siccome cosa poco men che impossibile. Per non essere esposti ad alcuna sorpresa, l'ingresso venne sbarrato ancora mediante due dighe galleggianti poste l'una dietro l'altra. Oltre a ciò, il principe Menscikow non aveva mancato di prendere anche altre misure di precauzione e di difesa, quali l'allestimento di brulotti, l'impianto di telegrafi e di posti di Cosacchi; e anche dalla parte di terra, sebbene in ritardo, s'intrapresero delle opere di fortificazione. Nell'insieme,

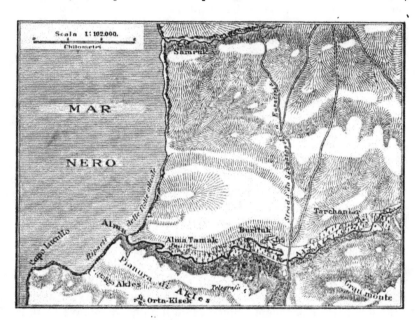

Campo di battaglia di Alma.

tuttavia, Menscikow pensava che, per l'appressarsi della stagione autunnale, l'anno 1854 sarebbe trascorso senza alcun serio tentativo degli alleati contro Sebastopoli.

Nella prima metà di settembre non c'erano in Crimea più di 51.000 uomini, ripartiti in una suddivisione del sud-ovest ed una del sud est. Quest'ultima, sotto il comando del generale Khomoutow, non era dapprincipio destinata alla difesa di Sebastopoli, talchè, per la fortezza direttamente, Menscikow aveva a sua disposizione poco più di 30.000 uomini di milizie di terra. Dei 18.000 marinai della flotta del Ponto, solo una piccola parte era stata sbarcata per il servizio di terra all'arrivo degli alleati. L'approvvigionamento, sia

per il materiale da tiro, sia per quello da bocca, lasciava molto
a desiderare; così del pari il materiale del genio e della sanità.

Al primo mostrarsi della flotta nemica nelle acque della Crimea,
grande fu l'incertezza dei Russi intorno al punto dove ella intendesse di prender terra; ma, l'avessero anche conosciuto, poichè l'importante lato occidentale della penisola era stato lasciato privo
di batterie da costa, sarebbe loro stato possibile tutt'al più di
molestare lo sbarco, non mai d'impedirlo. Una marcia avanzata
di Menscikow verso Eupatoria stessa, posta a 70 verste da Sebastopoli, presentava in sè il pericolo di lasciare senza il necessario
presidio alcuni punti prossimi intorno alla fortezza, facilitandone
la presa al nemico. Menscikow pertanto-risolvette di chiedere rinforzi al generale Khomutow, che comandava la divisione sul lato
orientale della penisola, e al generale Knorring, a Nikolaiew, e di
gettarsi incontro al nemico presso l'Alma. Il 19 di settembre gli
alleati erano giunti al flumicello Bulganack, che scorre parallelo
all'Alma e si getta anch'esso nel Mar Nero, e ch'essi passarono facilmente. Dopo una scaramuccia di poco momento, l'esercito bivaccò
la notte sulla sinistra del Bulganack, mentre i grossi avamposti già
pernottavano immediatamente di fronte all'accampamento dei Russi.
Al giorno seguente doveva combattersi la battaglia presso l'Alma.

L'esercito russo occupava sulla riva sinistra di cotesto flume una
posizione molto vantaggiosa. Mentre la vasta campagna sulla destra
riva, per la quale s'avanzavano gli alleati, era costituita quasi da
una steppa uniforme, Menscikow, dall'altipiano di Aklès situato
dall'altra parte e scendente ripido verso il flume, dominava tutta la
pianura. Il suo campo di ritirata stesso era oltremodo favorevole,
giacchè dietro all'altipiano di Aklès s'elevava una seconda altura,
che dominava la prima. I Francesi e gl'Inglesi avevano dinanzi a
sè i villaggi di Alma Tamak, di Burliuk e di Tarkanlar situati sulla
riva destra, dai quali in là si stendevano case e giardini insino al
flume. Menscikow aveva il suo centro di fronte a Tarkanlar, l'ala
sinistra in faccia ad Alma Tamak. Il suo esercito constava di qua-
rantadue battaglioni e mezzo di fanteria, sedici squadroni di cavalleria, undici sotnie di cosacchi e 96 pezzi; onde, in seguito ai rinforzi
fatti venire a marcia forzata, disponeva in tutto di 33.600 uomini (1).

_____

(1) TODLEBEN, I, première partie, p. 177; ROUSSET, pur indicando esattamente
·le stesse ripartizioni di truppe, stima le forze di Menscikow da 35 a 40.000 uomini.

Alla disposizione del suo centro e dell'ala destra erano state prodigate indubbiamente assai maggiori cure, che non a quella della sinistra. I due primi eran posti sotto gli ordini del principe Pietro Gorciakow — fratello del principe Michele, a noi già noto dalla campagna del Danubio —, protetti da fanteria disposta qua e là nelle masserie e nei giardini di Burlinek e di Tarkanlar e da batterie avanzate: mentre il campo sul quale si spiegava l'ala sinistra, agli ordini del generale Kiriakow, era stato esplorato in modo insufficente. Confidando nella sua ripidezza in vicinanza del mare, Menscikow aveva provveduto soltanto alla difesa d'una stretta gola in prossimità del capo Lukul, ch'è situato sulla schiena dell'altopiano, mediante un battaglione del reggimento Minsk, e lasciatone senza difesa il margine occidentale: sia perchè lo reputasse d'impossibile accesso, sia perchè temesse delle batterie delle navi in vicinanza del mare. Quest'errore doveva costargli caro.

La sera del 19 settembre, Saint Arnaud accompagnato da Trochu si recava al quartier generale di lord Raglan, per concertare con lui il piano della battaglia. Egli aveva dimostrato di possedere un retto giudizio strategico, anche quand'era riuscito a persuadere all'ammiraglio Hamelin (il quale doveva dirigersi secondo le sue istruzioni, mentre la flotta inglese non dipendeva punto da lord Raglan) che la flotta francese dovesse anzitutto, non già operare isolata, ma di pieno accordo con le forze di terra. Secondo il piano di Saint Arnaud, Bosquet avrebbe dovuto circondare l'ala sinistra di Menscikow, riconosciuta come debolmente difesa, appoggiato in ciò dal fuoco d'una flottiglia a vapore che doveva tenersi presso alla riva. *In pari tempo*, l'esercito inglese doveva avvolgere l'ala destra dei Russi, e le tre divisioni Canrobert, Napoleone e Forey attaccarli al centro. — Per quanto un tal disegno fosse semplice e geniale, tuttavia fu da lord Raglan accolto con estrema prudenza. La sua origine stessa e la parte preponderante ch'esso attribuiva all'esercito francese dovevano avere per il tranquillo stratega inglese, così diverso dal focoso generalissimo di Francia, alcunchè d'offensivo. S'era ancora troppo lontani dal campo di battaglia, e solo la posizione dell'ala sinistra di Menscikow poteva essere stata esplorata. Lord Raglan, senza accogliere incondizionatamente il piano di Saint Arnaud, come senza respingerlo, promise soltanto di *cooperarvi attivamente*, mentre i Francesi valutarono chiaramente tale contegno come un'accettazione del loro disegno. Secondo questo, la seconda divisione ed i Turchi sotto il comando di Bosquet dovevano, del pari che gl'Inglesi, mettersi in marcia alla mattina seguente alle cinque e mezzo, e le divisioni fissate per l'attacco al centro un'ora e mezzo più tardi. Bosquet si teneva già pronto a marciare, quando il tardare dell'esercito inglese (primo indizio che lord Raglan non s'era sottoposto al piano dei Francesi) fu causa che gli venisse imposto di attendere.

L'Alma era in parecchi punti sì poco profondo, che tanto la fanteria quanto l'artiglieria stessa poterono guadarlo senza speciali difficoltà. Bosquet, il quale comandava in persona la brigata Autemarre, trovò presso il villagio di Alma Tamak uno di tali guadi, e vi fece transitare prima i suoi Zuavi, e poi la brigata intera. Sulla riva sinistra, un sentiero incassato, malagevole, anfratto, ma tuttavia utilizzato dai carri dei contadini, conduceva dal villagio fino all'altura: con un po' più di preveggenza, Menscikow avrebbe potuto sbarrarlo senza fatica. Per quel sentiero subitamente fecero impeto gli Zuavi. Abituati già fin dall'Africa ad arrampicarsi, raggiunsero ben presto, lasciando — in parte — anche la via principale per giungere più solleciti, la vetta dell'altipiano; e non appena giunti alla meta, si strinsero insieme, facendo uso in pari tempo delle loro carabine. Questo movimento venne sostenuto da un fuoco di fianco da parte della flottiglia situata alla foce dell'Alma, tantochè l'ala sinistra dei Russi, sebbene distasse due verste dal mare, sofferse considerevoli perdite. E l'aiuto pôrto dalle navi si palesò anche, tra l'altro, col fatto che una scialuppa del *Roland* incontrò presso lo sbocco del fiume stesso un banco di sabbia, sul quale incominciò il passaggio anche l'altra brigata della divisione Bosquet, cioè quella di Buat. Sennonchè ora la difficoltà principale consisteva nel trascinar su per la stradicciola, inzuppata dall'acqua e rotta qua e là dai solchi profondi, l'artiglieria. Si tentò dapprima con un cannone, venendo gli uomini con lo spinger le ruote in aiuto ai cavalli. Riuscito il primo tentativo, ben presto, sotto l'abile direzione del maggiore Barrat, fu rizzata una batteria da sei, che dal punto più alto del campo di battaglia si diè a fulminare la sinistra di Menscikow.

Il già accennato battaglione delle truppe di Minsk postato presso il villaggio di Aklès a difesa del passo di Lukul, dopo un breve cannoneggiamento incalzante dei Francesi, e dinanzi al fuoco della squadra e degli uomini di Bosquet, ch'eran frattanto giunti a breve distanza, fu costretto a ritirarsi verso il villaggio di Orta-Kessek, situato più da presso al centro di Menscikow. Kiriakow stesso, trovando manchevole la disposizione di Menscikow, di fronte al micidiale fuoco di fianco che doveva sostenere, ripiegò anch'egli l'ala sinistra avanzandola di più verso il centro; e solo quand'egli

Generale Bosquet.

in persona ebbe recato a Menscikow la novella ch'erano arrivati i Francesi con l'artiglieria, cessò la incredulità di lui.

La ritirata di Kiriakow ebbe il più deplorevole effetto per l'esito della battaglia. Poichè non meno di tre divisioni francesi stavano di fronte al centro dei Russi, riusciva impossibile a Menscikow d'indebolirlo per soccorrere la sua ala sinistra: per la qual cosa

egli non vide altro scampo fuor del fare avanzare senza indugio
le riserve. Fece dapprima muovere contro Bosquet il reggimento
di fanteria Moscovia, situato in diritta linea dietro l'ala sinistra,
con due batterie leggere della 17.ª brigata d'artiglieria; ma sebbene
il generale francese non avesse in quel momento a sua disposizione
che *una* sola batteria, il fuoco della flotta e quello dei cacciatori
e degli Zuavi (che avevano ricevuto ordine espresso di tirare sugli
artiglieri) cagionò una tale devastazione in mezzo alla batteria russa
prima arrivata, che di 100 cannonieri ben 48, e un numero anche
maggiore di cavalli caddero, tra feriti ed uccisi. Quando poi, in grazia
agli sforzi del capitano Marcy, arrivò anche la seconda batteria di
Bosquet, Menscikow, comparso egli medesimo all'ala sinistra, turbato
in sommo grado, ordinò di avanzare anche ai restanti tre battaglioni del reggimento Minsk, con quattro squadroni di Usseri, due
batterie montate dei Cosacchi del Don e la batteria leggera montata
n. 12. Così, ben presto, cinque batterie con quaranta cannoni si trovarono di fronte a dodici cannoni francesi, senza tuttavia riuscire
ad averne il benchè minimo vantaggio. La trasformazione dell'artiglieria introdotta da Napoleone mostrava qui splendidamente i suoi
effetti. Qualora i Russi, nel loro disprezzo della vita, avessero potuto
spingersi così innanzi incontro alle batterie di lunga portata di
Bosquet, da potersi avvicinare alla linea di dove ai loro cannoni
più deboli fosse stato possibile diradare le file francesi, la sconfitta
di Bosquet sarebbe stata inevitabile. In luogo di ciò, l'assalto della
metà quasi di tutta la riserva russa venne dal fuoco dei Francesi
ricacciato indietro, ed anche il tentativo in particolare degli Usseri,
sopravvegnenti dalle alture di dietro Aklès, di avvolgere la destra
di Bosquet, rimase per il cannoneggiamento della flotta frustrato.

Non appena Saint Arnaud si fu reso conto del successo di Bosquet,
diede ordine a Canrobert e al principe Napoleone di attaccare con
le divisioni prima e terza tra Alma Tamak e Burliuk il centro di
Menscikow. Incominciò Canrobert dallo sloggiare i tiratori russi
disseminati qua e là nei giardini e dietro le case dei sopraddetti
villaggi, mentre l'artiglieria cannoneggiava l'altura. Anche qui,
primo a raggiungere la riva sinistra del fiume fu il reggimento
degli Zuavi addetto alla divisione, comandato dal colonnello Bourbaki. Due più ampie bassure permisero il passaggio dell'artiglieria,
cosicchè la seconda batteria di Canrobert potè venire in aiuto a
Bosquet sopra Alma Tamak.

Venne inoltre mandata in aiuto a Canrobert la brigata Aurelle, e la brigata Lourmel, della divisione di riserva di Forey, per sostituire questa, in aiuto di Bosquet. I Russi allora, che dovevano di momento in momento aspettarsi un attacco più formidabile, mutarono in parte la loro disposizione. La debolezza loro si palesò, tra altro, anche in questo: che due compagnie dei loro tiratori, che avrebbero potuto render difficile l'avanzata di Canrobert, non avevano più cartucce, e si trovavano tagliate fuori dai loro carri di munizioni. Alla divisione di Canrobert tenne dietro quella del principe Napoleone, con lo stesso Saint Arnaud. — Non è piccola prova dell'imprevidenza di Menscikow il non aver egli reso impraticabili le strade per le quali l'artiglieria di tre Divisioni francesi, e persino quella montata, cui comandava lo stesso generale Thiry, potevano salire fin sull'altura. Sotto le micidiali cannonate di quella potente artiglieria caddero in gran numero gli ufficiali superiori dei reggimenti Minsk e Moscovia, tra i quali furono feriti il loro comandante, general maggiore Kurtianow, e il generale Prikhodkine. I Russi, dopo una perdita di 1500 uomini, dovettero ritirarsi verso la collina del Telegrafo, il centro di Menscikow, la quale oramai veniva conquistata dai Francesi incalzanti incessantemente. Anche qui, i Russi tentarono ancora di resistere. Primo a piantare la sua bandiera sulla torre del Telegrafo fu il colonnello Cler del secondo Reggimento Zuavi. Il sottufficiale Fleury del primo Zuavi, che volle piantare ancora più in alto la sua, fu colpito, e la sorte medesima toccò al luogotenente Poidevin con la badiera del 39.º Reggimento ·di linea. Con l'ordine di ritirata dato da Menscikow aveva termine la battaglia sull'ala sinistra dei Russi e sul centro.

Il contegno di lord Raglan relativamente al piano di Saint Arnaud, di cui toccammo più sopra, ed anche più i preliminari preparativi fatti dai Russi sul posto ove doveva svolgersi l'azione dell'esercito inglese, fecero sì che sulla loro ala destra si svolgesse contemporaneamente una battaglia indipendente dall'altra. Non appena lord Raglan ebbe esaminata la forte posizione dei Russi, egli si recò, dinanzi alla fronte della divisione Napoleone, incontro a Saint Arnaud; e, a sua domanda, gli dichiarò che, di fronte alla numerosa cavalleria russa spiegata nel piano, non era da pensare a un accerchiamento. Fintantochè Bosquet stette ancora solo alla riva sinistra, e le divisioni Canrobert e Napoleone si trovarono impegnate tra i giardini e le masserie della riva destra, neanche il

simultaneo attacco di fronte gli parve espediente. Fra il tocco e
le due, tuttavia, gl'Inglesi incominciarono finalmente a porsi in
marcia, nell'ordine seguente: la divisione Lacy Evans a sinistra
di quella del principe Napoleone; presso a questa la divisione leggera Giorgio Brown, e quindi quella del conte Cambridge, alla
quale seguiva quella di Giorgio Cathcart. La divisione England
restava ancora indietro sulla riva sinistra. Movendosi gl'Inglesi in
masse compatte, ebbero a soffrire subito dal principio forti perdite,
parte per effetto dell'artiglieria russa, parte per il fuoco dei loro
tiratori sparsi; e solo più tardi si determinarono a procedere innanzi
in ordine più rado, approfittando anche per loro riparo delle ine-
guaglianze del terreno. Tra Burliuk e Tarkanlar passa la strada
che da Eupatoria va oltre l'Alma verso Sebastopoli, e che a questo
punto ha un ponticello di legno. Questa circostanza basta a spiegare perchè a tale posizione, che poteva esser minacciata così dal
centro dei Francesi come dall'ala inglese, Menscikow avesse dedicato
particolari cure. La strada era difesa da batterie da 16 pezzi, da
un ridotto posto a cavaliere della collina Kurgane, e da sei battaglioni disposti di qua e di là da entrambi i lati. Sulle dipendenze
della collina di Kurgane stavano inoltre sedici battaglioni, che
dovevano dare man forte a cotesta difesa. Allorchè la divisione
Evans s'avanzò verso la linea dei Russi, le sue file furono, per le
perdite e per altre manovre, scompigliate talmente, da trovarsi a
volte composte di soldati di reggimenti diversi. Il generale Evans
medesimo ne riportò un danno sensibilissimo, e la brigata Pennefather perdette tra morti e feriti il quarto quasi delle sue forze. In tali
contingenze, non fu ancora possibile al generale Evans di raggiungere la sinistra del fiume. La divisione Brown aveva proprio in faccia
a sè il grosso ridotto munito di pesanti pezzi e di fortini accessorii. I
sedici battaglioni di cui s'è fatto parola, ai quali si aggiunsero altri
due battaglioni di marinai, erano parte distribuiti in colonne d'attacco, parte nascosti, quale riserva. Sui pendii della collina di Kurgane a cui dovevano dare l'assalto stava la cavalleria: in tutto, alla
difesa del posto, non meno di 17.000 uomini con 42 cannoni (I).

In cotesto attacco errori furono commessi da entrambe le parti.
I tiratori della brigata Codrington appartenente alla divisione Brown,
che dovevano slanciarsi avanti, molestati dal fuoco del villaggio, ave-

---

(1) KINGLAKE, IV, p. 26 dell'edizione di Tauchnitz.

vano passato l'Alma in un altro punto; e la cavalleria russa, al cui attacco di fianco gl'Inglesi erano impegnati, non si mosse dal posto. Era riuscito a questi felicemente di trasportar due cannoni oltre il fiume, e di postarli su di un'eminenza della riva sinistra, per modo da poter battere nei fianchi delle batterie russe. In pari tempo, le carabine inglesi colpivano sì giusto negli artiglieri nemici, che i Russi dovettero ritirare le loro batterie, e interrompere pertanto la distruzione del ponte. La brigata di Brown passò anch'essa, sebbene un po' in disordine, l'Alma, ed egli stesso a cavallo raggiunse felicemente un pendìo della riva sinistra, dove alcuni tiratori russi ristettero dinanzi a lui sconcertati e senza spargli contro. Codrington, che per la prima volta si trovava in una battaglia, rinunziando all'antica tattica dell'esercito inglese di marciare in colonne regolari, pensò di dar l'assalto al grosso ridotto. I cannoni russi atterrarono in massa gli assalitori, tra cui parecchi ufficiali. Se fossero arrivati a tiro di fucile, la fanteria che si teneva nascosta dietro alle trincee li avrebbe accolti a fuoco accelerato. Ciò non ostante, Codrington avanzava incessantemente alla testa delle truppe. Si accorsero però che, contro ogni speranza, i Russi cominciavano ad attaccare i cavalli ai loro pezzi e a tirarli indietro. Un giovane alfiere a nome Anstruther (del reggimento Royal Welsch) piantò lo stendardo inglese sul parapetto, e cadde. Il ridotto, con un cannone che vi era stato lasciato, fu preso. Se questo successo fosse stato subito sostenuto dagli altri riparti di truppe inglesi, tutta l'ala inglese avrebbe avuto più facile giuoco per il seguito; ma in quella vece, la pausa che sottentrò subito appresso fu cagione di più gravi sacrifizi. La cagione per cui gli altri riparti delle truppe di Brown non s'affrettarono al soccorso sono piuttosto oscure. Del generale Buller, si dice semplicemente che ciò non gli è riuscito; ma la ragione più probabile è che i comandanti delle varie unità di Brown riputassero troppo temeraria l'impresa di Codrington. È curioso a constatarsi che tanto Brown, il quale conduceva tutta la divisione, quanto Codrington e Buller che ne capitanavano le due brigate, erano miopi. Fu dunque fino dal principio un errore l'affidare proprio a cotesta parte dell'esercito inglese l'assalto.

Il duca di Cambridge, al quale premeva di risparmiare le Guardie, che stavano nella sua divisione, si spinse innanzi assai lentamente. Il quartiermastro generale di Raglan, sir Richard Airey, nell'assenza del suo capo aveva assunto sopra di sè d'impartire l'ordine al Duca

di muovere immediatamente in appoggio della divisione leggera
(Brown). Dopo una nuova interruzione, finalmente i Coldstreams, gli
Scozzesi e i Granatieri della guardia eran riusciti a passare l'Alma,
parte a guado, parte a piedi asciutti; e dietro ad essi seguiva la
brigata Colin Campbel.

Mentre Codrington invano attendeva soccorsi, Gorciakow aveva
potuto accorgersi della debolezza del riparto di Brown, che teneva
il ridotto; talchè contro di esso fece avanzare alla baionetta il primo
e il secondo battaglione del valoroso reggimento Vladimiro. Gli
Inglesi allora, abbandonato il ridotto, si ritirarono fino a 150 metri
dal fiume; ma qui Brown nuovamente potè riordinare le sue truppe
scompigliate. Anche le divisioni Cambridge e Lacy Evans giungevano intanto a ristorare le forze inglesi sulla riva sinistra. Il primo
s'avanzò di bel nuovo contro il ridotto indifeso, che formava la
chiave della posizione dei Russi. Il reggimento Vladimiro non aveva
cannoni, cosicchè gl'Inglesi poterono riordinare indisturbati le loro
forze combattenti. Gorciakow e il generale Kvizinsky tuttavia condussero in persona i loro corpi alla lotta. Il cavallo di Gorciakow
gli fu ucciso sotto, il suo mantello perforato dalle palle. Gl'Inglesi
erano già stati ricacciati indietro contro il ponte, quando inopinatamente vennero loro in aiuto col fuoco dei loro pezzi i Francesi.
Saint Arnaud, informato della ricacciata degl'Inglesi dalla maggior
trincea, e già padrone del centro dei Russi, aveva fatto avanzare
contro l'ala destra di questi due batterie montate della riserva, le
quali già avevano inseguito Kiriakow, una batteria montata della
quarta divisione ed una mezza batteria inglese, per modo che ora
i battaglioni russi già indeboliti vennero battuti da 32 cannoni.
Avanzandosi cosi in un con le inglesi le milizie francesi, i battaglioni
russi si ritrassero verso il ridotto; al quale neppure erano stati
ricondotti — e ciò basta a mostrare quanto fosse il loro disordine —
i tolti cannoni.

La situazione di Kvizinsky, che in persona comandava il reggimento Vladimiro, era oramai disperata. Mentre le tre divisioni inglesi bersagliavano le scarse sue truppe, la brigata Colin Campbel e
la divisione Napoleone erano già sul punto di circondarne il destro
e il sinistro fianco, per tagliargli a tergo la ritirata. Il reggimento
non aveva più che un solo ufficiale superiore e due capitani. Il
colonnello, tre maggiori e quattordici capitani con 1300 uomini della
bassa forza erano caduti.

Si racconta che il principe Menscikow incontrasse sul campo di battaglia il principe Gorciakow, e, non avendolo sulle prime riconosciuto, gli domandasse che cosa poteva mai significare quel suo andare intorno qua e là *solo* ed a piedi. Gorciakow rispose: « Ho « perduto il mio cavallo; i miei aiutanti e gli ufficiali dello Stato « maggiore sono o morti o feriti; il mio uniforme è attraversato dalle « palle ». Secondo il rapporto di Saint Arnaud all'Imperatore, datato del 21 settembre 1854, venne catturata la carrozza di Menscikow contenente il suo portafoglio con varie note importanti. Nel rapporto dello stesso giorno al Ministero della guerra è detto che sul posto conquistato dagli Inglesi furon trovati più di 10.000 fucili ed utensili varii di guerra. — Alle quattro pomeridiane, Menscikow, che aveva grave ragione di temere non gli fosse tagliata la strada verso Sebastopoli, diede l'ordine della ritirata: nell'ordinamento della quale, Kvizinsky venne dapprima leggermente, poi più gravemente ferito. L'esercito russo, per il quale più che mai la perdita dei cannoni era considerata come un'onta, potè tuttavia, fatta eccezione per due soli pezzi, ricondur seco tutta la sua artiglieria.

Rimasero uccisi dei Russi 6 ufficiali superiori, 40 subalterni, e 1755 tra sottufficiali e soldati; 5 generali, 17 ufficiali superiori, 123 subalterni e 2611 tra sottufficiali e soldati feriti; inoltre, altri 7 ufficiali subalterni e 728 tra sottufficiali e soldati si dovettero contare • come scomparsi. I reggimenti che più avevano sofferto furono quelli dell'ala destra: Vladimiro, Granduca Michele, Suzdal e Uglic. I Francesi ebbero soltanto 3 ufficiali e 253 sottufficiali e soldati uccisi, 54 ufficiali e 1033 sottufficiali e soldati feriti. L'esercito inglese sofferse incomparabilmente di più. Le sue perdite salirono a 26 ufficiali, 19 sottufficiali e 308 soldati uccisi, ed a 73 ufficiali, 95 sottufficiali e 1444 soldati feriti e scomparsi.

La battaglia dell'Alma è particolarmente importante nella storia delle guerre, perchè in essa si trovarono in conflitto il vecchio col nuovo metodo di guerreggiare presso tre dei più potenti eserciti d'Europa, con la vittoria sostanziale del nuovo. Il principe Menscikow, non isfornito al certo di valore personale, manovrò ancora in tutto e per tutto secondo la pesante tattica di Suwarow e di Kutusow, la quale escludeva quasi del tutto la personale iniziativa del singolo combattente. Troppo tardi la Russia aveva compresa la necessità di coordinare la tattica con i perfezionamenti introdotti nelle armi da fuoco. Quando, allo scoppiar della guerra, ella predispose delle

riforme militari in cotesto senso, la loro novità non fece altro che
apportare disordine in quei tentativi. Sebbene le masse inglesi compatte a guisa di muraglie arrecassero effetti disastrosi tra le file
russe organizzate analogamente, non si può fare a meno di osservare
tuttavia che lord Raglan, seguendo le tradizioni del Wellington,
suo maestro, non potè risparmiare forti perdite al suo esercito.
L'attacco di fianco di Bosquet, spiegatosi per piccoli drappelli insieme cooperanti ad un medesimo fine, e che scompigliò tutto quanto
il piano di Menscikow, fu quello che preparò la vittoria; ad esso
si deve il cambiamento di fronte di Kiriakow, che doveva facilitare
alle divisioni di Canrobert e del principe Napoleone la scalata della
riva sinistra del fiume; e la perseveranza di lord Raglan compì
la disfatta dei Russi. — Il valoroso, ma mal condotto esercito russo,
poichè per la mancanza di cavalleria e per la stanchezza delle truppe
non fu possibile — contrariamente al parere di lord Raglan — di
dargli la caccia, si ritirava verso Sebastopoli.

Solo alla mattina del 23 ricominciò la marcia degli alleati verso
il fiume Caccia, lasciato dai Russi senza difesa. Cotesto ritardo
di due giorni, dovuto in parte alla necessaria cura dei feriti, e in
parte al mancato accordo sopra l'opportunità di affrettare o meno
la marcia in avanti, non fu di piccolo momento per lo svolgimento
ulteriore della campagna. Le ingenti alture boscose della riva sinistra avrebbero ancora potuto trattenere l'avanzata degli inseguitori. Presso al Caccia Saint Arnaud ricevette dall'ammiraglio Hamelin una notizia, che mise in questione il piano d'attacco fin qui
proseguito dagli alleati. Secondo cotesto piano, Sebastopoli doveva
venire attaccata da settentrione, mentre la flotta, dopo l'assalto e
la presa delle prime opere di fortificazione, doveva penetrare nella
rada più ampia, e compiere la conquista. Ora Menscikow, non appena
avvenuta la sua sconfitta all'Alma, aveva fatto venire a sè in tutta
fretta l'ammiraglio Kornilow, per dargli l'ordine d'affondare le più
vecchie navi da guerra all'entrata della rada medesima. Con tale
ardito disegno, che ricordava come misura di guerra l'incendio
famoso di Mosca, mentre rendeva disponibile l'armamento della
flotta russa per la difesa di terra, privava gli alleati dei più importanti servigi della loro potenza sul mare. Che, in quel momento,
egli non avesse ancora considerata la possibilità d'un diverso
indirizzo degli alleati, apparisce evidente dal fatto che, contemporaneamente, incaricava il tenente colonnello Todleben — già spe-

Generale Canrobert.

rimentato fin dall'assedio di Silistria — d'un'ispezione del *lato settentrionale* della grande rada di Sebastopoli, e della scelta d'un punto adatto sulle alture di Inkerman, donde si potesse minacciare il fianco del nemico nel suo assalto contro il *forte settentrionale*(1). Cotesta misura ha forse stretta relazione — come afferma lo stesso Todleben nella sua opera veramente magistrale sulla difesa di Sebastopoli — col pericolo che l'*immediato* impeto degli alleati dalla parte di settentrione avesse potuto costringere la città a capitolare.

Secondo alcune fonti inglesi, lord Raglan — *per quanto ciò non risulti da alcuno dei suoi rapporti ufficiali* — sarebbe stato dell'avviso, nonostante lo sbarramento della rada maggiore, di dare immediatamente l'attacco dal lato di settentrione. Soprattutto egli avrebbe considerata l'intiera spedizione di Crimea come un'impresa in assoluto contrasto con le regole consuete dell'arte della guerra; e pertanto, cadendo egualmente dall'uno nell'altro estremo — sarebbe stato favorevole a un colpo d'audacia e di sorpresa. Anche sir Edmondo Lyons, si sarebbe pronunziato in favore d'un attacco immediato. Nell'occasione d'un colloquio tenutosi il giorno 21 tra lord Raglan e Lyons, sarebbe risultato che il primo aveva tentato d'indurre Saint Arnaud a un subito attacco dalla parte settentrionale; ma questi vi si era dichiarato contrario, allegandone a ragione la stanchezza delle truppe. E insistendo lord Raglan nel suo avviso, Saint Arnaud avrebbe obbiettato che i Russi avevan costrutto delle solide opere di terra alla riva del Belbek, e che, dato pure si fosse potuto impadronirsene, egli non era in grado di sopportare le perdite che avrebbe costato il combattimento (2). A questo proposito tuttavia conviene espressamente notare che Saint Arnaud dal canto suo, il giorno 22, quando ancora gl'Inglesi funestamente colpiti trasportavano i molti feriti loro, scriveva al maresciallo Vaillant: « Gl'Inglesi ancora non sono pronti, ed io, come « già a Balcik e come al vecchio Forte (presso Eupatoria), sono di « nuovo trattenuto indietro. Quanta lentezza nei loro movimenti! In « questo modo non si fa la guerra ». — La storia della guerra di Crimea, com'è naturale del resto per la diversità degli elementi che vi avevan parte, è tutta piena di consimili recriminazioni dall'una parte e dall'altra.

---

(1) TODLEBEN, I, p. 207.
(2) KINGLAKE, V, p. 16.

Non solo il generale d'artiglieria francese Bizot, ma anche sir Giovanni Burgoyne fin dal 23 s'era espresso nel senso di effettuare l'attacco dalla parte di mezzogiorno; e quando, il 24, fu reso visibile di là dal Belbek il Forte settentrionale, che stimò più formidabile che non fosse in realtà, i comandanti in capo deliberarono di girare intorno a Sebastopoli con una marcia di fianco, e di attaccarla dal mezzogiorno. L'esercito attraversò non senza difficoltà la lussureggiante vallata del Belbek, dove la bella tenuta del principe Bibikow aveva già fortemente sofferto per opera dei Russi medesimi. In prossimità della fattoria Makenzie, lord Raglan si scontrò nella estrema retroguardia di Menscikow, e le inflisse qualche perdita, mentre questa si ritirava verso Bakciserai. Passata la Cernaia, che si getta nella grande rada di Sebastopoli, gl'Inglesi nella mattina del 26 settembre raggiunsero le alture di Balaclava. I Francesi ve li raggiunsero solo il 27, e trovarono dinanzi al porto una flottiglia francese, recante i mezzi di sussistenza. La città di Balaclava, scarsamente presidiata, si rendeva dopo breve resistenza agl'Inglesi.

Sennonchè, cammin facendo, un grave avvenimento s'era prodotto nel quartier generale francese. Saint Arnaud, che pareva avere esauste l'estreme sue forze alla battaglia dell'Alma, fu colto durante la marcia da un attacco di colèra; e, sebbene lo superasse felicemente, ne rimase siffattamente indebolito, che fu costretto a trasmettere il supremo comando nelle mani di Canrobert: come del resto — con esclusione del generale Forey, benchè anziano di grado — era stato per sovrana deliberazione (a Saint Arnaud tuttavia tenuta segreta) preordinato dall'Imperatore. Cotesta importante modificazione del comando venne notificata alle truppe durante il bivacco presso la Cernaia, e l'annunzio ne fu da Saint Arnaud stesso mandato a Parigi. Trasportato provvisoriamente a Balaclava, qui venne a congedarsi da lui lord Raglan, accompagnato dall'ammiraglio Lyons; dopo di che, i marinai del *Bertholet*, che avevano in proprio richiesto tale onore, lo portarono a bordo, dove egli, alla partenza, il dì 29 di settembre alle quattro pomeridiane, moriva, in età di 53 anni. Il Sultano fece rendere a Costantinopoli solenni onori alla salma, e la salutò dal suo palazzo al momento della partenza. La sua vedova, per la quale era stato apprestato un chiosco imperiale a Terapia, ne accompagnò il feretro a Parigi, dove le venne concessa dallo Stato una dotazione annua di 20.000 franchi.

IX.

Le operazioni militari delle Potenze occidentali contro la Russia in altri mari

La flotta inglese e la francese nel Mar Baltico. - Imbarco del corpo di spedizione francese a Calais. - Presa e distruzione di Bomarsund. - Le spedizioni nel Mar Bianco e nell'Oceano Pacifico.

Prima di parlare dell'assedio che sta per incominciare della piazza di Sebastopoli, è prezzo dell'opera gettare uno sguardo sugli altri punti dove le Potenze occidentali avevano deliberato d'attaccare la potenza della Russia. Cotesti attacchi stanno in immediata relazione con la questione d'Oriente; perocchè la forza di resistenza della Russia, che ne vien messa in chiara luce, non può che raffermare e mostrar come fatale l'influsso suo grande in Oriente. Come la Russia era rimasta per molti rispetti all'oscuro dei progressi dell'Occidente, così questo aveva in verità della fortissima posizione della Russia nel Baltico un'idea assai imperfetta. Inghilterra e Francia nella primavera del 1854 allestirono ingenti flotte per compiere delle operazioni di guerra colà, senza pur sognare che delle più ingenti ancora sarebbero state incapaci d'infrangere la potenza russa nel golfo di Finlandia. Già l'11 marzo del 1854, e pertanto prima ancora della dichiarazione di guerra alla Russia, una flotta inglese sotto gli ordini dell'ammiraglio Napier era salpata da Portsmouth alla volta del Baltico, ove doveva incontrarsi con la francese, sotto l'ammiraglio Parseval-Dechènes. Il 20 aprile, Napier sbarrava il golfo di Finlandia. Una divisione sotto il contrammiraglio Plumridge cannoneggiò Uleaborg, e mosse quindi verso il golfo di Botnia. Giunta il 1.° di maggio nel golfo di Finlandia la fregata francese *Austerlitz*, la flotta intera appena al 16 di giugno compariva a Baro Sund. Il 21 si doveva cannoneggiare Bomarsund; ma poichè mancavano le truppe di sbarco, fu d'uopo differire l'operazione. Il corpo di spedizione francese destinato al Mar Baltico,

Sir Carlo Napier.

della forza di due brigate, e posto sotto gli ordini del generale Baraguay d'Hilliers, fu pronto a Calais non prima del principio di agosto. Il tenente colonnello Rochebuet ne comandava la potente artiglieria. Il generale di divisione Niel, reputato espertissimo, stava alla testa del corpo del genio; ma anche di questo l'allestimento era sufficiente tutt'al più per l'assedio d'una meno importante fortezza (1). La fanteria dell'esercito francese s'imbarcò il 16 luglio a

---

(1) *Siège de Bomarsund:* «Journal des opérations de l'Artillerie et du génie». Paris, 1868 (di NIEL medesimo).

Calais su navi inglesi, su navi francesi il corpo del genio, con annessi e connessi. Un affratellamento di tal sorta nel dominio della flotta inglese era senz'esempio nella storia. Le navi tutte dovevano radunarsi all'isola svedese di Gothland, ciò che dimostrava a bastanza la difficile situazione della Svezia durante tali vicende. Baraguay d'Hilliers stesso era incaricato d'una missione segreta presso la Corte svedese, dove giunse il 29 luglio. Il 31 s'incontrò a Ledsund, nell'isola di Aaland, con gli ammiragli e con le flotte, ed il 1.º di agosto il vapore inglese *Lightning* fu in vista di Bomarsund. L'assedio, condotto con molta abilità e fortuna, durò solo 14 giorni. Al 16 agosto Bomarsund si arrese. Il governatore, generale Bodisko, dichiarò che la sollecitudine con cui era stata postata la batteria che doveva battere in breccia la città, aveva provocata la risoluzione di arrendersi prima dell'attacco.

Gli alleati fecero 2400 prigionieri e conquistarono 116 cannoni. Anche qui apparve nei Russi la deficenza di tutte le nuove esperienze dell'arte della guerra. L'imperatore Niccolò, il quale aveva egli stesso da principe imperiale fatto costruire quelle opere granitiche di fortificazione, ignorava che, senza un rivestimento di terra, non avrebbero mai potuto resistere alle più pesanti artiglierie. Niel ricevette l'ordine di smantellare la cittadella; e i Russi medesimi, per non darle in mano degli alleati, distrussero le importanti opere di fortificazione della rada di Hangö. Ma per quanto la presa di Bomarsund fosse di grande efficacia per il morale degli alleati, il seguito degli avvenimenti non corrispose in alcun modo alla loro aspettazione. Essi avevano sperato d'annientare la flotta del Baltico e impadronirsi di Kronstadt; mentre i vani tentativi di Napier bastarono a dimostrare fino a qual punto l'Inghilterra fosse poco od anche nullamente a cognizione delle condizioni nautiche dei dintorni di Pietroburgo.

E di gran lunga meno importanti furono i successi delle Potenze occidentali nel Mar Bianco e nell'Oceano Pacifico. Dal primo la Russia esporta annualmente grande quantità di legname da costruzione, così in Inghilterra come nella Francia. Ma poichè per l'anno 1854 erano già in corso ingenti contrattazioni d'affari in tale articolo di commercio, un'immediata chiusura di quel mare sarebbe non solo tornata in danno dei sudditi francesi e inglesi, ma benanco dei Governi medesimi, che del legname russo avevan bisogno per i loro propri cantieri. Per tal ragione, sebbene la squadra delle

Generale Baraguay d'Hilliers.

Potenze occidentali fosse già arrivata dinanzi a Hammerfest verso la fine di giugno, appena il 12 agosto venne dichiarato il blocco. Dopo che il convento fortificato di Sarlovitsky e la città di Cola, capitale della Lapponia russa — che non volle arrendersi — vennero per ordine del commodoro Lyons distrutte, l'inverno incominciato per tempo pose fine a codesta campagna.

Nel Pacifico, le forze degli alleati furono dirette principalmente contro il Camciatka, dove si supponeva fosse la flotta russa sotto Putiatine. Il 28 agosto 1854, il contrammiraglio francese Fébrier-Despointes e il commodoro Price giunsero dinanzi a Petropaulowsk, dove quest'ultimo, poichè la fortezza resisteva, si tolse la vita. Dimostratosi inutile il cannoneggiamento del 31 agosto, la squadra al 4 di settembre ripetè l'attacco; ma venne respinta, e dovette allontanarsi con una perdita di 200 uomini. Solo nell'aprile del 1855 i Russi, servendosi delle fregate *Aurora* e *Diana* e di tre navi mercantili, sgomberarono Petropaulowsk, riuscendo col favore della nebbia a sfuggire alla crociera di due vapori inglesi. Quando il 15 maggio giunsero i rinforzi delle Potenze occidentali condotti dai contrammiragli Fourichon e Bruce, trovarono la città vuota. La fortezza venne quindi distrutta.

X.

La guerra di Crimea

(Continuazione)

Menscikow, lasciato appena un piccolo presidio a Sebastopoli, conduce l'esercito sconfitto a Bakciserai. - L'ammiraglio Kornilow esita ad affondare le navi, e propone una lotta disperata sul mare; ma in Consiglio di guerra è sopraffatto dalla maggioranza, e le navi vengono affondate. - Consiglio per un assalto immediato. - Gli alleati deliberano di far precedere regolari operazioni d'assedio. - Scelta dagli Inglesi Balaclava a stazione della loro flotta, i Francesi scelgono Kamiesch per lo scopo medesimo. - Rivolgimento completo della situazione, per l'attitudine spiegata da Todleben a Sebastopoli. - Condizione del lato meridionale al principio dell'assedio. - Apertura delle trincee da parte degli alleati. - Dopo quindici giorni di preparativi d'ambe le parti, vien deliberato il bombardamento di Sebastopoli. - Perdite della flotta alleata, e superiorità del fuoco dei Russi. - Morte di Kornilow. - Preparazione per un regolare assedio. - Rinforzi degli eserciti d'ambe le parti. - Menscikow fa assalire gl'Inglesi a Balaclava, per tagliarli fuori da Sebastopoli. - Caratteristiche del Comando dell'esercito inglese. - I notevoli scontri della cavalleria pesante e dei cavalleggeri inglesi. - Conseguenze della giornata di Balaclava.

Per mantenere la sua congiunzione con Sinferopoli, ch'era il centro amministrativo della Crimea, Menscikow, in attesa d'un attacco da settentrione, dopo d'aver condotto l'esercito battuto verso l'altipiano ch'è posto a mezzogiorno di Sebastopoli, l'aveva nuovamente rimosso di là, e trasferito, insieme con una parte del presidio di Sebastopoli, e Bakciserai, ove doveva ricevere sussistenze e rinforzi. Lasciò a Sebastopoli 18 battaglioni di soldati di marina, 8 battaglioni della brigata di riserva della 13.ª divisione di fanteria e un battaglione di zappatori: in tutto 16.569 soldati attivi, e in parte poco avvezzi al servizio di terra. Pose questo debole presidio sotto gli ordini del generale Moller, affidò a Kornilow il comando in capo sopra la parte settentrionale, quello sopra il lato meridio-

nale all'ammiraglio Nakhimow (1). Prima di partire, egli ebbe da
sostenere un dibattito con Kornilow; il quale, prima di eseguire
l'ordine d'affondare una parte della flotta convocò un Consiglio
dell'Ammiragliato, nel quale propose in quella vece un attacco
disperato contro la flotta delle Potenze occidentali. Le navi russe
avrebbero dovuto aggrapparsi alle nemiche, e farsi saltare in aria
insieme con quelle. In tal guisa gli eserciti stranieri ne avrebbero
avuta la perdita di tutto il necessario per l'assedio e degli stessi
mezzi di sussistenza. Sopraffatto però il suo piano dalla votazione
a maggioranza contraria a lui, dovette alla fine sottomettersi al-
l'ordine tre volte intimatogli da Menscikow. Le cinque navi di linea
e le due fregate da sacrificarsi stavano pronte all'ingresso della
rada, tra le fortezze Costantino ed Alessandro. Quando, la notte
dal 22 al 23 settembre, i marinai dovettero con le loro proprie
mani aprirsi una falla, amare lagrime scorrevano dai loro occhi;
e Menscikow stesso deve più che mai aver pensato a un tragico
rivolgimento del destino, quando gli toccò di vedere come il *Gro-
monossetz*, che lo aveva trasportato con la sua fatale missione a
Costantinopoli, doveva coi suoi propri cannoni perforare i fianchi
del *Tri Sviatitelia* (2), il colosso forte di non meno di 130 bocche
da fuoco! Sennonchè, tutto sommato, il sacrifizio della flotta del
Ponto, della quale egli aveva il comando supremo, era indizio d'una
rara fortezza d'animo, e fu il solo fatto grande di Menscikow in
quella guerra.

Il giorno 27 i comandanti degli eserciti alleati, accompagnati dal
loro Stato maggiore, si accingevano per la prima volta, alla testa
di due divisioni francesi e due inglesi, a un'ispezione dei dintorni
di Sebastopoli dall'altipiano del Chersonneso. La distanza e le ine-
guaglianze del terreno li trassero in inganno, per modo ch'essi valutarono le fortificazioni del lato meridionale per più poderose assai
che non fossero. Cionnondimeno (secondo le affermazioni inglesi)
lord Raglan, stimolato dall'audace sir Edmondo Lyons, si pronunziò

---

(1) Todleben, I, p. 221. - Rousset (I, p. 265), computando anche i marinai,
artiglieri e compagnie di lavoro sul lato meridionale, calcola la guarnigione di
Sebastopoli a 30.000 uomini, mentre Todleben tien conto esplicitamente soltanto dei soldati attivi e atti a combattere. Il computo di Sir John Burgoyne
è press'a poco eguale a quello di Rousset.

(2) « I tre Santi Padri ».

Pianta di Sebastopoli e suoi dintorni.

ancora una volta in favore d'un attacco immediato. Lyons, a chi
gli obbiettava che le navi russe che stavano nel porto avrebbero
ridotti a mal partito gli assalitori, propose d'impadronirsi della
torre di Malakow, allora ancor debole, e di ridurre al silenzio le
navi con le batterie ch'eran collocate colà. Ma Canrobert, ch'era
senza dubbio un valoroso generale ma un insufficente comandante
supremo, e sol da poco aveva assunto la responsabilità del comando,
respinse ripetutamente la proposta inglese, onde si venne alla
deliberazione concorde di sbarcare anzitutto il parco d'assedio; il
che portava con sè naturalmente una perdita di tempo. La prudenza
del supremo comandante francese aveva, del resto, una ragione
plausibile nel timore, non al tutto infondato, che Menscikow potesse, qualora dalla Russia meridionale gli fossero giunti dei rinforzi, piombare sui fianchi e alle spalle degli assalitori. Inoltre.
l'autorevole parola di sir John Burgoyne era tutt'altro che favorevole al disegno di lord Raglan e di Lyons. Pertanto, dopo frequenti
consultazioni, il piano d'un immediato attacco, al quale in Sebastopoli s'attendevano di momento in momento, venne abbandonato;
e si risolvette di disporre un più regolare attacco, senza tuttavia
neanche lontanamente pensare alla probabilità d'un assedio prolungato soverchiamente.

Non essendo possibile che la baia di Balaclava, per la sua insufficenza, bastasse agl'Inglesi insieme e ai Francesi, questi ultimi
s'erano impadroniti della baia di Kamiesch, situata a sud-ovest
di Sebastopoli, e più vicina; per tal modo spettava agl'Inglesi
l'attacco sulla destra, e ai Francesi quello sulla sinistra, mentre
il corpo d'osservazione di fronte a Menscikow venne composto di
entrambi gli eserciti.

È di singolare importanza il fatto che in questa guerra l'onore
della Russia dovesse esser salvato per un aiuto di origine germanica.
Come, in un campo ben più elevato, doveva l'attitudine di Federico
Guglielmo IV impedire lo stringersi d'un cerchio di ferro intorno
alla potenza della Russia, così in uno più basso assai, un popolano
della Curlandia era chiamato a mettere in forse l'efficacia del
vigoroso assalto delle due prime Potenze navali insieme alleate.
Il genio di Francesco Eduardo Todleben fece sorgere come per
incanto dalla terra, a entrambi i lati di Sebastopoli egualmente,
delle opere di fortificazione, che dovevano di giorno in giorno render
più difficile il còmpito dei vincitori dell'Alma. Come già s'è accennato,

al principiar dell'assedio il lato meridionale era, in complesso, debolmente fortificato con opere che, per un'estensione di due verste
e mezzo, eran munite di non oltre 145 cannoni di vario calibro.
Notiamo, a più facile intesa di ciò che segue, che i Russi avevano
per lo più contrassegnato coteste più vecchie fortificazioni con
numeri (alle nuove imposero più tardi i nomi dei loro comandanti),

Generale Todleben.

mentre gli alleati le indicavano coi nomi ch'eran loro proprii da
gran tempo. A *destra* della insenatura meridionale, intorno alla
città vera e propria, stavano: il bastione N. 6, incominciato appena
durante l'inverno, esteso ma incompiuto; dai Francesi era chiamato
bastione della Quarantina, perchè situato in prossimità della baia
della Quarantina: poi, più a sud-est, il bastione N. 5 o bastione
Centrale; il ridotto Schwartz; e, ancora più a sud, il N. 4, o bastione Mast; *a sinistra* della insenatura meridionale, intorno al
sobborgo di Carabelnaia, e pertanto estendentisi verso settentrione:
il bastione N. 3, o grande Redan; più in là la torre di Malakow,

costruita sulla collina di Malakow dagli uomini della Marineria, a
spese dei negozianti di Sebastopoli, con batterie l'una all'altra sovrap-
poste; il bastione N. 2, o piccolo Redan; e il bastione N. 1, ossia
della Punta (Pointe). Da codeste opere — insufficenti, come già
apparisce dal debole armamento — doveva ora, secondo il piano
di Todleben e sotto la direzione di lui, uscire un solido sistema
di fortificazioni, che di giorno in giorno si veniva facendo più
strettamente collegato nelle varie sue parti. In Sebastopoli stessa
s'era risoluti agli ultimi sforzi, tanto più che fino al 30 non si
ebbe colà alcuna novella dell'esercito. Kornilow, la cui sagacia e
il cui valore animavano le truppe, e che instancabilmente percorreva a cavallo i punti più pericolosi delle fortificazioni, eccitava i
soldati a uccidere « chiunque parlasse di ritirarsi, non escluso lui
medesimo, se mai avesse dato quest'ordine ».

Il 9 di ottobre venne stabilito il piano d'attacco; e nella notte,
entrambe le suddivisioni dell'esercito incominciarono i lavori d'ap-
proccio, senza che nella città, per essere il vento favorevole, se ne
avesse il minimo sentore. Alla mattina seguente, in vicinanza del
porto detto della *Maison brulée*, i Francesi avevano condotto a
termine una trincea lunga un migliaio di metri. Gl'Inglesi dal canto
loro avevano iniziato i lavori a forse 1200 metri dal grande Redan.
Il primo fuoco dei Russi non riuscì a interrompere l'armamento
delle opere d'attacco; ma, in complesso, la guarnigione di Sebastopoli fu esultante, allorchè si fu convinta che gli alleati, invece
che per l'assalto immediato, s'eran determinati per un più o meno
lento assedio.

Il parziale disarmo della flotta russa, oltre che lo sbarramento
della maggiore insenatura, aveva per la difesa il vantaggio di poter
opporre agli assalitori una superiore artiglieria pesante. Dopo una
preparazione d'una quindicina di giorni da ambe le parti, e dopo
lo sbarco di mille marinai francesi che dovevano prender parte
alle operazioni, l'ammiraglio Hamelin propose a Canrobert un bombardamento dal lato di terra e di mare: il quale il giorno 16 venne
fissato dai comandanti dei due eserciti e delle due flotte per il
dì susseguente. I comandanti delle singole navi inglesi eran del
parere che, nel giorno del bombardamento dalla parte di terra, si
differisse il fuoco della flotta fino al momento dell'assalto, mentre
Raglan e Canrobert espressero l'opinione che, a render più efficace l'opera generale del cannoneggiamento, l'attacco della flotta

dovesse farsi *contemporaneamente* con quello di terra. Nei circoli competenti degli alleati si dubitava così poco del successo, che Lyons scrisse a lord Raglan com'egli non fosse lontano dallo

Vice-ammiraglio Hamelin.

sperare di vederlo a Sebastopoli nel corso della giornata. Ma inaspettatamente l'ammiraglio Hamelin fece pervenire una dopo l'altra all'ammiraglio Dundas due comunicazioni, le quali davano a divedere nel quartier generale francese una tal quale incertezza.

Secondo la prima, la flotta francese, in luogo d'aprire il fuoco in uno colle forze di terra alle 6 $^1/_2$ della mattina, doveva entrare in azione appena alle 10 antimeridiane: la qual misura si giustificava con l'insufficenza del materiale da tiro che si trovava sulla flotta. Il giorno stesso, poi, ch'era fissato per il bombardamento, cioè il 17, Hamelin si fe' innanzi a Dundas con una proposta del tutto nuova. Avrebbero dovuto, cioè, le due flotte, invece di *muoversi*, com'era stato fissato dapprima, durante l'attacco, *mettersi all'àncora* dalla parte occidentale di Sebastopoli, per modo che la suddivisione francese venisse a collocarsi sulla linea meridionale, e la inglese sulla linea settentrionale, ai due lati dell'ingresso della rada maggiore. Per tal modo, i Francesi avrebbero avuto come obbiettivo principale dell'attacco il forte della Quarantina, e gli Inglesi il forte Costantino. Poichè Hamelin proponeva codesto piano all'ammiraglio inglese come una specie di *ultimatum*, esso presentava in sè, anche prescindendo dal pericolo di ancorare le navi dirimpetto alle forti mura delle fortificazioni marittime di Sebastopoli, qualche cosa di offensivo per la marina inglese; ma Dundas non aveva facoltà di scelta; dimodochè ne conseguì in fatto uno schieramento di forze che, nonostante fosse costituito di 14 navi francesi e di 11 inglesi, più due navi turche, con non meno di 1100 cannoni, doveva mettere in forse il successo di tutto quanto l'attacco.

Dalla parte di terra, il fuoco fu aperto di buon mattino dalle opere d'assedio, con 126 cannoni degli alleati. I Russi vi risposero con un numero di bocche da fuoco anche maggiore; tanto che, per il denso fumo, i comandanti in capo dalle alture non potevano giudicare dell'effetto del tiro. Una bomba russa fece saltare in aria il magazzino delle polveri nella batteria francese N. 4, cagionando la perdita di 16 uomini morti, oltre a 37 feriti, tra i quali parecchi ufficiali. Un accidente simile si produsse nella batteria N. 1, servita da marinai francesi, causa l'esplosione d'un cassone d'avantreno. Ma non solo codeste batterie, collocate sul monte Rodolfo, bensì anche quella del forte genovese, guardata pur essa da soldati di marina, vennero così gagliardamente battute dai bastioni russi, che il generale Thiry, al cui giudizio era stata rimessa la decisione, già verso le 10 $^1/_2$ dava ordine di sospendere il fuoco. Quanto alle *navi* francesi, la andò anche peggio, s'è possibile. Una bomba sconquassò la cabina di coperta della *Ville de Paris*, dove si trovavano gli ammiragli Hamelin e Bouet-Villarmez. Ne restò ucciso l'ufficiale d'ordinanza di Hamelin, due ufficiali di Stato maggiore feriti; egli stesso stramazzato al suolo. Oltre a ciò, la nave ammiraglia fu colpita da più di 150 palle, parte nell'alberatura, parte nello scafo. Una bomba mandò in pezzi la macchina del *Charlemagne*. Le *navi* inglesi del pari soffersero in parte gravi danni. Il corpo dell'*Albion* venne perforato 93 volte, e perdette l'alberatura; l'*Agamemnon*, la *London* e la *Queen* dovettero soltanto al valore della ciurma se non furono incendiate. Gli alleati avevano sparato, dal lato di terra, più di 30.000 colpi, i Russi sol poco più della metà. Questi contarono 138 uomini tra morti e feriti, mentre i Francesi ebbero 30 morti e 180 feriti, gl'Inglesi 44 morti e 266 feriti. Per verità, a quest'ultimi era riuscito di distruggere quasi del tutto la torre di Malakow e il grande Redan, dove un magazzino di polveri era saltato in aria. Lord Raglan avrebbe potuto facilmente il giorno appresso penetrare oltre il grande Redan nel sobborgo; ma l'infelice riuscita dell'attacco francese e la troppo grande distanza delle sue truppe possono averlo trattenuto dal farlo. Sul mare, i Russi avevan risposto non meno di 20.000 colpi; ma, quantunque in posizione ben protetta, avevano avuto da questo lato del combattimenio 400 morti e 700 feriti; il che provenne in parte dal fatto, che, aspettandosi essi l'assalto, avevan dovuto concentrare le loro truppe in masse compatte. Nakhimow fu ferito alla testa; Kornilow incontrò la morte degli eroi. La mattina del bombardamento, Menscikow s'era recato di persona nella città, la cui capacità di resistenza gli parve dubbia, di fronte a un attacco sì vigoroso. Egli ne ripartì il giorno stesso, accompagnato da Kornilow fino alla scialuppa che doveva portarlo di là dalla grande rada. Poco prima del mezzogiorno, Todleben aveva informato Kornilow della distruzione della torre di Malakow e del grande Redan. L'ammiraglio, quantunque ufficiali e soldati lo pregassero di non esporsi a certa morte, s'affrettò a cavallo verso i punti minacciati. Alla torre di Malakow, dove, nonostante le esortazioni da ogni parte, volle provvedere alle disposizioni più minute, una palla inglese gli fracassò — proprio nel momento che stava per allontanarsi — la gamba sinistra. Portato all'ospedale di marina, dopo due ore, mandando il suo estremo saluto alla moglie ed ai figli, e raccomandando fino all'ultimo respiro di resistere, moriva: figura la più ideale di quella memorabile lotta.

Subito fin dal giorno seguente Todleben, sotto ai cui ordini si affaccendavano migliaia di lavoratori, e persino delle donne, aveva posto mano a un compiuto riattamento della difesa della città. La mattina del 19 ricominciò il bombardamento. I Francesi, che frattanto avevano fatto sforzi giganteschi per riparare l'onta del recente insuccesso, e posto in opera a tal uopo 5750 lavoratori, rimasero un'altra volta soccombenti, avendo alcune delle loro batterie dovuto cessare interamente dal fuoco, altre non avendo potuto ridurre al silenzio il nemico. Gl'Inglesi, per verità, arrecarono ai Russi qualche danno, senza che tuttavia potessero attribuirsi una qualsiasi superiorità. Dopo sette giorni d'un più debole cannoneggiamento, gli alleati incominciarono a riconoscere come non fosse più possibile pensare a una sorpresa, e come avessero da fare con un accampamento fortemente munito e dalla natura e dall'arte, il quale soltanto mediante regolari operazioni d'assedio poteva esser costretto alla resa.

Quasi contemporaneamente col primo bombardamento di Sebastopoli erano arrivate in Crimea la brigata di cavalleria del generale d'Allonville, la quinta divisione francese sotto il generale Levaillant e la brigata Bazaine: con che l'esercito francese, il quale era stato assottigliato per le perdite e le malattie, fu portato a una forza di 50.000 uomini. Il 25 ottobre, i Francesi condussero a termine la loro prima e la seconda parallela sul monte Rodolfo, a soli 360 metri dal ridotto Mast. Gl'Inglesi stavano con le loro a forse 900 metri dal grande Redan. Da questo momento Menscikow si propose il còmpito d'assalire e possibilmente di tagliar fuori da Sebastopoli l'esercito inglese, il quale, non ostante un rinforzo di 4000 uomini, trovavasi diminuito così per le malattie come per il ritorno d'alcuni dei suoi ed altre ragioni, ed era il più prossimo alle sue linee strategiche. D'altra parte, la Russia, in seguito allo sgombero dei Principati Danubiani, aveva potuto mandare rilevanti rinforzi in Crimea; talchè l'offensiva presa da Menscikow era nell'ordine naturale delle cose. Dal 15 fino al 26 di ottobre, cedendo alle precedenti esortazioni di Kornilow — il quale, di fronte al sistema del tenere l'esercito lontano da Sebastopoli, aveva fatta rilevare la necessità di rinforzarla con una divisione intera — egli lanciò 31 battaglioni con 28 cannoni nella fortezza; e in pari tempo incominciò a concentrare un corpo d'esercito di circa 18.000 uomini agli ordini del generale Liprandi presso il villaggio di Ciorgun, situato sulla Cernaia. A questi s'aggiunsero ancora 5000 uomini sotto il generale Jabokrizky, fatti venire dalle alture di Makenzie.

Il 25 ottobre, alla mattina per tempo, Liprandi attaccò il campo di Balaclava. Il combattimento che si svolse in seguito a cotesto fatto è tanto più degno di nota, in quanto che esso illumina vivamente le condizioni dell'esercito inglese in quei giorni. La sua

Il campo di battaglia di Balaclava.

cavalleria, che vi ebbe parte preponderante, era capitanata da comandanti nei quali si rispecchiavano del pari gli abusi dell'amministrazione e le qualità e i pregi dell'aristocrazia britannica. Il comando in capo su tutta quanta la cavalleria inglese era stato affidato all'irlandese conte Lucan, il quale — cosa abbastanza singolare — aveva militato in Bulgaria contro i Turchi, nel 1828 e 1829, nello

Stato maggiore generale del principe Worontzow, comportandosi
così valorosamente, da meritarsi dall'imperatore Niccolò il lusinghiero rimprovero d'essersi troppo esposto al pericolo. L'aver preso
parte a quella guerra gli aveva procacciata una certa conoscenza
dell'esercito russo, del quale egli apprezzava al più alto grado la
fanteria, mentre poco conto faceva della cavalleria, in comparazione
di quella britannica. Tali circostanze possono aver contribuito alla
scelta di lui quale comandante di tutta la cavalleria inglese riunita
nella Campagna di Crimea, sebbene ei non avesse d'altronde preso
parte ad alcuna più grossa guerra, e fosse stato allora preposto
soltanto al comando d'una brigata. Sotto i suoi ordini stavano sir
James York Scarlett a capo della cavalleria *pesante*, e il conte
Cardigan, cognato dello stesso Lucan, a capo di quella *leggera*.
Neppure quest'ultimo era stato educato in alcuna delle grandi guerre
nazionali; ma negli anni precedenti lord Wellington aveva dichiarato l'11.º Reggimento Usseri di Cardigan come uno dei più pre-
stanti. I due cognati eran dotati d'un carattere diametralmente
opposto, e andavano poco d'accordo. Lucan era uno spirito eminen-
temente indipendente, che s'arrogava di trovar costantemente che
ridire sopra la condotta di lord Raglan: il quale l'odiava, ma riconosceva in lui un prode soldato; Cardigan era vano e amante dei
piaceri; e mentre Lucan condivideva sotto le tende tutti gli strapazzi dei suoi uomini, che, specie nei primi tempi, mancavano del
necessario, Cardigan col consenso di lord Raglan dormiva nel suo
yacht, che lo aveva seguìto nel porto di Balaclava, e dov'egli
teneva presso di sè un cuoco francese. Poche settimane prima della
giornata di Balaclava egli s'era doluto per iscritto, presso il comandante in capo, del suo cognato e superiore diretto; ma lord
Raglan, sebbene si dicesse amico d'entrambi, l'aveva respinto, e
richiamato a riconciliarsi con esso.

Anche per ciò che concerne i preparativi ai quali avrebbe dovuto
attendere per premunirsi da un attacco, lord Raglan non andava
immune da giustificate censure. Il generale turco Rustem Pascià,
che stava alle trincee esterne, aveva appreso infatti per mezzo di
un esploratore che i Russi meditavano un attacco di sorpresa contro
il campo fortificato di Balaclava; ma poichè un simile avviso d'allarme altra volta ricevuto non aveva poi avuto alcun seguito, il
Lord aveva lasciato cadere senza curarsene la notizia fattagli pervenire dal generale turco e confermatagli dal suo stesso comandante

in sott'ordini. — Il campo di Balaclava, con una guarnigione di 4350 uomini di truppe inglesi e ottomane sotto il comando del generale Colin Campbell, mentre il grosso dell'esercito inglese occupava varie posizioni a mezzogiorno e a ponente di Sebastopoli, era di gran lunga troppo esteso *relativamente a un sì scarso numero di forze combattenti;* e cotesto fatto contribuì a invogliare i Russi ad attaccarlo. Dal lato strategico, tuttavia, una tale estensione era perfettamente corretta verso la parte settentrionale; e pertanto, a circa due chilometri dal villaggio di Cadicoi, che costituiva la chiave della posizione di Balaclava, eran rizzate cinque trincee, stendentisi da levante a ponente, ma solo debolmente difese dai Turchi e da un insufficente numero di cannoni, le quali dovevano coprire la importante strada Worontzow, che menava diritto alle posizioni dell'esercito d'assedio inglese. Da queste incominciarono i Russi l'attacco. Dopo una breve ma valorosa resistenza, la prima trincea, posta sulla collina Canrobert, fu presa dal reggimento Azow; e questo primo successo si trasse dietro la fuga dei Turchi — rimasti senza soccorsi — anche dalle trincee rimanenti, che furon conquistate dai Russi. Mentre accadevano questi fatti, Cardigan si trovava ancora nel suo yacht; dimodochè lord Giorgio Porget, uno dei suoi ufficiali dello Stato maggiore, assunse sopra di sè di far ischierare la cavalleria leggera nel piano di Balaclava. — Lord Raglan comparve per tempo sul campo di battaglia. Per proteggere il villaggio di Cadicoi, fece occupare anzitutto la strada che vi conduceva dal 93.° reggimento dei Highlanders. A questo reggimento si congiunsero i Turchi respinti. Anche le Guardie e la divisione Cathcart vennero chiamate sul posto.

Dal canto loro, i Francesi non istavano inoperosi. Non appena Canrobert scorse le bandiere russe piantate sulle trincee inglesi, diede subito ordine alle brigate Espinasse e Binoy di avanzarsi, rinforzandole di cavalleria. In pari tempo la divisione Bosquet prendeva posizione sui fianchi del monte Sapun, che si trova a ponente della vallata di Balaclava.

Si trattava ora per Liprandi, dopo la sua prima vittoria, d'impadronirsi del parco d'artiglieria che stava presso Cadicoi. Egli ne affidò il compito al generale Rijof, il quale, con una brigata di Usseri, nove sotnie di Cosacchi e due batterie montate s'avanzò sulla strada tra la 3.ª e la 4.ª trincea. Di questa colonna, sei squadroni di Usseri del reggimento Granduca di Weimar e tre sotnie

di Cosacchi assalirono i Higlanders. Questi stettero saldi come una
muraglia; lasciarono avanzare i Russi fino a una trentina, di passi;
e quando poi spianarono i fucili, la loro imperturbabilità bastò sola
a produrre il disordine nelle file nemiche. I Russi, ciò non ostante,
si spinsero avanti sotto una fitta grandine di palle fin presso al
parco di artiglieria; ma, essendo questo protetto dai fossi, furono
costretti a tornare indietro. Quasi nel tempo stesso dell'attacco
diretto contro i Highlanders, un più grosso riparto di truppe appartenente alla colonna Rijof e formato di Usseri di Leuchtemberg
e di Cosacchi dell'Ural, ne effettuava un altro contro la cavalleria pesante degl'Inglesi. Questa, che constava dei dragoni di
Scots-Grey e di Inniskilbing sotto il comando di Scarlett, aveva
ricevuto da lord Lucan l'ordine di prender posizione a sinistra dei
Highlanders. Allorchè i Russi furono in vista, i generali Scarlett
e Lucan vennero un istante a colloquio insieme, e deliberarono di
non aspettar l'attacco, ma di balzare in mezzo alla colonna nemica,
con uno squadrone di dragoni e due squadroni Scots-Grey, ossia
in tutto 300 uomini appena. Poi, giacchè dell'altra cavalleria si avanzava ancora, altri sette squadroni poterono aggiungersi *in seconda
linea* al combattimento. Il numero tuttavia dei Russi che prorom-
pevano all'attacco non era inferiore a 2900 uomini di cavalleria.

Il disegno di fare impeto contro cotesta massa era tanto più
audace, inquantochè, mentre quest'ultima scendeva giù dal pendìo,
il cuneo dei 300 doveva in quella vece spingersi innanzi in salita.
Se non che, a un tratto, alla distanza di 400 metri i Russi fecero
alto. Scarlett seguito dal suo aiutante Elliot si slancia incontro ai
Russi, senza che la sua cavalleria, trattenuta dalle difficoltà del
terreno, potesse seguire i suoi passi. Un ufficiale russo assale Elliot,
e viene da questo passato da parte a parte. Il colonnello dei dragoni
Grauen, Griffith, è gravemente ferito alla testa e deve cedere ad
altri il comando dei suoi. I Russi sono impediti dalla densità stessa
della loro massa; pure essi avrebbero senza dubbio fatto a pezzi
la piccola schiera, qualora fossero stati meglio condotti. La cavalleria
inglese, combattendo senza posa, si faceva largo intorno; tuttavia quel
combattimento disuguale non sarebbe rimasto sì a lungo indeciso, se
Scarlett, accortosi dell'intenzione del·nemico di accerchiare oramai
la sua schiera da ambedue le parti, non avesse chiamato in suo
soccorso per mezzo del maggiore Conolly uno squadrone del 5.º reggimento Dragoni ed uno del 4.º Guardie, che stavano nella riserva

trattenuta indietro da Lucan. Costoro assalirono i Russi all'ala destra e alla sinistra, e li costrinsero a cedere. Gl'Inglesi, sostenuti ora dall'artiglieria, si diedero a inseguire la cavalleria russa, infliggendole alcune perdite. — Cotesto assalto di cavalleria di 300 uomini contro 2900, del quale Raglan nel suo rapporto ufficiale disse che era stato uno dei più splendidi ch'egli avesse veduti mai, prende posto in verità tra i più arditi della recente storia della guerra. Ognuno di quei 300 aveva sostenuto individualmente un combattimento da eroe. I Francesi, che avevano assistito a quel fatto d'armi dalle alture, poterono ammirarlo soltanto, pur senza approvarlo. Scarlett ne riportò cinque leggere ferite; il suo aiutante Elliot, che i Russi sembrano aver preso per il comandante della schiera, fu colpito da non meno di quattordici sciabolate, una delle quali gli tagliò da un capo all'altro la faccia. Dal principio dell'assalto alla sconfitta della colonna russa non più di 10 minuti erano trascorsi.

Non doveva essere questo l'ultimo fatto d'armi della cavalleria inglese in quel giorno. La ritirata dei Russi parve a Raglan offrisse opportunità favorevole a riguadagnare le alture, il cui ufficio era di proteggere il suo campo da settentrione. Abbiamo già accennato com'egli avesse chiamato sul posto la divisione Cathcart e la Guardia. La prima, per aver seguito un falso cammino, non potè giungere che tardi sul luogo; onde, per non perder tempo, Raglan diede ordine definitivo al comandante di tutta la cavalleria riunita perchè la facesse avanzare alla riconquista delle alture, aggiungendo che la fanteria, la quale aveva ricevuto ordine di marciare innanzi su due fronti, avrebbe avuto il còmpito di proteggerla. Lord Lucan, del quale abbiam già accennata la tendenza a criticare i comandi ricevuti, non intendendo l'urgenza del caso, preferì di attendere prima l'arrivo della fanteria. Nel frattempo però parve a Raglan di notare che i Russi desser mano a fare attaccare i cannoni di cui s'erano impadroniti; e ne inferì che si disponevano alla ritirata. Impartì pertanto a Lucan un nuovo e più imperioso comando di questo tenore: « La cavalleria si avanzi di fronte, e tenti impedire al nemico di trascinar via i cannoni ». Gli raccomandò poi di farsi accompagnare dall'artiglieria, e concluse con le parole: « La cavalleria francese è alla nostra destra. Subito! ».

Quest'ordine, dettato al quartiermastro generale Airy e trasmesso al comandante in capo della cavalleria dal suo aiutante capitano

Nolan, lo empì di nuovo stupore. Egli rispose che non vedeva il
nemico dinanzi a sè, e che del resto i Russi, i quali frattanto si
erano riordinati, non s'apprestavano affatto a ritirarsi. Ma il giovane e focoso Nolan replicò, essere la marcia in avanti una volontà
assoluta di lord Raglan; per la qual cosa Lucan si risolvette a comunicare quest'ordine al cognato suo lord Cardigan. Per verità,
quest'ultimo doveva soltanto alla sua poca perspicacia il non aver
preso alcuna parte al combattimento della cavalleria pesante che
abbiamo or ora descritto. Infatti, lord Lucan gli aveva precedentemente dato ordine di *non abbandonare a nessun patto* il posto
da lui preso: senza tuttavia immaginare in alcun modo che Cardigan,
per l'accidente sopravvenuto che aveva posto in pericolo sotto i
suoi occhi la cavalleria pesante medesima, non si sarebbe mosso
affatto per venirle in aiuto con i cavalleggeri suoi. Ora però era
venuta la sua volta. Sulle prime trovò anch'egli da ridire sul grave
pericolo che si traeva dietro l'ordine di lord Raglan; ma quando
il suo superiore gli ebbe esposta la necessità di obbedire, abbassò
la spada e saltò in groppa al suo cavallo, gridando: « Avanti l'ultimo
dei Cardigan ». — Il piano dell'attacco stabiliva che la brigata pesante Scarlett, la quale allora appena era sfuggita a una catastrofe,
dovesse con Lucan alla testa seguire immediatamente in appoggio
della cavalleria leggera. A Nolan era toccato in sorte non solo di
trasmettere l'ordine di Raglan, ma di cooperare benanco alla sua
esecuzione. Partì egli insieme con Cardigan. Questi si precipitò
come un indemoniato via per la scesa così furiosamente, che la
sua propria brigata lo seguì a fatica; e poichè, ignaro della località,
fin dal bel principio si diè a battere un falso cammino, e Nolan,
oltrepassando la sua fronte, volle, come ufficiale dello Stato maggiore, ricondurlo sulla diritta strada, egli non ebbe mente ad
altro se non alla sconvenienza di quella mossa, senza apprezzare
ch'ell'era pure opportuna per la salvezza di tutta l'impresa. Nulla
curando le minacciose bocche di fuoco, si gettò, seguito da pochi
de' suoi, contro una batteria russa fortemente armata, fece strage
dei cannonieri, e non s'accorse neppure che il cavallo di Nolan,
col cavaliere rimasto subito ucciso ma ancora ritto in sella, istin-
tivamente aveva dato vòlta. Solo quando i Russi, sgominati sulle
prime, ebbero rotte le sue file, e quando, caduti a schiere i suoi
cavalieri, egli, rimasto senza aiutante, vide gli uomini dei suoi
squadroni dispersi e disseminati qua e là ritirarsi, dovette egli

pure tornare indietro. Passò a cavallo attraverso la trincea da lui disarmata; ma nel ritirarsi venne a urtare contro il terribile fuoco d'artiglieria del monte Tediukin. — Lucan con la cavalleria pesante potè solo lentamente seguirlo; ma poichè le sue truppe, per l'appoggio che tuttavia in parte avevan dato alla brigata leggera, avevano già sofferto delle perdite abbastanza rilevanti, dovette ben

General Cardigan.

presto convincersi, di fronte a tale inconveniente, che qualora egli avesse continuato a sostenere tuttavia *senza interruzione* l'attacco dei cavalleggeri, anche la sua cavalleria pesante ne sarebbe stata annientata. Risolvè pertanto di non proseguire più oltre, limitando il suo aiuto all'effetto di proteggere la ritirata. Per tal modo, tutta la brigata di Cardigan sarebbe stata infallibilmente distrutta, se i cacciatori d'Affrica di D'Allonville non le fossero venuti in soccorso. Cardigan stesso, benchè ferito, potè grazie alla sua natura di cacciatore e all'eccellente cavalcatura spingersi avanti fino al generale Scarlett; e al camerata si diè premura di raccontare, non tanto il suo stesso pericolo, quanto l'infrazione alla disciplina di cui Nolan s'era reso colpevole. Solo allora apprese la morte eroica del suo giovane aiutante, il cui cadavere era stato trovato durante la ritirata da un amico suo, il capitano Morris, anche lui gravemente ferito.

I Russi, nonostante la grande superiorità del numero, s'erano mostrati assolutamente incapaci di tagliare la ritirata alla cavalleria inglese, e persino di farne prigionieri dei piccoli drappelli; chè gli Inglesi, sia a uno a uno sia a gruppi, eran riusciti a sfuggire di tra i riparti di Ulani e di Cosacchi. Dei 673 uomini della brigata leggera, soltanto 195 n'eran rimasti; del 13.° reggimento leggero Dragoni, soli 10 uomini. Attacco e ritirata avevan durato in tutto non più di venti minuti.

Subito dopo, tra Raglan e il suo generale di cavalleria si venne a una spiegazione estremamente penosa, negando il primo d'aver mai dato l'ordine d'un attacco di fronte da parte della cavalleria. In Inghilterra l'eco di quell'avvenimento fu dolorosissimo; e ancora anni dopo, gli animi erano commossi da un processo intentato da lord Cardigan contro l'autore delle lettere dal quartier generale, tenente colonnello Calthorpe. — Dopo il detto scontro di cavalleria, la battaglia ebbe termine con delle cannonate abbastanza insignificanti, scambiatesi dall'una parte e dall'altra; ma i Russi rimasero padroni delle trincee esterne del campo di Balaclava — e, pertanto, della strada Worontzow, che agli inglesi era necessaria per il congiungimento con l'esercito che assediava Sebastopoli; il che ebbe un effetto estremamente dannoso per gli alleati negli avvenimenti di poi. — Lord Raglan aveva veduto giusto quanto alla necessità di riprendere le trincee settentrionali del suo accampamento: se non che, da un lato era troppo debole in sè e per sè la difesa onde quest'ultimo era stato munito; e d'altra parte, non avendo egli tenuto conto delle notizie pervenutegli il giorno innanzi alla battaglia, aveva trascurato di mandare già fin dal primo mattino ai Turchi dei rinforzi; in ogni modo poi, assolutamente infelice era stato il suo comando di esporre, prima dell'arrivo della fanteria, a grandi e inevitabili perdite la sua già poco numerosa e splendida cavalleria, dopo che nello stesso giorno era stata un'altra volta messa sì duramente alla prova.

XI.

La guerra di Crimea

(Continuazione)

Sortita dei Russi sotto Feodorow, 26 ottobre 1854. - Mentre gli alleati preparano un assalto per il 7 novembre, il 5 un attacco vigoroso si effettua da parte dei Russi. - La battaglia d'Inkerman. - I corpi di Soimonow e di Paulow sotto Dannenberg; compito affidato al corpo di Gorciakow e al generale Moller; i granduchi Niccolò e Michele; gl'Inglesi sorpresi nel loro accampamento; le colonne Soimonow e Paulow si azzuffano con gl'Inglesi sull'altipiano; morte di Soimonow; prima vittoria degl'Inglesi; il secondo riparto della colonna Paulow; la lotta intorno al ridotto di sacchi di terra; perdite spaventose degl'Inglesi; richiesta di aiuti francesi; intervento di Bosquet; ritirata dei Russi; il còmpito di Gorciakow e quello di Moller falliti; le perdite d'ambe le parti. - Pubblica attestazione di riconoscenza da parte degl'Inglesi all'esercito francese. - Bismarck e la battaglia d'Inkerman - Scambio di dispacci tra i comandanti in capo delle Potenze occidentali e Menscikow. - L'assalto vien differito, e più ampiamente sviluppato il sistema di difesa degli alleati.

Gli ultimi giorni del mese d'ottobre trascorsero in mezzo agli allestimenti d'opere di offesa e di difesa, e al fuoco d'ambe le parti. Il 26 ottobre, il colonnello Feodorow faceva contro la seconda divisione inglese una sortita, che venne respinta da Lacy Evans e dal duca di Cambridge venuti in suo sostegno. Feodorow stesso uscì dal combattimento gravemente ferito, e le perdite complessive dei Russi salirono a 270 uomini di truppa e 25 ufficiali, tra morti e feriti. In quest'occasione, tuttavia, avevano imparato a conoscere — cosa che si palesò di non poca importanza per loro — così le posizioni degl'Inglesi sull'altipiano, come la debolezza delle loro opere di difesa. Oltrechè, dalle nuove batterie piantate dai Francesi dinanzi al bastione Mast e da altri indizii poterono indurre che contro cotesto bastione si preparava un attacco. Venne pertanto predisposta opportunamente la difesa della parte interna della città, che si trovava appunto in cotesta linea di tiro, utilizzando a tal fine anche la chiesa cattolica, munita di grosse mura. Quando i Francesi ebbero rizzata la terza parallela, si trovarono a soli 150 metri ancora dal bastione sopraddetto (1), tanto ch'esso parve difficilmente sostenibile. L'assalto fu infatti fissato per il 7 novembre; e, contemporaneamente ai Francesi — i quali avevano per obbiettivo il bastione Mast —, gl'Inglesi dovevan muovere all'assalto del grande Redan. I Russi adunque a maggior ragione dovettero affrettarsi a liberar Sebastopoli mediante un potente attacco di fianco contro gli alleati; e i rilevanti rinforzi che avevano ricevuto nel frattempo, del pari che i vantaggi di posizione raggiunti a Balaclava, non potevano che incoraggiarveli. L'assalto, data la posizione del luogo del combattimento, doveva anche questa volta, come a Balaclava, incominciare a oriente della città, e pertanto di nuovo anzitutto contro il campo inglese.

Da cotesto lato si getta la Cernaia nella grande rada di Sebastopoli. Inkerman sta sulla riva destra del fiume: sulla sinistra è un'alta pianura ineguale, dipendente dal monte Sapun, sulla quale si trovava la seconda divisione inglese, e che impropriamente vien chiamata l'altipiano d'Inkerman. Gli alleati, in questa posizione sì importante per entrambi gli eserciti, avevano commesso il medesimo errore che i Russi presso l'Alma sull'altipiano di Aklès. Difeso sostanzialmente dalla natura stessa, ma posto pur sempre su di una campagna alla quale conducevano due strade, pare che gl'Inglesi non avessero stimato affatto indispensabile di rafforzarlo più solidamente per mezzo di lavori di terra. In codesta parte del loro campo essi non avevano rizzato in tutto se non un solo ridotto di sacchi di terra e due gabbionate con esso congiunte, le quali, al pari del ridotto stesso, non erano ancora compiute nè armate. Inoltre, la vecchia strada che attraversava il campo e sboccava al ponte d'Inkerman era sbarrata solo mediante una debole trincea. Alla distruzione della via più importante di accesso per l'attacco dei Russi concentrati fuori di Sebastopoli, ch'era il ponte sulla Cernaia presso Inkerman, o almeno alla padronanza assoluta

---

(1) Secondo Todleben, 65 sagene.

di esso per mezzo di opere munite, o fosse per negligenza, ovvero
per insufficenza di forze, non s'era pensato.

A quanto pare, il piano di cotesto importante attacco non s'era
voluto lasciare interamente e soltanto al principe Menscikow. In

Scala 1:112.500 ._____._____._____Chilometri

Il campo di battaglia d'Inkerman.

seguito a notizie diplomatiche, l'Imperatore medesimo lo aveva fatto
preparare dallo Stato maggiore generale a Pietroburgo; il che vien
confermato dal fatto che due figli di lui vennero mandati sul luogo
del combattimento. Il piano era così concepito. Un corpo che si
trovava a Sebastopoli stessa sotto il comando del luogotenente generale Soimonow, costituito dai reggimenti di fanteria Jekaterinen-
burg, Vladimiro, Suzdal, Butirsk, dai reggimenti di cacciatori Tomsk,

Kolivansk e Uglič, del 6.° battaglione di tiratori e d'uno di zappatori,
più d'una sotnia di Cosacchi — in tutto 18.929 uomini forti di
38 cannoni — doveva porsi in marcia fin dalle 6 della mattina
per la stretta *gola della Darsena*. Secondo un piano di Todleben,
gli zappatori che accompagnavano la forte colonna avevan ricevuto
l'ordine di trincerare immediatamente le posizioni occupate dagli
Inglesi. In pari tempo, un altro corpo concentrato sulle alture di
Inkerman *di là* dalla Cernaia sotto il comando del generale Paulow
— composto dei reggimenti di fanteria Selinghinsk, Jakutsk, Okotsk,
Borodino e Tarutino, del 4.° battaglione tiratori e di 96 cannoni, in
tutto 15.806 uomini — doveva pel ponte di Inkerman venire incontro
al generale Soimonow. Effettuata la congiunzione dei due corpi,
il generale di fanteria von Dannenberg doveva assumere il comando
di entrambi. Un terzo corpo, sotto il comando del principe Pietro
Gorciakow, postato presso Ciorgun, e composto dei reggimenti di
fanteria Azow e Dniepr, dei reggimenti di cacciatori Ucrania e
Odessa, dei reggimenti di dragoni Granduca ereditario, Costantino e
Michele, dei reggimenti di Usseri Duca di Leuchtenberg e Granduca
di Sassonia-Weimar, del testè creato reggimento degli Ulani, dei
reggimenti di Cosacchi del Don e dell'Ural, con 88 cannoni, in tutto
forte — nonostante le perdite sofferte — ancor sempre di 20.000
uomini, doveva sostenere l'attacco generale, e impadronirsi d'una
delle strade del monte Sapun, sul quale, come già s'è accennato,
giace il cosiddetto altipiano d'Inkerman. Non appena fosse possibile, anche i dragoni dovevan raggiungere le alture. Finalmente,
il tenente generale von Moller con la guarnigione stessa di Sebastopoli aveva il compito di non perder di vista l'attacco, proteggere con la sua artiglieria l'ala destra, ossia il corpo di Soimonow,
e, possibilmente, impadronirsi delle batterie d'assedio nemiche. A
conseguir quest'ultimo intento, Moller affidava al generale Timofeyew — pel caso che i Francesi, impegnati a difendere le loro
opere, apparissero deboli — di fare una sortita, con i reggimenti
Minsk e Tobolsk e con 12 cannoni leggeri, dal bastione n. 6, e
d'impadronirsi delle loro batterie. Una minor suddivisione, forte di
soli 3862 uomini e composta dei reggimenti di cacciatori Granduca
Michele e Camciatka con relativa artiglieria, ebbe il compito di
proteggere la strada di Bakciserai, e pertanto la possibile ritirata.
Menscikow doveva, in vicinanza del ponte d'Inkerman, dirigere
l'azione. Egli era così certo della vittoria, che il 30 di ottobre, in

una lettera diretta a Paskiewič a Varsavia e sequestrata, gli
scriveva: « Io nutro fiducia che l'avvenire conserverà il ricordo
« della esemplare correzione inflitta alla temerità degli alleati. Se i
« nostri benamati Principi saranno qui, io rimetterò nelle loro mani
« intatto il prezioso deposito affidatomi dalla fiducia dell'Imperatore.
« Sebastopoli resta a noi; il cielo protegge visibilmente la Russia.
« Vogliate, o mio principe, recar ciò a conoscenza del nostro augusto
« Sovrano, a piena soddisfazione del generoso suo cuore ».

A questo serio e prudente piano d'attacco contro l'esercito alleato,
forte in tutto e per tutto di non più che 65.000 uomini, e al quale
Menscikow poteva, comprendendovi la guarnigione di Sebastopoli,
contrapporne uno di maggior numero, veniva dato un carattere
solenne per l'arrivo, seguìto il 3 novembre, dei due figli dell'Imperatore, granduchi Niccolò, Ispettore generale del corpo del genio,
e Michele, Generale quartiermaestro dell'artiglieria; i quali da Menscikow e Dannenberg vennero guidati nell'accampamento di Paulow.
Nella notte che precedette all'attacco, gli assedianti poterono udire
l'insolito movimento clamoroso della città, e lo scampanìo e i canti
che accompagnavano nelle chiese di Sebastopoli le preghiere per
la felice riuscita dell'impresa. Onde a maggior ragione deve recar
meraviglia la mancata previdenza degl'Inglesi.

Il 4 di novembre era stato una piovosa giornata autunnale, e
le accidentate e in parte ripidissime strade intorno a Sebastopoli
eran rese assai molli per l'acqua caduta. La mattina del 5 — una
domenica — fu nebbiosa e fredda. Alle cinque, Soimonow con la
sua colonna uscì fuori dal piccolo Redan, si mise in marcia per
la *strada degli Zappatori*, che attraversa il monte Sapun nella
sua parte settentrionale, e dopo un'ora giunse sull'altura posta immediatamente di fronte alle linee inglesi. La fitta sterpaglia che
si trova quivi e la nebbia erano assai atte a celare l'avanzarsi d'un
nemico. Nel momento che Soimonow si metteva in marcia da Sebastopoli, il generale Codrington aveva fatto appunto la sua ronda
nella nebbia, senza scoprire alcunchè di sospetto; ma non era ancora
tornato al suo bivacco, quando udì dei colpi, e incontrò alcuni fuggiaschi della brigata leggera, che avevan potuto, grazie all'oscurità,
mettersi in salvo, mentre i loro camerati erano stati fatti prigionieri a un avamposto. Soimonow s'era già schierato con 22 cannoni in ordine di battaglia, e il generale Jabokritzky aveva potuto
seguirlo con tutta la riserva, mentre gl'Inglesi dormivano ancora,

e i primi colpi giungevano alle loro tende, ferendo uomini e cavalli (1). Tutto l'accampamento degli alleati fu tosto in allarme. Mentre gl'Inglesi si schieravano, i Russi occuparono le trincee, in parte ancora, come s'è detto, disarmate. Nel comando della divisione più da vicino minacciata — quella di Lacy Evans — s'era prodotto frattanto un po' di disordine, perchè questo generale, essendo caduto dal cavallo, s'era dovuto far trasportare sur una nave nel porto di Balaclava, onde dovette mettersi a capo di essa il general di brigata Pennefather. I cannoni di Soimonow posti sotto gli ordini del generale Villebois, che s'eran postati sui flanchi del *colle dei Cosacchi* elevantesi sull'altipiano, avevan già cominciato a battere direttamente il campo di Pennefather e di Buller; ma, sebbene la nebbia rendesse assai difficile il tiro, Villebois era rimasto ferito nell'attacco. Quando le due brigate della seconda divisione furon costrette a cedere dinanzi al preponderante numero dei Russi, si ritrassero fino all'estremità del loro campo, e attesero quivi la fanteria russa. Ma qui si ripetè un fatto già un'altra volta notato: che le lince russe, cioè, in presenza del contegno fermo della fanteria inglese così superiormente armata, s'arrestarono d'un tratto. Soimonow, ciò vedendo, balzò rapido innanzi, per dar coraggio alla sua gente; ma cadde subito mortalmente ferito. Frattanto il diradarsi della nebbia diè modo agl'Inglesi d'aggiustare il loro tiro meglio che non fosse stato possibile al cominciar dell'attacco; per la qual cosa caddero, oltre ai due generali, gli ufficiali dei Russi in sì gran numero, che questi dovettero dare addietro. Jabokritzky, che aveva rinforzato i suoi 22 cannoni con altri 16 della riserva, coperse la ritirata. I reggimenti Uglič e Butirsk ch'egli aveva fatto avvicinare fecero « alt », e non poterono se non assistere, scoraggiati, al ritirarsi della colonna Soimonow.

Questa prima vittoria degl'Inglesi fu tanto più notevole, inquantochè non solo s'eran trovata di fronte la gente di Soimonow, ma benanco una parte del corpo di Paulow. Quest'ultimo, infatti, dovendo il ponte d'Inkerman esser prima riattato a dovere, non potè trovarsi sulla riva sinistra della Cernaia prima delle 7 antimeri-

---

(1) Questo fatto contraddice l'esposizione ch'è nelle *Memorie del principe Vitzthum*, I, p. 85; secondo la quale i Russi avrebbero perduta la battaglia d'Inkerman soltanto in seguito alle comunicazioni fatte da Niccolò I al conte Münster, e al successivo furto di dispacci berlinesi che vi si riconnette.

diane; e giunse in due riparti sul campo di battaglia, ch'era già giorno fatto. Di esso, il reggimento Borodino e due battaglioni del reggimento Tarutino raggiunsero il corpo di Soimonow nel momento che questo era alle prese con la brigata Pennefather. Gli altri due battaglioni Tarutino, che, imitando gli Zuavi all'Alma, s'eran direttamente arrampicati fin sulle alture, si posero di fronte alla brigata Adams, che combattè un tratto con varia vicenda. Lord Raglan era comparso sul campo di battaglia alle 7, e s'era tosto reso conto della gravità del combattimento. Diede ordine alla divisione Cathcart di sostenere l'ala destra, alla brigata Campbell d'appoggiare la sinistra. Canrobert comandò al generale Forey di staccare una brigata dal corpo d'assedio, per mandarla sul luogo della mischia; e in pari tempo ebbe campo di vedere le opportune misure prese da Bosquet, consistenti nel lanciare in tutta fretta Bourbaki con due battaglioni e mezzo e due batterie montate in aiuto agli Inglesi. Allorchè Bosquet offerse quest'ultime ai generali Brown e Cathcart, essi le giudicarono superflue per il momento, e lo pregarono solo di coprire la loro destra. Bosquet, oltr'a ciò, rafforzò ancora con due altri battaglioni di Bourbaki la posizione al Telegrafo, tenendo tuttavia con sè un battaglione di Zuavi, quattro compagnie di cacciatori e due batterie.

Il duca di Cambridge non aveva sotto mano altro che la sua brigata di Guardie; gli Scozzesi, come sappiamo, stavano sul campo di Balaclava. — Con tali truppe scelte, comandate dal maggior generale Bentink, s'era affrettato al soccorso della brigata Adams. Impadronitisi i Russi per la seconda volta della batteria di sacchi di terra, ne scacciarono a forza, combattendo a corpo a corpo, le Guardie. Pennefather e Buller, che avevano già respinto a quell'ora il corpo di Soimonow, poterono pertanto venire in aiuto ai loro da cotesta parte, talchè i reggimenti Borodino e Tarutino finirono col subire la medesima sorte di quello. Alle 8 del mattino, i primi riparti di entrambi i corpi, consistenti di non meno di 20.000 uomini, eran messi interamente fuori di combattimento. Le fratte, che avevan reso un così grande servigio all'avanzarsi dei Russi, valsero da questo momento ai tiratori inglesi quale riparo, donde potevano con tutta sicurezza bersagliare gli artiglieri russi. Lo stesso Dannenberg, che sur una collina coperta di cannoni dirigeva la battaglia, vi ebbe due cavalli uccisi; e le palle inglesi giunsero fino alla parte più alta della gola di San Giorgio, dove si trovavano con Menscikow i Granduchi.

Ripreso nuovamente dai Coldstreams il ridotto di sacchi di terra,
ecco giungere sull'altipiano i restanti reggimenti del corpo Paulow.
Dannenberg allora comanda ai reggimenti Okotsk e Jakutsk con
22 cannoni di assalir l'ala destra degl'Inglesi. Per tal modo, una
nuova mischia si accese intorno a quel ridotto. Ad alcune singole
parti del reggimento Okotsk riuscì di penetrare nell'interno di esso;
ma nè dinanzi a questi nè di fronte al fuoco micidiale dei cannoni
russi i Coldstreams cedettero. Una zuffa delle più sanguinose parve
concedere ora agli uni ora agli altri la vittoria. Chi più non aveva
sotto la mano la baionetta o la mazza cercava d'atterrare il nemico a sassate o a randellate. Alla fine, le Guardie inglesi dovettero
cedere, dopo aver perduto 200 uomini sopra 600. Ma anche il colonnello del reggimento Okotsk, Bitikow, era caduto. Eran frattanto
accorse la divisione Cathcart e le brigate Campbell, Adams, Torrens
e Goldie. Avendo dato addietro il reggimento Okotsk, Dannenberg
fece avanzare in suo sostegno i reggimenti Jakutsk e Selinghinsk.
La brigata Torrens guidata da Cathcart in persona, fu per un
momento in pericolo d'esser tagliata fuori, e dovette sostenere
una vera lotta di vita o di morte per aprirsi un varco attraverso
il nemico. Il generale Cathcart e il suo aiutante colonnello Seymour
vi rimasero uccisi, feriti i generali Torrens, Goldie, Bentink, Adams
e Buller; in tutto, ben 515 uomini degl'Inglesi furono in quella
mischia messi fuori di combattimento. Anche il generale d'artigle-
ria Strangways cadde, a fianco dello stesso lord Raglan. Il quale
pertanto risolvè finalmente di chiedere aiuto ai Francesi. Infatti,
sebbene Bosquet se lo fosse aspettato da un pezzo, e alla posizione
di fianco di Gorciakow non attribuisse punto l'importanza che
essa aveva avuto in origine nel piano dello Stato maggiore russo,
pure, lui al pari d'ogni altro comandante — tanto più ch'era possibile il pericolo d'una qualche sortita da Sebastopoli — doveva
sopra tutto avere occhio a tenere il proprio posto. Oltrechè, avendo
di prima mattina i generali inglesi ricusato il suo aiuto, egli non
potè far altro, al primo momento, se non avanzare i due battaglioni
e mezzo di Bourbaki, dei quali s'è fatto cenno più sopra; i quali
tuttavia, di fronte alla preponderanza numerica dei Russi, soffersero
perdite non indifferenti, fra cui quella del colonnello Di Camas del
6.° reggimento di linea; e dovettero quindi ritirarsi. Se i Russi in
quell'istante si fossero spinti innanzi risolutamente, avrebbero con
molta probabilità impedito il sopravvenir di nuovi rinforzi francesi,

e reso assai dubbio l'esito della battaglia. Bosquet adunque aspettava egli pure con la massima impazienza i suoi propri rinforzi. Arrivarono finalmente quattro compagnie del 3.° battaglione Cacciatori d'Affrica, un battaglione di Zuavi e uno di tiratori algerini.
La lotta intorno al ridotto di terra ricominciò allora più terribile
che mai. Al precedente bagno di sangue s'aggiunse ora una terribile carneficina, svolgentesi in mezzo alle più selvagge esplosioni
di furore; e quando Bosquet a fatica riuscì sul suo cavallo a le-
varsi fuori da quel mucchio di vittime della primiera e della presente mischia accatastate alla rinfusa l'una sull'altra, esclamò:
« Che macello! ». — La storia della guerra di Crimea ha mantenuto
questa denominazione: « *Batterie de l'Abattoir* ». Per poco i reggimenti Jakutsk, Selingbinsk e Okotsk non riuscirono ad accerchiare
i Francesi; per poco Bosquet stesso non fu fatto prigioniero. Ma
in buon punto sopravvenne il generale Morris col 4.° Cacciatori
d'Affrica e una batteria, e poco appresso il generale d'Autemarre
con tre battaglioni e con cannoni freschi; talchè Bosquet diè nuovamente ordine a Bourbaki d'avanzarsi. Mette qui conto di osservare che l'intiera artiglieria russa, della forza di 86 cannoni — che
furono portati da ultimo a 94 pezzi — per tutta la durata della
battaglia rimase immobile su un fianco del monte dei Cosacchi,
mentre quella degli alleati con mobilità grande seguì sempre or
questa or quella parte dei combattenti, e potè quindi cooperare
con assai più d'efficacia all'esito della battaglia. Ciò in particolar
modo fu manifesto a questo punto, sotto la condotta del colonnello
Forguet. Verso le 11 i Russi, battuti qui, dovettero ritirarsi; furon
quindi dagli Zuavi, da altre truppe d'Affrica e dall'artiglieria letteralmente fatti a pezzi, e restarono in parte insepolti nella stretta
gola, dove dopo il termine della guerra se ne trovarono le ossa. La
ritirata *generale* dei Russi, alla quale Menscikow, alla presenza dei
Granduchi aveva dovuto piegarsi, fu ancora abbastanza felice, data
la immane disfatta da essi sofferta. Una parte delle truppe ritornò
per la gola della Darsena a Sebastopoli; un'altra si diresse alla
volta d'Inkerman, presso al qual borgo le navi *Vladimiro* e *Chersonneso* che si trovavano nella grande rada di Sebastopoli protes-
sero la colonna in ritirata dall'ulteriore inseguimento di Bosquet.
Una parte dell'artiglieria, che ripiegò verso Sebastopoli, sarebbe
caduta in mano al nemico, senza un'abile manovra improvvisata
dal colonnello Todleben, che la protesse per mezzo di cannoni por-

tati di fresco. Il resto dell'artiglieria, coll'aiuto degli zappatori e dei soldati di marina, venne felicemente ricondotto a Sebastopoli la sera.

Bosquet, quando fin dalla mattina per tempo stimò che Gorciakow mirasse piuttosto a una simulazione d'attacco che a un'azione effettiva, aveva in realtà dimostrato più di fidarsi nella forte situazione dell'accampamento, che non di conoscere esattamente il vero piano dei Russi. La partecipazione di Gorciakow alla battaglia era, indubbiamente, resa più difficile dalle condizioni del terreno, ma non impossibile; e la sua azione si sarebbe potuta svolgere, se i due corpi assegnati all'assalto diretto contro il campo inglese avessero conseguito dei vantaggi per qualche rispetto duraturi. Se non che, il principe Gorciakow s'era limitato a nulla più che un cannoneggiamento affatto infruttuoso, mentre un felice intervento diretto da parte sua avrebbe spezzato il campo alleato in due metà, e sbarrata agl'Inglesi ogni via di ritirata verso Balaclava (1). In simil modo venne frustrata l'altra diversione, che doveva consistere in una sortita da Sebastopoli contro le batterie francesi. Per vero, il generale Timofeyew s'era impadronito della 1.ª e 2.ª batteria francese sul monte Rodolfo, e aveva inchiodati i 15 cannoni che quivi si trovavano; ma poichè il generale Forey aveva mandate le brigate Lourmel e Aurelle in aiuto dei camerati che cedevano, mentre le divisioni Levaillant e Napoleone si schieravano poco discosto, così, stante il pericolo di venir tagliato fuori da Sebastopoli, Timofeyew dovette ritirarsi, senza che quella sortita avesse la minima efficacia sul campo della battaglia. Il generale Lourmel, che aveva tentato d'inseguire Timofeyew, venne ferito mortalmente; e rilevanti perdite ebbe a soffrire la sua brigata.

(1) TODLEBEN sembra aver sorvolato, per un riguardo verso il principe Pietro Gorciakow, alla costui inazione in quest'importante battaglia. Dal sopra menzionato piano dello Stato maggiore russo, secondo il quale Gorciakow doveva impadronirsi d'una delle strade del monte Sapun, e possibilmente spingere i dragoni lassù, già si rileva che non trattavasi d'una semplice dimostrazione, bensì d'una vera azione diretta; ma, a parte questo, Todleben pubblica (vol. I, pag. 481) le misure adottate a proposito di cotesta azione di Gorciakow, secondo le quali sulla riva *sinistra* della Cernaia, e pertanto proprio ai piedi stessi del luogo del combattimento, erano stati disposti 9 battaglioni, 20 squadroni e 40 cannoni. È il caso di domandare, dunque, se Gorciakow dovesse attendere una richiesta di Dannenberg, o nel momento opportuno operare da sè. — Cfr. anche le più diffuse istruzioni di Gorciakow in TODLEBEN, *Pièces justificatives*, p. 75.

La battaglia d'Inkerman fu una delle più micidiali del tempo più vicino a noi. Nell'azione principale, i Russi ebbero 6 generali, 208 ufficiali e 5937 soldati feriti; 43 ufficiali e 2945 soldati uccisi; a cui si devono aggiungere 1590 dispersi. Oltr'a ciò, la sortita di Timofeyew costò loro 23 ufficiali e 1071 soldati tra morti e feriti. Nello stesso giorno, poi, altri 10 ufficiali e 111 soldati caddero per opera delle batterie d'assedio. Le perdite inglesi furono anch'esse assai rilevanti: di 12.000 uomini che stettero al fuoco, 2 generali, 43 ufficiali e 589 soldati rimasero morti, e non meno di 7 generali, 100 ufficiali e 1778 soldati feriti, senza contare 63 dispersi.

Dolorosamente e con le lacrime agli occhi il duca di Cambridge, la cui uniforme era perforata dalle palle, esclamò: « Tutti i miei fratelli d'armi sono morti; non è mia colpa se io non sono caduto con essi! ». — Dei Francesi, che in piccola parte soltanto, sebbene *decisivamente*, presero parte al combattimento, morirono 26 ufficiali e 263 soldati; 98 ufficiali e 1339 soldati restarono feriti; 70 uomini dispersi.

Allorchè lord Raglan incontrò il generale Bosquet sul campo di battaglia, porgendogli la mano gli disse: « In nome dell'Inghilterra vi ringrazio! ». — Nel suo rapporto al duca di Newcastle scriveva: « È una grande soddisfazione per me richiamar l'attenzione di Vostra « Grazia sullo splendido contegno delle truppe alleate; Francesi e « Inglesi hanno gareggiato di coraggio, di valore, di spirito di sacri- « ficio. Io non tenterò d'entrar nei particolari delle mosse delle « truppe Francesi: temerei di doverne dare una rappresentazione « inesatta; ma sono superbo dell'occasione che mi si porge di ren- « dere omaggio al loro valore e ai servigi che con tanta efficacia « ci han reso, come di porgere un tributo d'ammirazione alla bella « condotta del loro capo immediato, il generale Bosquet ». In quel rapporto, lord Raglan poneva in rilievo anche i meriti del generale Canrobert, asserendo di non poter lodare abbastanza la cordiale sua cooperazione in ogni evento. Il 28 dicembre, Canrobert portò pure a conoscenza dell'esercito francese i pubblici ringraziamenti della regina d'Inghilterra, vale a dire della Gran Brettagna medesima.

Il 29 novembre 1854 Bismarck scriveva da Francoforte al presidente dei Ministri, von Manteuffel: « Sir A. Malet (il rappresentante « d'allora alla dieta federale) è ritornato oggi dall'Inghilterra; egli « ha parlato con parecchi ufficiali superiori che hanno assistito alla

« battaglia del giorno 5. Essi spiegano la perdita straordinaria di
« uomini subìta dai Russi col fatto che nella ritirata tre reggimenti
« sono andati a cacciarsi in una stretta gola, e che le truppe degli
« alleati per un'ora intera, con la mitraglia, con palle, con racchette
« hanno continuato a far fuoco « à bout portant » contro a quel
« fitto aggrovigliamento di uomini, e ad uccidere con le baionette
« e con le mazze i Russi quivi entro pigiati, che avevan cessata ogni
« difesa. « Les ravins étaient remplis à rouge-bord d'un hachis hideux
« de chair humaine, et le massacre a durè jusq'à ce que les cadavres
« entassès servaient de rempart aux survivants ». Secondo l'opinione
« di quei signori, soltanto l'inabile direzione dei Russi avrebbe salvato
« l'esercito alleato dalla più compiuta disfatta; e se quelli il dì se-
« guente avessero anche debolmente rinnovati i loro attacchi, la si-
« tuazione degli alleati si sarebbe fatta molto critica... A buon conto,
« i due ambasciatori delle Potenze occidentali non nascondono che
« presso di loro medesimi si nutre la maggior preoccupazione intorno
« alla sorte dei loro eserciti, anche per il caso che Sebastopoli venga
« presa » (1).

La situazione generale delle cose concordava perfettamente con
queste notizie. Sebbene gli alleati fossero usciti vittoriosi dalla battaglia d'Inkerman, essi avevano recato maggior danno all'effettivo
dei loro eserciti, che non alla Russia, la quale poteva dispoticamente
disporre del suo materiale d'uomini, e che non aveva mai, dopo nessuna delle date battaglie, proposto un armistizio per il seppellimento
dei morti. Possiamo dispensarci dal ricercare se fossero soltanto dei
riguardi umani quelli che determinavano il giorno 7 di novembre i
comandanti in capo delle Potenze occidentali a muoverne rimprovero
al principe Menscikow; rimprovero al quale questi, riconoscendo
indirettamente come perdute da lui tre battaglie, risolutamente
rispondeva: « che il dovere di seppellire i morti e di curare quanti
« erano stati feriti sul campo di battaglia spettava, in ogni tempo,
« a colui che ciò pretendeva ». Quanto al rimprovero, che parimenti
si faceva in quello scritto di Canrobert e di Raglan, d'aver cioè i
Russi massacrato i feriti, esso non potè mai, non ostante tutti gli
sforzi fatti — specialmente da parte degl'Inglesi, presso i quali
correva voce che Cathcart e Seymour fossero in cotesto modo periti
— venir dimostrato con qualche fondamento; e, nello stesso modo

(1) POSCHINGER, II, pag. 107.

che un simile fatto può riferirsi soltanto a pochi casi isolati, durante il fervor della mischia, così del pari i furti perpetrati da parte di qualche pessimo soggetto della legione straniera nella cappella di San Vladimiro (ai Russi specialmente sacra), spariscono, nel totale, di fronte alla protezione veramente efficace esercitata fino al termine della guerra a tutela di codesto santuario per opera degli alleati: avendo essi raccolta e conservata tutta la suppellettile di quella chiesa nel chiostro di S. Giorgio, e usato verso i suoi monaci ogni riguardo.

In un consiglio di guerra tenutosi il giorno 6 presso lord Raglan — consiglio al quale presero parte Canrobert, Bosquet, Bizot, Forey, Martimprey, Trochu, Airey, Burgoyne, England, Rose, Bruat e Lyons — l'assalto già fissato pel 7 novembre venne a voti unanimi differito, come poco opportuno, fino all'arrivo di nuovi rinforzi. La gravità della situazione in cui trovavasi l'esercito alleato si manifestò, tra altro, anche per la partenza del principe Napoleone e del duca di Cambridge, la quale così tra i combattenti come in mezzo agli spettatori di tutto il mondo produsse cattiva impressione.

Le lacune esistenti nel sistema difensivo degli alleati, sia al monte Sapun, sia in direzione di Balaclava, delle quali sopra si è fatta menzione, vennero ora colmate nel miglior modo possibile: fortificato il monte dei Cosacchi; ripristinata la batteria del Macello; tagliata la strada degli zappatori; la circonvallazione dell'altipiano da Balaclava fino a Inkerman condotta a compimento. Dal lato occidentale, si cercò di coprire con nuove opere di difesa le baie di Camiesch e di Streletzkaia, dove si trovavano i magazzini francesi.

— L'incertezza reciproca era così grande, che i Russi, al fine di proteggere il loro esercito d'osservazione contro un attacco degli alleati, distrussero il ponte sulla Cernaia.

XII.

La guerra di Crimea
(Continuazione)

L'uragano del 14 novembre; parecchie navi degli alleati, a Balaclava, a Camiesch, a Eupatoria, ne van sommerse. - Fallito attacco dei Russi contro Eupatoria. - Tentativo d'attacco dei Russi per mare. - Chiamata di Pélissier e di Osten-Sacken. - Tristi condizioni dell'esercito inglese dopo la battaglia d'Inkerman. - L'Inghilterra in cerca d'aiuto; chiamata d'un contingente dell'esercito sardo. - Il trattato del 26 gennaio 1855 con la Sardegna. - L'opinione pubblica in Inghilterra; il ritiro di lord J. Russell; la proposta di Roebuck e la caduta del Ministero Aberdeen. - Chiamata di lord Palmerston. - Inizio d'importanti riforme nel materiale da guerra inglese. - Effetti dell'invernata sugli eserciti di Francia e di Russia. - Mutamenti nel Comando superiore delle flotte delle Potenze occidentali. - Niel viene mandato in Crimea per riorganizzare l'esercito d'Oriente. - Infelice esito d'un nuovo tentativo dei Russi contro Eupatoria. - Ritirata di Menscikow. - Morte dell'imperatore Niccolò.

Quei lavori erano iniziati appena, allorchè gli elementi parvero congiurare a mutar sostanzialmente in peggio la condizione degli alleati intorno a Sebastopoli. Una settimana dopo la micidiale battaglia d'Inkerman, il 14 novembre, si abbattè sopra Sebastopoli un ciclone, quale dai più vecchi abitanti della penisola non s'era mai veduto l'eguale. Alla mattina per tempo, un uragano accompagnato da pioggia torrenziale sradicava dal suolo, scaraventandole per aria, capanne e legnaie. Le baracche del lazzeretto, sebbene meglio protette, vennero pure in parte distrutte, talchè parecchi feriti perirono sotto le travi cadute. Gli uomini, se non vollero esser lanciati lontano, dovettero aggrapparsi ai tronchi degli alberi e alle rocce; i cavalli dentro gli avvallamenti dove si trovavano per poco non affogarono. Distrutto n'andò fino il tetto del chiostro di S. Giorgio, incurvata la croce di ferro soprastante alla cappella. Dentro a Sebastopoli, i danni, seppure più sopportabili, non furono però minori. Le opere di terra che cingevan la città furon ridotte

a pantani, le trincee allagate; i magazzini di polvere corsero pericolo d'andarne inzuppati del tutto. Ma più spaventevole ancora,
se è possibile, ne furono gli effetti sul mare. La baia di Sebastopoli,
che si teneva perfettamente sicura, era diventata impraticabile;
alcune delle navi russe che vi si trovavano, sbalestrate qua e là,
s'impigliarono l'una con l'altra col loro sartiame; altre n'andarono
fracassate completamente. Al *Silistria*, uno dei bastimenti affondati
all'entrata della rada, le ondate alte come montagne strapparon via
la coperta, e quindi la ripiombarono un'altra volta nei flutti. Di
gran lunga più terribile ancora fu il danno nella baia di Balaclava.
La nave a elica *Prince*, ch'era proprio allora entrata nel porto con
un abbondante carico per l'esercito, andò a picco. Carreggiava, tra
l'altro, 500.000 lire sterline in oro sonante, vestiti da inverno, prov-
vigioni da bocca, oltre a granate esplosive ch'eran destinate a
distruggere lo sbarramento de' bastimenti affondati dinanzi all'ingresso della rada. Lo scaricamento di quell'unica nave avrebbe
probabilmente deciso assai più presto della sorte di Sebastopoli;
ma nè i marinai nè il carico poterono esser salvati. Oltre al *Prince*,
nella sola Balaclava andaron perduti ancora, insieme con tutte le
ciurme, le navi *Risolute, Kenilworth, Progresso, Esploratore, Wild
Dove, Malta* e varii battelli da trasporto; altre parecchie furono
ridotte inservibili. Si ebbero parimenti delle perdite a Camiesch,
come pure alle foci del Caccia. Qui si fracassarono il *Pireus*, il
Ganges, il *Rodwell*, il *Tyrant*, il *Lord Raglan* e qualche altra;
e nella baia d'Eupatoria l'*Enrico IV* con 100 cannoni, e il vapore
Pluton. I segnali di soccorso delle navi accompagnavano l'urlo
delle ciurme, compiendo la scena di quella battaglia degli elementi.
I Russi approfittarono di cotesto aiuto che pioveva loro dal cielo
per tentare d'impadronirsi nuovamente, con l'opera del generale
Korff, di Eupatoria; ma incontrarono una tale resistenza da parte
di quella guarnigione, forte di soli ottocento uomini sotto il comando del maggiore Osmont, che furon costretti a ritirarsi, e accontentarsi d'un ulteriore blocco della piazza. Parve pertanto opportuno di far isvernare la maggior parte della flotta nel Bosforo
e in altri porti turchi, e di mandare altre navi in Francia, ritenendo
a Balaclava e Camiesch solo la squadra puramente indispensabile.
Anche i Russi però, essendo la Cernaia straripata, dovettero ritirarsi dalle ultime minacciose posizioni che avevano occupate fin
dalla battaglia di Balaclava.

La considerevole diminuzione della flotta nemica sembra avere
incoraggiato il principe Menscikow a far uscire le due navi *Vladimiro*
e *Chersonneso* dalla rada di Sebastopoli. Fin dalla battaglia del-
l'Alma l'entrata e l'uscita, come sappiamo, si consideravano come
assolutamente interdette. Ma, sia che uno stretto passaggio vi fosse
stato lasciato dai Russi, o che la bufera del 14 novembre avesse
spostate, urtandole l'una contro l'altra, le navi colate a fondo, con
grande stupore di tutto l'esercito assediante, i due piroscafi russi
lasciarono il 6 dicembre la rada, per attaccare la corvetta a elica
Mégère, alla quale era affidata la sorveglianza della rada stessa,
e per rivolgersi anche contro le navi situate nella baia di Streletzkaia. L'impresa tuttavia terminò, dopo un breve fuoco, semplicemente col ritorno indisturbato delle navi russe, in seguito al
quale la rada venne definitivamente sbarrata con l'affondamento
di nuovi trasporti.

Si vide allora d'ambedue le parti la necessità di continuar la lotta
con nuove forze. Napoleone III tentò di farlo con le sue proprie
proposte militari, le quali però dovettero cedere dinanzi a quelle
più pratiche del suo Ministro della guerra. Con la fine dell'anno,
frattanto, la Francia fece un passo importante, mandando sul teatro
della guerra l'energico generale Pèlissier, comandante la provincia
di Orano, al quale provvisoriamente venne affidata soltanto una
divisione. La Russia dal canto suo aveva sostituito nel comando
supremo della quarta divisione al generale von Dannenberg il
generale Osten Sacken, al quale in pari tempo veniva sottoposta
tutta la guarnigione di Sebastopoli. Ma l'Inghilterra parve incerta
sul da farsi; perocchè essa cominciava ad accorgersi dell'insufficenza, non tanto del suo comando, quanto piuttosto del suo *materiale
da guerra.* Le truppe, scarsamente provviste e mal coperte, poco
erano avvezze al servizio nelle trincee e agli strapazzi degli attacchi
improvvisi, per modo che la mortalità andava assumendo tra esse
proporzioni inaudite. Dopo la battaglia d'Inkerman, dei 26.400 soldati
inglesi sbarcati in Crimea, ne rimanevano ancora soltanto 16.500,
e il contingente si assottigliava di giorno in giorno (1). La cavalleria
era in continuo deperimento; e così il Governo inglese titubava

---

(1) Lettera del maggiore francese Vico, addetto a lord Raglan. — Il KLAPKA
(*La guerra in Oriente*, Parigi 1855, pag. 82) stima l'effettivo d'allora a non più
di 14.000 uomini, e quello della fine del 1854 a 8000.

tra l'orgoglio nazionale da una parte e l'accettazione dall'altra dei soccorsi che, con grande spontaneità, le offeriva la Francia: la quale giunse fino al punto di porre a disposizione dell'esercito inglese le provviste francesi adunate a Costantinopoli.

Non diremo minutamente delle numerose sortite e ricognizioni dall'una e dall'altra parte, come ad esempio quelle dei generali d'Alonville e Morris del 20 e del 30 dicembre, l'occupazione, dopo lunghe trattative finalmente raggiunta, di Eupatoria, per opera di Omer Pascià, e la creazione di compagnie volontarie di volteggiatori da parte dei Francesi, le quali non fecero che rendere anche più varia cotesta guerra, già così ricca di episodi d'ogni specie; e seguiremo piuttosto gli avvenimenti ben più importanti, e diplomatici e parlamentari, in Inghilterra.

L'articolo 5.° dal trattato del 10 aprile aveva reso noto che « l'Imperatore dei Francesi e la Regina del Regno unito di Gran Brettagna e Irlanda avrebbero volentieri accolta quale loro alleata ogni altra Potenza europea che fosse stata disposta ad accostarsi ad essi ». Non appena s'ebbe comunicazione ufficiale di cotesto trattato, il conte di Cavour s'era dato premura di dichiarare com'egli simpatizzasse con le Potenze occidentali; e nel maggio, all'ambasciatore inglese sir James Hudson disse ch'egli, come appunto gli era stato da lui proposto siccome cosa non priva di vantaggi, avrebbe consigliato al re Vittorio Emanuele di prender parte alla guerra. Le Potenze occidentali, le quali fino allora non si rendevano esse stesse esatto conto delle difficoltà dell'impresa, lasciarono per più mesi la Sardegna in disparte; e sol quando ebbero principio le incertezze, l'Inghilterra in particolare rinnovò le sue primitive aperture a Torino, ma soprattutto con l'intenzione d'*assumere al proprio soldo* una parte dell'esercito piemontese. Sennonchè, rifiutato senz'altro un siffatto concetto, gli ambasciatori delle Potenze occidentali ricevettero ordine d'invitare formalmente la Sardegna ad accedere al trattato dell'aprile; il quale, per tal modo, il 26 gennaio del 1855 venne concretato in forma di tre istrumenti, il primo dei quali contemplava l'accesso puro e semplice, il secondo una convenzione militare con cui s'imponeva alla Sardegna di mettere in piedi un corpo d'esercito di 15.000 uomini composto di cavalleria, artiglieria e fanteria, garantendole l'inviolabilità de' suoi territori, e il terzo conteneva un impegno della Regina d'Inghilterra di « raccomandare al suo Parlamento » di concedere alla Sardegna un prestito d'un milione di sterline, in due rate, al tasso del 3 %, e da doversi estinguere con l'aggiunta dell'1 per cento. L'Inghilterra, in pari tempo, assumeva il trasporto gratuito delle truppe. — Il Lamarmora, fino a questo momento Ministro della guerra, — sebbene in sulle prime, insieme con parecchi altri uomini del Piemonte, fosse stato contrario a tutto il concetto della spedizione — n'ebbe il comando in capo. Da parte della Francia i due primi strumenti vennero sottoscritti dal duca di Guiche (quegli che più tardi doveva diventare il sì tristamente famoso duca di Grammont): tanto che par proprio fosse scritto nel destino di cotesto diplomatico ch'egli dovesse aver parte attiva così nel primo, come nell'ultimo madornale errore di Napoleone III.

Poco guadagno aveva fatto il Ministero di S. Giacomo di fronte al Parlamento con codesto trattato. La stampa inglese aveva esagerato ancora, se pur era possibile, la triste condizione dell'esercito, e aveva inasprita e traviata a tal punto la pubblica opinione, che s'accusò persino il principe Alberto d'aver dato ordine a lord Raglan di condurre contro i Russi niente più che una guerra di semplice parata, per far piacere ai Tedeschi. Lord John Russell medesimo contribuì alla caduta del Ministero aggregandosi all'opposizione, e presentando le sue dimissioni. S'è tentato da alcuni di rappresentare tale condotta del Russell come una specie di tradimento; eppure essa era perfettamente in carattere con la natura di quel freddo e sagace uomo di Stato, e più ancora con la condizione stessa delle cose. Invano lord John Russell, scorgendo la necessità di parecchie riforme nell'assetto dell'esercito, aveva proposto a lord Aberdeen di sostituire il duca di Newcastle con lord Palmerston; e quando il deputato radicale Roebuck presentò alla Camera dei deputati la proposta d'un'inchiesta parlamentare intorno al modo onde fin qui s'era condotta la guerra, il Russell ebbe il coraggio di additare con le proprie dimissioni alla Camera bassa quale fosse la via ch'ella doveva seguire, in cotesta crisi pericolosa per la grandezza e per l'onore dell'Inghilterra. Sarebbe difficile esporre le ragioni del suo operare più chiaramente che non l'abbia fatto egli stesso nel suo discorso pronunziato alla Camera nel gennaio del 1855. Ecco le sue dichiarazioni: « Tutto ciò ch'è stato detto intorno alle compassione-« voli condizioni del nostro esercito non è che troppo vero. I rap-« porti che arrivano tutte le settimane da Sebastopoli sono penosi, « raccapriccianti, scoraggianti. Se alcuno, l'anno scorso, per tratte-« nere il Governo dalla campagna di Crimea, m'avesse detto che le

« nostre truppe avrebbero dovuto accamparsi a meno di due miglia
« da un porto imprendibile, al quale le nostre navi avrebber potuto
« andare liberamente, come liberamente venirne, e che il nostro
« esercito, a sì breve distanza da' suoi punti di rifornimento, avrebbe
« dovuto trovarsi privo e del pane e delle vestimenta e degli oggetti
« più necessari, a tal segno che da 90 a 100 uomini al giorno do-
« vessero perire per le privazioni, io avrei protestato contro un'af-
« fermazione così fatta. Io l'avrei detta eccessiva, assurda, ridicola.
« Eppure, oggi sono costretto a confessare che una tale affermazione
« resta ancora al disotto della verità » (1).

Da un attento esame dei documenti risulta che le accuse portate
segnatamente dal duca di Newcastle contro a lord John Russell non
provano assolutamente nulla di fronte al pieno diritto di quest'ultimo all'importante passo a cui egli s'era determinato. La proposta
di Roebuck, non ostante gli sforzi di lord Palmerston e di Gladstone,
fu il 29 gennaio approvata con 305 voti contro 148; e, dopo inutili
trattative con lord Derby, con lord John Russell e con lord Lansdowne, l'incarico di costituire il nuovo Ministero venne affidato a
lord Palmerston.

Con l'attività che gli era propria, si accinse questi a portar
rimedio alla condizione dell'esercito di Crimea, semplificando senza
indugio l'amministrazione di tutto l'ordinamento militare. La strada
ferrata di Balaclava, di cui s'era incominciata la costruzione, doveva
ora prolungarsi fino all'accampamento dell'esercito inglese, e un
cavo sottomarino da Varna fino al convento di S. Giorgio doveva
stabilire una comunicazione telegrafica diretta con entrambe le
capitali, d'Inghilterra e di Francia. Per l'ulteriore organizzazione
dell'esercito fu mandato in Crimea il generale Simpson; venne rinnovato di pianta il materiale sanitario; con l'invio di tende e di
baracche si provvide a un migliore alloggiamento dell'esercito. A
ciò s'aggiunse un contributo veramente grandioso di donativi d'ogni
specie, per parte di tutta la nazione, e l'attività piena d'abnegazione di miss Florence Nightingale, del signore e della signora
Bracebridge, di miss Stanley e d'altri negli ospedali dell'esercito
inglese di Scutari.

Anche l'esercito francese ebbe orribilmente a soffrire per il rigore

_____

(1) Secondo Niel (*Siège de Sébastopol*, pag. 135), le truppe inglesi, per mancanza di legna, avrebbero dovuto nutrirsi di cibi crudi.

di quell'inverno. Il mese di gennaio trascorse in mezzo a freddi glaciali, a tormente di neve e alle frequenti sortite dei Russi, facendosi specialmente sentire la mancanza di materiale di riscaldamento: a segno che s'ebbero a deplorare non meno di 2500 casi d'intirizzimento, che resero necessarie moltissime amputazioni mortali. Dei 75.000 soldati francesi, 9000 giacevano nei lazzeretti (1). Un'altra perdita molto sensibile per i Francesi consistette nel naufragio della fregata *Sémillante*, salpata da Tolone il 14 febbraio, che portava soldati e materiale da guerra, e che, non appena incominciato il viaggio, sbattuta contro gli scogli dello stretto di Bonifacio, con uomini e carico andò a picco.

L'esercito russo, sebbene meglio protetto, specialmente a Sebastopoli, e meglio avvezzo in generale ai rigori del verno, pagò anch'esso cionnondimeno a questo il suo spaventoso tributo. Il numero degli ammalati nel mese di febbraio salì a 25.000: ai quali i soccorsi medici poterono apprestarsi solo in minima parte.

Già nella seconda metà del dicembre era sopravvenuto un cambiamento nel comando supremo delle flotte. A sir Edmund Lyons era sottentrato il vice ammiraglio Dundas, ed a Bruat venne sostituito Hamelin, creato ammiraglio. Napoleone III poi mandò uno dei suoi aiutanti, il generale del genio Niel — il quale aveva fatte le sue prove dinanzi a Roma e a Bomarsund — con un incarico speciale in Crimea, dove giunse il 27 gennaio 1855. Egli portava con sè un decreto imperiale firmato il 1.° dello stesso mese, col quale si provvedeva al riordinamento dell'esercito d'Oriente. Sotto il comando in capo di Canrobert, Pèlissier fu messo alla testa del 1.° corpo, con 4 divisioni comandate da Forey, Levaillant, Paté e De Salles; Bosquet andò alla testa del secondo corpo, con le divisioni Bouat, Camou, Mayran e Dulac. Oltr'a ciò, in una *riserva generale*, Brunet comandava una divisione di fanteria, Uhrich una brigata di guardie e Morris una divisione di cavalleria. L'esercito francese pertanto contava così più di 74.000 uomini, con 2581 ufficiali, 4758 cavalli e 5444 tra muli e cavalli da tiro. Per tal modo il generale Forey veniva a perdere il comando in capo del corpo assediante; e, dopo d'essere stato fatto segno a calunnie, inevitabili in casi siffatti, fu mandato in Algeria, comandante della provincia di Orano. Ben presto poi, i generali in capo di Crimea dovettero convincersi che la venuta

---

(1) Rousset, II, pag. 18.

di Niel aveva un significato bcn più rilevante ancora. Ma prima di esporre cotesti fatti, è necessario far parola d'altri avvenimenti importanti.

Generale Niel.

In seguito a lunghe trattative con Omer Pascià, questi s'era finalmente recato in persona a Eupatoria, dove entro il mese di febbraio aveva radunato fino a 35.000 uomini di truppe, fra turche ed egiziane. La posizione sempre più forte dei Turchi era parsa

da un pezzo ai Russi pericolosa così per Perekop come per Sinferopoli; tanto che il generale v. Wrangel ricevette l'ordine di rioc-
cupare Eupatoria. Il maggiore Osmont, al quale, come sappiamo,
era stata affidata la difesa della cittadella prima dell'arrivo di Omer
Pascià, aveva grandemente accresciute le opere di fortificazione
intorno alla stessa. Oltre alle trincee armate, s'eran fatti avanzare
per la difesa il bastimento *Henri IV*, diventato oramai nave di
scarto, e alcuni navigli francesi e inglesi che stavano all'àncora.
Le forze militari di Omer Pascià pronte a entrare in campo ascendevano a 29.800 uomini circa.

Poichè a Wrangel l'impresa era parsa difficile (non riponendo
egli alcuna particolare fiducia nel piano di Menscikow), mentre invece
pieno d'entusiasmo se ne mostrava il generale d'artiglieria Krulew,
la presa delle improvvisate fortificazioni fu da Menscikow affidata
a quest'ultimo. Alla mattina del 17 febbraio, 80 cannoni da campo
mascherati aprirono il fuoco contro il lato nord ovest della città
I Russi s'avanzarono contro l'ala sinistra dei Turchi, ma vennero
respinti. L'assalto ordinato da Krulew contro il centro e contro
l'ala destra ebbe la medesima sorte: talchè i Russi, fulminati anche
in parte dalle navi inglesi, furon costretti a ritirarsi in disordine.
Invano Krulew cercò di riordinare le file e di portarle nuovamente
all'assalto. Costrette a ritirarsi, le sue truppe vennero inseguite dai
Turchi, ed egli stesso nel suo rapporto accusò una perdita di 500 uomini e 300 cavalli: ma dev'essere stata in verità più grave di così;
giacchè soltanto nelle vicinanze immediate d'Eupatoria si ritrovarono
453 cadaveri di soldati russi. I Turchi ebbero 88 morti, tra i quali
il generale egiziano Selim Pascià e 6 ufficiali, oltre a 277 uomini
con 10 ufficiali feriti. Tale sconfitta ebbe per conseguenza il richiamo
di Menscikow, al cui posto subentrò come comandante in capo il
principe Michele Gorciakow.

Ma specialmente a Niccolò I parve quella sconfitta aver portato
un fiero colpo al cuore. L'Imperatore aveva appreso con grande
turbamento le notizie delle disfatte del suo esercito. Le lettere di
lui ai principi Menscikow e Gorciakow son piene di commovente
fiducia nell'eroismo de' suoi soldati, piene di riguardi per i generali,
a cui rivolge parole di conforto e d'incoraggiamento. Anche l'organizzazione della milizia imperiale, che seguì il 13 febbraio, dimostra
com'egli fosse risoluto a resistere fino agli estremi. Ma la disfatta
inflitta al suo esercito dai rinnegati ch'egli abborriva e dai Turchi

da lui spregiati sembra aver colmata la misura della sua fiducia
e della sua pazienza; e un'infreddatura, ch'egli si buscò il 27 febbraio a una rivista della Guardia, affrettò probabilmente la sua fine,
della quale del resto i più prossimi particolari non sono interamente chiariti. Morì il 2 marzo 1855, prima ancora d'aver compiuto

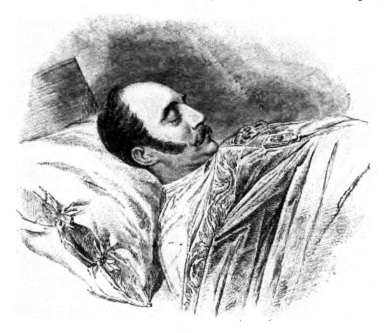

L'imperatore Niccolò I sul letto di morte.

il sessantesim'anno. Gli successe al governo il figlio, in età allora
di trentasett'anni, col nome di Alessandro II.

Parmi valga la pena di ripetere qui un mio giudizio di più antica
data intorno a lui, nel quale si rispecchia da una parte il dolore
per l'abbassamento in cui si trovava allora la Germania, e dall'altra
la speranza d'una storica riparazione aspettata.

« La sorte dell'imperatore Niccolò — scriveva io allora (1) —

---

(1) V. *Diplomatische Untersuchungen*, ecc. (Ricerche diplomatiche circa gli
avvenimenti più notevoli dei tempi recenti), in *Gazzetta di Colonia*, anno 1858,
dal n. 348 in avanti.

« ha qualche cosa di tragico; perocchè nelle sue ultime imprese, per
« l'amarezza delle quali ei venne a mancare, egli aveva in sostanza
« ragione: e i suoi amici, con lo smentire i suoi vasti disegni, rendono
« forse un servigio alla politica della Russia; ma certo non lo rendono
« a lui. È pur sempre più confortevole l'esser caduto per un grande
« ideale, che non per dei semplici errori. Il non aver voluto ricono-
« scere il nuovo Impero francese non era punto, ci sia lecito il dirlo,
« un delitto; perocchè fu certo un errore l'aver voluto far derivare
« la sanzione internazionale di esso come una conseguenza delle altre
« mutazioni che s'eran prodotte posteriormente al 1815; per esempio,
« della caduta dei Borboni. Nel 1815, le Potenze non avevano, è vero,
« garantito ai Borboni il trono: avevano però escluso in perpetuo dal
« trono di Francia il Bonaparte con tutti quelli della sua famiglia.
« Infine, anche nella questione dei Luoghi Santi, l'imperatore Niccolò
« aveva sulle prime delle gravi ragioni di dolersi. Ma ciò che v'è
« di *tragico* in cotesto Slavo-tedesco, elevato a così alto grado dalla
« fortuna, sta in questo: che a fondamento del suo operare stanno del
« pari, insieme con i sentimenti più generosi, i suoi propri egoismi;
« e ch'egli, come l'eroe d'una vera tragedia, è soggiaciuto alla man-
« canza in lui d'una giusta misura. Se non che, alla nordica tragedia
« non mancò neppure la dovuta espiazione: poichè la rivoluzione del
« febbraio, da Niccolò I combattuta, passò — appunto per effetto della
« guerra d'Oriente — nella Russia medesima; e i contadini russi, i
« quali oggi mirano all'alba della loro libertà, son pur debitori di non
« poco a quei figli dei contadini francesi che li han battuti in Crimea.
« E finalmente, per esser giusti, non dimentichiamo l'opera maggiore
« dell'imperatore Niccolò, che fu l'unica sua: *di paralizzare la Ger-*
« *mania*. E ne valeva bene la pena, giacchè fu cotest'opera che ha
« salvato il presente assetto territoriale della Russia.

« Come nel 1812 la Russia fu quella che vendicò la Germania
« della Francia, così fu questa volta la Francia che, con alla testa
« (mirabile a dirsi!) il neo-sorto erede di Napoleone, doveva vendi-
« care la Germania del male fattole dalla Russia. Sennonchè, la
« differenza capitale tra la grandezza della condizione della Germania
« d'allora e della presente sta in questo: che nel 1812, essa non
« rimase debitrice di nulla alla Russia, compiendo ella medesima
« l'opera del riscatto; mentre questa volta, dalla vittoria delle Po-
« tenze occidentali le eran venuti dei vantaggi, senza ch'ella avesse
« pur tratta la spada dal fodero. Se si consideri cotesta condizione

L'Imperatore Alessandro II di Russia.
(Secondo l'incisione in acciaio del Metzmacher, 1860).

« di cose in relazione col periodo degli avvenimenti del febbraio,
« apparirà evidenté che la Germania ha avuto la fortuna di vedere
« — poco dopo il fallire de' suoi conati popolari — la prima con-
« seguenza capitale della sua rivoluzione del febbraio (il rinvigori-
« mento della Russia) annullata subito appresso dalla seconda: il
« rinvigorimento della Francia. Il pieno significato di questo fatto
« però si può intendere soltanto, quando si consideri che la Francia
« era appunto il paese che, dando il primo inizio agli sconvolgimenti
« politici, aveva indebolita l'influenza della Germania, a cui aveva
« attaccato il suo male, e rafforzata quella della Russia, della quale la
« rivoluzione non aveva mai pur varcata la soglia. — Pochi esempi ha
« la storia, dove in un tempo relativamente sì breve gli avvenimenti
« abbiano avuto un corso tanto pienamente riparatore. Ma tale com-
« pensazione diverrebbe anche più perfetta, se la Germania non si
« accontentasse d'essere stata per felici congiunture momentanea-
« mente liberata dall'incubo gigantesco, ma si rinforzasse mediante
« i proprii suoi atti, e, nella superba coscienza del servigio che la
« Francia involontariamente le ha reso, sapesse mostrarsi al mondo,
« quando i suoi dèi terreni avessero nuovamente a corrucciarsi gli
« uni contro gli altri, col capo di Minerva non più *nudo*, ma *ri-*
« *coperto dell'elmo* ».

Dal campo con tali parole augurato son da quel tempo in qua
assurti alle stelle più eroi; ed altri a schiere se ne prepara la
Germania oggi, fidente nella coscienza del suo provato valore.

XIII.

La guerra di Crimea

(Continuazione)

Nuovi combattimenti dinanzi a Sebastopoli. - La torre di Malakow e la « Collina verde ». - Morte del contrammiraglio Istomine. - La sortita di Krulew. - Il secondo bombardamento di Sebastopoli; il quale, nonostante le immani perdite d'ambe le parti, resta senza risultato definitivo. - Scene negli ospedali russi. - Il piano di guerra di Napoleone III. - Vuole imbarcarsi egli stesso per la Crimea. - Atteggiamento dell'Inghilterra in presenza d'un tal disegno. - Lord Clarendon con l'Imperatore al campo di Boulogne.

La notizia della morte dello Zar era pervenuta al campo degli assedianti il giorno 6 di marzo, e da Canrobert venne comunicata al generale v. Osten-Sacken. Presso entrambi gli eserciti ben poche speranze di pace si destarono per quell'avvenimento, giacchè generalmente si comprendeva abbastanza come, prima che la sorte di Sebastopoli fosse decisa, della pace non si poteva sul serio parlare Le operazioni che s'eran venute compiendo durante il mese di febbraio (quali: la sorpresa tentata da Bosquet, e fallita, contro Ciorgun; il vano assalto dato dai Francesi contro il nuovo ridotto Selinghinsk; la campagna di mine esplosive magistralmente condotta in particolar modo da Todleben; e le numerose sortite dei Russi) non avean fatto che accrescere di più in più le amarezze in tutt'e due gli eserciti. Gl'Inglesi avean dovuto acconciarsi a cedere ai Francesi la posizione di fronte alla torre di Malakow; e, come già il generale Bizot aveva riconosciuto che soltanto con la presa di quella fortezza, la quale dominava il sobborgo di Carabelnaia, sarebbe stato possibile riuscire alla presa di Sebastopoli, anche i generali Niel e Bourgoyne (e, dopo di questo, il generale

Harry Jones) avevan scelto cotesto punto fortificato come l'oggetto principale dell'attacco. Si doveva a tal uopo impadronirsi anzi tutto della « Collina verde », la quale copriva la torre di Malakow, e s'era stabilito di prenderla d'assalto prima che i Russi avessero potuto fortificarsi su di essa. A questo tentativo tuttavia fu necessario rinunziare, a cagione della numerosa artiglieria russa dominante il campo dell'attacco; per cui fu d'uopo procedere a regolari opere d'assedio contro quel forte, portando prima a compimento la batteria *Victoria*, poi la più prossima batteria *Lancaster*, e da ultimo la parallela *Victoria*.

In questo frattempo però, ad onta del fuoco incessante degli alleati, Todleben aveva rizzato sulla « Collina verde » la lunetta Camciatka, mentre il colonnello Frossard in condizioni difficilissime faceva costruire tra la batteria Lancaster e quel nuovo trinceramento russo la sopraccennata parallela, della lunghezza di 400 metri. — Todleben aveva inventato un sistema d'appostamenti, in parte sotterranei, costrutti con il sussidio di fascine e di sacchi di terra, per i soldati aventi il còmpito di molestare i lavoratori nemici; tali appostamenti (1) pose egli in opera anche qui; e dal 14 fino al 21 marzo non meno di quattro scaramucce si succedettero tra Russi e Francesi intorno a quel punto. Il 19 marzo cadeva alla « Collina verde » il contrammiraglio Istomine; e la sua salma venne sepolta nella cattedrale, accanto a quella di Kornilow.

Particolarmente degna di nota in cotesto periodo dell'assedio è pure la sortita fatta dai Russi sotto il generale Krulew nella notte dal 22 al 23: sortita ch'ebbe un esito altrettanto infelice, quanto il suo attacco contro Eupatoria. Secondo il Gorciakow, i Russi vi ebbero non meno di 387 morti, tra i quali 8 ufficiali, oltre a più d'un migliaio di feriti. I Francesi vi subirono, tra morti e feriti, una perdita di circa 600 uomini; assai minore fu quella degl'Inglesi. — Contrariamente a ciò che aveva usato di fare Menscikow, il generale v. Osten-Sacken fece chiedere il giorno 23 un armistizio per il seppellimento dei morti e per la rimozione dei feriti dal campo; al qual uopo fu stabilito il giorno seguente. — La detta sortita fu una delle più sanguinose di tutto l'assedio.

Circa quello stesso tempo, le truppe accampate sotto Sebastopoli

_____

(1) Nella sua opera intorno alla difesa di Sebastopoli egli li chiama «logements».

BAMBERG. - *Storia della questione d'Oriente.*   28 ricevettero anche il rinforzo di un distaccamento di soldati turchi, che Omer Pascià condusse quivi da Eupatoria.

In seguito a frequenti consulte tra i varii comandanti superiori, venne fissato per il giorno 9 di aprile un secondo bombardamento generale di Sebastopoli. Il giorno 8 era venuta appunto a cadere nella domenica della Pasqua russa, che nella città investita era stata festeggiata con tutta la solennità propria del culto ortodosso. I soldati avevano adornate persino le opere di difesa di costruzione recente, e dinanzi alle immagini dei santi quivi collocate il clero intonava le preci per la vittoria delle armi russe. Donne e fanciulli, sfidando il pericolo, eran saliti sui bastioni per dare ai loro mariti e ai padri il bacio pasquale. Nelle ore pomeridiane, gli allegri crocchi ballarono e giocarono lietamente, senza pur presentire che il giorno seguente sopra giovani e vecchi si sarebbero distese le gigantesche ali della morte. — Nella notte, il tempo, che s'era mantenuto costan-temente bello, si cambiò; e parve che con quella pioggia che tri-stamente si riversava a torrenti il cielo medesimo piangesse dinanzi a una simile Pasqua. — Alle 5 della mattina, non meno di 520 can-noni apersero il fuoco contro la città; e ad essi un numero anche maggiore rispose senz'interruzione dall'altra parte (1).

Per farsi un'idea degli ostacoli superati da parte degli asse-dianti, fa d'uopo considerare che le difficoltà inerenti al trasporto del materiale d'artiglieria dalle navi fin sulle trincee erano state veramente considerevoli; chè la grossezza dei parapetti — per la potenza dei cannoni nemici — giungeva fino a sette od otto metri; e che su quelle rocce del Chersonneso spesso era stato necessario trasportare il terriccio da distanze enormi. — Dopo il mezzogiorno, il fuoco degli assedianti ebbe il sopravvento sopra quello dei Russi; una breccia fu aperta nelle muraglie circolari tra il bastione della Quarantina e il bastione centrale; a quest'ultimo anzi, come al ri-dotto Schwarz e alla lunetta Bielkin, s'era dovuto apprendere il fuoco; e il bastione Mast e il ridotto Camciatka sulla « Collina verde » non eran più che mucchi di rovine. In quel primo giorno, i Russi avevano perduto 536 uomini; pure, quantunque le perdite degli alleati fossero di poco rilievo e nessun soccorso di truppe

---

(1) Mentre TODLEBEN (II, première partie, pag. 108) dà in 466 il numero dei cannoni russi, secondo ROUSSET (II, pag. 133) esso sarebbe asceso a non meno di 998, o almeno a 910.

esterne si presentasse, nel Consiglio di guerra che tennero il giorno 10 non seppero risolversi all'assalto; e continuarono il bombardamento per dieci interi giorni; mentre gli ulteriori Consigli di guerra tenutisi in questo frattempo, visti i continui lavori di riparazione alle opere di difesa che si venivan compiendo nottetempo dagli assediati, andavano procrastinando l'assalto da un giorno all'altro, e da ultimo — il 28 aprile — a tempo indeterminato. Per confessione di Todleben, gli assedianti si sarebber potuti impadronire del bastione Mast, che non poteva più ripetutamente servirsi se non di due cannoni, e dal quale eran distanti solo cento passi: il che avrebbe portato alla caduta di Sebastopoli. Ma all'incertezza degli alleati sembra aver contribuito essenzialmente il parere di Niel. Egli temeva che i Russi dietro alle opere esterne avessero ancora un gran numero di cannoni: coi quali avrebbero accolto con un vivo fuoco a mitraglia le colonne d'assalto uscenti dalle trincee; per la qual cosa quelle sarebbero giunte alla città decimate e in disordine, per essere attaccate quivi dalle forti masse dei Russi. Un tale attacco di Sebastopoli sarebbe stato pertanto piuttosto che un assalto una battaglia, dove, in un terreno disseminato di difficoltà, la disciplina dei comandanti non si sarebbe potuta far punto sentire. — Ora, nè Canrobert nè lord Raglan furono in grado di combattere con successo coteste vedute di Niel (alle quali Todleben aggiunge anche il timore delle mine russe); e il secondo bombardamento, preparato già da sei lunghi mesi, protratto per dieci giorni, durante il quale furono sparati non meno di 254.000 colpi di cannone, e che costò ai Russi oltre a 6000 uomini, ai Francesi 1585 e 205 agl'Inglesi, dovette considerarsi come interamente fallito. — Al terzo giorno del cannoneggiamento, proprio al fianco di Niel venne mortalmente ferito in una delle trincee del forte *Victoria* il valoroso e audacissimo generale Bizot, che dopo quattro giorni spirava in seguito alla subìta operazione nel lazzeretto del campo. Era stato lui a far collocare dinanzi al bastione Mast la mina gigantesca, che, caricata con 26.220 chilogrammi di polvere, aveva aperta la 4.ª parallela in quel punto importante. Gli spaventevoli scoscendimenti del terreno prodotti la sera del 15 marzo dall'esplosione di codesta mina rimbombarono come scoppi di tuono sopra il feretro del generale, soggiaciuto il giorno stesso alla sua ferita.

Le scene che si produssero durante quei dieci giorni negli ospedali russi furono qualche cosa di straziante. Per un'istituzione della granduchessa Elena, sessanta pie suore della « Compagnia dell'esaltazione della Croce » s'eran recate a Sebastopoli per la cura dei feriti. La sala da ballo di quel Casino dei Nobili era stata adibita all'uso di ambulatorio per le vittime del bombardamento. « Sul pavi- « mento coperto all'altezza d'un mezzo pollice di sangue scorrente » — è scritto nel rapporto del chirurgo Pirogow (1) — « stavano schie- « rate le barelle con i feriti. Le porte della sala s'aprivano e si ri- « chiudevano continuamente, per portar dentro e riportar fuori i « feriti, con le parole: *sulla tavola* o *sul letto*, o con l'indicazione di « questo lazzeretto o di quello. Nella stanza attigua correva il sangue « da tre tavole, sulle quali si facevano le operazioni. Le membra « amputate formavano dei veri mucchi in un tino; il marinaio Pa- « skiewič, noto per la sua destrezza nel comprimer le vene durante « l'amputazione, non poteva bastar più alle richieste dei chirurghi; « silenzioso, col volto impassibile, egli eseguiva appuntino i comandi, « ben conscio che le vite dei fratelli erano affidate alla sua mano « instancabile. L'atmosfera della stanza, sebbene costantemente rin- « novata, era pregna di miasmi insopportabili, provenienti dall'esa- « lazioni del sangue e del cloroformio; e vi si mischiava l'odore dei « vapori di zolfo. La notte, al chiarore delle lucerne, quelle scene « sanguinose assumevano proporzioni anche più orribili. Alla fumosa « luce dei lampioni, a fatica potevan le barelle aprirsi una via at- « traverso la moltitudine dei feriti che sopravvenivano a piedi ».

La missione di Niel·in Crimea aveva strettissima relazione con i piani di guerra di Napoleone III. Com'è noto, l'Imperatore possedeva cognizioni speciali nel campo dell'artiglieria, e, già dopo il primo bombardamento, aveva fatto proposte di varie specie, le quali però non erano state prese in considerazione sul luogo. Quando poi egli mandò in Crimea delle corazze per i soldati ch'eran chiamati a muovere all'assalto, codesta precauzione, agli occhi dei generali, per poco non rasentò i limiti del ridicolo. — Sennonchè, a

---

(1) *Aperçu historique des exploits de la communauté de l'exaltation de la Croix*, par N. Pirogow, membre de l'Académie; in Todleben II, première partie, pagina 172.

Parigi, Niel s'era già accordato con lui nel concetto che, per impadronirsi di Sebastopoli, fosse necessario chiuderla da tutte le parti; per tal modo era stato studiato un piano, che Niel ci fa conoscere nella sua opera intorno all'assedio medesimo, e che consisteva sostanzialmente in questo (1): per condurre a termine la guerra, conveniva mettere in piede tre eserciti: il primo di essi, forte di 60 in 70 mila uomini sotto il comando di Pèlissier, avrebbe dovuto condurre innanzi l'assedio di Sebastopoli. Il secondo, della forza di 55.000 uomini, avrebbe dovuto, sotto lord Raglan, occupare la valle del Baidar, e, restando sempre in congiunzione col primo, minacciare le comunicazioni tra Sinferopoli e Sebastopoli. Il terzo, di 40.000 uomini, comandato da Canrobert e formato parte dalle milizie accampate dinanzi a Sebastopoli e parte d'una riserva delle Guardie francesi che si trovava a Costantinopoli, avrebbe dovuto, movendo alla volta di Sinferopoli, da Alušta, per la strada Woronzow — che attraversa quella località — avanzarsi contro le spalle del nemico. Allora, se i Russi, per difendere il centro dei loro rifornimenti, accettavano la battaglia dinanzi a Sinferopoli, lord Raglan avrebbe dovuto marciare sopra Bakci-Serai, e minacciare la destra o le spalle del loro esercito. Che se invece il nemico si fosse ritirato da Sinferopoli per concentrare a Sebastopoli tutte le sue forze, in tal caso Canrobert si sarebbe avanzato contr'esso fino oltre Bakci-Serai, mentre lord Raglan, seguendo i movimenti di Canrobert, al momento dell'attacco avrebbe occupato le alture d'Inkerman per prender parte alla battaglia.

Questo piano, elaborato fino nei più minuti particolari, era già stato messo parzialmente in esecuzione; infatti, fin dal febbraio, il ministro della guerra Vaillant aveva dato ordine al comandante militare francese a Costantinopoli, generale Larchey, di prender le disposizioni necessarie per alloggiarvi le Guardie francesi, alla cui testa doveva mettersi il generale Règnault de Saint-Jean d'Angèly.

Ma non appena, in seguito a una lettera diretta da Napoleone il 26 febbraio a lord Palmerston, fu conosciuto l'intendimento dell'Imperatore di mettersi egli stesso a capo di cotesto esercito così rinforzato, poichè la sua presenza sul teatro della guerra si sarebbe necessariamente tratta dietro una condizione d'inferiorità

---

(1) Cf. *Siège de Sébastopol*, par le Général Niel, pag. 228.

dell'esercito inglese sotto al suo comando supremo, sorse subitamente, tanto a Londra come presso le ambasciate inglesi di Costantinopoli e di Parigi, la più viva opposizione contro a tale disegno.
Lord Stratford ne fu uno dei più accaniti oppositori; e quando venne
a sapere che il Sultano apprestava già i palazzi ch'eran designati ad
accogliere l'Imperatore e il suo seguito, fe' le viste di voler abbandonar Costantinopoli non appena la visita avesse dovuto avverarsi. Tuttavia, in questa difficile crisi per l'Inghilterra, il mantenimento dell'alleanza con la Francia era pure una questione vitale;
e tanto più i suoi uomini di Stato dovevano per ciò appunto procedere con la maggior circospezione, inquantochè l'argomento fondamentale di Napoleone, cioè la necessità dell'unità del comando
dinanzi a Sebastopoli, aveva non poco in proprio favore. Pertanto,
dovendo l'Imperatore nel marzo prossimo recarsi al campo di Boulogne, fu deliberato di mettergli quivi di fronte lord Clarendon,
con tutte le finezze e l'amabilità delle forme diplomatiche nelle
quali egli era maestro. — In tale occasione, gl'Inglesi poterono
accorgersi che la condizione dell'Imperatore in presenza del suo
esercito non era già quella d'una vera popolarità ch'egli vi godesse,
bensì solo quella d'una rispettosa considerazione: infatti, il suo
aiutante più fidato e compagno suo di piacere, il colonnello Fleury,
prima ancora che a lord Clarendon fosse dato di veder l'Imperatore,
cercò d'insinuare nell'animo di lui il proposito di levargli dalla
testa l'illusione ch'egli sarebbe stato ricevuto con entusiasmo dalle
sue truppe in Crimea; « essere queste bensì devote al loro Imperatore, ma desiderare d'esser condotte da un comandante di grido,
mentre consideravano lui come un semplice borghese; talchè, per
eccellenti che fossero stati i suoi piani, non avrebber però goduto
la fiducia dell'esercito » (1).

Rafforzato da questa specie di tradimento, lord Clarendon, allorchè
l'Imperatore gli espose il suo disegno, esaurì tutto il bagaglio delle
sue amabilità, assicurandolo che « ognuno riconosceva la grande
profondità e acutezza ch'era in esso; ma che, per quanto si riferiva
alla sua esecuzione e ai mezzi di trasporto che avrebbe richiesti
da parte dell'Inghilterra, questi purtroppo non erano inesauribili;
ch'ella già teneva impegnati centodue grossi battelli a vapore sul

---

(1) Teodoro Martin, *La vita del principe Alberto*, edizione tedesca, III,
pagina 241.

Mar Nero, i quali non bastavano ai bisogni; e che l'*Himalaya*, per esempio, della capacità di 3000 tonnellate — il maggior piroscafo del mondo — non poteva accogliere più di 320 cavalli. I nuovi trasporti di truppe avrebbero domandato tanto tempo, che l'Imperatore, partendo subito, avrebbe dovuto restarsi a lungo inoperoso; onde sarebbe stato meglio, in ogni caso, aspettare che tutto fosse pronto, per darvi poi solo l'ultima mano. La sua assenza, infine, nell'ipotesi più favorevole, sarebbe durata per lo meno quattro mesi; nè, una volta entrato a far parte della spedizione, sarebbe potuto a suo piacere tornarsene indietro ».

Nessuna cosa è più atta a dimostrare fino a qual punto la leggerezza e l'astuto calcolo si trovassero insieme congiunte nell'animo di Napoleone, quanto la risposta ch'egli diede a lord Clarendon in tale congiuntura: « essere impossibile, cioè, per lui il restar lontano quattro mesi; al contrario, dover egli trovarsi a Parigi fin dai primi del maggio ». A questo punto, lord Clarendon gli confessò apertamente che l'assunzione del supremo comando da parte dell'Imperatore non sarebbe stata popolare nè in Inghilterra nè al campo inglese; « chè se poi si voleva che gl'Inglesi avessero a servire soltanto a far da carreggiatori, o dovessero tenersi buoni tutt'al più a marcire nelle trincee perchè l'onore e la gloria della nuova campagna toccasse unicamente e solamente ai Francesi, ciò avrebbe suscitato sentimenti tali, che l'alleanza non sarebbe più stata tollerabile neppur per un giorno ».

Napoleone III lo ringraziò, protestando che l'onore della bandiera inglese gli stava anche più a cuore di quello della sua stessa. Pure non si diè per vinto ancora; anzi per mezzo di lord Cowley fece domandare alla Regina, se nell'aprile poteva venire a farle visita in uno con l'Imperatrice; e poichè il principe Alberto già ve l'aveva invitato fin dal settembre del 1854, la risposta non poteva esser dubbia. — Ma prima di seguitare la coppia imperiale francese al castello di Windsor, ci è d'uopo rivolgere uno sguardo alle particolari condizioni interne che, in conseguenza della guerra di Crimea, si produssero in *Germania,* e alle trattative che ad esse si riferiscono.

XIV.

Trattative della Prussia

Criterii fondamentali per un giudizio intorno alla politica di Federico Guglielmo IV durante la crisi orientale. - Istruzioni all'ambasciatore a Pietroburgo, barone v. Werther; una Memoria di Leopoldo v. Ranke; proposte e contraddizioni del Re. - Condizione della Prussia di fronte al trattato del dicembre. - La situazione del presidente dei ministri Ottone di Manteuffel. - La missione del conte Usedom a Londra e quella del generale v. Wedell a Parigi. - Le vedute del Principe di Prussia e del rappresentante alla Dieta federale v. Bismarck-Schönhausen. - Missione del colonnello v. Manteuffel a Vienna. - Situazione difficile dei rappresentanti esteri ordinarii della Prussia, di fronte alle missioni speciali. - Insuccesso di queste a Londra e a Parigi.

Per apprezzare al giusto la politica estera della Prussia durante la crisi orientale, conviene non perder di vista ch'essa succedette immediatamente, circa alla metà del secolo, a quella della rivoluzione, e che gli uomini più autorevoli tra quanti circondavano Federico Guglielmo IV manifestavano i loro apprezzamenti circa il modo di condurre e di mantenere le relazioni con gli Stati di fuori ancor sotto l'impressione di gravissimi pericoli interni. Il Re disapprovava risolutamente la politica aggressiva del suocero; ma d'altra parte troppo gli stava a cuore la sorte dei Cristiani oppressi in Turchia, perchè le pressioni esercitate dalla Russia sulla Porta non dovessero trovare una certa giustificazione a' suoi occhi.

L'anno 1854 trascorse in vani tentativi della Prussia d'indurre la Russia a una maggiore arrendevolezza. A suo rappresentante a Pietroburgo ella aveva nominato il barone v. Werther, uno dei suoi più consumati diplomatici, che già aveva dato parecchie prove di sè;

e il 13 di agosto, vale a dire un mese prima dello sbarco degli alleati
in Crimea, gli aveva fatto rimettere un dispaccio, col quale essa
domandava l'accettazione dei noti *quattro punti* « quali l'Austria,
in perfetto accordo con i Gabinetti di Parigi e di Londra, li aveva
formulati come base d'un'ulteriore trattativa »; e in pari tempo
raccomandava all'ambasciatore « di avvalersi dell'alta benevolenza

Barone Carlo v. Werther.

onde l'Imperatore s'era compiaciuto d'onorarlo subito dopo la sua
venuta a Pietroburgo, come pure della fiducia che gli aveva professata il conte Nesselrode, affine di persuadere il Gabinetto imperiale
delle conseguenze incalcolabili che dalle sue deliberazioni questa
volta sarebbero per venirne ». Sennonchè, nè codeste amichevoli
pressioni, nè le ostilità di tre Potenze, alle quali poteva pure aggiungersi l'Austria, riuscivano a risolvere la contraddizione che da sì
gran tempo durava, di quella specie di Congresso convocato, per
così dire, in permanenza, di fronte a una guerra irresolutamente
condotta.

A sostenere la proposta dello sgombero dei Principati danubiani era stato mandato a Pietroburgo il colonnello Edvino di Manteuffel, il quale aveva recato con sè un *promemoria* elaborato da Leopoldo v. Ranke, il cui contenuto (notevole a dirsi) verteva non tanto sulla crisi europea in Oriente, quanto su alcune proposte per il miglioramento della condizione dei Cristiani colà; tantochè lo Zar Niccolò potè esclamare: « Questo, lo sottoscrivo col mio sangue » (1). L'Imperatore avrebbe voluto che la Prussia si staccasse dall'Austria; ma a ciò il colonnello v. Manteuffel — per quanto fosse egli stesso convinto, come abbiamo veduto più sopra, dell'instabilità di quel trattato — rispondeva: « Comunque stia la questione, non è però « men vero che il mio Re ha firmato il trattato dell'aprile! E io dovrei « prestarmi a indurlo a mancare alla fede data? ».

Federico Guglielmo IV, come apparisce da una delle dichiarazioni da lui fatte in quel tempo, era convinto che l'Austria fosse giunta presso a quella china che conduce dall'ingratitudine alla perdizione. « E quante cose — diceva il Re — potevano andar perdute ad un tempo! ». Il primo pensiero suo e dei suoi alleati tedeschi sarebbe stato di condurre silenziosamente l'Austria sulla via della rovina. Ma per poter raggiungere quell'intento, la Prussia si vedeva costretta a concedere all'Austria molto più che non avrebbe voluto. Essa avrebbe cercato pertanto di concedere all'Austria un nuovo articolo aggiuntivo al trattato dell'aprile, che le impedisse — se pur era ancora possibile — di concludere un'alleanza con le Potenze occidentali e di stritolare la Federazione germanica. Aver già l'Austria incominciato a minacciar categoricamente un'invasione francese. Il voler dunque resistere a un'ulteriore pressione della Francia, dell'Inghilterra e dell'Austria sarebbe stata una temerità. In tali condizioni, la Prussia sarebbe stata condannata per lo meno a una rottura apparente con la Russia, a interrompere le relazioni diplomatiche, a una chiusura dei confini, e via dicendo. Aver egli già comunicato direttamente all'imperatore Niccolò le ragioni per le quali egli era favorevole ai *quattro articoli*; da allora, la sua

---

(1) Durante la presenza del colonnello di Manteuffel a Pietroburgo, nelle stanze dell'Imperatrice si svolse la scena seguente. L'Imperatore chiese alla sua consorte: « Hai letto tu il *Memoriale?* » e « come si chiama l'uomo che ha scritto ciò? ». Al che l'Imperatrice rispose: « Ma vergognati, Niccolò, di non conoscere questo nome! ».

convinzione essersi fatta anche più ferma. Pure, la Russia avrebbe potuto liberarsi da tutte le altre pretese, qualora ella stessa avesse presa l'iniziativa di certe proposte. Per esempio, poteva dichiarare d'esser pronta ad avviar trattative per l'abrogazione del trattato del 1841 e la libertà del Mar Nero. Delle quattro condizioni, due essere state già dalla Russia accettate fin dal mese d'aprile; vale a dire: il futuro *trattamento a cinque* dei Cristiani d'Oriente, e la libera navigazione del Danubio. È notevole poi che il Re, per disarmare la Russia a proposito del protettorato da essa esercitato insino allora, mise innanzi la pretesa che, per i tre paesi balcanici, ella dovesse proporre delle dinastie da riconoscersi dall'Europa, sotto l'alta supremazia della Porta; per mezzo delle quali si sarebber potute reprimere vigorosamente le scene d'orrore in quelle regioni, e procurar loro ciò che da quattrocent'anni mancava, cioè *un avvenire*. Una vera prova d'abnegazione e di disinteresse diede Federico Guglielmo IV, consigliando in pari tempo che le proposte russe dovessero venir presentate per mezzo dell'imperatore d'Austria, e a lui medesimo rimesse in forma affatto confidenziale. « Non per questo la Prussia doveva tuttavia essere esclusa quale messaggera di pace; ma come intermediaria d'una proposta di tal fatta, si sarebbe trovata troppo male con le Potenze occidentali. Far messaggere di pace Austria e Prussia insieme e indivise: questo era il partito migliore ».

In seguito al trattato del dicembre, concluso unilateralmente dall'Austria, le perplessità della Prussia non potevano se non aumentare. Essa aveva pensato, con l'articolo aggiuntivo al trattato dell'aprile firmato pochi giorni prima — cioè il 26 novembre —, d'aver resa ancor più stretta l'alleanza con l'Austria, e soprattutto d'aver posto di fronte al gruppo delle Potenze belligeranti un gruppo d'intermediarii; mentre l'avvicinamento dell'Austria alle Potenze occidentali parve render compiuto il suo isolamento. Questo fatto fu assai doloroso per il Re, tanto più che, quando l'Austria aveva minacciato che, se l'articolo aggiuntivo non fosse stato firmato dalla Prussia, ella si sarebbe veduta nella necessità di unirsi con le Potenze occidentali, Federico Guglielmo aveva detto: « Quando uno dei con- « federati si trova in una condizione simile, devo stare con lui; ciò « che soprattutto importa si è che l'Austria non faccia causa comune « con le Potenze occidentali ». Ora la situazione si presentava tanto più tesa e contraddittoria, in quanto che, mentre gli alti conservatori che circondavano la persona del Re trovavano che la Prussia s'era già troppo allontanata dall'antica sua alleata, la Russia, i liberali, i cui tentativi fin dalla rivoluzione del marzo erano stati sopraffatti per la preponderanza della Russia, insistevano invece per un risoluto ravvicinamento alle Potenze dell'occidente.

Il barone Ottone di Manteuffel, e come presidente dei Ministri e come Ministro degli Esteri, cercava, per quant'era possibile, di navigare tra le due correnti; ma il Re, fatto inquieto per la difficile condizione della Prussia, e temendo la possibilità d'un blocco dei porti del Baltico, già sui primi del novembre aveva chiamato a consiglio l'ambasciatore conte Usedom, appartenente al partito liberale, intorno a una più larga partecipazione della Prussia alla questione d'Oriente. Quando adunque gli ambasciatori di Francia, Austria e Inghilterra — quest'ultima il 16 dicembre 1854 — invitarono d'accordo la Prussia, conformemente all'articolo 6.° del trattato concluso il giorno 2, ad accedervi alla sua volta, il Re, non ostante l'opposto parere del suo primo ministro, rifiutò, accogliendo per contro il consiglio di Usedom di stipulare uno speciale trattato con l'Inghilterra e con la Francia. Il conte Usedom anzi, già fin dal giorno prima dell'invio ufficiale della risposta alle tre Potenze, vale a dire il 18 dicembre, partiva per Londra. Nelle missive comunicate il giorno 19 in forma di dispacci agli ambasciatori del Re a Vienna, Parigi, e Londra si diceva: « che la Prussia, pur volendo eventualmente accostarsi alla tendenza, in generale, di cotesta convenzione, e anche ad alcune delle particolari disposizioni di essa, non era però in grado di accedere a un trattato già concluso; bensì piuttosto avrebbe voluto, quando se ne fosse presentato il destro, concludere una stipulazione analoga da parte sua. A tal uopo, e al fine di fissare con chiarezza l'eventuale sua risoluzione definitiva, essersi il Re trovato indotto a ricercare nuovamente quale interpretazione potesse darsi approssimativamente a quei quattro articoli: i quali erano stati concordati, nell'agosto, tra i Gabinetti di Parigi, di Londra e di Vienna quali punti di partenza delle trattative, e quindi da essi nuovamente riprodotti nel loro trattato, e dalla Prussia patrocinati a Pietroburgo; e dalla Russia, infine, erano stati testè accettati senza riserve nella loro redazione originale ». La Prussia desiderava insomma di avere delle dichiarazioni confidenziali circa il significato preciso delle quattro garanzie, per poter giudicare della portata degli obblighi a cui sarebbe andata incontro.

Tanto il principe di Prussia quanto il rappresentante alla Dieta federale v. Bismarck-Schönhausen erano stati contrarii alla missione straordinaria di Usedom; con questa differenza, però: che, per il primo, il semplice consentimento al trattato del dicembre sarebbe parso più pratico all'uopo, che non quella via traversa; ond'egli avrebbe preferito « di dichiarare alla triplice alleanza e alla Russia, che la Prussia si sarebbe accostata a quella, qualora la Russia non avesse dato, entro il 1.° di gennaio, una prova indiscutibile del suo desiderio di pace ». Bismarck, in quella vece, era convinto da un pezzo che nessuno dei due Gabinetti delle Potenze occidentali avrebbe fatto cosa alcuna, per la quale si potesse ingenerare sfiducia negli altri; e soprattutto guardava impassibile e ironico al così detto *isolamento della Prussia*. Quanto fosse giusto il suo giudizio intorno all'inseparabilità delle Potenze occidentali a quel tempo, apparve chiaro sia dal riserbo col quale venne accolto a Londra il conte Usedom, specialmente dal principe Alberto; sia dal tono poco men che offensivo usato nei dispacci di Drouyn del 15 e del 26 gennaio 1855 (1); come pure, infine, dal consiglio di Usedom di mandare uno speciale negoziatore a Parigi. Il Re scelse a quest'uopo il generale v. Wedell, il quale già conosceva Napoleone III fin dal campo di Boulogne, e che vi andò accompagnato dal colonnello v. Olberg. Poichè però — per l'opera (a quanto pare) del partito conservatore di Corte — il colonnello Edvino v. Manteuffel veniva in pari tempo mandato a Vienna, questo fatto non potè fare a meno di diminuire a Londra la necessaria fiducia nella serietà delle intenzioni della Prussia. Nuove diffidenze sorsero ancora per le condizioni poste dalla Prussia « che non si provocasse l'insurrezione della Polonia russa, e non si lasciasse invadere il territorio tedesco da truppe non tedesche »: al qual proposito, tuttavia, pare che si fossero dimenticate le molte espressioni imprudenti di Napoleone III, di lord Palmerston e dei signori polacchi che facevano corona al principe Napoleone, le quali avevan dato occasione a cosiffatti timori (2). Tanto meno poi si sapeva che il colonnello v. Manteuffel

---

(1) V. Jasmund, I, pag. 417-19 e 424-27.

(2) Secondo la russa *Étude diplomatique sur la guerre de Crimée*, II, pag. 323, a Parigi si discutevano disegni giganteschi per mutar faccia all'Europa. All'Austria doveva toccare una parte della Turchia; la Lombardia al Piemonte, all'Inghilterra Cipro e Candia, alla Francia la Savoia, l'isola di Sardegna, e,

era staṭo incaricato da Federico Guglielmo IV di dichiarare all'im·
peratore Francesco Giuseppe che « qualora l'Austria non avesse
assicurato alla Prussia quel posto che le spettava come a grande
Potenza, se la sarebbe trovata di fronte al Weissen Berg »; e che
il Re lo aveva lodato per iscritto per aver puntualmente eseguito
l'incarico.

Per effetto delle sopraddette missioni, che partivano dal Gabinetto
privato del Re, i rappresentanti ufficiali della politica estera prussiana vennero a trovarsi in condizioni ben singolari, che furono
anche variamente giudicate. Per intender bene l'atteggiamento
assunto di fronte ad essi dal Presidente dei ministri v. Manteuffel
è necessario tener presente che — come più tardi ebbe a confessare
egli stesso ai più fidati suoi — egli era da lungo tempo convinto
che il Re, per quanto gli ripugnasse un'alleanza più volte offertagli
con la Russia, pure, tenendo fermo a vecchie tradizioni e a legami
di famiglia, non avrebbe mai preso parte a una guerra contro il
cognato. Se — pensava il Ministro — di fronte alla Prussia e per
la sua qualità, solo teoricamente considerata, di grande Potenza,
nonostante ch'ella fosse la meno interessata nella presente controversia, le Potenze occidentali con tanta insistenza si travagliavano
per ispingerla alla guerra, in luogo di riconoscerle — appunto come
a grande Potenza — il diritto a una politica indipendente, era da
prevedere che, una volta armate per ispeciali accordi di trattati
impegnativi, si sarebber fatte all'ultimo addirittura minacciose; e
la Francia segnatamente avrebbe per tal modo acquistato un ottimo pretesto per una campagna sul Reno. In tale convinzione, il
barone di Manteuffel indirizzava così al Conte Bernstorff a Londra
come al conte Hatzfeldt a Parigi delle istruzioni, che poco potevano
contribuire alla buona riuscita delle missioni straordinarie. Solo
più tardi egli fu costretto a controfirmare i pieni poteri per la
conclusione di quello schema di trattato sì faticosamente condotto

_____

dopo la morte di re Leopoldo — il cui successore doveva essere indennizzato
col trono di Polonia — il Belgio. Per verità gli atti ufficiali delle Potenze occidentali a quel tempo contraddicevano a quella notizia; ma i disegni di Napoleone circa il sovvertimento della Carta europea — dei quali, al di fuori degli
organi·diplomatici ordinarii della Francia, qualche cosa giungeva alle Cancellerie
straniere — non potevano se non ingenerare sfiducia nelle varie Corti. Lo
stesso dicasi dei disegni di rimaneggiamento esposti ai suoi colleghi da lord Palmerston.

a termine, del quale era pure convinto, anche prima del ravvicinamento alla Russia, che sarebbe senz'altro abortito. — La questione s'egli non avrebbe fatto meglio a ritirarsi in presenza di tali correnti, piuttosto che attraversare i disegni dei suoi avversarii spingendosi fino al controllo della volontà del suo Sovrano, è difficile a risolvere: tanto più che assai presto doveva apparir chiaro come, rispetto alle risoluzioni definitive del Re, le sue previsioni fossero nel vero. Convien notare del resto che anche Napoleone III aveva, accanto alla politica ufficiale, una sua politica di Gabinetto: e tanto più pericolosa, in quanto che — contrariamente a quella piuttosto difensiva di Federico Guglielmo IV — essa minava tutto l'edificio politico europeo. Ne venivano così delle comunicazioni alle Corti, le quali alla politica *regolare* della Francia rimanevano temporaneamente ignorate, o restavano tutt'al più come semplici assaggi.

Quando, finalmente, gli speciali plenipotenziarii, sì a Parigi come a Londra, s'eran creduti sicuri dell'approvazione dello schema di trattato da loro faticosamente portato a compimento il 14 febbraio 1855 — il quale venne poi sostituito con un contro-progetto proposto dalle Potenze occidentali, e infine nuovamente attenuato, benchè pur sempre contemplasse il caso d'una guerra contro la Russia —, ecco che a Berlino il contro-progetto stesso era nuovamente modificato in un senso favorevole alla Russia; e allorchè sui primi di marzo giunse la notizia della morte dell'imperatore Niccolò, il quale spirando aveva ricordato le ultime parole di Federico Guglielmo III « di tener fedeltà alla Russia », tutto quanto quel lavorìo andò a naufragare miseramente, parte per riguardi di famiglia, parte per più gravi e giustificate ragioni politiche del Re e di coloro che lo circondavano. Che però neanche la conclusione di speciali alleanze avrebbe avuta per necessaria conseguenza la guerra della Prussia contro la Russia, è dimostrato, meglio che da ogni altra cosa, dal fatto che la Russia stessa si mostrò poi disposta ad ammettere al congresso la Prussia, come un elemento a sè favorevole.

Quanto alle minute particolarità delle trattative che peculiarmente illustrano tali avvenimenti, esse appartengono piuttosto alla storia interna della Prussia, che non a quella della questione d'Oriente.

XV.

Le Conferenze dei Ministri a Vienna

Incertezze dell'Austria alla fine del 1854. - Enorme divario tra le condizioni poste dalla Russia, e la interpretazione data loro da essa. - Imprudenti parole di Drouyn al barone di Hübner. - Lord John Russell, Alì Pascià e Drouyn de Lhuys plenipotenziarii alle conferenze di Vienna. - Precedenti stipulazioni di Drouyn de Lhuys a Londra; suoi disegni circa la neutralità del Mar Nero, e la limitazione della potenza russa su quello. - Udienza di Drouyn presso l'Imperatore d'Austria, e comunicazione fattagli delle sue particolari vedute. - Prudente riserva dell'Imperatore. - Le istruzioni di Gorciakow. - Apertura delle Conferenze: notevole incidente alla sesta adunanza; fiera discussione sul terzo punto della pace; Gorciakow acquista la convinzione che l'Austria, per le condizioni sue, non è punto disposta a farne un *casus belli*; *Memorandum* e nuove proposte della Russia; rifiuto da parte delle Potenze occidentali e della Turchia; Gorciakow, in seguito a un nuovo rivolgimento, provoca un'ulteriore convocazione dei plenipotenziarii per il 24 aprile; le nuove proposte russe sono respinte. - Accordi segreti di Drouyn con l'Austria, che vengono respinti da Napoleone in seguito al viaggio della coppia imperiale a Londra. - Particolarità del viaggio a Londra. - Consiglio di guerra anglo-francese, e nuovi accordi. - Udienza di congedo di Drouyn dall'Imperatore dell'Austria. - Sua uscita dal Ministero: linee fondamentali della sua politica - L'attentato Pianori - Napoleone III rinunzia al suo viaggio in Crimea. - Nomina del conte Walewski a ministro delle relazioni esteriori. - L'Austria cerca di evitare di la rottura con le Potenze occidentali, e fa una nuova proposta, che viene respinta dalle Potenze stesse. - Teutennamenti dell'Austria verso opposte tendenze.

All'avvicinarsi della scadenza del termine preveduto dal trattato del dicembre per lo spirar di quell'anno, dopo del quale si doveva deliberare intorno ai mezzi opportuni al conseguimento del fine della triplice alleanza, le dubbiezze dell'Austria si fecero anche maggiori che non fossero quelle della Prussia medesima. Questa aveva, fino a un certo punto, le mani libere ancora, mentre la prima era legata da questa parte e da quella, e incapace di prendere una risoluzione definitiva. Nell'insieme, però, attratta piuttosto nell'orbita delle Potenze occidentali, che non verso la tendenza neutrale della Prussia, il 24 dicembre 1854 ella aveva annunziato a quest'ultima l'intenzione di proporre alla Confederazione germanica la mobilitazione della metà del suo contingente; ma la Prussia, la quale s'era impegnata soltanto a delle misure difensive, anche dopo l'intesa comune intorno all'articolo addizionale del 26 novembre, respinse senz'altro la proposta.

La Russia, verso il terminare dell'anno, aveva senza dubbio perdute già, sul proprio suo suolo e territorio, tre battaglie; ma, nonostante quelle sconfitte, Sebastopoli era ancora in piedi; e noi abbiamo veduto quanto poco fosse mancato perchè il suo vecchio alleato, l'inverno, al cui fianco erasi questa volta schierato il Ponto infido, non mandasse a vuoto tutti gli sforzi delle Potenze occidentali. Queste, nella terza delle loro condizioni di pace, avrebber voluto il disarmo spontaneo della Russia, mentr'essa, quando al 28 novembre 1854 si dichiarava pronta ad accogliere le quattro condizioni come punto di partenza per le trattative — come più particolarmente vedremo ben presto — pensava già di fare un sacrifizio non lieve allorchè, per il terzo punto sopraddetto, cercava di cavarsela non già col diminuire la propria flotta, ma concedendo al suo avversario di prendere nel Mar Nero una posizione di pari potenza con essa. Per tal modo, nondimeno, si giunse, non foss'altro, a questo: che la Conferenza, il giorno 23 dicembre, comunicò in via preliminare al principe Gorciakow un'interpretazione generale dei quattro punti; e dichiarò, a proposito del terzo fra essi, che conveniva fosse posto un termine all'ultrapotenza della Russia nel Mar Nero, e che, quanto alle misure da prendersi a cotesto intento, esse dipendevano troppo immediatamente dagli eventi della guerra, perchè si potessero fin da quell'istante fissarne le basi.

Più in là di così, nell'interesse delle Potenze occidentali e della pace da raggiungersi, l'Austria — alla quale, in ogni modo, anche la Prussia e una parte degli Stati tedeschi potevano essere come di freno — allo spirar del termine fissato non s'era spinta; e nel gennaio del 1855 Drouyn de Lhuys perdette la pazienza a tal segno, da dire all'ambasciatore von Hübner: « Io non nego punto l'im- « portanza delle assicurazioni (accettate dalla Russia) che si rife-

« riscono alla soppressione del protettorato russo nei Principati
« danubiani e alla protezione religiosa dello Zar a favore dei sudditi
« ottomani di fede ortodossa; come sono ben lontano dal discono-
« scere il guadagno che si sarà per fare con la libera navigazione
« sul Danubio. Ma quanto non costeranno care all'orgoglio della
« Russia le concessioni, che pur le hanno procacciato dei vantaggi
« morali e faticosamente conseguiti! e quanto non è da temere la
« reazione dell'orgoglio nazionale, se a cotesta Potenza si lascia
« ancora quella *situazione militare* e quella forza combattente sui
« mari, che le han data la preponderanza ch'ell'ha nel Levante!
« Quando s'è vinto un nemico, bisogna guardarsi dall' umiliarlo,
« ove non s'abbia in pari tempo il coraggio di disarmarlo. Se le
« Potenze alleate non sono risolute a dare al terzo punto di ga-
« ranzia tutta l'estensione ond'esso è capace, allora è meglio sa-
« crificare anche gli altri: fare della presente lotta una semplice
« questione di onor militare tra la Russia e noi, e, dopo d'aver
« costretto l'imperatore Niccolò a riconoscere la superiorità del
« nostro valore e delle nostre risorse, rendergli incondizionatamente
« la sua spada. Per tal modo almeno il disinteresse che avremo
« dimostrato non sarà perduto. Nelle future eventuali complicazioni
« europee, non ci sarebbe allora tra la Russia e noi veruna ostilità
« sistematica e certa: e se, prima o poi, per i nostri interessi po-
« litici, dovessimo tener conto della cooperazione di cotesta Potenza,
« avremmo messa al nostro attivo, con una tale condotta, la pos-
« sibilità di ottenerla ». Opinione, nell'insieme, giustificata dagli
avvenimenti successivi: ma per il momento imprudente: perocchè
lo spettro della guerra di Crimea era appunto per l'Austria la possibilità d'un ravvicinamento della Francia alla Russia.

Per dare adunque nuova vitalità alle Conferenze di Vienna che
languivano senza un costrutto, e per indurre l'Austria a tal punto,
ch'ella dovesse o persuadere la Russia ad accoglier senza esitazione tutto il complesso delle condizioni di pace, o dichiararle la
guerra, le Potenze deliberarono di delegarvi a rappresentarle i
membri dei loro Gabinetti. Per l'Inghilterra v'andò lord John Russell,
per la Turchia il ministro degli esteri Mehemet Emin Alì Pascià,
uomo serio e di perfetta coltura europea; per la Francia Drouyn
de Lhuys, il promotore delle Conferenze medesime. Quest'ultimo,
prima di recarvisi, partì il 29 marzo del 1855 per Londra, con l'intendimento di operare nel più perfetto accordo con l'Inghilterra,

e di poter tanto più sicuramente dominare a Vienna le trattative. A Londra, ebbe serii colloqui con lord Palmerston, lord Clarendon e lord Lansdowne; e, a risolvere quel fatale terzo punto, per la cui proposta l'Inghilterra stessa aveva mostrato una così strana incertezza, egli mise innanzi due disegni da lui escogitati: il primo consistente nella *neutralizzazione del Mar Nero,* vale a dire nell'esclusione da esso di ogni qualsivoglia nave da guerra; il secondo, nella semplice *limitazione* della flotta russa in quel mare. La prima, ardita idea mascherava l'umiliazione della Russia sotto la generalità della misura comune, ma esigeva da essa, la cui fortezza marittima, anche dopo tre battaglie perdute, rimaneva pur tuttavia in piedi, il sacrifizio d'una posizione secolare: al compimento del quale ella pensava d'aver sempre tempo ancora, dopo la distruzione della cittadella. Il secondo disegno, in quella vece, poteva, ogniqualvolta la Russia rinunziasse alle sue intenzioni sopra Costantinopoli, condurre a una pace di più o meno lunga durata. Al diplomatico francese la *neutralizzazione,* in favor della quale si era pronunziato Napoleone III, sembrava, secondo che espose anche a Londra, la proposta più corrispondente allo scopo; ond'è che si restò d'intesa di proporre per prima questa, nella forma dei sei punti seguenti: « La Russia e la Turchia non dovranno tener navi da guerra nè nel Mar Nero, nè nel Mar d'Azow; i porti d'entrambe le Potenze in cotesto mare sono semplici porti mercantili; le Potenze straniere possono tenervi dei consoli; non vi dovranno esser fatti concentramenti di truppe minacciosi per la sicurezza dell'uno o dell'altro degli Stati finitimi; ove le stipulazioni del trattato vengano violate, le flotte della Francia, dell'Inghilterra e dell'Austria entreranno nel Mar Nero; i due Stati vicini dell'Eusino possono tenere, per la polizia del mare e delle coste, delle navi leggere non armate, e destinate esclusivamente al trasporto di truppe ». — Drouyn de Lhuys sostenne quindi, che qualora l'Austria ricusasse di considerare come un *casus belli* il rifiuto da parte della Russia della *neutralizzazione,* e consentisse però di considerare come tale *il rigetto del secondo mezzo* da lui proposto, allora si sarebbe dovuto trattare circa la riduzione delle forze navali della Russia: con ciò che la presenza di navi da guerra francesi, inglesi e austriache nell'Eusino dovesse venire ammessa nel diritto internazionale di Europa. Per desiderio dei Ministri inglesi, anche questo secondo caso venne esposto nella forma d'un preciso programma; e venne stabilito quindi: « che la Russia e la Turchia non dovessero tenere nei Mari Nero e d'Azow se non 4 vascelli di linea, 4 fregate e un proporzionale numero di navi leggere, disarmate, esclusivamente destinate al trasporto di truppe; la Francia, l'Inghilterra e l'Austria avrebbero nell'Eusino la metà di tal numero di navi per ciascuna, *senza che la Russia potesse in ricambio pretendere la concessione dell'accesso nel Mediterraneo;* in caso di pericolo, e dietro una richiesta d'aiuti della Porta, le intere flotte dell'Inghilterra, della Francia e dell'Austria avrebbero accesso nel Mar Nero. Anche con un siffatto ordinamento della controversia, le Potenze potrebbero mantenere consoli in tutti i porti del Mar Nero e del Mar d'Azòw ».

Poichè la Regina ebbe dato il suo assenso a entrambi i disegni, da presentarsi l'un dopo l'altro, Drouyn de Lhuys pieno di speranza partì per Vienna, dove giunse il 6 di aprile, e dove amare delusioni dovevano prepararglisi. Sulle prime il conte Buol si mostrò, per verità, assai favorevole alle vedute delle Potenze occidentali, ma non altrettanto risoluto in presenza dei passi che potevano condurre l'Austria alla guerra. Al disegno favorito di Drouyn si manifestò avverso fin dal principio, e a fatica s'impegnò ad appoggiare persino una limitazione delle forze armate russe nel Mar Nero. Nell'udienza poi che Drouyn de Lhuys ebbe dall'imperatore Francesco Giuseppe, egli commise l'errore d'andare immediatamente diritto allo scopo, *accentuando* in particolar modo *i vantaggi che l'Austria avrebbe riportati di fronte al suo rivale tedesco da un'alleanza con la Francia,* e dichiarando *esser egli venuto a Vienna non tanto al fine d'un ristabilimento della pace con la Russia, quanto piuttosto per il consolidamento dell'alleanza tra la Francia e l'Austria, e per il partito che poteva trarsene.* Per una politica bene intesa, la questione orientale, nonostante la grande importanza sua, veniva solo in seconda linea. — È tuttavia dubbio (quantunque Drouyn de Lhuys non tacesse a Napoleone III coteste particolarità nel suo rapporto), ch'egli ne fosse autorizzato ad andar tant'oltre. Se non che, non può esservi dubbio alcuno su questo: che mettendosi per cotesta via, egli perseguiva un doppio intento: di rompere, mediante il distacco d'una delle grandi Potenze continentali, l'accordo, non mai cessato del tutto, sussistente tra le Potenze contro la Francia; e di distogliere Napoleone III da quella via rivoluzionaria, verso la quale l'attiravano l'inclinazione sua e il suo passato. In questo senso ha potuto dire uno dei contemporanei e seguaci suoi « che il tentativo da lui fatto a Vienna doveva essere insieme una leva ed un freno » (1).

L'Imperatore, sorpreso dalle dichiarazioni del Ministro francese, che di tanto sorpassavano l'àmbito della situazione presente, e forse in sè stesso dubbioso non tanto della serietà loro, quanto del potere ch'egli avesse di realizzarle, rispose nel complesso con un rifiuto. Non è inverosimile ch'egli avesse appreso come una minaccia il discorso tenuto per lo innanzi dal Ministro francese verso il barone di Hübner circa un'intesa diretta della Francia con la Russia; fors'anco ricordava che l'Imperatore dei Francesi, ancor prima di partire per Boulogne, nell'accendere un sigaro, aveva lasciato andar questa frase: « Io mi fido del contegno dell'Austria; « ma voi sapete ch'io posso mettere a fuoco l'Europa come questa « sigaretta ». All'osservazione di Drouyn che il piano strategico abbozzato dal generale di Crèneville era stato approvato dal suo Sovrano, e che le proposte francesi potevano pertanto venir modificate in parte in un eventuale trattato da sottoscriversi, durante la sua dimora in Vienna, sia colà, sia a Parigi, Francesco Giuseppe replicò essere più opportuno attender l'esito delle trattative; poichè solo allora si sarebbe saputo se l'Austria sarebbe chiamata a partecipare alla guerra. Quanto alla limitazione della flotta russa da determinarsi in cifre, l'Austria preferiva di prendere come norma il suo stato presente; il che equivaleva *a priori*, più che a una limitazione, a una proibizione di rafforzarla. E poichè la Russia, dal canto suo, aveva più d'un indizio che l'Austria volesse piuttosto far pressione su di lei che colpire, così, fino a tanto che Sebastopoli resisteva, non c'era da pensare ch'ella accedesse alle condizioni delle Potenze occidentali.

Le norme di condotta che i plenipotenziarii russi si proposero di seguire allorchè s'accinsero a partecipare alla Conferenza dei Ministri presentano un particolare interesse per la storia, in quanto che esse partivano ancora da Niccolò I; onde per esse appar manifesto il limite delle sue concessioni. Esse prescrivevano loro: « di non accogliere alcuna proposta lesiva dell'onore e dei diritti della Russia; e, con singolar sottigliezza, di ottenere all'art. 1.º che l'espressione « abolizione del *protettorato* russo » venisse mutata; non essen-

---

(1) *Les quatre Ministères de M. Drouyn de Lhuys*, par le Comte BERNARD D'HARCOURT, ancien Ambassadeur. Paris, 1882, pag. 146.

dosi in veruna delle precedenti convenzioni con la Porta fatto uso della parola *protettorato* (1); ragione per cui si doveva dire semplicemente che, da ora innanzi, i Principati sarebbero stati posti sotto la *protezione* delle Potenze; di sostenere, all'articolo secondo, come importasse in particolar modo alla Russia di far risaltare il carattere puramente commerciale di esso; e quanto al terzo punto, il più scabroso, secondo il quale la Turchia doveva essere attirata nell'equilibrio europeo, Gorciakow venne autorizzato a dichiarare che la Russia non aveva mai fatto del Mar Nero un *mare clausum*, bensì anzi, col trattato d'Adrianopoli, aveva avuto il merito di aprire quel mare alle bandiere mercantili di tutte le nazioni. Per ciò che concerneva le navi da guerra, poi, essere la chiusura degli Stretti un effetto dell'antica legislazione ottomana. Il trattato del 1841 aver confermato quel proprio fondamento dei diritti sovrani dei Sultani, ed esser quindi libero a loro così di aprire il passaggio alla navigazione, come di chiuderlo. Ma poiché ora la debolezza marittima della Turchia costituiva un motivo d'inquietudine, la Russia era disposta a porvi un termine, acconsentendo che il Mar Nero venisse aperto alle bandiere delle navi (da guerra) di tutte le nazioni, alla condizione tuttavia d'una perfetta reciprocità, *per modo che anche le sue proprie navi da guerra potessero passare gli Stretti* (vale a dire, penetrare dal Mar Nero nel Mediterraneo) ». Da ultimo, ai rappresentanti russi venne imposto di chiedere « che fosse stabilita la più perfetta parità di tutti i culti cristiani relativamente ai loro privilegi, e di vigilare che se ne ottenessero garanzie soddisfacenti ».

Tali istruzioni, assai abilmente messe in giuoco dal principe Gorciakow, parevano fatte apposta per ridestare nuovamente tutte le esitazioni dei circoli più influenti dell'Austria. Il conte Buol tuttavia propendeva piuttosto in favore delle Potenze occidentali, mentre l'Imperatore sempre più si mostrava contrario a partecipare a una guerra contro la Russia, specialmente dopo la morte dell'imperatore Niccolò: nell'occasione della quale egli aveva fatto a Gorciakow una visita di condoglianza, ed espresso il suo dolore, dicendo « che « egli perdeva un provato amico, proprio nel momento in cui spe-

---

(1) Subito nella prima seduta della Conferenza fu dimostrato alla Russia che la parola *protettorato* si trovava così nel *Règlement organique* come in altri documenti russi.

« rava di potergli dar prova della sua gratitudine e del suo più
« sincero ritorno sull'antica via » (1). Il vecchio partito conservatore
di Corte a Berlino non era dunque punto male informato, quando
assicurava a Federico Guglielmo IV che l'imperatore Francesco
Giuseppe non si trovava in perfetto accordo col conte Buol; cosa
già notata dal colonnello Edvino Manteuffel durante la sua missione
a Vienna. — In generale poi, la diplomazia russa, per tutto il tempo
della Conferenza, ebbe in mira soprattutto di guadagnarsi la disposizione d'animo più favorevole dell'imperatore d'Austria, *evitando
con cura ogni apparenza persino che potesse esser cagione di
una rottura.*

Alle nuove Conferenze, aperte il 15 marzo 1855, erano presenti
soltanto Buol, Prokesch-Osten, Bourqueney, John Russell, Westmoreland, Gorciakow, Titow e Aarif Effendi. Al conte Buol ne venne
affidata la presidenza, al consigliere von Meysembug la stesura
dei protocolli. — Nel discorso d'apertura, Buol — quasi in contrasto con le personali manifestazioni dell'Imperatore — disse che
questi aveva imposto ai suoi rappresentanti di dichiarare *« essere
« egli risoluto a perseguire invariabilmente la ria già per lo in-
« nanzi da lui seguìta; e che nessuna cosa, nemmeno le conse-
« guenze più gravi, l'arrebbero trattenuto dal mantener saldi
« in tutto e per tutto gl'impegni assunti di fronte a' suoi alleati ».*
Dopo ciò, egli lesse le quattro condizioni della pace, con la clausola alla terza di esse *« che dovesse porsi un termine alla ultrapotenza della Russia nel Mar Nero ».* — Le prime sedute trascorsero in mezzo a poco men che inutili scambi d'idee circa il punto 1.° e
il 2.°, la definizione dei quali tuttavia non avrebbe potuto condurre
alla pace senza un accordo sopra il terzo; ma la sesta adunanza,
a cagione d'un incidente al quale fin qui s'è fatta poca attenzione,
acquistò per la storia un particolare rilievo. In quell'adunanza la
Francia, con la presentazione d'una Memoria che mirava alla risoluzione del primo punto, gettò per la prima volta *l'idea dell'unione
della Moldavia con la Valacchia sotto un Principe vassallo ereditario;* con che essa mostrava di presupporre come sicuro il consenso
del Sultano, senza curarsi inoltre se non facesse con ciò ella stessa
uno strappo alla sua bandiera, sulla quale era scritta come prin-

---

(1) *Étude*, II, pag. 319.

cipale impresa l'intangibilità dell'Impero ottomano. Senza dubbio un tale disegno proveniva dalla mente di Napoleone III medesimo.

Drouyn e Alì pascià comparvero appena alla nona seduta, che si tenne il 9 di aprile; e nella successiva, del giorno 17, incominciò la discussione intorno all'interpretazione del terzo articolo della pace. Il conte Buol già nella sesta adunanza aveva fatto, d'accordo con Bourqueney e con Russell, la proposta che la Russia e la Porta dovessero prima accordarsi tra loro circa l'entità futura delle loro flotte nel Mar Nero, e far quindi ·le loro proposte alla Conferenza; il che equivaleva a dire che la Russia dovesse ella medesima proporre per prima il proprio disarmo. Il principe Gorciakow, pur respingendola personalmente da parte sua, l'aveva accolta solo *ad referendum;* ma ora n'era venuto da Pietroburgo il rifiuto definitivo. — Drouyn de Lhuys si risolvè allora a proporre la limitazione della flotta russa, come sostanzialmente era stata concordata coi ministri inglesi a Londra; e sostenne tale misura, tra altro, col porre in rilievo la circostanza di fatto, che la bandiera di guerra russa era in realtà di già sparita dal Mar Nero, e che la Russia propriamente non aveva se non da chiedere alle tre Potenze a quali condizioni queste ne consentissero il ritorno.

Tale proposta di Drouyn de Lhuys essendo stata appoggiata dai due plenipotenziarii austriaci, Gorciakow, al quale non mancavano prove delle disposizioni pacifiche dell'imperatore d'Austria, rivolse al conte Buol la capziosa domanda, se, a sua intenzione, il rifiuto della Russia avrebbe avuto mai per conseguenza delle misure coercitive (vale a dire, la dichiarazione di guerra dell'Austria). E poichè Buol a ciò prudentemente rispose, dover egli riservare la scelta dei mezzi al suo Sovrano, la Russia n'ebbe un nuovo indizio che Buol non aveva punto facoltà di porle un *ultimatum,* e regolò la sua condotta in conseguenza di tale concetto. Nella seduta dodicesima, pertanto, che fu il 21 di aprile, Gorciakow fece anzitutto inserire nel protocollo la riserva che la Russia, alla protezione della Turchia accettata nell'adunanza del 19, non aveva già attribuito il significato d'una garanzia attiva, vale a dire d'una guerra ch'ella dovesse fare nel caso d'un pericolo di quella. Dopo di che, respinse la diminuzione della flotta russa, come contraria sì ai diritti sovrani dello Zar e sì all'equilibrio europeo; e, con sempre crescente franchezza, la disse *pericolosa per l'indipendenza dell'Impero ottomano.* Espresse quindi il suo rincrescimento che una delle Potenze europee, a cui la sua qualità di Stato di primo ordine e di firmataria del trattato del 13 luglio 1841 dava pure un doppio diritto di partecipare a quelle deliberazioni, non vi fosse rappresentata. Da ultimo, diede lettura di un *memorandum*, nel quale, mentre si protestava la maggior sincerità delle intenzioni della Russia, si esponeva: « che ciò che si voleva chiamare la sua preponderanza nel Mar Nero era piuttosto da ascrivere ai trattati con lei conclusi, che non alla soverchia potenza marittima, e più all'*isolamento* della flotta turca che alla sua *debolezza*. L'indipendenza della Grecia, la battaglia di Navarino, la conquista dell'Algeria per opera della Francia, le aspirazioni del Pascià d'Egitto e dei Bey di Tunisi e Tripoli aver privata la Porta d'importanti sussidii marittimi; ma non già per colpa della Russia. Il Bosforo, tante fortezze e porti come Varna, Sosopoli, Burgas, Trebisonda, ecc., e il comodo di poter raggruppare tutte codeste forze intorno a tre bacini in corrispondenza l'uno dell'altro, essere stati, d'altra parte, ed essere tuttavia vantaggi importanti posseduti dalla Porta di fronte alla Russia; la quale, costretta a tenere delle flotte in quattro mari diversi e l'uno dall'altro distantissimi, non poteva dare se non un limitato sviluppo alla marina sua nel Mar Nero. Se poi la Porta, nonostante la diffidenza seminata qua e là per vent'anni contro la Russia, non aveva saputo trar partito di tali vantaggi, doversene la cagione probabilmente cercare nel fatto, che *invece di vedere un pericolo nell'espansione marittima della Russia, essa aveva come l'istinto di pericoli che da altre parti la minacciassero, e contro i quali la potenza militare della Russia poteva forse servire a lei di difesa.* Nell'anno 1853 la Russia aveva dovuto impiegare quindici giorni per trasportare una divisione, cioè da 15 a 16.000 uomini, da Sebastopoli al ridotto Kalè; per contro, grazie ai mezzi di comunicazione elettrici, nel momento che la flotta russa salpava da Sebastopoli, le flotte da Tolone e da Malta potevano giungere ancora in tempo per istornare dalla Porta un pericolo. *E chi garantiva che un giorno, o isolate o insieme unite, esse non comparissero dinanzi a Costantinopoli come nemiche della Turchia?* » — Pertanto, il memoriale di Gorciakow concludeva con la proposta « *che gli Stretti dovessero essere aperti alle navi da guerra di tutte le nazioni.* Questo provvedimento avrebbe posto un termine alla relativa debolezza della Turchia nel Mar Nero ».

Lord John Russell dichiarò subito ch'egli non aveva facoltà di trattare intorno a simili proposte; Alì Pascià, che la Porta non poteva recedere dalla chiusura degli Stretti; e Drouyn de Lhuys, che il concetto della Russia, in luogo di escludere dal Mar Nero, come aveva voluto Caterina, ogni apparato guerresco, metteva capo, al contrario, a richiamarvi quello di tutte le nazioni. Il conte Buol in questa seduta si manifestò propenso, pur senza particolare insistenza, per una « certa limitazione » della potenza navale russa, mentre Drouyn de Lhuys ribadì e approfondì vieppiù la sua critica del disegno della Russia, notando come questa, col suo rifiuto di difendere attivamente l'indipendenza dell'Impero ottomano, rendeva semplicemente chimerico anche il primo punto delle garanzie; e, mentre pur dichiarava pericoloso per la Porta un concentramento delle forze europee intorno a Costantinopoli, presentava un disegno, secondo il quale persino la sua flotta del Baltico poteva venire in rinforzo di quella del Mar Nero. — La memorabile adunanza si chiuse con la dichiarazione di Russell e di Drouyn che le loro istruzioni erano esaurite. E gli elementi di essa si stanno ancor oggi l'uno all'altro immediatamente di fronte: giacchè la diretta congiunzione della Russia col Mar Mediterraneo è rimasta tuttavia una delle penne maestre della sua politica nella questione d'Oriente.

Come già abbiamo osservato più sopra, alla diplomazia russa importava in particolar modo di indurre nell'imperatore d'Austria, per mezzo d'un accorto succedersi di concessioni apparenti, la persuasione che, se a una rottura si giungeva, non era da incolparsene la Russia; onde, in seguito a domanda di Gorciakow, la Conferenza venne nuovamente convocata per il 20 di aprile. Lord John Russell, probabilmente perchè non credeva più alla possibilità d'un accordo, aveva già lasciato Vienna. Egli ne partì doppiamente disilluso, avendo dovuto sacrificare certi suoi particolari desiderii così alla Francia come all'Austria. Ciò che a lui importava sopra tutto era non tanto d'una diminuzione della flotta russa, quanto delle forti flotte che nel Mar Nero potessero tenere le Potenze occidentali; oltre a ciò, egli voleva una rettificazione del confine russo-asiatico, una rinunzia delle fortezze sgomberate dalla Russia presso la costa orientale del Mar Nero, e la restituzione delle isole presso il delta danubiano. Ma avendogli Drouyn de Lhuys rappresentato il pericolo d'una discordanza di vedute, di tali suoi concetti la Conferenza non s'era occupata minimamente.

In quella tredicesima seduta, adunque, il principe Gorciakow, per mostrare com'egli volesse parimenti esaurire entrambi i punti estremi tra i quali s'agitava la questione tutta quanta, propose la *chiusura degli Stretti*, di fronte alla quale tuttavia il Sultano si sarebbe riservato di aprire — transitoriamente e per eccezione — i Dardanelli e il Bosforo alle Potenze straniere, qualora la Porta stimasse minacciata la propria sicurezza. Sostanzialmente, ciò equivaleva al mantenimento del diritto sancito già nel trattato del 13 luglio 1841, senza riguardo veruno agli ultimi eventi della guerra. Drouyn de Lhuys obbiettò che le nuove proposte russe accennavano così poco alla soppressione della preponderanza russa nel Mar Nero, da presupporre esse medesime il caso che codesta flotta preponderante potesse assumere un contegno ostile; e ripetè pertanto la dichiarazione che il suo mandato era esaurito. Il conte Buol al contrario (e ciò prova che sul conto suo la Russia non s'era ingannata), stimò la nuova proposta russa degna di considerazione, e sperò di poterla rendere accettabile alle Potenze occidentali. Sennonchè Prokesch-Osten osservò, sostenendo in sostanza con altra forma l'obbiezione di Drouyn, che la flotta russa, per potere eventualmente prestare aiuti alla Porta, doveva essere'ben forte, per modo che l'articolo terzo esternerebbe precisamente il pericolo che si trattava appunto di scongiurare. In presenza dunque dell'energico rifiuto della Francia e dell'Inghilterra, e specialmente di fronte alla dichiarazione del plenipotenziario francese di non voler nemmeno riferire a Parigi la proposta russa, il conte Buol, al chiudersi dell'adunanza, rinunziò, in certo modo, all'intenzione d'assumerla come punto di partenza a nuove trattative; mentre il principe Gorciakow volle si chiudesse il protocollo, anzi le Conferenze in generale, con la dichiarazione « che i plenipotenziarii russi avevano mantenuto esaurientemente la loro parola, con le fatte proposte di più modi di soluzione ».

Particolarmente degno di nota è il fatto, non abbastanza rilevato fin qui, che Drouyn de Lhuys già nella seduta del 25 si sentì, anche per parte dello Stato ch'egli rappresentava, mancare il terreno sotto i piedi. Come ci ricordiamo, l'Imperatore l'aveva mandato a Vienna con l'intento d'ottenere o la neutralizzazione del Mar Nero, o la diminuzione quivi della flotta russa. Or, dopo che, per il contegno dell'Austria e della Russia, l'uno e l'altro disegno eran falliti, a Drouyn era stato massimamente a cuore d'apprendere in qual caso l'Austria si sarebbe risoluta a partecipare alla guerra; e pertanto, fattesi sostanzialmente più miti le condizioni imposte dalle Potenze occidentali, s'era venuti alla perfine, tra lui, il conte Buol e lord John Russell, all'accordo seguente: garanzia europea dell'indipendenza e del mantenimento territoriale dell'Impero ottomano; chiusura assoluta degli Stretti per la Russia, ed eccezioni per gli alleati; facoltà per questi di tenere due fregate per ciascuno nel Mar Nero; per il caso che la Russia sorpassasse il *presente effettivo* delle sue forze navali nel Mar Nero, facoltà per ciascuno degli alleati di farvi entrare un numero di navi eguale alla metà delle navi russe, e, in caso di pericolo, l'intera sua flotta. — Subito dopo, Francia, Inghilterra ed Austria conclusero un trattato il quale stabiliva, che l'*aumento* della flotta russa oltre l'effettivo del 1853 costituiva un caso di guerra, *sia che la Russia accettasse, sia che respingesse* l'obbligo di non sorpassare cotesto effettivo medesimo. Lord John Russell ebbe la debolezza di raccomandare vivamente a Londra l'accettazione di cotesto piano; il che dai suoi stessi colleghi nel Ministero gli fu apposto a debolezza di mente, e fu cagione più tardi del suo ritiro.

Fino al 15 di aprile, Napoleone III parve consenziente a siffatto programma di Drouyn e di Buol, il quale pur veniva così sostanzialmente a mitigare le condizioni primitive; ma in quel giorno stesso egli iniziava insieme con l'Imperatrice quel viaggio, che era intimamente collegato col suo disegno d'assumere il comando supremo della guerra in Crimea, e al quale dovevano riannodarsi conseguenze politiche di non poco momento. Accolto con entusiasmo dal popolo inglese, in mezzo al quale aveva passato come profugo una parte della sua giovinezza, Napoleone III ebbe inoltre la soddisfazione che la Corte inglese sorpassasse di gran lunga. verso di lui e verso l'Imperatrice, in officiose premure e in distinzioni, quanto mai altre Corti europee avessero già fatto in suo onore. La sua visita venne a coincidere con le notizie del secondo bombardamento di Sebastopoli; cosicchè gli alti come gli umili potevano guardare a lui con gli occhi affascinati e benevoli della necessità. La Regina diede all'Imperatrice sempre il posto d'onore, e il 18 aprile conferì al nipote di Napoleone I l'ordine della Giarrettiera. Il giorno 20 lo sorprese con gli augurii di felicità per il suo 47.º giorno natalizio, al quale, in mezzo a tutto quello splendore e a quell'incalzare di avvenimenti, pareva ch'egli non avesse nemmeno pensato. Insomma, fu tutto un succedersi d'eventi singolarmente notevoli. L'Imperatore abitò nelle camere che aveva occupate Niccolò I quando nel 1844 aveva iniziato le note trattative per la spartizione della Turchia; e il ballo nel quale la Regina danzò con l'Imperatore fu dato nella *sala Waterloo*. Il desiderio dell'Imperatrice di veder partire il suo sposo per la Crimea — desiderio al quale s'aggiungeva la vanità anche più pungente di recarsi a Costantinopoli con lui —,non potè certo recare alcun pregiudizio al fascino della sua persona; ma circa il disegno dell'Imperatore vennero tenuti parecchi Consigli di guerra. Il primo ebbe luogo presso l'Imperatore il 18 aprile, partecipandovi il principe Alberto, lord Palmerston, lord Panmure, lord Harding, lord Cowley, sir Charles Wood, sir John Bourgoyne, il conte Walewski e il maresciallo Vaillant. Il principe Alberto ne stese il protocollo, il quale affermò come tutti i presenti fossero contrarii al viaggio dell'Imperatore, mentr'egli tenne fermo nel suo proponimento. Un nuovo Consiglio di guerra fu tenuto il 20, e vi assistette anche l'Imperatrice. Esso le parve tanto pieno d'interesse, ch'ella confessava nel suo giornale come « a nessun prezzo avrebbe voluto non esserci stata presente ». — Il principe Alberto, dopo la presentazione fattagli da lord Palmerston d'una memoria elaborata da sir John Bourgoyne, abbozzò lo schema d'un accomodamento, sulla base del quale il 21 di aprile, giorno della partenza di Sua Maestà francese, tra lord Panmure e il mareciallo Vaillant venne firmato l'accordo seguente:

« In seguito a un Consiglio tenutosi tra l'imperatore Napoleone e i ministri di Sua Maestà la Regina d'Inghilterra, è stato stabilito quanto segue:

1.° Sia che il fuoco aperto il 9 aprile contro Sebastopoli abbia esito favorevole o sfavorevole, devono esser prese delle misure perchè, assicurato il materiale d'assedio contro qualsiasi spiacevole accidente, si possa, senz'aver bisogno d'un corpo di più che 60.000 uomini, restar padroni delle trincee, ovvero tenere la città quando essa sia presa.

2.° Il rimanente delle forze alleate dev'essere *disponibile*, e poter prendere l'offensiva, allo scopo di completare l'accerchiamento di Sebastopoli, dopo una sconfitta o la dispersione dell'esercito nemico in campo.

3.° A tale intento, le forze disponibili devono venir ripartite in due corpi d'operazione.

4.° L'esercito d'assedio sarà composto di 60.000 uomini, dei quali 30.000 francesi e 30.000 turchi; esso starà sotto il comando del generale Canrobert.

5.° Il primo corpo d'operazione sarà formato dall'esercito inglese, vale a dire da 25.000 Inglesi e dal contingente sardo di 15.000 uomini; al quale possibilmente s'aggiungeranno 5000 Francesi e 10.000 Turchi. In ogni caso, questo corpo, posto sotto gli ordini di lord Raglan, non deve contare meno di 45.000 uomini.

6.° Il secondo corpo d'operazione consterà di 45.000 Francesi già trovantisi dinanzi a Sebastopoli, e di 25.000 della stessa nazione, che ora si raccolgono quale riserva a Costantinopoli; in tutto 70.000 uomini. sotto il comando diretto dell'Imperatore Napoleone o del generale ch'egli designerà.

7.° Per ciò che concerne il piano d'operazione medesimo e le combinazioni che ad esso si connettono, nessuna deliberazione ne è per il momento fissata in proposito.

8.° Per l'effettuazione di quanto sopra è indicato si stabilisce: che i generali Canrobert e Raglan riceveranno l'ordine di curare tutti i preparativi preliminari perchè le loro truppe possano operare secondo il già detto; che tutte le forze inglesi e francesi, ad eccezione dei 25.000 Francesi che si concentrano a Costantinopoli, sieno raccolte presso Sebastopoli nella forza che s'è detto, e quanto più presto sia possibile; che tutto il contingente sardo si rechi a Balaclava; infine, che tutte le navi da trasporto che presentemente si trovano nel Mediterraneo e nel Mar Nero, e che devono trasportare truppe o francesi o sarde ed esser venute a prendere da navi da guerra a Marsiglia, rimangano, dopo effettuato il trasporto, nel Mar Nero ».

Quanti e quali che pur possano essere stati in Inghilterra i secondi fini che condussero alla sottoscrizione di cotesto notevole documento, steso in goffo francese, non si può negare ch'esso non segni per l'Imperatore un completo successo. Poichè Clarendon il 21 ebbe fatto dichiarare a Vienna che una pace come quella proposta dall'Austria era poco onorevole e insussistente, l'Imperatore telegrafava a Drouyn de Lhuys a Vienna il 23: « Son tornato « ieri dal mio viaggio in Inghilterra, meraviglioso per ogni rispetto. « Iersera ricevetti il vostro dispaccio del 21, contenente l'*ultimatum* « austriaco. Appena ne fui in possesso, scrissi per telegrafo a Londra « per sapere che cosa farà il Gabinetto inglese. Oggi alle 10 della

« sera ricevo il vostro dispaccio del 22, che sembra accennare a
« una situazione mutata. Poichè non conosco il mutamento, non
« posso autorizzarvi nè ad accettare nè a respingerlo; *ma per nulla*
« *al mondo accetterò mai cosa che mantenga lo stato precedente*
« *alla guerra* ».

Il 24 aprile, il Ministro francese fu ricevuto in udienza di congedo
dall'Imperatore d'Austria, che gli disse: « Mi dispiace sinceramente
« che mi sia impossibile d'andar più in là del piano da voi man-
« dato a Parigi. Ma se l'Imperatore lo conoscerà nella forma che
« gli è stata data ultimamente, egli troverà, spero, che un'alleanza
« costante tra di noi per la difesa per terra e per mare dell'Im-
« pero ottomano contro la Russia ha maggior valore che una cifra
« più o meno alta. Questo *ultimatum* significa la guerra, ma una
« guerra nella quale avrò per me la testimonianza della mia co-
« scienza, il consenso de' miei popoli e l'appoggio della Germania ».

Tornato a Parigi, Drouyn de Lhuys, che invano aveva tentato
di smovere l'Imperatore, non solo diede le sue dimissioni da Ministro delle relazioni esteriori, ma, in mezzo a grande commozione
degli animi, uscì anche dal Senato, dov'era stato uno dei vice-
presidenti, e dove, del pari che nel mondo diplomatico, aveva
figurato come una delle personalità più eminenti. Le sue trattative
con l'Austria avevano messo in evidenza, più presto forse che non
ne fosse il caso, la linea di separazione ch'era tra la politica sua,
più fedele alle antiche tradizioni francesi, e quella più precipitosa
dell'Imperatore. D'altra parte, però, la non infondata sfiducia e la
incertezza dell'Austria non facevano che alimentare la tendenza in
quest'ultimo verso quelle imprese di rivincita le quali appunto essa
temeva. Drouyn previde di lunga mano l'intervento di Napoleone
in pro dell'Italia, ch'egli stimava fatale; e volle sciogliersi interamente da ogni ulteriore partecipazione alla politica di lui. Quanto
all'alleanza da Drouyn stesso caldeggiata con l'Inghilterra, il suo
proponimento di non seguire incondizionatamente il Gabinetto di
San Giacomo fino all'estreme esigenze della politica inglese aveva
dalla sua, in ogni caso, un'autorizzazione superiore, e fors'anco —
nonostante l'impegno preso di non voler nulla per sè — la possibilità d'un aumento delle pretese francesi, nel caso che la guerra
attuale dovesse esser condotta più per terra che per mare; ma una
ritirata in comune nel bel pieno della lotta non poteva esser compensata nemmeno da un accordo con l'Austria ben più largo che

non fosse il piano più sopra accennato. Se la pace doveva ottenersi, senza che Sebastopoli fosse prima caduta, e solo per effetto d'una minaccia (pur sempre incerta e mutevole, del resto) dell'Austria, sarebbero state le Potenze occidentali — ciò evidentemente sentiva l'Inghilterra e sentiva Napoleone III con essa — le vinte; le vincitrici, la Russia e l'Austria.

Frattanto, la situazione a Parigi s'era un'altra volta cambiata, e il glorioso viaggio di Londra non era rimasto senza un serio epilogo. L'Imperatore era appena tornato, quando un congiurato italiano a nome Pianori gli sparava contro, ai Campi Elisi, due pistolettate. Costui pagò il suo misfatto con la vita; ma quell'attentato dimostrava ancora una volta l'incertezza delle condizioni della Francia, tanto che l'Austria non ebbe molto a pentirsi dei suoi tentennamenti. La conseguenza prossima dell'attentato in Francia fu che Napoleone, per le pressioni dei suoi consiglieri più fidi, rinunziò al viaggio in Crimea. Egli nominò a ministro degli esteri il conte Colonna Walewski — un figlio naturale di Napoleone I (1) —, il quale era stato fino allora ambasciatore a Londra; e restò in relazioni assai tese con Drouyn de Lhuys, fino a dopo la Campagna d'Italia, da questo profetata come funesta. A Vienna si cercò ancora d'evitare una rottura con le Potenze occidentali. Il conte Buol, dopo un lungo tastar qua e là, propose alla fine di maggio ai rappresentati di quelle che l'effettivo *presente* (cioè diminuito dopo l'affondamento delle navi), della flotta russa dovesse considerarsi come normale, e che qualsiasi rinforzo di questa avesse ad autorizzare le Potenze occidentali a un rinforzo parimenti delle loro. Di tale proposta l'Austria avrebbe fatto un *ultimatum;* avrebbe stipulata una convenzione militare; e, in caso di rifiuto della Russia, le avrebbe dichiarato la guerra. Non volendo le Potenze acconsentire a un sistema così pieno d'incertezze, il conte Buol cercò da ultimo di persuaderle in favore d'un piano che, in sostanza, era stato già proposto un'altra volta: che cioè i plenipotenziarii russi dovessero dapprima accordarsi circa l'effettivo reciproco delle flotte con i Turchi, e recarne quindi i risultati alla Conferenza. Or,

---

(1) La contessa Walewski col figlio visitò Napoleone all'isola d'Elba, ciò che fece credere a una visita da parte di Maria Luigia, effettuata sotto la sorveglianza del confidente dell'Imperatore. Cfr. MARCELIN PELLET, *Napoléon à l'Ile d'Elbe*, Paris, 1888, pag. 32.

poichè la Russia, come sappiamo, di buon grado avrebbe trattato (secondo l'antica consuetudine) da sola a sola con la Turchia, il principe Gorciakow accottò tale proposta, supponendo che la Russia avrebbe potuto quind'innanzi fissare da sè medesima i limiti della sua potenza navale nel Mar Nero; ma grande fu il suo stupore quando Buol, nella Conferenza che fu convocata il 4 giugno, formulò la sua proposta nel senso che l'effettivo non doveva oltre-passare lo stato *presente* della flotta russa. Per evitare tuttavia a sè la responsabilità della rottura, seppe padroneggiarsi, e accolse la proposta austriaca *ad referendum*, mentre, come con certezza era da prevedere, i plenipotenziarii dell'Inghilterra e della Francia la respinsero; con che, anche quest'ultimo tentativo dell'Austria naufragava.

Sul terreno diplomatico, grazie alla sua condotta alle Conferenze, la Russia aveva raggiunto perfettamente il suo intento principale, ch'era di trattenere con apparenti concessioni l'Austria dal prender parte alla guerra. L'Imperatore invitò a un'udienza il principe Gorciakow, e lo ringraziò per i suoi propositi conciliativi. Gli dichiarò « di mantenere i quattro articoli, e così pure la situazione dell'Austria ne' Principati danubiani, ma di voler proclamare che non avrebbe invece consentito a un'aggressione contro la Russia da quella parte. L'accettazione d'un indebolimento della flotta — soggiungeva — non si sarebbe potuta evitare; ma egli non voleva farne un *ultimatum* ». Quanto alla disposizione delle truppe austriache — le quali, al confine della Russia, ne impedivano le mosse — Francesco Giuseppe ricusò di fare qualsiasi concessione, e non parlò nè di diminuzione nè di neutralità; ma, stando alle fonti russe, egli avrebbe assicurato che non sarebbe mai per assumere un contegno ostile alla Russia.

A codesta politica oscillante dell'Austria, cui dovevan tener dietro le conseguenze più gravi, contribuì in gran parte la sua condizione finanziaria. Ancora da Costantinopoli, cioè prima d'assumere il Ministero delle Finanze, il signor De Bruck aveva affermato che la partecipazione dell'Austria alla guerra avrebbe condotto lo Stato al fallimento. Anche i generali austriaci stessi devono essersi manifestati contrarii alla guerra. — La Russia, dopo quei primi successi, fece un'altra abile mossa, protestando di voler mantenuti fermi i primi due punti delle garanzie, i quali interessavano in ispecial modo l'Austria e la Germania; mentre dal canto suo l'Austria cercava nuovamente di migliorare, per quanto fosse possibile, la sua situazione di fronte alle Potenze occidentali. — Queste tuttavia non si fecero alcun riguardo di dichiararle che, qualora ella si fosse svincolata dal trattato del dicembre, si sarebber tenute pienamente libere di venire a patti con la Russia a sue spese. Per tal modo l'Austria si trovò costretta a rinunziare al proposito suo di assumere nei Principati danubiani un atteggiamento neutrale, e ad ammettere l'eventualità d'un attacco contro la Russia da quella parte. Oltre a ciò, rimase d'accordo fissato che, per le trattative di pace avvenire, le Potenze occidentali avrebbero avuto il diritto di prender le mosse dai quattro articoli delle garanzie.

XVI.

La Guerra di Crimea

(Continuazione)

Ordini da Parigi attraversano i disegni preordinati in Crimea. - Niel comandante del Corpo del genio. - Attriti fra Canrobert e Raglan. - Pélissier al posto di Canrobert. - Cambiamento di Ministero a Costantinopoli. - Scelta di Pélissier tra i due metodi di guerreggiare. - Rapporto tra le forze combattenti poste di fronte. - Attività di Todleben. - Sortita disgraziata dei Russi. - L'esercito alleato si stende nella valle della Cernaia. - Il bombardamento del 6 giugno e l'assalto del 7. - Condotta di Pélissier di fronte alle insistenze fattegli per un assalto generale. - Scambio di lettere tra Napoleone III e Pélissier circa il metodo di guerra. - Discordia tra Bosquet e Pélissier; il primo è sostituito da Régnault de Saint-Jean d'Angély. - Il bombardamento del 17 giugno e il fallito attacco degli alleati del 18. - Lettera di Pélissier all'Imperatore, del 29 giugno. - Pélissier dev'esser sostituito da Niel, ma vien mantenuto quale comandante in capo per intromissione di Vaillant. - Bosquet vien richiamato per guidare l'assalto della torre di Malakow. - Morte di lord Raglan e dell'ammiraglio Nakhimow. - Attriti con gli ufficiali del genio inglese. - Altre opere offensive e difensive. - Pretese di Omer Pascià. - Gl'Inglesi sospettano la Francia di voler abbandonare l'assedio. - L'equivoco vien chiarito; visita della Real Famiglia inglese alla Corte di Francia. - Richiamo di Canrobert. - Erezione d'una seconda linea di difesa a Sebastopoli.

In Crimea il mese di aprile non doveva trascorrere senza incidenti. Lord Raglan, di pieno accordo coi comandanti dell'artiglieria e del corpo del genio, aveva manifestato il suo parere che si dovesse procedere all'assalto; e questo venne fissato per il 28 di aprile. Sennonchè a un tratto venne l'ordine di tener pronti tutti i vapori per l'imbarco della riserva da Costantinopoli per la Crimea; cosicchè, nella previsione d'un sì considerevole rinforzo, l'esecuzione immediata dell'assalto venne un'altra volta differita. Si deliberò, in quella vece, di procedere alla già da tempo disegnata occupazione di Kerč, che coincideva con le vedute dell'Imperatore; e, per conseguenza, a tagliar fuori i Russi dal Mar d'Azof; ma anche l'impresa già in corso di esecuzione dovette nuovamente interrompersi, occorrendo adoperare le navi per il trasporto delle grandi riserve.

Di ben maggior momento tuttavia fu la nomina del generale Niel — che fin qui si trovava nel campo solo in missione straordinaria — a comandante del corpo del genio al posto di Bizot, avvenuta il 5 di maggio; alla quale poco appresso doveva seguire quella di Pèlissier al posto di comandante in capo, in vece di Canrobert. Dopo un sanguinoso combattimento ch'ebbe luogo il 2 maggio, nel quale i Francesi ebbero 169 morti e 622 feriti, e i Russi 900 uomini messi fuori di combattimento, gravi attriti erano sorti tra Canrobert e Raglan, in seguito ai quali il primo diede le sue dimissioni dal supremo comando. Il sopra accennato piano dell'Imperatore, che a Raglan era stato formalmente comunicato nel convegno del 21 aprile, era stato anche accettato sommariamente da esso; ma avendo egli ricusato d'occupare Baidar, Canrobert colse cotesta occasione per deporre da sè il comando in capo, che da un pezzo s'era fatto troppo pesante per lui. Gli ordini da Parigi e da Londra, per esser ora in piena attività i telegrafi transmarini, potevano venir trasmessi con la rapidità del lampo; onde già al 17 di maggio veniva chiamato Pèlissier al posto di Canrobert a capo dell'esercito francese. Egli veniva così ad occupare un posto che, per segreti ordini di Gabinetto, gli era già da tempo riservato, appunto come a Canrobert quello di Saint Arnaud, partito dalla Francia in malferma salute. Canrobert, non senza abnegazione, ritornava alla testa della sua divisione, ch'era cioè la prima del secondo corpo.

Mentre sul teatro della guerra si preparavano tali cambiamenti, un notevole mutamento di Ministero si faceva a Costantinopoli. Rescid Pascià, dopo d'essere stato fatto Gran Visir, aveva dovuto cedere il posto ad Alì Pascià, di fresco reduce da Vienna, mentre a Fuad Pascià, già rovesciato a suo tempo per opera di Menscikow, veniva ora nuovamente affidato il ministero degli Esteri.

Quando Pèlissier assunse il supremo comando, si trovò a dover scegliere tra i due piani diversi: O si doveva, in seguito a una serie di felici combattimenti intorno a Sebastopoli, tagliare netto questa piazza da Sinferopoli; oppure era d'uopo proseguire oltre nella distruzione delle fortificazioni del lato meridionale. Per fondate e gravi ragioni strategiche, e specialmente perchè — in presenza d'un tratto di paese coperto di montagne e di gole — l'esercito alleato mancava di carte esatte, egli si determinò per il secondo, riser-

Maresciallo Pélissier.

vandosi per più tardi le operazioni di campagna (1). Cionnondimeno, egli destinò la divisione Autemarre per una spedizione decisiva da intraprendersi nuovamente contro Kerč. Canrobert, aggregandosi

---

(1) Vedi la lettera con illustrazioni analoghe di Pélissier a Bosquet in C. FAY (aiutante di quest'ultimo), *Souvenirs de la guerre de Crimée*, Paris, 1887, pag. 237-240.

i Piemontesi, doveva scendere nel piano della Cernaia. Obbiettivo
principale tuttavia rimaneva sempre la Collina Verde e il Monte
Sapun. Nè le contro-osservazioni del generale Niel furon capaci di
far sì che Pélissier s'arrendesse al concetto d'un compiuto accerchiamento della piazza. Non a torto obbiettò egli che il disegno
di chiudere Sebastopoli occupando le alture di Makenzie avrebbe
recato seco, come conseguenza, perdite altrettanto gravi quanto
l'assalto medesimo. Oltrechè, Pélissier obbediva in pari tempo a
un concetto politico, quando a sostegno di tutto il suo piano di
insieme adduceva, tra altro, che si sarebbe fatta opera sommamente prudente, dando agl'Inglesi — assai malcontenti per l'abbandono della spedizione contro Kerč — una soddisfazione, con la
ripresa di quel disegno. — L'Imperatore e il suo Ministro della
guerra, di fronte alla fermezza di Pélissier, restavano stupiti e
sconcertati; pure nulla potevano contrapporre al suo ferreo volere, sebbene a quel tempo le quattro Potenze alleate potessero
metter di fronte ai 100.000 uomini dell'esercito di Crimea non
meno di 180.000 combattenti: ciò che giustificava in qualche parte
il piano di Niel e dell'Imperatore. — Nel frattempo, il genio di
Todleben compensava, fino a un certo segno, la disuguaglianza delle
forze. Col consenso di Gorciakow, egli fece disporre a difesa, contro
un assalto dei bastioni *Centrale* e *della Quarantina*, un campo trincerato, dal quale si potevano assalire di fianco e dominare le trincee
francesi. In pari tempo, il generale Krulew faceva erigere dei
contr'approcci scendenti giù dalle alture della baia della Quarantina.

L'audace movimento dei Russi incominciò la sera del 20 maggio:
e riuscì loro di condurre a compimento una trincea della lunghezza
d'un chilometro. La riperdettero però ancora nella notte stessa,
per una marcia avanzata del generale De Salles; talchè l'opera dei
Russi venne incorporata insieme con i lavori d'assedio. Meno felicemente riuscì l'attacco dei Francesi sotto il generale La Motterouge in un altro punto dei contr'approcci dei Russi. — Il giorno
seguente, i Russi dovettero nuovamente ritirarsi nella fortezza, dopo
d'aver avuto nella prima notte 2646 e nella seconda 415 uomini
messi fuori di combattimento. I Francesi ebbero nella prima notte
1802, nella seconda 477 uomini tra morti e feriti. I Russi pertanto
sempre più si convinsero che con i loro contr'approcci non facevano
che esporsi a gravissime perdite, mentre di più in più si stringeva
l'anello di ferro intorno ad essi.

Pèlissier allora, stimando venuto il momento di farsi con una parte del suo esercito un po' di largo intorno a Sebastopoli, e di coprirsi in pari tempo alle spalle da eventuali molestie contro le operazioni dell'assedio, diede ordine a Canrobert d'occupare il 25 maggio, con la prima e la quinta divisione del secondo corpo, con la divisione d'Allonville, con quella dei cacciatori d'Africa del generale Morris e con cinque batterie montate della riserva sotto il colonnello Forgeot, la riva sinistra della Cernaia e il ponte Traktir che conduce di là dalla stessa. I Russi dovettero ritirarsi dalla importante posizione di Ciorgun, mentre l'esercito francese s'impadroniva d'una parte del monte Fediukin. Il corpo piemontese venne a porsi sulla destra dei Francesi, e s'appoggiò dall'altra parte alla cavalleria inglese. Il suo comandante in capo, generale La Marmora, procurò abilmente di sottrarsi all'intendimento così di lord Raglan come di Pèlissier, d'aver le milizie piemontesi direttamente sotto il loro comando. Seguiva Omer Pascià con una parte dell'esercito turco, accampandosi presso i ridotti che, come già fu detto, erano andati perduti nella giornata di Balaclava. Per tal modo la posizione degli alleati si fece di gran lunga più estesa e più forte, non solo, ma — fornita d'acqua e di pascoli com'era — anche per ragioni igieniche più vantaggiosa.

Nella notte del 26 maggio venne condotta a compimento anche la seconda parallela della Darsena; e il 30, il comandante del genio Boissonnet scoperse una mina di 24 cassoni di polvere, il cui còmpito era di far saltare in aria la colonna nemica avanzante. Il 6 giugno gli alleati incominciarono il bombardamento. In seguito ad accordi presi, i Francesi dovevano impadronirsi dei due ridotti della Darsena e di quelli sulla Collina Verde, gl'Inglesi delle opere della così detta *Petriera*, poste dinanzi al grande Redan. Il 7, poco prima del tramonto, Bosquet fece dare dalla batteria Lancaster il segnale d'attacco, che dal ridotto Vittoria — dove stava Pèlissier col suo Stato maggiore — venne comunicato mediante sei razzi in ogni direzione. La brigata Lavarande, che doveva percorrere 300 metri di strada, fece impeto contro il ridotto Volinia, e, dopo aver sostenuto un micidiale fuoco di mitraglia, impegnò un combattimento, in seguito al quale restò padrona di cotesta opera di fortificazione avanzata. La brigata De Failly, ch'era lontana dal suo obbiettivo — il ridotto Selinghinsk — non meno di 600 metri, costrinse anch'essa il debole presidio (450 uomini) a ritirarsi. Alcune truppe di riserva che i Russi volevan mandare in aiuto di quel ridotto dalla Karabelnaia, caddero vittime d'un appostamento predisposto da Bosquet: sicchè in tale occasione 400 Russi, tra i quali dodici ufficiali, vennero fatti prigionieri.

A dirigere la difesa alla Collina Verde s'era portato il vice ammiraglio Nakhimow in persona. Gli assalitori avevan da percorrere un tratto di 450 metri. La brigata Wimpffen, avanzatasi in tre colonne, s'impadroni delle trincee esterne; di poi, il colonnello De Brancion del 50.° di linea al centro, i tiratori algerini sotto il colonnello Rose alla destra, e il 3.° reggimento degli Zuavi sotto il colonnello Polhès alla sinistra, diedero l'assalto al ridotto medesimo, che fu preso nonostante l'ostinata e inaspettata difesa. Brancion cadde colpito a morte, dopo d'aver piantato l'aquila francese sulla conquistata trincea (1). Fortificatisi i Francesi in tutta fretta, una parte di essi si lasciò attrarre a inseguire il nemico; tantochè giunsero fino al fosso della torre di Malakow, e fecero un tentativo di spingersi insieme con i Russi nella città stessa. Ebbero però a soffrire perdite rilevanti, avendoli Krulew fatti inseguire in ritirata per un tratto di 500 metri da sei battaglioni e dal fuoco incrociato delle batterie; e un magazzino di polveri saltato in aria produsse tra loro un panico tanto più funesto, in quanto che i soldati credettero che il terreno sotto fosse minato. Essi dovettero pertanto ritrarsi nel ridotto, che venne dai Russi ripreso. Per buona sorte, il generale Camou spiccò subito in loro soccorso la brigata Vergè; e l'importante opera di difesa verso le 7 e mezzo della sera rimase definitivamente in mano dei Francesi.

Da parte inglese, una colonna di 4000 uomini (2), composta della seconda divisione e della divisione leggera, sostenuta da una forte riserva di 600 combattenti, aveva assalita sotto gli ordini del colonnello Shirley la destra ala delle trincee della *Carriera*, e, nonostante la ripetuta offensiva dei Russi, era riuscita a mantenervisi, talchè queste opere divennero la 4.ª parallela dell'attacco Woronzow. Nello stesso modo, anche le trincee conquistate dai Francesi vennero usufruite come opere di attacco contro Sebastopoli. Poco dopo i Russi si ritrassero pure dalla batteria Sabalkanski. Il 9 giugno

---

(1) NIEL, *Siège de Sébastopol*, p. 297. — Cf. anche la narrazione di ROUSSET (II, p. 237), che da Niel si discosta, e di FAY, p. 256.

(2) Il testo dice 400; ma è evidentemente un errore di stampa (*Nota del Trad.*).

ci fu un armistizio per il seppellimento dei morti: i Francesi ebbero non meno di 628 morti e 4160 feriti, oltre a 379 scomparsi, tra la bassa forza; degli ufficiali, 69 morti, 203 feriti e 4 scomparsi. Tra gli Inglesi, 693 uomini della — relativamente debole — loro colonna furon messi fuori di combattimento, essendosi anch'essi lasciati sviare a inseguire i Russi nella direzione del grande Redan. Le perdite dei Russi vennero calcolate intorno ai 6000 uomini (ma essi ne accusarono solo 2500). Tra i loro morti ci fu anche il generale Timofeyew, caduto alla parallela della Darsena. I soli Francesi s'erano impadroniti nel ridotto della Collina Verde di 73 cannoni, tra i quali 31 di grosso calibro.

Non farà meraviglia se i felici successi testè esposti rialzarono grandemente gli animi dell'esercito alleato. Tanto i generali inglesi quanto i francesi, e lo stesso Niel si pronunziarono in favore d'un immediato assalto contro Sebastopoli. Ma Pélissier rimase più impassibile che mai, opponendosi a un attacco generale, e dichiarandosi favorevole solo a un attacco parziale. Fintantochè non fossero in sua mano la torre Malakow e il grande Redan, egli non voleva procedere se non a un attacco del sobborgo di Karabelnaia, non mai ad uno così esteso, da abbracciare tutta la piazza, dalla baia della Darsena alla baia della Quarantina. La sua condizione si veniva facendo pertanto sempre più difficile, tanto più che Napoleone III l'infastidiva continuamente con i suoi controprogetti, e insisteva per la previa occupazione di Sinferopoli, ch'egli diceva essere il cuore della Crimea. Dopo una lettera recatagli verso la metà di giugno da un ufficiale di Corte, il signor Di Bourgoing, da parte del suo Imperatore — lettera alla quale egli rispose un po' seccato —, dovette addolorarlo non poco il fatto che l'Imperatore, telegrafandogli in ritardo le sue felicitazioni per i recenti successi, gli facesse tuttavia l'osservazione « che una battaglia campale non avrebbe costato maggiori perdite di quell'assalto ». Pélissier dignitosamente e coscienziosamente gli rispondeva: « Quando la Maestà « Vostra m'affidava il comando che ora io esercito, Ella mi rac- « comandava — il 17 di maggio — di regolarmi, quanto più fosse « possibile, secondo un precedente disegno, che il permanere degli « Inglesi nelle loro posizioni d'attacco ha poi totalmente cambiato. « Da quel momento, ogni cosa è proceduta di piena intesa con essi, « e noi abbiamo operato insieme d'accordo. I nostri piani sono stati « contrapposti ai loro, e hanno ottenuto, come anche Gorciakow

« può dirlo (1), pieno successo. Secondo la mia convinzione, questa
« è la sola linea da seguirsi. In tale situazione, l'esecuzione radicale
« dei Vostri ordini del 14 è impossibile. Essi mi pongono, Sire,
« nell'alternativa di scegliere tra la disubbidienza e il disonore;
« ciò non può volere la Vostra Maestà. La prima non ho io cono-
« sciuta mai; il secondo non potrei sopportare. L'esercito è pieno
« di fiducia e di sollecitudine; il mio zelo è pari alla mia devozione;
« ma io prego la Maestà Vostra di sciogliermi dalle strette limi-
« tazioni ch'Ella mi prescrive, oppure di permettere ch'io deponga
« un comando, il quale, nel pieno accordo coi nostri leali alleati,
« all'estremità d'un filo elettrico che di momento in momento pa-
« ralizza ogni facoltà diventa impossibile ».

Mentre duravano i preparativi per il nuovo assalto, sopravvenne
un incidente, che doveva riuscir fatale per tutta l'impresa. Nel-
l'occasione dell'attacco del 7 giugno s'era trovata nella tasca d'un
ufficiale russo una pianta della torre di Malakow, ch'era stata consegnata al generale Bosquet Questi però aveva trascurato — cosa
abbastanza strana — non solo di rimetterlo al comandante supremo,
ma perfino di fargliene cenno; e n'era stato perciò redarguito sen-
titamente. Per tal modo Pélissier, in uno dei momenti più critici
dell'assedio, infliggeva al più accorto e più valoroso generale del
suo esercito una specie di castigo disciplinare, richiamandolo dal
comando contro la torre di Malakow, per dargli quello d'un corpo
di 25.000 uomini alla Cernaia, e ponendo al suo posto il generale
Regnault de Saint-Jean d'Angély, al quale le condizioni del terreno
in quella difficile posizione erano interamente ignote.

Il piano d'attacco fu fissato dai comandanti in capo dei quattro
eserciti in un Consiglio di guerra tenutosi il giorno 15 di giugno.
Secondo questo, il 17 allo spuntar del giorno doveva aprirsi il bombardamento (il quarto), mentre i Piemontesi e i Turchi, appoggiati
da cinque divisioni francesi, dovevano fare una dimostrazione nella
valle della Cernaia. Al giorno 18 poi, l'anniversario della battaglia
di Waterloo, avrebbero dovuto i Francesi dar l'assalto alla torre
di Malakow, gl'Inglesi al grande Redan.

Il bombardamento del 17 ebbe un effetto così spaventevole, che

---

(1) È da notare che l'Imperatore aveva appreso il numero rilevante delle
perdite francesi non da Pélissier, ma dai rapporti russi.

le batterie russe alla sera non potevano più far fuoco, e un numero sterminato di feriti giaceva nei lazzeretti. L'esercito chiuso in Sebastopoli, che constava di 43.000 uomini di fanteria e oltre 10.000 d'artiglieria e di marina, fece prodigi di valore, e mostrò dinanzi alle bombe che scoppiavano da tutte le parti (presso la baia dell'Artiglieria n'era saltato in aria un magazzino di 300 in una volta) un estremo disprezzo della morte. — Per le disposizioni del generale Regnault, la divisione Mayran all'ala destra doveva impossessarsi dei forti russi in vicinanza della rada. Nel centro, la divisione Brunnet aveva il còmpito d'assalir la trincea tra la torre di Malakow e il piccolo Redan, e di congiungersi quindi con la divisione Autemarre, la quale doveva occupare la batteria Gervais. Il còmpito di dar l'assalto al gran Redan era stato affidato da lord Raglan al generale Brown, che parimenti doveva avanzarsi in tre colonne. Sventuratamente, il generale Mayran aveva, per errore — sebbene avvisato — preso come segnale d'attacco un razzo partito dal ridotto Brancion, e pertanto dato principio all'assalto troppo presto. La divisione Brunnet, la quale faticosamente s'era stabilita sulle trincee, non fu pronta a seguirlo, talchè le truppe di Mayran furono orribilmente maltrattate, sia dal fuoco dei battelli a vapore che stavano nella baia della Darsena, sia da quello delle batterie settentrionali e della fanteria. Mayran stesso, ferito per ben tre volte, rimase morto sul posto; così pure Brunnet; il comandante della prima brigata colonnello Saurin fu ferito; in seguito a che, così la sua come la brigata Failly dovettero ritirarsi, sebbene una parte della Guardia sotto Mellinet e Uhrich avesse tentato di soccorrerle. Pélissier medesimo, a parte anche l'anticipato attacco di Mayran, s'era attardato sulla via del ridotto Vittoria. Nonostante una breve avanzata della divisione Autemarre, egli vide l'impossibilità del successo; e alle otto del mattino fe' dare il segnale della ritirata.

Egualmente fallì l'attacco inglese contro il gran Redan. Comandava la difesa, con accortezza e valore grande, il contrammiraglio Panfilow; e gl'Inglesi in questo combattimento perdettero non meno di 1728 uomini, tra i quali fu anche il generale John Campbell. I generali Eyre, Brown e Jones furono feriti. I Francesi, dal canto loro, ebbero 1373 morti, di cui 33 ufficiali; 1769, tra cui 249 ufficiali, feriti; e 411 uomini con 21 ufficiali dispersi. La perdita complessiva dei Russi fu valutata in 5446 uomini, dei quali 4000 eran soggiaciuti soltanto al bombardamento. Il giorno seguente i Russi dalle loro trincce innalzavano al cielo preci di ringraziamento.

Nei suoi rapporti al generale Vaillant e all'Imperatore, Pèlissier attribuì l'insuccesso dell'impresa ai generali Mayran e Brunnet, e fu abbastanza franco da dichiarare al suo Stato maggiore senza riguardi che, ove non fossero caduti, li avrebbe fatti giudicare da un Consiglio di guerra

È veramente degna di nota una lettera di Pélissier all'Imperatore, di data 29 giugno, nella quale con molta fermezza ed accortezza di giudizio i due sistemi venivan messi l'uno all'altro di fronte. Il 16 giugno, l'Imperatore gli aveva scritto una lettera, non potutasi rintracciare fin qui, ma il cui tenore trasparisce abbastanza chiaramente dalla risposta di Pélissier: « Vostra Maestà preferisce « — scrive egli — che una battaglia decida delle nostre sorti. « Ella trova ch'essa avrebbe per conseguenza un minor numero di « vittime, ed effetti determinati. Io m'inchino dinanzi alla Maestà « Vostra, e procurerò, partendo dal punto in cui ci troviamo, di ese- « guire il Suo concetto. Ma, Sire, non vogliate fermare la vostra « attenzione solo ai gloriosi ricordi d'Austerlitz e di Marengo; anche « quelli della prima campagna polacca converrà richiamare alla mente. « Noi possiamo, noi dobbiamo anzi aspettarci la resistenza di Eylau. « In una guerra della natura di quella che abbiamo ora dinanzi a « noi, è d'uopo considerare le conseguenze d'una sconfitta con maggior « cura ancora che non le probabilità d'un successo. Dinanzi a una « fortezza, le battaglie nelle quali noi non raggiungiamo il fine spe- « rato non mutano la situazione: dopo un insuccesso, noi siamo oggi « quello ch'eravamo ieri: ma se ci battiamo in campo, noi accre- « sceremmo, in caso d'una disfatta, le nostre perdite e la nostra « confusione in proporzione della distanza dalla nostra base d'ope- « razione. Il piano di muovere contro Sinferopoli e d'occuparla è « assai seducente; ma i Russi lo conoscono, e, favoriti da un terreno « a loro propizio e poco conosciuto dagli assalitori, stanno assai bene « in guardia. Lontani dalla propria base, si riman troppo deboli o « per l'offensiva, o per la continuazione dell'assedio. Gl'Inglesi han « messo radice nell'altipiano; i Sardi coprono Balaclava; e sui Turchi « non si può contare ». — « Che se poi egli — seguitava Pélissier — non avesse assaliti i Russi, avrebbero quelli assalito lui. La via ch'egli perseguiva sembrava bensì avere un carattere meno strategico, e un campo più limitato; esser però un gran merito suo, se un

insuccesso toccatogli non era stato però una sconfitta ». E seguitava:
« ·Omer Pascià si tiene troppo grand'uomo per accingersi a piccole
cose, ed è invece, nel più stretto senso della parola, troppo piccolo
a cose grandi... — credetemi, Sire; se io non accolgo quei disegni·
che godono al massimo grado la Vostra simpatia, ciò avviene perchè,
secondo il mio convincimento, io metterei in pericolo la fortuna
della Maestà Vostra, che è la fortuna della Francia ».

Sull'animo di Napoleone III, che al 3 di luglio era stato in procinto di richiamar Pélissier dal supremo comando per mettere
Niel al posto suo, questa lettera produsse eccellente impressione.
Niel, nonostante il nome di cui godeva e la sua qualità di aiutante
dell'Imperatore, trovavasi esposto, causa la sua contrarietà verso
Pélissier — contrarietà che si manifestava anche nelle lettere di lui
all'Imperatore e al Ministro della guerra — ai continui e vivacis-
simi richiami di Pélissier stesso; e Vaillant s'acquistò un merito
particolare, eccitando l'uno e l'altro alla riconciliazione, e assicurando
da ultimo Niel che, armandosi di pazienza, egli si sarebbe pur cat-
tivato, prima o poi, il « Suwarow francese ». Per consiglio di Vaillant, la lettera che conteneva la deposizione di Pélissier, venne
trattenuta ancora in tempo a Marsiglia, restituita all'Imperatore,
e finalmente distrutta. Niel infatti si sottomise; scrisse però al
Ministro della guerra « esser difficile che tra lui e Pèlissier si potesse venire a relazioni di confidente familiarità ». — Sul campo,
l'insuccesso ebbe per conseguenza che si tornò ancora alle operazioni regolari d'assedio, e che Bosquet venne nuovamente chiamato
all'oppugnazione delle fortificazioni di Malakow. Due giorni dopo
l'attacco sopradetto, anche Todleben fu ferito; e dovette, dopo di
aver tentato ancora per alcuni giorni di prender parte ai lavori
della difesa, esser portato a Bakciserai, e più tardi a Belbeck.

Anche in quell'estate, a cagione del caldo opprimente, ricominciò
a infierire il colera. Nel mese di giugno, non meno di 4750 soldati
francesi ne furon colpiti. Anche lo scorbuto volle le sue vittime
in gran numero. Il 28 giugno soggiacque al colera lord Raglan.
Lo scacco del giorno 18 aveva colpito al cuore l'eroico vegliardo,
e la sua fibra ne aveva duramente sofferto. Il 3 di luglio, otto cavalli dell'artiglieria portarono, tra una spalliera di soldati inglesi
e francesi, la bara coperta della bandiera nazionale a Kazach, di
dove fu imbarcato per l'Inghilterra sulla nave stessa (il *Caradoc*)
che l'aveva condotto in Crimea. I comandanti supremi degli eserciti

alleati ne accompagnarono a cavallo il funebre corteo, e in Inghilterra come in Francia quell'inaspettata tragica fine suscitò l'eco più dolorosa. Al comando delle truppe inglesi fu eletto al posto di Raglan il generale Simpson.

Pochi giorni dopo la morte di lord Raglan, il 10 di luglio, anche i Russi perdevano uno dei loro più eroici difensori, l'ammiraglio Paolo Nakhimow. Instancabile sempre, durante un'ispezione delle opere di difesa egli s'era recato anche a Malakow, per visitare di là, senza prendere alcuna precauzione, i lavori dell'assedio. Sembra che lo splendore della sua uniforme avesse servito a richiamare come bersaglio sopra di sè l'attenzione del nemico, giacchè, dopo una prima palla venuta a cadere ai suoi piedi, supplicandolo quanti lo circondavano di lasciare quel posto pericoloso, mentr'egli con la maggior freddezza diceva: « Tirano abbastanza bene », una seconda palla lo colpì alla tempia sinistra, facendolo cadere fulmineamente privo di conoscenza. Morì il giorno 12 al lazzeretto settentrionale. Il cadavere fu portato alla sua abitazione, dove venne avvolto con la bandiera della nave *Imperatrice Maria*. I generali comandanti trasportarono essi stessi la bara alla cattedrale di San Michele, dove fu sepolto presso alle tombe degli ammiragli Lazarew, Kornilow e Istomine. Durante la luttuosa solennità gli assedianti avevano sospeso il fuoco.

La mancanza d'unità nel comando degli eserciti riuniti ebbe a manifestarsi, tra altro, anche nel fatto che gli ufficiali del genio inglese, stimando inutile un nuovo assalto contro il grande Redan, vennero nel pensiero di desistere. Così pure, i pungenti rapporti che giungevano al Ministero francese da Regnault de Saint-Jean d'Angély e da altri non potevano che aumentare la confusione. Già il 24 giugno, Pélissier aveva fatto por mano a due batterie allo estremo limite della baia della Darsena per ridurre al silenzio le artiglierie delle navi che stavano nella grande rada di Sebastopoli. La costruzione di cotesta importante opera d'attacco durò oltre due mesi, e più di 500 uomini ne furono vittime. Anche i lavori intrapresi sulla Collina Verde presentavano le maggiori difficoltà, tantochè la stessa parallela venne portata a compimento solo con grande fatica.

Oltre a tali opere offensive, già fin dagli ultimi di maggio s'era incominciato a creare un campo trincerato dinanzi a Camiesch, la stazione della flotta francese, con l'intento di potere, in caso di maggiori operazioni in campo aperto, portare in luogo sicuro il materiale francese da guerra.

A porre il colmo al disordine, Omer Pascià durante il mese di luglio manifestò il suo proposito di abbandonare con l'esercito turco la Crimea per accorrere in aiuto della fortezza di Cars; e poichè i comandanti supremi in Crimea respinsero quella sua pretensione, egli stesso partì per Costantinopoli. Da Parigi fu mandato ordine a Pélissier di non permettere che per alcuna partenza di truppe turche si diminuisse l'esercito effettivo nella Crimea. A Londra si fu del medesimo avviso; se non che, in seguito a malintesi rapporti, si sospettò non forse i Francesi, per la paura d'una seconda invernata sulle alture di Sebastopoli, volessero ritirarsene, anzi erigessero il nuovo campo trincerato di Camiesch, per ripararsi nel peggior dei casi colà. Il 1.° di agosto infatti, il generale Torens, che copriva in Parigi l'ufficio di commissario inglese, presentò al maresciallo Vaillant un *memorandum*, nel quale si manifestavano tali timori, e si accentuava la necessità d'un'energica continuazione dell'assedio (1); e, per ciò che concerneva il contingente turco, l'Inghilterra proponeva di lasciar soltanto da 15 a 18 mila Turchi dinanzi a Sebastopoli, dislocandone 6000 a Kerč, 5000 a Eupatoria, e 30.000 con Omer Pascià in Asia. Come risultò più tardi, il pericoloso malinteso proveniva da rapporti malamente redatti del generale Harry Jones e di Niel, nei quali quest'ultimo aveva detto semplicemente che, qualora Sebastopoli non si fosse presa prima dell'inverno, si doveva desistere dall'assedio, poichè le trincee erano oramai troppo vicine alla città e troppo esposte sì al fuoco

---

(1) È stato detto più volte che per la sorte di Sebastopoli riuscirono decisive certe rivelazioni sullo stato della cittadella, venute in luce da parte di persone che circondavano il re 'Federico Guglielmo IV, e giunte a conoscenza di Napoleone III per via del così detto furto dei dispacci di Berlino. Alla pubblicazione sensazionale nel *Moniteur* francese, che prediceva con esattezza la caduta di Sebastopoli, poterono senza dubbio quelle comunicazioni aver dato origine: sebbene essa possa benissimo esser partita dal desiderio di rialzare il coraggio dell'esercito assediante. Invero, una notizia di tal fatta tolta da uno scritto segreto sarebbe stata più adatta per una comunicazione confidenziale da farsene ai comandanti in capo in Crimea, che non per un proclama da indirizzarsi all'esercito. Comunque sia, quelle comunicazioni non ebbero mai una tale portata, da distogliere le due grandi Potenze marittime, od anche la sola Francia, dalla determinazione di cessar l'assedio di Sebastopoli per la prosecuzione del disegno contrario.

e sì alle sortite del nemico. Lo strappo che per tal cagione minacciava di prodursi nelle relazioni tra l'Inghilterra e la Francia venne però a mutarsi in una cordiale quanto necessaria unità d'intenti, per la visita che fece nell'agosto la regina d'Inghilterra insieme con il principe Alberto e il principe di Galles alla coppia imperiale . francese, nella quale occasione ella visitò la tomba di Napoleone alla Casa degl'Invalidi. Questa serie d'avvenimenti in Crimea si chiuse col richiamo del generale Canrobert ammalatosi, e al cui posto venne nominato Mac Mahon.

In Sebastopoli si metteva mano intanto a una nuova linea di difesa dietro al Redan e alla torre di Malakow; in pari tempo però si pensò fin da allora ad assicurarsi eventualmente la ritirata, facendo gettare, sotto la condotta del generale Buchmaier, un ponte di zattere, lungo 918 e largo 5 metri, oltre la grande Rada.

XVII

La battaglia al ponte Traktir o battaglia della Cernaia

Una parte dei generali russi si pronunzia in favore d'una battaglia decisiva. - Gorciakow è di contraria opinione, mentre il Ministro della guerra, principe Dolgoruki, ne lascia la deliberazione ai generali che combattono sul posto. - Il Consiglio di guerra in Crimea si determina per la battaglia. - Voto isolato del generale v. Osten-Sacken. - Colloquio di Gorciakow con Todleben, che respinge la battaglia, e dà opera a un piano speciale. - Lettera di Gorciakow al Ministro della guerra. - La posizione dell'esercito alleato. - Mancanza di un concetto nel Comando superiore russo. - Posizione e forze dei Russi. - Essi ottengono dapprincipio contro Piemontesi e Francesi alcuni vantaggi, ma son poi respinti oltre la Cernaia. - Morte del generale Read e del suo capo di Stato maggiore von Weymarn. - Nuova avanzata dei Russi, e loro definitiva sconfitta. - Valore dei Piemontesi sotto La Marmora. - Ritirata dei Russi, e armistizio del 18 e 19 agosto. - Lettera del principe Paskiewich a Gorciakow sull'inettitudine sua nella condotta della guerra, pietosamente soppressa.

Circa la metà dell'agosto 1855 l'esercito assediante trovavasi a sole 50 *sagène* ancora dalla torre di Malakow e dal piccolo Redan; talchè a Sebastopoli fu ripetutamente posta la questione, se fosse opportuno limitarsi a un'ulteriore, poco men che disperata difesa, o se si dovesse osare dal di fuori un nuovo attacco, che riuscisse a liberar la fortezza. Il comandante in capo, principe Gorciakow, era per sè stesso contrario a ogni offensiva, e già fin dal mese di luglio aveva scritto al Ministro della guerra principe Dolgoruki « che sarebbe stata nè più nè meno che una pazza temerità l'arrischiare una battaglia contro un nemico superiore di forze e trincerato in posizioni imprendibili. Nulla sarebbe stato più facile del respingere l'avanguardia degli alleati, e foggiar quindi un pomposo rapporto sopra lo splendido fatto d'armi; ma subito al dì seguente sarebbe stato necessario ritirarsi con una perdita di 10 a 15 mila uomini, e render Sebastopoli a discrezione ». — Senz'essere addirittura solo in quest'opinione, Gorciakow incontrava tuttavia nel corpo degli ufficiali russi una maggioranza a sè contraria; e in particolar modo l'aiutante generale von Wrewsky, mandato da Pietroburgo in Crimea per inviarne informazioni speciali, era del parere che convenisse prendere una vigorosa offensiva. Egli dimostrò che l'esercito russo, anche nei giorni in cui non avveniva alcun bombardamento generale, e senza contar quelli che soccombevano alle malattie, perdeva giornalmente il numero spaventoso di 250 uomini (1). Dal 13 al 21 luglio, ossia nello spazio di nove giorni, s'erano avuti 2261 soldati russi tra morti e messi fuori di combattimento. Aggiungevasi che la perdita dei migliori ufficiali portava un grande scoramento tra le file dell'esercito. Il generale v. Wrewsky consigliava pertanto di passar subito all'offensiva, non appena fossero giunti gli aspettati rinforzi. Poichè in Russia eran quasi generali le lagnanze intorno all'inattività dell'esercito in Crimea, e anche lo Stato maggiore di Gorciakow propendeva per un'azione risoluta, quest'ultimo a poco a poco cedette, sebbene, quanto a sè, avrebbe preferito aspettare l'arrivo di 60 coorti di milizie dalle provincie centrali, che però non potevan trovarsi sul posto prima dell'autunno.

In seguito a un rapporto del generale von Wrewsky, in data 23 luglio, nel quale questi esponeva a Pietroburgo così le vedute sue proprie come quelle di Gorciakow, il Ministro della guerra rispose nel senso che una risoluzione definitiva non si poteva prendere se non sul luogo medesimo, dall'esercito combattente. Per tal modo il 30 luglio, coll'approvazione dell'Imperatore, il principe Gorciakow riceveva ordine di convocare sotto la sua presidenza un Consiglio di guerra, e di operare secondo le sue deliberazioni. A cotesto Consiglio di guerra presero parte i generali Osten-Sacken, Kotzebue, Sergebutowsky, Liprandi, Buchmaier, Burtulin, Krulew, Uschakow, Semiakin, Wrewsky, Krijanowsky, principe Wassilcikow; i collonnelli Issiakow e Kasliaminow e l'intendente generale dell'eser-

_____

(1) TODLEBEN, *Défense de Sébastopol*, II, deuxième partie, pag. 62.

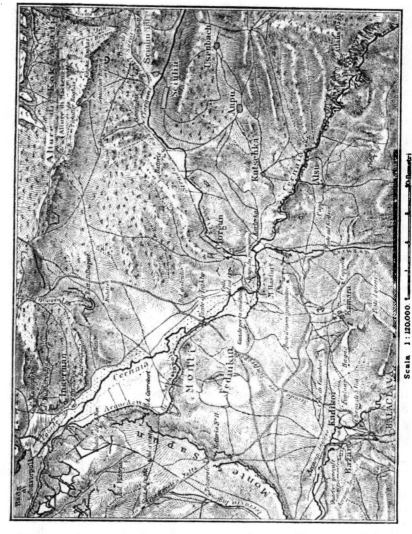

Scala 1 : 120.000.

Pianta della battaglia alla Cernaia.

cito v. Sattler. La maggioranza deliberò un'offensiva sulla Cernaia.
Il generale v. Osten-Sacken però s'accostò parzialmente all'opinione
di Gorciakow, pronunziandosi contrario a qualsiasi attacco al monte
Sapun, come pure a una sortita da Sebastopoli. Egli preferiva si
abbandonasse la parte meridionale della città (1), per concentrare
tutte le forze a combattere quindi il nemico in campo aperto.
Mette conto qui di rilevare espressamente, che dei generali che si
pronunziarono per l'offensiva, non due soli si trovaron tra loro
d'accordo quanto all'esecuzione della medesima. — Gorciakow
dovette dunque adattarsi al concetto di assalire gli alleati alla
Cernaia; tuttavia, prima di procedere all'effettuazione di esso, volle
sentire anche il parere del generale Todleben, che dal 29 giugno
giaceva ferito a Belbeck. Accompagnato dai generali v. Kotzebue
e v. Wrewsky, si recò quivi a visitarlo, ed ebbe la soddisfazione
che Todleben si pronunziasse decisamente contrario a un tentativo
sulla Cernaia. L'eroico difensore di Sebastopoli espose come le
condizioni del terreno fossero assolutamente favorevoli agli alleati,
e come, anche a prescindere dalla loro superiorità numerica, la
stessa occupazione del monte Fediukin non avrebbe però tratto
seco la conseguente conquista del Sapun, inaccessibile. Todleben
vedeva anche troppo bene che « fintantochè gli alleati tenessero
il monte Sapun e Balaclava, niente avrebbe potuto impedir loro
la continuazione dell'assedio ». Egli aveva pertanto elaborato per
conto suo un piano, secondo il quale la battaglia decisiva doveva
impegnarsi, con nuove forze da richiamarsi sul posto, tra la baia
della Darsena e la baia del Laboratorio, nei pressi del sobborgo
di Karabelnaia. L'esecuzione d'un tal disegno, che si proponeva
per fine una distruzione totale delle operazioni d'assedio e la con-

_____

(1) Già il 22 luglio (3 agosto), nel 319.º giorno dell'assedio, Osten-Sacken
aveva incominciato un dispaccio molto confidenziale al Ministero della guerra
con queste parole: « Col cuore pieno di profonda mestizia e del più cocente
« dolore, sul mio onore, sulla mia coscienza e per le mie convinzioni devo
« riconoscere, costretto a scegliere tra due mali il minore, che l'unica salvezza
« che ci rimane sta nell'abbandono della parte meridionale di Sebastopoli ».
V. Todleben, II, deuxième partie, Pièces justificatives, p. 19. — È particolarmente da notare che ciò che allora si chiamava l'abbandono della parte
meridionale era in realtà l'abbandono di Sebastopoli stessa. La parte settentrionale rimasta presidiata era, di fronte alle condizioni d'allora, di scarsa
importanza.

quista dell'ingente materiale da guerra quivi accumulato, era, per propria confessione di Todleben, d'estrema difficoltà; ma in caso di riuscita, avrebbe avuto per conseguenza la levata dell'assedio, mentre l'attacco alla Cernaia non avrebbe potuto disgraziatamente concluder nulla. Le parole di Todleben avevan prodotto, nonostante la resistenza del generale Wrewsky, una sì forte impressione sull'animo di Gorciakow, che parve ch'egli volesse rinunziare al disegno d'offensiva, che in certo modo gli era stato imposto. E Todleben fu così intimamente convinto ch'egli non l'avrebbe mandato ad effetto, che continuò a lavorare ancora intorno al suo.

La condizione del principe Gorciakow alla vigilia della battaglia aveva in verità in sè qualche cosa di tragico. Egli si disponeva all'attacco, sebbene fosse convinto che *non potera* riuscire. Il giorno dell'avanzata, scriveva al principe Dolgoruki: «Marcio contro « il nemico, perchè se non lo facessi Sebastopoli sarebbe in breve « senz'altro perduta..... — Assalgo il nemico in condizioni disastrose. « La posizione sua è fortissima. Alla sua destra, il monte Hasfort, « scosceso e validamente fortificato; alla sua sinistra i monti « Fediukin, dinanzi ai quali scorre un canale profondo, che non si « può passare se non col mezzo di ponti che si dovrebbero gettare « sotto il fuoco diretto del nemico. Io ho 43.000 uomini di fanteria, « il nemico può contrapporme 60.000.... . — Se la cosa va male, « la colpa non è mia. Ho fatto quant'era in me; ma il còmpito, fin « dal mio primo arrivo in Crimea, era troppo difficile ».

L'esercito alleato teneva, come sappiamo, la posizione della Cernaia già fin dal mese di maggio: esso era accampato proprio nel centro di quel triangolo montuoso, al cui vertice meridionale è Balaclava, al settentrionale Inkerman, a quel di levante il monte Hasfort, e nel quale doveva oramai avere suo luogo sullo stesso campo di battaglia, e solo in un punto diverso, il terzo tentativo di sblocco. Nel centro di cotesto teatro d'operazione il generale Herbillon con tre divisioni, ammontanti complessivamente a 17.858 uomini con 48 cannoni, occupava fortemente il monte Fediukin. Alla destra stava la sua divisione Faucheux, composta delle brigate Manèque e De Failly; a sinistra la divisione Camou, formata dalle brigate Wimpffen e Vergé, mentre Herbillon col primo corpo di riserva, che constava delle brigate Sencier e Cler, si teneva più indietro. S'aggiungeva a queste forze ancora la prima divisione di cavalleria, forte di 2423 uomini sotto il generale Morris, e l'ar-

tiglieria di riserva, che in parte era tolta dalla Guardia. — Alla
destra di cotesto corpo, separatone soltanto da quello spazio dove
era avvenuto l'attacco della cavalleria inglese a Balaclava, si sten
deva il corpo dei Piemontesi, che teneva munito il monte Hasfort,
sotto il comando in capo di Alfonso La Marmora. Il quartier generale dei Piemontesi si trovava a tergo, più in là, in vicinanza
di Cadikoi, a nord di Balaclava. La sua forza principale però, consistente in 9100 uomini con 36 cannoni, erasi portata innanzi non
solo fino al monte sopradetto, ma fino alla riva destra della Cernaia. Sulla diritta, stava la divisione Durando con le brigate Cialdini
e Montevecchio; sulla sinistra, la divisione Trotti con la brigata
Mollard, la cavalleria sotto il generale Savoiroux e i bersaglieri.
La Marmora s'era postato sulla riva destra, non solo in immediata
vicinanza della Cernaia, presso una rupe detta dei Piemontesi, ma
financo presso il monte Ciorgun posto più a settentrione, sulla
cosidetta collina Zig-zag, munita di trincee. — Poichè Omer Pascià
fino dal luglio si trovava a Costantinopoli, Osman Pascià comandava
in sua vece un piccolo corpo di forse 10.000 uomini, i quali dovevano, parte invigilare al passo oltre la Cernaia tra Alsu e il fiume
Kreuzen, e parte stare come riserva da Camara in là sotto gli ordini
di Sefer Pascià (generale v. Koscielski). A tutta codesta massa
combattente eran da aggiungere ancora 3000 uomini di cavalleria
inglese, agli ordini di Scarlett. — Oltre la Cernaia, che poteva
essere in più punti passata a guado, conducevano due ponti: l'uno,
detto ponte Traktir (da una casa Traktir, rimasta in piedi fino al
1854) e attraversato dalla strada che da Balaclava per Makenzie
va a Sinferopoli, doveva dare il nome alla battaglia, che si combattè in immediata vicinanza di esso; e gli alleati l'avevano trincerato alla riva destra con un fortilizio e con un parapetto, dove
erano accampati 150 uomini. L'altro ponte stava a una distanza
di circa tre chilometri da questo verso la foce del fiume. Inoltre,
giovava pure a difesa degli alleati l'acquedotto che conduceva
l'acqua del fiume Sciuliu a Sebastopoli, e che non era guadabile
in nessun punto.

Di fronte a questo esercito, che si doveva attaccare in posizioni
sì formidabili, Gorciakow non aveva, come vedremo ben presto,
alcun determinato e proprio piano di battaglia. Le sue forze combattenti eran divise in due corpi d'esercito: quello che formava
l'ala destra era comandato dal generale Read, e constava di 25 bat-

taglioni e mezzo, 8 squadroni e 6 sotnie di Cosacchi con 62 cannoni. Esso era composto della 7.ª divisione di fanteria sotto il

Generale Alfonso La Marmora.

tenente generale Uschakow, con i reggimenti di fanteria Smolensko, Mohilew e i cacciatori di Witebsk e Polotzk; più, della 12.ª divisione di fanteria sotto il generale Martinau, con il reggimento Asow e i cacciatori Ucrania e Odessa. L'ala sinistra era formata dal corpo del tenente generale Liprandi con 30 battaglioni e $^1/_4$ di fanteria, un battaglione della legione greca dell'imperatore Niccolò, due sotnie di Cosacchi e 70 cannoni. Esso comprendeva: la 6.ª divisione di fanteria sotto il generale Di Bellegarde, con i reggimenti di fanteria Dniepr, i reggimenti di cacciatori Nizow e Simbirsk; e la 17.ª divisione sotto il maggior generale Wesselitzky, con i reggimenti di fanteria Moscovia e Butirsk e i reggimenti di cacciatori Borodino e Tarutino. La *riserva* di fanteria, sotto il generale Chepelow, constava di 30 battaglioni, tra i quali i reggimenti Belozersk, Olonetz, Arcangelo, Wologotsk, Costroma, Galich, cacciatori di Schlüsselburg, con 36 cannoni; la *riserva* di cavalleria, sotto il generale Schapelsky, comprendeva 50 squadroni, tra cui i Dragoni dell'Imperatore, quelli del granduca Costantino, quelli del principe Emilio d'Assia, quelli di Riga, ecc.; più nove sotnie di Cosacchi, e 28 cannoni. Vi si aggiungeva ancora una riserva di *artiglieria* di 76 pezzi. L'esercito russo pertanto era forte di 60 a 70 mila uomini in tutto; ma, secondo quanto riferisce Todleben, non poteva schierarne in ordine di battaglia più di 47.000 (1).

Già la sera del 15 agosto i Russi, per ordine di Gorciakow, levarono il campo dalle alture di Makenzie. Una parte del corpo Read, vale a dire le divisioni 7.ª e 12.ª di fanteria, doveva allo spuntar del giorno avvicinarsi alla Cernaia, disporsi in ordine di battaglia, battere con le artiglierie i monti Fediukin, e prepararsi a un attacco decisivo di essi. Liprandi, che s'avanzava in due colonne, doveva ricacciare l'avanguardia dei Piemontesi sita sulla riva destra dirimpetto a Ciorgun, mentre Gorciakow si teneva pronto a esplorare, dopo la ritirata dei Piemontesi, la loro posizione, e quindi, secondo le opportunità, ad assalire, con le truppe riunite di Liprandi e di Read e con le riserve, o il monte Hasfort o i monti Fediukin (2).

Una densa nebbia, insolita in quella stagione, favoriva l'avanzata

---

(1) Todleben, II, deuxième partie p. 96.

(2) Per l'incertezza del piano di Gorciakow, è assai caratteristico che le sue istruzioni ai singoli riparti delle truppe, riferite da Todleben, II, p. 2.ª, pp. 97 a 102, non concordano esattamente nè con la lettera privata di Gorciakow al Ministro della guerra, che sta sotto il N. 72 nell'appendice del volume medesimo, nè con il rapporto ufficiale al Ministro, ch'è quivi al N. 73; ed anche Todleben dice espressamente (pag. 103) che il piano d'operazione di Gorciakow « mancava di precisione ». Nè nel rapporto, infatti, nè nella lettera è fatto da Gorciakow il nome dell'aiutante Krassowsky, per mezzo del quale egli incitava

dei Russi. Quando Gorciakow giunse di buon mattino in vicinanza delle posizioni del suo Corpo, osservò « che non s'erano ancora iniziate le manovre preordinate da lui ». Mandò pertanto senza indugio a Read e a Liprandi l'aiutante Krassowsky, per chieder loro « che cosa aspettassero; chè era ben tempo d'incominciare ». Read domandò che cosa voleva intendersi propriamente con la parola *incominciare:* « Non per certo l'attacco ». E quando Krassowsky (come Nolan con Lucan a Balaclava) gli ripetè ancora le sue parole, Read replicò: « Sta bene! dite dunque al comandante in capo « che *incomincerò il cannoneggiamento* ». Krassowsky, tornato da Gorciakow, gli manifestò il sospetto che ci potesse essere un qualche equivoco; ma Gorciakow nulla aggiunse a chiarimento dei suoi ordini.

Il generale Di Bellegarde potè, grazie alla nebbia, sulle prime ore della mattina del 16 occupare con la 6.ª divisione le due rive del fiume Sciuliu, e piantare sopra Ciorgun e Carlowka due batterie, che dovevano assalire di fianco il posto avanzato dei Piemontesi alla collina Zig-zag. Poichè si trattava di impadronirsi prima di tutto di cotesto posto avanzato — secondo che si è detto — di là dalla Cernaia, il generale Vesselitzki s'inoltrò egli pure di fronte ad esso; e la sua batteria appunto fu quella che aperse di buon mattino il fuoco. Il 4.º battaglione dei Bersaglieri e il 16.º di truppa di linea furono subito sul posto. Ma procedendo i Russi in tre colonne contro le trincee, i Piemontesi dovettero cedere. La loro situazione divenne subito della più alta importanza. Secondo un disegno già per lo innanzi concordato col generale Herbillon, la divisione Durando si schierò in ordine di battaglia sul monte Hasfort per difendere il passo verso la valle del Kreuzen, mentre la divisione Trotti proteggeva la Cernaia tra i monti Hasfort e Fediukin, e si appoggiava alla brigata Giustiniani lasciata di riserva. In pari tempo, La Marmora collocava pure assai vantaggiosamente una parte della sua artiglieria, così da tener testa con ottimo successo contro la russa di Ciorgun e di Carlowka.

Quando Gorciakow vide il primo addietrare dei Piemontesi, fu sul punto di ordinare l'attacco del monte Hasfort; ma d'un tratto

---

i comandanti dei Corpi all'azione; ma la dichiarazione testimoniale da Krassowsky comunicata a Todleben per lettera compie gl'importanti documenti riferentisi a quest'ultima battaglia.

gli venne udito un cannoneggiare sulla sua ala destra. Infatti, come
il general Read ebbe aperto il fuoco contro gli avamposti francesi
alla Cernaia, la 12.ª divisione russa, senza che Read avesse aspettato gli ulteriori ordini di Gorciakow, e probabilmente incoraggiata
dal cedere dei Piemontesi, avanzò direttamente contro la testa del
ponte, mentre la 7.ª tentava di salire sui monti Fediukin. Il reggimento Ucrania, in ispecie, assalì risolutamente; la testa del ponte
venne circuita dalle due parti, e il suo presidio si dovette ritirare
fino all'acquedotto. Ma in quella, i Francesi, ricevuti dei rinforzi,
arrestarono non senza gravi perdite il successo dei Russi. Tuttavia,
questi, gettando varii ponti sulla Cernaia, si spinsero innanzi su
altri punti parecchi, tantochè persino il prode 2.º reggimento Zuavi
dovette dare addietro, e il generale Failly corse pericolo di venir
circondato. In buon punto gli venne in soccorso il 50.º di linea; i
Russi furono ricacciati di là dal fiume, e la testa di ponte nuovamente ripresa e rafforzata. Fu ora la volta del 2.º reggimento degli
Zuavi a spingere un vigoroso attacco contro i Russi. Arrivato sulle
alture, si scontrò col reggimento Asow, che non aveva potuto sostenere una parte del 19.º battaglione dei Cacciatori a piedi; e,
appoggiato dalle compagnie testè appunto respinte di cotesto battaglione di Cacciatori e da una compagnia di Volteggiatori del
95.º battaglione, riuscì a ricacciarlo dall'altra parte del fiume. Il generale Read e il suo capo di Stato maggiore von Weimarn rimasero
morti sul campo di battaglia.

Oramai per Gorciakow l'episodio sull'ala destra s'era fatto di gran
lunga il più importante. Veduta la sconfitta della divisione 12.ª, fece
entrare in azione la 5.ª, che, sotto il maggior generale v. Wranken,
stava nella riserva. In pari tempo scesero dalle alture per prender
parte al combattimento tre reggimenti della divisione 17.ª — S'era
ancora di buon mattino, sicchè la nebbia copriva in parte i movimenti dei Russi. Si disposero essi a questo punto per un assalto
in tre colonne. I tiratori del 2.º reggimento Zuavi e l'artiglieria
postata sull'altura ne respinsero la colonna a sinistra, la quale non
potè avanzare nemmeno fino alla derivazione d'acqua; ma la mediana riuscì a circondare la testa di ponte al disotto di Traktir,
e i Russi si spinsero su per il monte, dirigendosi contro il campo
della brigata Failly. In seguito a questo successo, anche la colonna
destra dei Russi potè avanzarsi; ma, come a Inkerman, essi non
seppero trar partito dagli ottenuti vantaggi. Il colonnello francese

Danner, or ora respinto, con l'appoggio di due battaglioni del 53.°
reggimento di linea, riprese inaspettatamente l'offensiva, e respinse
i Russi con tale impeto, che questi, incalzati nella ritirata, furon
messi alla testa del ponte nell'impossibilità di muoversi; e le sca-
riche micidiali dei Francesi seminarono tra le loro file, come alla
ritirata d'Inkerman, una strage spaventevole. I reggimenti di linea
95.° e 97.° sbaragliarono le masse dei Russi, e ripresero ancora la
testa del ponte. Il generale Failly, avendo ricevuto rinforzi, potè
cooperare validamente anch'egli alla difesa del ponte di Traktir.
Se non che i Russi non limitarono punto l'attacco al solo ponte;
chè anzi tre reggimenti della loro 17.ª divisione, sotto la guida della
cavalleria, passarono a guado la Cernaia, all'intento di circondare,
con l'appoggio di due reggimenti di cavalleria, la posizione del
generale Faucheux. Furono tosto mandati a questo aiuti d'artiglieria, con un riparto di Cacciatori e la brigata Cler. Per tal modo
i Russi, che già avevano raggiunte le alture, accolti da un vivo
fuoco di mitraglia e attaccati alla baionetta, furono rigettati nuovamente di là dal canale.

Il generale Pèlissier, non sapendo sulle prime se i Russi volessero limitarsi puramente al loro attacco al ponte della Cernaia,
non aveva lasciato affatto ancora le sue posizioni presso Sebastopoli;
ma quando si convinse che l'azione era circoscritta colà, trasse
fuori dalle vicinanze di Sebastopoli nuove forze combattenti per
lanciarle sul posto della battaglia. La divisione Dulac si avvicinò
ai monti Fediukin; la divisione Levaillant fu pur essa fatta avanzare;
e, per assicurarsi pienamente la vittoria, Pèlissier fece porre in
marcia anche la Guardia.

La Marmora, al quale era venuto fatto di mantenere la già accennata trincea piemontese, diede ordine alla sua brigata Mollard
di coprire ai Francesi il fianco destro; ma quand'essa sopravvenne,
la 17.ª divisione dei Russi era già pienamente sconfitta. La cavalleria russa cominciò a ritirarsi. Il 7.° battaglione bersaglieri e due
battaglioni sardi di linea si volsero a inseguire il nemico, e Gorciakow dovette raccogliere le sue forze fuori del tiro degli alleati.
Fece proteggere la sua ala destra con la cavalleria, mentre l'artiglieria doveva coprire il nuovo movimento d'avanzata dei Russi.
La 6.ª divisione si ritirò dalle posizioni piemontesi, e sbarrò la valle
del Sciuliu. La Marmora assalì i Russi immediatamente. Il 16.° battaglione, sostenuto dalla brigata Montevecchio, salì la collina Zig-

zag, e l'occupò di nuovo. Un battaglione della brigata Cialdini prese
le alture di Carlowka. Il 9.° battaglione passò la Cernaia, e la brigata Giustiniani si spinse avanti.

La battaglia a questo punto era di fatto terminata. Per ordine
di Pélissier, la brigata Bisson si collocò alla testa del ponte, la
brigata Saint Pol sull'altipiano, e la Guardia occupò la collina sulla
quale si trovava il quartier generale di Herbillon. Ai Russi non
restava più altro che pensare alla ritirata, ch'essi fecero proteggere
per mezzo delle truppe poste sull'altipiano di Makenzie. Tuttavia,
soltanto alle tre pomeridiane Gorciakow diede l'ordine generale
di ritirarsi. — Il 18 e il 19 agosto ci fu un armistizio, durante il
quale da parte francese venne data sepoltura a 2129 soldati russi.
Fra i morti furono trovati tre generali e due colonnelli; tra i feriti,
otto generali e dieci fra colonnelli e tenenti colonnelli. Dei 2250
prigionieri, 1750 erano feriti. Oltr'a ciò, il numero dei messi fuori
di combattimento portati via dai Russi medesimi fu calcolato intorno ai 1200. Gli alleati ebbero 1747 uomini fuori di combattimento, tra i quali 196 morti. Cadde il generale piemontese Di Montevecchio. La sconfitta dei Russi fu tanto più notevole, inquantochè
dei 40.000 uomini messi in campo dagli alleati solo 16.000 furono
condotti al fuoco, mentre i Russi avevano portato al combattimento
non meno di 40.000 dei loro.

La condotta del principe Gorciakow in questa guerra di Crimea,
e specialmente l'azione spiegata alla Cernaia, è stata sottoposta
dal suo antico superiore ed amico il maresciallo Paskiewich a
una severissima critica. Dopo la morte di quest'ultimo, che seguì
il 1.° febbraio del 1856, fu trovata tra le sue carte una lettera di
lui — non mai spedita — diretta a Gorciakow (1), nella quale egli

---

(1) Questa lettera mandata dal Principe infermo a S. Th. Panjutin (più
tardi consigliere segreto), e la cui autenticità venne dal figlio suo principe
Teodoro Ivanowich riconosciuta, venne pubblicata per la prima volta nella
gazzetta di Pietroburgo *Russkaja Starina*; rimase poi per molto tempo inos-
servata, finchè la *Rivista Tedesca* di Giulio Rodenberg nel febbraio del 1881,
e più tardi i *Contributi pietroburghesi alla Storia russa più recente*, col ripro-
durne il tenore, non attrassero nuovamente l'attenzione su di essa: a maggior
ragione anche, perchè quivi Paskiewich riconosce che « non l'eroica difesa di
Sebastopoli ha trattenuto gli Austriaci, bensì la nobile fermezza del re di
Prussia, che ha magnanimamente dimenticato gl'ingiustificati motteggi, anzi
gli sfregi da noi usatigli nell'anno 1848 e negli anni successivi ».

confessa che fin dal febbraio 1854 l'imperatore Niccolò, « in seguito agl'infelici combattimenti sul Danubio e alle operazioni condotte senza fondamento alcuno nei Principati », voleva richiamare Gorciakow dall'esercito: « Padre comandante! Io sono assai malcontento « delle disposizioni di Gorciakow. Le battaglie di Oltenitza e di « Ciatatu dimostrano chiaramente ch'egli procede secondo un piano « privo di preparazione; e tutte le sue operazioni tradiscono l'in- « certezza e la mancanza di calma ». All'Imperatore avrebbe egli risposto, « conoscer egli da 23 anni il valore e le altre doti di Gorciakow; e non esserci nell'esercito russo un secondo, che avesse potuto tener più vantaggiosamente di lui l'ufficio d'un capo di Stato maggiore. Solo — aggiungeva — non voler egli assolverlo dalla colpa d'aver dimenticato la nota verità espressa da Napoleone, che conviene aver costantemente sotto mano il proprio esercito; e d'aver distratto per uno spazio di 600 verste le poco numerose sue forze. Ora, però, procurargli un certo sollievo la confessione ch'egli s'era ingannato: del che chiedeva perdono ai suoi concittadini ». Quanto alla condotta della guerra in Crimea, egli faceva rimprovero al principe Michele « d'aver lasciato al nemico i monti Fediukin e la valle di Baidar, nella quale quello potè trovare, come in una terra promessa, tutto ciò di cui aveva fin qui avuto penuria, cioè acqua e foraggi. Quando infine a Gorciakow furono arrivati ingenti rinforzi, in luogo di operare lungo la valle della Cernaia e piombare con 50 o 60 mila uomini alle spalle del nemico, egli s'era messo a un'impresa assolutamente impossibile, assalendo alla ventura una posizione ch'era, a suo stesso giudizio, più forte delle fortificazioni di Sebastopoli ». Dopo di che egli prosegue testualmente: « Quando l'Imperatore mandò tutto intero il « suo esercito (ad eccezione della Guardia e del primo corpo) in « Crimea, egli aveva ben diritto d'aspettarsi che il suo coman- « dante supremo avrebbe pur intrapreso qualche cosa; ma nè « l'Imperatore nè la Russia potevan prevedere ch'egli avrebbe per « così dire condotto l'esercito al macello ». Procedendo ancora, il Paskiewich scriveva: « che se anche — cosa assai poco probabile « — l'Imperatore gli aveva ordinato l'assalto dei monti Fediukin, « egli avrebbe dovuto dichiarare di non essere in grado d'eseguir « la volontà imperiale ». Da ultimo, un altro rimprovero che Paskiewich fa a Gorciakow è quello di « non aver poi, neanche dopo d'essersi determinato all'attacco, impegnate tutte le forze che aveva

a sua disposizione, e d'aver lasciato indietro il Corpo dei granatieri a Perekop. Quei 20.000 soldati scelti eran poi, senza vantaggio
alcuno, morti più tardi per le malattie ». — Questa lettera, vibrante
del più caldo patriottismo, e piena in pari tempo di prudenza strategica e di senno politico, fu a torto biasimata, come quella che
era diretta a un discepolo, e a un inferiore tenuto per il corso
di 23 anni in cieca dipendenza. Se non che, non la lettera, scritta
a sollievo della propria coscienza da un uomo prossimo a morte,
ma l'errore del giudizio circa *la capacità* di Gorciakow: questo
merita il biasimo della storia.

XVIII.

La guerra di Crimea

(Conclusione)

————

La spedizione degli alleati nel Mar d'Azow. - L'assalto dell'8 settembre; le disposizioni degli alleati; i combattimenti contro le fortificazioni della Carabelnaia e della città. - Riesce soltanto l'assalto contro la torre di Malakow; ma n'è conseguenza lo sgombero della parte meridionale di Sebastopoli. - Le perdite delle due parti. - Il bottino. - Statistica delle perdite e dei mezzi da guerra impiegati. - Ricompense ai comandanti dell'esercito francese. - Ulteriore piano di guerra di Napoleone III. - Divergenze d'interessi tra la Francia e l'Inghilterra. - Inflessibilità di Pélissier. - Scontro di Kanghil. - Spedizione contro Kinburn. - Viaggio dell'imperatore Alessandro a Nicolaiew e in Crimea. - Missione del duca di Cambridge presso le Tuileries. - Il piano di Pélissier - Rinforzi dell'esercito radunato in Crimea. - Omer Pascià nell'Asia. - I Russi conquistano Cars. - Il trattato con la Svezia, 21 novembre 1855.

Non solo per terra avevano i Russi sofferto una considerevole sconfitta; un'altra ne toccarono, non meno importante, per un attacco navale. Già dal 21 di maggio, una divisione inglese, una francese ed una turca, sotto il comando in capo di sir Giorgio Brown, erano state imbarcate alla volta del Mar d'Azow. Il corpo di spedizione, forte di circa 15.000 uomini, era partito su 34 vapori inglesi comandati da sir Edmondo Lyons e su 24 francesi, sotto il comando di Bruat. Il 24 avvenne lo sbarco in vicinanza di Kerč dove il debole presidio sotto gli ordini del generale v. Wrangel non potè opporre alcuna resistenza. I Russi fecero saltare tanto le fortificazioni di Kerč come quelle di Jenicale, posta anche più immediatamente vicina all'ingresso nel Mar d'Azow, distrussero (per quanto fu possibile nella fretta) le loro provviste, e dovettero concedere agli alleati il libero passaggio nel Mar d'Azow. Kerč, contro il volere dei comandanti — a quanto si afferma — venne saccheggiata, facendovisi non insignificante bottino sì di materiale da guerra e sì di viveri. Caddero nelle mani degli alleati grandi provviste di frumento e di biada, e 83 grossi cannoni. Oltr'a ciò, essi non mancarono di distruggere tutte le navi e i magazzini di quel mare interno: perdite, che tornarono di grandissimo danno per l'ulteriore approvvigionamento di Sebastopoli. Nonostante un tale successo, quella dispersione delle forze combattenti parve a Napoleone III pericolosa, mentre la spedizione nel Mar d'Azow costituiva la prima vittoria assolutamente decisiva degli alleati, e pur sempre in istretta relazione con la riuscita di tutta l'impresa. Per gl'Inglesi, cotesti successi furono d'importanza grandissima, tanto più che le spedizioni marittime nel *settentrione*, sulle quali si fondavano sì grandi speranze, riuscirono nel complesso insufficienti, e non c'era altro da mettere in conto in loro favore, se non il bombardamento della fortezza di Sweaborg, operato l'11 agosto di quell'anno medesimo dall'ammiraglio Dundas.

Dal 17 agosto in là gli alleati mantennero un fuoco sì terribile e sì vivo contro le fortificazioni della Carabelnaia, che gli assediati non eran più in grado di ripararne i danni; e ogni giorno eran tra i 600 e i 1000 gli uomini posti fuori di combattimento. Sennonchè, nella notte dal 28 al 29 ebbero i Francesi a subire la perdita dei due magazzini del ridotto Brancion, saltato in aria con 7000 chilogrammi di polvere e 350 obici, con effetti di devastazione terribile. Tuttavia, gli alleati eran giunti coi loro lavori così da presso alla piazza, che non fu più possibile differire l'assalto generale. Principale obbiettivo restò la torre di Malakow, che dominava interamente la Carabelnaia, e dalla quale potevansi facilmente distruggere i ponti di ritirata gettati sopra la grande Rada. I Francesi, sotto i generali del genio Dalesme e Frossard, eran distanti ancora 25 metri dalla torre di Malakow e 40 dal piccolo Redan. Gl'Inglesi, i cui lavori eran condotti dal generale Harry Jones, non eran potuti giungere, stante la natura rocciosa del terreno, se non a 170 metri dal grande Redan. Alle opere fortificate che cingevano la *città* propria, vale a dire ai bastioni *Mast* e *Centrale* non era stato possibile avvicinarsi più che a 50-70 metri, per la tema d'esporsi, con un'ulteriore avanzata, a perdite troppo rilevanti.

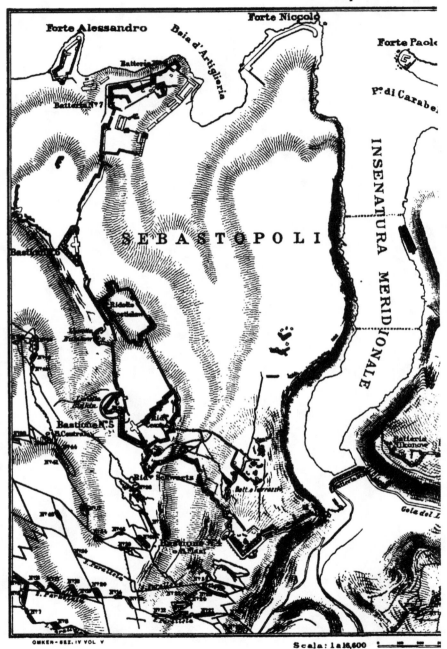

Forte Alessandro

Forte Niccolò

Forte Paolo

Baia d'Artiglieria

Batteria

Batteria N° 7

P° di Carabe

INSENATURA MERIDIONALE

S E B A S T O P O L I

Bastion

Ridotta

L'alta Ridotta

Bastione N° 5

C.B.Centrale

Bt° Schwartz

Bastione N° 4
o Alfai

Batteria Nicono

Bott. e terrazzi

Gola del L

Il Parallele

OMKEN - SEZ. IV VOL V

Scala: 1 a 16,600

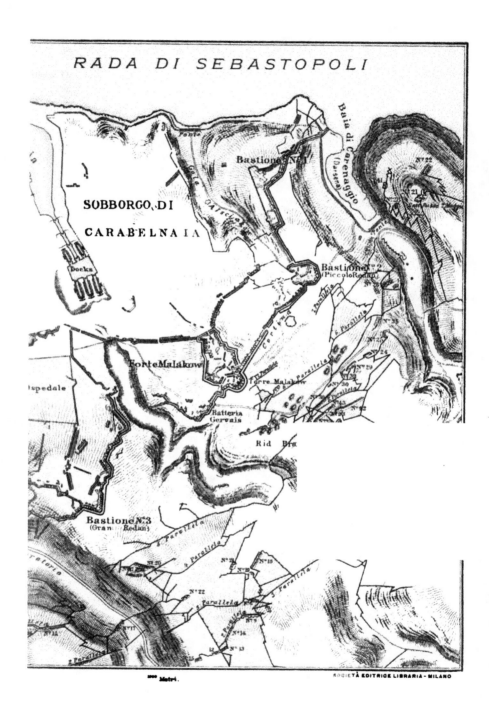

Pélissier ordinò dunque l'assalto per l'8 settembre (1). Il 5 incominciò il bombardamento generale; e precisamente, per parte francese con 635, per parte inglese con 179 bocche di fuoco. I Russi poterono rispondere con 1380 cannoni. Per valicare i fossi s'eran costruiti 30 ponti mobili, ed altri anche più solidi per trasportare i pezzi d'assedio nella fortezza. L'esercito degli assalitori era stato già il 7 di settembre rinforzato col 30.° e col 35.° reggimento di linea e con la brigata Wimpffen, come pure per mezzo d'una brigata di fanteria e Bersaglieri comandata dal generale Cialdini. Pélissier, al quale importava prima d'ogni altra cosa la presa della torre di Malakow, credette sulle prime di limitarsi, quanto alle altre opere di fortificazione, ad alcune semplici dimostrazioni, mentre Bosquet, al quale, come comandante del 2.° corpo d'esercito, spettava la condotta sopra tutto importante dell'assalto della torre stessa, espresse energicamente il suo parere, che, per dividere le forze dei Russi, fossero imprescindibilmente necessarii degli attacchi effettivi anche negli altri punti. Egli aveva sottoposto a Pélissier, per l'espugnazione della fortezza di Malakow, un piano magistrale (2). Secondo questo, l'assalto contro quest'opera doveva, — e in ciò coincideva con l'idea di Pélissier stesso — operarsi in tre direzioni: a sinistra contro la torre stessa, a destra contro il piccolo Redan, e nel centro contro il mezzo della Cortina che stava tra i due forti. L'attacco a sinistra doveva essere affidato alla divisione Mac Mahon con la brigata Wimpffen, e con i due battaglioni Zuavi della Guardia come riserva; quello a diritta alla divisione Dulac con la brigata di riserva Marolles e con un battaglione dei Cacciatori della Guardia a piedi; l'attacco centrale finalmente al generale De la Motterouge coi volteggiatori e granatieri della Guardia, agli ordini del generale Mellinet. Queste colonne d'attacco erano accompagnate da riparti del Genio e dell'Artiglieria con il materiale relativo. In tutto, adunque, di fronte alle fortificazioni principali che proteggevano il suburbio alla marina stavano 25.300 uomini, divisi in 61 battaglioni (3).

---

(1) Cfr. per la preparazione e l'effettuazione di cotesto assalto la grande opera cartografica dello *Stato maggiore francese*, pubbl. a Parigi col titolo *Atlas historique et topographique de la Guerre d'Orient;* NIEL, pp. 425-47; TODLEBEN, II, 2.ᵐᵉ partie, pp. 193-290; ROUSSET, II, pp. 373-402; FAY pp. 303-338.

(2) Vedilo in FAY, pp. 307-11.

(3) Per chi si piace di ricerche speciali, è importante notare che nell'*Atlas historique* (da considerarsi in prima linea per istudi strategici) nella carta XXIII

·Sotto il comando in capo del generale De Salles conducente il primo corpo d'esercito vennero collocate contro il bastione Centrale (sul lato della città) le divisioni Levaillant e D'Autemarre; la brigata Cialdini, che veniva a stare nella quarta parallela, doveva assalire il bastione Mast (parimente sul lato della città); le divisioni Patè e Bouat stavano nella riserva. Il 30.° e il 35.° reggimento di linea, fatti venire da Camiesch, formavano l'estrema sinistra di cotesto formidabile schieramento di forze.

L'attacco degl'Inglesi contro il grande Redan (in vicinanza della rada di mezzogiorno) con 10.726 uomini doveva farsi: sul lato destro, dalla divisione Codrington con le divisioni Eyre e Collin Campbell quali riserva, sul lato sinistro dalla divisione Markham.

Per far saltare in aria i lavori sotterranei dei Russi compresi nell'attacco, e dare maggior sicurezza alle masse degli assalitori che temevano delle mine, furon gettate alle otto del mattino nei forti Malakow due botti di polvere da 100 chilogrammi ciascuna, e portate tre cariche da 500 chilogrammi quivi stesso, per lo scoppio.

Pélissier, circondato dai generali Niel, Thiry, Martimprey e dal suo Stato maggiore, prese posizione alle 11 nel ridotto Brancion; Bosquet, con i generali Frossard, Eissey, Beuret e Stato maggiore suo, si trovò al batter delle ore 12 nel centro della 6.ª parallela presso al piccolo Redan, mentre il generale De Salles con i suoi uomini si disponeva presso il ridotto Schwarz, e il generale Simpson a poca distanza di fronte al grande Redan.

Non appena, alle 12 ore, fu dato il segnale dell'attacco, gli Zuavi del 1.° reggimento, senza aver bisogno di scale, attraversarono di corsa il fosso riempito fitto di calcinacci e rottami, e comparvero sulla spalletta dirimpetto. Subitamente il resto della colonna li seguì; e, dopo che una parte del valoroso presidio e i più tra gli ufficiali del reggimento Modlin furono caduti, la parte esterna dei forti di Malakow venne in potere dei Francesi. Quasi nello stesso tempo, il reggimento Granduca Michele veniva cacciato fuori della bat-

si trova indicato il Corpo d'esercito di Bosquet per l'attacco di *destra*, e quello di De Salles per l'attacco a *sinistra*; ciò che sembrerebbe in contraddizione con le indicazioni date di sopra. Ma nella carta in questione, le indicazioni di *destra* e *sinistra* non si riferiscono più alle misure da prendersi di fronte alla torre di Malakow, bensì alla posizione di tutt'intera la piazza di Sebastopoli; secondo la quale, le fortificazioni di Malakow si trovavano alla destra, e quelle della città propria alla sinistra degli assalitori.

teria Gervais dal primo battaglione Cacciatori della brigata Vinoys. Con pari felice successo la brigata Saint Pol, composta dei reggimenti di linea 57.° e 85.° e del 17.° reggimento Cacciatori, attraversò rapidamente i 40 metri che la separavano dal piccolo Redan, e, cacciatone il reggimento Olonetz, s'impadronì del fortino; ma i Russi, sotto il comando del generale Sabachinsky si spinsero nuovamente innanzi con forti riserve e artiglierie da campo, che, insieme con il fuoco dei forti e delle navi, cagionarono ai Francesi gravi perdite, e li rigettarono nelle trincee. Lo stesso generale Saint Pol, i colonnelli Dupus e Javel e il tenente colonnello Magnan rimasero uccisi, parte nel primo, parte nel rinnovato tentativo d'assalto. Le brigate Bisson e Marolles e i Cacciatori della Guardia, accorsi in loro aiuto, furono ugualmente respinti. Il generale de Marolles e il comandante di battaglione dei Cacciatori, Cornulier de Lucinière, con molti altri ufficiali rimasero sul campo. Anche il generale Bisson restò ferito in codesto assalto.

Era stato fissato sul principio che anche la flotta alleata dovesse sostenere l'attacco generale; ma all'ultimo momento, a cagione del forte mareggiare, essa aveva dovuto rinunziarvi, mentre le navi russe *Chersonneso, Vladimiro* e *Odessa,* meglio protette nella Rada, potevano rendere ottimo servigio ai difensori. — Bosquet fece un ultimo tentativo per impadronirsi del piccolo Redan, facendo avanzare le guardie; sennonchè, nonostante riuscisse loro di riprendere il forte, il micidiale fuoco d'artiglieria dei Russi respinse i Francesi un'altra volta; morì sul posto il generale di Pontèves; i generali Bourbaki, Bisson e Mellinet restarono feriti. Allora Bosquet con grande imperturbabilità fece avanzare due batterie da campo, che stavano nella riserva; ma neppure queste riuscirono a far tacere il fuoco preponderante dei Russi; dei 150 artiglieri, ne caddero 95, e tra essi il maggiore Sonty e la maggior parte degli ufficiali. Bosquet stesso venne ferito alla spalla destra; e in sua vece venne incaricato del comando in capo a quel posto importante il generale Dulac.

Contro il *Bastione Centrale* l'assalto della brigata Trochu parve sulle prime aver felice successo. Mentr'essa si avanzava contro la lunetta Bielkin, la brigata Couston s'impadroniva del ridotto Schwarz. Ma, dinanzi ai reggimenti Bielostok e Podolia, Trochu dovette alla perfine ritirarsi, dopo d'aver perduto 900 dei suoi 3200 uomini, con 71 degli ufficiali; ed egli stesso era stato gravemente ferito.

Il generale Krustchow, coi rinforzi delle riserve, riuscì pure — ferito anche il generale Couston — a riconquistare il ridotto Schwarz. Del pari riuscì infelicemente un nuovo attacco ordinato da Levaillant, come pure un terzo, disposto dallo stesso generale De Salles, nel quale rimasero uccisi il generale Rivet, capo dello Stato Maggiore del primo Corpo, e il generale Breton.

Neanche l'attacco degli Inglesi contro il *grande Redan,* nonostante gli sforzi d'ogni maniera, ebbe alcun prospero successo. — La divisione Markham e la divisione leggera, non appena fu visibile sul margine esteriore della fortezza di Malakow la bandiera francese, s'erano spinte innanzi contro il grande Redan, ricacciando indietro il reggimento Vladimiro. Ma venuti a questo in soccorso i reggimenti Iakutsk, Camciatka e Suzdal, il generale di divisione Codrington chiamò a sè la riserva, contro la quale nuovamente il generale Paulow condusse a contrastarle la vittoria il reggimento Selinghinsk: talchè il forte venne due volte conquistato e due volte ripreso, segnalandosi splendidamente nel combattimento anche la 47.ª coorte delle Milizie. L'unico veramente notevole successo fu raggiunto soltanto alla torre di Malakow(1); ma anche qui, constando essa di tutt'un complesso sistema di opere di fortificazione, se n'ebbe una serie di lotte estremamente sanguinose, le quali difficilmente sarebbero riuscite a una vittoria dei Francesi, senza la straordinaria mobilità degli Zuavi, ai Russi del tutto sconosciuta e nuova. — Mac Mahon riuscì a spingere infine le sue riserve nell'interno del forte. I generali Lisenko e Chrulew opposero una resistenza disperata. Questi venne ferito gravemente, quegli ucciso; ucciso del pari il generale Yuferow, che aveva assunto in suo luogo il comando. Fino all'estremo, un piccolo manipolo di 60 soldati con 5 ufficiali si tenne ostinatamente nell'ultimo riparo a vòlta della fortezza. S'era già sul punto di farli morire soffocandoli col fumo, quando il timore di cagionare, con l'appiccarvi il fuoco, lo scoppio di qualche mina, fe' sì che si desistesse dal crudele proposito. Quando all'ultimo il valoroso drappello fu costretto ad arrendersi, fu vivamente salutato dal plauso dei vincitori.

I Francesi eran già assolutamente padroni della torre di Ma-

---

(1) Secondo TODLEBEN, II, 2.ᵐᵉ p.ˡᵉ, p. 246, in questa giornata gli alleati tentarono non meno di dodici assalti, dei quali appunto solo quello contro il Malakow ebbe un felice successo.

lakow, quando Gorciakow, che s'era recato al forte Niccolò, diede al generale Martinau il supremo comando sulla Carabelnaia, al posto del Chrulew, e propose a questo di riprendere, coi reggimenti di fresco arrivati Odessa e Asow e coi residui dei reggimenti che avevano sostenuto l'assalto negli altri forti, la torre di Malakow. Il tentativo fallì compiutamente, per quanto i Russi si battessero da eroi, e per quanto il generale Martinau, che in tale occasione perdette il braccio destro, vi affrontasse bravamente la morte.

Dei Francesi, 122 ufficiali restarono uccisi dinanzi alla Carabelnaia, 136 feriti; della truppa, quivi stesso, morti 1475, feriti 2959, 869 scomparsi. Alle opere fortificate dinanzi alla città stessa, ebbero essi 154 morti — tra ufficiali e soldati —, 1418 feriti, 546 scomparsi. Gl'Inglesi ebbero 385 morti e 1886 feriti, i Piemontesi 36 feriti, morti 4; in tutto adunque, le perdite degli alleati in quel giorno ascesero a quasi 10.000 uomini (1). Il primo aiutante di Pèlissier, tenente colonnello Cassaigne, cadde ucciso al suo fianco nel ridotto Brancion; egual sorte toccò al capo dello Stato Maggiore della 5.ª Divisione, generale Delaville. — I Russi ebbero, secondo Todleben, 2 generali, 70 ufficiali e 2900 uomini di truppa uccisi; feriti 5 generali, 311 ufficiali e 7750 soldati; 37 ufficiali e 1838 soldati (dei quali 600 rimasti prigionieri nelle opere fortificate di Malakow) dispersi.

Pèlissier era rassegnato a un nuovo attacco dei Russi, allorchè incominciò a un tratto la loro ritirata oltre i ponti della grande Rada. Gorciakow, dopo una ricognizione fatta, non senza pericolo, sul campo di battaglia, aveva impartito al generale Chebelew l'ordine di sgomberare Sebastopoli. I Russi affondarono dapprima i vascelli di linea *Granduca Costantino*, *Parigi*, *Khrabry*, *Cesme*, *Yagudiil*, *Imperatrice Maria*, la fregata *Kulewtchi*, la corvetta *Culipso*, e le golette *Argonauta*, *Endimione*, *Giasone*, *Enea* e *Teseo*. Più tardi, anche i vapori *Vladimiro*, *Grommonossetz*, *Bessarabia*, *Crimea*, *Odessa*, *Chersonneso*, *Elboro*, *Dunay*, *Grossny* e *Turok* ebbero la stessa sorte; talchè all'11 di settembre tutta la flotta russa del Mar Nero era annientata (2). Inoltre, i Russi fecero saltare non

---

(1) I dati di NIEL come pure di ROUSSET, che si vale di lui, e d'altri differiscono — benchè nel complesso di non molto — da quelli dati qui sopra. Le indicazioni nostre sono tolte dal FAY, la cui opera è venuta in luce nel 1867, cioè nove anni dopo quella di NIEL.

(2) TODLEBEN, II, 2.ᵐᵉ, p.ˡᵉ, pp. 262-3.

meno di 35 polveriere, le batterie 7.ᵃ, 8.ᵃ e 10.ᵃ e il forte Saint Pol, mentre mancò loro il tempo di far lo stesso del forte Niccolò (1). Nelle opere di fortificazione, poi, un gran numero d'uomini gravemente feriti s'eran lasciati morire senza soccorso.

Il bottino fatto a Sebastopoli dagli alleati fu di 128 cannoni di bronzo e 3711 di ferro; di oltre 400.000 palle piene, oltre 100.000 vuote, circa 500.000 cartucce, più di 262.000 chilogrammi di polvere, e d'una notevole quantità di materiali d'armamento, sia navali sia di fortezza (2). — Le perdite complessive dei Russi durante tutta la guerra di Crimea, la quale in realtà, come vedremo, con la caduta di Sebastopoli, era terminata, sono date da Todleben (3) in 128.669 uomini, dei quali solo durante l'assedio di Sebastopoli ben 102.669 erano stati parte uccisi parte feriti. C'erano fra questi 5 generali e 129 ufficiali morti, 14 generali e 1628 ufficiali feriti, e 54 scomparsi. Notizie posteriori hanno rappresentato le perdite russe con cifre assai più elevate ancora. Le perdite totali dei Francesi importarono secondo Todleben 45.874 uomini, solo 44.497 secondo Niel. Soltanto durante l'assedio s'ebbero 41.310 uomini tra morti e feriti, di cui generali e ufficiali morti 416, feriti 1523 e 59 scomparsi. Gl'Inglesi ebbero uomini 17.901 morti o fuori di combattimento, dei quali 13.000 dinanzi a Sebastopoli soltanto (4). Dei generali e ufficiali inglesi, se n'ebbero 157 morti e 515 feriti.

A compiere il quadro di quell'orribile guerra conviene aggiungere ancora che l'esercito alleato dinanzi a Sebastopoli sparò non meno di 1.356.000 colpi di cannone, dei quali 1.104.000 spettano alla Francia, e 252.000 all'Inghilterra. Gli assediati vi risposero con un numero anche maggiore, cioè con 1.506.964 colpi, di cui 1.103 031 partirono dalle navi. Per compenso, ai 16 milioni e mezzo di cartucce di fanteria dei Russi i soli Francesi avevano risposto con 28 milioni e mezzo di colpi. (5).

---

(1) NIEL, p. 441.

(2) V. l'elenco completo in NIEL, che fu Presidente della Commissione d'inventariato.

(3) TODLEBEN, II, 2.ᵐᵉ p.ⁱᵉ, p. 339.

(4) *Dispatches and Letters from Head-Quarters*, p. 429.

(5) TODLEBEN, II, 2.ᵐᵉ P.ⁱᵉ, pp. 336-7. — Altri dati importanti si trovano in: *Rapport présenté à l'Empereur sur l'Organisation de l'Armée d'Orient*, par le Maréchal VAILLANT, Paris, 1856; FROLOW, *Défense de Sébastopol, exposé de la Guerre souterraine, 1854-55*, rédigé sous la Direction du Général du Génie

In mezzo al giubilo che se ne destò a Parigi e a Londra, Napoleone III — il quale, al pari di altri, non vi vedeva ancora l'esaurimento della Russia — non parve punto averne perduta la sua freddezza; e mentre concedeva il bastone di maresciallo a Pélissier, e poco appresso la dignità medesima a Canrobert e a Bosquet, e a Pèlissier ancora il titolo di Duca di Malakow, prevedeva tuttavia nuove difficoltà pel compimento della guerra, e meditava prima d'ogni altra cosa un accordo circa un ulteriore e ben sicuro piano con l'Inghilterra. In una lettera del 14 settembre al conte Walewski, nella quale l'incaricava di provocare a Londra una tale intesa, esponeva egli stesso le sue particolari vedute intorno alla prosecuzione della guerra. Dovevasi, secondo queste, « impiegare il mese d'ottobre a portare nell'esercito di Crimea un cambiamento di fronte. All'ala destra doveva affidarsi il còmpito di costringere i Russi alla cessione dei forti settentrionali e della loro solida posizione presso Makenzie; il che si poteva raggiungere mediante l'occupazione di Eupatoria, di Sinferopoli e di Bakciserai, alle spalle della posizione stessa dei Russi. L'esercito alleato doveva quindi ricostruire le fortificazioni terrestri in Sebastopoli, occupare le caserme e i docks, e liberare l'entrata della grande Rada. L'esercito, rilasciando a tal uopo dietro a sè soltanto un presidio misto di Turchi, Francesi e Inglesi e una flotta considerevole con larghe provvisioni, avrebbe potuto quindi ritirarsi dalla Crimea. Sarebbe stato un errore compiere la distruzione di Sebastopoli, e interrare il porto: che ne rimarrebbe? null'altro fuorchè la gloria d'aver distrutto un'importante fortezza e una flotta, mentre non s'avrebbe più alcun pegno di retrocessione per il conseguimento della pace. In quella vece, risparmiando Sebastopoli, si sarebbe posseduto al confine estremo dell'impero russo un baluardo, per il riacquisto del quale il nemico

E. DE TODLEBEN, Pietroburgo 1870; *Histoire du service de l'artillerie*, del colonnello AUGER e capitani VOILLARD e PELÉ, Parigi 1859; BAUDENS, *Souvenirs d'une Mission médicale à l'Armée d'Orient*, Parigi 1857; *La guerre de Crimée* (specialmente per il servizio sanitario), del medesimo celebre chirurgo, Parigi, 1858; MARROIN, medico generale della flotta: *Histoire médicale de la Flotte française dans la Mer Noire, pendant la Guerre de Crimée*, Parigi, 1861. — Particolarmente istruttiva è l'opera del HUBBENETH, professore all'Università di Kiew, venuta in luce a Pietroburgo appena nel 1870: *Service sanitaire des Hôpitaux russes pendant la Guerre de Crimée dans les Années 1854-1856.*

avrebbe dovuto esaurire tutte le sue forze. Dalla posizione di Sebastopoli, gli alleati minacciavano tutte quante le coste del Mar
Nero, e potevan portare più d'un colpo decisivo sia nell'Asia sia
in Bessarabia. Tutto considerato, adunque, era d'uopo minacciare
i Russi alle spalle, per costringerli a cedere le forti posizioni da
loro occupate, e, scambio di distruggere Sebastopoli, rimetterne
in piedi per contro la parte distrutta ».

Dal punto di vista della Francia, non mancava certo a questo
scritto nè rigore di vedute nè prudenza politica; non prudenza politica, specialmente; inquantochè con la presa di Sebastopoli, anche
prescindendo dal fatto che la Francia vi aveva contribuito più che
l'Inghilterra, gl'interessi delle due nazioni incominciavano a colli-
dere gli uni con gli altri. Invero, se si considera che l'Inghilterra
non poteva sperare di venire ella sola in possesso di Sebastopoli
(un'ipotesi questa che, per l'avvenire, non istà punto tuttavia nel
regno delle cose impossibili), era decisamente nell'interesse dell'Inghilterra che cotesta fortezza marittima venisse distrutta; ma, nel
momento di cui discorriamo, difficilmente poteva ella, in tali faccende, ricusare alla Francia qualche cosa; dimodochè non solo il
Ministero inglese approvò il piano di Napoleone, chè anzi lord Palmerston ebbe persino a dirlo meraviglioso. Ed è da notare di più
che l'antico disegno dell'Imperatore d'impadronirsi di Sinferopoli,
per il quale egli aveva già per lo innanzi importunato così insistentemente Pèlissier, veniva ora a palesarsi notevolmente giustificato.
Più tardi, tuttavia, le vere intenzioni dell'Inghilterra si manifestarono nel modo più indubitabile, allorchè essa insistette per la distruzione di tutto ciò che a Sebastopoli restava ancora in piedi;
talchè e i bacini scavati con sì grand'artificio e i forti Niccolò e
Alessandro e le caserme vennero fatti saltare in aria.

Se non che, sebbene Niel fosse ancora come per lo innanzi favorevole a un'ulteriore azione offensiva, Pélissier non si lasciò pie-
gare minimamente. Egli manifestò la convinzione che proprio il
persistere della condizione attuale delle Potenze occidentali avrebbe
avuto potere di vincere i Russi più sicuramente che non gli arri-
schiati attacchi. E le sole misure ch'egli si risolvè a prendere con-
sistettero in un rinforzo della guarnigione di Eupatoria, e in un
nuovo schieramento di milizie presso la Cernaia: misure aventi un
carattere, piuttosto che offensivo, di pura difesa.

In Inghilterra, dove non s'approvava la difesa di Pèlissier, si sarebbe preferita una rapida spedizione contro Caffa e l'occupazione dei magazzini russi di Carasabazar, a nord-est di Sinferopoli. Ma il maresciallo Vaillant si pronunziò nel modo più reciso contro Carasabazar; e quanto all'impresa contro Caffa, essa venne respinta in un Consiglio di guerra tenuto nella stessa Crimea.

Il generale D'Allonville, al cui comando erano state affidate le truppe di rinforzo per Eupatoria, sorprese il 29 settembre il generale Korff, che stava a campo presso il villaggio di Kanghil, cagionandogli una sconfitta, nella quale i Russi lasciarono nelle mani dei vincitori 160 uomini e 250 cavalli. Il distaccamento di D'Allonville venne quindi rinforzato d'un'intera divisione di fanteria francese e d'una brigata di cavalleria.

Conformemente ai piani dell'imperatore Napoleone III, da entrambe le capitali partì frattanto il comando d'impadronirsi di Kinburn, alla foce del Dniepr. — L'insenatura nella quale, oltre al Dniepr, si scarica anche l'Ingul, era difesa dalla fortezza di Kinburn medesima e dalle fortificazioni di Orciakow, posto dirimpetto a quella. Quest'operazione venne affidata al generale Bazaine, sotto il cui comando in capo s'imbarcarono la brigata Wimpffen e la brigata inglese Spencer, in tutto 8500 uomini. Gli ammiragli Bruat e Lyons, — quegli stessi che avevano guidato le truppe verso il mar d'Azow — diressero il loro corso per modo, che i Russi credettero sulle prime si trattasse d'un'impresa contro a Odessa. Dopo uno sbarco difficile, incominciò il 17 di ottobre il bombardamento di Kinburn, mentre gli alleati conducevano contemporaneamente contro la fortezza delle trincee. Il generale Kohanowich dopo un fuoco di quattr'ore e mezzo s'arrese. I forti d'Orciakow vennero fatti saltare dai Russi medesimi. Gli alleati lasciarono a Kinburn solo un debole presidio e un certo numero di navi.

Alessandro II, dando prova di grande abnegazione e degnazione, s'era recato nella vicina Nicolaiev, e di là in Crimea, dove, seguendo l'esempio paterno, trattò affabilmente gli sventurati suoi generali, e specialmente il principe Michele Gorciakow, concedendo a quest'ultimo un comando d'esercito, atto a rinfrancar l'animo delle truppe; a Nicolaiev era stata dibattuta in presenza dell'Imperatore la questione se si dovesse la Crimea abbandonare affatto; e torna a onore del principe Gorciakow d'esservisi risolutamente dichiarato contrario. L'8 gennaio 1856 pertanto il generale Lüders fu nominato al supremo comando dell'esercito del Sud e delle forze armate di terra e di mare nella Crimea, mentre Gorciakow veniva richiamato al comando in capo dell'esercito d'occidente.

Il Governo inglese, visto l'insuccesso dell'attacco contro il grande Redan condotto da Simpson, dovette sacrificar definitivamente cotesto generale, ponendo al suo posto il generale Codrington. Per far sì che l'imperatore Napoleone s'accostasse alle idee inglesi, venne quindi mandato a Parigi il duca di Cambridge, che scese alle Tuileries. Per suo mezzo, l'Inghilterra avanzò la singolare proposta di far venire i comandanti supremi degli eserciti e delle flotte a Parigi, per concertar quivi con essi l'ulteriore piano della campagna. L'Imperatore era sul punto d'acconsentirvi, quando il Ministro della guerra fece conoscere la sua assoluta contrarietà circa una proposta di tal fatta, che avrebbe manifestamente dimostrate al mondo le dubbiezze dei vincitori. Più consigliabile gli parve mandar sul luogo un esperto messaggero; e propose come tale il duca di Cambridge medesimo. La cosa però dispiacque all'Imperatore, che in tale occasione dovette ricordarsi del fallito suo viaggio in Crimea.

Quanta ragione avesse Pélissier d'opporsi ai piani di Napoleone III si vide ben presto in un successivo svolgersi degli avvenimenti. L'Imperatore voleva infatti che s'occupasse la riva sinistra del Dniepr, dove si sarebbe dovuti rimanere fino a tanto che i Russi avessero sgomberata la Crimea; qualora ciò non fosse avvenuto, sarebbe stato uopo impadronirsi di Nicolaiev. Ora, già per la stagione avanzata non era da pensare a un'impresa di questa sorta; ma Pélissier respinse un tal disegno anche per le pure ragioni territoriali, e propose che la Francia si limitasse a mantener l'occupazione della penisola del Chersonneso, i Piemontesi coprissero Balaclava, e gl'Inglesi in unione ai Turchi tenessero Kerč e marciassero contro Cutais e Tiflis; e, mentre la Russia sarebbe stata bloccata agli accennati sbocchi, si dovesse sollevar la Circassia, proteggere il confine turco-asiatico, e minacciar la Russia ai confini della Persia. — A ciò Vaillant obbiettò, che l'Inghilterra non avrebbe mai acconsentito a una simile separazione: essa avrebbe preteso un compenso, e propriamente nella stessa Crimea, e sarebbe stato, a suo vedere, un desiderio perfettamente spiegabile.

Mentre le Potenze occidentali conducevano così tali trattative, infruttuose bensì, ma per la storia non prive d'insegnamenti, non che diminuire le loro forze in Crimea dopo la strepitosa vittoria, esse continuarono in quella vece ad accrescerle. L'esercito francese, avendo ricevuto una 12.ª divisione, fu portato nell'autunno del 1855 a 147.000 uomini. Il materiale suo proprio e quello conquistato sui Russi era veramente formidabile; si può farsene un'idea quando si sappia che al 15 di novembre, in un solo punto, nel cosiddetto *Magazzino dei Mulini*, per cause che non furon potute appurare, saltarono in aria nientemeno che 50.000 chilogrammi di polvere, 4000 proiettili, 600.000 cartucce ed altro materiale da tiro; e che la vecchia torre che si trovava quivi presso, la quale fortunata-mente fu risparmiata grazie allo spessore dei muri, conteneva il doppio peso di polveri. Un gran numero d'ufficiali e di soldati fran-cesi e inglesi rimasero parte uccisi e parte feriti in quell'occasione.

Fu detto più sopra che Omer Pascià, sia per ambizione, sia per il desiderio d'accorrere in soccorso dell'esercito turco nell'Asia, aveva voluto recarsi sul teatro della guerra colà. L'esercito turco era quivi mal condotto e mal provvisto, nell'insieme; pure gli riuscì di battere all'Ingul, presso il confine, un corpo russo di 10.000 uomini, obbligandolo a ripassare il fiume. Egli s'era quindi avvi-cinato a Cutais; ma, respinto dai Russi, aveva dovuto ritirarsi. Il generale Muraview aveva fatto il tentativo d'impadronirsi d'Erze-rum; ma all'ultimo s'era rivolto contro la fortezza di Cars, dove il generale Williams, proveniente dalle file dell'esercito inglese, si difese eroicamente. Chiuso da gran tempo da tutte le parti, Williams, non avendo potuto essere soccorso da Omer Pascià, dovette alla fine, costretto dalla fame, arrendersi il 28 novembre al generale Muraview. Quest'unico successo riportato dai Russi in tutta la cam-pagna, fu tuttavia di molta importanza, perchè determinò la Russia a indursi più facilmente a trattative di pace. A una tale dispo-sizione conciliante contribuirono tuttavia anche alcuni avvenimenti diplomatici, e specialmente il trattato difensivo contro la Russia concluso il 21 novembre 1855 tra le Potenze occidentali e la Svezia: il quale garantiva lo stato territoriale di questa, e veniva più da vicino nuovamente interpretato in un dispaccio del Ministro svedese degli Esteri, barone v. Stjerneld, di data 18 dicembre dello stesso anno. Più in là di così, nonostante le pratiche del generale Can-robert inviato apposta in missione a Stocolma, la Svezia (1) non

---

(1) Per le relazioni in quel tempo tra la Svezia e la Scandinavia special-mente con la Russia cfr. G. LALLERSTEDT: *La Scandinavie, ses craintes, ses espérances*, Paris, 1856.

si lasciò trarre ad andare. Quanto alle trattative con la Danimarca, esse andarono interamente fallite, e l'atteggiamento riservato di essa ebbe per conseguenza che Napoleone III avviasse con la Prussia delle aperture circa il Holstein, che da quella furono però respinte (1).

Terminava così col 1855 una delle guerre più sanguinose dei tempi più recenti. « La storia c'insegna che gli Sciti, dai quali hanno origine i Sarmati o Slavi, hanno avuta loro sede nella penisola taurica, l'odierna Crimea. Già nei tempi più remoti stettero quelle genti aspramente di fronte a un mondo più incivilito; e i poeti della Grecia ci hanno conservato la bella tradizione della meravigliosa liberazione di Ifigenia nell'orrida Tauride, *dove si sacrificarano vittime umane.* Quella barbara usanza espose la sacerdotessa di Diana al pericolo d'uccidere il proprio fratello, ossia, sotto il velo dell'allegoria, di perpetrare il misfatto della guerra, dove gli uomini, che son pur tutti congiunti per sangue, si scannano gli uni con gli altri, senza pure conoscersi. Ma il sanguinoso sacrifizio che s'è or non ha guari compiuto nella Tauride è ancor più stupendo che non fosse quello d'Ifigenia, perocchè esso ha avuto per effetto la sottomissione di quel medesimo spirito scitico che quivi, sotto altre forme, dominava or son già più millennii » (2).

---

(1) JOMINI: *Étude*, II, p. 361.
(2) V. la mia *Türkische Rede* (Cose di Turchia), § 58.

XIX.

Le trattative di pace

Disposizione più pacifica in Francia e in Russia. - Trattative ufficiali ed estra-ufficiali. - La Francia si sforza d'ottenere, pel caso d'una continuazione della guerra, dei vantaggi speciali, e vuole prima di tutto ripristinar la Polonia nei confini dei trattati del 1815. - L'*ultimatum* franco-austriaco, e le modificazioni propostevi dall'Inghilterra. - Il barone di Seebach viene inviato a Pietroburgo. - Controproposte della Russia, in seguito alle quali l'Austria minaccia la rottura delle relazioni diplomatiche. - Anche le controproposte di Seebach vengono dall'Inghilterra respinte. - Osservazioni stringenti di Federico Guglielmo IV all'imperatore Alessandro per la conclusione della pace; la quale viene decisa in uno straordinario Consiglio della Corona a Pietroburgo. - Come viene inscenato tale Consiglio. - Tendenze belliose in Inghilterra di fronte all'accettazione dell'*ultimatum* da parte della Russia; lord Palmerston soffia nel fuoco. - La Russia oramai non confida se non nella magnanimità di Napoleone III, e propone Parigi come sede del Congresso. - Malcontento di Cavour dinanzi ai proposti di pace.

Per quanto gl'interessi delle singole Potenze si trovassero aspramente tra loro in conflitto, tuttavia, dopo la caduta di Sebastopoli, si venne facendo strada una quasi generale tendenza alla pace. Durante il corso della guerra, s'era potuto toccar con mano che tra Russi e Francesi non c'eran ragioni d'odio. In entrambi i campi e anche nei circoli politici era invalsa come una convinzione che, in fondo, di fronte alla potenza mondiale dell'Inghilterra essi erano in realtà amici, e che la Russia, qualora ell'avesse stritolata la Turchia grazie alla neutralità della Francia, avrebbe potuto aiutar questa a ingrandirsi a spese della Germania. — Trattative estra-ufficiali precedettero o andaron di pari passo con quelle ufficiali. La voce più importante in capitolo l'aveva l'Imperatore dei Francesi, il quale, se da una parte voleva restar fedelé all'alleanza con l'Inghilterra, dall'altra, pel caso che la guerra si prolungasse, dovendo la Francia contribuirvi con un ben maggior numero di gente che non l'Inghilterra, pretendeva pure di ritrarne particolari vantaggi, che a quella contrastavano. Già fin da quando Drouyn de Lhuys nel marzo del 1855 s'era recato a Londra per un accordo circa le condizioni della pace, egli aveva proposta la restituzione — popolarissima ancor sempre in Francia — della Polonia (che, com'è noto, aveva nella sollevazione del 1831 offerta a Luigi Napoleone la corona) « entro i limiti soltanto, s'intende, dei trattati del 1815 »; senza considerare che cotesto accomodamento provvisorio sarebbe stato una piaga per tre grandi Stati costituiti; ma all'Inghilterra parve che ciò potesse recare ostacolo agli sforzi di chiamar l'Austria e la Prussia a fianco delle Potenze occidentali, pel caso che le trattative fallissero; e non n'aveva voluto sapere. Ora, per una singolare combinazione, il successore di Drouyn, il quale per ordine dell'Imperatore rinnovava nel settembre 1855 al Governo inglese la proposta concernente la Polonia, era proprio, come s'è detto, il figlio naturale di Napoleone I e d'una contessa *polacca;* sicchè è probabile che la voce del sangue avesse fatto tacere quella del calcolo delle molte difficoltà, che specialmente di fronte all'Austria potevano insorgerne. Il nuovo rifiuto opposto dall'Inghilterra potè indurre ancor più risolutamente Napoleone III a stender la mano alla Russia. Che a questa, oramai, non restasse altro scampo — nonostante il rifiuto dell'ingrata proposta, che non le rimase ignota — se non di veder nell'Imperatore dei Francesi decisamente un *salvatore,* era certo un aspro castigo per essa, del quale però la Russia ebbe a trarre una terribile vendetta più tardi.

Per uno spiegabile sentimento d'orgoglio, e per non restar disarmati anche peggio, non si volle a Pietroburgo farsi iniziatori di proposte di pace; strana situazione, che acutamente il principe Gorciakow delineò, dicendo « che la Russia si comportava da *muta,* ma non da *sorda,* rispetto ad esse ». Coloro che non facevan capo al mondo ufficioso avevano per loro rappresentanti il conte di Morny e l'inviato sassone a Parigi, conte di Seebach. Il primo, come fratellastro dell'Imperatore — il quale era abbastanza leggero da fargli portare un'*ortensia* nello stemma —, e come quello che aveva più d'ogni altro ben meritato nel Colpo di Stato, aveva da lungo tempo sfruttate le speciali condizioni del Governo in varie speculazioni di borsa e d'altro genere; e nella possibilità d'aver per primo in mano le fila della pace vedeva un'occasione sommamente favorevole per arricchirsi. Il signor di Seebach non solo aveva le mani molto più pulite, ma, quale rappresentante stabile degl'interessi della Russia durante la guerra, e quale genero del conte Nesselrode — e autorizzato, del resto, anche dal suo superiore il signor di Beust — si trovava anche in una condizione particolarmente favorevole per le trattative. Il conte Morny non si fece alcuno scrupolo di commettere un vero tradimento, non solo verso l'Inghilterra, ma pur verso tutta quanta quell'impresa che tanti uomini costava e tanta ricchezza, facendo intendere al principe Gorciakow « che tra Francia e Russia non esisteva alcun risentimento, e che, continuando la guerra, esse non potevan altro che perderci e far gl'interessi dell'Austria. La Russia avrebbe dovuto sottomettersi quanto alle condizioni concernenti il Mar Nero, giacchè *trattati di codesta sorte durano fino a tanto che persistono le circostanze che li hanno prodotti* »; e soggiungeva che « bene spesso quella nazione medesima che aveva imposta la condizione di diminuire una data Potenza, era appunto quella che poteva di quelle condizioni desiderar la rottura ». Egli non presentiva allora che una simile opinione, alla quale non era estraneo il consentimento dell'Imperatore, *e che poteva riferirsi soltanto a un'alleanza dell'allora potentissima Francia con la Russia*, dovesse quattordici anni più tardi avere la sua sanzione con la neutralità della Russia durante la disfatta della Francia.

Fin dal primo affacciarsi delle speranze di pace, l'Austria fu più che mai sollecita di non lasciarsi sfuggire di mano le trattative; e, poichè tra Francia e Inghilterra non regnava punto l'accordo più perfetto circa le condizioni di quella, il 14 novembre si venne da parte del conte Buol e del barone di Bourqueney, *senza partecipazione dell'Inghilterra*, a stender capo per capo un abbozzo d'*ultimatum*, e alla dichiarazione protocollata dell'Austria che, in caso di rigetto, ell'avrebbe richiamato il suo ambasciatore da Pietroburgo. Quando quell'abbozzo venne presentato per la semplice accettazione all'Inghilterra, questa se ne mostrò grandemente offesa; e ne venne non solo un seguito di aspre manifestazioni diplomatiche, ma puranco uno scambio di lettere tra l'Imperatore e la Regina, nel quale vennero recisamente esposte le condizioni dell'Inghilterra. Il 5 dicembre, tuttavia, si venne tra questa e la

Francia a un accordo circa le modificazioni da apportarsi al disegno dell'*ultimatum* di Vienna. Esse non furono però, nel complesso, di gran momento; e — fatta eccezione pel rifiuto opposto dall'Inghilterra alla proposta d'un rimaneggiamento della carta d'Europa (proposta che, del resto, non era comparsa affatto nell'*ultimatum* viennese, ma era stata fatta ancor prima) — nulla più rimaneva ufficialmente che potesse mandare all'aria l'alleanza occidentale (1). L'*ultimatum* delle Potenze, oltre alle quattro note di garanzia che si riferivano ai Principati, al Danubio, al Mar Nero, e ai sudditi cristiani del Sultano, conteneva un quinto punto, *capzioso*, nel quale le Potenze belligeranti si riservavano il diritto di porre alla Russia « nell'interesse dell'Europa » ancor altre condizioni particolari; non solo: ma in esso, il passo riferentesi ai Principati danubiani era stato reso, per opera dell'Austria, anche più grave, sì da metter seriamente in questione l'opera pacifica tutta quanta. Cotesta aggiunta dell'Austria diceva: « A risarcimento « delle fortezze e dei territorii già occupati dagli eserciti alleati, la « Russia acconsente a una rettificazione del suo confine verso la « Turchia europea. Cotesto confine rettificato, in accordo con gl'in- « teressi comuni, dovrebbe partire dai dintorni di Chotyn, seguire la « linea dei monti che si protendono verso sud-est, e terminare al « lago di Salzyk. La linea di delimitazione sarà fissata definitiva- « mente nel trattato di pace, e il territorio staccatone ritornerà ai « Principati, sotto la sovranità della Porta ». Una tale amputazione avrebbe privata la Russia, oltre che delle bocche del Danubio, di una metà della Bessarabia; ma, a parte questo, la proposta aveva in sè anche qualche cosa di straordinariamente odioso, siccome quella che partiva dall'Austria, la quale aveva assistito alla guerra senza prendervi parte.

A Parigi, prevedendosi — e non a torto — nuove difficoltà, fu deliberato di mandare a Pietroburgo — indipendentemente dal conte Esterhazy, che doveva portarvi le ultime proposte concordate tra le Potenze — anche il signor di Seebach. Prima della sua partenza, Napoleone III volle riceverlo; e avendogli parlato vivamente in senso pacifico, parve questo alla Corte russa un nuovo indizio

---

(1) Vedi il testo dell'abbozzo austro-francese con le modificazioni proposte dall'Inghilterra in GEFFCKEN, *Zur Geschichte des orientalischen Krieges* (Per la storia della guerra d'Oriente), pag. 201.

che la Francia le porgesse la mano sul serio. Il 26 dicembre, tre giorni prima di Seebach, era giunto a Pietroburgo Esterhazy, la cui partenza era stata a Gorciakow tenuta segreta. Questi ne fu addirittura fuori di sè dallo sdegno; ma all'11 di gennaio egli ricevette dal suo Governo un dispaccio, preparato fino dal giorno 5, secondo il quale questo s'apprestava a presentare delle contro-proposte. Eran esse tanto più naturali, inquantochè la missiva di Buol del 16 dicembre consegnata al conte Esterhazy era stesa in termini così riguardosi, che la Russia — nonostante l'accompagnasse l'abbozzo dei preliminari — non poteva a rigore considerarli come un *ultimatum* (1). In quella missiva, l'Austria assumeva l'attitudine della Potenza più veramente fautrice della pace, e diceva: « Poichè questo lavoro è stato onorato dall'approvazione di Sua « Maestà l'Imperatore, Voi avete, signor conte, il còmpito di proporlo « per l'accettazione alla Corte russa, aggiungendovi le più insistenti « preghiere perchè il contenuto suo venga ben ponderato, e ci venga « data comunicazione della risoluzione di quella, che ci sembra della « più alta importanza poter conoscere al più presto possibile. Se, « come speriamo, le nostre proposte troveranno favorevole acco- « glienza, ci affretteremo a raccomandarne vivamente l'accettazione « alle Corti di Parigi e di Londra, e a esprimere insieme la fiducia « onde siamo animati, ch'esse useranno del diritto di porre eventual- « mente, durante le trattative, delle condizioni speciali solo nell'inte- « resse dell'Europa, e con tale moderazione, che non ne venga alcun « serio impedimento alla conclusione della pace. Noi preghiamo « pertanto con la maggiore insistenza possibile la Corte russa, che « voglia esaminare con calma le proposte che le sottoponiamo. Non « ci diffonderemo sopra le serie conseguenze che potrebbe trar seco « il rifiuto di seguirci sulla via che per la seconda volta le tracciamo: « rifiuto che le accollerebbe il peso d'un'immensa responsabilità. Pre- « feriamo affidarci alla sua saviezza quanto alla ponderazione di « tutte l'eventualità. Noi crediamo di rappresentare in questo mo- « mento i desiderii e le vere necessità dell'Europa. Chiudiamo con « un appello agli augusti sensi dell'imperatore Alessandro, la cui « eccelsa risoluzione dovrà decider della sorte di tante migliaia di « vite. L'imperiale Maestà Sua — ne abbiamo la più ferma fiducia

---

(1) V. il tenore dell'intera missiva in tedesco presso JASMUND, II, pag. 310-11, in francese presso TESTA, V, pag. 38-40.

« — delibererà in quel senso che solo sembra corrispondere ai veri
« interessi dei popoli e all'esigenze dell'umanità ».

Sull'animo dell'imperatore Alessandro, certo, tali proposte d'una
Potenza, che, dopo l'aiuto prestatole, aveva sostanzialmente aggra-
vate le condizioni della pace, non potevan produrre personalmente
quell'impressione conciliante, che in certo modo gli venne fatta —
come or ora vedremo — dalle lettere di propria mano a lui indi-
rizzate da Federico Guglielmo IV. — Le controproposte russe con-
sistettero specialmente nel rifiuto del sacrifizio della Bessarabia,
e nella cancellazione del quinto punto, di cui era assolutamente
impossibile apprezzar la portata. L'Austria rispose con la minaccia
che, se l'accettazione pura e semplice non ne fosse seguita fino
al 17 di gennaio, avrebbe rotte le relazioni diplomatiche: con che,
ora soltanto ella poneva un vero *ultimatum*. Le sole concessioni
fatte consistevano nell'aprir la prospettiva d'una linea di confine
che meno a fondo intaccasse la Bessarabia, e nella promessa che
le riserve contenute nel quinto punto non dovevan riferirsi a
compensi nè in danaro nè in ulteriori tratti di territorio.

L'atteggiamento conciliante di Napoleone III, del quale s'era fatto
interprete a Pietroburgo il signor di Seebach, indusse la Russia
al tentativo di spostar possibilmente, per mezzo di cotesto diplomatico in procinto di ritornare a Parigi, il centro di gravità delle
trattative, trasportandole da Vienna a Parigi stessa. Si sarebbe
dovuto cioè adunar quivi una Conferenza, con l'intento di riuscire
il più sollecitamente possibile alla conclusione della pace. — Ma
questa proposta, accettata da Napoleone III, venne dall'Inghilterra
respinta come offensiva per l'Austria.

Come s'è accennato più sopra, durante le trattative la Prussia
non era rimasta inoperosa. Tra le molte lettere scritte di propria
mano da Federico Guglielmo IV all'imperatore Alessandro, una
specialmente, dei primi del gennaio 1856, merita d'esser ricordata, perchè espone, benchè stesa in tutta fretta, con vera eloquenza
i pericoli nei quali la Germania, e in particolar modo la Prussia
sarebbe incorsa, qualora le trattative fossero fallite. Al Re pareva
che in Russia non si sentisse abbastanza la gravità di tali pericoli;
egli temeva che non la Francia *sola* avesse in mira un indebolimento della Prussia. Sennonchè, codeste ragioni potevan essere
insufficenti per indurre la Russia alla conclusione della pace; onde
egli ne espone delle altre, le quali si riferiscono alla situazione

della Russia soltanto. Accenna alla disegnata sollevazione della
Polonia, e ai pericoli che minacciavano Cronstadt, la flotta del Baltico,
e Pietroburgo medesima. Stipulandosi tra il gennaio e il marzo la
pace, o almeno un armistizio, sarebbe stata nuovamente possibile
l'antica lega delle tre Potenze... — Afferma quindi di scrivere non per
suggerimento di chicchessia, ma al tutto secondo il proprio criterio,
guidato solo dal sentimento dei doveri suoi verso il proprio paese,
dall'affetto e dall'amicizia che lo lega allo Zar. « Possa Dio nella
« sua misericordia illuminare, o mio amico carissimo, il vostro cuore,
« e inspirarvi, non dico il desiderio della pace, chè questo l'avete
« già in voi al più alto grado, ma la volontà di pronunziare la parola
« indispensabile per ricondurci ad essa. Se piace all'Onnipotente
« richiamarmi da questa terra dopo che voi abbiate pronunziata
« cotesta parola, chiuderò gli occhi ringraziandolo d'avermi lasciato
« presentire l'aurora d'un novello avvenire ». Di fronte a questa
lettera, i posteriori avvenimenti ufficiali, secondo i quali — come
ha affermato specialmente lord Clarendon — la Prussia all'ultimo
momento avrebbe tuttavia consigliato la Russia a stiracchiare sulle
condizioni di pace, sono assolutamente per la storia senz'alcun
significato. Tutt'al più, essi potrebbero aver avuto lo scopo di dare
allo Zar, nelle presenti strettezze, delle nuove prove della sua amicizia; e il barone von Werther fu certo ottimamente consigliato,
allorchè, dopo un'esatta disamina della situazione, si guardò bene
dal solleticar la Russia con concessioni di qualsiasi forma.

Il 15 gennaio (1856) Alessandro II convocava uno straordinario
Consiglio della Corona, a cui presero parte il granduca Costantino,
il principe Dolgorukow, il conte Orlow, Woronzow, Kisselew, Nesselrode, Bludow e il barone di Meyendorf, e del quale tenne la
presidenza egli stesso. Il conte Nesselrode lesse una memoria, la
quale proponeva l'accettazione delle dure condizioni di pace per
le ragioni seguenti: « trattarsi o di cotesta accettazione o della rottura delle relazioni diplomatiche con l'Austria, che minacciava di
trarsi dietro la partecipazione non sua soltanto, ma anche della
Germania e della Scandinavia alla guerra. Non esser, per verità,
fiaccata la resistenza della Russia; e poter questa lottare ancora;
ma una biennale esperienza poter ben far prevedere l'esito d'una
guerra difensiva su d'un'estensione di 1800 miglia; chè, essendo
uopo alla Russia frazionare le sue forze combattenti per uno spazio
immenso, doveva parer debole nei punti attaccati. Potere il nemico

scegliere i suoi campi di battaglia: la Russia trovare il suo solo
nell'Asia minore, dov'erano enormi le difficoltà del terreno. Un
fortunato successo del nemico poter colpire gl'interessi vitali della
Russia: uno della Russia arrestare solo temporaneamente il nemico.
Aggiungersi ora in più le minacce austriache. Aver bensì l'Austria,
fedele al suo doppio giuoco, dichiarato a Londra e a Parigi di non
esser pronta a entrare in campo durante l'anno 1856; ma un Consiglio di guerra tenuto a Parigi aveva deliberato che centomila tra
Inglesi, Turchi e Piemontesi marciassero contro Batum e Trebisonda, mentre le maggiori forze francesi dovevan continuar la
guerra al Danubio e nella Bessarabia e tener la Crimea, affine
di dividere le forze dei Russi (1). La Prussia stessa, nonostante la
benevolenza del Re, esser sul punto di non più potervisi opporre.
Ma, messi pure da parte cotesti casi estremi, avere gli alleati a
lor disposizione il blocco, che alla Russia poteva cagionare i danni
più gravi». — Soggiungeva «che, quanto più si fosse aspettato, tanto
più sarebbero state sfavorevoli le condizioni di pace. Già essersi
a fatica potuta indurre l'Inghilterra a consentire nei cinque punti.
— Per contro, accogliendo la Russia le proposte, avrebbe attra-
versati i disegni dei nemici che contavano su d'un rifiuto, e probabilmente mandato all'aria la coalizione risultante da sì opposti
interessi. Nutrir Napoleone sentimenti benevoli verso la Russia;
ma si sarebbe gettato per sempre nelle braccia dell'Inghilterra,
se quella ricusasse; mentre l'accettazione lo avrebbe fatto capital
fautore della pace, e avrebbe del pari alla Francia come alla Russia
consentito d'imprimere un indirizzo più favorevole ai loro interessi.

---

(1) S'alludeva qui probabilmente al Consiglio di guerra tenutosi a Parigi
il 10 gennaio, al quale presero parte, sotto la presidenza dell'Imperatore, i
principi Girolamo e figlio, i generali Canrobert, Bosquet, Niel e Martimprey,
gli ammiragli Hamelin, Julien de la Gravière e Regnault, il duca di Cambridge
coi generali Airey e Jones e gli ammiragli Dundas e Lyons, infine il generale
La Marmora, il conte Walewski e lord Cowley. L'Inghilterra vi fece un tentativo estremo per indur la Francia a continuare la guerra, impegnandosi
a portare a 70.000 uomini il suo esercito di Crimea. Il contingente piemontese
doveva esser portato a 36.000 uomini; cosicchè gli alleati avrebbero potuto
disporre d'un effettivo di oltre 250.000 uomini, coi quali dovevasi anzitutto
conquistare tutta quanta la Crimea. Inoltre, la Francia non aveva trascurato
d'invitar la Spagna a mettere in piedi un esercito ausiliare: invito che dal
maresciallo O'Donnel non era stato respinto, sebbene fatto dipendere dalla
situazione interna della Spagna medesima.

Che se pur dovesse tale opera pacifica fallire, la Russia avrebbe dato in ogni modo una nuova prova delle sue disposizioni conciliative, e riversata ogni responsabilità sugli alleati: per modo, che i neutri ne avrebber buon pretesto per tenersi in disparte ».

Tutti i membri di quello straordinario Consiglio di guerra e lo stesso ministro della guerra Dolgorukow si pronunziarono più o meno vivamente in favore della pace. Il conte Bludow, il più bellicoso tra tutti, ripetendo con le lagrime agli occhi le parole del conte di Choiseul, disse: « Poichè non siamo capaci di fare la guerra, facciamo la pace » (1). È più che probabile che al conte Nesselrode fosse riuscito già fin da prima di concertare, d'accordo con l'Imperatore, e la sua Memoria, e la condotta ch'egli doveva seguire nel Consiglio; e ciò, nonostante che gli avesse pur sottoposto un dispaccio telegrafico di Gorciakow, *il quale consigliava il rigetto dell'*ultimatum *e un'intesa diretta con Napoleone III.* Così soltanto è possibile spiegare il perchè Nesselrode non presentasse al Consiglio della Corona cotesto dispaccio; in seguito a che Orlow più tardi dichiarava a Gorciakow — senza tuttavia darvi particolare importanza — che, se l'avesse conosciuto, avrebbe votato per il rigetto dell'*ultimatum* (2). Comunque sia, Gorciakow potè poi dire ch'egli era rimasto conseguente a sè stesso, e abbastanza estraneo a tutta quell'opera di pace umiliante per la Russia, per poter più tardi con tanto maggior franchezza prepararne la

---

(1) *Étude diplomatique*, II, p. 397.

(2) Nella lunga osservazione che si trova al 2.° volume, p. 389, dell'*Étude diplomatique* di Jomini, l'autore, legato dalla condizione sua, ha evidentemente esitato a esporre in tutta la loro chiarezza le varie parti sostenute dai presenti. Invece della semplice indicazione ch'è quivi (*Étude*, II, p. 396) con le parole: « Il principe Dolgorukow s'addentrò nei minuti particolari della nostra situazione militare, con l'intento di dimostrare che la continuazione della guerra era impossibile », da un accenno di Geffcken (*Per la storia della guerra di Oriente,* p. 215), sembra risultare che, appunto in quell'adunanza, Dolgorukow rivelasse, come le perdite russe nella guerra di Crimea risultassero spaventosamente di 500.000 uomini, dei quali 300.000 periti durante la marcia. Qui è opportuno il confronto col passo già una volta riportato della lettera del maresciallo Paskiewich scritta in punto di morte al generale Michele Gorciakow: « Quando l'Imperatore mandava in Crimea tuttoquanto il suo esercito, eccettuatane la Guardia e il primo corpo, aveva ben diritto d'aspettarsi che il suo comandante supremo avesse pure intrapreso qualche cosa. Ma nè l'Imperatore nè la Russia potevan prevedere ch'egli avrebbe, per così dire, condotto l'esercito al macello ».

vendetta. Rinfrancato dalla sua corrispondenza epistolare con Morny, già il 12 gennaio egli aveva mandato per corriere a Pietroburgo un esauriente dispaccio, che doveva giungervi il 17, e raccomandato d'attendere, prima di qualsiasi deliberazione, ch'esso fosse giunto; ma già il giorno precedente riceveva la notizia ufficiale dell'accettazione dell'*ultimatum*, che finì di piombarlo nel massimo abbattimento.

Per tale accettazione tuttavia non eran punto levate di mezzo tutte le difficoltà della situazione. In Inghilterra, la disposizione degli animi era talmente bellicosa e irritata, che lord Palmerston, per non perder la sua popolarità, volle esser certo che fossero riportate subito nei preliminari di pace quelle condizioni contenute nei cinque punti, ch'eran particolarmente favorevoli all'Inghilterra. Poichè esse erano ancora ignote alla Russia, egli pretese che l'Austria, ch'era stata intermediaria fin qui, le proponesse per l'accettazione a Pietroburgo. Esse consistevano niente meno che nel divieto di fortificare le isole Aaland, e in alcune misure da adottarsi lungo la costa orientale del Mar Nero, che equivalevano a una rinunzia di quanto insino allora s'era raggiunto in Circassia; e avendo l'Austria ricusato di farlo, lord Palmerston minacciò di voler continuare la guerra. Finalmente si venne pure a un accordo, nel senso di far trasmettere le condizioni supplementari a Pietroburgo per mezzo del signor di Seebach, com'era stato proposto dalla Francia sin dal principio. Alla Russia non restava oramai che di confidare nelle trattative del Congresso, e riporre tutta la sua speranza nella magnanimità di Napoleone III, al quale ella si ripromise di riservare l'ufficio di arbitro, proponendo già nel relativo dispaccio di assenso (del 17 gennaio) Parigi a sede del Congresso. Ciò conferiva alla Francia una posizione troppo privilegiata perchè essa non dovesse rinunziare al suo primitivo disegno, di trasferire il Congresso a Bruxelles, in favore della propria capitale. L'Inghilterra diede il suo consenso, nel pensiero riposto che a Parigi i suoi plenipotenziarii avrebbero potuto aver sempre l'Imperatore sotto la mano, per sostenere presso di lui le loro pretese nel caso di ostacoli che potessero sopravvenire (1). Ora, poichè la Russia

---

(1) V. in MARTIN: *Vita del principe Alberto* (ediz. ted., III, p. 447) la notevole e veramente splendida lettera di lord Clarendon alla Regina, del 18 gennaio 1856, nella quale, sebbene convinto « che l'imminente Congresso sarebbe stato

faceva appunto lo stesso calcolo, nulla più mancava alle dimostrazioni d'omaggio che si venivan preparando a Napoleone III, e che così singolarmente facevan ripensare a quelle dei tempi dello zio.

La Sardegna alla propria partecipazione alla guerra di Crimea aveva annesso grandi speranze; le quali tuttavia potevan piuttosto fondarsi sul giusto apprezzamento che delle condizioni dell'Italia poteva farsi in seno a un Congresso, che non su immediati compensi territoriali. Se l'Austria avesse risolutamente preso parte alla guerra, sarebbe stato, in ogni caso, meno facile per la Francia scacciarla dall'Italia. È pertanto difficile spiegare il malcontento del conte di Cavour alla notizia della pace; perocchè appunto il non aver l'Austria partecipato alla guerra di Crimea è da considerarsi come il punto di partenza della nuova èra che s'apriva per l'Italia, della grandezza di Casa Savoia.

Al 1.º di febbraio i rappresentanti della Francia, dell'Austria, della Gran Brettagna, della Russia e della Turchia a Vienna stesero un protocollo, il quale dichiarava « che in seguito all'accettazione delle cinque proposte che s'allegavano a quel documento col titolo di abbozzo preliminare, i rappresentanti, appostavi la loro firma, avevano stabilito di comune accordo che i Governi nominassero dei plenipotenziarii per la sottoscrizione di formali preliminari di pace, per la stipulazione d'un armistizio, e per un definitivo trattato di pace (1). Tali plenipotenziarii dovere entro lo spazio di tre settimane, o prima se possibile, radunarsi a Parigi ». — La Prussia e la Sardegna furono escluse dalla firma di cotesto documento, col quale si deliberava il Congresso. Nelle trattative condotte fino al momento dell'apertura di esso, l'ammissione della Prussia incontrò opposizione specialmente da parte dell'Inghilterra, mentre l'ambasciatore prussiano d'allora, conte Massimiliano von Hatzfeld — la cui consorte apparteneva alla distinta famiglia francese dei Castellan —,

---

per il plenipotenziario la tomba della sua fama », da sè medesimo si offre, per le gravi questioni che stanno in giuoco ; e si pronunzia per Parigi come luogo del convegno « perchè sarebbe, in tal caso, a ogni momento possibile l'accesso all'Imperatore — per controllar l'opera dei plenipotenziarii francesi ». Non meno osservabile è la lettera comunicata quivi stesso alle pp. 456-58, e probabilmente minutata dal principe Alberto, che la Regina rimetteva a Clarendon per Napoleone III, al fine di assicurargli il libero accesso all'Imperatore.

(1) Come tale, esso è stato allegato più tardi, al pari dei cinque punti, al protocollo della prima seduta del Congresso di Parigi.

mediante il suo tatto e giovandosi della propria condizione sociale, preparava la strada presso l'Imperatore e il conte Walewski per l'accessione della Prussia in pari diritto al Congresso. Col Walewski egli aveva già avuto varii colloqui confidenziali nell'autunno del 1855, dei quali egli stesso aveva personalmente riferito il tenore così al Re come al Presidente dei ministri von Mantcuffel. Il conte Walewski aveva data allora all'ambasciatore la ferma assicurazione che le Potenze occidentali non avrebbero accettata la mediazione di qualsiasi altro Governo, nè avrebbero iniziato assolutamente trattative analoghe alle Conferenze di Vienna, senza aver la certezza d'un successo più favorevole. Quanto alla prima proposizione, l'Austria — come abbiamo potuto convincerci — l'aveva avuta vinta facilmente; quanto all'altra, essa poteva in tanto valere, in quanto l'Austria s'era obbligata, per il caso che le trattative fallissero, a rompere le relazioni diplomatiche con la Russia; e la rettificazione da essa proposta del confine della Moldavia rendeva — secondo che il nuovo ambasciatore a Vienna, sir Giorgio Hamilton Seymour, rappresentava al suo Governo — lo strappo tra l'Austria e la Russia affatto insanabile. — L'Inghilterra dichiarò che la Prussia sarebbe stata soltanto invitata ad accedere a un trattato in comune: ma questa ricusò, se in pari tempo non fosse stata ammessa anche alle trattative; e persino la sua proposta d'indurre la Russia a piegarsi alla condizione (da lei non accettata ancora) relativa alle isole Aaland, e d'esser quindi ammessa al Congresso, venne dall'Inghilterra respinta: volendo quest'ultima — a parte altre considerazioni — che il disarmo di coteste isole risultasse come una vittoria dovuta particolarmente a lei stessa. Solo più tardi la condizione della Prussia di fronte all'opera della pace assunse un più favorevole aspetto.

In mezzo a tutti questi tentativi e a questo va e vieni di messaggi, il rappresentante alla Dieta federale von Bismarck–Schönhausen non s'era tolto pure un momento dalla convinzione sua circa i vantaggi che conferiva alla Prussia la sua condizione d'isolamento; e proprio allora, quando la questione dall'ammettere o no la Prussia al Congresso s'agitava più ardente che mai, egli scriveva — il 25 gennaio 1856 — al barone di Mantcuffel: « Se noi entriamo « nel concerto, rinunziamo alla libera posizione goduta sin qui, per « andare incontro alla pressione morale d'una maggioranza di tre, « o — con la Sardegna e la Turchia — di cinque contr'uno. L'am-

« messione nostra può da noi esser richiesta soltanto nel senso,
« che — in presenza delle attuali disformità di opinioni circa le
« interpretazioni dei primi quattro punti, e delle nuove condizioni da
« stipularsi sulla base del quinto — noi dobbiamo accordarci e sot-
« tometterci all'opinione degli alleati del dicembre. In tutti i punti
« dove le tre Potenze sono concordi contro la Russia, sarà dunque
« difficile di far prevalere una veduta divergente della Prussia, senza
« venirne, di fronte ai Decembristi, a una condizione peggiore di
« quella che ci può procurare il nostro persistere nell'indipendenza
« presente... — Solo nel caso di qualche dissenso tra i collegati del
« dicembre potremmo sperare in una parte più degna di noi, sempre
« però sotto la tutela di quelli che saran dissenzienti al nostro fianco.
« Oltrechè, è da aspettarsi che il nostro ascendere in cotesto sedi-
« cente concerto dissolverebbe la relazione prossima in cui sta ora la
« maggioranza dei Governi tedeschi rimpetto alla nostra particolare
« condizione presente..... — Noi corriamo pericolo di mandare a male
« con un colpo solo i frutti di due anni di saggezza e di quiete,
« quali essi si manifestano nella nostra unione con gli Stati tedeschi,
« nelle nostre riguardose relazioni con la Russia e nella nostra po-
« sizione solida e influente verso i belligeranti, qualora da noi si
« acceda al programma degli Stati occidentali: fintantochè, almeno,
« esso non si presenti più chiaro che fino ad ora non sia » (1).

È d'uopo rilevare che cotesta lettera piena d'acume e di spirito,
venne bensì posta sotto gli occhi del Re; ma che, ciò non ostante,
il consiglio di Bismarck « di non lasciar trasparire veruna impa-
ziente esigenza » non fu seguito come meritava. Non si deve dimenticare, del resto, che la Potenza maggiormente interessata al
Congresso, cioè la Russia, insisteva vivamente per l'accessione
della Prussia, troppo essendole noto come fra le tre Potenze contrarie
sussistessero appunto quelli che Bismarck nel suo scritto chiamava
« dissensi ». Tra la politica inglese e quella dell'Austria c'era infatti
una notevole differenza: tant'è vero, che l'Austria verso gli ultimi
di gennaio portò dinanzi agli alleati una proposta, esprimente il
desiderio che la Prussia e tutt'insieme la Germania, in unione con
l'Austria, accettassero certe basi fondamentali, sulle quali si doves-

---

(1) Cfr. POSCHINGER: *La Prussia nella Dieta federale*, II, pag. 298-9; e nel
volume stesso, tutta la congerie d'importantissime lettere private autentiche
e di rapporti confidenziali di Bismarck a Manteuffel e al conte Hatzfeld.

sero impostare solidamente e durevolmente le imminenti trattative della pace generale. — Le osservazioni fatte da Bismarck rispetto a cotesti varii punti dello svolgimento della questione d'Oriente, sono quanto di più preciso e di più acuto e penetrativo ha potuto produrre la diplomazia degli ultimi tempi, e son da considerare come i presentimenti di quel *futuro*, che tutta l'opera pacifica del Congresso di Parigi ha scossa nelle sue fondamenta.

Al contrario della Prussia, la Sardegna, condottavi dall'Inghilterra, col tacito consenso di Napoleone III — che allora non voleva romperla col papa nè con la prelatura francese — venne ammessa al Congresso. Prima ancora che questo si aprisse, il conte di Cavour disegnò il piano d'incorporare alla Sardegna Modena e Parma, e di compensar quei Sovrani mediante i Principati del Danubio, che per tal modo sarebbero diventati servitori dell'Austria.

XX.

Il Congresso di Parigi e il trattato di pace del 30 marzo 1856

I plenipotenziarii al Congresso, e la seduta preliminare del 21 febbraio, nella quale
Francia, Inghilterra ed Austria s'accordano circa le linee fondamentali delle
deliberazioni. - Contegno dimesso del conte Orlow di fronte a Napoleone III. -
Pretese eccessive dell'Inghilterra. - Il conte Walewski eletto presidente. - Conclusione d'un armistizio fino al 31 marzo. - Caratteristica dei protocolli ufficiali
delle Conferenze e delle deliberazioni adottate in quelli, dove le pretese del-
l'Inghilterra si fanno di mano in mano più sproporzionate. - Pericolo corso per
un momento dal Congresso. - Arrendevolezza della Russia e dell'Inghilterra,
per cui si rende possibile una seconda conferenza per il 28 febbraio. - La Prussia
invitata al Congresso. - Firma del trattato di pace, addì 30 marzo 1856. - Sua
forma, e tenore dei singoli articoli. - Conferenze successive. - Affacciarsi della
questione greca, italiana ed altre nell'adunanza dell'8 aprile. - Sguardo retrospettivo ai primitivi propositi rivoluzionarii della Francia. - Atteggiamento riservato della Russia e dell'Austria. - Memoriale del conte di Cavour; suo
atteggiamento nella seduta dell'8 aprile. - I due ultimi protocolli. - Giudizio circa
il trattato di pace di Parigi. - La triplice alleanza del 15 aprile 1856. - L'apogeo
del secondo Impero. - Ritiro di Nesselrode e chiamata di Gorciakow. - Difficoltà nell'applicazione del trattato di pace, appianate per l'opera della Francia.

Per il definitivo assetto del Congresso, i Governi s'attennero
in generale alla massima di nominare come primi plenipotenziarii
i Ministri delle relazioni esteriori, e come secondi gli ambasciatori
che, sia a Parigi o altrove, avessero avuto più diretta relazione
con la questione d'Oriente. Rappresentarono pertanto la Francia
il conte Walewski e il barone di Bourqueney, l'Inghilterra lord Clarendon e lord Cowley, l'Austria il conte Buol e il signor di Hübner,
la Turchia il gran visir Ali Pascià e Djemil Bey, la Sardegna il
conte di Cavour e il marchese di Villamarina, la Russia il conte

Orlow e il barone di Brunnow. Il 21 febbraio, i plenipotenziarii della Francia, dell'Inghilterra e dell'Austria convennero a un'adunanza preliminare, nella quale venne stabilito: che nel Congresso si dovessero anzitutto metter sul tappeto *i punti difficili contestati dalla Russia*; che fosse da respingere la proposta della Russia di rendere Cars *soltanto verso la rinunzia* della cessione d'una parte della Bessarabia (al che la Francia era disposta ad annuire); che durante le trattative nulla si dovesse concedere alla Russia, che già non fosse stato concordato dai tre; e che la Sardegna entrasse nel Congresso a pari diritto con le altre potenze. Tutto ciò rendeva evidentemente assai più difficile tutto il programma da esaurirsi; e la mossa partiva specialmente dall'Inghilterra, il cui intento era d'assicurare il trionfo della politica inglese, oppure — ciò che a lord Palmerston, per le disposizioni belliche degli spiriti in Inghilterra, sarebbe stato anche più caro — di venirne senz'altro a una rottura. Pure, cotesta conferenza preliminare giustificava indirettamente in modo meraviglioso le acute considerazioni di Bismarck riferite più sopra: che cioè — dal momento che l'Inghilterra si premuniva di lunga mano contro possibili « dissensi » — la Prussia si sarebbe trovata di fronte a una lega tanto più forte e compatta. Poichè il conte Orlow s'era gettato poco meno che ai piedi di Napoleone III, confessandogli che la Russia aveva assoluto bisogno della pace (1), la parte di moderatrice della Francia nell'opera pacifica assumeva un rilievo tanto maggiore, inquantochè lord Palmerston, incoraggiato dalla piega presa dagli avvenimenti nella seduta preliminare del 21 febbraio, il 24 comunicava telegraficamente a lord Clarendon il mandato di esigere l'*indipendenza della Circassia*; e questi s'apparecchiava a render più sensibile ancora l'indebolimento della potenza marittima della Russia, così a Nicolaiev e a Cherson, come nel Mar d'Azow.

La prima adunanza del Congresso si tenne il 25 febbraio. Il conte Buol propose d'affidarne la presidenza al conte Walewski, e di nominare estensore dei protocolli il Benedetti, allora reggente la divi-

---

(1) A Pietroburgo, Orlow aveva detto al colonnello Edvino von Manteuffel che tutta l'arte d'un diplomatico consisteva nel sapere a tempo adulare, a tempo dare il calcio; e che l'errore dell'imperatore Niccolò era stato d'aver dato il calcio quando non n'era il momento. Orlow fu dunque fin dal bel principio più diplomatico che veritiero, quando poco appresso dichiarava a Napoleone ch'egli era un soldato, e non s'intendeva punto di diplomazia.

sione politica nel Ministero francese degli Esteri. Non avendo la Sardegna firmato con gli altri il protocollo viennese del 1.° febbraio, i suoi plenipotenziarii dichiararono la loro piena posticipata adesione al medesimo. I cinque punti sottoscritti a Vienna vennero pertanto assunti a formali preliminari di pace, e fu concluso un armistizio fino al 31 di marzo, durante il quale le truppe dovevano mantenere le loro posizioni. Il blocco però non venne per effetto dell'armistizio revocato, e fu poi tolto soltanto nell'adunanza dell'8 aprile.

I protocolli, specialmente delle prime importanti sedute, non danno affatto un'idea piena ed esatta del come procedessero le cose; anzi sembran fatti piuttosto per trarre in errore circa il vero modo onde alla fine si venne a un'intesa. Il vero è che, fuori delle adunanze, si tenevan de' colloqui preparatorii, dove l'Inghilterra per poco non voleva l'impossibile, spingendosi con le sue pretese molto al di là dei punti più evidenti dei preliminari; mentre l'Austria aveva, come sappiamo, dato parola alla Russia d'adoperarsi perchè le riserve che apparissero senz'altro ambigue nei cinque punti si dovesser circoscrivere il più che fosse possibile. Così, lord Clarendon tentava d'ottenere di fronte a Orlow una *cessione* delle isole Aaland, senza tuttavia andar tant'oltre quanto la Svezia; la quale — fattasi ghiotta dietro l'esempio dell'Inghilterra — voleva esser compensata della conclusione del suo cosiddetto trattato difensivo mediante una limitazione della flotta russa nel Baltico. Poco mancò che, subito fin dopo la prima seduta, non si venisse alla rottura delle trattative.

Secondo quanto era stato convenuto nella Conferenza preparatoria del 21 febbraio, l'Inghilterra ci tenne specialmente, come si è detto, a definir subito fin dalle prime i punti più difficili. Ma poichè la condizione posta dalla Russia — che venisse, cioè, la restituzione di Cars compensata con la rinunzia del chiesto ingrandimento della Moldavia — fu respinta, e fu del pari respinta quella della distruzione delle fortezze di Ismail e di Reni, e della restituzione delle isole presso le bocche del Danubio, i plenipotenziarii russi, perduta la pazienza, dichiararono che le loro istruzioni erano esaurite. All'Imperatore dovette ciò sembrare assai singolare, ma in pari tempo assai poco pericoloso, avendogli Orlow confessato che le sue istruzioni gl'imponevano bensì di tener duro, e di lottare su tutti i punti; ma di non insistere assolutamente sopra veruno. Egli dunque rifiutò a Orlow l'udienza che questi gli aveva domandata; il che spaventò i Russi per modo, ch'essi tornaron tosto alla primiera remissività. D'altra parte, lord Clarendon, vista la disposizione sommamente pacifica di tutti i circoli parigini, s'era dovuto persuadere che l'Inghilterra non avrebbe potuto sostenere il rigido atteggiamento assunto; e consigliò pertanto a più miti consigli. Per tal modo si potè il giorno 28 tenere la seconda adunanza, il cui aggiornamento — come d'*adunanza di chiusura* — era stato avventatamente sollecitato dai Russi, e chiesto senza riguardi anche dallo stesso Walewski. Le trattative vicendevoli fuori del Congresso intanto proseguivano, e diedero persino occasione a divergenze tra la Corte inglese e lord Palmerston, avendo la Regina concesso a lord Clarendon d'usare una maggiore arrendevolezza, scambio dell'ostinarsi rigidamente nelle condizioni accampate per l'innanzi; e, in conclusione, le pretese inglesi servirono a ogni modo a Napoleone III per fargli ottenere, verso la rinunzia delle condizioni concernenti Nicolaiev e il Caucaso, la cessione d'una parte della Bessarabia. Nella nona seduta, che fu tenuta il 14 marzo, grazie all'accomodamento (pur sempre approssimativo) dei dissensi anglo-russi, raggiunto per i buoni uffici specialmente della Francia, si potè finalmente venirne a concludere l'abbozzo del trattato di pace, e a nominare una speciale Commissione per formularlo in termini; la quale risultò composta d'Alì Pascià, e dei secondi plenipotenziarii d'Austria, Francia, Inghilterra, Russia e Sardegna; relatore il barone di Bourqueney. Nella seduta del 28 febbraio lord Clarendon aveva fatta l'espressa riserva che la Prussia non venisse invitata a prender parte alle trattative, fintantochè non fossero fissati i principali articoli del trattato generale (1). In seguito a ciò, venne accettata il 10 marzo una proposta di Walewski su tale proposito, nella forma seguente: « Il Congresso, considerando che è dell'interesse europeo

---

(1) In una lettera del principe Alberto al re Leopoldo del Belgio datata del 16 febbraio 1856, il principe dice: « Non è una vendetta o il desiderio di « punire la Prussia e la Germania (la quale ultima il conte di Beust voleva « rappresentare al Congresso) che ci trattiene dall'ammettervela, il che sarebbe « puerile; ma è, prescindendo dalla preoccupazione di non accrescere nelle trat- « tative il numero dei nostri avversarii, anche la convinzione che sarebbe uno « stabilire un pericolosissimo precedente per tutto l'avvenire il riconoscere il « principio, che delle Potenze possano prender parte al gioco grosso senz'aver « pagata la loro posta ». — Cfr. MARTIN, *La vita del principe Alberto*, edizione ted., III, p. 464.

Covour   Cowley   Buol   Orlow   Bour

Il Congresso di
(Dal quadro origi

ney   Hübner   Diemil   Benedetti   Clarendon   Brunnow   Hatzfeldt
     Manteuffel Walewsky   Ali   Villamarina

'arigi del 1856.
ale del Dubufe).

« che la Prussia, confirmataria del trattato concluso a Londra il
« 13 luglio 1841, prenda parte alle nuove discussioni, delibera che
« per mezzo del conte Walewski, organo del Congresso, venga tras-
« messo a Berlino un estratto dell'odierno protocollo, per invitare
« il Governo prussiano a mandare i suoi plenipotenziarii a Parigi ».
— Il 14 marzo, il conte Walewski annunziava la nomina del barone
di Manteuffel e del conte di Hatzfeld, i quali il giorno 18 comparvero per la prima volta alle adunanze.

Il trattato di pace stesso venne firmato la domenica 30 marzo
del 1856, giorno nel quale nelle chiese cattoliche si dà lettura di
quel passo dell'Evangelio di S. Giovanni, dove si narra che Cristo
nella sera del dì della Risurrezione apparve ai suoi discepoli con
le parole « Pax vobis »: Cotesto riscontro, che non fu senza soddisfazione da parte dei Francesi, non aveva però impedito a lord
Clarendon di proporre il differimento della firma al giorno seguente,
per la tema di venire accusato in Inghilterra di profanazione della
festa domenicale.

Il trattato consta: d'uno strumento di pace generale in 34 articoli, più un articolo aggiuntivo; di tre « Convenzioni » separate,
concernenti gli Stretti, il numero delle navi da guerra sul Ponto
e le isole Aaland; e d'una « Dichiarazione » intorno ai diritti dei
neutri durante la guerra. La Convenzione circa le navi da guerra nel
Mar Nero venne firmata soltanto dai plenipotenziarii della Russia e
della Turchia; quella circa le isole Aaland, soltanto dal francese,
dall'inglese e dal russo. — Le disposizioni furono sostanzialmente
le seguenti:

La Russia restituisce al Sultano la città e fortezza di Cars, del
pari che gli altri possessi ottomani da lui presidiati (art. 3.°). Le
Potenze rendono alla Russia le città e i porti di Sebastopoli, Balaclava, Camiesch, Eupatoria, Kerč, Ienikale, Kinburn e le altre
porzioni di territorio occupato (art. 4.°). La sublime Porta viene
ammessa a partecipare ai vantaggi del diritto pubblico e del concerto europeo. Le Potenze s'impegnano a osservare l'indipendenza
e i possessi territoriali dell'Impero ottomano; garantiscono in comune l'esatta osservazione di cotesto impegno; e considereranno
pertanto come una questione d'interesse generale qualsiasi atto,
il quale potesse aver per conseguenza una lesione di tali disposizioni (art. 7.°). Nel caso di controversie sorte tra la Sublime Porta
e una delle Potenze firmatarie, queste devon porre le altre parti

contraenti in grado d'interporre la loro mediazione (art. 8.°). Il
firmano rilasciato (già dal 18 febbraio 1856, per la sollecita tutela
dei diritti di sovranità del Sultano) a favore dei Cristiani viene
per ispontanea deliberazione di S. M. comunicato alle Potenze contraenti, senza che queste acquistino con ciò un diritto a ingerirsi,
sia unite sia separatamente, nelle questioni interne dell'Impero
ottomano (art. 9.°). La Convenzione del 13 luglio 1841, la quale
mantiene integralmente l'antica disposizione della chiusura degli
Stretti, è stata riveduta di comune accordo (art. 10.°). Il Mar Nero
viene neutralizzato: aperto alle marine mercantili di tutte le nazioni, le sue acque e i suoi porti sono interdetti in perpetuo alle
navi da guerra così degli Stati limitrofi ad esso mare, come di
ogni altra Potenza (art. 11.°) La Russia e la Porta ammettono nei
porti del Mar Nero dei consoli (art. 12.°). In seguito alla neutralizzazione del Mar Nero, il mantenimento e lo stabilimento d'arsenali di marina quivi stesso diventano inutili. La Russia e la Turchia
pertanto s'obbligano a non erigere nè mantenere alcuna istituzione
di tal fatta (art. 13.°). La Convenzione conclusa tra la Russia e
la Turchia circa il numero dei battelli leggeri per il necessario
servizio costiero viene allegata al trattato, e non può esser modificata nè abrogata senza il consenso delle Potenze (art. 14.°). La
navigazione sul Danubio non dev'essere esposta a ostacoli nè a
gravezze che non sien già previste nel trattato (art. 15.°). Una
speciale Commissione composta di delegati delle Potenze è incaricata di curare la prosecuzione dei lavori di là da Isakcia (art. 16.°).
Oltre a cotesta Commissione europea, è nominata ancora un'altra
Commissione degli Stati litoranei, che consterà dei delegati del-
l'Austria, Baviera, Turchia, Würtemberg e dei tre Principati danubiani; essa dovrà essere permanente, e la sola veramente esecutiva
per le nuove misure adottate (art. 17.°). Per assicurare il compimento di essi lavori, ciascuna delle Potenze contraenti ha il diritto
di tenere in ogni tempo navi leggere alle bocche del Danubio (art. 19.°).
In cambio dei porti o territorii nominati nell'art. 4.°, e al fine di
meglio assicurare la libertà della navigazione sul Danubio, l'Imperatore di Russia acconsente alla rettificazione del suo confine nella
Bessarabia. Il nuovo confine partirà dal Mar Nero, a un chilometro
a est del lago di Burna-Sola, raggiungerà perpendicolarmente la
strada di Ackerman, seguirà questa strada fino al Vallo Traiano,
correndo quindi a mezzogiorno di Bolgrado, per risalire il fiume

Yalpuck fino all'altezza di Saratsica, e terminerà al Pruth presso Catamori (art. 20.°) Il territorio ceduto dalla Russia verrà incorporato alla Moldavia sotto la supremazia della Sublime Porta (art. 21.°). I principati di Valacchia e Moldavia, sempre sotto la sovranità della Porta e la garanzia da parte delle Potenze contraenti, restano in possesso dei loro precedenti privilegi. Nessuna delle Potenze garanti eserciterà un esclusivo protettorato sopra di essi (art. 22.°). La Sublime Porta si obbliga di mantenere ai nominati Principati un'amministrazione indipendente e nazionale e la piena libertà di culto, di legislazione, di navigazione e di commercio. Le leggi e gli Statuti attuali saranno riveduti. A tal uopo si radunerà a Bucarest una Commissione, nella quale dev'esser rappresentata anche la Porta, al fine di proporre le basi della nuova organizzazione. Il Sultano s'impegna di nominare sollecitamente in ciascuna delle due provincie un « Divano *ad hoc* » il quale dovrà esser composto per modo, da offrire la più esatta rappresentanza degl'interessi di tutte le classi sociali; e tali *Divani* saran chiamati a esprimere i voti delle popolazioni circa l'assetto definitivo dei Principati (art. 24.°). I Principati istituiranno un esercito nazionale, il cui ufficio sarà di mantenere la sicurezza interna e quella dei confini (art. 26.°). Nel caso di turbamenti interni nei medesimi, la Porta non potrà intervenire senza una precedente intesa con le Potenze (art. 27.°). La Serbia, in conformità degl'imperiali diplomi che garantiscono i suoi diritti e le sue immunità, rimane dipendente dalla Porta, mantenendo però la sua amministrazione indipendente e nazionale, come pure la sua libertà di culto, di legislazione, di navigazione e di commercio (art. 28.°). Il diritto della Sublime Porta di tenere una guarnigione nella Serbia resta mantenuto, ma un intervento armato non può avervi luogo senza una precedente intesa con le Potenze (art. 29.°). La Russia e la Turchia conservano il loro relativo stato di possesso nell'Asia, quale era costituito prima delle ostilità. La delimitazione del confine si farà per mezzo d'una Commissione, nella quale dovranno esser rappresentate accanto ai due Stati finitimi, anche la Francia e l'Inghilterra, e che dovrà compiere il suo lavoro entro otto mesi dalla ratificazione del trattato (art. 30.°). La ratificazione deve farsi nello spazio di quattro settimane (art. 34.°).

Dopo la firma del trattato si tennero ancora cinque adunanze, nelle quali si trattò dell'immediata cessazione del blocco, della questione degli sgomberi di territorio, e d'altre. Nella seduta dell'8 aprile (la ventiduesima) il conte Walewski si fece innanzi con argomenti importantissimi, per quanto estranei alla questione orientale. « Il Congresso, diss'egli, avrebbe da dolersi di non aver colto « l'occasione di rischiarare certe questioni, e di non aver dissipato « certe nubi che si presentano sull'orizzonte politico ». Egli si guardò bene, a questo punto, dall'incominciare dall'argomento più scottante, cioè dall'Italia, ma accennò anzitutto alla Grecia, « dove l'anarchia regnante aveva costrette Francia e Inghilterra a mandar truppe al Pireo, in un momento in cui esse avevan tanto bisogno dei loro eserciti. La Grecia trovarsi tuttora in una condizione poco soddisfacente. Esser quindi ottimo provvedimento che le Potenze rappresentate al Congresso esprimessero il voto che i tre Governi protettori volessero prendere in considerazione lo stato deplorevole del regno ch'essi avevano in cura, occupandosi dei mezzi opportuni per venirgli in aiuto ».

Or qui, appunto come per altri argomenti qua e là, anche per quello che seguì subito dopo, il protocollo relativo fa un'esposizione che non apparisce al tutto sincera. Come se recitasse una parte in commedia, il conte Walewski aggiunse a quanto sopra s'è detto, « non dubitar egli punto che lord Clarendon sarebbe stato piena· mente d'accordo con essolui nel concetto che le Potenze occidentali aspettavano con impazienza il momento di poter desistere da un'occupazione, alla quale pure — nelle circostanze presenti della Grecia, e fintantochè non vi fosse subentrato un radicale mutamento di cose — non sarebbe stato possibile metter fine senza grave pregiudizio ». In verità, un accordo sopra cotesta questione non solo sussisteva già da gran tempo con lord Clarendon; ma la mossa anzi, rispetto alla Grecia, era stata presa proprio dall'Inghilterra, con l'intento di paralizzarvi l'influenza della Russia. Già fin dal tempo della guerra in Crimea l'Inghilterra aveva avuto in mira la caduta del re Ottone, al cui posto lord Palmerston voleva mettere il principe di Carignano: questi avrebbe dovuto condurre in moglie la duchessa di Parma, e Parma quindi venire in possesso della Sardegna. Inoltre, fu soltanto perchè si giudicassero più giustificate le proposte concernenti l'Italia, che le Potenze occidentali, ancor prima della seduta dell'8 aprile, s'erano accordate tra loro di proporre lo sgombero della Grecia, contemporaneamente con quello francese ed austriaco dei territorii italiani. Ma, di fronte al rifiuto opposto dalla Russia e dall'Austria, la questione greca rimase in sospeso.

Venne quindi la volta pel conte Walewski di trattare nella seduta stessa delle condizioni dell'Italia. « La necessità di non lasciare in preda all'anarchia gli Stati pontifici aveva determinato Francia ed Austria a cedere alla richiesta della Santa Sede, occupando la Francia Roma, l'Austria le Legazioni. A ciò fare, la Francia aveva avuta una doppia ragione, e come Potenza cattolica e come Potenza europea. Il titolo di figlio primogenito della Chiesa, di cui si gloriava il sovrano della Francia, aveva fatto un dovere all'Imperatore di venire in aiuto del Papa. Ma non era possibile d'altra parte disconoscere, che nella condizione d'una Potenza, che per tenersi in piedi aveva bisogno di milizie straniere, c'era qualche cosa di anormale. Esser pertanto desiderabile che il governo di Roma si consolidasse così, da permettere senza pregiudizio il ritiro delle milizie francesi ed austriache. Perciò il conte Walewski stimava che non fosse privo d'utilità un desiderio espresso in cotesto senso ».

Proseguendo, il presidente del Congresso aggiunse ancora, « domandar egli a sè stesso se non fosse desiderabile che certi Governi della penisola italica provvedessero a riconciliare a sè gli animi, traviati ma non pervertiti, mediante bene intesi atti di grazia, ponendo termine a un sistema, che, lungi dal colpire i nemici dell'ordine, non faceva se non indebolire i Governi stessi. Si sarebbe reso un segnalato servizio al Governo napoletano e alla causa dell'ordine nella Penisola, quando si fossero illuminati circa la falsa strada da loro battuta. Un mònito in tal senso che partisse dalle Potenze rappresentate al Congresso sarebbe stato tanto più accetto, in quanto il Gabinetto di Napoli non avrebbe avuto ragione di dubitare dei motivi che l'avessero provocato ».

Venne quindi il discorso all'argomento del Belgio, « dove la Francia si vedeva fatta segno agli attacchi più offensivi della stampa. Qualora i rappresentanti delle grandi Potenze europee avessero manifestate le loro opinioni su tale proposito, il Belgio — che si giustificava adducendo l'assoluta sua libertà in fatto di stampa — avrebbe ben trovato il mezzo di por fine a uno stato di cose che, prima o poi, poteva trarsi dietro difficoltà non poche, e persino pericoli ».

Tutto codesto pullulare di tanti e d'altri ulteriori disegni rivoluzionarii dell'Imperatore (in origine, infatti, egli desiderava un Congresso generale europeo, e un rimaneggiamento di tutta la carta dell'Europa; il quale — secondo lord Clarendon — mirava all'acquisto del confine del Reno, alla cacciata dell'Austria dall'Italia, alla restaurazione della Polonia, ecc.) venne a buon punto interrotto dalla proposta della *proclamazione d'un nuovo diritto marittimo*, il quale stabilisse l'abolizione dei legni da corsa, e proponesse in massima « che la bandiera neutrale bastasse a proteggere la merce nemica, a eccezione del contrabbando da guerra; che la merce neutrale (ad eccezione del contrabbando da guerra medesimo) sotto bandiera nemica non potesse essere soggetta a sequestro; e che il solo blocco *effettivo* fosse obbligatorio » (1).

Lord Clarendon, pure acconsentendo alle vedute manifestate da Walewski, non si peritò di venir fuori con un vero sofisma. Egli disse: « Noi abbiamo assunto l'impegno solenne d'effettuare il più sollecitamente che sia possibile lo sgombero dei territorii occupati da Potenze straniere durante la guerra. Or come potremmo disinteressarci delle occupazioni che si son fatte *prima* della guerra, e interdirci d'escogitare i mezzi per farle cessare? » — Sennonchè è chiaro che l'evacuazioni di certi territorii, le quali al terminar d'una guerra di per sè stesse s'impongono, non han nulla che fare con la pretesa d'evacuazioni territoriali da parte di Potenze con le quali si sia in istato di pace. Più dirittamente propose lord Clarendon la secolarizzazione del Governo di Roma; la quale presentava, per vero, certe difficoltà in Roma stessa, ma poteva facilmente ottenersi nelle Legazioni.

Quanto a Napoli, lord Clarendon opinò che, « come *principio*, si dovesse in generale riconoscere che a nessun Governo competeva il diritto d'immischiarsi nelle questioni interne d'altre nazioni; darsi tuttavia certi casi, nei quali un'eccezione a cotesta regola diventava un diritto insieme e un dovere. Non esister pace, senza giustizia; dover quindi il Congresso far pervenire al re di Napoli il desiderio d'un miglioramento del suo sistema di governo, ed esiger da lui la grazia dei condannati, e in genere delle persone arrestate per delitti politici senza previo processo ». — Quanto alle

---

(1) Per la storia e l'importanza di cotesta notevole riforma, per la quale grande benemerenza s'è acquistata Drouyn de Lhuys, cfr. la memoria di quest'ultimo, letta nella seduta dell'Accademia parigina delle scienze morali e politiche il 4 aprile 1868, dal titolo: *Les Neutres pendant la Guerre d'Orient*, Paris, 1868.

misure restrittive della stampa nel Belgio, il Ministro inglese non potè pronunziarvisi favorevole. — S'intende da sè che il conte Buol respinse formalmente qualsiasi ingerenza nelle cose italiane.

La Prussia — che, per la sua politica conservatrice d'allora, non poteva assolutamente acconsentire a un'intromissione nelle faccende d'altri Stati — si mise tuttavia in contraddizione con cotesta politica, allorchè, in presenza delle pretese affatto rivoluzionarie delle Potenze occidentali, fece in quella seduta stessa menzione, per bocca del barone di Manteuffel, della questione di Neuenburg, domandando che s'accogliesse anche questa nel numero di quelle da esaminarsi.

A questo punto entra in scena il conte di Cavour. Egli prese la parola, per sostenere anzitutto che « le opinioni manifestate da alcune Potenze intorno all'occupazione degli Stati pontifici dovessero venir messe a protocollo ». Già dal febbraio egli aveva fatto pervenire alla Francia e all'Inghilterra una memoria sopra le cose d'Italia, la quale, relativamente alle circostanze, s'era tenuta, in complesso, nei limiti della moderazione. In allora egli non aveva ancora alcun interesse a manifestare per intero i suoi disegni nemmeno all'Imperatore Napoleone, ch'egli teneva come specialmente legato a sè sia di fronte al Pontefice, sia di fronte al clero francese. Proponendo per il momento in particolar modo delle riforme nel regno di Napoli e negli Stati della Chiesa, egli era certo di preparare con tali mezzi appunto l'ulteriore sviluppo della rivoluzione. Di somigliante natura era anche il suo disegno d'una lega doganale italiana. Ma, per incominciare almeno con le annessioni, egli si rifaceva in quella memoria dall'acquisto di Parma, Modena, Ferrara e Piacenza.

Nell'adunanza però dell'8 aprile del Congresso di Parigi, di cui stiamo discorrendo, il conte di Cavour prese ad esporre come « l'occupazione austriaca degli Stati della Chiesa, che già durava da sett'anni, andasse assumendo di dì in dì sempre più un carattere permanente. Che, tuttavia, le cose quivi non avesser punto presa una piega migliore risultava dal fatto, che a Bologna lo stato di guerra era pur sempre mantenuto più rigorosamente che mai. La presenza di milizie austriache a Parma e nelle Legazioni turbava l'equilibrio politico in Italia, costituendo per la Sardegna un vero pericolo. Quanto a Napoli, condivideva interamente le vedute manifestate da Walewski e da Clarendon, e stimava che importasse in sommo grado di poter applicare delle misure, che, mentre dovevano calmar l'agitazione degli animi, avessero a render meno difficile il regolare andamento delle cose negli altri Stati della Penisola » (1).

Il signor v. Hübner su tal proposito credè opportuno di fare alcune osservazioni recise. Pose in rilievo come il conte di Cavour avesse parlato soltanto dell'occupazione austriaca, e non anche di quella francese. Disse « esser le città di Mentone e Roccabruna, appartenenti al Principato di Monaco, occupate dalla Sardegna già da otto anni; e tra le due occupazioni correr soltanto questa differenza: che Austriaci e Francesi erano stati chiamati dai Sovrani degli Stati, mentre le truppe sarde eran penetrate nello Stato del principe di Monaco contro la volontà di lui, e vi rimanevano non ostante i suoi richiami ». — Ma Cavour non fu impicciato a rispondere. Egli assicurò « ch'era altrettanto ne' suoi desiderii cessasse l'occupazione francese quanto l'austriaca. Tuttavia, l'austriaca esser per l'Italia ben più pericolosa; perchè l'Austria, appoggiata a Ferrara e a Piacenza (dove, contro le disposizioni dei trattati di Vienna, aveva accresciute le opere di difesa) si stendeva lunghesso il Mare Adriatico fino ad Ancona. — Quanto a Monaco, esser la Sardegna disposta a ritirare i cinquanta uomini che tenevano occupata Mentone, ogni qualvolta il principe di Monaco fosse in grado di ritornarvi senza i più gravi pericoli ».

Dopo quella memorabile seduta, il conte di Cavour stropicciandosi ripetutamente le mani esclamava: « Nous sommes à cheval! ». — Gli era riuscito, infatti, di levare al Congresso di Parigi l'Italia in sulla sella.

I due ultimi protocolli del 14 e del 16 aprile contengono soltanto delle disposizioni più o meno riservate circa il nuovo diritto marittimo, e circa il tentativo di lord Clarendon di dare una più larga interpretazione all'articolo 8.º (2) del trattato di pace, nel senso che le Potenze in generale, al manifestarsi di qualsiasi conflitto, anche

---

(1) Cfr. anche la *Nota* Sarda del 26 marzo, e il *Memorandum* pure della Sardegna del 16 aprile 1856. JASMUND, II, p. 470-77.

(2) Nell'edizione ufficiale del trattato di pace e dei protocolli usciti per la Tipografia dello Stato francese, trovasi alla p. 147 per errore indicato l'art. 7 invece dell'articolo 8; errore che è poi passato in altre pubblicazioni, tra cui JASMUND, II, p. 462.

non riflettente la Turchia, dovessero, prima di ricorrere alle armi, ricercare la mediazione d'un terzo.

Può considerarsi come una manifestazione di potenza, od anche d'impotenza, che gli Stati vittoriosi non abbian chiesto alla Russia alcun risarcimento di guerra. Ma, pur prescindendo da ciò, certo è che la Russia, sotto la protezione della Francia, se la cavò assai a buon mercato quanto al confine della Bessarabia, in paragone dell'originaria delimitazione di quel confine domandata dall'Austria. Quest'ultima avrebbe sbarrata ai Russi non soltanto la strada di Leowa, ma benanco quella di Skuliany all'entrata della Moldavia. Anche così tuttavia essa ne perdette, *oltre alle bocche del Danubio*, dalle 200 miglia geografiche di paese, con circa 200.000 abitanti, e le fortezze di Reni, Ismail e Kilia-Nova, come pure i laghi sal·mastri presso il Danubio. In Inghilterra non si sarebbe stati soddisfatti nemmeno per una maggiore umiliazione della Russia; giacchè, avuto riguardo alle perdite del suo esercito dinanzi a Sebastopoli, e non ostante che le condizioni sue durante l'ultimo inverno fossero state incomparabilmente più favorevoli di quelle del contingente francese — dove lo scorbuto, il tifo e la tisi avevan fatto progressi formidabili —, l'orgoglio della nazione inglese ne provò in certo modo un senso come se, indirettamente nelle relazioni militari, e direttamente nelle diplomatiche, essa fosse stata vinta dalla Francia. A cotesto sentimento parve opporsi Disraeli, quand'egli si pronunziò in quella vece contrario a proseguire la guerra per l'onore delle armi. Egli affermò essere inconcepibile che le nazioni dovessero intraprendere una guerra solo con la certezza di grandi vittorie. *Sarebbe stato un abbassare i difensori del diritto pubblico al grado di gladiatori della storia.*

È abbastanza degno di nota che proprio nel campo opposto, vale a dire in quello russo, si cercasse di consolarsi con concetti simili a questi. Infatti l'imperatore Alessandro II nel suo ordine del giorno all'esercito, del 22 settembre 1855, diceva: « C'è un limite di possibilità anche per gli eroi » (1). Il vero è, che soltanto una guerra di tutte le grandi Potenze avrebbe potuto mutar sostanzialmente le condizioni della Russia in Oriente, e che (come già nel 1857 ho notato nel mio scritto « Cose di Turchia »), il trattato di Parigi contiene il fatale errore d'aver voluto insieme *troppo* e *troppo*

---

(1) Vedilo in TESTA, V, pag. 37.

poco. A cotesto errore non venne punto posto riparo dal fatto —
assai importante in apparenza, e tale da destar meraviglia grandissima — che Francia, Inghilterra ed Austria il 15 aprile, cioè
un giorno prima dell'ultima adunanza del Congresso, firmavano un
particolare *trattato di garanzia*, rimasto segreto per la Russia,
in difesa della Turchia; perocchè, dato pure il caso che quest'ultimo
trattato fosse tornato comecchessia opportuno, rimanevan pur sempre
le stesse le linee generali del trattato fondamentale, che umiliava la
Russia senza sostanzialmente indebolirla. Il nòcciolo di cotesto nuovo
trattato era già stato posto nelle Conferenze di Vienna, quando,
dopo una preliminare elaborazione austriaca, s'era inteso, per mezzo
d'articoli segreti, non solo di vincolar le Potenze al rispetto del-
l'indipendenza e integrità dell'Impero ottomano, ma di farle anche
entrar mallevadrici che un tale impegno sarebbesi osservato dai
terzi. La Russia — in conformità col concetto dell'imperatore
Niccolò, che dei pericoli potessero minacciar la Turchia pure da
parte delle Potenze occidentali e dell'Austria — aveva bensì a Vienna
accondisceso a impegnarsi di rispettar per conto suo il possesso
territoriale della Turchia, ma non già a obbligarsi a una tutela
del medesimo contro altre Potenze. Ma ora l'Austria, stimandosi
più che mai minacciata da parte dalla Russia per effetto di quella
tra le condizioni della pace che si riferiva alla Bessarabia, e in
pari tempo poco fidandosi della Francia a cagione della sua politica italiana, insistè perchè si venisse alla conclusione d'un patto
di triplice alleanza; il quale, dopo qualche esitanza di Napoleone III, risultò così concepito: « Le alte Parti contraenti garantiscono collettivamente e individualmente l'indipendenza e l'integrità
dell'Impero Ottomano di cui è parola nel trattato di Parigi del
30 marzo 1856. Ogni offesa alle disposizioni del sopraddetto trattato
sarà dalle Potenze firmatarie del presente atto considerato come
atto di guerra. Esse s'intenderanno con la Sublime Porta circa le
misure necessarie, e regoleranno tra loro senza ritardo l'impiego
delle loro forze militari e marittime ».

Gli avvenimenti posteriori han dimostrato che la Russia, vivamente delusa rispetto alla Francia in seguito alla pubblicazione di
codesto trattato, non ne venne tuttavia minimamente impedita dallo
strappar, col consenso delle Potenze, il trattato fondamentale medesimo. Il conte Orlow frattanto dovette sentirsi anche maggiormente
umiliato, allorchè, dopo tante transazioni con la propria alterigia,

Carta
dell'emendazione dei confini
fra
RUSSIA e TURCHIA
*dopo la chiusa del congresso di Parigi
nella seduta del 6 Gennaio 1857*

Antichi Confini   Confini nuovi

Scala 1:2.500.000.

Chilometri (III,3 = 1°)

si trovò il 16 marzo, in occasione della nascita del Principe imperiale, ad essere il primo che si fosse recato alle Tuileries per felicitarsene. Ma era quello il tempo del maggiore, forse, e più sereno apogeo del secondo Impero; e veniva a chiudere quel periodo di splendore dell'anno precedente, nel quale la prima Esposizione Generale Industriale della Francia aveva contribuito a far di Parigi il centro della vita universale, quasi preparazione di più saldo fondamento d'una dinastia dei Napoleonidi.

Subito dopo la conclusione della pace, il vecchio Nesselrode si ritrasse dalla direzione del Ministero degli Esteri, al quale egli aveva presieduto per oltre quarant'anni; il principe Alessandro Gorciakow, richiamato dal suo posto di Vienna, venne incaricato di reggere quel ministero; e Orlow ebbe, oltre ai suoi uffici precedenti, anche la presidenza del Consiglio dei ministri.

L'esecuzione del trattato di Parigi urtò ben tosto contro difficoltà, ch'ebbero per conseguenza un prolungarsi dell'occupazione territoriale da parte dell'Inghilterra e dell'Austria. Il Congresso, nel fissare i confini della Bessarabia, aveva avuto sott'occhio una carta inesatta; e quando i commissarii furono giunti sul posto, trovarono al luogo del *Bolgrado* indicato nel trattato, due località dello stesso nome, l'una presso il lago di Yalpuk, l'altra posta un po' più a settentrione: delle quali però nè l'una nè l'altra corrispondeva esattamente all'indicazione della carta ch'era stata sotto agli occhi del Congresso. La Russia affermò che il Bolgrado ch'essa aveva inteso d'accennare era quello presso il lago di Yalpuk, e che a lei pertanto doveva rimaner pure una parte di codesto lago, poichè esso provvede la città d'acqua ed ha sua pescagione. L'Austria e l'Inghilterra per contro sostennero che il Congresso aveva inteso indicare il Bolgrado posto a settentrione, che porta anche il nome di Tabak. Il Bolgrado meridionale era, senza dubbio, il centro di una colonia di Bulgari, al cui possesso la Russia ci teneva assai; ma Austria e Inghilterra posero in rilievo che il Congresso, con la delimitazione del nuovo confine, aveva soprattutto avuto per iscopo l'allontanamento della Russia dal Danubio e dai laghi che ne dipendono; e che, stando il lago di Yalpuk in immediata congiunzione con uno dei bracci principali del fiume, la Russia — qualora Bolgrado con il suo bacino fosse rimasto a lei -- vi avrebbe potuto tenere una squadra di guerra. — I commissarii proposero allora di lasciare Bolgrado alla Russia, e di tracciar la linea del

confine tra il lago e la città; il che venne accettato dalla Russia
e dalla Francia, ma respinto dall'Inghilterra e dall'Austria. — Le
trattative s'ingarbugliarono ancora per le pretese accampate dalla
Russia sopra l'isola dei Serpenti, posta di fronte alle bocche di
Sulina e di Kilia: isola da lei occupata prima della guerra, e della
quale tuttavia il trattato di pace non aveva fatto cenno. Quando
i Russi vollero ricostruire in cotest'isola il faro, il comandante in
capo della squadra inglese vi si oppose, e i Turchi, dal canto loro,
fecero rilevare che quell'isoletta era una propaggine del Delta danubiano; onde la Russia acconsentì, qualora le si fosse lasciato
Bolgrado, di cedere il Delta del Danubio con l'isola stessa direttamente alla Turchia. Ma anche a questa soluzione si opposero l'Austria
e l'Inghilterra; e rifiutarono d'effettuare lo sgombero. La Russia
allora propose che si riunisse il Congresso per la definizione della
vertenza; talchè finalmente, verso gli ultimi dell'anno 1856, si venne
all'accordo che, poichè nel Congresso difficilmente sarebbe stato
possibile di raggiungere l'unanimità, la deliberazione dovesse esser
valida con la semplice maggioranza dei voti. La Francia fece un
altro passo ancora: all'intento di tutelare possibilmente gl'interessi
di tutti, raccomandò di rettificare il confine per modo, da risarcire
la Russia sullo Yalpuk superiore di quanto le veniva tolto a Bolgrado.

Accolto così universalmente cotesto concetto di compensazione,
il 6 gennaio 1857 si radunava sotto la presidenza di Walewski il
Congresso, costituito soltanto dei secondi plenipotenziari; e, ponendo
termine alle lunghe e faticose trattative trascinatesi fin qui, deliberava che l'uno e l'altro Bolgrado passassero alla Moldavia, e che
la Russia, quale risarcimento, ricevesse la città di Komrat con un
territorio di 330 verste quadrate, popolato di laboriosi coloni. Il
Delta del Danubio con l'isola dei Serpenti venne assegnato direttamente alla Turchia. — Quant'è degli altri punti, la Russia venne
meno al trattato in questo: che mentr'essa s'era obbligata a restituire alla Turchia la città e la *fortezza* di Cars, ne distrusse le
opere di fortificazione; e la medesima trasgressione commise anche
per Ismail e per Reni. Per tal modo, all'ebbrezza della pace tenne
dietro ben presto una tal quale delusione; nè le parole del principe Gorciakow « la Russia si raccoglie » eran certo adatte a dis-
sipare le gravi sollecitudini per l'avvenire.

XXI.

Le riforme prima della pace e dopo

Sommario delle riforme in Turchia sotto Selim III, Mahmud II e Abdul Megid. -
Il *Hatti-Scerif* di Gulhané, punto di partenza del *Tanzimat*. - L'articolo IX del
trattato di Parigi, e la storia delle origini del *Hatti-Humayun* che sta a fondamento di quello. - Considerazioni dell'Inghilterra circa il trattamento dei
rinnegati. - Contenuto del Hatti-Humayun del 18 febbraio, e difficoltà dell'esecuzione di esso. - Malcontento tra i Musulmani e tra i Cristiani. - Le sollevazioni
a Gedda e nel Libano.

Nei trattati del 1856 le Potenze avevano garantita l'indipendenza
e l'inviolabilità dell'Impero ottomano; ma la conservazione di questo
dipendeva pur sempre assai più dalle sue riforme, o meglio *dalla
sua riforma*, che non da cotesta specie di protettorato europeo.
Uno sguardo a ciò che prima e dopo dei trattati di Parigi era
accaduto in codesto campo varrà a illuminare il passato prossimo
della Turchia, e a permetterci di trarre delle conclusioni circa il
suo avvenire.

Le prime riforme, vòlte principalmente all'esercito, vennero da
Selim III; ed ebbero, com'è noto, per conseguenza la sua caduta.
Dopo il governo d'un anno appena del suo successore Mustafà IV,
per la prima volta dalla serie dei sultani dell'Asia uscì fuori in
Mahmud II una figura *europea*. La madre di lui sembra essere
stata una Cristiana coltissima, d'origine francese, ed aver avuto
non poco influsso sulla formazione del suo spirito (1). Ma, pur non

----

(1) Secondo notizie diffuse nei circoli francesi più recenti, e in più remoti
circoli inglesi, la nobile famiglia Dubuc de Rivery, stabilitasi dal secolo scorso

accogliendo tale caratteristica derivazione, l'apparizione del riformatore ottomano si può spiegare col pericolo, non dissimile da quello della crisi del 1852, dal quale era minacciata allora la conservazione della Turchia. Mahmud II, insieme con lo spirito riformatore che l'animava, possedeva ancora abbastanza di forza barbarica in sè per venire a una trasformazione anche più larga assai del suo Impero; ma le guerre intestine ed esterne interruppero l'opera delle sue riforme, e affrettarono la sua fine (1).

---

nell'isola della Martinica, aveva mandata la giovinetta figlia Aimée, dotata di grande bellezza e dei maggiori doni dello spirito, a Nantes, per esser quivi educata nel convento delle « Dames de la Visitation »; e di quivi, diciottenne, si sarebbe ella imbarcata nel 1784 per ritornare in patria. Presa dai corsari, sarebbe stata dapprima portata ad Algeri, e da quel Bey donata al sultano Abdul Hamid I, il quale, invaghito delle sue attrattive fisiche e intellettuali, dopo d'averne avuto un figlio (il futuro sultano Mahmud II), l'avrebbe elevata a sua Sultana favorita. In tale qualità, ell'avrebbe influito nel miglior senso non solo sull'animo di questo, ma già sopra quello di Selim, il quale, del resto, dopo sbalzato dal trono, ebbe a trovarsi nella prigionia insieme col principe Mahmud. — A questi fatti si riannoderebbe -- secondo quelle notizie — un altro caso anche più meraviglioso. La famiglia Dubuc de Rivery sarebbe stata, cioè, in relazione di parentela con la famiglia, pur essa vivente alla Martinica, Tascher de la Pagerie; talchè, essendo Giuseppina, prima moglie del Bonaparte, l'ava di Napoleone III, questi avrebbe avuta con Abdul Megid affinità d'origine. Durante l'efficace ambasceria del generale Sebastiani, al quale si deve la salvezza di Costantinopoli nel 1807 dalla preponderanza inglese, le gazzette inglesi attribuirono la straordinaria influenza da lui esercitata sopra Selim III principalmente all'opera della Sultana vedova. — Cfr. l'articolo, accompagnato da un ritratto della presunta madre di Mahmud estratto da documenti di famiglia, dal titolo: L' Impératrice Josephine et la grande mère d'Abdul Medjid, di SAVERIO EYMA, nell'Illustration dell'11 febbraio 1854; e, per l'ambasciata del Sebastiani, la preziosa opera : Tableau historique des Révolutions de Constantinople en 1807 et 1808, Paris, 1819, e l'Histoire de l'Empire ottoman depuis 1792 jusqu'en 1844, Paris, 1844, entrambe di JUCHEREAU de SAINT DENYS, l'antico Direttore del Corpo del genio turco e nel 1822 ambasciatore in Grecia. ZINKEISEN, nella sua Storia dell'Impero ottomano in Europa, ha citato più volte la prima di coteste opere. LAVALLÉE nella sua Histoire de la Turquie, JONQUIÈRE nell' Histoire de l' Empire Ottoman, ed altri nell' esposizione degli avvenimenti del tempo hanno parimenti seguito il JUCHEREAU. Sebastiani mandò 200 Francesi, tra i quali i propri suoi segretari di Legazione e aiutanti, in soccorso alle fortificazioni ch'egli stesso aveva alzate, per respingere la flotta inglese che minacciava Costantinopoli.

(1) Per le riforme militari di Selim e Mahmud cfr. : La guerra russo-turca nella Turchia europea, del barone v. MOLTKE, 2.ª ed., Berlino, 1887. Introduzione.

Subito dopo la salita al trono del figlio suo Abdul-Megid —
giovane educato all'europea, ma debole e sedicenne appena — le
riforme ebbero un ordinamento formale nel cosidetto *Tanzimat*,
per l'opera direttiva di Rescid Pascià. Cominciò essa col Hatti-Scerif
di Gulhanè, emanato il 3 novembre del 1839, il quale, affine d'incontrare minor resistenza da parte degli attaccati alla tradizione,
s'annunziò, secondo le sue parole stesse, non già come una novità,
ma come un ritorno al vero spirito dell'Islamismo, turbato dal fattone
abuso; e al quale pertanto fu data una consacrazione religiosa,
avendo il Sultano fattolo leggere solennemente da Rescid Pascià
dinanzi a tutti i dignitarii, alti ufficiali e rappresentanti delle Potenze
estere, ordinatane la conservazione nel medesimo luogo dove te-
nevasi custodito il mantello del Profeta, e confermatolo con giuramento: e ordinato a tutti i grandi dell'Impero e agli Ulemi di
giurare su di esso. Prometteva a tutti i sudditi, senza distinzione
di religione e di setta, la protezione della vita, dell'onore, dei beni;
un'equa distribuzione delle gravezze; e insieme, la regolarità nel
levar soldati per il servizio di guerra, e nella durata di questo.
Oltre a cotesti tre punti principali, che dovevan porre un termine
all'arbitrio del Sultano, il motu-proprio conteneva particolari disposizioni quanto al bilancio della guerra, alla pubblicità dei giudizii
punitivi, alla capacità di possesso territoriale per tutti; l'abolizione
della confisca dei beni dei colpevoli; e infine una serie di leggi
organiche per l'esecuzione di tali riforme. Ne uscì per tal modo
il *Tanzimat*, vale a dire un ordinamento svolgentesi per quattro
linee fondamentali, il quale, se fosse stato applicato, avrebbe certo
avuto per effetto un ringiovanimento dell'Impero. Ma quanto poco
ne fosse il caso, basta a dimostrarlo il fatto che sedici anni più
tardi, per la viva insistenza delle Potenze, si dovettero annunziare
nuove e più ampie riforme, delle cui origini il tracciare la storia
entra appunto nel quadro dell'opera nostra.

L'articolo IX del trattato di pace firmato a Parigi suona testualmente così:

« Sua Maestà Imperiale il Sultano, nella sua costante sollecitudine
« per il benessere dei suoi sudditi, avendo concesso un firmano,
« che, migliorando la loro condizione senza distinzione nè di reli-
« gione nè di razza, consacra le sue generose intenzioni verso le
« popolazioni cristiane del suo Impero, e volendo dare una novella
« testimonianza dei suoi sentimenti a questo riguardo, ha risoluto

« di comunicare alle Potenze contraenti il detto firmano, sponta-
« neamente emanato dalla sua volontà sovrana.

« Le Potenze contraenti constatano l'alto valore di questa co-
« municazione. È ben inteso ch'esso non potrebbe in nessun caso
« dare il diritto alle Potenze d'ingerirsi, sia collettivamente sia
« separatamente, nelle relazioni tra S. M. I. il Sultano e i suoi
« sudditi, nè tampoco nell'amministrazione interna del suo Impero ».

Se non che, prima di vantare la generosità del Sultano, le Potenze avrebbero potuto gloriarsi della propria, essendo giunte al
punto di tacere della costrizione fatta alla Turchia, e d'attribuire
ad essa il merito del suo ringiovanimento. Infatti, poichè il *quarto*
dei punti di garanzia di Vienna, che concerneva la condizione futura
dei Cristiani, per esserne venuti già prima a una rottura a cagione
dell'articolo terzo, non era stato neanche discusso, la Turchia corse
il pericolo di veder subentrare, in luogo e vece del protettorato a
favor dei Cristiani, domandato bensì, ma in sostanza non mai raggiunto da parte della Russia, un effettivo *protettorato europeo*.
Perciò, nel maggio 1855, Alì Pascià faceva rimettere alle Potenze
interessate un *memorandum*, nel quale egli dichiarava assurdo che
gli alleati della Porta, dopo di aver d'accordo promesso al Sultano,
in difesa dei suoi diritti di sovranità, d'impugnare le armi per lui,
e di mandare i proprii soldati a morire a fianco dei suoi, preten-
dessero ora dalla Porta le medesime concessioni all'influenza straniera, ch'esse pur avevan trovate — e ancor trovavano — tanto
pericolose nelle mani della Russia. Codesto sfogo della diplomazia
turca, in un momento nel quale l'esito della guerra era ancora
incerto, rappresenta meglio di checchessia uno stato di cose, pel
quale si pretendeva di soddisfare le necessità spirituali e materiali
di milioni d'uomini solo con leggi ch'eran rimaste lettera morta,
e con gli artifizî della diplomazia. E tuttavia, quella memoria ebbe
per conseguenza l'importante deliberazione delle Potenze di rinunziare a una garanzia europea relativamente ai diritti di tutela dei
Cristiani viventi nell'Impero ottomano, e di contentarsi d'un abbozzo di schema generale di riforme. Entro cotesti limiti, però, lord
Stratford seppe in ispecial modo acquistarsi meriti singolari. Già
nel 1854 egli aveva ottenuta una legge, di data 16 marzo, la quale,
contrariamente alle disposizioni del Corano, ammetteva la testimonianza dei Cristiani in quei processi criminali dove si trovassero
implicati insieme Cristiani e Turchi; e si deve al suo influsso se,

il 10 maggio 1855, seguì la legge anche più notevole, mediante
la quale s'abrogava il testatico che insino allora erasi pagato dai
Cristiani, e s'ammettevano questi al servizio militare. Ma tale
partecipazione degli Stati esteri all'opera delle riforme in Turchia
venne di gran lunga sorpassata, in seguito alla concessione del
Hatti-Humayun (motu-proprio) accennato appunto all'articolo nono
del trattato di Parigi. In una conferenza tenutasi il 9 gennaio 1856
presso il gran Visir Alì Pascià — conferenza alla quale presero
parte Fuad Pascià quale Ministro delle relazioni esteriori, lord
Stratford, Thouvenel e il signor Prokesch-Osten, testè trasferito a
Costantinopoli da Francoforte sul Meno — venne dai tre Governi,
in conformità delle istruzioni ricevute, deliberato: *che il quarto
punto di garanzia dovesse esser regolato per mezzo d'un firmano
da concordarsi fra le tre Potenze e la Sublime Porta, il
quale avesse a determinare non solo la futura condizione dei
Cristiani, ma in genere le riforme dell'Impero.* In una conferenza
successiva tenutasi il 16 gennaio presso l'ambasciatore francese
Thouvenel, i tre rappresentanti di Francia, d'Inghilterra e d'Austria
concordarono i loro singoli disegni già innanzi preparati a quest'uopo; e poichè i Turchi si furon presi ancora la soddisfazione
di comunicare alle Potenze un memoriale intorno ai privilegi concessi *ab antiquo* ai loro sudditi Cristiani relativamente alle faccende
spirituali — e ciò all'uopo di dare in pari tempo all'atto della Porta
un fondamento ottomano —, si venne finalmente, nei giorni 18 e
19, alla compilazione d'un *memorandum* in 21 articolo, che fu di
poi (il 29 appena di quel mese) accettato dai Ministri turchi, in
una successiva adunanza in comune, quasi alla lettera, salvo in
pochi punti, dove vennero apportate delle modificazioni di lieve
entità. La cagione del ritardo fu questa: che lord Stratford, in
seguito a nuovi ordini ricevuti, e senza prima darne comunicazione
ai colleghi, aveva — dapprima verbalmente in un colloquio, e di
poi il 26 gennaio per iscritto — comunicato di sorpresa ai Turchi
l'acuta osservazione « doversi ritenere come assolutamente definitiva
la promessa ufficialmente data così all'Inghilterra come alla Francia
il 21 marzo 1844, che nessuno il quale fosse passato dall'islamismo
al cristianesimo dovesse esser più colpito dalla pena di morte.
Essere state, infatti, poco tempo innanzi nuovamente eseguite due
condanne di questa sorte ». « Senz'alcun dubbio » — affermavasi in
cotesta nota inglese, consegnata dal primo dragomanno alla Porta —

Statua di Lord Stratford Redcliffe.

« è tempo oramai d'estirpare assolutamente e per sempre un tale
« avanzo d'un passato d'ignoranza, e di convertire in fatti le liberali
« dichiarazioni della Porta. Certi atti i quali, a dirla francamente,
« costituiscono dei controsensi dinanzi alla ragione, e dinanzi al
« sentimento umano delle vere mostruosità, non devon più oggimai,
« quando si vogliano ascoltare le leggi della prudenza, offendere
« il sano criterio e i sentimenti morali di nazioni, che il vincolo
« più cordiale è chiamato ad unire... — Una nazione che non sia
« in grado di purgarsi da tali macchie, finisce col perder la sim-
« patia delle altre, e col cader vittima della propria individuale
« debolezza... — L'Inghilterra e la Francia compiono, come ognun
« vede, sforzi giganteschi e ingenti sacrifizi, all'intento di sostenere
« l'Impero del Sultano... — Esse hanno diritto di pretendere, e il
« Governo britannico espressamente esige, che il Maomettano il
« quale sia passato al cristianesimo deva andarne egualmente esente
« da ogni pena, come il Cristiano che passi all'islamismo ».

È facile a intendere come un mònito siffatto, nel momento stesso
d'una schietta arrendevolezza della Porta, dovesse rendere assai
suscettibili gli uomini di Stato della Turchia; com'è pur chiaro
ch'esso si connetteva strettamente con la già accennata scarsa disposizione dell'Inghilterra alla conclusione della pace; ma più strano
ancora si è che il conte di Prokesch-Osten, nel far risalire agli
attacchi del *Times* e delle Compagnie delle Missioni le cause che
avevano spinto l'Inghilterra a quel passo, giustifichi lord Stratford
d'aver preteso in quella nota « *che il Sultano dovesse, mediante
un esplicito editto imperiale, lasciar libero ai Musulmani il passaggio alla religione cristiana* » (1).

Fuad Pascià, dopo d'essersi consigliato con Thouvenel e con
Prokesch, rispose il 12 di febbraio, confermando ancora una volta
le assicurazioni già date ai Governi inglese e francese relativamente
alla questione delle apostasie, e aggiungendo che l'espressioni adoperate nella deliberazione presa fin da allora eran da intendersi
nel senso « ch'esse dovevano comprendere assolutamente tutti i rin-

---

(1) Vedi: *Un contributo alla storia della questione d'Oriente, dalle carte lasciate dal conte Prokesch-Osten* nella *Deutsche Revue*, ottobre 1879. p. 10; e il
testo autentico della Nota di lord Stratford, in EICHMANN, *Le riforme del-
l'Impero Ottomano*, p. 404, dove son pubblicati anche gli altri documenti che
si riferiscono a quelle trattative.

negati ». In seguito a ciò i Ministri turchi diedero al *memorandum* degli ambasciatori la forma del *Hatti-Humayun*; lo comunicarono ad essi prima ancora di sottoporlo al Sultano per la conferma; e poche settimane appresso, il Congresso di Parigi dichiarava il *Hatti-Humayun* medesimo come « *spontaneamente largito dalla sovrana volontà di S. M. il Sultano* » (1). — La Prussia, i cui uffiziali (tra i quali anche Hellmuth v. Moltke) già sotto Mahmud II avevan cooperato al riordinamento dell'esercito turco, fu tenuta in disparte dai consigli relativi a cotesti vitali interessi dell'Oriente. L'esclusione della Russia si spiega per ragioni di principio e di forma.

Il *Hatti-Humayun* confermava non solo le concessioni fatte nel *Hatti* di Gulhanè e in genere nel Tanzimat, ma anche i privilegi spirituali concessi *ab antiquo* ai sudditi non musulmani, ed annunziava la comune libertà di culto, l'eguaglianza sociale di tutti i sudditi del Sultano senza differenza di religione, la riforma del diritto giudiziario e di cattura, come pure la compartecipazione di tutti al diritto di guerra e alle scuole militari e civili; inoltre: riforma dei Consigli provinciali, miglioramento nelle disposizioni delle gra- .vezze e della moneta, istituzione d'un regolare bilancio di Stato, ammissione dei capi e subordinati di qualsiasi comunità religiosa alle deliberazioni del supremo Consiglio di giustizia, applicazione severa delle leggi contro la corruzione in tutte le classi, diritto per gli stranieri all'acquisto d'un possesso fondiario, e largo sviluppo dei lavori pubblici per opere di strade e canali, a cui dovevan chiamarsi a contributo capitali europei. Le più importanti tra codeste disposizioni, come già s'è detto, passarono pressochè letteralmente nel *Hatti-Humayun* del Sultano dal sopra accennato *memorandum* concordato dalle tre Potenze.

Chi volesse apprezzare al giusto il valore complessivo della legge fondamentale turca dell'anno 1856 non deve tuttavia dimenticare che vi mancano al tutto i mezzi indispensabili per l'attuazione di

---

(1) Assai propriamente dice l'EICHMANN (*Le riforme dell'Impero Ottomano*, p. 241): « Per certo la Porta dovette formalmente e ufficialmente ignorare le conferenze dei suoi Ministri con i rappresentanti degli altri Stati »; tuttavia soggiunge: « Ma, in realtà, rimase pur sempre il fatto, che una legge, la quale penetrava a fondo tutto l'organismo dello Stato, era stata emanata sul fondamento d'un disegno elaborato dagli ambasciatori stranieri, e modificato di poi col loro consenso ».

essa. Per non dire delle difficoltà che ne sorgono dalla natura stessa
dello spirito maomettano, gli elementi informativi europei dai quali
essa trae origine vi si trovano in lotta continua e implacabile con
l'orgoglio teocratico, con l'inveterata corruzion del costume e con
l'indolenza innata degli Ottomani; del che eran le Potenze stesse
convinte a segno tale, ch'esse respinsero risolutamente la proposta,
per sè logica, della Porta, di rinunziare, in compenso della concessa
riforma, alle Capitolazioni. Invero, il trionfo della Turchia di fronte
all'attacco della Russia non aveva fatto che render la popolazione
maomettana, specialmente nelle provincie, più arrogante che mai;
e la concessione fatta ai Cristiani di poter testimoniare, la quale
sarebbe stata solo possibile per l'istituzione di tribunali indipendenti dall'Islam, e la dichiarata capacità a tutti gli uffici, e la loro
seria preparazione all'attuazione della riforma, non avevan suscitato
presso i Musulmani altro che odio e rancore (1). Se non che, anche
dai Cristiani insorsero delle difficoltà contro l'attuazione delle riforme; difficoltà che avevan loro radice parte nelle consuetudini
e negli abusi più volte secolari, parte nei continuati raggiri della
Russia. I Cristiani ortodossi eran troppo avversi alla potestà ecclesiastica che da secoli li governava, perchè non vedessero un
pericolo per la loro indipendenza nella disposizione ch'esigeva
dovessero i loro rapporti mondani esser sottratti d'or innanzi a
quella. La loro emancipazione, la quale era in istretta dipendenza
con la concessione lor fatta del servizio di guerra, sembrava ad
essi comperata a troppo caro prezzo; e così i vescovi come le
autorità comunali ci mettevan tutto il loro impegno a rilevarlo
nel modo più stringente. Per tal modo, l'effetto prossimo del nuovo
ordine di cose fu quello d'un malcontento poco meno che generale.
Egli è che alle diverse razze mancava appunto il sentimento del
sacrifizio in pro d'una patria comune; e nel complesso, e nei più,
l'egoismo soffocava il senso della subordinazione di sè stessi al
generale benessere: condizione assolutamente necessaria alla prosperità d'uno Stato.

Due anni dopo la pubblicazione del *Hatti-Humayun*, il 15 giugno
1858, il fanatismo musulmano provocava nel porto arabo di Gedda

---

(1) L'11 febbraio Thouvenel scriveva a Walewski: « I partigiani di Rescid
dichiarano pubblicamente che Alì Pascià e Fuad Pascià han traditi gl'interessi
della lor razza, e che per la loro debolezza tutto è perduto ».

una sollevazione, nella quale i Consolati inglesi e francesi vennero assaliti, e i consoli con un certo numero di Cristiani trucidati. Il colonnello turco, dinanzi a quegli atti di barbarie, si rimase inoperoso con le sue truppe. Il 25 luglio una nave da guerra inglese bombardava Gedda; e, in seguito a un'inchiesta, parecchi tra i

Fuad Pascià.

capi della sollevazione vennero giustiziati. Dopo altri due anni, avvenne un vero massacro in massa di Cristiani nella Siria. Già si è fatta menzione degli avvenimenti nel Libano. Quivi i Drusi, a metà pagani, stavano, e prima e dopo, ostilmente di fronte ai Cristiani Maroniti, e gli stessi impiegati superiori civili e militari, che appartenevano ai fanatici *vecchi Turchi*, attizzavano il fuoco contro l'infelice popolazione cristiana. Nel maggio 1860 incominciò la sollevazione nel Libano. Uccisioni e saccheggi furono all'ordine del giorno fino a luglio inoltrato. Le truppe, rimaste da mesi senza

soldo, non volevano marciare. Perirono più di 30.000 Cristiani, e
a Damasco si sarebbe veduto forse il pieno esterminio della popolazione cristiana, se il nobile Emiro Abdel-Kader chiamatovi in tutta
fretta non l'avesse difesa con l'aiuto dei suoi figli e d'un esiguo
corpo di milizia, con pericolo della sua vita. La Porta, in seguito
allo scoppio d'indignazione generale degli Stati europei, mandò
Fuad Pascià con poteri illimitati sul teatro di quelle inaudite scene
di barbarie, per punire i colpevoli. Il 3 agosto 1860, in seguito a
proposta della Francia, si procedette a Parigi alla firma d'un protocollo delle cinque grandi Potenze, al quale venne poi dato il 5 settembre la forma d'un accordo ufficiale, secondo il quale si doveva spedire in Siria un corpo ausiliario, da elevarsi fino al numero di 12.000
uomini, per ripristinarvi l'ordine turbato. La Francia apprestò immediatamente 6000 uomini, riservata la conclusione d'ulteriori
trattative con la Porta. La spedizione fu calcolata per sei mesi,
e da ultimo venne condotta a compimento dai Francesi soltanto.
Tuttavia le cinque Potenze mandaron sul luogo una Commissione
europea, nella quale la Francia era rappresentata da Béclard,
l'Inghilterra da lord Dufferin, la Russia dal signor di Novikow, dal
signor v. Rehfuss la Prussia, dal signor v. Beckbecker l'Austria.
Così, sotto la duplice pressione delle milizie francesi arrivate il
16 agosto e della Commissione sopra detta, 57 dei 700 Musulmani
catturati a Damasco o nei dintorni vennero impiccati, e fucilati
non meno di 111 ufficiali di polizia. Fuad Pascià parve, ciò non
ostante, voler risparmiare le personalità più cospicue; ma quando
il generale d'Hautpoul si dispose a spingersi con le sue truppe
fino nel Libano, si risolvè a sacrificare anche i principali colpevoli.
Per tal modo vennero fucilati un dopo l'altro Achmet Pascià, già
muscir dell'esercito di Siria e allora governatore di Damasco, il
colonnello Alì Bey, il tenente colonnello Osman-Bey e un maggiore.
Altri comuni malfattori furon tratti al patibolo; e, oltre a tali
sentenze di morte, s'ebbero anche numerose condanne alla pena
del carcere a del bando, per le quali tuttavia i Turchi vennero in
sospetto d'aver voluto per tal modo salvare i colpevoli. Fuad dovette
risolversi a cooperare egli pure alla spedizione contro i Drusi; e
al 22 dicembre fu fatto il processo a Beyruth contro i loro capi
e contro gl'impiegati turchi. Undici tra i caporioni dei Drusi, fra
i quali anche il ragguardevolissimo Said Bey Djemblatt, furono
condannati a morte, e gli ufficiali turchi alla prigionia perpetua.

Sulle montagne stesse s'eran catturati non meno di 290 capi Drusi, che venner tratti in giudizio a Moktava: contro a venti di essi venne pronunziata sentenza di morte; e, per finirla nel miglior modo, Fuad fece quindi domandare alla Commissione se le pareva che bastasse, o se non si dovessero giustiziarne 57 altri, dei quali mandava i nomi. — Secondo i dati francesi si sarebbe però avuto in mira già da tempo di dar corso soltanto alle sentenze pronunziate contro i colpevoli di Damasco, e non contro i Drusi, protetti dall'Inghilterra; come del resto i diplomatici francesi in generale accusarono Fuad Pascià d'aver brigato per farsi nominare viceré della Siria: ciò essere stato concordato in armonia coi disegni di lord Dufferin, il quale avrebbe avuto positivamente come suo procuratore nella parte cristiana del Libano il rinnegato ungherese Ismail Pascià. Se non che, l'Inghilterra si impose risolutamente a Costantinopoli, dichiarando recisamente che,

Giorgio Hamilton Seymur.

qualora Said Bey Djemblatt fosse stato giustiziato, ell'avrebbe rotte le relazioni diplomatiche; ne sorse un conflitto con la Francia; il quale però fu appianato, per la morte avvenuta — forse non a caso — di cotesto caporione dei disordini, nella prigione di Beyruth. In seguito a ciò, si venne d'accordo circa la sorte degli altri condannati a morte, pronunziando contro 2491 dei Drusi una sentenza di bando da scontarsi a Tripoli, mentre gli ufficiali turchi furon mandati in varie isole del Mediterraneo, ove dovevan rimanere in perpetua prigionia. Ma i Drusi, col consenso delle Potenze, già dopo cinque anni poteron tornare in patria. La questione delle indennità in favore dei Cristiani spogliati e in parte rovinati, dopo d'essere stata per opera di Fuad Pascià trascinata in lungo un bel pezzo, venne composta secondo le proposte di lui in modo insufficente, mentre in Francia per opera delle *Fondazioni di scuole in Oriente* si raccolsero per sottoscrizione due milioni e mezzo di franchi, di cui una parte fu impiegata in sovvenzioni dirette, e il resto nell'erezione di due orfanotrofi, a Beyruth e a Zahle. — Peggiori prodromi di questi difficilmente si sarebber potuti aspettare dagli effetti del nuovo sistema di riforme (1).

Poco dopo la conclusione della pace, l'uomo di Stato al quale lo zar Niccolò aveva fatte le sue fatali confidenze a proposito dell' « infermo » — malamente guarito, come già a quest'ora vediamo, per opera di quella guerra — si ritirava dalla scena politica. Sir Giorgio Hamilton Seymour, figlio di lord Giorgio Seymour e nipote del primo marchese di Hertford, era nato nel 1797; aveva dunque, quando si mise a riposo, raggiunto appena il sessantesimo anno. Era entrato nella diplomazia come segretario di lord Castlereagh, e fu poi ambasciatore a Firenze, a Bruxelles, a Lisbona, dov'ebbe più volte occasione di segnalarsi. Era cosa naturale, pertanto, che, scoppiata la guerra, il diplomatico che aveva innanzi a ogni altro portato a conoscenza del suo Governo quelle aperture di Niccolò I sì minacciose per l'Austria fosse nominato ambasciatore a Vienna. Ma qui — d'accordo con le idee di lord John Russell — egli s'era espresso in favore della soluzione austriaca narrata più sopra, toccando manifestamente un tasto un po' discordante con le disposizioni del Ministro inglese. — Morì a Londra il 2 febbraio 1880; e il lungo riposo concessogli può avergli pòrto occasione alle riflessioni più gravi intorno alla sorte degli Stati, e di coloro che son chiamati a guidarli.

---

(1) Il conte Prokesch-Osten nei suoi *Ricordi di Costantinopoli* pubblicati nel fascicolo del gennaio 1880 dello *Deutsche Revue* avanza l'accusa, del tutto infondata, che la sollevazione del '60 sia stata iniziata non dai Drusi, ma dai Maroniti, in seguito a lunga preparazione ed aiuti di Francia; e più tardi (stranamente abbastanza), prese partito per i Drusi contro i Cristiani, finchè da ultimo venne dal suo Governo stesso indotto ad accettar la versione francese.

XXII.

La Turchia e i Principati danubiani

Trattative degli ambasciatori con la Porta circa il nuovo ordinamento della Moldo-
Valacchia; le quali conducono, provvisoriamente, a uno schema per il gran Visir,
recantesi al Congresso di Parigi. - Importanza strategica della Rumenia. - Sua
estensione in origine e al presente. - Antonomia della razza rumena. - Il diritto
pubblico dei Rumeni di fronte all'Impero ottomano, secondo che risulta dallo
Capitolazioni del 1391, del 1460 e del 1511. - I quattro periodi della storia
della Rumenia, dalla fine del 14.º secolo fino alla guerra di Crimea. - La condizione dei Fanarioti rispetto alla Porta e alla Moldo-Valacchia. - Loro influsso
deleterio presso quest'ultima. - Altri dati di fatto circa il loro governo nei
Principati.

Le deliberazioni alquanto elastiche del Congresso di Parigi rispetto ai Principati danubiani ebbero anch'esse, al pari del *Hatti-
Humayun* del 18 febbraio, il loro prologo — assai istruttivo — nelle
prolungate trattative dei tre ambasciatori con la Porta ottomana.
Per ragioni d'equità, s'era stimato bene di farvi partecipare il
fanariota principe Callimachi, ch'era al servizio diplomatico della
Porta, uomo d'origine moldava, e i cui antenati erano stati Ospodari.
Le trattative circa la Serbia procedettero lisce; ma per quelle riferentisi alla Moldo-Valacchia, le conseguenze della politica novatrice
di Francia non tardarono a manifestarsi. Sulle prime, i tre ambasciatori, in conformità del programma della « indipendenza e integrità
dell'Impero ottomano » si trovaron sufficentemente concordi nel
concetto di legare il più strettamente possibile a quest'ultimo i due
Principati; se non che, le istituzioni puramente parlamentari, sulle
quali insisteva lord Stratford, parvero agli altri membri della Con-

ferenza soverchiamente arrischiate. In conseguenza di ciò al gran
Visir, che si disponeva a recarsi il 13 febbraio al Congresso di
Parigi, si potè dare soltanto, il giorno 11, un programma concordato, ma insufficente, il quale, come in parte già s'è veduto
dagli elementi entrati in campo, venne immediatamente a Parigi
sopraffatto.

Perchè sia possibile tener dietro con vero interesse alla lunga
lotta diplomatica e nazionale che da questo punto incomincia, e
s'è quindi svolta successivamente, intorno al nuovo ordinamento
dei Principati, è necessario gettare uno sguardo sulla loro importanza strategica, e sulla storia loro precedente, nella quale, come
in una *camera oscura*, si rispecchia la politica orientale della Russia.

L'odierna Rumenia, posta sulla sinistra riva del Danubio, è come
il ponte che in Europa congiunge la Russia con la Turchia; e, in
conseguenza degli attacchi periodicamente rinnovatisi della prima
contro quest'ultima, essa ha acquistata un'importanza notevole per
l'Europa in generale, e in particolare per l'Austria. L'antica Dacia,
di cui la Rumenia attuale non è che una parte, fu fino *ab antiquo*
campo di battaglia di più genti bellicose; ma quantunque, dopo
la conquista di cotesta regione per opera di Traiano e il ripopo-
lamento di essa per i coloni di Roma, vi durasse ancora per secoli
l'irruzione dei Barbari, il sangue latino v'è rimasto predominante.
Una tal condizione di cose è assai degna di nota; tanto più che,
nonostante le immense lacune che ci presenta la storia di quei
paesi al tempo delle grandi migrazioni di popoli e dell'età di mezzo,
è possibile stabilire che, oltre alla Moldavia e alla Valacchia —
che al tempo della guerra di Crimea contavan più di quattro
milioni di Rumeni —, un milione e 200.000 se ne trovavano ancora
nel Banato ungherese e distretti limitrofi, 800.000 nella Transilvania,
altrettanti nella Bessarabia, e 380.000 nella Bucovina; il che è da
ascrivere sia a una parziale precedente dominazione in coteste
regioni di principi romanici, sia alla fecondità di quel popolo,
che richiama alle sue origini meridionali (1). Già il Gibbon scri-

_____

(1) Cfr. i dati statistici in: UBICINI, *Valachie*, *Moldavie*, *Bukovine*, *Bessarabie*, nell'*Univers pittoresque*, Paris, p. 4. I recenti dati statistici, specie
quelli di DEMETRIO STURDZA nell'articolo *Rumenia* nella 4.ª ediz. del *Conversations-Lexikon* del MEYER, dànno la popolazione del Regno di Rumenia in
6.218.000 ab. — Il *Conversations-Lexikon* del MEYER all'art. *Rumeni* (di autore
diverso) stima il numero complessivo di essi in 9.632.000, dei quali 5.500.000

veva (1): « I Valacchi son circondati da Barbari, pur senza mescolarsi con essi »; e uno storico più recente, il Cogalniceano (2), parlando del passato come del presente, insiste ancora sopra cotesta caratteristica, là dove dice: « Nè i Goti nè i Gepidi nè gli Unni ebbero influenza sovr'essi. I Valacchi non mutilavano ai loro neonati « — come gli Unni operavano — la faccia, perchè facessero prima col « ferro conoscenza che col latte materno; nè, come gli Avari, ag- « giogavano le lor donne all'aratro; e non recidevano il pollice, come « gli Sciti, agli schiavi. I Rumeni non vollero mai congiungersi a « donne d'altre nazioni; essi abborrivano da siffatti congiungimenti, « e cotesta avversione dura tuttora. Un contadino moldavo o valacco « non vorrà mai prendere in moglie un'ungherese o una polacca od « altra straniera qualsiasi. Egli sta scrupolosamente al suo motto: « Se prendi donna, devi conoscere la sua origine e il suo ceppo ».

Senza voler tener conto più da vicino delle notizie — spesso assai divergenti tra loro — d'antichi e di recenti scrittori intorno all'origine e allo sviluppo del popolo rumeno, riprenderemo con maggior certezza il filo della loro storia da quel periodo dal quale si determina il loro diritto pubblico rispetto alla Porta, e, indirettamente, all'Europa, e ch'è diventato, nonostante le molte offese, il punto di partenza della lor vita politica per insino al nostro tempo. — Dopo che, a partire dal terzo e fino all'undecimo secolo, Goti, Unni, Gepidi, Avari, Slavi, Bulgari, Ungheri, Pecenegi e Cumani ebbero gli uni dopo gli altri occupata l'antica Dacia, fondando quivi, durante l'indebolimento di coteste varie immigrazioni, dei minori Banati autonomi, che furono in parte assoggettati dagli Ungheri, due maggiori Stati, geograficamente l'uno all'altro connessi, ne sorsero nel secolo decimoquarto: la Valacchia e la Mol-

nella Rumenia stessa, 1.172.000 in Ungheria, 1.500.000 in Transilvania, 210.000 in Bucovina, in Russia 1 milione, e 250.000 in Bulgaria e Serbia. — Il RECLUS nella *Nouvelle géographie universelle*, Paris, 1875, calcola i Rumeni in tutto a 8.995.000, di cui 5.180.000 nella Moldo-Valacchia e 2.896.000 nell'Austria Ungheria. Nella parte intitolata « l'Europe méridionale » p. 245, scrive: « Sotto l'aspetto delle razze e non della politica ufficiale, la vera Rumenia è di molto più ampia che non indichino le carte. Essa non consta solo della Valacchia e della Moldavia con la Bessarabia russa, ma si estende per metà della Bucovina, e di là dai monti comprende la maggior parte della Transilvania e una larga zona nel Banato dell'Ungheria orientale ».

(1) *History of the decline and fall of the Roman empire*, cap. XI.
(2) *Histoire de la Valachie, de la Moldavie, etc.*; Berlin, 1837, I, pag. 26.

davia. Mircea I, principe di Valacchia, in presenza delle ostilità del re Sigismondo d'Ungheria e d'altri poco propizii avvenimenti, stimò per miglior partito concludere nel 1391 con Baiazet I una Capitolazione, che garantisse l'indipendenza del suo Principato. Non esiste di tale accordo nessun documento in forma bilaterale, bensì solo un diploma alla guisa di quei firmani che già abbiamo imparato a conoscere come atti di tutela dei Cristiani nell'Impero ottomano; sennonchè appunto cotesta sua indeterminatezza secondo il concetto del diritto delle genti europeo è una prova dell'intima saldezza d'un tal compromesso, che, nonostante gli strappi reciproci e i molteplici intrighi degli Stati di fuori, s'è conservato per quasi cinque secoli col significato dell'autonomia del territorio rumeno. In quel diploma il sultano Baiazet dichiara: « Per effetto « della nostra grande benignità, noi concediamo che il Principato di « Valacchia, novellamente assoggettato dalla nostra invincibile po- « tenza, si governi, come il suo principe, secondo le proprie sue « leggi; e che il principe di Valacchia abbia il diritto così di far « guerra come di concluder paci e amichevoli alleanze con i vicini « suoi; e gli competa sopra i suoi sudditi diritto di vita e di morte. « I principi cristiani dovranno essere eletti dai Metropoliti e dai « Boiari; e per tal grazia, e perchè noi abbiamo annoverato cotesta « regione nell'elenco delle altre terre soggette alla nostra protezione, « essa dovrà pagare al nostro imperial tesoro un annuo tributo di « tremila piastre rosse » (1). Secondo le tradizioni rumene, però, non si tratterebbe punto di un assoggettamento ottenuto con la forza delle armi; e la condizione assolutamente eccezionale che già in questa prima convenzione, e nelle più tarde del pari, venne concessa ai Principati della riva sinistra del Danubio dai Sultani altamente vittoriosi e superbi, sembra dimostrare, che qui molta parte si deve dare all'enfasi dello stile orientale e della forma autocratica delle loro convenzioni. — Quella Capitolazione venne

---

(1) Secondo il testo della nuova ampia e importante raccolta: *Acte si Documente relative la Istoria renascerei romaniei*, pubblicata da PETRESCU, vescovo di Arges, DEMETRIO A. STURDZA, e DEMETRIO C. STURDZA; Bucarest, 1888-89, I, p. 2, riproducente i documenti nella lingua originale e in francese: prima del cui apparire in luce era poco men che impossibile scrivere una storia delle agitazioni che in Europa tenner dietro al trattato di Parigi. La riproduzione del relativo contenuto delle Capitolazioni rumene nelle varie opere storiche differisce non poco da luogo a luogo.

violata ben presto da ambe le parti; perchè i Turchi penetrati di mano in mano nell'Ungheria misconobbero i diritti concessi, e Mircea I nel 1395 fece comunella con Sigismondo d'Ungheria contro Baiazet.

L'anno 1460, tra il principe Vlad Tzepesch (il Cerbiatto) e Maometto II si venne a un nuovo accordo, che suggellava un'altra volta la supremazia della Porta rispetto alla Valacchia, e in forza del quale il Sultano s'obbligava per sè e per i discendenti a proteggere la Valacchia e a difenderla contro i suoi nemici verso un tributo annuo di diecimila ducati. Tale accordo concluso col potente conquistatore di Costantinopoli è, comunque, una prova non dubbia che i Rumeni inspiravano agli Osmani un notevole rispetto; infatti, in perfetta conformità con lo spirito di nazionale indipendenza dei Rumeni, il Sultano dichiara che i Turchi non dovranno ingerirsi delle questioni interne del paese, nè avervi possessi fondiarii, o abitare colà, nè possedervi infine alcun luogo appartato per le loro preghiere. Nessuno dei Turchi poteva prender seco un famiglio valacco, nè dell'uno nè dell'altro sesso. Solo un uffiziale imperiale poteva una volta all'anno recarsi a Tirgovist per riscuotere il tributo. Le antiche disposizioni riferentisi all'autonomia assoluta della Valacchia venivano espressamente confermate.

Nonostante i vantaggi di cotesti patti, per il cui mantenimento però da parte della Turchia non sussisteva certo sicurezza di sorta, Vlad Tzepesch a un anno solo di distanza si ribellava, alleandosi a Mattia Corvino, invadendo la Bulgaria, compiendovi ingenti devastazioni, traendone seco ben 25.000 captivi, tra cui eran donne e fanciulli, che fece impalare e crocifiggere in massa. Allorchè gli inviati di Maometto II, che venivano a Vlad con proposte di pace, ricusaron di scoprirsi il capo dinanzi a lui, egli fece loro inchiodare il turbante sulla testa. In seguito a ciò, Maometto si spinse con un potente esercito nella Valacchia, e nella sua marcia contro Bucarest, passando per la campagna dove i 25.000 Turchi e Bulgari pendevano dalle croci e dai pali: « Come mai poss'io — esclamò il Sultano — privare del suo regno un uomo, che per conservarlo non rifugge da tali mezzi! ». — Conquistata dai Turchi la Valacchia, Vlad venne mandato prigioniero a Pest, dove rimase quattordici anni, per esser poi assassinato dopo altri due anni di regno.

La Moldavia passò alla condizione di vassallaggio verso la Turchia solo un mezzo secolo più tardi. Quando il suo principe Stefano il

Grande, carico di gloria, dopo quarantott'anni di regno e giunto
al settantunesimo dell'età sua, sentì appressarsi la propria fine,
nella previsione che, nonostante le sue vittorie sopra Turchi, Ungheresi, Polacchi, la Moldavia non avrebbe potuto resistere contro
l'incalzar dei nemici, convocò nel 1504 un'assemblea a Suceava,
nella quale consigliò al figlio Bogdano di porre la Moldavia, secondo l'esempio della Valacchia, sotto la protezione del Turco. Per
tal modo nel 1511 fu stretto, fra Bogdano III e Baiazet II, un terzo
compromesso, nel quale quest'ultimo riconosceva essere la Moldavia
paese libero e non di conquista, e ne garantiva la piena autonomia; imponendole tuttavia l'obbligo, in caso di guerra, di prestare
alla Porta il servizio delle armi (1). Inoltre, il principe doveva contribuire annualmente in dono al Sultano 4000 ducati turchi (11.000
piastre), quaranta falconi e quaranta cavalli.

Un altro trattato, che il principe moldavo Basilio il Lupo avrebbe
concluso col Padiscià nel 1634, e il cui tenore del resto poco differisce dal precedente, è storicamente troppo poco accertato perchè
possa qui riferirsi come documento probante (2).

Il periodo di circa cinque secoli che va dalla costituzione della
Moldavia e Valacchia come Stati autonomi fino alla pace di Parigi
può dividersi in quattro età: quella dell'indipendenza della Turchia,
durante la quale i Principati furon retti da principi nazionali, e
che va circa fino al principio del secolo XVI; quella della dipendenza dal Turco, dove s'ebbero molti atti arbitrarii della Porta
e molte deposizioni, ma anche delle detronizzazioni intestine, e che
termina nel secolo XVIII al tempo dei principi Fanarioti; quella

---

(1) Che anche la Valacchia dovesse prestar servizio di guerra, risulta dal
fatto che Scerban Cantacuzeno, tra altri, comandò sotto gli ordini del gran
Visir Kara Mustafà dinanzi a Vienna un proprio distaccamento valacco, la cui
croce foggiata in istile bizantino s'è conservata a Vienna come trofeo.

(2) Nella raccolta di PETRESCU e STURDZA sono indicate, circa i tre trattati,
le fonti seguenti (vol. I, p. 8): quello del 1393, dal testo greco di DIONIGI
FOTINO, « Ἱστορία τῆς πάλαι Λαχίας », 1819, III, p. 369; quello del 1460 dal testo
del TOUNOUSLI, « Ἱστορία τῆς Βλαχίας », 1806, p. 128; quello del 1571 secondo
il Gran Logoteta NICCOLÒ COSTIN, nell'opera « Tractatele vechi ce a avut Mol-
dova cu Poarta ottomana in Arhiva Romaneasca de Mihail Kogalniceanu »,
Jassi, 1845, II, p. 347-64. Questi dati sono tanto più importanti, in quanto
che gli originali rumeni furon preda delle fiamme. Fotino però dichiara che
il gran Bano Giovanni Vacarescu, durante la sua dimora a Costantinopoli, fece
trascrivere con ingente spesa negli Archivi Turchi i diplomi del 1393 e del 1460.

finalmente delle occupazioni russe, che con poche interruzioni durò
fino allo scoppiar della guerra di Crimea. Non è nostro còmpito
di seguir codesta storia in tutti i suoi particolari, bensì solo nelle
relazioni ch'essa ha con le questioni *europee* che si vennero di
mano in mano accentuando. Se non che, per dare un'idea delle
condizioni interne ed esteriori dei tormentati paesi al principio
del secolo precedente, ci sia concesso qui di far cenno almeno del
tramonto degli ultimi principi indigeni.

Costantino Brancovano, il quale dall'Austria era stato insignito
del titolo di Principe del Sacro Romano Impero, venne dai Boiari
stessi accusato presso la Porta d'alto tradimento contro di essa;
e il 23 marzo del 1714 un Agà turco accompagnato da 12 giannizzeri entrava nel palazzo di Bucarest, e gli gettava sulle spalle
il velo fatale, che significava la sua destituzione. Insieme· con la
principessa, con quattro figliuoli, quattro generi suoi, la nuora, un
nipote e il fido suo cancelliere Vacarescu egli venne tratto a forza
a Costantinopoli, senza che una mano si levasse in sua difesa.
Sebbene solo la metà dei suoi tesori fosse stata portata a Costantinopoli, il Sultano fu altamente meravigliato della loro ricchezza;
e per cinque giorni fece sottoporre lui e i figli e Vacarescu alla
tortura, perchè indicassero il nascondiglio del resto. Riuscito vano
il tentativo, fu a lui e agli altri tutti mozzato il capo. Il suo nipote
Stefano III Cantacuzeno subì poco appresso la medesima sorte. La
moglie di lui con i figliuoli dovette andarne mendicando per Costantinopoli, e visse gli ultimi anni a Pietroburgo della generosa
pietà degli Zari.

La miglior testimonianza delle violente condizioni dei paesi rumeni in quel tempo s'ha dalle frequenti mutazioni del soglio. Nella
Valacchia, dal 1418, cioè dal principio delle sue condizioni di vassallaggio, fino al 1716, anno in cui incomincia la signoria dei Fanarioti, s'hanno non meno di 57 trapassi del trono d'uno in altro
principe; nella Moldavia, dal 1538 fino al tempo medesimo, 55;
mentre è pur da considerare che alcuni singoli principi — come
per 26 anni Costantino Brancovano, per 22 anni Matteo Bessaraba
nella Valacchia, per 20 anni Basilio il Lupo nella Moldavia — re-
gnarono relativamente a lungo (1). Nello spazio di 90 anni, dal 1420
al 1510, secondo un recente scrittore rumeno, furono imposti ai

---

(1) V. il prospetto cronologico in UBICINI, *Valachie, Moldavie, etc.*, p. 219-21.

Valacchi — da Amurat II, da Sigismondo, da Giovanni Hunyadi, da Stefano IV principe di Moldavia, da Maometto II e da Baiazet II — dodici principi; e se d'altra parte si ricerchi come abbiano avuto termine i 57 regni che vanno dalla morte di Mircea I nel 1418 fino all'insediamento dei primi Fanarioti nel 1716, si vedrà che ben 51 di essi finirono parte per la morte del principe sul campo di battaglia o per lotte intestine con gli aspiranti al trono, parte per assassinio, destituzione o bando, pronunziato sia dai Boiari stessi, sia dagli stranieri. E nondimeno, i primitivi periodi, durante i quali si ricordano eroi come Stefano il Grande e Michele il Valoroso, e legislatori come il Grande Rodolfo, Basilio il Lupo ed altri, e dove fu almeno concessa la soddisfazione d'esser retti, in mezzo alle condizioni generali del diritto del più forte, da principi nazionali, possono ancor oggi considerarsi dai Rumeni come relativamente soddisfacenti, in confronto all'ignominia di vedersi angariati dalla cupida avarizia di signori stranieri.

Il tenace elemento greco doveva esercitare sul maomettano vincitore una specie di vendetta in questo senso: che, sfruttando abilmente l'ignoranza sua delle condizioni esteriori, gli s'impose come intermediario verso le Potenze straniere. Così sorse dapprima, per opera di Panaioti Nicusi (1666) e di Maurocordato, il decisivo influsso delle famiglie fanariote, alcuni membri eminenti delle quali divennero, per la loro conoscenza delle lingue, dragomanni del Divano è della Marineria. In siffatti uffici ebbe una parte importantissima specialmente il dottissimo Alessandro Maurocordato, il quale fu il rappresentante della Turchia nelle trattative di Carlowitz.

Per avvincere più strettamente al corpo dello Stato la Moldo-Valacchia senza ridurla — ciò che per le Capitolazioni sarebbe stato difficile — a un semplice Pascialato, la Porta ricorse all'espediente di concedere alle famiglie dei Fanarioti la dignità di *Ospodari*. Essa pensava di raggiungere per tal modo una maggior sicurezza contro i legami segreti dei principi rumeni con gli Stati vicini; ma la funzione dello Stato rumeno ebbe a soffrirne un mutamento significante, inquantochè il trono, che in origine era concesso a vita, venne quind'innanzi a esser dato per soli tre anni, e gli Ospodari perdettero il diritto di tener proprie milizie, di concluder trattati e di dichiarare la guerra. Ma il peggio fu che la Porta incominciò a distribuir la dignità di Ospodaro ai maggiori offerenti, i quali poi cercavan di rifarsene taglieggiando il paese stesso, per arricchirsi. Ne venne un sistema d'interno marasmo, che corrose la nazione fin dentro al midollo; e tutti gli storici son concordi nel giudicare cotesto periodo, che va dal 1716 al 1792, come il più funesto nella storia della Rumenia. Assai notevoli per tali caratteristiche del periodo fanariota sono gli scritti del greco *Zallony:* «Essai sur les Phanariotes» (1), del *Del Chiaro:* «Rivoluzioni della Valacchia», di *Michele Anagnosti:* «La Valachie et la Moldavie», ecc., dei quali tralasciamo di dar degli estratti perchè n'abbiamo dei ben più notevoli di più recenti ricercatori, che hanno attinto direttamente alle cronache antiche. Nell'opera per le scuole «Rustul politicei romane», d'un uomo di Stato della Rumenia (2), è detto: «Stranieri al ceppo rumeno, senza «alcuna relazione diretta col paese a capo del quale si trovavano, «anche i migliori tra i Fanarioti potevano soltanto sentire e operare «in pro dei Greci bizantini. Dopo la presa di Costantinopoli per «opera dei Turchi, costoro, rimasti senza patria, erano emigrati in «massa nella Moldavia e nella Valacchia, i soli paesi in Oriente che «nel sedicesimo secolo godessero d'un governo autonomo. Qui tro- «varon protezione contro la crudeltà del Turco. Ma in iscambio di «esser grati ai Rumeni d'averli scampati dal yatagan musulmano, «seminarono in cotesti paesi il germe di gravi malanni, che durano «ancora al presente. Essi hanno importato tra i Rumeni la rinne- «gazione della patria, l'ipocrisia, il tradimento; abusato dell'unità «della fede religiosa per acciuffare a poco a poco in loro profitto «i beni dei conventi nazionali, e arricchirne il clero greco e i monaci «greci. Per simil modo, hanno sfruttato per sè soli l'influenza dei «due paesi e della nobiltà rumena in Costantinopoli. Dapprima per «via di matrimonii e di raggiri si sono insinuati nella nobiltà, e «dipoi han cacciati dai loro posti quelli del paese. Così si son gua- «dagnata presso i Turchi un'influenza sempre crescente, finchè da «ultimo pervennero agli alti uffici di Dragomanni e più tardi di «principi della Moldavia e della Valacchia. E tale influenza, acqui- «stata per mezzo delle terre rumene, volsero poi a tradirle e a trarle

---

(1) *Essai sur les Phanariotes* par MARC PHILIPPE ZALLONY, Docteur en méde-cine, ancien médecin de Jussuf Pascha, Grand Vizir, de plusieurs ministres de Sa Hautesse, et de divers Princes Hospodars Phanariotes; Marseille, 1824.

(2) Bucarest, 1887.

« a rovina. Abusarono delle forze materiali e morali di queste per
« liberare i Greci dal duro giogo della servitù; ma in pari tempo
« tradirono non solo i Rumeni, ma i Turchi stessi. Da questi eb-
« bero tale autorità, che li pose in grado di venire prima in aiuto
« delle stirpi greche duramente provate dalla sventura, ma di utilizzar
« poi le medesime per trarre a precipizio la dominazione ottomana.
« — Fu la Rumenia il tesoro inesauribile, per mezzo del quale con-
« seguirono autorità e potenza. La loro politica si fondò sulla frode
« e sull'inganno, sull'insidia contro amici e nemici; e ha lasciato
« dietro a sè solchi profondi, non colmati ancora. I Fanarioti hanno
« posto il fondamento primo dell'insensibilità ai mali del popolo,
« dell'indifferenza verso i bisogni del paese, dell'inosservanza delle
« leggi, della ripugnanza all'onorato lavoro per il bene della Nazione,
« della sfiducia contro ciò ch'è nazionale, dell'ammirazione e del-
« l'imitazione scimmiesca d'ogni cosa forestiera. Essi vengono a
« capo chino a ossequiare i generali stranieri, e a baciar le pan-
« tofole dei Pascià, per rimettersi poi a operar senza riguardi come
« strumenti d'interessi estranei ed ostili, ai quali hanno sempre
« supinamente servito ».

In un libro anche più recente (1), il giudizio dei Fanarioti è — se
possibile — più severo ancora; e se riferiamo anche codesto, gli
è perchè una tale esposizione vale a chiarire certi fenomeni odiosi
e tuttora d'attualità nella compagine dello Stato rumeno. « Il regime
« fanariota » si attesta quivi, « fu una vera associazione di malfattori.
« Il principe greco, al quale il trono era costato di bei denari sonanti
« sborsati ai Pascià, al Gran Visir e al Sultano medesimo, non aveva
« altro pensiero all'infuori di quello d'accumulare al più presto possi-
« bile i mezzi necessarii per pagare i suoi debiti — che spesso am-
« montavano a due e fino a tre milioni di piastre —, e per sopperire a
« Costantinopoli alle spese necessarie, sia per la conservazione del suo
« ufficio, sia per le conseguenze della sua deposizione ». Uno scrittore
di cronache di quel tempo dice: « Quando la dignità principesca
« è perduta, i Fanarioti si preparano per riafferrarla; quando ne sono
« in possesso, si preparano per il tempo che ne saranno allontanati.
« A tal uopo, si portan dietro da Costantinopoli tutt'una carovana
« di parenti greci e di servitori greci, tra i quali distribuiscono gli
« impieghi dello Stato. Dipoi, elevano del doppio, del triplo, del decuplo

---

(1) Tocilescu, *Historia Romana*, Bucarest, 1889.

« le antiche gravezze, ne creano di nuove e maggiori, e fanno in modo
« che la Porta richieda i mezzi d'approvvigionamento per la capitale
« dell'Impero (pecore, frumento, burro, cera, legname da costruzione),
« per avere occasione di far bottino per sè, non solo trattenendosi
« i decimi delle cose esportate, ma sfruttandone anche i mezzi di
« trasporto. Infine, se anche cotesto non riesca, diminuiscono il valore
« del denaro al momento dell'esazione delle gabelle, e lo rialzano
« quand'essi medesimi han da eseguire dei pagamenti. Tutti gli uffici
« civili ed ecclesiastici si vendono; ed essi hanno tutto il clero nelle
« loro mani. I beni dei Boiari ai quali hanno avversione vengono
« confiscati, ed essi medesimi, col pretesto d'uno o d'altro delitto ·
« di tradimento, son fatti assassinare o cacciati in bando dal paese.
« I Boiari *fanarioti* poi imitano l'esempio dei loro signori ».

Per siffatta guisa fu il paese tutto quanto materialmente e moralmente tratto a rovina; e gli ultimi principi di origine rumanica,
se vollero in qualche modo sussistere, dovettero al pari dei Boiari
legarsi per connubii coi Fanarioti, e prender parte, di conseguenza,
alle ruberie e illegalità dei Greci, preparando così la morte della
lor patria.

A far compiuto il quadro di tali avvenimenti, aggiungeremo ancora come, per lo spazio d'un secolo, solo dalle famiglie fanariote
dei Maurocordato, Ghika, Racowitza, Callimachi, Moruzzi, Sutzo,
Maurogheni, Ypsilanti e Caraghea furon tratti esclusivamente gli
Ospodari della Moldo-Valacchia. Nello spazio di 95 anni s'ebbero
nella Moldavia, distribuiti tra 22 persone, 31 mutamenti di trono;
nella Valacchia, in 89 anni, 29 tra 19 persone. Costantino Maurocordato lottò durante 33 anni contro tre dei Rakowitza e cinque
dei Ghika per la successione al trono, e l'ebbe non meno di nove
volte.

A tale decadenza della vita nazionale della Rumenia veniva a
esser data una nuova piega, così nelle questioni interne come nelle
esteriori, dalla politica orientale iniziata dalla Russia.

XXIII.

La Russia e i Principati danubiani

Invocazione di soccorso dei Rumeni alla Russia nella seconda metà del secolo XVII.
- Primi trattati della Russia con la Turchia. - Cammino progressivo fatto dai
Russi verso il conseguimento d'una signoria tutoria sopra la Moldo-Valacchia.
- Il trattato di Bucarest, e le parti sostenutevi dall'ammiraglio Ciciagow e da
Kutusow. - La *Etairía*. - Ypsilanti e Tudor Vladimirescu. - Caduta dei Fanarioti. - I Principi nazionali nella dipendenza dalla Russia. - Proposta della
Russia alla Porta per l'istituzione di tre Principati greci con Ospodari, come
nella Moldo-Valacchia. - Il concordato di Akkerman. - Spogliazione inaudita
dei Principati per opera della Russia, durante la guerra del 1829. - La pace
d'Adrianopoli; beneficii che ne venuero alla Rumenia. - Elaborazione e applicazione del *Règlement organique*. - Il conte Paolo Kisselew, comandante in capo
dell'esercito d'occupazione e Presidente con pieni poteri dell'amministrazione
civile. - Giustificazione della cosiddetta *ingratitudine* delle nazionalità cristiane
in Oriente verso la Russia. - Gli strappi recati al *Règlement organique*. - Gli
avvenimenti della Rumenia in seguito alla rivoluzione del febbraio; il programma
nazionale, l'intervento della Turchia e l'accordo di Balta-Liman. - Gli opuscoli
rumeni sul mercato librario di Parigi durante la guerra di Crimea, e la lotta
contro il programma della diplomazia europea.

La forza d'attrazione che sulla Russia — sempre più tratta ad
espandersi verso il Sud-ovest — esercitavano le sue condizioni
stesse geografiche e religiose, doveva, prima o poi, farla gravitare
verso la Rumenia; non è men vero tuttavia che i Rumeni stessi
chiamarono i Russi nel loro paese. Dopo che i Principi rumeni
ebber fatto causa comune con i Polacchi contro la Turchia, cagionando così l'11 di novembre del 1673 la disfatta di questa a Chokzim
per opera di Giovanni Sobieski, essi nella tema della vendetta degli
Osmanli, ricorsero per aiuto ai Russi. Nel 1674, mandarono il monaco
russo Teodoro, del monte Athos, allo Zar Alessi, per invocare la

sua protezione. Questi pose loro per condizione che si scioglizzero dai Polacchi; e, sotto riserva della lor sottomissione, promise e mezzi in danaro e l'aiuto suo contro gl'Infedeli (1). Nel 1688, Costantino Cantacuzeno, principe dei Valacchi, mandava ancora l'Archimandrita Isaia del monte Athos con nuove proposte di sottomissione a Mosca. E Pietro il Grande prometteva anzitutto il suo aiuto contro il Can di Crimea; e poneva per condizione che i Valacchi non dovessero assoggettarsi ad altri Stati (2).

A farsi un giusto concetto degli enormi progressi raggiunti in un tempo relativamente breve dalla Russia di fronte all'Impero ottomano, è d'uopo gettare uno sguardo sugli antecedenti trattati conclusi tra le due Potenze. Il primo di essi, tra Pietro il Grande ed Achmet III, è quello del Pruth, del 21 luglio 1711, che presenta un carattere addirittura vituperoso per la Russia. Com'è noto, esso fu concluso tra il vice cancelliere barone Pietro Schattirow e il maggior generale conte Michele Cherementieff, poichè alla Zarina fu venuto fatto di subornare, per mezzo dei tesori in tutta fretta ammassati, il Gran Visir Baltagi-Mòhamed Pascià, e ottenerne la liberazione di Pietro il Grande dalla prigionia. Nel testo francese (di cui conserviamo anche le particolarità ortografiche riprodotteci da *Petrescu* e *Sturdza*) esso trattato suona:

Traité de Paix entre Sa Majesté Czarienne Pierre Alexiowitz et Achmet Han Sultan des Turcs, par lequel la Forteresse d'Azof doit estre rendue a la Porte Ottomane, avec demolition de quelques autres Places et Forts. Fait au Camp des Turcs près de la Rivière de Pruth le 6 de la Lune Gemaiel-Achir l'an de l'Hegire 1123 et le 21. Juillet 1711.

La raison de cet Ecrit auquel on doit ajoûter foi est: Que par la Grâce de Dieu la Victorieuse Armée Musulmanne, ayant étroitement resserré le Czar de Moscovie avec toute son Armée dans le voisinage de la Rivière de Pruth, il a lui-même demandé la Paix, et sur ses Instances, les Traites et Articles ont été reglez et accordez en la manière qui suit.

1. Qu'il rendra la Forteresse d'Azoph avec son Territoire et ses dépéndances, dans le même état où elle étoit quand il la prit.

2. Que Faiganrock, Kamenki, et le nouveau Fort, construit sur la Rivière de Saman, seront entièrement démolis, sans que jamais on puisse faire bâtir d'autres Forts au même lieu; et que le Canon avec les Munitions du Fort Kamenki, seront laissez à la sublime Porte.

---

(1) Cfr. *Étude historique sur le Peuple roumain* di A. D. XENOPOL, professore di storia all'Università di Iasci; 1888, pag. 54.

(2) *Collection des documents et conventions de la Russie* (in lingua russa); IV, pag. 591; citato da XENOPOL, pag. 55.

3. Que le Czar ne se mêlera plus des Polonois ni des Cosaques, qui dependent d'eux, et qu'on apelle Barabasci et Potcati, non plus que de ceux qui dependent du trés heureux Han-Doulet-Gherai, mais qu'il les laissera sur l'ancien pied et qu'il retirera toutes ses forces de leur Païs.

4. Que les Marchands pourront venir avec leurs Marchandises sous la Domination bien gardée; mais que perssonne ne pourra résider à la Haute Porte en qualité d'Ambassadeur.

5. Que tous les Musulmans qui ont été fait Prisonniers, ou Esclaves par les Moscovites, avant ou pendant cette Guerre, seront remis en liberté.

6. Que le roi de Suéde s'etant rangé sous les Aîles de la puissante Protection de la Haute (Porte), aura un libre et sûr passage pour s'en retourner, sans pouvoir y être empêché, ou retenu en aucune manière par les Moscovites; et que la Paix se fasse entr'eux, s'ils sont inclinez à la faire, et s'ils peuvent s'entendre entr'-eux.

7. Et a l'avenir il ne sera fait aucun tort ou dommage par la Porte aux Moscovites, comme pareillement ceux-ci n'en feront point aux Sujets et dépendans de la Haute Porte.

La Bonté Royale et infinie de mon très Puissant et Gracieux Seigneur et Empereur est supliée qu'il lui plaise de ratifier les susdits Articles; et d'oublier la précédente mauvaise conduit du Czar.

C'est en la manière ci-dessus exprimée, qu'en vertu du Plein-Pouvoir, qui m'en a été donné, j'ai fait la Paix avec lui, et lui en ai consigné l'Instrument. Nous conviendrons aussi des Otages, que seront donnez par le Czar, pour l'accomplissement des Articles, qu'il contient. Pareillement les Traitez de Paix appellez Temeruki seront échangez de part et d'autre; et ensuite l'Armée du Czar pourra s'en aller librement en son Païs, par le plus court chemin; sans qu'il soit fait aucun empêchement par l'Armée Victorieuse, ni par les Tartares, ni par d'autres. Tous les Articles ci-dessus seront éxécutez, et la Capitulation echangée des deux côtez; ensuite de quoi, et après que tout aura été à éfet, nous donnerons congé aux deux Otages, qui se trouvent présentement dans l'Armée Victorieuse, savoir le Renommé entre les Grands de la Nation du Messie le Chancelier Privé, Baron Pierre Schaphirof, et le Petit-fils de Czeremet Mihel de Boriz, desquels la fin soit heureuse; et nous leur permettrons aussi-tôt de retourner en leur Païs.

En foi de quoi le présent Instrument a été signé au susdit Camp le 6 de la Lune Semaiel-Archir de l'an 1123; ou le 21, de Juillet 1711 (1).

---

(1) V. PETRESCU e STURDZA, I, p. 97, con l'indicazione che questo testo francese è tolto da una copia inviatane da un ambasciatore a Costantinopoli (noi supponiamo che provenga dall'Archivio di Stato austriaco). Al testo francese segue, alla pag. 98, una variante latina dello strumento, firmata da uno dei plenipotenziari russi, la quale è detta essere stata comunicata dall'inviato russo agli Stati generali d'Olanda. Il HAMMER nella sua Storia dell'Impero Ottomano e lo ZINKEISEN nella Storia dell'Impero Ottomano in Europa, dànno solo del trattato del Pruth un estratto sommario, senza riportare i gravi apprezzamenti ch'esso contiene secondo il testo da noi dato qui sopra.

Il secondo trattato, steso in lingua italiana (1), cioè quello di Costantinopoli del 16 novembre 1720, non è propriamente se non un
commentario del trattato del Pruth, press'a poco come più tardi
quello di Akkerman non fu se non un commentario di quello di
Cüciük-Cainargi; e in esso la Russia, acconsentendo a certe concessioni apparenti, ha cercato d'ottenere un'attuazione delle più
dure disposizioni del trattato del Pruth. Esso è interessante anche
perchè qui per la prima volta viene stipulato (art. 11.°) il diritto del
pellegrinaggio dei sudditi russi a Gerusalemme. Ma soprattutto ha
importanza il fatto che con codesto atto aggiuntivo e d'integramento
la Russia otteneva anche la concessione d'un rappresentante diplomatico presso la Sublime Porta.

Il terzo trattato, quello di Belgrado, del 18 settembre 1739, concluso
in nome della Russia dall'ambasciatore francese presso la Corte
ottomana, marchese di Villeneuve, contiene all'art. 3.° la disposizione
— specialmente notevole per la nostra esposizione storica — che
la Russia non dovesse costruire una flotta di guerra nè nel Mar
d'Azow nè nel Mar Nero.

Le altre due Convenzioni, del 2 e del 28 ottobre 1739, si riferiscono solo a interessi di second'ordine relativi ai trattati precedenti. Nei lavori preparatorii per la nuova costituzione dei Principati,
a cui s'accinsero gli ambasciatori a Costantinopoli nell'anno 1856,
e dei quali, secondo l'accenno già fattone più sopra, dobbiamo ora
più davvicino occuparci, il conte v. Prokesch-Osten determina le
relazioni reciproche della Russia e della Turchia nel modo seguente (2): « La Russia è pervenuta al protettorato (dei Principati
« danubiani) soltanto a passo a passo. Dapprima, con l'art. 16.° del
« trattato di Cainargi, essa ottenne il poco significante diritto del-
« l'intervento (intercessione), e con l'atto di Akkerman (1826) quello
« della rappresentanza. Il trattato d'Adrianopoli (1829) le diede
« il diritto di vigilanza e d'una occupazione temporanea. Solo per
« una disposizione del *Règlement organique* del 1831 essa potè
« stipulare effettivamente l'esclusivo Protettorato. Tale protettorato
« fu cagione dello sconvolgimento del 1848, per modo da rendere
« necessario il Sened di Balta–Liman (1849), che contiene la re-

_____

(1) Così il testo tedesco del BAMBERG (« in *italienischer* Sprache »); ma credo
che debba dire *francese*.   (*N. del T.*).

(2) Raccolta PETRESCU e STURDZA; II, pag. 925-6.

« scissione delle principali disposizioni politiche di quel *Regola-*
« *mento,* con l'autorizzazione di eventualmente occupare i Principati.
« L'effetto conseguente della preponderanza russa furono quattro
« occupazioni militari nello spazio di mezzo secolo ».

A cotesta esposizione devesi aggiungere però, che già il trattato
di Cüciük-Cainargi conteneva ben più che non il solo diritto —
stimato insignificante — dell'intervento. Cotesta non è che la decima
concessione che si contiene in quegli importanti paragrafi a favore
dei Principati, mentre i nove paragrafi precedenti hanno una de-
terminatezza e un'entità di gran lunga maggiore del più volte citato
art. 7.º, dal quale la Russia pretese di derivare il suo protettorato
sui Cristiani in tuttoquanto l'Impero ottomano. Inoltre, in cotesta
esposizione riassuntiva dei progressi della Russia in Oriente non
è punto fatto cenno del trattato di Bucarest, concluso il 28 maggio
1812, in forza del quale la Russia a quegli stessi Principati ch'ella
si dava l'aria di tutelare per il *loro* interesse strappava via la
Bessarabia, e si rifaceva, per tal modo, non già a spese della
Turchia, alla quale quel territorio non fu mai incorporato formalmente, ma dei suoi pupilli medesimi. Ed è ancora da osservare che,
secondo gli abbozzi dell'ammiraglio Ciciagow (1), solo per la gelosia
personale di Kutusow, che volle raccogliere per sè gli onori della
conclusione della pace, e perciò condusse a termine le trattative
con la maggior sollecitudine, sfuggì allora ai Russi il confine del
Seret, per effetto del quale la Moldavia sarebbe stata assolutamente tagliata fuori dal mondo.

Di molta importanza per lo svolgimento ulteriore degli avvenimenti rumeni fu l'*Etairia* sorta in Odessa nel 1814, la quale si
proponeva la liberazione della Grecia dalla signoria del Turco. Il
20 giugno 1820 Alessandro Ypsilanti, uno degli aiutanti dell'imperatore Alessandro, assunse sopra di sè il comando supremo del-
l'*Etairia,* la quale, manifestamente guidata dalla Russia, scambio
di portare il centro di gravità della sua azione nella Grecia stessa,
la iniziò nell'estreme parti cristiane dell'Impero ottomano, affine
di mettere in pari tempo tra due fuochi l'elemento musulmano.
Dopo d'aver perpetrati parecchi atti di violenza, parte compiuti
da Ypsilanti medesimo, parte sanciti dall'approvazione di lui, si

---

(1) *Mémoires inédits de l'amiral Tchitchagow,* Berlino, 1855. ZINKEISEN, VII,
pag. 727-8.

passò da parte della Russia a un pubblico biasimo di tutta quanta l'impresa. La gran massa della nazione rumena fu talmente sdegnata del moto abbattutosi sopra di lei, che vi rimase del tutto estranea; talchè l'Imperatore Alessandro dovette considerare l'impresa come interamente fallita. — Il principe della Moldavia, Michele Sutzo, il quale, in seguito alle mirabolanti promesse dell'Ypsilanti aveva contato sulla Russia, si rifugiò nella Bessarabia, e più tardi si ritiro ad Atene; e quantunque la sollevazione, per la cooperazione di Tudor Vladimirescu capitano dei Panduri, sembrasse aver favorito per un certo tempo l'impresa dell'Ypsilanti, i Turchi, forti di circa 30.000 uomini, invasero i Principati danubiani. Allora Vladimirescu ebbe il coraggio di fare, in nome dei Boiari, serie rimostranze alla Porta contro gli abusi dei Fanarioti, e di farle conoscere il desiderio loro di tornare anche una volta al loro diritto di elezione e ai loro principi nazionali, mentr'egli, respingendo da sé l'opera dell'Ypsilanti, affermava la fedeltà dei Valacchi verso il Padiscià. E allorchè il promesso aiuto dei Russi venne a mancare, egli dichiarò a Ypsilanti apertamente: « Tu ti sei attraversato da « te stesso la strada, e hai piombato i Rumeni nella sciagura: « perocchè non già contro l'Impero turco si sono levati, ma contro « l'Ospodarato dei Greci » (1). Le trattative dei capi valacchi col Turco vennero dall'Ypsilanti considerate come un tradimento; e Vladimirescu, in seguito a un'insidia tesagli, venne tratto a morte senza processo, il 4 giugno 1821. In uno scontro presso Dragascian in vicinanza di Riminik, l'esercito dei ribelli subì una completa disfatta. Ypsilanti fuggì in Austria, dove fu trattenuto prigione nella fortezza di Munkacz. Solo nel 1827 l'imperatore Niccolò ottenne la sua liberazione; ma egli moriva già nell'anno seguente, in età ancor giovanile, a Vienna.

Essendosi i Fanarioti anche nei loro uffici di gran Dragomanni della Porta resi colpevoli d'abusi e di tradimenti, quest'ultima tolse loro così quegl'importanti uffici medesimi, come il trono della Moldavia e della Valacchia. Nel luglio del 1827, il Sultano nominava alla dignità di Ospodari il Gran Logoteta della Moldavia, Giovanni Sturdza, e il Gran Ciambellano (Bano) della Valacchia Gregorio Ghika: però soltanto per lo spazio di sette anni, e col grado di Pascià di due code, anzichè con quello di Muscir. Alla Russia una

---

(1) TOCILESCU, *Istoria Romana*, Bucarest 1887, pag. 158.

tale condiscendenza della Porta, e specialmente il pubblico biasimo turco contro gli abusi dei Greci parvero molto inopportuni; e poichè i Principati eran rimasti ancora in parte occupati dalle milizie turche, pretese che venissero sgomberati del tutto. Dopo molteplici esortazioni riuscite vane, essa mandò a Costantinopoli il Consigliere di Stato Minziaki, con l'incarico non solo d'esigere il ritiro delle truppe, ma benanco di proporre — cosa assai significativa per gli avvenimenti di testè — che la Porta, affine di porre un termine alla baraonda orientale, istituisse tre Principati greci, col nome di *Grecia orientale, occidentale* e *meridionale,* ai quali dovesse darsi la condizione medesima della Moldo-Valacchia: vale a dire, che stessero sotto Ospodari da nominarsi dal Sultano. La Porta lasciò passare anche cotesto uragano senza fiatare; e solo dopo la morte dell'imperatore Alessandro e il sopraggiungere dello Zar Niccolò con un grosso esercito a Taganrog, diede ordine alle sue milizie di ritirarsi oltre il Danubio. Essendo poi la Russia, in complesso, soddisfatta solo a metà del trattato di Bucarest, al quale doveva tener dietro un'alleanza offensiva e difensiva che la Porta ostinatamente respinse, venne invitato Minziaki a ottenere una convenzione interpretativa di quel trattato, che dovesse aprir l'adito a nuove pretese della Russia; il che poi fu pienamente raggiunto con la convenzione di Akkerman, del 7 ottobre 1826. Un *Atto separato* annesso a quella convenzione compiva nel modo più vantaggioso la relativa autonomia dei Principati; e se qui non se ne accennano le singole disposizioni, gli è solo perchè esse furono anche sorpassate da quelle che seguirono dappresso col trattato d'Adrianopoli. Anche rispetto alla Serbia la convenzione di Akkerman conteneva un'appendice speciale, che aveva parimente lo scopo d'attrarre a sè la nazione serba con certi beneficii da parte russa.

Ma anche più potentemente che con tali scorribande diplomatiche, la Russia seppe ingerirsi nei destini dei Principati danubiani inducendoli a dar vita a un corpo organico di leggi, ch'è noto sotto il nome di *Règlement organique.* Nel già accennato *Atto separato* della convenzione di Akkerman era riconosciuta la necessità che gli Ospodari con i loro Divani dovessero senz'indugio occuparsi delle misure opportune per migliorar le condizioni dei Principati, e che dovesse pertanto portarsi a compimento un ordinamento generale di legge da avere effetto al più presto. Vennero a tal uopo nominate nel 1827 a Bucarest e a Iassi due Commissioni, composte ciascuna di quattro membri, due dei quali scelti dalla Russia e due dai Principati. Le proposte delle Commissioni dovevan esser presentate per l'approvazione al Consigliere di Stato Minziaki, nominato console generale; ma poichè frattanto era nuovamente scoppiata la guerra tra la Russia e la Turchia, cotesto lavoro restò per il momento lettera morta; i Principati, scambio di divenire il campo d'una definitiva legislazione generale, furon nuovamente costretti a subire il passaggio attraverso il loro territorio degli eserciti russi; e, con atteggiamento del tutto opposto al contegno precedentemente tenuto in occasione dell'impresa a favore dei Greci, i Boiari d'entrambi i Principati salutarono la politica russa con indirizzi di devozione all'imperatore Niccolò e al suo cancelliere v. Nesselrode. Le sofferenze dei Principati, delle quali lo Zar Alessandro già nel 1812 diceva: « Crudeltà somiglianti non potrei tollerare più a lungo » (1), e in altra occasione: « Gli eccessi delle nostre truppe hanno esa- « sperato gli abitanti della Moldavia e della Valacchia » (2), furono nel 1829 ancor sorpassate. I patimenti dei Rumeni furono tali, da far ricordare con un brivido la risposta di Kutusow: « Lascio loro gli occhi per piangere » (3). La Commissione degli approvvigionamenti incominciò dall'imporre una contribuzione di 250.000 misure di frumento, 400.000 quintali di fieno, 50.000 botti d'acquavite e 36.000 buoi, a una tariffa fissata da essa. Ma non bastando, di fronte alle malversazioni, tali quantità, fu d'uopo raddoppiarle. Gli ufficiali russi ricevevano (come racconta Saint-Marc-Girardin) dal Governo valacco le razioni per i loro soldati, le vendevano a proprio profitto, e acquartieravano poi i soldati nelle case dei contadini. In parecchi Circoli, nominatamente in quello di Mehedinti, gli abitanti furon costretti a cibarsi di scorza d'alberi. « Le strade » dice Ubicini (4), che qui trascrive dal suo taccuino « eran coperte di cadaveri; « tanto che, per l'aggiungervisi dei numerosi trasporti di feriti, la « peste decimava la popolazione. Quando il rigido inverno del 1829 « portò via più delle metà delle bestie da soma, uomini e donne « dovettero attaccarsi ai carri delle munizioni ».

La pace d'Adrianopoli venne a porre un termine a tante miserie.

---

(1) ZINKEISEN, VII. pag. 712; dalle *Memorie* di CICIAGOW.

(2) Id., ibid., pag. 719.

(3) Id., ibid., pag. 712; secondo CICIAGOW.

(4) *Provinces danubiennes et roumaines*, pag. 136.

Come già s'è detto, le condizioni della pace si volsero estremamente favorevoli per i Principati. Valga a darne un'idea l'art. 5,
il quale suona così: « I Principati di Moldavia e Valacchia, essendosi
« posti, in forza d'una capitolazione, sotto la sovranità della Sublime
« Porta, e la Russia avendo garantita la loro prosperità, resta sta-
« bilito ch'essi mantengano tutti i privilegi e le immunità che sono
« state loro concesse, sia per mezzo di capitolazioni, sia di trattati
« conclusi tra i due Imperi, o di Hatti-sceriffi in questo o in quel
« tempo largiti. Essi godranno pertanto del libero esercizio del loro
« culto, d'una perfetta sicurezza, d'un'amministrazione nazionale indi-
« pendente e della piena libertà di commercio; le clausole addizionali
« delle stipulazioni precedenti, che sono state stimate necessarie a
« conservare alle due Provincie l'uso dei loro diritti, trovansi con-
« segnate in un *Atto separato*, che si considererà parte integrante
« del presente trattato ». L'atto separato stabiliva poi ancora « che
gli Ospodari dovessero quind'innanzi nominarsi non più per sette
anni, ma a vita; e che, per l'integrità del territorio e suolo moldo-
valacco, la Porta non dovesse possedere nessun punto fortificato
sulla riva sinistra del Danubio, nè tollerare che dei Musulmani vi
prendessero stanza. I Principati vengono inoltre liberati in perpetuo
dall'obbligo di somministrar viveri e legname da costruzione per
i bisogni di Costantinopoli, delle fortezze danubiane e degli arsenali.
I Rumeni possono con proprii bastimenti navigar liberamente sul
Danubio, ed esercitare il commercio nelle città di terra e d'acqua
della Sublime Porta. A compenso delle tribolazioni che Moldavia e
Valacchia han sofferto, la Porta rilascia loro i tributi per due anni ».
Di grande importanza era infine l'ultima clausola dell'atto separato,
in forza della quale la Porta s'impegnava « a dare il suo consenso
a quelle istituzioni amministrative, che, per l'occupazione delle due
Provincie da parte della Russia, si fosser create in conformità ai
desiderii degli abitanti più notabili del paese: salvo ogni pregiudizio
che potesse venirne ai diritti della Sublime Porta ».

Le sopra accennate Commissioni legislative avevan ripresi i loro
lavori mentre ancora durava la guerra. Esse iniziarono le loro sedute il 29 giugno 1829, sotto la presidenza del console generale
Minziaki. Ma, per la lentezza con cui procedevano i lavori stessi,
la Porta dovette, come s'è veduto, obbligarsi anticipatamente col
trattato d'Adrianopoli a riconoscere una legislazione ch'era ancora
di là da venire.

La Russia affidò il comando generale dell'esercito d'occupazione al generale conte Paolo Kisselew, concedendogli in pari tempo il grado di Presidente con pieni poteri dell'Amministrazione civile. In tale carica egli si dimostrò amministratore energico ed eminente, e prescrisse con mano ferma alla Commissione legislativa le linee generali d'un codice di notevole ampiezza, che venne poi condotto a compimento già dopo sei mesi. Gli otto capitoli principali trattavano: della scelta degli Ospodari; delle attribuzioni della Rappresentanza generale del popolo; delle finanze; dell'amministrazione e attribuzioni dei vari dipartimenti; del commercio; delle quarantine; e dell'Amministrazione della giustizia e delle milizie. L'opera delle due Commissioni venne esaminata e modificata a Pietroburgo dal Consiglio di Stato russo, e tradotta quindi dal francese in rumeno. Da ultimo, venne sottoposta complessivamente alle Assemblee nazionali del paese. Coteste Assemblee nazionali straordinarie, raccoltesi a Bucarest e a Iasci il 1.º maggio del 1831, dimostrarono subito un innegabile spirito d'indipendenza, protestando così contro il modo della convocazione, come contro la nuova costituzione per sè medesima. Ma avendovi la Russia risposto con decreti di bando, la nuova legislazione venne, all'ultimo, approvata. Alcuni Boiari, come Balaceano, Campineano e Chrisolesko, vi rifiutarono le loro firme; e un giovane poeta valacco propose di proclamarli santi.

Comunque si possa giudicare cotesto nuovo Corpo di leggi (1), sta di fatto pur sempre che, di fronte alle condizioni dei Principati danubiani in quel tempo, esse rappresentano un beneficio. S'è cercato d'attribuir lo zelo spiegato da Kisselew per il miglioramento di quelle condizioni all'ambizioso suo disegno d'acciuffar per sè stesso la corona rumena; ma coteste sono ipotesi oziose; e la Russia avrebbe dal canto suo ragione di dolersi dell'ingratitudine sia dei Rumeni sia degli Stati slavi, della cui emancipazione essa è pure stata effettrice, soltanto se cotesta emancipazione fosse stata per essa il fine ultimo, e non un semplice mezzo al conseguimento di proprii incalcolabili vantaggi. Si può dunque affermare che l'ingratitudine di quelle nazioni è l'alleato provvidenziale e necessario della libertà dell'Europa di fronte alla Russia.

Del resto, anche le magagne di quella nuova Costituzione vennero

---

(1) L'intero *Règlement organique* venne da parte rumena pubblicato nel 1845, in francese, a Bruxelles (ma stampato, a quanto si dice, a New-York).

in luce ben presto. Infatti, a parte che non vi s'era tenuto conto a bastanza delle necessità della vita del ceto contadinesco, la Costituzione stessa poneva l'una di fronte all'altra due Potenze sovrane, per modo che gli attriti n'erano inevitabili, e potevano avere un termine solo per effetto di sentenze dispotiche emanate da Pietroburgo. In verità, nei Principati danubiani la Russia si conduceva da padrona, e trattava i loro Ospodari come se fossero suoi proprii funzionarii. È notevole a questo proposito che i Bilanci che anno per anno dovevan presentarsi dalle Assemblee legislative di Iasci e di Bucarest, avevan da esser ricontrollati da una Commissione speciale a Pietroburgo, e solo dopo la sanzione dello Zar i Principi potevano valersene. Nel fatto, il console generale russo a Bucarest, e il console russo a Iasci sovrastavano a entrambi i Principi, cui essi sovente volte apostrofavano nelle lor Note con le espressioni più aspre, e ai quali suscitavano difficoltà, con l'eccitare o proteggere contr'essi gl'intriganti Boiari.

La Rumenia adunque si trovava sotto il potente giogo della Russia, allorchè venne a scoppiare in Francia la rivoluzione del febbraio del 1848. L'incendio si propagò anche ai Rumeni di Iasci e di Bucarest. In Iasci, il tentativo d'ottenere una più libera Costituzione aveva assunto piuttosto l'aspetto d'una rivolta dei Boiari contro il Principe d'allora, Michele Sturdza. Ma a Bucarest il moto del 23 giugno 1848 ebbe il carattere d'una manifestazione che intaccava a fondo la situazione interna del paese, inquantochè essa introduceva, senza cooperazione dal di fuori, il primo Governo nazionale *(Lieutenance princière)*: cosa che non erasi fatta da più d'un secolo; e con esso fu del pari esposto il primo Programma di partito nazionale, in 22 articoli; il cui contenuto era: 1.º Indipendenza amministrativa e legislativa secondo le antiche Capitolazioni con la Porta, con esclusione di qualsiasi ingerenza di Potenze straniere (ciò che significava abrogazione del protettorato russo); 2.º libertà giudiziaria; 3.º libertà di tributi: 4.º assemblea generale, costituita da tutte le gradazioni sociali; 5.º un Capo supremo dello Stato responsabile, da eleggersi ogni cinque anni; 6.º diminuzione della lista civile, e abolizione d'ogni mezzo di corruzione; 7.º responsabilità dei ministri e dei pubblici funzionarii; 8.º libertà assoluta di stampa; 9.º qualsiasi compenso dei Russi dover partire dal potere legislativo e non dal Principe; 10.º elezione di tutti gl'impiegati dei distretti; 11.º guardia nazionale; 12.º emancipazione dei beni dei conventi greci; 13.° abolizione dell'obbligo di servitù *(Robot)* dei contadini, e frazionamento del possesso fondiario tra i medesimi, verso lo sborso d'un'indennità da parte loro; 14.° abolizione della schiavitù degli zingari; 15.° un rappresentate rumeno a Costantinopoli; 16.° istruzione pubblica gratuita e obbligatoria; 17.° abrogazione di qualsiasi titolo di dignità o di rango; 18.° abolizione di tutte le pene corporali e degradanti; 19.° abolizione della pena di morte; 20.° istituzione di stabilimenti di pena dello Stato; 21.° eguaglianza giuridica degli Ebrei e di tutti i cittadini, senza distinzione di fede religiosa; 22.° convocazione d'un'Assemblea generale costituente, da tutti i ceti sociali, per l'elaborazione d'una Costituzione. — Cotesta energica Assemblea popolare dei Rumeni pronunziò la sua sentenza circa il *Règlement organique:* a Bucarest esso venne arso sulla pubblica piazza, e maledetto dal metropolita Niphon. Sennonchè, l'invasione degli eserciti turchi e russi, e la missione di Fuad Pascià e del generale Duhamel posero un termine a cotesti eccessi contro i Sovrani e contro la potestà del protettorato; e l'accordo di Balta-Liman, conclusosi tra Russia e Turchia il 1.° maggio del 1849, veniva nuovamente a modificare, come già s'è detto più sopra, e a loro danno, le condizioni di diritto dei Principati. Con la nomina d'uno speciale Commissario russo e d'uno speciale Commissario turco (art. 5), venivan posti a fianco dei Principi — espressamente designati in quella convenzione solo come *alti funzionarii (hauts fonctionnaires,* art. 1) — dei tutori, chiamati a controllare i loro atti.

Tale era lo stato delle cose allo scoppiar della guerra di Crimea. Ora, poichè Parigi in allora, e per la rivoluzione, e per il sopravvento napoleonico di fronte alla stessa, era diventato il centro degli interessi delle nazioni, a Parigi appunto comparve una serie di opuscoli, tra i quali si deve qui anzitutto far menzione di quello che, col titolo: *Rèorganisation des Provinces danubiennes* (1), proponeva di creare Granduca dei Principati uniti il maresciallo Pélissier. Non è impossibile che una tale idea fosse partita da Napoleone III, al quale — in mancanza di vittorie riportate da lui — un generale vittorioso poteva parere un po' incomodo. In secondo luogo, è da ricordare la memoria di Giovanni Bratiano (2), la quale coscien-

---

(1) Paris, Garnier Frères, 1856.
(2) *Mémoire sur la situation de la Moldo-Valachie depuis le Traité de Paris,* par J. C. Bratiano; Paris, 1857.

ziosamente e arditamente s'opponeva alle ristrette vedute della diplomazia riunita a Costantinopoli. Assai notevoli son quivi queste parole: « Tutto ciò che noi vogliamo aggiungere e che possiamo « dire a questo luogo si è, che, da questo momento, nessuna dif- « ficoltà ci deve impedire dal ricostituire la Rumenia; oramai è « soltanto una questione di tempo; e quale dì noi si sentirà trat- « tenuto dal procedere risolutamente innanzi, solo perchè una via « più o meno lunga rimane ancora da percorrere, allorchè si tratta « dell'essere o del non essere? ». — Finalmente degno di nota è il succoso opuscolo del Boeresco (1), al quale premise una bella prefazione nientemeno che Royer Collard. In quest'ultimo scritto, contrariamente alle idee prevalenti al Congresso, si fa specialmente il tentativo di rappresentar la Rumenia come uno Stato sovrano, il quale all'Impero ottomano s' è stretto volontariamente; in cotesto senso dice Royer Collard: « Il popolo più debole dei due è il cliente, « il più forte il patrono; ma non per questo il più debole è meno « indipendente e sovrano. Ecco qual'è, s'io non m'inganno, la con- « dizione della Nazione Moldo-Valacca di fronte all'Osmanica ». — Fu questa certamente una polemica oziosa: ma profittevole tuttavia per gl'interessi avvenire della Rumenia; dacchè la vera gloria dei Rumeni, alla fin fine, consiste pure nel fatto, che una ventina appena d'anni più tardi, sotto la condotta d'un principe d'origine germanica, essi seppero fare onore alla parola di Bratiano, raggiungendo senza contrasti la propria sovranità.

---

(1) *La Roumanie après le Traité de Paris du 30 mars 1856*, par B. Boeresco; précédée d'une introduction par M. Royer-Collard, professeur du droit des gens à la Faculté de droit de Paris. Paris, 1856. — Tutti gli opuscoli polemici qui citati son ristampati come documenti storici nella raccolta di Petrescu e Sturdza, vol. III.

XXIV.

Il conflitto europeo per la sistemazione della Rumenia

Le pretese della Rumenia e l'atteggiamento della Francia. - Influenza del principe Gregorio Ghika nel movimento nazionale. - La profezia di Fuad Pascià. - Lord Stratford e il conte v. Prokesch contro il programma unionista. - La Porta richiama gli Ospodari, ma il principe Ghika prima di lasciar la Moldavia costituisce un Comitato centrale per l'Unione in Iasci. - Condotta del principe Stirbey. - Il ritorno degli sbandeggiati del 1848, e la loro azione sul movimento unionista. - Teodoro Balsch e Alessandro Ghika son nominati Caimacani nella Moldavia e nella Valacchia. - Cessazione dell'occupazione turca e austriaca nella primavera del 1857. - Nomina della Commissione europea per la questione dei Principati. - La Porta con una circolare del 31 luglio 1856 respinge l'Unione; al che il Gabinetto di Parigi risponde con la pubblicazione d'un rapporto consolare vecchio d'oltre vent'anni, dal quale apparisce che il concetto della Unione era di vecchia data, e appoggiato persino dalla Russia. - Atteggiamento di Cavour rispetto alla questione dell'Unione. - Sotterfugi della Porta, e resistenza da parte della Prussia, Francia, Russia e Sardegna. - La Porta si riserva nuovamente il diritto di respinger l'Unione, anche qualora i Divani se le pronunziassero favorevoli. - Malgoverno del Caimacan Balsch, e tentativi d'abbatterlo. - Sua morte improvvisa. - Nicola Vogorides nominato Caimacan della Moldavia per le raccomandazioni dell'agente francese. - Influenza ragguardevole della sua famiglia. - L'agitazione elettorale nella Valacchia, e l'ingresso della Commissione europea a Bucarest. - Conflitto per l'interpretazione d'alcuni punti controversi del firmano per le elezioni. - Vogorides pubblica per parte sua la lista elettorale moldava. - Proposta liberale della Francia, Prussia, Russia e Sardegna, alla cui accettazione s'oppongono lord Redcliff e v. Prokesch. - Le elezioni moldave del 19 luglio riescono in senso anti-unionista.

Col trattato di Parigi, l'Europa stessa aveva data un'arma ai Principati danubiani non solo contro la Russia, ma più ancora contro la Turchia. Già durante la guerra di Crimea le pretese della Rumenia erano andate crescendo; nè poteva accader diversamente, dal momento che, fin dalle Conferenze di Vienna, la Francia aveva stabilito il principio dell'Unità dei Principati, e il conte Walewski, tra altro, in una assai notevole circolare agli agenti francesi del 23 maggio 1855, in risposta a quella del 10 dello stesso mese del conte Nesselrode, così si esprimeva: « Quando mai hanno la Francia, « l'Inghilterra e l'Austria esternato altro desiderio, se non sia quello « di mantener quivi, migliorandola, una condizione d'indipendenza « amministrativa? condizione, la quale — lo si è troppo dimenti- « cato — non è punto una nuova conquista nella Moldavia e nella « Valacchia, ma solo l'effetto d'una convenzione liberamente stipu- « lata da secoli, e che venne svisata soltanto il giorno in cui gli « Ospodari, durante le guerre del secolo diciottesimo, incominciarono « a fare i lor conti con la Russia, più che non con la Sublime Porta. « Per tal modo, la Moldavia ha perduta la metà del suo possesso « e territorio garantitole dal Sultano; e così cotesta Provincia come « la Valacchia, in luogo di restar ciò che dovevano essere, un pre- « zioso baluardo tra l'Impero Ottomano e la Russia, persino dopo « la pace d'Adrianopoli, che parve riconoscer loro più chiaramente « dei precisi diritti, sono state rette piuttosto da agenti del Gabi- « netto di Pietroburgo, che dai proprii lor capi; e, quasi fossero « un semplice prolungamento del suolo russo, si son vedute, in piena « pace, improvvisamente occupate da un esercito straniero ».

Molto probabilmente, però, tali armi tolte in prestito alla Francia sarebbero state insufficienti a conseguir l'Unione dei Principati, se a guidar tutto quel movimento, e non senza terrore della Porta e d'una parte della diplomazia, non si fosse vigorosamente fatto innanzi il principe Gregorio Ghika (1). Ciò era tanto più necessario, in quanto che la Porta non s'ingannò neppure un istante intorno alle conseguenze della politica seguìta dalla Francia. Quando Thouvenel, l'11 marzo 1856, ricevette, per mezzo d'uno scritto confidenziale, istruzioni perchè richiamasse l'attenzione della Porta sul fatto (già compiutosi nella seduta del giorno 8) che la Francia nel Congresso avrebbe sostenuta l'unione dei Principati danubiani, e la esortasse in pari tempo ad autorizzare il Gran Visir, che allora trovavasi a Parigi, a intavolar trattative su questo terreno, Fuad

---

(1) Vedansi le sue due memorie di protesta contro il programma di Costantinopoli (28 febbraio e 8 marzo 1856) in PETRESCU e STURDZA, II, pp. 966-994.

Pascià rispose (1): « Noi sappiam bene qual'è la condizione nostra:
« cederemo dinanzi a una coercizione generale; ma non si riescirà
« a convincerci con le argomentazioni. L'unificazione dei Principati
« danubiani significa la chiamata d'un Principe straniero, il diritto
« ereditario, e infine, tra un anno forse, se non subito, l'indipen-
« denza. Ciò che avviene a Bucarest dovrà poi compiersi anche a
« Belgrado; noi ne saremmo minacciati nel cuore dell'Impero, e la
« dissoluzione della Turchia incomincerebbe la mattina stessa di
« quel giorno nel quale voi l'avrete scongiurata e vi sarete meritati
« i nostri ringraziamenti ».

L'Inghilterra, per vero dire, aveva dato al suo rappresentante,
quanto alla questione dei Principati danubiani, simiglianti istruzioni
di natura conciliativa; ma lord Stratford e il conte Prokesch vi erano
assolutamente contrarii. Per tal modo, nonostante le importanti
deliberazioni del Congresso di Parigi, non era lontano il pericolo
che l'opera d'unificazione potesse ancora esser ritardata per i ca-
villi della diplomazia e per le mene d'interni nemici.

Benchè il trattato di Parigi avesse mutate dalle fondamenta le
relazioni dell'Impero ottomano verso la Russia, la Porta s'attenne
tuttavia, quanto alla durata del governo dei due Ospodari (che,
dopo il ritirarsi dei Russi, eran risaliti sui rispettivi lor troni) al
trattato di Balta-Liman, secondo il quale il loro potere di governo
cessava con l'anno 1856; per la qual cosa li richiamò, per mettere
al posto loro dei governatori compiacenti di nomina propria (Caimacani). In presenza d'un tal pericolo, che poteva rimettere ogni
cosa in questione, il principe Ghika, prima di lasciar la Moldavia,
percorse tutto il paese, e in Iasci procedette all'istituzione d'un
Comitato centrale per l'Unione; il quale, in un protocollo del 6 giugno 1856, esprimeva il desiderio dell'unificazione dei Principati
sotto un principe forestiero, che non avesse però affinità d'origini
con le Corti vicine; proponeva la scelta d'una nuova capitale posta
in luogo centrale; e affidava al poeta Basilio Alecsandri, le cui rime
patriottiche avevano scosso potentemente gli animi, una missione
in Valacchia per iniziare anche quivi il movimento unionista (2).

---

(1) Vedasi il dispaccio di Thouvenel a Walewski dd. 13 marzo 1856. Il conte
PROKESCH-OSTEN nel suo Contributo alla storia della questione d'Oriente (Deutsche
Revue, fasc. I, ottobre 1879) conferma tali espressioni profetiche, non solo di
Fuad, ma in generale dei ministri turchi.
(2) V. il programma di quel Comitato in PETRESCU e STURDZA, III, p. 522.

Alla costituzione del Comitato centrale seguì bentosto quella di altri, che vi diedero entusiasticamente la loro adesione.

Per verità, il principe della Valacchia, Stirbey, non era un partigiano dell'Unione; ma aveva anch'egli protestato contro il programma della diplomazia di Costantinopoli in una Memoria dove diceva (1): « Non c'illudiamo: ogni colpo battuto a fucinar più sal- « damente i ceppi che incatenano queste infelici provincie alla « Turchia, avranno per sola conseguenza di gettarle in braccio « alla Russia. La storia del passato è là per dimostrarlo ». Ma il movimento unionista in Valacchia non s'incanalò veramente, se non quando fu concesso il ritorno in patria ai capi sbanditi della rivoluzione del 1848, Giovanni e Demetrio fratelli Bratiano, i fratelli Niccolò, Stefano, Radu e Alessandro Golesko, Costantino A. Rosetti, il generale Magheru e Giovanni Ghika. Napoleone III era finalmente riuscito a strappar cotesta concessione alla Porta recalcitrante; e lord Stratford, benchè personalmente avverso all'unificazione, sacrificando in parte i suoi convincimenti medesimi, aveva appoggiato presso la Porta il richiamo degli esiliati.

Alla metà di luglio la Porta notificava ai due Principi lo spirar del loro governo, e nominava il *Wornik* Teodoro Balsch a Caimacan della Moldavia, e Alessandro Ghika, già Ospodaro, deposto nel 1842 per domanda della Russia, a Caimacan della Valacchia. Due documenti resi noti solo più tardi sono particolarmente in grado di gettare una viva luce sopra la prima di coteste nomine: l'uno è una lettera del Boiaro Panaioti Balsch, più tardi segretario di Stato del nuovo Caimacan, datata del 25 marzo 1856: dalla quale si ritrae com'egli avesse fatto pervenire, per mezzo del vescovo di Nicomedia, 10.000 ducati ad Adossides, segretario privato di Alì Pascià, per ottener la nomina a Ospodaro di Teodoro Balsch, suo cugino (2); l'altro è un rapporto del 10 luglio 1856 a Valewski, di Vittorio Place, console francese a Iassi, dove si legge: « Ap- « prendo in questo momento da fonte ineccepibile che il signor « Teodoro Balsch ha dato ieri alla Casa Zarifi e Vlasto di Costan- « tinopoli pieni poteri di trattare in suo nome coi Ministri turchi

---

(1) V. in JASMUND, II, p. 495 la *Analisi d'una Memoria dell'Ospodaro di Valacchia Stirbey*, censurante le deliberazioni prese a Costantinopoli circa i Principati danubiani secondo l'*Augsburger Allg. Ztg*. (Gazzetta generale di Augusta).

(2) V. PETRESCU e STURDZA, II, pag. 1104.

Principe Gregorio Ghika.

« per la sua nomina all'Ospodarato di Moldavia. Egli dà facoltà a
« cotesta Casa di arrivare fino alla somma di 80.000 ducati (quasi
« un milione di franchi) per raggiungere lo scopo, e s'obbliga, in
« caso di riuscita, a concederle a condizione di favore l'appalto
« delle saline e del diritto d'esportazione del grano. La casa Za-
« rifi e Vlasto gli scrive che si è assicurata la cooperazione degli
« ambasciatori di Francia e d'Inghilterra; e aggiunge che s'im-
« pegna d'ottenere il *Caimacanato* per il signor Teodoro Balsch
« verso un compenso di 25.000 ducati (circa 300.000 franchi). Il
« signor Balsch ha risposto che accetterebbe il Caimacanato soltanto
« verso assicurazione che sarebbe nominato più tardi Ospodaro ».
Il 24 luglio successivo Place riferiva ancora « aver seria ragione
di credere che, se all'Austria fosse riuscito d'ottener la separazione
dei due Principati, avrebbe proposto per ciascun d'essi un Principe straniero ereditario; e avrebbe probabilmente per la Moldavia
posto l'occhio sopra Balsch, nel quale avrebbe avuto un docile
strumento ».

Con le misure del Caimacan, dirette per ordine superiore —
specie nella Moldavia — contro la stampa, e con l'istruzione da-
tagli d'annullar certe ordinanze dell'Ospodaro richiamato, gli sforzi
della Porta miravano, d'accordo con l'Austria, a prolungar quanto
fosse possibile l'occupazione militare dei Principati, la quale poteva
dar forza ai tentativi avversi all'Unione. Ma dopo la dichiarazione
della Russia ch'ella non si sarebbe fatta rappresentare nella Commissione europea prevista dal trattato di Parigi fintantochè i Principati non si fosser trovati sgomberi di milizie straniere, nella
primavera del 1857 fu posto termine finalmente all'occupazione.
Gli unionisti e gli agenti francesi seppero sfruttare abilmente il
fatto che durante l'insediamento solenne del Caimacan Balsch le
truppe austriache sotto il generale Gablenz avevan prestato servizio d'onore; e il console Place non mancò d'insinuare in danno
dell'Austria ch'essa voleva stabilire la propria influenza sul basso
Danubio al posto della Russia (1). Onde, al tirar delle somme, l'intervento dell'Austria contro l'Unione non produsse altro effetto, se
non d'indurre tanto più risolutamente Napoleone III a adoperarsi
in favore di quella.

---

(1) In un dispaccio del 9 marzo 1857 Thouvenel scrive a Walewski: « Les
« ministres actuels du Sultan, aussi bien qu' Aali-Pascha et Fuad Pascha, ne

A far parte della Commissione furono nominati: per la Francia, il barone Talleyrand-Périgord; per l'Inghilterra, sir Henry Bulwer; per l'Austria, il barone v. Koller, al quale seguì più tardi il barone Liehmann von Palmrode; per il Piemonte il cav. Bensi; per la Russia, il signor di Basily; e per la Turchia, Savfet-Effendi. La Commissione doveva radunarsi anzitutto a Costantinopoli.

Quando, nel suo viaggio per recarsi colà, il barone Talleyrand Périgord toccò Bucarest, la sua presenza dava già, verso la metà del luglio 1856, occasione alle prime pubbliche manifestazioni in favore dell'Unione e alla presentazione d'un indirizzo, dove s'esprimeva la riconoscenza dei Rumeni per la politica di Napoleone III. Il Commissario francese in un suo dispaccio del 26 luglio al conte Walewski gli faceva una pittura assai significante delle condizioni della capitale valacca, delineando in particolar modo i corrotti costumi dei Boiari; e pregava il ministro francese perchè, non essendovi per quelle infelici popolazioni altra via di salute fuor dell'unificazione e della chiamata d'un Principe di fuori, egli scongiurasse l'Imperatore a perseverare nei concetti fondamentali che il Ministro aveva già patrocinati al Congresso. — « I dieci giorni che ho passati « nella Valacchia — soggiungeva — sono stati sufficienti a per- « suadermi che e la nostra gloria e il nostro vantaggio ci spronano « a far trionfare il principio dell'unificazione; e che s'anco ciò non « ci venisse fatto di raggiungere, sarà pur sempre onorevol cosa « unirsi nella sconfitta a coloro che l'avranno difesa ».

Di fronte all'accentuarsi di quel movimento, la Porta si risolvette a prendere il suo partito in senso precisamente contrario ai consigli della Francia; e il 31 luglio, Fuad Pascià rimetteva agli agenti diplomatici della Turchia una circolare che può considerarsi come il vero programma del Governo turco; nella quale, con la promessa di semplici riforme amministrative, si respingeva — non senza una

---

« se sont jamais dissimulé les *mobiles égoistes du cabinet de Vienne*. Ils ne croient « pas que l'intérêt de la Turquie soit pour rien dans les répugnances et les « calculs de M. le comte de Buol. Ils ne prennent même pas au sérieux le « spectre révolutionnaire que M. le baron de Prokesch évoque quelquefois comme « une menace pour la Transylvannie et la Hongrie. Ils reconnaissent, au con- « traire, que l'Autriche arrêtée par la Russie, à la fin du 18me siècle, dans ses « convoitises à l'égard du bassin du Danube, pourrait bien revenir à ses an- « ciennes idées et, tout en souhaitant le maintien de l'intégrité de l'Empire ot- « toman, se ménager la possession éventuelle de quelques-uns de ses morceaux ».

certa diplomatica eloquenza — il concetto unionistico. « Se noi
« — diceva Fuad — avremo nei Principati uno Stato quasi che
« indipendente, la natura sua stessa e la sua forma gl'imporranno
« dei fini ambiziosi. E allora, cotesto Stato non sarà già una diga
« per l'Impero, ma un ostacolo e un pericolo perpetuo, non solo per
« esso, ma benanco per i suoi vicini ». Una tale circolare (1), per
la natura stessa delle cose, non poteva se non generalizzare il
movimento unionista nei Principati (2).

Alla notificazione della Porta il Gabinetto di Parigi rispose con
la pubblicazione d'un rapporto consolare, vecchio di oltre vent'anni,
datato da Bucarest 17 maggio 1834 (3), dal quale apparisce: che
i due Principati già fin da quel tempo tendevano alla fusione in
un solo Stato; che la Russia sosteneva l'unificazione dei Principati
in un *Granducato di Dacia;* e che un'istruzione comunicata dal
console generale Minziaki al Comitato della riforma metteva in
rilievo i vantaggi che sarebber derivati dall'unione in un solo
Stato della Moldavia e della Valacchia. Uno dei due commissarii
d'allora, Catargi, proponeva pertanto formalmente l'Unione; la proposta, accettata così dal Comitato delle riforme come dal generale
Kisselew e da Minziaki, venne inoltrata a Pietroburgo (4); d'onde
ritornò poco appresso l'approvazione di cotesta misura di tanta
importanza. E il Comitato era già in procinto di presentarne il
relativo disegno alla Porta e alle Rappresentanze nazionali, quando

---

(1) *Archives diplomatiques.* 1856, II, pag. 37.
(2) Cfr. i seguenti scritti che a ciò si riferiscono: *Mémoire sur la Note circulaire de la Porte ottomane du 31 juillet 1856*, del generale G. MAGHERU,
22 ottobre 1856, Costantinopoli; e *Lettres sur la Circulaire de la Porte du
31 juillet 1856 rélative à la réorganisation des Principautés*, di D. BRATIANO,
Berlino, 1857.
(3) V. il *Moniteur universel* del 18 settembre 1856.
(4) Il disegno della costituzione d'uno Stato autonomo della Dacia non era
più da cinquant'anni una novità per la Russia. In una lettera da Tsarscoe-Selo
dell'imperatrice Caterina a Giuseppe II, di data 10 settembre 1782, pubblicata dall'ARNETH nella sua opera *Giuseppe II e Caterina*, p. 143, si dice:
« Quant'au premier point il conviendrait, ce me semble, de statuer préalable-
« ment et à jamais qu'il y eût un État indépendant entre les trois Empires
« qui serait maintenu à toujours dans l'indépendance des trois monarchies. Cet
« État, déjà connu sous le nom de Dacie, pourrait être formé des Provinces de
« Moldavie, Valachie et Bessarabie sous un Souverain de la réligion chrétienne
« dominante dans les dits États, et sur la personne et la fidélité duquel les

Catargi avanzò la proposta che il Principe da chiamarsi non dovesse appartenere a nessuno dei tre Stati vicini. Allora la Russia lasciò cadere tutto quanto il progetto. — Il medesimo rapporto poi poneva in rilievo come già in allora gli sforzi per l'Unione sotto un Principe forestiero avesser guadagnati in suo favore tutti i migliori elementi dei due Principati.

Anche il conte di Cavour, per parte sua, si pronunziò similmente contro il contegno assunto dalla Porta e i tentennamenti dell'Inghilterra. In un dispaccio diretto all'incaricato d'affari della Sardegna a Londra, il conte Corti, in data 4 settembre 1856 (1), egli diceva tra altro: « La nazionalità rumena è come un contrappeso che, con « vantaggio della Porta e con vantaggio dell'Europa, si pone di « fronte al pericoloso sviluppo del panslavismo. Si getti uno sguardo « su di una Carta, e sarà facile convincersi che la razza slava si « stende dall'Ural e dal Mare del Nord fino all'Adriatico, senz'altra « interruzione fuori dei paesi abitati dalla popolazione rumena. Ora, « poichè il planslavismo costituisce un pericolo non solo per la « Turchia, ma per tutto l'Occidente, non è forse del più alto inte- « resse dar vita, nel bel mezzo dei paesi slavi, a una nazionalità « che simpatizzi esclusivamente con l'Occidente, e che possa pre- « parare un serio ostacolo all'unificazione di quelle genti che son « tratte sì potentemente verso l'unità loro, da minacciar di soggio- « gare tutto il resto del mondo civile? ».

La Porta costretta a cedere alle rimostranze di Thouvenel, che esigeva si provvedesse con un regolare firmano alla convocazione dei Divani, pensò di lasciare a sè stessa aperta una via d'uscita,

---

« deux Cours Imperiales pourraient compter, ayant soin de régler en même « temps que ce nouvel État, dont le Souverain devra être héréditaire, restera « entièrement indépendant, sans pouvoir jamais être réuni ni à la Russie ni à « l'Autriche, comme aussi que nos deux Empires ne consentiront jamais qu'il « tombe dans la dépendance de quelqu'autre puissance. Les bornes de ce nouvel « État devront être circonscrites par le Dniester et la mer Noire du côté de « la Pologne et de la Russie, et de celui des États autrichiens par la dernière « prise de possession que j'ai garantie à V. M. I. dans notre article secret, et « enfin par la rivière Aluta ou Olta jusqu'à son embouchure dans le Danube. « Du côté de l'Empire turc les frontières de ce nouvel État indépendant se- « raient bornées par le Danube jusqu'à son embouchure ». — Si suppone che l'Imperatrice avesse posato l'occhio sul suo favorito Potemkin per farne il Sovrano di cotesto regno di Dacia.

(1) JASMUND, III, pag. 81.

col tentare, per mezzo d'una Nota da unirsi al firmano medesimo, di far delle riserve quanto al suo consenso a un voto relativo alla unificazione. Sennonchè un tal tentativo urtò contro la resistenza più assoluta e recisa d'una parte della diplomazia. Il barone di Wildenbruch scriveva il 12 settembre 1856 a Federico Guglielmo IV: « esser dolente di dover notificare alla Maestà Sua come il precedente programma liberale, corrispondente all'art. 24 del trattato di pace è conforme alle istruzioni del Re — programma che la Porta, in seguito all'energiche rimostranze della Francia, aveva precedentemente accettato — fosse ora stato messo da parte. Doversi il nuovo programma al ravvicinamento degli agenti britannici all'Austria e alla Turchia; ed esser egli pertanto costretto a rifiutare la sua cooperazione a quella patente violazione del trattato ». Dal canto suo Thouvenel il 29 settembre scriveva a Walewski « d'aver chiesto a Fuad Pascià se le accennate riserve si riferissero alla questione dell'unificazione dei Principati; e se la Porta intendesse in quella guisa dichiarar fin da allora di non volere nè tener conto dei desiderii delle popolazioni dopo d'essersi impegnata a consultarnele, nè consigliarsi con i suoi alleati intorno all' ordinamento dei Principati stessi, dopo che la sua firma apposta al trattato di Parigi gliene aveva fatto un obbligo preciso ». — In sostanza, si può considerar come un puro atto di legittima difesa il contegno della Porta; la quale, fatta accorta oramai che la Francia era scesa in guerra non tanto per il mantenimento dello stato territoriale dell'Impero ottomano, quanto per tutelare i suoi proprii interessi, accompagnò il 14 ottobre 1856 il firmano già da essa concesso per la convocazione dei Divani *ad hoc* (1) con una circolare ai suoi agenti diplomatici, nella quale dichiarava appunto « riservarsi essa il diritto e la facoltà di non accogliere il principio dell'unione dei Principati, anche se i Divani dovessero pronunziarsi in favore di questa. Esser pertanto più consigliabile non permettere a questi ultimi che una tale questione venisse pur sollevata ». E, senza tenere alcun conto delle insistenze di Thouvenel, il suo ambasciatore alla Corte francese ricevette l'ordine di rilasciare al conte Walewski copia di quella circolare.

---

(1) Vedasi nella raccolta di PETRESCU e STURDZA, vol. III, pag. 1049, il testo integrale del firmano, comprendente le cinque categorie: Dignitarii ecclesiastici, grandi Boiari, piccoli proprietarii, contadini e cittadini.

L'infelice e impopolarissimo governo di Teodoro Balsch poco poteva giovare agl'interessi della Turchia. Egli fu costretto a chiamar nel suo Ministero uomini aventi un passato molto equivoco; e la nomina a Ministro delle Finanze di Nicola Vogorides, il quale era d'origine bulgara, e sapeva a mala pena parlare — e tanto meno scrivere — la lingua rumena, ricordava troppo il nefasto periodo dei Fanarioti, perchè l'indignazione contro il nuovo regime non si facesse più pronunziata che mai. Per tal modo avvenne che il 30 novembre 1856 fosse presentato un indirizzo al Gran Visir, col quale si domandava la sostituzione del Caimacan della Moldavia mediante una persona più degna.

Bentosto un avvenimento imprevisto venne a mutare la condizione delle cose. Il Balsch, dinanzi al quale s'erano spalancati abissi inattesi, il 26 febbraio infermò; e morì già al 1.° di marzo del 1857. Gli unionisti, per i quali era evidente che le autorità a loro avverse, così al di fuori come al di dentro, avrebbero cercato di sostituirlo convenientemente, chiesero allora, il 1.° marzo 1857, che in luogo di *un* Caimacan, venisse istituita una Caimacania consistente di tre persone da nominarsi fuori dell'attuale Consiglio dei Ministri. Era chiaro che un Governo di tre individui nella Moldavia avrebbe disarmata compiutamente la Porta.

Il giorno seguente a quello della morte del Caimacan, Nicola Vogorides, che più sopra abbiamo menzionato quale suo Ministro delle Finanze, si presentò al console generale francese Place, pregandolo dell'appoggio suo e di quello dell'ambasciatore Thouvenel per la sua successione al Governo. Place glielo promise, verso un impegno scritto, da lui firmato il 2 di marzo, nel quale egli *s'obbligava nel modo più formale a non fare cosa alcuna che potesse impedir la libera manifestazione, sia nell'elezioni sia nei Divani, della volontà popolare.* — La Porta aveva già preso in considerazione qualche altro candidato; ma poichè Thouvenel l'ebbe costretta a escludere quattro personaggi che il console Place aveva indicati come i candidati dell'Austria — vale a dire Basilio Ghika, Istrati, Alessandro Moruzzi e Costino Catargi —, e poichè ora insperatamente le si veniva incontro con un candidato ch'ella non avrebbe osato neanche di nominare, come quello che non era di pura origine rumena, conferì di buon grado la dignità di Caimacan a Nicola Vogorides. E a ciò fare aveva tutte le sue buone ragioni, del tutto indipendenti dai riguardi dovuti alla Francia. Il padre del nuovo Caimacan era quello Stefano Vogorides ch'era stato un tempo principe di Samo, legato già per ogni sorta d'interessi alla Turchia: un vecchio favorito del sultano Mahmud, e già egli stesso precedentemente (benchè per breve tempo) Caimacan in Moldavia, dove appunto gli era nato il figlio Nicola. Un altro suo figlio Aleko (più tardi Aleko Pascià, governatore della Rumelia orientale) era segretario d'ambasciata a Londra; mentre Costantino Mussurus, ambasciatore colà, e Giovanni Photiades, rappresentante della Moldavia presso la Porta fin dal 1849, erano entrambi generi del vecchio Vogorides. Può anche essergli stata favorevole la circostanza ch'egli aveva per moglie la più ricca ereditiera della Moldavia, Caterina Konaki, donna di patriottici sentimenti, con la quale egli, già per questo fatto stesso, non viveva felice. Per tal modo gli uomini di Stato turchi erano, come vedremo più tardi, tanto più interessati a sollevar contro gli unionisti tutt'intera una famiglia di Fanarioti che aveva larghe relazioni e non poca autorità, inquantochè l'Unione, sotto un proprio Principe forestiero, avrebbe sbarrata per sempre la strada dell'Ospodarato agli ambiziosi membri degli unionisti medesimi.

Nella Valacchia, l'attività del Caimacan Ghika si limitò a combattere gli aderenti dei principi Bibesco e Stirbey. Gli unionisti pertanto ne furono indotti a una rinnovata attività: tanto che il Comitato centrale dava fuori il 15 di marzo un manifesto elettorale, firmato da Costantino Kretzulesco e Lazzaro Kalindero, presidenti. I grandi Boiari dal canto loro, i quali cercavano d'aprir la via al trono al principe Bibesco, pubblicarono pur essi un loro manifesto il 22 marzo. — Avvenuto frattanto nel corso del mese di marzo lo sgombero totale del paese da parte delle ultime milizie austriache e turche, i membri della Commissione arrivarono l'un dopo l'altro a Bucarest, dove furono accolti con gran giubilo. I maggiori onori toccarono al barone di Talleyrand; il quale, il 14 di marzo, riferiva a Walewski « che tutti gli onesti desideravano l'unificazione ». — Vogorides, il quale, oltre al già ricordato impegno scritto, aveva rilasciato il 14 marzo al console francese anche una dichiarazione d'esser disposto ad appoggiar con prudenza l'Unione, qualora gli si fosse data l'assicurazione che, dopo il voto favorevole dei Divani, essa sarebbe stata accettata anche nel Congresso, mancò subito fin dalle prime alla parola data; e le molte illegalità che gli si addebitarono da ogni parte diedero origine a una pubblica accusa contro di lui dinanzi alla Commissione sedente in Bucarest, la quale ebbe il suo corso il 30 di marzo; e fu tanto più significativa, inquantochè il Comitato moldavo s'era venuto trasformando in un formale contro-governo, con agenti che avevan l'ufficio di controllare attivamente e minuziosamente tutti gli atti dell'Autorità governativa. — A quella prima accusa ne seguiron ben presto dell'altre: talchè la Francia ne fece serie rimostranze a Costantinopoli, e il Gran Visir s'affrettò a smentire che la Porta avesse mai esercitata alcuna pressione sopra Vogorides.

Il principe Ghika aveva sottoposto alla Commissione alcuni punti controversi del firmano della Porta, perchè ne deliberasse in proposito; ma non essendosi i Commissarii tenuti autorizzati a far ciò, ne fecero rapporto ai membri del Corpo diplomatico a Costantinopoli. Vogorides però volle trar partito appunto di quelle ambiguità del firmano, per falsare le liste elettorali, dichiarando di non voler punto attendere le deliberazioni di Costantinopoli. Sulla questione gli ambasciatori tennero il 30 maggio 1857 a Costantinopoli un Consiglio; e unanimemente deliberarono « che l'interpretazione del firmano dovesse farsi per opera della Commissione europea di Bucarest, ed esser quindi notificata al Caimacan della Moldavia come regola di condotta ». Sennonchè, mentre Ghika eseguì coscienziosamente i deliberati della Commissione, Vogorides non s'attenne punto alle prescrizioni comunicategli; e pubblicò le liste elettorali moldave prima ancora che gli fosse pervenuta la sola interpretazione legittima. Cotesto procedimento suscitò una protesta, alla quale s'associarono quattro vescovi e parecchi Boiari e cittadini cospicui. Gli ambasciatori di Francia, Russia e Sardegna domandarono allora che l'elezioni venissero protratte di 14 giorni, e che nel frattempo l'interpretazione del firmano concordemente deliberata a Bucarest s'applicasse alle liste anche in Moldavia. La Porta vi acconsentì; ma lord Redcliffe e il sig. v. Prokesch s'opposero all'esecuzione di questo deliberato. — Una tal condizione di cose assolutamente fuor del consueto venne ancor più particolarmente caratterizzata dal fatto che il prefetto di Galatz, Alessandro Couza, presentò le sue dimissioni, motivandole con l'affermazione « che nel suo Circolo, mentr'egli era stato mandato con un incarico speciale nella Bessarabia, eran avvenuti dei fatti contrarii ai diritti dei cittadini e alle disposizioni del firmano ». Altrettanto importante fu la protesta del metropolita della Moldavia, Sofronio, il quale ricusò di prender parte a elezioni « che non si prestavano affatto a raggiunger l'intento previsto dal trattato di Parigi ».

Ad onta di tutto ciò, Vogorides fece indir le elezioni per il 19 di luglio; e queste, com'era da prevedersi per i falsi preparativi e per le misure coattive esercitate, ebbero esito antiunionista. Dei dugentocinque elettori inscritti come appartenenti alla classe degli ecclesiastici, sedici soltanto avevano votato; e soli dugentoquattordici dei quattrocentosessantacinque grandi proprietarii. L'indignazione in paese contro il sistema seguito fu tanta, che persino i deputati eletti ricusarono per gran parte d'accettar l'elezione.

XXV.

Il conflitto europeo per la sistemazione della Rumenia

(Continuazione)

———

In presenza delle avvenute falsificazioni, gli ambasciatori di Francia, Prussia, Russia e Sardegna domandano l'immediato annullamento dell'elezioni, e minacciano la rottura delle relazioni diplomatiche. - A uno dei membri del Comitato di Iasci vien fatto di metter la mano sulla corrispondenza segreta tra il Caimacan Vogorides, i suoi parenti e gli agenti dell'Austria, dell'Inghilterra e della Turchia; corrispondenza che dà le prove delle violenze di lunga mano preordinate dal Caimacan turco. - Thouvenel si reca dal Gran Visir Rescid Pascià, e, a sua piena umiliazione, gli pone sotto gli occhi quei documenti, non appena il Gran Visir ha recisamente smentita ogni sorta d'ingerenze. - Francia, Prussia, Russia e Sardegna annunziano alla Porta la rottura delle loro relazioni diplomatiche. - Visita dell'imperatore Napoleone a Osborne, dove si viene a un mezzo accomodamento. - Consentitosi dall'Inghilterra e dall'Austria all'annullamento dell'elezioni in Moldavia, le nuove elezioni risultano in senso spiccatamente unionista. - Analogo risultato in Valacchia. - I programmi nazionali dei due Divani. - S'aprono il 22 maggio 1858 le Conferenze di Parigi, dove viene elaborata la nuova legge fondamentale per i Principati. - Giudizi circa il procedere della Diplomazia. - L'accordo per la navigazione del Danubio.

Il 28 luglio, gli ambasciatori di Francia, Prussia, Russia e Sardegna, dopo d'aver già fin dal 25 giugno protestato contro gli avvenimenti della Moldavia, indirizzavano alla Porta una Nota, nella quale domandavano l'immediato annullamento delle elezioni. Rispose la Porta il 30 « esser disposta a proporre un aggiornamento del Divano in Moldavia fino al momento che la Conferenza di Parigi si fosse pronunziata sopra codesto punto ». E sebbene un tale atteggiamento fosse assai facile a spiegarsi, in presenza degli opposti consigli di lord Stratford e di Prokesh, da essa già prima fatti valere, tuttavia i quattro ambasciatori ancora nel giorno stesso minacciarono la rottura delle relazioni diplomatiche.

Abbiamo accennato più innanzi come il Comitato centrale di Iasci avesse assunto il carattere d'un contro-governo, e controllasse con circospezione gli atti dell'Autorità politica. Ora avvenne che uno de' suoi membri, Demetrio Rallet, ch'era stato ministro dei Culti sotto Gregorio Ghika, riuscisse a metter la mano sopra tutta una serie di documenti autentici, i quali fornivano le prove inconfutabili che la Porta, contrariamente alla spirito del trattato di Parigi, e nell'intento di rendere impossibile l'unificazione, aveva cercato, di accordo con l'Inghilterra e con l'Austria, d'ostacolar la libera manifestazione della volontà popolare nei Principati danubiani. Si trattava di lettere di lord Stratford, di Prokesch-Osten, del segretario d'ambasciata inglese Alison; del Ministro degli Esteri Emin Pascià, che decretava delle misure di rigore contro la stampa, e la soppressione delle gazzette unionistiche; di Mussurus, di Stefano e Aleko Vogorides, di Photiades; infine del console austriaco a Iasci, Gödel-Lanoy. Le lettere in lingua greca, che Nicola Vogorides riceveva dai suoi parenti più prossimi, miravano soprattutto a dargli l'assicurazione che Austria e Inghilterra, in pieno accordo con la Turchia, combattevano l'unione dei Principati. Suo fratello Aleko il 15 di aprile gli scriveva: « L'Inghilterra non permetterà che l'Unione si compia, nemmeno se tutti i Divani si saranno pronunziati in favore di questa ». Gli consigliava poi « d'assecondar ciecamente il console Gödel-Lanoy di Iasci, quand'anche si mostrasse ancor più insulso che non solesse, e nonostante i suoi errori: operasse pure costui soltanto secondo le istruzioni del suo Governo: esser necessario valersi, senza osservazioni di sorta, di tutte le persone ch'egli avesse proposte, e *senza informarsi se fossero più o meno corrotte, o di cattiva fama;* purchè solo fossero contrarie all'Unione ». — Photiades scriveva, in data del 30 maggio: « Essere il concetto della politica della Sublime Porta il seguente: ch'essa da lui desiderava s'adoperasse attivamente, ma silenziosamente, contro l'Unione; e soprattutto senza lasciar trapelare di aver ricevuto tali raccomandazioni dalla Porta stessa. La maggior segretezza esser necessaria in ogni cosa, ma più che mai nelle attuali contingenze. Dover la Sublime Porta, per le relazioni sue, usare i maggiori riguardi verso le Potenze estere; ma quanto a lui, che non aveva punto siffatti obblighi e si trovava in possesso di pieni e assoluti poteri da parte della Porta, era d'uopo che agisse, benchè con circospezione; e facesse di tutto per aiutarla a venire a capo de' suoi intendimenti ». — Tutti codesti atti vennero recapitati nel luglio, insieme con una protesta, al barone Talleyrand, il quale mandò a Parigi gli originali e delle copie di essi (1).

Verso gli ultimi del luglio, Thouvenel, con tali prove in mano della doppiezza dei più alti funzionarii turchi, si presentò al Gran Visir Rescid Pascià; e, dopo avergli tratto di bocca ripetute assicurazioni che la Porta s'era sempre astenuta da qualsiasi ingerenza come da ogni riservata istruzione al Caimacan, gli pose sotto gli occhi la corrispondenza segreta di cui era venuto in possesso. Rescid ne fu come impietrito; e riconoscendo oramai la sua condizione come insostenibile, si dimise dall'ufficio di Gran Visir. In quell'occasione il Sultano sacrificò anche il figlio di lui Alì Ghalib, al quale aveva data in isposa la sua sorella, e che come Ministro degli Esteri dovette far posto ad Alì Pascià (il rappresentante della Porta al Congresso di Parigi), mentre Mustafà Pascià diventava Gran Visir. Cionnondimeno, i nuovi Ministri non si piegaron subito alle richieste dei quattro ambasciatori; e, accampando il pretesto che tra i rappresentanti delle Potenze non regnava una perfetta unità di vedute, proposero d'avviare un'inchiesta intorno all'elezione, e di chiamare i Caimacani a Costantinopoli. Allora la Francia, la Prussia, la Russia e la Sardegna notificarono senz'altro alla Porta la rottura delle rispettive relazioni diplomatiche, e il 5 agosto Thouvenel si recò a bordo dell'avviso *Aiaccio*, la cui bandiera venne ripiegata tra il tuonare delle artiglierie. Anche le ambasciate di Prussia, Sardegna e Russia ripiegarono del pari le loro bandiere.

Non fu certamente un semplice caso se, proprio intorno a questo tempo, Napoleone III fece una visita alla Regina d'Inghilterra a Osborne. Il 6 d'agosto, e pertanto proprio un giorno dopo che Thouvenel s'era disposto alla partenza, l'Imperatore accompagnato dalla sua consorte poneva il piede sul territorio della Regina. — Che questa visita fosse già da lunga pezza preordinata a manife-

---

(1) Gli originali vennero poi resi al Rallet; questi li rimise al segretario generale del Comitato unionista e del Divano *ad hoc*, più tardi Ministro rumeno, Demetrio Sturdza; il quale li depositò, insieme con tutti gli atti di quella memorabile lotta nazionale, nell'Archivio dell'Accademia di Bucarest.

stazioni politiche, apparisce evidentemente anche per il fatto che tanto lord Palmerston e lord Clarendon quanto Walewski e Persigny ci si trovaron presenti. Tra l'Imperatore e il Principe Consorte si avviaron subito dei colloqui, i quali, rifacendosi dalle complicazioni in Oriente che testè abbiamo esposte, assursero fino alle idee favorite di Napoleone III, relative alla modificazione dei trattati del 1815. La particolar disposizione di spirito di cotesti due uomini in nessun altro luogo si rispecchia con tratti tanto caratteristici, quanto negli abbozzi che il principe Alberto ha lasciati sull'argomento; una trascrizione dei quali fu da lui dettata alla *Princesse royale* in continuazione delle sue lezioni di scienza della politica (1). In quegli appunti non v'è alcun cenno che l'Imperatore, a proposito delle sue doglianze per i soprusi commessi in Moldavia, mostrasse al Principe stesso i documenti originali di cui or ora s'è fatto parola. Egli si contentò di dirgli che quelle violenze erano in opposizione con la volontà del popolo: il quale desiderava così vivamente l'Unione, che al primo presentarsi del Commissario francese gli aveva staccato i cavalli dalla carrozza, portandolo in trionfo per le vie della città. — Certo è però che li fece palesi dinanzi ai ministri; e che questo fatto fu la causa prossima delle dichiarazioni pronunziate più tardi da lord Palmerston in Parlamento, delle quali tra breve diremo. Comunque sia di ciò, in Osborne si venne — a proposito del disaccordo manifestatosi a Costantinopoli — a un compromesso notevole, nel quale è difficile il dire se fu la Francia o l'Inghilterra quella che riuscì a farvi trionfare il proprio concetto. Secondo le relazioni di fonte inglese, il compromesso sarebbe consistito in questo: che l'Inghilterra acconsentiva a un annullamento dell'elezioni nella Moldavia, mentre la Francia avrebbe rinunziato al suo favorito disegno dell'Unione. Ma poichè l'Unione era, insomma, il fine ultimo, mentre l'elezioni non sarebbero state se non il mezzo di raggiungerlo, ne verrebbe che la Francia, per guadagnarsi il voto dell'Inghilterra, avrebbe sacrificato il fine medesimo, lasciando in asso le tre Potenze ch'eran d'accordo con lei. Se non che, il vero è che l'Inghilterra in quel momento, in presenza degli avvenimenti che si svolgevano nell'India e nella Cina, dovette mostrarsi conciliante verso Napoleone III; e che, avendo lord Palmerston per

---

(1) Vedili in Martin, *La vita del Principe Alberto*, trad. del Lehmann, vol. IV. cap. 79.

consiglio del principe Alberto messo in iscritto il 9 agosto 1857
il rispettivo accordo verbale di quel colloquio, il conte Walewski
ricusò di riconoscerlo come un documento ufficiale e di firmarlo,
sebbene la rinunzia della Francia all'unificazione non vi fosse punto
espressa formalmente, ma vi si dicesse soltanto « che il Governo
britannico e quello francese si sarebbero a tempo opportuno accor-
dati per un tentativo in comune, affine d'assicurare al Sultano la
sovranità delle Provincie danubiane ». Nè senza diplomatica finezza
il conte Walewski giustificò il suo diniego, con l'osservazione che
« la soddisfazione da ottenersi dalla Porta, da una parte, e l'intesa
che doveva più tardi raggiungersi, dall'altra, a proposito dei Principati, dovessero esser due cose da tenersi disgiunte ».

Quando la questione dei Principati danubiani venne in sul tappeto il 4 maggio 1858 al Parlamento inglese, lord Palmerston,
molto significativamente, affermò « di non esser punto persuaso
che l'Europa avrebbe dato di piglio alle armi per difendere i Principati contro la Russia, quando l'invasione di essi non fosse stata
considerata come un'offesa recata alla Turchia »; e soggiunse « che
l'annessione alla Turchia non sarebbe stata considerata mai come
una cagione d'intervento armato; bensì tutti i mali esser provenuti
dalle invasioni straniere ». A parte cotesta ultima affermazione, la
quale faceva assolutamente a pugni con la verità, lord Palmerston
era di parere che il Principe forestiero da chiamarsi a quel trono
dovesse essere o russo od austriaco; mentre i Divani avevan dichiarato che non poteva esser nè l'uno nè l'altro. Tutto sommato, però,
al concetto dell'indipendenza e dell'integrità dell'Impero ottomano,
in base al quale s'era intrapresa la guerra, sì l'Inghilterra come
l'Austria eran rimaste fedeli più che la Francia; ma la loro resistenza a taluni postulati — non punto ambigui — del trattato di
Parigi fu la causa dello schierarsi dell'opinione pubblica dell'Europa
a favore della Francia; tanto più che, in sostanza, si trattava della
sorte d'una nazione di più milioni di sudditi per lunghi secoli oppressa.
Tuttavia, a far retto giudizio di tutta quanta la situazione delle cose,
non si può fare a meno di notare che il ravvicinamento dell'Inghilterra
all'Austria era dovuto in parte alla diffidenza suscitata dal ravvicinamento della Francia alla Russia. — Vedremo più tardi come il
nuovo Congresso di Parigi cercasse di comporre la questione per
mezzo d'un sistema di compromessi, che doveva aprire, anzi spalan-
care le porte a un'esplosione dei sentimenti e dei voti nazionali.

Visto che l'Inghilterra aveva acconsentito all'annullamento delle elezioni nella Moldavia, fu forza anche all'Austria sottomettersi. L'annullamento fu dalla Porta proclamato, e furon concessi al Caimacan 14 giorni per purgar le liste dei falsi introdòttivi, in conformità all'interpretazione dei Commissarii di Bucarest.

Le nuove elezioni si fecero in Moldavia il 10 settembre 1857, e riusciron così splendidamente nel senso nazionale, che a far parte del Divano entrarono due soli deputati ostili all'Unione. Furon questi il vescovo interinale di Roman, Nettario Hermezi, e Alessandro Balsch, il rappresentante dei grandi Boiari. Del pari schiettamente unionistiche riusciron l'elezioni nella Valacchia, dove si compirono il 26 di settembre.

Nella sua settima adunanza, il Divano della Moldavia compendiava i voti della Nazione nei cinque capi seguenti, formulati da Michele Cogalniceano: Rispetto dei diritti dei Principati, e in particolar modo della loro autonomia, entro i limiti delle antiche Capitolazioni concluse con la Porta negli anni 1393, 1460, 1511 e 1634; riunione dei Principati in un unico Stato, sotto il nome di Rumenia; un Principe forestiero, ereditario, scelto di tra le dinastie regnanti d'Europa, e i cui successori fossero da educarsi nella religione del Paese; neutralità del territorio dei Principati; potere legislativo affidato a un'Assemblea creata per voto elettorale, dove fossero rappresentati tutti gl'interessi della Nazione: il tutto sotto la guarentigia delle Potenze firmatarie del trattato di Parigi (1). — In simil modo, anche nel Divano della Valacchia inauguratosi l'11 d'ottobre si venne all'accettazione quasi unanime d'un programma esprimente i desiderii medesimi. — Alì Pascia, tuttavia, non si lasciò punto scuotere da coteste indubbie manifestazioni; anzi in una circolare datata del 28 ottobre dichiarò « che le Capitolazioni alle quali i Divani si richiamavano erano state più d'una volta soppresse dai Moldo-Valacchi, e che più non se ne trovavano in alcun luogo gli originali. Del resto, da elezioni a cui prendevan parte persone che nel 1848 avevan posto sossopra l'Europa non c'era da aspettarsi

---

(1) Il vibrante discorso di Michele Cogalniceano (più tardi Ministro eminente) nel quale eran tratteggiate le tragiche sorti della patria con un accenno a un più felice avvenire, fu poi nuovamente stampato in una delle più recenti scritture di Stato, attribuite al Direttore dei Dominii della Corona GIOVANNI KALINDERU: La succession au tróne de Roumanie.

alcun risultato ragionevole. Avere le Potenze, con la convocazione
dei Divani, avuto in mira essenzialmente delle riforme amministrative. In ogni modo, riservarsi la Porta di combattere direttamente
le cosiddette pretese nazionali dinanzi alle Conferenze di Parigi ».

In un'altra circolare, diretta il 1.º dicembre ai suoi rappresentanti,
la Porta aveva manifestato il desiderio che, durante le deliberazioni
da tenersi a Parigi, i Divani dovessero sospendere le loro sedute.
Le sessioni furon chiuse infatti il 25 gennaio 1858; e non appena
la definitiva relazione della Commissione europea fu condotta a
termine e mandata a Parigi, s'apersero il 22 maggio le Conferenze.
Rappresentava in queste la Francia il conte Walewski, lord Cowley
l'Inghilterra, il conte Kisselew la Russia, il barone v. Hübner l'Austria,
il conte Hatzfeldt la Prussia; la Sardegna era rappresentata dal
marchese di Villamarina, la Turchia dal Ministro degli Esteri Fuad
Pascià. Il conte Walewski teneva anche questa volta la presidenza.

Dopo una lunga serie di sedute, il 19 agosto 1858 venne la volta
della *Convenzione diplomatica* per l'ordinamento dei Principati
danubiani; la quale risultò sostanzialmente del seguente tenore:

« I Principati della Moldavia e della Valacchia costituiti di qui
innanzi sotto la denominazione di *Principati Uniti di Moldavia
e Valacchia,* rimangono sotto l'alta sovranità del Sultano (art. 1).
— In forza delle Capitolazioni concesse dai Sultani Baiazet I, Maometto II, Selim I e Solimano II — confermate da parecchi Hatti-
Sceriffi, e nominatamente da quelli del 1834 —, e in conformità
degli articoli 22 e 23 del trattato di Parigi, i Principati mantengono, sotto la garanzia collettiva delle Potenze contraenti, i privilegi
e le immunità di cui si trovano in possesso. Pertanto, entro i limiti
stabiliti dal compromesso concluso tra le Potenze garanti e la Corte
Sovrana, essi s'amministreranno liberamente e al di fuori d'ogni
ingerenza della Sublime Porta (art. 2). — In ciascun Principato
il Governo è affidato a un Ospodaro e a un'assemblea creata per
votazione elettorale; la quale, nei casi preveduti dal presente accordo, dovrà trattare con una Commissione *comune a entrambi
i Principati* (art. 3). — L'Ospodaro ha il potere esecutivo (art. 4).
— Il Potere legislativo viene esercitato collettivamente da esso,
dall'Assemblea e dalla Commissione centrale (art. 5). — I Principati
pagano alla Corte Sovrana un tributo annuo: la Moldavia d'un
milione e mezzo, la Valacchia di due milioni e mezzo di piastre.
Il Sultano conferisce agli Ospodari l'investitura come per lo in-

nanzi. Nel caso d'un'aggressione dal di fuori, la Corte Sovrana stabilirà d'accordo coi Principati le necessarie misure di difesa. Qualora l'ordine interno venisse turbato, la Corte dovrà provvedere al ripristinamento di esso per mezzo d'un'intesa con le Potenze garanti. I· trattati internazionali già stati conclusi dalla Corte Sovrana con le Potenze estere sono applicabili ai Principati in tutto quanto non porti con sè alcun pregiudizio alle loro immunità (art. 6-8). - Nel caso di offesa alle immunità dei Principati, gli Ospodari se ne richiamano alla Potenza Sovrana: e qualora non si dia quivi alcuna soddisfazione alle loro rimostranze, essi potranno farle pervenire per mezzo dei loro agenti a Costantinopoli ai rappresentanti delle Potenze garanti. Gli Ospodari si faranno rappresentare presso la Sovrana Corte per mezzo di agenti (Capou-Kiay; art. 9). — L'Ospodaro è nominato a vita dall'Assemblea (art. 10). — Nel caso di vacanza del trono, l'amministrazione spetta al Consiglio dei Ministri (art. 11). — La capacità all'Ospodarato spetta a ogni cittadino moldo-valacco che possa legittimarsi possessore d'una rendita fondiaria di 3000 ducati, e che per dieci anni abbia rivestito qualche pubblico ufficio o sia appartenuto alla Rappresentanza nazionale (art. 13). — L'Ospodaro governa coi Ministri da lui nominati; sanziona le leggi, e le fa entrare in attività, ma può anche ricusarne la conferma. Ha il diritto supremo di grazia; prepara le leggi che specialmente si riferiscono al suo Principato, e le presenta alla deliberazione dell'Assemblea. Nomina i funzionarii, e pubblica i decreti relativi all'esecuzione delle leggi. — La lista civile di ciascun Ospodaro viene fissata una volta per sempre al momento della sua ascensione al trono dall'Assemblea (art. 14). — I Ministri sono responsabili, e stanno sotto la giurisdizione della Corte suprema di Giustizia e di Cassazione. Il procedimento contr'essi può partire sia dall'Ospodaro sia dall'Assemblea (art. 15). — L'Assemblea viene eletta in ciascuno dei Principati per sette anni (art. 16). — Il periodo della sua sessione è di tre mesi; tuttavia l'Ospodaro può prolungarlo, come può straordinariamente convocarla e scioglierla (art. 17). — Il metropolita e i vescovi hanno lor posto nella Rappresentanza nazionale; il primo ne tiene la Presidenza (art. 18). — Il bilancio d'entrata e d'uscita, da prepararsi annualmente per ciaschedun Principato, ha forza di legge soltanto dopo che sia stato approvato dall'Assemblea (art. 22). — Nessun'imposta può essere applicata se non sia stata prima approvata dalla Rappresentanza del popolo (art. 25). — La Commissione centrale avrà la sua sede a Focsani. Essa è composta di 16 membri, 8 moldavi e 8 valacchi, quattro dei quali saran scelti dall'Ospodaro tra i membri dell'Assemblea o tra le persone che abbian rivestiti alti uffici nel paese, e quattro da ciascuna Assemblea nel proprio seno (art. 27). — La Commissione centrale è permanente. La durata delle funzioni de' suoi membri è limitata dalla durata del periodo legislativo (art. 29). — I membri della Commissione centrale ricevono un'indennità (art. 30). — Le disposizioni del nuovo Ordinamento dei Principati son poste sotto la sorveglianza della Commissione centrale. Questa è autorizzata a segnalare agli Ospodari gli abusi dei quali le sembri necessaria una riforma, e in generale a proporre miglioramenti nei varii rami dell'Amministrazione (art. 31). — Gli Ospodari possono presentare alla Commissione centrale tutte quelle proposte la cui trasformazione in disegni di legge comuni a entrambi i Principati possa sembrar loro opportuna. La Commissione centrale preparerà tali leggi comuni, e per mezzo degli Ospodari le sottoporrà alla deliberazione dell'Assemblea (art. 33). — Saran considerate leggi di comune interesse tutte quelle che si riferiscano all'unità della legislazione, alla creazione o al mantenimento e miglioramento dell'Unione doganale, postale e telegrafica; alla creazione del piede monetario; e alle diverse materie relative agli Istituti d'utilità pubblica comuni a entrambi i Principati (art. 34). — La Commissione centrale dovrà occuparsi specialmente di codificare le leggi esistenti, curandone la conformità con gli atti costitutivi del nuovo Ordinamento. Essa rivedrà i regolamenti organici e i codici delle leggi, per modo che d'ora innanzi — fatta eccezione soltanto per la legislazione locale — un solo Codice di legislazione sussista, il quale, accettato che sia dalle due Rappresentanze nazionali e promulgato da ciascuno degli Ospodari, dovrà essere esecutivo in tutt'e due i Principati (art. 35). — Sarà istituita una Corte di Giustizia e di Cassazione comune ai due Principati, la quale dovrà risiedere a Focsani (art. 38). — Questa Corte giudiziaria ha un diritto censorio e disciplinare sopra i giudizi d'Appello e i Tribunali (art. 40). — Le milizie costituite nei due Principati ricevono un ordinamento analogo, per potere in caso di bisogno riunirsi e formare un unico esercito. Inoltre, un'ispezione delle milizie d'entrambi i Principati si farà annualmente per parte degl'Ispettori generali, che verran nominati or dall'uno or dall'altro Ospodaro anno per anno. Essi avran segnatamente da provvedere affinchè sien mantenuti alle milizie suddette i caratteri di due Corpi appartenenti al medesimo esercito. Il numero delle milizie regolari fissato dai regolamenti organici non potrà essere elevato di più d'un terzo, senza previo accordo con la Corte Sovrana (art. 42). — Entrambe le milizie mantengono le loro bandiere attuali; ma per l'avvenire tali bandiere dovran portare una fascia azzurra, conformemente al modello che si allega alla presente Convenzione (art. 45). — I Moldo-Valacchi di qualsivoglia rito cristiano godranno dei diritti politici; il trapasso di tali diritti ad altre confessioni potrà farsi per via di legge. Tutti i privilegi, le eccezioni o i monopolii di cui tuttora godono talune classi sono aboliti, e si procederà all'esecuzione della legge che concerne le relazioni tra i proprietarii del suolo e i contadini, affine di migliorare la condizione di questi ultimi (art. 46). — In conformità dell'art. 25 del trattato di pace di Parigi, un Hatti-Scerif conforme in tutto a parola a parola con le disposizioni della presente Convenzione dovrà pubblicamente promulgarla entro 14 giorni, al più tardi, dalla sua compilazione e ratificazione (art. 48). — Al momento della promulgazione di esso Hatti-Scerif, l'amministrazione in ciascuno dei Principati dovrà passare dalle mani del Caimacan attuale a una Commissione provvisoria (Caimacania), che dovrà esser costituita in conformità delle disposizioni del Regolamento organico. Le commissioni sopraddette dovranno occuparsi immediatamente della compilazione delle liste elettorali, che dovranno esser pronte entro quattro settimane. Le elezioni dovran farsi tre settimane dopo la pubblicazione delle liste. Dieci giorni appresso, in ciascun Principato, dovran radunarsi i deputati per procedere all'elezione degli Ospodari (art. 49)».

Se abbiamo fin qui assistito al singolare spettacolo dei rappresentanti delle Potenze europee litigiosamente e gelosamente affaccendati intorno al problema d'una più agevole esistenza da procacciarsi ai milioni di sudditi cristiani dell'Impero ottomano, e intorno alle linee fondamentali d'una Costituzione adatta all'appendice rumena di cotesto Impero medesimo, ben più stupefacente spettacolo sarà stato per noi quello che ci fu dato di vedere, della sanzione d'una Costituzione ibrida, che dichiarava due paesi *separati* in pari tempo ed *uniti*, e che, mediante disposizioni tra loro discordanti e fatte apposta quasi per dar luogo a interpretazioni disparatissime, creava uno stato di cose, che difficilmente avrebbe

potuto resistere a lungo dinanzi al palleggiarsi vicendevole di così
diametralmente opposti interessi. A rendere anche più stridenti
coteste contraddizioni, s'appiccicava per soprammercato alla sopra
riferita Convenzione una legge elettorale, che — se le Potenze
avessero riposto un po' più di fiducia nella saldezza organica dei
Principati danubiani — avrebber fatto assai meglio a lasciare
alla discussione di quelle popolazioni medesime. Sennonchè, nel-
l'applicazione d'un tale ibrido sistema, stava in sostanza anche la
soluzione del più sopra accennato conflitto anglo-francesè, in seguito al quale si produsse la divisione delle Potenze in due gruppi.
— Che se la Francia in quel secondo Congresso di Parigi non
riuscì a ottenere l'unificazione dei Principati sotto un Principe
forestiero, tuttavia, dopo la proclamazione dell'accordo del 19 agosto,
non poteva, per chi non fosse cieco, esservi più alcun dubbio che
— come da un pezzo avevan temuto i Ministri turchi — un tale
avvenimento non fosse oramai se non una questione di tempo.

Il 16 agosto, nella sua penultima adunanza, la Conferenza s'era
pure occupata della Convenzione conclusa il 7 novembre 1857 a
Vienna, tra l'Austria, la Baviera e il Würtemberg, relativamente alla
navigazione del Danubio. Alcune contraddizioni, sia rispetto agli
atti del Congresso di Vienna sia rispetto al trattato di Parigi,
indussero segnatamente lord Cowley a una critica acerba di coteste
convenzione; e poichè i rappresentanti della Francia, della Prussia,
della Russia e della Sardegna si furono accostati alle vedute del
plenipotenziario inglese, ne seguì che, nonostante l'abile difesa fattane dal signor di Hübner, di coteste Convenzione conclusa tra gli
Stati rivieraschi sotto la guida dell'Austria si finì col non prender
atto. Inoltre, poichè l'art. 17.º del trattato di Parigi disponeva tas-
sativamente che alle deliberazioni relative agli atti della navigazione
danubiana dovessero prender parte i Commissarii della Serbia, della
Moldavia e della Valacchia, entrarono più tardi nella Commissione
i deputati Cristić, Rosetti e Steege. In tale occasione però la Turchia
volle procurarsi almeno la soddisfazione che solo il suo plenipotenziario firmasse per i Commissarii dei Principati, e che questi
rimanessero esclusi dallo scambio delle ratifiche.

XXVI.

Il conflitto europeo per la sistemazione della Rumenia. L'elezione del Principe

La nomina dei Governi provvisorii, e loro insediamento per opera dei Commissarii della Porta. - I candidati della Porta. - Nuovo accordo tra gli unionisti della Moldavia e della Valacchia. - Le benemerenze di Hurmuzachi, di Cogalniceano, e di Panu. - L'espulsione del Commissario turco Atif-Bey, e la deposizione di Photiades da plenipotenziario della Moldavia presso la Porta. - Caduta del Ministro dell'Interno Stefano Catargi. - Le elezioni della *Assemblée élective*, il cui esito non è favorevole al partito nazionale. - Mentre Turchi e Boiari vogliono affrettar l'elezione a Bucarest per influire su quella di Iassi, i patriotti Moldavi li prevengono ed eleggono a Principe della Moldavia il colonnello Cuza. - Anche in Valacchia è eletto principe il Cuza.

Nel 1856 la Porta e le Potenze contrarie all'Unione avevan lasciati in disparte i principi Gregorio Ghika e Barbu Stirbey siccome sospetti: al punto in cui siamo, per contro, la Francia e le Potenze propense all'Unione stimarono troppo ostili i Caimacani Ghika e Vogorides, per lasciarli a presiedere l'elezioni dei Principi. A combatter l'Unione, nel 1856 s'era pensato d'allontanarsi dalle disposizioni del tuttor vigente *Règlement organique*, in forza delle quali, al cessare d'un Ospodaro, il Governo provvisorio (Caimacamia) doveva esser costituito dai ministri dell'Interno e della Giustizia, che tuttavia rimanevano in carica, nonchè del presidente della suprema Corte di Giustizia; e di riservare le nomine dei Caimacani alla Porta: la quale aveva scelte delle persone di cui era sicura che fossero avverse ai voti del paese. Ciò era importante specialmente per la Moldavia, alla quale, negli sforzi in pro dell'Unione, spettava la parte

più importante, dovendo essa sacrificare la sua capitale Iasci, per
lasciare a Bucarest il centro di gravità del Governo. — Questa
volta, le Potenze andarono di gran lunga più indietro. Passaron
sopra ai ministri dell'Interno. e della Giustizia, al Presidente della
suprema Corte e ai Caimacani Ghika e Vogorides, che avevan
servito troppo zelantemente i loro signori e la Turchia; e nomi-
narono a membri dei Governi provvisorii a Iasci e a Bucarest i
dignitarii degli ultimi principi Ghika e Stirbey, designati dal *Règlement organique*. Questi formarono le cosidette *Caimacamies à
trois*, ossia — come si chiamavano a Iasci, per non usare il vo-
cabolo turco, estraneo alle leggi del paese — le *Commissions in-
térimaires*. — Per tal modo, nella Valacchia il Governo venne alle
mani de' più risoluti partigiani del principe Giorgio Bibesco, nella
Moldavia, dei seguaci dell'Unione (1).

La Porta si risolvette a malincuore a un così fatto compromesso;
ma le fu d'uopo far penitenza adesso dello zelo troppo spinto ad-
dimostrato nei Divani *ad hoc*. Nè tuttavia perdette ella ogni speranza
d'impedire la finale unificazione de' Principati, quando nell'elezione
dei Principi a Iasci e a Bucarest le fosse riuscito d'influire in
favore di uomini, che, estranei a tutte le lotte del partito nazionale, fossero unicamente guidati dal loro personale interesse. I pre-
tendenti adatti all'effettuazione di cotesto disegno erano: per la
Valacchia, Giorgio Bibesco e Barbu Stirbey; per la Moldavia, il
vecchio principe Michele Sturdza e il costui figlio Gregorio.

Quantunque il Governo provvisorio della Valacchia, come già
abbiamo accennato, fosse costituito degli ultimi alti funzionarii del
principe Stirbey, esso propendeva tuttavia risolutamente in favore
del fratello di questo, il principe Giorgio Bibesco, che già aveva
tenuto il trono dal 1842 al 1848. Questi però navigava decisamente
nelle acque della corrente ultra-reazionaria della classe dei Boiari,
la quale sperava non solo di non avere a perdere il possesso effettivo del potere, ma benanco di consolidar sempre più la propria
oligarchia. — In Moldavia, i Boiari pencolavano tra lo Sturdza
padre, sopra ricordato, e il figlio. Il governo era qui senza dubbio

---

(1) Seguiamo qui una Memoria tuttora inedita d'un eminente statista rumeno, che ha preso parte cospicua agli avvenimenti, e che l'ha messa a nostra
disposizione nell'interesse della verità storica.

nelle mani dégli unionisti; ma l'unico loro candidato adatto, il già principe Gregorio Ghika, s'era di sua mano tolto di vita nel 1857. La Porta si propose pertanto di far eleggere a Iasci e a Bucarest uno dei candidati detti più sopra: potendosi ammettere per cosa certa che nessuno di essi, come estraneo agl'interessi nazionali, sarebbe stato eletto contemporaneamente in tutt'e due le provincie. Si voleva per tal modo preparare una catastrofe rapida e decisiva ai tentativi degli unionisti; ma non si fece altro che dimostrare, in quella vece, contrariamente a quant'era da aspettarsi, che di tutto quel movimento che per opera dei Divani *ad hoc* s'era prodotto nei Principati non s'era tenuto conto abbastanza.

I nuovi Governi provvisorii vennero solennemente insediati nel novembre del 1858 per mezzo di due Commissarii della Porta appositamente mandati a Bucarest e a Iasci. Nella Valacchia, il governo risultò costituito da I. Filippesco (genero del principe Bibesco), I. Manu ed E. Balianu; nella Moldavia da Stefano Catargi, Anastasio Panu e Basilio Sturdza. Le speranze della Porta frattanto crebbero d'assai per l'uscita di Catargi dal campo unionista, e per il suo subentrare al posto del sessantottenne Michele Sturdza. L'ufficio di ministro dell'Interno doveva dargli vigorosamente il mestolo in mano: tanto più che la legge elettorale elargita dalla Convenzione di Parigi del 19 agosto 1858 aveva assicurato ai Boiari nei collegi elettorali un'influenza assai rilevante.

Fin dal tempo dei Divani *ad hoc*, gli unionisti della Moldavia e della Valacchia s'eran tenuti sempre in contatto tra loro; cosicchè, subito dopo l'insediamento dei nuovi Governi, vennero a dirette trattative gli uni con gli altri. Tali trattative condussero ben presto a un accordo sui tre punti seguenti: 1.º non eleggere alcuno dei Principi passati, nè i figli loro; 2.º eleggere, in ogni caso, un solo in entrambi i paesi; 3.º affrettar l'elezione a Iasci, per potere in seguito a questa far pressione sull'elezione di Bucarest. Nella Valacchia, quando non fossero insorti dei fatti nuovi e l'opera dell'elezioni si fosse condotta il più rapidamente possibile, Bibesco si teneva sicuro della vittoria. Per la seconda volta adunque le sorti della Rumenia dipendevano dal tatto, dall'energia e dal patriottismo dei Moldavi. — Oltre al dotto Costantino Hurmuzaki, più tardi presidente della Corte suprema di Giustizia e di Cassazione, e a Michele Cogalniceano, l'editore delle *Cronache moldare*, una particolar benemerenza s'era acquistato Anastasio Panu, con

l'attribuire un significato pratico alle deliberazioni, fin qui puramente teoriche, del Divano *ad hoc* di Iasci, e col dare, durante il
periodo della sua attività amministrativa, un solido fondamento al
programma del principe Ghika, che si compendiava nel motto
« *Unione, sotto una dinastia europea* », del quale egli aveva avviata l'effettuazione, proponendolo a sè stesso come fine supremo
della sua opera di governo.

In Valacchia, l'autorità governativa, nell'opera antinazionale da
essa condotta, non si curava nemmeno d'astenersi dalle misure
più violente, tanto più che si sapeva validamente spalleggiata dalla
Turchia, e non incontrava veruna opposizione da parte delle altre
Potenze, disposte in favore della candidatura Bibesco. Ma neppure
a Iasci le cose procedevan lisce; poichè, non appena il Governo
provvisorio ebbe incominciato ad agire, le divergenze tra le varie
opinioni dominanti scoppiarono a un tratto, e ben presto la lotta
divampò col massimo ardore; d'altra parte, l'attività spiegata da
Stefano Catargi per giungere, col mezzo del Ministero dell'Interno
ch'era toccato a lui, ad afferrare il potere, trovò un appoggio nel
Commissario turco Afif-Bey e nel segretario di costui Adossides:
quel medesimo corrottissimo uomo, che già doveva servire da intermediario al defunto Caimacan Balsch per ottenere il Principato.

Catargi non voleva riconoscere il Ministero precedentemente
formato, al quale pure egli stesso dapprima aveva dato il suo assenso,
e dove sedevano Alessandro Cuza e Basilio Alecsandri (1) come
ministri della Guerra e degli Esteri; voleva inoltre procedere a
suo arbitrio assoluto in tutte le nomine dei funzionarii del Ministero
degl'Interni; e soprattutto insisteva per la nomina a Segretario
generale del proprio nipote Oscar Catargi, che nel passato Divano
ad hoc s'era pronunziato contrario nel modo più reciso all'emancipazione dei contadini, e s'era costituita intorno a sè una clientela
tra i piccoli proprietarii di fondi. Fortunatamente, Catargi s'era da
sè medesimo tagliata la strada al raggiungimento de' suoi disegni,
avendo firmato insieme con gli altri il primo degli atti del Governo,
ossia il protocollo che stabiliva come regola per le deliberazioni
del Governo il voto della maggioranza, al quale la minoranza doveva sottomettersi. Ora, in tutte le pretese sue egli restò in mi-

---

(1) Il celebrato poeta, attuale rappresentante rumeno a Parigi. (V. nota 1
a pag. 30).

noranza; e quando, spalleggiato da Aflf-Bey e da Adossides, volle
per mezzo di minacciose lettere del Gran Visir riafferrare il potere
perduto, questo gli sfuggì dalle mani del tutto. Panu e Basilio
Sturdza non si piegarono all'esigenze del loro collega e del commissario della Porta; al quale ultimo anzi fu fatto intendere che
la sua missione ufficiale s'esauriva con la lettura del firmano di
costituzione della *Commission intèrimaire:* negandoglisi pertanto
il diritto d'intervenire più oltre come Commissario della Porta e
di valersi ufficialmente del telegrafo per la sua corrispondenza con
Costantinopoli. Da ultimo venne contro Aflf-Bey emanato un decreto
d'espulsione; e il supremo funzionario della Porta chiamato a esercitare un influsso diretto nelle relazioni interne della Moldavia e
della Valacchia fu condotto sotto scorta militare fino a Galatz, donde
s'imbarcò poi per Costantinopoli.

Questo risoluto procedere di fronte alla Porta produsse in entrambi i Principati impressione vivissima. A Costantinopoli ne rimasero sconcertati; ma sul Danubio il fatto fu senz'altro decisivo,
sia per l'azione elettorale, sia per gli avvenimenti che si vennero
maturando più tardi.

Un'altra deliberazione importante della maggioranza della *Commission intèrimaire* a Iasci fu la deposizione dell'incaricato d'affari
moldavi a Costantinopoli, il famigerato Photiades, noto per la sua
secreta corrispondenza col proprio cognato il Caimacan Vogorides.
— Nessuna cosa può meglio caratterizzare la decadenza delle istituzioni politiche della Rumenia quanto il costume invalso di nominare
come incaricati d'affari a Costantinopoli dei sudditi presi dalla Porta;
ond'è che il nuovo decreto del Governo che veniva dalla Moldavia
dovè ridestare i sospetti degli Osmani non meno .dell'espulsione
d'Aflf-Bey.

Poichè, secondo un deliberato delle grandi Potenze trasmesso al
governo di Iasci, per la compilazione della lista dei candidati al-
l'elezione principesca si richiedeva il pieno accordo di tutt'e tre
i membri del Governo, altro non restava da fare se non deporre
Stefano Catargi, pel quale già da un pezzo tale provvedimento
sembrava maturo. Il che fu fatto, nominandosi al suo posto il
Ministro delle Finanze, I. A. Cantacuzeno. La Porta cercò d'immischiarsene col mezzo di ordini diretti del Gran Visir e di deliberazioni
degli ambasciatori; l'ultima delle quali fu quella del 28 novembre
1858. Ma a Iasci il periodo delle paure e della sommissione era

finito per sempre. Tutte le comunicazioni da Costantinopoli vennero accolte nel modo più rispettoso bensì, ma pubblicate insieme con le risposte del Governo nel Giornale ufficiale.

Così stavan le cose, allorchè dal 26 al 30 dicembre 1858 ebbero luogo l'elezioni. L'esito non fu favorevole al partito nazionale. Numericamente, il partito del principe Michele Sturdza era il più forte; tuttavia questo non ottenne la maggioranza, perchè incontro ad esso stavano il partito nazionale e i partigiani di Gregorio Sturdza. Un accordo tra il padre e il figlio avrebbe segnata la sconfitta del partito nazionale; ma l'odio tra i due rese impossibile ogni intesa tra loro. La legge elettorale, che favoriva la classe dei Boiari, aveva, a dir vero, procacciata la maggioranza nella Camera a questi; ma anche per i Boiari come per i Turchi, le cose s'erano spinte tropp'oltre; e con i soli mezzi forniti dal potere non era più possibile dominare la situazione. — Una tale debolezza della classe dei Boiari s'è poi da allora in qua manifestata più volte in varie occasioni; ma il paese, il quale s'era lasciato addietro il passato decrepito e procedeva vigoroso verso l'avvenire, era decisamente avverso a cotesta oligarchia; e con dolore guardava al momento che il vecchio o il giovane Sturdza sarebbero saliti al trono. Il primo era il rappresentante dell'oramai cessato periodo del *Règlement organique;* il secondo, co' suoi atti dispotici, s'era fatto un nome temuto e aborrito in tutte le classi della popolazione; nè poteva crescer di popolarità, anche per questo: che colui che lo portava aveva preso parte alla guerra di Crimea come generale di divisione della Turchia, e ai confini della Bessarabia aveva funzionato da Commissario turco, coperto il capo del rosso *fez*, sotto il nome di Muhlis-Pascià. Di fronte ai diritti e ai privilegi dei Principati, pertanto, cotesto candidato veniva in linea col Caimacan Vogorides; nè i suoi talenti militari, altamente apprezzati da' suoi partigiani, nè gli altri meriti di lui eran sufficenti a ricondur l'opinione pubblica in suo favore.

Mentre la debolezza della causa dei Boiari stava tutta nei due partiti degli Sturdza che si combattevano a vicenda, il partito nazionale era pur esso diviso in due gruppi, i quali pencolavano tra parecchi candidati qua e là. Conservatori e liberali s'eran per la prima volta trovati di fronte nel Divano *ad hoc;* per la seconda volta ora essi cagionarono una scissura nella primitiva compagine del partito nazionale. I capi erano: Lascar Catargi per i conser-

vatori, Costantino Negri per i liberali. La questione che divideva
i due campi era quella dei contadini. I conservatori acconsentivano
al massimo all'abolizione dell'obbligo di servitù dei contadini; i
liberali, fedeli al loro programma formulato fin dal 1848, volevano
che anche i territorii rurali dai contadini legalmente coltivati venissero concessi loro in proprietà verso un risarcimento da pagarsi
ai proprietarii dei fondi. La lotta tra cotesti due gruppi del partito
nazionale non era meno accanita di quella dei partigiani dei due
Sturdza. Inoltre, nel gruppo liberale s'era fatta strada anche un'altra
idea: d'èleggere cioè il Principe del paese non più dalle alte classi
dei Boiari, presso i quali esercitavano la loro influenza i Fanarioti,
ma dagli elementi popolari delle classi inferiori. Il futuro Principe
doveva appoggiarsi sul popolo: al popolo dunque, non a un'oligarchia di sentimenti stranieri doveva appartenere l'eletto. — Il concetto era nobile, senza dubbio; se non che, non s'era ponderato
abbastanza quanto la corruzione russa e quella turco–fanariota
avessero inquinato del sangue sano del paese.

Poichè il principal pericolo per i Turchi e i Boiari minacciava
dalla Moldavia, si studiaron costoro d'affrettar l'elezione a Bucarest,
nella speranza che questa avesse a influire sopra quella di Iasci.
A Bucarest era stata eletta una forte maggioranza favorevole a
Giorgio Bibesco. Ma quando la *Commission intérimaire* di Iasci
convocò senz'indugio quell'Assemblea, anche quest'ultimo tentativo
della reazione naufragò. I Boiari ricorsero bensì all'arcivescovo, il
quale — secondo l'antico costume — in tutte le assemblee politiche
del paese teneva la presidenza; e quegli domandò una dilazione,
col pretesto della solennità del Natale e del passaggio dal vecchio
al nuovo anno; ma il Governo non cedette. Il 9 gennaio 1859 (28 dicembre 1858) aperse a Iasci l'*Assemblée élective*, la quale incominciò
i suoi lavori sotto la presidenza del Presidente anziano, il gran
Logoteta Nicola Rosetti Balanescu, del partito di Michele Sturdza.

Nella lista dei canditati per l'elezione del Principe si trovavano
trentotto nomi: uno ch'era già stato Principe, Michele Sturdza; un
figlio di Principe, Costantino Ghika; dodici gran Logoteti, 17 gran
Wornik, tre etmanni, un colonnello, un *postelnik* e due *agà*. Di
questi, cinque domandarono d'essere esclusi dalla lista, cioè Costantino Ghika, Cogalniceano, Stefano Catargi (il già deposto membro
del Governo), il suo successore I. A. Cantacuzeno e un separatista,
Gregorio Balsch. Inscritti vi furono quindi: a propria domanda altri

quattro, tra i quali il capo dei separatisti N. Istrati; ed uno per iniziativa del Governo, dopo che l'elezione preliminare l'aveva designato già come Principe, cioè Alessandro Cuza.

Il 17 gennaio 1859, nono giorno dall'apertura dell'Assemblea elettiva, in forza delle disposizioni della Convenzione 19 agosto 1858, si procedette a Iasci all'elezione del Principe; e a voti unanimi venne eletto il colonnello Cuza. La stessa Assemblea, sùbito fin dalla sua prima seduta, aveva mandato un indirizzo di ringraziamento alle Potenze, nel quale nuovamente s'accentuavano il programma nazionale dell'Unione sotto un Principe forestiero e la speranza del finale conseguimento di questo.

Nella Valacchia, la Camera elettorale s'adunò appena il 3 di febbraio. Grazie al contatto che i patriotti moldavi avevan sempre mantenuto con quelli della provincia sorella e alle difficoltà che le lotte tra i varii candidati suscitavano contro alla loro vittoria, si venne in Valacchia a un vero colpo di Stato, essendosi qui pure il 5 febbraio, a proposta di Boeresco, all'unanimità eletto a Principe di Valacchia il Principe della Moldavia Alessandro Cuza. — Esporremo più oltre l'atteggiamento delle Potenze europee in presenza di cotesta duplice elezione, come pure le linee principali del governo di Cuza; ma vogliamo qui notar subito, che quest'ultimo — nelle intenzioni dei Rumeni — da un pezzo era destinato a restar nulla più che un Principe provvisorio; giacchè in Moldavia Cuza era stato eletto con la condizione espressa che, quando si fosse venuti all'unione dei due Principati, egli avrebbe rinunziato in favore d'un Principe forestiero. Cuza infatti fece pervenire più tardi alle Potenze firmatarie della Convenzione del 19 agosto 1858 una Nota, nella quale si pronunziava nel medesimo senso.

XXVII.

Gli ulteriori avvenimenti nella Turchia e fuori, fino all'anno della morte di Abdul-Megid

Sollevazioni nella Bosnia e nell'Erzegovina. - Ostilità del Montenegro contro la Turchia. - Atteggiamento della Francia e della Russia. - Rettificazione di confini. - Cambiamento di Sovrano in Serbia. - Sconfitta diplomatica dell'Austria. - L'avanzarsi delle Potenze verso l'Estremo Oriente.

Le promesse del trattato di Parigi, il coraggioso procedere dei Rumeni, i conflitti rimasti allo stadio acuto tra la popolazione ottomana e la cristiana negli altri dominii della Turchia europea e i continui intrighi della Russia non tardarono a provocar quivi, come nelle provincie asiatiche, gravi urti e scene di sangue.

Nel corso degli anni 1857 e 1858 i contadini della Bosnia e dell'Erzegovina insorsero contro le oppressioni della nobiltà feudale imbarbarita, e passata, dopo la conquista di Maometto II, all'Islamismo. Quelli dell'Erzegovina più ancora che i Bosniaci ebbero a soffrire delle ruberie dei *basci bozuk*; e in una supplica ai consoli scrivevano: « Se i poveri Cristiani son corsi alle armi, ciò è avvenuto « per causa delle oppressioni e delle spogliazioni da parte dei « Turchi maledetti e briganteschi, che ci han preso e divorato « quanto possedevamo, hanno profanato le nostre chiese, calpestata « la nostra religione, violentate le nostre mogli e le nostre sorelle, « sì che noi siam costretti a far battezzare i bastardi che le mogli « e le sorelle nostre mettono alla luce! E chiamiamo Dio in testi- « monio che se la grazia del Sultano non allontanerà di mezzo a « noi gli autori di tante nefandità, e non ci concederà quanto è « giusto, noi saremo pronti a morire fino all'ultimo uomo e a inabis-

« sarci con tutti i nostri averi ». — Anche i Montenegrini parteciparono alle ostilità contro i Turchi; e quando l'Austria stessa, che s'era sempre comportata con tanta indulgenza verso la Porta, si rivolse a questa per qualche rimostranza, le fu risposto sui primi del marzo 1858 « che i Cristiani erano liberi da ogni oppressione, e che quelle turbolenze eran da attribuirsi agli agenti panslavisti ». — Tra il Montenegro e la Turchia la lotta assunse un aspetto più serio. La Francia in questo mentre si schierava definitivamente a fianco della Russia.

In pari tempo, la Francia spediva nel mare Adriatico i vascelli di linea *Eylau* e *Algesira*. Intanto però gli eventi guerreschi, favorevoli quando al Montenegro quando alla Turchia, avevan fatto il loro cammino; finchè il 13 maggio era riuscito ai Montenegrini sotto Pietro Stefanow, dopo una battaglia di due giorni presso Grahovo, di ricacciar fuori dal loro territorio con gravi perdite i Turchi comandati da Hussein-Pascià, e d'impadronirsi d'un considerevole materiale da guerra. Questo successo ebbe notevole importanza, specialmente perchè la Porta alle proposte fatte diciotto mesi innanzi dal Principe Danilo per un componimento della questione, aveva fatto rispondere: « riconoscesse egli prima d'ogni altra cosa la sovranità della Turchia; avrebbe poi il Sultano pensato a mostrarsi benevolo verso il Montenegro ». — Con tutto ciò il principe Danilo si piegò al consiglio delle Potenze, rinunziando a proseguire più oltre le sue vittorie. Il 25 luglio s'adunò a Ragusa la Commissione nominata per una rettificazione del confine tra la Turchia e il Montenegro; e alla Francia e Russia, contro la volontà della Turchia e dell'Austria, riuscì di ottenere che vi fosse ammesso anche un Commissario montenegrino, nella persona del colonnello Vukovič.

I lavori preliminari di cotesta Commissione vennero sottoposti in seguito a Costantinopoli a una Conferenza degli ambasciatori delle grandi Potenze e dei Ministri turchi. Il Gran Visir voleva che venissero assunti a protocollo i diritti della Turchia sul Montenegro; ma Thouvenel si oppose a questa domanda. La rettificazione di confine della Commissione fu nel complesso accettata; e in uno stromento dell'8 novembre 1858 fu stabilito che verso il confine dell'Erzegovina il Montenegro dovesse mantenere Grahovo e la valle del Bela e dello Jupa. Meno favorevolmente venne delimitato il confine dal lato dell'Albania; e nemmeno si potè dai Montenegrini ottenere l'agognato accesso al mare. — La Commissione tecnica

di delimitazione, che a tenore dello stromento dell'8 novembre sus-
seguì alla Conferenza, giunse al termine dei suoi lavori appena
verso gli ultimi dell'anno 1859, essendo stata continuamente disturbata dalle frivole obbiezioni dei funzionarii inglesi e turchi. E
così il problema, non sufficientemente risoluto, doveva dare occasione a ulteriori complicazioni più tardi.

Altra e non meno importante materia di fermento s'era accu-
mulata nella Serbia; e doveva manifestarsi ben presto piuttosto
con un interno rivolgimento che non con un conflitto diretto contro
la supremazia della Porta. Il principe Alessandro Karageorgevič
aveva da un pezzo cercato di liberarsi quant'era possibile degli
antichi ordinamenti nazionali dell'Assemblea del Popolo (Scupcina).
Egli sperava di potersi assicurare con l'aiuto dell'Austria il diritto
ereditario nella sua famiglia. Ma l'opinione pubblica in paese s'era
di più in più allontanata da lui: talchè egli si vide alla fine costretto, dopo d'aver chiamato Garascianin al Ministero degl'Interni
e Vucič alla presidenza del Senato, a convocare la Scupcina, la
quale veramente doveva radunarsi ogni tre anni. Contrariamente
alla consuetudine però, secondo la quale per lo innanzi si mutava
il modo delle elezioni a ogni convocazione, questa volta si venne
nel novembre del 1858 alla compilazione d'una determinata legge
elettorale. L'elezioni si fecero il 28 dello stesso mese, e risulta-
rono decisamente ostili al Principe reggente. La Scupcina ringraziò
le Potenze per i diritti assicurati alla Serbia, ma presso la Porta
si dolse delle sue intenzioni, fin dal principio ostili alla convocazione
medesima. Il 22 dicembre fu presentato un formale atto d'accusa
contro il Principe, cui si chiamava responsabile di tutti gl'inconvenienti, e al quale si rimproverava un nepotismo della peggiore
specie a favore della famiglia sua e della moglie. Una Commissione composta di 17 membri gl'intimò di abdicare. Avendo egli
resistito, il 23 dicembre fu dichiarato deposto, e come Principe
ereditario venne chiamato al trono il principe Milosh Obrenovič,
dell'età di 71 anni. Ciò fatto, la Scupcina domandò la conferma
della Porta alle disposizioni prese. L'Austria eccitava alla resistenza; ma anche questa volta l'influenza franco-russa la vinse;
cosicchè il 12 gennaio 1859 Milosh — benchè senza diritto all'ereditarietà — fu confermato Principe di Serbia. Accolto a Belgrado
con grande entusiasmo, non si fece tuttavia alcuno scrupolo di
presentare alle Potenze il figlio suo come Principe ereditario.

L'Austria, che prevedeva ulteriori complicazioni, annunziò al Governo — come a ciò invitata dal Governatore turco — che, qualora la fortezza di Belgrado fosse stata minacciata dai Serbi, ella sarebbe stata costretta a occuparla; ma non potè far breccia. La successione venne da ultimo regolata mediante una legge, secondo la quale il trono doveva trasmettersi nella linea maschile della famiglia Obrenović, e quando questa si fosse estinta, passare a un erede adottivo della famiglia principesca, di confessione greca.

Il primo decennio della seconda metà del secolo XIX presenta nella storia universale uno degli aspetti più gloriosi e interessanti. Esso incominciò l'opera di distruzione della barbarie turca e della russa; costrinse questa all'abolizione della servitù della gleba, e con l'impulso vivificatore comunicato al Levante, dischiuse l'immenso Oriente asiatico al commercio dell'Europa. Per ciò che si riferisce all'Impero ottomano e alla Russia, si può dire che la guerra di Crimea ha riformato piuttosto quest'ultima che il primo, pur rendendola in pari tempo altrettanto più pericolosa per l'Europa, sua vecchia maestra. Dopo che Alessandro II fin dal 2 dicembre 1857 ebbe incominciato a predisporre a poco a poco l'abolizione della schiavitù corporale, e la nobiltà di Orel, Vorones, Gradno, Vilna, Skovno, Pietroburgo, Mosca, Nisni-Novgorod, Cursk, Pultava, Casan, Kièv, Podolia, Saratov, Samara, Volinia, Simbirsk, Riäsan, Costroma e Astracan fin dal marzo dell'anno seguente vi ebbe acconsentito (mentre nelle provincie della Grande Russia l'aristocrazia resisteva ancora), il 28 gennaio del 1861 il Consiglio di Stato russo deliberava l'abolizione; la quale finalmente venne promulgata con un manifesto dell'Imperatore il 3 marzo del medesimo anno. Dopo la sconfitta del 1856, la Russia si rafforzò mediante il trattato concluso ad Aigun con la Cina dal Governatore della Siberia orientale, generale Muraview, il 28 maggio 1858 (in forza del quale ella acquistava la riva sinistra dell'Amur, e tutto quel territorio fluviale dallo sbocco dell'Assuri in giù), e più tardi mediante l'altro trattato estremamente vantaggioso di Tientsin, concluso dal conte Eutimio Putiatin il 1.º giugno dello stesso anno, durante il governo dell'Imperatore Hien-Fung. — Il 26 e 27 giugno 1858 Francia e Inghilterra (già per simili vantaggi prevenute dagli Stati Uniti dell'America Settentrionale) concludevano quivi stesso per opera di lord Elgin e del barone Gros quella pace con la Cina, in virtù della quale il Cristianesimo doveva essere protetto, nè più doveva esser vietato ai Cinesi il passaggio a questa religione. Fu dichiarato libero il commercio; rese più facili per mezzo di reciproche ambasciate le relazioni diplomatiche, e alle Potenze vincitrici concessa un'indennità in denaro. E poichè, in seguito al doppio gioco del Governo cinese, la ratificazione di cotesti trattati non veniva mai a compimento, e nuove ostilità tra gli alleati e la Cina parvero inevitabili, gli eserciti della Francia e dell'Inghilterra si spinsero con la forza fino a Pechino stessa; e, avendo i Cinesi martoriati e giustiziati alcuni dei personaggi più cospicui della spedizione, saccheggiarono e distrussero il palazzo d'estate dell'Imperatore. Per tal modo, tra lord Elgin e il barone Gros da una parte, e il principe Kong dall'altra, si venne il 24 e il 25 ottobre 1860 alla stipulazione di trattati anche più vantaggiosi, mentre si ratificavano in pari tempo quelli del 1858.

Il 26 agosto 1858 lord Elgin aveva similmente concluso a Yeddo un trattato col Giappone. Nei primi giorni del settembre dello stesso anno il vice-ammiraglio francese Rigault de Génouilly intraprendeva di conserva con la Spagna una spedizione contro la Cocincina; e il 9 ottobre, per opera del barone Gros, si venne a un trattato anche tra il Giappone e la Francia. Così, essendosi avviate similmente delle relazioni diplomatiche con il Siam e con la Birmania, gl'Imperi più lontani venivano oramai aperti dinanzi allo spirito d'intraprendenza dell'Europa; ed oggi le superbe aristocrazie della Cina e del Giappone hanno accolto per le relazioni diplomatiche con l'Occidente i titoli dell'aristocrazia europea. Anche l'abolizione effettuatasi l'8 agosto 1858 dei privilegi della Compagnia delle Indie orientali, e il trapasso dell'amministrazione dell'India al Governo inglese (che doveva più tardi procurar l'imperiale corona delle Indie alla Regina d'Inghilterra) contribuì potentemente alla civiltà di quell'Impero, che abbraccia oltre duecento milioni di sudditi.

Dalla più ristretta scena donde questa nostra esposizione ha prese le mosse disparvero in quel tempo: lord Stratford de Redcliffe, il quale dopo una lunga e gloriosa attività dovette finalmente il 7 dicembre 1857 ritirarsi dinanzi all'influenza francese a Costantinopoli; Rescid-Pascià, il potentissimo riformatore d'un tempo, che morì il 7 gennaio del 1858; e il Sultano Abdul-Megid, il quale lasciava, esausto, questa vita il 25 giugno del 1861.

XXVIII.

Il governo di Alessandro Cuza (1)

Il colonnello Cuza ascende i due troni uniti dei Principati danubiani col nome di Alessandro Giovanni I. - Sue origini e sua famiglia. - Sua educazione e suo ingresso nella vita pubblica. - Missione di Alecsandri in Francia, Inghilterra e Italia. - Segrete relazioni tra Napoleone III e Cuza alla vigilia della guerra franco-austriaca. - Appoggio dato all'esercito rumeno dall'Imperatore, ed effetti che ne seguono nelle misure dell'Austria. - Impressioni di Alecsandri a Torino, e suo scacco a Londra. - Protesta della Porta alla Conferenza di Parigi. - L'Austria si unisce alle pretese della Porta, mentre le altre Potenze garanti presentano, per chiuder la vertenza, una proposta di mediazione favorevole ai Principati. - L'Austria è costretta a riprender le relazioni diplomatiche interrotte con i Principati danubiani. - Investitura sovrana di Cuza, in due separati firmani. - I Boiari contro Cuza, che si trova a disagio soprattutto per le contraddizioni della Costituzione. - Abusi della Commissione centrale di Focsani. - Viaggio di Cuza a Costantinopoli, ottobre 1860. - Sue trattative colà per la creazione d'una Unione effettiva. - Circolare d'Alì-Pascià alle Potenze garanti, e riserve di queste, fatta eccezione dell'Austria. - Il firmano dell'Unione del 2 dicembre 1861. - Discorso del trono di Cuza all'apertura della prima assemblea comune del popolo, il 5 febbraio 1862. - Sguardo retrospettivo alle condizioni della Rumenia durante il Governo provvisorio. - Il Ministero Barbu Catargi. - Assassinio di Catargi, 20 giugno 1862. - La secolarizzazione dei beni conventuali. - Esposizione storica di cotesta importante questione di Stato. - Discapito del Clero greco e indirettamente della Russia. - Al Ministero Kretzulesco succede quello di Cogalniceano. - Accordo segreto di Cuza con quest'ultimo per un colpo di Stato. - Cuza in conflitto con la Camera. - Il colpo di Stato del 14 maggio 1864. - Messaggio di Cuza al popolo. - Le disposizioni principali del nuovo Statuto. - Protesta della Porta. - Il protocollo della Conferenza del 28 giugno 1864, nel quale vien sancito l'accordo conclusosi tra la Porta e il Principe. - Plebiscito

(1) Col sussidio di comunicazioni d'archivio d'eminenti contemporanei.

del 27 maggio 1864. - Promulgazione della legge agraria, e influenza della stessa
sulle condizioni della Rumenia. - Altri decreti principeschi per una radicale
mutazione delle condizioni giuridiche. - Caratteristiche del periodo dittatoriale
di Cuza. - Giudizi dei contemporanei intorno ad esso. - Disordine delle finanze
e di tutta quanta l'amministrazione dello Stato. - Governo di favoriti e di favorite. - Trattative di Cuza con Napoleone III per l'abdicazione della Corona
in favore d'un candidato forestiero accetto alla Francia. - La congiura per
abbattere Cuza. - Missioni segrete di Maurogheni e di Giovanni Ghika; trattative di quest'ultimo a Bruxelles e a Torino. - L'accordo con l'emigrazione
ungherese. - Missione di Giovanni Bratiano a Parigi. - Costituzione di Comitati
segreti a Bucarest. - La deposizione di Cuza nella notte del 23 febbraio 1866.
- Formazione d'una *Lieutenance princière*. - Gl'intrighi della Russia.

Il Governo provvisorio (*Commission intérimaire*) aveva dato una
indubbia prova di coraggio creando un fatto compiuto, senza curarsi della sanzione dell'Europa e della Porta, mediante la sollecita
consegna del potere al Principe doppiamente eletto. Il colonnello
Cuza ascese al trono unito dei Principati danubiani col nome di
Alessandro Giovanni I. — Una frase del suo proclama ai Moldavi
emanato il 5 febbraio 1859, il giorno appunto della sua elezione
a Principe della Valacchia, dimostra com'egli fosse ben lontano
dal contare anche sul trono valacco. In esso infatti egli dice tra
altro: « Non appena sia compiuta l'elezione del fratello nostro, il
« Principe della Valacchia, procederemo alla convocazione della
« Commissione centrale a Focsani » (1). Specialmente fu Giovanni
Ghika quello che, per mezzo di Alecsandri, lo indusse ad accettare
l'elezione di Bucarest.

Cuza apparteneva ad un'antica, se pur non singolarmente cospicua, famiglia di Boiari. Era nato il 20 marzo del 1820 a Husci,
il piccolo capoluogo del Circolo di Falciu, nella Moldavia. Il padre
suo il *wornik* Giovanni Cuza (dal quale assunse il prenome del
titolo dinastico) contava tra i suoi antenati una vittima innocente
giustiziata sotto l'Ospodaro fanariota Moruzzi. Suo zio Gregorio
Cuza, insieme con Alessandro Sturdza (Miklauscianu) e col più
sopra ricordato vescovo di Husci — più tardi metropolita della Moldavia — Sofronio Miclescu, aveva formato durante il quattordicenne
Governo di Michele Sturdza l'unico gruppo patriottico d'opposizione nelle Camere boiare. Mentre adunque si può ammettere che,
per parte della linea mascolina di lui, fosser passati nel sangue

---

(1) V. TESTA, V, pag. 398.

del figlio degli elementi nobiliari, i Rumeni — conformemente alle loro accuse d'inquinamento della nazione per mezzo d'infiltrazioni greche e russe — attribuiscono le poco nobili qualità in lui scoperte più tardi alla madre sua, ch'era una Perotin, greca, che a mala pena sapeva parlare il rumeno.

Il giovane Cuza, dopo una necessaria preparazione nella scuola del greco Cucule a Galatz, era stato accettato nel 1837 come cadetto

Principe Cuza.

nella milizia, e mandato poi a compier la propria educazione a Parigi, dove si trovò in pari tempo con colui che doveva più tardi diventare il famoso poeta Basilio Alecsandri. Colà, curandosi piuttosto di godersi la vita parigina che d'applicarsi sul serio, attese allo studio del diritto; e, tornato nel 1840 in Moldavia, nell'intendimento palese di entrare negli uffici civili, si sciolse dai vincoli dell'esercito. Nel 1844, in età di soli 24, anni aveva sposata la figlia del gran *wornik* Giorgio Rosetti, da Solesti, in seguito a che fu nominato Giudice del Tribunale di prima istanza a Galatz. Avendo poi preso parte nel marzo del 1848 all'insurrezione di Iasci, fu co-

stretto a rifugiarsi, con Alecsandri, Costantino Negri ed altri, nella
Bucovina. Soltanto dopo la nomina di Gregorio Ghika a Ospodaro
della Moldavia era ritornato, dopo un'altra breve dimora a Parigi,
nella primiera sua cerchia d'attività a Galatz, dove più tardi fu
nominato prefetto.

È caratteristico il modo col quale il rapido avanzamento d'Alessandro Cuza si ricollega con uno dei più odiati periodi di transi-
zione della recente storia rumena. In un'età fatta sostanzialmente
di rivoluzioni e di sconvolgimenti, la cosa andò ben presto dimen-
ticata; ma, come vedremo, di quell'oblio fu altrettanto sollecita la
vendetta. — Quando Nicola Vogorides, del quale abbiamo già
imparato a conoscere i metodi di governo, nella primavera del 1857
diventò Caimacan della Moldavia, non si contentò di falsare la
volontà nazionale; ma, con un analogo sistema di favoritismi, cercò
di procurarsi delle proprie creature in paese. Così, innalzò il semplice alfiere Alessandro Cuza al grado di *aiutante del Principe*,
sebbene egli stesso non fosse Principe veramente, ma soltanto
Governatore. Per poter poi valersi del suo favorito nell'esercito,
lo nominava il 16 marzo 1857 sotto-tenente, il 24 aprile tenente,
il 28 capitano, il 3 maggio maggiore: procedimento arbitrario, che
doveva destare l'indignazione perfino dei Moldavi, avvezzi a ogni
più mostruoso procedere. È poi da osservare ancora in particolare
come, già sotto Gregorio Ghika, il Cuza avesse ricevuto il grado
di grande Boiaro.

Bentosto però doveva apparire evidente che Cuza aveva saputo
servirsi del fanariota Vogorides come di sgabello a fini suoi propri
e nazionali. Quando il Caimacan si fu reso sempre più odiato in
paese, e il partito dell'Unione sempre più potente, Cuza, costretto
dai suoi amici, aveva dovuto presentar, come s'è detto, le sue dimissioni da prefetto di Galatz. Ora, quanto più cotesto atto era stato
profondamente sentito da Vogorides, tanto più esso aveva messo
in risalto la persona di Cuza: talchè nel Divano *ad hoc* della Moldavia egli era stato eletto deputato. In tale qualità, s'era schierato
risolutamente ·tra i seguaci del partito dell'Unione, sostenendo appunto allora la riforma agraria. Frattanto la posizione di Vogorides
s'era talmente indebolita, che, nonostante il suo declinare, volle
ancor considerare Cuza come uno dei suoi; tantochè nell'anno 1858
lo promosse a colonnello. Questo facilitò il suo ingresso nel Ministero della *Commission intérimaire* in qualità di Ministro della

Guerra: il che di bel nuovo doveva costituire il primo gradino alla sua duplice elezione, che fu in sulle prime popolarissima. Si racconta che Cuza subito dopo l'elezione preliminare, sentendo l'insufficenza delle proprie forze, dicesse ai suoi elettori: « Temo, signori miei, che non sarete troppo contenti di me »; e che la moglie di lui, scoppiando in lagrime, chiamasse il giorno dell'elezione sua una giornata infausta per entrambi.

Sennonchè, tutto quel moto ebbe in sè qualche cosa di così schietto, di così ardito e impreveduto, da inspirare a lui stesso, non ostante le sue dubbiezze, un certo atteggiamento fiero e non inglorioso, al quale pure ebbero non poca parte gli esperti consiglieri suoi. Si trattava anzitutto di tranquillare la Porta. L'assemblea elettorale notificò gli ultimi avvenimenti al Sultano, e domandò l'investitura di Cuza. — Di notevole importanza fu il fatto (poco considerato fin qui) che Cuza mandò l'amico suo della giovinezza Alecsandri — il quale era restato Ministro delle relazioni esteriori — con una missione straordinaria in Francia, in Inghilterra e in Italia, con lettere di sua mano per Napoleone III, lord Malmesbury e il conte di Cavour. In quelle lettere Cuza dichiarava d'esser pronto a discendere da entrambi i troni a cui il paese lo aveva chiamato, non appena le grandi Potenze avessero realizzati i desiderii manifestati dai Divani *ad hoc* in favore d'un Principe forestiero. In sostanza, la missione d'Alecsandri consisteva in questo: difendere la doppia elezione; cosa che, alla lettera, era tuttavia possibile, inquantochè la *Convenzione diplomatica per l'ordinamento dei Principati danubiani* del 19 agosto 1858, da noi riprodotta sostanzialmente più innanzi, non vietava (perchè probabilmente non s'era neanche pensato a una tale eventualità) l'elezione dello stesso Principe per l'uno e per l'altro dei Principati. — In pari tempo, veniva mandato a Vienna e a Berlino col medesimo intento il medico dott. Steege, nato a Bucarest da genitori tedeschi, uomo che per le sue qualità eminenti si considerava come uno dei più cospicui figli di quella regione, e che più tardi, quantunque protestante, divenne ministro del Culto e dell'Istruzione sotto Cuza medesimo.

Alecsandri, arrivato a Parigi, si presentò prima di tutto al conte Walewski. Il Ministro lo ricevette freddamente, dandogli poche speranze; ma già il giorno seguente l'Imperatore gli concesse un'udienza, e lo trattò con evidente benignità. « I Rumeni » diss'egli all'inviato di Cuza, « han dato prova di grande patriottismo e di abilità politica ». Gli chiese notizie dello stato delle finanze, dell'esercito e degli altri rami dell'amministrazione; al che Alecsandri rispose che il paese era povero, e l'esercito forte di soli 15.000 uomini. Esso aveva posseduto in passato sei cannoni, che la Russia aveva portati via. — L'Imperatore — senza dubbio volgendo in mente altri e più vasti disegni — senza complimenti concesse all'esercito rumeno 10.000 fucili di nuovo modello con le relative munizioni, più due batterie, alla condizione si mantenesse sopra ciò il più scrupoloso segreto. Il maresciallo Vaillant, ministro della Guerra, ne ricevette rispettivamente l'ordine immediato; e, oltre a ciò, l'Imperatore mandò in Rumenia una missione militare, della quale fecero parte il comandante Lami e il capitano Lami fratello di lui, per l'organizzazione dell'esercito. Acconsentì inoltre alla creazione d'una rappresentanza diplomatica di Cuza a Parigi — la quale venne poi coperta per un anno dallo stesso Alecsandri, e continuò a sussistere durante tutto quel periodo provvisorio dei Principati —, e persino all'istituzione d'un ordine rumeno, che Cuza aveva in mente da tempo. Da lui non chiese altro in cambio — per quanto fu assicurato — se non che durante la guerra d'Italia egli mantenesse l'ordine nei Principati. Quest'accordo segreto, tuttavia, sembra essere stato la vera causa della creazione d'un campo rumeno a Ploiesti: il che provocò per parte dell'Austria un nuovo concentramento di 30.000 uomini ai confini della Transilvania. L'importanza di questi fatti alla vigilia della guerra austro-francese non ha bisogno d'ulteriori commenti; ma, poichè la guerra venne condotta a compimento con inattesa rapidità, le batterie della Francia, all'ultimo, non vennero poi consegnate.

A Torino Alecsandri trovò naturalmente la più favorevole accoglienza. Napoleone III l'aveva incaricato segretamente di esaminare la disposizione degli animi in Italia; e Alecsandri, secondo la natura sua poetica, manifestò le sue impressioni, col dire ch'egli aveva trovato il popolo italiano raccolto in sè stesso, come sembra raccogliersi la natura prima d'un violento uragano. Re Vittorio Emanuele gli disse che teneva 100.000 uomini pronti alla guerra. Ma mentre presso il Ministero francese la consegna delle armi urtava contro alcune difficoltà, la guerra con l'Austria era scoppiata. Alecsandri assicurò a Cavour che l'adempimento della promessa imperiale era imminente: e poichè questi ebbe dimostrato a Napoleone III l'urgenza della cosa, le armi vennero finalmente consegnate. A Torino Alecsandri s'incontrò col conte Ladislao Teleki e col generale Klapka, dimodochè gli avvenimenti sul basso Danubio presero di più in più l'aspetto d'un anello della catena che si veniva stringendo intorno all'Austria.

Assai poco benevola fu in quella vece l'accoglienza ch'ebbe Alecsandri da parte di lord Malmesbury; il quale con tutta serietà

Basilio Alecsandri.

gli diede a conoscere la sua profonda meraviglia ch'egli avesse potuto osare di compiere un atto contrario all'inviolabilità dell'Impero ottomano.

Nella Conferenza adunatasi a Parigi il 7 aprile 1859 Musurus-Bey, in nome e per conto della Porta, incominciò dal protestare contro la duplice elezione di Cuza, e domandò la più precisa applicazione delle più volte menzionate disposizioni europee relativamente ai Principati. Nella seduta del 13 aprile il signor v. Hübner s'associò alla mozione della Porta, e in nome dell'Austria richiese che la Conferenza prendesse una deliberazione immediata circa l'applicazione dell'art. 27 del trattato di Parigi e dell'art. 8 della Conven-

zione del 19 agosto 1858, perchè si ricorresse a misure coercitive:
il che significava nè più nè meno che una dichiarazione di nullità
della doppia elezione di Cuza. Per contro, Francia, Russia, Inghilterra, Prussia e Sardegna — evidentemente in seguito a precedenti
accordi — proposero, « dovesse la Conferenza stabilire semplicemente: che la duplice elezione di Cuza non era conforme ai presupposti della Convenzione del 19 agosto; che però le Potenze, per
ovviare a ulteriori complicazioni che avrebbero potuto render necessaria una nuova elezione, e per levar di mezzo gli ostacoli che
potevano opporsi a una sistemazione definitiva dell'amministrazione
dei Principati, invitavano la Corte sovrana a concedere in via eccezionale al colonnello Cuza l'investitura, quale Ospodaro della
Moldavia e della Valacchia ». Per tale proposta, la Turchia e
l'Austria rimasero pienamente sconfitte; e il plenipotenziario turco
lo sentì così profondamente, che solo a fatica si risolvette a farne
oggetto di riferimento. Con tutto ciò egli continuò il suo dire,
benchè quasi *ad absurdum*, esponendo come l'investitura proposta
in via eccezionale per Cuza avrebbe avuto per conseguenza un
governo dei Principati rappresentato ora per mezzo d'un solo, ora
per mezzo di due Ospodari; e come pertanto il loro ordinamento,
in luogo d'essere, come per lo innanzi erasi stabilito, definitivo,
si sarebbe fatto indeterminato, per modo da non costituire nè
un'organizzazione unita nè un'organizzazione divisa. — Sennonchè,
interrotta poco appresso la Conferenza dalla guerra, un'abile mossa
di Cuza obbligò l'Austria — che dal momento dell'elezione di lui
aveva rotte le relazioni diplomatiche con i Principati — a nuovamente riprenderle fin dal 14 maggio 1859. Egli dichiarò, cioè, i
cittadini austriaci residenti nei Principati privi del diritto alla
giurisdizione consolare, ch'emanava dalle Capitolazioni con la Porta;
talchè il Governo austriaco, che anche senza di ciò si trovava
a lottare contro gravi difficoltà, non volle esporsi al pericolo di
pregiudicare dei gravi interessi privati dei propri sudditi. Solo
dopo il termine della guerra, e precisamente il 6 settembre 1859,
la Conferenza di Parigi confermò la duplice elezione di Cuza. L'unica
soddisfazione concessa in tale occasione alla Turchia e all'Austria,
consistette nella determinazione di certe misure coercitive contro
i Principati, per il caso d'un qualche nuovo eventuale strappo alla
Costituzione assegnata dalle Potenze; e la rivoluzione compiutasi
nei Principati potè bene provvisoriamente chiudere un occhio, se

la sanzione turca fu data mediante due firmani separati, l'uno per la Moldavia e l'altro per la Valacchia.

Così avvenne che, compiutosi il rivolgimento, sorgessero incontro ai Principati danubiani delle difficoltà piuttosto dall'interno che dall'estero. Le interne difficoltà s'affacciarono soprattutto a cagione delle costituzioni imposte dagli Stati di fuori, le quali contenevano in sè contraddizioni di non poco momento; e anche troppo presto fu forza riconoscere quanto fosse giustificata la domanda della Nazione: d'un Principe forestiero e ereditario per i due paesi che s'eran fusi in un unico Stato. L'ambizione di quelli ch'erano stati battuti nell'elezione del Principe crebbe poi particolarmente per il fatto che Cuza, dopo 15 anni di matrimonio con Elena Rosetti, era rimasto senza prole. Arrivato al potere principalmente per opera degli elementi nazionali, e vincolato all'esigenze riformatrici della legge fondamentale del 1858, egli trovò tanto più ostile a sè l'antico Boiarato, inquantochè la prima e più urgente riforma doveva consistere nell'emancipazione dei contadini. Aggiungevasi a ciò che i Principati dovevano esser governati da *due* Ministeri, con *due* Camere diverse, e con la coesistenza di *due* città capitali. L'opera di unificazione spettante alla Commissione centrale poteva, per le deliberazioni delle due Camere differenti, trovarsi esposta a sostanziali difficoltà. Oltr'a ciò, si trattava di rompere abusi vecchi di secoli, e d'introdurre delle riforme organiche in tutti i rami della vita politica e amministrativa. Torna comunque a onore d'una parte delle classi più elevate, se uomini che sotto i Principi precedenti s'eran curati soltanto del titolo di Boiari, ora ch'esso poteva parere in contraddizione co' nuovi tempi, lo deposero; per tal modo, senza che a ciò fosse necessaria una legge speciale, tutto l'ordinamento nobiliare più antico venne sacrificato a una Costituzione essenzialmente democratica.

La condizione personale di Cuza era così difficile, che anche una natura più profonda e più energica della sua a fatica avrebbe potuto dominare una situazione come la presente. Non solo egli si considerava come chiamato al trono pur in via provvisoria, ma si domandava da lui ch'egli medesimo provocasse il compimento del programma nazionale. Fa meraviglia come già il 17 giugno 1859 la Commissione centrale gli facesse rimettere da Focsani un indirizzo, steso in forma assolutamente aliena da ogni reticenza o riguardo, nel quale si diceva: « L'Altezza vostra, quasi simbolo di

« unificazione delle due provincie sorelle, con l'impegno assunto
« di fronte alle Potenze garanti e con la solenne dichiarazione
« fatta dinanzi alle Assemblee elettive d'entrambi i Principati, ha
« perfettamente inteso come l'unico mezzo per rinvigorire la nostra
« unità nazionale consista nel dar soddisfazione ai desiderii mani-
« festati nel Divano *ad hoc* del 1857..... — L'ereditarietà nella persona
« del Capo supremo dello Stato porrà un freno alle ambizioni che
« a vicenda si combattono, e renderà più effettiva e più salda la
« unificazione dei Principati; e un Principe *forestiero* renderà più
« strette le relazioni dei due paesi con l'Europa, e stabilirà tra le
« famiglie regnanti e il nostro Governo una mutua reciprocanza,
« che assicurerà a quest'ultimo appoggi potenti ».

Un invito di tal fatta non poteva se non indebolire qualsiasi Capo
di Stato; e se mai qualche cosa poteva accrescere il fastidio del
governare in un uomo com'era il Cuza, tratto per natura sua piuttosto al piacere che all'azione, era appunto cotesta aperta rinunzia
a un'autorità in casa propria, subito nella prima luna di miele del
suo governo. Con la dichiarazione fatta alle Potenze, egli aveva
sostanzialmente adempiuta la condizione della sua elezione; e quella
dichiarazione poteva esser considerata all'estero come un atto di
patriottismo; mentre la rinunzia pubblica, fino al punto di rendersi
un semplice strumento altrui, doveva diminuire il significato stesso
dell'elezione agli occhi dell'Europa. Se il partito liberale e nazionale ha fatto più tardi a Cuza il rimprovero di non aver compiuta
l'unione senz'altro, anche prima delle deliberazioni della Conferenza
di Parigi, fu questa in parte un'accusa partigiana : poichè, così
facendo, ben lungi dall'ottener dall'Europa una deliberazione relativamente così favorevole come quella che fu conseguita, avrebbe
corso il pericolo di provocare un immediato intervento militare
contro tutto quanto lo stato di cose presente. Anche quando la
Commissione centrale, nel novembre del 1859, presentò al Principe
uno schema della Costituzione unitaria, egli, cui l'opera d'un siffatto tribunale riusciva massimamente molesta, rispose il 4 dicembre
con un rifiuto. Tali esitazioni suscitarono un gran malcontento in
paese; s'era già ottenuto tanto, che il compimento dell'edifizio sembrava dipendere ora unicamente dall'abnegazione di Cuza; tuttavia
cotesto concetto, che strettamente si ricollegava con tutto il movimento rivoluzionario, non corrispondeva punto in tutto e per tutto
con la condizione delle cose. Solo un ulteriore svolgimento effettivo

delle intime contraddizioni esistenti nella Convenzione del 1858 poteva permettere d'aspettarsi nuove concessioni da parte delle Potenze.

Non appena, nell'ottobre del 1860, Cuza fece la consueta visita a Costantinopoli, al primo suo presentarsi colà mise in mostra i suoi aspetti più favorevoli e migliori; ricusò, sebbene accolto nel modo più lusinghiero, l'invito di comparire col *fez* invece che col berretto soldatesco alla foggia dell'uniforme francese; portò il discorso — ciò ch'era infinitamente più importante — sia con la Porta, sia con i rappresentanti delle Potenze sul Bosforo, sopra la insostenibilità della sua condizione; e domandò, oltre a una riforma della legge elettorale, la quale a una popolazione di 5 milioni consentiva appena 3500 elettori, la fusione dei due Ministeri e delle. due Rappresentanze nazionali: vale a dire un'*unione effettiva* in luogo della personale fin qui solamente concessa. E tali richieste sostenne per mezzo d'un'esauriente e succosa Memoria. In seguito a tali trattative, il 1.° maggio 1861 Alì Pascià diresse alle Potenze garanti una circolare relativa al nuovo problema; e con questa, il conflitto fin qui svoltosi intorno alla Costituzione rumena entrava in una fase nuova. La Porta pose come *conditio sine qua non* del suo assenso la richiesta che le accennate modificazioni dovessero nel nuovo atto parimenti indicarsi come date in via eccezionale, e riferentisi soltanto alla durata della vita dell'attuale Ospodaro. In pari tempo, fatte le sue riserve circa le mutazioni della legge elettorale, presentò una nuova proposta circa la sanzione di misure coercitive che potessero rendersi necessarie di fronte ai Principati per il caso di nuove usurpazioni; e solo il 2 dicembre 1861 promulgò l'importante firmano relativo all'Unione, il quale in sette articoli stabiliva come legge fondamentale l'unione *effettiva* della Rumenia, però solo per la durata del governo di Cuza. — Gli ambasciatori accreditati presso la Porta, fatta eccezione dell'Internunzio, fecero ancor essi dal canto loro, in Note pressochè identiche, le loro riserve circa la limitazione dell'Unione per la sola durata del governo del Principe rumeno; talchè, quind'innanzi, essa potè considerarsi come compiuta per sempre. Il 20 dicembre Cuza emanò un proclama nel quale annunziava l'Unione; e il 23 invitò con un messaggio le Camere a radunarsi — insieme fuse a vicenda — a Bucarest il giorno 5 febbraio del 1862, anniversario del notevole avvenimento della doppia elezione, che si solennizzava come festa

nazionale; in quel giorno stesso inaugurò la prima Assemblea
nazionale *comune* con un discorso del Trono, che conteneva un
compiuto programma delle disposizioni di governo indispensabili
all'unità dello Stato. Così, in luogo d'una condizione di cose piena
di controsensi, se ne creava una per lo meno possibile; e Cuza
ne parve allora così profodamente convinto, che in quel primo discorso del Trono dinanzi alla rappresentanza nazionale riunita non
fè più parola della sua rinunzia a favore di un Principe forestiero.

Durante i tre anni trascorsi, tante erano state le lotte di partiti
e tanti gl'intrighi di palazzo, che non meno di dieci cambiamenti
di Gabinetto s'erano avuti nella Valacchia, e non meno di sei nella
Moldavia: di modo che, in media, ogni Ministero era durato tre
mesi e mezzo a Bucarest e sei mesi a Iasci. Il più breve Ministero
valacco era stato quello boiaro di Barbu Catargi, durato 13 giorni;
il più lungo in Moldavia quello di Michele Cogalniceano, durato
13 mesi. Se si pensi che ogni mutamento di Gabinetto si traeva
dietro nuove elezioni e cambiamenti nel sistema di governo e nel
personale dei funzionarii, si dovrà venirne alla conclusione che l'ulteriore durata d'un simile stato di cose non poteva che degenerare
in compiuta anarchia.

Le rispettive proposte delle leggi organiche dovevano essere
presentate dal Ministero novellamente eletto di Barbu Catargi.
Barbu Catargi era nato nel 1807; dopo una giovinezza assai tem-
pestosa, che sotto il principe Gregorio Ghika gli aveva procurato
nel 1825 la pena della pubblica fustigazione, aveva coperto dal-
l'anno 1842 fino all'anno 1848 — sotto il governo del principe Bibesco — l'ufficio di Segretario generale nell'amministrazione della
Giustizia, dandosi a conoscere per uno dei Boiari più reazionarii
e dei più proclivi alla Russia. Come la maggior parte dei giovani
della sua condizione, e come il principe Bibesco stesso, egli s'era
sottratto all'influenza dei moti rivoluzionarii del 1848 con un viaggio
di parecchi mesi all'estero, ed era tornato a Bucarest soltanto con
le truppe d'occupazione russe. La sua avversione a ogni specie di
riforme, la difesa instancabile ch'egli fece dei privilegi dei Boiari
e delle disposizioni del *Règlement organique*, la sua sfrenata, quasi
morbosa eccitabilità, la sua ambizione, l'eloquenza a un tempo
misurata ed efficacissima, facevano di Barbu Catargi, prima ancora
dell'avvenimento al trono di Cuza, il capo del partito boiaro. Come
tale, era da Cuza temuto, giacchè questi vedeva in lui, e non senza

ragione, un emulo, che si stimava chiamato ad avverare le speranze dei Boiari: d'impedire cioè quanto più a lungo si potesse quelle riforme ch'erano oramai imminenti a cagione dell'avvenuto accordo, o di limitarle, se mai, al minimo possibile. I Boiari, ancor sempre potenti per le loro proprietà fondiarie e per le relazioni di famiglia, ma minacciati al presente e nella proprietà e nei privilegi, l'avevano messo ai fianchi del Principe, riuscendo così a formare il primo Gabinetto che potesse disporre d'una solida maggioranza alla Camera. Con tutto ciò, Catargi aveva un difficile còmpito: doveva fin dal principio lottare contro la sfiducia del Principe, non solo, ma anche contro il *deficit* nell'amministrazione dello Stato, contro un'infelicissima situazione economica causata da parecchi cattivi raccolti, da devastazioni di cavallette, da innondazioni, ecc., contro l'eccitazione sempre crescente della classe dei contadini, infine contro le masse istigate a lasci dagli agenti russi, le quali tumultuosamente domandavano il trasferimento della suprema Corte di Giustizia e di Cassazione. Allorchè in siffatte condizioni venne dinanzi alla Camera la legge agraria fattasi urgente, i Boiari sperarono di riuscire, sotto la condotta del capo da loro scelto, a farla compiutamente cadere, e si trovaron pertanto di fronte al partito della riforma e alle masse dei contadini, che si agitavano in paese assai vivamente. Un accordo in mezzo a tanto scompiglio di cose era assai difficile a raggiungersi; tanto più che Cuza, sia nel caso della vittoria di Barbu Catargi e della sua parte, sia in quello della loro sconfitta, temeva n'andasse di mezzo la sua stessa autorità. Ma proprio nel momento che la lotta era divampata alla Camera col massimo ardore, Catargi il 20 giugno 1862 venne proditoriamente assassinato, mentre dopo una seduta tumultuosa se ne tornava a casa. Fu indiziato come l'assassino un certo Bogati; ma l'inchiesta non condusse ad alcun risultato, e Bogati visse sotto il governo di Cuza nel distretto di Neamtzu in qualità d'ispettore forestale, con relativamente alto stipendio. Certo è che Cuza fu per tal modo liberato da un avversario incomodo per ogni rispetto e da un pericoloso nemico. Tuttavia l'indirizzo reazionario del Governo rimase immutato.

Dopo un breve interregno di Arsaki, il vecchio amico di Bibesco e di Stirbey, salì al potere Nicola Kretzulesco. Questi s'era già per l'innanzi reso impopolare per la sua aperta ostilità contro ogni specie di conquiste liberali del popolo. Il suo governo durò dal 6

luglio 1862 al 24 ottobre 1863. In cotesto periodo si compì la secolarizzazione dei beni conventuali, e avvenne il primo urto con il
Clero indigeno ed esterno (greco). Quest'episodio importantissimo,
non solo per la Rumenia, ma segnatamente per la Russia e per
tutta quanta la cristianità ortodossa in Oriente, si svolse nel modo
che diremo qui appresso.

La fondazione di conventi con ricche dotazioni era d'antica origine in entrambi i Principati. Ciascun Principe amava erigere per
sè e per i suoi una tomba guardata dai fedeli servi della chiesa.
Vi andavano spesso congiunti ospedali, istituti per i poveri, per le
scuole, od altre istituzioni, come pel riscatto di schiavi cristiani, ecc.
I conventi erano ancora fino ai tempi più recenti luoghi sicuri di
rifugio per i casi pur sì frequenti della guerra. Tutte coteste fondazioni erano esclusivamente nazionali. Nelle condizioni sempre
mutevoli dei Governi e dei trapassi d'una ad altra dinastia, i fondatori cercavan d'assicurare le loro istituzioni per un tempo senza
fine, e le dotavano di quei mezzi di difesa che allora si consideravano come i più sicuri. Ogni atto di fondazione pertanto si chiudeva
con un ammonimento ai Principi futuri a riconoscere e rispettare la
volontà del pio donatore. — Quando i patriarchi di Costantinopoli,
per isfuggire alle persecuzioni dei Turchi (come già Nifone, circa
l'anno 1496, sotto il principe Radu il grande), cercarono lor luogo
di ricovero nei Principati, riuscì ai monaci greci di guadagnarsi
un'influenza considerevole nel paese. Sorse così il pensiero di porre
quelle fondazioni nazionali sotto la protezione dei santuarii, da
tutta la Cristianità venerati, del Santo Sepolcro di Gerusalemme,
del convento del Sinai, della Sede patriarcale d'Alessandria, d'Antiochia, di Gerusalemme, e del grande convento claustrale del Monte
Athos. Essendo i beni, dei quali i Principi del paese dotavano i
conventi, per lo più possessi demaniali, che nella Moldavia e nella
Valacchia costituivano dell'estensioni di terreno immense, si pensava per tal modo di garantirli contro una diversa destinazione di
un Principe successivo: come, per esempio, per dotazioni di dipendenti, di generali, d'associazioni militaresche. Era consuetudine
che, della rendita, dapprima il convento stesso si servisse per sopperire a' suoi bisogni annuali; un'altra parte era destinata alle necessità
dello Stato; una terza si devolveva per iscuole e a scopi di pietà;
e quel che sopravanzava si mandava infine ai santuarii protettori.
Negli atti di donazione si faceva menzione espressa « che la parte

riservata ai santuarii dovesse prelevarsi sempre volta per volta secondo le esigenze dei conventi ».

Quando però nei Principati la signoria venne a poco a poco a trapassar nelle mani dei Fanarioti greci, e questi incominciarono a fare e a disfare in paese a loro capriccio, anche l'autorità spirituale dei Greci, languenti sotto il giogo turco, si studiò d'estender la propria potenza nei Principati danubiani: tanto più che per la Chiesa poteva ciò diventare una fonte copiosa e incontestabile di beni materiali. Greci principi salivano i troni rumeni; greci patriarchi mutavan la loro sedia con quella d'un metropolita di Bucarest. Così molti beni appartenenti già a conventi paesani pian piano trapassavano a quei santuarii retti da ecclesiastici greci, che si trovavan fuori della Rumenia. La condizion di cose d'un tempo n'andò addirittura capovolta; invece di devolvere le rendite in pro dei conventi rumeni e delle istituzioni benefiche che vi erano annesse, se ne mandava all'estero la parte maggiore, trascurando i conventi stessi, e lasciando andar del tutto in dimenticanza i fini pietosi. A poco per volta, insieme con le rendite, passarono nelle mani dei monaci greci anche l'amministrazione dei beni e la sovrintendenza dei conventi.

Taluni Principi di sentimenti nazionali tentaron più volte di rimediare a cotesta condizione di cose assolutamente fuori di ogni diritto. Già Matteo Bessaraba, tra gli altri, nella prima metà del secolo XVII tolse ai Greci tutt'una serie di conventi paesani, per renderli ai loro legittimi proprietarii. Ma quando, in sui primi del secolo XVIII, i Fanarioti si rafforzarono nella loro signoria sopra i Principati, lo stato delle cose necessariamente peggiorò. Beni conventuali e beni demaniali furon distribuiti in massa ai conventi greci; essi vennero trasformati — per usare un'espressione escogitata più tardi dalla Diplomazia russa — in *Biens des Courents dédiés*, e posti sotto l'amministrazione al tutto indipendente dei Greci di Costantinopoli. Ma gli eccessi dei monaci greci e dei loro favoriti furon tali, che taluni Principi — come Gregorio II Ghika nel 1748, Costantino Maurocordato nel 1761, Alessandro Ypsilanti nel 1775, Hangerli nel 1798, Costantino Moruzzi nel 1799, Caragià nel 1817 — sancirono delle disposizioni, per le quali ai Santi Luoghi doveva, secondo gli uni, devolversi solo quanto restava disponibile, dopo le elargizioni fatte in paese; secondo altri, il 5 per cento delle entrate, e non più.

Allorchè nel 1821 i Fanarioti vennero esclusi dalle sedi principesche della Moldavia e della Valacchia, l'antico processo tornò a svolgersi un'altra volta. Se non che, la contesa non venne condotta soltanto tra il Clero greco forestiero e i Governi rumeni ridiventati nazionali; ma *ci si cacciò di mezzo come mediatrice e protettrice e padrona la Russia.* Incomincia qui una nuova rincorsa della politica russa in Oriente; ma noi dovremo convincerci ben presto che, in sostanza, fu ancora un rampollo germogliato dalla guerra di Crimea quello che, nella controversia si finamente ordita, alla perfine doveva essere il trionfatore. — Nel 1823, in forza di decreti del gran Sultano, i principi Giovanni Sturdza nella Moldavia e Gregorio Ghika nella Valacchia sequestrarono, per le necessità dello Stato, i cosiddetti *beni conventuali* greci, ed espulsero i greci monaci dal paese. Tuttavia, codesto stato di cose non durò oltre il trattato di Akkerman, concluso nel 1826; il quale annullava tutti i decreti principeschi del 1823. In un indirizzo al Principe, il Divano della Moldavia s'assoggettava umilmente a quelle disposizioni, imposte dal protettore, e contraddicenti alle antiche sanzioni, *poichè così era piaciuto all'onnipotente Impero;* ma supplicava che «almeno, secondo gli antichi testamenti, i Greci potessero amministrare cotesti beni, pagarne i debiti, e prendersi cura delle riparazioni negli edifizii delle chiese e dei conventi ». La Russia però mirava ad altri e ben più ampii disegni. Nello stesso modo che le sedicenti riforme dei trattati di Cainargi, di Akkerman, d'Adrianopoli e la loro applicazione per mezzo del *Règlement organique* dovevan condurre solo alla separazione dei Principati dalla Turchia, ed essere il primo gradino per cui si preparava la definitiva loro annessione, similmente i beni conventuali che si trovavano nella Rumenia — indicati da questo momento in poi come *Couvents dédiés aux Saints-Lieux* — offrivano il mezzo più adatto al fine di *rendere a sè soggetto, mediante una questione di danaro,* tutto quanto il clero greco d'Oriente nei centri più ricchi d'influenza, *e d'estender pertanto l'influenza russa oltre il Danubio, giù giù fino ad Alessandria e a Gerusalemme.* E come i Russi s'atteggiavano a protettori dei Principati, e premevano sulla legislazione, sull'amministrazione loro e su tutta la vita interna dello Stato, così ora si eressero anche arbitri nella questione dei beni dei conventi, non risolvendo mai alcun che in favore o in disfavore dell'una o dell'altra parte, procrastinando, per tener la questione sempre aperta, ogni deliberazione definitiva, intromettendosi di quando in quando, secondo l'opportunità, ora per deprimere, or per proteggere o i Rumeni o i monaci greci, facendo sempre sentire, insomma, la propria potenza, al fine di tener nel timore e nella sommessione le parti contendenti. È cosa sommamente istruttiva tener dietro a cotesto gioco della Russia secondo i documenti. Subito dopo la nomina di Michele Sturdza e d'Alessandro Ghika, i Greci pretesero che tutto dovesse rimanere allo *statu quo*: i beni da essi posseduti di fatto dovevan tutti venire amministrati da loro e senza controllo, e le rendite adoperate al loro miglior beneplacito. Se non che, a un siffatto concetto i Governi principeschi contrapposero i diritti nazíonali derivanti dagli atti di fondazione, in virtù dei quali l'amministrazione dei beni dei conventi doveva esser sottoposta al controllo dello Stato, e le loro rendite, conformemente alla volontà dei fondatori e alla pratica d'una volta, devolute alle spese dello Stato e a scopi benefici nell'interno del territorio rumeno. Il principe Michele Sturdza in particolar modo, col rintracciare dei documenti che i monaci avevano trafugati, s'acquistò il merito di ritoglier loro una cospicua dotazione del principe Basilio il Lupo in pro delle scuole, e di rivolgerla nuovamente all'intento originario. Del resto, gli stessi articoli 363, 364 e 416 del *Règlement organique* avevan messo in rilievo gli abusi commessi dagli egùmeni dei *conventi dedicati;* e provocarono la nomina d'una Commissione speciale, per l'esame dei titoli ed atti originali relativi alle diverse donazioni. Questa Commissione — già composta nell'anno 1833, quando i Principati erano amministrati dal generale Kisselew, e dove sedevano il ministro degli Interni (poi Principe) Barbu Stirbey e il generale Nicola Mauros — non potè fare a meno di constatare il miserevole stato dell'amministrazione greca dei conventi; tantochè la Russia stessa fece dei tentativi per indurre i monaci a venirne a un equo componimento; ma di fronte a quella gente rigidamente ostinata contro a qualsivoglia autorità, anche i suoi passi rimasero infruttuosi; e quando scoppiò la guerra di Crimea, le due parti stavano ancora irreconciliabili l'una di fronte all'altra. — In Rumenia si è convinti che, qualora la Russia fosse stata vincitrice, i conventi, al tirar delle somme, sarebbero divenuti preda del clero greco.

Quando poi, terminata la guerra, fu nominata la Commissione *europea*, le fu duopo occuparsi anche della questione dei conventi,

che s'andava aggrovigliando interminabilmente. Essendo stata incaricata adunque d'esaminare la complicatissima controversia più
da vicino, cinque dei sette suoi componenti (la Russia e la Valacchia
votarono contro) riassunsero il loro parere nel modo seguente: « I
« Commissarii di Francia, Austria, Granbrettagna, Prussia e Sar
« degna accolgono come fondamento del loro giudizio i seguenti
« fatti. I beni appartenenti ai conventi erano — se le informazioni
« dei sopra detti Commissarii sono esatte — devoluti prima di tutto
« all'intrattenimento delle Comunità a questi annesse e al compi
« mento d'opere di beneficenza nel paese. Solo il soprappiù delle
« loro rendite era riservato ai bisogni dei Santi Luoghi. Un gran
« numero di cotesti conventi è stato *dedicato* (ai Santi Luoghi)
« soltanto *dopo* la loro fondazione, e precisamente non dai fondatori,
« ma dai Principi dei due Principati; i quali, trovando male am
« ministrati i conventi nazionali e le loro proprietà, li ponevano,
« con loro atti di dedicazione, sotto la sovrintendenza di conventi
« di fuori, allora famosi ».

È notevole poi che, in pari tempo, la relazione medesima della
Commissione europea poneva in sodo come nella traduzione degli
atti di donazione proveniente dal clero greco, la parola valacca
significante *dedicazione* (*dédicace*) era stata alterata nella parola
donazione (*donation*). — La Commissione pertanto concludeva con
la proposta: « che i conventi dei Luoghi Santi dovessero, contro
il versamento d'una rendita annua garantita sui rispettivi fondi,
rinunziare alle loro pretese sopra i beni dei conventi rumeni ». —
Nel fatto, secondo i dati ufficiali, la quinta o forse la quarta parte
di tutto quanto il territorio della Rumenia si trovava nelle mani
del clero ortodosso, che stava sotto l'influenza della Russia.

La Conferenza del 1858 nella sua tredicesima seduta aveva stabilito, dietro proposta della Russia, « che si dovessero invitare le
parti a intendersi amichevolmente tra loro; qualora, dopo trascorso
un tempo determinato, non si fosse raggiunto un accordo, dovevano
esser nominati degli àrbitri; e definitivamente, poi, un arbitro supremo, scelto dalla Porta e dalle Potenze firmatarie ». Se non che,
non essendosi — malgrado un prolungamento della dilazìone concessa
— radunato mai un collegio arbitrale, il fermento nei Principati
crebbe a segno, che l'Assemblea nazionale interdisse al Governo
il diritto di proseguire le trattative senza la partecipazione sua.
Allora Cuza deliberò che il versamento delle rendite conventuali

dovesse farsi nelle casse dello Stato — il che equivaleva a un provvisorio sequestro. Ma alla Russia riuscì di persuadere non solo l'Austria, ma anche l'Inghilterra a pronunziarsi contro siffatto provvedimento; e molto probabilmente se ne sarebbe venuti a un'intimazione ufficiale a Cuza di revocare il sequestro, se a ciò non si fosse opposta la Francia. — A porre un termine agli ulteriori intrighi delle Potenze, e segnatamente della Russia, l'ambasciatore francese a Costantinopoli cercò d'indurre la Porta ad accettare una proposta partita da Cuza: di regolar cioè essa la questione, quale rappresentante dei suoi sudditi greci, direttamente coi Principati. E la Porta v'era disposta; ma il troppo meticoloso e incerto sir Henry Bulwer respinse anche cotesta soluzione.

Cuza allora, il 12 settembre 1863, incaricava Costantino Negri, suo agente a Costantinopoli, di proporre alla Porta « che ai conventi greci a titolo di tacitazione si concedesse per una volta tanto la somma di 84 milioni di piastre. La somma sarebbe stata posta sotto la tutela della Porta, delle Potenze garanti e dei Principati; e i conventi, senza mai intaccare il capitale, avrebber dovuto render conto annualmente degl'impieghi degl'interessi. In pari tempo, di cotesta rendita la Rumenia avrebbe destinati 10 milioni di piastre alla fondazione d'una scuola secolare a Costantinopoli e d'un ospedale per i Cristiani di qualsiasi confessione ». La Russia, con suo dispaccio del 1.º novembre 1863, incaricò il suo rappresentante a Costantinopoli di respingere cotesta forma di soluzione; e del pari il clero greco, declinando la proposta, rispose doversi prima d'ogni altra cosa levare il sequestro. — Il 23 dicembre, Alì Pascià, dando comunicazione alle Potenze di tali trattative, propose loro la convocazione d'una Conferenza da tenersi a Costantinopoli. Ma proprio il giorno appresso, il 24 dicembre, Cuza presentava all'Assemblea nazionale un disegno di legge per la secolarizzazione di tutti indistintamente i conventi rumeni, dedicati e non dedicati. In forza di tal disegno di legge, tutti i conventi venivan « dichiarati di dominio dello Stato, e i loro redditi incorporati con quelli del bilancio dello Stato. I conventi dedicati dovevan ricevere, a semplice titolo di sussidio, 82 milioni di piastre al corso di Costantinopoli, nei quali dovevan però venir computati 31 milioni, di cui i conventi eran debitori al paese. Gli Ordini avrebbero dovuto render conto annualmente dell'impiego dei danari a loro concessi. Venivan loro tolti la suppellettile chiesastica e i libri avuti in dono, come pure

i documenti affidati agli egùmeni; e i dieci milioni di piastre eran
destinati alla scuola e all'ospedale di Costantinopoli sopra ricordati ». — La legge venne accolta il giorno successivo, con 97 voti
favorevoli contro 3 contrarii; e il metropolita di Bucarest le impartì
per giunta la sua benedizione.

Il principe Gorciakow incaricò subito il rappresentante russo,
de Novikow, d'indurre la Porta a una protesta contro tutte insieme
quelle disposizioni; questa però si contentò di dichiarar semplicemente al principe Cuza ch'ella considerava la legge come non
avvenuta e come contraddicente al tredicesimo protocollo della
Conferenza del 1858. La Francia e l'Italia soltanto non s'ingerirono
affatto di quel provvedimento così poco giustificato. Da ultimo, le
Potenze, ad eccezione della Russia, dovettero pur riconoscere che
la secolarizzazione era l'unico mezzo ragionevole per porre un
termine a quel difficile, interminabile conflitto. Con ciò, tuttavia, la
controversia non era ancora risoluta affatto. Cuza fu costretto a
venire a un'intesa con la Porta e con i rappresentanti della Francia
e dell'Inghilterra, per elevar l'indennità fino a 150 milioni di piastre.
A tal fine, concluse un prestito di 150 milioni di piastre turche
(35 milioni di franchi) con la Casa bancaria Zarifi; e cotesta somma
— si noti bene — fu devoluta non solo alla transazione con i
monaci, ma in parte a compensar le favorite di parecchi ambasciatori, che, a edificazione dei Turchi, avevan messo anch'esse
una parola nella questione dei conventi. Il 22 settembre 1864, i
Patriarchi risposero che le loro convinzioni religiose e la coscienza
del proprio dovere non permettevan loro d'accettare nè una spogliazione della Chiesa nè un'indennità.

Frattanto la Commissione nominata il 14 marzo dello stesso anno
proseguiva l'inchiesta; ma per tutto il corso del 1865, stante la
ostinata· caparbietà dei monaci, non le fu possibile di condurre a
termine la sua relazione. — Secondo una memoria conclusionale
segreta del console francese (più tardi ambasciatore a Londra)
Tissot, quando la Commissione incominciò a adunarsi, i Patriarchi
non erano avversi a un compromesso; ma il generale Ignatiew,
che nel frattempo era· stato chiamato al posto d'ambasciatore a
Costantinopoli, attenendosi logicamente alla linea di condotta seguìta dalla politica russa, li consigliò a respingere ogni sorta di
componimento. La risposta del clero greco, insomma, non sarebbe
stata, tutt'insieme, se non un effetto dell'opera d'Ignatiew.

Nella sua relazione sopra accennata, Tissot valutava il possesso complessivo dei conventi rumeno-greci a 610 poderi, 153 case, 772 ettari di vigneto e 3860 fondi enfiteutici. Le rendite annue di tutti cotesti beni nel 1858 sarebbero, secondo lui, salite a 9 milioni di franchi, dei quali 5 milioni e tre quarti sarebbero andati al Santo Sepolcro e ai conventi del Monte Athos. Il credito dei due Principati per la parte spettante allo Stato — non più pagata dall'istituzione del *Règlement organique* in qua — avrebbe raggiunto nel 1858, non computando gl'interessi arretrati, la somma di 25 $\frac{1}{4}$ milioni di franchi. Ond'è che si può con piena ragione e coscienza affermare, che — a parte anche tutti gli abusi, le sottrazioni e le negligenze, e ammesso pure che dei Grandi rumeni avesser fatto, come i monaci affermano, ai Santi Luoghi dei lasciti incondizionati — lo Stato poteva ben valersi del supremo diritto: e di quei beni che giacevano sul proprio suo territorio disporre secondo le condizioni meglio rispondenti ai bisogni del tempo (1).

In tutto il rimanente, le condizioni del Governo di Cuza furono tali, che la sua attitudine risoluta verso il clero greco non bastò a stabilire un accordo tra il Principe e i partiti. Kretzulesco s'era dovuto dimettere per la sua inettitudine fin dall'autunno del 1863, e al suo posto era subentrato l'energico Cogalniceano. Fra questo e il Principe già da un pezzo era intervenuta un'intesa segreta,

---

(1) La letteratura sopra la questione dei conventi, così importante specialmente per l'atteggiamento assuntovi dalla Russia, è veramente considerevole. Essa incomincia già nel 1855, e prosegue fino al 1883. — Dell'anno 1857 sono particolarmente osservabili gli *Éclaircissements sur la question des Monastères grecs situés dans les Principautés danubiennes* (8 ottobre 1857), scritti in un francese assai zoppicante, che costituiscono il vero programma dei monaci greci, e dove è riferita tutt'una caterva d'atti di donazione apparentemente testuali. Questo scritto è dell'archimandrita NILOS DE FLORESTI, più tardi vescovo e poi patriarca d'Alessandria, uno dei più attivi e intelligenti monaci del Monte Athos, morto colà or. sono due anni. Esso contiene parecchie falsificazioni nella traduzione francese dei documenti; i quali, nelle opere pubblicate più tardi, dal 1863 in poi, per cura del Governo rumeno — in forma e con dichiarazioni più esatte, e con l'appoggio dei primi atti originali di fondazione -- ne ricevettero una figura diversa. — Quando il Governo rumeno procedette alla secolarizzazione, pose il sequestro sopra un gran numero di quegli atti originarii. I 40 protocolli della Commissione, come pure tutti gli altri documeni importanti dall'anno 1833 fino al 1879, si trovano nei 3 volumi della *Collection des documents diplomatiques et des pièces officielles, concernant la question des Monastères*

nel senso che al momento opportuno si sarebbe concessa al paese
la riforma agraria; e in tale occasione tutta la legislazione sarebbe
stata sottoposta a un mutamento radicale. Per ciò, adunque, il Ministero Cogalnineano durò dal 24 ottobre 1863 fino al 6 febbraio 1865.

La Camera però non condusse a compimento alcun lavoro pro-
ficuo: nè essa nè il Governo avevano voglia di discutere i presentati
disegni di legge. In un indirizzo al Principe i deputati dichiararono
« non essere a lui mancato l'ausilio e la devozione dei sudditi:
bensì aver egli in quattro anni, e con sedici Gabinetti, sciupati
l'un dopo l'altro tutti gli uomini del paese senza utilità per alcuno,
e con pregiudizio del buon nome politico di tutti, nessuno eccet-
tuato ». Il 27 aprile 1864 la Camera fu chiusa; e un messaggio del
Principe le lanciava l'accusa che l'opera sua era altrettanto frivola
quanto inutile, e che inoltre ell'aveva completamente ignorato così
la legge per l'allargamento del suffragio come la legge agraria.

Vagheggiando una vittoria sull'Opposizione che potesse tenere
in piedi e rafforzare la sua autorità vivamente combattuta, il
14 maggio 1864 Cuza s'accinse tanto più a cuor leggero al colpo di
Stato segretamente ordito con Cogalniceano, in quanto che il paese
era tranquillo, ed egli, quale imitatore di Luigi Napoleone, credeva
di trovare appoggio a Parigi. La Camera fu sciolta; e un messaggio

---

dédiés en Roumanie, 1858-64 e 1864-78; ristamp. a Costantinopoli nel 1880. —
Sono inoltre specialmente degni di nota gli scritti di N. Istrati in lingua francese e rumena, dell'anno 1860, perchè, sebbene emanino da un antico capo dei
separatisti, combattono risolutamente per il diritto dello Stato rumeno; e lo
studio del barone D'Avril nella Revue des deux Mondes del 1.º ottobre 1862.
L'anno 1863 produsse non meno di otto scritti; quattro il 1864; il 1865 dieci,
tra cui quello del non molto risoluto, ma pur sempre patriottico agente a Costantinopoli, Cost. Negri; quello dell'archimandrita Germanos, rappresentante
dei Patriarchi greci a Costantinopoli, in risposta al precedente; e quello di Tissot.
Dei cinque che ne comparvero nel 1866, ben quattro sono ancora scritti polemici del Germanos, tra i quali: Documents concernant la Convention de 150
millions conclue le 19 mars 1865 entre le Gouvernement du Prince Couza et la
Société générale de l'Empire ottoman, Costantinople, Imprimerie centrale, 1866.
Di Cogalniceano comparve nel 1869 per la Stamperia di Stato di Bucarest,
il Rapport adressé au Congrès de Paris par la Commission Européenne siégeant
à Bucarest en 1857; nel 1882 i Conventi dedicati in Rumania del conte Tor-
nielli, stampato in Roma; nel 1883 finalmente: dott. H. Riesler, Der Streit
um die in der Bukowina gelegenen Güter rumänischer Klöster (Il conflitto per
i beni dei conventi rumeni nella Bucovina).

del Principe al popolo diceva: « Innalzato al trono dall'unanimitá
« delle due Camere elettive, io aveva il diritto di contare sulla
« cooperazione di coloro che m'avevano imposta la gloriosa e grave
« missione di riordinare il paese. Mi son trovato invece di fronte
« un'Opposizione irreconciliabile. Invano ho dato numerose prove
« del più scrupoloso rispetto alle prerogative parlamentari, e ho
« chiamato un dopo l'altro tutti i partiti al Governo. Invano ho

M. Cogalniceano.

« fatto alle Camere concessioni sopra concessioni, e spinto i miei pro-
« positi conciliativi fino al punto da permettere delle gravi infrazioni
« alla pienezza de' miei poteri. Invano son disceso fino alla spontanea
« rinunzia di certe prerogative sovrane. Tutto fu invano. La com-
« piuta unificazione dei Principati congiunti per sempre, i beni
« conventuali (la quinta parte del suolo rumeno!) ridati alla pro-
« prietà della Nazione, tanti grandi fatti raggiunti col mio governo,
« tutto è stato posto in oblio..... Una facinorosa oligarchia ha co-
« stantemente ostacolato i miei sforzi in pro del pubblico bene. e
« reso il mio governo inefficace. Che più mi restava? Ho risoluto
« di tentare un ultimo appello..... Io voleva che ogni Rumeno potesse

« possedere a prezzo del suo lavoro un tratto della nostra terra.
« Come ha risposto la Camera alla presentazione della legge sui
« campi? Ha fatto partire un voto di biasimo all'indirizzo del mio
« Governo; ha colpito una legge di equità, le giuste speranze di
« tre milioni di contadini, la proposta del Capo supremo dello Stato,
« nella persona del suo Ministro..... Ha rifiutato di deliberare sopra
« la nuova legge elettorale. Non mi resta che fare un appello alla
« Nazione, ai cittadini d'ogni ordine e d'ogni fortuna..... Io sot-
« topongo alla vostra accettazione la nuova legge elettorale respinta
« dalla Camera, e un progetto di Costituzione, che dovrà dar com-
« pimento alle benefiche disposizioni della Convenzione..... ».

Lo « Statuto » sottoposto al voto del comune diritto di suffragio
conteneva le seguenti disposizioni fondamentali: Sistema delle *due*
Camere, secondo il modello napoleonico; iniziativa individuale del
Capo supremo dello Stato per le proposte di legge; costituzione
d'un Consiglio di Stato; il diritto di petizione limitato al Senato;
una nuova legge elettorale allargata; l'ordinamento della Camera
deferito alla deliberazione del Principe fino alla convocazione delle
Camere nuove; conferimento dei poteri illimitati al Capo dello Stato.

Contro cotesto fatto compiuto all'infuori del suo consenso, la Porta
protestò. Secondo il consueto, non lo considerò punto sotto l'aspetto
d'un'infrazione della Costituzione, diretta contro i Rumeni; bensì
solo come un'offesa de' suoi proprii diritti. Essa sentenziò brevemente così: « La Sublime Porta non può consentire al Principe
« alcuna autorità di sovvertire o di modificare le leggi fondamentali
« sancite in forza dei trattati, poichè tali atti esorbitano dalla sfera
« dei pieni poteri riconosciuti e legali del governo del Principe,
« e sono pertanto nulli e senza valore, siccome contrarii all'am-
« ministrazione autonoma dei Principati uniti ». La controversia
terminò, com'era da prevedersi, con un protocollo della Conferenza
— quello del 28 giugno 1864 — nel quale « il precedente accordo
stipulato tra la Sublime Porta e il principe Cuza » veniva approvato.
Se non che, tale deliberazione della Conferenza, accanto a poche
modificazioni recate allo Statuto del 14 maggio e alla sanzione del
Colpo di Stato, conteneva una disposizione straordinariamente importante per l'avvenire, in virtù della quale si preparava all'elezione del Principe per l'anno 1866 e alla Costituzione dello stesso
anno un terreno più favorevole per un accordo internazionale.
L'accennata disposizione suona così: « I Principati uniti potranno

« di qui innanzi modificare o comunque alterare le leggi che re-
« golano la loro amministrazione interna, con la cooperazione legale
« di tutti i poteri costituiti, e senza qualsiasi intervento ». L'unica
riserva fatta consisteva nella limitazione — destinata a seguire più
tardi la sorte comune di tutte le altre — che le sopraddette modificazioni non potessero tuttavia estendersi ai vincoli che tenevano
stretti i Principati all'Impero ottomano.

Il 27 maggio 1864 il Colpo di stato venne approvato dal popolo
mediante plebiscito, con 713.000 voti contro 57.000. Cuza partì il
15 giugno per Costantinopoli, al fine di condurre di persona le
trattative con la Porta; il 22 giugno faceva già il suo ingresso a
Bucarest; e il 14 luglio emanava un Messaggio al popolo, per
mezzo del quale gli notificava il riconoscimento del fatto compiuto
da parte della Porta e delle Potenze, e affermava che la Rumenia
era entrata oramai nella piena sua interna autonomia. Il 14 agosto,
per mezzo d'un editto principesco, e facendo uso della perfetta pienezza de' suoi poteri, promulgava la legge agraria. Nel suo proclama ai contadini era detto che « con l'abolizione dell'obbligo di
servitù si compivano finalmente le speranze per sì lungo corso di
secoli nutrite; essere ora i contadini tutti liberi proprietarii del
suolo da essi secondo le leggi fin qui durate occupato, e del lavoro
delle proprie braccia; aver essi quind'innanzi una patria da amare
e da difendere ».

Della popolazione rurale, divisa tutta in quattro classi, quelli che
occupavano un doppio *podere*, o un semplice o un mezzo *podere* (1)
dovevan pagare per quindici anni una somma proporzionale, per
il suo riscatto; i semplici possessori d'una casa con 18 ari paga-
vano un ducato per una volta tanto al proprietario del suolo. Lo
Stato rinunziava alla somma che gli sarebbe toccata per sua parte;
con che, tornando i danari che sarebbero spettati ad esso a favore
dei rimanenti possessori di fondi, s'abbreviavano così gli anni
dell'ammortamento delle obbligazioni di Stato emesse al dieci per
cento. Nell'insieme, l'assetto delle cose si disponeva per modo, da
stabilire una misura-modello eguale ed estesa a tutto il paese,
benchè non in tutti i luoghi economicamente adeguata, la quale

---

(1) S'intende qui per *podere* un'estensione di terreno dai 30 ai 40 ingeri.
(*N. del Trad.*).

in talune parti del paese tornava a favore dei contadini, in altre a favore dei proprietarii. — L'immediato trapasso dall'una condizione economica all'altra produsse in molti luoghi dei danni dall'una e dall'altra parte; e anche la precipitazione del provvedimento ne impedì l'esecuzione regolare, mancando per lo più all'uopo, tra altro, gli agrimensori necessarii. Ciò non ostante, per la possibilità fornita per tal modo all'economia rurale di svilupparsi mediante il libero lavoro, la riforma fu salutare. Cuza riuscì per essa istantaneamente ad ammansare l'Opposizione, essendo tutti quanti in gran faccende, per regolare ciascuno le proprie condizioni patrimoniali. — Se a codesta riforma fosse tenuta dietro un'amministrazione saggia ed equanime, Cuza avrebbe consolidata per lungo tempo la sua potenza, e attirati a sè gli elementi migliori e le forze lavoratrici. Ma, col suo temperamento e con la sua educazione, ciò era impossibile. I fatti dovevan più che mai dimostrare al paese che solo una dinastia forestiera poteva avviarlo a farsi migliore e più forte.

Oltre alla riforma dei contadini, altri decreti del Principe provvidero al nuovo ordinamento elettorale, alla legge sopra l'istruzione, al Codice civile e criminale e alle relative procedure, all'amministrazione distrettuale e comunale, alle Camere di commercio ed agricole, all'introduzione dei pesi e delle misure secondo il sistema decimale, all'abolizione della pena di morte, all'ordinamento della Corte d'assise, all'istituzione di Università a Bucarest e a Iasci: fu, insomma, una radicale trasformazione di tutta la compagine giuridica del paese.

Nel Messaggio d'apertura delle Camere del 18 dicembre 1865, nel qual giorno il principe Cuza depose i suoi poteri dittatoriali, parlando dei giorni che avevan preceduto il Colpo di Stato, disse che la sua autorità all'interno era minacciata da vicino da ogni parte; che le leggi più non avevano alcun valore; che nessuno avrebbe potuto negare allora l'imminenza dell'anarchia. È duopo tuttavia mettere in sodo, che un tale stato di cose non era stato affatto migliorato per la dittatura. S'era venuta formando a poco a poco intorno a Cuza una camarilla della peggiore specie, che spadroneggiava in tutte le cose dello Stato. Era essa costituita di persone, che sapevan procacciarsi tutti i mezzi primi necessarii a una vita avida di godimenti, e trarne persino qualche guadagno per soprammercato. S'accompagnavano a costoro parassiti d'ambo i

Giovanni Ghika.

sessi, d'ogni sorta avventurieri e gente allegra, che s'acquistavano
e favori e potenza, o come buffoni alla Corte o come spie di polizia.
Alla testa di cotesta camarilla stavano un cugino del Principe e
(ciò che pare appena credibile) un antico cantiniere d'Ostenda
di nome Liebrecht, che s'era innalzato fino al posto di Direttore
generale delle poste e dei telegrafi, ed era il più segreto e il più
temuto consigliere del Principe.

Cuza stesso, per giudizio dei più nobili coetanei suoi, non aveva
alcuna nozione di propositi o di fini morali. Assenza assoluta di
principii, in tutte le quistioni di governo e in tutte le circostanze
della vita: ecco la sua divisa. Nonostante che odiasse i Greci, era
in fondo interamente devoto all'antico regime dei Fanarioti, con
tutta la malafede che gli era propria. La sua arte di regnare consisteva soprattutto nel logorare e nello snervare e uomini e leggi.
Le finanze erano in isfacelo, non solo perchè il *deficit* annuale finiva
col raggiungere un terzo della spesa totale annua della Stato, ma
perchè nell'amministrazione di questo regnava il massimo disordine
e la più assoluta mancanza di controllo. Ogni e qualsiasi indagine
precisa dei rapporti tra l'entrate e le uscite dello Stato era esclusa.
Ecco in qual modo un uomo eletto dal popolo, da sè stesso spen-
sieratamente si recideva le arterie della vita. Negli ultimi sei mesi
del suo governo non si pagavan più impiegati nè pensionati; i
mezzi di sussistenza dei reggimenti eran per mesi e mesi forniti
a credenza; nelle casse dello Stato entravano poche migliaia di
franchi al giorno, mentre i debiti attivi salivano a centinaia di
migliaia. Tribunali e amministrazione erano, nelle mani della camarilla, un mezzo di spremer denari. Le donne andavano in ciò
a gara con gli uomini; il che era tanto più deplorevole, in quanto
che Cuza non si contentava più d'una sola favorita. Si racconta
che un giorno quattro di queste, trovandosi insieme alla presenza
della consorte legittima del Principe, discutessero tra loro, quale
di esse fosse la più fedele al proprio marito. — Un amico di Cuza,
il poeta Bolintineanu, in uno dei suoi scritti posteriori (*Viatia
lui Cuza Voda*) dice: « I veri Ministri erano i favoriti, e Liebrecht
« il vero e proprio Ministro degl'Interni, che assumeva e licenziava
« tutti i funzionarii. L'esercito veniva adoperato per opprimere il po-
« polo, gli ufficiali adibiti a un servizio di spionaggio. Le forniture
« dell'esercito davano occasione a malversazioni enormi, e i favoriti
« dicevano spesso con cinica franchezza, che l'esercito era lì apposta

« per facilitare e per assicurare ai singoli individui la possibilità
« d'arricchirsi: giacchè per la difesa del paese c'erano i trattati delle
« grandi Potenze ». Cuza stesso ci viene ritratto da Bolintineanu
nel modo seguente: « Egli era affabile con tutti, ma non poteva
« tenersi mai da qualche osservazione ironica; odiava l'etichetta e
« aborriva le fisonomie oneste, aperte, di carattere; s'abbandonava
« a passatempi grossolani, e a intrighi finemente giocati e orditi
« a danno dei suoi ministri; non amava il ceto degli insegnanti e
« degli ecclesiastici; era molto amabile con le signore; e s'intrat-
« teneva di preferenza con compagni leggeri e scapestrati; poco
« s'intendeva d'arte e di scienza: ma ascoltava con piacere quelli
« che lo chiamavano *Préfet de la France* ».

Cuza infatti s'adoperava instancabilmente a conservarsi nel favore
dei Francesi e del loro Imperatore, nè aveva alcun riguardo di
sacrificare a ciò gl'interessi del paese. I numerosi affari che Francesi
e Inglesi facevano in Rumenia in quel tempo recavano perfettamente
l'impronta orientale, e costavano al paese molto denaro e non pochi
impicci. A una società inglese venne concessa ad alto prezzo la
costruzione d'un certo numero di ponti di ferro sui fiumi, i quali
pochi anni più tardi si dovettero ricostruire una seconda volta.
Alla ditta Godillot di Parigi vennero affidate ingenti forniture d'ogni
specie per l'esercito: fucili e rivoltelle, e perfino avena e legumi
per dodici anni; e ciò avveniva per quantità e pesi enormi, ai
prezzi più inverosimili, a favore dell'appaltatore francese Lemaître.
— Oltr'a ciò, Cuza non potè mai liberarsi da una certa diffidenza.
Quando Cogalniceano, dopo la pubblicazione del decreto agrario,
intraprese un viaggio attraverso il paese e fu dappertutto accolto
con rispettosi omaggi, egli subodorò in lui un avversario pericoloso,
e, dopo avere sfruttato le sue alte qualità, lo licenziò nel modo più
brusco. — Intanto, nel dicembre del 1864 Cuza cominciò a sentirsi
a disagio. Cercò di tenere in iscacco l'Opposizione, confessando
apertamente le sue trattative con Napoleone III al fine di rimettere
la corona a un Principe forestiero da designarsi dall'Imperatore
dei francesi. Non è facile mettere in chiaro se codesti suoi passi
fossero serii, o fatti soltanto per parere: poichè circa quel tempo
egli si fece mandare da tutte le parti del paese numerose petizioni,
le quali richiedevano da lui che designasse come suoi successori
i figlioli d'una delle sue favorite (la Maria Obrenovič), da lui adottati come figli suoi.

Ridiventato un'altra volta presidente dei Ministri il 26 giugno 1865 Nicola Kretzulesco, il regno degli arbitrii e dei favoritismi prese proporzioni anche maggiori. In paese però il fermento cresceva di più in più. Fu messa la museruola alla stampa, tolto il diritto di riunione. Kretzulesco e il Ministro della guerra Floresco approfittarono d'una gita del Principe ai bagni di Ems, per inscenare a Bucarest nell'agosto un simulacro di ribellione, che venne soffocata nel sangue. Speravano essi in tal modo di disanimare l'Opposizione, e d'infrangerla con l'arresto dei suoi capi. Ma un tale provvedimento venne condotto in modo troppo malaccorto: e il Governo andò tant'oltre, da far dare alle fiamme i registri dell'amministrazione cittadina di Bucarest, gravemente minacciata per le sue impudenti frodi e baratterie.

Nella primavera del 1865, così a Iasci come a Bucarest si manifestò una decisa corrente ostile, avente per iscopo la caduta di Cuza. La dirigevano, segnatamente nella Moldavia, Maurogheni e Demetrio Sturdza; a Bucarest, contrarii al Principe erano Bratiano, Rosetti, Demetrio e Giovanni Ghika, I. Cantacuzeno, Giorgio Stirbey e tutti i giovani. La prima manifestazione del malcontento si ebbe con le dimissioni in massa nella magistratura; in sul principio, però, l'azione in complesso fu preparata separatamente nei due Principati. I Moldavi deliberarono di stampare e diffondere degli scritti, di raccoglier danari, d'importare armi. Maurogheni e Demetrio Sturdza mandarono una persona di loro fiducia a Ginevra perchè curasse la pubblicazione colà d'un giornale avverso a Cuza. Di questo tuttavia — il cui titolo era *Clopotul* (la Campana) — vennero stampati soltanto cinque numeri.

Il 15 agosto scoppiava a Bucarest una piccola sommossa. Il monopolio dei tabacchi, essendo stato introdotto senz'alcuna sufficente preparazione, suscitò un malcontento tanto maggiore, inquantochè molti contadini nei dintorni di Bucarest coltivavano del tabacco. Quel subbuglio offerse un pretesto per arrestare i capi del movimento. I quattro fratelli Golesco e Giovanni Bratiano vennero condotti a Bucarest con le catene ai polsi. Quelli di Bucarest intanto avevano mandato Giovanni Ghika — come quello che aveva le maggiori relazioni all'estero — in Inghilterra, per investigare come sarebbe stata accolta colà la caduta di Cuza. A Londra, Ghika aveva pensato sulle prime d'invitare il principe Leiningen a venire a Bucarest per occupare il trono principesco; ma trovandosi il Leiningen appunto a quel tempo in India, cotesto disegno venne troncato in sul nascere. In seguito a ciò, Ghika si recò a Parigi, dove manifestò agli amici di Napoleone III come la situazione di Cuza si fosse fatta insostenibile. Accertatosi qui che quest'ultimo non aveva in Francia gran seguito, partì per Bruxelles; e, in seguito a un colloquio avuto col re Leopoldo, potè convincersi che questi non avrebbe avuto nulla da obbiettare contro l'elezione del conte di Fiandra. Appresso, l'accorto e instancabile uomo di Stato volle tastare il terreno anche a Torino per la candidatura del duca d'Aosta. Tra lui e i capi della rivoluzione ungherese che allora dimoravano a Torino si venne a un notevole accordo, secondo il quale, nel caso d'un'elezione al trono del Principe italiano, la Rumenia s'obbligava a rinunziare per sempre a qualsiasi unione con i Rumeni della Transilvania. Ritornato a Bucarest, dove si raccoglieva ormai tutto il partito d'Opposizione, l'accordo intervenuto con i profughi ungheresi (e questo ci permette di gettare una profonda occhiata in quella cerchia di speranze che agitavano allora i principali capi rumeni) venne da questi ultimi senz'altro respinto.

Si deliberò allora che Giovanni Bratiano — cui la scoperta d'una stamperia segreta che gli apparteneva a Parigi, ma ch'era destinata soltanto alla propaganda rumena, aveva fatto sospettare sulle prime partecipe dell'attentato contro Napoleone III presso l'*Opéra* — dopo la splendida sua giustificazione e la ripresa di relazioni più intime con l'Imperatore, venisse mandato a Parigi. Bratiano rappresentò quivi la necessità di provocare la caduta di Cuza e di porre sul trono un Principe che giovasse agl'interessi della Francia. In pari tempo si costituiva a Bucarest un comitato segreto, di cui fecero parte Demetrio e Giorgio Ghika, Giovanni Cantacuzeno, C. H. Rosetti e Demetrio Sturdza. Accanto a questo s'adoperava attivamente anche l'agenzia di Giovanni Ghika e di Balaceano. Il colonnello d'un reggimento di fanteria, Demetrio Kretzulesco, e il colonnello d'un reggimento d'artiglieria, Haralamb, tutti convinti che la permanenza di Cuza era una vergogna per il paese, furon guadagnati alla congiura. Rosetti (il quale aveva posto l'occhio sul principe Napoleone) s'adoperò in egual senso specialmente presso il maggiore Lecca, che comandava i cacciatori; il quale venne designato per fare il colpo. Fu stabilito che, invece di venire a uno spargimento di sangue, il meglio fosse accontentarsi d'impadronirsi della persona di Cuza. — Nella notte del

23 febbraio 1866, al palazzo del Principe, dove tutte le sere veniva data la parola d'ordine, faceva il servizio un distaccamento di Lecca. Si venne d'accordo di cambiare la parola verso la mezzanotte. I capitani Lipoiano, Pilat, e Costiesco, penetrati nel palazzo, bussarono alla camera da letto; e, in seguito alla minaccia d'atterrar la porta, Cuza venne ad aprire. Si trovò nel letto del Principe Maria Obrenovič, una delle quattro figlie di Costino Catargi (famose per la loro bellezza), la quale aveva sposato il colonnello serbo Obrenovič, e fu la madre di colui che diventò più tardi Re Milan. Uno degli ufficiali tenne stesa dinanzi a lei una coperta da letto, affinch'ella potesse dietro di quella rivestirsi. Il principe Cuza, appoggiato il foglio alla schiena d'uno degli ufficiali, firmò l'atto d'abdicazione seguente: « Noi Alessandro Giovanni I in questo giorno « 11/23 febbraio 1866, conformemente al volere di tutta la nazione « e agli impegni da noi assunti al nostro salire al trono, rimettiamo « il governo a una reggenza principesca e a un Ministero eletto « dal popolo ». Egli fu quindi condotto nella casa del cittadino Ciocarlan, del partito di Rosetti, e di là a Cotroceni, donde il 25 febbraio fu avviato al confine verso la direzione di Kronstadt. Uno degli ufficiali fu incaricato di ricondurre Maria Obrenovič alla sua abitazione.

Alla mattina seguente grande fu a Bucarest lo stupore per questo fatto, che si manifestò con alte grida di giubilo. — Per la costituzione del Governo provvisorio insorsero però delle difficoltà, volendo Rosetti farsi innanzi con un programma radicale. Infatti egli stava per il sistema parlamentare a una sola Camera: cosa difficile a effettuarsi, perchè difficilmente si poteva sacrificare il Senato. La cosiddetta *Lieutenance Princière* venne formata dal generale Nicola Golesco, presidente, dal colonnello Haralamb e da Lascar Catargi. Giovanni Ghika ebbe la presidenza del Ministero e gli Esteri, Demetrio Ghika gl'Interni, Giovanni Catargi la Giustizia; andò alle Finanze Pietro Maurogheni, Lecca alla Guerra; C. Rosetti ebbe i Culti e l'Istruzione pubblica, Demetrio Sturdza i Lavori pubblici. Subito dopo spodestato Cuza, e precisamente al mezzodì del 23 febbraio, si riunirono le due Camere per una seduta in comune, e a voti unanimi elessero Principe il conte di Fiandra.

Durante cotesto periodo provvisorio, la Russia non mancò d'intrigare e d'agitarsi; e in parecchie sedute della Conferenza, nuovamente raccoltasi per invito della Porta a Parigi il 10 marzo 1866, si pronunziò per la separazione dei due Principati (1). Avendo il Governo provvisorio sciolta il 27 marzo la Camera dei deputati, ch'era contraria a un plebiscito, e chiusa la sessione al Senato, la Conferenza di Parigi nella 'sua quinta adunanza gl'indirizzava un monito assai severo, consigliando la moderazione. Ma anche questo doveva dimostrarsi inefficace ben presto.

---

(1) Testa, V, pag. 542-552 e 559-568.

XXIX.

I primi anni di governo del Principe Carlo

La fallita candidatura del conte Filippo di Fiandra. - Gli statisti rumeni rivolgono gli sguardi sul secondo figlio del principe Carlo Antonio di Hohenzollern, il principe Carlo, che viene in seguito a plebiscito eletto Principe. - Le missioni rumene a Düsseldorf. - Nonostante le agitazioni dei circoli che lo avvicinano, il principe Carlo si determina per l'accettazione del trono rumeno. - Il conflitto austro-prussiano, e le difficoltà che ne derivano per l'esecuzione dell'impresa. - Sbarco del principe Carlo a Turnu-Severin. - La politica personale di Napoleone III, di fronte a quella di Drouyn de Lhuys che risale al trattato di Parigi. - La Conferenza di Parigi resta impotente in presenza del moto di Bucarest, avendo anche la Camera rumena, messa in sull'avviso, confermata l'elezione del principe Carlo. - Condizione critica del paese all'interno ed all'estero. - Atteggiamento ostile della Russia e dell'Austria. - Relazioni sconfortanti dei ministri al principe. - Contegno energico di questo di fronte alle minacce della Porta. - Suo riconoscimento da parte di quest'ultima, nonchè delle Potenze europee. - Crisi ministeriale. - Visite del principe Carlo all'imperatore Alessandro e all'imperatore Francesco Giuseppe. - Matrimonio con la principessa Elisabetta v. Wied. - La crisi dell'anno 1871. - La questione ferroviaria. - Vittoria di Bratiano e del partito nazionale.

Alla Corte belga sembra si sia stati un momento esitanti circa l'accettazione della nomina del conte di Fiandra a Principe della Rumenia. È difficile che fosse per un puro caso se il Conte, sotto il pretesto d'un viaggio a Nizza, fece una visita a Parigi a Napoleone III; ma questi, al quale un rampollo degli Orléans non tornava troppo gradito, lo ricevette con le parole: « Non è vero che voi non accettate l'elezione della Rumenia? ». Seguì il 27 febbraio una circolare del ministro Rogier, che notificava alle Potenze la rinunzia al trono rumeno da parte del conte di Fiandra. Ciò non ostante, il Governo provvisorio verso la fine del marzo mandò un'ambasceria rumena al re Leopoldo II; il quale però dichiarò che il fratello nella rinunzia del trono rumeno aveva agito interamente di sua testa. Resta abbastanza singolare, in ogni modo, il fatto che in Rumenia il conte di Fiandra venisse proclamato Principe del paese sotto il nome di Filippo I, e che il Governo provvisorio, per farla finita con i moti all'interno e con gli intrighi che si ordivano a Parigi dietro le spalle di Napoleone III, nel nome di Filippo I conduceva le cose del Governo.

Dopo la definitiva dichiarazione del re Leopoldo, la mira degli statisti rumeni si rivolse pertanto al secondo figlio del principe Carlo Antonio di Hohenzollern-Sigmaringen, il principe Carlo, che aveva testè combattuto da valoroso contro la Danimarca nel 2.º reggimento prussiano dei dragoni della Guardia. Per la rigida osservanza delle tradizioni dell'esercito tedesco, escludenti ogni sorta di favoritismi, appena il 4 aprile del 1866 il principe Carlo — non senza sentirsi ferito dalla lentezza del suo avanzamento di grado — fu promosso capitano di cavalleria. Ma il mese che precedette e il mese che seguì a cotesta nomina dovevano avere una grande importanza nella sua vita avvenire.

Il padre suo era una delle figure più ideali della nazione tedesca. Al tempo dell'umiliazione della Prussia, che seguì, per opera della Russia e dell'Austria, dopo la rivoluzione del marzo, egli si segnalò, per la condizione sua, per l'accortezza e per lo spirito di sacrifizio, tra i patriotti più ardenti — s'anco in parte deboli e incerti — in pro del risorgimento della Germania, e cooperò alla prima lega tra la Germania del Nord e la Germania del Sud, rinunziando con grande animo alla sua sovranità, in favore della Prussia (1). Quando più tardi sotto il Principe di Prussia l'opera di riforma della Costituzione tedesca venne ripresa con mano più vigorosa, egli, pre-

---

(1) Durante i primi anni del governo di Napoleone III, il Principe venne una sera alle Tuileries insieme col re Luigi di Baviera. Il vecchio Sire si gloriava d'essere il più antico dei decorati della Gran Croce della Legion d'onore allora viventi; e, per accentuare ancor più il suo entusiasmo, volgendosi al principe Carlo Antonio lo apostrofò con le parole: « Ah, voi siete quello che avete venduto il vostro paese alla Prussia ! ». — Al che il Principe placidamente replicò: « Era proprio ancor tempo ».

sidente allora del Ministero prussiano, legò anche più strettamente il suo nome a quell'opera. Per la sua nascita stessa e insieme per la sua unione con la principessa Giuseppina di Baden, egli veniva a trovarsi in relazioni di parentela con Napoleone III; e i disegni audaci di quest'ultimo, che si ricollegavano con questo fatto, uni·tamente ai tentativi di lui avversi all'Austria, possono aver facilitato ai Rumeni il còmpito d'indurlo a dar la sua approvazione alla scelta del principe Carlo.

Tra gli uomini che, per la necessità d'una nuova chiamata a quel trono, furono dai maggiorenti di Bucarest mandati all'estero, e segnatamente a Parigi, si trovava in prima linea Giovanni Bratiano. Il 31 di marzo, dopo i più aperti incoraggiamenti avuti a Parigi, egli venne ricevuto dal principe Carlo Antonio a Düsseldorf, dove quest'ultimo risedeva allora come governatore della regione Renana e della Vestfalia; e più tardi anche dal principe Carlo. Questi l'8 aprile si recò a Berlino, dov'ebbe anzitutto un colloquio col principe ereditario Federico Guglielmo. In quel colloquio tut·tavia nessuna risoluzione fu presa, essendo da una parte necessario attendere il plebiscito che doveva prepararsi dal Governo provvisorio, e dall'altra l'autorizzazione del Re. Non ostante i disordini scoppiati il 15 aprile a Iasci, che, attizzati dalla Russia, miravano alla separazione, nei giorni tra il 14 e il 20 aprile si compì nei due Principati uniti la votazione popolare, con 685.969 voti contro 224 a favore del principe di Hohenzollern.

Questi, fin dal 16 aprile, s'era determinato ad accettare la corona rumena, e ne aveva informato il padre. Il Principe rispose: « La risoluzione ti fa onore, e dimostra un retto sentire; però devi aspettare il consenso del Re ». Alla Corte di Prussia le opinioni erano divise: contrarii, fra gli altri, si mostravano il barone v. Schleinitz e il conte Stillfried. Merita d'esser posto particolarmente in rilievo il fatto che cotesto episodio rumeno, poco conosciuto ancora fin qui nelle sue minute particolarità, veniva a svolgersi nel bel mezzo di quell'ampia crisi, ch'era scoppiata tra la Prussia e l'Austria in seguito al trattato di Gastein. Accanto alle combinazioni politiche più o meno stravaganti del Monarca francese ne sorgevano altre, più ragionevoli, della Prussia: se cioè il governo d'un principe Hohenzollern sul basso Danubio non avesse probabilità di diventare una buona carta di più in mano, pel caso d'una guerra imminente contro l'Austria. Sennonchè, nel carattere di Guglielmo I c'era un'avversione troppo marĉata contr'ogni imprevisto, perchè non fosse da temere un suo rifiuto. Fu dunque consigliato al Principe, per trarre il Re dalla sua perplessità, di cercar d'ottenere non l'accettazione del trono, ma semplicemente un congedo; e si dimostrava la necessità del consenso di lui col pericolo che potesse farsi innanzi a un tratto un candidato francese o uno russo. Tuttavia ogni cosa rimase in sospeso. I viaggi degli agenti rumeni a Düsseldorf si succedevano gli uni agli altri: oltre al rappresentante della Rumenia a Parigi, Balaceano, vi venne anche con missioni d'urgenza l'Ubicini, il ben noto scrittore che ritrasse a fondo le condizioni della Turchia; e Giovanni Bratiano, in compagnia di quel Davila che doveva essere più tardi il medico in capo dell'esercito rumeno, venne anch'esso mandato ufficialmente da Bucarest, per recare al Principe i risultati del plebiscito.

Il dramma di famiglia che si svolse a questo proposito merita d'essere accennato, almeno nelle sue linee principali. Il principe Carlo Antonio ci teneva troppo alla più rigida disciplina, perchè potesse dare il suo consenso senza l'autorizzazione del Re. Bratiano, allorchè il 2 maggio si trovò in presenza d'una così fatta risposta, si lasciò sfuggire queste parole: « *La Roumanie est perdue* »; ma, sotto l'impressione di cotesta manifestazione, il principe Carlo lo trasse da parte, e gli confidò col massimo segreto ch'egli era risoluto al viaggio. Il giorno 7 pertanto partì per Berlino. L'espediente più sopra accennato ripugnava alla sua indole, formatasi alla scuola della milizia: egli domandò direttamente al Re l'autorizzazione d'accettare, ma non n'ebbe se non la laconica risposta: « La responsabilità è tua ».

Il giorno dopo s'annunziava l'alleanza tra la Prussia e l'Italia; dalla Rumenia giunsero numerosi dispacci di felicitazione; e se l'Austria avesse mostrata la minima circospezione, la riuscita del lungo viaggio poteva mettersi in forse. Bratiano e Balaceano consigliarono perciò la via oltre Genova, per la Sicilia e Costantinopoli: il che però poteva nuovamente far temere delle misure da parte della Turchia, la quale protestava vivacemente. Il Principe si risolvè per la via attraverso la Svizzera, la Baviera e l'Austria; il giorno 11 si congedò dalla sua famiglia, e a Bonn prese il treno, che lo portò a Zurigo. Di qui proseguì per S. Gallo, Augusta, Monaco, Salisburgo, Vienna e Pest fino a·Basiasch, dove essendosi imbattuto con Bratiano, che gli era venuto incontro, s'imbarcò sur un piroscafo austriaco del Danubio. Separati personalmente da lui, l'accompagnavano il Consigliere di Gabinetto v. Werner — uno dei più vecchi e fidati servitori della Casa del Principe — e il signor di Mayenfisch. Sulle strade ferrate si trovavano già delle truppe in movimento, tanto che per poco non s'imbattè con due ufficiali austriaci, che lo conoscevano fin dalla campagna di Danimarca. In coperta del piroscafo il Principe scrisse una lettera all'imperatore d'Austria. Il 20 maggio prese terra felicemente a Turnu-Severin; e quando sbarcò, il capitano della nave disse col tono più pacifico del mondo: « Questo è certamente il principe di Hohenzollern ».

Chi si faccia a raffrontare con questi avvenimenti il procedere della politica *ufficiale* francese d'allora, si troverà dinanzi a uno degli esempi più singolari dell'opera di Napoleone III, esplicatasi in tutto fuori di quella. Drouyn de Lhuys, che fin dal 15 ottobre 1862 era stato richiamato al Ministero degli Esteri, già il 27 febbraio del 1866, vale a dire subito dopo la caduta di Cuza, attendeva a proporre alle Potenze garanti una Conferenza a Parigi. Egli mise in rilievo che « l'unione dei Principati era stata, nel 1856, ammessa dalle Potenze; ma la Porta l'aveva espressamente limitata soltanto al governo del principe Cuza, mentre tutti gli altri firmatarii del trattato di Parigi s'eran riservata per qualsiasi evento ulteriore la libertà delle loro risoluzioni. A ciò s'aggiungeva che Alì Pascià, fondandosi sul protocollo firmato collettivamente dalle Potenze, il quale prevedeva quando ne fosse il caso delle eventuali misure di coercizione, minacciava ora d'applicarle, ed era in ciò appoggiato specialmente dall'Austria e dalla Russia ». — Il 10 marzo s'adunava a Parigi la Conferenza; e subito nella prima seduta stabiliva: « di far intimare al Governo di Bucarest, curasse semplicemente di mantener l'ordine e l'amministrazione, e non intraprendesse cosa alcuna che potesse recar pregiudizio alle deliberazioni della Conferenza ». È pertanto lecito attribuire a una serie d'intrighi, e forse appunto alla politica personale di Napoleone III, se la Conferenza, *in presenza dell'inosservanza più assoluta dei suoi mòniti*, appena il 2 maggio procedette alla dichiarazione « che il Governo provvisorio di Bucarest, provocando la nomina d'un Principe forestiero per mezzo d'un plebiscito, operava contrariamente alla Convenzione del 19 agosto 1858, la quale all'articolo 12 attribuiva l'elezione dell'Ospodaro *alla Camera*. La Conferenza deliberava pertanto che alla Camera restasse riservata la questione del mantenimento dell'Unione. Se la maggioranza, sia dei deputati Moldavi sia dei Valacchi, l'ammetteva, ciascheduna sarebbe stata libera di votare separatamente. Un voto contro l'Unione, poi, avrebbe avuto per conseguenza la separazione dei due Principati. In seguito a ciò la Camera sarebbe passata all'elezione dell'Ospodaro, la quale, secondo l'art. 13 poteva cadere soltanto sopra uno del paese. I consoli erano incaricati d'invigilare collettivamente alla libera manifestazione dei voti, e di notificar subito alla Conferenza qualsiasi infrazione di quella ».

Mai ebbe la diplomazia a dimostrarsi più inefficace che nel caso presente. I Rumeni, in presenza dei pericoli che li minacciavano, continuarono a lasciarsi guidare diplomaticamente. Il 13 maggio la Camera, sottomettendosi apparentemente alle prescrizioni della Conferenza, votava per l'elezione dell'Ospodaro. La votazione separata, la quale sola avrebbe significato una sconfitta, non venne proposta da alcuno, e tanto meno l'annullamento dell'Unione. In seguito, si procedette alla votazione per l'elezione del principe Carlo, e dei 116 rappresentanti, 110 proclamarono l'unione della Moldo-Valacchia sotto la sovranità ereditaria del Principe forestiero. A Co-stantinopoli, a Pietroburgo, a Vienna e a Parigi dovette sonare come uno scherno, che l'Assemblea si chiudesse al grido di *ervira* al Sultano e alle Potenze garanti.

Il 22 maggio il Principe fece il suo solenne ingresso a Bucarest, dove venne accolto con ebbrezza piena di giubilo. Il presidente dei Ministri Giovanni Ghika si ritirò, e venne sostituito da Lascar Catargi, che assunse in pari tempo il portafoglio degl'Interni, mentre Maurogheni fu nominato ministro degli Esteri. Il generale Jon Ghika ebbe il Ministero della Guerra e Bratiano quello delle Finanze. — La condizione della Rumenia tuttavia, non ostante la partecipazione alle cose del Governo degli uomini più eminenti del paese, si faceva di giorno in giorno più critica. Da una parte le truppe turche si concentravano minacciose di là dal Danubio; dall'altra erano scoppiati il colera e la carestia; e tutta l'amministrazione si trovava in uno stato assolutamente compassionevole. La precipitosa istituzione d'un regime estremamente democratico, poco consentaneo allo sviluppo generale del paese, quale l'aveva introdotto l'Assemblea nazionale, senz'alcun previo accordo col nuovo potere esecutivo, mal poteva mutare siffatte deplorevoli condizioni. E anche senza di ciò, la Costituzione si poneva in contraddizione diretta con le condizioni poste dalla Sublime Porta, attribuendo alla Corona il diritto d'istituire un Ordine rumeno, di batter moneta e di concluder trattati con gli Stati di fuori. Il principe Carlo non era in grado di riflutare la sua conferma a codesta Costituzione, presentatagli già bell'e pronta il 12 luglio. L'atteggiamento della Russia, per la quale ogni consolidamento delle condizioni della Rumenia era un ostacolo, le si mostrò per lo meno altrettanto ostile quanto quello della Turchia; tanto che il signor v. Budberg ricevette la precisa istruzione di proporre alla Conferenza di Parigi delle misure coercitive contro il nuovo stato di cose, o altrimenti la sospensione delle adunanze. Il 4 giugno infatti la Conferenza, per mancato accordo reciproco, si sciolse.

Il Governo sottopose al Principe le relazioni generali di già presentate alle Camere intorno alle condizioni interne del paese. Il loro contenuto ci offre un quadro veramente spaventoso del regresso nazionale, e dimostra come non si potrebbe meglio tanto le colpe del Governo caduto, quanto, indirettamente, il meraviglioso cammino ascensionale che ha da allora percorso il Governo presente. Il Ministro degl'Interni diceva: « Dopo un'amministrazione che ci ha « oppressi per tanti anni, e contro la quale si sollevò la Nazione « intera, era difficile trovare in sì breve tempo una via di salute « contro un tal sistema di corruzione e d'arbitrio. La Commissione « d'inchiesta ha scoperto delle spaventevoli malversazioni del pub- « blico denaro da parte dei Cassieri della Prefettura di polizia, e « specialmente da parte del Direttore delle poste e dei telegrafi. « Questo funzionario, al quale era stata assegnata nel modo più « abusivo la somma di 7.252.682 piastre per il suo servizio, ha « trovato il modo d'elevarla a 10.521.234 piastre. Mentre in altri « Stati cotesto servizio è produttivo, in Rumenía esso è diventato « addirittura rovinoso, giacchè l'entrate nell'ultim'anno non han « dato più di 4 milioni. Nelle carceri s'è trovata una moltitudine di « prigionieri sostenuti quivi già da mesi e persino da anni, senza « che siano stati sottoposti ad alcun procedimento giudiziario ».

Il Ministro della Guerra espose come « gli edifizi fabbricati sotto il governo di Cuza per iscopi militari, i quali eran costati dei milioni, eran già vicini a rovinare, tanto che le truppe temevano di servirsene. A Iasci, a Galatz, a Braila, le caserme dal prossimo inverno in là non sarebbero più state abitabili. Nelle altre città s'erano acquartierate le truppe in case private, spendendo così una parte delle somme destinate alle costruzioni. Già nella prima metà dell'anno in corso le pigioni pagate e i restauri provvisorii degli edifizi minacciati avevano esauriti i fondi stanziati in bilancio. Le truppe irregolari e i cordoni militari alla frontiera si trovavano, relativamente al loro servizio, in condizioni anche peggiori. Al confine russo poche miserabili capanne in istato deplorevole, ammassate le une accanto alle altre, rendevano la vigilanza del tutto illusoria. Le armi acquistate per nuove negli ultimi anni s'eran trovate inservibili. I magazzini destinati alle materie prime eran vuoti, e una gran parte della legna tagliata, o raccolta dai conventi, imputridiva sul luogo. La fabbrica delle polveri si trovava in uno stato, come se fosse stata impiantata immediatamente dopo l'invenzione della polvere. Una delle eredità più rovinose, poi, del governo di Cuza era la fonderia di cannoni di Tirgoviste: le macchine costate dei milioni e non pagate ancora erano state trasportate colà, senza alcuna previa fissazione dei prezzi e dei disegni necessarii ». In pari tempo il Ministro della Guerra osservava come tutto quell'impiego di capitali fosse per il momento assolutamente inutile, giacchè il prezzo d'un cannone fuso in Rumenia avrebbe importato il decuplo di quello d'un cannone comperato bell'e fatto all'estero.

Alla sua volta, il Ministro del Culto rappresentò coi più neri colori lo stato in cui si trovavano i licei e le scuole. I cosiddetti *locali* non eran altro che case private, dove non c'erano nè aule nè dormitorii, ma solo delle camerette « dove si respirava l'infezione e la morte ». Una speciale Commissione d'inchiesta aveva assodato « che nelle scuole femminili e nel liceo di San Sava, ossia nelle più antiche scuole del paese, le stanze da studio erano umide, e i dormitorii potevan contenere appena la metà degli allievi ». Quanto a ciò che si chiamava il *locale per gli ammalati* (l'infermeria), era « una camera umida e senza luce, nella quale potevan trovar posto appena due infermi; inoltre, non c'era nè un infermiere nè gli oggetti più necessarii per la cura degli ammalati. Nel corso dell'anno precedente erano state erette bensì alcune nuove scuole di campagna, che però erano ben lungi dal bastare ai bisogni: di più che 3000 comuni rurali, appena 1300 possedevano scuole; e quali scuole! eran per lo più dei miserabili tugurii, nei quali penetravano la pioggia e la neve, senza luce, senz'aria ».

Un'analoga decadenza appariva nelle condizioni dell'agricoltura e del commercio dalla relazione del rispettivo Ministro; e poichè

i mezzi principali per intraprendere delle riforme efficaci, vale dire
le finanze dello Stato, si trovavano — secondo la relazione del
Ministro delle Finanze — « in condizioni, se è possibile, ancor più
deplorevoli », si può facilmente congetturare quale fosse l'immane
còmpito che s'affacciava al Governo del nuovo Principe.

Nella relazione del Ministro delle Finanze si diceva testualmente:
« L'ammontare crescente del *deficit* per effetto dei prestiti, i cui
« interessi avevan gravato sproporzionatamente sul bilancio d'uscita,
« e l'introduzione fittizia d'introiti artificiali e ingiustificati nel bi-
« lancio dell'entrata non potevano avere altra conseguenza se hon
« di render d'anno in anno più difficile la situazione finanziaria.
« Tutte le casse pubbliche eran vuote, e il Tesoro aveva da pagare
« un debito fluttuante di 55 milioni e 761.841 piastra. A conti scru-
« polosamente fatti, l'anno 1866 si dovrebbe chiudere con un *deficit*
« di 51 milioni 965.065 piastre ».

Coteste relazioni assai ampie presentate al Principe erano firmate
dal generale N. Golesco, da L. Catargi, N. Haralamb, J. Ghika,
D. Ghika, I. Cantacuzeno, B. Maurogheni, C. Rosetti, D. Sturdza e
dal maggiore Lecca. Il debito complessivo della Rumenia alla caduta di Cuza importava non meno di 400 milioni di piastre, pari
a 120 milioni di marchi.

In conformità delle deliberazioni della Conferenza, le Potenze
non riconobbero subito il nuovo Principe; e a tutte le accennate
difficoltà s'aggiunsero ancora delle violenze contro gli Ebrei; le
quali, come quelle che in Rumenia si riproducevano periodicamente,
ebbero in Europa uno strascico disgustoso. — Concentrandosi
delle milizie turche a Rustciuk, nonostante che il Principe avesse
già da tempo annunziato al Sultano d'esser disposto a riconoscere
la sua sovranità, il nuovo Sovrano non esitò punto a raccogliere
un Corpo d'osservazione, e ad accender l'ardore delle truppe con
la sua presenza. Jon Ghika venne frattanto mandato a Costantinopoli,
e appoggiato quivi nella sua missione di pace da quei rappresentanti della Francia e dell'Inghilterra. Dopo la disfatta dell'Austria
a Königsgrätz, fu d'uopo a Costantinopoli abbandonar la speranza
d'un aiuto austriaco per qualsiasi evenienza; e le truppe poste al
comando di Omer Pascià furono ritirate. Dopo lunghe trattative,
nelle quali la Porta dovette temperare alquanto le rigide condizioni
fissate da principio, si venne d'accordo che il Principe avrebbe
ricevuto il suo atto d'investitura a Costantinopoli, dove infatti fu

accolto con segni 'di gran distinzione, nell'ottobre. Nel complesso, la Rumenia ne riportò una nuova vittoria, poichè la Porta e le Potenze riconobbero non solo la sua dinastia forestiera, ma benanco la successione di essa in linea diretta. La Russia, tuttavia, appena nel corso dell'anno 1868, dopo un consolidamento relativamente rapido del nuovo stato di cose (il quale nondimeno venne interrotto da frequenti crisi ministeriali e da nuove persecuzioni degli Ebrei), si determinò — in considerazione dell'utilità che poteva trarsi da relazioni più amichevoli — a un ravvicinamento alla Rumenia, alla quale un siffatto compimento delle sue relazioni esteriori non poteva in ogni modo che tornar vantaggioso.

Giovanni Bratiano, il quale in seguito alle nuove elezioni liberali che s'eran compiute nel novembre del 1866 era stato incaricato della formazione d'un nuovo Ministero, s'accinse subitamente a radicali riforme, e in particolar modo riordinò il sistema monetario, che si trovava fino allora nella più grande confusione (1), introducendo il sistema decimale. Le misure da lui adottate contro gli Ebrei suscitarono molte contrarietà all'estero: sicchè egli dovette ritirarsi, e riassunse la direzione degli affari appena nel novembre del 1867. Avendo le nuove elezioni procacciato alla Camera una forte maggioranza, fu resa possibile una legge per la costruzione di strade ferrate, che venne affidata a due Società rappresentate da Strousberg e da Offenheim. Il 16 novembre 1868, Bratiano, accusato d'aver preso parte al movimento bulgaro, dovette, per render possibili delle migliori relazioni con la Turchia, una seconda volta ritirarsi. Demetrio Ghika e Cogalniceano formarono il nuovo Ministero, il quale però non potè a lungo andar d'accordo con la Camera, che aveva eletto Bratiano a suo presidente. Il Gabinetto allora deliberò di scioglierla, e le nuove elezioni riuscirono ad esso favorevoli. Se non che, da cotesto momento incominciò la violenta opposizione della Sinistra, tantochè il nuovo Ministero n'ebbe inciampo a condurre a termine le sue riforme.

Nell'autunno del 1869 il principe Carlo, accompagnato dal Presidente del Consiglio Demetrio Ghika, fece una visita allo Zar Alessandro in Crimea; visita che contribuì grandemente a tem-

---

(1) Cfr. per lo svolgimento di quanto segue il mio più volte ritoccato articolo *Rumänien*, nella 13.ᵃ ediz. del *Conversations Lexikon* del BROCKHAUS.

perare la diffidenza della Russia, non mai cessata del tutto. Un simile effetto ebbe pure una visita all'imperatore Francesco Giuseppe: il quale però non pare condividesse mai interamente l'avversione contro la nuova piega delle cose di Rumenia, che moveva specialmente da quelli che gli stavano intorno.

L'anno 1869 fu particolarmente importante per la Rumenia, per il matrimonio del Principe, compiutosi il 15 novembre, con la principessa Elisabetta v. Wied. Avremo occasione più tardi di esporre storicamente quanto più da vicino si riferisce all'opera benefica di questa geniale Principessa, che doveva tornar del maggiore ornamento al mondo letterario della Germania.

Per caratterizzare appieno le condizioni, in generale, della forma di governo parlamentare in paesi che non sono progrediti abbastanza, e per poter apprezzare i progressi raggiunti in Rumenia nonostante gl'interessi varii delle parti, non basta un'esposizione sommaria, ma è necessario divisare cronologicamente le più importanti crisi ministeriali che si produssero in cotesto paese. Dei dissensi nel Gabinetto ebbero per conseguenza nel febbraio 1870 le dimissioni del ministero Ghika-Cogalniceano. Il Ministero di Alessandro Golesco, che gli successe, non fu di lunga durata. Il primo maggio 1870 la direzione degli affari fu assunta da Costachi Epureano, che si circondò d'elementi tolti dal nuovo partito conservatore. Il mutamento aveva appena avuto il tempo di rendersi sensibile, quando scoppiarono i gravi avvenimenti della guerra del 1870, che scatenarono le nuove e le vecchie passioni dei partiti. I vantaggi innegabili che la Rumenia aveva tratti dalla politica francese, o — per esser più esatti — da quella di Napoleone III; la diffusione delle idee e delle forme del vivere francesi nelle classi rumene più colte, la cui gioventù deve a Parigi la propria educazione, e spesso la sua media cultura; e infine la grande ritenutezza manifestata dalla Prussia di fronte al nuovo stato di cose nella Rumenia, ebbero per effetto che la Camera rumena dimenticasse di considerare la vera condizione del paese, che riposava sulla neutralità; e indussero il Governo a pensar d'assumere in quel gran conflitto internazionale un atteggiamento favorevole alla Francia. Si giunse fino a manifestazioni di non dubbio significato contro il Principe stesso; e un incidente affatto impreveduto, il quale toccava una delle imprese tra le più promettenti dello Stato, provocò una crisi, la quale diede origine a fatti veramente pericolosi. Strousberg, le cui imprese arrischiate tanto più andavano a male, quanto più egli cercava di coprir l'una disdetta con l'altra, aveva ricevuto — assolutamente contro ogni norma di diritto, e con la complicità d'una persona di fiducia a lui preposta per il controllo — delle anticipazioni ingentissime, senza aver prima condotto a termine in proporzione i lavori prefissati. Ora, di fronte alle ferrovie rumene non ancora compiute, s'affacciava la bancarotta completa di Strousberg. Alla Camera dei deputati se ne scatenò una vera tempesta, e la conseguenza ne fu un voto di sfiducia contro il Ministero Epureano, e quindi le sue dimissioni il giorno 26 dicembre. Giovanni Ghika, chiamato a formare il nuovo Gabinetto, nulla potè ottenere dalle Camere; i conservatori di fronte a lui rimasero indifferenti, e i liberali gli si dimostrarono avversi al massimo grado. Nell'occasione della festa per la pace, solennizzata dai Tedeschi a Bucarest il 22 marzo 1871, scoppiarono gravi disordini per le vie della città, e la festa stessa fu disturbata da atti di violenza. Il Ministero, che si trovava male in gambe, non si fidò di prendere dei serii provvedimenti; e Giovanni Ghika si dimise la sera stessa del tumulto, prodottosi in parte anche per gl'intrighi della Russia, e con manifesta compiacenza del suo console generale v. Offenberg. — Che la Rumenia, con un Hohenzollern alla testa, potesse mai diventare un aiuto in un caso di bisogno alla potentissima Russia, è una cosa alla quale, nella superba precipitazione con cui pare si presagisse quasi prossima la rovina del trono rumeno, per allora certamente non si può aver pensato. — Il console generale tedesco v. Radowitz si fece notare fra tutti per la sua risolutezza, e fu l'ultimo ad abbandonare la sala della festa minacciata.

Il principe Carlo convocò i membri del Governatorato (*Lieutenance princière*) dell'anno 1866, per dichiarar loro ch'egli esigeva dalle Camere la designazione d'un Ministero energico, e che, qualora ciò non si fosse fatto, egli avrebbe rinunziato al trono. Cotesto messaggio, letto alla Camera dal Ministro dimissionario Demetrio Sturdza, produsse un eccitamento straordinario. I conservatori intravidero ora appena la gravità del pericolo, e insistettero presso il loro capo Lascar Catargi, perchè s'accingesse alla formazione d'un Ministero forte. Catargi riuscì a comporre con le personalità più eminenti del partito conservatore un Gabinetto che prometteva lunga durata; sciolse la Camera dei deputati, e indisse subito le nuove elezioni.

La coppia principesca, accolta dappertutto simpaticamente, viaggiò in lungo e in largo per il paese. Alla fine di maggio, si radunarono le nuove Camere, nelle quali si formò subito una salda maggioranza in favore del Governo.

Grazie alla sua lunga durata, il Ministero Catargi riuscì a produrre un decisivo rivolgimento nelle condizioni interne del paese. La sua stabilità rese possibile un miglioramento sostanziale nel programma del Governo e nella legislazione. In seguito a più ampie trattative, fu possibile concludere un accordo con alcune Case bancarie berlinesi, e pertanto, il compimento della costruzione delle strade ferrate iniziate da Strousberg, movendo da Roman per Galatz, Braila, Bucarest fino a Virciorova, venne assicurato. Apertasi poi al commercio anche la linea Roman–Iasci–Izcani, si compì così l'importante comunicazione ferroviaria di qua e di là con i confini orientali austriaci, e pertanto con tutta l'Europa occidentale. Il Principe continuò a dedicare la massima sua cura alle migliorie necessarie nell'esercito; tanto che, come vedremo più tardi, si potè raggiungere una potenza militare considerevole, in corrispondenza con le riforme degli altri Stati. Di non minore importanza fu il fatto che il Ministero Catargi venne a capo di superare le preoccupazioni politiche e le difficoltà che fin qui s'erano opposte alla conclusione di trattati di commercio: con che venne posto anche il fondamento allo sviluppo degl'interessi economici della Rumenia. Ciò non ostante, non venne fatto al Ministero conservatore di migliorare la condizione delle finanze. Infatti, malgrado le misure adottate per accrescere sensibilmente i redditi dello Stato — come l'introduzione del monopolio dei tabacchi e delle tasse di bollo, il miglioramento del credito per l'istituzione di Casse di depositi, che incominciarono a funzionare dal 1872, e d'un ufficio di Credito fondiario, istituito secondo il modello prussiano nel 1873 — l'amministrazione dello Stato andava soggetta anno per anno a sempre ripetuti ammanchi. Si cercò bensì di ripararvi per mezzo di prestiti fino all'ammontare di 122 milioni e mezzo di franchi; ma nell'ultim'anno del Ministero Catargi, con un bilancio annuale di 81 milioni di franchi, s'ebbe tuttavia a lamentare un *deficit* di 18 milioni; e il debito fluttuante raggiunse il considerevole importo di 97 milioni e mezzo. Quando poi col 1875 l'orizzonte politico incominciò a oscurarsi, Catargi non ebbe il coraggio di far fronte alle difficoltà che sempre novellamente si riproducevano: tanto più che Giovanni Ghika, Cogalniceano e Epureano s'erano ascritti all'irrequieta opposizione, e che nella primavera del 1876 l'elezioni senatoriali riuscivano contrarie al Ministero conservatore. Catargi, dopo cinque anni di governo, il 16 di aprile, si dimise.

Il nuovo Ministero, conservatore anche questo, del generale Floresco, non ebbe tregua nè al Senato nè alla Camera, e ben presto, l'8 di maggio, lasciò il posto a un Ministero di coalizione, il quale

Lascar Catargi.

si formò sotto la presidenza di Epureano, con Cogalniceano agli Esteri, e Giovanni Bratiano alle Finanze. Naturale conseguenza di cotesta mutazione fu lo scioglimento della Camera dei deputati.

Di fronte alle complicazioni sorte intorno a quel tempo nell'Impero ottomano, delle quali dovremo prossimamente occuparci, il motto ufficiale del nuovo Governo fu *la più assoluta neutralità*; ma già il 16 luglio, il Ministro della Guerra sottoponeva al Parlamento un disegno di legge per la mobilitazione dell'esercito e per una parziale chiamata delle riserve. — Ciò fu fatto sotto la dichiarazione esplicita che tali misure non contraddicevano punto alla fin qui osservata neutralità della Rumenia, anzi erano una più recisa accentuazione della stessa. In presenza delle disastrose condizioni della Turchia, lo stimolo a sottrarsi alle gravose condizioni sotto le quali la Porta aveva riconosciuta la nuova dinastia si venne facendo sempre più acuto; e il Gabinetto rumeno fece chiedere a Costantinopoli, insieme con l'armamento del paese, il diritto di concludere trattati indipendenti con l'estero, la soppressione del tributo e la cessione delle bocche di Sulina; se non che, per gli eccitamenti della diplomazia, la richiesta circa gli armamenti già dopo alcuni giorni fu ritirata. — Nè alla deliberazione presa il 3 agosto dal Parlamento con 98 voti contro uno, di mettere in istato d'accusa i membri del Ministero conservatore, fu dato più tardi (cioè dopo compiutasi un'inchiesta preliminare) alcun seguito, siccome quella che parve inopportuna; però il 3 agosto stesso, entrambe le Camere fecero un passo assai atto a mostrare qual fosse la disposizione generale degli animi, deliberando, contrariamente alla legge monetaria del 1867, di far coniare quind'innanzi monete rumene con l'effigie del Principe del paese. Tutto dava indizio d'un radicale rivolgimento; e poichè nei primi d'agosto i membri conservatori si ritirarono, la nuova composizione del Consiglio dei Ministri venne affidata a Bratiano; talchè al timone dello Stato venne esclusivamente il partito liberale.

Gli avvenimenti rumeni che seguono appresso coincidono già col tempo della guerra russo-turca; e verranno quindi esposti con la narrazione di questa.

XXX.

L'avvenimento al trono del Sultano Abdul-Aziz

Tentativi per modificare l'ordine della successione in Turchia. - Riza Pascià s'adopera per la successione del principe Murad; l'opposizione del Gran Visir Mehemed Kyprisli Pascià; la Sultana-madre protettrice del proprio figlio. - Carattere del nuovo Sultano. - Primi tentativi di riforme; e come l'Inghilterra cerchi di trarne partito per sè. - La tentata semplificazione dell'amministrazione di Corte turca produce l'effetto contrario. - L'*Harem* e le sue dissipazioni. - Sforzi tendenti a migliorare la condizione finanziaria in isfacelo. - Speculazioni inglesi e francesi per isfruttare la Turchia. - L'opera delle riforme turbata dalle sollevazioni.

Riprendiamo ora il filo degli avvenimenti che si riferiscono a tutto il complesso dell'Impero ottomano, dalla morte di Abdul Megid. È d'uopo considerare come un vero indice dei nuovi tempi riformatori il farsi innanzi nella Turchia di uomini, i quali si sforzano di mutare, a favore del primogenito del morto Sultano, l'antico e sanguinoso ordine delle successioni ottomane: secondo il quale, come è noto, saliva sempre al trono il più vecchio tra i Principi della casa regnante. Se a cotesti tentativi non furono estranei neanche gli intrighi di palazzo e le speranze d'individuali vantaggi, è però vero che, nel complesso, essi equivalevano a un ravvicinamento verso le istituzioni occidentali; ravvicinamento ch'era perfettamente consentaneo col già accennato ingresso dell'Impero ottomano nel concerto europeo.

Alla testa del partito che voleva chiamare al Governo il ventunenne figlio di Abdul-Megid, il principe Murad, stava Riza Pascià, il quale, come Ministro della Guerra e Maresciallo di palazzo, occupava uno dei posti più eminenti dell'Impero; e, potendo disporre delle truppe, nel dato momento era particolarmente da temersi. La cospirazione tramata in silenzio, — la quale, a quanto pare, doveva tradurre in atto un'idea favorita di Abdul-Megìd — non era ignorata (nonostante la vita forzatamente appartata di lui) dal fratello del morto Sultano, chiamato al trono secondo l'antico diritto: ch'era il secondo figlio di Mahumd II, principe Abdul-Aziz, nato il 9 febbraio 1830. Sopra di lui vegliava come uno spirito tutelare la madre; la quale, temendo nella prossimità del mutamento del trono un avvelenamento, gli preparava ella stessa cibi e bevande. Quando adunque si trattò della prima proclamazione da parte dei grandi dell'Impero, il contegno di Riza Pascià cominciò a farsi ambiguo; e s'afferma persino che nell'atto ufficiale con cui s'annunziava la morte d'Abdul-Megid, non era punto fatto il nome del successore al trono, e che nel documento la lacuna in favore di Abdul-Aziz venne riempita soltanto per opera del Gran Visir Mehemed Kyprisli. L'angoscia della Sultana-madre giunse a tal punto, che quand'ella vide avvicinarsi Riza Pascià col Gran Visir e col Ministro della Marina al palazzo sbarrato dov'ella si trovava col figlio, non voleva che se ne aprisse il portone: fintantochè non le fu solennemente assicurato che non si trattava punto d'assassinarle il figlio, ma della sua ascensione al trono. Pure, anche allora, in mezzo alle più terribili imprecazioni invocate sul capo degli accompagnatori, qualora non le avessero ricondotto il figlio, non volle che le fosse impedito di seguirlo mentr'egli si recava all'antico Serraglio per la proclamazione, e d'assistere in persona a quest'ultima (1).

A Costantinopoli il Sultano apparteneva ai cosidetti *vecchi turchi* (per contrapposto ai *giovani turchi*); i quali differivano da questi ultimi non tanto per i desiderii di riforme, quanto per la presun-

---

(1) Cfr. i *Ricordi di Costantinopoli* del conte v. PROKESCH-OSTEN nella *Deutsche Revue* del gennaio 1880, p. 71. — Secondo il libro del conte EMIL DE KÉRATRY, *Mourad V* (Parigi, 1878), la madre del nuovo Sultano sarebbe stata di origine *curda*, e avrebbe avuta un'influenza irresistibile sopra gl'istinti selvaggi del figlio. Allorchè il Principe giovanetto si divertiva a strappare le penne agli uccelletti vivi, ella ne pareva tutta rasserenata. Quello che poi racconta il Kératry alla pag. 24 intorno all'uccisione compiuta d'una schiava bulgara donata al Principe dalla stessa sua madre, non pare — per la mostruosità e

zione di sè, degenerante fino al fanatismo, e per l'odio contro tutto ciò che fosse europeo. Accadde pertanto quello che sì frequentemente suole accadere a un mutamento di Principe: che, cioè, dal

Sultano Abdul-Aziz.

nuovo successore al trono i varii partiti s'aspettassero tutti il compimento dei loro voti. E per verità, anche le prime manifesta-

---

l'incredibilità del fatto — cosa che meriti di esser qui riprodotta. Del rimanente, il dono di belle giovinette al Sultano da parte dei Grandi della Turchia è tutt'ora nelle consuetudini di quella Corte. Le notizie del Kératry relative all'odio del Sultano Abdul-Aziz verso tutto quanto sapeva d'europeo e alla sua smania di far la guerra all'Europa intera concordano in modo impressionante con quanto ne affermano varii storici imparziali (chè il libro di E. Kératry sembra aver subìto l'influsso dei partigiani di Murad); e così dicasi delle posteriori rivelazioni di altri, circa le distrazioni tutt'altro che civili di Abdul-Aziz.

zioni del Sultano furón piene di contraddizioni. Nella sua prigionia, circondato da Dervisci e da espositori del Corano, il Califfato gli era parso una cosa sola con la signoria dell'universo. Egli sognava un onnipotente risveglio dell'Impero ottomano; e, nel cingersi la sciabola, non degnava pur d'uno sguardo i rappresentanti delle Potenze; tuttavia, ammonito probabilmente a tempo, alla prima presentazione fattagli del Corpo diplomatico, egli fece a questo una impressione piuttosto favorevole che no; e già il 1.º luglio rilasciò un *Hatti*, nel quale prometteva d'attenersi strettamente alle iniziate riforme. Il ministro della guerra Riza Pascià, il cui contegno equivoco nell'occasione della successione al trono l'aveva ricondotto verso le influenze francesi, perdette il suo posto; nè ciò avrebbe prodotta alcuna incertezza, se il Sultano non gli avesse sostituito Namyk Pascià, già messo da parte da un pezzo, e noto per le scene di terrore di Gedda. Non ostante codeste esitazioni, sulle prime egli aveva lasciato credere che si sarebbe messo vigorosamente sulla via delle riforme; ma i primi propositi suoi di farla finita con gli abusi, specialmente nell'esercito, rimasero infruttuosi, per quanto anche in Inghilterra — dove più che mai si voleva vedere nelle riforme l'unica salvezza del rovinoso stato della Turchia — essi fossero stati gonfiati oltre misura. Il Governo inglese nei suoi tentativi, ragionevoli in sè e per sè stessi, ma in verità diretti a togliere alla Russia e alla Francia ogni pretesto d'immischiarsene, si spinse tant'oltre, da lasciarsi dietro le spalle fin gli interessi dei Cristiani che vivevano in Turchia.

In sul principio, non tanto la buona volontà mancò al Sultano, quanto piuttosto la forza. Egli disciolse l'harem del suo predecessore; consegnò ai tribunali un bel numero di funzionarii altolocati sospetti di malversazioni; rinunziò a una parte considerevole della sua lista civile, dichiarò di volersi contentare d'*una sola* moglie legittima, e restrinse tutto il fasto sfarzoso della sua Corte; ma s'erano appena diffuse per i giornali d'Europa le voci ch'egli volesse porre un termine alla poligamia e anzitutto all'amministrazione dell'harem, e lord Woodhouse aveva appena altamente encomiato alla Camera dei Signori il 13 luglio l'avversione del Sultano alla poligamia stessa, che la disposizione fisica del trentenne Sovrano, l'attrattiva dell'onnipotenza d'un tratto acquistata, e, a quanto sembra, anche politici artifici di corruzione, fecero del Principe, che s'era maturato uomo in mezzo alle privazioni, un

sibarita della peggiore specie. Particolare incentivo a ciò sembra aver
dato la sorella di lui Refige, maritata al Pascià Kapudan, col dono
d'una bella odalisca. — Sotto il Governo di dissipazioni d'Abdul
Megid, il gran lusso e la corruzione che suole accompagnarlo
avevano assunto a Costantinopoli proporzioni inusitate; gli ufficiali della Porta, non avendo più da temere la ferrea disciplina.
d'un Mahmud, eran diventati più potenti e più dissoluti che mai:
tantochè, se fosse stata introdotta una semplificazione negli usi di
Corte del gran Sultano, la magnificenza di alcuni singoli pascià
avrebbe sopraffatta quella del Sultano medesimo, e l'avrebbe tanto
più facilmente indotto a impadronirsi delle loro fortune. I più alti
funzionarii turchi — e quest'era un segno sicuro della loro decadenza — erano adunque, non meno di tutta la folla dei banchieri,
imprenditori e intermediarii, interessati al mantenimento e, se possibile, all'aumento del lusso imperiale. Infatti, Abdul-Aziz prese
tre mogli legittime, e popolò il suo harem a poco a poco di non
meno di novecento favorite (1). Se è vera la tradizione diplomatica,
colui che — all'intento d'infrangere la pericolosa mania d'aggressione del Sultano contro tutta l'Europa — avrebbe contribuito a
un tale esaurimento di lui, sarebbe stato Fuad Pascià; tuttavia,
non è possibile ch'egli sia stato un complice delle mostruose dissipazioni ch'erano le naturali conseguenze dell'amministrazione del
Serraglio imperiale; ed è piuttosto da credere che Abdul-Aziz,
posto a dover scegliere tra l'essere, come ascetico, assassinato
dagli eunuchi cacciati di posto, dalle donne, dagli appaltatori, dai
mezzani, e il rendersi partecipe qui in terra del paradiso delle Uri
di Maometto, abbia preferito di non lasciare il certo per l'incerto.

---

(1) Cfr. *La Turquie sous le Règne d'Abdul Aziz*, di FEDERICO MILLINGEN
(Osman-Seify-Bey), Parigi, 1868, pag. 299, il quale riferisce i nomi delle Sultane:
Durnev (la nuova perla), che gli era stata data ancora quand'era principe,
Hairani-Dil (la meraviglia del cuore) e Eda-Dil (l'eleganza del cuore). Secondo
l'A., il numero delle tavole che s'imbandivano nei tre Serragli imperiali e nei
chioschi saliva a cinquecento. Il giudizio di codesto scrittore sopra Abdul-Aziz
e i fatti del suo governo coincide anche con quello di altri, tra i quali è PAOLO
DE REGLA, la cui opera *La Turquie officielle* (Parigi, 1889, pag. 227-259) ci presenta un notevole quadro dell'amministrazione veramente asiatica dell'harem
imperiale. Meno minuzioso, ma egualmente preciso sotto questo rispetto è il
visconte DE LA JONQUIÈRE, nella sua *Histoire de l'Empire ottoman*.

L'essersi incamminato per cotesta via, così poco dignitosa anche
per le condizioni dell'Impero turco, tanto più doveva diventargli
fatale, inquantochè subito al principio del governo del nuovo Sultano
la scarsezza del danaro aveva preso proporzioni spaventevoli. Il
debito lasciato da Abdul-Megid, a dir vero, ammontava soltanto a
circa 15 milioni di lire sterline; ma il *deficit* annuale per il 1861
ascese a non meno di 450 milioni di piastre (circa 103 milioni di
franchi). In seguito agli allestimenti fatti per la guerra di Crimea
e agli sperperi del Serraglio, una massa spaventevole di carta monetata era in corso, e di giorno in giorno perdeva notevolmente
di valore. I provvedimenti finanziarii adottati eran del tutto insufficenti a scongiurare una crisi alla quale avevano con pari colpa
contribuito e i peccati vecchi e le nuove barattorie. Il 25 marzo 1862
si riuscì finalmente a contrarre in Inghilterra un prestito di 6 milioni di sterline; e per destare la fiducia, fu dichiarato che lord
Hobart sarebbe andato a Costantinopoli per invigilare sull'uso di
cotesto capitale. Nei due anni seguenti, specialmente durante il
granvisirato di Fuad Pascià (tornato trionfante dal Libano), e nonostante la breve interruzione di esso provocata da intrighi di palazzo, fu possibile ristabilire un relativo miglioramento nelle condizioni interne della Turchia. Al Commissario inglese erano stati
associati per la vigilanza dei danari dello Stato un Commissario
francese, nella persona del marchese de Ploeuc, ed uno austriaco,
il signor v. Lackenbacher, già più volte precedentemente adoperato
dal principe Schwarzenberg per alcune missioni segrete contro la
Prussia. Ma una tal vigilanza, priva di qualsiasi autorità esecutiva,
doveva limitarsi a impartire al Governo turco non altro che inutili
consigli; e l'Inghilterra, per non dare alla Francia e alla Russia
l'esempio d'un'intromissione diretta, parve approvare cotesta forma
insufficente di sorveglianza. Nell'ottobre del 1862, la *Commissione
di Finanza* straniera, dopo d'essersi invano sforzata a metter ordine nell'amministrazione finanziaria turca, fu sciolta. Frattanto la
partecipazione del capitale straniero alle finanze turche aveva avuto
per conseguenza l'istituzione d'una Corte dei conti e d'una Banca
di Stato; tantochè, appunto come in altri rami della vita amministrativa della Turchia, c'era quivi bensì il tipo d'un'ordinata
amministrazione, ma senza l'elemento a ciò adatto, possibile soltanto
per un'educazione europea. In ogni modo, resta pur sempre caratteristico il fatto che il genio della speculazione, specialmente in

Inghilterra e in Francia, fece allora i tentativi più serii per trarre da quel caos turco qualche privato vantaggio. Tra i varii aspiranti al privilegio bancario, esso fu assegnato nel mese di gennaio del 1863 a una Compagnia anglo-francese. Ma, nel frattempo, sollevazioni e scorrerie e disordini d'ogni specie, segnatamente nelle provincie europee, vennero d'un tratto a sconturbare tutta quell'opera di riforma.

XXXI.

Il Montenegro e la Turchia

Qual parte abbia avuto il Montenegro nella sollevazione dell'Erzegovina dell'anno 1861. - Sguardo retrospettivo alla storia del Montenegro. - Le antiche dinastie; la dinastia dei Petrovich; ambasceria serba di Pietro il Grande al Vladica del Montenegro; protezione quind'innanzi concessa al Montenegro dalla Russia. - Usurpazioni della Russia, e rimostranze del Montenegro; il principe Danilo I e la secolarizzazione della dinastia montenegrina; protesta di Danilo contro la dichiarazione d'Alì Pascià alla Conferenza di Parigi, secondo la quale la Porta considerava il Montenegro quale parte integrante dell'Impero ottomano; uccisione di Danilo e avvenimento al trono del principe Nicola. - Guerra del Montenegro contro la Turchia. - Vittoria della politica di lord Palmerston. - Le condizioni di pace della Porta in seguito ai successi riportati da Omer Pascià sul teatro della guerra. - Il Principe accetta le condizioni di pace. - Generose contribuzioni delle Potenze, in presenza dello stato miserevole dei Montenegrini. - Contraccolpo di cotesti avvenimenti sull'Erzegovina, e influenza delle agitazioni di Grecia sul dispendioso sistema d'armamento della Turchia.

Fu già osservato più innanzi (1) come il componimento avvenuto col Montenegro essendo di per sè insufficente, non potesse non dare occasione a complicazioni ulteriori. Allorchè nel 1861, l'anno della morte del Sultano Abdul-Megid, una nuova sollevazione scoppiò nell'Erzegovina sotto la condotta di Luca Vukalovich, la partecipazione del Montenegro fu inevitabile. Nel Montenegro, il piccolo paese montuoso situato tra la Dalmazia, l'Albania e l'Erzegovina, il valore della schiatta serba, sebbene nutrito d'elementi contrarii

---

(1) V. alle pag. 395-6 del presente lavoro.

al costume europeo, s'è mantenuto più puro che mai. Ancora nel secolo sedicesimo, dal nome d'una contrada favorita dalla natura e prescelta dai Principi a loro residenza invernale, esso si chiamava *Zeta;* e i suoi reggitori si trovavano un tempo in una relazione di vassallaggio e insieme di parentela verso quelli della grande monarchia serba. Nel 1356, si raffermava nella Zeta per opera di Balscia I la dinastia dei Balscidi, che alcuni eruditi francesi fan risalire ai conti di Baux, nella Provenza. Dopo che, in seguito alla battaglia sul *Campo dei merli* (di cui faremo più ampia menzione più oltre), fu cessato del tutto il vassallaggio del Montenegro verso la Serbia, nel 1420 si spegneva con Balscia III la dinastia dei Balscidi, e Stefano Crnojevich I fondava la dinastia degli Crnojevich: la quale — del pari che più tardi la serie dei sovrani arcivescovi (chiamati anche metropoliti e Vladica) — regnò con alterna fortuna, e quasi ininterrottamente in lotta coi Turchi, e talora anche con Venezia. Noi rinunceremo pertanto a far qui un quadro di quelle eroiche lotte, duranti le quali — non ostante che di tempo in tempo ingenti forze combattenti vi partecipassero, e un partito di rinnegati sorgesse nell'interno del paese — non riuscì mai tuttavia agli Ottomani di sottomettere durevolmente quel piccolo popolo montanaro. In quella vece, ci occorrerà di esaminare un po' più da vicino le conseguenze d'incalcolabile portata, che nelle sorti del Montenegro dovevano avere le inframmettenze della Russia.

Giorgio V, uno degli Crnojevich, il quale s'era ammogliato con una nobilissima veneziana, s'era lasciato indurre da costei a mutare il suo ufficio con una vita più attraente a Venezia, e a trasmettere nel 1516 il suo potere al metropolita d'allora, Vavil: per la qual cosa il Governo, che insino allora era stato secolare, diventò un Governo teocratico. Cotesto fatto doveva più tardi tornar vantaggioso alla politica della Russia. Nell'anno 1697 fu fatto Vladica l'ecclesiastico Daniele Petrovich, del villaggio di Njegusch; il quale, dopo una vita altrettanto dolorosa quanto eroica, era chiamato a divenire il fondatore della dinastia che ancor sussiste ai nostri tempi; e sotto il quale primamente si strinsero più da vicino le relazioni del Montenegro con la Russia (1).

---

(1) Negli *Analecta* dei vol. 43.° e 44.° delle *Opere complete* del RANKE, l'A. riferisce, secondo un ms. da lui trovato nella *Marciana* di Venezia, le notizie di Marino Bolizza, un nobile di Cattaro, intorno al Montenegro, dove viaggiò

Nell'esercito di Pietro il Grande c'erano segnatamente degli ufficiali della Slavia meridionale, la cui opera già fin da un pezzo avanti, in caso d'una guerra con la Turchia, era da tenere in considerazione. Nell'imminenza della guerra del 1711, lo Zar, previdente ed accorto, dopo essersi consultato col generale conte Sabba Wladisavlievich, di nascita serba, deliberò di mandare il colonnello Michele Miloradovich (dell'Erzegovina) e il capitano Ivan Lukacevich (da Podgoritza) nel Montenegro e paesi circonvicini con un appello alla guerra. In quel notevole documento, datato da Mosca il 3 marzo 1711, si diceva (2): « È mia intenzione, nella prossima primavera,
« non solo di attendere il nemico musulmano, e di muovere le mie
« truppe contro di lui, ma d'assalirlo con potenti armi nel cuore
« del suo Impero, e di liberare, se piace a Dio, gli oppressi Cristiani
« ortodossi dal giogo pagano; per tale impresa, non solo io porrò in
« opera i miei sforzi supremi e il mio ingegno, ma in persona, insieme
« con il nostro caro, fedele e sperimentato esercito, marcerò incontro
« al nemico. Ogni buona e pura e cavalleresca coscienza cristiana,
« pertanto, si farà debito, dispregiando e paure e pericoli, di com-
« batter meco in pro della Chiesa e della fede ortodossa, non solo:
« ma di versare per essa le ultime gocce del suo sangue; ciò che,
« quando sia possibile, faremo noi pure.

« Convinti come siamo a bastanza per le storie, che gli antichi
« vostri Re, Despoti e Principi, ed altri signori ancora, non sola-
« mente si son tenuti onorati e gloriosi della lingua slava, ma si
« sono anche resi in tutt'Europa famosi per la vittoria delle loro
« armi, fino a che non furono ingiustamente e tirannicamente so·
« praffatti; per la stessa ragione, nel tempo presente predestinato
« da Dio, si conviene a voi di uniformarvi all'esempio dei ricordati
« vostri predecessori, e di rinnovare la loro antica fama, unendovi

---

nel primo decennio del secolo XVII. Secondo quei dati, il Montenegro contava allora 93 villaggi e 3027 uomini atti alle armi, i più dei quali armati di giavellotti e di spade, mentre circa 1000 di loro possedevano dei fucili. Il capo supremo del paese, che portava il titolo di *Spahi*, era munito da Costantinopoli di speciali diritti, e già da allora i Montenegrini poco obbedivano ai Turchi. Tanto più, dunque, è degna di nota la relazione per via di trattato di Pietro il Grande con un popolo, che circa un secolo dopo quel viaggio poteva appena dirsi diventato forte.

(2) Cfr. ANDRICH, *Storia del Principato di Montenegro;* Vienna, 1853, p. 25-27.

« col nostro esercito, e combattendo armati contro il nemico, per
« la Fede e per la patria ad un tempo, per l'onore, per la gloria,
« per la libertà vostra, e per la libertà e l'indipendenza dei vostri
« successori. E colui pertanto che prenderà parte a questa giusta
« guerra per alleviare le sorti della Cristianità, godrà in primo
« luogo della ricompensa eterna del buon Dio, e avrà quindi da
« Noi grazia e mercede; quegli entrerà partecipe, secondo i suoi
« desiderii e i suoi meriti, dei nostri privilégi: perocchè Noi non
« desideriamo alcun'altra gloria, fuorchè quella di liberare le po-
« polazioni cristiane dalla tirannide del paganesimo, di magnificare
« la Chiesa ortodossa e d'innalzare la Croce datrice di vita.

    « Se adunque tutti saranno concordi, e se ciascuno secondo le
« forze sue s'adopererà a far trionfare la Fede, il nome di Cristo
« resterà magnificato, e i seguaci del pagano Maometto verranno
« ricacciati nell'antica lor patria, nel deserto e nelle steppe del-
« l'Arabia ».

Ma luce anche più straordinaria e çaratteristica riceve la sopra
riferita missiva dall'editto dell'inviato Miloradovich, datata dal-
l'Assemblea di Cettinie, 16 aprile 1712. In esso, in mezzo a uno
strano — e evidentemente intenzionale — miscuglio di accenni a
servigi già resi al proprio paese e a servigi da prestarsi allo Zar
della Russia, s'afferma che quest'ultimo concedeva loro « d'essere
*indipendenti, e di non aver altro signore sopra di sè all'infuori
di lui.* Essi dovevano avere dei piccoli signori e degli ufficiali scelti
tra i nativi della lor patria..... Non avevan doveri da compiere,
non servizi di guerra da prestare, nè servizi con cavalli o con
buoi, *se non in qualità di soldati dell'Imperatore,* con ispada e
fucile..... Ciascun ufficiale doveva avere stipendio dall'Imperatore;
dovevano, come primi Boiari, esser considerati con rispetto e come
signori; e secondo il grado e l'antichità della famiglia, essere autorizzati a tener corte giudiziaria sopra i loro lavoratori, appartenenti
al loro ceppo..... ». « Due cose » — ivi si diceva — « noi non per-
« mettiamo (ai Montenegrini): l'una, la servitù degli ecclesiastici;
« l'altra, che un secolare s'ingerisca nella giurisdizione del clero ».
« Dovere i Montenegrini esser liberi, e in facoltà d'andar per la
città armati, e di presentarsi armati dinanzi a chi che sia; per
compenso, dover essere sempre pronti a pugnare in patria per lo
Zar, e a mantenersi del proprio; e lo Zar darebbe loro soltanto
la polvere e il piombo. Nel caso d'una guerra, l'Imperatore pro-

curerebbe loro i fucili e le armi mancanti. In tempo di pace, in
quella vece, nè l'Imperatore nè alcun altro padrone potrebbe esiger
da essi cosa alcuna, nè essi reciprocamente nessuna cosa da quelli.
Qualora lo Zar avesse a guerreggiare in altri paesi e a invitare i
Montenegrini a prendervi parte, non ve li potrebbe costringere,
ma lascerebbe al loro libero arbitrio di farlo. In cotesto caso, l'Imperatore passerebbe loro il mantenimento e ogni cosa occorrente
alla guerra ».

Cotesto documento, rilasciato dopo l'ignominiosa pace sul Pruth,
e col quale un paese, glorificato per l'affermazione della sua indipendenza dai Russi medesimi, veniva trattato senz'altro come se
si trovasse sotto la sudditanza della Russia, ricorda singolarmente
la politica seguita da quel tempo in poi dalla Russia di fronte ai
Rumeni e agli Slavi meridionali, e segnatamente al tempo nostro
di fronte ai Bulgari; con la sola differenza tuttavia che, mentre le
ultime pretese si potevano richiamare a reali fatti di guerra, il
Montenegro allora non aveva ricevuto dalla Russia se non delle
suppellettili di chiesa e dei piccoli doni di danaro. Che i calcoli
della politica russa anche di fronte al Montenegro si fondassero
— e forse oggi ancora si fondino — su presupposti inesatti, è
quanto vedremo ampiamente dimostrato dal progresso di questo
racconto e dai poco noti documenti che seguiranno qui appresso,
le cui linee fondamentali tracciano anche la novissima politica balcanica della Russia. I Montenegrini avevano accettato la offerta
protezione della Russia sotto la condizione tacita della loro indipendenza. E poichè tra loro non mancavano vendette di sangue nè
uomini senza scrupoli o fabbri d'intrighi, si venne, persino nelle
cose della religione, a portarne lagnanza presso gli Zar russi. Inoltre,
il Montenegro era troppo povero per rifiutare gli aiuti di danaro
pagati dalla Russia. Le imperatrici Elisabetta e Caterina e l'imperatore Paolo, dal canto loro, non lasciaron mancare le lettere
di favore e i doni. Ma quando la Russia, durante il governo del
benemerito Vladica Pietro I, s'arrogò d'immischiarsi direttamente
per mezzo del Santo Sinodo nelle faccende interne del Montenegro,
essa venne, non ostante che le sue opere in favore di questo fossero nel frattempo cresciute di numero, respinta in una forma tale,
che farebbe onore anche ai nostri giorni alla diplomazia d'una
grande Potenza. Il documento che a ciò si riferisce tanto più merita
d'esser riprodotto per quant'è possibile compiutamente, in quanto

che esso illumina, come nessun altro potrebbe, la condizione assolutamente caratteristica del Montenegro; e nessun'arte di storico sarebbe
in grado di pareggiare anche solo approssimativamente quell'esposizione. L'occasione prossima a una tal manifestazione fu data dalle
calunnie del famigerato archimandrita Stefano Vucetich — rifugiatosi
dalla Venezia nel Montenegro — contro il Vladica. In seguito ad esse,
l'imperatore Alessandro mandò il generale conte Ivelich con l'incarico
d'arrestare il Vladica e di condurlo sur una nave russa a Corfù, e di
quivi in Siberia. Non avendo il Vladica, informato del pericolo, obbe-
dito all'intimazione di recarsi a Cattaro, seguì un mandato di compa-
rizione del sedicente « per grazia di Dio » Santo Sinodo »; mandato,
ch'era sottoscritto dall' « umilissimo Ambrogio metropolita di Nov-
gorod e di Pietroburgo, dall'umile Ireneo arcivescovo di Pskov e
dall'umile Verlaan arcivescovo di Grusia » e doveva essere consegnato al Vladica per mezzo dell'inviato conte Ivelich.

Nel tono della maggiore unzione scrivevano i Padri:

« L'Impero russo, da Dio reso forte e devoto, e celebrante giorni
« di gioia, contiene in sè molti, innumerevoli popoli che godono
« pace e riposo. Nella ricchezza sua esso diffonde su tutti i credenti,
« e in particolar modo su quelli che sono con lui d'una medesima
« schiatta, la sua graziosissima protezione. Felici popoli, che ven-
« gono qui trattati come proprii figli, perchè ricevono ininterrot-
« tamente aiuto dalla materna mano della Russia! — Tali beneficii
» sono stati per gran parte elargiti al popolo slavo-serbo, nel cuor
« suo fedele alla Russia, e segnatamente a quello ch'è nel Monte-
« negro e nel Brda. A riprova della loro immutabile sollecitudine
« e in segno della loro protezione, i pii e possenti Imperatori della
« Russia hanno anche elargito, e tuttavia seguitano a elargire a
« codesto popolo alte imperiali lettere di grazia, e alle chiese mon-
« tenegrine paramenti preziosi. Il Santo Sinodo russo governativo
« gareggia di zelo con l'esempio dei pii Imperatori, e incessante-
« mente s'adopera nell'aiutare il popolo del Montenegro e del Brda,
« mandandogli olio benedetto, antimisse, e libri varii istruttivi. Se
« non che ora, con grande dolore nostro, s'è dimostrato che, in
« relazione a cotesti fatti, avvengono sotto il Vostro Governo per
« comando Vostro degli abusi. Le preziose cose e gli utensili da
« chiesa elargiti dai grandi Imperatori russi vengon donati a per-
« sone straniere, presso le quali ancora si trovano, e la provvista
« mandata dal Santo Sinodo a Voi di olio santo, e le cento antimisse

« rimessevi e i libri della dottrina non sono stati da Voi adoperati
« per il bene del popolo, il quale n'è affatto ignaro. E tuttavia, al
« Santo Sinodo è stato riferito conformemente a verità che l'olio
« santo è da Voi stato ricevuto esattamente; tanto che per la Vostra
« indifferenza e negligenza s'è arrivati a tal punto, che in tutto il
« Montenegro e nel Brda i fanciulli nel santo battesimo non ven-
« gono confermati con l'olio santo, e nelle chiese mancano le sup-
« pellettili necessarie per il mantenimento del servizio divino. I
« conventi non hanno monaci, e il popolo nulla da Voi apprende
« di ciò che concerne la fede e la religione, perchè Voi stesso non
« date opera alcuna affinchè esso sia istruito, e, ciò ch'è ancor
« peggio, in tutto l'anno non si legge una sola messa. Simili fatti
« rattristanti accennano a un grave pericolo per la fede cristiana
« nel Montenegro e nel Brda, ed eccitano una grande sollecitudine
« e premura nel Santo Sinodo; il quale con animo afflitto Vi consi-
« dera non già come un efficace pastore del Vostro gregge, ma
« come un maestro del male e della corruzione del costume. Per
« questi peccati, il Santo Sinodo per ordine del grande Imperatore
« vi chiama dinanzi al Suo tribunale..... Come supremo pastore, Voi
« avete mancato nel Vostro modo di pensare, sia per un'intesa
« con quelli che vogliono male alla Vostra patria, sia per tutto il
« resto che sopra si è detto; per la qual cosa non siete degno
« d'essere un arcivescovo ».

Questa perfida insidia della Russia era tanto più pericolosa, in
quanto che il generale Ivelich, invece di trasmetter direttamente
l'accusa all'incolpato, nell'intenzione d'aizzare il popolo contro di
esso l'aveva prima fatta diffondere nel paese. Ma l'effetto ne fu
precisamente il contrario. Il popolo si mantenne fedele al suo no-
bilissimo vescovo e Principe; e quando il Governo civile imperante
sotto il Vladica ebbe presa cognizione dello scritto del Sinodo,
rispose, non senza una punta della più amara ironia, all'inviato
russo, e per esso al Sinodo e allo Zar, col documento — già da
noi caratterizzato — che segue qui appresso:

« Il grado, che con l'aiuto di Dio è stato raggiunto, e il benessere
« sul quale s'è elevata per secoli e secoli la pia Russia non ci
« recano meraviglia: ella possiede una ben ampia superficie terri-
« toriale e milioni d'abitatori, i quali per i grandi sacrifizi dei
« loro autocrati son pervenuti a florente cultura. Ma ben ci fa
« meraviglia che il Santo Sinodo russo estenda il suo potere su

« tutte le parti del mondo; e consideri di tutti le condizioni secondo
« la misura russa. Esso pretende ordinamenti perfetti da *arcivescovi*
« *che da lui non dipendono*. Se la religiosità non è da noi così
« saldamente costituita come nella Russia, non è cosa che possa
« riprendersi; perchè noi non abbiamo autorità superiori, non tri-
« bunali, non iscuole nè istituti somiglianti, e non possediamo nè
« i mezzi nè altre comodità per acquistarne. Ma vogliano i Santi
« Padri della Russia gettare uno sguardo retrospettivo sullo stato
« delle loro gregge, qual era al tempo di Pietro il grande. Quanta
« mala erba non esisteva allora, ed oggi pure germoglia!.....

« Noi, con la più alta stima, ci onoriamo di farvi sapere che noi
« Montenegrini, dopo la caduta del regno slavo–serbo, sospinti dal
« potente nemico della Cristianità, ci siamo stabiliti come fuggiaschi
« in questa contrada. Indipendenti da ogni signoria, obbedimmo
« come a supremo pastore al nostro metropolita, e seguimmo il
« suo consiglio e la sua guida. Questi furono a noi sproni a difen-
« dere la nostra libertà e a perseverare inesorabilmente nella re-
« ligione ortodossa. Il nostro attuale metropolita s'adopera sotto
« questo rispetto più che qualsiasi altro de' suoi predecessori.
« Quand'egli si trovò all'estero per le necessità del paese, e quando
« noi — in parte anche per la vostra disunione — fummo assog-
« gettati dal nostro crudele vicino il Pascià d'Albania, non solo
« la fede nostra, ma fin quella libertà ch'è sì vivamente desiderata
« da ognuno corsero grave pericolo. Al suo ritorno, il nostro arci-
« vescovo trovò il gregge disbrancato dai lupi, la libertà asser-
« vita; ond'egli, nell'adempimento più degno del suo dovere, con
« gli ammaestramenti e con la persuasiva parola, di persona e
« sul posto, ci ricondusse alla concordia. Alla sua sollecitudine
« siamo debitori della resistenza opposta al più fiero nemico della
« nostra fede; e in molte occasioni e in molti combattimenti ab-
« biamo vinto finalmente con l'aiuto di Dio il Pascià d'Albania,
« sotto la condotta personale appunto del nostro metropolita, che
« con sante preghiere c'incoraggiava. Da allora in qua noi siamo
« liberi e non più minacciati da alcun pericolo. Chi dunque ci ha
« liberati da sì dura miseria? Nessun altri che Dio solo, col mezzo
« del nostro buon arcivescovo; e ciò sa tutto il mondo, fuorchè
« solo il Sinodo russo; il quale, per la poca conoscenza delle cose
« nostre, e prestando orecchio a ingiuste imputazioni e a calunnie,
« oltraggia il nostro valoroso pastore, chiamandolo un *poltrone*.

« Il Sinodo penserà che il nostro vescovo sfoggi qui una magnifi-
« cenza e una pompa, qual'è forse nella Russia : girando per esempio
« qua e là in un cocchio dorato a più cavalli, ove ha l'agio di
« esercitarsi nel disimpegno del santo servizio divino. Ma qui non
« è così; qui è necessario, col viso coperto di sudore, raggiungere
« a piedi le più alte cime, e dirozzare incessantemente il popolo,
« e istruirlo (il santo ufficio divino, il nostro arcivescovo lo esercita
« solo allora, che le necessità dello Stato lo permettono; ma anche
« cotesto riposo è raro); perocchè qui non c'erano corti di giustizia,
« fintantochè per il suo zelo incessante non sorse l'anno passato
« un tribunale e non fu ordinato un governo, che ponessero un
« termine all'arbitrio e ai numerosi delitti..... — S'anco i nostri con-
« venti non rigurgitano di frati, ce n'è tanti tuttavia, quanti i nostri
« mezzi ci consentono di mantenerne. A quanto sentiamo dire, anche
« in Russia si trovano, in alcune esarchie, conventi vuoti e in mi-
« serabile stato, mentre pure in Russia e pietà e cultura sono in
« flore; ma i monaci vi sono come pecore fameliche e smunte..... Nè
« noi, popolo del Montenegro e del Brda, siamo in alcuna relazione
« di sudditanza verso l'Impero di Russia; bensì solo sotto la sua
« *morale* tutela, per esserne congiunti per sangue e per fede, e
« non per verun'altra cagione. Per la Corte russa noi nutriamo
« simpatia e affetto e fedeltà, e vogliamo serbarle in perpetuo.
« La Russia potrebbe, è vero, respingerci da sè; il che tuttavia
« noi non vorremmo mai. E data pure cotesta eventualità, noi ri-
« marremo fedeli e amici alla Russia, in quanto che quivi è la fede
« ortodossa signora : sotto la condizione però, che noi non vogliamo
« condividere con quelli che abitano in Russia *nessun vincolo di*
« *sudditanza*. Noi *difenderemo la libertà ereditata dai nostri*
« *maggiori fino all'estremo, e morremo con la spada alla mano*
« *piuttosto che assoggettarci in vergognosa servitù a una Potenza*
« *qualsiasi.....* Nè per *trattati* nè per *privilegi* noi non ci siamo
« sottomessi; non abbiamo dunque regolarmente nessuna specie di
« signoria sopra di noi. Purtuttavia vi assicuriamo lealmente che,
« per l'inclinazione e per i vincoli che ci legano alla Corte russa,
« qualora i suoi o i nostri vicini dovessero (ciò che Dio non voglia)
« muover guerra alla Russia, noi faremmo indubbiamente una di-
« versione contr'essi nel tempo medesimo, e combatteremo fino
« all'ultima goccia di sangue, al pari dei nostri antenati, contro
« i nemici della Russia : ma senza assoggettarci ad altro impegno

« veruno. Che se voi voleste osare una dimostrazione ostile contro
« il nostro paese oltre l'imperiale e regio (intende l'*austriaco*) con-
« fine, noi contrapporremmo ad essa tutta l'arte della guerra che
« è nostra propria, per impedire l'invasione del nostro paese al
« nemico, *quale pur ch'esso sia* ».

Questo notevole documento è firmato, per vero, dal governatore
Vuk Radonich e da tutte le autorità del paese; ma secondo ogni
probabilità, esso fu steso dallo stesso Vladica Pietro I. Non s'an-
drebbe lontano dalla verità stimando che l'assoluto sentimento d'indipendenza che animava il Principe montenegrino era già da un
pezzo noto, e in odio alla Corte russa. Il vero è che s'era fatto
disegno di nominare l'accusatore Vucetich (incondizionatamente
devoto alla Russia) a supremo capo spirituale; per la qual cosa,
nella risposta dei Montenegrini si dice anche che l'inviato dello
Zar brigava con l'intenzione « *di dare alla politica un diverso
indirizzo* ». Inoltre, nel rapporto del Governo montenegrino al-
l'imperatore Alessandro, il Vucetich doveva vedersi accusato d'essersi durante la sua missione arricchito con modi illeciti, d'aver
fatto rilasciare verso un compenso in danaro dei falsi attestati di
buona condotta, e con mezzi di corruzione raccomandato più d'uno
per pubbliche cariche e per ordini cavallereschi.

Tuttavia, nell'ulterior corso della questione, la nobiltà d'animo
propria d'Alessandro I ebbe il sopravvento, talchè, meglio informato
ora per la relazione montenegrina, egli mandò il consigliere aulico
Mazurewski, e poi — per consiglio di questo — un secondo commissario, Sankroski, nel Montenegro, col fine di compiere un'inchiesta a fondo sullo stato delle cose. L'inchiesta riuscì così
favorevole a Pietro I, che Vucetich, venne deposto, e condannato
al bando in Siberia, qualora il Vladica medesimo da lui sì male
trattato non gli avesse perdonato altrimenti; e Pietro I non mancò
di dare ai suoi e alla nazione russa un sì nobile esempio. — Pietro,
dopo d'aver tentato — già infermo a morte — un'ultima prova di
pacificazione tra le varie stirpi guerreggiantisi a vicenda, fattosi
trasportare (poichè il freddo era intenso e non v'erano stufe in
casa) accanto al focolare in cucina, circondato dai principali capi
del paese, spirò quivi il 18 di ottobre del 1830. Quattr'anni più tardi
fu dichiarato santo. — Gli successe il nipote di lui, educato a Pietroburgo, col nome di Pietro II, il quale contribuì non poco all'in-
civilimento del Montenegro. Fu infatti poeta e scrittore eminente,

e la sua epigrafe sulla cupola della chiesa di S. Pietro in Roma
basta essa sola ad assicurargli l'alloro del poeta (1). Egli non fu
meno sollecito dell'indipendenza del Montenegro di quanto fosse
stato il suo predecessore; e lo dimostra il fatto ch'egli mise interamente da parte la famiglia Radonich, la quale sotto di lui guidava gli affari di puro governo civile, e di tanto in tanto faceva
l'occhiolino alla Russia; e richiamò a sè anche l'amministrazione
del potere secolare. Una nuova condizione del Montenegro incomincia
appena col successore e nipote di lui, il principe Danilo I, il quale,
in conseguenza della sua passione per Darinca di Kvecvich (cele-
brata per la sua bellezza), ch'egli fece sua sposa il 12 gennaio 1855,
e anche per semplificare la successione al trono, secolarizzò nel
Montenegro la dinastia, e trasferì la dignità vescovile ai congiunti.
La cosa si fece in seguito a previo consenso della Russia, la quale
in tale occasione seguì precisamente la politica opposta a quella
tenuta di fronte alla Rumenia, dove la sicurezza della successione
al trono era in contrasto con le sue bramosie di coperto intervento,
mentre nel Montenegro essa lo rendeva più forte contro la Turchia.
Quando il Principe Danilo, allo scoppiar della guerra di Crimea,
vide che a poco a poco tutta l'Europa si veniva atteggiando contro
la Russia, lo stesso imperatore Niccolò dovette esperimentare la
sua ingratitudine; infatti il Principe, respingendo tutte l'esortazioni della Russia, volle attenersi alla più scrupolosa neutralità. Ove
non l'avesse fatto, ciò avrebbe potuto costare anche a lui, come alla
Grecia, una severa lezione da parte dalle Potenze occidentali, e
forse la perdita dell'indipendenza del suo paese. Ma quando, più
tardi, alle Conferenze di Parigi Alì Pascià dichiarò che la Porta
considerava il Montenegro come parte integrante dell'Impero otto-

---

(1) Vedine la traduzione tedesca in ANDRICH, *Storia del Principato del Montenegro*, pag. 128-129. Questo patriottico e geniale scrittore, la cui densa opera
è ricca di documenti di cui in parte ci siamo valsi anche noi, morì alcuni anni
sono a Belgrado senz'aver suscitato l'attenzione che pure avrebbe meritato.
Una sorte anche più dura è toccata alla poetessa serba Miliza Stoiadinovich,
che al pari di molti dei suoi connazionali sognò il risorgimento del Regno serbo,
e alla quale Lodovico Augusto Frankl, col sentimento a lui proprio dei meriti
e del destino degli uomini, ha innalzato un monumento nei *Dioskuren* del 1891.
Il qui sopra ricordato e valentissimo Pietro I del Montenegro le avrebbe detto:
« Come te, io sono un poeta; e se non fossi un sacerdote, tu diverresti Principessa del Montenegro ».

mano, Danilo nel maggio del 1856 si diresse ai rappresentanti delle Potenze con la dichiarazione « che le affermazioni d'Alì Pascià erano insostenibili, e che i Montenegrini avrebbero avuto essi piuttosto diritto a ottenere una metà dell'Albania e intera l'Erzegovina: avendo i suoi antecessori possedute coteste regioni, mentre i Turchi non s'erano trovati mai in possesso del Montenegro ». Un tale at-

Principe Nicola del Montenegro.

teggiamento, che s'accordava sostanzialmente col principio delle nazionalità, procurò al Principe l'amicizia di Napoleone III, al quale egli rese una visita nella primavera del 1857, e del cui figlio, destinato a esser l'erede del trono, il Principe fu il padrino. Dopo la gloriosa battaglia da lui vinta presso Grahovo il 13 maggio 1858, Danilo potè considerare come effettivamente riconosciuta dall'Europa la sua dinastia. Egli perì a Cattaro l'11 agosto 1860, per mano d'un assassino montenegrino. Il suo nipote Nicola, educato a Parigi e da lui designato come suo successore, regnò adunque al tempo del Sultano Abdul–Aziz; e di lui appunto dobbiamo qui esporre la storia.

La pubblica partecipazione, a cui sopra abbiamo accennato, del
Montenegro alla sollevazione in Erzegovina, diede occasione alla de-
capitazione di quattro Montenegrini a Sponge; il qual fatto scatenò
nuovamente la guerra. Il principe Nicola fece assalire Sponge, Niksich e Corionich; e l'eco destatasi per cotesti avvenimenti fu tale,
che Garibaldi deliberò di accorrere in aiuto degli Slavi oppressi.
Quando poi i Turchi saccheggiarono il convento di Kosserievo e
vendettero sul pubblico mercato di Trebinie le suppellettili della
chiesa e i paramenti della messa, il furore dei Cristiani ortodossi
non conobbe più limiti, e le trattative per un componimento iniziate
nella Conferenza di Castel Nuovo vennero interrotte. Omer Pascià,
incaricato di punire il Montenegro, dichiarò il Principato in istato
di blocco, mentre il principe Nicola dal canto suo intimava un
ultimatum, nel quale domandava « il riconoscimento dell'indipendenza del Montenegro per parte della Porta, un accesso al mare
(che al suo paese era indispensabile), e una nuova delimitazione
del confine ». Dopo molte trattative inutili, nelle quali la diplomazia
doveva ancora una volta mostrare la propria impotenza, e alcuni
parziali successi dei valorosi Montenegrini sotto Mirko — lo zio
del Principe — e sotto Pietro Stefanow Vukotich, suocero di lui,
la politica di lord Palmerston, la quale all'integrità dell'Impero
ottomano sacrificava ogn'interesse d'altra specie, fu quella che
trionfò. Moralmente, soltanto la Russia e lo Stato della Chiesa
avevano appoggiato la sorte dei Cristiani montenegrini. In seguito
alla battaglia di Rieca, combattutasi il 25 agosto 1862, la capitale
Cettinie trovavasi aperta dinanzi al generalissimo Omer Pascià;
in Cettinie tuttavia — poichè ciò avrebbe resa necessaria una
nuova battaglia contro Mirko e Vukotich, i quali disponevano ancora di oltre 7000 uomini — Omer Pascià non entrò: sebbene,
essendo alla testa d'un esercito forte di circa 60.000 uomini e i
Montenegrini sprovvisti di artiglieria, egli potesse considerarsi come
vincitore, e sotto la protezione sua si commettessero crudeltà d'ogni
sorta. I rappresentanti delle Potenze a Costantinopoli rivolsero allora
alla Porta i loro richiami, i quali però non ebbero altra conseguenza
se non che un *ultimatum* del generalissimo, rivestito dell'autorità
di Ministro senza portafoglio; il quale *ultimatum*, emanato in data
del 31 agosto, imponeva le gravi condizioni seguenti: « l'amministrazione del Montenegro mantenuta com'era al principio della
guerra; mantenuto il confine tracciato dalla Commissione mista

dell'anno 1859; entrata e uscita franca di gravami nel e dal porto d'Antivari, con eccezione per l'introduzione di materiali da guerra; facoltà ai Montenegrini di prendere in affitto territorii fuori del loro Stato a scopi d'agricoltura; proscrizione di Mirko; libera al commercio la strada che dall'Erzegovina conduce a Scutari e attraversa il Montenegro, ma occupata da fortini e da truppe turche; vietata ai Montenegrini qualsiasi partecipazione, materiale o morale, in caso di sollevazione nei distretti di confine; altre contestazioni di minore importanza ai confini dover esser composte per reciproci accordi: falliti i quali, la decisione spetterebbe alla Sublime Porta ».

Poichè tali condizioni — non eccessive tuttavia, relativamente alla situazione delle cose — non si trovavano perfettamente all'unisono con lo spirito del trattato di Parigi, il console russo, il quale aveva il còmpito di suscitar nuovi incidenti di guerra, abbandonò Cettinie; mentre il Principe, cedendo ai consigli di Darinka sua zia e del console francese, accettava le condizioni della pace. — Frattanto, la miseria nel paese così duramente visitato dalla sventura era tanto grande, che quasi tutti i Governi, ad eccezione di quello inglese, gli si mostrarono pietosi. L'Austria e la Francia mandarono viveri; quest'ultima autorizzò una lotteria di beneficenza d'un milione di franchi; nella Russia e in Grecia si fecero pubbliche collette. In seguito a una missione a Costantinopoli del senatore Matanovich appoggiata dalla Francia e dalla Russia, la Porta acconsentì il 3 marzo 1863 a far di meno dei fortilizi di cui s'è detto; i quali, però, essendo già stati costruiti in questo frattempo, vennero tolti solo nell'anno seguente. Con la sottomissione del Montenegro l'Erzegovina ebbe a sopportare tutto il peso del suo tirannico signore, mentre il riconoscimento indiretto della supremazia della Porta sul Montenegro non offriva alcuna sicurezza, vedute le intenzioni della Russia, d'una durata definitiva dello stato di cose presente.

Il moto rivoluzionario in Grecia, ch'ebbe per conseguenza il 23 ottobre del 1862 la deposizione del re Ottone, ebbe le sue radici principalmente negli sforzi fatti dagli Elleni per istrappare all'Impero ottomano le isole Jonie, e possibilmente altri brani di territorio; non era dunque possibile che restasse senz'una qualche influenza sulle condizioni di esso Impero durante il regno del Sultano Abdul-Aziz, segnatamente in considerazione dei costosi apparecchi di guerra.

XXXII.

La Serbia e la Turchia

Sguardo retrospettivo alla storia dei Serbi; i Serbi come prototipo della razza
degli Slavi meridionali; loro conversione al Cristianesimo, e prime istituzioni
di Stato; assoggettamento per opera di Simeone imperatore dei Bulgari; la Serbia
provincia greca; l'archi-Supan Michele; la dinastia dei Nemanjidi; Sava il santo;
Stefano Nemanjia; Duscian il forte e l'Impero serbo; sue relazioni con la Repubblica di Venezia e suo disegno di conquista di Costantinopoli; Giovanni Cantacuzeno chiama in aiuto i Turchi, ed è causa con ciò del loro stanziarsi nel
territorio europeo; morte di Duscian durante la spedizione contro Bisanzio;
illusorietà del suo disegno; decadenza dello Stato dopo la morte di lui; tradimento e assassinio di Vukascin; Marco Kralievich e Lazzaro Grblianovich;
la battaglia al *Campo dei Merli* (Cossovopoglie); la Serbia tributaria degli Osmanli,
e, dopo la seconda battaglia di Cossovopoglie, pascialato turco; condizione di
pubblico diritto che ne deriva per la Serbia, in contrapposto con quella della
Rumenia; regime di terrore dei Turchi per tre secoli e mezzo; qual parte so-
stenga durante cotesto stato di cose la poesia popolare serba; le guerre ungheresi ed austriache contro la Porta, e loro effetti per la Serbia; crisi nella
politica orientale dell'Austria; conseguenze della pace di Cüciük-Cainargi;
l'Austria perde per la pusillanimità della sua politica la sua posizione di Potenza del basso Danubio, e vi subentra la Russia; la pace di Sistow. - La
rivoluzione serba sotto Kara-Georg. - L'Austria non solo non accetta l'offerta
dei Serbi d'essere aggregati all'Impero, ma la reca a conoscenza della Russia
e della Turchia. - Il console russo Radofinikin detta all'Austria la lettera di
rinunzia. - La politica dell'arciduca Carlo e la missione del barone v. Simbschen. - I tre Obrenovich. - Alessandro Karageorgevich. - Secondo governo di
Milosh. - Secondo governo e assassinio di Michele. - Chiamata di Milano IV
Obrenovich.

Anche maggiore e più diretta influenza ebbero gli avvenimenti
della Serbia, le cui relazioni con la Turchia richiedono una più
esauriente disamina; questa sola infatti può esser sufficente a illuminar gli avvenimenti posteriori, e a dare in pari tempo un'idea

delle particolari — e in tutti i sensi eccessive — caratteristiche del popolo serbo.

La più antica storia della Serbia è — come della maggior parte delle popolazioni e delle genti del basso Danubio — tuttavia immersa nell'oscurità. Il Ranke, nella sua opera « *La Serbia e la Turchia nel secolo XIX* » — ch'è la terza edizione accresciuta dello scritto comparso già nel 1829 « *La Rivoluzione Serba* » — a pagina 7 scrive: « D'una storia serba della quale si possa in qualche « modo fidarsi non è il caso neppur di parlare, fintantochè non « vengano in luce, e in testi sicuri, delle scritture come la *Vita* « *del Santo Simeone* e quella di *S. Sava* di Domiziano (Domentian), « o quella dell'*arcivescovo Daniele* del Rodoslow e suoi continua- « tori. Alcuni di cotesti lavori preliminari, per verità, sono stati « fatti; e oggi ne siamo un po' più vicini, a ogni modo ». Il Ranke allude qui probabilmente all'opera di Domiziano (edita a Belgrado in lingua serba nel 1865 da G. Danicich, uno scolaro di Vuk Karagich), la quale da quel sacro monaco di Chilantari fu compilata nel monastero del monte Athos nel 1264, e che Beniamino di Kallay cita come una delle sue fonti nella sua *Storia dei Serbi*, scritta in ungherese, e ripubblicata a Pest in tedesco da I. H. Schwicker. In cotest'opera pregevolissima, benchè ancora incompiuta, l'alto funzionario austro-ungarico, pur riconoscendo del resto i grandi meriti del Ranke, alla pagina VII osserva: « I dati (vale a dire le « singole citazioni) sulla base dei quali lavorò il Ranke sono man- « chevoli, e non di rado unilaterali. Egli si vale quasi esclusiva- « mente degli abbozzi di Vuk Karagich, il celebre raccoglitore dei « canti popolari serbi; ora, quei cenni costituiscono senza dubbio « una fonte storica assai apprezzabile, ma sono per sè stessi in- « sufficenti, ed anche non interamente imparziali » (1).

---

(1) Per la storia più remota, e anche in parte per la più recente, degli Slavi meridionali, son da considerare in particolar modo, oltre ai pregevoli scritti di I. Christian v. Engels: SCIAFARIK, *Antichità slave*, Praga, 1837 (in tedesco 1842-44), e varie altre opere sue; NIL POPOW, *La Serbia e la Russia*, parziale (in lingua russa); A. ANDRICH, *Storia del Principato del Montenegro*, Vienna, 1853, con citazione d'importanti fonti slave; CUNIBERT, *Essai historique sur les Révolutions et l'Indépendance de la Serbie depuis 1804 jusqu'à 1850*, Lipsia, 1885; A. HILFERDING, *Storia dei Serbi e dei Bulgari*, · dal russo di SCHMALER, Bautzen, 1856-64; C. I. JIRECEK (nipote di SCIAFARIK), *Storia dei Bulgari*, Praga, 1876; arciprete MATTEO NENADOVICH, *Memorie*, pubblicate nel

Il ceppo etnico slavo resosi noto sotto il nome di « Serbi », spinto probabilmente dalle migrazioni delle varie genti, e proveniente (secondo una notizia di Costantino Porfirogenito) dalle contrade settentrionali dei Carpazii, si stanziò definitivamente circa la metà del secolo settimo in quella penisola balcanica, che faceva parte dei dominii dell'Impero romano d'Oriente. Può in ogni modo considerarsi come un fatto non privo d'importanza che, secondo recenti indagini degne di fede, in origine *tutte* le stirpi slave (slovene) andavano sotto il nome di « *Serbi* »; perocchè ciò accenna, per quello che più tardi doveva sotto cotesto nome presentarsi come un ramo singolo, a una specie di prototipo di tutta la stirpe. Se nei tempi più vicini a noi lo Sciafarik nomina fino a dugento differenti stirpi di popoli slavi, è questa una prova delle trasformazioni che, sia per le diverse condizioni del suolo, sia per i miscugli e per le rivalità, dovevano derivarne; le quali si rispecchian pure nelle favelle slave delle singole stirpi. Nei primi secoli dopo la loro immigrazione, i Serbi, convertiti a poco a poco al cristianesimo e fusisi sotto i loro singoli *Supani* (conti) e un *archi-Supan* (principe) in una federazione di Stati, eran dipendenti parte dai Bulgari, per un certo tempo potenti, parte anche dai Franchi. Alla fine del secolo IX, indeboliti segnatamente da discordie intestine, i Serbi soggiacquero all'imperatore dei Bulgari, Simeone; ed è assai caratteristico che l'odio delle due stirpi sorelle, dopo d'aver rese più facili le posteriori conquiste dei Turchi nella penisola illirica, s'è perpetuato ancora fino ai nostri giorni.

Cade nel IX secolo anche l'operosità dei due apostoli slavi Metodio e Cirillo; i quali non solamente procacciarono a quei popoli barbari la benedizione del cristianesimo, ma furon pure i fondatori della letteratura slava. Quei due sant'uomini non prevedevano al certo che siffatta letteratura dovesse un giorno diventare uno stro-

1867. — F. KANITZ, l'etnografo instancabile, ha parecchie opere su *La Serbia* (Lipsia, 1868), e su *La Bulgaria danubiana e i Balcani*, 1.ª ediz., Lipsia, 1875-79, 2.ª ediz., Lipsia, 1882. — Per la storia più recente, son da citare in ispecial modo : ADOLFO BEER, *La politica orientale dell'Austria dopo il 1774*. Praga e Lipsia, 1883 ; FRANCESCO RITTER VON KRONES, *Il barone Giuseppe v. Simbschen, e la condizione dell'Austria rispetto alla questione d'Oriente*, Vienna, 1890 ; senza contare altre opere di minor rilievo, che si verranno man mano citando. — Per le fonti francesi in particolare, vedine una bibliografia in DE LA JONQUIÈRE, *Histoire de l'Empire ottoman*, Paris, 1881.

mento di lotta contro il germanismo e la cultura occidentale. —
Dopo che, l'anno 1018, l'imperatore Basilio II ebbe posto termine
al grande regno dei Bulgari, anche la Serbia diventò una provincia
greca. Ciò non ostante, le lotte contro Bisanzio — nelle sue estor-
sioni sempre insaziabile — durarono tuttavia, e con tanto successo,
che l'archi-Supan Michele col consenso del pontefice Gregorio VII
(al quale è possibile che avesse fatte delle promesse in favore del
cattolicismo, allora in quelle regioni tuttavia imperante) potè assumere nella seconda metà del secolo XI il titolo di Re. Ma più decisiva per la successiva storia della Serbia fu la signoria dei
Nemanjidi, fiorita superbamente nella località montenegrina di Zeta,
presso il lago di Scutari. Il Supan di Rassa, Bela Urosh (1120-1130)
dev'essere stato il primo signore di cotesta dinastia, che dominò
sulla Serbia per due secoli ininterrottamente. Se non che, essa non
ebbe vera importanza se non sotto Stefano Nemanjia, un discendente di Urosh, nato a Ribnica nella Zeta l'anno 1113; il quale pose
fine alla parziale signoria che propriamente spettava allora alla
confederazione degli Stati serbi, e, giunto al trono nel 1159, dopo
d'avere sconfitti e congiunti e ribelli, fondò la dinastia dei Nemanjidi, con carattere decisamente centralistico. Di cotesto notevole
Principe è in particolar modo da ricordare come nel 1189, già
pervenuto a tarda età, mandasse messaggi a Federico Barbarossa, per offrirgli, nell'imminenza della Crociata cui s'accingeva,
libero il passo; e ricevette infatti l'Imperatore a Nish, dove s'offerse
d'entrare in una relazione di feudalità verso l'Impero germanico;
cosa che l'Imperatore, con danno dell'una e dell'altra parte, sembra
avere — per non recar offesa a Bisanzio — rifiutata, o per lo meno
differita ad altro tempo (1). Nella storia serba, cotesto Principe,
fattosi di più in più nazionale, ha dato anche maggior lustro al suo
nome per avere nel 1221, al tempo dell'imperatore Teodoro Lascaris,
innalzato a primo arcivescovo serbo, con l'opera del patriarca Germanos, il più giovane dei suoi figli, Rastka, ch'era entrato nell'ordine
monastico, e che in seguito fu santificato sotto il nome di Sava
(Sabba). Nè è piccola prova della potenza esercitata dalla Chiesa

---

(1) Cfr. RANKE, *La Serbia e la Turchia*, pag. 5, che cita a questo propo-
posito il *De expeditione Friderici imperatoris* del chierico Ansberto, il quale
partecipò alla crociata del Barbarossa. V. anche KANITZ, *La Serbia*, p. 480-81;
e KALLAY, *Storia dei Serbi*, pag. 42-43.

orientale in quel tempo il fatto che Nemanjia stesso, dopo d'aver abdicato il trono e postovi in sua vece il maggiore suo figlio Stefano, morì nel 1199 come semplice monaco nel convento di Chilandar, da lui costrutto sul monte Athos (1). Stefano ebbe la sventura di veder conteso a sè il trono, e la Serbia giunta all'orlo della rovina per opera del proprio fratello Vukan; ma l'elemento religioso fu rappresentato con sì grande efficacia dal fratello minore Sava, che nel 1208 questi riuscì a indurli a riconciliarsi. E tuttavia egli ricambiò poi cotesto beneficio con l'ingratitudine, allorchè — indottovi forse dalla sua seconda moglie, una nipote del doge Dandolo — brigò presso il papa per averne il titolo regale, e si fece incoronare da un Legato di Roma. Bentosto però dovette accorgersi che ciò lo rendeva inviso al popolo; per la qual cosa riuscì a Sava, per il quale quell'avvenimento era probabilmente un vero spino nell'occhio, d'indurlo come arcivescovo della Serbia a farsi incoronare una seconda volta da lui stesso *secondo il rito orientale;* un fatto, questo, che fu di non piccola importanza per il consolidamento dell'ortodossia in Serbia. Dopo d'aver assunto come *Stefano I* il titolo di *primo Re incoronato* di Serbia, Dioclezia, Travunia, Dalmazia e Chum, morì nel 1224 come semplice monaco Simeone, e fu come tale dichiarato santo.

Sorvoleremo qui sulla storia dei prossimi Nemanjidi a lui successi — tra i quali eccelle particolarmente come despota energico e conquistatore Milutin Urosh II, nonostante le sue dissolutezze e i quattro matrimonii, vivamente rinfacciatigli dai contemporanei —; per venire a discorrere di Stefano Dusciano (il forte), nono principe della dinastia, grandemente celebrato dalla storia e dalla leggenda; il quale salì al trono nel 1331, dopo l'assassinio del padre suo, Stefano Urosh III, da lui stesso — perchè propenso a Costantinopoli — guerreggiato e sconfitto; e l'assassinio medesimo, chi afferma e chi nega che fosse preordinato da lui. Malgrado i considerevoli materiali già raccolti e messi in luce intorno all'eroica figura di cotesto Principe, ci manca tuttora una monografia esauriente di lui e dei fatti del suo tempo. Si potrebbe chiamarlo il primo dei

(1) Così KALLAY, pag. 44, probabilissimamente secondo i dati della *Storia della letteratura serba*, di GIUSEPPE JIRECEK; mentre SCIAFARIK, come nota KANITZ, fa morire Nemanjia già nel 1195. Secondo le ultime ricerche, l'anno della morte non sarebbe, come dice il KALLAY, il 1200, ma il 1199.

panslavisti; poichè, qualche secolo innanzi al sorgere del panslavismo teorico, egli aveva concepito il disegno d'unire in un unico Stato tutti quanti gli Slavi della penisola illirica, non solo, ma di incorporarvi la stessa Bisanzio. A tale intento, in mezzo a difficoltà non poche nel vicinato prossimo, condusse non meno di tredici campagne contro l'Impero bizantino; si spinse, ma con forze insufficenti, fino alle porte di Costantinopoli; e, sebbene non sempre vincitore, creò un impero, che comprendeva, oltre la Serbia e l'Erzegovina, parte dell'Albania, della Tessaglia, della Macedonia e della Bulgaria. Circondato da alti dignitarii, elevò ancora la pompa dell'etichetta di Corte, già splendida sotto i suoi predecessori e ricalcata su quella di Bisanzio. In una Scupcina tenuta nella sua residenza capitale di Scoplie l'anno 1346, venne a Dusciano conferito il titolo di « Zar dei Serbi, Greci e Bulgari, e figliuolo fedele di Cristo ». In pari tempo egli fece innalzare l'arcivescovo Giovanni alla dignità di (primo) patriarca serbo — più tardi, indipendente da Costantinopoli. Notevole fu pure l'opera sua come legislatore (1).

Il suo coraggio eroico e il suo spirito non alieno dalla cultura occidentale non escludeva nè la scaltrezza nè la circospezione. Egli cercò ripetute volte d'ottenere per sè, per la moglie e pel figlio Urosh la cittadinanza veneziana, per potere in caso di bisogno ritirarsi nell'allor potentissima Repubblica, e non esser consegnato ai nemici. Inoltre, nel 1350, quando la maggior parte dell'Impero bizantino era già in suo potere, s'adoperò presso la Signoria di Venezia — la quale gli aveva dati, un dopo l'altro, i titoli di *Rex Raxiae et Imperator*, *Imperator Raxiae et Graecorum*, *Imperator Raxiae et Romaniae*, e persino di *Imperator Graecorum et Raxiae* (2) — perchè gli concedesse navi e truppe per la conquista di Costantinopoli (3). La prudente Repubblica concedette bensì a

---

(1) Il suo codice di leggi, discusso dalla rappresentanza del popolo nel 1349 e nel 1355, e perfettamente rispondente al carattere della razza slava, venne edito a Belgrado nel 1870 per le cure di Stefano Novacovich. Delle costumanze giuridiche e delle istituzioni politiche serbe al tempo dei Nemanjidi ci dà un ritratto assai rimarchevole il KALLAY nell'introduzione della già citata sua opera.

(2) RANKE, pag. 10, secondo *Sciafarik*: « *Acta Archivii Veneti spectantia ad historiam Serborum et reliquorum Slavorum meridionalium* ».

(3) RANKE, secondo *Sciafarik*, pag. 11.

Dusciano la cittadinanza, forse con la vaga intenzione d'averlo un giorno principe fuggiasco con ricchi tesori nel suo grembo; ma si guardò bene dal contribuire a render padrone degli Stretti un vicino già forse potente anche troppo; e sotto il pretesto ch'ell'era fida alleata di Bisanzio, rifiutò la chiesta cooperazione.

Ma le lotte che sorsero tra l'antica fede dell'ortodossia e uno dei principi più ossequenti alla Chiesa ortodossa dovevano avere per tutta l'Europa occidentale le conseguenze più terribili, a tutt'oggi non ancor riparate. Giovanni Cantacuzeno, dopo che Dusciano ebbe infranto il patto di fratellanza con lui concluso e lungamente serbato, riuscito vano, anche per gl'intrighi dei Paleologhi, un ulterior tentativo di componimento avviato da parte di quello, non si peritò di chiamare in suo aiuto i Turchi. Egli maritò la figlia sua Teodora al sultano Orcano, dandole in dote Gallipoli; cosicchè la vittoria da lui riportata nel 1352 sopra Dusciano fu pagata col primo importante insediamento dei Turchi nel suolo europeo (1). Dusciano, dopo d'aver nel 1353 sconfitto Luigi il Grande d'Ungheria, che voleva cacciarlo dalla Bosnia, intraprese l'ultima e la più ardita forse delle sue campagne contro Bisanzio; ma il 20 dicembre del 1355 morì a Jamboli, nell'odierna Romelia orientale, probabilmente sopraccolto da un'ardentissima febbre.

Per la storia della cultura, l'apparizione di Dusciano, del pari che la civiltà per opera sua e dei suoi antecessori introdotta nella penisola illirica, restano — specialmente per la storia degli Slavi meridionali — un fatto degno della più alta considerazione. In quella vece, per quanto concerne il suo tentativo di riunire in un sol corpo di nazione i Greco-bizantini con gli Slavi, i cinque secoli che da quel tempo in qua son trascorsi dimostrano ch'egli s'affaticava invano intorno ad un sogno: perocchè, persino oggi stesso, che e Greci e Slavi hanno sopportato l'iniquo giogo del Turco, allorchè si tratti d'una *fusione* dei due, essi stanno ancora l'uno di fronte all'altro così risolutamente, come in quel tempo che sopra entrambi si stendeva, in luogo della bandiera del Profeta, il manto dell'ortodossia; e la Russia medesima, agli Slavi congiunta di sangue, e alla quale essi pur devono tanto, è, *come dominatrice e signora*,

---

(1) Cfr. KANITZ, *La Serbia*, pag, 488; e KALLAY, pag. 158, il quale ricorda Cimpe, sull'Ellesponto, come il primo possedimento dei Turchi in Europa.

al più alto grado nemica così dei Greco-slavi nell'Impero ottomano, come degli Slavi oramai fatti liberi nella penisola balcanica. Oltrechè, le discordie — immancabilmente risorgenti di continuo in un Impero serbo siffattamente ingrossato per mescolanza di razze diverse — dovevan dare senz'altro occasione ai Turchi di spingersi sempre più innanzi in Europa.

I ministri di Dusciano approfittarono della debolezza del figlio suo Urosh V, giovinetto di mite animo ma di scarso intelletto, per rendersi indipendenti; e produssero per tal modo la decadenza del regno. L'Imperatore, morendo, aveva affidata la tutela del figlio a uno dei suoi grandi dignitari, Vucascin; ma questi, uomo altrettanto dotato d'ipocrisia quant'era in lui il valore e l'ambizione, fece assassinare quell'ultimo rampollo dei Nemanjidi, e due anni dopo la morte di lui s'insinuò egli stesso sul trono, senza tuttavia assumere — per un riguardo ai Bizantini, del cui aiuto aveva bisogno contro i Turchi — il titolo d'Imperatore, e pur senz'esser riconosciuto da una parte considerevole delle provincie serbe. Bentosto però il destino doveva raggiungere quel malvagio; il quale, il 26 settembre 1371, cadde in una battaglia contro gli Osmani assalitori, che distrussero totalmente il suo esercito alla Marizza. Di fronte a cotesta figura poco men che diabolica, offre un singolare contrasto — contrasto che vale ad abbellire quella storia serba così ricca d'attraenti leggende — la figura del nobile e cavalleresco figlio di lui Marco; a gloria del quale i canti nazionali raccontano com'egli, chiamato a deliberare intorno al legittimo erede del trono dopo la morte di Dusciano, si manifestasse contro il proprio padre e contro gli altri suoi congiunti in favore di Urosh. Allorchè Vucascin, irritato, volle uccidere lui pure, e il sangue scorse a' suoi colpi, una voce (così racconta la leggenda nazionale), dalla chiesa nella quale Marco s'era rifugiato, gridò « ch'egli aveva ucciso non suo figlio, ma un angelo ».

Con l'aiuto della nobiltà, rimasta fedele ai Nemanjidi, all'usurpatore Vucascin succedette al trono il Cnes Lazzaro Grblianovich, mentre nel frattempo la Serbia era caduta nel massimo disordine. Secondo alcuni, costui sarebbe stato un figlio naturale di Dusciano, ciò che per le splendide sue doti non è punto inverisimile; secondo altri, un semplice congiunto di lui. La fatale e suicida politica di Bisanzio aveva già portato i suoi frutti: conquistata dagli Osmani una gran parte della Penisola balcanica, e caduta in loro potere

la fortezza serba di Niss, anche la Serbia fu loro resa tributaria.
Il coraggio di Lazzaro però non si piegò per questo: alleatosi con
alcuni Principi vicini, egli intraprese nel 1387 una nuova campagna
contro il nemico ereditario della cristianità. E fu, sulle prime, vittorioso a Pločnik; ma l'anno 1389 il sultano Murad I gli mosse
incontro con un esercito di 300.000 uomini sulla spianata di Cossovo
(il Campo dei Merli). I figli di Vucascin, che si vedevan minacciati
di perdere il loro retaggio, in un con altri vassalli serbi combatterono
vergognosamente nelle file dei Turchi. Ancor fino ad oggi, leggenda
e storia s'affaticano intorno all'unico atto di cotesta tragedia di
popoli del 27 giugno 1389, per la quale l'Europa in tanti secoli
non ha ancora trovato una soddisfacente riparazione. Secondo la
tradizione, l'esercito di Lazzaro constava di soli 100.000 uomini.
Il principe bosniaco Iowan comandava l'ala sinistra, Giorgio Ca-
striota la destra, Vuk Brancovich, uno dei generi di Lazzaro, la
riserva della cavalleria. La putredine morale, ormai sovrana in
quella rovina dell'Impero serbo, aveva già assunto proporzioni tali,
che lo Zar, il quale subodorava già la congiura nel suo stesso
accampamento non sapeva se dovesse affidarsi a Vuk Brancovich,
o se piuttosto all'altro suo genero, che del pari serviva sotto di
lui, Milosh Obilich. Quest'ultimo però doveva mostrar ben presto
che la diffidenza nutrita contro di lui era del tutto infondata. Secondo notizie serbe (quelle turche, segnatamente del poeta Nedsbri,
suonano alquanto discordi, sebbene vi coincidano nel complesso
nei punti fondamentali) alla mattina della battaglia, accompagnato
da due dei condottieri dell'esercito, fece domandare a Murad I
un'udienza, che questi, credendo d'aver da fare con un transfuga,
subito gli concesse. Obilich piegò il ginocchio dinanzi al Sultano;
e, mentre questi pensava che l'altro gli volesse baciare i piedi, ne
fu trapassato da parte a parte con un pugnale. I Turchi ebbero
a penar non poco per impadronirsi di lui, che si difendeva dispe-
ratamente, e che per poco non riuscì a fuggire sul suo cavallo.
Allora il figlio di Murad, Baiazet, che assunse il supremo comando,
diè principio alla battaglia. Se non che, quando i Cristiani già avevano ottenuto qualche vantaggio, Vuk Brancovich, il già ricordato
genero di Lazzaro, compì il tradimento, passando con tutta la riserva alla parte nemica. Il re, che combatteva con grandissimo
valore, cadde insieme col suo cavallo in un fossato; e, fatto prigioniero, insieme con l'assassino Milosh Obilich e coi suoi compagni

venne condotto dinanzi alla tenda del Sultano, che respirava ancora,
e quivi giustiziato. La sera stessa morì il Sultano. « Le negre nubi
« che in quella sera avvolsero il campo di battaglia presagivano
« i cinque secoli di tenebre, che dovevan da quel momento incom-
« bere sul popolo serbo » (1).

Gli Osmani a quel tempo non erano ancor potenti abbastanza
per una compiuta annessione della Serbia; onde Baiazet si contentò di lasciar sul trono, sotto gravi condizioni di vassallaggio e
col titolo di *déspota* il più vecchio dei figli di Lazzaro, Stefano.
Ma anche cotesto trono così profondamente umiliato divenne tuttavia oggetto di rivalità; e con lo spegnersi dei Lazzaridi e durante
il governo di Giorgio Brancovich, figlio del traditore Vuk, vi ac-
campò pretese l'Ungheria, alla quale infine venne fatto d'ottenere
Belgrado. L'ultimo resto dell'indipendenza della Serbia, da ultimo,
dopo una seconda battaglia sul Campo dei Merli, combattutasi il
19 ottobre 1448 sotto Murad II, andò definitivamente perduto appena
nel 1459, sotto Maometto il Conquistatore, il quale divise quello
Stato in varii pascialati.

A cotesto assoggettamento della Serbia con la forza delle armi
si riannoda la sua condizione giuridica internazionale, quale durò
fino agli ultimi tempi. Era dunque, a differenza della Rumenia, un
paese di conquista. Mentre in questa, in forza delle Capitolazioni, i
Turchi non avevan diritto d'abitare, nella Serbia furon essi per secoli — disturbati solo da temporanee conquiste austriache — assoluti
Signori; per modo, che ai Cristiani, sotto l'oppressione d'un sistema
tributario dei più inauditi e dei più raffinati, non eran riservati
se non i più umili uffici della casa e dei campi, costretti persino
a distinguersi dai Musulmani per la foggia del vestire e la limitazione della cavalcatura, e a nasconder le loro spose nelle cantine,
esposti incondizionatamente alla mercè dei pascià i loro averi e
l'onore e la vita. È senz'alcun dubbio fondata sur un qualche
fatto positivo quell'ingenua rapsodia semi-barbarica, che però caratterizza a fondo l'astuzia e il dispregio della morte dei Serbi,
dove il poeta racconta come il pascià di Zagoria, il già canuto
Bergianin, nella casa del Cnes Milutin, ordini e voglia trenta vergini
per i suoi uomini, e per sè la bella Iconia, la figlia dell'ospite; e

---

(1) ÉMILE DE LAVELAYE, *La péninsule des Balkans*, vol. II, pag. 13-14; secondo la versione inglese del poema di A. PAVICH (per opera di Mijatovich).

come per ordine di lei il suo fratello di fede (1) Grujo Novacovich
(la citazione del nome dice che non può trattarsi d'un'invenzione poetica) celi sè stesso e trenta garzoni « bellissimi, dal fem-
mineo aspetto » in vesti femminili; perchè poi, nella notte prefissata
per l'orgia, cotesta accolta di aiduchi trucidi la turca orda, assetata
di lussuria (2). Il servaggio della Nazione serba, sì piena di valore,
d'entusiastica fede, di virtù poetica, in parte anche benedetta di
ricchezza terrena, benchè inselvatichita dai travagli della lotta, durò
tre secoli e mezzo, e sopravvisse a non meno di ventiquattro Sultani.
Fra le più tragiche sventure sue è pur d'uopo ricordare ancora
che non solo il fiore della gioventù fu trascinato a forza a contribuire alla sua oppressione, ma che i più intelligenti uomini della
stirpe medesima, passati all'Islamismo, salirono al grado di Visiri,
e le inflissero le più profonde ferite.

Durante le ripetute guerre dell'Austria contro la Porta, qualche
raggio di speranza parve penetrare nell'infelice paese, la cui popolazione cristiana prendeva viva parte a quelle lotte (3); ma l'Austria, che più volte aveva combattuto con lieta vicenda ed era
venuta in possesso di alcune parti dell'antico Impero di Serbia,

---

(1) La castissima fratellanza tra uomo e donna o tra uomo e uomo è una
istituzione serba, nata naturalmente dal bisogno d'assistenza e d'aiuto. La fratellanza di fede è per i Serbi un simbolo di ausilio. La fanciulla invita alla
fratellanza il sole, perchè risplenda al giovinetto, il giovinetto l'albero perchè
si commuova e gli mostri l'amata.

(2) Vedi la qui accennata rapsodia in SIEGFRIED KAPPER, Canti dei Serbi,
Lipsia, 1852, vol. I, pag. 102; e in francese, secondo la traduzione delle Poésies
populaires serbes di A. DOZONS (in SAINT-RÉNÉ-TAILLANDIER, La Serbie, Paris
1875, pag. 39-40). Le raccolte più complete dei canti nazionali serbi, tanto apprezzati dal Goethe, sono quella di VUK STEFANOVICH KARAGICH e quella della
TALVJ (Teresa Robinson). La pregevole raccolta del KAPPER contiene solo i
canti sorti dopo la decadenza; cosicchè in un certo senso si posson chiamare
i canti elegiaci della Serbia. La diffusione che ancor oggi si nota della poesia
popolare serba nel Montenegro, nella Slavonia, Sirmia, Dalmazia, Bosnia ed Erzegovina è il testimonio più vivo della passata estensione della Serbia.

(3) Col titolo La volontaria partecipazione dei Serbi e dei Croati alle quattro
ultime guerre austro-turche comparve nel 1854 un'opera a Vienna, che KALLAY
(pag. 231) chiama una delle sue fonti più ragguardevoli. Nella sua Storia dei Serbi,
KALLAY si è servito pure, tra altro, della Storia generale della guerra tra la
Russia, l'Austria e la Turchia, e della guerra Nordica che ne fu la conseguenza,
comparsa del pari anonima a Vienna nel 1791; e delle importanti Memoari di
MATTEO NENADOVICH.

non potè mai tenerle a lungo sotto la sua Signoria. Nella guerra
di Giuseppe II del 1788, i Serbi furono dall'Austria persino formalmente ingannati. Ancor prima della dichiarazione di guerra, l'Austria,
per mezzo d'agenti segreti, li fece stimolare a parteciparvi; e un
colpo di mano contro la fortezza di Belgrado — inscenato ancor
prima dello scoppio delle ostilità, e al quale prese parte anche
quel Kara Georg che doveva rendersi sì famoso più tardi — per
poco non ebbe esito felice. A noi non tocca narrare qui cotesta
guerra, nè le precedenti, che si riferiscono alla storia austro-turca;
ma c'è d'uopo esporre il mutamento sopravvenuto nella politica
orientale dell'Austria, che incominciò dopo la morte di Giuseppe II,
e fu di tanta importanza per gl'interessi generali dell'Europa.

Già in vita di lui, la politica dell'Austria in Oriente fu sempre
oltremodo oscillante. Mentre la Russia proseguiva imperturbata a
tener d'occhio il fine suo precipuo, cioè lo smembramento della
Turchia, l'Austria, per timore della Prussia, non osava opporsi a
cotesto disegno così pericoloso per essa, nè costringer la Russia a
mandarlo ad effetto, sebbene Giuseppe II avesse concluso, nella
forma d'uno scambio epistolare con Caterina II, un trattato di smembramento, in forza del quale Serbia e Montenegro avrebber dovuto
passare all'Austria. Le trattative di Giuseppe II con Caterina II,
le vedute tra loro contraddicentisi di Kaunitz, Cobenzl e Thugut,
l'indolenza presso che incomprensibile dell'Austria dinanzi alla presa
di possesso della Crimea per parte della Russia son da considerare
come le vere ragioni per le quali la monarchia degli Absburgo
non è diventata quell'*Impero orientale* che doveva collocarsi tra
l'Asia e l'Europa (1). La difficile condizione nella quale si trovava
l'Austria, posta di fronte, da una parte, alla mania di conquista
della Russia guidata da una sovrana come Caterina II, e dall'altra
alla politica di Federico il Grande e di Hertzberg, che veniva trac-
ciando la strada a un'egemonia della Prussia, non si può al certo
disconoscere; se non che, la deliberazione alla quale essa — non
senza mettere in gioco tutta la sua esistenza — si sottopose, in
seguito al Congresso di Reichenbach, nella pace di Sistow, conclusa

---

(1) V. in particolar modo le notizie d'archivio relative a quel notevole periodo e alle angustie dell'Austria, soprattutto in ADOLFO BEER, *La politica
dell'Austria in Oriente dal 1774 in qua;* e v. KRONES, *Il barone Giuseppe
r. Schimbsen e la condizione dell'Austria in presenza della questione serba.*

il 4 agosto 1791, e in forza della quale dovette restituire per intero
alla Porta le fatte conquiste, fu forse la più fatale di tutte quelle
dalle quali poteva esser colpita. — Proprio alla distanza d'un se-
·colo, l'Austria si trova ora, rispetto alla soluzione della questione
d'Oriente, in una situazione anche più sfavorevole d'allora; poichè
da indi in qua, non solo la Russia s'è rafforzata in tutti i sensi, ma
ha sacrificato oramai per la liberazione dei singoli paesi della
Turchia europea tanto danaro e tante vite, da dover pensare
ch'ella commetterebbe quasi un tradimento verso sè stessa, se non
ispendesse ogni opera per signoreggiarvi più o meno direttamente.
Inoltre, il contegno della Russia durante il compiersi di quei fatti
che precisamente l'Austria paventava rispetto alla Prussia nel 1870,
è forse un certo pasticcio, che rassomiglia non poco a quello del
tempo dei due grandi dominatori sulla Neva e sulla Sprea; talchè
è pur sempre da prevedere che, data una spartizione della Turchia,
la Russia con i suoi *Slavi* saprà farsi la parte del leone; mentre
l'Austria n'ha scapitato de' suoi vantaggi, non solo in Germania,
ma benanco in Italia. Dinanzi al concetto fondamentale della « conservazione dell'Impero ottomano », assunto in Austria appunto come
suo motto d'ordine, in contraddizione diretta con la soverchiante
potenza e il terribile vicinato della Russia fin dall'ultimo decennio
del secolo decimottavo, rimarrà da vedere se un corpo che da sè
medesimo si dissolve potrà esser conservato, e se, nonostante tutto
il dispotismo dei Russi, i Cristiani della Turchia non avran ragione di rivolgersi di preferenza verso di quella che li avrà liberati
dal giogo del Turco, anzichè verso di chi cotesto giogo ha voluto
mantenere a ogni costo.

Un'esatta indagine storica (nella quale pure non s'è fatta fin
qui la dovuta parte ai canti popolari serbi (1) a cagione del contenuto poetico che loro è proprio), deve attribuire ai Serbi medesimi il merito della loro *auto-salvezza*. Molti elementi esterni,
quali la decadenza in generale dell'Impero ottomano, l'estendersi
della potenza russa dopo Pietro il Grande e Caterina II, il libera-
lismo dell'imperatore Giuseppe II, le riforme di Selim, e infine la

---

(1) Nessuna esposizione storica sarebbe atta a dimostrar l'odio dei Serbi
contro i Turchi meglio dei versi seguenti: « Noi, quanti siamo, se tutti dovessimo diventare di sale, — Neanche un solo banchetto vorremmo salare ai
Turchi » (dal ciclo dei *Canti di Cossovo*, citati in KAPPERT, I, pag. 276).

rivoluzione francese stessa, ai quali tutti tenne dietro la protezione — importante, ma interessata — della Russia, hanno bensì contribuito in sostanza alla rinascita di uno Stato serbo, se pur frammentario, indipendente tuttavia; ma, a considerar bene le cose, la rivoluzione dei Serbi fu un movimento democratico, nato dalle intime viscere del popolo. Anzi, rispetto alle individualità che la guidarono, essa sta unica nella storia. Cristianesimo e barbarie poco men che pagana, vita da chiostro e vita da masnadieri han mantenute nei Serbi le tradizioni sì della religione e sì della libertà; e così avvenne che l'eccesso delle loro sofferenze, invece di prostrarli, li temprò a nuova vita. Ed anche qui si appalesa quasi un procedimento cronico della storia, rispetto alla Russia: perchè, anche a prescindere interamente dallo spirito democratico della rivoluzione serba e dalle conseguenze ch'ell'ebbe, proprio alla Russia è toccato di disturbare il sogno lungamente nutrito d'una grande Serbia, con la stessa astuzia e violenza onde sturbò quello d'una grande Grecia.

Il vero rivolgimento, nella storia della Serbia, incomincia col principio del diciannovesimo secolo. Una delle conseguenze del mutarsi delle condizioni turche fu che i capi dei giannizzeri, i così detti *Dahis*, s'impadronirono della Serbia, e l'amministrarono anche più orribilmente che non facessero i pascià mandati da Costantinopoli. Alcuni dei maggiorenti serbi delle montagne ebbero il coraggio di radunarsi a un convegno in un chiostro, e d'inviare al Sultano una supplica nella quale si diceva: « I Dahis ci han preso « tutto, persino le nostre vesti, tanto che dobbiamo coprirci con « la corteccia degli alberi. Ma quei briganti non sono ancora con- « tenti di ciò; la nostr'anima stessa deve diventar preda loro. « Nè conventi, nè chiese, nè i nostri monaci, nè i nostri popi, nulla « è al sicuro dalle loro violenze. Se tu sei tuttora il nostro Zar, « liberaci da cotesti miserabili. Se non lo vuoi, faccelo sapere; altro « non ci resterà che rifugiarci, o pochi o molti, nei nostri monti, e « precipitarci a capofitto giù al fondo di quelle voragini ». La minaccia del Sultano, che seguì a quello scritto, di punire i Dahis — qualora non si correggessero — col mezzo d'un esercito cristiano, ebbe per effetto di spinger costoro a un eccidio in massa dei maggiorenti serbi e dei principali ecclesiastici. Si venne così a una sollevazione generale nella contrada di Sciumadia (il distretto forestale), alla cui testa si mise un figlio del colono Petronje di Topola, Giorgio Petrovich, al quale i Turchi diedero il soprannome di *il Nero*

(Kara): Kara Georg, o *Giorgio il Nero*. Quest'eroe popolare s'era già battuto contro i Turchi nelle schiere dei volontarii austriaci; dopo la pace di Sistow s'era recato presso gli Aiduchi, ed era quindi diventato pastore e mercante di maiali. Uomo di gigantesca statura, rozzo ma esercitato alle armi, astuto, violento e dispotico, pareva creato apposta per organizzare delle bande di audaci. Quando — probabilmente dopo l'infelice tentativo contro la fortezza di Belgrado, di cui s'è fatta parola — dovè cercar rifugio sul territorio austriaco, si prese anche i genitori e tutto il suo avere con sè, e al vecchio padre fece credere che si trattasse di cercare un nascondiglio sui monti della patria. Ma quando i fuggiaschi furono presso alla Sava, e Petronje ebbe indovinato il vero disegno del figlio, rifiutò di abbandonare la sua terra natale. Allora accadde una scena orribile. Kara Georg, volendo sottrarre — così affermano gli scrittori serbi, per lavare cotesta vergognosa macchia nella storia del loro paese — il vecchio padre a una morte fra i tormenti da parte dei Turchi, sparò su di lui, e, fattogli dare da un compagno il colpo di grazia, ne lasciò il cadavere insepolto al suolo. Tutto il carattere selvaggio e insieme risolutamente virile della rivoluzione serba è rispecchiato in questo fatto. — Kara Georg era il capo che i Dahis temevano più d'ogni altro. Dov'egli appariva, anche con ischiere male armate e da principio con un solo cannone, quivi era la vittoria per i suoi. Nel settembre del 1804 i Serbi, nelle cui file si trovavano anche dei Turchi fedeli al sultano Selim, ma avversi ai giannizzeri, inflissero ai Dahis presso Ciuprija una grave sconfitta; cosicchè poterono creare una specie di amministrazione autonoma e il primo loro Senato, che s'adunò in mezzo alle condizioni più miserevoli e alle privazioni materiali dei suoi componenti. Durante cotesto primo periodo della lotta per l'indipendenza, i Serbi si valsero dell'espediente diplomatico di combattere — come affermavano — solo *contro i capi dei giannizzeri*, ma da sudditi fedeli del Sultano; tuttavia come or ora vedremo, i loro sguardi eran già volti più in là.

Nonostante la conclusione della pace di Sistow, ch'essi consideravano come una specie di tradimento alla loro nazionalità, i Serbi avevano incominciato il loro movimento nella presunzione d'un consenso dell'Austria. Fin dai primi di maggio del 1804 Kara Georg aveva fatto sapere al Governo austriaco che la Serbia era disposta ad entrare a parte del complesso dell'austriaca Monarchia, accettando come governatore un principe austriaco. Ma l'Austria (cosa che parrebbe a pena credibile) non solo respinse la proposta serba, ma la denunziò così alla Russia come alla Turchia. Ne vennero le conseguenze ch'erano da aspettarsi: la Russia s'affrettò senz'altro a farsi innanzi come protettrice dei Cristiani di Serbia al. luogo dell'Austria. I Serbi, prevedendo che, a lungo andare, non avrebbero potuto resistere alla potenza dei Turchi, nel settembre del 1804 mandarono a Pietroburgo de' loro rappresentanti, che vi furono accolti a braccia aperte. Ma seguitando gli eroi serbi a compiere atti sempre più gloriosi, l'arciduca Carlo entrò finalmente nel concetto politico della questione, consigliando di concedere appoggio ai sollevati, e (nel 1808) persino di occupare Belgrado, la cui fortezza tuttavia si sarebbe dovuta, dopo ristabilita la quiete, rimettere ai Turchi. Se non che, gli sforzi dell'Austria arrivavano troppo tardi: la Russia mandò a Belgrado, ben fornito di denari e in qualità di console generale, il consigliere di Stato Costantino Radofinikin, il quale si diè a preparare sistematicamente la propaganda nel Principato. L'arciduca Carlo vide subito il pericolo di cotesta condizione di cose, e ottenne che si nominasse comandante supremo nella Slavonia il tenente-maresciallo v. Simbschen, che fu da allora incaricato d'invigilare sulle cose della Serbia, e di favorire in Serbia quanto più era possibile gl'interessi austriaci. Le istruzioni impartitegli sono quanto di più timido e di più goffamente calcolato si possa dare. « Il soldato e capo dell'amministrazione, dice un recente « storico austriaco (1), doveva sparire anch'esso dinanzi al consu- « mato diplomatico: venire incontro ai Serbi, senza compromettere « minimamente la Corte imperiale agli occhi vigili della Porta e « della Russia; conformare la propria condotta alle mutevoli ne- « cessità politiche; operare secondo determinate istruzioni, ma pro- « cedere tuttavia anche secondo il suo criterio individuale; saper « leggere tra le righe, e, a ogni passo fatto in avanti, tenersi « aperta una via dietro di sè; istituire con la minore spesa pos- « sibile un ufficio d'informatori in cui si potesse fidarsi; tastare il « polso davvicino all'opinione popolare; dirigere il brigantaggio « largamente diffuso e alimentato dalla sollevazione dei Serbi, e « invigilar sulle complicate condizioni della chiusura dei confini e

---

(1) V. KRONES, *Il barone Giuseppe Simbschen, e la situazione dell'Austria di fronte alla questione serba;* pag. 19.

« della contumacia; altrettanti uffici, quante vie difficili e scabrose,
« nelle quali si poteva sdrucciolare e incespicar facilmente ».

Tutto cotesto periodo della politica austriaca ha un'affinità troppo
grande con le oscillazioni più recenti dello Stato imperiale, perchè
non cediamo alla tentazione di soffermarvici ancora un istante. Quantunque l'arciduca Carlo, in un'istruzione segreta del 18 febbraio 1808,
dichiarasse al generale Simbschen che l'occupazione della fortezza
di Belgrado sarebbe stata d'incalcolabile vantaggio per la quiete e
la sicurezza delle provincie al di qua, pure gli raccomandava espressamente di proporre un tal disegno ai Serbi solo *come un'idea
tutta sua*, senza lasciar tuttavia di mettere in opera dei mezzi
di corruzione. E, quasi che già in coteste istruzioni si fosse spinto
tropp'oltre, con le successive, in data del 24 febbraio 1808, si dà
cura di postillarle anche meglio. — Ma l'opera di Radofinikin aveva
portato i suoi frutti; e la Russia aveva già in Serbia caldi aderenti, quando il prudente Kara Georg intuì il pericolo, e volle liberarsi del console generale di Russia. Il 5 aprile 1808 Kara Georg
dichiarò nuovamente in un privato colloquio al generale austriaco
la sua risoluzione d'intendersi con l'Austria. Gli espose « come la
Serbia, in seguito alla tentennante politica dell'Austria sostenuta
dall'Ungheria, fosse stata costretta a valersi della protezione russa.
Ma ora che Russia e Francia si trovavano come avversarie l'una di
fronte all'altra, la Serbia avrebbe accettato non solo la protezione,
ma financo d'essere incorporata nella Monarchia austriaca. Sola
condizione che vi ponesse, era d'essere amministrata, non insieme
con l'Ungheria, ma autonomicamente, e d'esserne aiutata di qualche
po' d'artiglierie e di frumento ». Pure, l'arciduca Carlo esitò persino
ad accettare una proposta così eccezionalmente vantaggiosa come
era questa; finchè Radofinikin pose termine a quel tergiversare,
minutando egli stesso per i Serbi una lettera di desistenza diretta
all'Austria. Simbschen n'ebbe una lavata di testa; e poichè la Russia
ebbe l'improntitudine di farne essa delle rimostranze a Vienna, il
conte Stadion dichiarò che tutta codesta faccenda era per lui affatto nuova e inverisimile. Così l'Austria s'intercludeva da sè medesima il campo della sua potenza in Oriente; e noi vedremo come
i suoi costanti sforzi affine di mantener l'integrità dell'Impero
ottomano — a parte anche il torto che si faceva con ciò all'elemento cristiano — non ad altro contribuisse, se non a spinger
sempre più innanzi verso i confini austriaci l'influenza della Russia.

Nonostante gli evidenti insuccessi, Kara Georg ancora il 4 (16) marzo 1810, nella lettera con la quale si congratulava con l'imperatore Francesco del matrimonio della figlia sua Maria Luigia con Napoleone, scriveva: « Come già nella nostra precedente lettera « del 17-29 dicembre dello scorso anno 1809, che abbiamo ripetu- « tamente osato di sottoporre alla Maestà Vostra per mezzo del « comandante e generale d'artiglieria barone v. Simbschen, abbiamo « solennemente dichiarato aver desiderato sempre e sempre desi- « derare di trovar la nostra felicità sotto il gloriosissimo scettro « dell'Austria, così anche ora ci affidiamo e commettiamo le nostre « sorti e quelle del nostro paese, riscattato a sì caro prezzo col nostro « sangue, alle sacre mani della imperiale regia Maestà Vostra e « della imperial regia Maestà del Grande Napoleone. Maestà! col « mezzo di questi nostri delegati Ivan Savich e Jugovich, segretario « del Consiglio nazionale, noi ci prostriamo ai piedi di V. A.; non « respinga l'imperiale e regia Maestà Vostra una nazione, del « cui eterno affetto, della cui fedeltà e devozione al trono dell'Al- « tezza Vostra deve la imperial regia Maestà Vostra esser convinta ».

Oltre al partito austriaco capitanato da Kara Georg e al partito russo guidato principalmente dal vescovo di Belgrado, Protich, se n'era già fin da allora formato un terzo, quello *della grande Serbia,* con alla testa Mladen, il quale aspirava alla ricostituzione dell'impero dei Nemanjidi.

La Russia giocava di fronte alla Serbia un giuoco esattamente simile a quello che abbiamo avuto più sopra occasione di caratterizzare nelle sue relazioni con la Rumenia e con il Montenegro. Essa si guardava bene, dal volerle procacciare una reale indipendenza, la quale in certe eventualità avrebbe potuto render superflua la sua intervenzione; ond'è che, anche più tardi, nei suoi accordi con la Porta, essa non pattuì veruna specie di garanzie per la Serbia; anzi rinfocolò, per contro, le discordie tra Kara Georg e il presidente del Senato Mladen. Per tal modo, ne conseguì una nuova sequela di guerre tra la Serbia e la Turchia, che non cessarono neanche con l'importantissima pace di Bucarest — nella quale la Russia, per poter disporre di tutte le sue forze combattenti contro Napoleone I, pose in seconda linea ogni altro interesse —, ed ebbero il loro epilogo nella disfatta dei Serbi dell'anno 1813, e nella fuga di Kara Georg (non ancora a sufficenza chiarita) avvenuta il 3 ottobre.

Sotto Milosh Obrenovich, il quale nel 1815 riprese la lotta per la

libertà, la Serbia ottenne gl'importanti firmani del 1820 e di Adrianopoli, i quali la resero autonoma, e le concessero, verso il pagamento d'un tributo, l'elezione del proprio Principe. Il cominciamento di questa seconda e non meno rimarchevole lotta per la
libertà della Serbia fu annunziato, a gran gioia degli Osmani e
in mezzo all'orrore del mondo civile, con l'assassinio di Kara Georg.
Non aveva questi deposto mai la speranza di far ritorno in patria e
di ricominciare la lotta. Subito dopo la seconda caduta di Napoleone, s'era venuta formando nelle provincie cristiane della Turchia
e nella Grecia una vasta cospirazione sotto il nome di *Etairia*, nella
quale era riservato un posto importante all'eroe popolare serbo.
Kara Georg, il quale, vivendo negli ultimi tempi segnatamente nella
Bessarabia, s'era fatto più vicino al focolare di quella cospirazione,
e a cui da ogni parte della Serbia eran pervenuti scritti e inviti,
dove si diceva ch'essi avrebber voluto ricrearlo dal seno della
terra, incoraggiato dal console russo di Iasci, si recò durante il
luglio del 1817 nelle vicinanze di Semendria (Smederewo), non lungi
da Belgrado, dov'egli si tenne nascosto presso il Knes Vuiza che
ve lo aveva invitato; e di là eccitava Milosh a iniziare una sollevazione di popolo in comune con esso lui. Milosh, il quale non voleva
rivali, e tanto meno un rivale come costui, rivelò al Pascià di
Belgrado Marashli la presenza di lui sul suolo serbo; e il Pascià
per mezzo di Milosh, fece ripetutamente significare al Knes Vuiza
« non voler egli nè la testa di Kara Georg nè quella del suo ri-
cettatore ». Quando, poco appresso, due panduri di Vuiza appor-
tarono la testa del primo, devono essere sgorgate copiose a Milosh
le lagrime dagli occhi, e la moglie di lui, Liubiza, aver persino
coperta di baci quella testa. Ma i Turchi strapparono alla famiglia
il sanguinoso trofeo, e lo mandarono a Costantinopoli, dove fu esposto
dinanzi alla porta del Serraglio con questa scritta: « Testa del fa-
« moso capo di banditi serbo chiamato Kara Georg ». Milosh fece
dar solenne sepoltura all'assassinato a Topola, luogo di sua nascita,
e porgli il seguente epitaffio: « Qui riposano le ossa di Giorgio
« Petrovich il Nero, che nel 1804 ha dato primo il segnale della
« rivendicazione, e diventò più tardi capo supremo della nazione
« serba. Le macchinazioni dei nemici del paese lo costrinsero nel
« 1813 a passare nel territorio dell'Austria, dove fu trattenuto du-
« rante un anno; di là emigrò in Russia, e quivi fu accolto con
« grande distinzione. Lasciata la Russia per ragioni sconosciute,

« fe' ritorno nella Serbia, dove, per comando del Governo turco, gli
« venne troncato il capo. — Luglio 1817 » (1). Anche in cotesto
epitafflo si rispecchia il contrasto tra la politica orientale austriaca
e quella della Russia.

Sotto Milosh tuttavia il Principato andò del pari soggetto ai ripetuti intrighi dei Russi. La Russia continuò a tenere dalla parte
del Senato contro il Principe; tanto che, sebbene la politica russa
fosse combattuta dall'Inghilterra, essa condusse il 13 giugno 1839
all'abdicazione di cotesto secondo eroe popolare, al quale il paese
doveva la sua autonomia. Durante il governo di Michele Obrenovich,
succeduto al fratello Milan — ch'era salito al Governo a 21 anno
con iscarsa salute, e morì già l'8 luglio 1839 —, i reggenti Tom-
maso Vucich e Abramo Petronievich, i cui intrighi trovavano un
ostacolo nel predominio che la principessa Liubiza, madre del Principe, esercitava su di lui, commisero un vero tradimento contro la
patria, invocando l'intervento della Turchia contro il Principe:
il quale, infatti, nell'agosto 1843 soggiacque a una politica piena ·
di raggiri. Della sorte del suo successore Alessandro Karageorgevich (1842-1858), e del richiamo del settantottenne principe
Milosh (1858-1860) abbiamo più sopra fatto menzione. Il fondatore
del nuovo Stato serbo visse tanto da vedere ancora, nel tramonto
della sua vita operosa, benchè non scevra di errori, l'emancipazione della sua patria dal protettorato russo e una relativa indipendenza sua dalla Turchia. Gli avvenimenti che si svolsero sotto
il secondo governo del figlio di lui Michele (1860-1868) cadono
adunque nel tempo del regno del sultano Abdul-Aziz, e sono di
particolare importanza, come quelli che hanno sostanzialmente contribuito alla dissoluzione dello Stato ottomano.

Il 15 giugno 1862, ai moti rivoluzionarii della Bosnia, dell'Erzegovina, del Montenegro e della Serbia venne ad aggiungersi in
quest'ultimo Principato un avvenimento che parve quasi suscitato
a bella posta per attizzare un nuovo incendio. La conferma della

---

(1) Cfr. I. REINACH, *La Serbie et le Montenegro*, pag. 105, e il *Saggio* di
CUNIBERT. — In RANKE e in altri l'esposizione differisce non poco dalle sopraccennate. Cunibert, che sotto Milosh fu medico capo a' servizi della Serbia,
esponendo l'opera di Milosh in pro della salvezza di Kara Georg, l'ha fatto verosimilmente in seguito alle indicazioni di lui. Le sue informazioni sono tuttavia
del più alto interesse.

legge di successione novamente emanata dalla Scupcina, ch'era
già stata richiesta dal vecchio principe Milosh, venne dalla Porta
riflutata, col pretesto che l'autorità sua si trovava a ogni momento
scossa per effetto dei rivolgimenti che alteravano gli onori da lei
conferiti. Milosh aveva risposto « che la Serbia non domandava già
delle nuove concessioni, ma semplicemente l'esecuzione delle disposizioni sovrane del 1833 e 1838. Il *Hatti* del 1830 aveva espressamente prescritto che i comandanti turchi e i Moselim potessero
abitare soltanto nelle fortezze, spettando la giurisdizione del paese
quind'innanzi al Principe; e che ai Musulmani che non appartenevano alle fortezze la dimora colà fosse vietata. Tali disposizioni
tuttavia non essere state osservate. Avere il firmano del 1837 concesso un termine di cinque anni a quei Turchi contemplati dal-
l'art. 15, perchè espatriassero dalla Serbia; ma nessuno di quelli
ne aveva tenuto conto. Or la Serbia esigeva pertanto: il riconoscimento del diritto ereditario de' suoi Principi; la stretta applicazione
del firmano del 1830; e l'abrogazione della legge del 1858, la quale
considerava le relazioni del Principe verso il Senato in una forma
che limitava l'elezione di quello ». A ciò la Porta aveva risposto:
« Non contestare ella minimamente alla Serbia il diritto di eleggere
i proprii Principi; avere riconosciuto Milosh, ed esser disposta a fare
il medesimo verso il figlio di lui. Quanto alla dimora dei Musulmani nel Principato, potere il Principe intendersi sopra di ciò col
Pascià di Belgrado. Inoltre, essere la Porta disposta ad accettar
le deliberazioni d'una Commissione, nominata per una' metà dal
Sultano e per l'altra metà dal Principe. Ma quali motivi poteva
avere la Serbia per domandare l'abrogazione dell'*ustav* del 1858?
Non potere i Serbi dimenticare che, se l'amministrazione interna
era di lor pertinenza, le forme del governo e dell'amministrazione
dipendevano unicamente dal Sultano, come in propria parte della
sua sovranità ».

Per verità, poichè l'art. 29 del trattato di Parigi aveva garantito
alla Porta il diritto di tenere una guarnigione nella Serbia, l'insistenza da parte della Turchia nel tener fermo a questo punto non
era senza ragione; ed aveva anche un potente appoggio nella politica dell'Inghilterra e dell'Austria, delle quali la prima non tol-
lerava alcun'altra diminuzione dell'Impero ottomano, mentre la seconda da un'assoluta emancipazione della Serbia temeva i disegni, per
essa pericolosi, d'un grande Stato serbo. Il principe Michele, il quale

Re Milan di Serbia.

aveva approfittato dell'intervallo corso tra il suo primo e il secondo governo per procacciarsi una conveniente educazione nelle capitali europee, assunse di fronte alla Porta un atteggiamento assai dignitoso; e ai contadini bosniaci e montenegrini fuggiaschi concesse, per mezzo d'una legge speciale, asilo e protezione nel suo paese. La Scupcina uscita dalle nuove elezioni corrispose ai vivi sentimenti del paese, deliberando l'istituzione d'una guardia nazionale, destinata a dar man forte all'esercito. La Porta indirizzò una protesta alle Potenze contro cotesto contegno ostile della Serbia; ma le Potenze firmatarie del trattato di Parigi rimasero anche ora come per l'innanzi divise, schierandosi Austria e Inghilterra in favore della Porta, mentre Russia, Francia e Prussia approvavano la condotta dei Serbi.

S'era intanto adunata a Belgrado la Commissione mista consentita dal Sultano. A cotesta nuova concessione la popolazione turca s'inasprì; tra i soldati turchi e i serbi si venne ripetutamente alle mani, e persino — il 16 giugno 1862 — a un omicidio, perpetrato sulla persona d'un giovane serbo: il che condusse e gli uni e gli altri a far uso delle armi, tantoché ne restò vittima un ufficiale che accompagnava il ministro Garascianin. Il console inglese Longworth ci si mise di mezzo, e ottenne dal comandante turco della fortezza la promessa di ritirar le truppe dai corpi di guardia nel forte stesso, a patto che Garascianin avesse coperta questa ritirata, e si fosse reso mallevadore per l'incolumità dei Turchi e delle loro proprietà. Se non che tale accordo era appena concluso, quando, tutto ad un tratto, il 18 giugno 1862 incominciò dalla fortezza il bombardamento della città, che durò per ben cinque ore, cagionando danni non lievi. In presenza di questo avvenimento gravemente lesivo delle disposizioni del Congresso di Parigi, Drouyn de Lhuys propose la convocazione d'una Conferenza a Costantinopoli; la quale, sotto il preponderante influsso del marchese de Moustier, il 4 settembre fissava in un protocollo le disposizioni fondamentali seguenti: « Il Governo turco rimetteva nelle mani del Governo serbo, con la condizione di risarcirne i proprietarii, il pieno possesso di tutti i territorii attualmente appartenenti ai Musulmani, nei sobborghi di Belgrado: nei quali tuttavia i Serbi non potevano erigere alcun edifizio destinato a scopi militari. La spianata della fortezza veniva rettificata; se ne limitava il presidio; al comandante turco della fortezza s'impartivano prescrizioni determinate; i distaccamenti dell'esercito reclutati tra gli stranieri dimoranti in Serbia erano sciolti; finalmente — con singolare scetticismo — gli articoli 28 e 29 del trattato di Parigi relativi alla Serbia venivan nuovamente riconfermati ».

La conservazione della fortezza di Belgrado era cosa poco atta a tranquillare i Serbi. Il principe Michele assunse pertanto un'attitudine risolutamente bellicosa, e la Russia mostrò apertamente d'appoggiarlo. Del pari benevoli si mostrarono alla Serbia la Francia e l'Italia; onde la Porta, non potendo contare nè sull'Austria, indebolita in questo frattempo dalla guerra contro la Francia, nè su di un intervento materiale dell'Inghilterra, si rassegnò a rinunziare del tutto al suo diritto di guarnigione in Serbia. Il principe Michele volle ringraziarne personalmente il Sultano a Costantinopoli; non però depose il pensiero della piena indipendenza del suo paese: chè anzi, assecondando la corrente che di più in più s'allargava del panslavismo, proseguì negli armamenti, i quali non cessarono neanche di fronte alle serie rimostranze di Alì Pascià e della maggior parte delle Potenze firmatarie del trattato, tra le quali la Francia medesima.

Per questi ed altri moti rivoluzionarii la Porta si trovò messa a dura prova; ma non osò provocarne una nuova guerra. Un tragico fatto venne ad arrestare il corso degli avvenimenti.

Il 16 giugno 1868 il principe Michele, al quale erano state occultate certe voci correnti d'una congiura tramata contro di lui, stava passeggiando con due dame sue parenti — la cugina sua Anka Costantinovich e la diciottenne figlia di questa, Caterina — nel giardino zoologico di Topcider. Dietro a loro veniva, con la madre dell'Anka, la vecchia Tomanja, un figlio (Svetozar) del pocanzi dimessosi ministro Garascianin. Quattro uomini, attraversando la via al Principe, dopo d'averlo salutato scaricarono improvvisamente quattro colpi di rivoltella, che ferirono lui e Anka, mentre la figlia di questa ne riportava anch'essa due ferite. Svetozar Garascianin cercò di difendere il corpo del Principe, ma non potè impedirne uno scempio crudele. — Il matrimonio del Principe con la contessa Giulia Hunjady era rimasto infecondo, e la sua intenzione d'unirsi con la cugina in secondo grado, la già nominata Caterina Costantinovich, non aveva potuto effettuarsi per motivi di religione. Il Governo provvisorio, pertanto, costituitosi subito dopo la sua morte, dovette chiamare al trono l'ultimo rampollo della famiglia Obre-

novich, il giovane Milan, nipote di Efraim Obrenovich, il quale
allora studiava a Parigi. — Col principe Michele tramontava uno dei
più recenti sogni d'un grande Stato serbo. Alessandro Karageorgevich, che viveva in Ungheria, venne accusato quale istigatore
dell'omicidio e condannato a vent'anni d'ergastolo; se non che,
non venne dall'Ungheria estradato. Quanto agli assassini stessi,
furono giustiziati. — Degli storici eminenti, come il Ranke (1), han
cercato di scagionare il discendente di Giorgio il Nero, considerando
il suo confidente Paolo Radomanovich come il vero istigatore di
tutta la cospirazione. Pure, non sarà facile alla famiglia di Karageorgevich di purgarsi dal sospetto che pesa sopra di essa.

L'effetto prodotto da tanti avvenimenti sulla Corte ottomana e
sulla Sublime Porta fu soltanto quello di render più intenso che
mai l'odio ardentissimo contro i Cristiani e il sovrano disprezzo verso
la Diplomazia europea, che distruggeva con l'una mano quello che
s'era sforzata di tenere in piedi con l'altra. Così da parte dei Fanarioti — gli eredi della società bizantina — striscianti al piede
dei Sultani, come da parte degli ambiziosi Rumeni e degli Slavi
della penisola balcanica tolti all'aratro, ogni più piccola concessione
o conquista costituiva un'arma per nuove sollevazioni. A ciò s'aggiungeva la politica assorbente della Russia, e le contraddizioni
nell'attitudine della Francia — la quale, dopo essersi fatta madrina
della mezza indipendenza dell'Egitto, gettava uomini e milioni nella
guerra di Crimea, per istrappar poi e Rumeni e Serbi al corpo
dell'Impero ottomano —, e da ultimo, in fondo a tutto, la convinzione
che ciò procedeva da genti sprovvedute della vera fede; le quali,
pertanto, commettevan peccati non solo contro l'antico diritto di
conquista, ma contro Dio stesso! Persino quelli tra i diplomatici
turchi ch'eran venuti a più intimo contatto con l'Occidente sten-
tavano a rendersi conto di quei nuovi avvenimenti del viver del
mondo, e a conformarvi il viver loro; e i loro sforzi per attinger
di là le riforme avevan radice assai più nel lor proprio istinto di
conservazione, che non nella convinzione dell'eccellenza di quelle.
Nè gli uomini stessi come Fuad sapevano affrancarsi da certi vizii,
inerenti alla natura orientale. Per opporsi all'imminente tracollo
sarebbe stata appena bastante un'indole d'un vigore antico, come

_____

(1) Vol. 43 e 44, pag. 512.

quella di Mahmud II: il quale, pure, dal furore e dalla disperazione era stato spinto sovente a intemperanze cui non sapeva sottrarsi. Tanto meno, adunque, poteva esser capace d'impedire il crollo dell'Impero un Sovrano privo d'alte doti naturali, senza cultura e senz'energia, qual era Abdul-Aziz. L'unica virtù sua, forse, era il suo abborrimento per l'Europa; ma poichè l'antica potenza barbarica dei Musulmani era scomparsa, mentre d'altrettanto s'era accresciuta per istrumenti di lotta quella dell'Occidente, quell'odio, che sognava guerre contro l'Europa intera, poteva aver per conseguenza l'immediato smembramento dell'Impero degli Osmanli. Ond'è, che può bene esser fondata sulla verità quella tradizione, a cui accennammo più sopra, che Fuad Pascià, a fine di rendere innocuo il pericoloso furore del suo Sovrano, gli avesse egli medesimo aperto dinanzi il baratro del sibaritismo. Se, come vedremo, egli abbreviava con tal mezzo la vita d'un sol uomo infermo, prolungava, in ogni modo, quella del corpo dello Stato che già Caterina II, prima ancora dell'Imperatore Niccolò, aveva designato come degenerante in putredine.

XXXIII.

La sollevazione di Candia

La penisola balcanica e la Rumenia non furono in quel tempo l'unico teatro degli avvenimenti rivoluzionarii nell'Impero ottomano.

L'isola di Creta, estesa di ben 8618 chilometri quadrati, posta tra la Grecia e l'Asia minore, e nella quale vivono al presente accanto a 38.000 Maomettani 234.000 Cristiani, i più di greca origine (1), fin dal tempo che, nella seconda metà del secolo XVII, era passata dalla signoria di Venezia a quella ottomana, non aveva mai goduto d'una perfetta tranquillità. Sotto gli Osmanli la sua decadenza era inevitabile; ma nè l'eroismo degli Sfakioti, abitatori delle montagne inaccessibili, e gloriosi della lor discendenza da Roma, nè la partecipazione alla lotta per la libertà dei Greci eran bastati a scuotere il giogo dei Turchi. Una diplomazia senza cuore, che, inoltre, male aveva calcolato l'energia vitale della Grecia, ridonava nel 1832 l'isola nelle mani dei Turchi. Dopo che Mehemet Alì l'ebbe tenuta un certo tempo sotto di sè come a compenso dei servigi da lui prestati al Sultano durante l'insurrezione dei Greci, essa venne nuovamente, per considerazioni politiche, ricondotta nel 1840 sotto l'immediata dipendenza del Sultano. Già altre volte i Candiotti erano insorti, nel 1770, nel 1821 e nel 1841. L'anno 1858, gli abitanti, oppressi dal peso delle imposte, abbandonati in balìa di arbitrii senza nome, ancora una volta si sollevarono sotto il governo di Velì Pascià; e solo a fatica era riuscito al grande ammiraglio Hamed Pascià di sedare per mezzo di varie concessioni l'insurrezione. L'esempio del trapasso delle isole Jonie al regno di Grecia, effettuatosi nel 1864, aveva prodotto un'altra volta l'accensione dei materiali incendiarii sì a lungo accumulati. Il 26 maggio 1866 vi si tenne una grande adunanza di popolo, la quale si rivolse al Sultano con molte lagnanze e con molte domande di riforme. La supplica, stesa nei termini della maggior sottomissione, poneva in rilievo: « che le promesse fatte nell'anno 1858 d'un'attenuazione nella misura delle imposte non solo non erano state mantenute, ma anzi le imposte erano state in quella vece aumentate; che il circondario di Sfakia si trovava in possesso d'antichi privilegi, i quali dovevano esser mantenuti; che nell'isola non c'erano nè strade nè ponti; che i diritti comunali e provinciali, riconosciuti all'isola nel 1858, nell'ordinamento elettorale presente non esistevano; che

---

(1) Fuad Pascià, nella sua Circolare del 4 aprile 1867, della quale si farà parola più innanzi, ha esposto in maniera diversa dall'apprezzamento presente i rapporti della popolazione di Creta in quel tempo.

non ostante l'art. 29 del *Hatti* imperiale, una Banca agricola non
era stata punto istituita; che i tribunali eran corruttibili, e non
si permettevano le deposizioni testimoniali dei Cristiani dinanzi ai
tribunali di prima istanza; che la libertà individuale non era rispettata; che scuole e ospitali avevan bisogno di riforme; che in
luogo di tre soli porti aperti al commercio dovevano stare a disposizione dei traffici tutti quanti i porti dell'isola; che i Turchi che
passavano al cristianesimo venivan banditi e diseredati; che, finalmente, per tutti coloro i quali avevan preso parte ai moti popolari
era necessario fosse proclamata una generale amnistia ».

È prezzo dell'opera mettere particolarmente in rilievo come un
tale programma — la cui equanimità venne espressamente riconosciuta in un dispaccio del console francese a Candia del 1.° giugno 1866 — non poteva essere se non l'espressione d'un popolo
civile; e che soprattutto la condizione delle cose, in questa greca
isola, presentava la singolarità, che in essa eran frequenti i matrimonii misti fra cristiani e maomettani: ciò che è pur sempre un
indizio della tolleranza religiosa che vi si faceva strada. Conformemente al sistema preferito a Costantinopoli, di trascinar le cose
per le lunghe, appena il 23 luglio la Porta (nella forma d'un rescritto al Governatore generale Ismael Pascià) rispose con un rifiuto,
e rinforzò i suoi presidii nell'isola, minacciandola anche di misure
repressive. I Cristiani, poichè la risposta contenente il diniego venne
a lor conoscenza appena ai primi d'agosto, non se ne stettero
inattivi; e presso Apocorona si adunarono in armi, con 10.000
uomini in tutto, incontro all'esercito turco, del doppio più forte.
Subito dopo il primo scontro sanguinoso, l'assemblea del popolo
il 28 agosto 1866 votava un appello ai rappresentanti delle Potenze, nel quale manifestava la sua volontà di veder Creta unita
alla madre patria; e il 2 settembre proclamò la decadenza della
signoria turca e l'unione dell'isola con la Grecia sotto lo scettro
di Giorgio I. Intanto Ismael Pascià era stato battuto a Crissa e
ad Apocorona, e un altro distaccamento turco aveva subita una
sconfitta presso Selino. A Costantinopoli s'incominciò a temere che
la sollevazione potesse prender proporzioni più gravi; si richiamò
pertanto Ismael Pascià; e, mentre si mandavano rinforzi, veniva
nominato a Governator generale l'antico Governatore dell'isola,
Mustafà Naili Pascià, il quale portava il soprannome di *Kirilli* (il
Cretico), e doveva avere una particolar cognizione delle condizioni

del luogo. Dalla Grecia s'erano radunati a poco a poco circa 2000
volontarii, inviati dalle associazioni esistenti in Atene: di modo che
il nuovo Governatore, in considerazione di codesti agitatori, fissò
ai ribelli per la loro piena sottomissione un termine di cinque
giorni. L'assemblea del popolo allora si rivolse nuovamente ai rappresentanti delle Potenze, con la preghiera di concedere agl'insorti
delle navi per la salvezza delle donne, dei vecchi e dei fanciulli:
il che, anche senza prender parte apertamente per i sollevati, fu
fatto.

Il 22 novembre 1866 Kiritli assalì il convento fortificato di Arcadion, intorno al quale si svolse un accanito combattimento; e
quando i Turchi dopo lunga resistenza riuscirono a penetrarvi,
l'abate Gabriele — secondo le tradizioni cretesi, smentite tuttavia
dai Turchi — fece saltare in aria il chiostro, seppellendo sè stesso
tra le rovine. Questo ed altri avvenimenti accrebbero l'interesse
verso la sorte dei Cristiani cretesi in tutta l'Europa e specialmente
in Russia, sebbene anche in Francia e in Inghilterra s'iniziassero
delle collette in pro degli oppressi; e la Porta si dovette ricordare
che le Potenze, per allora, non le avevano ridonata l'isola incondizionatamente. In conformità d'una deliberazione segnata nel protocollo del 20 febbraio 1830, i rappresentanti delle due Potenze
occidentali e della Russia, accreditati presso di lei, le avevano
rimessa una Nota nella quale si diceva: « I sottoscritti sono in-
« caricati dalle loro rispettive Corti di richiamar l'attenzione del
« Sultano su di un oggetto che a loro sta sommamente a cuore.
« Come già essi hanno affermato altra volta, le isole di Samo e
« di Creta devono rimanere sotto la signoria della Porta, e indi-
« pendenti da quella nuova Potenza che s'è stabilito di costituire
« in Grecia; cionnondimeno, le dette Corti, in virtù degli obblighi
« da esse reciprocamente assunti, si stimano tenute a garantire
« agli abitanti di Creta e di Samo la piena sicurezza contro qual-
« sivoglia reazione, relativa ai passati avvenimenti ai quali quelle
« hanno preso parte; ed esigono dalla Sublime Porta una siffatta
« sicurezza, impegnandola a costituirla saldamente per mezzo di
« precise sanzioni, le quali, sia ricollegandosi con gli antichi loro
« privilegi, sia concedendone loro di tali quali l'esperienza ha di-
« mostrati necessarii, garantiscano a quelle popolazioni un'effettiva
« tutela contro misure oppressive ed arbitrarie. I tre Gabinetti
« apprenderanno di buon grado come la Sublime Porta, nella sua

« illuminata esperienza (1), si sia persuasa da sè medesima che, in
« presenza delle relazioni e di vicinato e religiose che uniscono
« i Greci di Samo e di Creta con i sudditi del nuovo Stato, un'am-
« ministrazione equa e paterna sarà il mezzo più sicuro, per mantener
« quivi intatta la sua signoria sopra basi incrollabili ».

Tali condizioni, in un tempo nel quale di riforme a favore dei
Cristiani nelle restanti provincie della Turchia ancor non si faceva
parola, sono di speciale significato, tanto più che il 24 aprile 1830
esse furono dalla Porta incondizionatamente accettate. Vedremo
ben presto fino a che punto la politica degl'interessi dei singoli
Governi facesse strazio dell'accordo del 1830. La prima a far uso
del diritto d'intervento che s'era iniziato coll'anno 1830 fu la Russia.
Il principe Gorciakow il 20 agosto 1866 rivolgeva un invito a Parigi
e a Londra, perchè si movessero delle rimostranze in comune presso
la Porta; e subito fin dal giorno seguente, proprio quando avveniva
la nomina di Mustafà Kiprili, autorizzava il generale Ignatiew, per
il caso che non avesse potuto mettersi d'accordo con i colleghi suoi
di Costantinopoli, a procedere «amichevolmente, ma energicamente».
Al Gabinetto di S. Giacomo coteste aperture della Russia eran venute
in sospetto. Lord Stanley consigliò un'estrema prudenza, se non si
voleva correre il pericolo di risollevare un'altra volta tutta la questione d'Oriente. Ma Drouyn de Lhuys fu di diverso parere. Non
appena ebbe notizia del passo fatto da Gorciakow, incaricò il
24 agosto il marchese de Moustier a Costantinopoli di proporre
alla Porta, d'accordo con i rappresentanti dell'Inghilterra e della
Russia, l'invio a Creta d'un Commissario straordinario, il quale potesse fare un'inchiesta intorno al vero stato delle cose, e disporre
delle misure adatte all'uopo. Durante cotesta azione diplomatica,
la Russia si tenne costantemente in prima fila. Quando il marchese
de Moustier il 16 novembre 1866 iniziò delle trattative per un'intesa
comune circa la questione d'Oriente, il principe Gorciakow scriveva
al barone von Budberg a Parigi: « Pregate l'imperatore Napoleone
« di ricordarsi del colloquio che il nostro augusto Signore ebbe
« con lui a Stoccarda. Le vedute che l'Imperiale Maestà Sua gli
« ha comunicate in quel tempo circa l'avvenire d'Oriente non si
« sono punto mutate; i suoi concetti fondamentali son rimasti gli

_____

(1) Nella gonfiezza del testo francese è detto: *dans sa sagesse éclairée.*

« stessi ». Quanto a Creta, poi, si proseguiva affermando « esserci
una sola soluzione plausibile, vale a dire l'incorporazione alla Grecia.
Che se ciò paresse un mezzo troppo radicale, si sarebbe potuto
almeno fare di Creta uno Stato indipendente, legato alla Porta
soltanto per una semplice relazione di vassallaggio, simile a quello
sussistente per i Principati danubiani. Sarebbe stata una via per
venirne a un incorporamento alla Grecia, che tosto o tardi sembrava inevitabile. Che se ciò avesse dovuto portare, contro ai desiderii della Russia, a una maggiore estensione delle sollevazioni
dei Cristiani, la Russia avrebbe stimato impossibile che una qualsiasi
Potenza cristiana prendesse materialmente partito per la Turchia,
e contro la disperazione delle popolazioni cristiane medesime. L'unica
via diritta consistere adunque nel non intervento: ciò che appunto
la Russia voleva fare, quando le altre Potenze facessero lo stesso ».
— Era cotesta una variante delle aperture fatte dall'imperatore
Niccolò rispetto a sir Giorgio Hamilton Seymour; e vi mancava
solo l'intesa circa la spartizione della preda.

L'Inghilterra si fè innanzi con una proposta determinata appena
nel gennaio del 1867. Nel suo dispaccio del 17, lord Stanley non
senza ragione metteva in rilievo come, « se Creta avesse avuta al
pari di Samo una popolazione esclusivamente cristiana, le si sarebbe
potuto dare un governo simile a quello che possedeva quest'ultima.
Ma la difficoltà maggiore stava nella mistione delle razze. Si sarebbe
potuto, per tanto, nominare a Creta un Governatore cristiano, al
quale fosse posto a fianco un Consiglio dove Cristiani e Musulmani
sedessero a parità di voti ». Ma tale proposta doveva fin dalle
prime restar senza effetto, perchè lord Stanley contemporaneamente
si protestava tuttavia avverso a « una troppo accentuata ingerenza
della Porta; la quale avrebbe potuto così accettare, come respingere
tali suggerimenti ». Anche da parte francese le trattative vennero
proseguite senza alcun frutto. Ciò non di meno, la Porta vedeva
bene come, dopo lo scacco della missione di Mustafà Kiprili e di
fronte all'intervento della Russia e della Francia fondato sugl'impegni precedenti, qualche novità si preparava; per la qual cosa fece
il tentativo d'un componimento, mandando a Creta Sever Effendi,
con l'incarico d'invitare entrambe le corporazioni religiose a mandar
dei rappresentanti a Costantinopoli. I Cristiani adunati a Sfakia
respinsero codesto tentativo già nei primi mesi dell'anno 1867, dichiarando subito fin dal principio *traditori* quei rappresentanti del

popolo che si fosser recati colà. In pari tempo, istituirono in nome di Giorgio I un Governo, composto di sette membri, e il 13 febbraio un manifesto firmato da Zimbrakaki dichiarava: « che se fin dal secolo XV l'Europa era stata salvata dall'invasione dei Turchi, ciò era dovuto soltanto ai Greci, i quali avevan ricusato d'accomunar la propria civiltà con la rozza violenza del conquistatore. Esser l'unione di Creta alla Grecia una questione d'interesse universale ». Alcuni deputati, attratti con l'astuzia a Costantinopoli, protestarono: testimoniando così della assoluta compattezza e solidarietà di quel movimento, che imponeva alla Diplomazia un còmpito ch'era vano respingere.

Il marchese de Moustier era stato frattanto chiamato al Ministero delle relazioni esteriori al posto del presidente Drouyn de Lhuys, mentre Bourré l'aveva sostituito a Costantinopoli. L'8 di marzo del 1867, si scriveva da Parigi (incredibile, ma vero) all'ambasciatore francese, che la Porta avrebbe compiuto un atto di grande saviezza, qualora avesse seriamente interpellata la popolazione di Creta: vale a dire, se avesse ivi applicato il diritto di suffragio universale. — Che a tale uscita acconsentisse la Russia non può far meraviglia, ma sì, che vi aderissero, ad eccezione dell'Inghilterra, le altre Potenze. Per tal modo avvenne che Fuad Pascià, rivestito allora dell'ufficio degli Esteri, in una sua Circolare del 4 aprile, potesse alle Potenze dare una lezione. Secondo il tenore di questa, egli aveva, non senza ironia, dichiarato all'ambasciatore francese « non esser egli competente a discutere circa il valore del diritto d'universale suffragio; ma riposar nell'Impero ottomano il diritto di sovranità sopra ben altri fondamenti del giure. Essere impossibile che il Governo del Sultano si lasciasse spogliare, ricorrendo a un plebiscito nell'isola di Creta, il quale al domani avrebbe potuto estendersi a tutto quanto l'Impero, dei diritti suoi; nè poter esso acconsentir mai a conceder tutto quello che la popolazione dinanzi alle porte stesse di Costantinopoli avesse voluto pretendere. Creta non potersi paragonare nè con Samo nè con i Principati danubiani; giacchè coteste regioni eran tutte abitate da una popolazione omogenea. Ma in Creta eran 120.000 Musulmani e 200.000 Cristiani; e più della metà del territorio apparteneva ai primi. Esser quindi impossibile, sia a Creta sia in altre parti dell'Impero, importare istituzioni cristiane. Avere la Porta, in favore de' suoi sudditi cristiani, introdotto il concetto fondamentale dell'uguaglianza: ma non volere che cotesto concetto, invece di fare ai Cristiani largo posto nell'amministrazione del paese, portasse all'esclusione dell'elemento musulmano ». Per quanto poi concerneva il passaggio dell'isola di Creta alla Grecia, Fuad aveva dichiarato all'ambasciatore francese « che *a ciò sarebbe stata necessaria un'altra Navarino.* Certo, poichè oggi non ci sarebbe stata nessuna Potenza capace di resistere alle forze delle grandi Potenze unite, l'impossibilità di far fronte a una coalizione armata dell'Europa non avrebbe potuto umiliar la Porta; ma, dato pur che una siffatta coalizione dovesse, contro a tutte le leggi dell'equità e dell'umanità, avere effetto, essa avrebbe dovuto non solo annientare l'armata e l'esercito turco, ma cacciar benanco a viva forza i 120.000 Musulmani cretesi, e affrontar tutto ciò che avesse lor potuto suggerire la disperazione ». Nè la Porta si limitò a questo superbo linguaggio; e, poichè i suoi tentativi di mediazione erano andati a vuoto, affidò al più provato de' suoi generali, Omer Pascià, l'assoggettamento dei sollevati. Fu ancora una volta la Russia a mettersi di mezzo a favore dei Cristiani candiotti, intromettendosi il 24 aprile 1867 col mezzo di Ignatiew perchè Omer Pascià non incominciasse le ostilità. Quattro giorni più tardi, la Francia affacciò a Costantinopoli lo stesso concetto, ma con altrettanta scarsa efficacia quanto la Russia. Il 17 di maggio si venne persino a una Nota collettiva, a cui la sola Inghilterra si tenne estranea, e con la quale si suggeriva nuovamente il consiglio d'interrogare la popolazione di Creta circa i bisogni in cui versava.

La Diplomazia, disarmata dalle difficoltà stesse della condizione presente, parve aver dimenticato che i Candiotti avevan respinta ogni altra soluzione che non fosse quella della loro unione alla Grecia. Tuttavia Fuad acconsentì, sotto certe condizioni, al consiglio delle Potenze; ma dopo qualche tentativo fatto persino personalmente presso il Sultano, durante il suo viaggio a Parigi per l'Esposizione, affine di guadagnarlo a cotesta specie d'inchiesta parlamentare sulle condizioni di Creta, l'Inghilterra ne lo distolse; talchè altro non restò se non rimettersene alla decisione delle armi. Le cose però si complicaron quivi anche peggio, per la scarsa fortuna che arrise a Omer Pascià nelle iniziate sue imprese. Il suo piano consisteva nel ricacciare i sollevati verso i monti di Sfakia, per chiuderveli entro e annientarli. Or cotesto disegno, nonostante alcuni lievi vantaggi da lui riportati, fallì; le crudeltà commesse sotto il comando supremo d'un rinnegato accrebbero l'esacerbazione degli animi, e il Governo provvisorio si determinò a emetter dei pubblici atti di corseggiamento e di rappresaglia. Di fronte alle atrocità perpetrate contro donne e bambini, i consoli di Russia e di Francia sollecitarono i rispettivi Governi a spedir delle navi; e così parecchi tra gli inermi poterono da legni russi e francesi, e persino austriaci, esser portati in Grecia. Al prolungarsi della sollevazione contribuì sostanzialmente il fatto che dalla parte della Grecia le vennero aiuti non solo di volontarii, ma e di provviste di viveri e di munizioni da guerra. La chiusura completa degli sbocchi dell'isola era così poco riuscita alla squadra di Hobart Pascià, che al battello a vapore greco *Arcadion* riuscì ben venti volte di rompere il blocco. Il 21 agosto del 1867 tre navi turche posero fine a quell'eroica prestazione d'aiuti. Il comandante dell'*Arcadion*, Curentis, riuscito a salvarsi in un porto di rifugio, appiccò il fuoco egli stesso alla carcassa, già gravemente danneggiata dalle palle dei Turchi. I Greci gliene sostituirono un altro, al quale avevano significantemente posto nome *l'Unione*.

Nell'agosto del 1867, avendo Alessandro II fatto un viaggio a Livadia, Fuad Pascià si recò egli stesso con intenzioni conciliative colà; ma, non che riuscirvi ad accordi di veruna specie, ne riportò anzi l'impressione che la soluzione russa della questione consisteva unicamente nel distacco di Candia dalla Turchia. Secondo notizie degne di fede, il linguaggio tenuto da Alessandro a Livadia verso il Ministro turco avrebbe avuto un'intonazione poco men che di sfida. In conformità di ciò, gli ambasciatori di Russia, Francia, Prussia ed Italia a Costantinopoli proposero anche, il 27 agosto, di proclamare un armistizio di tre mesi, e di convocare una Commissione d'inchiesta *internazionale*. Il 4 settembre la Porta rispondeva con un rifiuto. Essa acconsentiva solo a un mese di armistizio, restando ininterrotto il blocco; concedeva libera la partenza degl'insorti, così indigeni come estranei, dall'isola; ma dichiarava « che, poichè l'incorporazione alla Grecia apparteneva al numero delle cose impossibili, si trattava soltanto d'un'intesa circa i restanti desiderii dei Cretesi. Quanto alle riforme, avere intenzione di concedere anche più che non fosse stato mai chiesto ». Diè compimento il 13 settembre alla sua deliberazione con la proclamazione d'una « amnistia in favore di quei Cretesi che avesser consegnato le loro armi alle autorità, e fossero ritornati ai loro focolari. Ai forestieri armati e ai paesani che avessero persistito nella rivolta, veniva concesso un termine di sei settimane, durante le quali avrebbero potuto imbarcarsi su legni stranieri o persino su navi turche, che si sarebber messe a loro disposizione. Anche ai Cretesi stessi veniva concesso d'espatriare, a patto che vendessero le loro proprietà, e più non facessero ritorno senza un particolar permesso del Governo ».

Essendosi le Potenze manifestate favorevoli, come s'è veduto, all'istituzione d'una Commissione d'inchiesta *internazionale*, non può far meraviglia che i Candiotti insistessero per questo, e in generale per una votazione popolare. In tali congiunture, l'instan cabile Gran Visir Alì Pascià prese la determinazione d'imbarcarsi egli medesimo per Creta. Egli aveva elaborato una compiuta Costituzione per i Cretesi, la quale, per l'àmbito suo (fatta eccezione quanto al distacco dell'isola, per il quale i Turchi avevan dichiarato esser necessaria una nuova Navarino), conteneva senza dubbio più di quanto in origine era stato domandato. — Giunto a Creta, Alì Pascià propose la nomina di deputati delle due corporazioni, che insieme con lui dovessero esaminare il nuovo disegno di Costituzione. Nella prima ripulsa di tale proposta da parte dell'Assemblea del popolo Alì vide nuovamente la mano della Russia; e aveva del pari in sospetto l'ambasciatore russo Butakow, che, sotto il pretesto d'imbarcar de' fuggiaschi, non desse aiuto alla sollevazione per mezzo di provviste d'ogni sorta e d'introduzione di volontarii. Cotesto sospetto non potè che farsi più vivo allorchè la Russia provocò il 29 ottobre la presentazione a Costantinopoli d'una Nota a quattro (Inghilterra e Austria vi avevan ricusato la loro partecipazione), nella quale si deplorava il rigetto dell'inchiesta internazionale, e soprattutto si rimproverava alla Porta di non aver dato insino allora nè garanzie nè riforme.

Spirato il 1.º novembre l'armistizio, Alì applicò la severità delle leggi contro i rivoltosi, pur facendosi da cotesto momento innanzi con il suo programma di riforme. Doveva questo aver carattere non solo amministrativo, ma anche politico. Un Governatore generale doveva esser posto a capo dell'amministrazione; un generale a capo del presidio militare. Il Governatore generale avrebbe presso di sè una consulta, composta di Cristiani e di Musulmani. Sotto al Governatore generale stavano i governatori dei Sangiacchi, nominati per una metà tra i Cristiani, per l'altra metà tra i Maomettani. Ai governatori cristiani sarebbero stati aggiunti, per ragioni di conciliazione, impiegati subalterni maomettani, ai maomettani cristiani. I Cantoni erano amministrati da vice-governatori; e tutti cotesti ufficiali, nominati dal Governo. Nè, in siffatto programma, era tuttavia punto dimenticato il diritto elettorale. Ogni Governatore doveva avere un proprio Consiglio d'amministrazione; in quello del Governator generale avrebber loro seggio e voto i due consiglieri di esso, il capo dell'amministrazione giudiziaria, il metropolita greco, il tesoriere generale, i direttori della corrispondenza, come pure tre Cristiani e tre Maomettani nominati per elezione. La corrispondenza d'ufficio doveva tenersi in lingua turca e in lingua greca. I Sangiaccati e i Cantoni avevano — salvo l'assistenza d'impiegati di minor grado — lo stesso ordinamento; e in quei Sangiaccati dove abitavan soltanto dei Cristiani, i sei membri eletti eran tutti cristiani. Gli erigendi tribunali civili e criminali dovevano avere giudici assistenti eletti; e propriamente, misti nei circondarii misti, nei puramente cristiani esclusivamente cristiani. Nei processi tra Cristiani e Turchi, giudicava una Corte mista. Il coronamento di cotesto edifizio, tecnicamente tutt'altro che disprezzabile, doveva consistere nell'istituzione d'un Consiglio generale da convocarsi una volta all'anno, a far parte del quale ogni Cantone nominava due rappresentanti. Un tale statuto parlamentare avrebbe dovuto occuparsi principalmente degl'interessi della coltura nell'isola.

Il 22 novembre il Gran Visir aperse cotesta Assemblea di rappresentanti, nella quale, di 75 membri, si trovavano solo 26 Cristiani. Una parte della popolazione era evidentemente stanca della lotta, e, senza le suggestioni della Russia e della Grecia, si sarebbe fino a nuovo ordine accontentata delle presenti proposte della Porta. Un buon numero di volontarii aveva già abbandonato il campo; ma con tutto ciò, gli ufficiali turchi e cristiani nominati da Alì non fecero pure un passo innanzi contro la sollevazione. Dal canto loro, i 26 deputati cristiani vollero dar prova del loro patriottismo, presentando al Gran Visir una serie di richieste, che in parte eran già contenute nell'istanza fatta in comune il 26 maggio 1866, in parte nel programma d'Alì eran già state esaudite.

Omer Pascià, indispettito contro i suoi stessi generali incapaci e contro la flotta di Hobart Pascià, che non era riuscito mai a stabilire il perfetto blocco dell'isola, s'era fin dal novembre ritirato dal comando in capo, nel quale l'aveva sostituito Hussein Avni

Mehemet-Emin-Alì Pascià.

Pascià. Sotto il costui comando ricominciarono adunque le ostilità in sul finire di quell'anno. La Russia, imperterrita, aveva condotta innanzi la sua crociata, comunicando ai suoi rappresentanti all'estero mediante una Circolare in data del 22 ottobre 1867 la già accennata dichiarazione delle quattro Potenze, e osservando, a guisa di commentario, « come la Porta, con l'ostinata ripulsa dei consigli ad essa impartiti e persino delle personali rimostranze fatte dall'Imperatore a Fuad Pascià, avesse intimamente peggiorata la situazione. Aver solo per questo la Russia provocata quella dichiarazione, già attenuata dalla Francia; respinger pertanto da sè qualsiasi responsabilità, volendo evitare che delle rivalità politiche accrescessero ancora quel già troppo scabroso viluppo della questione d'Oriente ». Nè da ciò è lecito inferire che la Russia si fosse fatta indifferente. E bisogna aggiungere che, dal momento che Russia e Grecia e i Cretesi con i suggerimenti loro, e specialmente con quell'inchiesta internazionale, non miravano ad altro che al distacco di Candia dalla Turchia, la Porta aveva, dal suo punto di vista, le più evidenti ragioni di non accettarli.

Ma prima d'esporre a questo luogo la soluzione, pur sempre provvisoria, a cui riuscì cotesto singolare conflitto, è necessario determinare un po' più da vicino qual fosse, durante lo svolgimento di esso, la politica della Grecia.

Fin dal 7 agosto del 1866 l'Assemblea nazionale cretese aveva eletto a capo supremo del Governo rivoluzionario il vecchio generale Demetrio Kalergis, noto dal tempo delle guerre dell'indipendenza greca, e nativo di Candia stessa, come l'uomo di Stato all'uopo più adatto. Sennonchè, poichè egli era grande Scudiero del Re, dovette, sebbene intimamente legato alla Russia, opporre un rifiuto. Il Governo greco, che soprattutto aveva bisogno di procedere con la massima prudenza, incominciò col comunicare alle Potenze una memoria a favore dei Candiotti, dove tuttavia non era punto manifestato il desiderio di annettersi l'isola. Anzi, il 22 ottobre 1866 il Ministero Bulgaris emanò ufficialmente una formale proibizione contro il passaggio di volontarii sul teatro dell'insurrezione. Gli avvenimenti però avevan reso necessario, il 30 dicembre 1866, un cambiamento di Ministero sotto la presidenza di Cumonduros, più favorevole alla rivoluzione. Tricupis, che vi teneva il Ministero degli Esteri, non si fece riguardo di dichiarare un mese appresso all'ambasciatore inglese, che la Grecia avrebbe fatto bensì i mag-

appresentanti delle Potenze, e chiusasi il
..inò con una dichiarazione alla Grecia, nella
parte da lei presa nell'insurrezione candiotta,
. Grecia obbligata ad attenersi nella sua con-
.imuni a tutti i Governi, anche di fronte alla
'orta procedere di pieno diritto contr'essa per
. a' suoi sudditi. Sperare tuttavia la Conferenza,
.... che, non appena la Grecia si fosse assog-
.. di quella, il pericolo d'una guerra potesse

. difficoltà, re Giorgio riuscì a crearsi un Mini-
.iale in un notevolissimo proclama al paese espose
.ndevano necessaria per la Grecia l'accettazione
lla Conferenza. « L'avvenire della Grecia tuttavia »,
.ressamente in quel documento, « non era per nulla
.desto, nè soffocate le sue aspirazioni ». — Tutto
. o successo della Turchia sotto il governo di Abdul-
.: che, dopo che tante grandi Potenze gli avevano
più nè meno che la rinunzia di Creta, esse finivano
la politica della Grecia, alla quale avevan pur dato
lettera impegnativa, con quel consiglio!

giori sforzi per impedire uno scoppio della sollevazione nell'Epiro
e nella Tessaglia (dove, secondo certe lagnanze della Porta, la
Grecia aveva tese le sue reti), ma che in Grecia non c'era alcuna
legge che vietasse la partenza di volontarii. Il 29 gennaio 1867 il
Ministro della guerra Botzaris presentava un disegno di legge per
il consolidamento dell'esercito, che venne votato all'unanimità. Furon
richiesti anche rinforzi per la flotta. Il 3 giugno 1867 Tricupis richiamò l'attenzione delle Potenze sopra le atrocità commesse da
Omer Pascià, insistendo presso di loro perchè non lasciassero
opprimere con le devastazioni, gl'incendii e la morte i conati
d'una nobile popolazione, che voleva conquistar la propria libertà
e l'unione delle proprie sorti con quelle de' suoi fratelli del regno
di Grecia. Le nozze del re Giorgio con la principessa Olga, figlia
del granduca Costantino, che si celebrarono a Pietroburgo il 27 ottobre del 1867, non fecero che ravvivare ancora le speranze dei Greci
e dei sollevati: tantochè l'insurrezione si protrasse anche più a
lungo. — Nella prima metà del febbraio 1868, Alì Pascià veniva
richiamato, senza che gli fosse riuscito di rendersi padrone della
situazione. Frattanto, la pressione delle Potenze e dell'opinione
pubblica in tutta l'Europa fu sì forte, da indur la Porta a pubblicare gli atti diplomatici; il che non le impedì tuttavia di presentare
ad Atene l'11 dicembre di quell'anno un *ultimatum*, che domandava:
« si sciogliessero i corpi di volontarii; il disarmo delle navi da corsa;
protezione ai fuggiaschi che ritornassero a Creta, e la punizione
delle aggressioni in danno dei sudditi della Turchia ». In pari tempo,
la Porta nominava Omer Pascià generalissimo dell'esercito allestito contro la Grecia. Respinto dalla Grecia stessa cotesto *ultimatum*, l'ambasciatore turco lasciava Atene, e i sudditi greci
venivano, dopo una breve dilazione a loro concessa, espulsi dal
territorio turco.

Alla fine, in presenza d'una condizione di cose sì minacciosa,
riuscì alla politica della Prussia di far accettare la proposta d'una
Conferenza, a Parigi o a Londra; proposta che la Porta accolse
solo alla condizione che a fondamento della Conferenza si ponesse
il programma formulato nel suo *ultimatum*. Infine, dopo che verso
la fine dell'anno 1868 il colonnello Petropulakis, il quale ancor nel
novembre aveva arrolato una schiera di volontarii, in seguito al
blocco dell'isola si fu sottomesso, la sollevazione cretese cadde, e
cessò con essa la partecipazione della Grecia. La Conferenza adu-

natasi a Parigi dei rappresentanti delle Potenze, e chiusasi il 18 febbraio 1869, terminò con una dichiarazione alla Grecia, nella quale si deplorava la parte da lei presa nell'insurrezione candiotta, asserendosi « esser la Grecia obbligata ad attenersi nella sua condotta alle norme comuni a tutti i Governi, anche di fronte alla Turchia; potere la Porta procedere di pieno diritto contr'essa per tutti i danni arrecati a' suoi sudditi. Sperare tuttavia la Conferenza, quanto alla Turchia, che, non appena la Grecia si fosse assoggettata alle pretese di quella, il pericolo d'una guerra potesse stimarsi evitato ».

In mezzo a gravi difficoltà, re Giorgio riuscì a crearsi un Ministero Zaimis, il quale in un notevolissimo proclama al paese espose le ragioni che rendevano necessaria per la Grecia l'accettazione dei deliberati della Conferenza. « L'avvenire della Grecia tuttavia », s'affermava espressamente in quel documento, « non era per nulla vincolato per codesto, nè soffocate le sue aspirazioni ». — Tutto sommato, l'unico successo della Turchia sotto il governo di Abdul-Aziz fu questo: che, dopo che tante grandi Potenze gli avevano consigliato nè più nè meno che la rinunzia di Creta, esse finivano per deplorare la politica della Grecia, alla quale avevan pur dato in mano una lettera impegnativa, con quel consiglio!

XXXIV.

Ulteriori avvenimenti durante il governo del Sultano Abdul-Aziz

Influsso continuato della politica russa nelle condizioni dell'Impero ottomano. - Tentativo d'uno scambio di popolazioni, di Bulgari verso la Crimea e di Tatari verso la Turchia. - I Circassi in Bulgaria, e malanni da loro cagionati e sofferti. - Trambusti prodotti in Turchia per opera delle diverse sètte cristiane. - Crisi nell'amministrazione del Patriarcato ecumenico. - Gli Atti di Navigazione sul Danubio considerati come il più eminente dei favorevoli risultati del Congresso di Parigi. - Le riforme interne; e la parte che vi hanno le Potenze. - L'istituzione del Consiglio di Stato e la dichiarazione di tolleranza del Sultano, del 23 maggio 1868. - Idee di Alì e di Fuad Pascià circa le pretese affacciate dalle Potenze verso la Turchia. - Morte di Fuad.

La grave mano della Russia doveva farsi sentire non solo negli avvenimenti già più sopra esposti, ma bensì anche nei successivi. In seguito a precedenti accordi con la Porta, essa aveva sperato di poter creare dei rapporti più vantaggiosi di popolazione nelle rispettive provincie, per mezzo d'un'immigrazione di Bulgari nella Crimea e d'un'espansione dei Tatari verso la Turchia; ma una gran parte dei Bulgari migrati ritornò indietro disillusa e in condizioni miserevoli, mentre i Tatari solo in iscarso numero si partirono dalla patria loro. Ancor più s'accrebbe la miseria in Bulgaria, per l'immigrazione quivi dei vinti Circassi. Nell'anno 1864, non meno di 70.000 famiglie circasse avevan lasciata la loro patria. Ora, invece di trapiantare codesti naturali alleati del Turco nei confini asiatici, dove avrebbero potuto, presentandosene il caso, fare argine alla penetrazione dei Russi, la maggior parte di essi fu mandata, nell'intento di controbilanciar così la preponderante popolazione cristiana, nelle provincie del Danubio. Qui venne imposto ai contadini d'aver cura dei sopravvenuti, fino a nuovo ordine. Ignari di qualsivoglia regolare occupazione, costoro si comportarono come padroni; spogliarono gli abitanti dei loro averi, e nell'autunno del 1865 si spinsero nella Tracia, donde fu necessario ricacciarli con la forza delle armi. Si aggiunse — nè poteva essere altrimenti — che quei superbi abitatori delle montagne, per la cui accoglienza ospitale mancavano regolari uffici da ciò, furon terribilmente decimati dalla fame e dalle malattie. Durante il trasporto di 2700 Circassì all'isola di Cipro, 900 ne morirono sulle navi, insufficenti a quel numero; ed anche dopo il loro sbarco, ne perivan giornalmente da trenta a quaranta. Donne e fanciulle sfuggirono in parte alla stessa sorte solo col vender la persona per il servizio degli *harem*. Nell'aprile del 1865 vennero liberate appunto 77 schiave circasse imbarcate su di un piroscafo del Lloyd austriaco.

Sia lecito qui, pur senz'entrare in una minuta disamina dei fatti occorsi nelle singole comunità ortodosse e d'altre credenze dell'Impero ottomano, accennar tuttavia che i Nestoriani e i Monofisiti, distinti in Armeni, Siriaci, Copti e Abissini, mantenevano costantemente un certo fermento (per verità poco notato in Europa), ch'era sicuramente poco atto a eccitar soddisfazione tra la popolazione cristiana in Turchia. La crisi nell'amministrazione del Patriarcato ecumenico, ch'ebbe a manifestarsi in quel tempo, merita un men fuggevole accenno. La chiesa ortodossa, immobile in apparenza, era stata costretta a concedere pel Sinodo, che coesisteva a fianco del Patriarcato, un più largo posto all'elemento temporale. A cotesta Corte, composta di dodici metropoliti, già nell'anno 1847, e nonostante la resistenza del clero, erano stati aggiunti tre membri laici: vale a dire, il gran logotèta Aristarchi, Vogorides, già principe di Samo, e il fanariota Psycharis. Più tardi, cotesto elemento temporale era stato ancora notevolmente accresciuto. In sèguito al più severo controllo che n'era per tal modo derivato nell'Amministrazione, le rendite del Patriarcato s'erano sminuite per guisa, che il Patriarca, in una sua pastorale del 1865, aveva dovuto far menzione delle penose strettezze in cui si trovava. In essa si poneva in rilievo come « mentre le uscite del Patriarcato ammontavano mensilmente a 16.000 franchi, l'entrate, per contribuzioni spontanee, non salivano a più di franchi 4000. Il Patriarcato adunque aveva dovuto chiedere in prestito in due riprese al Governo turco 345.000 franchi; e gli mancava il coraggio di ricorrere un'altra volta al suo aiuto. Così, la Scuola superiore di studi ecclesiastici non poteva esser più oltre sostenuta, gli edifizii relativi, l'Ospedale, l'Orfano-troflo, la Casa di pena e l'Asilo per i vecchi si trovavano in condizione miserevolissima; i vescovi dipendenti dai Patriarchi avevan pagata appena la quarta parte del contributo dovutogli. E poichè il Patriarcato di Costantinopoli, vecchio di quindici secoli, si trovava oramai scosso dalle fondamenta, s'era rivolto alla Sublime Porta, per chiederle di concedere al Patriarcato stesso due milioni annui di franchi, per poter sopperire a tutte le necessità della Chiesa ortodossa. Ma con dolore aveva veduto combattuta dai Censori cotesta sua proposta, sebbene questi si dichiarassero incapaci sia d'applicare, sia di consigliare i mezzi adatti a salvar la Chiesa dal precipizio ».

È storicamente cosa assai degna di nota che cotesta crisi del Patriarcato ortodosso coincidesse appunto col contemporaneo decadimento del potere temporale del Pontefice; e non è piccola prova della mirabile vitalità del cattolicismo romano il fatto che, mentre, di fronte alle angustie del Papato, l'obolo di S. Pietro portava al Vaticano dei milioni, l'antico Patriarcato dei Fanarioti dovesse mendicare un sussidio dal Turco. D'altra parte, è facile intendere di qual pericoloso cumulo d'intromissioni codeste strettezze del Patriarcato offerissero occasione alla Russia; tanto più che il distacco dei Rumeni, dei Serbi e dei Bulgari dal Patriarcato ecumenico tanto più agevolmente poteva gettarlo in braccio alla Russia. Nè è da tacere, poi, che l'attiva propaganda protestante, il frequente trapassar di fedeli musulmani al protestantismo, la diffusione estesa della Bibbia in Turchia e le varie sètte di Maomettani separatisti, che pubblicamente predicavano la divinità di Cristo, contribuivan del pari, in un certo grado, all'incertezza di quello stato di fatto.

In mezzo a un tanto sbaraglio delle condizioni interne ed esterne della Turchia, l'unico punto luminoso, forse, al quale si ricollega un importante interesse europeo, e che costituisce uno dei pochi benefizii arrecati dal trattato di Parigi, è dato dall'*Atto di navigazione* relativo alle bocche del Danubio, venuto a compimento a Galatz il 2 novembre del 1865: il quale, in conformità dei corrispondenti articoli del trattato di Parigi stesso, prendeva finalmente suo essere dopo un'attività quasi novenne della Commissione europea. Cotesto atto fissava, in tre principali titoli e un protocollo conclusionale, le norme concernenti le condizioni materiali della navigazione, il sistema amministrativo e la relazione reciproca di neutralità; la quale ultima s'estendeva — anche per il caso d'una guerra — alla protezione delle opere costruite nel frattempo, alla sorveglianza della navigazione generale, all'amministrazione del porto di Sulina, al personale della Cassa di navigazione e dell'Ospedale di marina, e al personale tecnico di vigilanza. I lavori condotti a termine contemplati da cotesto strumento consistevano principalmente: nella costruzione di due argini alla foce del braccio di Sulina, per cui esso fosse accessibile anche alle navi di grande portata; nell'esecuzione di lavori di correzione e d'escavazione in quel braccio del Danubio; nella rimozione dei bastimenti quivi incagliati; nella posizione d'un sistema di gavitelli; nella costruzione d'un faro alla foce del braccio di S. Giorgio; nell'istituzione d'un regolare servizio di Sanità e d'un Ospedale di marina a Sulina; infine nell'ordinamento provvisorio dei diversi bracci navigabili, al punto di biforcazione tra Isàccea e il mare (1).

Gli obblighi assunti dalla Porta di fronte all'Europa, la condotta mutevole dei negozii sotto uomini come Fuad e Alì Pascià e la necessità di giorno in giorno più urgente delle riforme provocarono, durante il tempo del governo d'Abdul-Aziz, una serie di provvedimenti, nell'esecuzione dei quali ebbero parte i rappresentanti delle Potenze a Costantinopoli. Se non che, col variar dei bisogni e delle vedute individuali degli ambasciatori, mutavano del pari sostanzialmente i suggerimenti da lor dati alla Porta. Mentre la Francia, rappresentata dall'accorto ma leggero marchese di Moustier, sosteneva il sistema d'un miglioramento, in pari misura, non solo dell'elemento cristiano, ma anche del musulmano — nel che s'accordava in tutto e per tutto con la diplomazia inglese —, l'ambasciatore di Russia insisteva massimamente sull'amministrazione autonoma delle varie popolazioni: dimodochè venivano a trovarsi di fronte, da una parte il sistema centralizzatore, dall'altra quello delle amministrazioni separate. L'Austria, alla quale egualmente

_____

(1) V. il testo del documento nella Raccolta del TESTA, vol. V, pag. 616-623.

ripugnavano l'influenza francese e la russa, dopo un periodo d'incertezze, finì per buttarsi dalla parte della Francia e dell'Inghilterra. Una proposta del signor v. Beust, d'incaricare i rappresentanti dei varii Governi d'un'inchiesta circa i bisogni delle singole parti dell'Impero ottomano, non potè, com'è ovvio a intendersi, essere scartata. La Porta, alla quale pareva d'aver già concesso anche troppo all'autonomia delle singole provincie, s'attenne, nel complesso, a un temperato sistema d'accentramento. La divisione dell'Impero in *vilayets*, sostituita a quella dei precedenti pascialati, non s'opponeva punto a codesto; giacchè quest'ultimi, per l'estensione loro di gran lunga maggiore, avevano avuto per naturale effetto una tanto maggiore indipendenza dei Pascià preposti ad amministrarli.

Oltre alle riforme già accennate sotto il visirato di Fuad Pascià, altre ebbero per oggetto specialmente delle misure finanziarie, delle quali in parte abbiamo pur fatto menzione, e il cui insuccesso ci dispensa dal farne ulteriormente parola. La costruzione della ferrovia da Rustciuk a Varna venne terminata verso il finire del 1866; e fu condotta del pari a compimento un'importante strada militare tra Erzerum e Trebisonda. I beni dedicati alle Moschee sotto il nome di *Vakufs*, la cui esistenza danneggiava non poco le entrate dello Stato, vennero assoggettati (e ciò preparò la strada alla loro secolarizzazione) a un aumento d'imposta; e si concesse agli stranieri di possedere beni stabili nel territorio turco, fatta eccezione per il *hediaz*.

Sotto il visirato d'Alì Pascià, venne effettuata un'importante riforma, mediante l'istituzione del Consiglio di Stato, nel quale eran del pari rappresentati e Maomettani e Cristiani. In una risposta all'indirizzo di grazie dei Cristiani, il 23 maggio 1868, il Sultano dichiarò « che tra Maomettani e Cristiani non esistevan differenze per lui; es- « sere stati bensì i Cristiani fino a quel momento protetti, ma senza « poter rivestire alte cariche di Stato; ora, potere essi medesimi di- « ventare anche Visiri, dovendo il merito solo esserne giudice ». Il 20 gennaio del 1870, poi, venne introdotto il sistema decimale.

Abbiamo già mostrato quanto dovessero gli avvenimenti rivoluzionarii nelle provincie della Turchia europea ostacolare tutta quanta l'opera delle riforme. Ma per dare un quadro delle immense difficoltà che ne sorsero, riferiremo qui la seguente auto-difesa d'Alì Pascià, ch'egli fece valere di fronte a un Francese, il quale godeva di gran considerazione nella pubblica stampa. « Conoscete voi »,

domandò egli, « le Capitolazioni? Esse sono un sistema d'istitu-
« zioni e di disposizioni diplomatiche, che si propongono il fine e
« l'effetto di privar la Turchia del diritto d'amministrar la giu-
« stizia nel suo proprio paese. Cotesto diritto, ch'è posseduto dal
« più piccolo e dal peggio amministrato degli Stati europei, e che
« costituisce il fondamento delle relazioni internazionali, noi non
« l'abbiamo. Ora ci vogliono dotare d'una Banca imperiale turca
« simile alla Banca di Francia, con iscuole francesi, professori fran-
« cesi, licei francesi. Noi non sappiamo bene che cosa dovremo
« farcene di tutte coteste istituzioni! Ma la questione più importante
« sta nella nuova legge che si pretende da noi, per rendere ac-
« cessibile agli stranieri la proprietà fondiaria. È un pretendere
« da noi una legge anche più liberale della legge inglese; perchè
« secondo questa, lo straniero può esser proprietario di terreni
« solo quando sia nato in Inghilterra. Ci si chiede ancora d'intro-
« durre il diritto ipotecario francese, e di far giudicare dei processi
« che concernono le questioni di proprietà fondiaria tra Europei
« e Musulmani in base alle Capitolazioni. Non vedete come ciascuna
« di tali misure strappi un brandello della Turchia? I nostri nazio-
« nali si trovano in condizioni di strettezza; essi sono improvvidenti:
« faranno dei prestiti a interessi usurarii verso ipoteca, e tra poco
« il denaro europeo si sarà impadronito del territorio della patria fin
« sotto i loro piedi. La nostra legge sullo scambio di possesso del
« la proprietà del suolo è cattiva: ma nominatemi un paese d'Europa
« dove una legge buona abbia per effetto la cacciata dei nazionali
« a favore dei forestieri! Eppure, da noi si esige proprio questo;
« e se esitiamo, e domandiamo un po' di respiro, ci si accusa di
« poca onoratezza, perchè vogliamo differire il nostro suicidio » (1).

Dobbiamo esser riconoscenti del pari a quel signore francese
d'avere interrogato anche l'altro importante uomo politico turco
di quel tempo, cioè Fuad Pascià, e d'avercene riferito il giudizio
circa le condizioni della Turchia, in quella forma privata, la quale
bene spesso è più concettosa che non la ufficiale, con cui gli uomini
di Stato amano bilanciar rigorosamente ogni manifestazione del
loro pensiero. Alludendo alla formola dell'imperatore Niccolò del-
l'*uomo malato*, Fuad disse: « Io conosco la Turchia meglio di lui e

(1) V. CHALLEMEL-LACOUR, nella *Revue des deux Mondes* del 15 febbraio 1868,
pag. 916.

« di chicchessia ; l'ho girata e rigirata e tastata da tutte le parti, e
« il risultato del mio esame diagnostico è il seguente. Noi siamo,
« in fondo, un corpo robusto e di ottima costituzione fisica ; non ab-
« biamo alcuna malattia organica ; ma abbiamo la rogna, e man-
« chiamo dello zolfo necessario a nostra disposizione » (1). Pure
ammettendo il cattivo stato delle finanze turche, Fuad si pronunziava nella stessa occasione — e questo c'interessa particolarmente
in considerazione degli avvenimenti successivi — nel modo più reciso contro la possibilità d'un fallimento dello Stato; e diceva tra
altro : « La fine della Turchia non è punto così prossima come si
« crede. Noi abbiamo il migliore dei motivi per continuare ad esi-
« stere : siamo *necessarii* ». Tale necessità, egli la vedeva specialmente nell'intolleranza e nell'ostilità reciproca delle varie sètte, che,
« senza la signoria degli Osmanli, si sarebbero stritolate a vicenda;
talchè si poteva considerare una fortuna che fossero essi i dominatori ; e si sarebbe stentato assai a trovarne di migliori (tra le
rovine del mondo bizantino, per esempio, ovvero tra i Russi) ».

Non fu concesso all'eminente uomo di Stato — non scevro tuttavia
di molteplici pecche — di condurre innanzi, pure in mezzo a tali
non del tutto ingiustificati sconforti, la travagliosa sua vita. Dopo
le accuse lanciategli d'essersi soverchiamente arricchito, caduto
in disgrazia dell'alto suo Signore, il 12 febbraio del 1869 egli moriva
nella villa Avigidor a Nizza. Una parte dell'ambasciata turca di
Parigi si recò quivi, per rendere al defunto gli ultimi onori. Seguirono il feretro anche i dignitarii di Corte del principe Carlo di
Russia, soggiornante allora a Nizza, e alcuni ufficiali dell'esercito
inglese ; faceva ala la guarnigione della città ; il rappresentante
turco in Firenze, Rustem Bey, accompagnato dal generale inglese
Williams, dal principe Stirbey, dall'ammiraglio egiziano Federigo
e dal principe Kallimachi, rappresentava il lutto ufficiale ; immediatamente dietro la bara seguiva il *Muderis Hodja* (maestro spirituale) Tahsin Effendi. L'imbarco della salma sur una nave di Stato
turca si effettuò nel vicin porto di Villafranca. Quando però essa
giunse a Costantinopoli, il Corpo diplomatico venne invitato da Alì
Pascià a *non* prender parte al suo seppellimento.

---

(1) CHALLEMEL-LACOUR, *ibid.*, pagina 919; il quale con ragione attribuisce
l'uso d'una simile immagine al fatto che Fuad era in origine un medico.

XXXV.

Il Canale di Suez

Nel 1867, Napoleone III era giunto all'apogeo della sua potenza. L'Esposizione universale, durante la quale furono suoi ospiti a Parigi l'imperatore Alessandro II col principe Gorciakow, il re Guglielmo I in uno col conte di Bismarck, ed altri sovrani e principi, diede occasione del pari, nonostante le difficoltà dell'etichetta complicate con gli scrupoli religiosi, a un viaggio del Sultano a Parigi e in altre capitali d'Europa. Abdul-Aziz fu abbastanza pru-

dente da condurre i suoi nipoti Murad e Abdul-Hamid entrambi
con sè. In cotesto viaggio, ma specialmente nell'incontro con la
famiglia reale prussiana a Coblenza, ebbe a manifestarsi la crassa
ignoranza del Capo supremo dei fedeli. Durante la sua gita sul
Reno, la Maestà Sua domandò se tutta quell'acqua fosse stata de-
rivata appositamente per la partita di piacere di lui.

Le sue relazioni con la dinastia reggente in Egitto misero in
chiaro con la più indubitata evidenza lo sfacelo dell'Impero. L'orgoglio di Mehmed Alì, il quale, per esser nato in Macedonia, si
piaceva di considerarsi come un discendente d'Alessandro il Grande,
non s'era per nulla, come vedremo più innanzi, estinto nella sua famiglia. Ma, prima di toccar cotesto punto, ci è d'uopo esporre il
più grande avvenimento che si compiè — s'anco nel complesso
contro le intenzioni sue — sotto il regno d'Abdul-Aziz; vogliam
dire la escavazione del Canale di Suez.

Il disegno di tagliar l'istmo di Suez non era punto una cosa nuova,
in Francia. Già Leibnitz, per distoglier Luigi XIV dalla Germania,
aveva attirata la sua attenzione sull'importanza del possesso del-
l'Egitto e sul taglio dell'istmo, che a quello si legava strettamente;
e sotto Luigi XV, il ministro degli Esteri, marchese d'Argenson,
in uno studio pubblicato dalla *Société de l'Histoire de France*, e
contenuto nelle sue *Memorie*, parlava pure dei grandi vantaggi che
sarebber derivati al commercio da un canale che avesse congiunti
i due mari, e che « avrebbe dovuto appartenere a tutto il mondo
cristiano ». Al principio del secolo (XIX), l'ingegnere in capo Lepère,
che accompagnava la spedizione del Bonaparte, aveva impiegato
10.000 operai, quattro anni di tempo e da trenta a quaranta milioni
per la restaurazione dell'antico Canale indiretto, manifestandosi
convinto della possibilità d'un taglio diretto dell'Istmo da Suez a
Pelusio. I Sansimonisti volevano la costruzione dell'insufficente
canale dal Nilo al Mar Rosso; e il loro capo superiore, il padre
Enfantin, aveva già riconosciuta la parità dello specchio d'acqua dei
due mari. Nel 1833 non meno di dodici ingegneri Sansimonisti
morirono di peste sulle rive del Nilo, dove lavoravano. Paulin Ta-
labot, uno dei famosi ingegneri francesi eletti dieci anni prima
dell'impresa del Lesseps, insieme con lo Stephenson e col Negrelli,
aveva proposto il tracciato indiretto da Alessandria a Suez, e calco-
latane la spesa complessiva in 130 milioni per il canale e a 20
milioni per il porto di Suez.

Conte Ferdinando di Lesseps
(dal quadro di Léon Bonnat).

Il conte Ferdinando di Lesseps, d'un'antica famiglia consolare francese, sia per le sue relazioni di parentela, sia per quelle politiche, si trovava in condizioni grandemente favorevoli per la colossale impresa. Il padre suo era stato, dopo la pace d'Amiens, il primo impiegato consolare francese in Egitto; e, mentre Talleyrand era Ministro degli Esteri sotto il Primo Console, era stato incaricato di cercarsi intorno, se tra le truppe turche potesse trovarsi un uomo abbastanza energico da poter, come pascià al Cairo, tener testa ai Mamelucchi, ostili alla Francia e appoggiati dall'Inghilterra..

Il giovane Bin Basci Mehemed Alì, della Macedonia, ch'era venuto in Egitto con 10.000 soldati degli Albanesi da lui capitanati, venne da un giannizzero presentato al console francese come l'uomo adatto a domar l'anarchia; e, sebbene a quel tempo non sapesse nè leggere nè scrivere, pervenne con l'appoggio del console Lesseps al potere. Quando più tardi il figlio di questo venne accreditato presso Mehemed Alì, costui, in ricordo dei giorni passati, gli attestò una singolare benevolenza, e permise al suo quarto figlio Said, il quale dal suo reale educatore (non piccolo segno degli sforzi civili del nuovo potentato) era trattato con estrema severità, d'entrare in amichevoli relazioni col console francese. Mandato poi quale intermediario a Roma al tempo della spedizione francese dell'anno 1849, Lesseps, com'è noto, cadde insieme col Ministro degli Esteri Drouyn de Lhuys; e da allora si dedicò interamente al suo favorito disegno del taglio dell'istmo di Suez. Ma poichè allora, sotto il regnante e poco incivilito viceré Abbas, scarsa era la probabilità di riuscita di cotesto piano, egli lo lasciò riposare, e si diede all'agricoltura; finchè nel luglio del 1854 gli giunse la notizia dell'assassinamento del Viceré, avvenuto nella notte dal 12 al 13, e dell'avvenimento al trono dell'amico Said. Già nell'autunno di quell'anno, adunque, lo visitava ad Alessandria, e in un'escursione nel deserto libico, il 15 novembre 1854, gli sottoponeva la prima sua Memoria intorno a quel taglio dell'istmo, ch'egli ha chiamato più tardi il Bosforo egiziano. Come estratto d'una delle più grandiose imprese di tutti i tempi, essa merita di venir qui esposta nella parte sostanziale del suo contenuto (1).

---

(1) Cfr. FERDINAND DE LESSEPS, *Lettres, Journal et Documents pour servir à l'Histoire du Canal de Suez.* — Cinque serie. Parigi, 1875-81: una delle prin-

« La congiunzione del Mar Mediterraneo col Mar Rosso per mezzo d'un canale navigabile — s'affermava quivi — è tale impresa, che l'utilità sua ha già richiamata l'attenzione dei maggiori uomini che abbiano regnato sopra l'Egitto, o abbian calpestato cotesta regione. Sesostri e Alessandro, Cesare e il conquistatore arabo Amru, Napoleone I e Mehemed Alì. Un canale posto in comunicazione con i due mari per mezzo del Nilo sussisteva già negli antichi tempi, durante un primo periodo, la cui durata sotto le antiche dinastie dell'Egitto non è punto conosciuta; sussistè di nuovo più tardi, per un secondo periodo, di 445 anni, dal tempo dei primi successori d'Alessandro e della conquista romana fino verso il quarto secolo prima dell'Egira; e, infine, ancora per un terzo periodo di 130 anni dopo la conquista degli Arabi. Napoleone, allorchè passò in Egitto, fece studiare dagl'ingegneri la questione del taglio dell'istmo, e quelli s'espressero in senso favorevole (1). Ora sarebbe giunto il momento — séguita la Memoria — di procederne all'esecuzione. Essersi le Potenze accordate per lasciare il possesso di Costantinopoli nelle mani del Sultano solo perchè il trapasso dal Mar Mediterraneo al Mar Nero è cosa di sì grande importanza, che quella Potenza che ne diventasse arbitra signoreggerebbe sopra tutte le altre. Se, adunque, in un altro punto dell'Impero ottomano si dovesse stabilire un passaggio d'importanza anche maggiore, e far dell'Egitto col taglio dell'istmo di Suez la contrada del commercio del mondo, ne verrebbe creata in Oriente per cotesto fatto una situazione doppiamente incrollabile ».

Ma più persuasivi di cotesta considerazione erano in quella Memoria i dati delle differenze tra le distanze rispettive dei più importanti porti dell'antico e del nuovo continente, secondochè la navigazione si facesse attraverso l'Atlantico o attraverso il canale di Suez. « Da Costantinopoli a Bombay, la navigazione importa: per il primo, 6100 miglia, per il canale di Suez soltanto 1800; da Malta a Bombay, 5800 invece di 2062; da Trieste, 5980 invece di 2340; da New-York, 6200 invece di 3761; e via dicendo. I pellegrinaggi alla Mecca erano, per il Canale, assicurati per sempre;

---

cipali fonti per la storia del canale. V. poi dello stesso: *Percement de l'Isthme de Suez. Exposé et Documents officiels*, Parigi, 1855.

(1) Il 27 febbraio 1801 il Primo Console ne scriveva anche all'imperatore Alessandro. Cfr. TESTA, vol. II, pag. 88.

i paesi sul Mar Rosso e sul Golfo Persico, la costa orientale dell'Affrica, l'India, il Siam, la Cocincina, il Giappone, la Cina, le Filippine, l'Australia e lo sterminato Arcipelago al quale oggi si volge l'emigrazione europea si sarebbero per esso avvicinati al bacino del Mediterraneo e al settentrione dell'Europa e dell'America di pressochè 3000 miglia francesi. S'è calcolato che la navigazione dell'Europa e dell'America intorno al Capo di Buona Speranza e intorno al Capo Horn importa annualmente sei milioni di tonnellate, e che il commercio mondiale, sopra la metà di cotesto tonnellaggio, farebbe un guadagno annuo di 150 milioni di franchi, qualora le navi transitassero attraverso il Golfo Arabico. Il Canale di Suez produrrebbe indubitamente un significante aumento del tonnellaggio medesimo; ma, dato pure che si potesse contar solamente sopra tre milioni di tonnellate, con l'imposizione d'un pedaggio di 10 franchi per tonnellata — che più tardi, col successivo aumento della navigazione, potrebbe esser ridotto —, se ne ricaverebbero ogni anno 30 milioni di franchi ».

Fin dal 30 novembre del 1854 riuscì al conte di Lesseps di ottenere da Said un firmano, che gli concedeva il diritto della costruzione del canale. Non ne riferiamo qui il tenore, perchè esso venne sostituito più tardi da un altro, che teneva conto di nuovi avvenimenti. Merita tuttavia d'esser particolarmente rilevato il fatto, che il Vicerè tanto meno s'oppose a cotesta concessione, in quanto che essa avveniva in un tempo che le Potenze occidentali eran collegate in fratellanza d'armi contro il capital nemico della Turchia, e la Porta era interamente assorbita dalla guerra di Crimea. Quando, più tardi, Lesseps si recò a Costantinopoli per prevenire le opposizioni, gli ufficiali della Porta, non ancora ostilmente predisposti dal di fuori, opinarono che la questione stava esclusivamente nelle mani del Vicerè. L'Inghilterra anch'essa, senza autorizzazione della Porta, aveva incominciato a costruire la strada ferrata da Alessandria a Suez, ammettendo così la necessità d'una più sollecita congiunzione con le Indie e le regioni più lontane. Se non che, non appena la diplomazia inglese ebbe cognizione della concessione egiziana, mise in gioco tutti gli espedienti per intralciare il disegno; talchè il 20 maggio 1855 il Vicerè faceva sapere al *suo amico* Lesseps che il firmano aveva bisogno della conferma del Sultano, e che i lavori non si potevano incominciare se non dopo ottenuta la sanzione della Sublime Porta. Ma non per questo la perfida cortesia della diplomazia turca ebbe a smentire sè stessa; chè anzi, il 1.º maggio di quello stesso anno, il Gran Visir Rescid Pascià aveva scritto al Vicerè, « tornasse intanto il Lesseps in Egitto, e fosse un ospite degno d'ogni considerazione e rispetto. Averlo anche il Sultano accolto con benevolenza. Essere per ora il suo progetto sottoposto a un esame, il risultato del quale al signor di Lesseps non era piaciuto di aspettare; prossimamente però ne avrebbe a lui comunicate le risoluzioni prese in proposito ».

Lord Stratford de Redcliffe era, come sappiamo da un pezzo, un uomo per natura sua così fatto, che, per tuonare contro il disegno francese, non aveva certo bisogno di farsi l'eco di lord Palmerston. Ma in quali disposizioni d'animo fosse quest'ultimo si rileva assai chiaramente da una lettera di Lesseps a Barthèlemy Saint-Hilaire, del 7 aprile 1856, nella quale gli comunicava « avere lord Palmerston asserito, in un colloquio avuto con lui, che già da gran tempo la Francia aveva proseguita in Egitto una politica machiavellica, e che le fortificazioni d'Alessandria erano state pagate con l'oro di Luigi Filippo o del suo Governo. Nel progetto del canale di Suez vedersi le conseguenze di cotesta politica. La costruzione del Canale essere una cosa materialmente impossibile: ciò intender egli meglio che tutti gli ingegneri europei presi insieme ». Lesseps dopo ciò aggiungeva « d'essere stato a volte in dubbio se avesse da farè con un pazzo o con un uomo di Stato »; e pregava Barthélemy Saint-Hilaire di comunicare tali notizie a Thiers, per informarlo poi delle impressioni di quest'ultimo; quanto a sè, « non si sarebbe meravigliato se lord Palmerston avesse creduto che fosse Thiers il vero creatore ed autore della politica machiavellica di cui era discorso ».

A Lesseps, che viveva allora lontano dall'indirizzo della politica estera della Francia, era per verità ignota una cosa: vale a dire il cattivo umore di lord Palmerston a cagione della pace di Parigi, che s'era conclusa appunto una settimana innanzi. Ma anche quando Berkley, il giorno 7 settembre del 1857 — ossia più d'un anno appresso —, in una seduta della Camera dei Comuni ebbe a interpellarlo intorno al canale di Suez, egli rispondeva: « che il Governo di Sua Maestà non poteva incoraggiare il Sultano a conceder l'autorizzazione dell'escavazione del canale di Suez, avendo esso combattuto già da quindici anni con ogni suo potere, a Costantinopoli e nell'Egitto, cotesto disegno. Essere quella un'impresa,

che, dal punto di vista della speculazione, apparteneva a quella
classe di progetti ciarlataneschi, i quali di tempo in tempo vengono presentati ai capitalisti troppo ingenui. Non essere tuttavia
questa la vera ragione per cui il Governo era avverso all'impresa.
Il disegno era contrario agl'interessi dell'Inghilterra, consistendo
il vero intento politico di esso nel render più facile sia il distacco
dell'Egitto dalla Turchia, sia, con più lontane mire, anche un
ravvicinamento ai possedimenti della Gran Brettagna nell'India ».
— A rendere anche maggiore la confusione, s'aggiunga che la
stampa inglese stessa vi si mostrò in sulle prime ostilissima; e il
celebre ingegnere Stephenson cercò egli pure di ostacolare i deliberati della Sotto-Commissione scientifica, nominata ad Alessandria
da parte delle maggiori autorità di tutte le nazioni per deliberare
sulla questione.

La concessione definitiva, comunicata da Said Pascià al conte
di Lesseps il 5 gennaio 1856, era sostanzialmente del seguente
tenore:

« La Compagnia fondata da Lesseps in forza del firmano di data
30 novembre 1854 dovrà, a sue spese e a suo rischio, costruire
un canale adatto alla navigazione, tra Suez, sul Mar Rosso, e la
baia di Pelusio, sul Mediterrano; più un canale d'irrigazione posto
in comunicazione con quello, per la navigazione sul Nilo, e due
bracci d'irrigazione nella direzione di Suez e di Pelusio. Quattro
quinti degli operai addetti al lavoro devono essere egiziani. Il lago
di Timsah sarà ridotto a porto interno per le navi di maggior portata.
Il Governo egiziano concede alla Compagnia, esente da imposte,
l'uso del suolo e territorio necessario, purchè esso non venga in
proprietà di privati. Per i territorii che sien proprietà di quest'ultimi,
essa avrà obbligo di pagare dei risarcimenti. I materiali necessarii potranno esser tratti gratuitamente dalle miniere appartenenti
al demanio pubblico. *Con riserva dell'approvazione sovrana da
parte del Sultano*, il Vicerè dichiara per sempre il canale strada
neutrale aperta alle navi mercantili di tutte le nazioni, verso cor-
responsione delle contribuzioni competenti alla Compagnia. La durata
della Compagnia, a partire dal giorno dell'apertura del Canale, è
stabilita in 99 anni. Trascorso cotesto tempo, il Canale diventa proprietà del Governo egiziano, che dovrà allora pagare alla Compagnia
un'indennità per il materiale e le provviste. Il Governo egiziano
percepirà annualmente il 15% sull'introito netto; e qualora, tra-

scorsi i 99 anni, la Compagnia conservi l'esercizio del Canale
per un egual periodo, dovrà pagare per il secondo periodo il 20,
per il terzo il 25, e così via fino al 35 %. Dopo detratte le sopraddette competenze spettanti al Governo egiziano, i fondatori della
Compagnia, o i loro eredi, avranno diritto al 10 % della rendita
netta. Ferdinando di Lesseps dirigerà la Compagnia in qualità di
Presidente per dieci anni. Gl'ingegneri Linant Bey e Mougel Bey,
i quali al presente si trovano al servizio del Governo egiziano, hanno
l'ufficio della suprema ispezione sopra i lavoratori addetti all'opera ».

Il Lesseps, che nell'imperatrice Eugenia, a lui lontanamente congiunta, aveva una protettrice influentissima, ingigantiva del pari con
le difficoltà che gli si venivano affacciando: nei primi quattr'anni
fece una somma di viaggi per più di diecimila miglia francesi; promosse in Inghilterra dei *meetings*, che non mancarono di felice successo, e resero, non foss'altro, difficile il còmpito della diplomazia
di cotesto paese; e da ultimo ottenne che così gli Egiziani come
i Turchi gli dicessero di far pure quanto meglio gli piaceva, purchè
li liberasse una volta dalle interminabili stiracchiature delle Potenze. Gli agenti inglesi erano andati tant'oltre, da minacciar della
deposizione il Viceré, e da trattarlo da incosciente.

Dopo la morte di Said, avvenuta il 18 gennaio del 1863, le difficoltà dell'opera s'accrebbero. Nonostante che ancora non fosse venuta
la conferma della Porta — conferma che, tuttavia, era stata, come
s'è veduto, espressamente promessa —, Lesseps aveva avuto il
coraggio di far proseguire i lavori; e a ciò fare, aveva potuto in
parte fondarsi sui pieni poteri concessigli col *bacscish*. Le sue speranze infatti si sarebbero forse compite, se l'invincibile egoismo
dell'Inghilterra non avesse esercitata una continua pressione sulla
Porta. Già il 19 settembre 1859 questa aveva dato l'ordine di sospendere i lavori; a tal punto tuttavia non si venne; anzi Lesseps indusse il Governo francese ad avviar su ciò trattative a
Londra. E fu proprio la ruvidezza dell'Inghilterra una cagione indiretta della protezione diplomatica francese. Il 3 novembre 1859,
Walewski scriveva a Thouvenel a Costantinopoli che il protrarsi
dell'atteggiamento ostile dell'Inghilterra avrebbe fatto un preciso
dovere al Governo della Francia di tutelare gl'interessi francesi
nelle loro relazioni con la Compagnia del Canale. Per tal modo la
controversia si trovò portata dal terreno privato e, per così dire,
interno a quello diplomatico. Tuttavia, durante gli ultimi tre anni

della vita di Said le trattative s'erano ancora trascinate per una
via lenta e difficile, e, fino alla morte di lui, la Francia aveva
potuto ottenere solo questo: che la Porta, in una sua nota del
4 gennaio 1860, dichiarasse di non esser sostanzialmente contraria
all'apertura del canale.

Verso la fine di febbraio del 1863 otteneva a Costantinopoli l'investitura un figlio di Ibrahim, l'ambizioso e dissipatore Ismail; ma,
sebbene già dal 21 gennaio — contrariamente al suo predecessore
— egli avesse sollecitato il Gran Visir, perchè gli si dessero a
proposito del canale di Suez istruzioni precise, nel Sultano non
aveva fatto fin dal principio che destare una tal qual diffidenza.
Fu dunque tutt'altro che un puro caso se, il 7 aprile di quell'anno,
Abdul-Aziz, accompagnato da Fuad Pascià, intraprendeva il suo
viaggio in Egitto, affine di persuadersi — probabilmente — se era
vero che (come cercava di rappresentargli la diplomazia inglese) il Canale avesse a render più facile la separazione dell'Egitto dall'Impero
ottomano. La condizione del nuovo Vicerè di fronte a quell'impresa
s'era fatta equivoca, anche per il fatto che, tre giorni appena dopo
la sua assunzione alla reggenza, egli s'era espresso in presenza
del Corpo consolare nel senso « che il sistema di lavori pubblici
fino allora seguito in Egitto per condurre a termine le grandi
intraprese — e pertanto anche quello adottato per la costruzione
del canale di Suez — doveva essere abolito ». All'accortezza del
conte di Lesseps (il quale trattava con Nubar Pascià, plenipotenziario del Vicerè) riuscì d'eliminare non solo questa, ma anche le
altre difficoltà, che provenivano dalla personale partecipazione finanziaria di Said Pascià, il quale aveva assunte 177.642 azioni del
Canale. La Porta allora abbinò all'ufficio d'Ismail un'azione diplomatica, ove il diritto formale era certo dalla sua parte, ma che si
trasse dietro tutto un viluppo d'intrighi, non solo inglesi, ma anche
egiziani. Il 6 aprile 1863, Alì Pascià, Ministro delle relazioni esteriori, mandava agli ambasciatori turchi di Parigi e di Londra un
dispaccio da esser comunicato ai relativi Ministri degli Esteri,
col quale domandava le condizioni seguenti: « Delle stipulazioni
internazionali, che assicurassero, come per i Dardanelli e il Bosforo,
la perfetta neutralità del Canale; la sospensione dei pubblici lavori,
generalmente aboliti nell'Impero, per i quali eran ora occupati alla
costruzione del Canale 60.000 uomini; l'abrogazione della concessione
del territorio comprendente i canali d'acqua dolce, sul quale sa-

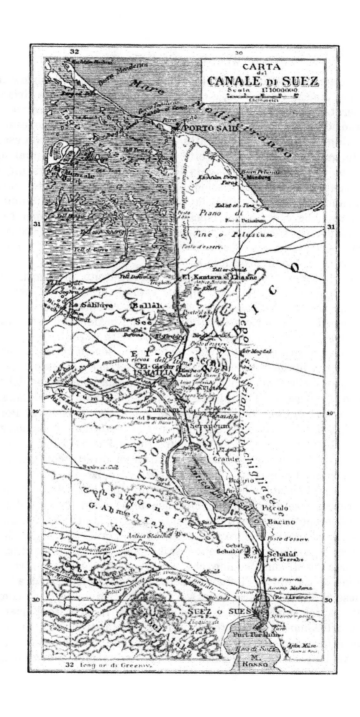

CARTA
del
CANALE di SUEZ
Scala 1:1000000

rebbero sorte delle colonie semi-indipendenti dall'Impero, con le città
di Suez, Timsà, Porto Said, e con pressochè tutto il confine siriaco.
Deliberato che si fosse intorno a cotesti tre punti, il Governo del
sultano, d'intesa con Ismail Pascià, avrebbe presi in serio esame
tutti gli altri articoli del contratto. Fino a quel momento, non esser
questo nulla più che un progetto. La Porta non l'aveva mai approvato; e poichè la Compagnia lo sapeva, essa ne aveva incontrata la spesa a tutto suo rischio. Se la Compagnia, a queste nuove
condizioni, non avesse più voluto proseguire i lavori, la Sublime
Porta avrebbe cercato con Ismail Pascià di procurare i mezzi necessarii per ricostituire il capitale sborsato dalla Compagnia stessa,
di contro al quale poi questa avrebbe rimessi i lavori e il terreno
da essa occupato in proprietà ».

Quel documento diplomatico dalla Porta suscitò, in Francia specialmente (dove, com'è noto, ingenti capitali erano stati investiti
nell'impresa), un'immensa commozione; e il cambiamento della situazione vi fu in parte attribuito anche alla bramosia d'arricchirsi
del nuovo Viceré: al quale, poichè allora — in seguito alla guerra
civile in America — i prezzi del cotone erano sensibilmente aumen-
tati, s'era tentato di persuadere che, se il terreno concesso dal suo
antecessore alla Compagnia si fosse adibito alla piantagione del cotone, e vi si fossero addetti i 60.000 *fellahs* che lavoravano al Canale,
egli ne avrebbe accumulato immense ricchezze. Avendo la Porta
concessa una dilazione di sei mesi per la risoluzione della controversia, il Viceré mandò il suo ministro Nubar Pascià a Parigi, dove
Drouyn de Lhuys ricusò qualsiasi trattativa diretta con lui, e lo
rimandò alla Compagnia. Il plenipotenziario egiziano ebbe l'ardire
di proporre a questa la limitazione degli operai a soli seimila uomini
e la rinunzia dei territorii che circondavano i canali d'acqua dolce;
la qual proposta venne il 29 ottobre 1863 respinta dal Consiglio
di vigilanza, come una rovina assoluta di quanto s'era già fatto
in precedenza, la quale avrebbe trascinata con sè la perdita di
centinaia di milioni. Se non che, all'avvicinarsi dello spirare del
termine sopra detto, l'influenza della Francia, potentissima allora,
indusse il Viceré a fare un passo indietro; e quando gli fu comunicata la relazione di cui Napoleone III aveva affidato l'incarico
all'accortissimo duca di Morny intorno al dibattito, egli propose
l'Imperatore come arbitro della questione, che massimamente interessava la Francia. In seguito a tale procedimento, evidentemente

concertato in precedenza, l'Imperatore nominò una Commissione, la quale, sotto la presidenza dell'ex-ministro Thouvenel, il 6 luglio 1864 risolveva la controversia nel modo seguente: « La Compagnia, in compenso della sua rinunzia a quattro quinti dei lavoratori, riceveva un indennizzo di 38 milioni di franchi; essa restituiva al Viceré la parte del canale d'acqua dolce giacente tra Onad, Timsà e Suez, ritenendone tuttavia per sè l'usufrutto, e con l'obbligo di condurre a termine i relativi lavori. Il Governo egiziano doveva pagare per essa alla Compagnia altri 10 milioni di franchi. I territorii necessari alla Compagnia venivan ridotti a 10.264 ettari per il canale di mare e a 9600 per il canale d'acqua dolce; e poichè per tal modo essa veniva a rendere non meno di 60.000 ettari, ne avrebbe ricevuta un'ulteriore indennità di 30 milioni; con che il risarcimento complessivo, da doverle esser pagato in rendite annuali, ammontava a milioni ottantaquattro ».

Avendo la Porta accettato codesto arbitrato — il quale dimostra per lo meno che Lesseps, poichè restituiva 60.000 ettari senza rinunziare al Canale, aveva in certa misura abusato dell'amicizia di Said —, l'Inghilterra, che aveva sperato di strappare ai Francesi tutta quanta l'operazione, parve compiutamente battuta. Ma quando si trattò della redazione definitiva del trattato così modificato, il Sultano nella primavera del 1865 presentò a Napoleone III la proposta di nominare una Commissione mista, la quale dovesse delimitare sul posto i territorii necessarii alla Compagnia. I Francesi si sentivano a tal segno vincitori, che non vi opposero alcuna obbiezione; e poichè gl'Inglesi si furono accorti che la battaglia era irremissibilmente perduta, ancor prima della delimitazione per parte della Commissione sopraddetta, il 30 gennaio 1866 fu stipulato direttamente tra la Compagnia e il Governo egiziano un nuovo accordo, che modificava in qualche parte i precedenti; e il contratto generale presentato dall'ambasciatore francese a Costantinopoli marchese di Moustier venne firmato al Cairo, e confermato dalla Porta il mese seguente.

L'Inghilterra dovè pertanto assistere spettatrice al trionfo — in un terreno presumibilmente nemico — di quella potenza meccanica e di quella forza del vapore, che avevan fatta lei medesima signora delle più fertili contrade e dell'intima ricchezza della terra. L'ingegnere francese Alessandro Lavalley, che, nato nel 1821, e uscito dalla Scuola politecnica di Parigi, per far tesoro dell'esperienza

inglese s'era arrolato come semplice lavoratore in Inghilterra, intraprese, in unione all'ingegnere di ponti e strade Borel, i lavori
d'escavazione del Canale, impegnandosi per contratto di scavare in
meno di due anni 45 milioni di metri cubi di sabbia, e d'ammon-
tarli alle due rive, per mezzo di macchine rappresentanti il lavoro
manuale di più che centomila uomini. Per tal modo anche la veramente subdola sottrazione degli operai *fellah*, ai quali più tardi
vennero affidati nell'Egitto lavori pubblici *anche più duri*, fallì
contro l'energica perseveranza d'un sol· uomo, sostenuto dallo spirito d'intraprendenza francese.

Dopo sforzi indicibili e una lotta di ben dodici anni, il Canale,
della lunghezza di 160 chilometri, largo dai 58 ai 100 metri e 8 metri
profondo, venne terminato nell'autunno del 1869 al tempo prestabilito. Da Porto-Said, sul Mar Mediterraneo, esso corre in linea retta
attraversando il deserto, per il lago di Mensale, El Cantara e il
lago Balla; taglia quindi l'elevazione alta 16 metri di El Gishr, il
lago di Timsà, il Serapeo, il grande e il piccolo Lago amaro, e si
versa quindi, oltre Es Scialuf, verso Suez e Porto Ibrahim nel Mar
Rosso. Il solo taglio dell'El Gishr ha resa necessaria l'escavazione
di 14 milioni di metri cubi di terra (1). — Il 17 novembre 1869 ne
fu fatta la solenne apertura. Il Sultano, il quale avrebbe potuto,
compiendo l'opera egli stesso, mostrarsi con ciò a tutto il mondo
come il vero signore dell'Egitto e della nuova via mondiale aperta
al commercio, mal consigliato e punzecchiato, come vedremo, ne
lasciò neghittosamente libera la mano al suo vassallo. Dall'errore
del suo Sovrano trasse quegli infatti il più largo partito, invitando
e facendo invitare non meno di seimila ospiti di tutti i gradi e di
tutti i ceti sociali. Tra cotesti ospiti furono: il principe ereditario
Federico Guglielmo di Prussia, l'imperatrice Eugenia, l'imperatore
d'Austria, il principe e la principessa Enrico dei Paesi Bassi, Abd-el-
Kader, e parecchi altri principi e uomini di Stato, come i conti Beust,
Andrassy e Prokesch-Osten, l'ammiraglio Tegethoff, il generale Ignatiew, Roberto v. Keudell, ed altri parecchi, i quali approfittarono
in parte di cotesta gita per visitare la Palestina. Seguiva al yacht
Aigle, che aveva a bordo l'Imperatrice, un'intera divisione della

---

(1) Per l'opera del Canale e specialmente per le difficoltà tecniche all'uopo
superate v. l'esauriente lavoro di OLIVIERO RITT, *Histoire de l'Isthme de Suez*,
Parigi, 1869.

flotta francese, e tra gli ottanta battelli ancorati nel porto di P. Said
si trovavano non meno di cinquanta navi da guerra, inalberanti il
vessillo di tutti gli Stati europei. Dinanzi alla gettata recante il
nome dell'Imperatrice erano erette (e questo solo annunziava una
rivoluzione) delle tribune per il servizio divino cristiano e musulmano; e il noto abate Bauer di Vienna, nominato protonotaio apo-
stolico, tenne un discorso, nel quale inneggiò all'Imperatrice dei
Francesi come alla vera inspiratrice dell'opera. « Al virile animo
« Vostro » diss'egli tra altro « ben s'addice compiere tacendo le
« più grandi cose; ma non a noi spetta farci complici d'una tal
« congiura del silenzio, che la storia falserebbe e i posteri abban-
« donerebbero all'oblio ». Compiuta la cerimonia, gli eccelsi ospiti
attraversarono sulle possenti navi tutto il Canale. L'*yacht* dell'Imperatrice aveva impiegato sedici ore da Porto Said a Suez, e quindici
sole per il ritorno. In tutto, il Canale, per l'occasione dell'apertura,
era stato attraversato da non meno di 130 navi, tra le quali la
Pélouse, di portata anche maggiore dell'*Aigle*. Tralasciando di esten-
derci sopra la magnificenza asiatica spiegata dal munifico vicerè
Ismail in quelle feste, accenneremo solo come da Trieste, da Genova, da Livorno e da Marsiglia avesse fatto venire 500 cuochi e
1000 tra camerieri e aiutanti. Persino al momento dell'inaugurazione
non mancarono le malevole voci di sopravvenuti accidenti spiacevoli;
ma all'ora decisiva, ciascuno era al suo posto; e Lesseps, in una
relazione da lui letta circa il procedimento di tutta quanta l'impresa, caratterizzò lo spirito che tutti animava con le notevoli parole
« che fin dall'inizio dei lavori non c'era stato pure un custode delle
trabacche, il quale non si fosse sentito un rappresentante della
civiltà ».

.Quando il canale di Suez fu compiuto, lord Clarendon in nome
della Regina si congratulò con l'autore dell'impresa; e il segretario
del Governo per le Indie, Sters, l'11 novembre 1869 telegrafava da
Bombay: « Salute alla gigantesca opera di pace, così felicemente
« compiuta dai Francesi nell'interesse del mondo ».

XXXVI.

Altri avvenimenti durante il regno di Abdul-Aziz

Le relazioni d'Ismail Pascià verso la Porta. - Ismail con sacrifizio di denaro e con la corruzione ottiene la successione diretta nella propria famiglia; la Costituzione egiziana; altre concessioni del Sultano a Ismail; nomina di questo a Kedivè; *ultimatum* d'Alì Pascià a Ismail circa la consegna della flotta e la diminuzione dell'esercito di terra. - Influsso degli avvenimenti del 1870 e 1871 sulle condizioni generali dei varii Stati. - Dichiarazione circa le condizioni dell'Ensino per parte della Russia. - La Conferenza di Londra, e la parziale abrogazione del trattato di Parigi. - Morte d'Omer Pascià e d'Alì Pascià. - Cenni della vita politica di quest'ultimo. - La politica *ufficiale* della Russia di fronte alla Porta, dopo l'abrogazione della Convenzione del 18-30 marzo 1856. - Primo Visirato di Mahmud-Nedim. - Parte sostenuta da Ignatiew. - Caduta di Mahmud-Nedim.

Le relazioni che si stabilirono tra Ismail Pascià e la Porta ebbero non piccola parte nella decadenza delle condizioni dell'Impero ottomano. Il principe, allevato sotto gl'influssi europei aveva fin dalle prime aspirato a introdurre nella sua famiglia, in luogo dell'antico diritto turco di *età*, la successione diretta; alla qual cosa il terreno non era, per un certo rispetto, sfavorevole a Costantinopoli, in quanto che Abdul-Aziz si sforzava d'ottener qualche cosa di simile per la propria dinastia. Quando le perplessità della Porta si furono, per la sollevazione di Candia, notevolmente accresciute, Ismail offerse e denari e uomini. Il carico dei tributi venne aumentato da 80.000 a 150.000 borse; milizie egiziane vennero imbarcate per Creta; e, oltre a ciò, furono comperati con una somma di 25 milioni di franchi il Sultano, la sua famiglia e i Ministri. Per tal modo, nel maggio del 1866 Ismail ottenne, con la successione diretta, la fondazione della propria dinastia secondo il modello europeo. Dopo di che, egli procedette alla promulgazione d'una specie di Costituzione, in forza della quale venne eletta una Camera di 75 membri, che s'adunò verso la fine di quell'anno, per tramontar tuttavia ben presto, in mezzo al disfavore generale. L'8 di luglio, Ismail conseguì dal Sultano nuovi privilegi. Secondo il *hat* del 25 maggio 1841, che regolava le condizioni dell'Egitto, le leggi e i trattati dell'Impero erano applicabili anche all'Egitto stesso. Ma, da cotesto momento, il Sovrano concesse al suo Governatore il diritto di adottare di propria autorità tutte quelle misure riferibili all'amministrazione egiziana, che non avessero, e in quanto non avessero, il carattere di stipulazioni internazionali. In pari tempo gli fu concesso il titolo di Kedivè, che lo elevava molto al di sopra del grado fin qui goduto d'un Valì o Governatore generale, e poco meno — computandovi insieme gli altri privilegi — che a quello d'un Sovrano. In certe Corti s'era diffusa a quel tempo la voce che Ismail avesse veramente posta la sua mira alla rovina della dinastia ottomana e alla conquista del trono dei Califfi per la sua propria: una probabilità alla quale, nella previsione della caduta d'Abdul-Aziz, parecchie creature corrotte a Costantinopoli gli avèvan fatto pensare. A tutto ciò s'aggiunse che, il 4 agosto 1868, il Sultano concedeva al figlio d'Ismail l'investitura del Kedivato; onde i principi più anziani Mustafà-Fazyl e Halim, pregiudicati nei loro diritti, attizzarono vieppiù il focolare dei rancori contro l'ambizioso e prodigo loro congiunto.

Si venne così, il 29 agosto 1869, ossia pochi mesi prima dell'apertura del canale di Suez, a un *ultimatum* presentato da Alì Pascià al Vicerè, col quale gli s'imponeva: di consegnare la flotta corazzata; di ridurre l'esercito di terra; di presentare anno per anno il proprio bilancio finanziario alla Porta; e di non accogliere alcuna proposta, o concludere verun trattato, senza l'approvazione del Sultano. Era codesta una misura mandata ad effetto per le pressioni dell'Inghilterra: misura — di fronte a quanto già era avvenuto — assolutamente scorretta; la quale non impedì l'inaugurazione del Canale, ma ebbe per conseguenza, appena al 9 dicembre, e pertanto dopo l'inaugurazione medesima (e ciò è abbastanza significativo, per l'influenza potente della Francia in quel tempo) la sottomissione dell'ingannato Vicerè, che aveva speso così i suoi danari inutilmente.

Anche per cotesto rispetto, l'apertura del canale di Suez può considerarsi come l'ultima vittoria dell'Impero. di Napoleone III. Gli avvenimenti del 1870-71 non solo prepararono una sconfitta alla Francia; ma tutte insieme le Potenze che avevan firmato il trattato di Parigi e il trattato dell'aprile, di fronte alla dichiarazione fatta il 31 ottobre 1870 dalla Russia, « non considerarsi ella più, dopo gli strappi fatti, segnatamente nella Rumenia, al trattato di Parigi e dopo gli avvenuti rivolgimenti, vincolata alla neutralità del Mar Nero », s'accorsero di trovarsi in presenza d'una nuova fase della questione d'Oriente, ammaestrate invero dai fatti, che i trattati, quando non abbian mezzi pratici corrispondenti per farsi valere, raramente sono più che meri espedienti della diplomazia. Molto pregiudizievole fu la sconfitta della Francia per la politica orientale inglese, diretta in ispecial modo contro la Russia. Può sembrar veramente un'ironia della storia, se il trattato sottoscritto dai rappresentanti d'Inghilterra, Francia, Prussia, Austria, Russia, Italia e Turchia il 13 marzo 1871, il quale abrogava gl'importanti articoli 11.°, 13.° e 14.° del trattato di Parigi, venne, per deliberazione del principe di Bismarck, a compimento a *Londra*. Nè cotesti disastri furono i soli per la Turchia. Omer Pascià morì il 18 aprile 1871; e — per maggiore sventura ancora — il 6 settembre dell'anno stesso mancò pure Alì Pascià.

Alì era stato il più notevole, e fu l'ultimo degli uomini di Stato della Turchia in quel tempo. Le sue considerazioni sopra la complessità e il garbuglio delle condizioni politiche dell'Europa (che risalgono all'anno della morte di lui), non mancano, per verità, d'una certa parzialità e d'un certo sapore d'ingratitudine; ma rivelano una rara acutezza di vedute intorno alle recenti vicende europee. Ed è una prova dell'elasticità del suo intelletto il fatto che la sconfitta — in quei giorni certamente inaspettata — della Francia, alla quale la Turchia era allora debitrice delle sue riforme, non lo commosse soverchiamente, dal momento che « alla sua patria egli non ne vedeva arrecato alcun danno diretto »; ma egli andò anche più oltre assai, dimostrando all'ambasciatore austriaco, il conte Prokesch-Osten (1), col quale si trovava in relazioni di confidenza, come fin dal tempo di Francesco I, l'amicizia della Francia non avesse portato alla Turchia altro che sventura: « Non essere

_____

(1) Cfr. i suoi *Ricordi* degli anni 1870 e 1871, nella *Deutsche Revue* del 7 aprile 1880.

stati i vantati servigi di lei, fin dal tempo della guerra ungherese, mai altro che un mezzo di servirsi della Porta per l'ampliamento della potenza sua propria. Avere tutte le sollevazioni manifestatesi nelle provincie della Porta trovato sempre un appoggio in Francia. E la Francia essere stata come un precursore della Russia medesima ». Senza dubbio, in coteste parole si sentiva ancora l'eco del cruccio provato, per la parte che la Francia aveva sostenuta nella Rumenia e nell'Egitto; ma tutte le alleanze sono sempre, so-

Conte Ignatiew.

stanzialmente, fondate sull'acquisto dei maggiori possibili vantaggi per gli alleati tutti: e, d'altra parte, quella della Francia con l'Inghilterra nella guerra di Crimea aveva precisamente salvate le sorti della Turchia. Più chiare e più giuste furono in quella vece le vedute di Alì, allorchè apprese l'accettazione della corona imperiale tedesca da parte del re di Prussia. Poco innanzi ancora egli avrebbe fatto di tutto per abbattere il principe Carlo di Rumenia, con la speranza d'una nuova separazione dei Principati l'uno dall'altro; ma, di fronte a quella notizia, esclamò: « Ora mi tengo il principe Carlo »; e questo, non già perchè il principe era un Hohenzoller e un parente dell'Imperatore germanico, bensì piuttosto per la considerazione, che « per la Prussia, liberatasi dal pericolo d'Occidente, l'Oriente acquistava ora un significato assai diverso ». La Russia, infatti, non poteva più con l'antica fiducia guardare a una Prussia diventata una cosa sola con la Germania, nè più possedere a Berlino l'influenza d'un tempo. La Prussia avrebbe sconfessata la sua missione tedesca, qualora avesse lasciato cadere la Rumenia in mani russe; e le relazioni tra Russia e Prussia non ci avrebbero punto guadagnato, specie nel tempo presente. La Prussia, pertanto, avrebbe fatto il possibile per guadagnarsi una alleata nell'Austria; « ma da questo fatto sarebbe poi sorta per la Turchia quella protezione, della quale per sì lungo tempo era stata priva ». La sorte risparmiò al valoroso e infaticabile uomo di Stato la prova della giustezza di tali suoi convincimenti. Notevolissima è pure la Memoria elaborata da Alì Pascià già fin dal tempo della sua missione a Creta nell'anno 1867: la quale in parecchi punti collima perfettamente con le ultime convinzioni da lui manifestate (1). Nemmeno il più entusiasta dei patrocinatori delle condizioni dei Cristiani in Turchia potrebbe, poi, oppugnare la verità espressa nel seguente passo di quella memoria: « Di fronte a tante difficoltà « e a tanti pericoli, sta la Sublime Porta unita e incrollabile: ma « costretta a tener sotto le armi quegli uomini, che sarebbero al « massimo grado e necessarii e utili alla riproduzione e all'agri- « coltura della nostra Nazione, e a volgere a codesto fine le sue « maggiori entrate: tantochè per la coltivazione del paese non ci « resta un quattrino, nè un minuto di tempo disponibile per la « preparazione di buone leggi, vòlte al miglioramento dello Stato « e della Nazione. Per tal modo, anche sotto questo rispetto il « nostro nemico viene affrettando il compimento dei rovinosi suoi « disegni; giacchè è manifesto che la popolazione maomettana, la « sola che fornisca delle truppe, non può a lungo sopportare un tale « stato di cose; nè il tesoro dello Stato del pari può sopportare « di volgere tutte le sue rendite a scopi improduttivi; nè infine « l'esercito è capace di mantenere più a lungo nell'obbedienza e « nella sommissione un numero di più che 10 milioni di sudditi, « che nutrono in cuore il desiderio della rivolta e della liberazione ».

---

(1) Vedila in *Stambul e i Turchi dei giorni nostri* di Un Ottomano; Lipsia, 1877, vol. I, pag. 75-88. Autore di quest'opera, ricca di fatti, benchè pecchi di contraddizioni, è l'ex rappresentante delle Città anseatiche a Costantinopoli, A. D. Mordtmann.

Ottenuto l'annullamento di quanto costituiva il nocciolo politico del trattato di Parigi, la Russia si studiò ora di persuadere il Sultano che, una volta ch'ella aveva riparata ormai la falla del 1856, più non restava alcun motivo di rancore, e che la Turchia aveva d'or innanzi in essa la sua migliore amica. Ai fini d'una siffatta politica, che sì perfettamente s'accordava con il fatalismo degli Orientali, la Russia si valse d'uno strumento estremamente arrendevole e privo di scrupoli, quale fu il conte Ignatiew, che seppe cattivarsi la piena fiducia d'Abdul-Aziz, e venne mirabilmente sostenuto dal nuovo Gran Visir Mehemed-Nedim Pascià, un favorito del Gran Sultano, oriundo, a quanto si dice, da genitori cristiani della Georgia. La più elementare prudenza, del resto, consigliava al Divano — ora che i trattati erano andati in fumo — di non offrire alla Russia alcun pretesto a una nuova guerra, nella quale dopo tanti malanni, si sarebbe trovato solo di fronte ad essa. Ignatiew si dichiarò anche propenso all'idea, accarezzata dal Sultano, di modificare l'ordine della successione al trono a favore del figlio suo Iusuf-Izzedin. — Il visirato di Mahmud-Nedim non durò frattanto che undici mesi; ma fu sufficiente per produrre nell'Amministrazione ufficiale turca la più funesta perturbazione. Per raggiungere delle economie, pur sempre assolutamente insufficenti a ristabilire l'equilibrio finanziario, si procedette con una mancanza di riguardi veramente inconcepibili a metter sulla strada dei funzionarii, in gran parte affatto innocenti, lasciandoli nella miseria (1). I ministri Scirvanizade Mehemed Rushdi, Hussein Avnì e Husni Pascià furono mandati in bando, e fu nominata una speciale Commissione, incaricata di presentare tutte le settimane al Gran Visir una lista di proscrizione. Furon diminuiti gli stipendi degl'impiegati inferiori fin oltre al 50 %, ristrette e quasi abolite le spese dello Stato per la pubblica istruzione, spingendosi fino a far dei risparmi sul materiale da guerra. La baraonda si fece così colossale, da pensar con tutta serietà persino a divider l'anno in soli nove mesi, perchè non s'avessero a pagar gl'impiegati se non nove volte all'anno! Dovettero inoltre esser banditi gli uffiziali più altolocati e appartenenti alle famiglie più cospicue.

In mezzo a tanto disordine, a Ignatiew riuscì di far eseguire il firmano, emanato — ciò ch'è appena credibile — da Alì Pascià

---

(1) Cfr. Mordtmann, vol. I, pag. 93.

nell'esclusivo interesse russo-panslavista, per l'istituzione dell'Esarcato bulgaro, pur tanto accanitamente avversato dal Patriarcato ecumenico; per modo che l'Esarcato fu stabilito a Ortakoi, proprio alle porte di Costantinopoli, e la cristianità bulgara — se così può dirsi — estesa per insino al Bosforo (1). — Il disegno (dalla Russia appoggiato per viemmeglio avviluppare il Sultano) del mutamento nell'ordine della successione — per il timore suscitato nei Ministri e presso Mahmud Nedim medesimo delle gravi responsabilità, e insieme per le rimostranze sollevate dall'Inghilterra — urtò contro tali difficoltà, che fu forza rinunziarvi definitivamente. Le numerose largizioni che Mahmud aveva intascate da imprenditori, costruttori e banchieri non sarebbero bastate (essendovi del pari implicato lo stesso Abdul-Aziz) a rovesciarlo, ove di fronte all'albagia d'onnipotenza del Sultano, egli non avesse commesso un errore di forma. col suo procedere verso Midhat Pascià, che profondamente aborriva la Russia e tutto quanto il sistema di corruzione invalso. Ciò provocava la sua caduta, il 30 luglio del 1872; e Midhat Pascià sottentrava al suo posto.

---

(1) Cfr. MORDTMANN, vol. I, pag. 107.

XXXVII.

Il lavorìo segreto della Russia
per la dissoluzione dell'Impero ottomano

Gli atti segreti d'Ignatiew diretti al Vicerè d'Egitto e a Novikow; e del Comitato
centrale di Pietroburgo, dei Comitati di Mosca e di Vienna, del principe del
Montenegro, del capo del Dipartimento asiatico Stramukow e dei consoli russi
Scutari, Seraievo, Mostar, Ragusa, Belgrado e Fiume.

Nella sua circolare del 31 ottobre 1870, che annunziava la neutralizzazione del Mar Nero, la Russia aveva dichiarato espressamente
« che con tale notificazione essa non intendeva in niun modo di
risuscitare un'altra volta la questione d'Oriente ». Ciò nondimeno,
lo strappo fatto non era che il principio d'un'opera che si lasciava
addietro tutti i precedenti attentati all'integrità dell'Impero ottomano, e che verrà qui esposta nel suo complessivo sviluppo.

Khalil Bey (più tardi Khalil Pascià), un tempo vicesegretario di
Stato al Ministero turco degli affari esteri, poi salito al grado
di ambasciatore a Pietroburgo e più tardi a Vienna, era potuto,
per mezzo d'una somma assai ragguardevole per vero, ma poco
meno che insignificante in proporzione dell'importanza della cosa,
venire in possesso di certi documenti segreti russi, il cui contenuto
notevolissimo, e dall'Europa neppur mai sospettato, fa apparire sotto
una luce assolutamente nuova i posteriori avvenimenti. Ciò che
prima di tutto deve fare impressione nella questione è questo.
Secondo tutte l'esigenze della gerarchia e della vanagloria insieme,
Khalil diede immediatamente notizia dell'acquisto fatto ai suoi su-

periori; ma la sorte favorì anche particolarmente l'opera sua, in quanto che, dopo la morte di Djemil Pascià che seguì nel settembre del 1872, divenne egli stesso Ministro degli Esteri: dimodochè ebbe certo la migliore occasione di mettere efficacemente il Sultano e la Porta a cognizione del serio pericolo che li minacciava da parte della Russia. Che pertanto, nonostante ciò, Ignatiew, l'uomo che in quei documenti soprattutto veniva smascherato, guadagnasse tanto d'influenza, che la Russia potesse padroneggiare, col mezzo della madre del Sultano, guadagnata da lui, e del Gran Visir Mahmud-Nedim, tutta la situazione dell'impero ottomano, è per certo l'indice più meraviglioso di putredine durante tutto quel processo di dissoluzione, che doveva avere conseguenze incalcolabili. Quando, nel 1877, la guerra con la Russia apparve più che mai probabile, gli uomini di Stato della Turchia — in ritardo, e nella debole speranza di averne qualche aiuto da parte delle Potenze — si determinarono a una pubblicazione dei documenti sottratti; ma la cosa fu fatta in una forma tale, che le tolse l'efficacia che doveva aspettarsene. Khalil, infatti, venne autorizzato a far quella pubblicazione; ma, poichè durante la sua missione a Pietroburgo, per motivi facili a spiegarsi, egli era stato particolarmente onorato da Alessandro II, e d'altra parte l'acquisto dei documenti non era stata la cosa più limpida del mondo, egli, non sentendosi interamente libero di fronte alla Russia, incaricò della pubblicazione il letterato Giacometti, che gli prestava i suoi uffici, e curò soltanto anche una traduzione di quei documenti in inglese (I). Lo scritto, pubblicato nel 1877 a Costantinopoli in due edizioni, sotto il titolo: « Les responsabilités », sparì ben presto dal mercato librario; e così è potuto avvenire che gl'importanti atti diplomatici, *i cui originali son passati sotto gli occhi di diplomatici tuttora riventi,* oggi appena vengono utilizzati in un'opera storica, che riepiloga la somma dei fatti. Dei quarantanove documenti, ben quarantaquattro sono *al* o *del* signor di Novikow, ambasciatore russo a Vienna, il quale era in pari tempo — si noti — il presidente del Comitato panslavista di Vienna. E fu anche un'inutile castrazione di quei documenti — inutile, diciamo, poichè, quanto alle relazioni con la Russia, non c'era più niente da perdere — l'aver

----

(1) Il titolo di questa è: *Russia's Work in Turkey: a rivelation. From French « Les responsabilités »* of G. GIACOMETTI, *translated by Edgar Whitaker.*

soppresso i nomi degli alti personaggi a cui erano diretti, aggiun-
gervi semplicemente una chiave, che ha pur sempre tuttavia un
significato. Come si potrà facilmente convincersene, la decifrazione
di tutti i nomi è perfettamente riuscita. — Il medesimo ambasciatore
alla Corte turca, che non cessò mai di confermare al Sultano le
proteste d'amicizia della Russia, stava in diretta corrispondenza
epistolare col viceré d'Egitto Ismail. Credendosi questi insidiato
dalle stesse misure coercitive delle quali era stato minacciato Alì
Pascià, il 18/30 di maggio del 1871 Ignatiew da Pera Costantinopoli
gli scriveva:

« Je m'empresse de remercier Votre Altesse pour la lettre dont
« Elle a bien voulu m'honorer, en date du Caire, le 8 Mai.

« Je crois en même temps devoir vous informer, Monseigneur,
« que le Consul-Général Impérial en Egypte m'a rapporté l'exposé
« de l'entretien, dont il a été honoré par Votre Altesse.

« Je suis très affligé que Votre Altesse ait voulu donner aux
« nouvelles que je lui avais transmises par ma lettre du 15 Avril
« une toute autre signification que celle que j'avais en vue. Si Votre
« Altesse veut bien rappeler ce que je lui disais, en lui communi-
« quant les renseignements en question, Elle verra que je la félicitais
« de la bonne tournure que commencent à prendre les affaires de
« l'Orient. Je lui disais que l'Europe est tellement épuisée de la
« dernière guerre, et l'esprit public si disposé à la paix, que le
« premier qui voudrait la troubler se verrait mis de suite au ban
« de la Société Européenne. Or, quoi de plus heureux pour Votre
« Altesse, si la Turquie, excitée de tous côtés, se jetait follement
« contre l'Egypte, sans y être poussée par une cause légitime et
« réelle? Le Gouvernement de Votre Altesse n'aurait qu'à se défendre
« quelques jours, tout en protestant contre l'esprit de conquète
« ottoman, et l'intervention se feraitjour à travers tous les obstacles,
« réclamée même de ceux qui ne cessent de nous poser en mission-
« naires de la révolution en Orient.

« Tout en vous rappelant, Monseigneur, ces considérations, je me
« permettrai d'expliquer ancore plus clairement la pensée du Gou-
« vernement Impérial. Pour la réussite de nos projets, il est urgent
« que l'Egypte se trouve encore tranquille. Armez-vous, faites tous les
« préparatifs nécessaires à une longue guerre, contractez des traités
« d'alliance défensive et offensive avec la Grèce, la Serbie et la
« Roumanie (en quoi nous vous aiderons indubitablement), et con-

« tinuez de disputer pas-à-pas les prétentions de la Cour Suzeraine.
« Que le Gouverment Egyptien se montre digne et inflexible dans ses
« rélations avec la Porte, et il peut être sûr de la victoire. Plus
« on vous verra ferme et intraitable, plus l'irritation des Ministres
« du Sultan augmentera et aboutira à une explosion. C'est alors
« que l'Egypte connaîtra ed apprèciera l'amitié Russe, toute diffé-
« rente de la protection Française qui, après avoir poussé à la
« guerre l'illustre Aïeul de Votre Altesse, s'est contentèe de le sou-
« tenir platoniquement et l'abandonner à la vengeance ottomane ».

Non era ignoto a Ignatiew che la Russia aveva un avversario
nell'ambasciatore turco accreditato alla Corte di Vienna. Già il
4/16 marzo 1871, a Novikow, ambasciatore russo colà, egli aveva
scritto:

« Le particolarità che mi scrivete circa le vostre relazioni con
« Khalil Bey e gl'intimi legami di quest'ultimo col famoso uomo
« di Stato sassone non mi meravigliano. Conosco da gran tempo
« il vostro collega turco. Prima ancora ch'egli pensasse a diventare
« un grand'uomo, costui amava la Russia, per quanto, in generale
« può amarci un Musulmano. Ma dopo il suo viaggio di Pietroburgo
« e dopo la sua alleanza politica con Mustafà Fazil Pascià (il pre-
« tendente al trono egiziano), egli s'è interamente staccato da' suoi
« amici d'un tempo, e ci onora della sua antipatia. Non è da stu-
« pire pertanto se Khalil Bey, fin dal suo primo giungere a Vienna,
« s'è cattivata l'amicizia del signor v. Beust. Questi — nemico di-
« chiarato dello Slavismo — non avrebbe potuto trovare per i suoi
« intrighi un cooperatore più efficace di Khalil Bey. Soltanto, è
« triste vedere come il nostro collega turco, che intriga contro di
« noi nella speranza di cansare il pericolo, sia in procinto di pre-
« cipitare definitivamente il suo paese in un'irreparabile rovina.

« Grazie al sentimento di egoismo dei Turchi e alla testardaggine
« di quel Patriarca, la scissura tra Bulgari e Greci s'è ormai fatta
« inevitabile. A dire il vero, ho temuto per un istante che le parti
« si riconciliassero; ma poichè il patriarca non ha voluto cedere,
« la questione s'è inasprita per modo, che tutti gli sforzi d'Ali
« Pascià dovran tornar vani. Ora è venuto il momento di raddoppiar
« d'attività. Qualora il Visir accetti (ciò ch'è quasi certo) la rinunzia
« del Patriarca, è necessario consacrare l'insediamento del nuovo
« prelato con un indirizzo alle popolazioni della Tracia, della Ma-
« cedonia, della Bosnia e dell'Erzegovina, le quali domandano ve-

« scovi nazionali. In questo modo, a ogni nuovo Patriarcato noi
« guadagniamo qualche nuova diocesi. Io ho già scritto ad Adria-
« nopoli e a Monastir in tal senso. Faccia il vostro Comitato lo
« stesso per l'Erzegovina e la Bosnia. ´

    « Avete ricevute le nuove carte strategiche delle provincie occiden-
« tali della Turchia? Secondo le relazioni dei nostri esploratori (de nos
« explorateurs), osservo che abbiamo fatto notevoli progressi nello
« spirito di quelle popolazioni, e che persino i Musulmani si trovan
« preparati ad aiutarci nella nostr'opera d'emancipazione. Grazie
« a Dio, tutto va bene; *ma sarò anche più contento, se riceverò*
« *l'ordine di domandare il mio passaporto* ».

    Molto giustamente osserva qui nella sua pubblicazione Khalil,
che ciò già *sente la polvere* che verrà ad essere sparata nell'Erzegovina, ed eclama: « Adunque il diritto delle genti non ha più
« senso alcuno? e l'intangibilità diplomatica è dunque sempre il
« manto che ricopre i più nefandi attentati? ».

    È sommamente istruttivo — pur serbando quant'è possibile l'or-
dine cronologico dei fatti — tener dietro all'organizzazione di cotesta propaganda. Il dì 20 agosto del 1872, il console russo a
Scutari (G. Ivanow) telegrafava in cifre al Comitato di Vienna:
« Ho mandato due dei nostri amici ai Mirditi (Albania e popolazioni
« vicine) con doni in danaro e in armi. I nostri agenti sono inca-
« ricati di tener tranquilli i nostri alleati, e di prometter loro una
« sollecita soluzione della loro controversia con i Turchi. Per quanto
« concerne la politica del Montenegro, ho ordinato al mio agente
« di esporre al capo Scion, come il principe Nicola sia pronto a
« piombare sui Turchi; e come non aspetti altro se non che gli
« sia da loro offerto un pretesto plausibile per incominciare le
« ostilità ». Due giorni appresso, dal console di Seraievo (A. Cudriavtzeff) partiva un dispaccio a quel Comitato medesimo, dove
si diceva: « La popolazione ha già compreso, senza che ci sia bi-
« sogno di manifestarglielo, che la sua salute le verrà data dalla
« Serbia, fatta forte e libera mediante l'aiuto dei Russi ».

    Incomparabilmente più grave è il dispaccio cifrato del *Comitato
centrale*, datato da Pietroburgo 9/21 agosto 1872, al Comitato viennese, posto immediatamente sotto la direzione dell'ambasciatore
Novikow. Esso dispaccio suona così: « Per ordine di Sua Altezza
« Imperiale Monsignor *** (lo Zarevich), s'invita il Comitato di Vienna
« a diramare a tutti i sotto-comitati e alle agenzie un dispaccio

« circolare, affine di tranquillare i fratelli della nostra razza in
« proposito delle false voci che, nell'occasione del convegno dei tre
« Imperatori a Berlino, cercan di diffondere tra gli Slavi i nostri
« nemici. Devoto profondamente alla causa slava, e zelatore della
« prosperità e dell'avvenire dei fratelli della nostra razza, il Governo
« imperiale non nutre minimamente il pensiero, ad esso attribuito
« dai Polacchi — i secolari nemici dello Slavismo —, d'abbando-
« nare gli Slavi alla loro sorte, e di legarsi con un trattato solenne
« alla Germania ed all'Austria. Quantunque la Russia desideri la
« pace e il consolidamento in Europa dell'ordine pubblico, essa non
« si lascerà sviar mai da quella linea di condotta, che ha iniziata
« fin dal primo salire al trono di S. M. l'imperatore Alessandro II.
« Voi scriverete pertanto ai vostri agenti di comunicare a tutti i
« nostri amici il contenuto di questo dispaccio, e d'assicurarli che
« la Russia, nonostante il suo profondo desiderio di pace, non la-
« scerà mai i suoi fratelli di sangue senza assistenza od aiuto, e
« ch'essa è pronta come per il passato a ogni sacrifizio, per assicurar
« loro un avvenire che sia degno di quella razza, alla quale noi
« tutti ci gloriamo d'appartenere ».

Tutto considerato, è d'uopo riconoscere che cotesto documento
segreto è una manifestazione ben più *palese* di quanti documenti
diplomatici sian mai partiti dalla Russia in qualsiasi tempo. E una
specie di compiuta integrazione trova esso nel dispaccio cifrato
del 17/29 dello stesso mese, diretto dal medesimo Comitato centrale
al Comitato di Vienna; il quale così suona: « Per ordine di S. A.
« Monsignore ***, Ella è incaricata d'istituire al più presto possibile
« un'agenzia speciale a Vidin (una delle piazze del quadrilatero
« fortificato). Poichè le attribuzioni di essa già si trovano esposte
« nella Circolare del Comitato centrale d. d. 25 luglio 1871, § 3.°,
« il Comitato si limita ad aggiungere che, d'ordine del nostro ec-
« celso Presidente, Le viene aperto un credito di 50.000 rubli per
« le spese della fondazione e per i bisogni dell'agenzia medesima
« fino al 1.° di gennaio del 1873 ». — Il 23 agosto, il vice-console
di Mostar telegrafava al Comitato viennese: « Le somme da me
« inviate ai congiunti e agli amici di Cocacervich hanno reso pos-
« sibile a diciotto di essi di recarsi nel Montenegro, per mettersi
« a disposizione del comandante delle valorose truppe montenegrine.
« Quanto agli altri, i quali per ragioni delle loro famiglie non pos-
« sono abbandonare il paese, essi han pregato quelli che son partiti

« pel Montenegro di mandaṙ loro, non appena la cosa sia possibile,
« della polvere da schioppo, affinchè alla prima richiesta del prin-
« cipe Nicola siano in grado di prender le armi ».

Il 27 settembre 1872, A. Cudriavtzeff, console a Seraievo, telegrafava a Vienna: « Le feste di Belgrado han prodotto dappertutto
« un'eccellente impressione. I patriotti di Seraievo ne son talmente
« entusiasmati, che parecchi notabili son venuti da me, per dichia-
« rarmi d'esser pronti a sacrificar la metà delle loro sostanze, per
« il caso d'una guerra tra la Turchia e la Serbia. Ho creduto di
« dovermi congratulare con essi per il loro slancio patriottico, pro-
« mettendo in pari tempo d'informarne il Governo imperiale; quanto
« poi alla loro fede in una guerra imminente, ho cercato di tran-
« quillarli sull'argomento; soggiungendo tuttavia che, s'anco le
« ostilità non iscoppino immediatamente, ciò non significa però che
« si devan protrarre all'infinito. Dopo lunghi colloqui tenuti insieme,
« essi han deliberato di mandar due membri delle loro Associazioni
« a Belgrado, per rimettere al principe Milan l'importo delle somme
« che voglion donare alla patria ».

Ometteremo i dispacci del console di Ragusa del 6 e del 9 settembre, nei quali s'annunzia come l'agente C. (Carabirovich) di
Mostar fosse arrivato dopo un'assenza di quattro mesi con alcune
suppliche dall'Erzegovina per il Ministero russo degli Esteri, e come
al principe Kh. (Khilkoff), che proseguiva il viaggio per Cetinie,
avesse consegnato florini 3000 per il principe Nicola, a favore delle
famiglie più bisognose; e verremo al dispaccio del Comitato centrale di Pietroburgo d. d. 14 settembre 1872: « D'ordine di Sua
« Altezza Imperiale il Presidente, il Comitato di Vienna viene uf-
« ficiato perchè mandi due plenipotenziarii a *Neusatz* affine di
« prender parte a quelle Conferenze che i capi del partito nazionale
« terranno per la scelta dei candidati per il prossimo patriarca
« serbo (dell'Austria!). In pari tempo, voglia il Comitato di Vienna
« mandare alcuni agenti intelligenti e devoti nella Bosnia e nel-
« l'Erzegovina, i quali dovranno mettersi in comunicazione con
« gli emissarii della *Mlada Srbadia* per la fondazione di biblio-
« teche popolari. Ove non s'avessero sotto mano delle persone
« capaci, converrà rivolgersi ai consoli imperiali di Ragusa e di
« Seraievo e al vice console di Mostar. Tali agenti, ch'eserciteranno
« una sorveglianza sopra gli emissarii serbi, dovran procedere alla
« *costituzione d'un'associazione segreta*, i cui membri s'obblighino

« a impugnar le armi al primo segnale, e a recarsi dovunque ai « capi nominati dalla direzione centrale piacerà di mandarli ».

Di grande interesse è pure l'estratto del protocollo d'una seduta del Comitato di Mosca del 26 settembre (8 ottobre) di quell'anno. Era stato quivi letto un opuscolo, contenente la biografia di A. Hilferding, la cui *Storia dei Serbi e dei Bulgari* abbiamo avuto già occasione di citare più sopra. Il principe B. A... C... e il segretario del Comitato avanzarono la proposta d'eternar la memoria dell'illustre defunto, che aveva prestato così insigni servizi alla causa slava, con l'istituire presso la scuola slava del monastero di Alexeyewsk una pensione per una giovinetta di nazionalità bulgara, che portasse il nome di Hilferding; con l'aprire una sottoscrizione presso i membri di tutti i comitati e sottocomitati slavi per l'istituzione d'un premio in favore del miglior libro sopra la Serbia; e con la pubblicazione a spese del Comitato di tutte le opere inedite del Hilferding. Tale proposta venne accolta all'unanimità; dopo di che, si procedette a una seduta segreta, nella quale fu presentato il resoconto delle entrate e delle spese. Tra quest'ultime si trovava una somma per i commissarii mandati in Bulgaria, in Gallizia, in *Boemia* e nella « *Russia ungherese* ». Venne infine presentata una fotografia dell'esarca bulgaro Anthim, e si deliberò di farne preparare un'ingente numero di copie, per distribuirle tra tutti gli amici della « santa causa bulgara ».

Ci limitiamo qui al semplice accenno dei dispacci del Comitato centrale, d. d. 2 novembre 1872, del Comitato di Vienna al Comitato centrale del 19, del console di Seraievo del 5, del console di Mostar del 13 e del 22 novembre, i quali, più o meno, si riferiscono cumulativamente alla distribuzione di sussidi in danaro e alla propaganda, per soffermarci all'importante disposizione telegrafica del Comitato centrale al console Lagowski di Salonicco, datata da Pietroburgo, 22 novembre 1872. Essa è del seguente tenore: « Il Comitato cen- « trale si pregia di significarvi che, per ordine di sua A. I. Mon- « signore, nostro eccelso Presidente, l'agenzia del Monte Athos deve « trasformarsi in un Comitato organizzatore (*Comité organisateur*). « Tale Comitato avrà per còmpito: primo, *di predisporre nel Chiostro* « *detto Russikòn un magazzino d'armi e di rettovaglie;* secondo, « di mandare nella Macedonia, nella Tracia, nella Bulgaria e nella « Vecchia Serbia degli emissarii, con il mandato di distribuir quivi « libri e danari, d'acquistar proseliti per la causa slava e procacciar

« volontarii per il movimento patriottico; terzo, di disporre nella
« penisola del Monte Athos delle colonie russe e bulgare al fine
« di trasformar cotesta contrada in una provincia interamente slava.
« A tal uopo essi non dovranno lesinar sui mezzi, all'intento di
« spossessare, entro il termine di pochi anni, i Greci di tutti i
« conventi e territorii sull'Athos che ancor quivi possiedano. Il Co-
« mitato organizzatore avrà annualmente a sua disposizione la somma
« di rubli 50.000, l'impiego dei quali sarà controllato dall'imperiale
« Ambasciata di Costantinopoli. La direzione del Comitato verrà
« affidata al console imperiale di Salonicco, *che avrà l'obbligo di*
« *risiedere metà dell'anno in Athos.* Durante l'assenza di lui, la
« presidenza spetterà al reverendo padre Geronimo, al lato del
« quale staranno i padri Macario (di Russikòn), Beniamino e Stefano
« (di Lavra), da lui raccomandati alla protezione del Comitato ».

Se noi ci ricordiamo che la Russia, a giustificazione della guerra
di Crimea, aveva addotto il pretesto della tutela dei diritti non
solo dei monaci *greci di fede,* ma anche e soprattutto *di razza,*
nella Palestina, non potremo troppo meravigliarci di cotesto ampliamento del programma, fin dal tempo degli avvenimenti sostanzialmente rivoluzionarii della Russia sotto lo Zar Alessandro II. Ma,
quanto al documento da noi testè menzionato, è da osservare ancora
che i quattro ecclesiastici in esso nominati appartenevano ai più
influenti tra tutti quelli dei conventi dell'Athos. Geronimo e Macario
son quelli che han trasformato il convento greco di San Panteleimon,
fatto erigere tra il 1814 e il 1821 dal Principe di Moldavia Scarlat
Callimachi, con una cappella per i monaci rumeni, nel presente
chiostro detto Russikòn: il quale, popolato di ben mille monaci, è
diventato la principal sede dei Russi sul Monte Athos. Di più nel-
l'anno 1872, vale a dire appunto nel tempo stesso che dal Comitato
centrale di Pietroburgo veniva emanato il decreto sopraddetto, i
due padri summentovati tentaron d'indurre i due padri rumeni
Nikon e Nettario a rimetter nelle mani dei Russi il grande chiostro
rumeno di S. Giovanni Battista, pur non riuscendo nel loro intento.
E quanto al P. Beniamino, priore del convento di Lavra, è da notare
ch'egli era stato per lo innanzi archimandrita del convento di Ber-
zunzi nel distretto di Bakeu in Moldavia.

Or proprio quel giorno medesimo nel quale il Comitato centrale
di Pietroburgo trasmetteva quelle disposizioni così profondamente
significative al console imperiale di Salonicco, Ignatiew così scri-

veva a Novikow: « Ho raccomandato senz'indugio al nostro console
« a Gerusalemme di far pressione sopra gli *Arabi*, e di protestare
« contro l'illegale deliberazione del sinodo fanarioto di Gerusalemme.
« In pari tempo, ho scritto anche a Pietroburgo; e spero che si
« vorrà finalmente dare effetto al mio antico disegno d'incamerare
« gl'ingenti beni che in Russia possiede la Chiesa Gerosolimitana...
« Il nostro amico A. (Abraham Pascià, agente del Viceré d'Egitto)
« e la buona V. S. (Validé sultana, la madre del sultano Abdul-
« Aziz) lavorano attivamente. Se la va bene, Bisanzio, vedrà tra le
« sue mura un nuovo Milet Bachi, e il patriarca greco stenderà
« nuovamente la mano per ricevere del danaro panslavista ». Dal
che si vede come la Santità Sua si trovasse in ottima compagnia,
poichè persino la madre del Sultano, la Curda stessa (o, secondo
altri, la Circassa) che maledicendo agli avversarii difendeva l'avvenimento al trono del proprio figlio, non si faceva riguardo d'approfittare delle generosità della Russia.

Un dispaccio del console di Scutari al Comitato viennese, di data
29 novembre 1872, contiene dei passi particolarmente sospetti:
« B. P. (Baio Petrovich) mi comunica in questo momento il ritorno
« a Cetinie di due agenti, da lui mandati da quattro mesi in qua
« nell'Albania meridionale. Il còmpito di cotesti due emissarii era,
« come vi è noto, d'attraversare il paese di là da Dulcigno, per
« diffonder quindi l'influenza del Montenegro. Grazie all'accortezza
« di Baio, e soprattutto grazie ai danari messi a sua disposizione
« per ordine del Comitato centrale, tale missione è stata coronata
« di ottimo successo. Predicando in ogni dove la guerra santa contro
« i nemici, e l'indipendenza slavo-albanese, così Baio come il collega
« suo han dovuto — per non urtar le tendenze degli Albanesi,
« in un certo senso grecofili — *manifestarsi puranco contrarii ai*
« *Bulgari*. Cotesto procedere, avveduto insieme e prudente, ha
« procacciato agli emissarii montenegrini la piena fiducia delle
« ingenue popolazioni del paese, ossia dei Gueghi; e abbiamo ottima
« ragione di sperare che il danaro così magnanimamente speso in
« tale occasione non mancherà di portare i migliori frutti per l'av-
« venire ». Se si aggiungano ora le confidenze d'Ignatiew a Novikow del 5 dicembre 1872, là dove dice « d'avere esortati i consoli
a non far più pervenire sussidii in danaro nè alle scuole nè alle
chiese greche, affinchè le pecorelle smarrite per opera della propaganda fanariota tornassero nuovamente all'ovile », non ci può

esser più dubbio alcuno che la Russia vuole stabilire in Oriente il predominio della sola Chiesa russa, applicando in un paese non conquistato ancora le medesime misure fanatiche, che cerca di mettere oggi ad effetto contro il cattolicismo e contro il protestantismo nelle provincie sue proprie. Che poi ai consoli non riuscisse sempre di scegliere per loro emissarii delle persone senza macchia, si vede chiaro da una lettera d'Ignatiew a Novikow del 9 dicembre 1872, nella quale egli si lagna, tra altro, che il console Machnin di Russia abbia commessa la sciocchezza di servirsi per tal propaganda d'un individuo che aveva preso parte al saccheggio della posta. « Se la polizia turca » dice « s'impadronisce di costui, temo delle rivelazioni, che ci posson fare non piccolo danno ».

Un dispaccio cifrato del console generale di Belgrado N. Schischkin, di data 13 dicembre 1872, si riferisce alla Serbia e alla Bosnia. Eccone il tenore: « In conformità agli ordini del Comitato cen-
« trale del 18/30 d'agosto, mi onoro di significare al Comitato di
« Vienna che la costituzione della *Società liberatrice* (*Société li-*
« *bératrice*) è in attiva formazione. Avendone il signor Ristich as-
« sunta la presidenza provvisoria, tutti gli ufficiali delle milizie
« regolari del Principato, come pure un gran numero di quelli della
« milizia nazionale, si sono affrettati a farsi inscrivere nella lista
« dei membri dell'Associazione. Ieri e ieri l'altro l'affluenza presso
« gli uffici dei direttori provvisorii fu così considerevole, che siamo
« stati costretti a creare tre nuove agenzie: alla redazione della
« *Mlada Srbadia*, al Casino nazionale e in casa di Lechjanin. Oggi
« mando I. (Irakovich) a Seraievo per intendersi colà col console
« imperiale circa l'inizio dell'opera nostra in Bosnia. La *Mlada*
« *Srbadia* ha spedito sei emissarii, tra i quali un sacerdote e un
« frate, nella Bosnia e nell'Erzegovina ».

Il 7/19 dicembre Ignatiew scriveva a Novikow: « In seguito alle
« perfide mormorazioni di quei miserabili cavalieri del mercato di
« Galata, l'Oriente ortodosso sta per perdere il distinto prelato ch'è
« la gloria della nostra Chiesa; ma più doloroso ancora è il vedere
« come i Greci, i cosiddetti *amici della libertà*, domandano la pro·
« tezione degli Austriaci e dei Prussiani, e invocano l'intervento
« dei protestanti nelle loro questioni ecclesiastiche, quantunque
« neghino cotesto diritto al Governo dei loro correligionarii. Il loro
« furore contro di noi è cresciuto anche più, in seguito alla notizia
« dell'incameramento dei beni conventuali della Bessarabia » (noi

ricordiam bene che Ignatiew aveva appunto consigliato una tale
misura). « Questa perdita è tanto sensibile per i prelati fanarioti,
« ch'io son pronto a scommettere che tutti i vecchioni del Sinodo
« si genufletterebbero ai nostri piedi per confessare il *mea culpa*,
« se non avessero paura dei grammatici di Galata! Son proprio
« costoro quelli che, sostenuti da qualche banchiere retorico e dai
« gazzettieri del *Neologos* e del *Phare du Bosphore*, soffian sul fuoco
« della discordia. L'unica cosa che potrebbe porre un termine a
« cotesto persistere d'intrighi sarebbe un cambiamento di Ministero,
« o per lo meno l'allontanamento di Khalil, il qual solo ci ha il suo
« interesse, in tali disordini religiosi. Secondo quanto ho appreso
« testè a Palazzo, non è inverosimile che tra poco possiamo esser
« liberati di cotesto incorreggibile arruffone! La vecchia e fedele
« amica della rispettabilissima madre della signora N. (Novikow)
« ha recentemente promesso alla signora I. (Ignatiew) d'adoperarsi
« a Palazzo in questo senso ».

S'accenna qui probabilmente un'altra volta alla Sultana madre,
sebbene il diplomatico turco che ha riprodotto quei documenti alla
pagina 35 della sua raccolta dichiari — per un riguardo verso la
madre del suo Sovrano — che, nonostante il cifrario del quale è
in possesso, non vi ha potuto trovare la misteriosa designazione.

Più dignitosa e più degna d'un uomo di Stato è la lettera del
capo del dipartimento asiatico, Stramukow, diretta a Novikow sotto
la data del 20 dicembre 1872 (1): « Poichè il generale Ignatiew vi
« tiene al corrente di ciò che accade a Costantinopoli, stimo su-
« perfluo comunicarvi tutto quello che di spiacevole ci accade a
« Tzargrad (Costantinopoli). La nomina di Khalil pascià non poteva
« darci alcuna speranza di riguadagnar l'influenza che sotto Mahmud
« (Nedim) Pascià avevamo perduta. Dalla lettera del generale (Igna-
« tiew) potete veder facilmente com'egli conservi costantemente
« quell'ottimismo ch'è la nota fondamentale del suo carattere. Quanto
« a me, vi confesso candidamente che non credo più alle splendide
« speranze dei nostri amici di Costantinopoli. L'intrigo anglo-au-
« striaco è a Costantinopoli così potente, che non credo più a un
« prossimo ritorno di Mahmud agli affari; e tanto meno lo credo,

_____

(1) Il dipartimento asiatico del Ministero russo degli Esteri è quello più
propriamente *Orientale* della Russia, al quale fan capo anche le questioni della
Turchia europea.

« in quanto che il Sultano stesso, col suo carattere debole e va-
« cillante, s'è lasciato (a quanto sembra) persuadere della necessità
« di mantenere il presente Ministero. Il principe Gorciakow ha
« scritto testè appunto al generale di sospendere per un certo
« tempo tutti gli attacchi contro il Ministero degli Esteri e contro
« il Gran Visir. Il carattere di Khalil e la condizione degli animi
« in Turchia ci permette di prevedere che ben presto si presen·
« teranno delle congiunture più favorevoli all'affidamento dell'am-
« ministrazione anche una volta nelle mani dei nostri amici. Per
« il momento, crediamo che sarebbe utile predisporre il terreno
« in tutt'altra maniera. Poichè il Montenegro e la Serbia possono
« offrirci quest'opportunità che noi apettiamo, rivolgete tutte le
« vostre cure a entrambi cotesti paesi, favorendo lo sviluppo ma-
« teriale e morale di quelle due vedette avanzate dello slavismo;
« renderemo così assai miglior servizio alla nostra causa, che non
« *con gl'intrighi di palazzo, che son poco degni del nostro grande*
« *Impero e dell'idea ch'esso rappresenta.* Voi avrete udito parlare
« senza dubbio delle ultime deliberazioni circa l'incameramento dei
« beni conventuali in Gerusalemme. Benchè giunta un po' in ri-
« tardo, tale misura non sarà però men salutare di fronte ai nostri
« avversarii religiosi. I Greci intenderanno — conviene sperarlo —
« la stoltezza insana dei loro attacchi contro la Russia e la Bul-
« garia, specialmente allorchè vedranno il trono patriarcale ecume·
« nico, del quale van tanto superbi, dipendere dalla benevolenza
« d'un Khalil, il quale li aizza contro di noi per procacciare una
« soddisfazione al proprio rancore ».

Come abbiamo avuto opportunità di notare in parecchie occasioni,
ed anche parlando delle relazioni della Russia rispetto al Montenegro, ciò che sopra tutto s'oppone all'onnipotenza, così religiosa
come secolare, della Russia sopra le varie nazionalità dell'Impero
ottomano è appunto l'intimo spirito di coteste nazionalità medesime.
E se tra il Governo turco e coteste nazionalità sussiste, in un certo
qual modo, un tacito e costante accordo di resistenza contro quelle
pretensioni della Russia, è tuttavia assolutamente fuor di luogo il
voler attribuire una siffatta resistenza all'influsso personale d'al·
cuni singoli Ministri turchi. Come vedremo più innanzi, benchè mo-
mentaneamente caduto, Mahmud Nedim ha reso ancora alla Russia
ben altri servigi che non fossero quelli che potevan ridursi a un
po' di condiscendenza da parte del patriarca ecumenico.

L'anno 1872 non giunse al suo termine senza che il Principe del Montenegro si facesse a esporre al granduca Niccolò, in una sua lettera datata del 10-22 dicembre, le condizioni in cui si trovava « il valoroso ma infelice suo popolo ». Poichè abbiamo segnalato, sulla scorta dei documenti, i tentativi incendiarii — rimasti per la maggior parte senza notevole giovamento dei Cristiani oppressi — fatti dalla Russia, è nostro dovere di mentovar pure la non equivocà richiesta d'aiuto del principe del Montenegro: per metter così in rilievo còme la Russia avesse pur sempre a sua giustificazione, per l'impiego dei mezzi adottati, l'incalzante situazione dei suoi alleati e clienti: tanto che, nel vario· succedersi degli avvenimenti, non è sempre possibile di stabilire quanta parte vi avessero le circostanze esteriori, e quanta i fatti interni medesimi.

Il Principe scriveva:

« Poichè le relazioni mandate dal sig. I. (Ionin, console a Ragusa) « han già informato il Ministero imperiale di tutti gl'intrighi e di « tutte le macchinazioni delle Autorità turche in Albania, reputo « inutile tornarci sopra un'altra vòlta; e mi limito ad aggiungere « che, grazie ai mezzi, consistenti in danari e in armi, dei quali « può disporre il mio vicino a Scutari, la maggior parte dei nostri « confederati s'è allontanata da noi; e molto probabilmente perde- « remo anche il resto se, in questo momento così critico della « nostra esistenza, il Governo imperiale non venga in nostro soc- « corso. Per isventare i tranelli e le insidie che ci vengon tese « dalla parte dell'Albania (noi osserviamo che questi non possono « essere stati se non di carattere difensivo) ho mandato numerosi « agenti nella provincia vicina. I miei emissarii han potuto spingersi « fino ai più remoti angoli dell'Albania, e conseguirvi qualche suc- « cesso. Ma l'Imperiale Altezza Vostra intenderà· facilmente come « tali successi, data l'esiguità dei nostri mezzi e i numerosi riparti « di truppe che tengon guardato il litorale del lago di Scutari, non « ci garantiscono alcuna sicurezza per l'avvenire. Ciò che, in certo « qual modo, ci conforta, nella triste condizione in cui ci troviamo, « è lo sviluppo giornalmente crescente che va prendendo l'ufficio « di Cernovitz Rechka. Grazie allo zelo dei signori S. e B., noi ab- « biamo già raccolto colà 12.000 fucili Krenk, 4500 fucili Berdan, « 6800 pistole americane, 7000 sciabole da dragoni e tre batterie « da montagna. Non appena avremo ricevuto le mitragliatrici e i « Mörser, non che le 25.000 carabine americane con relative car-

« tucce e il materiale da guerra promesso dal Governo imperiale,
« saremo subito in grado d'incominciare la lotta. Mese per mese
« io faccio venire di volta in volta cento giovani, dall'interno e
« dalle provincie *finitime*, a Rechka e a Negosh, al fine di eser-
« citarsi nel maneggio dell'armi europee. In forza di questo sistema,
« che s'adatta mirabilmente alle costumanze del paese, saremo ben
« presto in grado di mettere in campo più di 30.000 uomini d'una
« milizia perfettamente esercitata, e animata dal desiderio di com-
« battere contro il comune nemico. L'unica cosa che ci metta in
« pensiero sono gli armamenti e le fortificazioni dei Turchi, che
« ci si proibisce d'impedire. Su tale argomento io mi prendo la
« libertà di richiamar l'attenzione di Vostra Altezza Imperiale. Il
« consiglio che abbiam ricevuto dall'imperiale Governo sarebbe
« grandemente salutare per lo sviluppo del mio paese, qualora i
« Turchi si tenessero tranquilli. Disgraziatamente, non è così. Mentre
« noi siamo costretti a starcene con le braccia legate, i nostri
« vicini si vengon fortificando, e prendon tutte le misure necessarie
« per tagliarci ogni comunicazione verso l'interno dell'Albania e
« verso l'Erzegovina. Ove una tal condizione di cose dovesse durare
« ancora per dieci mesi, ci troveremmo nell'impossibilità assoluta di
« fare alcunchè di serio contro i Turchi, mentre questi potran fa-
« cilmente spingersi innanzi fino a noi, e rinnovare i massacri
« dell'ultima campagna. — Nel mentre sottopongo queste mie con-
« siderazioni all'alto apprezzamento dell'Imperiale Altezza Vostra,
« oso pregarla di volersi fare interprete nostra presso il Governo
« imperiale. Il mio popolo, Monsignore, ripone ogni sua speranza
« nella magnanimità del grande Imperatore di Russia, dell'onnipos-
« sente padre e protettore della famiglia slava. L'Imperiale Altezza
« Vostra, che già tante volte ha dimostrata tutta la benevola sua
« sollecitudine verso il mio popolo, vorrà, io lo spero, coronare i
« suoi benefizii col procacciarci prossimamente un nuovo invio d'armi
« e di provviste, e insieme l'autorizzazione di muovere incontro al
« nemico della nostra santa religione e della nostra razza ».

Non avremmo stimato necessario di particolarmente notare che
quasi tutti cotesti documenti sono stesi in lingua russa; ma il fatto
dell'essere anche quest'ultima lettera scritta in russo potrà aggiunger pur sempre una pennellata a cotesto quadro sì vario, fatto
insieme d'astuzia e di forza.

Qual fosse lo spirito del Comitato centrale si rileva meglio che mai dalla deliberazione presa nell'adunanza di esso dell'11/23 dicembre 1872, la quale suona letteralmente così:

« I Comitati slavi costituiti in Russia e nelle località ausiliarie « all'estero sono stati fondati allo scopo di tutelar gl'interessi slavi, « e di facilitare ai nostri fratelli il compimento dei loro doveri « verso l'intera razza. Considerando pertanto che quelli dei fratelli « vostri che emigrano dalla loro patria per venir a risiedere in Russia, « invece che agl'interessi dello slavismo servono a quelli della causa « germanica o magiara nell'Austria, e a quelli dell'islamismo e « dell'ellenismo in Turchia, il Comitato centrale, d'intesa con la « *sezione politica*, ha deliberato : primo : tutti i Comitati russi, come « pure tutti i loro sottocomitati e le agenzie, vengono diffidati, dal « 1.º gennaio del 1873, di non far più pervenire aiuti o sussidii di « nessuna specie a quegli Slavi dell'Austria e della Turchia che si « dispóngano a recarsi in Russia per istanziarvisi ; secondo : i Co- « mitati e sottocomitati e agenzie sono tenuti a far conoscere ai « nostri fratelli di razza, come, avendo gli Slavi che vivono sotto « il giogo straniero bisogno di *tutti* i loro figli per combattere « contro i sudditi nemici della causa Slava, coloro che lasceranno « la patria perderanno i loro diritti all'assistenza dei Comitati russi ; « terzo : soltanto quelle persone che sono compromesse dinanzi alle « Autorità politiche del loro paese hanno il diritto di rivolgersi ai « Comitati slavi per ottenerne i mezzi d'emigrare e risiedere in « Russia ; quarto : tutte le somme fin qui erogate per le facilitazioni « concesse agli Slavi al fine di favorire la loro emigrazione in Russia « verranno, per mezzo dei Comitati e delle agenzie estere, distri- « buite tra quelli dei fratelli nostri che renderanno i maggiori « servigi alla causa slava ».

In una sua lettera a Novikow datata dal 13/25 dicembre 1872, Ignatiew, pur conservando sempre l'intonazione leggera che gli è propria, con insolito fare scherzoso scrive :

« Secondo le notizie che apprendo, Khalil vuole abrogare il suo « precedente firmano, per sostituirvene un altro, in forza del quale « i Bulgari dovranno essere ufficialmente dichiarati scismatici e « cacciati dal grembo della Chiesa ortodossa (1). Confesso che, fin « qui, cotesta nuova dote di Khalil m'era affatto ignota. Dovremo

---

(1) Il sinodo di Costantinopoli, sotto la presidenza del Patriarca greco, fin dal 29 di settembre aveva dichiarato *scismatici* i Bulgari.

« dunque a tutte le qualità che insino a questo momento già co-
« noscevamo in lui aggiunger quella di profondo teologo e maestro
« di cose dogmatiche. Il voler risolvere una questione puramente
« cristiana dogmatica sarebbe cosa così perfettamente ridicola,
« ch'io non ci potrei prestar fede, se non fossi, quasi direi, testi-
« monio dell'eroiche imprese teologiche del venerabilissimo padre
« Khalil. Non ho neppur bisogno di dirvi che l'affare d'Antiochia
« (il cui esito, del resto, non era punto stato preveduto esattamente
« da Ignatiew) non sarà il solo; Rustciuk, Vidin e altre città della
« Bulgaria daranno ben presto segni di vita, e i tribunali locali si
« troveranno in conflitto con il fermento suscitato dall'inqualificabile
« partigianeria della *jeune Turquie*. Ho già dato a questo proposito
« i miei ordini ai consoli e agli agenti, che si devano astenere da
« qualsiasi pubblico intervento. *Ride bene chi ride l'ultimo!* ».

Avendo la Porta verso il finire dell'anno 1872 mandata in Bulgaria una Commissione d'inchiesta, il Comitato centrale ordinava
il 27 dicembre « di sospendere per un certo tempo l'invio d'emissarii nei distretti di Rustciuk e di Vidin. Tutto ciò che l'agenzia
principale di Belgrado poteva fare era d'avviar le più attive relazioni
con Tulcia e con la Dobrugia; il che sarebbe stato tanto più vantaggioso, in quanto che i tribunali turchi non prestavan più alcuna attenzione a ciò che avveniva a Tulcia; dimodochè s'era tratto partito
da cotesto, per mandar colà un capitano di Stato maggiore. Inoltre
il Comitato di Vienna doveva scrivere a Scutari che il Governo
imperiale era disposto ad accogliere nelle sue scuole militari due
fanciulli albanesi, che si dovevan recare a Kiew con passaporti
montenegrini ». — Il 10 gennaio 1873 (29 dicembre 1872, vecchio
stile) il console di Seraievo telegrafava in cifre al Comitato di
Vienna: « Ho date le disposizioni necessarie per preparare la distri-
« buzione nelle varie fortezze dei sussidii in danaro e delle prov-
« viste da guerra che mi furon mandate da Belgrado nei primi
« del 1872. Essendomi stato possibile di sopire ogni sospetto in
« proposito, ho potuto far trasportar qui la settimana scorsa gli
« oggetti di cui è parola, e confido di farne senza ostacoli la di-
« stribuzione ». Seguì poi il 1.°/13 gennaio 1873 un dispaccio cifrato
del console di Scutari al Comitato viennese, dove diceva come,
« conformemente alle indicazioni del Comitato di *Mosca*, egli avesse
mandato un corriere speciale a Prisren, per rimettere nelle mani
di quel vescovo la somma di 500 ducati e i libri d'orazioni per la

chiesa bulgaro-serba. Sperare anzi, per il carattere risoluto e i sentimenti patriottici di quel degno prelato, che il movimento nazionale fosse per assumer ben presto un preciso indirizzo ». In questo dispaccio il console dice essere il denaro *il nerbo dell'azione*.

In quello stesso mese di gennaio, il fervore d'Ignatiew va crescendo ancora d'intensità. Il giorno 4/16 gennaio scrive a Novikow: « Accetto con la maggior riconoscenza la pregiata sua proposta « riguardo al *Clio*, e son certo che l'imperiale Ministero non ricuserà « di mantener la promessa che avete fatta all'influentissimo giornale. « Del resto, qualora il Principe (Gorciakow) continuasse a nicchiare « per qualche migliaio di rubli, mi rendo io stesso mallevadore « di pagar di mia tasca i 5000 rubli che avete promessi al redattore « del giornale triestino. La cooperazione di cotesta gazzetta ci sarà « tanto più utile, in quanto che, esercitando essa un influsso con- « siderevole sopra le popolazioni cristiane delle provincie turche, « servirà alla nostra causa meglio che non i fogli bulgari e rumeni, « o le piccole gazzette serbe ».

E con questa magnanima offerta d'Ignatiew — che, se non l'anima, era certo il più efficace strumento di quella dissoluzione dell'esistenza della Turchia — chiuderemo qui la documentazione degli atti che vi si riferiscono. Non può esserci dubbio che la costituzione di comitati e d'agenzie, alla presidenza dei quali stavano degli ambasciatori e dei consoli, rappresenta perfettamente la funzione di cotesti ufficiali, e li costituisce quasi governi entro l'àmbito di quel Governo che li ha tollerati solo con le norme del diritto pubblico comune. Che se è vero che gli avvenimenti successivi son pur sempre da considerare sotto il punto di vista delle evidenti tristissime condizioni in cui vivono i Cristiani sottoposti al giogo ottomano, non si potrà tuttavia, dopo le fatte rivelazioni, disconoscere, che alle domande di riforma nell'Impero ottomano era sciaguratamente impossibile di dare alcuna soddisfazione, in presenza delle difficoltà che la Russia faceva insorgere contro alla loro effettuazione. *I Turchi sono i nemici materiali della Russia, ma le riforme sono i suoi nemici ideali*. È più che probàbile, pertanto, che all'attacco dello Zar Niccolò nell'anno 1852 sien precedute altre macchinazioni, similmente contrarie al diritto delle genti, quali son quelle che testè abbiamo esposte.

XXXVIII.

La caduta del Sultano

Frequente avvicendarsi di Visiri e Ministri. - Il secondo visirato di Mahmud-Nedim. - La bancarotta dello Stato. - Com'ella si spieghi per la mancata capacità finanziaria e amministrativa della Turchia. - La vita del Sultano. - Mancato successo dei suoi programmi di riforme. - Incominciamento dei disordini nell'Erzegovina e nella Bosnia. - Carattere dell'intervento della diplomazia d'allora. - Invio di consoli e d'un Commissario turco sul teatro degli avvenimenti. - Vane trattative con i capi dei ribelli. - La Russia fa pressione sull'Austria per un ulteriore intervento diplomatico. - La *Nota* di Andrassy e le sue sorti. - Gl'*iradè* di riforme del 2 ottobre e del 12 dicembre 1875. - Scoppio dei disordini in Bulgaria. - Continuazione delle gravezze nelle provincie cristiane. - Insuccesso delle concessioni fatte dalla Porta, e dalle trattative del Governatore cristiano della Dalmazia con i capi della rivolta. - L'atteggiamento della Serbia e del Montenegro. - L'uccisione dei consoli a Salonicco. - Sollevazione degli studenti a Costantinopoli. - Caduta di Mahmud-Nedim e dello Sceik-ul-Islam. - Il *memorandum* dei tre Imperi. - Invio della flotta inglese del Mediterraneo nella baia di Besica. - Deposizione e morte violenta del Sultano. - Ascensione al trono di Murad V.

Con il licenziamento di Mahmud-Nedim, Abdul-Aziz aveva veramente fatto uno sforzo sopra sè stesso. Per la prima volta dopo la morte di Fuad e d'Alì egli s'era potuto sentire, per la condiscenza di Mahmud, interamente a suo agio; non deve far meraviglia pertanto se, nonostante le accuse di corruzione mosse contro il congedato Visir e i trasferimenti, e persino il bando inflittogli a Trebisonda, egli ritornasse tuttavia costantemente a lui col pensiero. Per l'ambasciatore russo, i cambiamenti nel Consiglio del Sultano erano, come s'è veduto, uno spino negli occhi; e specialmente la

chiamata di Khalil dal posto d'ambasciatore a Vienna al Ministero
delle relazioni esteriori, seguita nell'autunno del 1872, aveva accresciuta la sua inquietudine. Non pertanto, egli non aveva perduta
al tutto ogni speranza: giacchè, in uno spazio di forse tre anni,
molti cambiamenti s'eran succeduti nel Gran Visirato, e molti più
ancora tra i ministri e gli ambasciatori: ciò ch'era da ascrivere
in parte al mutevole umore del Sultano, e agl'intrighi di Palazzo
che n'erano il corollario, e in parte all'incerto procedere del Divano
in generale. Il 25 agosto 1875, riusciva segnatamente all'influenza
russa d'ottenere che i suggelli dello Stato venissero nuovamente
nelle mani di Mahmud-Nedim. E sol pochi giorni innanzi il Sultano,
dinanzi alle sollecitazioni dell'ambasciatore inglese sir Henry Elliot,
aveva dichiarato infondate le voci del prossimo ritorno di Mahmud! —
Quind'innanzi la nave dello Stato turco s'affondò di giorno in giorno
ognor più; e il 7 ottobre 1875 la Russia potè godersi l'immensa
soddisfazione di vedere ufficialmente dichiarata la bancarotta dello
Stato, stabilita col decreto del giorno 6. — Che a questa misura
si sia venuti (com'è stato affermato) per consiglio d'Ignatiew, non
è stato ancor dimostrato fin qui; e, per lo meno, l'esposizione che
segue qui appresso della crisi delle finanze turche dimostrerà che
non c'era proprio bisogno d'un simile consiglio: giacchè, qualora il
Sultano stesso non avesse voluto sacrificar lui il proprio immenso
patrimonio privato e rinunziare al fasto della sua Corte (ciò ch'era
assolutamente da escludere a priori, con un carattere come il suo),
altra via non rimaneva alla Porta: come infatti fu dichiarato
anche alle Potenze nella Nota rilasciata dal Ministro degli Esteri il
7 ottobre 1875. — Vano era riuscito il tentativo fatto a Parigi per
concludere un altro grosso prestito, come pure quello di costituir
la Banca ottomana in Ricevitoria generale delle imposte e Cassa
generale dei pagamenti. Già dal 3 di ottobre la Borsa di Galata
s'era aperta in mezzo allo spargersi delle voci più inquietanti.
Sennonchè, s'era proprio nel periodo del Ramadan, durante il quale
nessuno dei più elevati funzionarii s'alza prima del mezzogiorno;
dimodochè s'era incerti del dove si potessero attingere informazioni
in proposito. Finalmente il Gran Visir a tutti quelli che gli facevano ressa intorno dichiarò che in quelle voci di bancarotta dello
Stato non c'era una sola parola di vero: tanto che l'Agenzia dei
telegrafi fu autorizzata a spedire per tutto il mondo il seguente
dispaccio: « *L'agence Reuter-Hawas est autorisée par S. A. le*

*grand-vizir à démentir formellement le bruit qui prête au gou-
rernement l'intention de réduire l'intérêt de la dette publique »*.
Ma non si ristette a questo soltanto Mahmud-Nedim; che anzi eccitò
alcuni capitalisti a reagire alla Borsa contro coteste dicerie; e
mentre il dì seguente egli dava al direttore generale della Banca
imperiale ottomana le più ampie assicurazioni che ai creditori dello
Stato non sarebbe per venirne alcun detrimento, i segretarii del
suo gabinetto ricopiavan già la dichiarazione (non in tutto concorde) del fallimento (1). Il malaugurato documento era del seguente
tenore:

« *Comunicato ufficiale.*

« Tutto il mondo ha preso cognizione del *deficit* del bilancio d'en-
« trata e uscita dell'Impero ottomano, ch'è stato pubblicato que-
« st'anno: *deficit* che raggiunge la cifra di cinque milioni di lire
« sterline. Nè è possibile dissimularsi che il *deficit* stesso sorpas-
« serà ancora cotesta cifra, quando si voglia sottoporlo a un nuovo
« esame. In presenza d'una situazione così fatta, vige ordinariamente
« la consuetudine di ricercare la propria salvezza, per il pagamento
« in tempo dei *coupons*, in un prestito presso la Banca, e di con-
« trarre così un nuovo debito per pagare l'antico, senz'altro effetto,
« tuttavia, se non d'accrescere il *deficit* e scuotere in conclusione
« la pubblica fiducia. Il sistema per tal modo seguìto e la fiducia
« scomparsa hanno raggiunto un tal punto, che si manifesta nelle
« condizioni della Borsa e nel corso dei titoli, del pari che nelle
« perdite alle quali i possessori delle nostre obbligazioni van sog-
« getti nel loro capitale. Ove la Sublime Porta non desse ora a
« tale oggetto delle reali e solide assicurazioni, è chiaro che i
« possessori delle dette obbligazioni finirebbero col perdere ogni
« cosa. L'imperiale Governo, pertanto, nuovamente e con la maggior
« serietà dichiara che, nelle magnanime e leali intenzioni sue, esso
« non permetterà in alcun tempo le gravi perdite a danno dei capita-
« listi e creditori, i cui capitali tornano a vantaggio dell'Impero.
« E per quanto si riferisce alla sicurezza di ciò, la Sublime Porta
« dichiara di erogare — a condizione che i diritti e i privilegi
« della Banca si mantengano inalterati — i proventi generali della

---

(1) Cfr. BÉNOIT BRUNSWICK, *La Banqueroute turque*. Paris, 1875; e del medesimo: *La Crise financière de Turquie*, Paris, 1874, e *La Turquie, ses crean-
ciers et la Diplomatie*, Paris, 1875.

« dogana, del sale e del tabacco, come pure i tributi dell'Egitto
« e, se tutto ciò non bastasse, i prodotti delle tasse sui montoni
« a disposizione del Sindacato da eventualmente nominarsi. Poichè
« dunque la sicurezza che deriva dall'immediata determinazione di
« così serie garanzie deve allontanare ogni pubblica sfiducia, il
« Governo imperiale — nell'intendimento di ristabilire la fiducia
« nel perfetto equilibrio del bilancio, e mentre si propone di pagare
« entro cinque successsivi anni gl'interessi per una metà in con-
« tanti e per una metà in obbligazioni fruttifere del 5 % — in
« seguito a maturo consiglio circa l'imprescindibilc necessità di
« ridurre il tagliando della metà parte, dichiara che ha deliberato,
« a far tempo da oggi, di pagare in contanti soltanto la metà del
« valore di ciascun tagliando. — Dato il 6 ottobre 1875 ».

Ciò che v'è di più singolare in cotesto curioso documento si è
che — contrariamente alla generale consuetudine dei decreti turchi
— non vi si trova minimamente fatto cenno della volontà del Sultano. Valendosi in via d'eccezione del costume che vige presso gli
Stati costituzionali, Mahmud-Nedim se n'era addossata tutta l'odio-
sità sopra di sè, senza poter salvare per questo il Sultano (di cui
eran noti i modi del governare e del vivere) dalle maledizioni di
migliaia di famiglie rovinate. — Il giorno 7 comparve una *Nota*
esplicativa, e un'altra anche più particolareggiata il 10, nel giornale
La Turquie: le quali tuttavia non riuscirono in alcun modo a
tranquillare gli animi, commossi per gl'incalcolabili danni recati
all'universale. Dalla falcidia degl'interessi furono eccettuati solo i
due primi prestiti stipulati durante la guerra di Crimea e garantiti
dall'Inghilterra e dalla Francia, come pure (incredibile a dirsi!) i
titoli di Stato turchi appartenenti al tesoro privato del Sultano,
che possono esser valutati a non meno di 144 milioni di franchi.

Per quanto sia grande il dispregio in che deve tenersi l'opera
di Mahmud-Nedim Pascià e del suo dissoluto Signore, sarebbe
tuttavia assolutamente ingiusta cosa, il render quello solo responsabile di cotesto crollo finale della finanza turca. Esso si spiega
mirabilmente con la pura esposizione sommaria dei molti prestiti
da diciannove anni conclusi, e con la mania di dissipazione, confinante quasi con la demenza, che s'era impadronita del Sultano,
segnatamente dopo il suo viaggio a Parigi. Secondo l'*Almanach
financier* dell'anno 1874 uscito in luce a Costantinopoli, il valore
nominale dei prestiti contratti dal 1854 in qua ammontava a un

miliardo e quarantasei milioni di talleri, della qual somma però solo 631 milioni di talleri erano entrati nelle casse dello Stato. La Porta pagava per essi, in media, un interesse del 9 $^1/_2$ per cento. Ma poichè i prestiti degli anni 1854, 1855 e 1871, che per sè soli importavano 95 milioni e tre quarti di talleri, eran garantiti con il tributo egiziano, di questo la Porta non poteva più disporre compiutamente. S'aggiungeva che per i prestiti del 1858, del '60, del '62, '63, '65 '69, '71 e '75 erano stati impegnati, un dopo l'altro, i redditi delle dogane di Costantinopoli, le decime, le imposte sul tabacco, sul sale, sul bollo, sulle patenti, il residuo dell'imposta indiretta, le tasse sui montoni della Romelia e dell'Arcipelago, gl'introiti delle miniere di Tocai, le decime del *rilajet* danubiano, d'Adrianopoli, di Salonicco, l'imposta sui montoni dell'Anatolia, i proventi delle ferrovie, i decimi di Erzerum, Tripoli, Creta, Scutari, ecc.; tanto che all'ultimo non ci fu quasi più nulla da impegnare. Al momento del fallimento, il debito consolidato e il debito fluttuante (il quale ultimo constava dei debiti con la Banca, per corazzate, per fucili Henri-Martini, cannoni Krupp, conti di fornitori, altri debiti dell'Ammiragliato e arretrati per il servizio civile e militare) venner valutati in oltre sei miliardi e un quarto di franchi (1). I danni più gravi della bancarotta turca furon sofferti dagl'Inglesi e dai francesi, allettati dall'alto saggio dell'interesse; e, a quanto si disse (singolare coincidenza!), anche dal *Papa*, il quale insieme con l'imposizione del denaro di S. Pietro, aveva involontariamente dato, in titoli dello Stato turco, armi al nemico secolare della cristianità contro i Cristiani oppressi.

Nel colmo di tale catastrofe, Abdul-Aziz veniva offrendo il più ripugnante spettacolo di dissolutezza, di bramosia d'arricchirsi e di stolta smania di scialaqui, non disgiunta dal più insano spirito di persecuzione. La costruzione di palazzi, le navi corazzate, i cannoni Armstrong e Krupp avevano inghiottito già somme enormi; e ciò nonostante, egli sognava ancora di erigere una moschea che non avesse la pari, si manteneva un'orchestra composta di più che cento dame, un teatro per l'esecuzione quasi esclusiva di grandi balli e un serraglio di belve. Un astrologo di Corte e dei combattimenti

---

(1) V. De la Jonquière, *Histoire de l'Empire ottoman*, p. 610. — Di particolare interesse è pure l'esauriente capitolo sull'*Amministrazione della finanza* in Mordtmann, *Stambul e la Turchia moderna*, II, pag. 181-240.

di galli, nei quali egli si prendeva il singolar gusto di onorare il gallo vincitore di decorazioni proprie e straniere, compivano quello spettacolo, che suscitava l'indignazione persino in quel mondo già degenerato in putredine. Così, mentre gl'impiegati subalterni (a quelli di più alto grado c'era sempre modo di provvedere) stavano per lunghi mesi senza ricevere alcuno stipendio, ed eran pertanto sempre più spinti agl'imbrogli; mentre le truppe che combattevano contro i popoli insorti avevan da soffrir la fame e il gelo, Abdul-Aziz faceva trasportar direttamente una parte dell'entrate dello Stato nella propria residenza, dove mirabilmente servivano ai piaceri dei sensi e al suo privato tesoro. In tale condizione di cose, i suoi discorsi e i suoi decreti, che così spesso trattavano di riforme e d'economie, non potevan fare se non una ben meschina impressione, e non eran certo troppo atti a procurargli strumenti educati alla legge del buon esempio per metterle in esecuzione. In questo mentre, quelle sollevazioni di popoli che (come abbiamo veduto) eran già da gran tempo minacciose alle porte, s'affacciavan ora alla lor volta, come nuovi fattori di decadimento.

Già nel luglio del 1875 s'eran manifestati nell'Erzegovina dei segni d'inquietudine, che, venuti in seguito al fermento destatosi nel Montenegro, furono come i prodromi di nuove sollevazioni nella penisola balcanica. Nell'Erzegovina e nella Bosnia la condizione dei Cristiani era anche più oppressiva, se pure è possibile, che nelle restanti provincie dell'Impero ottomano. La nobiltà, la quale dopo la conquista del paese nel 1483, era passata (al pari di quella della Bosnia, conquistata da Maometto II vent'anni innanzi) all'Islamismo, segnatamente per salvare il proprio possesso fondiario, venne, nel decorso dei secoli, a screditarsi ognor più col suo fanatismo, e continuò a sfruttare fino al sangue i Cristiani, i quali fino alla repressione della rivolta dei Begs nell'anno 1851, lavoravano la terra dapprima come servi della gleba e più tardi come affittuarii. Non fa dunque meraviglia se il 16 di agosto la sollevazione scoppiò anche nella Bosnia. Gli Erzegovesi, poichè le forze combattenti dei Turchi si furon mostrate del tutto insufficenti, dopo d'avere in passando inalberata la bandiera austriaca (cosa, fin qui, non ben chiarita ancora), circondarono il 6 agosto Trebinie: in seguito a che le truppe turche sbarcate a Klek si spinsero innanzi alla volta di Mostar. Tali avvenimenti si compirono pertanto ancor prima del ritorno di Mahmud-Nedim alla carica di Gran Visir, che fu il 25 agosto;

e possono aver contribuito pertanto a spianar la via alla diplomazia russa per il conseguimento d'un siffatto successo. La Russia seguiva infatti due vie, in apparenza tra loro assolutamente opposte; giacchè da una parte, come s'è veduto, organizzava e affrettava lo scoppio dei disordini in Turchia, e dall'altra s'univa alla Germania e all'Austria per iscongiurare appunto quei disordini medesimi: al fine soprattutto, com'essa diceva, che non venisse più a porsi in sul tappeto la questione d'Oriente. Ora, se la Germania e l'Austria consigliavan la Porta a farsi innanzi risoluta con forze militari prevalenti, si può anche credere che ciò accadesse nell'interesse della conservazione dell'Impero ottomano; ma se la Russia faceva lo stesso, è assai probabile ch'ell'avesse acquistata da gran tempo la convinzione che cotesto appunto avrebbe nuovamente risollevata la questione orientale, e, con la maggior probabilità, a suo proprio vantaggio. Nè si può certamente pensare che i Governi germanico e austriaco non avessero avuto alcun sentore del gran da fare che la Russia si dava nelle provincie turche, dal momento che uno dei più importanti Comitati panslavisti era appunto quello di Vienna, dove l'ambasciatore russo medesimo n'era il presidente; ma è da credere che per entrambe le grandi Potenze un'opera ufficiale condotta in comune con la Russia nel senso del mantenimento della pace dovesse pur sempre valere come un potente mezzo diplomatico di fronte alla Porta, del pari che come un mezzo atto a frenare delle manifestazioni eccessive da parte russa, nel senso d'un troppo accentuato panslavismo.

Il 22 agosto 1875 la Porta aveva accettate le proposte di mediazione delle tre Potenze imperiali rafforzate da Francia ed Italia, secondo le quali si trattava di mandare i consoli sul teatro degli avvenimenti, dove dovevano render possibile un accordo tra i sollevati e le Commissioni turche. Il 3 settembre, Server Pascià entrava come Commissario in Mostar; i consoli, e persino l'inglese tra essi, ci vennero anche loro; ma i capi degl'insorti, coi quali si doveva trattare, non si fecero vedere. Allora i consoli, fatto sacrifizio del loro amor proprio, si divisero in gruppi, i cui rappresentanti si recarono parte a Nevesinie e parte a Trebinie, per andare in traccia dei condottieri dell'insurrezione. Ma le loro sollecitudini riusciron del tutto infruttuose, giacchè gl'insorti ponevano come condizioni preliminari la conclusione d'un armistizio e l'esclusione del Commissario turco dalle trattative. Quanto si prendesse sul serio la lotta degl'insorti nell'Erzegovina si rileva dal fatto che, a quel tempo, già ben 30.000 tra donne, vecchi e bambini erano emigrati nel Montenegro, dove la miseria si fece così crudamente sentire, che l'Austria v'ebbe a mandare e medici e mezzi di sussistenza. Nell'ottobre, la Porta aveva messo in armi nei *vilayets* ribellatisi e presso il confine della Serbia, dove il fermento aveva raggiunto un grado altissimo, un esercito di quasi 100.000 uomini. Mancava però un piano generale d'insieme: il quale sembra essere stato respinto nel Consiglio stesso della Porta, giacchè all'energico Ministro della guerra Hussein Avni, il quale, respingendo ogni proposta di mediazione, voleva domare l'insurrezione colla forza delle armi, era stato sostituito il 2 ottobre il mite Riza, Ministro della marineria.

A questo punto la Russia fece un vero colpo da maestro, rimettendo interamene all'Austria la condotta delle ulteriori pratiche diplomatiche, dirette a far pressione sulla Porta per la concessione delle riforme. Ne venne fuori per tal guisa la cosiddetta *Nota Andrassy*, che ha contribuito, in sostanza, a trascinare in lungo tutto quanto il conflitto. Per la forma e per l'estensione sua, era essa piuttosto un Memoriale che una *Nota*. La Porta, considerandola come un'intromissione nelle sue questioni interne, si valse di fronte ad essa d'un suo vecchio espediente, che consisteva nel mostrar di fare spontaneamente quello che da lei si esigeva dal di fuori. Ignatiew le aveva bensì in una precedente occasione fatto conoscere come gli articoli 7.º e 9.º del trattato di Parigi vietassero qualsiasi ingerenza nelle questioni interne dell'Impero; ma s'era dimenticato di mettere in rilievo del pari i presupposti a cui si riferivano quelle garanzie, e che non s'erano minimamente avverati.

Dopo alcuni notevoli successi riportati dagl'insorti nel mese di novembre, sebbene i dissensi scoppiati, sia tra loro, sia tra i Principi della Serbia e del Montenegro, fosser potuti tornare a tutto vantaggio della Porta, questa, sollecitata dalle Potenze, acconsenti tuttavia a ritirar nuovamente le sue truppe dal confine serbo. Le Potenze s'eran lasciate indurre a procrastinare ancora la presentazione della Nota Andrassy; ed ebber la soddisfazione di vedere che Abdul-Aziz, dopo d'aver fin dal 2 d'ottobre attenuato il peso dell'imposta che gravava sulla popolazione agricola, il 12 dicembre concedeva un *iradè* di riforme per tutto l'Impero: del quale l'unico effetto fu di far sì che il conte Andrassy dovesse un'altra volta impugnar la penna, per riadattar la sua Nota alle condizioni del momento, solo superficialmente mutate. — Per mostrare alle Potenze che questa volta le riforme si facevan sul serio, la Porta il 20 dicembre nominava un Consiglio esecutivo, sotto la presidenza del Gran Visir, del quale facevan parte non solo tutti i Ministri, ma anche dei funzionarii cristiani. Se non che, nel gennaio del 1876, il governatore della Bosnia fu costretto a sospender l'esecuzione delle riforme annunziate dall'*iradè* per tema d'un'insurrezione della popolazione musulmana. Il vero è che, nulla essendosi fatto sotto il rispetto educativo per illuminar le menti e gli animi dei Musulmani, e persistendo questi, ad onta di tutti i decreti sopra l'uguaglianza delle razze e le professioni di fede, a considerarsi come i padroni dei Cristiani, il fanatismo aveva da gran tempo costituito l'ostacolo principale all'effettuazione delle riforme.

Nonostante tali insuccessi e tante prove palmari d'impotenza, i Ministri turchi, or tacitamente, ora apertamente respingendo il diritto d'intervenzione delle Potenze, si sforzavan d'impedire un passo in comune di queste: al che può averli incoraggiati anche il contegno riservato dell'Inghilterra. Alla fine, dopo che anche quest'ultima ebbe fatta adesione alla Nota Andrassy, si venne in sul finire del gennaio 1876 alla deliberazione di rimetter questa a Costantinopoli non come *Nota collettiva*, ma come rimostranza delle singole Potenze. Fu prima a far ciò l'Austria; a lei segui nel modo più riguardoso la Russia, e a questa la Germania; e cotesti tre potentissimi del mondo, di fronte a quella Potenza che procedeva sì barbaramente nelle cose più sante, fecero il giochetto di limitarsi a *leggerle*, anzichè comunicarle per iscritto, le istruzioni relative alla sua propria salvezza; dimodochè il Sultano dovette aver poi la graziosità di domandare una copia della Nota medesima. Già col cranio spaccato, i Turchi ce n'ebbero per giunta una fitta rete di screpolature!

La Nota, in complesso, richiedeva: « la piena e illimitata libertà religiosa; l'abolizione dell'appalto delle imposte; una legge la quale garantisse che i proventi delle imposte dirette della Bosnia e dell'Erzegovina dovessero essere spesi per il maggior bene della provincia stessa, sotto la sorveglianza e il controllo degli organi costituiti secondo lo spirito del firmano del dicembre; l'istituzione d'una Commissione speciale composta a pari numero di Musulmani e di Cristiani, per vigilare sull'esecuzione delle riforme proposte

dalle Potenze, e annunziate nell'*iradè* del 2 ottobre e nel firmano
del 12 dicembre; infine, il miglioramento della condizione economica della popolazione delle campagne ». Il punto più importante
della Nota era poi la dichiarazione « che le Potenze tenevan per
assolutamente necessario d'ottenere che il Governo del Sultano
confermasse con una comunicazione ufficiale i suoi intendimenti
relativamente a tutto l'Impero, com'erano stati esposti nell'*iradè*
del 2 ottobre e nel firmano del 12 dicembre, e notificasse in pari
tempo alle Potenze la sua accettazione dei punti sopra menzionati,
aventi a lor principale intento la pacificazione delle provincie
insorte ». Il passo più scabroso di tutta la Nota era tuttavia quello
dove si domandava che la mediazione delle Potenze dovesse fondarsi su dei fatti, e non soltanto su dei programmi. Pure, tutto
ciò non fu se non il preludio d'un dramma di gran lunga più vasto.
Nel mese stesso di gennaio entrarono in lizza quind'innanzi anche
i *Bulgari*. La Porta qui agevolò il giuoco della Russia, sbugiar-
dando — a corto di danari com'era — le promesse del Sultano, e
ordinando la riscossione nel termine di quattro settimane di tutte
le imposte arretrate in Bulgaria. I Bulgari presentarono subito al
Sultano una supplica, con la quale si domandava il permesso fin
qui negato di portar armi e il diritto del servizio militare, come
pure che s'introducesse nell'amministrazione la lingua bulgara.

Il 6 febbraio 1876 la Porta comunicò infatti alle Potenze che
concedeva ai paesi insorti le riforme accennate nei cinque punti
della Nota Andrassy; ma, con una Circolare del 13, ne volle poi
escluso il passo che si riferiva all'impiego locale delle imposte,
siccome quello che mal s'adattava alla sua amministrazione finanziaria, cercando di sostituirvi la promessa d'altri speciali valori
di credito. Se non che, le non furon altro che delle pure discussioni
teoriche, tanto più che i capi delle bande insorte nell'Erzegovina
e nella Bosnia dichiaravano insufficenti le proposte contenute nella
Nota Andrassy. Anche l'amnistia concessa il 22 febbraio dalla Porta
a quanti fossero rimpatriati nelle quattro settimane, e la promessa
annessavi di far ricostruire le case e le chiese a spese dello Stato,
rimasero senz'eco. Ciò che urgeva sopra tutto allora era una precisa
determinazione delle riforme, e una comunicazione relativa ad esse
alle altre Potenze. Ma le pubbliche dichiarazioni degli Erzegovesi,
i quali, senza considerare che *tutte* le Potenze erano intervenute
in loro favore, dicevano di non aspettar salute se non dalla Russia,

pareva che non mirassero ad altro che a mettere alla prova la
pazienza di quelle. L'Austria in fatti, per mezzo del generale
v. Rodich, suo governatore in Dalmazia, ne fece serie rimostranze
a Cetinie, e gli diè incarico di venirne a trattative a Ragusa con
i sollevati; pure, per non provocare il pericolo d'un immediato

Hussein Avni Pascià.

intervento russo, ricusò l'invito della Porta, di cooperare a una
razzia contro le bande insorte a' suoi confini. Anche la proposta
d'un armistizio, fatta ai rivoltosi da Muktar Pascià, affinchè la Commissione della Porta potesse procedere nei suoi lavori, venne dai
ribelli respinta; nè maggior successo ottennero le sollecitazioni di
Muktar e di Rodich, per mezzo delle quali si giunse persino a mandare
agl'insorti degli agenti montenegrini, e a far comparire un presunto
agente di Gorciakow per trattare la pace.

A questo punto, la Porta ordinò un armamento generale di tutti
i Maomettani della Bosnia. Sul teatro della guerra, Muktar Pascià

nel suo tentativo d'accorrere in aiuto alla fortezza di Niksich, aveva toccata una sconfitta al passo di Duga. Ciò ebbe per conseguenza il passaggio d'un gran numero di volontarii montenegrini nell'Erzegovina; tanto che la Porta, sebbene non potesse pagare gl'interessi dell'aprile, e le necessità finanziarie si fosser fatte urgentissime, ordinò il concentramento nell'Albania d'una parte dell'esercito destinato contro il Montenegro; e poichè anche molti volontarii serbi eran passati nella Bosnia, altre milizie furon concentrate presso ai confini della Serbia. La Russia ne trasse partito senz'altro per far presentare delle rimostranze a tutte le Potenze contro le intenzioni ostili della Porta. Quasi nello stesso tempo si preparò in Bulgaria una supplica al Sultano, con la quale si domandava l'elevamento del paese a regno costituzionale sotto la sovranità del Sultano medesimo. Il 4 di maggio scoppiò anche qui una sollevazione, che si propagò intorno con la rapidità del baleno. Le cose erano a questo punto, quando si produsse un fatto, che parve creato apposta per mostrare al mondo a qual punto fossero insanabili i mali della Turchia. A Salonicco, per cagione d'una ragazza bulgara passata all'islamismo e che doveva esser tratta in un harem, divampava il 6 maggio una rissa tra Cristiani e Musulmani, nella quale restarono uccisi il console tedesco Abbot e il francese Moulin, mentre i funzionarii turchi nulla avevan fatto, purtroppo, per impedire l'eccidio. Le Potenze d'accordo appoggiarono la domanda della Germania e della Francia d'una severa inchiesta: il risultato della quale fu la condanna a morte di sei degli assassini, quella del capo della polizia a quindici anni di lavori forzati, del comandante della corvetta turca che se n'era rimasta tranquilla spettatrice nel porto a dieci anni di carcere, del comandante della guarnigione a tre, e del governatore Rifaat Pascià a un anno. Alle famiglie degli uccisi fu concessa un'indennità in danaro. La Germania aveva intanto mandata una squadra considerevole a Salonicco; e poichè anche le altre Potenze, e specialmente l'Inghilterra, s'eran fatte rappresentare da loro navi da guerra, parve per un momento che tali avvenimenti dovesser trarsene dietro degli altri di gran lunga più gravi.

Oramai la misura era colma: e il 10 maggio scoppiava a Costantinopoli un moto degli studenti (*Softas*), ch'ebbe per conseguenza immediata la caduta del Gran Visir e dello Sceik-ul-Islam. È più che probabile che tali fatti fossero in istretta relazione con quelli ben più importanti che dovevan seguire poco appresso. Mehemed

Rushdi Pascià diventò Gran Visir, Hussein Avni Pascià — uomo di volontà inflessibile — Ministro della guerra, e Hairullah Effendi fu fatto Sceik-ul-Islam. Anche Ignatiew allora, al quale i *Softas* s'eran mostrati avversi, si schierò apertamente dalla parte opposta, convocando il Corpo diplomatico perchè deliberasse circa le misure necessarie a garantire la sicurezza dei Cristiani a Costantinopoli stessa, e ponendo persino in istato di difesa l'edifizio del Consolato russo, come se si preparasse alle ultime estremità.

Circa lo stesso tempo, la presenza d'Alessandro II a Berlino offerse alle tre Potenze imperiali l'opportunità d'intendersi intorno alle necessità della nuova condizione di cose. Gorciakow, Bismarck e Andrassy s'accordarono per la compilazione d'un *memorandum;* il cui programma però si presentava d'assai difficile esecuzione, perchè *e Cristiani e Maomettani sarebber dovuti restare sotto le armi* durante un armistizio di due mesi che s'aveva intenzione di proporre: con che, s'anco non espressamente, si sarebbe concesso tuttavia anche ai primi il diritto di belligeranti. Ben più importante sonava tuttavia la chiusa del *memorandum*, secondo la quale i tre Imperi, qualora l'opera della pacificazione allo spirar dell'armistizio si fosse dimostrata vana, « *arrebbero dovuto aggiungere ai procedimenti diplomatici delle misure più energicamente efficaci* ». L'Inghilterra infatti, diffidando in sommo grado della Russia, rifiutò di accedere al *memorandum* dei tre Imperi, e mandò la sua flotta del Mediterraneo nella baia di Besica. In pari tempo si potè vedere che la sollevazione nella Bulgaria aveva sofferto delle scosse non poco rilevanti.

Se non che, il 30 di maggio, ch'era il giorno appunto nel quale il *memorandum* doveva esser presentato, si compì a Costantinopoli un avvenimento, che a cotesto dramma — già così serio per sè stesso — doveva fornire un epilogo tragico. Parecchi eminenti uomini di Stato, che prevedevano nel malgoverno del Sultano Abdul-Aziz la rovina totale dell'Impero, avevano ordito una cospirazione per affrettar la sua caduta. L'anima della congiura era Midhat Pascià, il quale già come governatore del *rilayet* del Danubio aveva agito in senso decisamente riformatore e panslavista (1), e, perse-

_____

(1) V. intorno ai meriti molto relativi di Midhat Pascià la magistrale esposizione del KANITZ, *Donau-Bulgarien und der Balkan* (La Bulgaria Danubiana e i Balcani), 1.ª edizione, Lipsia, 1875, vol. I, pag. 27, specialmente nel quarto capitolo del primo libro, e altrove *passim*.

guitato accanitamente da Mahmud Nedim, lo aveva sostituito poi nel-
l'anno 1872 al posto di Gran Visir, e dopo varii altri (benche sempre
assai brevi) uffici di Stato, ebbe nel 1875, sotto il secondo Gran Visirato di Mahmud Nedim — che con ciò sperava di renderlo innocuo —
il posto di Ministro della Giustizia. Fin dalla primavera del 1876,
d'accordo con altri alti funzionarii della sua stessa tendenza, e
probabilmente in via privata, egli aveva diretta una Memoria segreta
ai Ministri degli Esteri delle grandi Potenze (esclusa naturalmente
la Russia), nella quale esponeva, sia in proprio nome, sia in quello
dei collegati suoi (ma senza firmarsi) e fondandosi sopra argomenti
pressochè irrefutabili, la necessità d'un cambiamento del trono a
Costantinopoli. Affine di giustificare *con le norme del diritto pubblico* una siffatta necessità, la Memoria dichiarava: « il principio
fondamentale del Governo turco, secondo tutta l'essenza sua, essere
elettivo; dipendere l'avvenimento al trono dei Sultani dall'accettazione per parte della Nazione; dover bensì lo scettro esser trasmesso
al più vecchio tra i membri della famiglia regnante, ma dover d'altra
parte l'eletto dalla Nazione trovarsi nel pieno possesso delle sue
qualità fisiche e di mente. Che se mai risultasse fuor di dubbio,
avere il Monarca sorpassata la legge, doveva immediatamente
seguirne la deposizione; e s'egli vi s'opponeva, poterne diventar
vittima del furor popolare. Ora, l'attuale Sultano aveva infinite
volte già sorpassata la legge; era un *miserabile mentecatto*, la cui
maggiore insania forse era quella di credere di poter nel pieno
secolo decimonono contare ancora come Sovrano » (1). Il resto conteneva un'esposizione minuta delle dissipazioni del Sultano e della
decadenza di tutta quanta l'Amministrazione; si negava quindi la
necessità dell'avvenuta bancarotta di Stato, e s'accennava a quella
di dar vita a una Costituzione, la quale, s'anco non avesse regolata
ogni questione, avrebbe tuttavia reso possibile un Parlamento formato dai rappresentanti di tutte le razze e di tutte le religioni,
così da controbilanciare l'assolutismo del Monarca.

Sarebbe veramente difficile immaginare una condizion di cose
più singolare! Ecco dunque informata per tal modo la diplomazia
estera dell'esistenza d'un grave complotto diretto a rovesciare il
Sultano, il quale pure poteva venir effettuato senza che vi fosse

---

(1) Cfr. Mordtmann, *Stambul und das moderne Türkenthum* (Stambul e la
Turchia de' nostri tempi), vol. II, pag. 97.

Midhat Pascià e il suo segretario Cilician Effendi.

una via d'impedirlo. Sembra che all'ultimo Abdul-Aziz avesse un presentimento del pericolo da cui era minacciato, perchè parve determinato a riparare i suoi tesori sur una nave da guerra russa; nel qual caso Ignatiew l'avrebbe (com'è facile a intendere) assai volentieri aiutato. Ma la notizia d'un tal disegno, la cui effettuazione avrebbe tolto ai congiurati i mezzi di soddisfare gli eserciti combattenti nelle varie parti dell'Impero e i varii ufficiali dello Stato, e fors'anco la loro cupidigia medesima, — senza dire che poteva per loro stessi farsi pericoloso —, affrettò le loro deliberazioni. Midhat, Hussein Avni, Mehemed Rushdi e Achmet Kaiserli si procacciarono anzitutto dal nuovo Sceik-ul-Islam (noto loro probabilmente già da tempo come accessibile) l'indispensabile decreto (*Fetva*), che riconosceva come conforme alle disposizioni religiose la deposizione del Sultano per il caso d'incapacità; dopo di che, si diviser tra loro le parti, e tirarono nella cospirazione anche Suleiman Pascià, per la condotta delle operazioni militari. Midhat serbò per sè la parte diplomatica, facendo nella sera stessa del 29 una visita al Sultano.

Dalla parte del mare il palazzo di Dolma Bagce trovavasi sbarrato con quelle corazzate medesime che il Sultano teneva quivi per sua difesa e per suo diporto; dalla parte di terra, fanteria e artiglieria erano state disposte presso le porte d'uscita. Oltr'a ciò, Suleiman Pascià vi aveva fatto appostare gli allievi della scuola militare, armati durante la notte. Ad Achmet Kaiserli era toccato il còmpito di recarsi a bordo della corazzata *Aziziè* per guidarvi le eventuali manovre marittime, e forse per render possibile la fuga dei cospiratori nel caso d'un insuccesso. Hussein Avni, verso del quale il portiere del palazzo dalla parte di terra non aveva alcuna ragione di diffidenza, accompagnato da due aiutanti penetrò nelle stanze del Sultano; e quando questo, fuor di sè dalla collera, gli mosse incontro, gli dichiarò ch'egli era deposto, e ch'era stato elevato a Sultano Murad. In quel momento supremo, Abdul-Aziz non fece neppure il minimo atto di coraggio; non impugnò un'arma; dopo un breve scoppio di furore si rassegnò alla sua sorte; e poco appresso, seguito dalla madre e dai figli, si lasciò condurre in una barca al luogo della sua nuova destinazione, il palazzo di Top Capu.

La notte stessa, una parte dei congiurati andò a prendere Murad Effendi, e lo trasportarono tutto tremante a Dolma Bagce, dove bentosto s'adunarono la maggior parte dei Pascià presenti a Costantinopoli e gli altri militari e funzionarii, che gli resero omaggio come a Murad V. Alla mattina seguente, accompagnato da uno splendido corteo, il nuovo Sultano si recò a cavallo alla moschea di Santa Sofia, impartì gli ordini più riguardosi verso il proprio zio e la famiglia di lui; e fin dal primo giugno emanò un *Hat* di riforme, che per tutti coloro che soprattutto ancora speravano un'èra di rinascita della Turchia aveva un significato pieno delle migliori promesse. Mancano fino ad oggi dati attendibili circa uno scrupoloso impiego delle sostanze private del caduto Sultano e della madre di lui. Tuttavia, il trasporto di Murad nella residenza del suo predecessore sembra indicare che la parte di gran lunga maggiore di esse siasi devoluta al tesoro dello Stato.

Abdul-Aziz venne, in un coi suoi, definitivamente trasferito al palazzo di Ceragan. Ma quando sua madre, il 4 di giugno, entrò nella sua camera da letto, lo trovò morto al suolo. Una prima inchiesta fatta dal medico di Palazzo constatò delle ferite di taglio ad ambedue le articolazioni del braccio, che parvero essere state fatte con un paio di forbici che giaceva presso di lui. Più tardi giunsero il medico dell'ambasciata austriaca, dottor Sotto, quello inglese, dottor Dickson, e quello francese, dottor Marroin. Dician- nove medici firmarono quindi una dichiarazione, la quale perveniva alle conclusioni seguenti: « La morte del precedente Sultano Abdul Aziz esser seguìta per dissanguamento, in seguito a offesa dei vasi delle articolazioni brachiali; poter le sopraddette ferite essere state prodotte dallo strumento suindicato; la direzione e la natura di quelle ferite, come pure lo strumento che doveva averle prodotte *permetterano di spiegarle con un suicidio* ». Nessuna traccia di strangolamento era visibile intorno al collo. Il dottor Sotto non escludeva tuttavia la possibilità che il Sultano fosse stato assassinato nel sonno mediante ferite di taglio al braccio. Una visita minuziosa di tutto quanto il corpo non fu fatta. — Vedremo in appresso come cotesta relazione ufficiale desse poi luogo a un epilogo altamente tragico, e come la paura forse che il Sultano deposto potesse, per mezzo d'aiuti interni ed esterni, risalire un'altra volta al trono fosse stata la vera cagione della sua morte.

XXXIX.

Da Murad V a Abdul-Hamid II

Carattere e infermità di Murad. - L'assassinio dei ministri Hussein Avni e Reacid per opera del circasso Hassan nel *konak* di Midhat Pascià. - Processo postumo per l'assassinio del Sultano Abdul-Aziz. - Integrazione del Ministero. - Avvenimenti rivoluzionarii in Bulgaria. - Sguardo retrospettivo alla più antica storia e al nuovo sviluppo di cotesta regione. - Le atroci carneficine bulgare, e la commozione degli animi sortane, segnatamente in Inghilterra. - Bellicosa politica della Serbia e del Montenegro. - Cernaiew a capo dell'esercito serbo, e il movimento prodottosi in Russia in favore delle provincie turche insorte. - La guerra turco-serbo-montenegrina. - Deposizione di Murad V, e avvenimento al trono di Abdul Hamid II. - I moti reazionarii dei *Softas* - Condizioni di pace turche. - L'esercito serbo proclama re il principe Milan. - Continuazione delle trattative. - La Serbia invoca l'aiuto della Russia. - L'*ultimatum* della Russia vien meno, per la concessione d'un armistizio di due mesi da parte della Porta. - Missione dell'aiutante generale Samarokow a Vienna. - Colloquio a Livadia tra l'ambasciatore inglese Loftus e lo Zar. - Discorso di lord Beaconsfield al banchetto del Lord-Mayor. - Parole bellicose di Alessandro II a Mosca. - Mobilitazione di sei Corpi d'esercito russi. - Conferenze preliminari e ufficiali a Costantinopoli. - Condizioni di pace impossibili. - Midhat Pascià nominato Gran Visir. - Proclamazione della Costituzione turca.

I partigiani della riforma annettevano certo all'avvenimento al trono di Murad V le più ardite speranze; ma anche per le masse delle varie comunità religiose parve dovesse iniziarsi con esso una età più felice. Murad godeva fama, da principe, d'uomo risolutamente propenso alla luce dei nuovi tempi, e che, pur mostrandosi giusto e benevolo verso ciascuno, aborrisse profondamente dal dispotismo. Abdul-Megid gli aveva dato dei buoni maestri, e Edhem

Pascià — più tardi ambasciatore e Gran Visir — l'aveva anzi tutto istruito nel francese, ch'egli leggeva e scriveva correntemente, benchè non lo parlasse. Gli amici ne vantavano lo stile e le doti poetiche e musicali, che spesso lo immergevano nei sogni più

Sultano Murad V.

fantastici, mentre la sua inclinazione per le nuove costruzioni scavava profondi abissi nelle sue finanze. Nell'insieme, pareva che si fosse trasfuso in lui il mite carattere paterno; e poichè nella natura sua c'era una tal qual finezza europea, nei viaggi da lui fatti nel 1867 a parecchie Corti per accompagnarvi lo zio v'era stato fatto segno ad omaggi, assai più che non piacesse all'ognor diffi-

dente Sultano. Noi ricordiamo, del resto, che già alla morte d'Abdul-
Megid un partito di Corte, alla cui testa si trovava il serraschiere
Riza Pascià, voleva innalzarlo al trono in luogo di suo zio; non
deve meravigliar pertanto che quest'ultimo, specialmente dopo il
ritorno dal suo viaggio all'Esposizione, facesse vigilare il nipote
più severamente che prima. Egli limitò l'assegno di Murad, per
modo che questi era costretto a ricorrere agli usurai, e gli amici
suoi per procurargli denari dovevan rivolgersi alle Corti straniere.
Murad, per natura propenso a una filosofia eclettica, s'era fatto
inscrivere nell'ordine dei franco-muratori, e, nonostante la segre-
gazione in cui era tenuto, non era punto rimasto all'oscuro delle
trame onde si preparava la caduta dello zio. Secondo quanto gli
avevan fatto credere per guadagnarselo, gli avvenimenti avrebber
dovuto prender una piega differente e meno tragica, che meglio
sarebbe stata consentanea al carattere del Principe, alieno da ogni
forma di crudeltà. Turchi e Cristiani dovevano adunarsi il 31 di
maggio nella moschea di Nuri Osmaniè; colà doveva esser mandata
al nuovo Gran Visir una deputazione, la quale avrebbe dovuto
richiedere un decreto di riforma equivalente a una Costituzione;
in caso di rifiuto, il popolo adunato avrebbe dichiarato il Sultano
deposto. A siffatto programma Murad aveva dato il suo consenso,
sotto la condizione espressa che il Sultano detronizzato dovesse
trattarsi con la considerazione che spettava al suo grado. Sennonchè,
in Costantinopoli s'era allora diffusa la voce che Ignatiew, al fine
d'impedir delle nuove scene di rivolta, avesse domandato l'aiuto
d'un esercito russo; e cotesta notizia, fondata o no, può avere
indotti i congiurati a modificare il loro disegno, soprattutto se si
trattava di cosa seria e in pari tempo accetta a Hussein Avni (che
già da un pezzo era favorevole a una specie di pronunziamento
militare), e a deliberar l'immediata deposizione d'Abdul-Aziz.

La violenta impresa notturna dell'elevazione di Murad, e più
ancora la novella della morte di suo zio ebbero per effetto uno
sconvolgimento assoluto del suo sistema nervoso, già scosso per
lo stato d'isolamento e per l'abuso delle bevande alcooliche; tanto
che il nuovo Sultano non regnò in realtà più di cinque o sei giorni
nel pieno possesso delle sue facoltà mentali. Hussein Avni, con la
sua rigidità soldatesca, priva di qualsiasi riguardo, e col tono
dittatorio da lui assunto, aveva sostanzialmente contribuito all'an-
nebbiamento dello spirito d'un Principe, in origine, di nobile sentire.

Al primo ricever la notizia della morte dello zio, Murad ebbe senz'altro la certezza che Hussein n'era stato l'uccisore, e si lasciò andare ad alti lamenti, che si potesse sospettarlo partecipe del misfatto. Da quel momento, il suo medico personale, l'italiano Capoleone, venne accusato d'aver peggiorate con un trattamento puramente empirico le condizioni di lui; ma l'esattezza di codesta accusa non è punto dimostrata (1); ed è probabile piuttosto che la demenza di Murad aumentasse di per sè stessa, per l'alternativa veramente tragica della potenza e della tutela del Sovrano medesimo.

Il periodo degli avvenimenti che si succedono di qui innanzi è siffattamente circondato di leggende e di tradizioni che si contraddicono l'una con l'altra, che noi vorremmo veder considerati come verità storica i puri dati di fatto, potendo valere le varie spiegazioni accoltene, sia nei più alti circoli, sia nei più bassi, sol come delle energiche pennellate sul variopinto sfondo della società dell'Oriente.
— Nella Guardia del Sultano Abdul-Aziz si trovava un ufficiale di origine circassa, a nome Hassan. Il padre di costui dev'essere stato un capo circasso chiamato Ismael Bey, il quale, emigrato dal Caucaso, si stabilì in Rumelia, esercitò un commercio di belle ragazze, e fece educare il figliuolo nella scuola militare di Pancaldi. Hassan, capitano della Guardia imperiale e aiutante del principe Iussuf Izzedin, era conosciuto per buon cavaliere, schermitore, arciere, e aveva dinanzi a sè uno splendido avvenire. Durante la prigionia del Sultano, al quale era ciecamente devoto, fu osservato più volte sotto le finestre del palazzo di Çeragan, dove con grande rispetto salutava Abdul-Aziz ogni volta ch'era da lui veduto. Quando Hussein Avni lo seppe, promossolo al grado di maggiore, lo trasferì il 3 di giugno a Bagdad. Il 4 scoppiava a Ceragan la catastrofe, e Hassan entrò senz'altro nella convinzione che nessun altro all'infuori di Hussein poteva esser l'assassino. Egli ricusò di partire, e, secondo la sua abitudine, s'aggirò qua e là per i caffè di Pera, minacciando apertamente il Serraschiere: tanto che questi il 13 giugno lo fece arrestare; ma essendosi poi mostrato pentito, ed avendo dato parola il giorno 15 che sarebbe partito subito, fu nuovamente rimesso a piede libero. La sera stessa, si recò in un caicco a Kuskungik, residenza estiva del Ministro della guerra, dove apprese che questi

----

(1) Cfr. *Mourad V* par le Comte E. DE KÉRATRY, Paris, 1878; e *Une réponse à M. de Kératry*, par le Docteur L. CAPOLEONE, Constantinople, 1878.

era assente, essendosi recato a un'adunanza di ministri in casa di
Midhat Pascià. Senza turbarsi, salì allora in un altro battello, e si
fece portare presso il ponte di sbarco di Sirkegi-Iskelessi, donde si
recò all'abitazione di città di Midhat, posta nel quartiere della
moschea di Baiazet II. La casa, circondata da un giardino, e più
somigliante a un'abitazione europea che a una casa orientale, constava solo d'un pianterreno e del primo piano. In una delle sale
di ricevimento del primo piano appunto si trovavano radunati i
ministri. Hassan, presentatosi nel vestibolo circa le dieci e mezzo,
disse al servitore che, dovendo partire il dì seguente per Bagdad,
aveva bisogno di parlar prima di cose urgenti al Serraschiere. Fu
pregato d'attendere fino al termine dell'adunanza; ma, trascorsa
circa un'ora, poichè il personale di servizio parte dormiva, parte
giocava alle carte, colse l'occasione per salir la scala, trovare con
un rapido aprir dell'uscio la sala dell'adunanza, e penetrarvi. Eran
presenti Midhat, Hussein Avni, Mchemed Kaiserli, Rescid, Gevdet,
Helet, Scerif Hussein e Iussuf, oltre ai segretarii Mahmud Bey,
Menduk Bey e Said Effendi (1). Hassan, entrato direttamente e
rapidamente, salutò l'assemblea secondo l'uso orientale; e avanza-
tosi quindi diritto verso il Serraschiere, sparò contro di lui parecchi
colpi di pistola che gli trapassarono il petto. I ministri sulle prime
credettero che tutto il *konak* fosse invaso dai congiurati, e, invece
d'impadronirsi dell'unico omicida ch'era presente, fuggirono nella
attigua sala d'aspetto, mentre Midhat si gettava in un'altra stanza,
che metteva nell'appartamento delle donne. Nella sala dell'adunanza
eran rimasti soltanto il Ministro degli Esteri Rescid e Kaiserli. A
quest'ultimo riuscì, nonostante parecchie ferite di pugnale, di salvarsi
per una porticina laterale, mentre Rescid con un'altra pistolettata
veniva atterrato. Ma la scena micidiale non era terminata ancora.
Quando ritornarono gli animi in sè, e giunsero delle truppe di
soccorso, Hassan colpì ancora il capo di queste, capitano Sciakry
Bey, aiutante del Ministro della Marineria, e uno dei soldati penetrati
là dentro. Hussein Avni era stato, a pugnalate e a colpi di piede,
ridotto dal furibondo Circasso a una massa informe; e la sala stessa

---

(1) Seguiamo sostanzialmente la vivace descrizione ch'è nell'opera del barone
A. v. SCHWEIGER-LERCHENFELD, *Serail und hohe Pforte* (Il Serraglio e la
Sublime Porta), ch'è condotta secondo un disegno di mano di Midhat Pascià
e le indicazioni di lui.

correva pericolo d'andar preda alle fiamme, quando alla fine si riuscì a impadronirsi dell'assassino, gravemente ferito da più colpi di baionetta. Fu tratto subito al Serraschierato, dove si sperava di strappargli delle confessioni; ma egli sostenne insistentemente d'aver compiuto il misfatto di suo spontaneo impulso, e si dolse della morte di Rescid, avendo avuto intenzione di scagliarsi contro il solo Hussein Avni. Gli uomini di Stato turchi, i quali potevano avere interesse a non condannare Hassan con un pubblico procedimento, tennero subito per lui un Consiglio di guerra; e la mattina del 16 giugno lo fecero appiccare a un albero dinanzi al palazzo del Serraschiere.

Era troppo naturale che avvenimenti di tal fatta dessero origine alle più strane dicerie. L'assassinio del Ministro della guerra fu dapprima, non senza qualche verosimiglianza, attribuito alla madre del Sultano, alla quale si diceva che Hassan non avesse servito che di strumento. Una sorella di costui, ch'era stata maritata ad Atesh Mehemed Pascià, sarebbe stata in relazione con la sultana Validè, la quale avrebbe con tutta sicurezza indicato il Serraschiere quale uccisore del figlio. Che cotesta donna non fosse tale da arretrare dinanzi a un omicidio può rilevarsi, tra altro, dal fatto che ella, ancora nel settembre del 1874, aveva insistito sul quarto punto della legge di famiglia degli Osmanli, secondo la quale i fanciulli maschi nati dall'unione delle principesse con favoriti indigeni dovessero alla loro nascita farsi morire. Secondo altri, la sorella di Hassan sarebbe stata l'ultima moglie del Sultano medesimo, e l'avrebbe sì profondamente amato, da soggiacere ella stessa al dolore pochi giorni dopo la morte di lui. Questa perdita avrebbe affrettata e maturata la risoluzione di Hassan. Da altri ancora, tuttavia, la parentela del Circasso con Abdul-Aziz venne smentita nel modo più assoluto, ammettendosi solo che, esercitando il padre di lui la professione di fornitore di belle Circasse per l'*harem* del Gran Turco, codesta Sultana sarebbe stata per certo una delle favorite procurate da lui, morta appunto nel giugno del 1876. Di tutte queste voci, la sola cosa certa è l'atto di vendetta compiuto con singolare audacia da Hassan; e solo cinque anni più tardi dovette venire in luce come la sua convinzione che Abdul-Aziz fosse perito non di sua propria mano, ma per opera d'altri, non era se non troppo giustificata. Nel giugno del 1881, infatti, venne incoato contro un certo numero di personaggi cospicui, con alla testa Midhat Pascià, il postumo processo per assassinio del sultano Abdul-Aziz. Il supremo tribunale risultò composto di tre giudici musulmani e due cristiani, e il 29 giugno emanò la sua sentenza, secondo la quale Abdul-Aziz era stato vittima d'un assassinio. Gli atti giudiziarii avevan messo in luce come il misfatto fosse stato perpetrato da quattro persone; e più precisamente, che un atleta bulgaro a nome Ibrahim aveva aperte le vene al Sultano, mentre questo era tenuto fermo da Fakri bey e dall'ufficiale Mustafà Gezarli. Altri due ufficiali, Alì bey e Megid bey, avrebbero durante l'esecuzione custodita la porta d'ingresso. Midhat Pascià, Mahmud Damat Pascià e Nuri Pascià furono riconosciuti per i mandanti dell'assassinio, e, al pari dei sopra nominati, condannati a morte. Contro due altri ufficiali del palazzo, Seyd bey e Izzet bey, venne decretata la pena di dieci anni di lavori forzati. Il vecchio Gran Visir Mahumd Rushdi, che a quel tempo trovavasi morente a Smirne, non potè presentarsi dinanzi al tribunale; e per lo Sceik-ul-Islam Hairulluh fu necessaria la creazione di una Corte speciale rivestita di carattere religioso. — In seguito a un intervento del Corpo diplomatico, poi, la pena di morte pronunziata contro tutti i sopra detti venne commutata nel bando a Tagif, presso la Mecca.

Ma torniamo ora agli avvenimenti del 1876.

Nelle cose dell'Impero ottomano il disordine era giunto al colmo: di fronte alla sollevazione delle provincie e alla politica dissolvitrice della Russia si trovavan solo un Sultano infermo di mente e un Ministero nelle vedute sue interamente discorde. È ben vero che, per la morte di Hussein Avni — decisamente ostile all'introduzione d'uno Stato costituzionale alla foggia europea —, Midhat vi aveva ora acquistato il sopravvento; ma il Gran Visir Mehemed Rushdi (Mytergim), era tuttavia nell'insieme assai incerto, e la perdita di un generale energico come Hussein Avni proprio nel momento che avrebbe potuto rendere i più segnalati servigi sul teatro della guerra contribuiva piuttosto alla debolezza che al rafforzamento della situazione. Fu nominato Serraschiere al posto di lui Abdul Kerim, ch'era destinato al supremo comando in Rumelia e Bulgaria; Savfet Pascià sottentrò al posto dell'assassinato Rescid agli Esteri, e Halil Scerif al Ministero di Giustizia. Quanto a Midhat, subito dopo l'assunzione al trono di Murad era stato nominato presidente del Consiglio dello Stato.

In mezzo a tal confusione, la Bulgaria diventò, segnatamente, il teatro degli avvenimenti più inauditi. — Pur senza voler dedicare a cotesta importantissima parte della penisola balcanica uno studio che, sotto l'aspetto storico, possa dirsi esauriente, converrà tuttavia accennare ad alcuni elementi, necessarii per la caratteristica del paese e de' suoi abitanti, e per l'intelligenza a un tempo dei fatti di poi.

Al pari della Rumenia e della Serbia, la Bulgaria ha anch'essa un passato glorioso; e tanto più è degna d'affaticar gli spiriti indagatori dei popoli tedeschi, in quanto il panslavismo vorrebbe fare dei Bulgari un ceppo puramente slavo, quale essi disgraziatamente non sono. La loro origine si riattacca piuttosto alle stirpi uralo-finniche, e la loro costituzione fisica e intellettuale, dopo essersi per secoli e secoli commista col sangue slavo, ancor oggi si differenzia da quella degli Slavi, e principalmente dei Serbi. Lo stesso Hilferding (1) dice: « La diversità esteriore tra i due popoli « non iscomparve così presto. Nella Mesia, ancor per lungo tempo « risuonarono due lingue, la slava e la bulgara; e per lungo tempo « ancora ai nomi dei dominatori e dei personaggi cospicui venne « aggiunta una forma di congiunzione tàtara ». Evidentemente Sciafarik fa torto all'elemento greco e al romano, quando scrive (2): « Sotto il nome di Slavi bulgari in questa più ampia significazione « noi comprendiamo tutti quanti gli Slavi d'una volta, nella Moldavia, « nella Valacchia, Transilvania e Ungheria meridionale, dal Pruth, « lungo il lato settentrionale del Danubio, fino alla foce della Drava; « di poi, nell'antica Mesia e nell'odierna Serbia orientale, dalle foci « del Danubio fino alla Morava; e infine nella Tracia, Macedonia, « Albania, Tessaglia, nella restante Grecia e persino nel Pelopon- « neso e nelle vicine isole; e ciò, sia perchè cotesti Slavi stavan « quasi tutti sotto un'unica signoria, sia perchè sembrano prossi- « mamente congiunti tra loro rispetto alla lingua ». Kanitz, nella prima edizione (oggimai fattasi rara) della sua opera monumentale « *La Bulgaria danubiana e i Balcani* », dopo di Engel, Sciafarik, Palauzow, Slavejkow, Hammer, Dümmler, Hilferding, Finlay, Zachariä, Kunik, Pichler, Drinow ed altri, s'è acquistato un merito

---

(1) I, pag. 18.
(2) II, pag. 152.

grandissimo, per aver primo raccolto gli elementi fondamentali della Storia bulgara fino alla guerra russo-turca (1877), e per aver trovato che « se si voglia astrarre dalla periferia — smussata certo « da Serbi, da Greci, da Albanesi e da Turchi abbastanza consi- « derevolmente —, il popolo bulgaro si mantiene insino ad oggi « nella perfetta integrità delle sedi da lui possedute prima della « conquista turca ». Se si consideri infatti che i Bulgari, già per la loro posizione geografica, più ancora che i Serbi, erano appunto esposti a un'incredibile oppressione da parte dei Turchi, e che il numero di quelli fra essi che sono passati all'Islamismo (gli odierni Pomachi) non importa, in una massa complessiva di cinque milioni, più di 170.000 uomini, è questo già in sè e per sè stesso un indice non solo di grande vitalità, ma benanco (ciò che massimamente rileva in questo momento, e che spiega le recenti agitazioni) di vera indipendenza.

Verso il finire del secolo settimo, Asparuch — al quale già Cosrew era preceduto come conquistatore — fondava il regno di Bulgaria. Caduta la dinastia di lui, Cardam (791-797) rese tributaria Bisanzio. Il re Crum nell'809 conquistò Sofia, uccise il 26 luglio 811 nella battaglia di Sciumla l'imperatore Niceforo, e, vincitore il 22 luglio dell'813 anche presso Adrianopoli, s'avanzò fin sotto a Bisanzio, dove venne a trattative di pace. Come più tardi il serbo Dusciano, nell'815 egli morì in mezzo agli apparecchi guerreschi con i quali s'apprestava alla conquista della capitale bizantina. Nel nono secolo, regnando Can Michele Boris, avvenne l'introduzione del cristiane-simo in Bulgaria; il che tuttavia nulla mutò nelle relazioni di questa con Bisanzio; chè anzi Boris volle fin d'allora fondare un patriarcato bulgaro indipendente da Costantinopoli. Sotto il figlio suo Simeone, che nel 924, imperante Costantino VII Porfirogenito, assediò Costantinopoli, la Bulgaria raggiunse l'apogeo della sua potenza; tanto che quei principi da allora assunsero il titolo di Zar, e così Bisanzio come la Serbia le divennero tributarii. Simeone ottenne da papa Formoso la dignità patriarcale per l'arcivescovo di Ohrida, e s'intitolò Zar dei Bulgari e dei Valacchi e Autocrate dei Greci.

Del secolo decimo, e più propriamente del periodo di regno del-l'effeminato figlio di Simeone, lo zar Pietro (927-969), al quale (in-credibile a dirsi!) era andata sposa una nipote dell'imperatore bizantino, Hilferding ci riferisce, nella sua *Storia dei Serbi e dei*

Bulgari (1), un quadretto di costumi che ha quasi del comico, e che acutamente caratterizza le relazioni correnti allora tra la Corte bizantina e il regno dei Bulgari. « Allorchè — racconta Hilferding « — il noto re tedesco Ottone il grande ebbe conquistata l'Italia, « venne eletto imperatore e incoronato in Roma, donde mandò una « ambasceria a Costantinopoli per farvi domandare il suo ricono- « scimento. Il legato Liutprando, un accorto e dotto vescovo italiano, « ci ha lasciata la descrizione del suo viaggio. — « Il giorno dei « Santi Apostoli (29 giugno 968) — così riferisce egli — l'Imperatore « (di Costantinopoli) comandò a me, come a pure ai legati bulgari « ch'eran giunti la sera innanzi, di presentargli i nostri omaggi « nella chiesa dei Ss. Apostoli. Quando poi fummo invitati a tavola, « l'Imperatore fece sedere all'estremità d'una lunga mensa, dove « si mangiava da un lato solo, l'ambasciatore dei Bulgari — ch'era « tosato alla foggia ungherese, portava una catena di rame alla « cintura, ed era (a quanto credo) un catecumeno — a un posto « più elevato che non fosse il mio, con aperto disdoro Vostro, o « miei augusti Signori (Liutprando scrive, cioè, a Ottone e alla « consorte sua)..... — Sentendomi colpito da tale offesa, che non « a me era fatta ma a Voi, mi levai subito da tavola. Ma allorchè « mi videro sulle mosse per andarmene, Leone Curopalati, fratello « dell'Imperatore, e Simeone, il primo segretario (*proto a secretis*), « mi trattennero, con le dichiarazioni seguenti: — Quando Pietro « re dei Bulgari impalmò la figlia di Cristoforo, *venne giurata una* « *convenzione scritta, in forza della quale gli ambasciatori bul-* « *gari avrebber dovuto presso di noi esser preposti e preferiti* « *agli ambasciatori di tutti gli altri popoli.* Or dunque, cotesto « legato bulgaro è bensì, come bene tu osservi, tosato, incolto e « cinto ai fianchi d'una catena; ma a buon diritto gode d'un grado « superiore, perchè è un patrizio; e noi teniamo e riconosciamo « come cosa assolutamente fuor d'ogni legge anteporgli un vescovo, « sia pur questo un vescovo franco ». — A Liutprando non fu per- « tanto concesso d'andarsene; anzi fu in certo modo costretto con « la forza a sedere con gli ufficiali all'altra tavola. — « Senza poter « loro (cioè a Leone e a Simeone) per il vivissimo turbamento ri-

---

(1) Tradotta dal russo da I. C. Schmaler, Bautzen, parte I (1856), p. 112. — La seconda parte venne in luce quivi stesso solo nel 1864.

« spondere, — seguita a dire Liutprando a Ottone e Adelaide —
« dovetti acconciarmi al loro volere; ma il mio corruccio fu in parte
« dal sacro Imperatore mitigato con un alto dono, avendomi egli
« mandato, di tra i suoi cibi più fini, un grasso capriolo del quale
« aveva assaggiato egli stesso, e ch'era mirabilmente acconciato
« e ripieno (suffarcinatum) di àgli, di cipolle e di porri (porro) e
« spruzzato di brodetto di pesce. Avrei voluto allora ch'esso fosse
« stato alla Vostra tavola! Voi, che non credete che il sacro Im-
« peratore (di Costantinopoli) si diletti di così fatte delizie del
« palato, ve ne sareste allora persuasi col fatto ».

Quella distinzione della Bulgaria nella vita di corte di Bisanzio
non era, tuttavia, se non un mezzo per annientare la potenza dei
Bulgari. I vincoli di parentela con la discendente dei Porfirogeniti
fecero il resto, per ricondur Pietro in una condizione di dipendenza
e di subordinazione rispetto a Bisanzio, nonostante il suo titolo di
Zar. Ma questo non era che il principio di ben più gravi avvenimenti.
Niceforo Foca, per liberarsi del tributo che tuttora si continuava
a pagare alla Bulgaria, chiamò in suo aiuto i Russi sotto il comando
del granduca Sviatoslav; sennonchè i Russi, allora, come quasi un
millennio appresso, non vollero più abbandonare l'occupata Bulgaria.
All'ultimo, però, Sviatoslav venne battuto nel 971 da Giovanni Zi-
misces, e se ne tornò umiliato a Kiev. — Ancora una volta l'antico
splendore della Bulgaria rifulse sotto il re Samuele. Questo principe crudele ma prode, che s'intitolava Zar di tutti gli Slavi, venne
vinto dopo una lotta decennale dall'imperatore Basilio, e morì il
15 settembre del 1014 in seguito all'impeto di furore che gli
aveva cagionato lo spettacolo di parecchie migliaia di soldati
bulgari a lui rimandati da Basilio abbacinati. La cristiana Bisanzio
rappresentò quind'innanzi per oltre un secolo e mezzo di fronte
a quei paesi balcanici precisamente la stessa parte di sfruttatrice,
che doveva più tardi rappresentar la Turchia. Assai notevole è che
furono appunto due boiari di Tirnovo, valacchi probabilmente d'origine, i fratelli Pietro e Giovanni Asen, quelli che, dopo d'aver invano
cercato aiuti a Costantinopoli, iniziarono la sollevazione contro
Bisanzio. Poich'ebbero sconfitto il generale bizantino Vranas e l'Imperatore medesimo, Giovanni Asen venne incoronato a Tirnovo
nel 1186; e fu fondato così il nuovo regno bulgaro degli Asènidi.
Nella prima metà del terzodecimo secolo, Giovanni Asen II riportò
lo Stato a quegli stessi amplissimi confini che aveva avuti sotto

Simeone. Ma in causa delle guerre con i Franchi, con i Bizantini, con l'Ungheria — e in parte anche con i Serbi, loro congiunti di sangue —, e per l'incessanti discordie intestine, il tramonto della Bulgaria si rese inevitabile.

In uno dei precedenti capitoli noi abbiamo veduto il florire rigoglioso del grande Regno serbo. Era nella natura stessa delle cose che, avendo entrambi cotesti regni slavi un unico e medesimo obbiettivo dinanzi agli occhi, cioè Costantinopoli, dovessero venirne tra loro in conflitto. Il primo grande Zar della Serbia, Stefano Ḍuscian, conquistava tutta la Bulgaria occidentale. Già nel 1371 Murad I pose la sua residenza ad Adrianopoli; e, dopo la battaglia al Campo dei Merli, Baiazet I cancellava le ultime vestigia dell'indipendenza bulgara. Assai acutamente nota il Kanitz: « L'impero « dei Bulgari fu rovesciato, senza che gli fosse riuscito mai di « recare in atto compiutamente i suoi vasti disegni. La ricca eredità « dell'invecchiata Bisanzio — frutto apparentemente maturo e vicino « a cadere — gli sfuggì sempre di mano quando pareva più viva « in esso la certezza di toccarlo. Egli è che all'esuberante vigoria « giovanile e materiale non s'accompagnò in pari misura la più « elevata forza morale, l'idealità del conato, il genio ordinatore, « l'audace rigoglio dello spirito e dell'intelletto. Potevan bene con « la spada essere assoggettati territorii vastissimi; ma le condizioni « sopraccennate mancavano, a dar forma e vigoria a un nuovo Stato « durevolmente forte e vitale ».

Per il durar di cinque secoli la Bulgaria gemette sotto il dispotismo del Turco. Essa dovè pianger persino la perdita della sua autonomia religiosa, e visse tanto da vedersi nel 1767 strappato l'antico patriarcato nazionale di Ohrida. Circa il medesimo tempo però, in una delle città privilegiate nel secolo quattordicesimo dal sultano Murad, dove abitavano i così detti *Cristiani liberi*, vale a dire a Cotel, si venne svolgendo un movimento nazionale, che fu allora poco notato in Europa. Il monaco Paisije, venuto appunto di là, scrisse in uno dei conventi dell'Athos una storia della Bulgaria ricca di buon materiale, di sulla quale più tardi potè Pavlovich elaborare il suo *libro bulgaro degli Zari* (*Carstrenik*). Quest'opera, che alla Nazione presentava lo specchio della sua passata grandezza, contribuì essenzialmente allo sviluppo della coscienza nazionale. Dalla medesima città uscì il vescovo Sofronije, il quale, tenendo testa al clero greco, si diè per la prima volta a predicar nuova-

mente nella lingua nazionale, bollò d'un marchio rovente nelle sue
memorie la storia della Turchia nel diciottesimo secolo, diede in
luce nel 1806 il primo libro bulgaro, e da Bucarest esercitò il più
benefico influsso sullo svolgimento ulteriore del sentimento nazionale.
Nè mancaron poi fino ai tempi più recenti i patriotti insigni, che,
parte con il progresso della milizia, parte con quello scientifico,
cercaron di raggiungere l'emancipazione della Bulgaria, e i cui
sacrifizi, s'anco isolati, han contribuito sostanzialmente a renderla
più matura per la sua indipendenza, di quanto non sia generalmente
ammesso nella quasi assoluta ignoranza delle vere condizioni sue.

La nostra esposizione dello stato delle cose in Turchia potrà
bastare a illuminar gli spaventevoli avvenimenti dei quali fu teatro
la Bulgaria nell'anno 1876. Forte dei documenti che le fornivano
la prova irrefutabile del movimento rivoluzionario dalla Russia
organizzato nelle varie provincie, minacciata già da Serbia e Montenegro che badavano a raccoglier milizie armate, mentre Bosnia
ed Erzegovina erano in piena rivolta, la Porta presentì nella rivoluzione bulgara — quando non le fosse riuscito di porvi sollecito
riparo — il principio della fine. Dopo che, durante la guerra di
Crimea, l'Europa l'era venuta in aiuto, ell'aveva portato alla civiltà
di questa un colpo veramente barbarico, trapiantando nella penisola
illirica i Circassi emigrati dal Caucaso. A ciò poteva aver contribuito
da gran tempo il disegno di tenere in iscacco mediante coteste orde
la popolazione cristiana; ora che il pericolo era urgente davvero,
ell'aveva sotto la mano quei fanatici; e diede in fatti a quelle
genti, già senz'altro bramose di preda, libero giuoco, per gettar
lo spavento in mezzo ai Bulgari, desiderosi del resto di quiete; e
ai Circassi diedero la mano i Basci-Bozuk. — Fin dal gennaio 1876,
i Bulgari avevan presentate delle rimostranze, chiedendo invano
aiuto al Gran Visir Mahmud Nedim. Il primo maggio, a Drenovo,
era stato spiegato il vessillo bulgaro, e s'era venuti ad atti di
violenza contro le Autorità turche. Disgraziatamente, anche le schiere
dei volontarii serbi s'eran lasciate andare a gravi eccessi contro i
Maomettani; dimodoche il fanatismo di quest'ultimi più non conobbe
confini. Le inaudite crudeltà perpetrate da Circassi e Basci-Bozuk
contro uomini, donne e fanciulli, ch'erano stati depredati, torturati,
violati ed uccisi, e insieme la distruzione d'interi villaggi produsse
nella stampa europea, e specialmente nei fogli inglesi, la più
profonda indignazione. Il Governo, interpellato alla Camera dei Co-

muni intorno agli avvenimenti bulgari, fu costretto a confessare, il
· 7 agosto 1876, che, secondo un rapporto del segretario dell'ambasciata inglese Baring, 12.000 Cristani erano stati massacrati, e
sessanta villaggi dati alle fiamme. Il rapporto stesso fu pubblicato
ufficialmente il 20 settembre, chiedendo la punizione dei più elevati
funzionarii turchi in Bulgaria ch'eran responsabili dell'accaduto, e
per i quali la Porta aveva concesso premii e decorazioni. Fino alla
fine del settembre, furon tenuti in Inghilterra non meno di 268

Generale Cernaiew.

così detti *meetings* d'indignazione. Gladstone, in uno speciale opuscolo del titolo *Bulgarian horrors and the question of the East*,
condannò fieramente le atrocità commesse in Bulgaria, riaffermando
in pari tempo necessaria la separazione amministrativa della Bosnia,
dell'Erzegovina e della Bulgaria dalla Turchia come l'unico mezzo di
difesa contro simili fatti. L'illustre uomo di Stato andò anche più oltre,
dichiarandosi fautore della cacciata del Turco dall'Europa. Ma nè
tutto ciò, nè persino l'opinione espressa da sir Stratford de Redcliffe,
richiedente un'azione in comune di tutte le Potenze firmatarie
del trattato, riuscirono a smuovere il Ministero Beaconsfield; il

quale continuò come per l'innanzi a tenersi fermo nel concetto della conservazione dell'Impero ottomano. E lord Derby manifestò la convinzione che la ricacciata dei Turchi dall'Europa non avrebbe fatto altro che provocare atti di violenza anche più gravi di quelli perpetrati.

In Serbia il partito della guerra aveva preso recisamente il sopravvento. Il 27 giugno fu da Belgrado trasmesso a Costantinopoli un *ultimatum*, col quale si chiedeva l'allontanamento dell'esercito turco e delle orde selvagge di Basci-Bozuk, di Circassi, d'Arnauti e di Curdi dal territorio Serbo, e la nomina del principe Milan a viceré della Bosnia sotto la sovranità del Sultano. Gl'insorti bosniaci proclamarono loro Sovrano il principe della Serbia, gli Erzegovesi quello del Montenegro. Il 29 giugno, il principe Milan si recò al suo quartier generale di Deligrad, donde emanò il 2 luglio il suo proclama di guerra. In pari tempo entrava in azione il Montenegro. Il principe Nicola dichiarò « d'avere a fatica trattenuti i suoi sudditi dall'insurrezione (noi però ci ricordiamo dei suoi veri propositi, manifestati nella nota lettera al granduca Niccolò); ma, poichè la Porta era impotente a ripristinar l'ordine, egli preferiva un'aperta guerra ».

La parte rappresentata dalla Russia nel dramma che stava per isvolgersi venne a determinarsi particolarmente anche per l'assunzione del comando in capo dell'esercito serbo da parte del generale russo Cernaiew. Un gran movimento degli spiriti s'era prodotto in tutta la Russia per la guerra di liberazione dei fratelli slavi. L'imperatrice stessa si mise in prima linea come protettrice delle associazioni di beneficenza. Il 13 luglio l'arcivescovo di Mosca celebrò in codesta città una solennità ecclesiastica, dove furon pronunziate preghiere per i principi della Serbia e del Montenegro e per il successo delle loro armi contro il nemico della cristianità. Mosca ed altre città mandarono in Serbia treni sanitarii allestiti di tutto punto, suore di carità e contributi in danaro; nè mancarono numerose schiere di volontarii russi: tanto che sarebbe stato difficile giudicare se la Corte russa dominasse ancora la situazione nel suo insieme, o fosse costretta a seguire il movimento, più o meno direttamente partito e provocato da essa.

Nominalmente, l'esercito comandato da Cernaiew constava di 47.000 uomini, ch'eran però per la maggior parte semplici milizie armate. A questi s'aggiunsero il contingente del Timok, sotto il colonnello Lescjanin, con 16.000 armati, quello dell'Ibar sotto il generale Zach con 13.000, e l'esercito della Drina sotto il generale Alimpich. Il Montenegro aveva potuto mettere in piedi un esercito di 15.000 uomini, consistente del pari solo di milizie; mentre la Turchia, nonostante la grave crisi in cui si dibatteva, aveva raccolto sotto il comando supremo del serraschiere Abdul-Kerim (il quale del resto si trovò sul teatro della guerra appena il 25 di luglio) un esercito di 150.000 uomini. In presenza di coteste cifre e del fatto che la Turchia poteva continuamente fornirsi di nuovi contingenti (dall'Egitto, tra altro, vennero infatti 10.000 uomini, ed anche i Governi provinciali dell'Asia furon sollecitati a mandare in aiuto tutte le riserve), mentre la Serbia e il Montenegro avevan fatto quasi gli estremi loro sforzi, si può supporre che in Russia non si potesse esser minimamente in dubbio circa l'esito di coteste guerra, e s'aspettava soltanto l'occasione d'intervenir personalmente al momento opportuno sul campo della lotta. Ciò che sembrava favorire il disegno dei due Principati, ch'era di potere con lo spinger gli eserciti nella Bosnia e nell'Erzegovina render generale la sollevazione in quei paesi, era il fatto che l'Austria fin dal 13 luglio aveva dichiarato per mezzo del suo ambasciatore a Costantinopoli che la sua neutralità le prescriveva di chiudere il porto di Klek alle truppe e al materiale da guerra turco. A ciò il Gran Visir rispose che la chiusura di quel porto avrebbe probabilmente avuto per effetto la perdita della Bosnia e dell'Erzegovina; ciò che sarebbe potuto accader facilmente, se la campagna della Serbia e del Montenegro fosse stata più fortunata. Per tal modo, sotto la pressione delle insistenze della Russia, l'Austria-Ungheria, cui stava tanto a cuore la conservazione della Turchia, si trovò in contraddizione con la sua stessa politica.

L'avanzata di Cernaiew, benchè i suoi avamposti si fossero spinti fino ad Ak Palanka, non raggiunse alcun efficace successo. Il generale Zach passò il 6 luglio l'Ibar, ma venne battuto presso Novibazar, che invano egli aveva tentato di prendere. Tale sconfitta fu veramente disastrosa per tutta la campagna, inquantochè l'intenzione era appunto quella d'impadronirsi del territorio che separa la Serbia dal Montenegro, per poter tagliar fuori l'esercito turco dalla Bosnia. Il 18 luglio, i Turchi, dopo d'aver riconquistato Babina Glava, costrinsero Cernaiew a sgomberar totalmente il territorio turco; e nel tempo stesso il corpo di Lescjanin fu battuto al Timok. Sul finir del luglio adunque, nonostante i molti errori commessi dai comandanti turchi e le lacune nell'organizzazione dello Stato maggiore, la campagna contro i due Principati poteva dirsi decisa. Da Vidin a Novibazar stavano agli ordini di Abdul-Kerim 60.000 uomini; 20.000, da Novibazar a Viscegrad, ne stavano sotto Hussein Pascià; e di là fino a Belina Muktar Pascià ne disponeva d'altri 50.000. C'erano inoltre le guarnigioni di Vidin, Rustciuk, ecc., e a Sofìa il Governo turco aveva raccolto per tutti i casi possibili un esercito di riserva di 100.000 uomini. Il 5 d'agosto i Turchi s'impadronirono di Cniascevaz e il 7 di Saiciar.

Per dar maggiore unità al comando dell'esercito serbo, il principe Milan diede a Cernaiew il comando in capo anche sopra l'esercito unito della Morava e del Timok. E poichè i Turchi ebbero occupato anche le alture di Iavar e respinto il distaccamento dell'Ibar, il principe Milan lasciò il 12 agosto l'esercito, e si ridusse, senz'aver nulla fatto, a Belgrado. Abdul-Kerim riunì allora i corpi d'Achmed Eiub e d'Alì Saib, e marciò contro Alexinaz, dove — poichè dalle precedenti vittorie turche non s'era saputo trar partito energicamente — i Serbi avevano avuto il tempo di fortificarsi. Se non che, dopo una lotta di sei giorni, non solo Abdul-Kerim non riuscì a impadronirsi d'Alexinaz, ma — per esser Horvatovich (che il 21 aveva ripreso Cnaievac) accorso in aiuto di Cernaiew — vi toccò una formale sconfitta. Ciò non pertanto, il 1.º di settembre attaccò di nuovo, e costrinse i Serbi a ritirarsi a Deligrad. All'11 e al 16 settembre l'esercito serbo fe' prova di riprender l'offensiva; ma invano: chè le forze turche eran di troppo superiori alle sue.

Il Montenegro, in questa campagna, era stato alquanto più fortunato della Serbia. Il principe Nicola, veramente, dopo il suo ingresso nell'Erzegovina, aveva subìto una sconfitta per opera di Muktar Pascià il 23 luglio, presso Nevesinie; ma il 28 dello stesso mese lo battè alla sua volta a Vrbica per modo, che, tra parecchi altri ufficiali, anche Selim Pascià venne ucciso e Osman Pascià fu fatto prigioniero. Il 18 di agosto i Montenegrini riportarono un'altra vittoria presso Podgorizza, e il 6 settembre Dervisch Pascià venne sanguinosamente sconfitto presso Piperi.

In questo mentre, un'altra catastrofe s'era prodotta a Costantinopoli. Il poter aver ragione d'uno stato di fatto simile a quello che abbiamo descritto, era, per un Sultano ammalato di mente, cosa doppiamente difficile. Prescindendo da ciò, la legge religiosa

Abdul-Kerim.

degli Osmanli prescrive appunto che il Capo supremo dei fedeli deva trovarsi nel pieno possesso delle sue facoltà intellettuali. La cerimonia del cingersi la sciabola era stata differita di settimana in settimana; ma, da ultimo, parecchi Imani, Mollah e Ulemi sembrano aver rifiutato di recitare al venerdì la preghiera rituale per il Sultano. I ministri deliberaron pertanto la deposizione di Murad; la quale, dopochè lo Sceik-ul-Islam (a loro incondizionatamente devoto) ebbe esposto il solito *fetva*, si compì il 31 di agosto. Il fratello di Murad, Abdul-Hamid II, fu allora assunto al trono, e il 1.º di settembre ricevette gli ossequi de' suoi sudditi nella moschea di Eiub.

Midhat Pascià frattanto aveva urtato, coi suoi disegni d'una costituzione, contro gravi difficoltà, da parte specialmente del Gran Visir, avendo questi osservato, non senza ragione, che delle riforme così radicali, quando vi mancasse il consentimento del Sultano, non si potevano introdurre. A ciò s'aggiunse che i Softa protestarono pure contro la parificazione dei Cristiani coi Maomettani, e nella metà d'agosto diressero a Midhat Pascià una lettera, nella quale tra l'altro si diceva: « Noi abbiamo assoggettato i Cristiani, e sot- « tomesso il paese con la spada, e non vogliamo divider con essi « l'amministrazione dell'Impero, nè permettere ch'essi prendan parte « alla direzione delle cose del governo ». La Porta, che sul teatro della guerra trovavasi aver qualche vantaggio, non volle, com'è facile a intendere, venirne a un armistizio — insistentemente chiesto dalle Potenze — senza che si ponessero le basi per i preliminari della pace. Il 14 settembre espose le condizioni alle quali sarebbe stata disposta a concluder la pace con la Serbia. Tali condizioni, sostanzialmente, erano le seguenti: « che il Principe rendesse omaggio al Sultano a Costantinopoli; le quattro fortezze fossero di bel nuovo occupate; congedate le milizie; le rimanenti fortezze tolte di mezzo; la Serbia dovesse pagare un'indennità di guerra, o altrimenti un tributo elevato a maggior proporzione; infine, che la Turchia si riservasse il diritto di costruire la linea ferroviaria Belgrado-Nissa, e di farla amministrare da' suoi funzionarii. Quanto al Montenegro, si doveva semplicemente ritornare allo *statu quo ante bellum* ». La Serbia respinse coteste condizioni; non solo: ma il suo esercito, pur tanto insufficente a una simile condizion di cose, ebbe il coraggio di proclamare il principe Milan re di Serbia; e alla metà di settembre Cernaiew mandò un battaglione con tale notizia a Belgrado, elevando il battaglione stesso a guardia del corpo del Re.

Poichè la Serbia era passata allora alla più supina dipendenza della Russia, la Corte di Vienna non si mostrò affatto disposta a riconoscere quel nuovo titolo; e la deliberazione della Scupcina del 23 settembre, che l'aveva sanzionato, restò senza ulteriori conseguenze: tanto più che, per ragioni diverse, nè l'imperatore Alessandro nè il principe del Montenegro vollero concessa al principe Milan la corona reale.

Ciò non ostante, in seguito all'intervento della diplomazia, la Porta acconsentì a una sospensione d'armi di dieci giorni, la quale veniva a scadere il 25 di settembre. Nel frattempo, un gran numero di volontarii russi vennero a ingrossare l'esercito serbo, tanto che fu possibile formare un'intera brigata, ed apprestarne una seconda. Ora, quando il 26 settembre l'Inghilterra si fece innanzi con una proposta di mediazione — assai poco pratica, in sostanza — secondo la quale, dopo un ritorno allo *statu quo* per entrambi i Principati, si sarebber dovute stabilir fermamente delle pure e semplici garanzie internazionali circa alcune serie riforme nella Bosnia, Erzegovina e Bulgaria, la Porta rispose con la promessa della Costituzione. E perchè l'applicazione di questa non avesse a venirne pregiudicata in seguito allo spirar dell'armistizio di sei settimane proposto dalle Potenze, la Porta ne offerse uno che si protraesse fino al 15 marzo 1877, sembrandole questa una dilazione sufficente a organizzare le introdotte riforme non solo in alcune provincie, ma in tutto l'Impero. Arrivati a questo punto, la politica dei singoli Gabinetti incominciò a palesarsi più spiccatamente; poichè, mentre tutte le Potenze accettarono il lungo armistizio, la sola Russia lo escluse. Per non legarsi le mani per cinque interi mesi, e per potere al momento opportuno sturbar l'opera delle riforme, ella non volle saperne d'un armistizio che oltrepassasse le sei settimane; esigendo per soprappiù, con la certezza di non poterla ottenere per via pacifica, l'autonomia della Bosnia, dell'Erzegovina e della Bulgaria. Ch'essa con ciò avesse la mira piuttosto a un rifiuto che all'effettuazione di condizioni così rigorose, apparisce chiaro, tra altro, per il fatto che il significato dell'autonomia e l'estensione delle garanzie doveva definirsi solo per mezzo d'una Conferenza *dalla quale fosse da escludere la Turchia*.

La condizione delle cose sul teatro della guerra non corrispondeva in alcun modo a così fatte pretese. Il 28 ottobre, i Turchi bombardavano Alexinaz e Deligrad, il 30 prendevan d'assalto Giunis; dimodochè tutta la Serbia stava loro aperta dinanzi. In tale necessità, il principe Milan richiese il console generale russo a Belgrado d'una mediazione per un armistizio di sei settimane, o per un aiuto dalla Russia. Alessandro II, il quale allora si trovava in Crimea, incaricò il generale Ignatiew, che di là era tornato a Costantinopoli, di esigere dalla Porta entro due giorni un armistizio di sei settimane, e, in caso di rifiuto, di partirsene con tutto il personale dell'ambasciata. Sembra che la Porta ne fosse stata messa in sull'avviso a tempo dall'Inghilterra, giacchè quando Ignatiew espose quella proposta, un armistizio di sei mesi era stato già dal Sultano concesso.

La presenza d'Alessandro II a Livadia contribuì essenzialmente a mettere in evidenza i tratti più salienti della situazione politica di allora. Già fin dal 27 settembre, von Samarokow, aiutante generale dello Zar, s'era recato in ispeciale missione a Vienna. Con un suo scritto di propria mano, l'imperatore Alessandro II faceva a Francesco Giuseppe la proposta seguente: « dovesse l'Austria occupare la Bosnia; la Russia, la Bulgaria; e farsi una dimostrazione navale dinanzi a Costantinopoli, nella quale all'Inghilterra spettasse la prima parte ». Non si proponeva all'Austria l'occupazione dell'Erzegovina, perchè (come dichiarò più tardi Gorciakow a lord Loftus) dato il caso delle occupazioni russa ed austriaca, era necessario, a evitare attriti, creare una zona neutra (1). — Così l'Austria come l'Inghilterra però respinsero codesta proposta. Poche settimane più tardi, il 2 di novembre, l'ambasciatore inglese ebbe a Livadia un'udienza dallo Zar. I propositi che in tale occasione ebbe a esternare Alessandro II ricordano vivamente — sebbene qui non si trattasse di alcun disegno di spartizione — le aperture fatte a suo tempo da Niccolò I a sir Giorgio Hamilton Seymour. L'Imperatore disse « aver la Porta frustrati, mediante una serie d'espedienti, tutti gli sforzi fatti concordemente dall'Europa per porre un termine alla guerra e per assicurare una pace generale. Se l'Europa pensava d'acquietarsi tranquillamente a codesti replicati rifiuti della Porta, non poter *egli* quanto a sè patteggiare più a lungo con l'onore, con la dignità

---

(1) V. il dispaccio di lord Loftus al conte Derby da Ialta, 4 novembre 1876, il quale integra il dispaccio principale del 2 novembre, che ci accingiamo ad analizzare qui appresso.

Muktar Pascià.

e con gl'interessi della Russia. Essere suo desiderio vivissimo di non istaccarsi dal concerto europeo: ma lo stato presente delle cose, fattosi insopportabile, non poter durare più a lungo; e se l'Europa non era pronta ad agire con fermezza e con energia, doveva farlo lui, anche solo. Dolergli assai di vedere come in Inghilterra durasse pur sempre una chimerica diffidenza contro la politica della Russia, e il sospetto persistente d'un continuato avanzarsi e di vagheggiate conquiste russe. Aver dato in parecchie occasioni le assicurazioni più formali di non volger l'animo ad alcuna conquista, di non mirare ad alcun ingrandimento, di non nutrire il minimo desiderio, la minima intenzione di possedere Costantinopoli. La conquista di Costantinopoli sarebbe stata, a suo parere, una sventura per la Russia; ed egli *ne impegnava la sua più sacra parola d'onore nella forma più seria e più solenne* che non aveva l'intenzione d'acquistar Costantinopoli, e che, se la necessità l'avesse costretto all'occupazione d'una parte della Bulgaria, questa non sarebbe stata che provvisoria, fintantochè non fossero assicurate la pace e la sicurezza delle popolazioni cristiane. Nè ci sarebbe potuto esser cosa più assurda dell'attribuire alla Russia delle intenzioni di conquista nell'India ».

Lord Loftus accennò alle sedicenti pretese della Serbia e della Rumenia d'esser trasformate in regni indipendenti. Una siffatta misura, diceva, « sarebbe stato il primo passo verso la dissoluzione dell'impero turco in Europa. La storia ricordava che c'erano stati un tempo un regno di Boemia, un regno di Serbia, un regno di Polonia; ma ch'eran tutti scomparsi, e che la loro caduta era stata principalmente provocata dalle intestine discordie. Qualora si fosser dovute appagare le domande della Serbia e della Rumenia, ciò sarebbe equivaluto alla creazione di altrettante piccole Polonie, le quali, con la massima probabilità, si sarebber vòlte a una forma di governo repubblicana, e non avrebber quindi servito nè alla pace nè alla sicurezza degli Stati vicini ». Lo Zar replicò « non esser punto questione d'innalzare a regni la Rumenia e la Serbia: e il farlo sarebbe stata una sciocchezza. La proclamazione a re del principe Milan essere stata opera dell'esercito: ed egli (l'Imperatore) averla assolutamene deplorata ». Qui lord Loftus non potè fare a meno d'osservare che il considerevole numero dei volontarii russi accorsi a ingrossar le file dei Serbi aveva contribuito assai a provocare quel movimento febbrile che s'era prodotto in Russia;

al che l'Imperatore confessò d'averne dato agli ufficiali il permesso, « purchè avessero abbandonato il servizio in Russia; nel qual modo egli aveva sperato di calmare quell'eccitamento. Al presente, molti degli ufficiali russi erano caduti, e l'entusiasmo degli animi per i Serbi s'era alquanto intiepidito ». Concludendo, Alessandro II riepilogò i suoi propositi, domandando « che, oltre all'armistizio, si dovesse fissare immediatamente una Conferenza, il cui fine principale aveva da essere quello di raggiungere un accordo circa l'introduzione nelle tre provincie di riforme tali, da poter protegger gl'interessi della popolazione cristiana, e consentir loro quell'autonomia ch'era giusto pretendere a siffatto intento. La Porta avrebbe dovuto dare inoltre effettive garanzie per l'esecuzione di tali riforme ».

Le pacifiche assicurazioni di Alessandro II non par che valessero a dissipar la diffidenza del Gabinetto inglese. Il 9 novembre, al banchetto del lord Mayor, lord Beaconsfield tenne un discorso che s'aggirò principalmente intorno alla questione d'Oriente. Disse d'aver « udito ripetutamente parlare d'un *ultimatum*: parola odiosa, questa, s'è vero che noi ci affatichiamo a procurare una soluzione pacifica. Egli pensava — soggiunse ironicamente, e alludendo scherzosamente all'armistizio così presto ottenuto dal Sultano per mezzo dell'Inghilterra — che l'*ultimatum* (intendeva quello recato a Costantipoli da Ignatiew) in questo caso era qualche cosa di simile a una causa intentata a cagione d'un debito, che sia già stato interamente pagato dinanzi al tribunale. Subito dopo la conclusione dell'armistizio, l'Inghilterra aveva fatta all'Europa la proposta che si dovesse convocare un Congresso, per prendere in esame la questione tutta, e per venirne a quel miglior componimento che tutti gli uomini di buon senso e di temperato giudizio di tutti i paesi eran tanto solleciti di procurare. Cotesta Conferenza avrebbe dovuto fondarsi sopra una più larga base, che non fosse quella che si poteva ottenere con un puro e semplice convegno di diplomatici, avvezzi spesso ad avere un concetto troppo locale e troppo ristretto delle cose. Per portare adunque a cotesta Conferenza un contributo di vedute più fresche e più larghe, aver l'Inghilterra proposto che, in tale occasione, ciascuna delle Potenze venisse rappresentata, oltre che dal suo ambasciatore ordinario, da un rappresentante straordinario. Le Potenze avevan tutte deliberato di partecipare alla Conferenza. Ora, sebbene la politica dell'Inghilterra fosse *la pace*, non c'era alcuno Stato il quale si trovasse così ben prepa-

rato per una guerra, come l'Inghilterra medesima. E quand'ella
si fosse impegnata in un'impresa, non avrebbe posato fintantochè
giustizia non si fosse fatta ».

Al suo ritorno a Pietroburgo, Alessandro II tenne il 10 novembre
a Mosca, in occasione della presentazione d'un indirizzo della Nobiltà
e delle Comunità dell'Impero, un pubblico discorso, che generalmente
fu accolto in senso bellicoso, ma che in sostanza collimava perfettamente con la linea di condotta che la Russia s'era da un pezzo
tracciata. « I Montenegrini — diceva — s'eran mostrati in quella
impari lotta, come sempre, dei veri eroi. Purtroppo, lo stesso non
poteva dirsi dei Serbi, nonostate la presenza tra le file serbe dei
volontarii russi, parecchi dei quali avevan versato il loro sangue
per la causa slava. Nei giorni prossimi dovevano incominciare a
Costantinopoli le trattative tra i rappresentanti delle sei grandi
Potenze per la definizione delle condizioni di pace. Essere suo vivissimo desiderio di poterne venire a un accordo comune; ma, dato
che non si potessero ottenere garanzie tali che assicurassero il
compimento di ciò che dalla Porta s'aveva il diritto di pretendere,
aver egli la ferma intenzione d'agire indipendentemente ». Il 13 novembre venne quindi impartito l'ordine per la mobilitazione di
sei corpi d'esercito. Comandante in capo di codesti corpi, che
formavano l'esercito del Sud, fu nominato il granduca Niccolò
Nicolaievich, fratello dell'imperatore Alessandro; e il suo quartier
generale fu stabilito a Kiscinev. Alla Russia era venuto fatto di
ottener la convocazione di Conferenze preliminari, che durarono
dal 12 al 20 dicembre, con esclusione dei rappresentanti della Porta,
e delle quali la presidenza era affidata a Ignatiew. Le deliberazioni
di tali Conferenze preliminari furono dei veri modelli d'incertezza
e d'obliquità diplomatica; ed è verisimile che, all'infuori d'Ignatiew,
nessuno dei rappresentanti delle Potenze prendesse sul serio i mezzi
e le vie d'uscita proposte. In conseguenza di quelle deliberazioni,
nella Conferenza definitiva dovevan sottoporsi all'accettazione della
Porta le seguenti misure: « Tanto pel Montenegro quanto per la
Serbia si ritornava allo *statu quo ante;* ma la Serbia, battuta,
doveva tuttavia ricevere Klein-Zvornik, e il Montenegro alcuni
circondarii dell'Erzegovina e dell'Albania, oltre al diritto di libera
navigazione sul lago di Scutari e sul fiume Boiana. La Bulgaria
doveva venir divisa in due *rilayets,* con le capitali a Tirnovo e
Sofia. La Bosnia, l'Erzegovina e la Bulgaria avrebbero ricevuto

Abdul-Hamid II.

un'amministrazione autonoma e Governatori cristiani nominati per
un certo numero d'anni dalla Porta, e confermati dalle grandi
Potenze. La Turchia avrebbe potuto tener guarnigioni solo nelle
fortezze, con l'obbligo di disarmare i Musulmani e rimandare i
Circassi nell'Asia; oltr'a ciò si doveva poi istituire una milizia
formata di Cristiani e di Maomettani. Dell'entrate del paese, la
Porta n'avrebbe ricevuto soltanto un terzo. Una Commissione internazionale avrebbe dovuto vigilare all'esecuzione delle nuove
disposizioni ». Per facilitarne a questa i mezzi di attuazione, visto
che l'occupazione da parte della Russia non era possibile, si venne
d'accordo d'affidar questa a milizie forestiere; e il rappresentante
italiano ebbe persino l'ardire di proporre a tal fine le truppe della
Rumenia, ch'era allora ancora vassalla della Porta. Si pensò da
ultimo al Belgio, e alla sottigliezza di considerar le milizie da
adoperarsi non *come tali,* ma come una *gendarmeria.*

Dopo lunghe e ostinate lotte contro le vedute di Midhat Pascià
intorno a certe disposizioni della Costituzione, uscitone Midhat
vincitore, il 22 dicembre il Gran Visir Mehemed Rushdi si dimise,
e Midhat diventò Gran Visir. Il giorno seguente ebber principio le
Conferenze, alle quali — oltre a Ignatiew, Zichy, Elliot, Bourgoing,
Corti, Savfet e Edhem Pascià — furon deputati pure Calice, Salisbury
e Chaudordy, i quali, del resto, avevan preso parte alla Conferenza
preliminare. Savfet Pascià n'ebbe la presidenza, ed accolse le proposte
di quella. Ciò che accadde allora è mirabilmente atto a dimostrare
tutto quel che c'era di strano nella condizione di Midhat Pascià.
Mentre si teneva la prima seduta della Conferenza, in mezzo al
tuonar dei cannoni egli fece proclamare la Costituzione. Al Sultano
e ai presuntuosi suoi consiglieri una tale energica manifestazione
di sovranità di fronte alle intrusioni straniere può esser sembrata
una particolare alzata d'ingegno; ma qui sta in pari tempo l'unica
giustificazione di Midhat: il quale soltanto in questo modo poteva
condurre a compimento un siffatto inaudito tentativo d'interna
rivoluzione. Vedremo in seguito in qual modo esso fosse destinato
a finire.

Midhat appartiene ai più famosi, in pari tempo (1), e ai più

_____

(1) *Midhat Pascha* par Léouzon Le Duc, Paris, 1877; nel quale scritto si
trova anche il testo ufficiale della Costituzione dei *rilayets.*

calunniati (1) tra gli uomini del suo tempo. I suoi intendimenti vengon fatti chiaramente palesi in una memoria politica poco nota (2), scritta da lui medesimo, e pel giudizio della quale conviene, in ogni modo, aver particolare riguardo all'anno della sua pubblicazione. Egli ammette che la nuova Costituzione turca non può avere ancora la solidità e l'autorità delle antiche Costituzioni europee; ma pensa che l'Europa potrebbe agevolmente por riparo a cotesta manchevolezza, qualora, invece di stancar troppo spesso la Porta, come per l'innanzi, con intromissioni illecite, ella invigilasse l'esecuzione di quella Carta. Una tal vigilanza collettiva avrebbe il vantaggio di paralizzare la potenza della Russia in Oriente. — « Quanti han seguito con attenzione il corso degli avvenimenti — dice egli — han dovuto notare che alla Russia nulla fa tanta « paura, quanto un effettivo miglioramento delle condizioni della « Turchia. Per codesto appunto ella fu sempre contraria a quelli « che, in ripetute occasioni, si accinsero a nuove riforme nell'am- « ministrazione del paese; e non è troppo arrischiata l'affermazione « che la Porta, con l'annunziar essa la Costituzione, ha in certo « qual modo affrettato lo scoppio della guerra. Con che non s'intende « già d'affermare che la Russia soprattutto non fosse già risoluta « a fare la guerra, ma l'avrebbe potuta differir ancor per qualche « tempo, ove la proclamazione fatta dalla Porta ottomana non avesse « affrettata la sua risoluzione d'assalir la Turchia, e d'annientarla, « se fosse possibile, compiutamente, o per lo meno di renderla « incapace di più rialzarsi ». Tuttavia, che Midhat, nonostante tutta la sua propensione per le istituzioni europee, sia pur sempre rimasto turco nel profondo dell'anima, apparisce chiaramente da una espressione sua, raccolta da testimonii d'udita: che cioè « gli antenati della generazione presente avevano avuto torto di non costringere i loro soggetti europei ad abbracciar l'islamismo » (3).

---

(1) *La Vérité sur Midhat Pascha* par Benoît Brunswik, Paris, 1877.
(2) *La Turquie, son passé, son avenir* par Midhat Pascha, Paris, 1877.
(3) *La Vérité sur Midhat Pascha* par Benoît Brunswik, pag. 4. Lasciamo all'autore la responsabilità delle altre accuse da lui (spassionato raccontatore, del resto) manifestate contro la purezza del carattere di Midhat.

XL.

Dall'introduzione della Costituzione turca fino allo scoppio della guerra

Preparazione e contenuto della Costituzione turca. - La Porta respinge i sette punti fondamentali proposti dalla Conferenza. - Il più temperato programma della Conferenza posto quale *ultimatum*. - Convocazione del Gran Consiglio, e nuova ripulsa da parte della Porta. - Protocollo definitivo degli ambasciatori, e lor partenza da Costantinopoli. - Pace con la Serbia. - La Camera turca respinge le condizioni di pace del Montenegro. - Caduta di Midhat Pascià. - Visita di Ignatiew alle capitali europee. - Il protocollo di Londra, e i dissensi tra l'Inghilterra e la Russia. - Layard è nominato ambasciatore a Costantinopoli. - Rigetto del protocollo di Londra da parte della Porta. - Dichiarazione di guerra della Russia. - A chiarimento della politica tedesca.

A elaborar la Costituzione era stata nominata una Commissione speciale, sotto la presidenza di Server Pascià. Essa consisteva di ventotto membri, dei quali sedici uffiziali civili, dieci ulemi e due generali di divisione. All'ordine dei funzionarii civili stavano tre sottosegretarii di Stato cristiani. Le loro deliberazioni non furono concretate senza gravi dibattiti: poichè, da una parte un certo numero di ulemi dichiararono parecchie di quelle disposizioni contrarie allo spirito del Corano, e dall'altra anche i giovani Turchi eran contrarii a un'assoluta emancipazione dei Cristiani. Il compiacente Sceik-ul-Islam, subornato — per quanto si afferma — già fin dal tempo della deposizione d'Abdul-Aziz, esercitava l'opera sua anodina sulla coscienza delle anime pie. Al 12 d'ottobre i lavori eran talmente progrediti, che il Ministro degli Esteri Savfet Pascià potè annunziare alle Potenze straniere l'imminente convocazione a Costantinopoli d'una Camera dei Deputati e d'un Senato. Sul principio di dicembre, in una Conferenza convocata nel proprio Konak, Midhat Pascià diede comunicazione al Gran Visir e ai Ministri dell'elaborato disegno di Costituzione; il quale però in quella seduta subì varie modificazioni importanti, tanto che gli articoli di esso, da principio enumerati fino a 140, furon ridotti a 119 (1). Probabilmente in quell'adunanza stessa furon cancellate anche le disposizioni circa l'accettazione dei Cristiani come testimonii e nell'esercito. Fu il Gran Visir Rushdi Pascià quello che qui s'oppose ai conati liberali di Midhat.

Secondo il testo ufficiale, la Costituzione constava di dodici titoli, che trattavano: Dell'Impero ottomano; del Diritto pubblico degli Ottomani; dei Ministri; dei Funzionarii; dei Comizii generali; del Senato; della Camera dei Deputati; dell'Amministrazione della Giustizia; del Tribunale Supremo; dell'Amministrazione finanziaria; dell'Amministrazione provinciale; delle disposizioni diverse. — L'Impero è indivisibile; la sua capitale Costantinopoli (che insino allora era soggetta a un'amministrazione speciale, e immune dal servizio militare e dai dazi d'entrata) non deve quind'innanzi godere d'alcun privilegio. Il più vecchio Principe della Casa è Sovrano e Califfo. Egli è irresponsabile, e la sua persona è sacra. Le prerogative del Sultano son pari a quelle dei Sovrani degli Stati civili. Tutti i sudditi dell'Impero si chiamano Ottomani, e godono della loro libertà individuale. L'Islamismo è la religione dello Stato; ma lo Stato tutela il libero esercizio dei culti riconosciuti dall'Impero. La stampa è libera, entro i limiti della legge. Libertà di petizione; libertà d'insegnamento; uguaglianza di tutti gli Ottomani dinanzi alla legge. Per l'entrata al servizio dello Stato è necessaria la conoscenza della lingua turca. Tutti gli Ottomani possono, secondo la loro capacità, rivestire pubblici uffici. Inviolabilità della proprietà e del domicilio. La confisca dei beni, la servitù tributaria, la tortura sono abolite. Responsabilità dei Ministri, che possono, secondo determinate formalità, esser messi in istato d'accusa. Diritto d'interpellanza. Tutela degl'impiegati contro l'arbitrio. Le Camere si radunano il 1.º novembre d'ogni anno. Discorso del Trono. I Senatori

---

(1) Cfr. *La Constitution ottomane* par A. UBICINI; Paris, 1877.

BAMBERG. - *Storia della questione d'Oriente.*   76

e i Deputati non possono esser perseguiti in causa delle loro opinioni e dei loro voti. L'iniziativa per la proposta delle leggi spetta ai Ministri. Proposte di leggi d'iniziativa del Senato e della Camera vengon prima sottoposte dal Gran Visir al Sultano; in seguito a che, il Consiglio dello Stato è incaricato di preparare il disegno di legge. Le leggi elaborate dal Consiglio dello Stato vengon da prima sottoposte alla Camera dei Deputati, quindi al Senato, ed entrano in vigore quando siano state approvate dalle due Camere e confermate dalla sanzione imperiale. Il presidente e i membri del Senato son nominati a vita dal Sultano; essi ricevono una remunerazione mensile di 10.000 piastre. Ad ogni 50.000 cittadini maschi spetta un rappresentante. I Deputati non possono essere pubblici ufficiali; fa eccezione il solo ufficio di Ministro. I Deputati sono eletti per quattro anni, e sono rieleggibili. Ogni Deputato rappresenta la totalità degli Ottomani, e non un particolare circondario. Gli elettori devono scegliere il loro rappresentante tra gli abitanti della provincia alla quale appartengono. I Deputati ricevono un'indennità di 20.000 piastre per tutto il periodo della sessione. Il Presidente e il vice-Presidente della Camera dei Deputati son nominati dal Sultano, di su una lista presentata dalle Camere. Le sedute della Camera dei Deputati sono pubbliche. La Camera dei Deputati fissa il bilancio. I Giudici sono inamovibili; i dibattimenti sono pubblici. Le questioni che concernono lo Sceri (le leggi religiose) vengono giudicate dai Tribunali dello Sceri. Nomina di Procuratori dello Stato. La Corte suprema di Giustizia è costituita da 30 membri, dei quali 10 sono Senatori, 10 Consiglieri di Stato e 10 Consiglieri di Cassazione e d'Appello. Ad essa spetta il giudizio sopra i Ministri, i presidenti, i membri della Corte di Cassazione e gli accusati d'alto tradimento o di lesa patria. Nessuna esazione d'imposte può farsi senza una legge. Il bilancio dello Stato viene stabilito soltanto per un anno. Istituzione d'una Corte dei Conti, che consta di 12 membri inamovibili. Consigli provinciali, circondariali e municipali. Il Governo ha il diritto in certe determinate circostanze di dichiarare lo stato d'assedio, durante il quale le leggi civili restano sospese. L'amministrazione delle provincie avrà per base il decentramento. Il Sultano ha il diritto dell'espulsione contro le persone sospette. Per tutti gli Ottomani l'istruzione elementare è obbligatoria. In casi determinati, la Costituzione può essere in alcuni punti modificata. La proclamazione delle leggi compete alla Corte di Cassazione per gli oggetti penali, per le questioni amministrative al Consiglio di Stato, e per le disposizioni costituzionali al Senato.

Quando si consideri che tale Costituzione era stabilita per un Impero costituito dagli elementi più disparati e in continua, sanguinosa lotta tra loro, per un Impero che tuttavia in sè chiude, per gran parte, delle stirpi nomadi, e nel quale le relazioni sociali fino allora esistenti eran nè più nè meno che la negazione d'un vero corpo di Stato, il quale deve all'Europa stessa i suoi più recenti rivolgimenti, non si potrà fare a meno, tutto considerato, di stimarla un vero atto di suicidio. L'applicazione d'una siffatta Costituzione o doveva annientare il costume e il modo di vivere orientale fin qui prevalente, ovvero dovevan questi in brevissimo tempo annientarla; e ciò pure avrebbe potuto dall'Europa considerarsi come una nuova prova d'insanabile infermità. Nel fatto, come vedremo ben presto, Midhat Pascià doveva cadere prima vittima egli stesso della sua creazione. Dopo che, nella seconda Conferenza, tenutasi il 28 dicembre, l'armistizio con i due Principati fu prolungato di due mesi, la Porta respinse ripetutamente i punti principali che le erano stati proposti, e precisamente: l'ingrandimento del Montenegro, la rettificazione del confine serbo, l'istituzione dei due *rilayets* bulgari, il riconoscimento della parlata del popolo come lingua ufficiale in ciascun circondario, la devoluzione nelle tre provincie insorte di un sol terzo dei tributi alle casse dello Stato, la polizia municipale e le garanzie effettive. — Allora la Russia, nel convincimento che ciò non avrebbe vinta la resistenza dei Turchi, mise in vista un ovvio temperamento, dando il proprio consenso a una sostanziale attenuazione del programma della Conferenza. Il 15 gennaio 1877, nell'ottava adunanza, il programma in tal guisa modificato venne comunicato ai Turchi. Ecco in che cosa consisteva il temperamento: si lasciava cadere la precedente richiesta del Montenegro di sgomberare il territorio di Zubci; lo stesso per il disarmo del Forte sulla Boiana e per il miglioramento della navigazione di cotesto fiume; circa la Serbia, si rinunziava al distacco di Klein-Zvornik; l'approvazione delle Potenze alla nomina del Governatore veniva richiesta soltanto per il primo periodo di cinque anni, nè era più necessario che un tale funzionario fosse per la Bulgaria un Cristiano; la quota d'imposta messa in questione per il contributo della Provincia rimaneva indeterminata; si rinunziava una volta per sempre alla chiamata di truppe straniere, e così pure all'accantonamento di quelle turche; la nomina personale della Magistratura restava riservata alla Porta; la Commissione *internazionale* doveva assumere il titolo più modesto d'una *Commissione di controllo*, e le singole sue attribuzioni esser determinate mediante successive istruzioni; inoltre, la nomina dei membri di essa non doveva più esser riservata esclusivamente alle Potenze garanti, ma concessa, in genere, *alle* Potenze, dimodochè anche la Porta poteva avervi parte (1).

Quantunque le sei grandi Potenze avessero presentata cotesta dichiarazione alla Porta come un *ultimatum*, e minacciassero, pel caso di rigetto, il richiamo dei loro rappresentanti diplomatici, la Porta restò nella convinzione che, tutto sommato, ella si trovava pur sempre in presenza soltanto del programma russo, lievemente ridotto, al quale Austria e Inghilterra s'erano accomodate a contraggenio; e propose delle ulteriori trattative qualora si rinunziasse a tutt'e due i punti che si riferivano ai Governatori e alla Commissione internazionale. E poichè ciò dalle Potenze venne respinto (l'imperatore Alessandro aveva dichiarato che s'era già concesso anche troppo), la Porta convocò — come in altre analoghe congiunture s'era fatto — per il 18 gennaio 1877 un gran Consiglio, che raccolse oltre a 200 membri, e al quale preser parte i dignitarii scaduti e quelli in funzione, come pure i rappresentanti della Comunità cristiana e dell'ebraica. Avendo Midhat Pascià, nella sua qualità di Gran Visir, dichiarato che la situazione si presentava come singolarmente grave, giacchè in caso d'accettazione l'Impero ottomano avrebbe perduta la sua indipendenza, ma in caso di rigetto i rappresentanti delle grandi Potenze avrebber lasciata Costantinopoli, tanto i Maomettani quanto i seguaci delle altre credenze si dichiararono nel modo più risoluto per il rigetto, senza che pure una sola voce si fosse levata per l'accettazione. Il 20 gennaio, Savfet Pascià diede comunicazione ufficiale alla Conferenza della presa deliberazione, dichiarandosi tuttavia disposto « ad accogliere il pro-

---

(1) Cfr. il dispaccio di Bourgoing del 25 gennaio 1877 al duca Decazes, e così pure quello del conte Chaudordy al medesimo, di data 3 gennaio 1877. Degno di nota è poi il dispaccio del 10 gennaio, medesimo anno, di quest'ultimo, nel quale si dimostra irrefutabilmente come, con la partecipazione delle masse alla politica, la Turchia si fosse disarmata da sè stessa. — V. cotesti documenti nell'amplissimo *libro giallo* riferentesi alla questione d'Oriente, per gli anni 1875-76-77.

gramma delle Potenze, purchè fosser tolti i due punti controversi, e alla nomina, invece che d'una Commissione internazionale, d'una Commissione composta di Cristiani turchi e di Maomettani, scelta per la Bosnia ed Erzegovina, e d'un'altra per la Bulgaria ». La Conferenza, convinta che, senza quelle garanzie, nulla di utile si sarebbe raggiunto, respinse la proposta di Savfet, e i plenipotenziarii lasciarono la sala dell'adunanza, recandosi a firmare il protocollo di chiusura al palazzo dell'Ambasciata austriaca. Dopo di che, uno dopo l'altro, partirono da Costantinopoli.

Prova non dubbia d'accortezza diede in cotest'occasione Midhat Pascià, invitando la Serbia e il Montenegro a trattative di pace, per istaccarle, almeno per il momento, dall'azione della Russia. La pace con la Serbia sconfitta fu conclusa sulle basi dello *Status quo ante*, il 28 febbraio; mentre col Montenegro — che, come sappiamo, teneva qualche. parte del suolo turco, ed era, prima e dopo, consigliato dalla Russia, non fu possibile raggiungere un accordo. I plenipotenziarii montenegrini pretendevano un ingrandimento di territorio nell'Erzegovina e nell'Albania, nel quale dovevano includersi la fortezza di Niksich e il porto di Spizza. Ma poichè nel frattempo s'era adunato, il 19 di marzo, il Parlamento turco, la Porta sottopose la questione ad esso. Questo, fin dal 27 marzo, nel suo indirizzo di risposta al discorso della Corona aveva respinta ogni intromissione dall'estero, come pure ogni alienazione di territorio; e il 10 aprile la Camera dei Deputati respinse ancora, con 165 voti contro 10, le pretese del Montenegro; e poichè il Senato s'unì anch'esso a tale deliberazione, l'armistizio con il Montenegro non venne prolungato più oltre.

Il promotore della Costituzione ottomana — e insieme di quelle crepe, allargatesi ormai anche troppo —, Midhat Pascià, dovè starsi spettatore, al di fuori dell'alto ufficio da lui già coperto, delle prime conseguenze internazionali dell'opera sua. In seguito a un intrigo di Palazzo alla testa del quale si trovava Mahmud Damat, il suocero del Sultano, egli era caduto già il 5 febbraio di quell'anno. Il Ministro degli Esteri, in una circolare del 7 del mese stesso, ebbe il coraggio di dichiarare ai rappresentanti della Porta presso gli Stati di fuori che, « in forza del paragrafo 113 della Costituzione, con cui si concedeva al Sultano il diritto di esiliare gli uomini pericolosi per lo Stato, Midhat era stato espulso dall'Impero ». È probabile che, in codesti precedenti, già si trovassero latenti gli elementi misteriosi dell'assassinio del Sultano; ma, anche prescindendo da ciò, basta ricordare lo scompiglio che avevan provocati i primi tentativi di riforme nella vita dell'*harem* del gran Turco, per intendere come i primi effetti della Carta costituzionale ottomana, o in altri termini, le prime limitazioni poste all'impero dell'arbitrio dovevano essere sufficenti a produrre un atto arbitrario della forma più inaudita contro chi n'era stato l'autore. — Al posto di Midhat venne nominato Gran Visir l'ambasciatore turco a Berlino, Edhem Pascià. Ne prese animo la Russia per trasformare la propria imminente azione contro l'Impero ottomano in un'azione europea. Nel febbraio medesimo, Ignatiew venne mandato presso le varie capitali d'Europa, per accentuarvi le intenzioni pacifiche della Russia. Il 31 di marzo, a Londra si venne alla firma d'un protocollo, che può considerarsi come il monumento diplomatico delle contraddizioni e dei segreti dissensi che sussistevano tra le Potenze, anzi come un commento ironico di quanto tra le Potenze era avvenuto fin qui. In quel protocollo, dopo l'elargizione dei migliori consigli intorno alla conclusione d'una pace col Montenegro e all'esecuzione delle riforme, si diceva che « qualora la fiducia. delle Potenze dovesse anco una volta andarne delusa e la condizione dei sudditi cristiani del Sultano non esserne migliorata per modo, da impedirsi il ripetersi di quelle complicazioni che periodicamente turbavan la pace in Oriente, le Potenze stimavano dover dichiarare che un simile stato di cose era incompatibile, sia con l'interesse loro, sia con quello in generale dell'Europa. In tal caso, esse si riservavano di prendere in considerazione di comune accordo quei mezzi che meglio avessero giudicati adatti ad assicurare il benessere delle popolazioni cristiane e l'interesse della pace generale ». — Da cotesto generico, indefinito circolo di affermazioni si trasse fuori per conto suo — ancor prima della firma del protocollo — l'ambasciatore russo, conte Sciuvalow, dichiarando che, « quando la pace col Montenegro fosse conclusa (prima ipotesi, della cui inconsistenza egli doveva esser certo per il primo), e quando la Porta avesse accettati i consigli dell'Europa e si fosse mostrata disposta a ritornare al piede di pace (seconda ipotesi come sopra), ell'avrebbe potuto mandare a Pietroburgo uno speciale plenipotenziario per trattar del disarmo, al quale Sua Maestà l'Imperatore per la sua parte avrebbe acconsentito. Che se in quella vece avessero dovuto di bel nuovo prodursi dei disordini simili a quelli che avevan fatto in Bulgaria versar tanto sangue, ciò avrebbe necessariamente rese difficili le misure del disarmo stesso ». Anche meglio fece il conte Derby, manifestamente dominato e imboccato da chi costituiva il più puro contrapposto alla politica della Russia, ossia da lord Beaconsfield. Il conte Derby, del quale Sciuwalow era amico di casa, dichiarò dunque che « dato il caso che il fine cui mirava il protocollo, vale a dire il disarmo reciprocamente della Russia e della Turchia e la pace tra le due Potenze, non potesse raggiungersi, *il protocollo avrebbe dovuto considerarsi come nullo e non avvenuto* ». L'ambasciatore italiano conte Menabrea, dal canto suo, dichiarò che « la firma dell'Italia doveva tenersi valida soltanto nella supposizione che si fosse mantenuto l'accordo tra tutte le Potenze ». Dopo così manifesti segni di dissenso tre le Potenze principali, certi tratti equivoci o di mera apparenza non valgono neanche la pena d'essere storicamente accennati. La Porta — la quale verso la fine di marzo aveva ricevuto dall'Inghilterra un segno non dubbio di simpatia, inquantochè al posto di lord Elliot (riconosciuto insufficente, e già richiamato, come sappiamo, in seguito alle fallite Conferenze) le era stato mandato a Costantinopoli un nuovo ambasciatore nella persona del già inviato a Madrid, Layard, un nemico dichiarato della Russia — il giorno 9 di aprile ricusò l'accettazione del protocollo di Londra.

Il 13 aprile fu adunato a Pietroburgo un gran Consiglio di guerra, nel quale veniva deliberata la mobilitazione di tutto l'esercito russo, e si fissavano in particolar modo le più larghe misure di guerra. Il 24 dello stesso mese, sebbene la Porta avesse nuovamente invocata la mediazione delle Potenze, Alessandro II emanava da Kiscenev un manifesto di guerra contro la Turchia. Già il 16 aprile l'Inghilterra aveva pubblicato un *libro azzurro,* nel quale venivano esposte, secondo i rapporti ufficiali, le atrocità commesse nei tempi più prossimi dal Governo russo contro i Cattolici greco-uniti, quasi a riscontro di quelle che i Turchi avevan perpetrate in Bulgaria.

La politica della Germania durante un così straordinario periodo di crisi, ha bisogno d'un qualche particolar chiarimento. L'alleanza dei tre Imperatori mirava di lunga mano a impedire una rottura tra la Russia e l'Austria, e ben più ancora una rottura tra la Russia e la Germania: in pari tempo, era come una diga opposta al ridestarsi della questione d'Oriente. Nell'autunno del 1876 il generale e feldmaresciallo Edvino v. Manteuffel era stato mandato in missione di fiducia all'imperatore Alessandro II a Varsavia. La sua missione traeva origine sopra tutto dal convincimento del principe Bismarck che fosse opportuno recare all'imperatore Alessandro, circuito allora in varii modi ed eccitatissimo, l'assicurazione dell'invariabile amicizia di Guglielmo I. Il principe Gorciakow aveva fin dal mese di maggio lanciata l'idea d'un Congresso che doveva esser presieduto da lui; e poichè Bismarck vi si era dichiarato avverso, ciò aveva recato allo Zar un certo disappunto. Era infatti convinzione di Bismarck « che un Congresso a sei, senza un programma determinato, nel miglior dei casi, sarebbe passato senza alcun risultato utile; ma non era impossibile poi che conducesse allo scioglimento della lega dei tre Imperatori, o a nuove alleanze, o alla guerra. Potersi acconsentire a progetti di cotesta specie solo quando un accordo a tre e un programma si sian raggiunti e siano stabiliti così solidamente, che la pace ne risulti assicurata ». Oltrechè, al principe di Bismarck sarebbero sembrate più consone all'uopo delle Conferenze (non però un Congresso) a Vienna o a Costantinopoli, che non un Congresso in Isvizzera, o a Baden o a Venezia. Ora, Manteuffel era incaricato di ripeter tutto ciò in forma amichevole, *senza però influire in alcun modo sopra le deliberazioni che Alessandro avesse da prendere come Sovrano di Russia.*

Al feldmaresciallo generale venne fatta alla Corte russa, come di consueto, un'eccellente accoglienza. Il principe Gorciakow uscì a dire persino che si sarebbero colà stimati felici se Manteuffel avesse potuto assumersi al comando in capo dell'esercito russo: ma quello, a cui potè balenare in mente che la Russia volesse far credere per tal modo in Germania a un segreto accordo con la Prussia, respinse la cosa come impossibile. Nondimeno, Manteuffel al suo ritorno potè notare come a Berlino persistesse la fiducia nei desiderii di pace dello Zar Alessandro, con l'osservazione tuttavia che « l'onore » della Russia ne sarebbe stato offeso, se per i Cristiani della Turchia altro non si fosse fatto che lasciarli fare a pezzi dai basci-bozuk. A ciò, per certo, nulla c'era da obbiettare a Berlino; ma era troppo naturale che la Russia, rimasta nella sua politica orientale senza alleanze, non poteva compiere i proprii disegni se non assolutamente a tutto suo rischio e pericolo.

XLI.

Le relazioni diplomatiche allo scoppiar della guerra

La proclamazione della Costituzione turca affretta lo scoppio della guerra turco-russa. - Circolare di Gorciakòw del 24 aprile 1877. - Circolare di pari data della Porta. - La labilità delle disposizioni dei precedenti trattati. - Dichiarazione di neutralità delle Potenze. - Le riserve dell'Inghilterra nel suo dispaccio del 6 maggio, e la tranquillante risposta di Gorciakow del 30 del mese stesso. - In quali condizioni si trovava allora la Russia sotto il rispetto diplomatico e strategico. - Importanza della situazione della Rumenia allo scoppiar della guerra; sue trattative per il riconoscimento della neutralità; missione di Giovanni Bratiano a Livadia; e di Demetrio Bratiano a Costantinopoli; atteggiamento dell'Inghilterra, della Germania e della Conferenza di Costantinopoli nella questione della neutralità. - La Rumenia non acconsente alla proposta della Porta d'una prestazione d'aiuto contro la Russia, e conclude invece con quest'ultima la *Convenzione di passaggio* del 16 aprile. - Approvazione di cotesto trattato per parte delle Camere rumene. - Scoppio delle ostilità tra la Turchia e la Rumenia. - Dichiarazione di guerra e d'indipendenza di quest'ultima. - Trattative con la Russia per una partecipazione alle operazioni d'offensiva. - La Russia respinge con una sua nota verbale il procedimento autonomo della Rumenia; e alla partecipazione di essa alla guerra pone delle condizioni, che da parte rumena vengono respinte.

Abbiamo già più innanzi accennato come delle riforme veramente serie nell'Impero ottomano non potessero che urtar direttamente i disegni della Russia. Il sorgere d'una Costituzione generale per la Turchia — come già Midhat Pascià stesso l'aveva posto in rilievo — non poteva se non affrettare le bellicose risoluzioni di quella (1). S'anco non si poteva nutrire a Pietroburgo alcuna particolar fiducia

---

(1) *La Turquie, son passé, son avenir* par MIDHAT PACHA. Paris, 1878, p. 28.

nella durata d'un assetto costituzionale delle cose in Turchia, tuttavia non solo la Costituzione, da un lato, offriva ai Cristiani risorti
a nuova speranza troppe lusinghe, perchè non si dovesse aspettarsi,
per il momento almeno, una tregua del ridestatosi movimento rivoluzionario nell'Impero ottomano; ma, anche prescindendo da ciò, il
contrasto tra una Turchia retta costituzionalmente e la Russia ancor
sempre dispoticamente governata si presentava ben vivo dinanzi
agli occhi delle Potenze di fuori, non che della parte rivoluzionaria
della popolazione russa medesima. Per tal modo avvenne anche che,
quando il *Golos* si lasciò trarre a chiedere anche per la Russia una
Costituzione come in Turchia, esso venne subito soppresso per la
durata di sei mesi. S'aggiunga che l'appressarsi della primavera
meglio si prestava che non l'inverno all'apertura delle ostilità. Era
però necessario di dare ora ai propositi bellicosi della Russia un
fondamento diplomatico. Ciò fece il principe Gorciakow, dichiarando
in una circolare di data 24 aprile « che tutte le proposte concordate
tra i Gabinetti avevano urtato contro la resistenza invincibile della
Porta. Aver pertanto il suo augusto Signore posto mano a quella
intrapresa, per la quale la Maestà Sua aveva sollecitate le grandi
Potenze a operare in comune con essa. L'Imperatore adempiva così
un dovere che gli era imposto dagl'interessi della Russia, il cui
pacifico svolgimento trovavasi incagliato per i persistenti disordini
in Oriente, e nutriva la convinzione in pari tempo *d'interpretare
i sentimenti dell'Europa* ». Dal canto suo, la Turchia, in quello
stesso giorno 24 d'aprile, diramava una circolare, nella quale —
poichè l'incaricato d'affari russo Nelidow aveva fin dal dì innanzi
lasciata Costantinopoli — dichiarava « non esser la Russia in grado
di documentare una qualsiasi offesa diretta de' suoi diritti, e non
aver pertanto alcun diritto internazionale di ricorrere alle armi.
Aver la Turchia scrupolosamente osservati tutti i trattati sussistenti
tra le due Potenze; essere stati gl'interessi morali e materiali dei
sudditi russi oggetto della sua più scrupolosa tutela; nè aver mai
la navigazione e il commercio della Russia incontrato in Turchia
il benchè minimo ostacolo ». E, col più convincente calore, la Circolare proseguiva: « Per ciò che ha tratto poi alle riforme stesse,
« si domanda la Porta se la Russia sia autorizzata a dichiarar la
« guerra all'Impero ottomano in forza d'un atto, che, secondo le
« condizioni stipulate alla sottoscrizione di esso, ha valore solo in
« tanto, in quanto la guerra *non* abbia a scoppiare; se essa sia auto-

« rizzata ad attribuire alla dichiarazione del conte Sciuvalow un
« carattere di costrizione per i confirmatarii del protocollo; a fare
« la *guerra* in nome della *pace* generale; a scatenar la sciagura
« più orribile sulla popolazione musulmana e cristiana dell'Impero
« ottomano per assicurarne il benessere; a mettere, infine, a tal
« rischio l'incolumità e l'indipendenza dell'Impero, per conseguir le
« condizioni necessarie del proprio riflorimento ». — In pari tempo
Savfet Pascià se ne rimetteva alle Potenze perchè apprezzassero
convenientemente tutta la portata della dichiarazione rilasciata dal
signor di Nelidow prima della sua partenza, che cioè « la Porta sarebbe responsabile dei pericoli ai quali potevano essere esposti non
solo i sudditi *russi*, ma benanco in generale *i Cristiani indigeni e
forestieri* ». Da ultimo, la Porta richiamava loro alla memoria
l'articolo 8.° del trattato di Parigi; in forza del quale « qualora tra
la Porta e una o più delle Potenze firmatarie sorgesse un qualche
malinteso atto a minacciar la conservazione delle loro relazioni
reciproche, la Porta e ciascuna di codeste potenze, prima di passare
all'impiego della forza, dovevano mettere in grado le alte Parti
contraenti di scongiurar con l'opera loro di mediazione quel caso
estremo ». — Per verità, come nel corso della nostra esposizione
abbiamo veduto, una siffatta opera di mediazione, sia per via di
conferenze sia con lo scambio di numerose note diplomatiche, aveva
già avuto suo luogo; ma quando, alla fine, la Russia pose mano
alla spada, era mancata appunto la comune protesta delle Potenze.
Particolarmente poi mette conto di ricordare come, a caratterizzar
la politica dissolvitrice della Russia in allora e la confusione pro-
dottasi dopo il 1871, gli articoli 7.° e 9.° del trattato di Parigi e
il trattato di guarentigia del 15 aprile 1856 son di gran lunga
più importanti che non siano gli argomenti stessi sopra riferiti.
L'articolo 7.° dice: « Le Loro Maestà si fanno obbligo, ciascuna
« per parte sua, di rispettare l'indipendenza e il possesso territoriale
« dell'Impero ottomano; garantiscono collettivamente la stretta os-
« servanza di tale obbligo; e considereranno pertanto qualsiasi
« azione atta a infirmarlo come una questione di generale interesse ».
Secondo l'art. 9.° « a nessuna delle Potenze contraenti spetterà
« in nessun caso il diritto, sia in comune sia singolarmente, d'im-
« mischiarsi nelle relazioni del Sultano di fronte ai suoi soggetti,
« o nell'Amministrazione interna del suo Impero ». Se non che, ora,
gli avvenimenti dovevan dimostrare come non solo le sopra dette

deliberazioni del Congresso di Parigi, ma anche quelle stipulate nel 1856 tra Francia, Austria e Inghilterra col trattato dell'aprile direttamente contro la Russia, eransi fatte vane. Com'è noto, il trattato dell'aprile è del seguente tenore: « Le alte Parti contraenti « garantiscono collettivamente e individualmente l'integrità del- « l'Impero ottomano, di cui è parola nel trattato di Parigi del « 30 marzo 1856. Ogni offesa alle disposizioni del sopraddetto trattato « sarà dalle Potenze firmatarie del presente atto considerata come « atto di guerra. Esse s'intenderanno con la Sublime Porta circa « le misure necessarie, e regoleranno tra loro senza ritardo l'im- « piego delle loro forze militari e marittime » (1). Persino nel trattato di Londra del 13 marzo 1871, così prevalentemente favorevole alla Russia, l'articolo 8.° dichiara espressamente « che tutte le stipu- lazioni del trattato del 30 marzo 1856 e di quanto ne dipende s'intendono rinnovate e riconfermate ».

Nel primo scoppio d'indignazione contro il procedere della Russia, si giunse a Costantinopoli al punto di espellere dalla Turchia tutti quanti i sudditi russi; bentosto però si desistè da tal deliberazione, e i Russi viventi nell'Impero ottomano furon posti sotto la protezione dell'Ambasciata germanica. La Francia dichiarò subito, con la Circo- lare del 25 del duca Decazes, la propria incondizionata neutralità; il 29 fece il medesimo l'Italia; la seguì appresso l'Inghilterra il 30,

---

(1) Già in una precedente occasione ho fatto rilevare come con ciò stia in certo modo in contraddizione l'articolo 8.° del trattato principale. Cfr. *Türkische Rede*, pag. 76 e 77. Quivi stesso è detto pure: « Era un puro giuoco, ma giuoco « intenzionale, di parole, se qui, nel trattato principale, in luogo di dire *ga-* « *rantiscono dell'indipendenza e integrità dell'Impero ottomano* (com'è da cre- « dere!), si dica *garantiscono dell'obbligo di rispettare.* La disposizione di tali « parole è senza dubbio quasi alla lettera la stessa che già era stata usata nelle « Conferenze di Vienna; ma allora, la garanzia incondizionata era stata osti- « natamente respinta dalla Russia, e a quel tempo si trattò appunto di trovare « una formola che i delegati di Pietroburgo potessero in ogni caso sottoscriver con « gli altri. L'obbiezione che i Russi avrebbero anche a Parigi respinta la « ga- « ranzia » per l'Impero ottomano non regge, perchè equità voleva che anche « là essa venisse loro nuovamente proposta. *Ma no! si voleva lasciar aperta* « *una via per una lega a parte; e una tal lega separata fu conclusa prima* « *ancora che la Russia avesse il tempo di dichiarare ch'era disposta ormai ad* « *accogliere anch'essa una garanzia, per la conservazione dell'Impero ottomano* ». Vedi anche nel medesimo scritto, a pag. 127-133, la nota all'art. 7.°, dove più da vicino si chiarisce la genesi del trattato del 15 aprile.

e l'Austria-Ungheria il 4 di maggio. La neutralità della Germania, in forza della sussistente alleanza dei tre Imperatori, parve sottintendersi di per sè stessa. — In mezzo a coteste dichiarazioni cade un dispaccio di lord Derby, del 1.º maggio, dov'egli manifestava il suo profondo rincrescimento circa il procedere della Russia, dichiarandolo un atto in contraddizione con i trattati del 1856 e del 1871. Smentiva poi che la Russia agisse d'intesa con l'Inghilterra

Giovanni Bratiano.

e con altre Potenze. Il 6 maggio, Derby fece un altro passo innanzi, annunziando, in un dispaccio destinato a Pietroburgo, « che l'Inghilterra sarebbe rimasta neutrale fintantochè fossero stati in giuoco soltanto gl'interessi della Turchia. Potevan però esser messi a pericolo anche altri interessi, la cui difesa sarebbe stata per l'Inghilterra un dovere. Tra codesti interessi, stava in primo luogo la comunicazione tra l'Europa e l'Oriente attraverso il Canale di Suez. Un tentativo qualsiasi di chiudere il Canale o i suoi sbocchi, o, in genere, di danneggiare i traffici per quella via, sarebbesi considerato dall'Inghilterra come una minaccia per l'Indie e un grave pregiudizio per il commercio mondiale. Quanto a Costantinopoli, era una questione — per ragioni militari, politiche e commerciali — troppo importante, perchè l'Inghilterra potesse acconsentire che si potesse lasciarla passare ad altre mani. Così pure, le disposizioni esistenti rispetto alla navigazione del Danubio e ai Dardanelli non dovevano andar soggette a sostanziali mutazioni. Più tardi, poi, anche altri interessi, come quelli, p. es., sul Golfo Persico, potevano entrare in questione ».

A cotesto documento, vòlto piuttosto a scagionarsi di fronte all'opinione pubblica inglese che non alla tutela d'interessi direttamente minacciati, rispose la Russia il 30 di maggio — com'era da aspettarsi — « che un ostacolo alla navigazione attraverso il Canale di Suez non era punto nelle sue intenzioni. Quanto a Costantinopoli, ripeteva che, senza voler precorrere gli avvenimenti circa l'esito della guerra, la *presa di possesso* di quella capitale non era punto nei disegni dell'Imperatore. *La Russia riconoscera perfettamente che, in ogni caso, l'avvenire di Costantinopoli dovrà essere una questione d'interesse comune, che non poteva venir risoluta altrimenti che con un'intesa generale; e che, ove il possesso di quella città dovesse venire in questione, esso non poteva esser consentito a nessuna delle Potenze europee.* Nell'interesse della pace e dell'equilibrio generale, la questione degli Stretti doveva esser definita per mezzo d'un comune accordo su eque basi. Quanto poi al Golfo Persico e alla strada delle Indie, la Russia dichiarava che non avrebbe punto voluto spingere la guerra oltre la meta per la quale era ricorsa alle armi ».

Allo scoppiar della guerra, la condizione della Russia, sia nel rispetto diplomatico sia in quello strategico, non apparve affatto invidiabile. Erale bensì riuscito, specialmente con l'appoggio della Germania, per mezzo del trattato di Londra del 31 marzo 1871, di far togliere quella clausola che, sotto l'eufemistico titolo di *neutralizzazione del Mar Nero*, altro non significava se non l'esclusione da esso della sua flotta da guerra; ma non per questo, nel tempo relativamente breve di sei anni, era stata ancor creata una nuova flotta del Ponto: dimoduchè il rinforzo e l'approvvigionamento del suo esercito n'eran resi estremamente difficili. La Turchia, all'incontro, sotto Abdul-Aziz s'era procurata una flotta assai adatta, da adibirsi alla difesa di Costantinopoli e degli accessi dei due Stretti, del pari che del basso Danubio. Inoltre, le riforme dell'esercito russo, incominciate fin dal 1863, non erano nel 1877 ancora affatto compite. In tali condizioni, le relazioni verso la Rumenia eran per la Russia doppiamente importanti. I rivolgimenti compiutisi colà, ch'eran riusciti in fine all'ordinamento d'uno Stato sul tipo europeo, pur senza liberare interamente il troppo provato paese dalla sovranità del Sultano, avevan posta la Russia nella singolar situazione di dover passare attraverso uno Stato in pari tempo amico e nemico, *prima* di giungere sul vero e proprio teatro della guerra di là dal Danubio. La Rumenia, dal canto suo, da un nuovo urto della Russia contro l'Impero ottomano poteva aspettarsi, per un verso o per l'altro, lo scioglimento degli ultimi legami che l'avvincevano a quello; e, sia per queste sia per altre ragioni di vicinato, difficilmente poteva essersi trovata in condizione di procedere ostilmente contro la formazione di Comitati bulgari sul proprio suo territorio (1).

Nel famoso Ministero nazionale-liberale, alla cui costituzione già abbiamo avuto occasione d'accennare, c'eran particolarmente due uomini che, sotto la saggia guida del principe Carlo, dovevano esercitare un influsso decisivo sulle sorti avvenire della Rumenia: Giovanni Bratiano e Demetrio Sturdza (2). Cotesti due uomini si completavano a vicenda, in quanto che il primo teneva più della natura e dell'educazione rivoluzionaria, mentre il secondo possedeva in maggior grado delle qualità di organizzatore. Animati entrambi del più puro patriottismo, pareva che le difficoltà sempre più accumulantisi dall'interno come dal di fuori accrescessero in loro la misura dell'energica loro attività; per modo, che (come in seguito potremo vedere) nè le arti della diplomazia nè le appassionate gelosie dei partiti rivali riuscirono a impedire un'opera, che non ha quasi altra eguale nella storia de' nuovi tempi.

Allo scoppiar della guerra turco-serbo-montenegrina, la Rumenia, nonostante le varie offerte venutele di parte interessata, s'era tenuta strettamente neutrale. Essa non era in grado d'impedire il passaggio in massa, per quanto contrario al diritto delle genti, d'ufficiali e

---

(1) V. a questo proposito i rapporti dell'incaricato d'affari austriaco, barone v. Eder, al conte Beust.

(2) Il battagliero e avvedutissimo Cogalniceano, da noi precedentemente conosciuto, entrò più tardi, come Ministro degli Esteri.

volontarii russi diretti alla volta della Serbia, e li lasciò in parte
attraversare armati il paese; ma osò nondimeno sequestrare a Iasci
delle casse d'armi, che da Pietroburgo erano state frodolentemente
spedite come materiale appartenente alla Croce rossa.

La neutralità era infatti la politica che più d'ogni altra conveniva
alla Rumenia, e che — potesse o non potesse interamente farsi
valere — offriva in ogni caso un elastico mezzo di trattative diplomatiche. Nell'autunno del 1876, durante la presenza dell'imperatore Alessandro in Crimea, il Principe inviò colà il presidente
del Consiglio, Bratiano, a ossequiarlo. Il principe Gorciakow gli
confessò schiettamente che la Russia era risoluta a far guerra alla
Turchia, e che il suo esercito sarebbe passato per la Rumenia.
Avendo allora Bratiano fatto accenno a un'eventuale convenzione
tra essi, Gorciakow dichiarò che non ne aveva affatto bisogno;
al che Bratiano rispose : « Alors vous passerez sur notre corps;
« et il sera dit dans l'histoire que pour délivrer les Chrètiens de la
« Turquie vous avez commencé par massacrer les Chrètiens de la
« Roumanie ». Ignatiew, che si trovava presente, si mostrò in tale
occasione più riguardoso del suo capo, insinuando all'inviato rumeno
che non dovesse prender la risposta di Gorciakow così recisamente,
chè tutto si sarebbe accomodato per il meglio. — Non vogliamo
ora indagare se i passi fatti dal Governo di Bucarest a Costantinopoli e altrove per venire a capo d'una dichiarazione di neutralità
della Rumenia fossero serii ed utili; ma notiamo che, in caso di
riuscita, l'indipendenza della Rumenia dalla Turchia sarebbe stata
dichiarata di fatto. Anche per questo rispetto, adunque, le trattative circa la neutralizzazione della Rumenia erano uno spediente
che indirettamente mirava al fine dell'indipendenza. La missione
di Demetrio Bratiano a Costantinopoli al fine di persuadere alla
Porta che « il vero interesse suo era di chiedere ella stessa la
neutralizzazione della Rumenia » poteva solo partire dal tacito
presupposto che la Porta, per difendersi dalla Russia verso il lato
europeo, rinunziasse di per sè medesima agli ultimi tenui legami che
ancora attaccassero la Rumenia a lei. Quanto all'Inghilterra, era
tanto più autorizzata a respinger la proposta di neutralizzazione
fattale da John Ghika in una sua Memoria del mese di novembre 1876,
in quanto che Ghika era partito dalla convinzione che la Russia
non avrebbe rispettata la neutralità. Neanche da parte della Germania la proposta non trovò alcun appoggio. Il principe Carlo aveva

Re Carlo I di Rumenia.

La Regina Elisabetta di Rumenia.

pregato il principe ereditario Federico Guglielmo di trattar la questione con il principe di Bismarck; ma questi, pur riconoscendo la difficile condizione della Rumenia, s'era espresso in termini così vaghi, che Bratiano n'ebbe l'impressione, non essere il Cancelliere dell'Impero disposto a far contro alla politica della Russia. Quando il Governo fece un ultimo tentativo, rivolgendosi per la

Demetrio Sturdza.

concessione della neutralità alla tuttor sedente Conferenza di Costantinopoli, n'ebbe in risposta « non esser tale questione tra quelle che nella Conferenza dovessero risolversi, e pertanto rimaner essa estranea alla competenza dei plenipotenziarii ». — Da ultimo, nella sua Circolare del 14 maggio 1877, la Rumenia dichiarava: « Le « gouvernement roumain n'avait d'autre but que celui de faire « respecter sa neutralité. Les grandes puissances invoquant l'in- « suffisance des stipulations relatives à cette haute question, et « ne tenant compte ni de la gravité de la situation, ni de notre « juste perplexité, nous refusèrent la consécration d'une demande

« que les èvènements n'ont que trop justifiée postèrieurement ».
— Resta pur vero, tuttavia, che se l'Europa avesse dichiarata la neutralità della Rumenia, anche prescindendo dal nuovo colpo che avrebbe recato contro i trattati preesistenti, si sarebbe posta nella necessità di dichiarar la guerra alla Russia, qualora questa avesse insistito nella sua politica.

Abbandonata dalle Potenze alle sole sue forze, la Rumenia non poteva pensar di corrispondere all'invito della Porta (invito, in forza dei trattati, fondatissimo) di mettersi in pieno accordo con essa circa la difensiva contro la Russia. E d'altra parte, poichè la Porta non le offriva se non 30 battaglioni, vale a dire una protezione assolutamente inefficace, il paese tutto sarebbesi trasformato senz'altro in un pericolosissimo campo di battaglia. Presso il popolo stesso la causa della Turchia era sommamente impopolare, e, in generale, non s'era in Rumenia dimenticato che quella aveva voluto estendere la nuova Costituzione al Principato semplicemente nella sua qualità di dipendente dall'Impero ottomano.

Per le accennate ragioni, era nell'interesse così della Russia come della Rumenia di venire a un'intesa circa le condizioni del passaggio dell'esercito russo, ch'erano state proposte dalla Russia fin dallo scorso inverno. Il 13 aprile 1877 il principe Carlo convocò in Palazzo quelli tra i suoi precedenti consiglieri che avevan tenuta la presidenza nel Ministero: Costantino Bozianu, Alessandro G. Golesco, John Ghika, Demetrio Ghika, Manolaki Costaki Iepureanu, Michele Cogalniceano e Costantino A. Rosetti. A cotesto Consiglio della Corona presero parte anche, dei Ministri allora in carica, il presidente del Ministero, Giovanni Bratiano, e il Ministro degli Esteri, Giovanni Campineano. Alle questioni proposte, riferentisi alle deliberazioni da prendersi, i soli Rosetti e Cogalniceano diedero una chiara risposta: « opporsi in ogni caso all'invasione dei Turchi: e, se i Russi *garantissero* e *rispettassero* l'*integrità* del territorio rumeno, concluder con essi una Convenzione di passaggio ». In seguito a ciò, Cogalniceano entrava il 15 aprile a far parte del Gabinetto come Ministro degli Esteri. Si venne così il giorno 16/4 aprile 1877 a un accordo, che fu sottoscritto dall'agente diplomatico e console generale Barone Stuart e dal Ministro rumeno degli Esteri Cogalniceano. In esso accordo è anzitutto caratteristico il fatto che, nonostante le contrarie dichiarazioni dell'Inghilterra, a guisa d'introduzione si afferma: « *Operando di pieno accordo con le altre*

« *Potenze* all'intento di migliorar le condizioni dei Cristiani soggetti
« alla dominazione del Sultano, l'imperiale Governo russo ha richia- ·
« mata l'attenzione delle Potenze garanti sulla necessità d'assi-
« curare in maniera efficace l'esecuzione delle riforme reclamate
« dalla Porta. Poichè l'eccitazione dei Maomettani e l'evidente debo-
« lezza del Governo ottomano non permettono di sperare in alcun
« serio provvedimento da parte delle Autorità turche, un inter-
« vento militare straniero può rendersi necessario. Per il caso che
« il successivo svolgersi delle condizioni politiche in Oriente dovesse
« costringer la Russia ad assumer sopra di sè un tal còmpito e a
« sospingere i suoi eserciti nella Turchia europea, l'imperiale Go-
« verno, nel desiderio di rispettare l'integrità territoriale dello Stato
« rumeno, è venuto d'accordo col Governo di Sua Altezza il principe
« Carlo per istipulare una convenzione circa il passaggio delle truppe
« russe attraverso la Rumenia ». In quattro successivi articoli si
stabiliva quindi: « che il Governo rumeno assicurava alle forze
militari russe il libero transito, e un trattamento quale ad esercito
amico; che pertanto alla Rumenia, per effetto di codesto passaggio,
non doveva derivarne inconveniente alcuno o pericolo; l'Imperatore
di Russia s'impegnava poi a mantenere intatti e a far rispettare i
diritti politici dello Stato rumeno, così com'essi risultavano dalle
leggi interne e dai vigenti trattati, e di mantenere intatta, inoltre,
e di difendere l'attuale integrità della Rumenia. Tutte le ulteriori
disposizioni relative al passaggio delle truppe russe, ai loro rapporti
con le autorità locali, ecc., dovevano esser regolate in una speciale convenzione dei delegati dei due Governi. La Rumenia s'impegnava a ottenere per ambedue le intese l'approvazione richiesta dalle
leggi rumene per parte delle Camere ». — Sopra cotesta convenzione
di pratico effettuamento, la quale sola dà tutto il suo vero significato all'intero accordo, dovremo ritornare più tardi.

Negli ultimi giorni d'aprile la Camera dei deputati rumena approvò la Convenzione con la Russia con 79 voti contro 25; al Senato,
i voti furono 41, contro 10 contrarii. Nell'intento di non precipitar
nulla, il Governo il 3 di maggio dichiarava alla Camera dei deputati
ch'esso si opponeva a una dichiarazione d'indipendenza; ma dopo
che, il 5 maggio, il Senato ebbe sottoposto al Principe un indirizzo,
il quale dichiarava come tutto il paese fosse animato soltanto dal
pensiero della liberazione, la situazione ebbe a palesarsi fedelmente
nella risposta del Principe, nella quale era detto: « Senza che un

« sol colpo di fucile sia partito dalla nostra riva, le nostre città
« e i nostri villaggi mezzo abbandonati (quelli cioè posti alla riva
« del Danubio) vengono devastati. Il nostro commercio internazio-
« nale presso il Danubio superiore è annientato. In dispregio al
« diritto delle genti, le cannoniere turche si spingono fin nei porti
« nostri, per corseggiare o per incendiare le navi, senza distinzione
« di bandiera. Delle città aperte, come Braila e Reni specialmente,
« sono state bombardate. Oltenizza, dove non si trova un solo soldato
« russo, ha sofferta la medesima sorte ... — Bande di Circassi e
« di Basci-bozucchi han fatto irruzione sulle coste del territorio
« rumeno ». A ciò il Principe aggiungeva che, « ove la Turchia non
avesse tenuto alcun conto della moderazione fin qui osservata da
lui, la Rumenia sarebbe stata costretta a respingere la forza con
la forza, poichè, innanzi tutto, il confine del paese doveva esser
difeso ». — Dal punto di vista del diritto internazionale, non si può
negare che la Porta fosse autorizzata non solo a guerreggiar la
Rumenia, già per metà a lei ribelle, presso le rive danubiane, ma
benanco a dar la caccia all'avanzantesi nemico russo sul territorio
rumeno medesimo; ma, come potremo vedere, il primo segno della
sua debolezza in cotesta guerra apparve con questo: ch'essa, ben
lungi dal prender sulla riva sinistra del Danubio l'offensiva, non
seppe neppure impedire ai Russi il passaggio del fiume stesso.

Un siffatto atteggiamento della Rumenia, spiegabile solo per le
sue condizioni estremamente difficili, non doveva essere di lunga
durata. Dopo che l'8 di maggio i Turchi da Vidin ebber bombardato
Calafat, e i Rumeni ebbero risposto al fuoco, avendo la Porta nel
giorno stesso consegnato all'agente rumeno a Costantinopoli il suo
passaporto, il Governo — il dì 13 di maggio — comunicava alle
Potenze la dichiarazione di guerra della Rumenia alla Porta; di
chiarazione ch'ella rappresentava d'altronde come una risposta a
quella della Porta stessa. Nè più era possibile resistere al movimento d'indipendenza manifestatosi e nelle Camere e in tutto il
Paese; tanto che, di fronte ad esso, anche il contrasto tra la prudente politica di Cogalniceano e quella più audace di Bratiano
doveva appianarsi. Già l'8 di maggio, in un convegno con altri
membri del Parlamento, Rosetti aveva con successo fatta la proposta di dichiarare l'indipendenza. L'11 maggio, presso ambedue
le Camere si venne a una deliberazione in tal senso: il 21, l'indipendenza fu da esse formalmente proclamata; e il 23, undecimo

anniversario dell'ascensione al trono del Principe, il Presidente dei Ministri Bratiano lo salutò *primo Principe indipendente* della Rumenia. Il Principe, riassumendo nel suo complesso il corso degli avvenimenti, rispose « che la sua chiamata dalle sorgenti del Danubio alle foci di esso non aveva avuto altro significato se non lo scioglimento dei ceppi umilianti che a Costantinopoli si chiamavan *sovranità* e a Bucarest *vassallaggio* ». — Un tale affrettamento del distacco assoluto dalla Turchia s'era fatto, del resto, necessario non solo in forza delle relazioni dei Rumeni verso quest'ultima, ma anche per effetto di quelle verso la Russia; la quale, nonostante la lettera del trattato di passaggio, si faceva sempre più esigente, e riservava a sè medesima, verso certi compensi territoriali, l'elargizione dell'indipendenza rumena.

La partecipazione della Rumenia alla guerra russo-turca era dunque un naturale portato dalla condizione stessa delle cose. Al fine di venirne, pertanto, a più prossimi accordi con la Russia e di garantir l'indipendenza dell'esercito rumeno, il principe Carlo si recò al quartier generale del Granduca a Ploësci; ma sebbene questi fosse da lunga pezza già propenso a un'attiva cooperazione dell'esercito rumeno, non riuscì, contro la resistenza del principe Gorciakow — d'accordo in ciò con l'imperatore Alessandro —, a far prevalere il concetto della Rumenia. Circa la metà di maggio, anzi, il Cancelliere dell'Impero russo incaricava Nelidow di rispondere alla proposta della Rumenia con una Nota, ch'è troppo poco conosciuta, fin qui, e troppo caratteristica per la politica russa, perchè non meriti d'essere a questo luogo testualmente riprodotta. Eccola:

« Le Gouvernement Roumain avait fait des démarches auprès
« du cabinet Impérial pour témoigner de son désir de coopérer à
« l'action de l'armée Russe en delà du Danube, et poser les condi-
« tions, auxquelles cette coopération serait possible.

« Sa Majesté L'Empereur prenant en considération les circon-
« stances politiques au milieu desquelles s'effectue la marche de
« Son armée contre la Turquie et les moyens dont elle dispose, a
« bien voulu faire entendre au Cabinet de Bucarest, par l'organe
« du gènèral Prince J. Ghika, qu'il ne conviait point la Roumanie
« à une coopération au delà du Danube, mais que si le Gouverne-
« ment Roumain voulait entreprendre une semblable action à ses
« propres frais et à ses risques et périls, elle ne saurait avoir lieu

« qu' à la condition absolue de l'unité du commandement supérieur,
« qui resterait entre les mains du général en Chef de l'Armée
« Impériale.

« Cette décision de l'Empereur à été dictée, tant par la nécessité
« de garantir le succès des opérations entreprises par les forces
« Russes, en écartant toute divergence de plans, toujours nuisible
« en pareille matière, que par un sentiment d'intérêt réel pour la
« Roumanie, dont les forces disponibles ne pourraient agir avec
« sécurité et fruit au delà du Danube que si elles étaient en mesure
« de s'appuyer sur l'armée Russe et de compter, en cas de besoin,
« sur son soutien.

« Cependant dans les délibérations qui ont eu lieu dernièrement
« au sujet d'un plan d'action à élaborer pour les deux armées, —
« les autorités militaires Roumaines ont manifesté la tendance d'agir
« isolément et sur un théatre séparé.

« Quoique des considérations stratégiques d'une valeur décisive
« aient suffisamment démontré le désavantage, — et même dans
« certaines circonstances, le danger du plan proposé par les Rou-
« mains, — il paraîtrait urgent d'établir nettement l'impossibilité
« politique d'une action isolée de leurs troupes.

« *La Russie n'a pas besoin du concours de l'armée Roumaine.*
« Les forces qu'elle a mises en mouvement à l'effet de combattre
« la Turquie sont plus que suffisantes pour atteindre ce but élevé
« que l'Empereur s'est posé en commençant la guerre actuelle.
« D'autre part la securité extérieure de la Roumanie ne l'oblige
« guère à attaquer la Turquie. Si, donc, par des considérations per-
« sonnelles d'une nature différente, et que le Gouvernement Roumain
« tient à ne point dévoiler, mais qui ressortent assez clairement
« du langage de la presse locale — il se croit tenu d'honneur à
« entreprendre une action offensive contre l'Empire Ottoman, cette
« action ne doit en aucun cas gèner l'exécution du plan général
« des grandes opérations de l'armée Russe, à l'ombre desquelles
« exclusivement ont pu être jetées les bases des destinées futures
« de l'État Roumain.

« L'intérêt bien entendu de la Roumanie exige ainsi, — et la
« sécurité des forces Russes le commandent impérieusement, —
« que la coopération de cet État n'ait lieu qu'en stricte conformité
« avec le plan général des opérations de la grande armée Imperiale,
« et dans les conditions qui y seront posées par l'Auguste Comman-

« dant en Chef Russe, — tout comme la glorieuse activité défensive
« actuelle des forces Roumaines n'est une garantie de sécurité
« pour le territoire de la Principauté que lorsqu'elle forme une
« part de tout le système stratégique qui protége avec tant de
« succès la rive gauche du Danube.

« La communauté de but et les sympathies traditionnelles qui
« unissent la Russie à la Roumanie auraient dû constituer pour le
« Gouvernement Princier une garantie suffisante des dispositions
« sincères qui guident dans les circonstances actuelles les actes du
« Cabinet Impérial à son égard. Les nombreuses marques de con-
« fiance et de bienveillance que la Russie lui a données dans le
« passé et même en dernier lieu relèvent déjà l'étendue des avan-
« tages matériels et politiques que la Roumanie aurait pu acquérir
« encore à la faveur de pareils rapports.

« D'un autre côté, les hommes d'État placés à la tête des affaires
« de la Roumanie ne sauraient perdre de vue la valeur des forces
« engagées par la Russie dans le conflit actuel, les obligations que
« les dimensions de la lutte lui imposent et les droits qu' elles lui
« créent — pour garantir par tous les moyens possibles la sécurité
« et le succès de sa grande entreprise.

« L'imminence des opérations décisives sur le Danube coïncidant
« avec l'arrivée prochaine de Sa Majesté l'Empereur — il serait
« urgent à tous les titres de définir sans retard et d'une façon
« précise et formelle les intentions du Gouvernement Roumain quant
« à la part que le corps d'opération Princier serait appelé à prendre
« au cours ultérieur de la guerre, et qui ne saurait varier qu'entre
« une abstention de toute marche agressive et une action commune
« sous le Commandement supérieur et conformément aux vues du
« Général en Chef Russe. De la réponse, prompte et décisive, qui
« sera donnée à l'ensemble de cette question dépendront les dispo-
« sitions pratiques que Monseigneur le Grand Duc doit prendre
« sans retard, en vertu des pouvoirs dont il est muni ».

Da questo documento apparisce, come dovevan dimostrare i successivi avvenimenti, non solo un'assoluta, indiscutibile fiducia nel-
l'infallibilità della sapienza militare dei Russi, ma anche l'intenzione
di non voler considerare la Rumenia come Potenza belligerante auto
noma, e di tenerla nella maggior possibile dipendenza dalle vedute
e dai disegni della Russia medesima. Il principe Carlo era troppo
conscio di sè e troppo acuto conoscitore delle possibili eventualità

future, perchè potesse acconsentire a una subordinazione di tal fatta,
la cui conseguenza sarebbe stata un frazionamento delle forze militari rumene al servizio delle divisioni dell'esercito russo. Quanto
ai servigi russi, messi in altisonante rilievo nella Nota verbale che
testè abbiam riportata, mette pur conto d'ésser rilevato il fatto
che, subito dopo l'ingresso delle truppe russe in Rumenia, si diffuse
nebulosamente la voce della necessità d'una retrocessione del territorio della Bessarabia, staccata fin dal 1856; ciò che non deve
far meraviglia, chi pensi che il disegno di riprendersi quel territorio
non sorse già solo per l'occasione della presente guerra, ma era
stato anzi una delle principali ragioni del farla.

XLII.

Dalla mobilitazione russa fino all'invasione nella Bulgaria

Condizioni dell'esercito russo nel 1876. - L'invasione della Rumenia, contrariamente
ai patti della Convenzione del 16 aprile. - Occupazione del ponte ferroviario
sul Seret e delle località di Galatz, Braila, Reni, Ismail e Chilia. - Qual parte
spetti ad Abdul-Kerim e a Hobart Pascià nella cessione del ponte sul Seret. -
La flotta turca nel Mar Nero e sul Danubio. - Il combattimento presso Braila,
e la chiusura del Danubio mediante torpedini. - Affondamento della corvetta
corazzata turca *Luft-i-Djelil*. - Scontro al Canale di Macin, e affondamento del
monitore turco *Hefz-i-Rhaman*. - I provvedimenti difensivi della Rumenia: formazione di due corpi d'esercito, e loro còmpito di difendere i punti più importanti
fino all'arrivo dei Russi; combattimenti d'artiglieria turco-rumeni a Calafat,
Giurgevo e Oltenizza. - Separazione dei contingenti rumeni dai russi, presso varii
punti importanti sulla sponda danubiana. - I Russi si valgono largamente degli
elementi ausiliarii rumeni, in seguito alle riforme introdotte dal principe Carlo,
e delle risorse del paese, messe a disposizione della Russia in forza della *Convenzione di attuazione* del 16 aprile. - Il combattimento d'artiglieria presso Calafat. -
Riservato contegno della Rumenia di fronte ai preparativi guerreschi dei Russi. -
Visita dell'imperatore Alessandro al principe Carlo. - Primo passaggio del Danubio presso Galatz sotto il comando in capo del generale Zimmermann. - Il
passaggio principale presso Zimnicia, sotto il comando supremo del generale
Radetzky. - Sbarco in Bulgaria e presa di Sistova. - La costruzione del ponte
presso Zimnicia. - Proclama d'Alessandro II ai Bulgari. - Insufficenza dell'esercito
d'Abdul-Kerim. - Strettezze e fiacchezza a Costantinopoli, poste a riscontro
con l'entusiasmo dei Russi. - Scene del Parlamento turco, indizi veri d'un'insanabile putredine.

Dopo la guerra di Crimea, l'ordinamento militare in Russia aveva
fatto notevoli progressi: tanto le guerre combattutesi dopo il 1856
fuor della Russia, quanto l'applicazione dei nuovi ritrovati nel campo

degli armamenti avevano giovato ai Russi, e li avevano agguerriti
più che mai. Se non che, per giudicar rettamente delle mobilitazioni
russe, delle marce e dei concentramenti e trasporti del materiale
da guerra e delle sussistenze, è pur sempre necessario tener conto
dell'immensa estensione dell'Impero e della manchevolezza del suo
sistema ferroviario e stradale. La mobilitazione del 1876, nonostante
coteste difficoltà, in parte naturali e in parte imputabili all'uomo,
era proceduta di gran lunga più rapida e più sicura che non le
precedenti. I varii contingenti poteron trovarsi, in media, già al
decimo giorno ai loro posti di concentramento; l'armamento d'una
gran parte dell'esercito col fucile Berdan potè del pari considerarsi
come un progresso considerevole; e sebbene gli uffici dell'Intendenza e dei lazzeretti da campo lasciassero ancor molto a desiderare,
nondimeno, in confronto dei precedenti, presentavano senza dubbio
un qualche sostanziale miglioramento. La Russia aveva preparato
di lunga mano il suo attacco contro la Turchia, così dalla parte
dell'Europa come da quella dell'Asia. Dal lato europeo, già fin dal
13 novembre 1876 aveva fatto concentrare nei suoi distretti meridionali sei corpi d'esercito (7.°-12.°), dei quali l'8.° (Radetzky), il 9.°
(Krudener), l'11.° (Schachkoffski) e il 12.° (Vannofski) dovevan costituire il proprio e vero esercito d'operazione. Il 7.° corpo (Sarijeski II)
e il 10.° (Woronzow) dovevan rimanere nei pressi di Odessa, per
protegger le coste del Mar Nero. Asteniamoci dal considerare se
cotesta insufficente concentrazione di forze avesse il suo fondamento
nell'apprezzamento erroneo delle forze nemiche o nei riguardi diplomatici, per il perdurare ancora delle trattative. Allo scoppiar della
guerra, ai corpi sopra detti s'erano aggiunti ancora il 4.° (Sotow),
il 13.° (Hahn) e il 14.° (Zimmermann), e, poichè più tardi si vide
che anche così non bastava ancora, nel mese di giugno del 1877
l'esercito russo accampato di fronte alla Turchia dal lato europeo
si calcolò esser di circa 300.000 uomini (1). Al comandante in capo

---

(1) Cfr. *La guerre d'Orient. Résumé des opérations militaires* (Extrait de
l'*Invalide russe*) par le CAPITAINE WEIL, Paris 1878; SARAUW, *Der russisch-
türkische Krieg* (La guerra russo-turca), Lipsia 1877, pag. 27; LECOMTE, Colonel
divisionnaire suisse, *Guerre d'Orient*, Paris 1878, II, p. 9. - Inoltre, l'amplis-
sima opera d'un *tattico* anonimo, *La Guerre d'Orient*, Paris 1879, attribuita
a un ex-Ministro della guerra francese (I, p. 28 *bis*); e i *Kritische Versuche*
(Ricerche critiche), del generale di cavalleria I. v. HARTMANN, Berlino, 1878.

di coteste truppe, granduca Niccolò Nicolaievich, era stato aggiunto come capo dello Stato maggiore generale il generale di fanteria Nepokoiscinski, il quale nel Consiglio di guerra di Pietroburgo s'era dimostrato un valente organizzatore. Secondo i rapporti ufficiali, il passaggio del confine incominciò il 24 aprile, in quattro colonne. La destra, sotto il tenente generale Driesen, si diresse per Ungheni, Iasci, Roman, Bacheo, Focsani, Rimnik, Buzeo e Ploësci verso i dintorni di Bucarest; la mediana, sotto il tenente generale Wannowski, parte per Ungheni, Jasci, Vaslui, Berlad, Tecuch, Focsani fino a Baneassa, e parte per Bestamac, Leova, Falci, Iepureni e Berlad, parimenti circa i dintorni di Bucarest; la colonna di sinistra, sotto il tenente generale Radetzky, procedette parte per Bestamac, Falci, Galatz, Braila verso Giurgevo e Daiza, parte, dietro alla colonna Radetzky, fino a Obilesci-Nou e Slobozia, di fronte a Silistria, e parte solo fino a Plumbiuta; infine, il corpo assegnato al basso Danubio, sotto il tenente generale principe Sciakowski, mosse oltre a Kubei verso Galatz, Braila, Barbosci, Reni, Chilia e Ismail. (1).

Quest'affrettato movimento strategico non avvenne senza una tal quale offesa del diritto delle genti e della collegialità d'alleanza della Rumenia. Sebbene — come ricordiamo — la dichiarazione di guerra della Russia fosse stata fatta appena il 24 aprile, già il 23 di mattina, dei singoli riparti costituenti l'avanguardia avevan ricevuto l'ordine di passare il confine rumeno. Ai singoli corpi, infatti, erano state aggiunte, secondo il consueto, delle divisioni di Cosacchi. Una schiera della Divisione combinata di Cosacchi, che stava sotto il comando del generale Skobelef, già famoso quale comandante della cavalleria nelle guerre di Chiva e di Chokand, ebbe quella mattina l'ordine d'impadronirsi del ponte della ferrovia sul Seret, presso Barbosci, e fece fino alla sera del 24 i 100 chilometri di strada che c'eran per giungervi. Per il Governo rumeno fu questa una sorpresa tanto più spiacevole, in quanto che, dovendosi procedere alle nuove elezioni del Senato, ch'era stato sciolto il 4 aprile, le Camere non avevano ancor potuto acconsentire all'intesa con la Russia, e il Principe, con prudente saggezza, aveva fatto predisporre al ponte sul Seret i necessarii provvedimenti di difesa, mediante alcune opere

---

(1) Rapporto del granduca Niccolò all'Imperatore, dal 24 aprile al 30 giugno; pubblicato primamente nel numero dell'*Invalido russo* dell'8 luglio 1877.

di terra munite; talchè non v'era affatto per il momento da temerne
la distruzione per parte delle corazzate turche. Ma poco appresso,
l'occupazione di tutto quanto il territorio di Galatz, Braila, Reni,
Ismail e Chilia fu ben peggiore minaccia, per le intenzioni della
Russia, di riguadagnar quella parte della Bessarabia sulla quale
si trovano le tre ultime delle località sopra dette.

La presa del ponte sul Seret presso Barbosci merita che ci sof-
fermiamo a dirne qualche cosa di più, perchè illumina vivamente
di qui innanzi come venisse condotta la guerra da parte della Turchia.
— Sebbene l'Impero ottomano, e per l'interna cancrena e per gli
avvenimenti ultimamente prodottisi, fosse notevolmente indebolito,
si sarebbe dovuta in ogni modo aspettarsi dalla condotta della guerra,
per sua parte, la custodia della prima sua grande linea di difesa,
quella del Danubio. Certo, ciò era reso più difficile dal fatto che
i Turchi non eran più, come nelle precedenti guerre, padroni della
riva sinistra; ma le condizioni reciproche delle due opposte rive,
delle quali la destra è difesa per mezzo d'alture, mentre la sinistra
è bassa e soventi volte allagata, offrivan pur sempre alla difesa
non pochi vantaggi. Oltr'a ciò, i punti più importanti di passaggio
eran protetti da fortezze; senza contare che i Turchi disponevano
d'una rispettabile forza navale, che, diramandosi fin nel Danubio,
poteva apparecchiare ai Russi le maggiori difficoltà.

La *flotta* turca constava di non meno di venti navi corazzate
con 163 cannoni grossi e 40 minori, e poteva spingersi in parte
fino a Silistria, e, a fiume alto, persin fino a Turtucai. La Porta
aveva dichiarato i porti russi sul Mar Nero in istato di blocco. La
squadra del Danubio, alla quale erano state adibite sette navi corazzate e diciotto non corazzate con 74 cannoni, più tre battelli a
vapore della Compagnia di Navigazione turca, era disposta tra
Hirsova, Silistria, Turtucai, Rustciuk, Sistova, Nicopoli, Rahova e
Vidin, per modo che le singole divisioni potessero concentrarsi rapidamente. Per l'armamento, la Turchia era allora la terza Potenza
navale dell'Europa. Comandava la sua flotta l'ufficiale di marina
inglese Hobart-Pasciá, ben noto per la sua audacia fin dalla guerra
americana di secessione, e che il Sultano aveva innalzato al grado
di grande Ammiraglio. Al principiar della guerra egli dev'essere
stato ben sicuro della vittoria, e aver pensato persino a un bombardamento d'Odessa. Una serie d'intrighi (che probabilmente avevano il loro fondamento nell'odio contro i Cristiani) e alcuni acci-

denti disgraziati, parte imputabili alla finezza militare del nemico, parte all'incuria dell'ufficialità di marina turca, dovevan cagionare così a lui come alla causa che difendeva amare delusioni. — Intorno al piano che si riferisce al ponte sul Seret, ci stanno dinanzi due versioni; la prima delle quali ha per fine la giustificazione di Hobart-Pascià. Secondo questa, il suo disegno sarebbe stato fin dal principio di distruggere il ponte della ferrovia che conduceva oltre il Seret; e tale proposta, egli l'avrebbe fatta appunto in Consiglio di guerra a Costantinopoli. Avrebbe quindi impartito l'ordine alla squadra che incrociava dinanzi a Galatz perchè, alla prima notizia che i Russi avessero passato il confine, si facesse saltare in aria il ponte con la dinamite. Sennonchè, mentr'egli a bordo d'un avviso presso lo sbocco del Seret vigilava all'esecuzione di cotesta importante disposizione, la mattina del 24 aprile ricevette l'ordine di recarsi a Rustciuk da Abdul-Kerim. Era appena partito, che a uno dei comandanti delle navi venne segnalato l'avvicinarsi dei Russi; ma prima che costui eseguisse l'ordine nuovamente raccomandatogli da Hobart prima della sua partenza, volle mettersi d'accordo sopra l'azione con un altro comandante; e in questo, che temeva d'un'insidia, incontrò un po' di resistenza. Intanto, la cavalleria di Scobelew, che era seguìta dalla fanteria e dall'artiglieria a piedi, s'impadroniva senza incontrar resistenza dell'importante posizione più sopra accennata sul basso Danubio. — Secondo un'altra versione, l'ordine di far saltare il ponte sarebbe pervenuto alla squadra turca appena il 25 aprile. — Comunque sia, noi ci potremo ben presto convincere che Abdul-Kerim, per la scarsezza delle forze messe a sua disposizione, non poteva certo pensare a cercar il nemico sul territorio rumeno; senza contare che, ancor prima dell'arrivo dei Russi, avrebbe pur sempre incontrato una seria resistenza da parte dei Rumeni medesimi. In ogni modo, egli avrebbe dovuto, senza dubbio, tentare a tempo la distruzione del ponte sul Seret. Poichè la marcia dei Russi, conducenti seco uno sterminato materiale da guerra, fino al vero teatro delle operazioni non poteva richieder meno di due buoni mesi di tempo, la distruzione del ponte sul Seret, lungo 240 metri e del quale le sole due arcate di mezzo importavano metri 94, avrebbe sostanzialmente tirata in lungo tutta quanta la campagna. Ciò era così chiaro agli occhi dei plenipotenziarii militari accreditati a Costantinopoli, che quando Abdul-Kerim si dispose a partire per il teatro della guerra, il colonnello austriaco Raab prendendo congedo da lui insistè vivamente perchè non dimenticasse il ponte di Barbosci.

Avendo i Russi incominciata presso Braila la costruzione di batterie munite di parapetti per l'artiglieria pesante, il 9 di maggio una corvetta corazzata turca comparve nel braccio principale di Macin, e aprì subito il fuoco. Si volle indurre da ciò che i Turchi, per mezzo di esploratori, fossero stati informati dell'arrivo del granduca Costantino a Braila, dove voleva ispezionare i lavori; perchè, pochi minuti prima dell'arrivo di lui, una granata era scoppiata in vicinanza della stazione della ferrovia; un secondo colpo, visibilmente diretto contro il treno ferroviario, passò oltre proprio sopra le carrozze, e un terzo andò a cadere a circa 40 metri dalla stazione. Senza volerne inferire che fosse presa di mira propriamente la persona del Granduca, si è tuttavia bene autorizzati ad ammettere che la squadra turca, fallito il disegno di far saltare il ponte sul Seret, si proponesse di danneggiar seriamente la ferrovia. — Il giorno seguente erano armate due batterie russe, che dovevano operare l'una contro il braccio di Macin, l'altra contro quello di Ghecet, occupato dai Turchi. Il giorno 11 i Russi continuarono nell'affondamento, già incominciato il dì precedente, di varie torpedini, e operarono uno sbarco a Ghecet, per cacciarne i Turchi. Nelle ore pomeridiane, una nuova corazzata e tre altri legni comparvero dinanzi a Braila. Essendosi disposta cotesta squadra in ordine di battaglia nel braccio di Macin, le batterie russe aprirono il fuoco. Dopo il trentesimo colpo di cannone i Russi si disponevano a cessare, quando improvvisamente la corazzata turca, *Luft-i Djelil* (la Divina Grazia) saltò in aria. Una granata e una bomba avevano siffattamente sconquassata la tanto ammirata nave, costrutta nel 1868 nei cantieri Armand di Bordeaux, che dei 150 uomini d'equipaggio un solo ne potè esser salvato. La *Luft-i-Djelil*, corazzata a due torri, munita d'un eccellente armamento di cannoni Armstrong, era lunga 67 metri e più che 13 metri larga, e aveva una corazza dello spessore di undici centimetri. La sua perdita fu imputabile principalmente al fatto che non s'era corazzata la coperta, il che, segnatamente per l'uso fattone in una corrente relativamente ristretta, le doveva esser fatale. D'altra parte, non fu senza importanza la superiorità dimostratasi manifesta dell'artiglieria russa di fronte a quella galleggiante dei Turchi; superiorità che, unita al ben ponderato sistema di torpedini, portò per conseguenza un grande scoraggiamento nelle ulteriori operazioni navali dei Turchi. I Russi s'eran portati sul Danubio, per mezzo della ferrovia, non solo delle torpediniere scomponibili, ma anche altre navi parimenti scomponibili d'altra natura. Nella notte dal 25 al 26 maggio, i battelli *Xenia*, *Zarerich*, *Gighit* e *Zarerna* ricevettero l'ordine d'attaccare i monitori che si trovavano nel canale di Macin. La spedizione, estremamente pericolosa, venne condotta dai luogotenenti Dubasciof, Scestakow e Petrow, ai quali s'era aggiunto il maggiore rumeno Murgescu. Riuscì allo *Zarerich* di lanciare la sua torpedine nel fianco del monitore *Hefz-i-Raman* e di danneggiarlo; e dopo che la *Xenia* l'ebbe perforato anche nella parte inferiore, il monitore affondò. Tale spedizione suscitò nel campo russo un grand'entusiasmo; ma anche nei circoli militari meno direttamente interessati il valore pratico delle navi corazzate parve per un momento potentemente messo in forse (1).

Prima di proceder oltre nell'esposizione delle operazioni dei Russi, gioverà rivolgersi a considerare quali fossero le misure di guerra alle quali s'era attenuta la Rumenia. La mobilitazione ordinata l'8 di aprile (due giorni dopo conclusa la Convenzione di passaggio), il 7 di maggio era compiuta. Il principe Carlo assunse il comando in capo dell'esercito, forte di 59.000 uomini, e diviso in due corpi, con 180 cannoni; esercito che, in caso di bisogno, poteva elevarsi fino a 100.000 uomini. Capo dello Stato maggiore generale era il colonnello Giorgio Slaniceanu. Al cominciar delle ostilità non era possibile in Rumenia rendersi esatto conto nè della forza numerica dell'esercito turco di là dal Danubio, nè del piano di battaglia d'Abdul-Kerim. Per l'avanzata dei Russi fino al Danubio eran necessarie delle settimane, e fors'anco — viste le pessime condizioni della temperatura e della stagione — dei mesi; e in cotesto tempo i Turchi, i quali disponevano d'una forte flottiglia sul Danubio, potevan bombardare le rive rumene, o per lo meno con singole divisioni gettate sulla riva sinistra distruggere le ferrovie e le strade,

---

(1) Tanto nella già ricordata opera del VACARESCU, quanto nel *Resbelulu Orientale* dei proff. ALESSI e POPU, comparso a Graz nel 1879, cotesto episodio viene esposto in maniera sostanzialmente diversa da quella delle versioni russe, e il merito maggiore ne viene attribuito all'ufficiale rumeno Murgescu. Anche intorno al nome del monitore turco v'è disaccordo, chiamandolo gli uni *Hefz-i-Raman*, gli altri *Seifi*. Alcune delle navi turche avevano probabilmente un doppio nome.

e portare il disordine nell'Amministrazione. L'esercito rumeno doveva adunque, fino al momento della sua congiunzione con quello più forte dei Russi, difendere i punti di maggiore importanza. Delle posizioni fortificate presso il ponte sul Seret, che il 24 aprile i Rumeni rimisero nelle mani dei Russi, si è già fatto cenno. Per impedire un attacco dei Turchi dalla parte di Vidin e il loro passaggio tra Nicopoli e Silistria (che avrebbe potuto costituire una minaccia contro Bucarest) il principe Carlo prese le sue disposizioni per modo, che i punti situati tra Calafat e i dintorni venissero coperti da alcuni riparti del primo corpo d'esercito, quelli posti tra Giurgevo e Oltenizza da alcuni del secondo, mentre una riserva adatta rimaneva addietro per rinforzo in Bucarest stessa (1).

I combattimenti d'artiglieria e le ricognizioni fatte fin dall'8 di maggio da Vidin contro Calafat, da Rustciuk contro la riva di Giurgevo, e da Turtucai contro Oltenizza, alle quali tenner dietro altri scontri su cui non importa soffermarsi, presso Islas, Corabia, Bechet, Rasci, Bistrez, ecc. dimostravano almeno che i Turchi tentavan di fare argine all'avanzata dei Russi; e ci permettono di supporre che, ove non avessero veduto i Rumeni risolutamente schierati presso i punti più importanti di passaggio, avrebber tentato delle singole spedizioni contro la riva sinistra del Danubio. Osman Pascià, il turco eroe di questa campagna, il quale da Vidin dirigeva un esercito di 60.000 combattenti, si preparava di lunga mano già a venire in caccia del nemico sulla sinistra riva danubiana; ma ne lo impedirono Abdul-Kerim e il Consiglio di guerra di Costantinopoli. Al comando di Rustciuk era stato posto il valente Achmet Kaiserli Pascià; e il suo porto era abbondantemente fornito di corazzate e di navi d'ogni specie. Anche nel porto della fortezza di Nicopoli, situata tra Rustciuk e Vidin e difesa da una guarnigione di 10.000 uomini, c'eran due corazzate atte a proteggere un transito all'altra sponda. Presso Corabia, in vicinanza di Nicopoli, un cannone rumeno danneggiò gravemente l'elica d'un vapore turco che veniva da Rahova ad assalir quella posizione, e che, reso per tal modo inservibile, fu costretto a tornarsene indietro.

Il 19 di maggio, il distaccamento di Scobelew venne a prendere

---

(1) Cfr. T. C. VACARESCU, *Partecipazione della Rumenia alla guerra degli anni 1877 e 1878*; trad. di MITE KREMNITZ, Lipsia, 1888, pag. 26-27.

il posto della terza divisione rumena nell'importante posizione di Giurgevo; il 21 l'altra posizione non meno importante di Oltenizza fu dalla quarta divisione rumena ceduta alla seconda divisione russa sotto il comando del generale Aller; e così a grado a grado tutte le posizioni valorosamente tenute dalla Rumenia vennero una dopo l'altra occupate dai Russi.

Se non che, questa così opportuna prestazion di servigi, ch'era stata resa possibile soltanto per effetto dello spirito organizzatore del principe Carlo e per le radicali innovazioni di tutto quanto lo Stato rumeno, che in undici anni egli aveva saputo introdurvi, non fu certo l'unico benefizio che dalla Rumenia s'ebbe a trarre la Russia. Per apprezzar convenientemente tutto il valore della cooperazione rumena in cotesta guerra, convien richiamare alla mente quelle disposizioni del trattato di attuazione che integravano il trattato fondamentale del 16 aprile. In forza di esso, il Governo rumeno concedeva all'esercito russo l'uso delle ferrovie, delle vie d'acqua e di terra, delle poste e dei telegrafi, e poneva a sua disposizione tutte le risorse materiali del paese per le necessità dell'approvvigionamento e dei trasporti di guerra. Fu stabilito che le relazioni delle autorità militari russe con quelle della Rumenia dovessero essere agevolate per mezzo di speciali commissarii. Tali commissarii dovevano esser forniti di tutti i dati necessarii circa le risorse materiali delle varie parti del paese che si dovevano attraversare dalle truppe russe. Le autorità rumene dovevan facilitare l'acquisizione di tutte le cose indispensabili che potessero esser richieste per il campo, il bivaccamento, i trasporti di truppe e di bagagli, il materiale di munizione, le prestazioni ospitaliere e farmaceutiche. Per il trasporto delle truppe, l'esercito imperiale era posto assolutamente alla pari con quello del Principe, e doveva partecipare degli stessi diritti e degli stessi privilegi. Quanto alla tariffa del trasporto, il Governo rumeno a priori s'obbligava a una riduzione del 40 %. I treni militari russi avevan la precedenza sopra tutti gli altri, fatta eccezione solo per quelli che portavan la posta e le truppe rumene. I treni ordinarii potevano in caso di bisogno esser limitati di numero, e persino temporaneamente soppressi. Un Consiglio centrale composto di rappresentanti delle varie Società ferroviarie sotto la direzione del Ministro dei lavori pubblici doveva dirigere, con la cooperazione d'una Commissione russa, tutto quanto il servizio delle strade ferrate; ma la direzione e la *sorveglianza suprema* relativamente ai trasporti di truppe spettava al Capo delle Commissioni militari russe. Il medesimo Capo delle Commissioni era autorizzato a far eseguire per conto del Governo russo i seguenti lavori: costruzione di piattaforme, rampe, vie di deviazione, linee di soccorso, stazioni provvisorie, allestimento di carri da merci per trasporto di uomini e di cavalli. Al medesimo funzionario era concesso d'esigere il licenziamento di quei subalterni, il cui malvolere avesse potuto presentar dei pericoli. I dispacci ufficiali russi avevan la precedenza sui dispacci privati. L'esercito russo era autorizzato a far tendere a sue spese un proprio filo ai pali telegrafici dello Stato e delle Società ferroviarie. A tergo dell'esercito russo, fatta eccezione per Bucarest, doveva formarsi una linea di tappe, sulla quale, come su quella del movimento d'avanzata, si sarebber potuti stabilire magazzini d'ogni specie, forni e cucine. Nelle località dove non ci fossero ospedali russi, gli ammalati si sarebbero ricoverati, entro i limiti del possibile, in quelli rumeni. Il Governo rumeno doveva mettere a disposizione dell'esercito russo, a pagamento, le barche, navi, ecc. che fosse stato possibile procurarsi, come pure le *quantità necessarie di legname e d'altri materiali* (1). Esso concedeva del pari alla Russia per la durata della presenza delle truppe imperiali in Rumenia e di là dal Danubio libera introduzione e libero transito di tutti gli articoli necessari per uso dell'esercito russo. Le Autorità del Principato dovevano prestare il loro aiuto anche per la cattura dei disertori russi.

Salvo adunque per la questione del danaro, che qui ha poca importanza, si trattava d'un vero e proprio sfruttamento del paese: sfruttamento che poteva venir compensato soltanto con una quota corrispondente del bottino avvenire. A parte tutti gli avvenimenti successivi, che dovevan condurre ancora a conclusioni ben diverse, si può affermare che la campagna della Russia contro la Turchia europea ricevette la sua prima consacrazione del successo dalle larghe sorgenti del soccorso rumeno.

Durante le importanti ispezioni intraprese dal principe Carlo, egli ricevette a Calafat — dov'erano state erette le batterie Stefano Carol, Elisaveta e Mircea — il battesimo del fuoco. Di quivi egli fece aprire il bombardamento contro Vidin. Le bombe turche scoppiavano a pochi passi da lui; e il giovine esercito rumeno era entusiasmato

---

(1) Secondo i dati francesi, sarebbero state abbattute intere foreste nei Carpazi.

dell'imperterrita impassibilità del suo capitano. Per altra parte, egli seppe anche rappresentar degnamente lo spirito d'indipendenza del suo paese, quando al barone Stuart, il quale gli accennava che il granduca Niccolò in una sua visita a Bucarest sarebbe stato accompagnato da un distaccamento di soldati con la bandiera benedetta che gli era stata donata in Russia, replicò riferendosi all'accordo del 16 aprile, il quale escludeva le sfilate di truppe a Bucarest; dimodochè tanto il distaccamento come la bandiera se ne rimasero al quartier generale a Ploësci.

Il 6 giugno era entrato in Ploësci l'imperatore Alessandro, al cui seguito si trovavano il principe ereditario, i granduchi Sergio, Vladimiro e Niccolò Nicolaievich, i due Leuchtenberg e Alessandro di Battenberg, il futuro principe di Bulgaria; inoltre Gorciakow, Milutin, Ignatiew, Iomini, Hamburger, Adlerberg ed altri alti dignitarii e ufficiali. L'8 giugno l'Imperatore, accompagnato dalla maggior parte dei sopra nominati personaggi, fece una visita al Principe a Bucarest; e truppe rumene gli fecero da scorta d'onore (1). Faceva spalliera la guardia nazionale, allora tuttavia in essere.

I mesi di maggio e di giugno furono inoltre messi a profitto dai Russi per preparare il passaggio del Danubio. Esso doveva farsi in due punti, vale a dire sul basso Danubio e sul medio (2). Secondo il rapporto generale del granduca Niccolò, che noi qui seguiamo nelle sue linee principali, per una parte lo stato delle ferrovie rumene, il quale fece ritardare i trasporti, per un'altra il cattivo tempo, che aveva determinato una piena strordinaria del fiume, ritardarono entrambe le operazioni, che in origine erano state fissate per il 5 di giugno. Già verso gli ultimi di maggio la linea da Reni a

---

(1) VACARESCU, pag. 44-45.

(2) Il colonnello LECOMTE, nella sua opera *Guerre d'Orient*, II, pag. 40, ammette erroneamente che il passaggio al Danubio inferiore non fosse stato se non una diversione per ingannare il nemico circa il passaggio al Danubio medio. Ma, fin dal trattato di Parigi, la Russia aveva per l'occupazione del territorio del basso Danubio un troppo spiccato interesse, per non metterlo tra i fondamenti principali delle sue operazioni. Nell'interpretazione del Lecomte tuttavia c'è questa di vero, che Abdul-Kerim, in conseguenza dell'impresa ch'era mossa da Galatz, si lasciò fuorviare così, da rinforzare le sue posizioni di Silistria, mentre quelle truppe gli sarebbero state, nel momento decisivo, di grande utilità sul medio Danubio. Le vere diversioni che in realtà furono fatte per il passaggio principale, le impareremo a conoscere più da presso ben presto.

Braila era stata ai Turchi sbarrata per mezzo di torpedini; e al termine di maggio tutto il basso Danubio da Reni a Hirsova era stato reso libero dalla flotta turca. Sebbene i Russi, ormai indisturbati, potessero — parte con cavalletti, parte con pontoni — gettare un ponte lungo 1200 metri e largo quattro da Braila a Ghecet, il livello dell'acqua era così alto, che il generale Zimmermann, al quale, come a comandante della 14.ª divisione, era stato affidato il comando in capo di cotesto passaggio, lo ebbe a giudicare soverchiamente pericoloso. Tuttavia al rinnovato ordine dei comandanti supremi, esso fu finalmente predisposto. Poichè il ponte era in parte altamente coperto dall'acqua, e pertanto reso per il passaggio inservibile, il maggior generale Zukow, con i reggimenti Riazan e Riajsk, s'imbarcò, parte su battelli a vapore parte su barconi e zattere, di rimpetto a Budiak, e dopo un vivo combattimento riuscì a impadronirsi di quelle alture. I Turchi battuti si ritirarono; e, poichè furon giunti i necessarii rinforzi, i Russi vittoriosi occuparono Macin, Tulcia e Hirsova. Le loro perdite ascesero a soli 41 uomini con tre ufficiali morti, e 98 uomini con due ufficiali feriti. Trattenutisi alquanto al Vallo Traiano, si resero più tardi padroni di tutta la Dobrugia.

Come nota espressamente il rapporto del Granduca, i preparativi del passaggio principale al medio Danubio furono di gran lunga più difficili. Quivi si trovava la maggior parte delle corazzate turche; onde lo sbarramento mediante torpedini tanto più si presentava pieno di pericoli. Mentre le truppe venivano dirette a Turnu e a Flamunda, si procedeva intanto alla necessaria posa delle torpedini. Il 20 giugno la squadra torpediniera, composta di dieci battelli a vapore, trasportata su carri a rotelle fino a Malu de Ios, veniva immessa nel Danubio. La prima immersione, condotta dal capitano Novikow, all'altezza di Paraipan venne disturbata dal fuoco nemico, e segnatamente dall'avvicinarsi d'un monitore turco; ma nonostante i danni riportati dalla scialuppa *Sciutka* mandatagli incontro, sulla quale si trovava come volontario il pittore Veresciaghin (che fu ferito in quell'occasione), il monitore dovette ritirarsi. Le torpediniere compirono quindi altri successivi sbarramenti; e, al fine di risparmiarle per il momento stesso del passaggio del fiume, il capitano Novikow pensò di procedere ad altri affondamenti col mezzo di semplici battelli a remi; alla quale pericolosa operazione presero parte dei volontarii. Due monitori turchi usciti da Nicopoli il 23 e il 24 nulla poterono fare contro le batterie da costa e le scialuppe dei Russi, sebbene quest'ultime n'uscissero danneggiate in qualche parte.

Il punto preciso del passaggio sul medio Danubio non era stato peranco fissato. Il Granduca approfittò dei quattro giorni spesi

nell'affondamento delle torpedini per allontanarsi chetamente dal suo quartier generale di Ploësci, e recarsi a ispezionare la riva danubiana da Zimnicia a Turnu. Fattosi persuaso della difficoltà d'un passaggio di fronte a Nicopoli, risolvè di valersi d'un punto in vicinanza di *Zimnicia*, di rimpetto a Sistova. Predispose adunque le misure seguenti: il comandante dell'ottavo corpo (tenente generale Radetzky) doveva aver egli solo conoscenza del punto di passaggio prescelto; e per ingannar su di ciò le stesse sue truppe, fece marciare la 9.ª divisione di fanteria da Alexandria a Piatra, conformemente al precedente piano di marcia. A Zimnicia mandò da Baia solo la 14.ª divisione di fanteria, con la compagnia mista della Guardia, due compagnie di Plastuni, la 4.ª brigata Cacciatori, l'artiglieria di montagna a piedi e il parco dei pontonieri. Fra l'altre disposizioni è ancora specialmente da ricordare come, per trarre in inganno il nemico, l'artiglieria da fortezza aveva ordine di bombardare da Giurgevo, giorno per giorno incominciando dal 24, la cittadella di Rustciuk; e subito dopo, dal 25 in là, doveva incominciare anche il bombardamento di Nicopoli.

Della maggior evidenza per la narrazione, e mirabilmente opportuno a ribadire il sopra espresso giudizio nostro circa gli aiuti posti da parte della Rumenia a disposizione dei Russi, è il passo seguente, che riferiamo dal rapporto del granduca Niccolò:

« Oltre ai quattro treni di ponti appartenenti all'esercito, erano
« stati radunati dei pontoni a *Galatz* e a *Slatina;* cavalletti ed
« altra suppellettile per costruzione di ponti erano stati predisposti
« unicamente e solamente a Slatina. I pontoni fabbricati a Galatz
« furon trasportati a Slatina con la ferrovia. Tutto quanto il ma-
« teriale venne da ultimo riunito sull'Aluta, per esser trasportato
« (a seconda della corrente) verso il Danubio, dov'esso doveva neces-
« sariamente — poichè non si poteva altrimenti — passar oltre
« dinanzi ai forti di Nicopoli. Ciò accadde (e lo vogliamo aggiungere
« a vergogna della condotta della guerra da parte dei Turchi) nelle
« notti del 27, del 28 e del 29 giugno. Il primo distaccamento, che
« comprendeva cento pontoni, fu condotto dal capitano Novossilski;
« e sul primo pontone stava, tenendo la bandiera del 5.º battaglione
« di zappatori, il comandante delle truppe del genio, maggior ge-
« nerale Depp. I Turchi si accorsero del convoglio solo quand'esso
« aveva già oltrepassato Nicopoli. Arrivò felicemente a Flamunda;
« e la notte seguente, sotto il comando del granduca Alessi Alexan-
« drovich, fu condotto a Zimnicia. Nella notte dal 27 al 28, il secondo
« scomparto, composto di 50 pontoni e 34 zattere, percorse la me-
« desima tratta; e i trenta pontoni restanti seguirono nella notte
« dal 28 al 29. I parchi dei pontonieri vennero portati mediante
« la ferrovia fino alla stazione di Baneasa, e di là fino a Beja
« inoltrati per le strade ordinarie ».

Il 25 di giugno il quartier generale del Granduca venne trasferito da Slatina al bivacco di Traccia, dove nel dì successivo fu portato anche il quartier generale imperiale. La sera del 26 le truppe furon raccolte presso Zimnicia, e sotto la guida diretta dei maggiori generali Dragomirow, comandante la divisione 14.ª, e Richter, comandante la 3.ª brigata di zappatori, si prepararono al passaggio. Il 27, alle due del mattino, esso ebbe principio, sotto la condotta del maggior generale Jolchin, col reggimento di fanteria della Volinia recante il nome del granduca Niccolò, con una sotnia di Plastuni e 60 Cosacchi del Don. Remavano i Cosacchi. Dopo circa tre quarti d'ora, cotesto primo treno, accolto appena da qualche salva, giunse alla riva nemica. I trasporti successivi, in quella vece, ebbero a sostenere un fuoco di fucileria e d'artiglieria. Cinque pontoni furon colati a fondo, e tra gli affondati furono il tenente colonnello Strelbitski, comandante una batteria, e il tenente Turbert dell'artiglieria della Guardia a cavallo. In considerazione della relativa debolezza del contingente sbarcato e delle condizioni del terreno sfavorevoli per i cannoni russi, furon portate a terra prevalentemente le fanterie, riservando per il momento l'artiglieria. Dopo d'aver convenientemente invigilato agl'imbarchi, il generale Dragomirow passò egli stesso il fiume. Più tardi, nel suo rapporto, egli pose in rilievo come il tratto caratteristico più notevole nel combattimento svoltosi sulla riva nemica fosse che le prime truppe sbarcate non presentavano più una formazione serrata, ma aspettavano il nemico in gruppi improvvisati, ciascuno sotto un comandante sconosciuto. Lo stesso Abdul Kerim, nella relazione da lui trasmessa a Costantinopoli, dovette confessare che non si sapeva che cosa ne fosse della prima linea dei soldati schierati alla riva; che al primo sbarco non un colpo solo era stato tirato da parte dei Turchi, e che appena dopo che il primo riparto era passato, il posto di sentinella aveva incominciato di là da Deirman-Dere a far fuoco, e a dare i segnali preordinati.

Se il comandante supremo dei Turchi fosse venuto a conoscenza del punto scelto dallo Stato maggior generale russo per il passaggio, e avesse concentrate a Sistova le truppe che si trovavano a Rustciuk e a Nicopoli, la traversata dei Russi, dato pure che fosse riuscita, si sarebbe dovuta comperare a prezzo di gravi perdite. — Poichè un piroscafo ebbe trasportato da Turnu Magurele in due viaggi un intero reggimento, e fu sbarcata una brigata di cacciatori e dell'artiglieria, i Russi s'avanzarono contro Sistova. Dopo un breve combattimento, che rigettò i Turchi verso Tirnova, i Bulgari che abitavano nella città la consegnarono ai Russi. Questi, com'era da aspettarsi, furon dalla popolazione cristiana accolti con entusiasmo; quanto alla maomettana, non appena apparve verosimile la presa da parte dei Russi, era fuggita nell'interno della Bulgaria; e le sue case, dal pari che le moschee, le scuole, le chiese, non poterono andar salve dal furore del popolaccio cristiano. — Le perdite dei Russi al passaggio del fiume salirono a 290 uomini di truppa e nove ufficiali morti, e a 446 uomini con 22 ufficiali feriti. Quelle dei Turchi furon calcolate a 244 morti e a 385 feriti.

Nelle ore pomeridiane del 27, essendosi continuato ininterrottamente il trasporto delle truppe, anche Radetzky stesso passò il Danubio. Il 28, quando già le intere divisioni si trovavano sul suolo bulgaro, lo seguì pure il granduca Niccolò; e solo allora si potè procedere alla costruzione del ponte, che poteva assicurare così le invasioni come le ritirate. Fu fatto di cinque pezzi, corrispondenti alle singole parti della corrente: la prima della lunghezza di metri 66, la seconda di 10, la terza di 435, la quarta di 64, e la quinta (presso la sponda bulgara) di metri 335. Protetto ai due lati da torpedini, esso servì al trasporto sul teatro della guerra della maggior parte delle forze combattenti russe, come della sterminata loro suppellettile e degli approvvigionamenti.

Alessandro II, posto il piede sul territorio bulgaro per visitare il luogo del combattimento, nella gioia della sua prima vittoria abbracciò i generali Dragomirow, Iolkin e Skobeleff, assistette a un *Tedeum* nella chiesa di Sistova, e diresse ai Bulgari un proclama, nel quale annunziava « d'avere affidata al suo esercito la missione d'assicurare i sacri diritti della loro nazionalità. Voler la Russia *edificare*, non abbattere; ed esser pertanto chiamata per volere divino a proteggere tutte le razze e tutti i culti in ogni parte della Bulgaria dove ci fossero abitatori di differente origine e diversa fede ». E rivolgendosi ai Bulgari maomettani, il proclama aggiungeva: « Non potersi per vero dimenticare le atrocità da loro commesse; ma la Russia non voleva neanche renderli tutti responsabili dei delitti dei singoli. Un procedimento giudiziario imparziale doveva solo colpire i colpevoli che non erano stati ancora puniti. Essere stato inculcato ai Cristiani di dare al mondo l'esempio dell'amore secondo Cristo, di dimenticare rancori e dissensi, e di rispettare i legittimi diritti di qualsiasi nazionalità. La legione bulgara costituita sul suolo rumeno avrebbe potuto formare il nocciolo della forza locale, a cui dovevasi affidare il mantenimento dell'ordine ».

Le forze combattenti poste sotto gli ordini d'Abdul-Kerim Pascià al momento del passaggio del Danubio s'elevavano in tutto (per quanto si poteva suppergiù calcolare con sufficente esattezza) a circa 210.000 uomini, con 800 cavalli e 318 cannoni (1). Se si pensa che la linea del Danubio che conveniva difendere ha una lunghezza

---

(1) Il generale v. HARTMANN nella già citata opera sopra la guerra russoturca dice « che persino al Ministero della guerra della Porta erasi fatto im-« possibile di stabilire quanta forza di truppe fosse disponibile per la difesa « del Danubio. I Russi circa la metà d'aprile supposero che il loro avversario « avrebbe potuto opporre loro complessivamente in territorio bulgaro intorno « a 180.000 uomini ». Con ciò concorda all'incirca la cifra di 200.000, nell'opera *La Guerre d'Orient* del colonnello LECOMTE (II, pag. 13). Più generale, per *il complesso delle forze militari turche* in Europa e in Asia, è l'*Invalide russe* (in ogni caso esattamente informato) del 12 aprile 1877, al quale han poi attinto la maggior parte delle pubblicazioni successive, e tra gli altri anche SARAUW, pag. 22. — Secondo cotesto organo ufficiale russo, le forze turche poco prima dello scoppio della guerra erano le seguenti: 1.º In *Europa:* In Bosnia, uomini 19.000 con 30 cannoni; nell'Erzegovina 24.000, con 24; nel Sangiaccato di Novi-Bazar 9000, con 18; in Albania 15.000, con 30; in Macedonia 3000, con 6; nell'Epiro e Tessaglia 13.000, con 18; al confine orientale della Serbia 45.000, con 102; al confine meridionale della Serbia 16.000, con 48; nella Dobrugia 4000, con 6; a Varna, Rustciuk e Silistria 37.000 con 141; a Sistova, Tirnovo, Bercovaz e Rahovo 7000; nella Bulgaria oltre i Balcani, a Filippopoli, a Sofia 25.000; a Costantinopoli 22.000, con 18; nelle isole dell'Arcipelago 9000, con 24. 2.º In *Asia*: Al confine russo 57.000, con 162; a quello persiano 19.000, con 60; nel Curdistan 8000; nella Siria 22.000, con 108; nell'Yemen 14.000, con 36. Cfr. *Revue militaire de l'Étranger*, annata 1877, I, pag. 215-16. Quest'organo ufficiale *francese*, in ciò pienamente d'accordo con HARTMANN, osserva come i dati numerici per quanto si riferisce all'esercito turco sieno particolarmente incerti. Infatti, esso non ha divisioni permanenti, in Corpi d'esercito attivi, Divisioni e Brigate. Ci si trova di fronte a raggruppamenti irregolari e mutabili, i quali generalmente si possono scomporre soltanto per il numero dei battaglioni (diversi di forze), degli squadroni e delle batterie. Aggiungeremo a ciò che allo scoppiar della guerra l'esercito turco si trovava in uno stato di dislocazione che corrispondeva a necessità in parte rettamente, in parte erroneamente calcolate. — Circa alla forza e all'organamento (puramente teoretico, per vero) dell'esercito *russo* a quel tempo, si veda la copiosissima opera, elaborata di sulle fonti ufficiali: *Les forces militaires de la Russie* par le Capitaine WEIL, Paris 1880, e la *Statistique générale de l'Armée russe en 1876 e 1877*, in *La guerre d'Orient en 1877-78*, par UN TACTICIEN; fasc. 3.º, pag. 540-594.

di 110 miglia, che le fortezze e altri punti importanti dovevano conservare certe guarnigioni determinate, che le truppe radunate contro il Montenegro, la Serbia e la Grecia potevan solo in maniera assai limitata esser chiamate a rinforzare i punti minacciati in Bulgaria, e che il confine asiatico doveva esser difeso da uno speciale esercito, è necessario — poichè per l'esercito attivo non rimanevan disponibili più che 100.000 uomini — considerar le forze militari del Turco come di gran lunga troppo deboli per potersi contrapporre al nemico, che minacciosamente s'avanzava dal settentrione. Abdul-Kerim, il quale, a 71 anni, aveva perduta gran parte dell'antica energia, s'affidò ad Achmed Ejub Pascià, che direttamente comandava l'esercito del Danubio: uomo ch'era debitore del suo rapido avanzamento specialmente ai successi riportati contro le popolazioni arabe dell'Yemen, ma che mancava di cognizioni tattiche e di risolutezza. Abdul-Kerim era, del resto, fin dal bel principio convinto dell'insufficenza dei proprii mezzi, e andava tempestando la Porta per aver dei rinforzi. Sennonchè, dopo gli sperperi degli ultimi anni, dopo le sanguinose sollevazioni e gli armamenti contro la Russia, la Porta non era in grado di procacciarsi nuove fonti d'aiuti. Nè le leve in massa nè gli appelli alle prestazioni dei volontarii riuscivano ad alcun risultato apprezzabile. I rappresentanti delle comunità cristiane si dichiaravan contrarii all'obbligo del servizio: e mentre in Russia la nobiltà come il popolo erano animati dal più largo spirito di sacrifizio, e l'Imperatrice si metteva alla testa delle istituzioni sanitarie, e i singoli privati mandavano treni interi pieni di doni d'ogni specie sul teatro della guerra, e l'impero degli Zari pareva si trovasse dinanzi a una crociata, in Costantinopoli stessa, sebbene il Sultano si facesse proclamare il difensore della Fede, le offerte spontanee affluivano assai a stento ed a spizzico. Le strettezze finanziarie dello Stato eran cresciute all'estremo. Si fece un tentativo per un prestito a Parigi e a Londra; ma dopo l'ultima bancarotta di Stato di poco innanzi, se ne prevedeva di lunga mano la poca probabilità di riuscita.

Alla Camera dei deputati di Costantinopoli s'ebbe ad assistere a una memorabile scena, la quale dimostrò almeno come, se pur l'Impero ottomano nel suo complesso non era ancor maturo per le istituzioni parlamentari, alcuni singoli elementi fosser tuttavia convinti dalla sua decadenza. In una seduta del 12 maggio, il deputato di Smirne, Yenecheherli Zadeh, ebbe campo di mostrare come

l'antica combattività e l'antica arte oratoria greca in quella fiorente
parte dell'Asia minore non erano ancor morte. Rivolgendosi egli al
banco dei Ministri: « Noi, esclamò, abbiam dato l'ultimo *parà:*
« i nostri figliuoli sono tutti al confine e si fanno ammazzare per
« voi. Che fanno i vostri? e che fate voi stessi? Quanto avete
« smesso voi del vostro lusso, dacchè le nostre provincie, esauste
« dalle vostre colpevoli dissipazioni, mancan del pane? Stranieri
« alle sofferenze della patria, voi portate in giro a pompa nei cocchi
« dorati la vostra infingardaggine, e non date nè il vostro danaro
« ne il vostro sangue per salvarci. A noi toccan tutti i pesi, a voi
« tutti i godimenti! ». — Il presidente del Parlamento tentò dapprima la difesa delle classi più elevate; ma, poichè conveniva tener
conto delle generali disposizioni d'animo della Camera, dovette
pure alla fine confessare che solo alcuni poveri pescatori e bar-
caiuoli avevan dato l'obolo del loro risparmio. Al che, il medesimo
deputato ringraziò quei poveretti in nome della patria, e rivolto
ai Ministri soggiunse: « Portate voi il vostro danaro e i vostri
« gioielli alla zecca; quanto a noi, daremo le ultime cose che ci
« rimangono... — ma alla condizione che voi non abbiate a toccarle,
« e che noi stessi dobbiamo invigilare sull'uso degli ultimi mezzi di
« sussistenza che ci sono rimasti ».

Espressioni di tal fatta, per quanto giustificate fossero, non eran
certo di buon augurio per l'ulteriore conservazione della Costituzione
ottomana!

XLIII.

La Campagna dei Russi in Armenia

Ripartizione dell'esercito in quattro colonne. - Le prime ostilità; insuccesso delle navi da guerra turche contro la colonna *Rion*. - Tentativo di sollevazione nel Caucaso. - Conquista di Baiasid per opera della colonna *Erivan*. - Conquista di Ardahan, per la colonna *Achaltzich*. - Eccitazione a Costantinopoli per la presa di Baiasid e di Ardahan, e proclamazione dello stato d'assedio. - La spedizione della colonna Alessandropoli contro Cars. - Posizione strategica di Muktar Pascià presso Sivin. - Sconfitta dei Russi a Sivin, e ritirata del generale Loris Melikow. - Ritirata del generale Tergukasow, e suo nuovo passaggio oltre il confine, in soccorso della cittadella di Baiasid.

In Asia, dove il minor fratello dello Zar, granduca Michele Nicolaievich, come governatore di Tiflis aveva anche il supremo potere sulle cose della milizia, e dove il comando dell'esercito russo era tenuto dal generale Loris Melikow, nato egli stesso in Armenia e già famoso per precedenti campagne, 120.000 Russi si trovavano, allo scoppiar della guerra, di fronte a un numero di poco inferiore di Turchi (1).

---

(1) Secondo l'esposizione più sopra riferita delle truppe turche nell'Asia, il loro numero sarebbe per verità salito a 120.000 uomini; ma di questi una parte si trovava in vicinanza immediata del confine russo. Nondimeno, SARAUW (pag. 41), valutando il numero delle forze turche in Armenia a soli 75.000 uomini, si tiene al disotto del vero. LECOMTE (II, pag. 322), portandoli a circa 120.000 sembra avvicinarsi di più alla verità. Hussein Avni Pascià, che nel 1869 aveva intrapreso il riordinamento di tutto l'esercito ottomano (la legge relativa è del 22 giugno di quell'anno), nel piano da lui sottoposto al Sultano Abdul-Aziz

Il teatro della guerra in Armenia, a cagione della natura del terreno montuoso e fortemente accidentato, come pure delle condizioni climatiche sensibilmente diverse secondo la varietà dei luoghi, offre a un esercito belligerante le maggiori difficoltà. La condizione delle strade, così nelle montagne come nelle regioni di pianura, era affatto trascurata da secoli e secoli, e si limitava per lo più a quella delle antiche strade delle carovane, che per le artiglierie e i carriaggi son poco meno che inservibili. A tali condizioni è da attribuire se, per le sue operazioni in Armenia, l'esercito russo non potè allontanarsi dalla strategia seguita nelle precedenti sue guerre. Il 24 aprile, in quattro colonne, irruppe sul territorio turco. Coteste quattro colonne si dividevano nuovamente in un corpo principale e un corpo secondario. Quest'ultimo, contrassegnato col nome di colonna di Rion, doveva, sotto gli ordini del generale Okloboscio, procedere innanzi per la costa del Mar Nero, al fine di tener testa all'esercito turco comandato da Hassan Pascià a Batum, e di mandare in pari tempo alcuni distaccamenti contro il forte di Ardahan. Mentre cotesto corpo aveva dunque in sul principio un carattere piuttosto difensivo, al corpo principale, che constava delle colonne Achaltzich (generale Dewel), Alessandropoli (generale Loris Melikow) e Erivan (generale Tergukasow) spettava

---

proponeva per l'Anatolia un esercito di 150.000 uomini. Vedi la sua relazione in Zboinski, *Armée ottomane*, Paris, 1877, pag. 13-19. Quest'ufficiale d'artiglieria belga, che fu per un certo tempo professore alla Scuola militare di Costantinopoli, stima (con evidente esagerazione) tutta la complessiva forza militare della Turchia a nientemeno che 800.000 combattenti con 150.000 cavalli e 318 batterie con 1994 pezzi da campo. Un quadro siffatto spiega in parte l'illusione del Governo turco d'allora. L'Ubicini, scrittore per lo più attendibile, nel suo *État présent de l'Empire ottoman* (Paris 1876, pag. 178-80), nell'enumerazione di tutte le forze militari di Nizams e di Redifs, porta tutt'insieme l'esercito alla cifra di 311.584 uomini, ai quali si sarebber dovuti aggiungere altri 82.000 tra Basci-Bozucchi, Spahis, Egiziani e Tunisini. — L'esercito russo per la campagna d'Asia comprendeva: i granatieri del Caucaso (Muravow II), la 19.ª divisione di fanteria (Kamarow II), la 20.ª (Heymann), la 21.ª (Petrow), la 38.ª (Tergukasow), la 39.ª (Dewel), la 41.ª (Okloboscio), i dragoni del Caucaso (Toulouse-Lautrec), i Cosacchi del Caucaso (Ceremetiew), una brigata di tiratori caucasici, una brigata di zappatori, e i Cosacchi di Kuban e di Terek. Questa massa di truppe, a differenza di quella impiegata in Europa, non era divisa in corpi d'esercito, oltrechè, nel corso della Campagna. parecchie mutazioni ebbero a prodursi nei singoli riparti.

l'offensiva vera e propria, il cui obbiettivo era prima di tutto la
fortezza di Cars. Tale esercito aveva, da Batum fino a Baiasid, una
fronte di 360 chilometri, e, al pari di quello turco, era troppo
debole per raggiungere effetti di qualche importanza.

La fortezza di Cars, situata a un'altezza di 5862 piedi, benchè avesse
per il momento un presidio insufficente, era tuttavia, per i dodici
forti di recente costruzione che la cingevano intorno, assai formidabile; oltrechè, poteva ricevere rinforzi da Ardahan; era dunque
nei piani di Loris Melikow d'impadronirsi di cotest'ultima fortezza
al più presto possibile. Le prime ostilità sul territorio dell'Asia
incominciarono il 24 aprile, subito dopo la dichiarazione di guerra,
mentre i Turchi con le loro corazzate bombardavano il forte di
San Niccolò, la città di Poti — dove i Russi avevan raccolte le
provviste per la colonna destinata all'attacco di Batum — e qualche
altro punto della costa. Tali operazioni, condotte senza disegno e
senz'energia, non ebbero alcun successo: la flotta turca scomparve
a un tratto, proprio quando i Russi temevano che potesse infligger
gravi danni alla colonna in marcia alla volta di Batum, e non si
fece più viva se non più tardi al bombardamento di Suchum-Cale,
che seguì il 10 di maggio. Anche il tentativo di far insorgere contro
la Russia la popolazione del Caucaso e di sostenerla con l'invio di
uomini e di munizioni, come avvenne dalla parte di Suchum-Cale,
andò a vuoto, per le misure adottate dalla Russia. Tuttavia la sollevazione del Caucaso non fu interamente soffocata se non ad
autunno inoltrato.

La colonna Erivan, che formava l'ala sinistra dei Russi, mosse
dapprima direttamente contro Baiasid. I Turchi, persuasi che il
cammino tra il grande e il piccolo Ararat non fosse praticabile,
avevan presidiato solo assai debolmente quella fortezza. Essi non
sapevano che a ponente del passo d'Ararat esisteva un'altra via,
già da un pezzo fatta costruire dai Russi anche per le artiglierie.
Allorchè il colonnello Filippow, capo dello Stato maggior generale
di Tergukasow, alla mattina del 30 aprile giunse con due sotnie
di Cosacchi in vicinanza di Baiasid, non trovò quasi affatto opere
esterne di difesa; e la guarnigione di forse 200 uomini comandati
da Ali Kiamil Pascià si ritirò senza colpo ferire. Allora lo stesso
Tergukasow s'avanzò fino alla fortezza, che dagli abitanti gli venne
consegnata incondizionatamente. Tergukasow ne fece subito perfe-
zionare le opere difensive, e vi nominò a comandante il tenente
colonnello Kowalewski.

Di molto maggior momento fu la presa della fortezza di Ardahan, contro la quale s'era diretta fin dalle prime la colonna Achaltzich. Quando Loris Melikow, il quale col suo corpo principale s'era spinto da Alessandropoli fino a Saim, si fu convinto che le truppe di Dewel non erano in forze sufficenti per quell'impresa, mandò loro in rinforzo un distaccamento posto agli ordini del generale Heymann; i due distaccamenti s'avanzarono allora separatamente contro la fortezza. Hussein Sabri Pascià disponeva quivi di dodici battaglioni, aventi a loro disposizione un numero relativamente considerevole di bocche da fuoco. Impadronitisi i Russi del campo trincerato posto dinanzi alla fortezza, Loris Melikow dispose il bombardamento generale per il 17 di maggio. L'effetto ne fu tale, che i Turchi incominciarono la loro ritirata nell'interno della fortezza. Se non che, il combattimento proseguì ancora per le vie della città, e non ebbe termine se non quando la colonna d'attacco si fu congiunta con le truppe di Heymann. Circa le otto della sera il comandante in capo poteva telegrafare a Tiflis: « Le opere esterne di Ardahan, il suo « materiale da guerra, sessanta cannoni, enormi quantità di mezzi « di sussistenza, il campo trincerato e la cittadella sono in potere « di Sua Maestà imperiale ». Dalla parte dei Russi s'ebbero nella colonna di Heymann 48 uomini morti e 248 feriti, in quella del generale Dewel 20 morti e 94 feriti. Tra tutt'e due le colonne un solo ufficiale era rimasto soccombente, e dieci feriti. Le perdite dei Turchi furono considerevoli assai. Secondo i dati dei Russi, furon sotterrati non meno di 1750 uomini. Un migliaio circa di Turchi, tra i quali il generale di brigata Alì Pascià, furon fatti prigionieri. Senzachè, il numero dei cannoni e delle armi d'ogni specie che costituirono il bottino fu anche maggiore di quello che i vincitori avesser sulle prime potuto riconoscere (1).

La caduta di Baiasid e di Ardahan suscitarono a Costantinopoli una vera tempesta. Con la presa di quest'ultima fortezza i Russi potevan ora senza incontrare ostacoli avanzarsi contro Cars, separandola da Batum e da Erzerum. Il Ministro della guerra Redif Pascià venne apertamente tacciato di negligenza, e incolpato di avere affidato un posto di tanta importanza a un uomo ch'era salito al grado di generale unicamente per via d'intrighi, e che poco o punto s'intendeva del mestiere delle armi. Il 24 di maggio

---

(1) *La guerre d'Orient* par UN TACTICIEN, fasc. 10, pag. 137.

scoppiò a Costantinopoli una dimostrazione in massa di *mollahs*
e di *softas*. Una deputazione di sei membri, tutti quanti di Ardahan,
da loro scelta si fe' a chiedere alla Camera dei deputati stretto conto
dell'accaduto, oltre alla deposizione di Redif Pascià e di Mahmud
Damat: il quale ultimo, marito (com'è noto) d'una figlia d'Abdul
Megid, era gran maestro dell'artiglieria, ed esercitava un influsso
capitale sulla condotta della guerra. Il presidente della Camera
Achmed Vefik diede alla deputazione una risposta per quant'era
possibile atta a tranquillarla; ma dopo la seduta fu tenuto un
Consiglio di Ministri, in seguito al quale fu deliberato lo stato
d'assedio e un disarmo generale. Una tal misura parve tanto più
necessaria, in quanto che le dimostrazioni popolari venivan crescendo
di numero, domandando a gran voce il ritorno di Midhat Pascià;
e una parte della cittadinanza già incominciava a fuggirsene dalla
Capitale.

A queste notizie inquietanti doveva seguir ben presto per Costantinopoli un breve periodo di passeggero sollievo. Noi ricordiamo
come verso gli ultimi d'aprile il comandante in capo Loris Melikow si trovasse a Saim, a circa venti chilometri a nord-ovest di
Cars. Egli aveva piantato quivi il suo quartier generale; e, stabilita
una comunicazione telegrafica con Tiflis, fece inoltrare colà da
Alessandropoli il suo parco pesante d'assedio e fortificare il campo
dal colonnello del genio Bulmering. In pari tempo, si diè a organizzare una colonna volante costituita di 27 sotnie di Cosacchi con
sedici cannoni sotto il comando del principe Ciawciavadse, la quale
s'allontanò in direzione di mezzogiorno da Cars fino a 100 chilometri dal campo del corpo principale, per portare a compimento
la congiunzione tra Cars ed Erzerum come pure la condottura telegrafica. Solo dopo che, per la presa di Ardahan, le truppe rimaste
libere furon ritornate il 24 maggio al campo di Saim, si potè nuovamente pensare sul serio all'assedio di Cars; ma, in ogni caso, era
necessario aspettare l'arrivo dell'artiglieria pesante, che poteva esser
verosimilmente protratto fino al 12 giugno. Il granduca Michele e
Loris Melikow invigilavano da Mazra (a sud di Saim) la disposizione
dei pezzi d'assedio. Muktar Pascià, temendo di venir chiuso dentro
Cars, aveva già da tempo pensato di ritirarsi a Erzerum; e una parte
delle sue truppe si trincerò in campo solidamente presso Sivin, tra
Erzerum e Cars. Ma poichè cotesta posizione poneva l'esercito russo
— assediante Cars da mezzogiorno e da settentrione — in pericolo

d'essere assalito alle spalle, Loris Melikow si vide posto nella necessità di marciare contro il generale turco; e, per far questo,

Granduca Michele Nicolaievich.

gli fu forza rinunziare per l'assedio alla cooperazione delle forze di Heymann: dimodochè il corpo di Dewel ebbe a continuar da sè solo l'attacco dalla parte di settentrione. Tutto ciò avvenne dal 17 giugno fino all'8 luglio, sotto un violento, ma pur sempre insufficente cannoneggiamento, e respingendo frequenti sortite dai forti.

Il campo di Sivin comprendeva sotto il comando *nominale* del vecchio generale turco Ismail Pascià (il comando effettivo era esercitato dall'ungherese Giuseppe Kollmann, oggi Feizi Pascià) a un di presso 15.000 uomini, ch'eran suddivisi in venti battaglioni di fanteria e due reggimenti di cavalleria, e ai quali stavano a disposizione in tutto e per tutto solo diciotto cannoni. Se non che, a una distanza di venti chilometri da Delibaba stava un'egual forza combattente agli ordini di Muktar Pascià in persona. Entrambe le divisioni avevano il còmpito, per una parte, d'accorrere in aiuto di Cars, per un'altra parte, d'impedire la congiunzione di Tergukasow con la colonna principale russa, che avrebbe minacciata Erzerum stessa. — Loris Melikow ricevette da Tergukasow una comunicazione scritta il 23 giugno, secondo la quale questi, già scarsamente provvisto di materiale da tiro, « temeva d'essere seriamente assalito da Muktar, del quale aveva battuta l'avanguardia. Conveniva quindi che il comandante in capo, per istornargli la minaccia di Muktar, lo facesse attaccare a Sivin da Heymann ». Ma i Turchi s'eran così mirabilmente disposti a Sivin sur un'altura di fronte ai Russi che avanzavano, che un attacco sulla sola fronte era assolutamente da escludere. Il generale Heymann pertanto diede ordine al principe Ciawciavadse d'aggirare — con due reggimenti di dragoni, diciotto sotnie di Cosacchi e le batterie montate — il destro fianco dei Turchi; con che doveva anche rendersi più difficile un'eventuale azione da Delibaba. Nel tempo stesso, tre batterie, rinforzate dal 13.° reggimento dei granatieri, dovevano schierarsi di fronte all'ala sinistra turca, mentre la destra doveva attaccarsi dal 16.° reggimento granatieri e da una batteria. Due soli reggimenti, poi, parimenti appoggiati da una batteria, dovevan attaccar di fronte. In riserva stavano, da ultimo, ancor tre reggimenti di Cosacchi.

Nelle ore pomeridiane del 25 luglio, la batteria annessa al 16.° reggimento granatieri aprì il fuoco. Due battaglioni del reggimento stesso respinsero bensì i Turchi dalle trincee dell'ala destra, ma furon bentosto arrestati da un profondo, insuperabile burrone. Dopo un nutrito cannoneggiamento, riuscì ai due reggimenti mandati contro il centro turco di spingersi innanzi con enormi sforzi fin sulla prima e sulla seconda linea delle trincee; ma all'ultimo, furono

accolti quasi a bruciapelo da un fuoco sì terribile, che furon costretti a ritirarsi nuovamente fino alle trincee più avanzate. A cotesto
insuccesso s'aggiunse il fallito tentativo d'aggirar con due battaglioni del 13.° granatieri l'ala sinistra dei Turchi: tentativo reso
vano da uno splendido attacco della cavalleria turca. Anche il generale Ciawciavadse, impedito dagli accidenti del terreno, s'era

Generale Loris Melikow.

potuto solo assai lentamente avvicinare al nemico; e alla sera fece
annunziare che non era in grado di procedere a un attacco. I generali
russi dovettero allora, troppo tardi, accorgersi che le loro forze
erano insufficenti. In questo combattimento, avevan per la prima
volta sofferto delle perdite rilevanti, le quali furon da loro stessi
riconosciute in 860 uomini di truppa e 37 ufficiali, tra morti e feriti.
D'intesa pertanto col granduca Michele venne stabilita la ritirata
generale, e la ripresa della campagna differita fino all'arrivo dei

necessarii rinforzi. Il generale Heymann se ne stette immobile fino
al 29 giugno presso Miltidis, a oriente di Sivin, e anche più tardi
s'avanzò solo assai lentamente, per protegger lo sgombero del
materiale da guerra stato radunato dinanzi a Cars. Il 10 luglio,
le forze principali di Loris Melikow si trovarono nuovamente ad
Alessandropoli. — Il generale Tergukasow, dopo la presa di Baiasid,
era proceduto innanzi con la colonna Erivan alla volta d'Erzerum.
Il 14 maggio aveva già fatto 62 chilometri, ed era arrivato all'antico
chiostro armeno di Surp Organes, dove aveva fatto impiantare un
magazzino e un ospedale. Il 9 giugno, i suoi avamposti giunsero
a Seidejkan; l'11, ricevette l'ordine di fare un'avanzata contro Delibaba, dove stava (come ci ricordiamo) Muktar Pascià, al quale
si doveva impedire di muovere in aiuto di Cars.

Nonostante il contingente relativamente troppo debole ch'era a
sua disposizione, Tergukasow ebbe il coraggio d'attaccare l'elevato
accampamento turco; dimodochè il 16 giugno si venne a battaglia
presso Seidejkan, dove i Russi perdettero 155 uomini e i Turchi 190,
tra i quali Mehemed Pascià. Muktar Pascià, accortosi del pericolo
che correva la sua ala sinistra, s'affrettò con otto nuovi battaglioni
a quella volta, e risolvette d'attaccar la colonna dei Russi. Il 21 giugno si venne a maggior battaglia presso Delibaba, dove i Turchi
rimasero in verità padroni del campo, ma devono avervi perduti
non meno di 2000 uomini. E molto sensibili furon pure le perdite
russe, che salirono a 434 uomini di truppa e venti ufficiali.

Dopo la sconfitta del principale esercito russo a Sivin, Tergukasow riconobbe la necessità della ritirata. Se non che, questa era
tanto più difficile, in quanto ch'egli conduceva con sè un seicento
tra ammalati e feriti, e non meno di 2500 famiglie cristiane s'erano
attaccate alle sue truppe per paura delle vendette dei Turchi. Gli
riuscì nondimeno, dopo una marcia d'otto giorni e dopo una scaramuccia svoltasi presso Carakilissa — dove la sua retroguardia
ebbe a perdere cento uomini e gran copia di vettovaglie —, a raggiunger felicemente il 4 di luglio la località di confine Igdir. Qui
s'apparecchiò durante alcuni giorni al fine di liberare la guarnigione
russa, stretta assai da vicino nella cittadella di Baiasid; e l'8 di
luglio, con otto battaglioni, quindici sotnie di Cosacchi e quattro
squadroni di cavalleria con ventiquattro cannoni, ripassò un'altra
volta il confine turco. Baiasid in fatti — dopo che Tergukasow se
n'era allontanato nel maggio per la sua avanzata in direzione d'Er-

zerum — era stata minacciata dalla parte del lago di Van per opera
di Turchi e di Curdi. Il governatore di Van, Faik Pascià, s'era
rivolto a Haidersauli, sceicco dei Curdi, con la preghiera di man-
dargli dei volontarii; talchè ben presto furon radunate grosse schiere
di gentaglia avida di preda, che Faik Pascià fece provvedere di
fucili Winchester. Un distaccamento russo mandato contro Van
era stato il 18 di giugno battuto a 17 chilometri da Baiasid, e,
poichè la città era già interamente accerchiata, aveva dovuto
ritirarsi nella cittadella. Qui entro sostenne un assedio di ven-
titrè giorni, durante i quali gli uomini venner posti alla razione
giornaliera d'un ottavo di libbra. Finalmente, il 10 luglio apparve
l'esercito liberatore: e, dopo un combattimento che costò ai Turchi
500 uomini e quattro cannoni, la cittadella fu felicemente liberata.
La città stessa era stata interamente devastata. La colonna Rion
si tenne fino al 20 settembre sulla difensiva a Muka Estate.

La felice ritirata dei Russi fu dovuta unicamente ed esclusivamente alla nota debolezza strategica dei Turchi nell'offensiva.
Tatticamente la posizione presa da Muktar Pascià era, nell'insieme, superiore alle disgregate operazioni dello Stato maggior
generale russo; e se dopo la sua vittoria di Sivin egli fosse proceduto innanzi vigorosamente, una catastrofe del corpo principale
dei Russi sotto Loris Melikow era molto probabile. Ma se ai Russi,
nel territorio asiatico, eran mancate le forze necessarie per la soverchia lor presunzione, ai Turchi esse venivan meno per pura
necessità.

XLIV.

Continuazione della lotta in Europa sul terreno diplomatico
e sul militare

Condizione della Rumenia di fronte alla condotta della guerra da parte dei Russi. -
Trattative tra Russia e Inghilterra circa le condizioni da proporsi alla Porta
prima del passaggio dei Balcani. - Il trattato segreto tra la Russia e l'Austria
intorno all'occupazione della Bosnia e dell'Erzegovina. - Mutazioni rispetto alle
precedenti campagne russe nella penisola balcanica. - Concordanza del nuovo
sistema con le vedute dei panslavisti. - L'esercito bulgaro diviso in tre colonne. -
Presa di Tirnova e di Selvis per il generale Gurko. - Aggiramento e presa del
passo di Sipka. - Mutamenti di persone a Costantinopoli. - Estensione delle
operazioni di Gurko di là dai Balcani. - L'avvicinarsi di forti masse d'armati
turchi sotto Suleyman Pascià. - Sconfitta dei Russi a Eski-Sagra. - Le conquiste
fatte di là dai Balcani si devono dai Russi retrocedere. - La marcia contro Rustciuk. - Conquista di Nicopoli. - Presa di posizione d'Osman Pascià. - Prima
e seconda battaglia di Plevna.

Torniamo ora agli avvenimenti europei, così nel terreno diplomatico come in quello della guerra, la quale abbiam lasciata al
punto dell'entrata dei Russi a Sistova.

Troppo aveva fatto la Rumenia con un sapiente e felice impiego
del suo esercito per la difesa del suo proprio territorio e per age-
volar l'avanzata russa, perchè potesse rinunziare a un'ulterior partecipazione alla guerra. Essa voleva dimostrare con maggiori opere
di guerra il suo diritto all'indipendenza, non ancor riconosciutole
dall'Europa; di qui pertanto il suo piano, di passar da sè il Danubio,
e di fare del territorio posto tra l'Isker e il Timok l'oggetto delle
sue operazioni. A tale intento, il Governo rumeno volle costruirsi

un proprio ponte sul Danubio e assicurarlo per mezzo di torpedini. Non vogliamo indagare se cotesto disegno della Rumenia potesse o meno dare occasione a gravi difficoltà di fronte al Comando superiore russo; certo è, in ogni modo, che cotesto accenno d'energica attività, attraverso al quale passava, come vedremo più tardi, un lampo di giustificata diffidenza verso la Russia, merita d'esser segnalato per la storia.

Prima di farci ad esporre i successivi avvenimenti della guerra, dobbiam qui accennare ad alcuni incidenti diplomatici di qualche importanza. La Russia non poteva non essersi accorta come il suo tentativo di farsi innanzi in cotesta guerra come il rappresentante plenipotenziario dell'Europa fosse interamente fallito. Dalla Germania non aveva da temere alcuna seria opposizione; e, quanto all'Austria, le conseguenze del convegno di Reichstadt eran per essa, come ben tosto vedremo, un pegno per la durata della sua neutralità. Era dunque di grande importanza per lei d'indurre in qualche modo l'Inghilterra a una cooperazione diplomatica contro il Turco. L'8 di giugno, pertanto, il conte Sciuvalow comunicava a lord Derby un programma, che conteneva le condizioni delle quali si sarebbe accontentata la Russia, qualora la Porta *le avesse accettate prima del passaggio dei Balcani;* vale a dire: « che la Bulgaria fino al Balcan diventasse provincia autonoma sotto la sovranità del Sultano; le truppe e gl'impiegati turchi venissero allontanati, e spianate le fortezze; fosse garantita una buona amministrazione nella Bulgaria ultrabalcanica come nelle rimanenti provincie; ampliamento di territorio per il Montenegro e la Serbia, la quale ultima rimarrebbe sotto la signoria sovrana dei Turchi; retrocessione di quella parte della Bessarabia stata staccata nel 1856, in compenso della quale alla Rumenia verrebbe riconosciuta la sua indipendenza; o, *qualora dovesse restar vassalla della Porta,* ne verrebbe indennizzata con *una parte* della Dobrugia; Batum spettasse alla Russia, la Bosnia e una parte dell'Erzegovina, se l'Austria lo volesse, all'Austria ». Rispetto alla Bulgaria, pare che a Pietroburgo fosse sorta una discrepanza d'opinioni, perchè già il 14 giugno Sciuvalow dovette dichiarare (il che solo doveva rimettere in questione ogni cosa), che non la sola parte settentrionale della Bulgaria, ma anche la meridionale dovesse diventare autonoma. — Lord Derby ebbe la debolezza di dar notizia di tali condizioni al nuovo ambasciatore inglese a Costantinopoli, uomo di sentimenti assolutamente ostili alla Russia, perchè ne desse comunicazione alla Porta; e le condizioni, naturalmente, furono respinte. — Poichè il permaner della Russia *di qua* dai Balcani avrebbe liberata almeno per questa volta l'Inghilterra dalla cura di Costantinopoli, del Canale di Suez e dell'Egitto, la proposta non era per la pacifica Albione priva d'una certa attrattiva; ma quanto poco sul serio, in fondo, essa fosse concepita, lo dimostrò Sciuvalow stesso con la frivola confessione da lui fatta all'assolutamente incapace lord Derby (dopo il rigetto di essa da parte della Porta) « ch'egli medesimo non aveva mai contato sulla sua accettazione, ma aveva avuto in mira soltanto un ravvicinamento dell'Inghilterra alla politica della Russia ».

Ciò che alla Russia non riuscì con l'Inghilterra le era riuscito con l'Austria. Mentre il principe Bismarck con l'alleanza dei tre Imperatori si sforzava d'ottener sopra tutto un accordo della Russia con l'Austria nella questione orientale, la Russia, già nel convegno tenutosi l'8 luglio 1876 a Reichstadt tra l'imperatore Alessandro accompagnato da Gorciakòw e l'imperatore Francesco Giuseppe assistito dal conte Andrassy, cercava di concludere un accordo particolare, *il quale, per condizione espressa del principe Gorciakow, doveva essere alla Germania tenuto segreto.* Per soddisfare le legittima curiosità del mondo politico, e mettere in rilievo l'influsso esercitato dalla Russia, il 10 luglio si faceva comunicare da Pietroburgo ai giornali la Nota seguente: « Les deux Empereurs se « sont séparés dans le meilleur accord, décidés à adopter le principe « de nonintervention dans le moment actuel, se reservant, si les « circonstances en demontreraient la nécessité, une entente ultérieure « avec les grandes puissances chrétiennes ». Era una di quelle manifestazioni diplomatiche che non sono nè interamente vere nè interamente false. Secondo una dichiarazione ufficiosa tedesca venuta in luce solo più tardi, l'accordo che aveva avuto suo luogo a Reichstadt rimase per un mezz'anno imperfetto. Le sue modalità militari più esatte furono iniziate appena nel settembre del 1876 dal generale Sumarokow, e condotte a una forma conclusiva soddisfacente per ambedue le parti dopo tre mesi di trattative. Per non esser più esposta in una nuova guerra contro la Turchia al pericolo al quale l'Austria aveva esposta la campagna dei Russi durante la guerra di Crimea, la Russia si comperò la passività dell'Austria nella prossima guerra con la concessione fattale dell'occupazione della Bosnia e dell'Erzegovina. Il trattato relativo venne in realtà a compimento il 15 gennaio del 1877, ed è una prova indubbia che le trattative iniziate fin dall'estate del 1876 non avevano altro intento se non di porgere un' apparenza di moderazione. Cotesta fase ricorda singolarmente le trattative ch'ebbero luogo tra l'imperatrice Caterina e Giuseppe II; e dovevano, queste come quelle, terminar per fare alla Russia stessa la parte del leone. Per il momento, in

Generale Gurko.

ogni modo, era persino riuscito alla Russia di far fare all'Austria — contrariamente alla sua più recente politica -- il primo passo verso lo smembramento della Turchia europea. Cotesto primo strappo all'alleanza dei tre Imperatori ha avuto poi un contraccolpo di grande importanza nell' alleanza particolare tra la Germania e l'Austria del 7 ottobre 1879 (1).

_____

(1) Cfr. le dichiarazioni ufficiose nella *Norddeutsche Allgem. Ztg.* del 28 aprile e del 2, 3, 5, 6, 7, 17, 18, 21, 25 maggio 1887 ; e il discorso del principe Bismarck in Parlamento, del 6 febbraio 1888.

Per le operazioni in Bulgaria, lo Stato maggiore generale russo s'allontanò questa volta dal concetto seguito nelle precedenti guerre, di fare oggetto della sua occupazione per prima cosa il quadrilatero delle fortezze. Il nuovo metodo circa la condotta della guerra sembra essere stato dibattuto da lungo tempo nei circoli panslavisti, e anche nei più stretti circoli governativi russi: il generale Rastislaw Fadejew già nel 1870 aveva esposti, in uno scritto dichiarativo (1) della sua opera: *La potenza militare russa*, i seguenti concetti: « Fino a questo giorno, noi abbiam condotta la guerra
« nella Turchia europea seguendo passo passo le tradizioni venuteci
« da tempo immemorabile; abbiamo conquistato e presidiato ogni
« fortezza: procedimento, invero, di cui si meravigliò tutta quanta
« l'Europa, non avendo noi sufficenti ragioni militari per farlo.
« Nel 1829, tuttavia, ci avevamo una ragione politica, e cioè quella
« d'assicurarci le spalle, pel caso d'un'azione militare dell'Austria.
« Ma per decidere definitivamente delle sorti della Turchia è suffi-
« cente, senza curarsi delle recriminazioni delle Potenze marittime,
« raggiungere con 150.000 uomini il Bosforo, vale a dire l'estremità
« più larga di esso, e mandarne 250.000 sul Danubio. L'allestimento
« d'un siffatto contingente di truppe non presenta, neppur nelle
« condizioni attuali, alcuna difficoltà, purchè solo sieno in pari
« tempo disponibili delle altre forze sufficenti alle rive del Mar Bal-
« tico e del Mar Nero, per cooperare con quelle. Noi possiamo pre-
« venire gli eserciti di terra degli avversarii dell'Europa occidentale
« non solo fino ai Balcani, ma persino fino a Costantinopoli. Anche
« se ad essi fosse possibile — ciò ch'è veramente difficile — d'in-
« contrarci sotto le mura di cotesta capitale con forze pari a quelle
« che nel 1854, dopo sforzi di lunghi mesi, furon concentrate a Varna
« (vale a dire con 60.000 uomini), e anche se al loro fianco stessero
« altrettanti Turchi, non riuscirebbe loro di respingere i 150.000
« Russi, giacchè fino a cotesto tempo non esisterebbero affatto
« dei reggimenti regolari turchi, i quali già da gran tempo sa-
« rebbero frazionati in Europa ed in Asia. Con Costantinopoli
« cadrebbero nelle nostre mani anche gli Stretti, poichè le loro
« fortificazioni non possono sostenersi contro un assalto dalla parte

---

(1) V. *Scritti novissimi* del generale russo FADEJEW: I. *Svolgimento della questione d'Oriente*, Teschen, 1871.

« di terra. Quando il Mar di Marmara fosse nelle nostre mani e difeso
« con forze sufficenti, un serio attacco sulla Turchia dalla parte
« del mare con l'intento di contrastarcene il possesso sarebbe
« cosa quasi impossibile ».

Per ardito che fosse un tale ragionamento del generale, impigliato nelle maglie delle tendenze moscovite, e per quanto si potesse
anche, di fronte all'ingarbugliata e tenebrosa diplomazia russa, attribuirgli il merito della sincerità, tuttavia esso riposava, per quanto
concerneva le forze combattenti da impegnarvisi, sopra delle pure
ipotesi, delle quali l'effettivo dell'esercito russo fin qui raccolto e disposto era rimasto molto, ma molto al disotto. Quanto al comandante
in capo dell'esercito russo in Bulgaria e al suo Stato maggiore generale, si può dubitare se al loro giungere sulla riva destra del
Danubio avesser già un piano concreto in tutte le sue parti, o se
non piuttosto facessero omaggio al principio accolto in tesi generale
dal Moltke, di venirsi foggiando di mano in mano i propri disegni
strategici secondo le circostanze. Il Granduca divise tutto l'esercito
che si trovava sul territorio bulgaro in tre colonne: la prima, composta dei corpi 11.º e 12.º sotto il comando in capo del Granduca
ereditario, e che costituì l'esercito di Rustciuk, venne mandata sulla
Iantra; la seconda, del 9.º corpo, sotto Krüdener, doveva marciare
sopra Nicopoli; e la terza restava per il momento nei dintorni di
Sistova. D'una parte di quest'ultima colonna, che costituiva propriamente il centro di tutto l'esercito, si formò un'avanguardia
ben forte, destinata a un'importante avanzata, e composta nel
modo seguente: un corpo relativamente piccolo di fanteria, che
constava di quattro battaglioni di cacciatori, sei battaglioni di
milizie bulgare, due sotnie di Plastuni (Cosacchi di fanteria del
Cuban) con due batterie d'artiglieria da montagna, e un corpo
relativamente più forte di cavalleria. Questo alla sua volta comprendeva: 1.º una brigata di dragoni, al comando del duca Eugenio
di Leuchtenberg, con sei pezzi d'artiglieria montata; 2.º una brigata mista, al comando del duca Niccolò di Leuchtenberg, consistente del nono reggimento Usseri di Kiev, del terzo reggimento
Cosacchi del Don e di sei cannoni; 3.º una brigata di Cosacchi del
Don con sei cannoni; 4.º una brigata di Cosacchi del Caucaso con
sei pezzi da montagna; 5.º mezzo squadrone misto della Guardia
imperiale; 6.º un distaccamento di pionieri a cavallo, composto
tutt'insieme di Cosacchi del Caucaso e dell'Ural, che a tal uopo

s'eran esercitati a Giurgevo; 7.° una sotnia di Cosacchi dell'Ural. — Cotesta avanguardia particolarmente agguerrita venne posta agli ordini del generale Gurko, il quale, venendo da Pietroburgo, la raggiunse appena quand'era già in cammino verso la linea dei Balcani.

Le squadre di Cosacchi, spiccate qua e là in ogni direzione, riferirono che i Turchi s'eran concentrati segnatamente presso Rasgrad e Vidin, e che Tirnovo e la pendice settentrionale del Balcan eran solo debolmente guardate (1). Gurko ebbe pertanto l'ordine di preparare il passaggio dei Balcani mediante la presa di Tirnovo e di Selvi. Il 7 di luglio, l'antica residenza degli Zari bulgari, presidiata da non più che cinque battaglioni e 400 uomini d'artiglieria con sei cannoni, dopo un combattimento di poca importanza (nel quale la fanteria non ancora fu adoperata, e la cavalleria russa — sola presente — combattè in parte a piedi) cadeva nelle mani dei Russi. Cotesta vittoria li rese padroni del nodo stradale che da Tirnovo conduce nella valle della Tuncia, e al quale appartiene anche il passo specialmente importante di Sipca. Ma, prescindendo anche da ciò, la presa di Tirnovo fece sull'animo dei Bulgari — per i quali la storia e la leggenda han fatto di quella città una specie di Santuario nazionale — una straordinaria impressione (2). Quando Gurko seppe che il passo di Sipca era debolmente difeso, e che i passi vicini erano sguerniti e fatti solo oggetto di vigilanza, risolvè di raggiungere oltre il Balcan il passo di Hainkoi, di qui poi, oltre Casanlik, assalire il passo di Sipca dalle spalle, e fare un attacco di fronte, con una dimostrazione movente a quella volta da Gabrovo. La sua marcia su Hainkoi doveva farsi attraverso uno stretto sentiero che girava a ponente del passo di Sipca (non segnato ancora nelle carte di quel tempo), che manifestamente lo Stato maggiore russo aveva già precedentemente esplorato. Tutte le truppe della spedizione, ad eccezione del 30.° reggimento dei Cosacchi del Don, dovevan seguir cotesta via, mentre una parte di quel reggimento con due cannoni doveva tener d'occhio

---

(1) V. il già citato rapporto nell'*Invalide russe*; e *La guerre d'Orient* par Un Tacticien, fasc. II, pag. 309.

(2) Per la posizione e la storia passata di Tirnovo, come in generale per il Balcan di Elena, vedi la magistrale esposizione del Kanitz, *Bulgaria danubiana*, I, pag. 153 (2.ª edizione).

Mehemet-Alì, Comandante in capo dell'esercito del Danubio in Bulgaria.

la strada Gabrovo–Sipca–Casanlik, e un'altra parte rimanere a Tirnovo. Si lasciò quivi indietro tutto quanto il treno, portando con sè sulle bestie da soma una razione di biscotto per cinque giorni, e per tre giorni di foraggio. Due giorni innanzi al cominciamento della spedizione, dei pionieri a cavallo si misero in cammino avanti al grosso. Il piano venne quindi corretto dal granduca Niccolò — che intanto aveva portato il suo quartier generale a Tirnovo — nel senso che, mentre Gurko intendeva assalire da Casanlik il passo di Sipca alle spalle, facendo da Gabrovo una semplice dimostrazione, fu stabilito in quella vece di muovere anche da cotesta parte un formale *attacco*: il che fu reso possibile con la formazione d'uno speciale distaccamento sotto il comando del maggior generale Deroscinski.

Il 12 luglio, Gurko con il grosso della spedizione s'incontrò con la sua avanguardia condotta dal maggior generale v. Rauch; e dopo uno scontro con i Turchi (in numero di non più di 300) occupò il passo di Hainkoi; il 17, dopo parecchi altri scontri, s'impadronì di Casanlik. In cotesto giorno, com'erasi stabilito, il passo di Sipca fu dal generale Deroscinski assalito dalla fronte: ma questo attacco fallì, perchè Gurko, le cui truppe erano oltremodo stanche, aveva dovuto differire il suo al giorno 18. E questo pure tuttavia rimase senza successo. L'intimazione fatta a Mehemed Pascià d'arrendersi condusse bensì a un'apparenza di trattative; ma quando il 19 la capitolazione lasciata intravedere non ebbe più effetto, si potè constatare, con un più attento esame, che i Turchi avevan fatto mostra di trattare solo per guadagnar tempo, e, abbandonando la loro artiglieria, erano per vie laterali fuggiti via da quell'importante loro posizione. I Russi, tanto quelli provenienti dalla parte settentrionale quanto quelli dal mezzogiorno, presero allora possesso del passo di Sipca, e s'affrettarono a convenientemente fortificarlo. Vi eressero non meno di 25 ridotti, e nel campo trincerato, che presentava il vantaggio d'una ricca dotazione d'acqua naturale, raccolsero in gran copia viveri e materiali da guerra (1).

Circa questo tempo s'ebbero parecchi importanti mutamenti di persone a Costantinopoli. Il generalissimo Abdul Kerim e il ministro della guerra Redif furono deposti in seguito alle sofferte sconfitte (2).

---

(1) *La guerre d'Orient*, par Un Tacticien, fasc. II, pag. 421.
(2) Abdul Kerim, in una memoria da lui sottoposta al Sultano e ai Ministri.

Mehemed Alì Pascià (il prussiano Carlo Détroit) subentrò al posto di quest'ultimo, mentre il comando in capo dell'esercito che si trovava di là dai Balcani venne dato a Suleyman Pascià. Al posto di Savfet Pascià venne chiamato Aarifi Pascià quale Ministro degli esteri; ma già ai primi dell'agosto gli veniva sostituito Sefer Pascià. La Porta, che a ragione temeva il pericolo d'un'ulteriore avanzata dai Balcani, fece sforzi giganteschi per mettere insieme, con la rinunzia delle sue posizioni contro il Montenegro comandate da Suleyman Pascià, un forte esercito, al fine di difendere la strada di Costantinopoli.

Successi pari a cotesto primo passaggio dei Balcani, condotto a termine meravigliosamente in sì breve tempo, eran proprio quanto occorreva per accrescer l'energica attività del granduca Niccolò, tanto più quando Gurko, dopo d'avere il 22 luglio occupato Eski-Sagra e interrotte le linee telegrafica e ferroviaria di Iamboli e di Filippopoli, gli annunziò che l'esercito di Suleyman era stato proprio allora compreso nella partita. Tanto lui quanto Gurko non avevano ancora ponderato abbastanza come, a quel tempo, le forze russe complessivamente fossero ancor troppo deboli per impadronirsi di punti situati a sì gran distanza l'un dall'altro, come quelli che in parte già abbiamo accennato e in parte avremo ben presto occasione d'accennare; e, anche prescindendo da questo, i circoli di Governo russi, generalmente parlando, eran da un pezzo sotto l'impressione dei rapporti d'Ignatiew e de' suoi agenti, i quali avevano fatto così meschina estimazione delle forze combattenti dei Turchi. A domanda di Gurko, il Granduca, oltre a promettergli in rinforzo la prima brigata della nona divisione, gli concesse anche la facoltà di continuare il suo movimento d'offensiva, e d'impadronirsi di Ieni-Sagra, che, per la sua immediata vicinanza con la ferrovia Iamboli-Filippopoli da una parte e con Adrianopoli dall'altra, era una posizione di straordinaria importanza. In Eski-Sagra i Russi formarono un nuovo corpo volante, composto di sei battaglioni di milizie bulgare, della detta brigata di dragoni, del 9.° reggimento Usseri e di tre sotnie di Cosacchi, con dodici

---

tentò di giustificarsi: ma con tutto ciò non potè sottrarsi alla pena, cara ai Turchi, del bando. La sua difesa contiene al certo parecchie verità: ma un giudizio storico sopra di lui non è possibile, fintantochè gli atti definitivi della contraria parte non sien resi di pubblica ragione.

cannoni, e il cui comando venne assegnato al maggior generale
duca Niccolò di Leuchtenberg. Esso ebbe il còmpito di percorrere la valle della Marizza, interrompere le linee ferroviarie,
indurre le popolazioni cristiane a insorgere, e contribuire alla
presa di Ieni-Sagra, che Gurko in persona si disponeva ad attaccare. Ma nel frattempo i Turchi, avendo operato il loro concentramento, opposero il 29 e il 30 luglio un'ostinata resistenza
al corpo volante del Leuchtenberg. Il 29 luglio, Suleyman s'era
congiunto (a Dedekoi) con le forze di Reuf Pascià, e, dopo d'aver
coperto a sufficenza Ieni-Sagra, s'avanzò il giorno 30, con 39 battaglioni, 2 reggimenti di cavalleria e 36 pezzi, alla volta di Eski-
Sagra. Le truppe di Gurko, dopo d'aver sostenuto il giorno stesso
con infelice esito uno scontro coi Turchi presso Dalboko, furono
la sera, nonostante la vigorosa resistenza ostinatamente proseguita
fin nelle strade stesse della città, respinte da Eski-Sagra definitivamente, e dovettero iniziare la ritirata.

Esse avevan perduto in questo combattimento 1300 uomini, tra
morti e feriti; i Turchi ne perdettero 1500. Alla sola legione bulgara
toccò una perdita di 22 ufficiali e 600 uomini di truppa. L'offensiva
di Suleyman — il cui merito è, come della marcia su Plevna di cui
si farà menzione più tardi, da ascriversi a favore d'Abdul Kerim —
ebbe per conseguenza la perdita per i Russi di tutto il terreno
guadagnato oltre la catena del Balcan; e solo il passo di Sipca
con i minori passi vicini poterono ancora esser da loro conservati. —
È particolarmente da notare poi che codesto esito della prima spedizione russa oltre i Balcani non è stato da parte russa raccon-
tato in modo del tutto attendibile. Secondo le fonti russe, e in
ispecie secondo la sommaria esposizione che togliamo dall'*Invalide*,
il 31 di maggio Gurko avrebbe battuta una parte dell'esercito di Suleyman — nonostante la superiorità numerica di quest'ultimo — presso
Giuranly, e costrettala a ritirarsi in disordine. Si sarebbe quindi
rivolto verso Eski-Sagra, dove però sarebbe arrivato troppo tardi,
quando già quel distaccamento russo aveva abbandonata la città.
Le gesta dell'esercito russo durante cotesta spedizione ardita e senza
esempio son di per sè gloriose abbastanza perchè abbian bisogno
d'alcun abbellimento. Nondimeno, è difficile calcolare che cosa
sarebbe accaduto, ove Suleyman, prima dell'arrivo di nuovi rinforzi
russi, dalla Rumelia si fosse spinto innanzi nella Bulgaria.

La colonna che doveva muovere contro Rustciuk — l'ala sinistra dell'esercito — al cui comando stava il principe ereditario, e nella quale aveva un comando anche il Principe Vladimiro, giunse il 5 di luglio presso Biela, s'impadronì dell'importante ponte sopra la Iantra, e si spinse innanzi fino al Cara Lom inferiore: ma non

Granduca Alessandro (poi imperatore Alessandro III) di Russia.

potè procedere a un vero assedio di Rustciuk. perchè il parco d'assedio dovette prima giungere a Giurgevo con la ferrovia, e di là poi esser trasportato oltre il Danubio verso la piazza da assediarsi. Le operazioni dell'ala sinistra contro il movimento offensivo di Mehemed Alì proseguirono con varia fortuna fino al mese di settembre inoltrato. Dei combattimenti che si svolsero nel territorio del Lom, sono specialmente da segnalare quello di Aiaslar, del 22 agosto, e quelli di Kotzelevo, del 5, e di Ciair-Kioi, del 21 settembre. Il 24 ottobre perì il duca Sergio v. Leuchtenberg, durante una ricognizione presso Bassarbova.

L'ala destra, che aveva per oggetto Nicopoli, si trovava molto in ritardo con le sue operazioni, e venne a trovarsi impegnata in trattative con la Rumenia, che meritano se ne faccia particolar menzione.

Alle spalle di Nicopoli Osman Pascià disponeva di forze non indifferenti tra Vidin e Rahovo. Già il 2 luglio, lo Stato maggiore rumeno aveva richiamata l'attenzione di quello russo sul fatto che Osman Pascià s'era distaccato in direzione dell'est; la qual cosa — poichè egli poteva ricever rinforzi da altri punti — rendeva verosimile che avesse intenzione di fronteggiar l'ala che operava contro Nicopoli. Cotesto particolare appunto può aver contribuito a far sì che il generale Krüdener tenesse raccolto quanto più era possibile il suo corpo, forte di 25.000 uomini, anzichè frazionarlo con una dimostrazione nei pressi di Plevna; della qual cosa gli fu mosso più tardi rimprovero. Dal canto suo, il Granduca attribuiva una sì grande importanza alla presa di Nicopoli, che sebbene — come ricordiamo — lo Stato maggiore generale russo avesse ufficialmente rifiutata la cooperazione della Rumenia, egli per cotesta impresa si fece a pretenderla, domandando che le truppe rumene che si trovavano sulla riva sinistra del Danubio presso Islas e Turnu-Magurele da parte loro l'appoggiassero di colà col loro fuoco. Il principe Carlo acconsentì alla proposta, e l'attacco riuscì così bene, che il 16 luglio la fortezza capitolava. I Russi fecero 6000 prigionieri, e s'impadronirono d'un gran numero di cannoni e d'armi d'ogni specie, come pure di due corazzate. I Turchi vi ebbero una perdita di oltre 1000 uomini, e perdite anche maggiori vi subirono i Russi. Grazie all'energia spiegata nell'attacco di Nicopoli, Osman Pascià era giunto troppo tardi per liberarla; per la qual cosa si rivolse ormai verso Plevna: la quale, posta al confluente della Tucenizza e della Grivizza, sebbene sia per mezzo di alture già da natura egregiamente difesa, egli provvide tuttavia a fortificar validamente. — Plevna forma il nodo delle strade che conducono a Nicopoli, a Sistova, a Rustciuk, a Lovatz e Filippopoli, a Sofia e Vidin: senza far cenno di molte altre strade minori, che in varie direzioni s'intersecano con quelle. L'aver trascurato cotesto punto costituiva per parte dei Russi un grave errore, fonte di incalcolabili conseguenze; ma esso dipendeva massimamente dall'insufficenza numerica delle forze combattenti dei Russi; perocchè

di fatto, il generale Krüdener, in quel momento che gli veniva ordinato d'impadronïrsi di Nicopoli, aveva da temere piuttosto la
presenza d'Osman colà che non a Plevna.

Dopo la presa di Nicopoli, il generale Krüdener ricevette dal
granduca Niccolò l'ordine d'occupare Plevna. Egli ne affidò l'incarico
al luogotenente generale Schilder-Schuldner, ma a sua disposizione
pose soltanto tre reggimenti della quinta divisione e la brigata
dei Cosacchi del Caucaso, con 46 cannoni. Il distaccamento, della
forza di forse nove o dieci mila uomini e raccolto da più posizioni
diverse (1), arrivò per direzioni opposte dinanzi a Plevna il 19 di
luglio. Osman Pascià aveva avuto un vantaggio di due o tre giorni,
e disponeva già di quaranta battaglioni, che aveva vantaggiosamente disposti, traendo partito delle fortificazioni in parte naturali
e in parte improvvisate lì per lì, e d'una forte artiglieria, nella
quale figuravano quindici cannoni d'assedio Krupp. Il cannoneggiamento aperto dai Russi subito al loro primo arrivo colà rimase
interamente senz'effetto. L'attacco incominciò la mattina per tempo
del giorno 20. Nel centro, di contro alle alture di Grivizza, stava
il 19.º reggimento di fanteria Costroma, con due sotnie di Cosacchi
del Cuban e una batteria. Alla destra di cotesto centro, di fronte
alle alture di Opanez e di Bucova, era situata la prima brigata
della divisione quinta di fanteria, con quattro batterie; a sinistra
la brigata di Cosacchi del Caucaso, la quale aveva per obbiettivo
Tucenizza e Radicevo. Osman Pascià si studiò d'ingannare i Russi
circa l'entità delle sue forze combattenti, e attirò la loro ala
destra in un agguato. In fatti, poichè una parte della brigata posta
alla destra del centro e al comando del generale Knorring ebbe
cacciati i Turchi dalle loro posizioni e spintili fuori della città, egli
stesso in persona si spinse dentro a questa; sennonchè vi fu assalito e malmenato da una sì terribile grandine di palle piovute
da tutte le case, che poco mancò non vi restasse interamente
distrutto. In tale occasione caddero il generale Knorring e il comandante del 17.º reggimento Arcangelo, colonnello Rosenbaum.
Non ebbe miglior successo la colonna assalitrice del centro. Il reggimento Costroma aveva bensì ricacciati i Turchi dalle loro tre
linee trincerate; ma la posizione di Grivizza era troppo forte, perchè

---

(1) Sarauw, pag. 113, lo fa ascendere anzi a 7-8000 uomini.

potesse esser presa. Il comandante del reggimento, colonnello Klein-
haus, vi restò sul terreno; e il reggimento fu sì terribilmente decimato, che i maggiori Basascew e Ksirikha furono i soli ufficiali
superiori che non fossero messi fuori di combattimento, e potessero
ritirarsi. — A parte anche una volta la generale insufficenza numerica del contingente russo, l'errore fondamentale dell'impresa
fu che l'attacco di sinistra rimase interamente staccato dall'attacco
di destra; fino alle nove e mezzo, il generale Schilder-Schuldner
non aveva avuta alcuna notizia di ciò che fosse accaduto sull'ala
sinistra. Finalmente, trovandosi i Russi in pericolo d'esser completamente tagliati fuori per opera delle masse avanzantisi da Plevna,
alle undici e mezzo Schilder-Schuldner ordinò la ritirata generale.
Fortunatamente Osman Pascià non lo molestò: e dal 20.° reggimento Galitz proveniente da Nicopoli fu anche a tempo opportuno
coperto. Quanto poco ci fosse mancato perchè cotesta ritirata non
si convertisse in una fuga si rileva tra altro dal fatto che la prima
brigata aveva lasciato sul campo di battaglia non meno di dicias-
sette cassoni di munizioni, e il reggimento Costroma gli zaini che
aveva deposti. I Russi perdettero in quella giornata, a lor confessione, 74 ufficiali e 2771 soldati, cioè la terza parte dell'intero
distaccamento e — poichè non più di 6000 uomini avevan preso
parte alla battaglia — la metà circa dei combattenti.

La notizia della fallita impresa contro Plevna contrastava vivamente con quella, presso che contemporanea, della prima vittoria
nel territorio dei Balcani. Il 27 luglio, una divisione di Turchi ir-
rompente da Plevna ricacciò i Russi da Lovcia e li costrinse alla
ritirata verso Selvi. Il Comando superiore russo allora ci si mise
con tutto l'impegno per tener alto l'onore delle armi anche dinanzi
a un punto che fin qui s'era detto puramente strategico, ma che
in realtà era di non poca importanza. Il 9.° corpo lasciò quindi
solo un debole presidio a Nicopoli, e si schierò in attesa di rinforzi intorno a Plevna. La 30.ª divisione di fanteria — la quale appunto allora aveva passato il Danubio —, la prima brigata della 32.ª
divisione di fanteria e la prima dell'11.ª divisione di cavalleria s'avanzarono contemporaneamente; cosicchè Krüdener potè disporre in
tutto di 36 battaglioni, 30 squadroni e 186 bocche da fuoco. Una
tal forza combattente sarebbe stata certo bastante, se Osman Pascià
nei dieci giorni ch'eran trascorsi fino al nuovo attacco di Krüdener
non avesse fatto venire da Vidin, da Sofia e da dovunque era pos-

sibile dei rinforzi, e ampliati sostanzialmente i suoi lavori di fortificazione. Alla fine di luglio, egli deve avere avuto, raccolti dentro e d'intorno a Plevna, non meno di 60.000 uomini. Tutto quanto lo Stato maggiore russo ardeva d'impazienza a segno, che,

Granduca Niccolò Nicolajevich.

sebbene non disponesse se non di poco più che 35.000 uomini, si determinò d'attaccar l'esercito — numericamente assai superiore e solidamente trincerato — d'Omer Pascià. Del campo di battaglia medesimo egli fa, nel suo rapporto di cotesto secondo attacco, la notevole descrizione seguente:

« Plevna è situata sul fiume Grivizza, il quale dopo breve corso « si getta nel Vid. A settentrione giace la città, cinta da una catena

« d'alti colli, i quali s'interrompono bruscamente dalla parte di
« mezzogiorno, mentre verso il nord s'elevano in dolci pendii; essi
« son congiunti tra loro con passi che rendono le comunicazioni
« più facili. Sulle sommità di cotesti colli s'innalzano delle forti-
« ficazioni di potente profilo, rinforzate per mezzo di batterie e di
« trincee disposte l'una sopra l'altra per i tiratori. La valle di Plevna
« è chiusa a oriente da un'altura, che divide le acque della Grivizza
« da quelle degli altri ruscelli che si versano nell'Osma; e l'altura
« stessa è in comunicazione con la sopra detta cintura di colli.
« Il villaggio di Grivizza era occupato dai Turchi. Sulla riva sinistra
« del fiume, verso mezzogiorno, s'elevano due serie di colline,
« ch'eran parimenti provvedute di batterie e di ripari per i tiratori.
« Un po' più a sud ancora, altre trincee parimenti s'elevano su
« d'un terreno fortemente scosceso dalla parte di Radicevo. L'in-
« sieme del luogo, nel complesso, così da settentrione come dagli
« altri lati, poco favorevolmente si presta per un'offensiva, mentre
« tanto più è adatto in quella vece per la difensiva ».

Krüdener divise il suo esercito in due parti eguali; l'una, al
comando del luogotenente generale Veliaminow, con 18 battaglioni
e ottanta cannoni, doveva sul destro fianco fare impeto contro
Grivizza; l'altra, sotto gli ordini del luogotenente generale principe
Sciakoffskoi, con dodici battaglioni, quattro squadroni di cavalleria
e 48 cannoni aveva il còmpito d'avanzarsi dall'ala sinistra contro Radicevo, mentre sei battaglioni, quattro squadroni e trenta pezzi d'artiglieria sotto il comando diretto di Krüdener formavano la riserva, e
l'estrema destra sotto Loskarew e la sinistra estrema sotto Skobelew
erano sostenute dalla cavalleria. Skobelew con la sua brigata di Cosacchi del Caucaso e con dodici cannoni, a cui s'aggiunse più tardi
ancora un battaglione del reggimento fanteria Kurski con quattro
cannoni, aveva il còmpito di proteggere, da Bogot e da Crscin in là,
la strada che da Lovcia conduce a Plevna, al fine d'impedir per tal
modo l'avvolgimento di Sciakoffskoi.

L'attacco incominciò il 30 luglio dall'ala sinistra dei Russi, dove
questi s'impadronirono di parecchie trincee, e, come nel precedente
attacco, penetrarono in parte fin dentro alla città; ma di qui
furon respinti con gravi perdite. Simil sorte ebbe l'ala destra, che
aveva incominciato il suo movimento d'avanzata dopo le dodici
meridiane. I Turchi, armati di fucili Snyder e Martini, riparati dietro
le forti trincee facevano strage in massa degli assalitori. Di tutti

più gravemente danneggiati furono i reggimenti Tambow e Pensa, l'ultimo dei quali venne quasi interamente distrutto. Skobelew, che all'ala sinistra aveva eroicamente sostenute con la sua cavalleria le operazioni di Sciakoffskoi, dovette la sera coprire anche la ritirata dell'ala sinistra. Anche questa volta, l'intera colonna russa che aveva combattuto dinanzi a Plevna fu salvata solo dall'esitazione dei Turchi dinanzi a una vigorosa offensiva; ma le perdite ne furono considerevoli e assolutamente fuori d'ogni proporzione. L'autore della già accennata monografia circa gli avvenimenti della guerra nell'*Invalide* — ch'è probabilmente il generale Lavrentiew — passa oltre in silenzio sopra di esse, mentre il rapporto ufficiale di Krüdener le determina nel modo seguente: morti, feriti e scomparsi: un generale (il ferito Bojerianow), 168 ufficiali e 7167 uomini di truppa (1). I soldati turchi (e non gl'irregolari soltanto) furono incolpati delle più dure crudeltà commesse contro i feriti e i morti, per averli in parte massacrati senza riguardo, in parte mutilati. Tra i Bulgari, che avevan tutte le ragioni di temer la vendetta dei Turchi, il terror panico sòrtone fu grandissimo, tanto che presso il ponte di Sistova per poco non se ne venne a una catastrofe.

Al tempo delle due prime battaglie di Plevna le relazioni dello Stato maggiore russo con quello rumeno non erano delle più cordiali. Subito dopo la presa di Nicopoli, il generale Krüdener aveva rivolto al Comando della quarta divisione rumena l'invito di presidiare cotesta fortezza, affinchè egli potesse trar partito di tutte le truppe russe colà esistenti per la spedizione di Plevna. A ciò s'aggiunse il desiderio che i 7000 Turchi fatti prigionieri a Nicopoli fosser fatti trasportare per mezzo di truppe rumene alla prima stazione rumena. Il Ministro delle relazioni estere, Cogalniceano, ne aveva indirettamente avuto conoscenza, e s'era affrettato il 19 di luglio a richieder dal principe Carlo un reciso rifiuto della proposta russa: il che — sia detto per incidenza — in presenza d'un Principe di tanta dignità e coscienza, era cosa affatto superflua. La sua risposta in fatti fu « che le truppe rumene non trasportavano

---

(1) THILO V. TROTHA, nel suo scritto *La battaglia di Plevna*, Berlino 1878, pag. 44, trae dalle liste ufficiali delle perdite i seguenti particolari: « Dei reg- « gimenti della 30.ª divisione, ebbero de' morti: Iaroslaw 238 uomini; Sciuja 114; « Koloma 85; Serpuchow 213. Dell'11.º corpo ebbero, il reggimento Kursk 336, « il reggimento Rylsk non meno di 725 morti ».

prigionieri che non avessero fatti esse stesse ». In occasione dei tentativi della Rumenia, che abbiam più sopra accennati, di procedere indipendentemente contro la parte orientale della Bulgaria, lo Stato maggiore generale russo aveva dimostrato una sì grande contrarietà, che da quell'istante persino le dirette proposte del Granduca e quelle dell'imperatore Alessandro trasmesse a Jon Ghika per mezzo del Principe relativamente all'occupazione di Nicopoli avevan incontrato qualche resistenza (1). Solo quando l'esercito russo, dopo la prima sconfitta dinanzi a Plevna, venne a trovarsi in una condizione difficile, il principe Carlo diede ordine al geneneral Manu di mandare una divisione rumena a Nicopoli. L'occupazione, tuttavia, per mancanza d'una congiunzione diretta, si effettuò, al comando del colonnello Rosnovano, solamente in quel

---

(1) Grandemente significativi per cotesta parte della campagna sono i documenti, sin qui poco conosciuti, che seguono qui appresso :

« Biela, Samedi 9 (21) Juillet 1877.
« Son Altesse le Prince Régnant,
« Quartier Général de Poena.
« L'Empereur me charge de faire part à Votre Altesse de la peine et du
« regret qu' il éprouve de voir la proposition d'occuper Nicopolis par l'Armée
« Roumaine rencontrer des difficultés inattendues et des retards préjudiciables
« aux combinaisons du Grand Duc. Au lieu de marcher de l'avant, le général
« Krüdener est retenu sur place pour garder la ville et les prisonniers, et il
« ne peut pas même secourir les brigades qu' il avait envoyées à Plevna, où il
« est menacé de rencontrer 18.000 hommes venus de Widin. L'Empereur ne
« doute pas que Votre Altesse, après avoir pris connaissance de ces faits,
« n'écarte les difficultés qui s'opposent à l'occupation de Nicopolis, proposition
« qui n'est que la conséquence de ce qui a été convenu verbalement entre Votre
« Altesse et le Grand Duc pendant le séjour de l'Empereur à Bucarest. Je
« pars demain pour le Quartier de Votre Altesse afin de La mettre plus au courant.
« Général Ghika ».

« Bucarest, Mercredi 13 (25) Juillet 1877, 5 h. 15 soir.
« Son Altesse le Prince Régnant, Poena.
« Le passage du Danube va faire une immense sensation en Europe. Je dois
« donc le justifier par nos agents diplomatiques. Je prie Votre Altesse de me
« faire dire si la demande Impériale à été faite à Votre Altesse verbalement
« ou par écrit. En tout cas toutes les pièces qui s'y rapportent doivent être
« soigneusement gardées. Si Votre Altesse tient à ce que je caractérise ce passage
« dans nos dépêches à l'étranger, je La prie de m'en donner la direction. Le
« Gouvernement et le Ministère des affaires étrangères jusqu' à l'heure qu' il
« est ne savent rien de ce qui se fait sur le Danube.

« Cogalniceano ».

giorno appunto che avveniva la seconda e maggior disfatta dei Russi dinanzi a Plevna. Riconosciuta la necessità della ritirata, il generale Krüdener richiese il general Manu di venirgli in soccorso con una divisione rumena, e di proteggerlo contro un eventuale inseguimento energico d'Osman Pascià. Manu rispose che, senz'autorizzazione da parte del Principe, egli doveva limitarsi a presidiare Nicopoli. Per tal modo avvenne che da ultimo il granduca Niccolò si rivolse al principe Carlo col telegramma seguente, il quale, seguìto il 9 (21) agosto da un altro anche più urgente, s'è possibile, fu al tempo della guerra riprodotto sostanzialmente mutato in varie gazzette e in libri di storia, ma che testualmente sonava così:

« Tirnova. Mardi 19 (31) Juillet 1877. 3 heures 35 soir.

« Prince Charles de Roumanie
« à l'endroit où se trouve le
« quartier gènèral roumain.

« Les Turcs ayant amassé les plus grandes masses à Plevna nous « abìment. Prie de faire forte démonstration, et si possible passage « du Danube que tu désirais faire entre le Jiul et Corabia. Cette « démonstration est indispensable pour faciliter mes mouvements.

« Nicolas ».

Questo telegramma fu portato dal generale Zefkar, addetto al quartier generale russo, a Simnicia, e di costà fu inoltrato a Poeni, dove il Principe lo ricevette alle nove ore della sera.

Il secondo dispaccio del Granduca relativo al passaggio del Danubio per parte dei Rumeni suona così:

« Gorni-Studena, Mardi 9 (21) Août 1877, 11 h. 25 soir.

« Prince Charles de Roumanie (faire suivre)

« Craiova-Simnica.

« Quand peux-tu passer? Fais-le aussitôt que possible. — On s'acharne à « Schipka. Plusieurs attaques sont repoussées depuis le matin 9 Août. Combat « continue malgré nuit.

« Nicolas ».

Questo dispaccio fu ricevuto dal principe Carlo a Simnicia alle 8 della mattina.

XLV.

I Rumeni coi Russi dinanzi a Plevna

Le conseguenze delle sconfitte russe. - La Russia richiede la cooperazione dell'esercito rumeno, assicurandogli l'autonomia della condotta per la sua parte. - Costruzione del ponte rumeno a Corabia. - Incontro del principe Carlo con l'imperatore a Gorni-Studena, dove gli viene trasmesso il comando in capo sopra l'esercito d'occidente russo-rumeno. - Notevoli particolarità di tale incontro. - Battibecco al quartier generale russo circa la responsabilità di questa guerra. - Tentata offensiva d'Osman Pascià. - I Rumeni passano il Danubio. - Consiglio di guerra, nel quale il principe Carlo si pronunzia contro l'attacco immediato. - Descrizione del campo fortificato dei Turchi. - L'infruttuoso bombardamento di più giorni. - L'assalto fallito, nonostante la presa del primo ridotto di Grivizza. - Perdite ingenti. - Rapporto del generale Zotow intorno a codesta terza battaglia di Plevna. - Caratteristiche degli elementi dell'esercito ottomano. - Preparativi per un assedio regolare, e arrivo del generale Todleben al quartier generale. - Operazioni d'assedio dei Rumeni. - Il distaccamento Krilow. - Arrivo di riuforzi russi.

Per farsi un'idea della critica condizione dell'esercito russo dopo la seconda disfatta di Plevna basterà ricordarsi com'essa coincidesse con l'inaspettato insuccesso del generale Gurko oltre il Balcan: per modo che, quando a Suleyman Pascià fosse riuscito di dar la mano a Mehemed Alì e a Osman Pascià, i Russi medesimi sarebbero stati minacciati nella loro ritirata. Già il 23 luglio l'Imperatore da Biela aveva ordinata la leva di 188.000 uomini di riserve di complemento; ora dovettero mobilitarsi altri sei corpi d'esercito, tra cui la Guardia e il corpo dei Granatieri, e iniziarsi le leve di nuovi coscritti. Necessitando per l'allestimento di tali nuovi contingenti un tempo piuttosto lungo, prima cura fu quella d'interrompere il movimento d'offensiva; fu sciolto il distaccamento Gurko, trasferito il quartier generale da Tirnovo a Bulgareni e poi a Gorni-Studena, e ricercato ora prima d'ogni altra cosa il fin qui dispregiato aiuto dell'esercito rumeno. Nelle particolari trattative a tal fine condotte tra lo Stato maggiore generale russo e quello rumeno, alle quali assistette anche Bratiano come Presidente dei Ministri, fu all'esercito rumeno riconosciuta la fin qui negatagli autonomia, la quale, naturalmente, non escluse l'operare secondo un disegno comune. Il caso richiamava vivamente la condizione dell'esercito italiano nella guerra di Crimea, durante la quale, sulle prime, l'Inghilterra intendeva (I) ch'esso fosse incorporato nelle file inglesi; con la sola differenza che la relazione opprimente di vicinato della Russia di fronte alla Rumenia dava occasione a maggiori inconvenienti che non quella dell'Inghilterra rispetto all'Italia.

Il 6 (18) agosto il granduca Niccolò scriveva al principe Carlo: « Il reste entendu, Monseigneur, que, ainsi que cela avait èté con-« venu préalablement, l'armée roumaine conservera parfaitement « son individualité, et se trouvera placèe pour tous les détails sous « le commandement direct de ses chefs immédiats ». Indipendentemente dal fatto che un'immediata cooperazione offensiva dell'esercito rumeno fin dal principio della guerra avrebbe risparmiate ai Russi delle gravi perdite, ora un nuovo ritardo era inevitabile, dovendo l'esercito rumeno recarsi oltre il Danubio, nella maggior prossimità possibile di Plevna, mentre le disposizioni seguite fin qui avevan per oggetto una marcia verso occidente, tra l'Isker e il Timok, e pertanto piuttosto lontano dalle posizioni dei Russi. Così, la terza divisione doveva percorrere da Baileshti fino a Corabia non meno di 150 chilometri. Appena il 26 agosto si potè incominciare la costruzione del ponte in vicinanza di Corabia e di Magura, tra i quali punti il Danubio è largo 1240 metri; e con gli accessi che dovettero adattarvisi esso raggiunse la lunghezza di 3000 metri.

Fin dal 24 agosto il granduca Niccolò dal suo quartier generale di Gorni-Studena aveva telegrafato al principe Carlo a Simnicia « che l'Imperatore ed egli stesso desideravano di vederlo al più presto possibile; e gli sarebbe venuto volentieri incontro fino a Nicopoli

---

(1) Vedi alla pag. 207 di questo lavoro.

(dove la guarnigione constava già quasi esclusivamente di Rumeni):
ma gli avvenimenti gl'impedivano di muoversi ». Il 28 agosto il
principe Carlo giunse al quartier generale russo, dov'era aspettato
con impazienza. L'imperatore Alessandro l'accolse cordialmente,
quantunque si trovasse in una disposizione di spirito molto depressa,
accresciuta anche da uno stato di malessere fisico. I sovrani si
recarono alla piccola casa bulgara dove dimorava l'Imperatore, e
dove comparve anche il granduca Niccolò. S'avviò penosamente un
colloquio, parendo che l'Imperatore pensasse che la Rumenia volesse nel momento del pericolo lasciar la Russia nell'impiccio. Il
granduca rivolse al Principe la domanda « se aveva intenzione di
tenere egli in persona il comando del suo esercito »; al che quello
rispose risolutamente che ciò s'intendeva da sè.

Gli furon dati schiarimenti intorno alla gravità delle condizioni
dei tre distaccamenti: a ponente (Plevna), a oriente (Lom) e al passo
di Sipka. Il Granduca confessò « che le forze combattenti in quei
tre diversi punti erano insufficenti; che i rinforzi che s'aspettavan
dalla Russia sarebber tardati ancora un tratto; e ch'era pertanto
desiderabile da parte dell'esercito rumeno il sollecito passaggio
del Danubio ». Il principe Carlo rispose « che tutte le disposizioni
preliminari eran date già, dimodochè entro pochi giorni si sarebbe
potuto incominciarne l'esecuzione ». La dichiarazione del Principe
ch'egli avrebbe assunto in persona il comando delle sue truppe
lasciò il Granduca alquanto soprappensiero; egli dichiarò intanto
che non si poteva assolutamente pretendere che il Principe di Rumenia si lasciasse porre sotto gli ordini d'un generale russo; al
che il principe Carlo replicò: « No certo; ma esser bene possibile
che dei generali russi fossero posti sotto gli ordini suoi ». Alessandro II invitò quindi il Principe a recarsi un momento nella tenda
che aveva fatta preparare per lui; e poco appresso comparve quivi
il Granduca, con la notizia che l'Imperatore offriva al Principe il
comando del distaccamento dell'ovest, vale a dire dell'esercito russo
che doveva congiungersi con le truppe rumene. Il principe Carlo,
prima d'acconsentire, mostrò desiderio di prender cognizione più
esatta della condizione di Plevna, e segnatamente di quella dell'effettivo delle truppe, indebolito in seguito agli ultimi avvenimenti;
il che, per la presenza al quartier generale del capo dello Stato
maggiore, generale De Novitzki, potè essergli immediatamente
concesso. Del quarto e del nono corpo d'esercito rimanevano sol-

tanto 29.000 uomini; ma prima ancora che il principe Carlo avesse risposto, il Granduca spiegò al generale Novitzki come il principe Carlo assumesse il comando dell'esercito dinanzi a Plevna. Il ge-

CARTA DEI DINTORNI DI PLEVNA

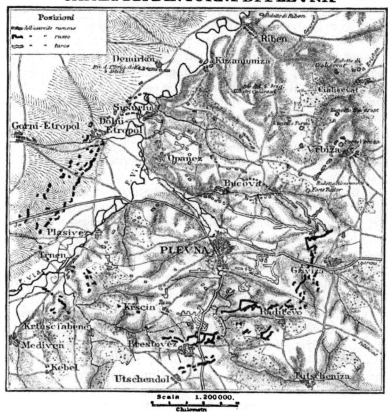

Scala 1.200000.
Chilometri

nerale non poteva riaversi dallo stupore. Dopo siffatta scena, i sovrani si ritrassero in una gran tenda per il pranzo. Quando il principe Carlo confessò qui di sentirsi esitante dinanzi alla grave responsabilità che stava per assumersi, l'Imperatore, spinto dal suo spirito cavalleresco, gli rispose d'aver piena fiducia nel nuovo duce dell'esercito, e di sperare che Dio avrebbe guidato ogni

cosa per il meglio. Non mancaron quindi, com'è naturale, gli augurii
di prospera fortuna da parte dello splendido corteo d'ufficiali dello
Zar. Quale capo dello Stato maggiore generale venne aggiunto al
Principe di Rumenia il generale Zotow.

Qual tratto caratteristico di cotesta così singolare condizione di
cose conviene ancora particolarmente notare come in un grande
Consiglio di guerra, tenutosi già il 1.° giugno — cioè prima ancora
dell'arrivo dell'Imperatore a Ploësci —, e dove erano state stabilite
a larghe linee le operazioni da intraprendersi in Bulgaria, il principe Carlo avesse insistito nel modo più risoluto perchè si dovesse
passare immediatamente il Danubio, e occupar Plevna e Lovcia,
affinchè l'ala sinistra dell'esercito russo potesse appoggiarsi a quello
rumeno. Con l'effettuazione d'una sì importante misura strategica,
molte gravi perdite si sarebbero risparmiate, non solo all'esercito
russo, ma — come vedremo ben presto — anche all'esercito rumeno; anzi, non è impossibile che la Porta, in vista d'un così potente
attacco concentrico, si sarebbe lasciata indurre assai presto alle
trattative di pace. Gli errori nella condotta della guerra seguìta
fin qui e le ripulse del principe Gorciakow giustificavano dunque
perfettamente nel principe Carlo il contegno dignitoso e riservato
che abbiam testè riferito. Alessandro II parve egli stesso com-
prenderlo; egli ricondusse il Principe nella sua tenda, e più tardi
gliene fece dono.

Alla mattina seguente, il quartier generale russo era in pieno
fermento. I personaggi più autorevoli si bisticciavan l'un con l'altro
circa le cause dell'insuccesso fin qui manifestatosi; e specialmente
il generale Milutin si doleva che l'ambasciatore conte Ignatiew, il
quale co' suoi rapporti aveva mostrato di disprezzare le forze militari
della Turchia e magnificata l'importanza delle sollevazioni, avesse
tratto in errore il Governo, così da fargli mandare forze insufficenti
sul campo. Ignatiew sosteneva al contrario che i suoi rapporti dimostravano com'egli avesse rappresentata la Turchia come egregiamente armata; e che tutti gl'insuccessi provenivano dall'erronea
condotta delle operazioni. — Era questo, per il generale prussiano
von Werder, che assisteva a quella campagna presso il quartier generale russo, uno spettacolo di non poco interesse.

Il 30 agosto il principe Carlo fece ritorno a Corabia, dove l'aspettavano Bratiano e Cogalniceano. In un Consiglio di guerra tenutosi
colà nella mattina del 31, nello Stato maggiore generale rumeno si

manifestò una certa agitazione circa l'immediato passaggio del Danubio; sennonchè alla fine si stabilì d'incominciarlo senz'altro il giorno seguente, e si deliberò in pari tempo che, vista la necessità di mutare ormai la linea d'operazione rumena — la quale per lo innanzi aveva per obbiettivo la valle dell'Isker, mentre ora le conveniva assumere quello della valle del Vid —, dopo effettuato il passaggio il ponte si sarebbe rotto, e ricostruito quindi presso Nicopoli. Intanto giunse un dispaccio del Granduca, il quale, con la notizia che i Turchi avevan fatto una sortita da Plevna respingendo indietro i Russi per una ventina di chilometri, rinnovava ancora l'invito ad affrettare il passaggio per quanto fosse possibile. Cotesto movimento offensivo, ch'era — dopo la già accennata lieve vittoria di Lovcia — l'unico che fosse stato operato da Osman Pascià, finì per tornare, in somma, favorevole ai Russi. Infatti, poichè questi ultimi furono scacciati da Sgalince e i Turchi si furono spinti fino a Poradim, il loro attacco sopra Pelisciat era fallito, ond'essi dovettero nelle ore pomeridiane ritrarsi nelle loro primitive posizioni. Tuttavia, i Russi ebbero 250 morti e 735 feriti; i Turchi devono aver subita una perdita di circa tre volte tanto (1).

Stavano già in parte sul territorio bulgaro, al fine di coprire il passaggio principale, alcuni singoli distaccamenti rumeni, trasportati su navi, come la 1.ª brigata della 4.ª divisione con un reggimento di cavalleria e tre compagnie del genio, al pari dell'intera 2.ª brigata; or questo fatto appunto sembra aver messo Osman Pascià in sull'avviso del reale prossimo passaggio di tutto quanto l'esercito rumeno; talchè egli volle compiere la sua avanzata prima dell'effettuazione di esso. Il 1.º settembre avvenne, per il nuovo ponte costruito testè, il passaggio delle truppe rumene non ancor trasportate con le navi, alle quali dovevan seguire il treno e l'artiglieria. Il vescovo di Rimnik celebrò un servizio divino; e il Principe, circondato dai Ministri e dai presidenti delle due Camere, passò in rassegna ancora una volta le file ch'egli guidava all'avanzata. Tornato a Turnu-Magurele, si trasferì solo il giorno appresso a Nicopoli sur un battello, e di là venne al quartier generale di Poradim, dove si tenne la sera stessa un Consiglio di guerra, e fu deliberata l'avanzata verso Plevna su tutta la linea.

_____

(1) Vedi la esauriente descrizione di tale attacco in: *La guerre d'Orient par* Un Tacticien; fasc. IV, pag. 33-52.

L'esercito rumeno doveva formare l'ala destra. Il 4 settembre l'esercito alleato occupò le sue nuove posizioni dinanzi a Plevna. Il comando in capo sopra le truppe d'operazione rumene fu affidato al generale Cernat, fin qui Ministro della guerra, il cui portafoglio fu assunto dal Presidente del Consiglio Bratiano. Capo dello Stato maggiore generale fu il colonnello Barozzi; capo dell'artiglieria il generale Manu. Comandava il 1.º corpo d'esercito il generale di brigata Lupu, e, in esso, la 1.ª divisione il colonnello Cerchez, la 2.ª divisione il colonnello Logadi; il 2.º corpo d'esercito era comandato dal general di brigata Radovzi; e, in esso, il generale G. Angelescu capitanava la 3.ª, il generale A. Angelescu la 4.ª divisione. L'esercito rumeno aveva da trasportare sul teatro della guerra sei colonne di munizioni, con cinquecento sessanta carri di polvere, e sette squadroni del treno con mille quattrocento carri.

Il 3 settembre era riuscito al principe Imeritinsky e al generale Skobelew d'espugnar Lovcia contro Adil Pascià; e tale operazione militare giunse opportuna a rialzare il coraggio degli alleati per un nuovo immediato assalto contro Plevna, dove il giorno 6 arrivarono le truppe dei due generali sopraccennati. L'esercito alleato constava ora: di 30.000 uomini dei Russi con 282 cannoni, ripartiti tra il quarto e il nono corpo; del distaccamento Imeritinsky; della quarta e nona divisione di cavalleria, e di due battaglioni di zappatori; oltr'a ciò, di 35.000 Rumeni con 108 cannoni, ripartiti tra la terza e la quarta divisione di fanteria, la divisione di fanteria di riserva, la brigata Roscior, due brigate di Calarasci, un battaglione del genio e due squadroni di gendarmi.

In un nuovo Consiglio di guerra, lo Stato maggior generale russo si pronunziò per un immediato attacco di Plevna, la cui riuscita ancor più parve indubitabile allorchè si seppe che gl'insuccessi testè sofferti dai Turchi dovevano averli scoraggiati alquanto, e che dal passo di Sipca non eran venute per essi notizie troppo favorevoli. Sennonchè, a cotesto disegno precipitoso si dimostrò assolutamente contrario il principe Carlo, il quale espose: « che dalla fine di luglio l'esercito d'Osman Pascià, già anche prima stimato inferiore al suo valor vero, era stato probabilmente rinforzato in modo rilevante. L'ampliamento delle sue opere di fortificazione era evidente; ma, pur nel caso che si fosse potuto rendersene padroni, non s'era per nulla sicuri di non urtar contro altri poderosi ostacoli, che sarebbe stato molto dubbio di poter superare prima del-

L'imperatore Alessandro II di Russia col suo Stato maggiore davanti a Plevna durante l'assedio.
Dal quadro di A. W. Wereschtschagin.

l'arrivo dei rinforzi russi ». In luogo dell'assalto, che in ogni caso avrebbe costato uno sterminato numero di vittime, il Principe consigliava un regolare assedio; ed espresse la convinzione « che, da quanto aveva potuto apprendere in seguito a un'ispezione del campo fortificato di Plevna, anche per l'assedio sarebbe stato necessario un esercito di 100 mila uomini. Codesto campo fortificato, infatti, cominciava alla riva destra del Vid, e si stendeva a forma di ferro di cavallo dapprima verso est, e quindi in direzione di mezzogiorno, per Opanez, Bucova, Grivizza e Radicevo, per terminar quindi in direzione di ponente verso Crscin fino alla destra stessa del Vid. Tale costruzione, estremamente favorita dalla condizione naturale del suolo, contava non meno d'una ventina di ridotti disposti in tre linee; e tra questi, quello di Grivizza (che i Turchi chiamavano Abdul-Kerim-Tabia) era il più forte e il più importante per la presa di tutta quanta la posizione. L'esercito d'Osman Pascià, benchè composto d'assai disparati elementi, era ottimamente armato dei più recenti fucili, e il suo parco d'artiglieria si componeva per la maggior parte di cannoni Krupp ».

Ma nulla era in grado ormai di calmare l'impazienza dei Russi. Nè mancavan loro, d'altra parte, così le ragioni morali come le strategiche: alle quali ultime apparteneva segnatamente la prospettiva dell'inverno imminente, che avrebbe fatti più difficili i movimenti nella Bulgaria, e resa necessaria una nuova campagna nella prossima primavera. A ciò s'aggiunse che il Granduca creditario, che il 5 di settembre dovette ritirarsi dal Kara-Lom fino alla Iantra, poteva essere seriamente minacciato da Mehemed Alì nella prima linea, e nella seconda linea da Suleyman Pascià. — Il principe Carlo, che (qual che pur fosse la sua convinzione) non poteva mettersi nella condizione di lasciar porre in dubbio dagli alleati Russi il coraggio suo e quello del suo esercito, cedette; col patto, tuttavia, che all'assalto dovesse precedere per più giorni un attacco delle artiglierie, atto a indebolire le posizioni nemiche. Tale attacco — dopo aver utilizzata la precedente notte per disporre opportunamente e all'insaputa dei Turchi le batterie — incominciò la mattina del 7 settembre per opera di 120 cannoni russi e di 48 pezzi rumeni. Verso il mezzogiorno comparve l'imperatore Alessandro, accompagnato dal granduca Niccolò e da numeroso seguito, e prese un favorevole posto d'osservazione su un'altura a sinistra della strada che conduce a Bulgareni. Era quel giorno l'anniversario della sua incoronazione; e questa coincidenza, dato il culto che professano i Russi per tali giornate memorabili, può avere essenzialmente contribuito alla loro bramosia di conquistarsi de' nuovi trofei.

Alla sera si potè constatare che i Turchi, quantunque sorpresi da quel bombardamento, vi avevano vigorosamente risposto, e che le loro posizioni non n'erano state punto indebolite. Si prese congedo, con la risoluzione di continuare il bombardamento nel giorno seguente; e, mentre l'Imperatore e i Granduchi si ritraevano al loro quartier generale di Radenizza, il principe Carlo si recò nel suo a Poradim. Parte della notte venne spesa ad avvicinar maggiormente le batterie. Alle 8 del mattino ricominciò l'attacco dell'artiglieria, di gran lunga più vivo del dì innanzi.

Al tocco, il principe Carlo s'accorse che l'artiglieria della 4.ª divisione s'era a un tratto incagliata, trovandosi costretta a sostenere un micidiale fuoco di fucileria che veniva dal fortino del ridotto Abdul-Kerim. Il generale Angelescu espose allora la necessità di scacciare i Turchi dal forte; onde fu data per la prima volta occasione alle truppe rumene di mostrare il loro valore anche nell'offensiva. Il 13.º reggimento di Dorobanzi, sostenuto dal 1.º battaglione del 5.º reggimento di linea e dall'artiglieria, prese d'assalto il forte, e ne scacciò la guarnigione turca alla baionetta. Cotesto successo, raggiunto con una perdita d'uomini relativamente scarsa (16 morti e 113 feriti), fece al quartier generale russo la più favorevole impressione, e l'imperatore Alessandro mandò alle rispettive truppe non meno di cinquanta croci di San Giorgio, mentre il principe Carlo decorava la bandiera del 13.º reggimento Dorobanzi con la distinzione della Stella di Rumenia. Quando si venne alla distribuzione delle croci di S. Giorgio, e gli ufficiali richiesero i soldati perchè indicassero i più valorosi, n'ebbero la seguente magnifica risposta, che ricorda lo stile dell'antica Roma: « I più « valorosi son caduti, e a loro soli compete tale onore; i soprav- « viventi son tutti tra loro eguali, ma nessuno eguale ai caduti ».

Nel medesimo giorno, il distaccamento Imeritinsky (sull'ala sinistra) ebbe a sostenere un impetuoso attacco sulla cresta della *collina verde* (1), dirimpetto al villaggio di Brestovez, con una perdita di

---

(1) Secondo SARAUW, pag. 177, veniva chiamato con tal nome tutt'un insieme di vigneti, separati l'un dall'altro per mezzo di strette valli.

circa 900 uomini. Alla mattina del 9, terzo giorno del bombardamento, si potè esser certi che, nonostante il fuoco delle artiglierie,
parzialmente cessato durante la notte, i trinceramenti nemici erano
stati di bel nuovo interamente riparati. In tali congiunture, il principe Carlo, per avanzarsi quanto più fosse possibile presso all'accampamento turco e poter per tutte le eventualità proteggere la
propria ritirata, diede opera a far sì che l'attacco venisse rimandato
d'un giorno; su di che i Russi, senza sollevar particolari obbiezioni,
si dimostrarono d'accordo con esso. Il 10 settembre non meno di
320 cannoni imperversarono contro Plevna: il che tuttavia non impedì all'artiglieria turca d'infliggere perdite sensibili alle artiglierie
combinate degli assalitori. Dopo un ultimo Consiglio di guerra tenutosi nelle ore pomeridiane, il piano dell'attacco venne definitivamente fissato, e durante la notte, poi, minutamente disegnato (1)
dal principe Carlo e dal generale Zotow.

L'undici settembre era il giorno onomastico dell'imperatore Alessandro. La mattinata umida e fredda, accompagnata da densa
nebbia e da pioggia, venne salutata con un forte cannoneggiamento
su tutta la linea. Il principe Carlo lasciò Poradim alle otto antimeridiane, e poco appresso, accompagnato dal granduca Niccolò
juniore e dal principe Alessandro Battenberg, s'incontrava con
l'Imperatore. Alle undici, sull'altipiano a sinistra della strada che
va verso Grimnizza, fu celebrato in onore dell'onomastico un *Tedeum*,
durante il quale l'Imperatore abbracciò, profondamente commosso,
il proprio fratello ed il Principe. Nonostante che, in conformità
all'ordine del combattimento, l'attacco dovesse incominciar soltanto
alle tre dopo mezzogiorno, già verso le due ore s'intesero delle
fucilate, le quali provenivano dal fatto che il generale Skobelew
era stato avviluppato in uno scontro con i Turchi che s'avanzavano.
Alle tre, 11 battaglioni rumeni, appoggiati da tre battaglioni del
reggimento Archangelgorod, mossero contro il ridotto di Grivizza.
I Turchi lasciarono che la colonna nemica s'avanzasse quanto più
era possibile; e questa, dopo aver percorsa una tratta di novecento metri, stava già sulla sommità dell'altura dietro alla quale
s'elevava il ridotto, quando incontrò un secondo ostacolo, consi-

---

(1) Vedine il testo esatto nell'opera di T. C. VACARESCU, *Partecipazione della
Rumenia alla guerra degli anni 1877-78*, traduzione tedesca di MITE KREMNITZ.
Leipzig, 1888.

stente in una profonda gola, rimasta invisibile dalla fronte d'attacco. E lo scendervi e il risalirne n'eran resi anche più difficili
dalla pioggia che aveva inzuppato profondamente il terreno. A
questo punto appena, i Turchi incominciarono la loro micidiale difesa, dalla quale però la colonna assalitrice non si lasciò impedir
l'avanzata. Se non che, quando i Rumeni si furono arrampicati su
per le ripide pareti anche della seconda vallata, trovarono un secondo ridotto di Grivizza, di gran lunga più forte del primo, il
quale,.del pari che la gola sopra detta, per la particolar disposizione di quelle alture, non erasi potuto vedere dalla parte opposta.
La fanteria turca trovavasi quivi riparata in tre forti trincee l'una
all'altra addossate, e saettava, con fucili di precisione e a magazzino, un fuoco accelerato micidiale contro gli assalitori. Ciò non
ostante, questi arrivarono fino al fosso che congiungeva il primo
col secondo ridotto; ma in codesto attacco già quattro battaglioni
erano stati distrutti, onde il colonnello Angelescu si vide posto
nella necessità d'ordinare una momentanea ritirata. I Turchi allora,
con l'uccisione e la mutilazione dei feriti, si resero colpevoli di
enormi atrocità. — Nè miglior successo toccò alla quarta divisione
rumena, incaricata dell'attacco della fronte orientale, dove si mostrò
nella linea del fuoco il principe Carlo in persona. La colonna russa
che doveva appoggiare l'assalto dei Rumeni s'era smarrita nella
nebbia, e arrivò al vero attacco troppo tardi; pure, combattè valorosamente, ed ebbe a contar tra le gravi perdite subìte anche
quella del comandante del reggimento Archangelgorod. — Neanche
le fortificazioni di Radicevo, contro le quali due volte il generale
Krylow aveva lanciate le sue truppe all'assalto, poteron esser prese;
e sull'ala sinistra, neppure Skobelew potè sostenersi a lungo sulle
trincee di Crscin, che aveva per un momento occupate.

Quando il principe Carlo fece ritorno presso l'Imperatore, per
informarlo che la condizione delle cose era tutt'altro che favorevole, soggiungendo tuttavia che aveva ordinato un nuovo attacco
per la sera senza punto rinunziare alla speranza d'un qualche
successo, ecco a un tratto farsi innanzi a briglia sciolta un aiutante,
con l'annunzio che la cavalleria turca aveva fatto irruzione sulla
stada maestra di Grivizza, e s'avanzava contro le posizioni russo-
rumene. Fu supplicato l'Imperatore di ritirarsi; e di fatti, non
appena furono in pronto le scorte, egli lasciò con tutto il suo
Stato maggiore il suo posto d'osservazione. — Fortunatamente, la

notizia ben presto si dimostrò falsa. — Il Granduca e il principe Carlo passaron la notte sul campo di battaglia. Durante la sera piovigginosa s'udiron ripetutamente echeggiar delle fucilate, il che poteva facilmente attribuirsi all'attacco ordinato testè. Quand'ecco a tarda notte giunse la notizia ch'era stato preso il primo ridotto di Grivizza, con una bandiera e cinque cannoni. Verso le sette della sera, infatti, il colonnello Angelescu aveva lanciato per la quarta volta le sue truppe all'assalto; e, sostenuto questa volta dai Russi nella fronte sud, c'era finalmente riuscito. Tale vittoria, per quanto difficile, sostanzialmente mutava di poco le condizioni dei Russi e dei Rumeni, dei quali i primi avevan perduto circa 16.000 uomini, i secondi circa 5000. Le perdite turche in cotesti attacchi furon calcolate a 8-10 mila uomini, e furono considerevoli specialmente al ridotto di Grivizza, dove gli alleati distrussero quasi ogni cosa. Quivi cadde anche il general di brigata Arab-Achmet, mentre i generali Hassan e Rifaat Pascià rimasero feriti. L'imperatore Alessandro cinse al collo del principe Carlo l'ordine di S. Giorgio.

È degno di nota il rapporto che intorno a quei memorabili combattimenti dinanzi a Plevna stese il generale Zotow in data del 21 ottobre 1877. In esso egli valùta, forse con qualche esagerazione, le forze d'Osman Pascià a non meno di 80.000 uomini « di soldati fanatici, ottimamente armati, con 120 a 150 cannoni, per la maggior parte di lunga portata»; e aggiunge « non esser punto « un'esagerazione se si considera l'attacco di Plevna (o, come or- « dinariamente si suol dire, delle fortificazioni di Plevna) come una « delle più difficili operazioni che sien mai toccate in sorte a qual- « sivoglia esercito d'Europa dei tempi recenti, e al cui compimento « può accingersi soltanto un esercito che sia non meno forte di « numero, che armato d'un fiero sentimento del dovere e di coraggio « guerresco ». Splendida conferma, questa, e giustificazione insieme, del sopra citato giudizio dal principe di Rumenia manifestato nel Consiglio di guerra russo; e autocritica, insieme, che fa grande onore al capo dello Stato maggiore generale russo postogli ai fianchi!

A compiere il quadro che qui abbiamo abbozzato, aggiungeremo ancora la descrizione del corrispondente del *Times*, il quale dalle fortificazioni di Plevna fu egli stesso testimonio oculare delle gesta d'Osman Pascià:

« In parecchie delle sue compagnie (scrive egli) gli uomini son
« suddivisi in gruppi di 10 a 15 soldati *senza ufficiali*. Cotesti uomini
« si sono scavate delle fosse e costruite delle piccole casematte, dalle
« quali difendono i fossati e le trincee con una costanza e un co-
« raggio che non hanno eguali. In quelle piccole casematte si
« preparano i cibi; in esse dormono, se occorre, e abbozzano,
« quando sieno invitati a farlo, il loro piano per mantener vivo il
« fuoco contro il nemico, e precisamente secondo il sistema delle
« doppie linee, già usato un tempo dai giannizzeri, la seconda
« delle quali copre la prima. Quando la provvista delle munizioni
« è presso al termine, quattro uomini da ciascun gruppo vanno a
« prendersene delle nuove, per mezzo di carri che hanno sotto la
« mano. Soldati come questi han poco rispetto degli ufficiali, ch'essi
« stiman superflui, perchè non hanno fucili e non isparano. In
« alcune casematte dove gli ufficiali avevano osato dar degli or-
« dini, essi furon senz'altro mandati via. L'unica persona alla quale
« permettono d'entrar di mezzo tra loro e il comandante in capo è
« l'Imam o prete di ciascheduna compagnia, il quale tutti i giorni
« recita cinque volte la preghiera per loro. La maggior parte di
« codesti soldati viene dai vilayèts di Dibra, dell'Albania e del-
« l'Erzegovina. Da quei paesi li han tratti con sè Mehemed Alì
« e Suleyman Pascià, e mandatili a Plevna ». — Elementi simili
a questi spiegano adunque anche l'avversione d'Osman Pascià per
le operazioni offensive di qualche rilievo; e spiegano in parte il
suo errore, d'esser cioè — in luogo di fare una sortita a tempo,
accorrendo in aiuto di Mehemed Alì e di Suleyman Pascià —
rimasto ostinatamente nella sua posizione, finchè non fu troppo
tardi.

Il 13 settembre venne tenuto un nuovo Consiglio di guerra, nel
quale una parte dello Stato maggiore generale si pronunziò per
la ritirata verso Nicopoli, di là dalla valle dell'Osma; in quella
vece, l'Imperatore, il Principe e il generale Milutin opinarono si
dovesse provvedere con un rinforzo di nuove truppe. Intorno a Plevna
l'aria era pestilenziale; e le ambulanze, nelle quali avvenivano le più
commoventi scene di fermezza d'animo e di disprezzo della morte,
erano assolutamente insufficenti.

Il giorno seguente, il Principe visitò a cavallo tutte le fortificazioni dinanzi a Plevna. Il ridotto Grivizza fu nuovamente assalito
dai Turchi, ma l'assalto ne venne respinto. Ciò non di meno, la

situazione era molto pericolosa, giacchè in presenza delle file così
fortemente diradate un attacco dei Turchi poteva avere conseguenze
incalcolabili. Il 18 i Rumeni assalirono il secondo ridotto di Grivizza; ma per due volte ne vennero ricacciati con gravi perdite.
Il Principe pertanto fece disporre dei trinceramenti per tutta la
linea, e assunse fino a nuovi eventi un atteggiamento puramente
difensivo. Il 22 la cavalleria fece una grande ricognizione sulla
strada di Sofia, di dove i Turchi introducevano a Plevna e rinforzi
e vettovagliamenti d'ogni specie. Si faceva di giorno in giorno più
evidente che senza un accerchiamento completo era impossibile
impadronirsi della piazza. Quando il 27 il principe Carlo si recò
— sotto un forte fuoco di fucileria — al ridotto di Grivizza, i morti
vi giacevano in parte ancora insepolti, non avendo Osman Pascià
voluto concedere alcuna sospensione d'armi. — Frattanto in Russia,
in presenza delle notizie così poco soddisfacenti dal teatro della
guerra, era venuta manifestandosi un'agitazione assai viva contro
la condotta della guerra fino a questo momento. Il generale Todleben, ch'era stato fin qui lasciato in disparte, fu chiamato al
quartier generale, e vi giunse il 30 di settembre. Dopo d'aver visitato in compagnia del Principe tutta quanta la posizione nel suo
insieme, si dichiarò d'accordo circa le misure ultimamente seguite,
deplorando che non si fosse ancor prima accolto il consiglio del
Principe, d'un regolare investimento della piazza.

Il già accennato riassunto dell'*Invalide*, con manifesta parzialità e con tendenza a mascherar pietosamente la sofferta sconfitta,
così narra la battaglia dell'11 settembre:

« Il dì 30 agosto (11 settembre) i Russi, in esecuzione degli or-
« dini dati dal Principe di Rumenia, diedero l'attacco nei punti
« seguenti: ridotto di Grivizza, ridotto centrale e terza linea della
« Collina verde. Dopo aver fatto prodigi di valore e sofferte perdite
« enormi, i Russi s'impadronirono di Grivizza e di due ridotti del
« lato meridionale della piazza, sebbene non riuscisse loro di con-
« quistare il ridotto centrale. La giornata del 30 agosto (11 set-
« tembre) aveva procurato ai Russi solo dei vantaggi parziali, dei
« quali si sarebbe potuto trar profitto soltanto qualora s'avesser
« potute avere alla mano delle truppe fresche ». Dal che si vede
come, pur d'eseguire un piano russo, sbagliato fin dalle origini, e
del quale (secondo la testè riportata relazione) la paternità doveva
porsi a carico del principe Carlo, non si sarebbe rifuggiti neanche
da chi sa qual nuova ecatombe.

I lavori preparatorii per l'investimento della piazza, predisposti dal principe Carlo ancor *prima* dell'arrivo di Todleben dinanzi a Plevna, tanto più meritano d'esser menzionati, in quanto che, in sul principio, il materiale d'assedio dell'esercito russo era organato in modo assolutamente insufficente per l'impianto di opere siffatte. Mentre la fanteria rumena aveva a sua disposizione le già esperimentate zappe a sistema Leeman, nell'esercito russo gli utensili di codesta specie mancavano affatto; tanto che Skobelew attribuiva in parte le difficoltà nelle quali venne a trovarsi il 27 e il 30 settembre al fatto che i suoi uomini eran costretti a scavar le fosse con le baionette, e a servirsi per trasportar via la terra del vasellame di cucina. — Già al terminar dell'agosto i Rumeni, a maggior sicurezza per un'eventuale chiamata delle riserve, avevan costruito a partir dalla valle della Bucova e in direzione del ridotto di Grivizza, una via coperta lunga 1113 metri e quattro metri larga, la quale, non ostante la sua prossimità a 300 metri dal secondo ridotto di Grivizza e le opere fortificate turche di Bucova che quasi la toccavano, venne mantenuta con un coraggio eroico. Oltr'a ciò, contro quest'ultime fortificazioni e in vicinanza del forte occupato l'8 di settembre, i Rumeni avevano costrutta una batteria con otto cannoni, e poi tre altre con diciotto; incominciati i ridotti Alessandro e Vrbica, collegate tutte coteste opere complessive con fossati di difesa, e — per impedire un aggiramento dell'ala destra dalla parte di Opanez — innalzati dei ridotti presso Riben e Cialisevat (1). Siffatte sagge norme d'assedio eran così chiare e così opportune, che il granduca Niccolò il 17 settembre pregò il principe Carlo di prescrivere all'ala sinistra del 4.º corpo d'esercito russo e alla divisione Imeritinsky, le cui posizioni erano ancora del tutto scoperte, la costruzione di trinceramenti simili a quelli rumeni. Il 26 settembre i Rumeni condussero a compimento la terza parallela, ne incominciarono — nonostante il rinnovato fuoco dei nemici — una quarta, ed eressero una lunetta in vicinanza di Cialisevat, a compimento del posto d'osservazione dalla parte di Opanez. E poichè dal lato di ponente Plevna non era per verun modo chiusa da forti, il principe Carlo, nella prima metà di settembre, della cavalleria dell'esercito dell'ovest formò uno speciale distaccamento russo-rumeno di circa 6000 uomini con 30 cannoni

---

(1) V. alla pag. 677 la carta dei dintorni di Plevna.

sotto il comando del generale Krilow, al quale toccò l'importante
còmpito d'esplorar tutta la regione di là dal Vid, spazzarla dagli
irregolari turchi, e impedire soprattutto l'avviamento di vettovaglie
per Plevna. Una colonna di vettovagliamento turca con circa 2000
carri, spedita da Scefket Pascià e condotta da Achmed-Hafzi Pascià,
era comparsa da Orkanie sulla strada che mena a Sofia; e, in seguito a un errore strategico di Krilow, l'era riuscito il 23 settembre
d'arrivar felicemente a Plevna (1). Secondo le fonti russe, tuttavia,
la spedizione di Krilow non sarebbe rimasta senza importanti risultati, giacchè la cavalleria mista avrebbe distrutte le congiun-
zioni telegrafiche tra Plevna e Sofia da una parte e tra Plevna-
Rahova-Vidin dall'altra, e avrebbe oltr'a ciò fatto degli utili rilievi
della regione interposta fra l'Isker e il Vid. Il 12 ottobre un'altra
colonna d'approvvigionamento, comandata da Scefket Pascià in persona e accompagnata da Kiasim Pascià, il cognato del Sultano,
entrava in Plevna.

S'è fatto più tardi un rimprovero a Osman Pascià di non aver
lasciato Plevna prima dell'assoluto investimento della piazza, e di
non aver pòrta la mano ai generali che stavano nel quadrilatero
dei forti e nel Balcan; ora, coteste spedizioni di viveri dimostrano
in ogni caso ch'egli agiva in conformità degli ordini venutigli dal
Consiglio di guerra di Costantinopoli. Al generale Krilow frattanto,
al quale non a torto fu rimproverata la sua impotenza di fronte
agl'invii d'approvvigionamenti che protrassero in lungo l'assedio,
era stato sostituito il generale Arnoldi. — Nella prima metà d'ottobre arrivarono finalmente i tanto sospirati rinforzi russi; con
che tutta l'opera dell'assedio entrò in una nuova fase. — Ma prima
d'accingerci all'esposizione di questa, dobbiam dare un'occhiata
alle operazioni che si svolsero frattanto negli altri teatri degli
avvenimenti.

---

(1) Cfr. VACARESCU, pag. 183. — Dell'opera dello Stato maggiore comparsa
nel 1888 a Bucarest sotto il titolo *Istoriculŭ Rěsboinlu din 1877-78* non abbiamo
sinora se non un primo volume.

XLVI.

Ulteriori avvenimenti sul teatro della guerra europeo

Il comando di Suleyman Pascià nei Balcani. - Istruzioni del Sultano a lui. - Caratteristica memoria del Sultano sul piano da seguirsi quind'innanzi. - Accuse di Suleyman contro Mehemed Alì e contro Osman Pascià. - Insufficenza del materiale ospedaliero e sanitario. - Piano di Suleyman per la ripresa del passo di Sipka. - Contro-operazioni dei Russi. - Rapporto sopra il combattimento decemdiale a quel passo. - Importanza della presa di Loveia per i Russi. - Trattative fra Suleyman e il Consiglio supremo di guerra a Costantinopoli. - Attacco notturno dei Turchi al passo di Sipka, 16 settembre. - Richiamo di Suleyman, e sua nomina a Comandante l'esercito del Danubio al posto di Mehemed Alì. - Cause del richiamo di quest'ultimo. - Condizioni miserevoli dell'esercito del Danubio. - Principio degl'intrighi di Corte contro Suleyman, nonostante il favore in apparenza dimostratogli. - Inaspettata elevazione di Suleyman a generalissimo degli eserciti situati di qua e di là dai Balcani. - Suleyman, nell'impossibilità di superare le difficoltà presenti, consiglia di richieder l'assistenza dell'Inghilterra per la conclusione d'un armistizio.

Quando nel luglio Suleyman Pascià, richiamato dalla campagna contro il Montenegro, si recò nei Balcani, il Sultano medesimo per mezzo del suo primo segretario Said gli aveva, verso il 21, impartite le sue istruzioni. Esprimendogli la sua piena fiducia in lui, diceva di credere che « il grave errore commesso al Danubio consisteva nel fatto che le truppe, invece d'esser predisposte in colonne d'attacco, restavano disseminate qua e là nelle fortezze e nelle singole località ». « Fra la vita e la morte dell'Impero » — gli faceva scrivere il Sultano — « c'è la distanza d'un dito appena; e quel « generale a cui riescirà di salvare il Governo e la Nazione da un

« tanto pericolo s'acquisterà sicuramente il posto più elevato e
« magnifico, oltre alla grazia e al favore del Sultano e ai voti di
« tutta la Nazione » (1).

Senza seguir punto per punto anche più esattamente che non
abbiamo fatto le varie operazioni di guerra condotte da Suleyman
nei Balcani, osserveremo tuttavia in generale come cadrebbe assolutamente in errore chi non volesse attribuire ai Turchi alcun vero
e proprio piano difensivo. La raccolta dei dispacci scambiati da e
con Suleyman dimostra precisamente il contrario, e induce la persuasione che se i singoli generali al comando avessero operato
tutt'insieme più organicamente, ci sarebber volute almeno parecchie
campagne per vincer la Turchia, tuttochè lasciata alle sole sue forze.
Notevole per questo rispetto è il principio d'una Memoria proveniente
dal Sultano in persona e indirizzata al Consiglio di guerra; memoria
che è del seguente tenore:

« È noto che Suleyman Pascià, quando giunse ad Adrianopoli,
« pose per fondamento delle sue operazioni due punti: respingere
« il nemico che s'era esteso sulle pendici del Balcan — cacciando
« i Russi dalle loro fortificazioni dei Balcani —; marciare poi, con
« l'aiuto d'Osman Pascià e di Mehemed Alì, sopra Tirnovo, e assa-
« lire il nemico da tre parti, oppure incalzarlo in tre direzioni diverse,
« così da estendere maggiormente il teatro della guerra. La prima
« parte del suo disegno è riuscita. Egli è marciato contro Eski-Sagra
« e poi contro Ieni-Sagra, e ha liberate codeste località dalla pre-
« senza dei Russi e dei Bulgari, che han fatto causa comune col
« nemico. Se non che, le misure ch'egli doveva prendere in seguito
« non potevano venir a priori determinate: ciò poteva farsi solo
« dopo profonda e matura ponderazione. Muover direttamente contro
« le loro fortificazioni nei Balcani sarebbe stata impresa temeraria,
« di cui mal si sarebber potute prevedere le conseguenze, e dalla
« quale difficilmente si sarebbe tratto qualche vantaggio. Era dunque
« necessario, prima d'intraprendere una tale opera, esaminare se
« non vi fosse alcun altro mezzo per raggiungere il medesimo risul-
« tato più facilmente e con minor pericolo. Ove Suleyman Pascià
« si fosse avanzato verso Kazan e congiunto con la divisione che

---

(1) V. FAUST LURION, *Campagnes de Suleyman Pacha*, Paris, 1883. Quest'opera contiene tutta la corrispondenza ufficiale di Suleyman con il Sultano.
i Ministri e i generali.

« si trovava presso Osman-Bazar, e avesse quindi marciato contro
« Tirnovo e occupata questa città, od anche —. senza occuparla —
« riportata colà una vittoria, i Russi trovantisi a Sipka avrebber
« dovuto o ritirarsi o darsi prigionieri. Così, se noi avessimo pre-
« ferita cotesta via (di Kazan e Osman-Bazar), avremmo raggiunto

Suleyman Pascià.

« il nostro intento, evitando in pari tempo il pericolo d'assalire le
« fortificazioni di Sipka dalla fronte. Tutte queste considerazioni
« ci furono comunicate da varie parti. Noi abbiamo dunque mani-
« festato il desiderio che l'esercito di Suleyman Pascià venisse dis-
« tolto dal concetto di marciar sopra Sipka, e rimanesse dove si
« trovava, fino a tanto che non fosse definitivamente riconosciuto
« e risoluto quale dei due disegni meritasse la preferenza. — Su-
« leyman agirà quindi in conformità delle istruzioni che gli verran

« date dopo la presa deliberazione. Il Consiglio dei Ministri e il
« Consiglio di guerra si son radunati due volte per trattar tali que-
« stioni. E nella considerazione che l'occupazione di Sipka per opera
« di Suleyman Pascià non è cosa tanto difficile come comunemente
« si pensa, e che una tale occupazione — ammesso pure che presenti
.« qualche difficoltà — renderà poi più facile all'esercito di Suleyman
« Pascià la sua congiunzione con quello d'Osman Pascià e con la
« divisione di Selvi, e assicurerà pertanto le nostre mosse di guerra,
« venne all'unanimità deliberato, senza sgomentarsi dinanzi ai sa-
« crifizii che tale occupazione potesse costare, d'impadronirsi del
« passo di Sipka. E così fu fatto. Avendo Suleyman Pascià trovati
« i passi di Credich e di Kaire Bodgaz senza difesa, se n'è impa-
« dronito, e dopo d'averli fortificati e lasciativi alcuni battaglioni,
« è marciato sopra Sipka ».

Questa Memoria, che termina con alcune nuove domande al Consiglio di guerra su ciò ch'era da farsi, vale a caratterizzare tutta
quanta la condotta della guerra dalla parte dei Turchi. All'opposto
di quanto soleva avvenire nelle precedenti guerre contro il nemico
della Cristianità, quando era questo appunto che, con sultani e gran
visiri alla testa de' suoi eserciti, s'abbandonava a un'attività energica, spontanea e selvaggia, mentre a Vienna le operazioni eran
deliberate dal Consiglio aulico di guerra, ora, di fronte alle audaci
mosse e operazioni dei Russi, che per inconsideratezza non eran
molto dissimili da quelle turche d'un tempo, i Turchi stessi segui-
vano un processo casuistico, che, dinanzi a un rovinìo come quello,
recava in sè fin dalle origini il nocciolo della futura disfatta. Suleyman attribuisce il suo insuccesso nel tentativo di riprendere il
passo di Sipka in parte a Mehemed Alì, il quale non seppe impedire al generale Radetzky la sua marcia di soccorso al passo di
Sipka medesimo, e in parte a Osman Pascià, che trascurò di fare
una dimostrazione dalla parte di Selvi, per opporsi all'avanzata
delle truppe ausiliarie russe. Dei suoi ordini, trasmessi ai due generali telegraficamente, non era stato tenuto alcun conto.

La sua condizione era tanto più disastrosa, in quanto che per
la cura dei feriti e degli ammalati egli non aveva nè medici nè
infermieri, nè medicine, nè farmacie da campo, nè strumenti chi-
rurgici; di modo che i feriti restavano senza fasciature fin sei a
sette giorni. Senza gli aiuti e le prestazioni delle Associazioni della
Croce Rossa straniere, feriti e infermi alla rinfusa sarebbero sen-

z'altro periti. In un rapporto turco tra altro è detto: « In presenza « di tali Associazioni, noi dobbiamo arrossire dell'incuria e della « negligenza dei nostri ufficiali sanitarii, e della nostra assoluta « insufficenza ». Gli uomini di Suleyman non avevano tende, non vitto regolare di carni, e vivevano per la maggior parte di puro biscotto. Egli stesso per giaciglio non aveva più che una semplice pelle d'orso.

Mentre a Costantinopoli, di fronte alle difficoltà, s'era propensi al concetto di lasciare per intanto i Russi al passo di Sipka, Suleyman voleva in quella vece effettuare prima di tutto la sua congiunzione con i due eserciti al nord dei Balcani; e si tenne saldo in fatti al concetto della riconquista dell'importantissimo passo, facendo ripetutamente intendere in pari tempo, sia al Potere centrale sia ai comandanti di quegli eserciti, come alla buona riuscita della difficile impresa fosse assolutamente necessario che Mehemed Alì facesse una dimostrazione contro Tirnovo, e che Osman Pascià impedisse ai Russi di Radetzky, nella direzione di Selvi e Gabrovo, l'invio di rinforzi verso i Balcani. Al quartier generale russo s'aspettavano che Osman Pascià avrebbe fatto un'avanzata, per congiungersi, o per la via di Kotel (Cazan) o per quella d'Elena e Bebrovo, con le forze turche che si trovavano a Osman-Bazar. Entrambi quei passi eran difesi da un reggimento di fanteria, da un reggimento di dragoni e da dieci cannoni. Al passo di Chaincoi stavano un reggimento di fanteria, due sotnie di Cosacchi e otto cannoni; al passo di Sipka il 36.° reggimento Orel con ventidue cannoni, cinque *druine* di milizie bulgare e cinque sotnie di Cosacchi. Disgraziatamente, di fronte a una seria offensiva dei Turchi tali forze non erano sufficenti.

Radetzky, che comandava l'ottavo corpo d'esercito russo, mandò dapprima soltanto il reggimento Briansk a Sipka, mentr'egli stesso si recava con due brigate a Elena. Il 20 agosto i Russi poterono accertarsi che Suleyman Pascià, con un esercito ch'essi calcolavano di 40 battaglioni, voleva ad ogni costo impadronirsi del passo di Sipka. Radetzky allora non esitò un istante a mandar da Tirnovo tutte quante le sue truppe al punto minacciato; ma — come espressamente fa rilevare il rapporto pubblicato nell'*Invalide* — gli fu pur necessario convincersi in precedenza che, occorrendo due giorni di marcia per arrivar da Tirnovo a Sipka, i due reggimenti e la milizia che colà si trovavano dovevan sul principio sostener soli l'assalto.

Poichè i rapporti dei Turchi sono in generale più rari di quelli russi, è per noi di grande interesse udire il rapporto di Suleyman Pascià intorno al combattimento che per più giorni di seguito si svolse al passo di Sipka. Ecco le sue parole:

« Fin dal 21 agosto durava giornalmente, dalla mattina alla sera
« e sempre con la medesima intensità, la lotta sulle alture di Sipka.
« Per cacciar le nostre truppe dalle posizioni conquistate, il nemico
« ha continuato il fuoco delle sue artiglierie e della fucileria, in-
« terrotto soltanto dalle frequenti sortite, vigorosamente respinte.
« In considerazione della nostra situazione e dell'occupazione di pa-
« recchi punti importanti sulle alture di Akrigebel, alla sinistra
« delle fortificazioni russe, il nemico, vedendosi circondato e mi-
« nacciato — per dirla brevemente — nella sua linea di ritirata,
« dovette intendere ch'era costretto a riguadagnar quelle nostre po-
« sizioni strategiche; al quale intento rivolse tutte le sue forze.
« Al fine di fare una diversione, iermattina i Russi apersero con
« anche maggior furia che prima il fuoco delle loro artiglierie su
« tutta la lunghezza della nostra linea di battaglia, mentre pur
« tentavano un assalto contro la posizione d'Akrigebel, lor mira
« principale. Mai si vide una lotta più aspra e più sanguinosa. I
« Russi, senza darsi pensiero delle numerose perdite sofferte, non
« cessarono di battersi senza interruzione dalla mattina alla sera,
« ritornando costantemente all'assalto, sostituendo e rinforzando le
« decimate colonne con truppe fresche, rinnovanti sempre da capo
« il combattimento. Verso le quattro avvenne anzi per un momento
« che il nemico riuscisse a prendere quelle posizioni, di tanta im-
« portanza così per esso come per noi, e il cui possesso era con-
« trastato d'ambe le parti con tanto valore. A tre delle sue com-
« pagnie riuscì d'arrampicarsi con uno straordinario disprezzo della
« vita su per le alture, e di giungervi innanzi un buon tratto.
« Ma dinanzi a quel tentativo, i battaglioni della nostra 1.ª e della
« 3.ª brigata al comando di Veissel Pascià si slanciarono in soccorso
« dei nostri, e, in seguito a una carica brillante, si cacciarono in
« mezzo al nemico, costringendolo a ritirarsi e ad abbandonare i
« molti caduti che ricoprivan la strada da esso percorsa fino alle
« nostre posizioni. Malgrado l'appressarsi della notte, non cessarono
« i Russi di reiterar contro le nostre linee i loro furiosi e dispe-
« rati tentativi fino allo spuntar del giorno. Quegli sforzi sovrumani,
« tuttavia, e le crudeli perdite da loro sofferte rimasero infruttuosi.

« Alle otto e mezzo della mattina il nemico, esausto di forze, ri-
« nunziò alla fine a impossessarsi delle posizioni in questione; le
« quali restarono tutte nelle mani dei nostri valorosi soldati, mentre
« quello effettuava la sua ritirata oltre le ultime pendici delle al-
« ture d'Akrigebel. Giunti al piè della montagna, nuove truppe
« ricolmarono le loro lacune; e oggi, domenica, alle due della
« mattina, i Russi han ricominciato senz'interruzione il loro as-
« salto contro i nostri soldati stanchi, che appena potevan tener
« gli occhi aperti. Ciò non di meno, sotto una pioggia di proiettili
« d'ogni·sorta, ritrovarono ben presto le loro forze; i Russi dovettero
« questa volta rinunziar definitivamente al loro disegno; e battuti,
« decimati e nel più gran disordine han ripresa la via verso le
« loro trincee. I punti strategici delle alture d'Akrigebel son ri-
« masti nelle mani vittoriose delle nostre truppe. Nonostante una
« sì grave sconfitta, tuttavia, la partita non è definita ancora: le
« solide fortificazioni del Sipka non sono ancora nostre ».

Nel combattimento, durato dieci giorni, i Turchi avevan perduti
tra morti e feriti, non meno di 6744 uomini, tra i quali due colonnelli, un tenente colonnello, due maggiori, sessantun capitani
e ottantasei ufficiali subalterni; il che non può recar meraviglia,
se .si leggano i rapporti russi intorno ai loro contemporanei assalti
contro le posizioni nemiche. L'ordine d'un movimento offensivo da
parte di Mehemed Alì e d'Osman, così urgentemente impartito e
consentito da Costantinopoli, fallì in parte anche per la presa (seguita
il 3 settembre) della località di Lovcia, dai Turchi fortemente munita, per opera del principe Imeritinsky: sotto la quale combattè
Skobelew, e alla cui liberazione Osman Pascià accorrente da Plevna
arrivò troppo tardi.

Con la presa di quella piazza veniva interrotto l'approvvigionamento di Plevna dalla parte di Filippopoli, come pure la comunicazione con l'esercito del Balcan. Suleyman, che ben vide cotesto
pericolo, si mise quind'innanzi in ininterrotta comunicazione telegrafica col presidente del Consiglio di guerra Mehemed-Gelal-Eddin
(il parente del Sultano, tante volte vituperato col nomignolo di
Damath), e lo pregò di disporre immediatamente perchè i venti
battaglioni che si trovavano a Orcanie al comando d'Achmed Hufzy
s'affrettassero alla volta di Plevna. Il Consiglio di guerra gli rese
grazie di cotesto consiglio in una lettera assai lusinghiera, la quale,
oltrechè dal Presidente, era firmata dai pascià Namik, Riza, Mu-

stafà, Iussef, Sadek, Halim, Omer e Tevni. Dopo d'aver ricevuto
per la posizione sua sette battaglioni soltanto in luogo dei sedici
che aveva richiesti, tenuto Consiglio di guerra, deliberò per il
16 settembre un nuovo assalto notturno, e formò di tre battaglioni
un reggimento di volontarii, che deliberatamente si votarono a quasi
certa morte. Dopo aver fatta strage delle due compagnie del reggimento Podolia che custodivan le trincee, riuscì ai Turchi d'im-
padronisi del Monte San Niccolò e di tenervisi fino alla mattina
seguente; se non che allora, alcune compagnie dei reggimenti Isto-
mir e Volinia riconquistarono la posizione. Secondo i dati di Suleyman, quel combattimento in prossimità del passo di Sipka gli
costò non meno di 265 uomini morti e 1030 feriti: ciò che, data
la debolezza del suo esercito, costituiva senza dubbio una perdita
considerevole.

Suleyman Pascià era ancora occupato a raccogliere i singoli
rapporti dei comandanti intorno a cotesta operazione, allorchè venne
richiamato dal suo posto di comandante dell'esercito del Balcan e
nominato capo dell'esercito del Danubio. Al Balcan gli successe il
maresciallo Reuf Pascià.

Non può cader dubbio che la cagione d'un tal mutamento nel
supremo comando fu l'insuccesso definitivo dei combattimenti di
Mehemed Alì al Lom con l'obbiettivo principale di Biela, e segnatamente la fallita sua impresa contro i Russi a Cercovna. Mehemed
Alì aveva addirittura invertito il piano di Suleyman, secondo il quale
quegli doveva fare un'avanzata in soccorso di Plevna; e aveva dato
al comandante dell'esercito dei Balcani il consiglio di tenersi dinanzi
a Sipka puramente sulla difensiva, d'andare con la maggior parte
del suo esercito a Osman-Bazar, e di là poi, con le truppe che
quivi si trovavano, a Tirnovo. A ciò rispondeva Suleyman il 18 settembre « insistersi a Costantinopoli sul punto della presa di Sipka:
« cosa che sarebbe stata impossibile s'egli avesse diviso l'esercito
« in due parti. E, anche prescindendo da questo, esser piuttosto
« difficile con 10 battaglioni impadronirsi di Tirnovo; pregava egli
« quindi di sottopor la questione alle superiori Autorità di Costan-
« tinopoli ». A rigor di termini, Suleyman era sottoposto a Mehemed
Alì; se non che, quest'ultimo — come dimostra il suo telegramma
del 18 settembre a lui diretto — non gli aveva dato propriamente
un ordine, sì semplicemente un consiglio, ch'egli era ben libero di
ricusare; tanto più che Mehemed Alì non assumeva alcuna respon-

sabilità per la misura prescrittagli. Nondimeno, da codesto incidente più tardi si trasse partito contro Suleyman nella maniera più
ingiusta. — Il modo d'agire di Mehemed Alì fu determinato particolarmente dallo stimar ch'egli faceva le posizioni dei Russi presso
Biela come fortissime, e dal desiderio d'evitare una maggiore sconfitta; oltr'a ciò, per un apprezzamento del tutto erroneo del metodo
di guerreggiare dei Russi, egli credeva, per l'avvicinarsi del mese
d'ottobre, che la campagna per quest'anno fosse al suo termine;
per la qual cosa gli pareva piuttosto raccomandabile di non fare
un inutile spreco delle sue forze.

Quando il 3 d'ottobre Suleyman Pascià assunse il supremo comando dell'esercito del Danubio, trovò il materiale delle sussistenze
in pessimo stato. In tutta fretta egli dovette richiedere da Costantinopoli due a tre milioni d'*oke* di biscotto; e, poichè a Sciumla
s'eran lasciati andare a male oltre tre milioni d'*oke* di frumento,
mandò Ahmed Vahil Pascià (ch'era stato incaricato delle sussistenze) a Costantinopoli per farlo sottoporre colà a un tribunale
di guerra. Ma in luogo di ciò, di codesto generale di brigata si
fece più tardi un procuratore di Stato nel processo criminale che
venne intentato contro Suleyman. — Immediatamente dopo l'assunzione del comando in capo, apparvero indizii manifesti, a te-
stimoniar come una rete d'intrighi fosse fatalmente stata tesa contro
Suleyman. Benchè il Sultano nel firmano che gli conferiva quel
posto, e che uno dei suoi aiutanti, il colonnello Gelal bey, aveva
portato al quartier generale per darne pubblica lettura, esaltasse
grandemente i meriti di Suleyman, Gelal espose a questo il seguente curioso messaggio del Sultano medesimo: « Dite al coman-
« dante supremo (dunque, a Suleyman) ch'egli non dev'essere nè
« un uomo così inumano e assetato di sangue come Suleyman, nè
« uno così flacco come Mehemed Alì ». Interrogato circa le ragioni
d'una sì strana raccomandazione, l'aiutante rispose, essere stato
al Sultano riferito che al passo di Sipka Suleyman aveva sacrificato
più di 20.000 uomini. — Se si confronti codesto tratto del Sultano
con i concetti ch'erano in favore presso i supremi comandanti dei
Russi, non si potrà negargli nè il senso dell'umanità nè una certa
orientale originalità d'espressione. Ciò non di meno, un messaggio
come questo proveniente dal Sultano non poteva fare a meno di
portare un po' d'incertezza nelle risoluzioni di Suleyman. Certo
l'attacco delle alture di Domakil e di Dobratenik, che proteggono

Biela, sarebbe costato gravi sacrifizii, senza che il guadagno tuttavia ne potesse pur esser paragonabile con la ripresa del passo di Sipka. Rinunziò dunque all'impresa di Biela, e si determinò per un attacco in direzione di Tirnovo. — Circa questo tempo, si produsse un avvenimento, che chiarì qual fosse la condizione dei Magiari, di fronte alla crisi orientale, ben più acutamente che non le semplici manifestazioni studentesche. Il Gran Visir significò a Suleyman che il parlamento di Pest gli aveva conferito il diritto di cittadinanza ungherese, e che il Sultano ne aveva autorizzata l'accettazione. — Nel frattempo erano arrivati in Bulgaria i granatieri e le guardie russe; il qual fatto rese il Consiglio di guerra a Costantinopoli più prudente che mai; esso consigliò pertanto a Suleyman « che si tenesse, tanto nella direzione di Biela come in quella di Tirnovo, sulla difensiva », pur senza voler esercitare una pressione sulle deliberazioni di lui.

· Passate, dopo il richiamo di Mehemed Alì, sei intere settimane in marce e spedizioni qua e là di poca o nessuna importanza, e peggioratesi sostanzialmente sul teatro della guerra, così in Europa come nell'Asia, le condizioni in danno dei Turchi, ecco venir fuori il 10 novembre un provvedimento, che mentre da una parte caratterizzava l'impiccio della Porta, veniva a caricar dall'altra sulle spalle di Suleyman Pascià la responsabilità dei successivi avvenimenti. Il supremo Consiglio di guerra lo nominava, infatti, il 10 novembre *generalissimo* di tutta la Rumelia (intesa nel senso della Porta), vale a dire dell'esercito occidentale e dell'esercito del Balcan, compresovi quello di Plevna. Nel dispaccio relativo si diceva: « L'unificazione del comando nelle vostre mani s'effettuerà nel- « l'intento d'utilizzare le forze e le operazioni dell'esercito danu- « biano orientale e occidentale e dell'esercito dei Balcani, di pro- « curar per tal modo, con l'assistenza di Dio, aiuti per la liberazione « dell'esercito di Plevna, d'impedire ai Russi il passaggio dei Balcani, « e, pel caso che riesca al nemico di superarli, d'impedir la sua « avanzata più oltre ». Se non che, Plevna era ormai perfettamente accerchiata, di modo che Suleyman non poteva più far giungere a Ghazi Osman, a lui ora sottoposto, i suoi ordini. Oltrechè, a quei pieni poteri a lui conferiti di procedere ormai indipendentemente e senza l'intromissione del Consiglio di guerra fu assai presto infrapposto un ostacolo, per le continue ingerenze di quello. Per tal modo, anche il mese di novembre trascorse in progetti e controprogetti, i quali avevano principalmente in mira la liberazione di Plevna. L'8 dicembre, Suleyman telegrafava a Edhem Pascià come « le crudeltà commesse così dai Russi come dai Turchi fossero senza misura, e dovessero suscitar la pietà d'ogni uomo di cuore. Per evitar miserie anche maggiori nell'imminente inverno, doversi ricorrere all'efficace cooperazione dell'Inghilterra per ottenere un armistizio fino al mese di febbraio, e ciò alla condizione che Osman Pascià potesse ritirarsi con tutto il suo esercito, e che gli altri eserciti mantenessero tutti il loro *status quo* ». E ingenuamente soggiungeva che « qualora un siffatto armistizio si fosse potuto ottenere, la Turchia avrebbe forse avuto il tempo d'allestire il suo esercito della Rumelia, e di ricacciar quindi i Russi contro il Danubio ». — Nello stesso giorno Mehemed Alì era rimosso dal suo posto a Adrianopoli e richiamato a Costantinopoli, mentre Sciakir Pascià veniva messo al posto di lui.

Ma, prima di seguire i fatti ulteriori dell'esercito al comando di Suleyman Pascià, dobbiamo rifarci indietro, a esporre il corso degli avvenimenti nell'Asia.

XLVII.

La seconda campagna in Armenia

Nuove mosse offensive dei Russi contro l'esercito turco. - I combattimenti al grande Yani e al piccolo Yani. - Battaglia d'Alagia e capitolazione dei Turchi. - Preparativi dei Russi per un assalto notturno di Cars: divisione dell'esercito in sette colonne e una riserva; riuscita degli assalti contro i forti della riva destra del Cars-Ciai; irruzione dei Russi nella città e nella fortezza; ingresso del granduca Michele vincitore a Cars. - Ingente bottino dei Russi. - La lotta intorno a Erzerum: battaglia di Dewe-Boyoun; sconfitta e fuga dei Turchi; episodii di terrore a Erzerum; esitazioni circa la resa della fortezza ai Russi; inutile intimazione di resa; primo apparir dell'inverno.

Dopo la già descritta ritirata dei Russi dall'Armenia, le truppe disposte segnatamente presso Kurk-Dara per la difesa del confine caucasico attendevano i necessarii rinforzi. Il 18 agosto ricominciarono di già i loro movimenti offensivi, per impedire a Muktar Pascià d'accorrere in aiuto a Ismail Pascià, che doveva essere attaccato da Tergukasow. Sin dal 25 agosto, il granduca Michele aveva assunto egli stesso il supremo comando dell'esercito. Arrivata fin dalla fine di settembre particolarmente la prima divisione dei granatieri, vennero perlustrate le alture fortificate del grande e del piccolo Yani, dove s'era solidamente accampato Muktar Pascià. Si riusci in fatti a conquistar la prima di quelle alture; ma già due giorni dopo, il 4 ottobre, fu dovuta sgomberare in seguito a un attacco di Muktar; il quale, tuttavia, il giorno 9 ottobre si ritrasse nelle posizioni d'Alagia, che, poste a soli 30 chilometri a sud-est di Cars, erano difesa a cotesta fortezza.

Il granduca Michele si determinò ad attaccarla con 11 battaglioni, 43 squadroni di cavalleria e 176 pezzi; e, per esser sicuro del successo, avendo i Russi esplorato con cura le lacune e i punti deboli delle posizioni turche, la fece accerchiare per mezzo d'una seconda colonna di 23 battaglioni, 28 squadroni e 78 pezzi d'artiglieria al comando del tenente generale Lazarew. Contro cotesto esercito di 50.000 uomini, le forze combattenti dei Turchi non avevan da opporre più di 30.000. Il generale Heyman fu incaricato d'impadronirsi del monte Avliar, centro delle posizioni turche, mentre al generale Roop fu assegnato l'obbiettivo di Alagia.

La battaglia d'Alagia — o, come anche fu chiamata, di Visinkjoi — incominciò la mattina del 15 ottobre, e venne sostanzialmente decisa già con l'attacco fortunato del centro. Mentre durava l'azione contro di questo, il generale Roop sosteneva un ostinato combattimento contro l'Alagia. Verso il tocco, i Turchi incominciarono inaspettatamente a ritirare i loro cannoni, tanto che Roop stimò giunto il momento di tentar l'assalto. La sua fanteria, quantunque accolta da una fitta grandine di palle, si spinse fin sulle prime trincee. Al fuoco concentrato di ventotto cannoni e all'accerchiamento operato dai reggimenti Vladicaucas e Katerinoslaw in unione con due squadroni di dragoni Sieversk, i Turchi non poterono oppor resistenza. Della fanteria turca una parte consegnò le armi, e un'altra parte fuggì, inseguita e in parte fatta a pezzi sia dai dragoni Sieversk, sia dal secondo reggimento dei Cosacchi d'Astracan e dalla cavalleria del principe Ciavciavadse. Il maggior generale Loris Melikow, fratello del tenente generale, inseguì i Turchi in fuga nella direzione di Cars. Ritiratosi Muktar Pascià a Cars la sera del 15 ottobre, e rimesso il comando nelle mani di Omer Pascià, questi offerse la capitolazione. Il Granduca incaricò delle trattative il generale Roop, ponendogli a fianco uno dei suoi aiutanti, il colonnello Peters. Le condizioni per quanto restava delle tre divisioni turche furono relativamente favorevoli. Nello strumento della capitolazione era detto: « In considerazione del coraggio dimostrato nell'odierno com- « battimento dalle truppe turche, gli ufficiali di qualsiasi grado « conservano le loro armi e il loro bagaglio personale, come pure « i cavalli. Tutti coloro che non appartengono al corpo di truppa, « servi, ordinanze degli ufficiali e via dicendo, potranno dopo il

« loro disarmo ritornare in patria; i prigionieri di guerra avran
« da consegnare il materiale da guerra con le bandiere, armi,
« cannoni, materiali da tiro, ecc. Anche i tre medici presenti nel-
« l'esercito turco possono ritornar nella loro patria ». Fra i prigionieri di guerra (23 battaglioni, dei quali eran rimasti soltanto
7000 uomini) si trovavano sette Pascià e oltre 250 ufficiali. Le
perdite accusate dai Russi ascendevano a 7 ufficiali e 223 uomini
di truppa morti, 11 ufficiali e 1162 soldati feriti. Loris Melikow,
quale comandante dell'esercito del Caucaso, venne incaricato della
ratificazione. Al rapporto acconciamente accomodato che Muktar
mandò a Costantinopoli dopo la battaglia, e che riferiva delle perdite
non superiori a ottocento o novecento uomini, n'era poi allegato
un secondo, riservato, nel quale dava il nome degli ufficiali la
cui fuga s'era tratta dietro probabilmente quella dei soldati. Il
supremo Consiglio di guerra di Costantinopoli, dopo d'aver pronunziata una prima sentenza che li condannava alla retrocessione
di due gradi, l'annullò esso medesimo, condannandoli definitivamente a morte.

L'esercito russo, fatto ormai libero da inciampi, procedette allo
investimento di Cars, che venne affidato al generale Lazarew,
mentre Heyman ebbe l'ordine d'inseguire con i granatieri del
Caucaso i resti dell'esercito turco, e di tagliarlo fuori da Erzerum.
Il corpo di Lazarew importava non meno di 41 battaglioni, 54 squadroni e 138 pezzi d'artiglieria. All'esercito assediante, forte di circa
30.000 uomini, ne stavan di fronte a Cars circa 25.000. Nonostante
l'esempio terrificante fornito dal precipitato assalto di Plevna,
Lazarew — temendo il sopraggiunger dell'inverno, e nella previsione che un assedio regolare avesse a richieder troppo tempo —
si determinò per un assalto dei forti. Respinta il 5 novembre una
sortita dei Turchi, l'11 novembre incominciò un bombardamento di
10 giorni, non interrotto neppur durante la notte. Avendo i Turchi
disposte delle nuove batterie, apparecchiati a fare una vigorosa
resistenza, lo stato maggiore generale russo temè d'esporsi a troppo
ingenti perdite con un assalto dato di pieno giorno; e deliberò di
tentare un assalto di sorpresa durante una notte di plenilunio.
Questo cadde appunto tra il 17 e il 18 novembre. L'intero esercito,
fatta eccezione della cavalleria, fu diviso in sette colonne, il cui
còmpito fu rispettivamente il seguente: la colonna del generale
Komarow doveva con una parte delle sue truppe fare una diver-

sione contro le alture di Sciorak, e con le forze principali volgersi
contro il forte Cim; quella del tenente colonnello Melikow, attaccare il forte Suvari e impadronirsi del primo ponte sopra il Cars-
Ciai, per poi fare impeto del pari contro il ridotto Cim. La colonna
del general Grabbe e quella del colonnello Woshdakin dovevano
attaccare i fianchi del forte Kanly, quella del generale Alsciasow
il forte di Haflz. Queste quattro colonne stavan sotto il comando
diretto di Lazarew, mentre la quinta e la sesta — incaricate di far
piuttosto delle semplici dimostrazioni, o solo degli eventuali attacchi contro i forti Tachmaz, Laz-Tepessi e Muchlis — erano agli
ordini del generale Roop. Una settima colonna, al comando del
maggior generale Rydzewski, doveva manovrare in direzione dei
forti Arab e Karadag, e una riserva importante sotto il maggior
generale Dehn tenersi nella posizione di Kamazow, a forse nove
chilometri a sud ovest di Cars. Ciascuna colonna conduceva con
sè degli zappatori con cartucce di dinamite e scale da assalto, ed
era provvista anche d'artiglieria. La cavalleria, da ultimo, stava
sulla grande strada di Erzerum, col còmpito di tagliare al nemico
la ritirata (1).

La notte dal 17 al 18 novembre ebbe dalla natura stessa quasi
un carattere per così dire solenne; notte silenziosa, senza nubi,
d'un freddo gelido. Le sommità dei monti coperti di neve eran
chiaramente visibili nello splendor lunare. Nonostante ogni sorta
di precauzioni, alle nove gli avamposti turchi dieder l'allarme, e
bentosto tutta la guarnigione incominciò a far fuoco. La colonna
del tenente colonnello Melikow con i volontarii alla testa s'era impadronita in modo veramente meraviglioso del forte Suvari, e, dopo
d'averne massacrato il presidio, s'era spinta innanzi fino al ponte
sul Cars-Ciai, donde s'accinse a prendere il forte Cim da tergo.
Alle dieci giunse il generale Grabbe al piede del forte Kanly. I
volontarii del reggimento Sebastopoli, appoggiati da due compagnie
del reggimento Imeretiew, assaltarono nonostante il violento gran-
dinar delle palle le opere esterne. Mentre il generale Grabbe in
persona s'avanzava con i reggimenti Perm e Sebastopoli contro

---

(1) In alcune delle opere storiche comparse fin qui, le indicazioni dei comandi
delle varie colonne differiscono tra loro; il che forse accenna a una mutazione
avvenuta al momento dell'assalto. La parte tattica è nondimeno rimasta inva-
riata.

le opere principali del forte Kanly, lo colse la morte degli eroi; il comando fu preso in sua vece dal colonnello del primo di quei due reggimenti, Belinsky. Dopo lunga lotta a corpo a corpo, riuscì ai reggimenti di penetrare, circa le ore 11, nell'interno del forte; ma qui pure si venne a una zuffa alla baionetta, durante la quale il maggiore Herich, che aveva il primo raggiunto il parapetto del forte, precipitò morto giù nel fossato. Il presidio a questo punto si ritrasse dentro alle solide casematte del forte stesso, e oppose sì vigorosa resistenza, che i Russi riconobbero la necessità di lasciare il forte fino all'arrivo di rinforzi. Il colonnello Belinsky fe' prova tuttavia anche una volta d'impadronirsi delle casematte da tergo; ma, come il suo predecessore, restò anche lui vittima del proprio ardire. Se non che, il generale Lazarew mandò finalmente aiuti alla pericolante colonna; e a prendere il posto dei due comandanti caduti fu nominato il colonnello Blumering. In pari tempo, Loris Melikow dava ordine al tenente generale principe Ciavciavadse di assumere il comando in capo sopra tutta la linea da Kanly fino a Cars-Ciai. Quando il generale giunse co' suoi Cosacchi al forte, li fece discendere e arrampicarsi sui parapetti; e solo a coteste riserve riuscì di sloggiare il presidio dall'interno di quello. Resistette ancora soltanto la caserma presso la gola di esso, che si arrese appena alle quattro del mattino, dopo che il colonnello Blumering l'ebbe minacciata di farla saltare con la dinamite.

Assai più facile fu la presa del forte Hafiz-Pascià e del Karadag, benchè si potessero considerare come la chiave di tutta la posizione. Quantunque gli assalitori fin dalle 9 della sera fossero stati accolti da un vivo fuoco sia dalle opere del Hafiz sia dal forte di Karadag situato di là dalla strada d'Alessandropoli, il colonnello Fadeiew potè dapprima impadronirsi delle trincee di fresco costrutte tra l'un forte e l'altro, e in seguito penetrare nel Kara-dag. Quanto al forte Hafiz, fu preso dal colonnello Kozelkow, con l'aiuto del generale Alkazow, accorsogli in soccorso, allorchè quella guarnigione fe' prova di difendersi ancora nell'interno di esso.

Dopo tali favorevoli successi, le colonne Alkazow e Blumering, avanzatesi contro la città medesima, s'impadronirono dell'accampamento dinanzi ad essa, ed ebbero a sostenere ancora una sanguinosa zuffa nelle strade. E nondimeno, tutte coteste vittorie non rappresentavano ancora se non una parte della svoltasi battaglia. L'attacco sulla riva sinistra del Cars-Ciai, già per le condizioni

stesse del terreno e per la doppia fila delle elevate opere di for·
tificazione, presentava le maggiori difficoltà; e per tal ragione
appunto, evidentemente, lo Stato maggiore generale russo aveva
evitato l'errore del Muraview nel 1855, e ordinato l'attacco prin·
cipale dalla parte dei forti di sud-ovest. L'assalto dei forti Cim,
Tachmaz e Laz-Tepessi fallì: parte per la loro consistenza medesima
(Tachmaz aveva una triplice fila di fuoco di fucileria), e parte per
la valorosa resistenza dei Turchi, accorrentisi vicendevolmente in
aiuto. Persino il forte Suvari, posto ancor esso da cotesta parte
del fiume, e del quale s'era impadronito il tenente colonnello
Melikow, era stato messo di nuovo in pericolo, e Melikow, che
aveva voluto aprirsi una strada verso il forte Cim, fu in quel nuovo
assalto ferito sì gravemente, che ne morì il giorno stesso. Per
farsi un'idea esatta di tali varii combattimenti, è necessario rap·
presentarseli tutti alla mente, così quelli riusciti come quelli falliti,
come avvenuti nelle medesime ore della notte. Per disgrazia dei
Turchi, all'attacco dei Russi condotti dal generale Sciatilow, anche
l'importante fortilizio d'Arab-Tabia fu costretto a cedere. Fu il
diciannovenne tenente Torjewsky che alla testa dei volontarii mosse
il primo all'assalto, al quale avevan preso parte anche due batta·
glioni del reggimento Abkasiew, mentre un'altra parte della colonna
s'impadroniva dello spazio tra questo forte e il Karadag (1). Rimase
per tal modo soltanto la cittadella, la quale è situata così favore·
volmente, che si poteva ancora aspettarsene una resistenza ostinata.
Nondimeno, non fu così. Hussein Pascià, comandante della fortezza,
preferì lasciarvi entrar senza colpo ferire i battaglioni del reggi·
mento Vladicaucasia, raccoglier le sue truppe sulla riva sinistra
del Cars-Ciai, e aprirsi una via alla volta di Erzerum. Su quella
strada però l'attendeva la già ricordata cavalleria russa, ossia i
dragoni di Nishni-Novgorod e di Sieversk e la colonna del generale
Komarow. Circa 14.000 uomini dovettero deporre le armi. Sfuggì
solo la cavalleria turca, e sfuggì insieme col suo seguito Hussein
Pascià.

_____

(1) I proprii nomi delle persone, dei luoghi, delle fortezze si trovano in
parte scritti nelle varie relazioni della guerra, nelle carte, nelle storie, in modo
molto diverso. Per i nomi delle località e delle fortezze ci siamo valsi delle
carte dello Stato maggiore generale, per quelli delle persone, quanto fu pos·
sibile, dell'ortografia più in uso.

Il 18 novembre, il granduca Michele fece il suo ingresso nella fortezza di Cars, per la terza volta ormai conquistata dai Russi, e dove le bandiere russe furon fatte sventolare da tutte le trincee, e oltre 300 cannoni con altro ricco materiale di guerra furono presi. Il numero complessivo dei prigionieri salì a non meno di 17.000, tra cui 8 pascià, 800 ufficiali e 4500 feriti e ammalati. Le perdite dei Russi furono date in: 1 generale, 170 ufficiali e 470 soldati morti; 1 generale, 550 ufficiali e 1726 soldati feriti. Durante le 12 ore che durò l'assalto, i Turchi devono aver avuto 2500 morti e un ben maggior numero di feriti.

Anche nelle più immediate vicinanze d'Erzerum, le cose negli ultimi giorni avevan preso per i Turchi una piega assai sfavorevole. Dopo la battaglia d'Alagia, Tergukasow aveva preso l'offensiva, inseguendo Ismael Pascià nella direzione d'Erzerum; e all'importante posizione strategica di Chepri-Chei s'unì con la colonna del generale Heymann, che, come sappiamo, s'era parimente avanzata contro Erzerum. Per la debolezza numerica dell'esercito rimastogli, Muktar Pascià non poteva pensar di mantenere Hassan-Kala, dove s'era ritirato; retrocesse pertanto fino alla posizione, già per sua natura fortissima, di Deve-Boyoun, dove Feizi Pascià (un tempo, maggiore ungherese Kohlmann) aveva eretto delle opere di terra. Cotesto movimento si dimostrò infatti molto opportuno, giacchè nella notte del 29 ottobre la cavalleria di Heymann piombava presso Hassan-Kala sulla retroguardia di Muktar, facendo alla mattina prigionieri due battaglioni.

Muktar intanto attendeva rinforzi da Trebisonda. Per prevenirne l'arrivo, e nella convinzione che l'esercito accampatosi a Deve-Boyoun fosse grandemente sfiduciato e assai debolmente difeso nel centro, Heymann il 4 novembre fermò d'attaccarlo. Divise il suo esercito in due corpi; diede il comando supremo di quello situato alla diritta della strada d'Erzerum al generale Tergukasow, di quello alla sinistra al generale Dewel. Codesti generali divisero alla loro volta ciascuno il proprio corpo in due colonne d'attacco; e precisamente, le due colonne formate dal corpo di Tergukasow vennero affidate al principe Admiragibow e al generale Bronevski, quelle del corpo di Dewel ai generali Avinow e Schack. Sul principio i Turchi si batterono con gran valore, tanto che gli attacchi dei Russi sulla sinistra rimasero quasi senz'alcun risultato; ma sulla destra la catastrofe non si fe' aspettar troppo a lungo. Quando i

Turchi videro l'avanzata pazza della cavalleria russa attraverso la gola di Deve-Boyoun, al cui sbocco teneva il comando Muktar in persona, si credettero sicuri della vittoria. Ma ecco improvvisamente irrompere la fanteria russa, che la notte precedente s'era celata tra le gole circostanti, e impegnare in un con la cavalleria e l'artiglieria una zuffa e compiere una strage sì sanguinosa, che le forze combattenti dei Turchi ne furono interamente disperse. Lo scompiglio che ne seguì fu tanto e tale, che non si tentò neanche di trattener con le batterie i Russi dal salir su per le alture; e gli artiglieri, abbandonando sessanta cannoni, fuggirono sui loro cavalli. Soltanto l'ungherese Feizi e il tedesco Mehemed Pascià con le loro brigate opposero resistenza e trattennero parzialmente i Russi insecutori. Quando i soldati, esausti dalle privazioni degli ultimi giorni, dalla perdita di sangue, dalla fuga stessa, giunsero alle porte d'Erzerum, non si volevano neppur lasciar entrar dentro, e furono accolti persino a colpi di fucile. Alla fine le porte dovetter cedere all'impeto, e i disgraziati cercarono di rifugiarsi nelle case, per mendicarvi degli aiuti, o per farvi rapina. Secondo l'opinione di testimoni oculari, i Russi avrebber potuto in quella notte facilmente penetrar nella città, se non avessero avuto bisogno di riposo essi stessi. Muktar arrivò finalmente con le reliquie dell'esercito al forte Aziziè; e anche ai generali Feizi e Mehemed era riuscito d'aprirsi incolumi uno scampo. Dei 56 cannoni portati al campo, ne riportarono indietro 13; da 5 a 6 mila uomini soltanto eran rimasti di tutto quanto l'esercito. Secondo i dati dei Russi, in codesto successo decisivo le loro perdite sarebbero state relativamente insignificanti.

Nonostante le gravi sconfitte, Muktar non si perdè d'animo, deliberato di difender la capitale dell'Armenia fino agli estremi. Rinforzò i resti del suo esercito per mezzo di nuove truppe fatte venire da Trebisonda e dall'Asia Minore. Fin dal mese di giugno i Turchi avevan fatte innalzare, oltre alle fortificazioni già esistenti, delle nuove opere esterne, che dovevan esser costituite di undici trincee tra loro congiunte per mezzo di valli intermedii, delle quali però non tutte eran condotte a compimento. A compier l'armamento di tutte le opere fortificate e a provvedervi con una sufficente difesa occorrevano 150 cannoni e 20.000 uomini. A codeste difficoltà materiali, altre se n'aggiunsero ancora. La popolazione, composta di gente di varie nazionalità, mandò a Muktar una deputazione con la preghiera di consegnar la città ai Russi. Aveva egli appena risposto con un rifiuto, quando si presentò un parlamentario russo con l'intimazione della resa. La risposta fu dapprima evasiva, e pochi giorni dopo assolutamente negativa. Alle rinnovate minacce di Heymann che, trascorsi tre giorni di tempo che gli lasciava per pensarci, avrebbe incominciato il bombardamento, fu adunato un Consiglio generale di guerra, al quale furon rappresentati anche i notabili d'Erzerum; e in esso a voti unanimi fu deliberata la resistenza. La crudezza dell'inverno, tuttavia, in quelle nude regioni montuose interruppe le mosse avanzate dei Russi, pur senza che fosse tolto l'assedio della piazza. Muktar Pascià, per non trovarsi esposto al pericolo d'un assoluto accerchiamento da tutti i lati, e insieme per predisporre un nuovo esercito ausiliario, s'era ritirato a Baiburt, sulla strada che conduce a Trebisonda. Sennonchè, in seguito a nuovi gravi avvenimenti sul teatro della guerra più vicino a Costantinopoli, fu richiamato colà; dimodochè nell'ulteriore processo della guerra la sorte d'Erzerum potè a mala pena esser dubbia. Evacuata però e occupata dai Russi fu appena più tardi, in conseguenza dell'armistizio concluso il 21 febbraio del 1878.

XLVIII.

La caduta di Plevna

Insuccesso del terzo assalto contro il secondo ridotto di Grivizza. - Molesto influsso della presenza dell'imperatore Alessandro al quartier generale, che si palesa rispetto all'impiego dei neo-arrivati rinforzi. - Formazione del corpo di Gurko per il passaggio dei Balcani. - Il combattimento presso Gorni-Dubnik. - La capitolazione a Telish. - La spedizione dei Rumeni contro Rahova. - Le linee d'accerchiamento a Plevna. - Capitolazione intimata a Suleyman Pascià. - Condizioni interne di Plevna. - Osman Pascià s'induce a tentare una sortita, che fallisce dinanzi alla terza linea d'investimento. - Ferimento e cattura d'Osman. - La capitolazione di Plevna - Al principe Carlo è conferito l'ordine di Sant'Andrea. - Rapporto generale di Todleben. - Origine storica del generale Kuropatkin. - La spedizione dei Rumeni nella Bulgaria occidentale. - Bombardamento di Lom-Palanca, e occupazione di Vidin. - Nuova dichiarazione di guerra della Serbia: presa del passo di S. Niccolò e delle città di Nissa e di Pirot; gli avvenimenti al Campo dei Merli. - Conquiste dei Montenegrini, e nuovi fermenti nell'altre provincie della Turchia europea.

Il 19 di ottobre, l'assalto contro il secondo ridotto di Grivizza diretto dai generali Angelescu e Dona e iniziato già due giorni innanzi, nonostante un primo e sanguinoso successo veniva respinto. Non meno di 22 ufficiali e di 907 soldati erano restati o morti o feriti in cotesto assalto. Avendo Osman Pascià, come più sopra s'è detto, rifiutata una sospensione d'armi per l'interramento dei morti, appestata l'aria dai cadaveri che da tre mesi quivi giacevano insepolti, riescì alla perfine al general Todleben (dal principe Carlo incaricato delle trattative) d'ottenere una sospensione di tre ore, durante le quali si procedette al seppellimento delle migliaia di caduti dentro e dinanzi alle trincee. Arrivati gli uni dopo gli altri i tanto sospirati rinforzi, la presenza al quartier generale dell'Imperatore si fece sentire in modo molesto, in quanto che, preoccupato per le condizioni dell'esercito comandato presso il Lom dal Granduca suo figlio, insisteva per rafforzar quello prima di tutto mediante la Guardia, della quale fino a prima della guerra era stato a capo il Principe ereditario. A fatica il granduca Niccolò ottenne l'assegnazione della Guardia all'esercito di Plevna; dimodochè l'esercito del Lom venne sostenuto solo con la neo-arrivata divisione 24.ª di fanteria. Con le Guardie e coi granatieri giunti testè l'esercito dell'ovest dinanzi a Plevna salì a non meno di 125.000 uomini. Il general Gurko ricevette in un col comando in capo delle Guardie l'ordine d'avanzar nella direzione di Sofia, al fine di tagliar fuori Osman Pascià da ogni comunicazione dalla parte dei Balcani. Il corpo messo insieme a tale intento fu composto della prima e seconda divisione delle Guardie, della brigata tiratori della Guardia, di sette battaglioni di fanteria rumena, della seconda divisione cavalleria della Guardia, di 33 squadroni e sotnie (tra cui una brigata di Rumeni) e di 120 cannoni.

Basta un tale apparato di forze a dimostrare quanto fosse sofistica la dichiarazione fatta più tardi dal granduca Niccolò « che, al tirar delle somme, l'attesa dinanzi a Plevna non era stata punto un male per la campagna dei Russi, perchè a quella fermata soltanto si doveva se ai precedenti errori d'un concentramento di truppe dall'origine sua insufficente si potè poi riparare con uno spiegamento siffatto di forze ». — Il quartier generale dell'esercito dell'ovest stava nel piccolo villaggio di Poradim, dove necessariamente venne a trovarsi anche l'imperatore Alessandro col suo Stato maggiore, mentre il granduca Niccolò ebbe il suo quartier generale nel vicino villaggio di Bogot, e Todleben il suo a Tucenizza.

Sulla strada che da Plevna per Orcanie conduce a Sofia, Scefket Pascià aveva stabilite e presidiate delle fortificazioni. Di esse, conveniva anzi tutto occupar quelle di Dolni-Dubnik e Gorni-Dubnik, e quelle che si trovavano presso Telish. Mentre Gurko con 30.000 e più uomini e 159 cannoni, s'apparecchiava ad assalir quelle posizioni, difese da non più di 15.000 uomini, il principe Carlo, per divider le forze d'Osman Pascià, ordinava dei movimenti sulla riva destra del Vid, i quali dovessero fargli congetturare un qualche nuovo tentativo d'attacco da cotesta parte. Lo stratagemma riuscì perfettamente. Secondo relazioni ufficiali rumene, a Gorni-Dubnik

Achmed-Hefzi Pascià con soli 6500 uomini e quattro cannoni oppose durante tutta la giornata una sì ostinata resistenza al centro delle truppe russe combattenti con 18.000 uomini e sessanta cannoni, che i Russi n'ebbero più di 4000 uomini fuori di combattimento;

Osman Pascià.

ma alla fine, perduta la metà delle sue truppe, fu costretto ad arrendersi. A Dolni-Dubnik ebbero i Rumeni la principal parte nel combattimento; e così pure furon sei battaglioni rumeni della brigata Cantili che impedirono una sortita da Plevna. Appena il 28 di ottobre Ismail-Haki Pascià capitolava a Telish con 7 ufficiali e 3000 uomini, mentre la guarnigione di Dolni-Dubnik si ripiegava felicemente sopra Plevna. A Telish, i tiratori delle Guardie, ripetendo l'errore antico della foggia di combattere russa, subirono, per l'impetuoso correre all'attacco, una perdita d'un migliaio d'uomini.

Ai Rumeni toccò il còmpito di tagliar fuori Plevna anche dalla parte di ponente, e precisamente d'impadronirsi della città fortificata di Rahova, dove potevan venir concentrate delle truppe turche dalle località situate dalla parte di mezzogiorno. Al colonnello Slaniceanu venne dato ordine d'attaccar Rahova dal lato orientale. Il corpo d'osservazione postato a Calafat al comando del generale Lupu doveva con un bombardamento di Vidin impedire alle truppe turche che colà si trovavano di venire in soccorso di Rahova. Il corpo predisposto per tale spedizione constava di 6500 uomini, ed era per la massima parte composto di Rumeni; di truppe russe, guidate dal generale Mayendorf, c'eran solo quattro squadroni del quarto reggimento Ulani e una batteria montata appartenente al corpo medesimo. Il presidio di Rahova, stretto da vicino, fece un tentativo di ripiegare verso Lom Palanca; ma il generale Mayendorf aveva disposto il giorno 20 un battaglione di Dorobanzi al ponte sopra lo Skit, con l'ordine di custodire il passaggio del fiume fintantochè Slaniceanu non fosse potuto piombare alle spalle delle truppe in ritirata. La resistenza dei Dorobanzi contro i 2000 Turchi durò ben oltre a tre ore. Questi infine, nella loro disperazione, fecer prova di passare a guado così lo Skit come l'Ogost, che scorre quivi presso; ma ne perì un gran numero, e 147 carri rimasero preda nelle mani degli inseguitori. Dal loro canto, le truppe del generale Lupu che stavan sulla destra riva del Danubio giunsero dinanzi a Rahova; e verso il mezzodì i vittoriosi soldati rumeni con i 600 russi entravano in Rahova, dove furono entusiasticamente accolti dai Bulgari.

La linea d'accerchiamento degli eserciti alleati si stendeva per 75 chilometri, divisa in sei settori, rispettivamente comandati dai generali Cermat, Krüdener, Sotow, Skobelew, Catalei e Ganetzki. I Rumeni con la prima sezione occupavano diciotto chilometri, e oltre a ciò con la loro quarta divisione agli ordini del generale Racovizza si stendevano ancora per sette chilometri al di dentro sulla riva sinistra del Vid. Oltre a trenta opere circa, di differente profilo, essi costruirono ancora degli approcci in direzione del secondo ridotto di Grivizza; e il 18 di novembre ebber terminata la sesta

parallela, in immediata prossimità della posizione dei Turchi. Nè
Suleyman Pascià nè Mehemed Alì (al quale ultimo il Consiglio di
guerra, indulgendo ai suoi precedenti errori, aveva affidata la
formazione d'un nuovo esercito presso Adrianopoli) erano stati in
grado d'accorrere in soccorso di Plevna; e in presenza di questo
fatto e della ormai disperata condizione d'accerchiamento d'Osman
Pascià, gli assedianti si tennero in diritto d'intimargli la capitolazione della piazza; e poichè a un eroe com'egli era poteva parer
men disdicevole arrendersi alla potentissima Russia che non alla Rumenia, stata fin qui in condizione di vassallaggio verso la Turchia,
fu deliberato che l'intimazione dovesse partire dal granduca Niccolò.
Venne essa fatta il 12 novembre dal quartier generale di Bogot.
Con essa il Granduca comunicava al maresciallo turco « che non
solo le posizioni di Dubnik e di Telish, ma quelle puranco di Te-
teven, di Osikovo e di Braza (quest'ultima per opera del corpo di
Gurko) erano cadute ». A ciò il giorno 13 Osman rispose in termini
d'un dignitoso rifiuto. Il 19 novembre, egli s'offerse di sgombrare
Plevna alla condizione di potersi ritirare col suo esercito senz'armi
a Sofia o a Vidin: il che, naturalmente, venne da parte degli alleati rifiutato (1). Per essi in fatti il fine principale non era soltanto
la conquista di Plevna, ma la cattura del suo apprezzato e agguer-
rito esercito di 50 a 60 mila uomini, del quale si sarebbe potuto
facilmente trar partito per farne il nocciolo d'uno considerevolmente
più forte.

Il 27 novembre gli approvvigionamenti in Plevna erano oramai
prossimi all'esaurimento. Col freddo sempre più intenso, non c'era
più neppur legna bastante per cuocer le vivande. Mancavano ai
medici le filacce e i medicamenti. Al cominciar del dicembre, i
soldati turchi ricevevano ancora soltanto cinquanta grammi di
pane al giorno, con due o tre misure di grano turco e qualche
poco di riso; dimodochè, dopo tenuto un Consiglio di guerra,
Osman Pascià si determinò a tentar di rompere con tutto il suo
esercito la linea nemica. Incominciò col 7 dicembre i suoi preparativi. Fece inchiodare i cannoni pesanti, ripartì tra i soldati le
provviste, diede 150 cartucce a ciascuno, e, per render più facile
il passaggio del fiume, accanto al ponte di pietra che già c'era
gettò un altro ponte a cavallo del Vid. La sortita era con ciò

---

(1) *La guerre d'Orient*, par Un Tacticien, fasc. VI, pag. 526.

predisposta nella direzione del sesto settore. Alla mattina del 10 dicembre Osman aveva diviso il suo esercito in due parti eguali: ventimila uomini dovevano assalire e rompere i trinceramenti russi, mentre gli altri ventimila avevan da coprire l'attacco dei primi, e solo due ore più tardi avanzarsi essi pure all'attacco.

Guidati dall'audacia imperterrita d'Osman Pascià in persona, riuscirono i Turchi a passare il Vid, e ad avvicinarsi, nonostante il fuoco incrociato delle batterie nemiche, alle posizioni dei Russi. I Turchi si gettarono con impeto sui granatieri siberiani, e in un'ostinata lotta a corpo a corpo ruppero la prima linea dei Russi, impadronendosi di sei cannoni. Subito appresso si reser padroni egualmente della seconda linea, che consisteva dei ridotti n. 4 e 5 e delle trincee che ne dipendevano, e presero altri quattro cannoni. La loro ala sinistra s'avanzò quindi nella direzione di Gorni-Etropol: ma per compier la sortita c'era bisogno dei 20.000 uomini lasciati in riserva. Sennonchè questi, per il partecipar dei Rumeni alla lotta, subiron fin dal principio una serie di scacchi, che rese loro impossibile d'accorrere a prestare a Osman Pascià l'aiuto prestabilito. Infatti, dei 20.000 uomini di cui s'è detto, 2000 n'avevan fatti prigionieri ai forti di Opanez soltanto i Rumeni, mentre altri 6000 soggiacquero alla medesima sorte presso la posizione di Crscin e sulla strada maestra di Plevna (1). Il tanto contrastato secondo ridotto di Grivizza già dal primo mattino era stato sgombrato dai Turchi e occupato dai Rumeni. Essendo stato annunziato alle ore 9,30 da una deputazione uscita da Plevna àl colonnello Cerchez che i Turchi avevano abbandonata la piazza, questi mandò subito colà un battaglione a difesa degli abitanti, e poco dopo si recò egli stesso nella città. Così avvenne che i Rumeni fossero i primi a entrare in Plevna (2).

Intanto, alle dieci e mezzo, dalla riva sinistra del Vid, dove (come s'è veduto) s'era svolta l'azione principale, erano arrivate in tutta fretta in aiuto dei granatieri siberiani, incalzati da presso, le truppe che si trovavano a Gorni-Etropol e a Dolni-Dubnik. I due ridotti con le loro opere accessorie e i perduti cannoni furono riconquistati; oltr'a ciò, dal reggimento Astracan vennero presi altri

---

(1) V. le particolarità in VACARESCU, *Partecipazione della Rumenia alla guerra del 1877-78*, pag. 220.

(2) V. VACARESCU, pag. 221.

Incontro del principe Carlo di Β
(Dal quadro di Fr. Kaiser)

nenia col ferito Osman Pascià.
(Bucarest, Palazzo reale),

sette pezzi nemici e una bandiera. Anche l'ala destra dei Turchi fu ben presto respinta da nuove truppe russe ivi accorse, e segnatamente da quelle dei Samogizii; tanto che poco appresso tutte quante quelle posizioni ricaddero ancora nelle mani dei Russi. Osman Pascià, dopo d'aver atteso invano l'altra metà del suo esercito, ricevuta la notizia della sua disfatta, deliberò verso il mezzogiorno di ritirarsi oltre il Vid: il che oramai, com'è facile pensare, si compiè nelle condizioni più sfavorevoli. Battuto dall'artiglieria russa e rumena, inseguito dalla brigata Cantili, cadutogli ucciso il cavallo da una scheggia di granata, egli stesso, ferito al piede sinistro, cadde nelle mani del nemico.

Il maresciallo venne curato in una piccola casa posta sulla riva destra del Vid, dove apprese dal generale Ganetzky che non gli restava altro che arrendersi incondizionatamente. A quelle parole, con una rassegnazione tutta orientale, egli disse al suo medico: « I giorni si susseguono, ma non si rassomigliano »; e porse senza far motto al generale russo la spada d'onore donatagli dal Sultano. Della capitolazione fu incaricato Adil Pascià; e tosto incominciò il disarmo e il trasporto dei prigionieri.

Sulla strada che dal ponte sul Vid mena alla città il principe Carlo incontrò la carrozza nella quale stava Osman insieme col medico. Fu un momento commovente quando all'uomo che per più mesi aveva tenuto in iscacco due eserciti, il Principe stese cordialmente la mano, riconoscendo apertamente il suo valore. Al granduca Niccolò, che vide Osman Pascià in quell'occasione medesima, deve questi aver confessato che da mesi già egli aveva annunziata a Costantinopoli la sua ritirata da Plevna, ma che le sue proposte avevano incontrato resistenza nelle deliberazioni di quel supremo Consiglio di guerra. Le manifestazioni d'ammirazione dei due comandanti e alleati poterono del resto esser fatte con tanta maggiore schiettezza, in quanto che il granduca Niccolò ebbe a dichiarare più tardi « esser dipeso da un filo che il tentativo di sortita del 10 dicembre non fosse stato coronato di successo, e ch'egli se ne richiamava alla testimonianza del principe di Rumenia » (1). Se non

------

(1) V. *La guerre Russo-Turque d'après des documents inédits*, nella *Nouvelle Revue* del 1.° e 15 giugno 1880. — Il passo a cui ci riferiamo è il seguente: « C'est seulement contre la troisième ligne, défendue par le régiment d'Astra-« khan, qu' Osman Pacha vit ses efforts se briser. Lui même était loin de

che, anche nel caso della riuscita, l'esercito d'Osman Pascià sarebbe stato perduto, poichè, com'egli confessò più tardi, la marcia di Gurko a Orkanie gli era ignota; dimodochè non ha torto il Granduca allorchè asserisce che per tal modo *da Scilla sarebbe precipitato in Cariddi.*

Con la presa di Plevna caddero prigionieri, oltre al maresciallo Osman, il generale di divisione Adil, il capo dello Stato maggiore Tavik, Tevfik generale del genio, Ahmed, generale d'artiglieria; poi: Alif Pascià, Sadyk Pascià, Tvir Omer Pascià, Hussein Tassi Pascià e Edhem Pascià, 128 ufficiali superiori, 2000 ufficiali subalterni, 40.000 uomini di fanteria e d'artiglieria e 1200 di cavalleria. I vincitori trovarono in tutto solo 77 cannoni. Non indifferenti furono le perdite dei Russi, che il 10 dicembre ebbero tra morti e feriti 1672 uomini, oltre a 60 ufficiali, tra cui un generale. Ai Rumeni, in proporzione, l'andò più favorevolmente. Il giorno 11 dicembre, l'Imperatore, il Granduca e il principe Carlo fecero la loro entrata solenne in Plevna. Osman Pascià venne dall'Imperatore lodato del valor suo, e riebbe dalle sue mani stesse la propria spada. Il giorno 13 dicembre Alessandro II conferiva al principe Carlo con una lettera assai lusinghiera l'ordine di Sant'Andrea con le spade, la più alta onorificenza russa. Il granduca Niccolò ebbe la prima classe, parimenti rara, dell'ordine di San Giorgio.

Il 12 dicembre il granduca Niccolò indirizzava al principe Carlo la lettera seguente:

« Bogot, le 12 décembre 1877.

          « Monseigneur,

« Les opérations de l'Armée Russo-Roumaine contre Plevna ayant « été couronnées d'un plein et éclatant succès, les troupes qui se « trouvaient placées sous le commandement de V. A. vont recevoir « d'autres destinations. Je me suis fait un devoir de les remercier « par un Ordre du jour spécial que j'ai l'honneur de vous trans- « mettre ci après, ainsi que celui qui ordonne la dissolution de « l'armée d'investissements. Les résultats brillants qui viennent

---

« compter sur un aussi prompt succès de ses premières attaques, car il avait « donné à ses réserves l'ordre de ne se mettre en route que deux heures après « le commencement de la bataille. Ce retard le perdit, en le privant de vingt « mille soldats qui lui auraient permis de rompre aussi la troisième ligne russe « et de gagner la chaussée de Sofia ».

« d'ètre obtenus près de Plevna sont dùs en grande partie à la
« coopération de la brave Armée Roumaine, ainsi qu' à l'impulsion
« que les troupes allièes recevaient de leur Commandant immédiat
« dont elles admiraient le courage et le dèvouement à son devoir
« de Soldat. Je me fais un plaisir tout particulier d'exprimer à
« V. A. ces sentiments ainsi que la satisfaction sincère que j'ai
« éprouvée à voir la confraternité d'armes entre les troupes Russes
« et Roumaines ètablie des liens nouveaux entre les deux peuples.
« Heureux d'avoir été mis à mème d'apprécier à cette occasion
« les qualités éminentes que distinguées (1) V. A. et la brave armée
« Roumaine, j'en garderai toujours un profond et ineffaçable sou-
« venir. Veuillez agréer, Mgr., l'expression des sentiments de haute
« considèration et d'attachement cordial avec lesquels j'ai l'honneur
« d'ètre de V. A.

« le fidèle ami

« Nicolas ».

Qualche tempo appresso, e precisamente il 18 gennaio del 1878,
il generale Todleben mandò al Principe la traduzione del rapporto
generale trasmesso al granduca Niccolò intorno alla presa di Plevna,
significandogli ch'esso non era se non un estratto della copiosa
serie di rapporti ch'erano stati mandati allo Stato maggiore generale dai comandanti dei varii riparti. « Potrebbe pertanto esser
« considerato » diceva « come un'eco definitiva della grande opera
« compiuta sotto il comando di Vostra Altezza dalle truppe del
« corpo d'investimento ». E soggiungeva: « Le souvenir en restera
« gravé dans mon coeur, inséparable des sentiments de haute estime
« et de dévouement sincère que Votre Altesse a su inspirer à tous
« ceux qui comme moi ont eu le bonheur de travailler à ses côtés ».
— L'imperatore Alessandro era già partito per la Russia nella seconda metà di dicembre, e il 19 si congedò cordialmente dal Principe con un telegramma da Iasci.

Nonostante le mostruose aberrazioni che, specialmente negli ultimi anni, si son prodotte per opera delle fallaci dottrine dei panslavisti nella maniera di vedere dei Russi, noi crediamo che il maggior numero delle persone colte che sono tra essi, di fronte alle
dichiarazioni assolutamente spontanee dei testimonii più competenti

---

(1) Così il testo.   *(N. d. T.)*.

dovran trovare gli apprezzamenti ai quali si lascia andare il generale Kuropatkin nella sua opera *Sguardo critico retrospettivo sopra la guerra russo-turca* (tradotta in tedesco dal maggiore Krahmer) puramente e semplicemente assurdi. In cotest'opera, alla pagina 302, egli scrive: « La nomina del principe Carlo a coman-
« dante generale delle truppe russo-rumene fu in verità non altro
« che nominale; solo a disporre assolutamente delle truppe russe
« era il generale Sotow, mentre il principe Carlo dirigeva soltanto
« le operazioni delle truppe rumene... — Una siffatta dualità nelle
« reciproche relazioni del comando ebbe un effetto deplorevole nelle
« operazioni intorno a Plevna. Il generale Sotow considerò la no-
« mina del principe Carlo come l'espresione d'una sfiducia diretta
« contro di sè medesimo, e, trovatosi legato così, non potè dirigere
« le operazioni contro Plevna con quell'energia della quale sarebbe
« pure stato capace ». E, in evidente contraddizione con sè stesso,
Kuropatkin soggiunge: « *Egli non n'era più padrone*: per la
« qual cosa non è neanche giusto attribuire a lui solo la respon-
« sabilità del loro insuccesso. Il risultato fu, che il giovane esercito
« rumeno, benchè animato veramente da ardore guerresco, non
« trovò da parte delle truppe russe la fiducia, l'estimazione, l'ap-
« poggio che soli potevan creare una vera e salda collegialità
« tra noi e i Rumeni, e generare una nobile emulazione pel rag-
« giungimento degl'intenti comuni. Per tal ragione, i servigi che i
« Rumeni ci resero a Plevna apparvero di gran lunga più esigui
« che non sarebbero stati in contingenze diverse ».

Quanta fiducia si possa, in generale, concedere a una critica siffatta risulta evidente, tra altro, dal seguente passo che si trova nell'opera di Kuropatkin: « Le disposizioni per l'assalto di Plevna
« (quello, cioè, dell' 11 settembre) eran firmate solamente dal ge-
« nerale Sotow ». Se non che, il testo letterale del relativo ordine di battaglia si trova — nella più volte citata opera del Vacarescu (pag. 154-156) — con la firma *Carol* e la controfirma del capo dello Stato maggiore, generale Sotow. Esso ordine contiene le disposizioni più precise, tanto per i riparti di truppe russi, quanto per quelli rumeni, suddivise in quattordici punti; il 14.º dei quali suona così: « Tre ufficiali di ciaschedun corpo d'esercito son posti a dispo-
« sizione dei comandanti superiori, in qualità d'ufficiali d'ordinanza ».
Ora, la riproduzione di cotesto punto com'è riferito da Kuropatkin suona invece: « Ogni corpo manderà a me (Sotow) tre ufficiali a

cavallo »! Se noi abbiam qui un'arbitraria parafrasi da parte dei
Russi, essa non basta tuttavia, disgraziatamente, a mutar un ette
a quel comando supremo che l'Imperatore stesso conferiva al
principe Carlo. Del resto, nello *Sguardo critico retrospettivo*,
anche più del principe Carlo n'esce maltrattato il generale Todleben; al qual proposito viene involontariamente da rammentare che
(com'osserva nelle sue *Ricerche critiche*, pag. 59, il generale
v. Hartmann) l'avversione dei Russi contro i generali d'origine
germanica risale ancora fino a Caterina II.

Dopo lo scioglimento dell'esercito d'assedio, fu deliberato che
i Rumeni, sia per difendere da eventuali incursioni il territorio
lor proprio, sia per coprire il fianco sinistro dei Russi, dovessero
distendersi preferibilmente in direzione di ponente fino al confine
serbo; dimodochè a loro segnatamente spettò l'occupazione di Nicopoli e di Rahova, del pari che il còmpito d'impadronirsi della
fortezza di Vidin. Oltre a questo, però, essi s'erano distesi ancora
di là da Giurgevo e da Calarasci, per liberare i presidii russi di
quelle località. Cotesto corpo occidentale rumeno venne posto agli
ordini del generale Haralamb. — Il 21 dicembre fece la sua comparsa l'inverno, e con tanta violenza, che così le truppe durante
le marce, come i prigionieri ebbero a sopportarne sofferenze indicibili. Una bufera di neve costò numerose vittime; e il Principe
stesso dovette differir di parecchi giorni il suo ritorno a Bucarest,
dimodochè vi giunse appena il 27 dicembre, in mezzo al plauso e
al giubilo di tutta la popolazione.

Dopochè i Turchi, in seguito a un bombardamento di Lom Palanca
durato sei giorni, si furon ritirati a Vidin, questa città cadde
anch'essa in potere dei Rumeni. Nella fortezza — fatta astrazione
dai presidii d'alcuni singoli punti occupati da minori distaccamenti
turchi — si trovavano ancora 12.000 uomini, comandati dal generale di divisione Izet Pascià, e abbondantemente provvisti di
mezzi di difesa. Dopo un ostinato combattimento di parecchi giorni,
i Rumeni s'impadronirono dapprima di tutte le opere esterne di
Vidin; e la città stessa, dopo nove giorni di bombardamento per
opera di 148 bocche da fuoco, ne fu talmente sconquassata, che
di giorno in giorno poteva aspettarsene la capitolazione. Pure, solo
il 23 febbraio, cioè quasi venti giorni dopo l'armistizio concluso
tra la Turchia e la Russia, si venne tra Izet Pascià e il capo dello
Stato maggiore generale rumeno colonnello Falcoiano, a un accordo,

in forza del quale alle truppe turche si concedeva libera uscita. Anche alla piccola fortezza di Belgragik venne concesso il medesimo vantaggio.

Il 14 dicembre (quattro giorni dopo la presa di Plevna), la Serbia — che, in seguito alla recente sua infelice campagna contro la Turchia, sol per la mediazione di fuori era stata preservata da condizioni più dure — dichiarò un'altra volta la guerra alla Porta. Il principe Milan, nel suo appello ai Serbi datato già del 13 di quel mese, accampava il pretesto che « agli uomini del paese che dopo la pace eran ritornati in patria, i Turchi, ad onta della grazia loro concessa, avevan nuovamente fatta violenza; e che la Porta co' suoi raggiri minacciava l'interna sicurezza della Serbia ». Ma già dal mese di settembre il Governo serbo, dopo prolungate trattative, era venuto a patti con la Russia; talchè, quando l'agente serbo rimise a Server Pascià a Costantinopoli la dichiarazione di guerra, questi dichiarò « che se l'aspettava da un pezzo ». Resta così spiegato anche, fino a un certo segno, il numero relativamente considerevole di truppe turche che si fecero incontro ai Serbi nella loro marcia. Per cotesta prestazione d'aiuto, la Serbia aveva preso danari dalla Russia; e, in un Consiglio di guerra tenuto al quartier generale prima della partenza dell'imperatore Alessandro per Pietroburgo, le era stato dato appunto l'ordine di marciare, per Nissa e Pirot, sopra Sofia. — L'esercito *permanente* della Serbia era così meschina cosa, che non poteva pur tenersi in considerazione per una guerra. La sua *milizia* totale, suddivisa in una prima e una seconda chiamata, diede (senza la seconda levata), computatovi l'esercito permanente, 82 battaglioni e 35 squadroni, e fu calcolata — un po' arbitrariamente — ascendere a oltre 70.000 uomini, con 30.000 cavalli e 250 cannoni. Quest'esercito fu diviso in 5 corpi: del Timok (colonnello Horvatovich), della Morava (colonnello Lescjanin), dell'Iavor (colonnello Nicolich), della Drina (generale Alimpich) e della Sciumadia (generale Belimarcovich). Oltr'a ciò, c'erano ancora una divisione di riserva e un corpo di volontarii composto di tre battaglioni. — Col sopra ricordato movimento strategico, i Serbi dovevan coprire le spalle e l'ala destra dei Russi.

Il 19 dicembre, per sorpresa, e dopo un combattimento d'un'ora appena contro un battaglione di Nizams e una compagnia di Circassi, s'impadronirono dell'importante passo di S. Niccolò, difeso

da quelle poche forze soltanto. Dieci contadini patriottici di Ravno
Butcie avevano in tale occasione servito da guide (1). Il corpo del
Timok marciò quindi contro Pirot, e dopo un combattimento durato
ott'ore s'unì col corpo di Sciumadia presso Ak-Palanca. Il 28 dicembre, dopo una lotta di due giorni, i Serbi presero la città fortificata di Pirot, che i Turchi prima di ritirarsi diedero alle fiamme.
Dopo parecchi altri successi fortunati contro i Turchi, evidentemente scoraggiati assai e numericamente più deboli, l'11 gennaio
venne conquistata anche Nissa, nonostante la strenua difesa fattane
dai Turchi; del che il merito principale spetta ai corpi della Sciumadia e della Morava. La capitolazione fu conclusa dal colonnello
Lescjanin, comandante il corpo della Morava, da una parte, e dal-
l'altra dai Pascià Hallil Zia e Mehemed Rascid, l'uno comandante,
l'altro prefetto di Nissa. La guarnigione dovette consegnar le armi,
e, benchè non venisse fatta prigioniera, impegnarsi a tenersi lontana dal cerchio d'operazioni dell'esercito serbo. Agli ufficiali furono lasciate le spade.

La presa di Nissa fu di particolare importanza e morale e politica, essendo i Turchi fin dal 1386, vale a dire da quasi cinque
secoli, restati ininterrottamente in possesso di quella fortezza (2).
Il bottino ne fu veramente straordinario; 267 cannoni, più di 13.000
fucili, quasi otto milioni di cartucce, 150.000 *oke* di polvere, ecc.
caddero nelle mani dei vincitori. Le perdite subìte in tutto dai
Serbi ascesero a meno di 1000 uomini, tra i quali soltanto due
ufficiali morti e sette feriti. Il principe Milan, che — nominalmente
almeno — aveva dirette le operazioni dinanzi a Nissa, fece il suo
ingresso trionfale nella città, quasi esclusivamente abitata da Cristiani serbi, distribuì quivi le croci di S. Giorgio a tale intento
rimessegli dal granduca Niccolò, e nella sua allocuzione ai soldati
disse: « Sono felice di congratularmi con voi nell'interno di questa
« fortezza, che il re Dusciano ha tenuto come la sua più gloriosa,
« ed è in pari tempo la chiave della Vecchia Serbia. Distribuisco
« tra voi le insegne d'un ordine militare, che in Russia si concede

----

(1) *Guerre de la Serbie contre la Turquie, de l' État-major Général de l'Armée serbe*; Belgrad, 1879, Imprimerie de l'État, pag. 9.

(2) Cfr. il minutissimo e particolareggiato rapporto dello Stato maggiore
generale nell'opera testè citata, pag. 36-65.

« solo ai più prodi tra i prodi. Sono felice di potervele dare nel
« nome del nostro potente protettore lo Zar liberatore! ».

Hafiz Pascià, giunto troppo tardi per la liberazione di Nissa, si
ritirò in direzione di Pristina, per protegger la strada ferrata che
da Mitrovica conduce a Salonicco. I Serbi divisero le forze con le
quali s'eran resi padroni di Nissa in due parti, la prima delle
quali ebbe il còmpito di tagliar fuori Hafiz Pascià da Novibazar,
e l'altra quello di circondarlo d'ambe le parti a mezzogiorno di
Pristina. Per tal modo i Serbi, dopo un lasso di tempo di cinque
secoli, stettero in armi su quel medesimo Campo dei Merli, sul
quale era andato disperso l'ultimo resto dell'indipendenza della
loro patria contro gli Osmani. I Turchi furono compiutamente sconfitti. Il vittorioso esercito serbo giunse il 30 gennaio a Vrania, fe'
prigionieri 1730 Turchi, tra i quali il pascià Razim e 48 ufficiali,
mentre il colonnello Horvatovich s'impadroniva della stazione ferroviaria di Caccianik, e si spingeva fin sulla strada di Prisren.
Quando i Serbi eran proprio sul punto d'accerchiare interamente
Hafiz Pascià, arrivò la notizia della conclusione dell'armistizio.

Anche dalla parte montenegrina le cose s'eran messe parimenti
assai male per la Turchia. Dopo il richiamo di Suleyman e della
maggior parte del suo esercito in armi contro il Montenegro, i
Montenegrini eran passati, sul territorio turco stesso, di vittoria
in vittoria. Il 10 gennaio avevan preso Antivari, il 19 Dulcigno, e
s'avvicinavano a Scutari, per procacciarsi il lungamente agognato
accesso al mare Adriatico. Anche alle ulteriori operazioni loro
aveva posto un termine l'armistizio. Nell'altre provincie della Turchia
europea abitate da Cristiani eran pure scoppiati gravi avvenimenti;
e solo a fatica e per le minacce inglesi la Grecia, alla quale
nuovamente Creta fece atto d'unirsi, fu trattenuta dal prender
parte alla guerra. E nondimeno, tutti questi fatti restano ancora,
per importanza, inferiori all'avanzata dei Russi verso Adrianopoli:
la quale dobbiamo ora esporre nei tratti suoi più salienti.

XLIX.

Da Plevna a Santo Stefano.

I Turchi han piena coscienza del pericolo sovrastante all'Impero ottomano. - Al
supremo Consiglio di guerra di Costantinopoli fin qui vigente vien sostituito
un Consiglio militare di Corte. - Deposizione del Ministro della guerra Mustafà
Pascià. - Partenza di Suleyman per Costantinopoli. - Egli consiglia al Sultano
d'avviar subito dirette trattative di pace con lo Zar, mentre il Sultano lo ec-
cita a tener fermo ancor per un mese, essendo imminente una dichiarazione di
guerra dell'Inghilterra alla Russia. - Obiezioni di Suleyman e confessioni del
Sultano. - A Suleyman, oltre a tutti gli altri uffici da lui coperti fin qui, vien
conferito anche il comando sopra tutto il paese fino al confine con la Grecia.
- Suo arrivo ad Adrianopoli. - Disparità di concetti nello Stato maggiore generale russo circa le operazioni ulteriori. - Consiglio di guerra, nel quale vien
deliberata la campagna d'inverno oltre i Balcani in tre direzioni principali. -
Marcia di Gurko a Sofia. - Vittoria di Radetzky al passo di Sipka. - Il Ministro
della guerra Reuf Pascià viene incaricato d'una proposta d'armistizio. - Tendenze
varie a questo proposito presso il potere centrale in Russia. - Arrivo dei plenipotenziarii turchi al quartier generale russo. - Condizione del granduca Niccolò
di fronte alle trattative per la pace. - Avanzata di Gurko contro Filippopoli.
- Battaglia di tre giorni - Rapporti di Gurko sopra le sue operazioni dal 6 gennaio in qua. - Conferenza del Granduca co' plenipotenziarii turchi. - Il quartier
generale russo portato a Adrianopoli. - Le istruzioni particolari venute da Pietroburgo. - Strumento del 31 gennaio circa le condizioni fondamentali della
pace, e armistizio di pari data. - Atteggiamento dell'Inghilterra in presenza
dei risultati della guerra. - Contro-azione diplomatica di Gorciakow. - I Russi
s'avanzano fino alle porte di Costantinopoli. - Il trattato preliminare di Santo
Stefano.

Nonostante tutti i disegni e controdisegni di cui è cenno in una copiosa corrispondenza scambiata tra Suleyman, Mehemed Alì e il
potere centrale — dove, sia detto di passata, non mancavano i
benevoli avvisi dell'Austria —, non era stato possibile impedir la

caduta di Plevna. Il giorno stesso della capitolazione, Said, primo
segretario del Sultano, e Reuf, pienamente compresi della gravità
della situazione, avevano scritto a Suleyman: « È evidente che da
« oggi innanzi il nemico marcerà con tutte le sue forze oltre i
« Balcani, e si porterà contro Adrianopoli ed oltre, senz'attender la
« mediazione delle Potenze, e senza darci il tempo di rinnovare e
« rimettere a galla le nostre forze. Se cotesto disegno (che Dio non
« voglia) riesce al nemico, l'Impero e la nazione islamitica ne sa-
« rebbero scossi fin nelle fondamenta. — Dalle comunicazioni del
« comandante del nostro corpo d'esercito a Sofia apparisce che
« quelle truppe, raccolte esclusivamente da una *Mustahfiz* (milizia
« territoriale), di cui la maggior parte è pronta a disertare, sono
« incapaci di resistere agli eserciti agguerriti e bene armati del
« nemico ». — Il 28 novembre lo smarrimento a Costantinopoli fu
tale, che il più volte ricordato Consiglio supremo di guerra venne
sciolto, e vi fu sostituito un Consiglio di Corte, composto del generale di divisione Mahmud Pascià presidente, e dei generali di
divisione Negib e Alì Nizami, del generale di brigata Edhem e del
tenente colonnello di Stato maggiore generale, Essad Bey, quali
membri di esso. Secondo quanto attesta Suleyman, nessuno di cotesti ufficiali aveva mai visto il fuoco. Mahmud-Gelal-Eddin (cognato
del Sultano, e già così mezzo caduto in disgrazia), il quale era
stato un protettore di Suleyman, aveva del resto già in precedenza,
in un Consiglio di guerra presieduto da quest'ultimo, dato sfogo
dinanzi a lui alla propria ambascia, esclamando: « Che cosa volete
« fare, con gente che non ha mai visto i Moscoviti in faccia, e
« che disconoscono persino la condizione stessa in cui si trovano? ».
Il ministro della guerra Mustafà Pascià fin dal 10 dicembre, ossia
due giorni prima della capitolazione, era stato deposto, sia perchè
la capitolazione stessa era attesa senza rimedio, sia per essere
stato il primo lui a consigliare per principal cosa la resistenza
di Plevna fino all'estremo. Sostituitogli Reuf Pascià, considerato da
esso come suo capitale nemico, Suleyman fu a un pelo dal presentar
le sue dimissioni; ma cedette provvisoriamente dinanzi alle osservazioni del Sultano e del Gran Visir. Dopo aver combattuto valorosamente, ma senza successo, il 12 dicembre a Mečka contro il
Granduca ereditario di Russia, telegrafò il 14 a Costantinopoli
« che voleva per Sofia recarsi colà, per rappresentare i suoi concetti al Sultano e al potere centrale ». Autorizzato sulle prime a

codesto viaggio, e giunto di già a Varna, dove voleva servirsi del battello postale austriaco, ricevette dal Gran Visir e da Reuf Pascià un contr'ordine, che gli prescriveva di recarsi a Sofia per la via dei Balcani; ciò nondimeno s'imbarcò sulla nave da guerra *Sultanieh*, conducendo seco quattro battaglioni di fanteria e una batteria. Il Sultano, per verità, lo ricevette assai graziosamente; ma, in seguito a certe voci calunniose che gli diedero a credere esser Suleyman venuto con quattro battaglioni per compiere atti rivoluzionarii, gli ordinò d'abbandonar Costantinopoli la sera stessa. A gran fatica gli fu concesso di passare almeno una notte con la sua famiglia. — Della sua conversazione col Sultano, Suleyman ci ha lasciata una relazione, che reca un notevole contributo alla storia di quella crisi dell'Impero ottomano.

« Allorchè perdemmo Plevna », diss'egli al Sultano « e restammo « privi per tal modo della parte migliore delle nostre truppe re- « golari, la continuazione della guerra non poteva avere altra con- « seguenza per noi che d'esporci a grave pericolo. Lo Zar è ancora « in Rumelia; mandate dunque me, vostro servitore fedele, oppure « Mahmud-Gelal-Eddin, o altra qualsivoglia persona di vostra fiducia, « allo Zar, e *concludete la pace, a qualsiasi condizione*. In questo « modo, forse, s'eviterà la marcia innanzi dei Russi, e si salve- « ranno parecchie città dalla devastazione e dalla rovina ». A ciò il Sultano rispose: « *Impegnate tutte le vostre forze per impedir* « *per un mese ancora il passaggio dei Balcani. Sir Layard mi* « *assicura, come l'ha saputo dalla bocca stessa di Lord Beacons-* « *field, che alla fine del corrente mese l'Inghilterra dichiarerà* « *la guerra alla Russia. Già se ne rengon facendo gli allestimenti* « *nel più gran segreto e dietro le spalle di Lord Derby medesimo* ». Suleyman replicò allora: « S'anco l'Inghilterra dichiari questa guerra « oggi stesso, passerà tuttavia più d'un mese prima ch'ella possa « mandarci truppe in aiuto; di qui a quel giorno, i Russi sta- « ranno alle porte di Costantinopoli. Secondo il parere del vostro « servitore, altro non resta che concluder la pace direttamente, « senza l'intervento di Potenze europee. Se la questione vien posta « nelle mani degli Europei, l'Inghilterra, la Francia e l'Italia cer- « cheranno di trar partito da questi garbugli. Se i Russi, poi, segui- « teranno ad avanzarsi, i Greci si solleveranno essi pure, dichia- « reranno la guerra, passeranno il confine. È meglio trattare coi « Russi ora, anche a condizioni dure e gravi, ch'esser costretti

« più tardi a lasciar che ognuno si pigli la parte sua ». Suleyman
soggiungeva poi: « Quando la guerra non era ancora stata dichiarata,
« io esponeva una sera alla Maestà Vostra il mio pensiero così:
« s'afferma che noi avremmo 600.000 soldati (1); ma questo nu-
« mero non consiste già di soldati bell'e formati. Fra sette od otto
« anni, se piace a Dio, potranno, grazie alle cure di Vostra Maestà,
« diventar tali. Ma il numero di quelli· che al presente meritano
« questo nome non va più in là di 100.000 Con questi non pos-
« siamo affrontar l'esercito russo, ch'è forte, regolare e bene or-
« dinato. Oltr'a ciò, noi non abbiamo reggimenti di treno e di
« trasporti, non compagnie di ferrovie e di telegrafi; e s'aggiunga
« che ci mancano ufficiali per comandar 600.000 uomini ». Il Sultano disse infatti di ricordarsene, e confessò « che *neppur lui era
affatto partigiano della guerra*: la guerra essere stata dichiarata
per iniziativa di Midhat Pascià ; quanto a sè, aver fatto ogni sforzo
per indur Redif Pascià a una confutazione degli argomenti di
Midhat; ma Redif aveva risposto di non voler assumere una qualsiasi responsabilità, nè per la guerra nè per la pace ».

Come se si volesse incoronar la vittima di ghirlande di fiori, il
Sultano, che al comando in capo degli eserciti della Rumelia gli
aveva già per l'innanzi aggiunto quello dell'esercito danubiano, diede
ora a Suleyman per soprammercato il comando supremo sopra
gli eserciti di Bosnia, d'Erzegovina, di Scutari, d'Albania e di tutto
il tratto di paese che si stende fino al confine greco: di modo che
il neo-nominato Consiglio militare di Corte doveva restare, in un
certo qual modo, fuori d'ogni responsabilità. — Il 21 dicembre
Suleyman, profondamente scoraggiato, e convinto che nonostante
le ricevute distinzioni non godeva più la fiducia del suo signore,
giunse a Adrianopoli, dove potè persuadersi che le opere di fortificazione non si trovavano in istato di difesa. Si rivolse pertanto
a Abid Pascià, il quale aveva lavorato alle fortificazioni di Rustciuk,
e l'incaricò delle opere da apprestarsi.

Sennonchè il fato da Suleyman presagito non doveva che troppo
presto avverarsi.

Dopo la presa di Plevna, le opinioni dei capi dell'esercito russo

---

(1) Come sappiamo, la già citata opera dello Zboinski, tra altre, conteneva
appunto esagerazioni di questa fatta.

eran divise. Gli uni, in presenza del rigido inverno, stavan per un differimento della campagna fino alla prossima primavera; altri, per contro, volevano fosse proseguita senz'interruzione, superando

Reuf Pascià.

anche difficoltà le più gravi, e senza curarsi di qualsiasi sacrifizio. A Berlino stessa pare che una campagna d'inverno oltre i Balcani si tenesse per cosa arrischiata; anche il generale Todleben, nel Consiglio di guerra tenutosi prima della partenza dell'imperatore Alessandro per Pietroburgo, s'era dichiarato per il differimento del passaggio dei Balcani fino al prossimo maggio. Il granduca Niccolò fu invece d'opinione « che il permaner dell'esercito russo in Bulgaria durante la stagione invernale — che avrebbe interrotte le comunicazioni con l'altra riva del Danubio — doveva dar molto da pensare, e che sopra ogni altra cosa importava *non dare alla Turchia il tempo di riaversi* ». Fu da ultimo deliberato di far compiere la marcia alla volta d'Adrianopoli in due direzioni principali, cioè per il passo di Sipka e per il Balcan d'Etropolie. Invero, mentre il passaggio per il varco di Sipka apriva la strada d'Adrianopoli, quella per il monte d'Etropolie presentava il vantaggio del poter così dare la mano ai Serbi, occupar Sofia e Filippopoli, e piombar quindi alle spalle dei Turchi. La terza divisione delle Guardie, pertanto, e il nono corpo (senza la cavalleria) venner mandati a Orkanie in rinforzo del corpo del general Gurko — forte in tutto di 75.000 uomini — al quale era affidato il passaggio per Etropolie. Del quarto corpo, una parte fu avviata per Selvi e un'altra distaccata per la via di Gabrovo, al fine di rinforzar l'esercito di Radetzky, assegnato al passo di Sipka. Il corpo dei granatieri, parimente mandato a Gabrovo, costituiva la riserva generale.

L'esercito di Gurko, che ora si poteva chiamare anche l'esercito dell'ovest, era ancora suddiviso in tre colonne, comandate dai generali Katalei, Weliaminow e Dandeville. Dinanzi ad Arab-Konak stavano i generali principe Oldenburg e Sciuvalow con 26 battaglioni e 52 cannoni. In mezzo al freddo intenso e al nevischio, le truppe dovevano prima di tutto tracciarsi la strada da sè: ciò ch'era tanto più difficile, in quanto che la cosa doveva farsi nel maggior silenzio possibile, per non destar l'attenzione del nemico. La colonna principale impiegò non meno di sei giorni per avanzar di 16 verste. Anche le colonne ausiliarie ebbero a sopportar molti disagi e perdite d'uomini. Il 1.° gennaio Gurko, dopo d'aver battuto il giorno innanzi il nemico a Taschbösen, conquistò il passo fortificato d'Arab-Konak: e il 4, dopo varie altre piccole scaramucce, entrò a Sofia, dove trovò un'immensa quantità di provviste e materiali da guerra. Proseguendo poi in direzione di Filippopoli, occupò il giorno 11 Ichtiman, e il giorno 13 Tatar-Basargik.

Alla notizia che Gurko era entrato a Sofia, Radetzky ricevette ordine immediatamente di prender l'offensiva contro i Turchi al passo di Sipka. Il contingente a disposizione di Radetzky era stato ancor rinforzato col distaccamento del generale Skobelew, e raggiungeva pertanto circa 60.000 combattenti. Per celare ai Turchi l'obbiettivo principale dell'attacco e volgerne l'attenzione altrove, il generale Karzow aveva avuto l'ordine di tentar di forzare il passo di Troian, mentre dal canto suo il generale Dellinhausen venne incaricato di far delle dimostrazioni presso Acmetli, Tvardizza e Cainkoi. Il passaggio, tenuto pressochè per impossibile, del Troian, nonostante il freddo siberiano riuscì: di modo che il generale Karzow, cacciati innanzi a sè i Turchi, il 9 gennaio occupava Sopot e Carlovo. Radetzky — il quale, in complesso, non era gran fatto entusiasta della tattica temeraria del granduca Niccolò — aveva notato che due sentieri che correvano accanto alla strada principale di Sipka erano stati dai Turchi lasciati indifesi. Deliberò quindi di mandar per essi due colonne laterali, per poter per tal modo accerchiare il nemico. La colonna di destra, sotto il generale Skobelew, stava presso Zelendrovo, quella di sinistra agli ordini del principe Sviatopolk-Mirski, presso Travna. Le due colonne, attardatesi a cagione dell'orribile tempaccio sopravvenuto, arrivarono il 7 gennaio, quella di Skobelew a Sennovo, quella di Mirski a Ianina, a mezzogiorno di Sipka. Radetzky, che dal monte di San Niccolò comandava il centro dei Russi, s'accorse che la colonna Mirski era rimasta isolata; e il 9 gennaio deliberò l'attacco di fronte, dalla grande strada di Sipka. Eseguito brillantemente dalla seconda brigata della 14.ª divisione, esso costò non meno di 1700 uomini e la metà degli ufficiali, ma decise delle sorti di tutta quanta l'impresa, permettendo alle colonne laterali di stringer sempre più da presso l'esercito turco. Vessel Pascià, le cui truppe incominciarono a cedere segnatamente al presentarsi di Skobelew, ma che tuttavia possedeva ancora 22 battaglioni contro la 14.ª divisione di Radetzky, senza neppur tentare di rompere il cerchio, stimandosi avviluppato da ogni parte fece sventolare bandiera bianca. Così cadeva con l'importante posizione del passo di Sipka l'ultimo esercito rilevante degli Ottomani. Ben 32.000 uomini, tra i quali 4 pascià, 80 ufficiali superiori e 280 subalterni, furon fatti prigionieri, e conquistati 103 cannoni e un'ingente quantità di fucili e di viveri d'ogni specie. I Turchi, che in parte s'eran valorosamente battuti, ebbero almeno 6000 tra morti e feriti; ma significanti furon pure le perdite dei Russi: la colonna del principe Mirski perdè 70 ufficiali e 2030 soldati, quella di Skobelew 43 ufficiali a 1344 uomini di truppa. L'esito della battaglia sarebbe forse stato diverso, qualora Suleyman avesse

riunite le sue forze — circa 50.000 uomini — con quelle di Vessel
Pascià al passo di Sipka, in luogo di raggiungere Sciakir Pascià,
che moveva incontro al generale Gurko.

Il granduca Niccolò s'era avvicinato insieme con il suo Stato
maggiore al teatro della guerra, e il 7 gennaio era entrato a Lovcia.
Dopo d'essere stato per qualche tempo in grande inquietudine intorno
all'esecuzione dell'audace suo piano, e poichè una notizia giunta appena la mattina del 9 gli ebbe segnalata un'interruzione del combattimento di dodici ore da parte del principe Mirski — mentre nulla
disgraziatamente si sapeva della colonna Skobelew —, finalmente alla
sera stessa dal colonnello Gingiskan (un discendente del gran conquistatore), il quale soprintendeva al servizio telegrafico al quartiere
generale, ricevette un telegramma di congratulazione di Radetzky,
che gli annunziava la cattura dell'esercito di Vessel Pascià. La lietis-
sima novella cambiò immediatamente il disegno fin qui ideato dallo
Stato maggiore generale. Invece d'accamparsi a Casanlik e tender
la mano a Gurko, si deliberò di tentar di guadagnare direttamente
la ferrovia che mena a Adrianopoli per tagliar l'esercito turco in
due parti, delle quali quella che si trovava presso Filippopoli doveva
esser ricacciata sui monti di Rodope.

A Costantinopoli la notizia della presa del passo di Sipka giunse
anche prima che al quartier generale russo; talchè il Sultano già
il 9 gennaio incaricava il Ministro della guerra Reuf Pascià di chiedere un armistizio. Sebbene fosse cosa intesa da un pezzo che la
Russia non avrebbe concesso alcun armistizio prima della firma dei
preliminari di pace, il Granduca ne telegrafò all'Imperatore, pregandolo di dargli istruzioni pienamente esaurienti. Per verità,
verbalmente l'Imperatore l'aveva autorizzato a trattare; ma fino a
quel momento — molto probabilmente per ostacoli frapposti dal
principe Gorciakow — non erano ancor venuti i pieni poteri per
iscritto, dei quali purtroppo non era possibile fare a meno. L'11 di
gennaio giunse da Pietroburgo la notizia che un corriere recava
i pieni poteri, ma in pari tempo anche l'ordine che *durante le
trattative non si dovessero interrompere le misure militari*. La
conclusione definitiva della pace pareva in Russia al potere centrale
decisamente prematura, avendo ella interesse di trovarsi, al momento di stabilirne le condizioni, in possesso della maggior possibile
estensione del territorio nemico, e quanto più si potesse vicina a
Costantinopoli. Nemmeno un dispaccio personale del Sultano all'Im-

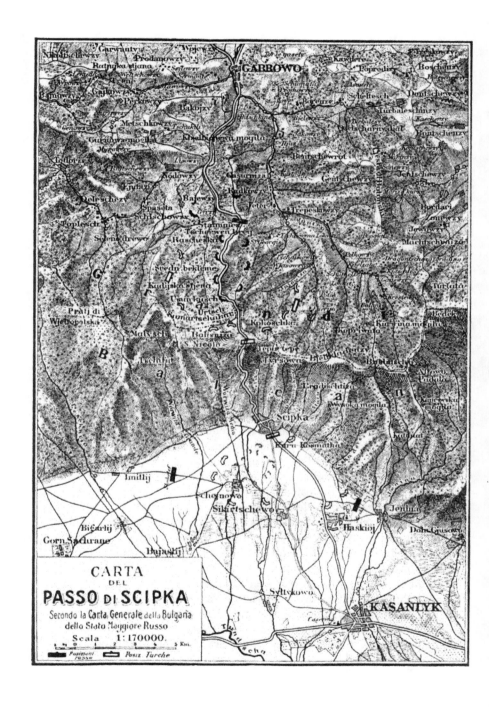

CARTA
DEL
PASSO DI SCIPKA

Secondo la Carta Generale della Bulgaria
dello Stato Maggiore Russo

Scala 1:170000.

Posizioni russe ■   Posiz. Turche ▭

peratore potè impedire lo scacco definitivo: l'ordine, cioè, dato al
Granduca d'affrettar quanto più fosse possibile l'avanzata, e l'avviso
soprattutto *di comunicar direttamente ai plenipotenziarii turchi
le condizioni di pace, affinchè l'Inghilterra non venisse a saperle
troppo per tempo.* Allorchè Reuf Pascià lo pregò di dargli telegraficamente comunicazione delle condizioni stesse, s'ebbe in risposta che « tale comunicazione poteva esser fatta soltanto ai plenipotenziarii dalla Porta *autorizzati ad accettarle* ». Il quartier
generale russo venne portato frattanto a Casanlik, dove il 19 gennaio
giunsero i plenipotenziarii turchi Server Pascià e Namyk Pascià.
Al tempo stesso che arrivavano i detti uomini di Stato della Turchia,
giunse un dispaccio del principe Gorciakow, che può considerarsi
come un esempio stupefacente di bizantinismo diplomatico, sugge-
rendo al Granduca, per guadagnar tempo, il consiglio *di non dire
ai Turchi ciò che la Russia pretendeva, ma di chieder loro che
cosa alla Russia offrissero essi.* È molto problematico se una sì
strana idea del principe Gorciakow fosse sufficentemente giustificata
dalla dichiarazione « che l'imperatore Alessandro voleva, prima di
mettere a parte delle sue condizioni i Turchi, avere una risposta
circa le aperture fatte confidenzialmente in proposito di ciò agl'imperatori Guglielmo e Francesco Giuseppe ». In fatti, anche nel caso
d'una disapprovazione da quelle parti, la Russia sarebbe stata pur
sempre in tempo a temperare alquanto le sue domande.

Torna ad onore del granduca Niccolò, checchè si possa esser
detto più tardi delle sue innegabili debolezze, se alla sua natura
piuttosto di soldato che di politico ripugnò di sottoporre in tal modo
il nemico alla tortura. Ciò non ostante, egli dovè pur ricordarsi,
per non venir meno al còmpito suo, che i Turchi contavano ancor
sempre sugli aiuti inglesi, e avevano pertanto interesse a tirare
in lungo le trattative. Mentre Server Pascià di fronte al signor di
Nelidow, incaricato della trattazione, scaricava tutta la colpa sul
conte Ignatiew, Namyk si mostrò più pacato e più dignitoso. Pregò
il signor di Nelidow di dire al Granduca « ch'egli era stato un tempo
un buon conoscente del padre e della madre di lui. Ora non era
che un vecchio, e, più ancora che dagli anni, oppresso dal dolore di
veder l'infelice patria sua così crudelmente visitata dalla sventura,
e sè medesimo condannato a un sì triste dovere. Lo pregava pertanto di non essere senza pietà ». L'incontro del Granduca con i
plenipotenziarii turchi avvenne il giorno 20. Senza curarsi delle

istruzioni di Gorciakow, egli era risoluto di comunicar loro le condizioni della pace, tanto più che — data la rapidità della marcia della cavalleria russa — temeva non s'avverasse, nel caso d'un ulteriore indugiare, l'avanzata fin sotto a Costantinopoli; giacchè lo Stato maggiore generale russo stimava l'impresa *non consigliabile* senza la previa *occupazione di Gallipoli: la quale l'Imperatore, sempre a cagione dell'Inghilterra, aveva recisamente vietata.*

Gurko intanto, dopo aver lasciato un sufficente presidio a Sofia, aveva proseguita in quattro colonne la marcia alla volta di Filippopoli. La colonna di destra, sotto il generale Weliaminow prese per la via di Samacovo; quella del centro destro, sotto il conte Sciuvalow II, per Ichtiman e il passo di Troian; quella del centro sinistro, sotto il generale Scilder-Sciuldner, per la valle di Topolnizza; e quella dell'ala sinistra, sotto Krüdener, per Mečka e Otlukioi. I Turchi al comando di Suleyman Pascià, divisi in due colonne, s'eran ritirati, dopo la perdita del passo di Sipka, verso Filippopoli. Mentre il distaccamento più forte, capitanato dal medesimo Suleyman, per aver presa la strada diretta sfuggiva ai Russi, l'altro, che s'era avviato per Samacovo, ebbe a sostenere in vicinanza di Filippopoli un combattimento di tre giorni, nel quale i Russi rimasero vincitori; di modo che l'esercito di Suleyman restò spezzato in due parti. — Cotesta splendida campagna di Gurko vien chiarita in modo mirabile nei passi seguenti del rapporto ch'egli ne fece al granduca Niccolò:

« Ecco quali sono » dic'egli « i risultati raggiunti dal mio corpo
« d'esercito durante il periodo dal 6 gennaio al 1.º febbraio. In
« primo luogo, la sconfitta di Suleyman Pascià, forte di cento *tabor*,
« dei quali una metà circa fu sbaragliata presso i monti a mezzodì
« di Tatar-Basargik e della grande strada di Filippopoli, e l'altra
« metà, incalzata da presso sulla strada di Adrianopoli, fu costretta
« a prender la fuga verso il mare di là dal Despoto-dag (i monti
« di Rodope). L'esercito di Suleyman, perdute parecchie migliaia
« d'uomini e oltre 2000 prigionieri, ha lasciato nelle nostre mani
« 114 cannoni — dei quali 96 furon presi nello scontro — e un
« gran numero di treni di munizioni, ecc. La disfatta di codesto
« esercito turco, ultima àncora di salvezza dell'Impero ottomano di
« là dai Balcani dopo la battaglia di Sipka, e il fatto rilevantis-
« simo ch'esso è stato respinto di là da Adrianopoli, lasciando le
« forti opere munite di quella piazza senza difesa, mi permisero

« d'eseguir rapidamente e senza inciampi il còmpito, assegnatomi
« dall'Altezza Vostra Imperiale, di raggiungere Adrianopoli (1). Tali
« risultati furono conseguiti con sacrifizii relativamente esigui. Il
« corpo da me comandato ebbe, durante il sopra accennato periodo.
« 7 ufficiali e 220 uomini di truppa de' morti, e 26 ufficiali con 980
« soldati feriti... — Il 14 gennaio, la colonna centrale del conte
« Sciuvalow raggiunse l'esercito di Suleyman schierato in ritirata
« e di già concentrato. La deliberazione del conte Sciuvalow d'at-
« traversare, nonostante i sei gradi di freddo, la Marizza coperta
« di ghiaccio, l'esecuzione brillante di cotesta operazione per parte
« dei Cacciatori e del reggimento Guardie Paolo, il sopraggiungere
« nel giorno stesso della nostra cavalleria sotto le mura di Filip-
« popoli: tali furono le operazioni con le quali s'iniziaron quelle
« dei giorni 15, 16 e 17 gennaio, e che terminarono con la totale
« sconfitta di Suleyman Pascià..... — Le mie truppe han percorso
« le 180 verste che separano Adrianopoli da Filippopoli in sei giorni:
« dal 6 al 27 gennaio han marciato da Sofia per 350 verste... —
« Hanno inoltre portato sulle spalle per otto giorni di provviste e
« centinaia di cartucce, talchè non ebbi a darmi fastidio degli
« equipaggi; hanno su per le montagne trasportato tutta l'artiglieria.
« onde ho potuto scendere al piano e raggiungere il nemico con
« i miei cannoni ». In tale occasione appunto Gurko venne all'originale conclusione « che il segreto della vittoria stava nelle gambe ».
Mette conto d'esser qui espressamente rilevato come i rapporti
ufficiali russi lascino parecchio a desiderare circa i dati più precisi
del contingente effettivo e circa le condizioni sanitarie degli eserciti che s'avvicinavano alle porte di Costantinopoli (2). Il disgraziato

---

(1) Secondo una dichiarazione del granduca Niccolò, le opere fortificate
d'Adrianopoli eran tanto considerevoli, che se i Turchi vi avessero sostenuto
un assedio, avrebber potuto trattenere il nemico per lo meno tanto tempo
quanto sotto Plevna. A comandante della piazza era stato nominato Mehemed
Alì, e il nucleo del presidio doveva esser formato da 23 battaglioni d'Osman
Pascià (non però quello di Plevna). Ma il governatore d'Adrianopoli, dopo
d'aver fatto saltare in aria il magazzino delle polveri, avrebbe dato il segnale
della fuga, e Mehemed Alì l'avrebbe seguìto.

(2) Le condizioni relative ad essi furono vivamente illustrate in tempo più
recente per mezzo della « Relazione del controllore dell'Impero sopra l'Amministrazione dell'esercito » nell'opera *Lose Blätter aus dem geheimen Archive
der Russ. Regierung* (Fogli staccati dall'Archivio segreto del Governo russo).

Suleyman venne in ultimo sottoposto a un tribunale di guerra, e dopo un processo più volte interrotto condannato alla degradazione ed al bando (1).

Nel primo colloquio che fu tenuto il 20 gennaio 1878 tra il Gran-duca e i plenipotenziarii turchi, domandò quello — per non dare appiglio, contro alle imperiali istruzioni, ad alcun ostacolo di pura formalità — quali fossero le proposte ch'essi recavano. Al che con molto tatto rispose Namyk Pascià « averli il Sultano incaricati ambedue di dirgli *ch'egli si sottoponeva alla magnanimità dell'Im-peratore di Russia* ». La cosa tuttavia procedette più lentamente di quanto dopo una tale dichiarazione si sarebbe potuto sperare; e ciò ad onta della notizia schiacciante della caduta di Adrianopoli, in conseguenza della quale il Granduca trasportò qualche dì appresso il suo quartier generale colà. I plenipotenziarii chiesero il permesso di farsi mandar da Costantinopoli nuove istruzioni. Nel frattempo, il Granduca per parte sua sollecitò nuove indicazioni circa la sua condotta, « pel caso che la flotta inglese si fosse avvicinata a Costantinopoli. Quanto a sè, non accogliendo i Turchi immediata-mente le condizioni di pace, egli sarebbe stato per l'occupazione di Gallipoli e, in genere, per farla finita con la dominazione turca a Costantinopoli ». La risposta, partita da Pietroburgo il giorno 24, giunse al quartier generale — per le difficoltà della comunicazione telegrafica, e forse anche per ragioni politiche — appena il 29. Frattanto però i plenipotenziarii avevan ricevuta il 27 l'autorizza-zione di accedere *a qualsivoglia condizione di pace,* mentre la risposta da Pietroburgo era espressa nel senso che « se entro tre giorni quelli non avesser receduto dalla loro resistenza, si dovesse iniziare la marcia contro Costantinopoli; con che però l'ingresso *nella* capitale non dovesse avvenire, se non in caso di gravi di-sordini. Gallipoli doveva in ogni caso esser occupata ». Tali istru-zioni tuttavia furono integrate più tardi, nel senso d'una maggior libertà per i comandanti supremi e d'un minor riguardo verso l'Inghilterra. Secondo un'informazione proveniente da alto luogo,

---

Lipsia 1882. Il Granduca stesso, nelle sue rivelazioni pubbl. nella *Nouvelle Revue* del 15 giugno 1880, riconosce che gravi disordini vennero alla luce nel servi-zio dell'Intendenza.

(1) V. *Suleyman Pacha et son procès* par FAUST LURION, Paris, à la Direc-tion du *Spectateur militaire*, 1884.

esse avrebbero in tal proposito suonato così: « Si les Anglais se
« conduisent pacifiquement, les considèrer comme des alliés venus
« pour aider au maintien de l'ordre; s'ils agissent en ennemis, les
« traiter de même ».

Il primo accordo tra la Russia e la Turchia consistè in un protocollo firmato il 31 gennaio dal Granduca, da Server e da Namyk
Pascià, contenente le condizioni sostanziali della pace: non ancora,
però, i più minuti preliminari. Secondo quel protocollo, « la Bulgaria doveva diventare, nei limiti determinati dalla maggioranza
dei suoi abitanti (limiti i quali, tuttavia, non dovevano in nessun
caso esser fissati in termini più ristretti di quelli della Conferenza
di Costantinopoli), un Principato autonomo, tributario, con un governo cristiano nazionale e una milizia indigena, nella quale non
potesse stare alcun contingente ottomano. Si riconosceva l'indipendenza del Montenegro, e si deliberava che dovesse ingrandirsi di
tutti i territorii da esso occupati. Riconosciuta l'indipendenza della
Rumenia e della Serbia: alla prima delle quali s'assicurava un
ragionevole compenso territoriale, alla seconda una rettificazione di
confini. La Bosnia e l'Erzegovina riceverebbero un'amministrazione
autonoma; parimenti, nelle altre provincie cristiane della Turchia
europea dovevano introdursi analoghe riforme. La Porta s'obbligava a indennizzare la Russia delle spese di guerra e delle perdite che doveva addossarsi. La forma di tale indennità, o in danaro o in territorii o altrimenti, era da regolarsi più tardi. Il Sultano
si sarebbe inteso con l'Imperatore circa la garanzia dei diritti e
degl'interessi della Russia negli stretti del Bosforo e dei Dardanelli. Al quartier generale del Granduca dovevano senz'indugio
avviarsi le trattative tra i plenipotenziarii dei due Governi, per
istabilire i preliminari della pace. Tostochè fossero state firmate
le basi fondamentali relative ad essi e una convenzione d'armistizio,
le ostilità tra gli eserciti belligeranti — quelli di Rumenia, Serbia e
Montenegro compresi — dovevan restar sospese per tutto il durar
delle trattative di pace. Subito dopo la firma dell'armistizio il Governo turco doveva dare ordine alle sue truppe di sgomberar le
fortezze di Vidin, Rustciuk e Silistria in Europa, d'Erzerum in Asia.
Oltr'a ciò, le truppe russe sarebbero state autorizzate per tutta
la durata delle trattative d'occupare, nell'uno come nell'altro teatro
della guerra, certi determinati punti, da stabilirsi nella convenzione
d'armistizio ».

Il giorno stesso, il capo dello stato maggiore generale Nepokoiscitzki col suo aiutante Levitzki da una parte, e i generali turchi Negib e Osman Pascià dall'altra firmarono la convenzione d'armistizio, composta di dieci paragrafi e con tre giorni di preavviso. In cotesto documento, che fissava la zona neutrale, era singolarmente notevole il fatto che la Russia, mentre stipulava anche a nome della Serbia e della Rumenia senza l'espresso consenso di quest'ultima, relativamente al Montenegro diceva, in quella vece, che avrebbe ad esso proposto di sospender le operazioni militari e d'accedere alle condizioni dell'armistizio; con che evidentemente doveva tenersi per inteso che la Russia già da tempo considerava il Montenegro come Stato indipendente. — Oltre alle fortezze già indicate nel protocollo fondamentale, i Turchi dovevano sgomberare ancora Belgragik, Rasgrad e Hagi-Aglu-Basargik. — Quando il 3 febbraio Ignatiew arrivò ad Adrianopoli per condur le ulteriori trattative, apportò con sè condizioni molto più dure ancora di quelle che furon poi sottoscritte a Santo Stefano. Secondo quelle, ai Turchi sarebbe rimasta solo una strettissima striscia di territorio presso a Salonicco.

: Il cambiamento delle condizioni dell'Europa prodottosi dopo la guerra del 1870 doveva quind'innanzi farsi particolarmente sensibile in Inghilterra. Il suo antico alleato della guerra di Crimea, la Francia, non poteva oramai più pensare a una levata di scudi contro la politica orientale della Russia; ben piuttosto cercava essa di procurarsi nella Russia medesima il suo alleato futuro; ond'è che la politica dell'Inghilterra tanto più si trovava isolata, in quanto che l'alleanza dei tre Imperatori, nonostante la sua indeterminatezza, tornava pur sempre assai favorevole alla condizione della potenza russa. Oltr'a ciò, la Russia nel ministero *Tory* aveva, se pur non degli amici, dei patrocinatori, in quanto almeno non eran punto disposti, per la conservazione della mala amministrazione del Turco, a lanciar l'Inghilterra in una lotta con la Russia, della quale sarebbe stato impossibile preveder le conseguenze. In mezzo a una condizion di cose tanto difficile, torna doppiamente a onore di lord Beaconsfield l'aver saputo, lottando contro tutti i riguardi di second'ordine e contro tutti gli ostacoli, tener d'occhio in prima linèa la difesa della posizione spettante alla Grambrettagna nel mondo, e l'allontanamento della Russia dalle porte di Costantinopoli. In fatti, secondo l'opinione perfettamente giustificata di Sir Layard, i Russi potevano, per gli accordi sopra menzionati, trovarsi entro tre giorni dinanzi alla capitale dell'Impero ottomano.

Il 17 gennaio fu aperto il Parlamento: e il discorso della Corona, dopo aver fatto cenno della richiesta del Sultano per una mediazione della Grambrettagna nelle avviate trattative di pace, esprimeva la speranza che il Parlamento avrebbe concessi i mezzi per certe misure di prudenza, che avrebber potuto dimostrarsi necessarie in causa degli avvenimenti della guerra in Oriente. L'8 febbraio, la Camera bassa, dopo un dibattito di parecchi giorni, concedeva con 328 voti contro 124 un credito di sei milioni di lire sterline; e il 22 febbraio la Camera dei Pari ne seguiva l'esempio.

Il 25 gennaio la Russia aveva comunicate al Ministero inglese le condizioni della pace; il che non ebbe altro effetto se non d'affrettar la risoluzione di questo nel senso d'un atteggiamento decisivo. Il cancelliere del tesoro, sir Stafford Northcote, dichiarò alla Camera dei deputati « aver la flotta ricevuto l'ordine d'entrar nello Stretto dei Dardanelli; ma, in seguito alla notizia che la questione degli Stretti doveva venir regolata per mezzo d'una Conferenza europea, esserle stato dato all'ultimo momento un contrordine ». Apparve allora manifesto il dissenso scoppiato in seno al Gabinetto: perchè non solo il Ministro delle Colonie, Carvarnon, ma persino lo stesso Ministro degli Esteri, lord Derby, presentarono le loro dimissioni. È bensì vero che quest'ultimo, per l'ordine dato alla squadra di sospender la sua rotta, finì col ritirare le sue; ma nel Ministero aveva da restar così poco ancora, che al finire del marzo ne uscì definitivamente, subentrando al suo posto il marchese di Salisbury. Se non che, la sosta della flotta poteva esser solo di breve durata. Non appena lord Beaconsfield ebbe cognizione del testo dell'accordo concluso il 31 gennaio, l'ammiraglio Hornby ebbe l'ordine d'entrar nel Mar di Marmara, dove il 13 di febbraio ancorava le sue corazzate dinanzi alle Isole del Principe. Il principe Gorciakow fece buona cera a cattivo gioco; e, dinanzi alla semplice minaccia del passaggio della flotta inglese, dichiarò alle Potenze, con la più sofistica delle argomentazioni possibili, « tanto meno poterci avere la Russia qualche cosa in contrario, che essa medesima fin dall'anno 1876 aveva proposto appunto una dimostrazione delle flotte. Dal canto suo, però, non tenersi più obbligata alla promessa di non occupare Costantinopoli ».

Come suo nuovo plenipotenziario, al posto del ritiratosi Ministro

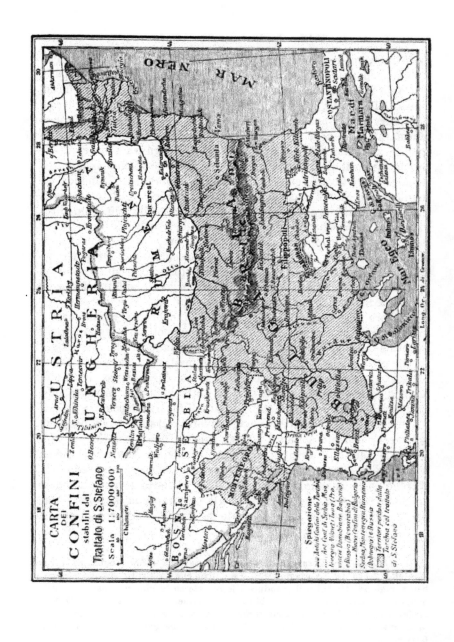

CARTA
DEI
CONFINI
stabiliti dal
Trattato di S. Stefano

Scala 1:7000000

Spiegazione

Antichi confini della Turchia
Dei tori di Serbia Mont.
borega Widort. Varia (Bra.
vinta Danubiane Bulgaria)
Rossia (Bessarabia)
Nuovi Confini di Bulgaria
Serbia, Montenegro, Rumenia
Bosnia e Russia
Territori perduti dalla
Turchia col trattato
di S. Stefano

delle relazioni esteriori Server Pascià, la Porta aveva mandato ad
Adrianopoli Savfet Pascià. A questo il granduca Niccolò propose,
di fronte alle minacce inglesi, d'occupar Costantinopoli con il consenso della Porta, e di piantare accanto ai cannoni turchi i cannoni russi, per opporsi all'ingresso della flotta inglese nel Mar di
Marmara. Ma poichè circa cotesta mossa, che poteva aver conseguenze assolutamente incalcolabili, la Porta tardava a far conoscer
le sue risoluzioni, e le trattative intorno ai preliminari definitivi
della pace andavan per le lunghe, il 21 febbraio il Granduca comunicava a Savfet Pascià la sua determinazione di trasferire il
proprio quartier generale a Santo Stefano, nella più immediata
vicinanza di Costantinopoli. Concesse alla Porta per dare il suo
assenso una dilazione di sole ventiquattr'ore, con la dichiarazione
ancora che, « non ottenendosi il suo consentimento per l'introduzione di 10 a 12.000 uomini nella città stessa, egli si sarebbe immediatamente avanzato contro Ciatalgia, e avrebbe fatto il suo ingresso a Santo Stefano con tutto quanto il suo esercito ».

Alle ore sei del mattino del giorno 23 febbraio il Granduca era
già sul punto di partire con la ferrovia in un col suo stato maggiore
generale alla volta di Costantinopoli, quando i plenipotenziarii
turchi gli dichiararono che il Sultano l'invitava a recarsi a Santo
Stefano, conducendo seco però soli 1000 uomini in luogo dei 12.000.
Se non che a questo punto scoppiò tutta l'energia selvaggia del
granduca Niccolò, il quale, inflammato di furore, rispose: « Se non
« avete capito ancora quanta magnanimità c'era nella mia proposta
« di recar con me soltanto 10.000 uomini, tanto peggio per voi!
« Io non permetto al vinto di dettar condizioni al vincitore, e mi
« metterò in via con tutte quelle truppe che mi parrà e piacerà » (1).
Il treno partì. Quando giunse a Ciatalgia, il quarto corpo comandato
da Skobelew stava sotto le armi già pronto per la partenza. Comparve allora un colonnello mandato da Mehemed Alì, con la notizia

---

(1) *La guerre russo-turque d'après des Documents inédits*, nella già citata
Nouvelle Revue del 1.º giugno 1880. Le notizie che a ciò si riferiscono vengono
ben a ragione attribuite al granduca Niccolò stesso, e non sono state smentite
neppure nella confutazione pubblicata nel numero del 15 ottobre 1880 della
medesima *Nouvelle Revue;* confutazione venuta da alto luogo, ma che tocca
piuttosto la motivazione della politica russa in generale, che non i singoli
fatti citati.

che le truppe turche non avrebbero ceduto, e che il treno già avviato innanzi con i cavalli e la guardia personale del Granduca era stato costretto a fermarsi. « Tornate subito indietro », — rispose il Granduca — « e dite che io arrivo alla testa delle mie truppe. « Savfet Pascià (ch'egli teneva in certo modo quale ostaggio presso « di sè) sarà vicino a me. Noi non ispareremo; ma un primo colpo « colpirà me e lui ». Il treno continuò il suo cammino verso Santo Stefano, dove giunse la mattina del 24, poche ore prima dello sgombero della località stessa per parte delle truppe turche; e fu ricevuto tanto dal Ministro della guerra Reuf Pascià quanto dai comandanti delle truppe schierate dinanzi a Costantinopoli. Tuttavia, le trattative si protrassero ancor per alcuni giorni, sia per l'invincibile tenacità dei plenipotenziarii turchi, sia per la fastidiosa tracotanza (l'espressione è del Granduca stesso) d'Ignatiew. Il 3 marzo, finalmente, il trattato preliminare di pace, composto di ventinove articoli, venne firmato a Santo Stefano dal conte Ignatiew e dal consigliere di Stato Nelidow per una parte, e per l'altra dal Ministro degli Esteri Savfet Pascià e da Sadullah Bey, ambasciatore a Berlino.

L'articolo 1.º fissava anzitutto i confini della Turchia e del Montenegro, e al Principato assegnava le località di Niksich, Cazko, Spuz, Podgorizza, Zabliak e Antivari. Una Commissione europea doveva esser incaricata della delimitazione definitiva, e regolare anche la controversa questione della navigazione sulla Boiana. Curioso e caratteristico è che appena l'articolo seguente stabilisse che la Porta riconosceva definitivamente l'indipendenza del Montenegro: con che un'altra volta indirettamente si confermava che per la Russia tale indipendenza sussisteva già da tempo. L'art. 3.º riconosceva l'indipendenza della Serbia, e fissava i confini tra Serbia e Turchia per modo, che Nissa, la valle della Drina e Klein-Zvornik spettassero alla Serbia. Appena nell'art. 5.º seguiva la dichiarazione per parte della Porta dell'indipendenza della Rumenia, e precisamente con la disposizione assai vaga che la Rumenia poteva far valere i suoi diritti a un'indennità. L'art. 6.º fissava la nuova forma della Bulgaria. Questa doveva costituire « un Principato autonomo, tributario, dotato d'un governo cristiano e d'una milizia nazionale ». Una carta speciale (e — sia detto di passata — non esatta) allegata al trattato rappresentava a tratti generali l'estensione e i confini del nuovo Stato, ch'era calcolato a circa

3000 miglia quadrate, con cinque milioni d'abitanti, e si stendeva fino al Mar Egeo. Secondo l'art. 7.º il Principe di cotesta regione doveva esser liberamente eletto dalla popolazione e confermato dalla Sublime Porta col consenso delle Potenze. In esso articolo si stabiliva pure espressamente che nessun membro delle dinastie regnanti delle grandi Potenze europee potesse esser scelto a Principe della Bulgaria. Ancor prima dell'elezione del Principe, un'assemblea di notabili bulgari sotto la vigilanza d'un Commissario russo e alla presenza d'un Commissario ottomano doveva elaborare l'ordinamento della futura Costituzione. L'introduzione del nuovo ordinamento e il controllo sopra la sua esecuzione dovevan per due anni esser affidati a un Commissario russo. L'art. 8.º stabiliva che l'esercito turco non potesse più risiedere nella Bulgaria, e che tutte le antiche fortezze dovessero esser rase al suolo a spese del Governo locale. Fino a perfetta formazione d'una milizia nazionale sufficente, la cui forza doveva fissarsi tra la Turchia e la Russia piu tardi, le truppe russe avrebbero occupato il paese, e, in caso di bisogno, prestato aiuto al Commissario (russo); tale occupazione doveva del pari essere eventualmente limitata a due anni. Il contingente effettivo dell'esercito d'occupazione russo, composto di sei divisioni di fanteria e due di cavalleria, non doveva oltrepassare i 50.000 uomini. Tali truppe dovevan mantenersi a spese del paese, e il loro congiungimento con la Russia perdurare a sussistere non solo attraverso alla Rumenia, ma anche per i porti del Mar Nero. Per l'art. 9.º, l'entità del tributo da corrispondersi doveva esser fissata por un accordo tra la Russia, la Turchia e i varii Gabinetti alla fine del primo anno dopo l'introduzione del nuovo ordine di cose. L'art. 12.º stabiliva che si dovessero radere al suolo tutte le fortezze sul Danubio: alle rive del quale più non dovevan sussistere d'or innanzi fortezze, nè navi da guerra nelle acque della Rumenia, della Serbia e della Bulgaria. I diritti, i doveri, le prerogative della Commissione internazionale per il Danubio restavano inalterati. Nell'art. 14.º veniva stipulato che le proposte europee per la Bosnia e l'Erzegovina comunicate ai plenipotenziarii turchi nella prima seduta della Conferenza di Costantinopoli con le modificazioni concordate tra la Porta, la Russia e l'Austria-Ungheria dovessero esservi introdotte immediatamente. L'art. 15.º poneva la condizione assoluta che a Creta fosse applicato il Regolamento organico del 1868; un'analoga riforma doveva essere introdotta nell'Epiro, nella Tessaglia e nelle altre parti della Turchia europea. L'art. 16.° imponeva alla Porta certi obblighi circa la protezione degli Armeni contro Curdi e Circassi.

L'art. 19.° era, dopo il 6.° — che fissava l'ordinamento del Principato di Bulgaria —, il più importante, come quello che si riferiva all'indennità per le spese della guerra. Con esso si richiedevano: novecento milioni di rubli per le spese di guerra propriamente dette; quattrocento milioni di rubli per risarcimento di danni arrecati nel litorale russo meridionale al commercio d'esportazione, all'industrie e alle ferrovie; cento milioni di rubli per i danni del Caucaso; e dieci milioni di compensi per i danni cagionati ai sudditi e alle istituzioni della Russia. — Se non che s'aggiungeva: « In considerazione « delle difficoltà finanziarie della Turchia, e in pieno accordo col de- « siderio di Sua Maestà il Sultano, l'Imperatore di Russia acconsente « ricevere in cambio della maggior parte dell'accennate somme (in « totale un miliardo e quattrocento dieci milioni di rubli) le cessioni « di territorio seguenti: *a*) il Sangiak di Tulcia, vale a dire i di- « stretti di Chilia, Sulina, Mahmudie, Isakcia, Tulcia, Macin, Babadag, « Hirsova, Costanza, Medgidia e le isole del Delta e dei Serpenti. « La Russia, non desiderando d'occupar cotesti territorii (la Do- « brugia), si riserva il diritto di scambiarli con quella parte della « Bessarabia che le fu staccata in seguito al trattato del 1856. — « *b*) Saran del pari attribuiti alla Russia Ardahan, Cars, Batum, « Baiasid e la striscia di terra fino a Saganlug. I territorii indicati « sotto *a*) e *b*) dovranno esser computati come l'equivalente d'un « miliardo e cento milioni di rubli. Il modo di pagamento e le ga- « ranzie per l'esigenza rimanente vengono riservati a un posteriore « accordo ».

Secondo l'art. 21.°, gli abitanti dei territorii così passati alla Russia eran liberi di ritrarsene e di vendere le loro proprietà. Trascorsi tre anni, i non emigrati diventavan sudditi russi. L'art. 22.° aveva una particolare importanza nel senso ch'esso si riannodava con l'antico tradizionale protettorato russo, e stabiliva espressamente che il diritto ufficiale di protezione dei sacerdoti, pellegrini e monaci spettava così all'Ambasciata russa come ai Consolati. Del pari i monaci russi del monte Athos restavano a parte dei loro possedimenti e dei precedenti lor privilegi. Lo sgombero totale della Turchia europea, fatta eccezione per la Bulgaria, doveva compiersi, a tenore dell'art. 25.°, tre mesi dopo, quello della Turchia asiatica

sei mesi dopo la definitiva conclusione della pace. Nell'art. 27.° la
Porta s'obbligava a non avviar procedimento penale di qualsivoglia
specie contro quelli tra i suoi sudditi che potessero essersi compromessi durante la guerra per le loro relazioni con l'esercito
russo; e nell'art. 29.° finalmente — sebbene, come già lo dice il
nome di *trattato preliminare*, non fosse punto esclusa la conclusione d'un definitivo trattato europeo — era espressamente stabilito « *che fin dal momento della ratificazione di cotesto trattato
preliminare, le due parti contraenti si considerarano come rin-
colate reciprocamente* ».

Secondo le precise comunicazioni ufficiose, alle quali già abbiamo
in nota accennato, aventi in mira la confutazione delle rivelazioni
del granduca Niccolò, a Pietroburgo era venuto a galla per un
istante il disegno d'entrar con l'esercito in Costantinopoli, *d'annunziare alle grandi Potenze nello stesso tempo la fine della
dominazione turca in Europa*, e d'invitarle pertanto a deliberare
in comune intorno alle sorti della penisola balcanica. È lecito domandarsi se un tal passo non sarebbe stato una soluzione della
questione d'Oriente migliore, per avventura, di quella convenzione
a due, la quale, come vedremo, era già infranta prima ancora che
si radunasse il Congresso.

L.

Il conflitto delle Potenze e il trattato di Berlino

Impressione prodotta dal trattato di Santo Stefano. - La politica dell'Austria e
dell'Inghilterra. - Ingresso di Salisbury nel Ministero inglese. - Sua Circolare del
1.º aprile 1878. - Apparecchi dell'Inghilterra. - Condizioni dell'esercito russo,
della penisola balcanica e della Russia medesima. - L'atteggiamento della Germania. - Viaggio di Sciuvalow a Pietroburgo. - L'accordo anglo-russo del
30 maggio. - L'accordo anglo-turco del 4 giugno. - Apertura del Congresso,
13 giugno. - Presidenza, Segretariato, Commissioni. - Le questioni della Bulgaria, della Rumelia orientale, di Creta, della Bosnia, del Montenegro, della
Serbia, della Rumenia, del Danubio, degli Stretti, dell'Asia e dell'indennità di
guerra. - L'accomodamento procurato dalla Germania tra l'Inghilterra e la Russia. -
La quattordicesima seduta. - Chiusura del Congresso. - Considerazioni generali.

Per quanto poca fiducia le Potenze avessero fin dal principio
riposta nella moderazione della Russia alla conclusione della pace,
grande fu tuttavia il loro stupore in presenza degli accordi conclusi
ad Adrianopoli e a Santo Stefano. Ma sopra tutto assai viva, com'era
nella natura delle cose, fu la contrarietà provatane in Austria e
in Inghilterra.

In Austria, già il 24 febbraio era stato tenuto un Consiglio della
Corona presieduto dall'Imperatore, nel quale si dava mandato al
conte Andrassy di presentare alle Delegazioni una domanda di credito
per sessanta milioni di fiorini. Codesta somma, in sè e per sè stessa
insufficente, doveva, come fu dichiarato, servir piuttosto a produrre
una certa impressione diplomatica circa la politica dell'Austria, che
non a diretti scopi militari; e nei giorni 19 e 21 marzo, dopo gli
schiarimenti per quanto possibile tranquillanti del conte Andrassy,

venne in fatti dalle Delegazioni concessa. Relativamente alla questione europea, il conte Andrassy partiva da un concetto perfettamente giusto, dichiarando che il complesso delle questioni pendenti non poteva *pacificamente* risolversi se non col concorso di tutta l'Europa. Meno esplicitamente potè egli far manifesta — per varie ragioni — la politica particolare dell'Austria-Ungheria rispetto alla Bosnia e all'Erzegovina; ma, come ben presto vedremo, con la politica della Granbrettagna egli s'accordava almeno in questo: ch'era fin dal bel principio ben risoluto a combattere i disegni della Russia relativamente alla Bulgaria. — La Russia, negli ultimi giorni di marzo, tentò, mediante una missione del conte Ignatiew a Vienna, di romper quella contrarietà, e di sfuggir così al pericolo d'un'intesa comune dell'Austria con l'Inghilterra. Per quanto le trattative su cotesto punto fosser condotte nel modo più confidenziale, ci fu chi pretese di sapere che Ignatiew avesse voluto aver le indicazioni più precise circa la sfera degl'interessi austriaci, e che ciò appunto avesse dato occasione al Consiglio tenutosi dallo stato maggiore generale, con a capo il generale v. Schönfeld: il quale pretese per l'Austria nella parte occidentale della penisola balcanica, sulla Bosnia, Erzegovina e Albania fino a Salonicco, le medesime condizioni di favore che la Russia cercava di raggiunger nella parte orientale. Se non che, l'energica intromissione dell'Inghilterra, con l'escludere gli ulteriori disegni di spartizione della Turchia, aperse d'un tratto nuove vie a una politica comune dell'Europa unita. Tanto nelle discussioni sostenute al Parlamento, come nella corrispondenza scambiata con la Russia, l'Inghilterra tenne duro sul punto « che il trattato di Parigi non era affatto per le nuove contrattazioni abrogato, e che tutte quante le stipulazioni di queste dovevan sottoporsi al Congresso ». La concessione fatta al Governo il 18 febbraio — ancor prima cioè della conclusione del trattato di Santo Stefano — dei sei milioni di lire sterline per apparecchi di guerra, poteva dargli la certezza che, nonostante tutte le manifestazioni dei liberali in contrario, esso proseguiva la vera e giusta politica della nazione. I preparativi vennero pertanto condotti innanzi con grande energia; fu deliberata la chiamata delle riserve così dell'esercito come della milizia, e persino quella delle truppe dell'India. In seguito all'uscita dal Ministero di lord Derby, alla quale abbiam più sopra accennato, esso s'integrò nel modo più vantaggioso per l'entrata di Salisbury e per la nomina di Stanley a Ministro della guerra e di Hardy a Ministro per le Indie. — Ai documenti più memorabili di quel periodo appartiene la Circolare di lord Salisbury del 1.º aprile 1878, la quale tanto più può considerarsi come il vero programma dell'Inghilterra in codesta questione, in quanto che — contrariamente alle consuetudini diplomatiche — venne pubblicata nei giornali quasi nel tempo stesso della sua emanazione. In quella Circolare il nuovo Ministro delle relazioni esteriori, dopo aver riepilogate le trattative corse dal 14 gennaio al 26 marzo, diceva: « Avere i plenipotenziarii delle grandi Potenze — la Russia compresavi — con la dichiarazione allegata al primo protocollo della Conferenza di Londra del 1871 riconosciuto, esser fondamento essenziale del diritto delle genti che a nessuna Potenza fosse lecito liberarsi dall'impegno d'un trattato, nè alterare le disposizioni di esso, senza il consenso delle Potenze contraenti mediante patto libero e volontario. Le conseguenze più importanti del trattato consistere in questo: ch'esso spiegava un'azione su tutte le nazioni del sud-est dell'Europa. Or, con gli articoli che creavano una nuova Bulgaria, esser per sorgere — sotto gli auspicii e il controllo della Russia — un potente Stato slavo, in possesso di porti importanti sulle coste del Mar Nero e dell'Arcipelago, il quale darebbe, pertanto, a quella Potenza un influsso preponderante sopra tutte le relazioni politiche e commerciali di quei due mari. Un tale Stato doveva oltr'a ciò esser composto in modo, da includere nel seno della maggioranza slava dominante una numerosa popolazione di stirpe greca. Le disposizioni in forza delle quali il nuovo Stato doveva esser soggetto a un Governo d'elezione russa, la sua amministrazione, creata da un Commissario russo, e il primo iniziarsi delle sue istituzioni sotto il controllo d'un esercito russo significavano abbastanza a qual sistema politico esso fosse chiamato ad appartenere per l'avvenire. Il distacco di Costantinopoli dalle provincie greche, albanesi e slave lasciate alla Porta avrebbe apparecchiato alle loro amministrazioni delle continue difficoltà, e minacciati i loro abitatori con lo spettro dell'anarchia. La perdita della Bessarabia per la Rumenia, l'estendersi della Bulgaria fino alle coste del Mar Nero — popolate principalmente da Musulmani e da Greci — e l'acquisto dell'importante porto di Batum avrebbero resa la volontà della Russia sovrana sopra tutta la regione circostante al Mar Nero. Il possesso delle fortezze dell'Armenia avrebbe posta la popolazione di quella provincia sotto l'influsso della Potenza che doveva esserne signora: mentre, in conseguenza delle cessioni di

territorio nel Curdistan, l'esteso commercio europeo che da Trebisonda prende la sua via verso la Persia poteva venire inceppato
dal sistema commerciale *proibitivo* della Russia ».

In simil modo la Circolare respingeva le rimanenti condizioni
di pace della Russia, e segnatamente quelle relative all'indennità
di guerra. « Se le misure imposte dalla Russia eran da rigettare
pur singolarmente, considerate una per una, ancor più dannoso per
altro verso era il loro effetto complessivo, che meritava bene d'essere assai seriamente considerato dalle Potenze. Il Governo inglese
— concludeva la Circolare — di buon grado avrebbe preso parte
a un Congresso, dove le disposizioni di cui era parola potessero
venire esaminate, sia nel loro complesso, sia nelle loro relazioni
con i trattati esistenti, sia rispetto agli effetti benefici che l'Europa
costantemente si sforzava di raggiungere ».

I reali decreti coi quali eran richiamate le riserve dell'esercito e
della milizia apparvero — per fare in certo qual modo una maggiore
impressione negli animi — a un tempo medesimo con la detta Circolare; e fu messo in sodo che l'Inghilterra, prescindendo dalla poderosa sua flotta, poteva, col suo esercito permanente di 99.000 uomini,
gli 85.000 delle milizie e i 38.000 delle riserve richiamate, mettere
insieme una forza di 222.000 uomini. — Il principe Gorciakow rispose
alla Circolare inglese il 9 aprile 1878 con un breve dispaccio, al
quale era allegato un più esteso memoriale in dodici paragrafi.
In quel documento, pur ripetendo le note argomentazioni russe, si
assumeva nell'insieme un'intonazione più temperata, che visibilmente
proveniva dagli allestimenti guerreschi proseguiti da tutte le parti.

Circa la fine d'aprile e i primi di maggio venne imbarcata da
Bombay per Malta una divisione indiana di 7000 uomini, composta
di fanteria, cavalleria, artiglieria e zappatori. Il 13 maggio la regina Vittoria passò in rivista al campo di Aldershot le truppe del
primo corpo; e poichè anche il secondo era allora già pronto, l'Inghilterra potè disporre di 70.000 uomini di truppe europee in pronto
per combattere. La Russia dal canto suo non cessò gli apparecchi
di guerra; ma gli sforzi già fatti e lo stato del suo esercito rendevano assai problematico se ella fosse in grado di sostenere una
campagna contro la Grambrettagna, che, in caso di guerra, certamente non sarebbe stata sola. Al posto del granduca Niccolò —
ritornato in Russia, secondo che fu detto, per ragioni di salute
verso la fine d'aprile, e nominato (al pari del granduca Michele)

feldmaresciallo — il comando supremo era stato assunto dal generale Todleben, il quale si scelse per capo dello stato maggiore generale il principe Imeritinski. Egli trovò le condizioni dell'esercito vittorioso deplorevoli oltre ogni aspettazione. In mezzo alle truppe, disseminate in posizioni per gran parte malsane, s'erano insinuate le malattie, l'intemperanza, l'indisciplinatezza. I lavori della difesa eran trascurati, tanto che fu necessità ricorrere a misure di rigore. Arrivavano frattanto dalla Russia considerevoli rinforzi, e venne pur fatta avanzare l'artiglieria lasciata indietro in Rumenia. A Mosca e altrove si costituivano associazioni per allestire una flotta da corsa, che doveva formarsi specialmente con la compera di navi in America; e si pensò persino con tutta serietà a una campagna contro l'India inglese, per la quale non mancarono i preparativi.

Le condizioni nella penisola balcanica e nelle circostanze andavano intanto di giorno in giorno peggiorando. Anche a non parlar delle sollevazioni in Tessaglia, in Epiro, nella Macedonia, a Creta, nel Rodope (1), nella Bosnia, il governo di quella guerra russa minacciava di diventare un flagello di Dio per tutta quanta l'Europa. Già i trasporti dei prigionieri da Plevna avevan seminato il tifo nella Rumenia ed in Russia. A Pietroburgo stesso nel mese di marzo ci furon non meno di 3747 ammalati di tifo. Della Commissione di Sanità recentemente creata morirono nel corso dell'aprile 50 medici di stato maggiore e 54 assistenti, mentre altri 114 medici militari e 360 assistenti ne furon colpiti. Il comandante della 2.ª divisione dei granatieri, tenente generale Svecine, che occupava la carica di governatore d'Adrianopoli, rimase vittima del contagio. Al tifo s'aggiunsero altre malattie infettive, tanto che nel maggio ben 70.000 uomini giacevano negli ospedali. Secondo il rapporto dell'Imperiale Società di medicina, nel Caucaso la guerra per sè stessa aveva ucciso all'esercito caucasico soli 3900 uomini, mentre

(1) In cotesta regione le crudeltà commesse contro la popolazione maomettana fanno veramente rabbrividire. Secondo una Nota comunicata agli ambasciatori a Costantinopoli nel luglio, alcune vecchie donne vennero colà spietatamente arse vive; in un villaggio di 250 case, *tredici* ne rimasero in piedi. Furon predate quaranta giovinette, e una d'esse, dell'età di 17 anni, fu legata e data in braccio ai cosacchi, che della lor vittima lasciaron solo il cadavere. — Non ricercheremo se sia vero ciò che racconta il visconte DE LA JONQUIÈRE nella sua *Histoire de l'Empire ottoman*, che, cioè, Layard avrebbe mandato ai montanari del Rodope danari e ufficiali per aiutarli a insorgere contro la Russia.

le malattie ne avevan costati dal 1.º aprile del 1877 al 1.º ottobre
del 1878, ben 9871. Per farsi un'idea dello stato in cui le nuove
leve di soldati avrebbero piombato in Russia quelle popolazioni,
basta leggere, tra altro, il rapporto delle autorità di Muravievsk
nel governo di Riazan, dove si racconta: « Nella maggior parte
« dei casi, i soldati, per potersi equipaggiare, non avevan lasciato
« dietro di sè, venduto il bestiame, se non le donne e i figliuoli.
« Dopo la loro partenza, per pagar le imposte e i debiti, si dovette
« vendere il patrimonio, o farsi sequestrare il prodotto della rac-
« colta per vederlo mettere all'asta a un prezzo derisorio. Nel
« giugno non c'eran più nel villaggio nè pane nè vestimenta, e il
« Municipio fu costretto a dare alle famiglie le cose di prima ne-
« cessità. Nel circolo di Cociarof, un rublo distribuito nel mese di
« gennaio e altri due dati più tardi furon l'unica risorsa della
« famiglia d'un soldato in attività di servizio, composta d'una
« vecchia nonna, della madre e di sei figlioletti ». A Costantinopoli
la miseria delle famiglie musulmane fuggite dinanzi ai Russi, le
quali erano state trasportate seminude e bisognose di tutto nelle
moschee e in altri pubblici edifizi, era tale, che fin dalla fine del
gennaio un Comitato di soccorso tedesco costituitosi sotto la presidenza del console germanico Gillet dovè ricorrere all'aiuto della
carità pubblica. L'imperatore Guglielmo I vi contribuì con un sussidio considerevole. Se a tutto ciò s'aggiunga la condizione tutt'altro
che florida delle finanze russe, è da credere che il governo di Pietroburgo dovesse aver riconosciuta di lunga mano la necessità di
più serie concessioni all'Europa. Ciò non di meno, per cansare il
pericolo d'una nuova guerra, furon necessarie le premurose sollecitudini della Germania. — Tra il Governo tedesco e quello russo,
anzi persino tra le Corti così strettamente congiunte delle due nazioni, s'era venuti ancor prima della guerra a una specie di attriti
e di malintesi, che da parte della Russia misero capo persino a
delle minacce, e la cui più precisa determinazione si sottrae ancora a' dì nostri a una pubblica narrazione storica. Le vere radici
se ne ritroveranno un giorno nelle vittorie dalla Germania riportate
nel 1871. Per il momento converrà tenersene alla riguardosa osservazione del principe Bismarck (1), secondo la quale « dapprima, nel 1875,

---

(1) Cfr. il discorso del principe Bismarck al Reichstag, del 6 febbraio 1888.

« si fece strada una certa tendenza del principe Gorciakow a cercar
« popolarità piuttosto in Francia che in Germania, e a trar partito
« di certi ravvicinamenti ad arte creati, per far credere al mondo,
« per mezzo d'un telegramma aggiuntovi per soprammercato, che
« la Germania nel 1875 avrebbe avuto un qualche lontano pensiero
« d'aggredir di sorpresa la Francia, e che fosse stato allora un
« merito del principe Gorciakow l'aver salvata la Francia da un
« siffatto pericolo... — *Appena nel 1876, un po' prima della*
« *guerra turca, ci vennero mosse incontro certe pressioni perché*
« *ci risolvessimo a optare tra la Russia e l'Austria*: pressioni che
« furono da noi respinte ». Secondo l'interpretazione russa, però,
in altro momento — non più chiaramente determinato — si sarebbe
fatta innanzi un'altra richiesta di opzione, rivolta alla Russia; ora,
cotesta interpretazione avrebbe portato in tutta la vertenza un
certo che di torbido, che tuttavia non impedì punto alla Germania, al
primo affacciarsi dell'opportunità della pace, di tener conto fino ai
limiti del possibile degl'interessi della Russia, sua antica alleata.
— Il principe Bismarck si trovava a Friedrichsruhe gravemente ammalato, « quando nella primavera del 1878 gli venne presentata
ufficialmente la proposta della Russia di convocare un Congresso
delle Potenze a Berlino. Se, nonostante che vi fosse poco disposto,
egli finì per cedere a tale invito, furono, per una parte, il sentimento del dovere nell'interesse della pace, e più specialmente,
per un'altra parte, il grato ricordo ch'egli aveva conservato del
favore dello Zar Alessandro II, le cagioni che soprattutto l'indussero
ad accondiscendere a quel desiderio. Si dichiarò quindi pronto a
farlo, purchè fosse possibile ottenere il consenso dell'Inghilterra e
dell'Austria. La Russia s'impegnava di procurare il consentimento
dell'Austria, e il Principe prese sopra di sè di perorare a Londra
per esso ». Il 7 maggio, il conte Sciuvalow — grandemente disposto
in favor della pace — partì per Pietroburgo: visitò sia nell'andata
sia nel ritorno il Cancelliere tedesco dell'Impero, e il 21 maggio
era di bel nuovo a Londra. Così si venne al famoso *Memorandum*,
che fissava i punti intorno ai quali s'era stabilita un'intesa tra il
Governo inglese ed il russo, e che doveva servire a impegnar reciprocamente al Congresso i plenipotenziarii della Russia e dell'Inghilterra. Esso era del seguente tenore:

« 1. L'Inghilterra non accetta la tracciata partizione della Bul-
« garia nel senso della lunghezza; ma il rappresentante della Russia

« si riserva di mettere in rilievo al Congresso i vantaggi ch'essa
« presenta, pur promettendo in pari tempo, di fronte all'opinione
« definitiva dell'Inghilterra, di non insisterci. — 2. Il confine meridio-
« nale della Bulgaria viene mutato in tanto, ch'esso si allontani
« dal mare in quella misura, secondo la quale il confine delle pro-
« vincie bulgare fu proposto dalla Conferenza di Costantinopoli. Ciò
« riguarda la questione del confine solo in quanto essa si riferisce al-
« l'esclusione del tratto di costa sul Mare Egeo, vale a dire a ponente
« di Lagos. Resta riservata la disamina del confine da cotèsto punto
« fino al Mar Nero. — 3. I confini occidentali della Bulgaria saranno
« rettificati conformemente alle nazionalità, e precisamente in modo
« che la popolazione non bulgara sarà da cotesta provincia esclusa.
« I confini a occidente della Bulgaria non devono, in sostanza, oltre-
« passare una linea condotta a un dipresso da Novibazar al Balcan
« di Curscia. — 4. La Bulgaria entro i confini di cui sopra (2 e 3)
« sarà divisa in due provincie; l'una, a settentrione del Balcan, rice-
« verà un'autonomia politica sotto il governo d'un Principe; la seconda,
« a mezzogiorno del Balcan, avrà un'estesa autonomia amministra-
« tiva (al modo di quella vigente nelle colonie inglesi) sotto un
« governatore cristiano, che verrà nominato col consenso dell'Europa
« per cinque fino a dieci anni. — 5. L'imperatore di Russia annette
« un'importanza tutta particolare al ritiro delle truppe turche dalla
« Bulgaria meridionale. La Maestà Sua non avrebbe alcuna sicu-
« rezza nè garanzia per l'avvenire della popolazione bulgara, se le
« truppe ottomane avessero a esser quivi mantenute. Lord Sali-
« sbury acconsente al ritiro delle truppe turche dalla Bulgaria
« meridionale; ma la Russia non si opporrà a quanto il Congresso
« sia per deliberare intorno al modo ed ai casi nei quali alle truppe
« turche sarà permesso d'entrar nella provincia meridionale, per
« opporsi a un'eventuale sollevazione o a un'aggressione dal di fuori,
« che fosse o effettuata o minacciata. In massima, l'Inghilterra si
« riserva il diritto di sostenere al Congresso il diritto del Sultano
« di dislocare le sue truppe ai confini della Bulgaria meridionale.
« Il rappresentante russo dal suo canto si riserva al Congresso la
« piena libertà di discussione circa quest'ultima proposta di lord Sa-
« lisbury. — 6. Il Governo britannico esige che i Comandanti supremi
« della milizia nella Bulgaria meridionale vengano nominati dalla
« Porta con il consenso dell'Europa. — 7. Le assicurazioni contem-
« plate nel trattato di Santo Stefano relativamente all'Armenia de-

Bar. Haymerle   Conte Launay   Waddington   Priore Hohenlohe
    Conte Caroly   Princ. Gorciakoff   Lord Beaconsfield   v. Radowitz   Bar. Dubril   (

Il Congresso di B

(Quadro di Ant. v. W

Dott. Busch
Co. v. Holstein   Conte E. Bismarck   Lord Odo Russel   Lord Salisbury

Lotario Burcher   Sadullah bey   Karatheodori Pascià
drassay   Princ. Bismarck   Conte Scuwalow   v. Bülow   Mehemed Alì Pascià

dell'anno 1878.
; Berlino, Municipio).

« vono esser date non esclusivamente alla Russia, ma anche ·al-
« l'Inghilterra — 8. Poichè al pari del Governo imperiale anche il Go-
« verno di Sua Maestà britannica prende vivo interesse alla siste-
« mazione avvenire delle provincie greche della penisola balcanica,
« l'art. 15.º del trattato di Santo Stefano verrà modificato in guisa,
« che le altre Potenze, e segnatamente l'Inghilterra, devano avere
« in egual modo un voto deliberativo nel futuro organamento del-
« l'Epiro, della Tessaglia e delle altre provincie cristiane che ri-
« mangono sotto la signoria della Porta. — 9. Per quanto si riferisce
« all'indennità di guerra, la Maestà dell'Imperatore non ha avuto
« mai l'intenzione di convertirla in un'annessione territoriale, e non
« ricusa di dare assicurazioni su questo proposito. Per il pagamento
« dell'indennità di guerra, il Governo inglese non dev'esser pre-
« giudicato ne' suoi diritti quale creditore della Porta, e per tale
« rispetto esso deve trovarsi nella condizione medesima come prima
« della guerra. Senza far contro alla deliberazione definitiva che
« la Russia sarà per prendere circa l'importare dell'indennità di
« guerra, l'Inghilterra si riserva di far valere al Congresso le gravi
« obbiezioni che le sembreranno del caso. — 10. Poichè la vallata di
« Alashkerd costituisce la grande strada commerciale verso la Persia,
« e, agli occhi della Turchia, è d'importanza grandissima, la Maestà
« dell'Imperatore acconsente a restituire alla Turchia cotesta val-
« lata e la città di Baiasid; ma d'altra parte egli ha domandata
« e tiene come ammessa la cessione alla Persia di quel piccolo
« territorio di Rotur, la cui restituzione allo Scià è stata riconosciuta
« giusta dalle Commissioni d'entrambe le Corti intermediarie. —
« 11. Il Governo di Sua Maestà britannica crederebbe di dover espri-
« mere il suo profondo dispiacere, ove la Russia avesse a insistere
« definitivamente sulla retrocessione della Bessarabia. Dacchè però
« è sufficentemente dimostrato che gli altri firmatarii della pace
« di Parigi non sono disposti a mantenere integralmente con la
« forza delle armi i confini della Rumenia stabiliti con quel trat-
« tato, l'Inghilterra crede di non avere a siffatta questione un tale
« interesse, da assumere sopra di sè sola la responsabilità d'un'oppo-
« sizione contro il vagheggiato scambio di territorii. Essa si obbliga
« pertanto a non opporsi a una deliberazione in cotesto senso. Il
« Governo inglese, sebbene si dichiari disposto a non far contro
« al desiderio dell'imperatore di Russia circa l'acquisto del porto
« di Batum e il mantenimento delle conquiste fatte in Armenia, non

« può tuttavia dissimularsi che da cotesta espansione del confine
« russo possono sorgere in avvenire gravi pericoli, minaccianti la
« quiete della popolazione della Turchia asiatica. Ma il Governo
« della Maestà Sua è d'opinione che il dovere di preservar l'Im-
« pero ottomano da un tale pericolo (còmpito che in avvenire spet-
« terà in particolar modo all'Inghilterra) potrà essere adempito
« anche senza che occorra all'Europa di venir implicata nelle scia-
« gure d'una nuova guerra (1). In pari tempo, il Governo di Sua
« Maestà prende atto d'una dichiarazione fatta dalla Maestà del-
« l'Imperatore, in forza della quale i confini dell'Impero russo non
« devono in avvenire esser estesi più oltre verso la Turchia asia-
« tica. Il Governo di Sua Maestà, il quale pensa che le modifica-
« zioni del trattato di Santo Stefano acconsentite in questa scrittura
« sieno sufficenti ad attenuare i pericoli eventuali ch'esso scorge
« nel detto trattato nella sua forma presente, s'impegna a non op-
« pugnare quegli articoli della pace preliminare di Santo Stefano
« che non sono modificati dai dieci punti precedenti, qualora la
« Russia, dopo opportuna discussione degli articoli medesimi al
« Congresso, insistesse per il loro mantenimento. Non è esclusa la
« possibilità che i due Governi reciprocamente, durante il corso
« delle trattazioni al Congresso, possano stimar consigliabile di
« fissare di comune accordo delle nuove modificazioni, che sarebbe
« impossibile antivedere; qualora però tra i plenipotenziarii russi
« e gl'inglesi un'intesa sopra coteste nuove modificazioni non do-
« vesse prodursi, la presente Memoria è chiamata a valere come
« un impegno reciproco per i plenipotenziarii della Russia e del-
« l'Inghilterra al Congresso. In conformità di che, questo documento
« è stato firmato dall'imperiale Ambasciatore russo a Londra e dal
« primo Segretario di Stato di Sua Maestà britannica. Fatto a Londra,
« il 30 maggio 1878.   « (Firmati) Sciuvalow. Salisbury ».

A questo sì notevole strumento ne seguì un secondo, nel quale
il Governo inglese si riservava: di chiedere al Congresso la partecipazione dell'Europa agli ordinamenti amministrativi delle due
provincie bulgare; di portare in discussione la durata e la natura
dell'occupazione della Bulgaria da parte dei Russi; e di discutere il

---

(1) Impareremo ben presto a conoscere il vero significato di questo passo,
di forma volutamente indeterminata.

nome da darsi alla provincia meridionale e le questioni della navigazione danubiana e degli Stretti. L'Ambasciatore russo a Londra dal canto suo promette di tener fermo alla dichiarazione di lord Derby del 6 maggio 1877 « stimar l'Inghilterra il presente ordinamento della questione degli Stretti opportuno e utile, e voler pertanto insistere per lo *statu quo.* L'Inghilterra pregherà infine il Sultano perchè voglia promettere all'Europa la tutela uniforme dei monaci d'ogni altra nazionalità nel Monte Athos ».

Da tali documenti chiaramente apparisce che la Russia e l'Inghilterra, — e ciò impronta del medesimo suggello tutta l'opera della pace — s'erano bensì *unite,* senz'esser tuttavia *concordi* tra loro. Nel tempo stesso della conclusione dell'accordo del 30 maggio, o — più propriamente — già durante le trattative, l'Inghilterra fece una mossa che diede occasione alle interpretazioni più diverse. Essa s'offerse, cioè, — poichè il persistere della Russia nelle conquiste fatte in Asia era tuttavia un pericolo imminente — di protegger la Turchia in Asia contro ogni espansione ulteriore; e a tale intento richiese, come particolarmente adatta allo scopo, l'occupazione dell'isola di Cipro. Poichè lord Salisbury con un esauriente dispaccio del 30 maggio ebbe di ciò ufficialmente informato Layard, il 4 giugno veniva conclusa, con le firme di Layard e di Savfet Pascià, un'alleanza difensiva, concepita nei termini seguenti:

« Pel caso che Batum, Ardahan, Cars, o una qualsiasi di queste
« piazze, venissero mantenute dalla Russia, e che in un qualsivoglia
« momento venisse fatto dalla Russia un tentativo qualsiasi di
« impadronirsi di qual che sia altra parte dei territorii della Im-
« perial Maestà del Sultano nell'Asia quali essi saran fissati nel
« trattato di pace definitivo, l'Inghilterra prende impegno d'unirsi
« all' imperiale Maestà del Sultano per la difesa dei territorii in
« questione. Per contro, l'Imperiale Maestà Sua promette all'In-
« ghilterra d'introdurre le necessarie riforme (da stabilirsi dalle
« due Potenze più tardi) per ciò che si riferisce alla buona am-
« ministrazione e alla tutela delle popolazioni cristiane e degli altri
« sudditi della Porta nei territorii medesimi. E al fine di porre
« l'Inghilterra in grado d'assicurare i mezzi necessarii per il per-
« fetto adempimento del suo impegno, l'Imperiale Maestà del Sul-
« tano acconsente ancora a destinar l'isola di Cipro a essere occu-
« pata e amministrata dall'Inghilterra medesima ».

A cotesto trattato venne il 1.° di luglio aggiunto ancora il seguente atto d'integramento, concernente interessi puramente amministrativi:

« Resta inteso tra le due alte Parti contraenti che l'Inghilterra
« acconsente, riferibilmente alla sua occupazione e amministrazione
« dell'isola di Cipro, alle condizioni seguenti:

« 1.° che debba seguitar a sussistere nell'Isola un tribunale re-
« ligioso musulmano (*mehkéméi shèri*), il quale s'occuperà esclusi-
« sivamente delle questioni religiose (e non altro che tali) che si
« riferiscano alla popolazione maomettana; 2.° che sia nominato, da
« parte dell'ufficio delle Fondazioni pie in Turchia (*Eykaf*), un Resi-
« dente musulmano, per assumere, in unione con un delegato nomi-
« nato dalle Autorità britanniche, l'amministrazione delle proprietà,
« dei fondi e dei possedimenti che appartengono alle Moschee, ai
« Campi Santi, alle scuole musulmane e alle altre istituzioni religiose
« di Cipro; 3.° che l'Inghilterra verserà annualmente alla Porta il
« sopravanzo dell'entrate sulle spese dell'isola; tale sopravanzo, in
« base alla media degli ultimi cinque anni, è da determinarsi, se-
« condo che viene affermato, in 22.936 *borse*: il che sarà pertanto da
« esaminarsi, come di diritto, dopo detrazione dei proventi dei beni
« della Corona affittati o venduti durante questo tempo; 4.° che la
« sublime Porta potrà a suo piacimento alienare o affittare quella
« parte di territorio o altra proprietà in Cipro appartenente alla
« Corona ottomana o allo Stato (*Arazii Miriyé vé Emlaki Humayun*)
« i cui proventi non formino parte dell'entrate ricordate nell'art. 2.°;
« 5.° che il Governo inglese potrà espropriare di pieno diritto a un
« prezzo adeguato per mezzo delle Autorità competenti quei terreni
« che non siano coltivati, e siano necessarii a scopi e miglio-
« ramenti d'utilità pubblica; 6.° che qualora la Russia abbia a
« restituire alla Turchia Cars e le altre conquiste da essa fatte nel-
« l'Armenia durante l'ultima guerra, l'isola di Cipro verrà dall'In-
« ghilterra sgombrata, e il trattato del 4 giugno sarà decaduto ».

Il principe Bismarck poteva oramai venirne all'invito ufficiale per
il Congresso, che s'apriva il 13 giugno; e ciò fu fatto in una forma
sì piena di tatto, e sì riguardosa verso tutte le suscettibilità delle
Potenze, tanto variamente interessate al grande atto che si compiva,
che non meno è da ammirare per codesta parte — come, in generale, per tutta la condotta del Congresso — la forza insita nella
appropriata misura dell'espressioni, di quella che s'appalesa nelle
mosse più energiche.

Vennero nominati plenipotenziarii: per la Germania il principe Bismarck, il Ministro di Stato v. Bülow e l'ambasciatore a Parigi principe Hohenlohe–Schillingsfürst; .per l'Austria-Ungheria il conte Andrassy, l'ambasciatore a Berlino conte Carolyi e l'ambasciatore a Roma barone v. Haymerle; per la Francia, il ministro degli Esteri Waddington, l'ambasciatore a Berlino conte di Saint-Vallier e il direttore della divisione politica Desprez; per la Grambrettagna il conte Beaconsfield, il marchese di Salisbury e l'ambasciatore a Berlino lord Odo Russell; per l'Italia il ministro degli Esteri conte Corti e l'ambasciatore a Berlino conte di Launay; per la Russia, il principe Gorciakow, l'ambasciatore a Londra conte Sciuvalow e quello a Berlino, barone Dubril; per la Turchia Karatheodori Pascià, il successore d'Abdul Kerim nel comando in capo, Mehemet Alì Pascià e l'ambasciatore a Berlino Sadullah Bey. Furono aggiunti al Congresso quali segretarii l'inviato v. Radowitz, al quale toccò l'importante ufficio di primo estensore del protocollo, il segretario d'ambasciata francese De Mouy e i consiglieri nell'ufficio degli Esteri Bucher, Busch, Holstein e Erberto v. Bismarck. A proposta del conte Andrassy, il Congresso a unanimità diede la presidenza al principe Bismarck. Per sollecitare quanto fosse possibile il lavoro, fu stabilito che, invece di far dar lettura dei protocolli, questi fossero distribuiti stampati ai plenipotenziarii. Le prime sedute furon dedicate quasi esclusivamente alla questione bulgara, la quale non si potè regolare ·senza difficoltà nè senza accomodamenti e transazioni fuori del Congresso.

In perfetta armonia con l'accordo del 30 marzo, il marchese di Salisbury nella quarta adunanza propose: « che i Balcani dovessero costituire il confine della Bulgaria, e che la provincia situata a mezzogiorno di questa dovesse ricevere il nome di *Rumelia orientale*. Il Sangiak di Sofia, con una rettificazione strategica dei confini del Principato, dovesse — sia in cambio della conservazione di Varna nelle mani dei Turchi, o dell'esclusione dalla Rumelia orientale dei bacini del Mesta-Carasu e dello Struma-Carasu — rimanere alla Bulgaria. La Rumelia orientale rimanesse sotto la diretta signoria politica e militare del Sultano ». Codesta proposta, svolta distesamente dall'Inghilterra, divenne il punto di partenza delle stipulazioni fissate sotto gli articoli 1 a 23 del trattato di Berlino, relativamente alla Bulgaria e alla Rumelia orientale:. i quali, in sostanza, compresero le disposizioni seguenti: « La Bulgaria, autonoma e tributaria, riceve un Governo cristiano e una milizia nazionale. I suoi confini, esattamente prescritti nell'art. 2.°, verran fissati sul posto da una Commissione europea. Il Principe di Bulgaria viene liberamente eletto dalla popolazione, e confermato dalla Porta col consenso delle Potenze. Nessun membro d'una dinastia regnante delle grandi Potenze può essere eletto Principe della Bulgaria. Un'assemblea di notabili convocata a Tirnovo elaborerà prima dell'elezione del Principe il regolamento organico del Principato. Nei luoghi dove i Bulgari sono frammisti con popolazioni turche, rumene, greche od altre, verrà tenuto conto dei diritti e degl'interessi di quest'ultime. Eguaglianza di tutte le confessioni religiose rispetto ai diritti cittadini e politici, al rivestimento di pubblici uffici e all'esercizio di professioni o d'industrie. L'amministrazione provvisoria della Bulgaria sarà retta, fino all'applicazione del Regolamento organico, da una Commissione russa. L'assisteranno un Commissario turco e i consoli nominati *ad hoc* dalle Potenze contraenti. Limitazione a nove mesi dello stato di provvisorietà. I trattati di commercio, di navigazione ed altri restano per la Bulgaria inalterati. Non si potranno neanche esigere affatto diritti di transito. Il tributo vien determinato sulla base del reddito medio del Principato, e così pure la parte del contributo di esso al debito pubblico della Turchia. La Bulgaria si sostituisce al posto del Governo turco nei debiti e negli obblighi di questo verso le compagnie ferroviarie. L'esercito turco non dovrà più restar nella Bulgaria, e dentro un anno, o possibilmente anche prima, tutte le antiche fortezze verranno a spese del Principato demolite, senza che se ne possano eriger delle nuove. Del materiale da guerra di esse fortezze potrà disporre la Porta a suo piacimento. I proprietarii di terre, musulmani o altri, che si stabiliscano fuori del Principato possono conservare i loro possessi fondiarii, sia che vogliano affittarli o che li facciano amministrare da terzi. Una Commissione turco-bulgara regolerà entro due anni tutte le questioni relative alla vendita dei beni demaniali e delle fondazioni religiose (*rakufs*). A mezzogiorno dei Balcani vien costituita una provincia che riceve il nome di Rumelia orientale (*Roumélie orientale*) e che, avendo sua autonomia amministrativa, resta sotto la diretta signoria politica e militare del Sultano. Questa provincia al nord e al nord-ovest è confinante con la Bulgaria, e i confini ne son più esattamente determinati nell'art. 14. Il Sultano ha il diritto di provvedere con fortificazioni e con truppe alla difesa dei confini di terra e di mare della Provincia. L'ordinamento interno dev'esserne mantenuto per

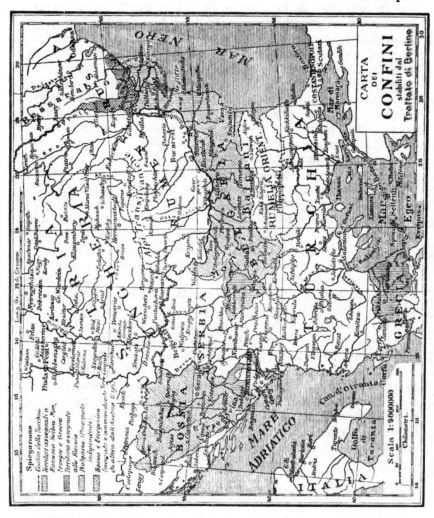

mezzo d'una gendarmeria nazionale e d'una milizia locale, i cui ufficiali son nominati dal Sultano. Il Sultano s'obbliga a non tener nelle guarnigioni di confine nè Basci-bozucchi nè Circassi. Le truppe assegnate al servizio non possono venire acquartierate presso gli abitanti. Qualora sia minacciata la sicurezza interna od esterna, il Governatore generale ha il diritto di chiamare delle truppe turche; e quando tale eventualità sovrasti, la Porta deve darne informazione e conto ai rappresentanti delle Potenze. Il Governatore generale è nominato dalla Sublime Porta, per cinque anni, col consenso delle Potenze. Una Commissione europea d'accordo con la Porta dovrà preparare entro tre mesi l'organamento dalla Rumelia orientale. Fino al compimento di esso nuovo organamento, la Commissione europea è incaricata d'amministrare d'accordo con la Porta le finanze della Provincia. I trattati, le convenzioni e stipulazioni di qualsivoglia natura, conclusi o da concludere, tra la Porta e le Potenze estere sono applicabili alla Rumelia. Mantenuti i privilegi degli stranieri e la libertà religiosa. Mantenuti del pari i diritti e i doveri rispetto alla ferrovia rumeliota. Il contingente effettivo dell'esercito d'occupazione russo nella Bulgaria e nella Rumelia consterà di sei divisioni di fanteria e due divisioni di cavalleria, e non sorpasserà i 50.000 uomini. Esso sarà mantenuto a spese del paese occupato. Le truppe manterranno la loro congiunzione con la Russia non solo attraverso la Rumenia — in base ad accordi da concludersi tra i due Stati —, ma anche per i porti del Mar Nero Varna e Burgos, dove per tutta la durata dell'occupazione possono stabilire i necessarii depositi. La Russia s'impegna d'avere, entro i tre mesi successivi, condotto a compimento il passaggio attraverso la Rumenia e il pieno sgombero di cotesto Principato » (1).

Le questioni della Bulgaria e della Rumelia avevano impegnato il Congresso fino alla sua settima seduta inclusivamente: la quale fu tenuta il dì 26 di giugno. In questa poi, il principe Bismarck indicò come di maggiore importanza le questioni bosniaca, montenegrina, serba e rumena, e quindi quelle delle provincie greche, del Danubio, degli Stretti, dell'Asia e dell'indennità di guerra. Nella seduta ottava venne in discussione la questione circa la Bosnia e l'Erze-

---

(1) La stesura — particolarmente difficile, in mezzo a tante e sì complicate e dibattute questioni — d'un disegno del trattato di pace conforme al contenuto dei protocolli, fu nella seduta settima, a proposta del principe di Bismarck, affidata a una speciale Commissione di redazione, che risultò composta dei plenipotenziarii Hohenlohe, Haymerle, Desprez, Odo Russell, Launay, Dubril e Karatheodori.

govina. Il conte Andrassy lesse una memoria, dove esponeva « come l'Austria, quale Potenza di confine, fosse più che ogni altro Stato interessata alla soluzione di essa. Avere i moti che condussero alla guerra d'Oriente avuto nella Bosnia e nell'Erzegovina la loro origine. Il numero ingente di truppe scaglionate al confine non esser bastato a contenere gl'insorti e le scorrerie dall'una parte e dall'altra. La Turchia non aveva potuto impedir la sollevazione nè le migrazioni in massa, tanto che ben 200.000 persone avevan disertati i loro focolari. Da tre anni aver l'Austria speso già per il loro sostentamento tre milioni di florini. L'art. 14 della pace preliminare proporre l'autonomia, che l'Austria reputava impossibile. Dovere il Governo dell'Austria-Ungheria tener conto anche della situazione geografica che — in seguito alle mutazioni territoriali sorgenti dalla nuova delimitazione della Serbia e del Montenegro — sarebbe per sorgere rispetto alla Bosnia e all'Erzegovina. L'allargamento dei confini di quei Principati avrebbe ridotte le vie di comunicazione col resto dell'Oriente in condizioni tali, che non potevan essere se non dannose per gl'interessi commerciali della Monarchia ». A questo punto Salisbury fece una proposta, da un pezzo già concertata segretamente, e che richiamava in singolar modo a un vecchio impegno della Russia; quella d'affidar l'occupazione e l'amministrazione dell'Erzegovina e della Bosnia all'Austria-Ungheria. Il principe Bismarck accedette subito a tale proposta; ma avendola Karatheodori combattuta in un lungo *promemoria*, mentre gli altri plenipotenziarii turchi si limitavano a ricusarle il loro consenso, Bismarck riprese con grande energia la parola, per rammentare ai plenipotenziarii turchi in nome della maggioranza « che il Congresso non s'era già convocato per garantir quella condizione geografica che la Turchia avrebbe desiderato di conservare, bensì per tutelar la pace dell'Europa per il presente e per l'avvenire. Senza il Congresso, i plenipotenziarii turchi si sarebber trovati di fronte alla totalità degli articoli del trattato di Santo Stefano, mentre il Congresso ridonava loro una provincia ben più estesa e più fruttifera della Bosnia ».

Poichè i plenipotenziarii turchi nella seduta del 4 luglio (la dodicesima) in seguito alla richiesta di nuove istruzioni ebber piegato il capo, fu dal Congresso nell'art. 25 stabilito: « le provincie della Bosnia e dell'Erzegovina sarebbero state occupate e amministrate dall'Austria-Ungheria. Non volendo però il Governo di cotesto Stato assumere l'amministrazione del Sangiak di Novibazar, posto tra il Montenegro e la Serbia, sarebbe quivi continuata l'amministrazione ottomana ; l'Austria-Ungheria si riservava tuttavia il diritto d'avere — per tutta l'estensione di questa parte dell'antico *rilayet* bosniaco — delle strade militari e una guarnigione ».

Nella seduta ottava si discusse anche l'articolo 3.° del trattato di Santo Stefano, il quale concerneva la Serbia; in seguito a che, dalla Commissione di redazione venne proposta, negli articoli 34 a 42 del trattato di Berlino, l'indipendenza della Serbia, sotto la condizione dell'assoluta eguaglianza religiosa e dell'assunzione di una parte del debito turco, e con la concessione d'un ampliamento di territorio, che ascese a 11.079 chilometri quadrati, con una popolazione (secondo il computo dei primi del 1879) di 506.934 abitanti. Cotesto territorio fu diviso nei circoli di Nissa, Pirot, Vranja e Toplica; talchè il numero totale degli abitanti della Serbia salì a 1.860.824.

Nella nona adunanza vennero introdotti i rappresentanti della Grecia: Delyannis, Ministro degli Esteri, e l'inviato a Berlino Rangabé. Il primo diè lettura d'una Memoria, la quale ampiamente trattava degl'interessi del suo paese e delle provincie greche separate da esso, e in cui si dichiarava che la Grecia, in presenza delle difficoltà attuali, limitava i suoi desiderii all'annessione di Creta e delle provincie poste ai confini del Regno. Ritiratisi i rappresentanti greci, Salisbury si fe' a chiedere l'ammissione al Congresso dei plenipotenziarii rumeni, fondandosi sul concetto che « poichè l'elevato Consesso aveva ascoltata una nazione la quale pretendeva delle provincie straniere, sarebbe stato semplicemente conforme a equità udir la voce anche d'un paese che non desiderava se non di mantenere il territorio ch'era suo ». Il principe Bismarck — non senza ostentare una certa condiscendenza verso la Russia — espresse l'opinione che ciò non avrebbe fatto se non aumentar le difficoltà; e Gorciakow fu dello stesso parere, pur senza pronunziarsi formalmente contro l'ammissione, ma esternando il desiderio che della opinione sua si prendesse nota nel protocollo. Da ultimo tuttavia, essendosi Bismarck accostato alla maggioranza, l'ammissione venne deliberata. Comparvero pertanto nella decima adunanza, che si tenne il 1.° luglio, il presidente dei Ministri Bratiano e il Ministro degli Esteri Cogalniceano al cospetto dei rappresentanti dell'Europa. Già prima avevano essi mandata una Memoria al Congresso, nella

quale esponevano come « alla conclusione del trattato di passaggio
del 16 aprile 1877 richiesto dalla Russia, la promessa della Russia
medesima *di mantenere e di difendere l'esistente integrità della Rumenia* fosse stata dal Cogalniceano posta come una *conditio sine qua
non.* Ma dopo che la cooperazione della Rumenia aveva contribuito
al buon esito definitivo della campagna, nel gennaio era comparso
a Bucarest Ignatiew con una lettera del principe Gorciakow, nella
quale per la prima volta veniva avanzata ufficialmente la questione
d'uno scambio di territorio, senza che in essa si facesse ancora
menzione della Bessarabia: se non che Ignatiew ne disse il nome,
senza farne mistero. Il Governo s'era veduto nella necessità d'opporre un rifiuto. Quel paese, che per l'innanzi s'era chiamato dei
Principati *danubiani,* non poteva sacrificare l'importantissima parte
del fiume al quale doveva la sua denominazione, lo sviluppo dei
suoi traffici, i vantaggi della sua posizione geografica. Tanto più
la Rumenia ci teneva alla conservazione d'una provincia che apparteneva al paese e lo metteva in comunicazione col mare, in quanto
che, dopo la perdita — per la prima volta sofferta nell'anno 1812 —
di tutta la Bessarabia, ell'aveva imparato, per la parziale restituzione fattagliene nel 1856, ad apprezzarne tanto meglio i vantaggi.
Il trattato di Santo Stefano poneva la Rumenia, stata pur di così
grande aiuto nella guerra, di fronte a un trattato concluso senza
di essa, il quale di lei s'occupava solo per colpirla nei suoi vitali
interessi. La Rumenia chiedeva pertanto che non le si togliesse
alcuna parte del suo territorio, ch'ella non dovesse servire al transito degli eserciti russi, e che, in forza dell'antico nome che portava
da secoli, le fosse dato d'entrare in possesso delle isole e degli
sbocchi del Danubio, l'isola dei Serpenti compresavi, d'ottenere
una proporzionale indennità, e d'esser definitivamente dichiarata
uno Stato indipendente e neutrale » (1). La proposta che Cogalni-

---

(1) I documenti che si riferiscono a cotesta crisi sono comparsi in particolar
modo negli *Actes et Discours des plénipotentiaires de S. A. le Prince de Roumanie,* Bucarest, Imprimerie de l'État, 1878. Cfr. anche *La Rumenia e il trattato di Santo Stefano* d'un SENATORE RUMENO. Come è noto, Gorciakow era
andato tant'oltre, da minacciare, nel caso d'un rifiuto dello scambio proposto,
il disarmo dell'esercito rumeno. Quando ciò fu riportato al principe Carlo,
questi rispose che innanzi che questo potesse accadere, sarebbe bisognato di-
sarmar prima lui stesso.

ceano sostenne dinanzi al Congresso era formulata in senso affatto consimile. Esporremo ben presto le determinazioni prese rispetto alla Rumenia; e, per maggior facilità d'esposizione, seguiremo di qui innanzi, l'enumerazione — per quanto ci sarà possibile ordinata — degli articoli che costituiscono il trattato.

Nell'articolo 23, la Porta s'obbligava d'applicare strettamente (con qualche equa modificazione) relativamente a Creta il regolamento organico del 1868, e di dotare le altre provincie turche d'ordinamenti simiglianti. Prima di proclamarli, doveva tuttavia chiederne il parere della Commissione costituita per la Rumelia orientale.

Per quanto concerne la Grecia, Francia e Italia avevano nella seduta tredicesima presentata la proposta d'invitare la Grecia stessa e la Porta ad accordarsi circa una rettificazione del confine nella Tessaglia e nell'Epiro. Sennonchè, nell'articolo 24 il Congresso non potè far altro se non stabilire che, nel caso non si fosse potuto venire a un'intesa, le Potenze si riservavano d'interporre la loro mediazione. Questa infatti nel 1881, di fronte alle continue minacce di guerra della Grecia, condusse a un accordo, per cui la Grecia stessa dovesse ricevere la parte meridionale dell'Epiro e la Tessaglia quasi tutta, per un'estensione della superficie di circa 20.000 chilometri quadrati, con circa 300.000 abitanti.

L'articolo 26 dichiarava riconosciuta l'indipendenza del Montenegro, sia da parte della Porta, sia di quelle Potenze che non l'avevan riconosciuta fin qui; e ciò — per l'articolo 27 — alla condizione già stabilita per la Serbia, della tolleranza religiosa. Negli articoli 28 a 34 i nuovi confini del Montenegro venivan fissati in guisa, che (in aggiunta ai 4366 chilometri quadrati che già possedeva) esso ricevesse un ingrandimento di 5019 chilometri quadrati con circa 50.000 abitanti, e precisamente di Niksich, Podgorizza e — cosa specialmente importante per quell'angusto paese stretto fra i monti — del territorio e porto d'Antivari. Dulcigno col suo territorio venne incorporato alla Turchia, Spizza alla Dalmazia. Il Montenegro otteneva bensì la libertà di navigazione sulla Boiana, non poteva però tener navi nè bandiera di guerra. Antivari e le acque del Montenegro restavan chiuse alle navi da guerra. Perchè fosse chiaramente messa in rilievo l'influenza che sopra coteste condizioni — dirette principalmente contro la Russia — aveva esercitata l'Austria, fu stabilito che la polizia così marittima come sanitaria d'Antivari lungo la costa del Principato dovess'essere esercitata dall'Austria stessa, e che il Montenegro avesse ad accogliere la legislazione marittima della Dalmazia. L'Austria dal canto suo s'impegnava di concedere alle navi mercantili del Montenegro la sua protezione consolare.

Sembrerebbe tuttavia che, d'altra parte, spontaneamente si riconoscesse quanto c'era d'insolito in coteste disposizioni: giacchè con l'art. 31 si stabiliva « che il Montenegro — Stato quind'innanzi sovrano — circa agli agenti montenegrini e ad altre piccole questioni dovesse direttamente intendersi con la Porta. — Entro venti giorni al più tardi, a far tempo dallo scambio delle ratificazioni, le truppe montenegrine dovevano poi abbandonare il paese da esse invaso fuori dei nuovi confini loro assegnati. Oltr'a ciò, il Montenegro doveva sopportare una parte del debito turco per i territori recentemente concessigli ».

L'articolo 43 riconosceva l'indipendenza della Rumenia, alle condizioni stabilite pure nell'articolo susseguente per la Serbia — e per il Montenegro già fissate — relativamente alla libertà religiosa: mentre l'art. 45 disponeva ch'ella dovesse retrocedere all'imperatore di Russia quella parte della Bessarabia che in seguito al trattato di Parigi n'era stata staccata. In compenso, l'art. 46 attribuiva alla Rumenia le isole formanti il delta danubiano, con l'isola dei Serpenti, più il Sangiak di Tulcia e il territorio a mezzogiorno della Dobrugia. La delimitazione definitiva doveva esser determinata sul posto dalla Commissione europea per la delimitazione del confine della Bulgaria.

I punti riferentisi alla navigazione sul Danubio vennero fissati negli articoli 52 a 57: « Tutte le fortezze e fortificazioni trovantisi dalle Porte di Ferro fino alle bocche del fiume devon essere atterrate, nè se ne potranno eriger delle nuove. La Commissione europea per il Danubio, nella quale ha da esser rappresentata anche la Rumenia, e la cui competenza si estende d'ora in poi fino a Galatz, è mantenuta. I regolamenti che trattano della navigazione e della polizia fluviale e di vigilanza dalle Porte di Ferro fino a Galatz verranno elaborati dalla detta Commissione europea, alla quale saranno aggregati i rappresentanti degli Stati rivierani. L'esecuzione dei lavori assegnati alla rimozione degli ostacoli alle Porte di Ferro e alle cateratte è affidata all'Austria-Ungheria. Gli Stati rivierani di cotesto tratto della corrente son tenuti a concedere tutte quelle facilitazioni che saran necessarie nell'interesse dei lavori medesimi ».

Fino alla seduta quattordicesima, frattanto, — che fu tenuta il giorno 6 di luglio — tutta l'opera della pace restò seriamente minacciata dalle difficoltà inerenti alla soluzione della questione asiatica. Inghilterra e Russia, in mezzo agli apparecchi di guerra, si stavano vicendevolmente di fronte, in apparenza irreconciliabili: dacchè fin dalle prime adunanze l'Inghilterra s'era dichiarata nel modo più reciso contraria alle pretese della Russia d'un eventuale scambio della enorme indennità di guerra da lei chiesta con la cessione di territorii nell'Asia. Il principe Bismarck seppe allora acquistarsi un merito che non sarà mai apprezzato abbastanza, inducendo con abili mosse fuori del Congresso entrambe quelle grandi Potenze a importanti concessioni reciproche. Ciò non ostante, nella memorabile adunanza del 6 luglio non mancò di cacciarsi, in mezzo al serio, la sua brava parte di commedia. Gorciakow aperse primo il dibattito con la dichiarazione seguente, la quale — per non toglierle il sapore di commovente unzione che non si potrebbe, traducendola in altra lingua, far risaltare abbastanza — noi riproduciamo qui nella sua forma originale:

« Grâce à l'esprit de conciliation et aux concessions rèciproques « dont consciencieusement je réclame une large part au nom de « la Russie, l'oeuvre du congrès a progressé vers son but, celui « d'une paix qui est dans les intèrèts de l'Europe entière et qui « serait seule digne des hommes éminents réunis à Berlin. La « séance d'aujourd'hui est consacrée à un objet dont une solution « équitable, étrangère aux petites passions, couronnerait l'oeuvre « que nous poursuivons. Nous faisons la concession d'Erzeroum, de « Bajazid et de la vallée d'Alachkerd. — Ces deux derniers points « constituent le trajet des caravanes et la principale route com- « merciale vers la Perse. Je suis, de plus, autorisé de declarer « qu'usant de son droit de souverainetè, mon Auguste Maitre dé- « clarera Batoum port franc. — Cela répond aux intèrèts matèriels « de toutes les nations commerciales, et plus particulièremeut peut- « être à ceux de la Grande-Bretagne dont le commerce occupe le « plus grand nombre de bâtiments. Je termine en réitérant l'espoir « que dans la séance d'aujourd'hui nous aurons fait un immense « pas vers le but élevé de notre réunion ».

Poichè il principe Bismarck ebbe dato a tali dichiarazioni il tributo importantissimo del suo plauso, lord Beaconsfield s'addentrò in un lungo e visibilmente ampolloso discorso, che nel complesso tuttavia significava il suo assenso; dopo del quale, anche il conte Andrassy, Waddington e Corti manifestarono la loro approvazione. Allora il principe Bismarck lesse il relativo passo dell'art. 19 del

CONFINI DELLA TURCHIA ASIATICA
dopo il Trattato di Berlino.

trattato di Santo Stefano, che già conosciamo: che cioè « l'imperatore di Russia, in considerazione delle difficoltà finanziarie della Turchia, e in piena conformità coi desiderii di Sua Maestà il Sultano, acconsentiva di ricevere in cambio della parte maggiore delle somme specificate nei precedenti paragrafi la cessione dei territorii ... », ecc.

Lord Salisbury, dopo aver lasciata, come s'è veduto, al capo del Ministero inglese la prima parola intorno alle aperture della Russia, come se a un tratto si destasse da un sogno sorse a dichiarare « aver egli senza dubbio sollevate parecchie obbiezioni contro varii punti dell'art. 19 del trattato di Santo Stefano, nella tema che il possesso di Batum potesse significare un pericolo per la libertà del Mar Nero. Ma la *graziosa* concessione oggi offerta dalla Russia gli sembrava, se aveva bene inteso, atta a rimuovere le sue preoccupazioni. Del pari, l'occupazione di Baiasid gli aveva fatto temere che la strada commerciale per la Persia ne sarebbe stata interrotta; ma, in seguito alle concessioni fatte per la vallata d'Alashkert, non aver più oramai i suoi timori ragione d'esistere. Soltanto, gl'interessi dei valorosi Lazi, che dei Russi non ne volevan sapere e che da questi erano stimati al numero di 50.000, mentre l'Inghilterra li valutava a ben 200.000 anime, meritavano ancora qualche considerazione ».

Questa scenetta caratteristica, e in sommo grado atta a delinear tutta quanta la situazione, venne riprodotta in una forma ben precisa e determinata negli articoli 58 a 61, per modo che venisse stabilito: « Cedere la Sublime Porta alla Russia nell'Asia i territorii di Ardahan, Cars e Batum col relativo porto, territorii giacenti tra il precedente confine e il nuovo (amplificato); dichiarar l'imperatore di Russia essere sua intenzione di far di Batum un porto franco ed esclusivamente commerciale. Il porto d'Alashkert e la città di Baiasid, che l'art. 19 del trattato di Santo Stefano avevano aggiudicati alla Russia, tornare alla Turchia; la Sublime Porta cedere la città e il territorio di Kotur alla Persia, come era stato (precedentemente) stipulato dalla Commissione anglo-russa tra la Turchia e la Persia ».

Più importante dell'ammissione del Ministro Ristich e del Malcom Khan persiano (art. 62), fu l'articolo 63, il vero e proprio articolo conclusivo del trattato (l'ultimo, 64, concernendo soltanto lo scambio delle ratificazioni da farsi entro tre settimane a Berlino), il quale è del seguente tenore: « Il trattato di Parigi del 1856 e quello di « Londra del 13 marzo 1871, per tutte le disposizioni che non sieno « state nelle stipulazioni precedenti abrogate o modificate, sono « mantenuti ».

Nella seduta di chiusura, ventesima del Congresso, tenutasi il 13 luglio, il conte Andrassy, a nome di tutti i plenipotenziarii, rin-

Proclamazione del Regno a Bucarest.
(Dal quadro di C. Szathmari, 1880).

graziò il principe Bismarck per *l'instancabile energia* con cui ne
aveva diretti i lavori e per la graziosa accoglienza fatta al Congresso da parte dell'Imperatore germanico e dell'Imperiale famiglia;
dopo di che vennero firmate le sette copie del trattato, e il principe
Bismarck, dichiarando chiusi i lavori del Congresso, espresse nella
sua risposta ai ringraziamenti d'Andrassy la convinzione « che il
Congresso aveva ben meritato dell'Europa. Se non era stato possibile dar soddisfazione a tutti i desiderii dell'opinione pubblica, la
storia avrebbe pur dovuto render giustizia alle intenzioni dell'Assemblea. Quanto a sè, aver ferma speranza che il buon accordo
dell'Europa sarebbe stato, con l'aiuto di Dio, duraturo, e che le
personali e cordiali relazioni stabilitesi durante i lavori avrebbero
rafforzate e strette vieppiù le buone relazioni tra i varii Governi ».

Quanto da allora in qua è avvenuto nelle regioni del sud-est
dell'Europa dimostra che i varii popoli che le abitano han cercato
di sottrarsi alla protezione della Russia in quella misura stessa,
nella quale ell'ha raggiunto, sulle sue proprie strade trionfali, maggiori o minori vantaggi per essi medesimi. La Bulgaria è diventata
per la Russia, più che una porta aperta, una diga. La Rumenia,
sotto il governo d'un principe di stirpe tedesca, nell'urto contro
la politica russa s'è appunto temprata, così da elevarsi al grado
d'un regno, la cui florentezza, nonostante gli esterni e gl'interni
nemici, è in un continuo salire.

Nei Carpazii boscosi, là alle porte dell'Oriente, s'eleva oggi un
castello regale in istile della rinascenza tedesca, adorno di trofei
della guerra di liberazione contro la Turchia, monumento della
risurrezione della Rumenia; e — così come la nuova all'antica età
— sovrasta esso al venerando chiostro di Sinaia, situato nella medesima valle, le cui nude pareti, al tempo della dura lotta, han
servito alla coppia principesca da dimora estiva, e ch'è oggi diventato il centro d'una rigogliosa plaga di villeggiatura per l'aristocrazia di Bucarest. L'intera foresta, di privata proprietà del re
Carlo, s'estende fino a' confini della Transilvania, dove una numerosa popolazione rumena ha da lottar contro le pretese dei Magiari.
così appunto come il regno di Rumenia stesso contro quello degli
Slavi. La regina Elisabetta con il suo tratto socievole e poetico ha
dato, tanto a Bucarest come nel castello recentemente costrutto di

Castel Pelesch, a Sinaia.

L'antico Chiostro di Sinaia nella regione dei Carpazii.

Pelesh, uno splendido esempio dell'influsso che può esercitare la fusione dello spirito tedesco con i diversi elementi nazionali; tantochè in ciò veramente si manifesta il più istruttivo contrapposto con la tracotanza slava, escludente da sè tutti quanti sono gli elementi dell'Occidente. La dotazione di beni della Corona, solo da poco tempo concessa al Re, vien compensata ad usura al paese, per gli effetti considerevoli che sulla cultura dei ceti contadineschi e del popolo minuto esercita, per una disposizione del Re stesso, l'espertissima amministrazione di quei beni per l'opera di Jon Kalindero, mediante la nuova erezione di chiese, di scuole e d'altri istituti. Per tal modo, qui al confine della Russia, per mezzo di vivai piantati sul modello europeo, si diffonde un benessere, quale nel dominio degli Zari non esiste ancora se non come un sogno.

Gli avvenimenti che si compiono nella Serbia, parimenti salita al grado di Regno, non posson fare a meno di stimolar l'Austria a un'attenta sollecitudine dei suoi interessi in Oriente. La Grecia — come la Rumenia — deve usar di tutte le sue forze, per non affondare insieme con le provincie sorelle nell'oceano dello slavismo; e l'amicizia del Montenegro (l'*unico amico*) per la Russia dovrà anch'essa un giorno cessare, col crescere della sua vitalità come Stato effettivo. Le debolezze e le piaghe che la Russia ha messe a nudo dal tempo della guerra dinanzi a tutta l'Europa, tanto più son manifeste, quanto più appunto fu mostruosa la sua vittoria di fronte alla Turchia e all'Europa. Ell'ha realizzato in gran parte i suoi costanti sforzi — non punto ingiustificati in sè stessi — per cacciare il Turco dall'Europa; e si sarebbe, nel conseguimento di cotesto fine, inimicata assai meno — in generale — l'opinione pubblica dell'Europa medesima, se, pur come Potenza conquistatrice, avesse saputo portare nella penisola illirica una reale civiltà. Ma le dottrine che si diffondono dagli Slavi della Russia, secondo le quali per esse soltanto l'Europa potrà esser ringiovanita, sono ancora più mostruose d'assai che non l'estensione della Russia stessa, non libera sotto verun aspetto, e tanto più pericolosa appunto per questo; ond'è da temere che, in un tempo non lontano, non si faccia innanzi minaccioso, tra le due metà della nostra parte del mondo, il giorno della resa dei conti.

INDICE DELLE ILLUSTRAZIONI

Nel testo.

776   Indice delle illustrazioni.

Tavole a pagina intera.

Tavole a doppia pagina.

Tavole supplementari (a colori).

Carte.

INDICE DELLE MATERIE

Lightning Source UK Ltd.
Milton Keynes UK
UKHW02n2008090818

327018UK00003B/102/P